精神保健福祉
用語辞典

監修
社団法人日本精神保健福祉士協会
日本精神保健福祉学会

中央法規

『精神保健福祉用語辞典』発刊にあたって

　21世紀は，「もの」から「こころ」を重視する時代になるだろう。わが国で暮らし，こころの病を負い，障害を抱える人々（精神障害者）の社会参加への支援は，先進諸国のなかでも立ち遅れた状況が続いていた。そうした精神保健福祉の領域でも，精神障害者が私たちと同じ市民として，地域社会で暮らすための方策が打ち出された。精神保健福祉活動における目標の中核は，精神に障害のある人々の自立および社会経済活動への参加を促進し，ノーマライゼーションやインクルージョンの理念を踏まえ，安心して安定的に暮らせる福祉社会の創造を目指すことにある。

　精神保健福祉領域で活躍するソーシャルワーカーは，1997年に国家資格である精神保健福祉士として誕生した。それまでは精神科ソーシャルワーカー（PSW）と呼称され，精神科医療機関を中心にした医療チームの一翼を担い，半世紀にわたる実績を積んだ歴史ある専門職である。その専門性は，社会福祉学を学問的・実践的な基盤にして，精神障害のある人の社会的復権と福祉のために，専門的かつ社会的活動を通じながら，その人らしいライフスタイルで自立して生活できる福祉社会の創出に専念してきた。複雑で多岐にわたる精神保健福祉問題を抱える現代社会にあっては，広く国民の精神保健福祉に資するために，医療，保健，そして福祉にまたがる領域で活躍すべき精神保健福祉士への社会的な期待が高まっている。

　精神保健福祉士が結集する専門職能団体である社団法人日本精神保健福祉士協会は，その後に成立した日本精神保健福祉学会とともに，わが国の精神保健福祉領域を担う精神保健福祉士のみならず，保健・医療専門職や研究・教育者などの多くの関係専門職および地域で精神保健福祉活動を担う市民の人々にも，専門的な知識を広く共有してもらえるような『精神保健福祉用語辞典』の刊行をもって世に問うことにした。

　本辞典は，精神保健福祉士が保持すべき基礎的な知識を提供するものである。収載する用語の選定には，精神保健福祉士を養成する指定13科目で扱う専門用

語を網羅するように心がけた。また，精神保健福祉の共通理解にとって欠かせない児童・障害者・高齢者福祉の基礎用語をも収載した。精神保健福祉領域における専門用語の普遍的な概念化の作業は，いまだ緒についたばかりである。だが，本辞典の編集幹事・編集委員・編集協力者で構成する編集委員会があえて困難な作業に取り組んだ理由は，将来の精神保健福祉の確立に資するものとなるよう切に願っているからにほかならない。

　本辞典の編纂過程は，1998年秋より構想を練り始め，翌年8月に辞典編集委員会を立ち上げ，用語の選定のために約1年間を要した。原稿執筆の依頼は，2001年であったが，その後の校閲作業では，法・制度改正が度重なり，多難な編集作業を余儀なくされ，生みの苦しみの道程であった。

　この間，刊行までの足掛け6年間の長きにわたり，多くの執筆者や協力者に御礼を申し上げるとともに，本編集委員会の遅々とした編集作業の歩みを温かく，ときには厳しく支援してくださった中央法規出版の企画部の澤誠二さんをはじめ，渡邉賢治さん，前任の小杉みのりさん，編集部の武藤昌代さんや編集スタッフの皆さまに心より感謝の意を表する次第である。

　　　2004年6月

『精神保健福祉用語辞典』編集幹事一同

執筆者一覧 (五十音順)

【監修】

社団法人日本精神保健福祉士協会・日本精神保健福祉学会

【編集幹事】

荒田寛　　　（龍谷大学）

石川到覚　　（大正大学）[編集幹事代表]

佐藤三四郎（埼玉県立精神保健福祉センター）

高橋一　　　（東京国際福祉専門学校）

西澤利朗　　（東海大学）

松永宏子　　（上智大学）[編集幹事副代表]

【編集委員】

池末亨　　　（東日本国際大学）

池原毅和　　（東京アドヴォカシー法律事務所）

石原邦雄　　（東京都立大学）

吉川武彦　　（中部学院大学）

清瀧健吾　　（埼玉県立精神保健福祉センター）

西郷泰之　　（大正大学）

竹島正　　　（国立精神・神経センター精神保健研究所）

舘暁夫　　　（西南学院大学）

田中英樹　　（長崎ウエスレヤン大学）

松崎泰子　　（淑徳大学）

丸山晋　　　（淑徳大学）

宮崎牧子　　（大正大学）

和田修一　　（早稲田大学）

【編集協力】

相川章子　　（聖学院大学）
淺沼太郎　　（大正大学）
井上牧子　　（目白大学）

【執筆】

相川章子	石橋理絵	内山真	梶原徹	久保紘章
相川裕	石原邦雄	宇津木朗	加藤洋子	久保美由紀
相澤欽一	伊勢田堯	遠藤優子	門屋充郎	熊谷苑子
青井美奈子	市島民子	大内直人	金杉和夫	熊田正義
秋山聡美	伊東秀幸	大島道子	金子努	熊本博之
浅井邦彦	伊藤洋	大瀧敦子	金田迪代	藏野ともみ
淺沼太郎	伊藤美登里	大塚淳子	川口真知子	栗原活雄
浅野いずみ	井上新平	大月和彦	川島道美	桑原治雄
阿瀬川孝治	井上牧子	大友勝	川野健治	小出保廣
足立自朗	井上眞	大西守	上林茂暢	鴻巣泰治
天野宗和	猪俣好正	大野和男	上林靖子	小久保裕美
荒田寿彦	今井楯男	大野裕	菊池礼子	古寺久仁子
荒田寛	今井博康	大森信忠	木太直人	後藤敉
有野哲章	岩尾貴	大山勉	北場勉	五嶋能伸
五十嵐雅浩	岩上洋一	岡上和雄	吉川武彦	近藤直司
井川玄朗	岩崎晋也	岡崎伸郎	木下了丞	近藤洋子
池末美穂子	岩田柳一	岡田清	君島昌志	西郷泰之
池田健	岩永明子	岡田純一	木村朋子	斉藤正美
池田直樹	岩間久行	沖倉智美	木村真理子	酒井昭平
池田良一	植木信一	斧出節子	清瀧健吾	阪田憲二郎
池原毅和	上田英典	小野敏明	木脇奈智子	坂田成輝
石井敏弘	上野容子	加我牧子	金吉晴	坂本智代枝
石川到覚	上原徹	梶元紗代	工藤正	佐々木哲二郎
石川俊男	宇佐川浩	柏木一恵	窪田彰	佐々木敏明

佐々木勇之進	瀧誠	中下綾子	馬場純子	増田一世
佐竹直子	竹島正	中島修	濱田彰子	松為信雄
佐藤亜希子	竹中秀彦	仲條龍太郎	早川留美	松岡秀純
佐藤光正	舘暁夫	長瀬浩一	早坂聡久	松崎泰子
佐藤三四郎	田中邦夫	永田祐	林田健一	松渓憲雄
佐藤久夫	田中研一	仲地珖明	原田正樹	松永大吾
佐藤宏	田中千枝子	中津完	半澤節子	松永智美
志水幸	田中英樹	中野いずみ	東裕紀	松永宏子
清水新二	田渕六郎	中野茂	樋口英二郎	松宮透高
清水浩昭	旦木実希	中藤淳	檜山うつぎ	松本すみ子
白石直己	丹野きみ子	中村敬	平木美保	松本由美
白石弘巳	都﨑博子	中村円	平田豊明	圓林今日子
進藤義夫	辻村昌昭	中村律子	平林恵美	圓山里子
新保祐元	土田陽子	並木麻理子	平松謙一	丸山晋
菅谷広宣	土屋淳二	成相京	廣江仁	丸山ひろみ
菅原隆	土屋葉	西岡修	広畑圭介	三石麻友美
杉浦ひとみ	坪内千明	西澤利朗	藤井和子	三橋真人
杉本昌昭	敦賀弘恵	西田茂樹	藤井克徳	三村規
鈴木孝典	寺田一郎	西原香保里	藤崎宏子	三宅由子
鈴木無二	寺谷隆子	西原留美子	藤本百代	宮崎忠男
鈴木ゆかり	藤内修二	根本真由美	船水浩行	宮崎牧子
鈴木依子	登坂真人	野川とも江	古山明子	宮崎洋一
住友雄資	鳥羽美香	野沢慎司	古屋龍太	宮城孝
宗野政美	冨山學人	野嶋佐由美	堀田香織	宮本浩司
平直子	内藤佳子	野中猛	堀切明	麦倉泰子
高橋克典	内藤さゆり	萩生田伸子	堀口寿広	百瀬優
高橋徹	永井孝三	畑江倫子	堀智勝	森久保俊満
高橋一	永井俊哉	波多野和夫	前園真毅	森澤陽子
高橋松代	長尾毅彦	花澤佳代	牧野田恵美子	毛呂裕臣
高原利明	中川さゆり	塙和徳	増井喜代美	谷中輝雄

柳政勝	山下俊幸	山本賢	横森三男	李蓮花
山岡聡	山田恭子	山本主税	横山晶一	和田清
山川透	山田知子	山本文枝	吉川公章	和田修一
山口幸照	山田祐子	山本真実	吉田あけみ	和田朋子
山口芳里	山根真理	山本由紀	吉田直美	

【執筆協力】

柏木昭	京極髙宣	仙波恒雄	三村孝一

＊所属は初版発行時

凡　例

1　項目の収録範囲

項目の収録範囲は精神保健福祉士養成カリキュラム等を参考にし，精神医学，精神保健学，精神科リハビリテーション学，精神保健福祉論，精神保健福祉援助技術論，社会福祉原論，社会保障論，公的扶助論，地域福祉論，医学一般，心理学，社会学，法学，老人福祉論，障害者福祉論，児童福祉論，の各分野の用語約2800語を抽出した。

2　配列

1　「現代かなづかい」による五十音配列とした。
2　促音，拗音などの小字は，直音と同様に扱った。清音，濁音，半濁音の配列については同格に扱った。
3　長音記号は，直前文字の母音として読み取って配列した。
　　例：「ショートステイ」は「ショオトステイ」と読んだ。

3　見出し項目

1　外国語・外来語などで，必要と思われるものには，見出し項目の次の〔　〕のなかに原語を付した。
2　日本人名は，姓名を見出しとし，〔　〕のなかに読みがな，生没年を付した。
3　外国人名は，姓のみを見出しとし，〔　〕のなかに原語で姓を先にし，コンマをうって名を続け，生没年を付した。
　　例：コノプカ〔Konopka, Gisela : 1910-2003〕
4　対語など関連する語で，まとめて説明したほうがよい項目については，／でつなぎ，複数の語を見出し項目とした。
5　法令については，〔　〕のなかに公布年，発簡番号を付した。
　　例：精神保健福祉士法〔平成9年法律第131号〕

4　表記

1　常用漢字，現代かなづかいを原則とした。
2　暦年は，西暦を原則として用いた。ただし，法令の公布年と発簡番号を同時に記述する場合は，日本年号を用いた。
3　本文中，次の法律名は略称を用いた。
　　精神保健福祉法（精神保健及び精神障害者福祉に関する法律）
　　心神喪失者等医療観察法（心神喪失等の状態で重大な他害行為を行った者の医療及び観察等に関する法律）
4　本文中，次の用語は略語を用いた。

国連	国際連合
AA	アルコホリクスアノニマス
DSM	精神疾患の診断と統計のためのマニュアル
ICD	国際疾病分類
NA	ナルコティクスアノニマス
NIMH	アメリカ合衆国精神保健研究所
NPO法人	特定非営利活動法人
SSRI	選択的セロトニン再取り込み阻害薬
SST	社会生活技能訓練
WHO	世界保健機関

精神保健福祉用語辞典

補　遺

※ 2004（平成16）年7月刊行以後に成立をした法制度を中心に，重要と考えられる項目を収載しました。

移動支援事業 各市町村の判断により地域の特性や利用者の状況に応じて柔軟な形で実施することになっている地域生活支援事業の一つで，障害者（児）が円滑に外出できるよう，移動を支援するものである。

介護給付費 障害者自立支援法による自立支援給付の一つ。給付対象となる障害福祉サービスは，居宅介護(ホームヘルプ)，重度訪問介護，行動援護，療養介護，生活介護，児童デイサービス，短期入所(ショートステイ)，重度障害者等包括支援，共同生活介護(ケアホーム)，施設入所支援（障害者支援施設での夜間ケア等）の10種類である。

共同生活援助 障害者自立支援法に基づいて提供される障害福祉サービスの一つで，訓練等給付費の支給対象となるサービス。地域において共同生活を営むのに支障のない障害者に対して，主に夜間において共同生活を営む住居で相談や日常生活上の援助を行う。一般的にグループホームにおけるサービスのことである。

共同生活介護 障害者自立支援法に基づいて提供される障害福祉サービスの一つで，介護給付費の支給対象となるサービス。障害者に対し，主に夜間に共同生活を営む住居において入浴，排泄，食事の介護等を提供する。一般的に，ケアホームでのサービスを指している。このサービスは，新設されたもので，グループホームとの違いは，介護の提供を主目的とするところにある。

居宅介護 障害者自立支援法に基づいて提供される障害福祉サービスの一つで，介護給付費の支給対象となるサービス。一般にホームヘルプサービスと呼ばれる。居宅において，入浴，排泄，食事等の介護を提供する。

訓練等給付費 障害者自立支援法による自立支援給付の一つ。給付対象となる障害福祉サービスは，自立訓練，就労移行支援，就労継続支援（A型：雇用型，B型：非雇用型），共同生活援助（グループホーム）の4種類である。

公営住宅制度 国および地方公共団体が協力して，健康で文化的な生活を営むに足りる住宅を整備し，これを住宅に困窮する低額所得者に対して低廉な家賃で賃貸し，または転貸することにより，国民生活の安定と社会福祉の増進に寄与することを目的とするものである。入居者の募集・選考において，障害者世帯は，特に住宅困窮度が高いものとして，事業主体の裁量により一定の上限の下，入居者の収入基準を緩和するとともに，当選率の優遇等の措置を講じているが，「公営住宅法施行令」の改正により，2006年2月から身体障害者に加え，精神障害者，知的障害者についても単身入居が可能となった。

高次脳機能障害 交通事故や脳卒中などの病気の後遺症としてみられる障害で，記憶・注意・言語などの機能に障害が起き，生活に支障をきたす。退院後，自宅に戻ってから明らかになることが多く，また，一見しただけでは障害があることがわかりにくいため，周囲の理解を得るのが難しい。そのため，制度間の狭間にあるとされていたが，行政的な観点から「診断基準」が作成されたことで，高次脳機能障害と診断されれば，「器質性精神障害」として精神障害者保健福祉手帳の申請対象となった。2001年度から2005年度まで行われた「高次脳機能障害支援モデル事業」は，障害者自立支援法の成立により，都道府県地域生活支援事業において，高次脳機能障害支援普及事業として実施されることとなった。

行動援護 障害者自立支援法に基づいて提供される障害福祉サービスの一つで，介護給付費の支給対象となるサービス。知的障害または精神障害により行動上著しい困難を有し，常時介護を必要とする障害者（児）に対して，行動する際に生じる危険を回避するために必要な援護や外出時の移動中の介護等を提供する。

高齢者虐待の防止，高齢者の養護者に対する支援等に関する法律〔平成17年法律第124号〕 65歳以上の高齢者の虐待防止，養護者に対する支援等を促進することにより，高齢者の尊厳を保持し，その権利利益を擁護することを目的とした法律。高齢者虐待にあたる行為として，家庭の養護者や施設従事者による①身体的虐待（暴行），②養護の放棄（ネグレクト），③心理的虐待，④性的虐待，⑤経済的虐待を定めてい

る。また，虐待の防止と養護者の支援のための国などの責務が規定されているほか，虐待を受けたと思われる高齢者を発見した者の市町村への通報義務などが規定されている。

高齢者，障害者等の移動等の円滑化の促進に関する法律〔平成18年法律第91号〕　通称，バリアフリー新法。高齢者，障害者等の移動上および施設の利用上の利便性および安全性の向上の促進を図ることで，公共の福祉の増進に資することを目的とする法律。1994年に制定された通称ハートビル法（不特定多数利用の建物が対象）と2000年に制定された通称交通バリアフリー法（駅や空港等の旅客施設が対象）が廃止統合された。

個人情報の保護に関する法律〔平成15年法律第57号〕　高度情報通信社会の進展に伴い，個人情報の利用が著しく拡大していることから，個人情報の有用性に配慮しつつ，個人の権利利益を保護することを目的とした法律。個人情報の定義を，生存する個人に関する情報であって，その情報に含まれる氏名，生年月日その他の記述等により特定の個人を識別することができるものとし，個人情報を取り扱う事業者の遵守すべき義務として，①利用目的の特定，②利用目的による制限，③適正な取得，④取得に際しての利用目的の通知，⑤第三者提供の制限等が規定されている。社会福祉事業者は，利用者等についての情報を詳細に知ることができる立場にあることから，個人情報の適正な取扱いの確保に関する活動を支援するための指針として，厚生労働省より「福祉関係事業者における個人情報の適正な取扱いのためのガイドライン」が示されている。

今後の障害保健福祉施策について（改革のグランドデザイン案）　2003年度より導入された支援費制度は，当初の予想をはるかに超える利用者の増加により，財政的困難を生じさせた。また地域間のサービス提供量の格差や，精神障害者が対象となっていないこと等の理由から，厚生労働省は，2004年10月，障害者にかかる保健福祉施策の総合化を打ち出す「今後の障害保健福祉施策について（改革のグランドデザイン案）」を公表した。障害保健福祉の総合化，自立支援システムへの転換，制度の持続可能性の確保を基本的視点におき，制度的課題を解決し，新たな障害保健福祉施策体系の構築を基本的方向としている。これを受けて障害者自立支援法が2005年10月に成立した。

自殺対策基本法〔平成18年法律第85号〕　年間の自殺者数が3万人を超える日本の状況に対処するため制定された法律。自殺対策を総合的に推進して，自殺の防止を図るとともに，自殺者の親族等への支援を行い，国民が生きがいをもって健康に暮らせる社会を目的としている。この法律では，内閣府に特別の機関として自殺総合対策会議を設置し，「自殺対策の大綱」を作成することが定められている。

施設入所支援　障害者自立支援法に基づいて提供される障害福祉サービスの一つで，介護給付費の支給対象となるサービス。施設に入所している障害者に対して，主に夜間に入浴，排泄，食事の介護等を提供する。

児童デイサービス　障害者自立支援法に基づいて提供される障害福祉サービスの一つで，介護給付費の支給対象となるサービス。障害児に対して，肢体不自由児施設等に通って，日常生活における基本的な動作の指導，集団生活への適応訓練等を提供する。なお，従来の児童デイサービスのうち，放課後対策やレスパイトに関するサービスは，地域生活支援事業における日中一時支援事業において行われる。

重度障害者等包括支援　障害者自立支援法に基づいて提供される障害福祉サービスの一つで，介護給付費の支給対象となるサービス。常時介護を必要とする障害者（児）に対して，介護の必要度が著しく高い場合に，居宅介護等を包括的に提供する。

重度訪問介護　障害者自立支援法に基づいて提供される障害福祉サービスの一つで，介護給付費の支給対象となるサービス。重度の肢体不自由者で，常時介護を必要とする障害者に対して，居宅において，入浴，排泄，食事等の介護，外出時の移動中の介護を総合的に提供する。

就労移行支援　障害者自立支援法に基づいて

提供される障害福祉サービスの一つで，訓練等給付費の支給対象となるサービス。就労を希望する障害者に対して，一定期間，生産活動等の機会を提供することによって，就労に必要な知識や能力の向上を図る訓練等を行う。

就労継続支援　障害者自立支援法に基づいて提供される障害福祉サービスの一つで，訓練等給付費の支給対象となるサービス。通常の事業所に雇用されることが困難な障害者に対して，就労の機会や生産活動等の機会を提供することによって，その知識や能力の向上を図る訓練等を行う。就労継続支援には，A型（雇用型）とB型（非雇用型）の二つのタイプがある。A型は，雇用契約に基づく就労が可能と見込まれる障害者で，就労移行支援事業で一般企業の雇用に結びつかなかった者，特別支援学校を卒業して雇用に結びつかなかった者，一般企業を離職した者や就労経験のある者等が対象となる。B型は，就労の機会を通じて，生産活動に関する知識や能力の向上が期待される者で，就労移行支援事業により一般企業の雇用に結びつかなかった者，一般企業等での就労経験のある者で年齢や体力の面から雇用されることが困難な者，一定の年齢に達している者が対象となる。

障害者雇用率制度　障害者の雇用の促進等に関する法律に定められている身体障害者，知的障害者に適当な雇用の場を与えるための制度。障害者雇用率は法定雇用率とも呼ばれ，全労働者数における障害者の労働者数の割合が基準となり，5年ごとに改定される。2006年度より，精神障害者保健福祉手帳の交付を受けている精神障害者を障害者雇用率の算定の対象に加えることとなった（雇用の義務までは課されていない）。

障害者自立支援法〔平成17年法律第123号〕障害者基本法の基本的理念に基づき，障害者や障害児がその持っている能力と適性に応じ，自立した日常生活，社会生活を営むことができるよう必要な障害福祉サービスの給付などの支援を行うことにより，障害者等の福祉の増進を図るとともに，障害の有無にかかわらず人々がお互いに人格と個性を尊重し，安心して暮らすことのできる地域社会の実現に寄与することを目的として定められた法律。2006年4月から施行されている。

障害程度区分　障害者自立支援法において，障害者に対する障害福祉サービスの必要性を明らかにするために，障害者の心身の状態を示すものであり，区分1～6の6段階に分類される。障害程度区分は，介護給付の①居宅介護等の国庫負担基準額，②療養介護，生活介護，重度障害者等包括支援等の給付要件，③報酬体系に活用される。介護給付における障害程度区分の認定は，市町村によって行われる。

障害のある人もない人も共に暮らしやすい千葉県づくり条例　2006年10月に，障害のある人もない人も，誰もがお互いの立場を尊重し合い支え合いながら，安心して暮らすことのできる社会づくりを目指すことを目的に制定された千葉県の条例。障害者の差別を禁じた包括的な条例の制定は全国で初めてである。

障害福祉サービス　障害者の福祉に寄与するサービスの総称。特に，障害者自立支援法上の定義では，居宅介護，重度訪問介護，行動援護，療養介護，生活介護，児童デイサービス，短期入所，重度障害者等包括支援，共同生活介護，施設入所支援，自立訓練，就労移行支援，就労継続支援，共同生活援助の14種類のサービスで構成される介護給付費および訓練等給付費の対象サービスをいう。

自立訓練　障害者自立支援法に基づいて提供される障害福祉サービスの一つで，訓練等給付費の支給対象となるサービス。障害者に対して，自立した日常生活または社会生活を営むことができるように，一定期間，身体機能または生活能力の向上のための訓練等を提供する。

自立支援医療　障害者自立支援法に基づく制度の対象となるもので，障害者（児）につき，心身の障害の状態の軽減を図り，自立した日常生活または社会生活を営むために提供される必要な医療をいう。更生医療，育成医療，精神通院医療の3種類に分かれる。

生活介護　障害者自立支援法に基づいて提供される障害福祉サービスの一つで，介護給付費

の支給対象となるサービス。常時介護を必要とする障害者に対し，主に昼間に障害者支援施設等で入浴，排泄，食事の介護，創作的活動または生産活動の機会等を提供する。

精神科ショート・ケア 2006年に診療報酬に新設された精神科専門療法である。精神障害者の地域への復帰を支援するため，社会生活機能の回復を目的として個々の患者に応じたプログラムに従ってグループごとに治療するもので，実施される内容の種類にかかわらず，実施する時間は1日につき，3時間を標準とする。職員は，精神科の医師，作業療法士または精神科経験を有する看護師等の従事者を配置することとされ，従事者4人につき25人程度の患者を限度とする。精神科ショート・ケアを行う場合，食事加算は算定できない。

精神障害者社会復帰施設 精神保健福祉法に基づいて運営されてきた精神障害者生活訓練施設，精神障害者授産施設，精神障害者福祉ホーム，精神障害者福祉工場，精神障害者地域生活支援センターを指す。これらの施設については，障害者自立支援法の制定に伴い，おおむね5年程度の経過措置期間内に新事業体系に移行することになった。なお，精神障害者地域生活支援センターおよび精神障害者福祉ホーム（A型）については，2006年10月より新体系に移行している。

精神障害者通院医療費公費負担制度 精神保健福祉法に基づき，精神障害の適切な医療を普及するため，精神障害者が病院や診療所などの医療機関に入院しないで医療を受ける場合，その医療に要する費用の95％に相当する額を都道府県が負担した制度。2006年4月から障害者自立支援法による自立支援医療費に再編された。

精神保健医療福祉の改革ビジョン 社会保障審議会障害者部会精神障害分会報告書（2002年12月）などを踏まえ，精神保健医療福祉改革を進めるために，2003年に厚生労働省内に設置された「心の健康問題の正しい理解のための普及啓発検討会」「精神病床等に関する検討会」「精神障害者の地域生活支援の在り方に関する検討会」という三つの検討会の結論を踏まえ，精神保健福祉対策本部が2004年9月に発表した。精神保健医療福祉改革の基本的考え方としては，「入院医療中心から地域生活中心へ」という基本的な方策を推進するために，①国民意識の変革，②精神保健医療福祉体系の再編，③地域生活支援体系の再編，④精神保健医療福祉施策の基盤強化，をおよそ10年間で進めることが挙げられ，なかでも特筆すべきことは，およそ7万人の社会的入院患者の退院促進や，精神障害者にかかわる国民の理解度に対する数値目標を定めたことである。

退院支援施設 精神科病院に長期入院している患者の社会復帰策として，医療機関が病棟を改装して生活訓練を行うことのできる施設。患者が入所し，2〜3年かけて生活能力を高めたり，職業訓練を受けたりして，地域での自立を目指す。退院支援施設には，精神科の病棟を改装する方式（4人部屋で可）と，病院敷地外に建てる方式（個室のみ）の2通りがある。いずれも入院ベッドの削減を条件に，国・自治体が1件1億円前後の整備費を補助する。

短期入所 障害者自立支援法に基づいて提供される障害福祉サービスの一つで，介護給付費の支給対象となるサービス。一般にショートステイと呼ばれる。居宅で介護を行う人が疾病等で介護ができない場合に，障害者（児）を障害者支援施設等へ短期間入所させ，入浴，排泄，食事の介護等を提供する。

地域活動支援センター 障害者自立支援法において地域生活支援事業に位置づけられ，障害者（児）を通わせ，創作的活動または生産活動の機会の提供，社会との交流の促進等を行う施設。I型〜III型に分類される。I型では，専門職員（精神保健福祉士等）を配置し，医療・福祉および地域の社会基盤との連携強化のための調整，地域住民ボランティア育成，障害に対する理解促進を図るための普及啓発等の事業を行う。II型では，地域において雇用・就労が困難な在宅障害者に対し，機能訓練，社会適応訓練，入浴等のサービスを行う。III型では，小規模作業所等（5年以上の実績を要する）によって，

地域の障害者のための通所による援護事業を行う。

地域生活支援事業 障害者自立支援法において、新たに創設されたものである。都道府県および市町村が、地域の実情に応じて、柔軟に事業を展開できるようになっている。都道府県および市町村は、障害福祉計画において、この事業を実施するために必要な事項を定めることとされている。市町村が行う地域生活支援事業としては、相談支援事業、コミュニケーション支援事業、日常生活用具給付等事業、移動支援事業、地域活動支援センター機能強化事業が必須事業として位置づけられている。都道府県が行う地域生活支援事業としては、専門性の高い相談支援事業、広域的な支援事業、サービス・相談支援者、指導者育成事業が必須事業として位置づけられている。

長期在院化予備軍〔New Long Stay〕 生活機能レベルが低いために、入院が長期化せざるを得ない患者群のこと。歴史的長期在院患者群とともに、「精神病床等に関する検討会」における中間まとめで出てきた用語である。この患者群が長期入院にならないための努力が求められている。

特定医師 2006年10月施行の改正精神保健福祉法により「緊急時における入院等にかかる診察の特例措置制度」が導入された。医療保護入院、応急入院および「任意入院患者の退院制限」については、精神保健指定医の診察が必要であるが、緊急やむを得ない場合には、一定の要件を満たす医療機関（特定病院）では、特定医師（精神保健指定医以外の一定の要件を満たす医師）の診察により、12時間に限り可能になった。特定医師の要件は、①医籍登録後4年以上を経過していること、②2年以上の精神科臨床経験を有すること、である。

特定障害者に対する特別障害給付金の支給に関する法律〔平成16年法律第166号〕 国民年金制度の発展過程において生じた特別な事情にかんがみ、障害基礎年金等の受給権を有していない障害者に特別障害給付金を支給することにより、その福祉の増進を図ることを目的として制定された法律。

日本司法支援センター 愛称は、法テラス。総合法律支援法〔平成16年法律第74号〕に基づいて設立された法人。全国どこでも法的トラブルを解決するための情報やサービスを受けられる社会を目指して設立された機関である。2006年4月10日に設立され、同年10月2日から業務を開始した。

認知症 「痴呆」という言葉が差別的、侮蔑的という意見を踏まえ、2004年12月24日付で法令用語を変更すべきだとの報告書がまとめられた。厚生労働省老健局は同日付で行政用語を変更し、「老発第1224001号」として老健局長名で自治体や関係学会などに「認知症（にんちしょう）」を使用する旨の協力依頼の通知を出した。関連する法律上の条文については、2005年の介護保険法の改正で行われた。

認定こども園 幼稚園および保育所等における小学校就学前の子どもに対して、保育、教育、保護者に対する子育て支援の総合的な提供を行う施設のこと。都道府県知事が認定する。認定こども園の根拠法は、「就学前の子どもに関する教育、保育等の総合的な提供の推進に関する法律」である。

発達障害者支援センター 自閉症等の特有な発達障害を有する障害児（者）に対する支援を総合的に行う地域の拠点として、発達障害に関する各般の問題について、発達障害児（者）およびその家族からの相談に応じ、適切な指導または助言を行うとともに、関係施設との連携強化等、発達障害児（者）に対する地域における総合的な支援を実施する。

発達障害者支援法〔平成16年法律第167号〕 発達障害を早期に発見し、発達障害者の自立や社会参加に資するよう生活全般にわたる支援を図ることにより、その福祉の増進に寄与することを目的とした法律。発達障害を、自閉症、アスペルガー症候群その他の広汎性発達障害、学習障害、注意欠陥多動性障害など脳機能の障害であってその症状が通常低年齢において発現するものと定義し、発達障害者支援センターを設置して、発達障害の早期発見、発達障害者本人

やその家族への専門的な相談援助や情報提供，就労支援などを行うこと等が定められている。

犯罪被害者等基本法〔平成16年法律第161号〕 犯罪被害者等(犯罪等により被害を受けた者およびその家族または遺族)の権利保護を求める世論の高まりを受けて成立した法律。この法律により，国，地方公共団体，民間団体等の連携の下，犯罪被害者等の権利や利益の保護を図るための取り組みが行われるようになった。

犯罪被害者等施策推進会議 犯罪被害者等基本法に基づき，2005年4月に内閣府に設置された。犯罪被害者等基本計画の案の作成や，その他犯罪被害者等のための施策に関する重要事項について審議するとともに，犯罪被害者等のための施策の実施を推進し，ならびにその実施の状況について検証・評価・監視することを所掌事務としている。

福祉ホーム 障害者自立支援法において地域生活支援事業に位置づけられ，住居を必要としている障害者に，低額な料金で，居室等を提供するとともに，日常生活に必要な支援を行う施設。

療養介護 障害者自立支援法に基づいて提供される障害福祉サービスの一つで，介護給付費の支給対象となるサービス。医療を必要とする障害者で，常時介護を必要とする障害者に対して，主に昼間に病院や施設で機能訓練，療養上の管理，看護，医学的管理の下の介護，日常生活上の世話等を提供する。

歴史的長期在院患者群〔Old Long Stay〕 1950年代以降に精神科病床が急増したときに，精神障害の好発年齢を迎え入院したが，入院が長引き，退院の時期を逸して長期化している患者群のこと。50歳代から60歳代が中心とされている。「精神病床等に関する検討会」における中間まとめで出てきた用語である。

精神保健福祉用語辞典　補遺

2007年7月1日　発行

発行　　中央法規出版株式会社

項　目

目 次

あ

アートビリティ 東京コロニー障害者アートバンクとして1986年に設立された，障害者作品専門のイラストバンク。送付を受けた障害のある作家のタイプアート等の絵画作品から奇数月の審査に合格した作品をポジフィルムにしてストックし，それらをデジタルデータに加工して営業活動を行うというシステムである。主として雑誌やポスター等の印刷媒体に有料で使用されている。
（田中邦夫）

愛育班 「母と子のしあわせのため」に地域の保健・福祉の向上を目指した住民自身による自主的な活動のための組織の一つ。恩賜財団愛育会（1934年に創立，1946年に恩賜財団母子愛育会に改称）によって始められた「愛育村」事業の中核となる単位組織として発足した。愛育班活動を実施する人を愛育班員といい，妊産婦や乳幼児，学童期や思春期児童への援助や指導とともに，各種健康診査や保健指導などの母子保健サービスへの協力を行っている。2003年現在，全国で約5万5000名の愛育班員が活動しており，その育成や援助は都道府県や市町村とともに母子愛育会愛育推進部が担当している。
（近藤洋子）

IL運動 ⇨自立生活運動
ILO ⇨国際労働機関
ILO第99号勧告 ⇨身体障害者の職業更生に関する勧告
ILO第159号条約 ⇨職業リハビリテーション及び雇用（障害者）に関する条約
ILO第168号勧告 ⇨職業リハビリテーション及び雇用（障害者）に関する勧告
IQ ⇨知能指数
ICIDH ⇨国際障害分類
ICF ⇨国際生活機能分類
ICD ⇨国際疾病分類
ICU症候群 〔ICU syndrome〕 ICU (intensive care unit：集中治療室）に収容された患者が呈する不安，抑うつ，幻覚妄想状態，せん妄（意識障害に伴う精神症状）等の精神症状。そのうち，せん妄を呈するものをICUせん妄と呼ぶことがある。身体疾患の状態，感染症，手術の影響，年齢，治療環境，治療スタッフの関わり等さまざまな要因で引き起こされると考えられている。治療としては，睡眠を十分確保することが基本であり，そのために向精神薬も使用する。しかし薬物療法が身体症状，精神症状を修飾してしまうことも多く，慎重に投与されるべきである。心因，環境因にも配慮して対応する。術後精神病の概念は，手術の後という時間からみた概念であり，ICU症候群は，収容されている場所からみた概念である。治療技術の進歩，施設の違い，精神症状のとらえ方（精神科医が診るか外科医が診るか）などの条件によって内容も違ってくるため統一した概念とはなりにくい。ICU症候群といったあいまいな診断は避けて，従来からの精神科の状態像診断に従うべきだとする考えが優勢になっている。
（横山晶一）

アイゼンク 〔Eysenck, Hans Jurgen：1916-1997〕 ベルリン生まれだが，1934年にナチス・ドイツを逃れ，イギリスに渡り，1940年にロンドン大学で学位を得る。ロンドン大学の心理学科を創設した心理学者。モーズレイ病院にて，人格心理学，行動療法の基礎研究と臨床研究に従事し，モーズレイ性格検査（MPI：Maudsley Personality Inventory）を開発した。主な研究は，パーソナリティ理論と測定，知能，社会的態度，行動遺伝学，行動療法である。例えば，ユング（Jung, C. G.）とクレッチマー（Kretschmer, E.）の類型学の影響を受け，人格を記述するために「神経症傾向」「内向—外向」「精神病傾向」の三つの基本的な人格次元を見いだした。
（中藤淳）

アイデンティティ ⇨自我同一性
アイバンク 〔eye bank〕「目の不自由な方に愛の光を」を合い言葉として，角膜障害者の視力回復のために献眼登録業務，献眼あっせん業務等を実施する機関で，全国に約50か所ある。

角膜障害者とは，眼球の最前部にある直径12mmほどの透明な組織である角膜が，けがや病気によって異常があるために視力が低下している人たちである。1997年「臓器の移植に関する法律」の成立により，これまでの「角膜及び腎臓の移植に関する法律」が同法に統合された。
(伊東秀幸)

愛盲運動 1937年に朝日新聞社の協力により，1935年に設立された世界で13番目のライトハウスの創始者である岩橋武夫はケラー (Keller, A. H.) 女史を迎え，日本各地で愛盲運動を展開し，社会に対し盲人問題の提起に努め，視覚障害者のみならずすべての障害者を勇気づけた。また，1948年に毎日新聞社の協力により再度ケラー女史を招いて愛盲運動を展開したことは，盲児童の就学義務制度および身体障害者福祉法の誕生に影響を与えた。
(増井喜代美)

アウトリーチサービス〔out reach service〕アウトリーチは，専門家が地域に出向きサービスを必要としている人を発見し，利用できるサービスの情報提供をするとともに支援過程に主体的に参加できる機会を設けることである。また潜在化されているニーズの発見も含まれる。今までの日本は専門家が機関でサービス利用者が出向いてくるのを待つという方法が多くとられていた。専門家が地域に出向きサービス利用者を発見することでケアマネジメントなどへの導入も可能になってくる。欧米の地域リハビリテーションなどでは一般的に用いられている。例えば言語や文化の障害によってサービスを受けることが困難な人に対してこちらから出向き働きかけを行っている。
(鈴木ゆかり)

青い芝の会 1957年，脳性麻痺者の親睦を深めることを目的に東京で発足する。その後1970年5月に横浜で起きた母親による障害児殺害事件への減刑嘆願に対し，障害児殺しを正当化し，障害者を施設へ隔離することにより社会から排除するものであると告発した。①自らが脳性マヒ者であることを自覚する，②強烈な自己主張を行う，③愛と正義を否定する，④健全者文明を否定する，⑤問題解決の路を選ばないとの「行動綱領」を活動の基本方針としている。
(沖倉智美)

アカシジア〔akathisia〕静座不能，着座不能とも呼ばれ，むずむず感等の異常感覚を伴い，落ち着きなく，運動過多になる状態を指す。抗精神病薬などの使用中に生じる，錐体外路症状の一型である。運動不安（静座不能等）・精神症状（焦燥・不眠等）・知覚異常（下肢の蟻走感等）の症候群としてとらえることができる。抗精神病薬投与後の精神症状の悪化の原因となっていることもしばしばある。抗精神病薬によるover-activatonの典型的状態との見方もある。薬物投与開始後の初期に起こることが多いが，遅発性アカシジアも報告されている。治療は，原因薬物の減量や中止が基本である。薬物療法としては抗コリン薬が有効であることが多い。その他，抗ヒスタミン剤，クロナゼパムなどのベンゾジアゼピン系薬物等も使用される。近縁の状態として，夜間に集中的に発現する下肢の異常感覚を主症状とするレストレスレッグ症候群があるが，これは，薬剤性だけでなく，尿毒症などにおいてもみられる。　→錐体外路症状
(横山晶一)

悪意 ⇨善意／悪意

アクスライン〔Axline, Virginia Mae: 1911-1988〕アメリカに生まれる。臨床心理学者。主に3～4歳から10歳前後の子どもと治療者がさまざまな玩具を使って一緒に遊びながら治療的関係をつくり上げていく遊戯療法の理論的研究を行った。そのなかでは以下の8原則を挙げている。①よい治療関係をつくる，②あるがままの子どもを受容する，③許容的雰囲気をつくる，④適切な情緒的反射を行う，⑤子どもに自信と責任をもたせる，⑥非指示的態度をとる，⑦治療を急がない，⑧必要な制限を与える。著書に『play therapy（遊戯療法）』(1947) がある。　→プレイセラピー
(中藤淳)

悪性症候群〔neuroleptic malignant syndrome〕抗精神病薬の最も重篤な副作用の一つ。1960年，ドレー (Delay, J.) らによって悪性症候群として発表された。高力価抗精神病薬の投与下で，身体疲労，脱水，精神症状の増悪

に伴って発症することが多い。個体側の感受性は重大な危険因子ではなく、特定の状況で作用する多様な付加的要因が重視されている。発生率は、抗精神病薬投与中の患者の0.1～0.2%。発熱、意識障害、筋強剛・無動等の錐体外路症状、頻脈・発汗・唾液分泌等の自律神経症状が主症状である。適切な治療が行われないと死亡する可能性が高くなる。最近では、臨床家の間に広く啓蒙され、死亡率は4%と減ってきている。臨床検査では、血清クレアチニンホスホキナーゼ（CPK）の高値、ミオグロビン尿等が特徴的である。治療としては、原因薬物の中止、十分な補液、クーリング、呼吸管理等の全身管理、筋弛緩薬であるダントローレンの投与、ブロモクリプチン、アマンタジン等のドーパミンアゴニストの投与、等が行われている。抗精神病薬投与の際に、本症の発症の可能性を念頭に置き、身体状態を十分観察し、十分な補液をしながら投与することなど、注意深く薬物療法を行うことで、重篤な状態になることはかなりの程度防げると考えられる。定型抗精神病薬だけではなく、非定型抗精神病薬、抗うつ薬、リチウム、抗パーキンソン病薬の使用中の発症の報告もある。また、使用開始や増薬だけではなく、減薬、急激な断薬による発症の報告もある。長期に抗精神病薬を服用中に、意識障害を主症状として発症し、典型的な高熱を伴わない、亜急性発症例の報告もある。最近では、SSRIの普及に伴い、臨床像の似ているセロトニン症候群との鑑別の必要性も出てきている。　→抗精神病薬、副作用　　　　　　　　　　　　（横山晶一）

アクセスサービス〔access service〕ソーシャルワークや地域福祉援助実践において、要援護者のもつニーズを少しでも早く適切なサービスにつなぐという観点から、開発・提供された情報伝達、案内システム、手続き等のサービスをいう。アウトリーチが援助者側からの積極的なアプローチ法として家庭訪問や日常生活の具体的部分への介入などを行うのに対して、これとは全く逆方向に、利用者側が主体的に利用するサービスであり、具体的には福祉110番、在宅におけるSOS探知システム、移動手段の利用総合相談窓口などがある。　→アウトリーチサービス　　　　　　　　　　　（田中英樹）

ACT（アクト）〔Assertive Community Treatment〕脱施設化の結果後の対応策として地域生活支援を進めるものとして欧米において発展した。1970年代前半、ウィスコンシン州マディソンのメンドーダ精神保健研究所において、スタイン（Stein, L.）やテスト（Test, M. A.）たちが開発したTraining in Community Living-PACT (Programs of Assertive Community Treatment)が始まりである。わが国では、入退院を繰り返し、過去において問題行動が頻回にある重度の精神障害者を対象に研究的に包括的地域生活支援プログラムが実施されている。ACTは、入院治療に替わるものとして、多職種によるチームが病院で提供されるすべての機能を地域に移したもので、そのプログラムは24時間アクセスが可能で、スタッフ一人当たりの利用者は10人以下に絞り込み、医学的な観察や薬物の提供など、住居や料理や買い物または経済的な援助も含めて、利用者が住んでいる環境に訪問という形態で直接的なサービスの提供を考え、地域生活の維持を可能にするためのプログラムである。ACTによって提供されるサービスは、薬の処方と提供、危機介入、身体的健康に関する支援、カウンセリング、病気と服薬の自己管理の支援、住居・経済問題・日常生活支援だけでなく、家族支援や就労支援から社会的ネットワークの維持と回復の支援まで考えられている。多職種間のチームアプローチによってケースマネジメントが集中的になされ、24時間体制で利用可能なサービスの提供を行い、個別性を大切にした継続性のある一貫したケアの提供で、クライエントが主体的に自らの地域生活を決定していくためのものである。
（荒田寛）

朝日訴訟　厚生大臣が決定した生活保護基準では、健康で文化的な最低限度の生活を営むことは不可能であるため、同基準が日本国憲法第25条第1項の生存権保障規定に違反するとして提起された行政訴訟事件である。原告の朝日茂氏は単身者で、医療扶助と入院患者日用品費

（生活扶助）を受給して岡山県の結核療養所に入院していた。1956年，岡山県津山市福祉事務所長は兄からの仕送り1500円を収入認定し，月額600円の入院患者日用品費を廃止するとともに，差額の月額900円を医療扶助に充当する決定をした。朝日氏は，月額600円では健康で文化的な最低限度の生活を営むことは不可能であるとして不服申し立てをしたが，審査請求，再審査請求ともに却下されたため1957年に提訴した。国は，最低生活水準の客観的な決定は不可能であり，生活保護基準の決定は厚生大臣の裁量に委ねられる旨主張したが，1960年，第一審の東京地方裁判所は国の主張を退け，生活保護基準が生活実態に照らしてあまりに低廉であるとして，福祉事務所長の決定を違法と判断した。その後，第二審で敗訴した朝日氏は最高裁判所に上告したが審理中に他界し，結果として国の勝訴となったが，この事件を契機に国民の生存権保障に対する関心は高まり，その後の生活保護基準の改善にも大きな影響を与えることになった。　→収入認定，生活保護基準，入院患者日用品費　　　　　　　　　（坪内千明）

アジア太平洋障害者の十年〔Asian and Pacific Decade of Disabled Persons, 1993-2002〕　アジア太平洋地域において，「国連・障害者の十年」を1993年から2002年までの10年間継続し「障害者に関する世界行動計画」の完全実施を図ることを目的に，1992年の国連アジア太平洋経済社会委員会（ESCAP）第48回総会で決議されたもの。同議決は，ESCAP加盟各国に国内行動計画の策定と実施を要請し，その進展状況について各国間で評価することを求めた。また，2002年のESCAP第58回総会では，日本の主唱（びわこミレニアムフレームワーク）でさらに10年の延長が決議された。　→国連・障害者の十年　　　　　　　　　（鈴木孝典）

アスペルガー症候群〔Asperger's syndrome〕1944年アスペルガー（Asperger, H.）が症例を報告し，自閉的精神病質と名づけ，1981年ウィング（Wing, L.）がアスペルガー症候群として再び取り上げた。症状特徴として，人格障害と発達障害の接点という側面がある。アスペルガーは当初，乳児期から小児期の人格発達の偏りと主張した。もう一つは，広汎性発達障害の一型との考え方がある。そのなかで，高機能自閉症の一型とする考えと，高機能自閉症との差異を指摘する考えとがある。ICD-10，DSM-IVで取り上げられるようになったが，診断基準は基本的には共通するものであり，広汎性発達障害に属する独立した障害ととらえている。疾病分類上の妥当性はまだ確立していない。主な特徴は以下のとおりである。①言語あるいは，認知的発達において遅延や遅滞がみられない，②自閉症と同様の，相互的社会的関係の質的障害，③関心と活動の範囲が限局的で常同的反復的である，④全体の知能は正常だが，著しく不器用である，⑤8：1で男児に多く，青年期から成人期へと症状は持続することが多い。治療は，薬物療法も行われているが，年齢に応じた，スキルを向上させるアプローチの必要性が示唆されている。診断，治療ともに，まだ確立したものではなく，今後，経験を重ねて変更されていくものと考えられる。　→自閉症，広汎性発達障害　　　　　　　　　（横山晶一）

アセスメント〔assessment〕　ソーシャルワーク，あるいはケアマネジメントにおける事前評価・初期評価を意味し，援助過程においてインテーク，情報収集に次ぐ局面に位置すると考えられている。具体的には，実際の援助活動を方向づける援助計画を作成するにあたり，インテークや情報収集の段階において得られた情報と，クライエントのニーズおよび意志を尊重しながら，クライエントの現状を包括的・全体的に評価・査定することをいう。従来，医学モデルの伝統的ケースワークにおいては「社会診断」といわれていたものであるが，「社会診断」がクライエントの抱える問題点や病理的側面を評価することを強調し断定的な印象を与えかねないのに対し，「アセスメント」は問題点や病理的側面だけではなく，クライエントがもつ対処能力や強さ，およびクライエントへのサポート，その取り巻く環境等，問題の全体状況を包括的に評価することを意味し，さらに援助過程においては必要に応じ見直されていくものであるとい

うことが強調されている。実際のアセスメントは，援助過程において限定された特定の一局面においてのみ実施されるのではなく，ソーシャルワーク援助過程全般をとおして必要時に繰り返されるのが通常であり，そのような意味からすると，アセスメントをある特定の段階や局面を指すものとしてとらえるのではなく，ソーシャルワーク実践全体をとおしての一要素であると考えることもできる。近年では，エコマップの活用や，ケアマネジメント過程におけるアセスメントのように，アセスメント票と呼ばれるチェック方式の用紙を利用するなど，さまざまな工夫がなされている。しかし，いずれのアセスメントツール（道具）を使用するにしても，アセスメントはソーシャルワーカーがクライエントのニーズや意志を尊重しながら，クライエントと共に行う共同作業であることが肝要である。　→社会診断，エコマップ　　（井上牧子）

アソシエーション　⇨コミュニティ／アソシエーション

アタッチメント〔attachment〕愛着ともいわれる。乳児が最初に出会う養育者との間に築く特別の情緒的関係。通常は乳児の世話の大部分を引き受け，温かさと愛情を示す大人との間に生まれる。次のような行動が，アタッチメントが形成されていることを示す。①愛着の対象となる人物と接触しようとする，②いなくなると悲しそうなそぶりを示す，③対象とその他の人を区別していて，対象にはリラックスし，気持ちよさそうである。乳児がこのようなアタッチメントを示すことは，大人を積極的に愛する能力，自分の愛を伝える能力を持っていることを意味している。これをもとに，大人との間にきずなを形成していく，いわば重要な対人関係の基礎である。同時にこれを安全基地としながら，外界を探索していくことができる。

（上林靖子）

アダムス〔Addams, Jane：1860-1935〕アメリカのイリノイ州に生まれる。1889 年にシカゴ市にハル・ハウスを創設し，セツルメント運動をアメリカに広げる端緒となった。また社会的平等，社会正義，社会改革への情熱，差異の尊重，多元的文化の多様性の尊重，世界意識と責任の感覚で，婦人運動，人種差別反対運動，反戦運動などのコミュニティアクション，ソーシャルアクションを展開した。やがてその活動は国外へも広がり，1931 年ノーベル平和賞を受賞した。　→セツルメント　　（相川章子）

アダルトチルドレン〔adult children：AC〕アルコール依存症者の家族で育った子どもたちには，夜尿症，チック，多動，癇癪，ひきこもりなどの問題行動が多いが，長じてからの摂食障害，アルコール・薬物依存，児童虐待やドメスティック・バイオレンス問題も珍しくない。アルコール依存症者家族で育ち成人した人（adult children of alcoholics：ACOA）のなかには，親密な関係や信頼関係に基づく人間関係を築けず，不安や生きにくさを感じてしまう人も少なからずおり，こうした状況が関連して成人後の問題を引き起こすと考えられている。その後 ACOA 概念は，アルコール依存症家族だけに限らず観察されるという理由で，機能不全家族に育った子ども（adult children of dysfunctional family：ACOD）全般に適用拡大され，近年では単にアダルトチルドレン（AC）あるいはエー・シーとだけ呼ばれるようになった。　→アルコール依存症　　（清水新二）

アッカーマン〔Ackerman, Nathan Ward：1908-1971〕ユダヤ人一家に生まれる。ロシア生まれ。1912 年にアメリカに渡り，コロンビア大学で学ぶ。精神分析医であり，家族療法の先駆者。1960 年，ニューヨークで家族協会（The Family Institute）を設立。同年，家族・夫婦療法セラピストのジャクソン（Jackson, D. A.：1920-1968）と共に『Family Process』を創刊。家族力動論に基づき「全体としての家族」を診断・治療の一単位として考え，特に家族関係に焦点をあてて診断を行う「家族診断」を確立する。

（早川留美）

アディクション　⇨嗜癖（しへき）

アドラー〔Adler, Alfred：1870-1937〕オーストリア生まれ。ウィーン大学医学部を卒業後，一時フロイト（Freud, S.）の精神分析に関心をもったが，「個人心理学」と呼ぶ学説を唱えるに

至った。個人の成り立ちは個々の要素の寄せ集めによっているのではなく、あらゆる要素がひとまとまりとなって形成されていると理解し、独自のカウンセリング理論を展開。臨床医、コロンビア大学教授などを務めたほか、ウィーンで児童相談所を開設するなどの活動も行った。『The Science of Living（個人心理学講義―生きることの科学―）』(1929)などの著書がある。
(佐々木哲二郎)

アノミー〔anomie〕 社会規範が弛緩・混乱し、個人の行為に制約が課せられなくなった社会状態。デュルケム(Durkheim, É.)は、社会変動に伴うアノミー下で無際限に拡大した欲求を充足できなくなった個人が、それを原因に犯す自殺をアノミー的自殺として定式化した。他方、マートン(Merton, R. K.)は、社会規範が設定する目標を個人が合法的手段によって達成できない状態をアノミーとし、非合法的手段への依存、すなわち社会的逸脱の説明を行った。
(杉本昌昭)

アパシーシンドローム〔apathy syndrome〕 大学生にみられる神経症性の無気力・無感動状態をスチューデント・アパシーというが、同様の特徴は、高校生や30歳代のサラリーマンにもみられる。そこで笠原嘉は、これらを総称してアパシーシンドロームと呼んだ。この症状では無気力・無感動、目標の喪失は自覚されるが、不安・抑うつといった感情は伴わないため、自らカウンセラー等に助けを求めることは少ない。元来の性格はむしろ几帳面、努力家で、優秀者であることも多い。本業というべき生活部分（学生なら勉学）からは「退却」しているものの、本業以外の生活領域やアルバイトなどには参加できる。このように「社会的ひきこもり」との共通点も多いが、家庭内暴力にまで至らない点などで異なる。また、他の精神疾患、例えば、うつ病や統合失調症（精神分裂病）、あるいは神経症性の登校拒否とも多くの場合は鑑別が容易である。回避型、自己愛型、強迫型、境界型といったパーソナリティとの関連が指摘されている。　　→スチューデント・アパシー、ひきこもり
(川野健治)

アプテカー〔Aptekar, Herbert H.〕 アメリカの社会福祉研究者。ケースワークにおける診断主義派と機能主義派の対立を発展的に統合させるべく、両派の概念をまとめている。両派の共通点は、力動精神医学的な視点であり、いずれも環境や社会的要因への関心が希薄であり、心理的要因を重視していると指摘した。主著に『The Dynamics of Casework and Counseling（ケースワークとカウンセリング）』(1955)、『Basic Concepts in Social Casework（機能主義ケースワーク入門）』(1941)がある。
(早川留美)

アブラハム〔Abraham, Karl : 1877-1925〕 ドイツの精神分析医。ブロイラー(Bleuler, E.)のもとで精神病理学を学び、フロイト(Freud, S.)に精神分析学を学んだ。1910年ベルリン精神分析学会を設立。アメリカのホーナイ(Horney, K.：ネオ・フロイト学派)やイギリスのクライン(Klein, M.：クライン学派)等に教育分析を行い、世界の精神分析界に多大の影響を与えた。口唇期とうつ病の病因論研究等、発達論に基づく精神病理研究に貢献した。著書に『The narcissistic evaluation of excretory process in dream and neurosis』(1920)や『The influence of oral erotism』(1924)がある。　(池田良一)

アメリカ精神医学会〔American Psychiatric Association：APA〕 アメリカにおける精神医学（精神障害と薬物乱用の診断と治療）を専門とする医学者の専門組織で、1844年に精神障害者収容施設の院長会として設立され、1921年から現在の名称となった。その目的は、精神障害の診断と治療の推進とともに、公的な情報提供、教育、啓発活動などを通じて、精神障害者のケアの推進と改善を図ることも含む。国際的に広く研究に使われる操作的診断基準DSM (Diagnostic and Statistical Manual of Mental Disorders)は、この学会が刊行している。
→DSM　　(三宅由子)

アラノン〔Al-Anon : Alcoholics Anonymous〕 アルコール問題をもつ者の家族・友人のためのセルフヘルプグループの一つ。1951年アメリカで誕生し、各国各地にグループがある。

日本ではアラノン・ジャパンが1980年に誕生。AAと同様に匿名・献金制で，12のステップ・12の伝統と呼ばれる規範をもち，ミーティングを中心とした活動を行っている。アラノンACは子ども時代に問題の影響を受けた人の，アラティーン（Alateen）は問題を身内にもつ10代の子どもたちの集まり。　→アルコホリクスアノニマス，アルコール依存症　　　（山本由紀）

アルコール依存症〔alcohol dependence〕一般にアルコールを含めて薬物依存とは，ある物質（substance）の繰り返し使用によって，その物質なしでは身体的な苦痛，不快感が襲うためこれを回避し，あるいはまた物質を求めてやまない強烈な心理的渇望（craving）のために，強迫的に薬物を求める行動によって特徴づけられる。前者が「身体的依存」，後者は「心理的依存」と呼ばれ，強迫的に薬物を求める状態と行為が「薬物探索行動」と呼ばれる。身体の依存および精神的依存，またそれらの結果としての精神病的精神症状の発現は，使用される物質によってその発現の有無は異なる。同様に物質によっては，それまでと同じ程度の興奮・抑制・幻覚効果を得るために，次第に物質の使用量，頻度を増やさねばならなくなるものが少なくない。このメカニズムは「耐性（torelance）」の上昇と呼ばれる。アルコールはヘロインなどのアヘン系麻薬と同様，強度な特徴を示す大変リスクの大きい物質であり，かつ各種薬物のなかで最も多用されるのがアルコールであることから，アルコールを社会的薬物として認識する必要がある。アルコール依存の結果何らかの医学的症状を示す場合，これをアルコール依存症と呼ぶ。胃・十二指腸潰瘍，肝臓疾患や糖尿病，高血圧などはもとより，アルコール性痴呆やうつ，情緒不安定，不眠や各種炎症，手指のふるえやせん妄，幻覚などの離脱症状，さらには次世代への悪影響としての胎児性アルコール症候群等々，アルコールに起因，関連する医学的症状は多岐にわたる。日本では1970年代の隔離を中心とした入院治療の時代から，1980年代になると大都市を中心に外来クリニックが立ち上がり始め，1990年代には地方都市も含めて通院によるアルコール医療が可能となった。さらに1990年代後半にはアルコール依存症の社会復帰，地域ケアが政策的にも展開し，医療サービスのみならずデイケアや作業所，グループホームなどの福祉サービスもシステム化され始めている。また予防面でも中・高等学校の保健教育に組み込まれたり，地域や職域におけるアルコール教育プログラム，市民団体や自助グループによるアルコールの乱用や酒害の防止活動も根づき始めている。なお，アルコール依存には遺伝的要因（アルコールの代謝酵素，暴力タイプで若年発症の男子アルコール依存症者）も指摘されるが，環境的要因が大きく作用する。　→薬物依存，アルコール関連問題　　（清水新二）

アルコール関連問題〔alcohol-related problems〕　アルコール依存の問題は身体的依存や心理的依存といった薬理的な作用だけが問題なのではなく，本人のみならず周囲をも巻き込んださまざまな生活上の不都合を生じる。各種の疾患はいうに及ばず，交通事故，傷害，犯罪，休職・失職，家族の不和・解体や離婚，あるいはコンパでの一気飲みの強要による急性アルコール中毒など，実生活ではこれら社会関係上の支障の方が問題となる。アルコール関連問題という用語は，単に医療的な疾患問題とする理解では見過ごされてしまいやすい社会生活全般にわたって広く観察されるこうしたアルコール依存・乱用問題に関心を導いてくれる。政策的にも「健康日本21」のなかで，一般人口の保健，健康増進の観点から飲酒問題が取り上げられ，2010年までに①1日に平均3合以上多量に飲酒する人を2割減少させる，②未成年の飲酒をなくす，③「危険の最も少ない飲酒」としては1日平均1合程度である旨の知識を徹底させる，の三つが具体的数値目標とともに対策課題として明記された。　→アルコール依存症

（清水新二）

アルコホリクスアノニマス〔Alcoholics Anonymous：AA〕　アルコール依存症者やアルコール問題をもつ者のセルフヘルプグループ。1935年にアメリカのオハイオ州で2人のアルコール依存症者の集まりから始まり，現在世

界的規模で各国各地にグループがある。日本では1975年に始まり、2003年12月現在まで約413のグループが全国各地でミーティングを開催しており、AA日本ゼネラルサービスオフィスが東京にある。メンバーはさまざまな階層の人が参加できるように「アノニマスネーム」を使用して匿名でグループに参加する。献金を募ってグループの維持費にあて、組織をもたず、いかなる組織にも縛られず、医療機関等援助機関とは協力関係にある。原則として問題をもつ本人のみのクローズドグループが中心だが、家族や知人・関係者が参加できるオープングループやステップセミナー等も開かれる。回復の過程として「12のステップ」という独特の考え方を掲げている。これは飲酒のとらわれから解き放たれ、飲まない生き方を実践するための原理を表したものである。メンバー間には役割も上下もないが、「スポンサーシップ」という先達者がピアな立場で後進の者の話を聞いて支え合う独特のシステムがある。また、グループのあり方を表した「12の伝統」という規範をもつ。これはAAが一体性を保ち、周囲の社会との関わりをもち、自立して存続し、成長を続けるための手段を表したものである。この方式はアラノン、ACOA (Adult Children of Alcoholics)、NA (Narcotics Anonymous)、OA (Overeaters Anonymous) 等他のアディクションのためのセルフヘルプグループのやり方に影響を与え、模範となっている。現在アルコール依存症の治療にはセルフヘルプグループへのつながりが必須とされており、AA等に通うことは治療に準ずると生活保護制度では交通費が認められ、医療機関・援助機関より参加を奨励される。日本では「断酒会」というグループがあり、AAと比較される。　→アルコール依存症、セルフヘルプ、断酒会　　　　　　　　　　(山本由紀)

アルツハイマー病〔Alzheimer's disease〕1906〜1907年アルツハイマー (Alzheimer, A.) が、51歳頃より嫉妬妄想で始まり、高度の痴呆を呈して55歳で死亡した女性を、老年痴呆の一亜型として報告した。1910年クレペリン (Kraepelin, E.) は、初老期発症という老年痴呆では説明できない事実や、神経原線維変化の出現を重視して、老年痴呆とは異なる新しい疾患として位置づけ、アルツハイマー病と名づけた。現在は、脳の病理形態学的所見に関しては、アルツハイマー病と老年痴呆との間に差異はないことが明らかとなっている。また臨床研究によっても両者の間に差異はないとする考えが優勢となっている。しかし臨床家の間では両者の臨床症状に相違があるとの印象をもっているものも多い。ICD-10においては早発性アルツハイマー病の痴呆と位置づけている。記憶、記銘力障害、特に新しい事柄に関する記憶力の低下から気づかれることが多い。家族に後から聞いてみると、ちょっと前に話していたことをすっかり忘れている、料理のメニューが限られたものになってくる、といったエピソードが思い出されることがある。上機嫌、物忘れや仕事の失敗が多くなり、ときに抑うつ的であることもある。次第に、知的機能の全般的低下が顕著になる。それに、以下のような巣症状が加わってくる。①失語、②運動機能は損なわれていないにもかかわらず、動作を遂行できない失行、③感覚機能が損なわれていないにもかかわらず、対象を認識または同定できない失認等がある。屋外で道に迷ったり、自分の部屋のなかでも、ベッドの位置がわからなくなる、等の視空間失認が早期から顕著である。特徴としては、痴呆や巣症状がかなり高度であるにもかかわらず、人格のまとまりが比較的保たれていることが挙げられる。早期から人格変化がみられる、ピック病と対照的である。病期が進むと非協調性、攻撃性などがみられる。次第に、日常生活動作もできなくなり、巣症状も顕著になり、神経学的症状も目立ってくる。末期には、寝たきりとなり、合併症や全身衰弱などで死亡する。せん妄、妄想、抑うつ等の精神症状が合併することも多い。アセチルコリンエステラーゼ阻害薬の使用が始まってから、早期診断が治療効果に直結するかもしれないとして注目されるようになった。　→痴呆　　　　　　　　　　(横山晶一)

アルマ・アタ宣言〔declaration of Alma Ata〕1978年旧ソ連のアルマ・アタで、WHOと

UNICEFの共催で開催された国際会議で出された宣言。WHOが1975年に提唱したプライマリヘルスケアの概念は，各国で検討されてきたが，それぞれの国のヘルスニーズや社会的・文化的背景を反映して，その表現は微妙に異なっていた。アルマ・アタでの国際会議は，世界各国がその理念を確認し，プライマリヘルスケアの統一理念を提唱したという意義をもっている。アルマ・アタ宣言では，「プライマリヘルスケアとは，地域に住む個人や家族が受容できるかたちで，あまねく受けうる基本的な保健ケアのことであり，それは住民の積極的参加とその国でまかなえる費用で運営されるものである。プライマリヘルスケアは，それぞれが核となり，構成されている国の保健システムおよび地域全般の社会・経済開発などの一つの必須部分をなすものである」と定義されている。　　→プライマリヘルスケア　　　　　　　　（藤内修二）

アレキシサイミア〔alexithymia〕　シフネオス（Sifneos, P. E.）は心身症患者の性格特性として，alexithymia（アレキシサイミア：失感情症）の概念を提唱した。すなわち，①空想力の欠如，②葛藤の言語化ができない，③情動の体験や表現の制限がある，④感情よりもむしろ些細なことを際限なく述べる，⑤面接者との交流が困難，といった特徴があるとしている。生物学的には情動中枢である大脳辺縁系と大脳皮質間の機能連関の障害もしくは左右半球間の機能連関の障害と仮説されている。　（石川俊男）

安心ネット　緊急通報システムとして，救援者への連絡が行われる連携システムを指す。緊急通報装置の給付・貸与は，ひとり暮らし等の高齢者，身体障害者，難病患者を対象として，家庭内で病気や事故等の緊急事態が起きたときにペンダント型のワイヤレス発信器，または装置の緊急通報ボタンを押すことにより，消防署，老人福祉施設，医療機関などのセンターに通報が入る。最近では，通信関係企業や警備会社などによっても独自のシステムが開発されている。　　　　　　　　　　　　　　　（中島修）

アンソニー〔Anthony, William : 1942-〕　アメリカのボストンにある精神科リハビリテーションセンターの所長にしてボストン大学リハビリテーションカウンセリング学科の教授。臨床心理学者。コーエン（Cohen, M.），ファルカス（Farkas, M.）との共著『Psychiatric Rehabilitation（精神科リハビリテーション）』（1990）では，1970年代から20年にわたる研究の丹念なレビューを行い，15の神話があることを指摘し，リハビリテーションに関する常識を覆してみせた。そのなかには「精神障害を抱えた人のほとんどが社会復帰に成功している」といったものが含まれる。　　　　　　（丸山晋）

アンダーソン〔Anderson, Carol M. : 1939-〕アメリカの家族療法家。統合失調症（精神分裂病）の再発と家族システムの関係に注目し，再発予防に向け，患者を含めた家族全員への心理教育の有効性を示した。まず病気と治療法や，社会資源に関する正確な知識と最新情報を提供し，再発回避に向けての対処技能について，心理教育を行い，退院後の地域社会のなかでの社会的交流や責任性の獲得を目指した。ハガティ（Hogarty, G. E）たちとの共著に『Schizophrenia and the Family : A Practitioner's Guide to Psychoeducation and Management（Guilford Family Therapy Series）（分裂病と家族―心理教育とその実践の手引き―）』（1986）がある。　　　　　　　　　　　　（吉川公章）

アンビバレンス〔ambivalence〕　一般的には両価性と訳されているが，両面感情や両面価値とも訳される。ある状況下で，その人が，同一の対象に対して相反する心理的傾向，感情，あるいは態度，例えば愛情と憎しみ，尊敬と軽蔑などを同時にもつ状態を指す。ブロイラー（Bleuler, E.）が統合失調症（精神分裂病）者の人格の主要な側面の一つを記載するために使用した。また，フロイト（Freud, S.）は陰性感情転移の説明にこの語を用い，神経症症状を愛憎の両価的葛藤に対する防衛であるとした。相反する心理的傾向，感情，あるいは態度は，互いに無縁なのではなく，共通の根を有しているが，通常，一方の面（多くは望ましくない面）が無意識下にあって，その人の行動に影響を与えるとされる。　　　　　　　　　（中藤淳）

アンフェタミン〔amphetamine〕 メタンフェタミン（商品名ヒロポン）とともに，覚せい剤取締法で規制を受ける薬物である。アンフェタミン（フェニルアミノプロパン）とメタンフェタミン（フェニルメチルアミノプロパン）は，それぞれ1887年，1913年に合成された。治療薬として期待されたが，現在では，主に乱用薬物として問題となっている。経口，皮下注射，静脈注射，吸入，加熱吸煙等の方法で，吸収される。主に肝臓で代謝されるが，尿中にも排出される。最終使用から4日以内には大部分排出される。薬理作用は，末梢交感神経系の賦活，中枢ドーパミン系，ノルアドレナリン系の賦活による。心拍数増加，血圧上昇など，循環系への影響と，消化器系への影響等の身体変化があり，大量使用では急性死を引き起こすことがある。快感，陶酔，覚醒作用，不安，大量使用では，幻覚妄想，錯乱，精神運動興奮等の精神病状態を引き起こす。食欲減退，常同行動なども引き起こすことがある。精神的依存も生じる。慢性使用すると，耐性，離脱症状が起こる。継続使用することで，精神病状態が起こりやすくなる逆耐性現象も知られている。 →薬物依存
（横山晶一）

い

EUの障害者雇用にかかわる勧告〔Council Recommendation on the Employment of Disabled People in the Community〕 1983年から1996年までを3期に分け，障害者雇用と関連するヘリオスプログラムが展開。「EUの障害者雇用にかかわる勧告」は，この第一期「障害者の社会的統合促進のための第一次行動計画（1983～1987年）」の成果としてまとめられた勧告。雇用や職業訓練の分野において，障害のある人々に対して公平な機会を提供するあらゆる措置を取ること，および障害のある労働者が直面する差別を排除する政策を推進することが提唱されている。 →障害者の社会的統合促進のための第1－3次行動計画
（有野哲章）

家制度〔Japanese traditional family norm〕 過去の日本の歴史的・経済的・政治的条件の下では，家族は，経営の単位であり，労働組織をなし，成員の生活保障の単位であり，先祖祭祀に基づく信仰の単位でもあった。そのような家族を家と呼ぶ。その家族規範が家制度である。家産の一子による単独相続を軸とする家の永続が旨とされ，意思決定過程においては長幼の秩序・男性優位が規準であった。江戸期から昭和戦前期の農家・商家などが家の典型である。ただ，武士の家は，長男子による単独相続を必須とした点で庶民の家と異なった。明治民法における家はこの武士の家をモデルにしたため，明治民法の規定を家制度と呼ぶ場合もある。 →相続，同族
（熊谷苑子）

医学的リハビリテーション〔medical rehabilitation〕 WHOはリハビリテーションを定義して「障害によって失われた機能的能力を可能な限りの最高レベルに達するように個体を訓練あるいは再訓練するため，医学的・社会的・教育的・職業的手段を併せ，かつ調整して用いること」としている。このなかの医学的接近を医学的リハビリテーションという。具体的には理学療法や作業療法を用いて失われた機能を回復したり，あるいは回復せずに残された機能をあらゆる手段を用いて代償する行為を指す。精神科分野ではデイケアなどでさまざまな技法が用いられる。例えば集団精神療法，芸術療法，レクリエーション療法，認知行動療法，SSTといったものがそれである。一般的には病院や診療所を中心に行われるが，職業リハビリテーションや地域リハビリテーションと連動したり，補完し合っていくなかで，より強力な成果が期待できる。
（丸山晋）

医学モデル／生活モデル 障害と生活機能の理解のために，さまざまな概念モデル（パラダイム）が提案されてきた。それらは「医学モデル」対「生活モデル」（または「社会モデル」）という弁証法で表現されうる。医学モデルでは障害という現象を「個人的な」（狭義の医学）と

いう視点からとらえ，障害者を疾病・外傷やその他の健康状態から直線的に生じるものであり，専門職（医師等）による個別的な治療といったかたちでの個別的な病気をとらえ，狭義の医療を必要とするものとみる。一方，障害の「生活モデル」では同じ現象を，社会によってつくられた問題と見なし，主として障害のある人の社会への完全な統合の問題としてみる。この視点からいえば，障害は個人に帰属するのでなく，社会のなかで生活する一市民として「生活全般」をみることによって考えていかなければならないことになる。したがって，この問題に取り組むためには社会的行動が求められ，あらゆる障害者が全分野に参加していくことは，完全参加に必要な共同責任となる。この共同責任を全うするためには，社会変化（制度の改革・新設）や思想上の変化（意識改革）が必要とされる。

また，法的な問題としては人権問題がある。歴史的には，1986年にジャーメイン（Germain, C.）とギターマン（Gitterman, A.）が，医学モデルの心理療法的アプローチや，社会の変革を求めるソーシャルアクションモデルに対して，利用者の抱える問題は生活空間の不適切な交互作用（transaction）にあると考え，人と環境の接触面（interface）に焦点を当てる「生活モデル」を提唱した。「生活モデル」では，利用者の環境への「対処能力」（coping）を高めるのと同時に，利用者に向けた環境の応答性（responsiviness）にも重点が置かれるとした。「生活モデル」は，「ヒューマンエコロジー」に依拠する，精神保健福祉士の業務の根本をなす思想といえる。
→環境，コーピング　　　　　　　　（高橋一）

異議申し立て　行政庁の処分または不作為に対する審査請求と並ぶ不服申し立ての一種であり，①処分庁に上級行政庁がないとき，②処分庁が主任の大臣または宮内庁長官もしくは外局もしくはこれに置かれる庁の長であるとき（①および②の場合で審査請求ができるときは原則として審査請求による），③これらに該当しない場合で，法律に異議申し立てができる旨の規定がある場合，④行政庁の不作為の場合には，不作為による処分その他の行為を申請した者が，それぞれ異議の申し立てをすることができる（行政不服審査法第6条，第7条）。異議の申立ては原則として書面でしなければならず，異議の申し立ては処分のあったことを知った日から60日以内に行わなければならない。異議申し立てが法定の期間経過後にされたものであるとき，その他不適法であるときは，処分庁は，決定で，当該異議申し立てを却下し，異議申し立てに理由がないときは，処分庁は，決定で当該異議申し立てを棄却する。処分（事実行為を除く）についての異議申し立てに理由があるときは，処分庁は，決定で原則として当該処分の全部もしくは一部を取り消し，またはこれを変更し，事実行為の場合は，当該事実行為の全部もしくは一部を撤廃し，またはこれを変更するとともに，決定で，その旨を宣言する。不作為に対する異議申し立ての場合は，不適法な申し立てでない限り，不作為庁は，不作為についての異議申し立てがあった日の翌日から起算して20日以内に，申請に対する何らかの行為をするか，または書面で不作為の理由を示さなければならない。　　　　→審査請求，不服申し立て
（池原毅和）

育児休業，介護休業等育児又は家族介護を行う労働者の福祉に関する法律〔平成3年法律第76号〕　略称，育児・介護休業法。少子化・高齢化・核家族化の進行が加速するなかで，かつては嫁または娘の仕事とされた介護ならびに母親の育児の社会的フォローが緊急の課題となったために，1991年「育児休業法」が成立し，1995年に介護休業制度は努力義務というかたちで導入がなされ，法律名も1999年3月まで「育児休業等育児又は家族介護を行う労働者の福祉に関する法律」とされ，そして，同年4月より，介護休業を使用者に義務づけるかたちで，現行法律名となった。なお，この改題とあわせて1997年の労働基準法改正による女性の深夜業禁止規定解除に伴い，育児・介護を要する一定の男女労働者に深夜業が拒否できるようになった。そして，2001年11月に，男女を問わず①育児・介護の申し出・取得を理由とした不利益取り扱いの禁止，②月24時間，年150時間を超える時間

外労働の免除(子の小学校就学前まで。ただし，対象外あり)，③時短のための短時間勤務制度など選択設置義務の子の年齢引き上げ（3歳まで），④転勤に関する配慮義務，などを骨子とする改正がなされた(2002年4月施行)。なお，雇用保険法は育児休業および介護休業を取得した労働者を「みなし被保険者」として取り扱う制度を定めている。休業期間中の賃金を同法の給付金で補塡している。　　　　　　　(辻村昌昭)

育児支援　広く子どもを育てる環境を整備するための諸施策を指すが，そもそも少子化の進行を止めるために打ち出されたものである。「今後の子育て支援のための施策の基本的方向について(エンゼルプラン)」(1994年)，その後，見直しを経て「重点的に推進すべき少子化対策の具体的実施計画について（新エンゼルプラン）」(1999年)が策定された。これまでの育児支援は，母親学級や育児学級が中心であったが，育児に伴う母子の不安を取り除くだけでなく，少子化に対応するために，働く女性の育児環境と労働環境を整備していくことが考えられるようになった。また，子どもが育っていくための教育環境や地域・住居環境も視野に入れた支援体制が考えられている。　→子育て支援，少子化，重点的に推進すべき少子化対策の具体的実施計画について（新エンゼルプラン）　(上林靖子)

育児不安　子どもの養育をめぐる不安のこと。夫婦を単位とした核家族，地域とのつながりが希薄な都市のなかで，孤立して子育てにあたる母親が増えた1970年代に社会的な問題として注目されるようになった。その内容は，児の成長発達が正常か否か，些細な症状への不安，子どもの示す反応や行動についての不安，自分の養育法が間違っていないかについての不安などである。母親の精神健康の問題（抑うつ，強迫，不安，精神病など）を背景としてあらわれることもある。多くは，上述のような孤立した育児環境から生じている。乳幼児期の子どもをもつ親に多くみられ，母子保健の課題である。乳幼児健康診査で，親子の心の状態を観察し，育児についての交流の場を提供する，ハイリスク群に対するケアシステムの構築，育児グループの育成などがこの対策として提唱されている。　　　　　　　(上林靖子)

育成医療　身体に一定程度以上の障害のある児童や，現存する疾患がこれを放置すると障害を残すと認められる児童に対して，生活の能力を得るために必要な医療を給付する制度である。都道府県が育成医療の給付を行うことや，給付に代えて必要な費用を支給することが児童福祉法第20条に定められている。給付の内容は，診察，薬剤または治療材料の支給，医学的処置や手術，自宅療養や入院時の看護，移送などであり，これらは厚生労働大臣または都道府県知事が指定する医療機関(指定育成医療機関)によって行われる。身体発達の途上にある児童が障害を早期治療することにより，将来の生活能力を確保することを目的としているので，確実に治療効果の期待できるものが対象となっている。具体的な対象疾患には肢体不自由，視覚障害，聴覚・平衡機能障害，音声・言語機能障害等の整形外科，眼科，耳鼻咽喉科関係の疾患をはじめ，先天性の臓器障害，腎不全に対する人工透析，後天性心臓機能障害も含められる。→児童福祉法，更生医療　　　(近藤洋子)

違憲法令審査権　法律や命令などが「国の最高規範である日本国憲法」(日本国憲法第98条第1項)に違反していないかを審査する権限をいう。日本国憲法第81条が「最高裁判所は，一切の法律，命令，規則又は処分が憲法に適合するかしないかを決定する権限を有する終審裁判所である」と定めるのがこれである。裁判所がこの権限を有することを明らかにしているのであって，地方裁判所，高等裁判所にも違憲法令審査権はあり，最終的に判断するのが最高裁判所である，との意味である。外国では裁判所以外の機関にこの権限を認めるところもあるが，多くは裁判所に委ねている。わが国では具体的な事件処理のために必要な範囲で法令の違憲性を争う（付随的違憲審査制）ことが認められているだけである。　　　　　　　　(池原毅和)

医行為　医師法第17条の「医師でなければ，医業をなしてはならない」とする規定により，医業は医師の業務独占とされ，医師でない者が

医業を行うことを禁じている。医業とは，業として医行為を行うこと（反復継続の意思をもって医行為を行うこと）であり，医行為とは，医師の医学的判断および技術をもってするのでなければ人体に危害を及ぼし，または及ぼすおそれのある行為をいうものとされている。医療が高度化し，専門分化するにしたがい，多くの医療関連専門職種が医行為の一部に関与するようになっている。医行為のなかで，医師にしか許されない行為を絶対的医行為といい，医師の指示の下に医療関連専門職種に許された行為を相対的医行為というが，相対的医行為に対しても最終的責任は医師が負うこととされている。相対的医行為を医療関連専門職種が行う法的根拠は，保健師助産師看護師法第31条により看護師の業務独占とされている療養上の世話および診療の補助のうち，診療の補助業務についての業務独占規定を，それぞれの資格法において解除することによっている。精神保健福祉士の資格化にあたって，精神保健福祉士の業務に医行為が含まれるか否かが争点の一つになったが，結論として医行為は含まれず，したがって精神保健福祉士の業務を行うにあたって，医師の指示を受ける必要はない。ただし，精神症状が安定していない精神障害者に対して，個々の精神疾患の状態や治療計画，医学的に必要な配慮等を十分把握し，より質の高い相談援助を行うために，主治医の指導を受けなければならないこととされている。　→精神保健福祉士法

（佐藤三四郎）

遺言　遺言者の相続等に関する意思等を表明する単独行為であり，遺言者の死亡によって効力を生じるものをいう。遺言し得る事項は，相続分の指定等（民法第902条），遺産分割方法の指定等（第908条），遺留分減殺方法の指定（第1034条），遺贈（第964条），認知（第781条第2項）等である。遺言が法的な効力をもつためには，民法の定める方式に従わなければならない（第960条）。これは，遺言者本人の最終の意思であることを明確にする必要があるためである。民法が認める遺言の方式は，自筆証書遺言（第968条），公正証書遺言（第969条），秘密証書遺言（第970条）等であり，その方式に反す遺言は効力を有しない。　（登坂真人）

遺産分割　相続財産（遺産）を相続人間で具体的にどのように分けるかを決めることをいう。民法は相続人の法定相続分を定めているが（第900条），具体的な遺産の分割は，遺産に属する物または権利の種類および性質，各相続人の年齢，職業，心身の状態および生活の状況その他一切の事情を考慮して決定することになる（第906条）。遺産分割の方法は相続人の協議によるのが原則であるが，相続人間で協議がまとまらない場合は，その分割を家庭裁判所に請求することができる。この場合，家庭裁判所で遺産分割の調停を行い，調停でも相続人間の意見がまとまらない場合は，審判によって家庭裁判所の審判官が決定をすることになる。遺産分割は法定相続分を基準にして行うことになるが，相続人間で意見がまとまれば必ずしも法定相続分に拘束されずに分割を行ってもよい。また，遺言で相続分が指定されていたり，遺産分割の方法などが決められている場合は，遺言が優先し，それに反する遺産分割を行うことは許されない。相続人のなかに被後見人がいる場合は，後見人が法定代理人として遺産分割協議等に参加する。被保佐人がいる場合は，被保佐人は保佐人の同意がなければ遺産分割の最終決定をすることができない。被補助人の場合は，遺産分割が補助人の同意を要する事項と決定されている場合に限って，その同意なしには遺産分割の最終決定が許されない。成年後見人が共同相続人の一人であるときは，成年被後見人と利害相反関係になるので，臨時後見人等の選任が必要になる。　→遺言（いごん）　（池原毅和）

医師　「医師法」（昭和23年法律第201号）に規定される。医療および保健指導を掌ることにより，公衆衛生の向上および増進に寄与し，国民の健康な生活を確保することを任務とする。医師の教育期間は大学6年という高い水準で定め，義務として，応召義務（正当な理由なく診察治療を拒めない），無診察治療の禁止，診断書・処方箋の交付義務，療養方法等の指導義務，診療録に関する義務等がある。　→医師法

(濱田彰子)

石井十次〔いしいじゅうじ：1865-1914〕 高鍋藩（宮崎県高鍋町）の下級武士の家に生まれた。児童養護施設の草分けとして、岡山孤児院を1887年に創設した。最盛期には1200名の児童を入所させ、建物80棟、院内には尋常高等小学校を併設した。そこでの処遇原則として「岡山孤児院十二則」(1902年)を定めるなど近代的な処遇や民間施設の運営を実践し、子ども家庭福祉の基礎を築いた。職業教育や小舎制の導入、里親委託の手法を使うなど先駆的な実践を展開していた。こうした事業への最大の支援者は、大原孫三郎（倉敷紡績社長）であった。

(西郷泰之)

石井亮一〔いしいりょういち：1867-1937〕 佐賀県に生まれ、立教大学在学中に洗礼を受けた。立教女学校（現・立教女学院）の教頭として勤めながら、濃尾大震災の罹災女子「孤児」を自宅に引き取って「聖三一孤女学院」を設置。そのうちの2人が知的障害だったことから「白痴教育」を決意し、1892年には、わが国初の知的障害児施設「滝乃川学園」を設立。1934年には「日本精神薄弱児愛護協会」が設立されて初代会長となる。主著には『白痴児其研究及教育』(1904)がある。　　→滝乃川学園　（石川到覚）

意識　外界で生じていることや、心の中で起きていることなどに気づいている、あるいはこれは私の経験だと感じることができる状態を指す。このように意識には、外界からの刺激を知覚する役割とともに、心のなかで生じている事象も知覚するという一種の感覚器官としての働きがある。また、外界に関する知覚と心のなかで生じている事象の知覚、すなわち客観的事象と主観的事象を区別する現実検討機能もある。意識はその人のみが経験しているので、言語化したり、知識として共有することはできても、そのときの経験そのものを他人が直接知ることはできない。それゆえ意識は自然科学の対象として客観的に研究する素材とはならず、心理学のテーマとして直接に取り上げることは困難であるとされた。特に心理学の対象は意識ではなく行動であるとする行動主義は、条件反射学の影響を強く受け、客観的に観察可能な刺激とそれに対する生体の反応との関係を究明すべきと主張した。それに対し、例えばヒステリーは当人の意識されない無意識の動機あるいはコンプレックスによって営まれる非合理的な表出行動であるとするフロイト（Freud, S.）の精神分析学などでは、個人の意識の変容や無意識の内容をその研究対象としてきた。以後、無意識の概念は、神経症一般の理解のみならず、広く動機の心理学やパーソナリティのダイナミックスを解明するために不可欠のものとなっている。
→前意識、無意識　　　　　　　　（中藤淳）

意識障害〔disturbance of consciousness〕意識の深さの障害（意識混濁）と、意識の質の障害（意識変容）とに分けられる。意識混濁は3-3-9度方式、グラスゴー・コーマ・スケールなどで定量的に評価されることが多い。3-3-9度方式では、刺激に対する覚醒度から、Ⅰ. 覚醒している、Ⅱ. 刺激をすると覚醒する、Ⅲ. 刺激をしても覚醒しない、の3段階に分類し、それぞれをさらに3段階に分類する。意識変容はせん妄とほぼ同義に使われる。軽度ないし中等度の意識障害に、精神運動興奮を伴った状態である。幻覚妄想を伴うこともある。せん妄を精神症状の程度から、活動過剰型、活動減少型、混合型と分けることもある。その他、もうろう状態という概念は、意識狭窄という特徴を強くもつ意識変容のことを指すが、すべての意識障害において、意識狭窄は伴っていることが多く、せん妄と区別することにはあまり意味がない。夢幻状態という概念は、障害された意識状態のなかに、夢のような視覚像が出現する状態のことをいう。アメンチアとは、困惑の強い状態を指したが、今日ではあまり用いられていない。精神医療の領域では、意識混濁のスケールでは軽度に分類されるような軽い意識混濁とそれに伴う意識変容をほかの精神症状と見分けることがしばしば重要となる。器質性精神病、症状精神病において、意識障害を伴うことが多いことが知られている。昏迷(stupor)は、英語圏では中等度の意識混濁を指す用語であるが、わが国で使用される場合は、独語圏で使われる、意識

障害がなくて，外界に反応がなくなった状態を指すので注意が必要である。　→昏迷，せん妄
（横山晶一）

医師の指示　医師法第17条では「医師でなければ，医業をなしてはならない」と規定されている。しかし，医師がすべての医行為（医師の専門的知識または技能をもってしなければ危険な行為）を行うことは難しく，多くの医療関係専門職が生まれた。近年の医療の高度化・専門分化は多様な医療専門技術者をますます必要としているが，医業を医師の業務独占としていることから，医療専門職が医行為の一部を行うときには医師の指示がなければならない。それぞれの医療専門職は，医師の指示により業務ができる診療の補助行為を法的に規定することによって業務が可能となる。また，医療専門職種が医師の指示を受け，それぞれの専門業務の一部が医行為として認められている。これらはあくまで医療の補助行為であって危険度の高い行為は行えない。コメディカルスタッフのすべての業務が医師の指示によって行われるわけではなく，それぞれの専門業務と医師の指示業務がある。　→医師法，主治医の指導　（門屋充郎）

医師の使命・職務　医師法の総則には，「医師は，医療及び保健指導を掌ることによって公衆衛生の向上及び増進に寄与し，もって国民の健康な生活を確保するものとする」とあるように，医師は職務を通して国民の健康な生活の維持と生活の質の向上とに寄与することが求められている。医業は医師による独占業務であり，第17条には，「医師でなければ，医業をなしてはならない」と規定されている。　→医師法
（岩間久行）

意思表示　一定の法律効果の発生（権利義務関係の発生や変更）を意欲して，それを表示することをいう。個人意思自治の原則の下では，各人は自己の意思に従って原則として自由に他人と権利義務関係を形成していくことが許される（契約自由の原則）。売買契約などの契約行為で，買い主は所望する商品の所有権を取得する代わりに代金支払い義務を負担することになるが，その根拠は買い主が代金支払い義務の負担と引き替えに所有権の取得を求める意思を表示し，法がそれに基づいてその意思どおりの法律効果を認めたからで，その前提にある要素が意思表示である。法は原則として意思どおりの法律効果を認めるが，公序良俗に反する意思表示には効果を認めない。　→契約　（池原毅和）

医師法〔昭和23年法律第201号〕　1948年7月に公布され，同年10月に施行されている。医師法の制定に伴って，1942年に制定された国民医療法は廃止された。施行後，医師法は数次の改正を重ね，現在のものに至っている。その内容は，医師の任務，医師免許およびその交付と取り消し，絶対的および相対的欠格条項，医師国家試験に関する規定，臨床研修に関する規定，業務，医道審議会および罰則等を規定している。このなかで，医業は医師の独占業務とし，診察治療の求めに対し正当な事由がなければこれを拒めないとする応招義務規定，異状死体などの届出義務，診療録の記載と保有義務等が盛られている。
（岩間久行）

いじめ〔bullying〕　いじめるとは「弱いものを痛めつける」ことである。強者が弱者を一方的に痛めつける，しかもむごい仕打ちであることがいじめの特徴であり，双方が争うけんかとは異なっている。いじめには次の六つの形態がある。①言葉による辱め，②集団での排除や差別，③所持品の破壊・隠匿，④身体的暴力，辱め，⑤恐喝，強盗，⑥その他。いじめが子ども社会のなかで蔓延し，しばしば被害児童・生徒の悲惨な結果をもたらしているのには，これが集団で個人を標的にして繰り返されるからである。多くの子どもは，強い集団に帰属することによって，いじめられる側に立たされることを免れている。加害者でも被害者でもない子どもは，通常これに関与しない。このような子ども関係の構図のなかで，追いこまれた被害児童・生徒の自殺事件が注目を浴びてきた。いじめ問題への対応は，これをめぐる構図を改変することである。被害児童への保護的介入と同時に，加害児童生徒だけでなく，中間にいる子どもたちを含めた集団全体への介入が重要である。
→学校不適応　（上林靖子）

慰謝料 精神的損害に対する損害賠償のことである。損害には精神的損害のほかに財産的損害がある。民法は生命侵害の場合に，被害者の父母，配偶者および子に慰謝料請求権があることを明示している（第711条）。損害賠償は金銭賠償を原則としているが，名誉毀損の場合は謝罪広告など名誉を回復するのに適した方法を求めることができることも定められている（第723条）。実務上交通事故による損害賠償や離婚事件などで慰謝料が求められることが多い。
→不法行為　　　　　　　　　　　（池原毅和）

威信〔prestige〕　個人や集団が，収入，職業，学歴，家柄などの地位や人格・資質，生活様式などの属性により，社会的に価値づけられ，また，評価されることにより獲得する勢力のこと。威光ともいう。その勢力は，他の個人や集団において尊敬や賞賛，信服，敬慕といった感情的反応や肯定的な評価を喚起・暗示させ，非強制的に自己および自集団に対する同一視や服従，同調をうながすことにより，支配力を生みだす。その意味で，威信は，権力や権威を基礎づける心理的な源泉としての影響力をもつ。　→権力
　　　　　　　　　　　　　　　　（土屋淳二）

医制　1874年，文部省から東京府，京都府，大阪府に発布された。76か条からなり，衛生行政全般から医学教育に及ぶ。衛生行政の目的は国民の健康を保護し疾病を治療し医学を興隆することとし，行政機構を文部省に置いた。医学教育として各大学区に医学校1か所を置き病院を付属させること等，公私立病院の開設許可等，医師開業免許制度および産婆，鍼灸業者の規定，薬事等を定めている。医制の施行は段階的に行われ，医師開業免許試験は1875年から実施，また同年に衛生行政と医育行政が分離されて衛生事務は内務省に移管された。衛生行政の充実とともに，医制は自然消滅の形をとった。
　　　　　　　　　　　　　　　　（平林恵美）

移送　精神保健福祉法の1999年度改正によって新設された医療保護入院等のための患者の移送規定。「都道府県知事は，その指定する精神保健指定医による診察の結果，直ちに入院させなければ医療及び保護を図る上で著しく支障がある精神障害者であって，その精神障害のため本人の同意に基づく入院が行われる状態にないと判定された者を，保護者の同意の有無に応じて，医療保護入院または応急入院させるために，応急入院指定病院に移送することができる」こととした（精神保健福祉法第34条）。また措置入院に付随して行われていた措置入院のための移送についても法文上明確にされた。これまでの精神保健福祉法には，医療保護入院等のための患者の移送に関する規定がなく，法制度上の不備が指摘されていた。このため緊急に入院を必要とする状態であっても，患者自身が入院の必要性を理解できない場合に，入院が遅れて自傷他害の状態に至る場合があったり，家族等の依頼を受けた民間警備会社が搬送にあたるなど，患者の人権上，問題となる事例が発生していた。本制度の運用に関しては「精神障害者の移送に関する事務処理基準について」（平成12年3月31日障第243号厚生省大臣官房障害保健福祉部長通知）に，相談，精神保健指定医の診察に係る事前調査，精神保健指定医による診察，移送の告知と実施，消防機関への協力要請，警察業務との関係などが示されている。　→医療保護入院，応急入院，措置入院　（竹島正）

移送サービス　在宅福祉サービスとしての移動困難者への移送サービスは，ドア・ツウ・ドアの運行が中心となるが，広くは通所施設等の送迎サービス，障害者や高齢者向け循環型運行バス，低床バス・リフト付きバスの路線運行なども含まれる。ドア・ツウ・ドアの運行は，1972年東京都町田市が行政直営事業としてはじめ，市区町村社会福祉協議会によるボランティア運行，障害者団体や市民活動団体による民間運行が展開した。その後タクシー会社（行政委託・補助，会社独自）の運行も行われた。障害高齢者や身体障害者の移動保障としてのニーズは高いが，道路運送法上の制約（認可を受けないと料金徴収できない）等もあり，制度上の在宅福祉サービスとしての広がりは遅れている。近年，このような福祉目的の移送車両運行について，国が規制緩和する動きが出てきている。　→在宅福祉サービス　　　　　　　（小野敏明）

移送費 生活保護法に定められた一時扶助の一つ。生活扶助・医療扶助・介護扶助によるものがあり，移送に要する必要最小限度の実費が支給される。生活扶助では，施設への入退所，アルコール依存者の断酒会参加に伴う移送などを対象としている。医療扶助では入退院，主治医の指示による外泊などに伴う移送を，介護扶助では介護施設への入退所などに伴う移送を対象としている。　　→一時扶助　　（並木麻理子）

遺族給付 ⇨遺族補償給付

遺族年金 年金制度の被保険者あるいは受給権者が死亡した場合に，その遺族に支給される年金をいう。公的年金制度においては，遺族基礎年金および遺族厚生年金などがある。遺族基礎年金は，国民年金の年金給付の一つであり，①国民年金の被保険者，②被保険者であった者で日本国内に居住している60歳以上65歳未満の者，③老齢基礎年金の受給権者，④老齢基礎年金の受給資格期間を満たしている者，が死亡した場合に，18歳未満の子を有する妻または18歳未満の子に支給される。①②の場合は，免除期間を含む保険料納付済期間が加入期間の2/3以上あることが要件となる。遺族基礎年金の額は老齢基礎年金の満額と同額であり，子の加算がある。遺族厚生年金は，厚生年金保険の給付の一つであり，①厚生年金の被保険者が死亡した場合，②厚生年金の被保険者であった者が，被保険者期間中に初診日がある傷病で初診日から5年以内に死亡した場合，③1級または2級の障害厚生年金の受給権者が死亡した場合，④老齢厚生年金の受給権者または資格期間を満たした者が死亡した場合，に支給される。支給される遺族の範囲は，遺族基礎年金の支給対象となる遺族のほか，子のない妻，55歳以上の夫・父母・祖父母，18歳未満の孫であり，被保険者や被保険者であった者が，死亡時点で生計を維持していたことが要件となる。遺族厚生年金の額は，報酬比例の年金額の3/4に相当する額であり，中高年の加算が行われる場合がある。受給者が子のある妻あるいは子の場合は，同時に国民年金から遺族基礎年金が支給される。
（松本由美）

遺族補償給付 労働者が業務上の災害により死亡した場合に，労災補償保険制度から遺族に対して，遺族補償年金または遺族補償一時金（前者が原則）として支給される保険給付を指す（労働者災害補償保険法第16条）。「遺族給付」は，通勤途上災害の場合の給付を指す（第21条第4号，第22条の4）。遺族補償年金の受給資格者は，労働者の死亡当時その収入によって生計を維持していた配偶者（事実上の婚姻関係を含む），子，父母，孫，祖父母および兄弟姉妹であるが，「妻」以外については，一定の年齢要件または障害要件を充足する必要がある（第16条の2第1項）。同順位者間では，等分される（第16条の2第3項）。年金を受ける遺族がいない場合には，遺族補償一時金が，遺族のうちの最先順位者に支給される（第16条の6，第16条の7）。スライド制の適用あり。　　（辻村昌昭）

依存 ある存在やものに頼ろうとする人間の状態。狭義にはアルコールや薬物を求める欲求が脅迫的で自らを抑制することが不可能な状態を指す。依存には，禁断時に身体症状がなく，主として精神的にアルコールや薬物を求める強い欲求があって抑制できない「精神依存」と，禁断によって明らかな身体症状を示し，それを与えれば禁断症状が消える「身体依存」の2種類がある。　　→嗜癖（しへき）　　（中藤淳）

依存症候群〔dependence syndrome〕 精神作用物質への特定の精神的依存状態をいう。ときに身体的依存状態も含まれることもあるがこれは必須条件ではない。依存とは，特定の（ときには複数の）精神作用をもつ物質を常に使用したいという強い欲望で，物質使用により肉体的・精神的・社会的に有害な結果が明らかに起きているにもかかわらず，その物質を使用・中止することに関しての自己統制が困難となる状態である。その使用に関する欲望は，身体的欲求（耐性や退薬症状など）によるものと，精神的欲求（夢幻状態追求や快楽追求など）によるもの，または双方による場合もあり，依存の程度を判断する際の参考となる。従来から使われていた「中毒」という概念は薬物と生体との関係性では身体的障害という側面が強調される傾

向が強いため，1940年代頃からは身体的側面と精神的側面をも含めて「嗜癖」という言葉も使われることが多かった。しかしすべての精神作用物質が身体的薬物耐性や退薬症状を呈するわけではないことから，強迫的使用欲求という精神的側面が薬物と生体との生理的依存状態の中心であると考えられるようになり，「依存」という概念が使用されるようになった。なお「中毒」という言葉は，特に「アル中」等と略称で呼ばれる際には，意志薄弱者とか社会的落伍者というスティグマとしての側面も含んでいる場合があるので，精神医療現場での使用に際しては十分注意されるべきである。また，ICD-10での「依存症候群」の定義では，従来は生活習慣的に使用されるタバコなどの嗜好品によるものは依存とはいわれても疾病として扱われることは少なかったが，疾病として扱われるようになった。このような疾病概念の拡大には，治療法の確立という側面と，精神障害者というラベリングの側面をもつことに注意しなければならない。
→精神作用物質　　　　　　　　（大森信忠）

依存性人格障害〔dependent personality disorder〕　自分に自信がもてず，日常生活上の些細な事柄に関しても自分の意志では決定できず，他人の助言と保証を求め，自分の意志や感情を抑え込んででも他人の意志に従い，他人に迎合することで精神的に安定できることを特徴とする人格障害をいう。このタイプの人たちは，他人から見捨てられるという不安から逃れる努力と，他人からの評価を過度に意識する傾向が強く，仲間として認知され，その人間関係のなかでの安定した地位を確保することが最優先され，そのためにはありとあらゆる非現実的努力を行っている。それだけの努力を払っても自己の内なる不安感を解消できていないため，強迫的に常に他人の意向を優先し反対意見も述べず，他人からの批判が自己の全人格の否定に結びつくため他人からの批判を過度に恐れ，批判されないために，自己にとって不快なことまで自分から進んでするほどにまでいたる。ここでいう他人とは自己にとっての仲間と認識されている人を指し，逆に仲間と認識されない他人に対しては，むしろ冷淡であったり，無視したりできることが特徴である。この人格障害の特徴は，土居健郎の『甘えの構造』(1971)で明らかにされた日本人の社会適応状態を見事に説明しているとの見解もあり，「人格障害」の診断を下すには，その人の属する文化的背景を十分に考慮すべきであることを示していると同時に，人格障害概念の脆さをも示している。　→人格障害
　　　　　　　　　　　　　　（大森信忠）

一時扶助　生活保護法に定められた臨時的一般生活費のこと。経常的な基準額だけでは，出産，入退院，入学などで生活費のやり繰りが難しい場合が生じるため，このような場合に限って一時扶助の支給が認められている。主なものとして，布団類・寝巻き・常時失禁者のおむつのための被服費，家具什器費，移送費，入学準備金，配電設備費，水道等設備費，液化石油ガス設備費，家財保管料，家財処分料，妊娠検査料等などがある。　→生活扶助　　（並木麻理子）

一時保育　週1～3日程度の非定型的な保育の利用や臨時・緊急的な保育利用形態の総称。1990年から特別保育事業として制度化され，一時的保育と呼ばれてきた。事業の対象は，①保護者の勤務形態等により家庭における育児が断続的に困難となり，一時的に保育が必要となる児童，②保護者の傷病や入院等により緊急・一時的に保育が必要となる児童，③保護者の育児疲れ解消等の私的な理由やその他の事由により一時的に保育が必要となる児童。　→特別保育事業　　　　　　　　　　　　（山本真実）

一時保護　児童相談所長または都道府県知事が，緊急保護，行動観察，短期入所指導が必要であると認めた場合に（児童相談所運営指針による），要保護児童を児童相談所付設の一時保護所（または警察署，福祉事務所，児童福祉施設，里親等に委託）において一時保護すること。期間は，原則として2か月を超えてはならない（児童福祉法第33条）。その他に，配偶者からの暴力の防止及び被害者の保護に関する法律に規定される配偶者暴力相談支援センター（婦人相談所等）や委託一時保護所（婦人保護施設，母子生活支援施設，民間シェルター等）における被

害者とその同伴する家族の一時保護がある。

(大島道子)

一類感染症 「感染症の予防及び感染症の患者に対する医療に関する法律」(感染症法) では感染力, 罹患した場合の重篤性に基づく総合的な観点からみた危険性がきわめて高い感染症と定義されている。主な対応は原則として入院, 消毒などの対物措置, 例外的に建物への措置, 通行制限などの措置も適応されるとしている。現在, 日本国内ではみられることのない感染症で, エボラ出血熱, クリミア・コンゴ出血熱, 重症急性呼吸器症候群(病原体がSARSコロナウイルスであるものに限る。), 痘そう, ペスト, マールブルグ病, ラッサ熱である。 →感染症対策

(中村敬)

一過性脳虚血発作 〔transient cerebral ischemic attack : TIA〕 脳血管の一過性の血流障害を原因とする症候群。急激な発作症状の出現を認め, 症状の持続時間は短く, 多くは15分以内で終わる。回復も早く症状を残さない。この経過は脳梗塞あるいは脳内出血とは異なっている。脳動脈硬化症(粥状硬化症)と関係が深く, 微小塞栓が原因であると考えられている。発作を繰り返すうちに脳血栓へ移行することも多く, 抗血小板療法を行う。

(岩間久行)

1歳6か月児健康診査 母子保健法第12条により, 市町村が実施することが義務づけられている定期健康診査であり, 対象は満1歳6か月を超え満2歳に達しない幼児とされている。歩行や言語等の発達の標識が容易に得られるようになるこの時期に, 運動・視聴覚機能の障害や, 精神発達の遅滞を早期に発見し, 適切な措置を講ずることにより心身障害を予防することができる。医師による健診に加え, 離乳の状況や排泄のしつけ等の生活習慣面や虫歯予防に関する保健指導もあわせて行われている。1977年から制度化され, 1987年より, この健診で異常が認められた児を対象に, 1歳6か月児精密健康診査が実施されている。 →母子保健法

(近藤洋子)

逸脱行為 社会集団の規範に従わない行動を意味し, 非行, 犯罪, 物質乱用, 自殺, 売春などがその例であり, 19世紀末に社会病理学として研究されるようになった。これは, 社会への同調行動 (conforming behavior) と対をなす概念であるが, 社会規範は社会や時代によって変わるために逸脱行為を判定する基準は相対的なものになる。また, 逸脱行為は平均から偏る行為であるというだけでなく, 集団に受け入れられない行為でもあり, 個人と集団の社会相互作用によって決まってくる面がある。逸脱行為が必ずしも異常を意味しないことは, 第一次世界大戦後のシカゴ学派の貧困層の逸脱に関する研究からも示唆されている。逸脱行為に関する研究は, アノミー状態の影響に注目したマートン (Merton, R. K.) の理論や, 規範は常に逸脱行為の潜在的可能性を形成するというコーエン (Cohen, A. K.) の非行下位文化論などによって発展した。また, 個人の偏った行動と他者の排除やラベルづけが相互に作用し合って逸脱行為が形成されるというベッカー (Becker, H. S.) らのラベリング理論 (labeling theory) もその後の研究に大きな影響を及ぼした。

(大野裕)

五つの巨悪 〔Five Giants' Evils〕 イギリスのベヴァリッジ (Beveridge, W. H.) は, 第二次世界大戦後の社会保障が具体的政策目標とすべき五つの課題をもとにして, 社会保障計画を提案した。社会保障の目標とすべき五つの課題は, 窮乏 (Want)・疾病 (Disease)・無知 (Ignorance)・不潔 (Squalor) (劣悪な生活環境を指す)・無為 (Idleness) (失業を指す) とした。この五つを「五つの巨悪」あるいは「五つの巨人」と呼んだ。そして, それぞれの社会保障施策として, 生活保障・医療保険・教育 (義務教育の年限の拡大)・住宅政策・雇用保険の各制度を整備構想した。これらは, ナショナルミニマム(最低生活)の考え方をより発展させたものとして, すなわち社会保障は窮乏の除去・所得保障の政策を根幹にもつものの, 窮乏の克服は必要な事項の一つであり, 関連する他分野にまたがる総合的な社会政策を前提にして考えられた。 →ベヴァリッジ報告

(西澤利朗)

一般概括主義 行政不服審査法における不服

申し立ての事由を個別的に列挙して限定することなく，原則としてどのような事由についても不服申し立ての道を開いている原則をいう。行政不服審査法第4条は，同条の列挙事項その他の法律に審査請求または異議申し立てをすることができない旨の定めがある場合以外は，審査請求または異議申し立てができるとしてこの原則を採用している。これは，行政庁の違法または不当な処分その他公権力の行使にあたる行為に関し，国民に対して広く行政庁に対する不服申し立ての道を開くことによって，簡易迅速な手続きによる国民の権利利益の救済を図るとともに，行政の適正な運営を確保する趣旨に基づくものである。　→行政不服審査法（池原毅和）

一般雇用〔open/competitive employment〕日本では，障害者の就業（就労）の状態を一般雇用と福祉的就労の2区分で対立的にとらえることが多い。前者は一般の市場競争的な取り引き環境のなかで働くことを指すのに対して，後者は特別に社会的配慮がされた環境のなかで働くことを指す。一般雇用のなかには，組織で給料をもらって働く「雇用者」以外に，個人で事業を営む自営業主や家族従業者も含むが，その80％以上が「雇用者」によって占められている。「雇用者」は，広義には会社・団体の役員を含むが，狭義には雇用契約を結んで働く「雇用者」に限定する場合が多い。狭義の「雇用者」は雇用契約期間の定めがあるかどうかで，「正社員」と「非正社員」とに分けられる。「正社員」は経営上の大きなトラブル等がない限り，定年年齢まで雇用が継続する雇用者である。「非正社員」は1年間未満の雇用契約が原則である。しかし，「非正社員」でも，契約が更新継続して実際上は長期の雇用となっている者も多い。この長期雇用となっている「非正社員」と「正社員」とを合わせて「常用雇用者」と呼ぶ。障害者の法定雇用率制度では，そのカウントの基礎は「常用雇用者」である。1998年の「障害者雇用実態調査」（旧・労働省障害者雇用対策課）によると，全国の常用雇用で身体障害のある雇用者数は39万6000人，知的障害のある雇用者数は6万9000人である。また，精神障害のある雇用者数は5万1000人である。　→福祉的就労，雇用者
（工藤正）

一般世帯〔private households〕「国勢調査」では世帯を普通世帯（ordinary households）と準世帯に区分していたが，1985年以降一般世帯と施設等の世帯の区分になった。一般世帯とは住居と生計をともにしている人の集まりまたは一戸を構えて住んでいる単身者および間借り・下宿などの単身者，会社などの独身寮の単身者のこと。施設等の世帯には寮・寄宿舎の学生・生徒，病院・療養所の入院者，社会施設の入所者，自衛隊営舎内居住者，矯正施設の入所者などが含まれる。
（清水浩昭）

一般被保険者求職者給付　雇用保険制度中，失業中の生活を支えるための給付を指す。雇用保険中の失業等給付（雇用保険法第10条）は，もともと「失業給付」と呼ばれており，雇用保険法の給付の中心部分をなすものである。求職者給付は，一般被保険者（ただし，高年齢継続被保険者，短期雇用特例被保険者および日雇労働被保険者のそれを除く）の場合，基本手当（第13条以下），技能習得手当（第36条），寄宿手当（同条），傷病手当（第37条）の4種類があり，基本手当が中心をなす。また，傷病手当は基本手当に代えて支給される給付であって，併給はされない。基本手当は，原則として，被保険者が失業した場合に離職の日以前1年間（算定対象期間）に，被保険者期間が通算して6か月以上あることが必要である（第13条）。2000年改正により，求職者給付を再編し，倒産・解雇等による離職者については，中高年層を中心に手厚い給付がなされることとなった。これを「特定受給資格者」といい，一般の離職者の給付日数と区別される（第22条・第23条）。さらに，2003年には，短時間労働被保険者（パート等）とそれ以外の一般被保険者の基本手当の所定給付日数の一本化がなされた。　→求職者給付
（辻村昌昭）

イデオロギー〔ideology〕　社会における体系的な意識・信念の総体を指す概念である。社会科学では，①資本家の意識を資本家階級という社会階級への帰属によって決定された虚偽の意

識（イデオロギー）として批判したマルクス（Marx, K. H.）のイデオロギー批判，②あらゆる思考を社会的な存在形態に拘束されているとして相対的にとらえ，自身の立場をも相対化する思考様式である普遍的イデオロギー概念を提示したマンハイム（Mannheim, K.）の知識社会学，③ベル（Bell, D.）のように，資本主義／社会主義という生産様式の類型に結びついた政治思想の形態をイデオロギーと呼び，現代社会ではそのようなイデオロギーの対立が解消されるとする議論などが重要である。　　→マルクス
（杉本昌昭）

遺伝規定性　遺伝子が遺伝現象を起こすが，その発現は遺伝子の形質によるだけではない。遺伝子の物質的特性や突然変異によって遺伝現象の発現は異なり，また遺伝子間の相互関係などによっても遺伝現象の発現は異なる。このような遺伝子の形質の発現を規定することを遺伝規定性という。　　→遺伝子　　（吉川武彦）

遺伝子　遺伝情報を担う一つの機能単位を遺伝子と呼ぶ。遺伝とは親のもつある特定の形質が子に受け渡され，その形質が子に発現することをいう。親から子に遺伝子が受け渡され，遺伝子のもつ情報によってある特定の形質が子に発現する。遺伝情報はDNA上の塩基配列にたくわえられ，mRNAの合成を経て特定のタンパク質が合成されることによって，情報の発現が起こる。タンパク質を構成するアミノ酸はDNAの三つの連続した塩基の組み合わせ（コドン）によって規定され，コドンの配列によってタンパク質の一次構造が決定されている。
→遺伝病　　　　　　　　　　　　（岩間久行）

遺伝子医学　遺伝性疾患に関する医学を総称して遺伝医学という。遺伝性疾患の発見や遺伝形式や遺伝形質の発現などを究明するものから遺伝子操作などによって遺伝を防止することや遺伝相談までを含む。このなかで遺伝子操作によって遺伝を防止したり遺伝形質の発現を予防したりするのを遺伝子医学という。（吉川武彦）

移転費　移転費は，受給資格者等が，公共職業安定所の紹介した職業に就くために，または公共職業安定所の指示した公共職業訓練等を受けるために，その住所または居所を変更する場合に，公共職業安定所長が，厚生労働大臣の定める基準に従って必要があると認めたときに支給される（雇用保険法第58条第1項）。移転費の種類については，雇用保険法施行規則第87条が定めており鉄道賃，船賃，車賃，移転料および着後手当がある。　　　　　　　（辻村昌昭）

遺伝病　遺伝子が発病に関与している疾患ないし障害は多々あるが，多くはその組み合わせによって現れる。遺伝病は遺伝子の組み合わせによって発症する遺伝性の疾患の総称。遺伝子病は遺伝子の組み合わせによって発症するが遺伝しない疾患をいうとされるが，その区分はまだ明確とはいえない。二つの対立遺伝子のうち一つの遺伝子の形質だけで現れるものを優性遺伝病といい，二つの遺伝子がそろわないとその形質が現れないものを劣性遺伝病という。常染色体性（例：常染色体性劣性遺伝病（フェニールケトン尿症））と性染色体性または伴性（例：血友病）がある。血友病遺伝子はX染色体上にあり，男性はX染色体が1本しかないのでこの遺伝子があると発病するが，女性では血友病遺伝子をもつX染色体のほかにこの遺伝子をもたないX染色体があると発病はしないが保因者となる。遺伝病は先天性疾患として発現するが，なかには成人してから発症するものもある。　→遺伝子　　　　　　　　（吉川武彦）

イド〔id〕　精神分析学の概念で，エス（Es）ともいう。フロイト（Freud, S.）は，人間の心を一定のエネルギーに基づいて力動的に機能する統合的体系とみなした。そしてこれをイド，自我，超自我の3層からなる心的装置になぞらえて概念化した。イドは本能的エネルギーの貯蔵所とみなされる。その性質は，自分の快感を追求することだけが目的で，それ以外のことは何も考えようとしないという快楽原則に支配されていて，無意識的であり，われわれの祖先から受け継いだ行動様式や記憶，あるいは抑圧された心的内容を含むとされる。自我は現実原則に従い，適応を目指す。超自我は，いわゆる良心や社会的規範にあたる。　→自我，超自我
（中藤淳）

糸賀一雄〔いとがかずお：1914-1968〕 鳥取県に生まれ，京都大学を卒業後，滋賀県経済統制課長などの要職を経た後，戦後の混乱期である1946年に，戦災孤児・浮浪児や知的障害児を教育する施設として，滋賀県大津市に「近江学園」を，池田太郎・田村一二とともに設立した。その後も施設を次々に設立し，生涯をかけて知的障害児・者の療育に力を注ぐとともに，日本の障害児教育に関わる多くの人材も育成した。主著に『福祉の思想』(1968)，『この子らを世の光に』(1965)などがある。　　　　　　（近藤洋子）

イネイブラー〔enabler〕 ある人間関係において，他者が示す望ましくない行動や状態を終結させようとする努力が，その意図とは逆にあるいは無自覚な意図として，結果的にこの他者に不都合や問題とされる行為や状態を継続させてしまうことがある。この逆説的な人間関係パターンを演じる立場にある者のことをイネイブラーという。付けで飲み歩くアルコール依存症者の夫の借金を肩代わりして一生懸命に勘定払いをして歩く妻など，その肩代わりあるいは世話焼き行為の動機となっている意図とは別に，結局同じ行為や状態を継続させ可能とさせてしまうのである。つまり，依存症の分野では，望ましくない状態を継続する意味で用いているが，もう一方で，クライエントの潜在的能力をひき出す援助者の役割を意味する言葉としても長く用いられてきている。どちらの場合も，潜在的可能性をひき出し継続することを意味している。　→共依存　　　　　　　　　（清水新二）

いのちの電話　市民の精神的危機に対応する電話によるボランタリーな相談事業として1971年に東京で初めて開局され，今では全国に普及している。困難や危機などに遭遇して悩みをもつ人が，いつでもどこからでも，秘密を守られ匿名，無料で相談が受けられる。年中無休の24時間体制で対応している。いのちの電話は，一人ひとりの「いのち」を大切にする立場から，悩んでいる人々のよき隣人となり，電話での対話を通して援助していこうとする運動で，すべて民間のボランティアによって支えられている。相談員は，所定の研修を終了した認定者および専門家などが担っており，自殺防止や危機介入，災害の後の心に受けた大きな傷を癒すなど，その社会的役割は大きい。
　　　　　　　　　　　　　　　　（田中英樹）

イノベーション〔innovation〕 技術革新と訳され，狭義には新商品の開発や新しい販路の開拓など経済活動における種々の革新を指す。経済学者シュンペーター (Schumpeter, J. A.) はこのような革新とその担い手となる企業家が経済発展を推進するとした。社会学・社会心理学では技術革新の社会への普及過程が分析されている。また広義には，経済面・技術面での革新だけでなく，社会制度の改革もイノベーションに含まれ，この革新が社会変動を導くという議論もある。　　　　　　　　　　　（杉本昌昭）

異文化ストレス症候群　異文化と接触することにより生じるストレス反応。大西守（1992）により提唱された概念で広く受け入れられている。急性錯乱状態・不安発作・自殺未遂・けいれん発作などの派手な症状を呈して急患例として受診することが多く，このようなケースは短期間で軽快をみることが少なくないという。また種々の身体症状を呈したり，妄想反応のかたちをとることもある。個人的背景としては精神疾患の既往があること，社会的背景としては急激に進む国際化が指摘されている。日本人のケースでは海外旅行者・駐在ビジネスマンやその妻・国際結婚・海外留学生・海外帰国子女など，外国人ケースでは国際結婚（外国人花嫁）・在日外国人・中国残留帰国子女と家族・外国人労働者などで問題がみられている。外国人への対応として母国語による精神保健サービスが進みつつある。個別のケースへの対応とともに異文化を受け入れるための社会的体制を整えていくことが重要である。　　　　　　　　（井上新平）

意欲　人が何らかの行動を起こす際には，欲求により行動を動機づけられ，それを意志の統制によって意味や目的のある行動として意識的・無意識的に選択して行っている。この行動を制御する意志と欲求をあわせて意欲という。欲求には，動物としてのヒトの生命維持や種族保存に必要な行動へ駆り立てる力で生理的欲求

（本能）とも呼ばれる一次的欲求と，個人の社会的・文化的な存在価値を維持しようとする力で社会的欲求とも呼ばれ，社会・文化・個人によりその内容・方向性・強さの程度などさまざまな違いがあり，その人らしさが現れる二次的欲求がある。意志とは，欲求による行動化への動きをその行動の目的・意味・結果などを意識的または無意識的に総合勘案して，欲求をその状況下で最適と判断した行動として表現させる高次の精神作用であり，欲求をどのように行動化するかでその人の個性が発揮される。　→欲求　　　　　　　　　　　　　　（大森信忠）

遺留分　遺言によっても奪うことのできない相続人の最低限度の相続財産に対する取得分をいう。遺留分は兄弟姉妹以外の相続人に認められ，直系尊属のみが相続人のときは被相続人の財産の1/3，その他の場合は，その1/2が遺留分になる。遺留分を否定する遺言も可能であるが，遺留分を侵害する範囲ではその遺言は効力を認められない。相続開始前に遺留分を放棄するには家庭裁判所の許可が必要であり，家庭裁判所の廃除決定（民法第892条）がない限り遺留分は奪えない。　→相続　　（池原毅和）

医療給付　医療給付には，広義と狭義の意味がある。前者では，社会保険のなかの医療保険において，医療を給付することを指す。医療そのものの給付（療養の給付のこと）と医療費の給付（償還払方式のこと）という二つの給付形態が含まれている。また，後者では，医療保険において給付される医療そのものを指す。病気・けがのときに，直接，医療そのものを給付することであり，非金銭的給付，現物給付である。わが国のさまざまな医療保険の法律のなかで，療養の給付という言葉で表現されているものに相当する。　→療養の給付　　（松渓憲雄）

医療計画　戦後の医療制度は，社会保障としての国民皆保険と，医療法に基づく自由開業医制を骨格として展開されてきた。しかし，病床等の量的整備は進んだものの，医療資源の地域的偏在が生じた。一方，人口の高齢化，慢性疾患を中心とした疾病構造の変化，医学医療の進歩，医療の質的向上や適切な情報を求める国民ニーズの変化等の新たな課題に対応するため，良質で効率的な医療提供体制整備に向けた見直しが段階的に進められている。その第一段階として，1985年の第一次医療法改正において都道府県知事に医療計画の作成が義務づけられた。2000年の第4次医療法改正においては，医療計画には，病院の一般病床および療養病床（診療所の療養病床を含む）の整備を図るべき地域的単位として区分する区域（医療圏）の設定，療養病床および一般病床に係る基準病床数，精神病床，感染症病床，結核病床に係る基準病床数，地域医療支援病院その他医療提供施設の整備目標，医療提供施設相互の機能分担および連携，休日，夜間等の救急医療の確保，僻地医療の確保，医療従事者の確保等の事項について定めることとされている。医療計画の作成にあたっては，医療の確保に関する他の法律の規定との調和を保つほか，公衆衛生，薬事，社会福祉等の施策との連携を図るよう努めなければならず，また5年ごとの見直しが義務づけられている。　→医療法　　　　　　　　　　　　（佐藤三四郎）

医療刑務所　受刑者の身体的・精神的疾患に対応するために，各施設には医療設備を備え，医師・看護師等が配置されているが，特に専門的治療を要する者は医療刑務所に収容される。医療刑務所としては，八王子医療刑務所，城野医療刑務所，大阪医療刑務所，岡崎医療刑務所などがあり，その他に一般の刑務所（支所）でも重点的に医療関係職員を配置している施設がある。現在，政府の公式発表では，受刑者への医療供給体制は整備されているとのことであるが，精神科医療についていえば，全国的に臨床現場で精神科医が不足している現状で，刑務所・医療刑務所にだけ精神科医が充足しているとは考えられず，また受刑者のなかに占める精神障害者は少なくないものと推定されるので，その人たちに適切な精神医療が提供できる人的・設備的体制の確立が望まれる。（大森信忠）

医療圏　医療計画作成の趣旨として，日常生活圏において通常の医療需要に対応できる医療体制の整備がうたわれ，医療計画には，医療提供体制の整備を図るべき地域的単位として医療

圏の設定が義務づけられている。医療圏は、地域の医療需要に対応して包括的な医療を提供していく場であり、医療資源の適正な配置と医療提供体制の体系化を図るための地域的単位であるとされる。それは、重層的な構造としてとらえられている。二次医療圏は、一般の入院医療需要に対応するために設定する区域であり、地理的条件等の自然的条件および日常生活の需要の充足状況、交通事情等の社会的条件を考慮して、一体の区域として定めることとされている。療養病床および一般病床については、二次医療圏ごとに基準病床数が定められる。全国の二次医療圏は、2002年3月31日現在で363圏域であり、一圏域あたりの人口規模については、地域的格差が認められる。三次医療圏は、特殊な医療需要に対応するために設定される区域であり、原則として都道府県の区域である。精神病床、感染症病床および結核病床は、三次医療圏に対して基準病床数が定められる。なお、一次医療圏については、医療計画における規定はないが、診療所等によるプライマリーケアに対応する区域とされる。　　　　→医療計画（佐藤三四郎）

医療施設調査　医療法に定められた医療施設（病院・診療所）の分布、整備の実態を明らかにし、医療施設の診療機能を把握して、医療行政の基礎資料を得ることを目的としている。1948年の「施設面からみた医療調査」に始まり、1953年から指定統計65号となり、以後1972年まで毎年行われた。1973年の医療施設調査規則の改正により、全医療施設の詳細な実態把握を目的とした「医療施設静態調査」を1975年から3年ごとに実施し、中間年には医療施設から提出される開設・廃止等の届出に基づき「医療施設動態調査」を実施することとして、現在に至る。静態調査票は医療施設の管理者が記入し、調査事項は開設者、診療科目、設備、従事者の状況、許可病床数、診療および検査の実施状況などである。動態調査票は医療施設からの届出に基づいて都道府県知事が作成し、厚生労働大臣に提出する。調査事項は開設者、診療科目、従事者数、許可病床数などである。　　（三宅由子）

医療ソーシャルワーカー〔medical social worker：MSW〕　保健医療分野において、医療職のみならず、地域の広範なコ・ワーカーとも協働する福祉の第二次分野のソーシャルワーカーを指す。厚生労働省通知「医療ソーシャルワーカー業務指針」（2002年）によれば、病院をはじめとし、診療所、介護老人保健施設、精神障害者社会復帰施設、保健所、精神保健福祉センター等さまざまな保健医療機関に所属し活動するソーシャルワーカーの総称である。その歴史は19世紀末のイギリスの慈善組織協会派遣のアルモナー（Almoner）、アメリカのキャボット（Cabot, R. C.）医師によるソーシャルアシスタントの導入に始まる。日本では戦前の済生会芝病院や聖路加国際病院等の稀少な実践活動を経て、戦後GHQの強い示唆によって全国の保健所や結核療養所への配置指導があった。医療ソーシャルワーカーは社会福祉の立場から利用者の健康・傷病・障害等をとらえ、家族、病院組織、職場、学校、地域、行政、制度等相互間の社会生活上に障害や問題発生に対し、利用者や家族の人生／生活上の諸課題の解決や社会生活維持機能の向上によるQOLの向上、問題発生構造の改良・予防等に、ソーシャルワークの方法や技術体系をもって当たっていく。「業務指針」では、その範囲を療養中の心理的・社会的問題の解決、調整援助、退院援助、社会復帰援助、受診・受療援助、経済的問題の解決、調整援助、地域活動としている。　→医療福祉、日本医療社会事業協会　　　　　　（田中千枝子）

医療ソーシャルワーカー業務指針報告書　長寿社会の到来、疾病構造の変化、医療技術の進歩等医療をめぐる環境の変化により、医療ソーシャルワーカーの果たす役割が大きくなってきている医療状況にあって、その業務の範囲が必ずしも明確でないこと、新しい医療の流れを踏まえて保健医療の場において、患者に対しソーシャルワークを行う場合の方法について、十分に確立されていないこと等、患者のニーズに応えきれていないなどの問題を改善するためにとして、精神科ソーシャルワーカーを含む医療ソーシャルワーカー全体の業務の範囲、方法等について指針を定め、資質の向上を図るとともに、

関係者の理解を促進することを目的に，1989年2月に厚生省健康政策局計画課が主管し，日本医師会，日本看護協会をはじめとする関係各界の委員によって構成された「医療ソーシャルワーカー業務指針検討会」によって作成された報告書である。報告書作成の背景には，1987年「社会福祉士及び介護福祉士法」が制定された際に，一方で検討が進められていた医療ソーシャルワーカーの法定資格化が，関係者の意見がまとまらないとして見送られたため，こうした問題の克服が重要な課題となっていたことが挙げられる。報告書では，(1)「医療ソーシャルワーカーの業務の範囲」を，①経済問題の解決，調整援助，②療養中の心理的・社会的問題の解決，調整援助，③受診・受療援助，④退院（社会復帰）援助，⑤地域活動，とし，これらを病院等において管理者の監督の下に行うこととしている。さらに，(2)「業務の方法」については，①患者の主体性の尊重，②プライバシーの尊重，③他の保健医療スタッフとの連携，④受診・受療援助と医師の指示，⑤問題の予測と計画的対応，⑥記録の作成等，とし，(3)「その他」の項では，医療ソーシャルワーカーがその業務を適切に果たすために次のような環境整備が望まれるとして，①組織上の位置づけ，②患者，家族からの理解，③研修等，をあげている。なお，この報告書は，2002年11月の検討会で改正され，現状の医療福祉の法制度と現在の国民の抱えている社会状況に対応していく内容に変更され，「医療ソーシャルワーカー業務指針」とした。また，精神保健福祉士は，精神保健福祉士法で定められた資格であり，この法に基づいて，医師との関係や業務の内容を別に定めているとしている。 （大野和男）

医療福祉〔Social work in medical setting, Social work in health〕　医療福祉は社会福祉の一分野として，また保健・医療・福祉に関わる総合科学として次第に定着しつつある用語である。ハード福祉としては法・行財政体制や社会資源・環境整備等，保健医療福祉の連携と統合のシステム構築を課題とする。ソフト福祉としては保健医療保障を中心とした対人サービスとしての保健医療ソーシャルワークを指す。近年医療は診断・治療中心の「メディカル」ケアから，健康増進や予防・リハビリテーション・介護・看取りを含めた「ヘルス」ケアへとその概念が拡大してきた。かたや福祉サービスの対象が特定の社会的弱者から，すべての人々へと一般化・普遍化が進み，その結果利用者ニーズの多様化・複雑化を促進した。医療と福祉の両者の対象や目的が近接しニーズが重なり合ったために，それらを利用者・生活者の立場で連携・統合する必要性が生じ，医療福祉の存在意義がさらに注目されている。保健医療分野で国民の健康・福祉の向上増進を目指すソーシャルワークは，きわめて実践的な領域である。人間の尊厳を価値として傷病や障害を抱えて生活／人生を送る利用者やその家族の生き方や価値観を尊重した援助となる。そのために治療優先の医療職中心のチームのなかで，利用者や家族の生活設計の選択や人生の生き方に対するアドボケイトや利用者・チームメンバー双方へのエンパワメントの機能や技法が発揮されることも多い。
→社会福祉　　　　　　　　　　　（田中千枝子）

医療扶助　生活保護法に規定されている扶助の一つ。診察，治療，施術（あん摩マッサージ，柔道整復），看護，薬剤，治療材料，移送を含み，厚生労働大臣または都道府県知事が指定する医療機関または施術者に委託して，医療または施術を現物給付することが原則とされている（生活保護法第15条，第34条，第49条，第55条）。ただし，急迫した事情がある場合には，指定を受けていない医療機関や施術者で給付を受けることも可能であり，必要な場合には金銭給付とすることもできる。また，医療の給付を目的として設置された医療保護施設を利用することもできる。医療扶助のための医療を担当する機関（以下，「指定医療機関」という）は，国が開設した機関については厚生労働大臣が，その他の機関については都道府県知事が，それぞれ開設者の同意を得て指定する。指定医療機関には，懇切丁寧に被保護者の医療を担当するとともに，都道府県知事の指導に従う義務があり，これらに違反した場合には指定を取り消されるこ

とがある。指定医療機関の診療方針および診療報酬は国民健康保険の例により、診療内容および診療報酬の請求について都道府県知事の審査を受ける。　→医療保護施設、保護の種類、無料低額診療施設　　　　　　　　（坪内千明）

医療法〔昭和23年法律第205号〕病院・診療所・助産所の開設および管理・施設整備等について、また都道府県の定める医療計画や医療法人について定めている。この法律によって、病院、医師もしくは歯科医師が常時勤務する診療所または介護老人保健施設を開設しようとする社団または財団を医療法人と称しているが、医療法第42条に基づき医療法人は精神障害者社会復帰施設を設置し、精神障害者地域生活援助事業を実施することができる。なお、2000年の医療法改正では、精神病床、感染症病床、結核病床、療養病床、一般病床の五つの病床区分に見直され、それぞれについて人員・施設基準を定めた。これにより「精神科特例」と呼ばれていた「厚生省令で定める従業者の標準によらないことができる」という精神病床の人員配置の特例は撤廃され、一般病床と同じ基準が定められたが、以下に述べるように経過措置等がついた。①大学附属病院（特定機能病院および精神病床のみを有する病院を除く）ならびに内科、外科、産婦人科、眼科および耳鼻いんこう科を有する100床以上の病院については一般病院と同様の人員配置基準(医師は入院患者16人に1人。看護師および准看護師は入院患者3人に1人など)となったが、2003年8月31日までの経過措置があった。構造設備基準についても病室床面積一人当たり6.4m²以上と一般病床と同じ基準になったが、既存の建物については従来の基準でよいとされている。②①以外の精神病床の人員配置基準については、医師は入院患者48人に1人、看護師および准看護師は入院患者4人に1人などと一般病床よりも低い基準とされ、特例許可を受けている病院は2006年2月28日までは看護師等は6人に1人という経過措置があり、さらに「当分の間」5人に1人でよいとされている。構造設備基準についても①と同様に既存の設備については従来の基準のま

まである(「医療法等の一部を改正する法律等の施行について」平成13年2月22日医政発第125号)。　→精神科特例　　　（古寺久仁子）

医療保険制度　医療保険を管理・運営しているさまざまな制度を総称して使う用語。わが国の場合を例に挙げていうと、次のもので構成されている。一般的な被用者を対象とする政府管掌健康保険と組合管掌健康保険。船員を対象とする船員保険。公務員等を対象とする共済組合（国家公務員共済組合、地方公務員共済組合、私立学校教職員共済)。その他の国民を対象とする国民健康保険（市町村を保険者とする国民健康保険のほかに、同種の事業・業務に従事するもので組織された国民健康保険組合、それに国民健康保険の内部に設けられた退職者医療制度)。さらには、原則として75歳以上の高齢者を対象に、市町村が実施主体となって、各種医療保険制度からの拠出金によって賄われる、老人保健制度である。このように、各種の医療保険制度が分立していることによって、各保険制度間に負担や給付の格差が生まれているし、保険財政面で破綻をきたしている制度もある。昨今、少子高齢社会や、減速経済を背景に、薬価制度の見直しや、診療報酬体系の見直し、高齢者医療制度の見直しを焦点として、医療保険制度改革が求められてきている。単純にいえば、現行の医療保険制度を統合して一本化するのが望ましいかも知れないが、その実現は容易ではなかろうし、被用者と自営業者との間の所得捕捉の違いをどのように扱うのかという難問が残る。
　　　　　　　　　　　　　　　　（松渓憲雄）

医療保護施設　生活保護法に基づき設置される保護施設の一つであり、医療を必要とする要保護者に対して、医療の給付を行うことを目的としている。そのため、病院や診療所の一部に併設されており、職員の大半が病院職員との兼務の形をとっている。入院加療を必要とする行旅病人、住所不定者などへの医療対策としての歴史的意義をもつ。しかし、近年では医療保険制度の整備、生活保護法の指定医療機関の充実などによって、その存在意義は相対的に小さくなっている。　→医療扶助、保護施設

(大内直人)

医療保護入院 精神保健福祉法第33条規定の入院形態。精神保健指定医による診察の結果，精神障害者であり，かつ医療および保護のため入院の必要がある者であって，当該精神障害のために任意入院が行われる状態にないと判定された者が，保護者の同意があるとき，本人の同意がなくても，本人を入院させることができる。精神衛生法（1950年）においては「同意入院」と呼ばれ，保護者の同意のみで入院させることができた。1987年改正により「医療保護入院」と名称を変え，人権擁護のため，精神保健指定医の診察が必須要件となり，入退院時の届出義務や入院時の告知義務が設けられた。1999年改正では任意入院との区分を明確にし，医療保護入院等のための移送についての規定が設けられた。医療保護入院は強制入院の性格をもつが，精神保健指定医の診察（必須）のほかに適用要件が「同意能力の有無」であり，運用の基準があいまいである点が課題である。移送については，人権に配慮した運営が可能な人員，施設の整備が求められている。　→同意入院

(中川さゆり)

医療倫理 時代とともに医療の倫理は大きく変化している。基本的な理念はいわゆる「ヒポクラテスの誓い」に基づいてきたが，現代の医学においては父権主義を強く排除し，医療の分野における情報の開示と患者の自己決定権が重視されてきている。時代的には1964年，世界医学会総会での「ヘルシンキ宣言」の採択により，人を対象とする医生物学研究における人権の擁護が導入された。1975年，東京総会で一部改正し，インフォームドコンセントの概念が取り入れられるようになってきた。すなわち，医師と患者の立場を人として対等なものとし，患者の意志に基づく治療の提供が強く望まれるようになっている。　→医師の使命・職務，ヘルシンキ宣言

(岩間久行)

岩倉村大雲寺 11世紀，京都岩倉村にある大雲寺で多くの人々が，精神病を治そうと集まった。これは，後三条天皇（1068～1072年）の皇女佳子が29歳のとき発病し，大雲寺の泉水で治ったという言い伝えによる。岩倉村では，治癒を求めて集まる人々に宿舎を提供し，地域ケアの実践が里親のようなかたちで行われていたという。

(高橋一)

インクルージョン〔inclusion〕 1990年代に入り，ノーマライゼーションを具現化するために用いられるようになった概念。普通教育と障害児教育を二分することを前提に両者の空間的統合を強調したメインストリーミングやインテグレーションに対して，障害児への適切な支援なしに統合の場に参加させることは投げ捨て（ダンピング）であるとの批判が起こり，それに代わり，両者を統合した学校システムを構想し，そのなかで「特別な教育的ニーズ」をもつ子どもに対応すべきとした主張である。障害の有無ではなく，個々人の支援の必要に応じて対応することを重視している。同様に訓練を受けて就労可能になった障害者だけではなく，支援を受けながら働く援助つき雇用が試みられている。　→インテグレーション，メインストリーミング

(沖倉智美)

インシデント・プロセス法〔Pigors Incident Process〕 事例研究法の一つで，実際に起こった出来事を題材にしながら事例を分析していく方法で，マサチューセッツ工科大学のピゴーズ（Pigors, P.）によって開発された方式である。実際の事件場面を再現した事例を，通常2名以上の会話形態で提示させ，参加者は事例提供者と同じ立場に立って質問によって情報を集め，問題点を明確化し，解決策を考えていくというプロセスに重点が置かれる方法である。メンバーは他メンバーの発言から学ぶことができ，実際場面での問題発見解決の能力をみがくことができる。参加者はハーバード方式よりも少なく設定され，6～12名程が適当。役割分担は全体の司会者，事例提供者，記録係，進行係，参加メンバーである。問題があらかじめ与えられるハーバード方式の欠陥を除き，実践による学習をねらって開発された方式で，ハーバード方式に比し短い時間でできるため，現場で活用しやすい事例研究法といえる。　→事例検討

(相川章子)

因子分析〔factor analysis〕 いくつかの心理的特性について観察された各種の変量，例えば観察，実験，あるいは調査などで測定された値の変動や構造をより少ない数の仮想的変数（因子と呼ばれる潜在変数）を用いて記述するために工夫された統計学的な分析方法である。分散分析，回帰分析などと並んで多変量解析のなかでは最も多く使われている手法の一つである。扱う値は心理学的なデータに限らないが，特に心理学の領域においてよく用いられる。

(中藤淳)

飲酒行動〔drinking behavior〕 男性に許容的で，女性に厳しい基準が適用される。文化により大きく規定された社会的行動である。社会にはそれぞれ飲酒に関する社会的ルールや文化的様式（これらの総体が飲酒文化）があり，この基準から逸脱した飲酒行動が問題飲酒とかアルコール乱用と呼ばれる。日本では成人男子の1/3が連日飲酒をしており，大変寛容な飲酒文化の下で飲酒が重要な社会的機能を果たし，しばしば飲酒は象徴的に社会的友好関係をもあわせ呑むことを意味している。他方寛容な飲酒文化と集団主義的な風土は，一気飲みや他者に飲酒を強要するアルコール・ハラスメントなどの問題も生んでいる。 →アルコール関連問題

(清水新二)

インスリンショック療法〔Insulin shock therapy〕 精神的・身体的衝撃が精神症状に影響することが古くから断片的に知られていた。18世紀後半からウィーンを中心とする中部ヨーロッパにさまざまな精神科治療法が次々と登場し始めた。メスメル(Mesmer, F. A.)，フロイト(Freud, S.)，ワグナー・ヤウレッグ(Wagner-Jauregg, J.)などである。精神科の身体療法で登場するのが，一連のショック療法である。インスリンショック療法はその初期のものと考えられる。この方法はインスリン注射により低血糖，そして意識低下，昏睡を起こし，精神疾患の治療を行おうとしたものである。創始者のザーケル(Sakel, M.)は最初，麻薬中毒の禁断症状に使用することをベルリン大学のボネファー(Bonhoeffer, K.)教授に提案したが，危険であると受け入れられず，ウィーンに帰ってこの療法を完成させた。現在ではほとんど用いられず，歴史的な意味をとどめるに過ぎない。

(井川玄朗)

陰性症状 1982年にクロウ(Crow, T. J.)は，症状の違いや抗精神病薬への反応性の善し悪しなどにより統合失調症（精神分裂病）が2群に分類されることを提唱した。幻覚や妄想，思考障害などの陽性症状を主とするものをⅠ型，感情の平板化，会話の貧困，意欲欠如などの陰性症状を特徴とするものをⅡ型と呼んだ。その後，統合失調症の症状群を，陽性症状と陰性症状とに分けて記述することが一般的となってきた。陰性症状とは，感情の鈍麻・平板化・乏しさ，会話の貧困，意欲・自発性の欠如，動きの緩慢・寡動，思考の緩慢，連想弛緩，無快楽症，社会的ひきこもりなどが主なもので，統合失調症の慢性期に認められることが多い。従来の抗精神病薬への反応性が不良な例が多く，そのこともあいまって社会的予後が不良であるケースが多い，といわれる。また，陰性症状を主体とする症例は，CTなどの脳の画像上で，脳室の拡大と脳実質の萎縮など，脳の器質的変化がみられるともいわれている。 →陽性症状 (大森信忠)

陰性症状評価尺度〔Scale for the Assessment of Negative Symptoms: SANS〕 アンドレアセン(Andreasen, N. C.)によって，1982年に発表された統合失調症（精神分裂病）の五つの重要な陰性症状を評価するための評価尺度である。五つの症状とは，Ⅰ情動の平板化・情動鈍麻，Ⅱ思考の貧困，Ⅲ意欲・発動性欠如，Ⅳ快感消失・非社交性，Ⅴ注意の障害，を指す。五つの症状は，いくつかの観察可能な下位項目（例えば，Ⅰ情動の平板化・情動鈍麻の項目は，①表情変化欠如，②自発的動きの減少，などの下位項目がある）に分類され，それぞれについて0（なし）から5（最重度）までの6段階評価が行われる。各下位項目評価に続いて患者自身の「主観的症状評価」の項目がある。これは患者自身の自己評価に基づいてなされる。各症状の最後に「総合評価」という小項目がある。総合的な評価は全30小項目の合計点（総合得

点)を用いることもできるが，原著では，総合評価小項目の合計点(要約得点)を推奨している。　→陰性症状　　　　　　　　(大森信忠)

インターグループワーク〔intergroup work〕社会福祉の組織化は，地域社会における各集団の協働によって行われるものであるという考え方に立ち，地域社会における各種の集団(団体，組織，機関)が，共通の社会的目標に向けて，相互作用を展開し，協働を促進させていくコミュニティ・オーガニゼーションの方法をいう。このときにソーシャルワーカーは，地域社会にある各集団の目標達成のための結束を強めたり，各集団の代表者の会議の場を設定し，グループ間の関係を調整する。その援助過程においては，住民が自ら社会福祉のサービスをつくりだしたり，運営するという民主的な自己決定の原則が重視されなければならない。アメリカのニューステッター (Newstetter, W. I.) は1947年に「インターグループワーク」を発表している。　→コミュニティ・オーガニゼーション
(増田一世)

インターフェイス〔interface〕　一般には，複数のシステムの接触する領域をいう。ソーシャルワークの独自の領域として，人と環境(地域社会)の接する部分(インターフェイス)があると，ゴードン (Gordon, W.) が主張している。人と環境の接触する面に焦点をあてて，クライエントの対処能力や発達の可能性を高め，環境への適応力を増進させる。地域における人間と人間の関係性に置き換えて考えると，お互いの相違に注目するのではなく，共通の価値を見いだす努力を行い，地域における新しい関係性やその関係性を育み，新しい価値を大切にしていくことを意味している。そして，新しい地域ケアのあり方を模索し，創造していくことにより，新たな地域づくりのあり方を模索するきっかけとなっていく。1999年にはヒューマンインターフェイス学会も発足している。　(増田一世)

インターベンション　⇨介入

インテーク〔intake〕　受理面接，または初回面接ともいう。ケースワークの援助過程の最初の関わりで，「受理」と訳され，クライエント(対象者)との出会いの意味もある。インテーク面接は，1回で終了することもあるが，数回にわたることもあり，緊急に対応することや時間をかけてじっくり話を聴いて援助の方針を決定することもある。クライエントより相談が持ち込まれることもあるが，家族や近隣，保健師などの地域の関係者から問題を持ち込まれたり，医師や看護師などの他職種から問題解決を依頼されることもある。問題が持ち込まれるまでの関わりの経過や情報を大切にするとともに，「本人中心」の視点を大切にしたインテーク面接をする必要がある。インテークの目的は，①クライエントの問題，主訴を正確に把握する，②来所理由，来所経路を明らかにする，③問題発生から現在に至る経過を把握する，④クライエントや家族の対応能力を見極める，⑤クライエントや家族が援助を受ける意志があるかどうか確認する，⑥施設・機関の機能に照らして，適切な援助が可能か他の施設・機関の機能が適切か見極め，他施設・機関に紹介・送致する，などがある。インテークの段階で，援助者の所属する機関・施設の提供するサービスを受け入れるかどうかの合意をクライエントと援助者が行う援助契約を結ぶことも大切である。インテークは通常40分から1時間程度を要するが，いずれの場合にもクライエントの緊張と不安を和らげ，秘密が守られること，話したくないことは話さなくてよいことを説明して，安心して相談できるように努めることを前提条件にする必要がある(不安・緊張の除去，安心感の保障)。クライエントは，直面する問題によってもたらされる不安だけでなく，相談をした施設・機関の職員が自分のことをわかってくれるのか，対応してくれるのか，という不安ももっていることに留意しなければならない。また，本人との出会いを大切にし，家族や周囲の関係者から先に情報を得ることは避け，本人から情報を得るとともに，家族との関係の調整や援助を受けることの動機づけの機会である。インテークによって，よりよい援助を展開するためには，熟練した面接技術と，詳細な保健・医療・福祉に関する知識を求められる。援助者はインテークにあたっ

て，傾聴，受容する姿勢により，クライエントの問題解決の意欲を高めて，信頼関係を形成する必要がある。　→傾聴，受容　　　（荒田寛）

インテグレーション〔integration〕「統合」「統合教育」「無差別待遇」等と訳されている。社会福祉において，障害者などの対象者の処遇にあたり，対象者が他の健常者等と差別されることなく生活できるように援助することである。また，社会的に隔離され差別されている人々を再び社会のなかに組み入れ受け入れていくことである。そのためには，地域のなかでハンディキャップをもった人が日常生活で支障をきたさないように地域住民などが中心になって問題解決にあたらなければならない。特別支援教育においては，障害があることによって入学のときから特別な学校に通学することを強いられてきた児童生徒を地域社会で受け入れるという発想から，普通学級に入れるという運動が起こった。障害のある子どもも，ない子どもも一つの教育のなかで考えていくというのが，統合教育の発想である。インテグレーションを通じて，差別や隔離のないノーマルな社会を実現しようとすること，またそのための施策や援助活動を展開することがノーマライゼーションである。→メインストリーミング，インクルージョン
（伊東秀幸）

咽頭〔pharynx〕鼻腔，および口腔の後方にあり，頸椎の前方にある。壁は骨格筋とそれを裏打ちする粘膜から構成される管腔臓器である。最上部は鼻咽頭であり耳管が開口し，咽頭と中耳の空気圧を保つ。後方壁には咽頭扁桃がある。呼吸に関与し鼻腔からの空気の通路であり，粉塵を含んだ粘液を口腔に運ぶ。それに続く口腔咽頭および咽頭喉頭部は空気の通路であると同時にそれぞれの筋肉が収縮することによって口から入ってきた食物を食道に運ぶ。
（荒田寿彦）

インドールアミン仮説　精神障害，特に感情障害の病因として脳内のインドールアミン系の異常を想定した仮説である。インドールアミンの代謝は主にアミノ酸であるトリプトファンからセロトニンを経て，メラトニンや5HIAAに至る経路である。この経路で従来指摘されている異常としては，脳脊髄液の検査において，感情障害を罹患している際にセロトニンの代謝物が減少していることが報告されている。また生体内のセロトニン受容体の機能を測定した結果によると，脳内のセロトニン再取り込みの部位であるセロトニントランスポーターは，感情障害の罹患時に視床において異常をきたしているという報告がある。抗うつ薬であるSSRIは，シナプス間隙でのセロトニン濃度をあげることによって抗うつ作用を示すと考えられており，以上のことからこの仮説は感情障害の病因を探る上で有力なものとなっている。一方，カテコールアミン系の異常が感情障害の病因として重要であるという説もあり，今後の研究が待たれる。
（井上眞）

院内寛解者　病院内という保護的環境下においては，寛解状態を維持することができ，日常生活にも問題はないが，一般社会においては不適応，症状の増悪，再燃を起こすため退院することが困難な統合失調症（精神分裂病）患者を指す。このように，ひとたび病院を離れるとただちに精神症状が増悪をきたすこと，つまり病院の内と外という状況変化に相応する症状の消長は「病院内寛解」と呼ばれている。これは，患者本人が病院内での生活の枠組みに依存し，社会復帰，自立的社会生活に対し拒絶傾向をもち，退院に対し強い不安を抱いていることに関係する。また入院の長期化に伴い，家族との人間関係にも変化が生じ，患者と家族の心理的なつながりがますます希薄になることも，退院後の社会復帰を妨げる一つの要因となっている。
→寛解　　　　　　　　　（樋口英二郎）

インフォーマルネットワーク〔informal network〕家族や友人，地域住民，ボランティアなどのクライエントがもつ非公式な支援のネットワーク。日常生活は多くの人との相互関係で成立しているが，精神障害者は，その障害の特性から人間関係が希薄な場合も多くみられる。インフォーマルなサポートは，クライエントのニーズをより柔軟に反映できる利点がある。　→フォーマルネットワーク　　　（木下了丞）

インフォームドコンセント〔informed consent〕 医療側が,患者に対して行おうとしている治療について十分な説明をする（インフォーム）ことと,患者がその説明を理解し,同意,選択する（コンセント）こととという二つの要素を含む医療側と患者側のやりとりの過程である。医療側の説明は,診断・治療目的,治療法,予想治療期間,期待される利益,より侵襲的でない方法を含む代替治療手段,予想される苦痛・不快・危険・副作用を含むものとされる。インフォームドコンセントは,ナチスによる人体実験を裁いたニュールンベルク裁判に始まり,1964年世界医師会が「ヘルシンキ宣言」にまとめた,医学研究において研究対象となる本人の自発的承認を絶対条件とし,その基準や手続きを検討するなかで発達した考え方である。人体実験の際の人権という考え方が,次第に医療のパターナリズムに対し,説明されることと自己決定は患者全体の権利であるという認識に広がった。特にアメリカの公民権運動や消費者運動のなかで,医療による権利侵害を受けたとする患者側の訴訟が多発し,患者の権利関連法の整備が進んだ。1973年アメリカ病院協会が「患者の権利章典」を出し,1983年にはインフォームドコンセントを国の方針として確認する「アメリカ大統領委員会・生命倫理総括報告」が出ている。精神科におけるインフォームドコンセントについては議論のあるところではあるが,1991年国連決議「精神病者の保護及び精神保健ケア改善のための原則」が,強制入院患者のインフォームドコンセントの権利も原則として認めている。同時にインフォームドコンセントなしに治療が行われる例外についても,強制入院患者がインフォームドコンセントの能力を欠いていて,独立の機関によってその治療が最善であると認められる場合や,同意権限をもった法定代理人が承認している場合など,条件や手続きを細かく規定した。日本では,1992年医療法改正の国会審議でインフォームドコンセントの法制化が議論となり,厚生省が「インフォームドコンセントのあり方に関する検討会」を設けた。検討会報告は,一律に法律上強制することは責任回避のための形式的・画一的な説明や同意の確認に陥るおそれもあること等から適切ではないと,法制化を否定した。日本のインフォームドコンセントは,今なお個々の医師の考え方,裁量に任されている状況である。しかし「エホバの証人」信者が,事前に輸血を拒否したにもかかわらず手術中に医師の判断で輸血されたことを不当とする訴えに対し,2000年最高裁判所は人格権の侵害であるとして患者勝訴とした。このように法律の世界では,インフォームドコンセントが権利として当然のことと認められるようになっている。　→ヘルシンキ宣言,精神病者の保護及び精神保健ケア改善のための原則
　　　　　　　　　　　　　　　　　（木村朋子）

インフルエンザ〔influenza〕 流行性感冒であり,インフルエンザウイルスの飛沫によって感染する。症状は,頭痛,発熱,鼻汁,咽頭炎,気管支炎,関節炎,腹部症状などであるが,脳炎を起こすこともある。インフルエンザウイルスはA,B,C型に大別されるが,A型は2,3年で,B型は4,5年の間隔で流行する。これは,ウイルスが変異しやすく,ウイルス株の交代が生じ,ウイルスに対する免疫が働きにくくなるためである。インフルエンザワクチンによる予防接種が用いられるが,その予防は確実ではない。
　　　　　　　　　　　　　　　　　（岩間久行）

隠喩　⇨メタファー

う

WISC（ウィスク）　⇨ウェクスラー児童用知能検査

ウィニコット〔Winnicott, Donald Woods：1896-1971〕 イギリスの児童精神科医,精神分析家。プリマス市に生まれ,ケンブリッジ大学で小児医学を学び,1923年からパディントン・グリーン小児病院に小児科医として勤務しながら精神分析家としての教育を受け,後年は成人の精神障害の精神分析も手がけた。幼児の内的

世界を重視する一方で，幼児の外界にいる現実の母親の存在に注目し，心理現象を絶えず母親と幼児の関係のなかでとらえようとした。絶対的依存期・相対的依存期・独立に向かう時期という母親への「依存」を軸にした精神分析的情緒発達理論を展開した。　　　　　（吉川公章）

ウィング〔Wing, John K.：1923-〕　イギリスのロンドンにある精神医学研究所およびロンドン大学衛生学部名誉教授。世界的に知られた社会精神医学研究の第一人者。1952年ロンドン大学医学部卒業。1950年代にブラウン（Brown, G. W.）とともにイギリスにおける代表的な三つの精神病院の調査（三病院調査）を行い，二次障害としての「施設症」の概念を明らかにした（Institutionalism and schizophrenia (1970)）。イギリスにおける脱施設化運動は彼の業績に負うところが多い。　→三病院調査, 二次障害　　　　　　　　　　　（丸山晋）

ヴーゼル〔Wiesel, Torsten Nils：1924-〕　スウェーデンに生まれる。アメリカで活動している神経生理学者。1981年ノーベル生理学医学賞を受賞。感覚受容器への刺激は，インパルスに変換され，神経系の各レベルを経て中枢に達するが，その際，神経系の特定のニューロンに反応を喚起する刺激の範囲を受容野と呼ぶ。視覚系については，ネコの視神経節細胞の受容野が同心円構造をもつことが明らかとなった。さらに，ヴーゼルは，間脳の外膝状体の受容野も同心円構造をとるが，大脳皮質17野以上のレベルでの受容野は，細胞によってさまざまな特性を示すことを明らかにした。　　　　　（中藤淳）

WAIS（ウェイス）　⇨ウェクスラー成人用知能検査

ウェーバー〔Weber, Max：1864-1920〕　エルフルト生まれ。ハイデルベルク大学・ベルリン大学に学ぶ。ドイツの社会学者。法制史・経済史の研究から出発したが，社会学へと関心を移し，社会学方法論の確立や政治・宗教などの社会現象に対する分析等，多方面で業績を残している。ウェーバーの社会学で重要な位置を占めるのは社会的行為であり，この社会的行為を行為者の思念した意味に対する理解に基づいて分析する理解社会学を提唱した。主著に「Die protestantische Ethik und der Geist des Kapitalismus（プロテスタンティズムの倫理と資本主義の精神）」(1905)，『Wirtschaft und Gesellschaft（経済と社会）』(1921-1922)などがある。　→行為　　　　　　　　（杉本昌昭）

ウェクスラー〔Wechsler, David：1896-1981〕　ニューヨーク大学医学部教授と付属ベルヴュー病院精神科心理学主任を務めた。ウェクスラー・ベルヴュー知能検査，WPPSI，WISC，WAISの作成者として有名である。これらの知能検査が作成されたことにより，一貫した知能構造理論に基づいて，4歳の幼児から74歳の成人までの知能を測定できるようになった。　→ウェクスラー児童用知能検査, ウェクスラー成人用知能検査　　　　　　　　　　　（中藤淳）

ウェクスラー児童用知能検査〔Wechsler Intelligence Scale for Children：WISC〕　ウェクスラー（Wechsler, D.）は知能を「個人が目的に合った行動をし，合理的に思考し，効率的に環境に対処していく諸能力の総体」と考え，1949年に5歳から15歳までの児童を対象としたウェクスラー式知能検査を作成した。WISC（ウィスク）と称される。検査は，知能の全体的水準を示す全尺度IQ(intelligence quotient)だけでなく，言語性IQと動作性IQも測定できる。また，言語性検査と動作性検査はそれぞれ6種類，計12種類の下位検査から構成されている。ただし，必ず実施しなければならないのは，言語性，動作性ともに5種類ずつである。なお，知能指数（IQ）は，一般に次の公式により計算することができる。IQ＝精神年齢／生活年齢×100　→知能検査　　　　　　　　（中藤淳）

ウェクスラー成人用知能検査〔Wechsler Adult Intelligence Scale：WAIS〕　16歳以上の成人を対象としたウェクスラー式知能検査であり，WAIS（ウェイス）と称される。1955年にウェクスラー・ベルヴュー知能検査を改訂して作成された。WISCと同様，知能の全体的水準を示す全尺度IQ(intelligence quotient)だけでなく，言語性IQと動作性IQも測定できる。また，言語性検査は6種類，動作性検査は5種

類の，計11種類の下位検査から構成されている。言語性IQと動作性IQは知能の総体を二側面から測定したものとみなすべきであるが，両者の関係から被験者の知的特徴を推測することができる。例えばウェクスラーは，言語性IQが優位なのは神経症，精神病，気質疾患などであり，動作性IQが優位なのは精神病質などであるとした。　→知能検査　　　　　（中藤淳）

ウェッブ夫妻〔Webb, Sidney James：1859-1947, Webb, Beatrice：1858-1943〕夫シドニーはロンドンの中流階級出身で，ロンドン大学を卒業し，植民地省の官吏となる。1885年にフェビアン協会に入会し，1889年には同協会の指導理念となる漸進主義的社会改良の論文を発表した。妻ベアトリスはグロスターの富裕な実業家の家に生まれた。1887年には，義理の従兄に当たるブース（Booth, C. J.）のロンドン調査に参加した。2人は1892年に結婚し，1897年に発表した『Industrial Democracy（産業民主制論）』でナショナルミニマム論を，また，1905〜1909年まで務めた救貧法審議委員として少数意見報告書を提出するなど，生涯を社会改革運動に捧げた。　→ブース　（北場勉）

ウェルトハイマー〔Wertheimer, Max：1880-1943〕プラハに生まれ，ヴュルツブルク大学で学位を得，フランクフルト大学，ベルリン大学を経て，フランクフルト大学教授を務めた。1933年にナチス・ドイツを逃れ，アメリカに移住し，ニューヨークの新社会研究学院の教授となった。ゲシュタルト心理学の創始者。1912年の運動視（仮現運動）に関する研究で，この現象は要素やその機械的結合によっては理解できず，全体的統一的まとまりをもつゲシュタルト（形態）として直接経験に与えられるものであると主張した。また，視野のなかで図と地が分化し，さらに図がまとまって群をつくる知覚的群化，および視野は全体として最も簡潔な秩序あるまとまりをつくる自然の傾向があるとするプレグナンツの法則を説いた。　→ゲシュタルト心理学　　　　　（中藤淳）

ウェルニッケ中枢〔Wernicke's center〕大脳皮質のうちで，単なる音のつながりを意味のある言葉や文章に聞き取り，認知する領域である。解剖学的な部位としては右利きにおいて左半球上側頭回の後方に位置する。神経細胞の分布上の分類ではブロードマン（Brodmann, K.）の領野22の後方に相当する。この部位が障害されると，音は聞こえており記憶や知能にも障害がないにもかかわらず，音を言葉や文章として認知することができなくなる。また，話し方も一見すると普通に話しているように聞こえても，よく聞いてみると何を喋っているのかわからないような状態となる。この状態をウェルニッケ失語と呼ぶ。ウェルニッケ中枢の機能については，この部位の電気刺激やPET，fMRIを用いて言語課題を行っている際の脳血流や血糖代謝値の変化を調べることにより詳細が明らかになってきている。　　　　　（井上眞）

迂遠〔umständlichkeit, circumstantiality〕思路の障害の一つで，枝葉末節に影響されて話の本筋が後回しにされ，長い回り道をしながらやっと結論に到達するような思考の過程をいう。思考の結論（目標）は保たれていて，遠回りをしながらも結論に達することで，結論が別の話につながってしまう統合失調症（精神分裂病）の思考障害とは区別される。知的障害やてんかん患者，脳器質性の障害には多少ともこの傾向が認められることもあり，軽度のものは粘着気質者にも，年輩の健常者にもあり得る。　→思路障害　　　　　（清瀧健吾）

ウォルピ〔Wolpe, Joseph：1915-〕南アフリカのヨハネスバーグに生まれる。ヨハネスバーグのウィトウォルターズランド大学に在学中は外科を専攻しながらフロイト（Frued, S.）に熱中するも，次第にフロイトに疑問をもつようになる。パブロフ（Pavlov, I. P.）の著作やハル（Hull, C. L.）の条件づけの理論をモデルにして，行動療法の一つの技法として，不安や恐怖などの軽減に用いられる「系統的脱感作法」を開発した。神経症的行動に限られ，有効な学習解除の方法によって症状を除去することができるとした。　→系統的脱感作法　（相川章子）

ヴォルフェンスベルガー〔Wolfensberger, Wolf：1934-〕ドイツに生まれ，1950年アメリ

カに移住。アメリカのジョージピーボティ大学で心理学と特殊教育の博士号を取得。1964年から1971年までネブラスカ精神医学研究所で研究員として働く。ノーマライゼーションの理念をアメリカに導入したが、後にソーシャルロールバロリゼーションとしてのノーマライゼーションの概念を再構築した。ノーマライゼーションの目標を履行するサービスシステムのプログラム分析であるPASSING(Program Analysis of Service Systems Implementation of Normalization Goals)を開発し、評価研究を行った。　→ソーシャルロールバロリゼーション
（圓林今日子）

内田クレペリン精神検査　ドイツの精神科医であるクレペリン（Kraepelin, E.）が行った一桁の数字の連続加算の過程に働く精神機能の研究を内田勇三郎が標準化した検査法である。一桁の数の連続加算を15分作業、5分休憩、15分作業の順に行い、その間の1分ごとの加算結果を測定し、時間経過に伴う作業量と作業曲線のパターンからその人の性格特性、適性、行動傾向などを診断しようとするものである。この検査は採用試験、交通事故頻発者の検出、職務適性調べ、教育界での生徒評価など、各種の適性検査として用いられることが多いが、臨床的には精神作業の全体的な適応性の評価に用いられる。　→クレペリン
（中藤淳）

内村祐之〔うちむらゆうし：1897-1980〕　無教会主義キリスト教の指導者内村鑑三の長男。精神医学者。北海道帝国大学教授や東京帝国大学教授として活躍。現・都立松沢病院院長や国立精神衛生研究所（現・国立精神・神経センター精神保健研究所）所長、日本精神衛生会会長等を歴任、教育者、研究者としてわが国の精神医学界に多くの貢献を果たした。アイヌのイムの文化結合症候群研究や、家系調査や双生児研究、原爆脳障害研究等、多岐にわたる研究に従事。著書に『我が歩みし精神医学の道』（1968）がある。
（池田良一）

うつ状態〔depressive state〕　気分障害のうち、気分の落ち込みを主体とする状態である。未来に対する自己の生気感情の喪失というべき状態で、感情面だけでなく、生気感情の喪失に伴う身体的不全症状も出現する。①精神領域：悲哀感、興味喪失、思考制止、決断不能、不安、焦燥感、無価値感、罪業念慮、自己不全感、絶望、心気症、自殺念慮、気分の変動。②身体領域：自律神経症状、運動制止、行動減少、便秘、さまざまな身体的不調。うつ状態での一番の問題は自殺である。未来への生気感情が失われ、将来に対する希望が全くもてない状態になり、しばしばその思い込みは妄想と呼べる程度にまで発展する。うつ状態の絶頂期には行動制止のため自殺企図が実行されにくく、行動制止がさほどひどくない時期（うつ状態の初め、または回復期）に自殺を遂行することが多い。　→気分障害
（大森信也）

宇都宮病院事件　1984年3月14日「患者2人に「死のリンチ」―宇都宮の精神病院で看護職員―」の新聞報道で、医療法人「報徳会宇都宮病院」（920床、入院患者950人）での、患者へのリンチや無資格診療など、暴力と恐怖による職員・患者支配が次々と明らかとなった。院長は「保健婦助産婦看護婦法違反」「診療放射線技師及び診療エックス線技師法違反」「食糧管理法違反」「死体解剖法違反」などで逮捕された。患者の使役、暴行、監禁、東京大学の脳研究とのつながりなどが日常的に行われていた実態に対し、国際法律家委員会（ICJ）と国際医療職専門委員会（ICHP）の合同調査団が来日。日本の精神医療の実情、人権侵害の問題が国際的に批判されることとなった。国連「差別防止・少数者保護小委員会」第38回会議（ジュネーブ）で日本代表は、精神障害者の人権保護を改善すると言明し、1987年9月精神衛生法が精神保健法に改正され、翌年施行された。　→精神保健法
（天野宗和）

うつ病〔depression〕　躁状態とうつ状態という気分障害を特徴とする疾患を一つの疾患単位「躁うつ病」として提唱したのはクレペリン（Kraepelin, E.）（1889年）であった。原則的には完全寛解し、後遺障害を残さないといわれる。うつ病の分類として、病因や経過を重視して、次のように分類されることが多い。①身体

因性うつ病：身体疾患との因果関係がはっきりしているうつ病。脳の損傷のように脳障害による場合を器質性うつ病（脳動脈硬化症，進行麻痺等）と呼び，脳以外の身体疾患が二次的に脳を冒したために起こるものを症候性うつ病（感染症，中毒性等）と呼ぶ。②内因性うつ病：原因不明のうつ病で，双極性感情障害と呼ばれているものである。うつ病相のみで躁病相を伴わない周期性うつ病と，躁うつの両相性経過をとる循環性うつ病に分けられる。この病型の症状の特徴として，早朝覚醒と朝の気分不良を伴う気分の日内変動，原発性罪業感，生気的悲哀感，動機のない抑うつ気分などが挙げられる。③心因性うつ病：抑うつ状態が心的規制から生まれたことが了解できるもので，反応性うつ病，神経症性うつ病などに分けられる。　→双極性感情障害　　　　　　　　　　（大森信忠）

ヴント〔Wundt, Wilhelm Max：1832-1920〕ドイツに生まれる。ハイデルベルク大学で医学と生理学を学んだが，感覚研究を介して次第に心理学や認識論の領域に関心が移った。心理学史上の功績は，ライプチヒ大学の哲学部に実験心理学のための世界初の心理学研究室を開設したことと，民族心理学を精神発達の視点から体系化し直したことである。また，著書は心理学ばかりでなく，哲学に関するものも多く，その関心の範囲は科学論から文化人類学的諸問題を経て国家論や法律論にまで及んでいる。
（中藤淳）

運動性言語中枢　大脳皮質領域のうちで，発語をする際に重要な役割を果たす部位であり，発見者の名前からブローカ中枢（Broca's area）ともいわれる。部位の定義はいろいろあるが，もっぱら左半球第三前頭回の後方のあたりといわれている。この部位が障害されると言葉を流暢に話すことができなくなり，途切れ途切れで短い文章を，わかりにくい言葉でしか話せなくなる。一般に，この中枢の障害では文章を理解することは保持できていても音読や書字ができないようになることが典型的な症状である。
（井上眞）

運動療法　さまざまな慢性および急性の疾患に対して，身体機能の温存あるいは回復のためにリハビリテーション療法が行われる。リハビリテーションの中心となる療法は，理学療法，作業療法，言語療法であるが，理学療法は運動療法と物理療法とに大別される。運動療法は基本的な動作の訓練によって関節可動域の改善，筋力の増幅等をもたらし，運動機能の回復や維持を行う。このほか，体力や運動能力の回復の目的および糖代謝機能の改善の目的で運動療法は行われる。前者は呼吸器や心疾患において，後者は糖尿病において用いられるリハビリテーション療法である。　→物理療法　（岩間久行）

え

エイジズム〔ageism〕　年齢差別。年齢を根拠とする差別または偏見。1960年代，アメリカの国立老化研究所初代所長の精神科医バトラー（Butler, R. N.）によって最初に使われた。レイシズム（人種差別），セクシズム（性差別）と並ぶ差別といわれる。レイシズムがその皮膚の色によって，セクシズムが性によって差別されるように，エイジズムとは，年齢によってもたらされる差別をいう。高齢者はそれぞれ異なる生活歴をもち，経済的状況も人生の目的も違う。にもかかわらず，そういった多様性，個別性に着目することなく，高齢者は皆弱く，ダメな存在であるといったステレオタイプ化されたイメージで選別し，社会から排除する，そのプロセスがエイジズムである。エイジズムは男女の区別なく存在するが，社会的不利の立場にある女性の方が顕著に現れる傾向がある。伝統的社会では，通常，人生経験豊富なものとして高齢者には敬意が払われていた。「年長者」は共同体全体の重要な問題について主たる発言権をもち，最終決定権を有していた。しかし，産業社会においては，とりわけ，若さや活力，肉体的魅力に高い価値を置く社会では，高齢者は社会の隅に置かれ差別されがちである。エイジズムの形

態は，文化的背景により異なる。年齢によって就労継続が分断されるという定年制もその一つである。財政逼迫により，老人医療費抑制や年金の減額が実施されるということもある意味ではエイジズムの一形態とみることができる。異世代間交流を進めることにより，年齢によって高齢者を封じ込める社会を見直す方向，年齢を超越した社会（エイジレス社会）のあり方が模索されている。　→高齢者差別　　（山田知子）

エイズ　⇨後天性免疫不全症候群

エイズ脳症　HIV（ヒト免疫不全ウイルス）感染により生じる中枢神経系の障害であり，HIVが直接神経組織を障害する場合と，HIV感染による免疫不全に伴う日和見感染での脳症による場合がある。HIVが直接中枢神経を侵した場合，神経組織のグリア細胞のなかで増殖し，二次的に炎症を起こして神経細胞に障害を与えるといわれている。この結果，エイズ脳症では，大脳白質が広い範囲で侵されていることが多い。症状としては記銘力の障害や集中力の低下といった痴呆症状を呈するほか，幻聴や注視妄想といった精神病様の症状を示すこともある。エイズの末期の合併症といわれているが最近の研究ではHIV感染初期においてすでに脳病変が認められている。そのためエイズによる中枢神経への障害は免疫系への障害とは異なったメカニズムの可能性が示唆されている。治療法は確立していないがAZTが血液脳関門を通過しやすいことから予防を含めて効果が期待される。　→ヒト免疫不全ウイルス　（井上眞）

衛生学　予防医学的観点から，自然環境や社会環境と健康との関係を調査，把握し，健康の増進，病気の予防を追究する。予防医学は一次予防，二次予防，三次予防の三つに大別され，それぞれ健康増進，病気の早期発見・早期治療，早期の社会復帰を目的とする。公衆衛生学は病気の発生を疫学的に調査することによって，社会的な健康の増進を図ることを追究するものである。　　　　　　　　　　　　（岩間久行）

衛生行政　国民の健康増進を目的として行われ，主として厚生労働省が一般衛生行政や労働衛生行政を行うが，このほか文部科学省による学校保健行政，環境省による環境保全行政などがある。一般衛生行政は都道府県や政令指定都市等の保健所が第一線機関として受け持ち，健康保健に関する啓発，人口動態等の統計業務，食品衛生，環境衛生，医療，薬事，母子・乳幼児や老人保健，精神保健，伝染病予防等，多岐にわたる活動を行っている。　→公衆衛生
　　　　　　　　　　　　　　　　（岩間久行）

HIV　⇨ヒト免疫不全ウイルス

栄養士　「栄養士法」（昭和22年法律第245号）においては，都道府県知事の免許を受けて，栄養士の名称を用いて栄養の指導に従事する者と定義されている。誕生は1924年に佐伯矩が栄養士学校を設立し，指導者養成を始めたことにさかのぼる。1938年には保健所に配置され始め，1945年に「栄養士規則」が制定され身分と業務が明確化された。1947年には「栄養士規則」を基に「栄養士法」が制定された。　（宇津木朗）

エー〔Ey, Henri：1900-1977〕　1900年代のフランスを代表する精神病理学者。ジャクソン（Jackson, J. H.）の神経機能理論を精神医学に適応して研究し，自らの立場を「新ジャクソニズム」と命名した。精神疾患の原因は器質的で，その発生は心理的力動的であるとする「器質・力動論」を展開した。難解といわれる多くの著書があるが，代表的著作に『Etudes psychiatriques（精神医学研究）』(1948-1954)『La conscience（意識）』(1963-1968)『Traité des hallucinations（幻覚）』(1973) がある。（池田良一）

AA　⇨アルコホリクスアノニマス
ADA　⇨障害をもつアメリカ人法
ADHD　⇨注意欠陥多動障害
エーデル改革　⇨社会扶助法〔スウェーデン〕

ABCモデル　エリス（Ellis, A.）によって1955年頃に開発された論理療法（合理情動療法）(rational-emotive therapy) は，人間の認知―行動―感情は互いに影響し合っていると考え，この三側面に働きかける心理療法である。論理療法では，人々は非合理的な信念 (irrational belief) を非常に強くもち，この非合理的信念に対して挑戦する方法を示す。人々が，非合理的信念をもつに至るレベルをエリスは

ABCシェマの論理で示している。Aは出来事（activating event），Bは信念（belief system），Cは結果（consequence）を意味する。
→認知，行動療法　　　　　　　（小久保裕美）

疫学〔epidemiology〕　疫学は医学における一つの方法論であり，人間集団を観察対象として，そこにみられる健康事象，特に疾病の発生に関わる危険因子（risk factor）を追求する学問として位置づけられてきた。現在では疾病の発生だけではなく，その予後（転帰）と関連する要因を探ったり（臨床疫学（clinical epidemiology）），よりポジティブに健康づくりを考える際にも，疫学の手法が応用されるようになった。具体的には，健康事象の分布（集積性）と頻度（罹患率（incidence）・有病率（prevalence））に着目し，統計的方法を応用して，健康事象の発生とそれに関わる要因の相互関係を解明し，有用な介入法を発見することを目指す。現在のような疫学は1856年，未だ病原微生物が発見される以前に，感染症（コレラ）の集団発生に関わる環境要因を，イギリスの医師スノウ（Snow, J.）が疫学的手法を用いて解明し，それに基づく介入を行ったことに始まるとされる。スノウはロンドンの一地区におけるコレラの発生を地図上に時間を追って記録していくという方法で，その地区にある給水施設がコレラの集団発生に関連していることをつきとめた。日本においても明治時代，ビタミンB_1（オリザニン）発見以前に，海軍軍医高木兼寛が遠洋航海する軍艦における脚気の発生について研究し，その結果から食事の改善という介入を行い，脚気の予防に成功した。初期には感染症や栄養障害といった集団発生する急性疾患を主な研究対象としたが，疾病構造の変化に伴って慢性疾患や健康状態も対象とするようになり，さまざまな方法論上の発展を遂げてきている。精神科の分野でも19世紀には病院統計が利用されるようになり，病院統計から精神疾患の国別有病率が推測された。20世紀前半には生態学的調査によって，都市の中心部の貧困地域に統合失調症（精神分裂病）が多いことが見いだされ，その解釈として，環境がストレス因として統合失調症を生じるという孵卵器仮説と，統合失調症のために貧困階層に流れ込んだ結果だという流入仮説が対立した。アメリカでは，NIMHの下で1980年代から，構造化面接DIS(Diagnostic Interview Schedule)を用いたECA(Epidemiologic Catchment Area)研究という大規模な精神障害地域調査が行われた。また1990年代にはミシガン大学の研究所によって，National Comorbidity Surveyという，一般人口を代表するサンプルに対するCIDI(国際総合診断面接Composite International Diagnostic Interview)を用いた精神障害疫学調査が行われ，データベースがつくられた。また臨床疫学的研究としては，レフ（Leff, J.）とヴォーン（Vaughn, C.）による家族の感情表出（expressed emotion : EE）と統合失調症の再燃の関係についての研究などがある。　　　（三宅由子）

駅型保育施設　通勤途中などに利用しやすい駅ビルやその周辺の建物の一部を借りて設置された保育施設のこと。法に規定されていない認可外保育施設の一つ。1994年度より厚生省がモデル事業としてこども未来財団を通じて助成を開始した。国の場合，運営主体は社会福祉法人や地域の経営者協会などの協力を得ている法人に限定されているが，2001年度より東京都が開始した認証保育制度では，民間企業による駅型保育施設の推進が進められている。　→認可外保育施設　　　　　　　　　　　（山本真実）

エゴ　⇨自我

エコシステム〔eco-system〕　エコロジーシステムの略。ソーシャルワークにおける1970年代のシステム理論の導入は，システム思考を用いて，人間の生活を統合的，全体的に把握し，環境との相互作用を分析し考察するソーシャルワークの理論・実践を展開した。特に，家族問題においては，システムとしての家族と，その相互関係の変容を図ることに焦点をあてて働きかける。1980年代の生態学的視点に立ったエコロジカル・ソーシャルワークは，人と環境との交互作用に焦点を置き，クライエントの対処能力の発達を図り，環境の改善を図る。これらシステム思考と生態学を統合し包含し展開した実

践方法・理論が，エコシステムである。この理論を取り入れて，生活という視点から人々の生活，環境，社会資源を分析し，生活問題を統合的に認識，援助し，環境に積極的に働きかけネットワークづくり等を行うなど，ミクロからマクロまでを包含した実践の展開と理論構築が求められている。　　→エコロジカル・ソーシャルワーク　　　　　　　　　　（牧野田恵美子）

エコマップ〔eco-map〕 1975年にハルトマン（Hartman, A.）によって考案され，エコロジカル・ソーシャルワークに基づいているもので，生態学視点を取り入れた生態地図とか社会関係図といわれる。クライエントとその家族との関係や，地域生活支援の援助関係や社会資源などについての関わりや状況を円や線で空間的に図式化して表現する。人と環境との交互作用を援助の焦点にして，クライエントを家族集団・地域集団の一員としてとらえる志向性がある。援助者は，クライエントと周囲との関係を一目で把握することができ，援助の方法の検討や社会資源の活用などについて全体的な方向が具体化しやすい。アセスメントと終結の段階のエコマップを比較すると支援関係の時間的変化がわかる。エコマップは，援助の記録，事例研究などに利用するだけでなく，面接の場面でクライエント自身が援助者と共に作成することにより，自らの問題や自分を取り巻く関係を客観的に把握することにも利用できる。　→ハルトマン，アセスメント　　　　　　　　（荒田寛）

エコロジカル・ソーシャルワーク〔ecological social work〕 自然界の動植物の相互依存的生態系を研究する生態学（エコロジー）の理論を，ソーシャルワークに応用し，人と環境との全体的関連の視点に立って，援助を展開するアプローチのことである。この生態学の知見をとり入れたアプローチは，レヴィン（Levin, K.）の「場の理論」(1964) や，ゴードン（Gordon, W. E.）の「一般システム論的アプローチ」(1969) 等の学説を，ジャーメイン（Germain, C. B.）らが受け継いで，ソーシャルワーク論を展開したことで普及していった。ジャーメインらは，その著『The Life Model of Social Work Practice（ソーシャルワーク実践の生活モデル）』(1980) のなかで，ソーシャルワーク実践において生態学的視点を提示し，統合的実践を理論的に展開することに貢献した。環境のなかの人，人と環境の交互作用への関心は，ソーシャルワークの世界に広がり，エコロジカル・ソーシャルワークと呼ばれるようになったのである。特別新しい考え方というわけではなく，ソーシャルワークは元来がクライエントの治療や人格的成長だけを目的としてきたのではなく，社会生活の側面や地域環境への介入および制度の改善をも対象としてきている。近年，都市化，医学の進歩，ライフスタイルの多様化など急激な社会変動に直面し，人間は対処能力の変化拡大を求められ，ソーシャルワークが扱う問題も新しく多様化してきている。変化する社会のなかで，ソーシャルワークは，「人間」と「環境」の中間の領域に関与するようになり，その協調を達成するために，人と環境の交互作用を通して，個人の対処能力の向上，社会的力量・環境的支援を高める働きかけである。　→ジャーメイン，医学モデル／生活モデル　　　　　　　　（松永宏子）

SSRI　⇨選択的セロトニン再取り込み阻害薬

SST　⇨社会生活技能訓練

エスキロール〔Esquirol, Jean Etienne Dominique：1772-1840〕 ピネル（Pinel, P.）の弟子，サルペトリエールやシャラントンの精神病院で，臨床を重視し，病院の設計や「友愛的交流」に尽力したフランスの精神医学者。精神病の原因として精神的な要因を重視すると同時に，環境因子，遺伝因子，器質的因子も重要と認めた。また，ピネルの用いたモノマニーの概念を広げ，本能的モノマニー，感情的モノマニー，知的モノマニーに分けた。モノマニーは当時部分的妄想を意味する言葉として用いられたが，現在ではほとんど使われない。
　　　　　　　　　　　　　　（池田良一）

SG式価値態度検査　価値態度とは，生活を営む上で自分が重視する側面や価値，あるいは心情などに関する態度をいう。このあり方は，進路や職種の選択と大きく関係し，進路適性を

判断する上で考慮すべき重要な要素である。検査の原型は，シュプランガー(Spranger, E.)の価値観の類型論に従ってオールポートとヴァーノン(Allport, G. W. & Vernon, G.)が作成し，その後，リンゼイ(Lindzey, G.)が加わって改定した価値態度検査法である。そこでは，理論的・経済的・審美的・社会的・権力的・宗教的の6領域の基本的な興味，動機，評価的態度の相対的強さを質問紙法で明らかにする。この日本版として作成された「SG式価値態度検査」は，現在は，単体では市販されていない。大学生を対象とした「SG式総合職業適応検査SAI」のなかに組み込まれており，80項目の文章にどの程度自分の考えや気持ちに合うかを回答すると，「真理」「経済」「美」「博愛」「統率」「身体」「マイペース」「チームワーク」の8領域についての価値態度プロフィールが得られる。

(松為信雄)

SDA剤 ⇨セロトニン・ドーパミン拮抗薬

エスニシティ〔ethnicity〕 何らかの共通の文化的特性を基盤として，社会のなかに下位集団が形成され，その集団のメンバー間に所属意識が共有されている場合に，その所属意識すなわちアイデンティティをエスニシティと呼ぶ。日本語では，民族性という語と互換的に使用されることもあるが，エスニシティという新しい概念が強調されるのは，それが必ずしも世代を越えて伝承される宗教的信仰や慣習，生活様式，言語など固定的な文化的特性を意味するわけではないという点である。エスニシティは，国境を越えた移民などが直面する新たな社会状況下で創発され，当該エスニック・グループが経験する政治・経済・社会的な出来事の結果として明確化したり，弛緩したりすることがある。異文化社会で暮らす移民や少数民族にとって，エスニシティは重要であり，文化的アイデンティティの葛藤等により，メンタルヘルスの問題を発症する場合も少なくない。 (野沢慎司)

エディプスコンプレックス〔Oedipus complex〕 精神分析学の概念で，異性の親への性愛的な感情が強くなる一方で，同性の親へのライバル心や敵意をもつといった無意識的な心理である。エディプスという名称は，父親と知らずに実父を殺害し，母親と結婚したギリシア神話に登場するエディプス王に由来する。通常，男児は5～6歳頃に母親へ関心を向け始めるが，これは父親の怒りを喚起し，恐怖感を強く感じることになる(去勢不安)。この葛藤を解決する方策として，母親の愛する父親のようになろうと努めることになり(性の同一視から性役割の獲得へ)，超自我の形成によって性欲を抑圧し，罪悪感を形成していくとされる(潜伏期)。女児の場合は，エレクトラコンプレックスともいう。 (中藤淳)

NIMH〔National Institute of Mental Health〕 NIMH(アメリカ合衆国精神保健研究所)は，アメリカの保健社会福祉省の研究機関であるNIH (National Institute of Health)に属する27の研究機関の一つである。アメリカにおける精神保健分野の研究，専門教育，サービスに関する指導的役割を担う。五つの部門(Division)(神経科学と基礎的行動科学研究，サービス・介入研究，精神障害と行動研究およびAIDS，所外の研究活動，所内の研究プログラム)と10のオフィスがあり，補助金(grants)も管轄している。 (三宅由子)

NA ⇨ナルコティクスアノニマス

NGO〔non-governmental organization〕非政府組織のことで，人権，人道，難民救済，環境，軍縮などの分野で活動する民間の国際協力機構のことをいう。その活動の特徴は，①政府代表による政府間組織と違い，市民による団体であること，②その構成や活動の目的が国際性をもつこと，③非営利団体であること，が挙げられる。アメリカでは，民間ボランタリー組織(PVO：Private Voluntary Organization)として，ボランタリー組織(VO：Voluntary Organization)，非営利組織(NPO：Non-Profit Organization)，民衆組織(PO：People Organization)，政府系非政府組織(GONGO：Governmental Organization of Non Governmental Organization)などが一般的に使われている。
→ NPO (山口幸照)

NPO〔non-profit organization〕 民間非営

利組織のことをいう。1990年代に入って，アメリカから移入された用語である。広くは，企業のように利潤をあげることを目的とせず，基本的に行政からも独立した社会的目的を実現するための組織を指す。この場合の非営利とは必ずしも利潤をあげないのではなく，利益が出た場合に組織内部で配分しないことを示している。国によって，それらの組織の成り立ち・法制度・社会的な位置づけなどの違いがありその実態は異なる。わが国では1998年3月に「特定非営利活動促進法」，いわゆるNPO法が成立し，NPOの法人格取得が以前より容易になり，その後多くのNPO法人が認証されており，市民社会形成の主体としてその社会的役割が重要視されている。 (宮城孝)

エバリュエーション〔evaluation〕 ソーシャルワーク援助活動を終結するにあたって，あるいは終結した後での評価を指し，事後評価ともいう。「モニタリング(monitoring)」が援助活動の過程途中に実施され，その時点までの援助活動が適切であるかどうかを見極め，さらに引き続く援助活動の方向づけや目標等を再修正，微調整していくための評価として位置づけられるのに対して，「エバリュエーション」は援助活動を終結するにあたって，最終的にその援助活動がどれだけ適切なものであったか，当初設定された援助計画がどれだけ達成されたかを評価する局面として位置づけられる。さらに広いとらえ方としては，援助活動が終結した後で活動全体を評価するという考え方もできる。現在，さまざまな評価の技法やツールが開発されているが，終結にあたってはクライエントとの共同作業のなかで評価を実施することが重要である。　→モニタリング　　　　(井上牧子)

エプスタイン〔Epstein, Laura : 1934-1996〕 アメリカ・シカゴに生まれ，ハイドパーク高校を卒業後，シカゴ大学にて心理学を専攻する。1970年にシカゴ大学社会福祉行政学校の教授陣に加わって，ソーシャルワーク方法の修正を主張し，リード(Reid, W. J.)やシャイン(Shyne, A.)らと共に「課題中心ケースワーク(task-centered approach)」(1972)を開発した。シカゴ大学社会福祉行政学校卒業後，社会福祉機関で主として低所得階層の家族の諸問題を扱った。大戦中は政府機関で働き価格統制，配給分野，労働争議問題を担当。終戦後ソーシャルワークに復帰し移民や転住者のための短期ケースワークを行った。スーパービジョン，児童福祉に関する多数の論文を発表している。
→課題中心ケースワーク　　　　(相川章子)

エボラ出血熱〔Ebola hemorrhagic fever〕「感染症の予防及び感染症の患者に対する医療に関する法律」で一類感染症に分類され，サハラ砂漠以南のアフリカ中央部(ザイール，ウガンダ，スーダン，ガボンなど)にみられ接触感染によりヒトからヒトへ感染する死亡率の高いウイルス感染症である。2～21日の潜伏期を経て突発的に発熱し，重症インフルエンザ様症状が出現し，次いで悪心，嘔吐，下痢などの消化器症状が前面に現れ後に出血症状が出現する。発症とともに血液中に多量のウイルスが出現しその抗原を検出し，ウイルス遺伝子を検出することで診断される。特効薬はなく補液など対症療法が主体となる。治療法の開発も急がれるが，患者拡大の危険防止，患者との接触者の二次感染も高率であり徹底した予防策が必要である。
→感染症対策，一類感染症　　　　(荒田寿彦)

MRSA　⇨メチシリン耐性黄色ブドウ球菌
MMT　⇨徒手筋力テスト

エリクソン〔Erikson, Erik Homburger : 1902-1994〕 ドイツに生まれる。1933年の渡米後は，メニンガー・クリニック，ハーバード大学などで臨床，教育に従事した。ライフサイクルやアイデンティティ(自我同一性)の研究で著名な精神分析家であり，心理学者。人の一生の内に，解決し学習すべきいくつかの課題が発達に伴って順次出現し，それぞれの解決の失敗は課題に固有の様相を備えていることを指摘し，各課題とそれへの病的な対処様式とを簡潔な概念によって表現した。課題の内，いくつかを挙げてみると，乳幼児期の「基本的信頼」「自律性」，青年期の「自我同一性」などがある。→自我同一性，ライフサイクル　　　　(中藤淳)

LSD〔lysergic acid diethylamide〕 強い催

幻覚作用をもつ精神活性物質。1943年，ホフマン（Hoffmann, A.）によりその効果が偶然発見された。1μg/kg程度のごく少量にて，数時間にわたり，瞳孔散大，体温の上昇，血圧上昇，心拍数増加，食欲減退，不眠，体の震え等の身体症状に加え，色彩の鮮鋭化，方向や距離などの空間意識や時間感覚の変容，体験したことのない奇妙な偽幻覚，体感異常などの知覚領域の変化や，些細な変化で誘発される劇的な感情の動揺（不安，恐怖，発揚，抑うつ，恍惚感）などの多彩な精神病症状が生じる。急性精神病症状との類似性から精神病のメカニズムを探る実験的研究において使用された。身体依存性はないとされ，精神依存性も比較的低いが，乱用すると耐性が形成され，使用を中止した後に再燃現象（フラッシュバック）が生じることがある。1960年代より乱用が問題となり，1970年に合成麻薬に指定された。近年，再び乱用者は増加傾向にある。　→フラッシュバック　　　（白石弘巳）

LD　⇨学習障害

エルバーフェルト制度　ドイツのエルバーフェルト市において，市条例（1852年）に基づいて実施された組織的救済事業。全市（人口14万人）を546の区域に分けて1区を1人のボランティア委員が受け持つ。1区の平均人口は300人で，区内に4人以上の貧困者が含まれないように区分けした。個別援助の手法を導入し，委員の継続性，全制度の組織化，画一化に努めたことが特徴である。イギリスの慈善組織化運動やわが国の民生委員制度に影響を与えた。　→民生委員制度　　　　　（中島修）

エンカウンターグループ〔encounter group〕ロジャーズ（Rogers, C. R.）の理論と実践に基づく集中的グループ体験の一形態。2日から数週間の間，8〜18人位の同一メンバーが，1人ないし2人のファシリテーター（促進者，世話人）と共に自発的に構成度の低い集団をつくり，自分たちの意向に沿って目標を設定し，活動方向を選択する。メンバーは，このような日常性や日常の規範から離れた場で他者と集中的に関わり，受容的な雰囲気のなかで自分の生々しい気持ちを表現し，他者の真実の気持ちに出会い，自己実現や他者との新しいつながりを経験する。Tグループ，感受性訓練などと呼ばれるグループ活動と本質を共有している。　→ロジャーズ　　　　　（中藤淳）

演技性人格障害〔histrionic personality disorder〕DSM-Ⅱのヒステリー性人格障害を引き継いでDSM-ⅢおよびICD-10から登場した，自己顕示性，情緒不安定性，被暗示性の高さ，性的な魅惑性など，過度な情緒性と人の注意をひこうとする広汎な様式により特徴づけられる診断カテゴリー。必ずしも女性に限らない。男性の場合は服装や身振り，会話のなかで「男らしさ」を印象づけようとする。精神分析において，エディプス複合が未解決なための性欲の抑圧に起因するとされるヒステリー性人格と一致する部分が多い。境界性，自己愛性，反社会性人格障害との鑑別を要し，これらとの合併もあり得る。また，身体化障害，解離性障害などを合併することが多い。その防衛機制は，抑圧，解離など概ね神経症水準にある。治療過程で，ときに行動化による操作が生じる。それを他者の愛情欲求への絶望的な叫びととらえて，否定的な逆転移を乗り越え，共感しつつ忍耐強く治療を続けることが改善につながる。　→解離性障害　　　　　（白石弘巳）

嚥下障害　口腔内の食物を食道を経て胃に送り込む際に，舌の随意的な運動による食物の後方への移動のほか，口腔および咽頭の筋群に複雑な反射的運動が生じる。反射運動では軟口蓋の上昇による鼻腔との遮断，喉頭蓋による気道との遮断等の運動などが起こる。嚥下障害は舌の随意運動および反射運動に障害が生じるものと，食道の通過障害によるものとに大別される。前者では脳の炎症や悪性腫瘍，神経筋疾患等によるものが，後者では食道の悪性腫瘍や良性腫瘍のほか狭窄等によるものがある。精神科領域では薬剤副作用による口腔内の乾燥，不随意運動等によって嚥下困難を生じ誤嚥性肺炎を生じやすいことに注意を要する。　　（岩間久行）

エンゲル方式　1961〜1964年に採用された生活保護法の生活扶助算定方式。家計の総支出に対する飲食物費の割合（百分率）をエンゲル

係数というが、飲食物費については必要額を比較的正確に理論計算することができる。そこで、栄養審議会の算出した日本人の標準的栄養所要量を満たす飲食物費を、それと同等の飲食物費を実際に消費している低所得世帯（毎年実施されている家計調査から抽出）のエンゲル係数になぞらえることにより、最低生活費の総額を算定できるとした方法。この方式は、それ以前のマーケットバスケット方式に比べればより現実的な支出を計算できるものであったが、食生活が豊かになるにつれ格差が拡大するという限界があった。　→マーケットバスケット方式、格差縮小方式、水準均衡方式　　　　　（畑江倫子）

援助過程　援助過程の定義は、援助方法の種類とそれが依拠する理論モデルで相違する。ケースワークの診断派は、「社会調査―社会診断―社会的処遇」を用いた。これに対し、援助過程そのものをソーシャルワークの中心概念に据えた機能主義派は、「開始期―中間期―終結期」を用いた。1970年前後より、援助方法統合化のため、一般システム理論の考え方が応用されて以降、「処遇」に代わり「介入」が用いられることが多い。個人の内的変容か環境の変容かではなく、問題は両者の交互作用にあるとし、その接触面への援助を強調している。また、バートレット（Bartlett, H. M.）が「診断」に代わり、広範な知識に基づく評価の必要性を表す「アセスメント」を用いて以降、広くこの語句が浸透している。最近では、援助効果を評価する過程として、「モニタリング」や「事後評価」を過程に加える場合もある。グループワーク、コミュニティワークも依拠する理論によりいくつかの過程概念が存在する。　→ケースワーク、グループワーク、コミュニティワーク　（大瀧敦子）

援助技術　ソーシャルケースワーク、ソーシャルグループワーク、コミュニティワークの三つを挙げる場合と、これにソーシャルワークリサーチ、ソーシャルアドミニストレーション、ソーシャルアクション、ソーシャルプランニングなどを加える場合がある。また、対象者との直接的関係を活用し援助を展開する前二者を直接援助技術、より広範囲の社会への介入を企図する後者五つを間接援助技術と称する場合もある。しかし現在では、このように援助技術を分化しとらえることで生じる弊害が指摘されている。ソーシャルワーカーの専門職化が進んだ欧米では、個々の援助技術にそってソーシャルワーカー間での専門分化がみられた。分業化は、対象者がもつ問題の性質よりも、相談を受けたソーシャルワーカーが得意とする援助技術にそって問題解決を試みるような現象を生んだ。ある特定の技術のなかに問題を閉じ込めるような援助のあり方は有効ではない、との批判を受けるに至った。このような批判を受け登場したのが、統合理論、統合アプローチと呼ばれる試みである。統合化は主に二つの立場から取り組まれている。一つは、上記の援助技術を前提とし、その類似点、相違点、関連性に考察を加え、必要に応じ組み合わせて活用していくことをもって統合化と考える立場である。もう一つは、専門職としての共通基盤を再考し、その枠組み内に援助技術を位置づけ、各種技術の再編成を図ろうとする立場である。後者の代表的な研究者が、システム理論を用いたゴールドスタイン（Goldstein, H.）やピンカスとミナハン（Pincus, A. & Minahan, A.）等である。彼らの試みは、広範囲の要因を考慮に入れ援助を展開する視点を援助者に提供したという点等で高く評価され、エコロジカルアプローチ等にも多大な影響を与えた。だが、統合化の試みそのものについては、未だ達成途上といえる。なお、わが国においては、対象の違いにより、「社会福祉援助技術」と「精神保健福祉援助技術」に分けて表現している。　→ソーシャルワーク、直接援助技術、間接援助技術、ケースワーク、グループワーク、コミュニティワーク（大瀧敦子）

援助記録　記録の目的と機能は、第一にクライエントへのよりよいサービスを提供するためである。アセスメント、援助計画、実施（介入）、モニタリング、エバリュエーション（事後評価）を記録に残し、サービス展開過程のなかで生かしていく。援助関係のなかでクライエントの権利を守るためにも記録は大切である。第二に機関の機能を高め責任を果たすためであり、適切

なサービスの提供，ケースカンファレンス，業務引き継ぎのときの情報提供などに必要なものである。第三にソーシャルワーカーの専門性の向上と教育訓練のためである。ソーシャルワーカーは常に内省を深め自己覚知が求められる。記録を活用しスーパービジョンなどを通して客観化し，普遍化していくことが重要である。第四に調査研究の整理のためである。記録をとる上での留意点は，秘密保持の原則の遵守である。クライエントには基本的にクライエント自身の記録を読む権利があり，記録の目的や意義を伝え理解を得ておくことが必要である。記録の開示についても同様にクライエントの了解を得ることが大切である。記録開示に際しては第三者の記録が含まれている場合もあるのでプライバシーが侵害されないよう慎重にすべきである。

記録は，ケースワーク記録，グループワーク記録，コミュニティワーク記録，社会福祉調査記録などそれぞれの援助活動の場面により分類されている。一般に，ケース記録といわれるものには，クライエント個人の年齢，性別，住所，職業，家族構成，紹介の経路，主な問題など個人に関する情報をまとめたフェイスシート，これまでの生活や経過をまとめたケースヒストリー，援助計画と内容に関する援助過程記録がファイル化されている。援助過程記録には，ケースワーク場面での様子を記したケースワーク記録，グループワーク場面での経過を記したグループワーク記録など，個人が受けた援助内容によって多様な援助活動展開場面での様子が記録される。外部の機関への紹介状や経過報告，ケースカンファレンスのためにまとめた資料と報告書，関係者からの通信文など，個人に関連したさまざまな資料がファイルされる。記録は，援助者が書く場合が多いが，グループワークでの活動内容や展開については，グループ参加メンバー自身による活動記録もある。記録は，管理・保管されるためではなく，有効に活用することが重要であり，客観的な事実の記載に加えて，記述者の視点と考察を残すことが必要である。　→援助過程，プライバシー（鈴木ゆかり）

援助計画　援助計画は問題の解決や軽減を目標として，情報収集やアセスメントの結果をもとに立てられる。課題を明確にし目標を達成するためには，関係機関・施設の機能や提供できるサービス，家族や知人・友人，社会資源などを活用する必要がある。それぞれの機関や施設のサービスでは達成不可能な課題やソーシャルワーカーの力量を超えるような非現実的な計画にならないように留意する。また援助計画作成ではクライエントや家族の主体的参加を促し，目標について話し合いながらニーズに沿って進めていくことに加えて，他職種や他機関との協働も大切である。そしてクライエントや状況の変化に伴い，援助内容に臨機応変に変化を加えなくてはならないこともある。したがって短期目標と中期目標，長期目標を設定していくなかで，援助期間の延長や目標の変更をするなどの柔軟な姿勢が求められる。　→援助過程

（鈴木ゆかり）

延髄〔medulla oblongata〕　脳の最下部で脊髄と橋の間に位置する。背側部の網様体には心臓血管中枢や呼吸中枢のほか，嚥下反射や瞬目反射など，生命維持に直結する自律神経機能の中枢が集中する。また，延髄の前正中部で，随意運動を支配する錐体路が左右交差し，錐体交差と呼ばれる。延髄が障害されると，障害部位により嚥下困難，構音障害，呼吸困難，心悸亢進などの球麻痺症状をはじめ，ワレンバーグ（Wallenberg）症候群など特徴ある症状群が生じる。

（白石弘巳）

エンゼルプラン　⇨今後の子育て支援のための施策の基本的方向について（エンゼルプラン）

延長保育事業　通常の保育所利用の枠を超えて利用する児童に対して提供される保育サービスのこと。通常保育時間を超えて行われる保育のこと。1998年度以降は，通常保育時間を11時間前後とし，さらに概ね1時間，2時間，4時間，6時間の保育を延長して行うことを意味している。1991年以来，補助事業として実施保育所の数を増やしてきたが，1998年度からは「延長保育等促進基盤整備事業」として実施は市町村主体から保育所の自主事業となった。また，2000年からはその事業を発展させ，「延長保育

促進事業」（概ね30分，1時間の延長），「長時間延長保育促進基盤整備事業」（概ね2時間以上の延長）の二つの事業になっている。　→特別保育事業　　　　　　　　　　　（山本真実）

エンパワメント〔empowerment〕　社会的に不利な状況に置かれた人々が，その問題状況を自ら改善するパワーを高め，主体的にその状況に働きかけ改善すること，あるいはその過程をいう。障害者，高齢者，女性，少数民族，貧困家庭などスティグマを負わされるがゆえの無力さに対して，自尊感情，効力感，権利意識，自己決定といった肯定的な自己評価を取り戻す内面的な過程と，社会的・経済的・政治的なパワーを獲得し，公平で平等な社会の実現を求めて主体的に環境に働きかけるという社会過程の両面からパワーの回復をめざして行われる。もともとは「権利や権限を与える」という法律用語であったが，1960年代の公民権運動，消費者運動等の影響を受け，心理学，教育学，看護学などヒューマンサービスに限らず企業の人材開発，発展途上国の開発，音楽，宗教等の広範な領域で用いられる。福祉の分野では，1976年にソロモン（Solomon, B. B.）が黒人に対するソーシャルワークによってエンパワメント・アプローチを提唱してから，1980年代以降のソーシャルワークにおける重要な概念として位置づけられている。それまでのソーシャルワークが，問題解決そのものに主眼を置いてきたことで，クライエントに無力感をもたらし非力な存在に追いやってきたという反省が生じてきた。無力なクライエントにワーカーが力を分けることではなく，クライエントに対する信頼をもとに，環境に働きかける主体，問題解決に向け自己決定していくクライエントのパートナーとして対等な関係性を築くことが重要である。また，個人の内面的過程のみならず，同じくスティグマを負わされた仲間や地域を組織し，問題状況をもたらす疎外要因を明らかにし，社会へ働きかけ自分たちの運命に影響する政策決定過程への参加といった社会的過程も重要である。エンパワメントの志向する自己実現，社会的公正，人間尊重の平等な社会の実現は，ソーシャルワークの価値と合致する。　→スティグマ，セルフエスティーム，自己決定　　　（佐々木哲二郎）

お

応急入院　精神科救急への対応の一環として，精神保健法（1987年）で設けられた入院形態。精神保健福祉法第33条の4に規定されている。急を要し，単身者や身元が判明しないなど保護者（扶養義務者）の同意を得ることができない場合であって，精神保健指定医の診察の結果，精神障害者であり，直ちに入院させなければ医療および保護を図る上で著しく支障があり，かつ任意入院ができない状態であると判断されるときには，応急入院指定病院の管理者は，本人の同意がなくても72時間を限度に入院させることができる。なお，1999年改正では，上記状態により都道府県知事の権限で移送された者も，応急入院の対象となった。また移送制度では，医療保護入院のための移送先も，応急入院指定病院となっている。応急入院指定病院は，厚生労働大臣が定める基準（人員，診療応需体制，病床確保，検査体制等）に適合する精神病院を都道府県知事が指定するが，従来病院が十分に確保されていないことや移送制度の新設に伴い，基準が緩和され，指定の促進が図られた。
　　　　　　　　　　　　　　　（川口真知子）

横断的研究　⇨縦断的研究／横断的研究

応能負担原理　所得税等への課税，社会保障における社会保険料の拠出などに際して，一人ひとりの支払い能力（主に所得）に応じて負担をしてもらおうという考え方である。わが国社会保障制度での具体例としては，厚生年金保険，健康保険等被用者を被保険者とする社会保険各制度が報酬に対して一定率の保険料を課している例などが挙げられる。これに対する考え方が応益負担で，例えば同じ社会保険制度の被保険者であれば，原則的に一人ひとりが保険によるサービスを受益する可能性は等しいのだから，

その受益に対してほぼ均一な負担をというものである。具体例としては，医療保険における国民健康保険の保険料において，多くの保険者が能力に応じた所得割，資産割のほかに，均等割，世帯平等割を組み合わせていることが挙げられる。前者は所得再分配，後者は資源配分の効果をそれぞれもつ。　　　　　　　　　（船水浩行）

O157　⇨腸管出血性大腸菌感染症

オーバーイーターズアノニマス〔Overeaters Anonymous : OA〕　1960年にアメリカで誕生した，摂食障害の問題をもつ人のセルフヘルプグループの一つ。日本では1984年にBA(Bulimics Anonymous)として始まり1993年に名称を現在のものに変更した。自分の食べ方に問題があり，それをどうにかしたいと思う人のみが集まるクローズドグループで，AAにならい匿名・献金制・12のステップによるミーティングを中心とした活動を行っている。　→セルフヘルプ　　　　　　　　　（山本由紀）

大原訴訟　1973年に失明に近い視覚障害者の大原隆氏が，大阪環状線福島駅のプラットホームから線路上に転落し進行中の電車に両脚下腿部を切断され，旅客の安全を守る義務違反を理由に損害賠償請求を求めた訴訟である。大阪地方裁判所(1980年12月2日)判決を覆し，大阪高等裁判所(1983年6月29日)判決では，視覚障害者の社会参加に関わる社会生活環境整備など公的な福祉サービスの行政責任のあり方を問い，当時の国鉄への損害賠償請求を認めた。
　　　　　　　　　　　　（増井喜代美）

オールド・オールド　⇨後期高齢者

置き換え〔displacement〕　自我の防衛機制の一つ。ある対象に向けられていた衝動，関心，もしくは精神的エネルギーが，自我にとってより受け入れやすい，別の表象に向けられること。フロイト(Freud, S.)によって神経症の症状形成機制の一つとして，また夢の心的機制の一つとして取り上げられている。「ハンスの症例」のように，父親恐怖が馬恐怖に置き換えられるなどである。派生的な対象は多種多様で，これを積み重ねることにより，複雑な価値や態度の体系が形成されるので，パーソナリティの発達上重要な機制である。防衛機制のなかの昇華(sublimation)や転移(transference)も置き換えの一種である。　→防衛機制　　　　　　（中藤淳）

オタワ憲章〔Ottawa Charter〕　1986年，カナダのオタワで開催されたWHOの国際会議で発表されたヘルスプロモーションに関する宣言。1978年のアルマ・アタ宣言で提唱されたプライマリヘルスケアが，発展途上国向けの戦略であったのに対して，ヘルスプロモーションは先進国向けの戦略である。オタワ憲章では「ヘルスプロモーションとは，人々が自らの健康をコントロールし，改善できるようにするプロセスである」と定義し，健康を生きることの目的ではなく，生活の資源と位置づけている。また，ヘルスプロモーション活動の方法として，①健康的な公共政策づくり（保健部門以外の政策決定においても，健康の視点を追加する），②健康を支援する環境(supportive environment)（健康的な生活習慣や保健行動の実践を容易にする環境）づくり，③地域活動の強化，④個人技術の向上，⑤ヘルスサービスの方向転換の五つを挙げている。　→アルマ・アタ宣言，ヘルスプロモーション　　　　　　　　　（藤内修二）

オペラント条件づけ　スキナー(Skinner, B. S.)は，条件づけを2種類に分けた。すなわち，パブロフ(Pavlov, I. P.)が犬の唾液分泌の反射について見いだした条件反射をレスポンデント条件づけ，もしくは古典的条件づけと命名し，一定の場面で一定の反応をすることに対し報酬が与えられた結果，その場面とその反応との間の結合関係が強められる操作をオペラント条件づけ，もしくは道具的条件づけと命名した。オペラント条件づけの手続きは，条件反応の生起に対する報酬や嫌悪刺激の与え方の相違によっていくつかの種類に分けられる。歴史的に研究例が多いのは報酬訓練で，特定の反応の生起に対して報酬が与えられるというものである。例えば，ネズミがスキナー箱のなかでレバーを押したり，迷路をたどって目標に達すると餌が与えられ，それによってレバー押しの反応が増えたり，目標への到達速度が早まるなどである。条件づけの過程で重要なのは，刺激と反応との

間に新たな結合関係が形成され，それが強められることである。この状態をもたらすもの（ここでは餌が与えられること）を強化といい，正反応に対し毎回強化子（報酬）を与える強化スケジュールを，連続強化という。また，強化の反復により条件反応が形成された後で，強化が中止され，無強化の反応が続くと，次第に反応が弱まってくる。これを消去という。この強化と消去をたくみに組み合わせて，既存のオペラント行動を実験者の望むかたちに変えていく操作が可能であり，行動の形成（shaping）という。
→スキナー，レスポンデント条件づけ　（中藤淳）

オルタナティブサービス〔alternative service〕　オルタナティブサービスとは，セルフヘルプグループに属する人たち自身によるセルフヘルプ運動の機能の一つであり，自分たちで自分たちを支援する活動を指す。同じような問題（課題）を有している人々が，共通のハンディキャップを克服するために集い，体験を分かち合う集団や組織がセルフヘルプグループであるが，このグループは援助の枠組み全体をつくり変え，当事者を中心とした支援体制や社会につくり変えようとセルフヘルプ運動を展開している。オルタナティブサービスとは，セルフヘルプグループがそのメンバーの①好きなときに訪れて好きな活動を行う場を得たい，②病気や障害に伴う生活に関する相談の場を得たい，などの希望に対し提供するサービスの総称。つまり，既存のサービスに満足できない人たちによって始められ展開される新たなサービスをいう。
→ピアカウンセリング　（樋口英二郎）

音楽療法〔music therapy〕　音楽を用いた心理療法である。参加者が音楽を通して自己表現をする場合と，音楽を聴く場合に大別される。音楽を健康のために利用するという発想は，古くからさまざまな文化において広く認められ，現在でも幅広い分野で用いられている。例えば，神経症や心身症の患者に心身のリラクゼーションを促進する，発達障害や情緒障害児に対し音楽を楽しむという遊戯療法の利用，身体機能の回復を目指すリハビリテーション領域での利用，精神障害者に対する心理療法的利用，高齢者施設などで交流促進や心身機能増進のためのレクリエーション療法的利用などである。しかし，実証科学的な研究の歴史は比較的浅い。　→芸術療法　（中藤淳）

恩給　特定の公務員およびその遺族を対象に，税を財源として支給される退職・障害・遺族給付等をいう。恩給制度は，明治初期に軍人を対象に始まり，その後，文官，教育職員，警察監獄職員等に及んだ。1923年に現行の恩給法が制定され，それまで実施されていた各種の恩給制度が統合された。恩給制度は，現在，公務員を対象とした各共済組合に吸収されており，その対象は，共済組合移行前に退職・死亡した者およびその遺族に限られている。　（百瀬優）

音声障害　声の高さや強さあるいは音質やその持続性などによって組み立てられたものを音声というが，年齢や性別によって予測される音声とは異なった音声を発するものを音声障害という。声の高さは変声障害や内分泌異常によって障害を生ずる。声の強さの障害は呼気圧の低下によって起こる。嗄声（させい）は音質の変化である。　（吉川武彦）

オンタリオ州代行決定法（カナダ）〔The Substitute Decisions Act of Ontario〕　財産管理や身上ケアを自分で行うことに困難を伴う成年者に代わり，それらに関する決定をしていくため1992年に成立した法律である。全93条にわたり決定を代行する後見人の種類，権利および義務，後見事務の主な内容が規定されている。無能力者を排除するのではなくできる限り通常の生活環境を確保し，自己決定権を尊重すると同時に保護することを目的にしている。2000年4月より開始されたわが国の成年後見制度にも影響を与えた。　→成年後見制度　（沖倉智美）

オンブズマン〔ombudsman〕　「代理者」を意味するスウェーデン語で，19世紀初頭，スウェーデンで政府や公務員に対する国民の苦情を処理するために国会が任命した官職に始まる。スウェーデンのオンブズマンの権限は強大で，警察，外務，保安当局を含む行政，司法，国有化産業などの行為について，国民からの不服申し立てあるいは自らの裁量で，中立的立場から

調査を行う。その際必要な施設へ立ち入り、いかなる関連文書も閲覧する権限をもつ。調査結果に基づいて勧告を行い、立法、行政の施策変更を提案することができる。オンブズマンは、行政から独立した公平・中立な機関によって、簡易・迅速な方法で苦情処理、救済を行う制度として1950年代から欧米諸国に広まった。それとともにオンブズマンの意味も広がり、1978年米国老人基本法が明文化している老人ホーム入所者のためのオンブズマンのように、中立ではなく利用者の立場に立ってアドボカシー活動を行うもの、また行政から離れた民間ボランティアによる活動などもオンブズマンと呼ばれる場合がある。日本では、1990年東京都中野区が初めて「福祉サービス苦情処理委員」という名称で、区の福祉サービスについて、区長の任命した委員が苦情申し立ての事情聴取の上、判断する福祉オンブズマン制度を設けた。次いで川崎市が行政全般についての市民オンブズマン制度を設けるなど、自治体レベルでの制度化が進んできた。施設オンブズマンでは、1992年東京都内の療護施設多摩更生園「苦情処理運営委員会」設置を皮切りに、全国の身体障害者、知的障害者、高齢者の施設に徐々に広がっている。施策としては、東京都で施設サービス評価に続いて、2000年にはすべての心身障害者施設にオンブズマン制度を設けることとしたほか、社会福祉法第82条で社会福祉事業経営者の苦情解決の責務を明確化するとともに、第三者が加わった施設内における苦情解決の仕組みが整備されることとなった。　→権利擁護、苦情処理制度

(木村朋子)

か

カールバウム〔Kahlbaum, Karl Ludwig：1828-1899〕ドイツの精神医学者。病気の型、症候群に関心をもち、開業していた病院の臨床経験から、弟子のヘッカー（Hecker, E.）と協力して、破瓜病、循環症、そして緊張病（カタトニー）等の今日も使われている病態概念をつくりだした。後にクレペリン（Kraepelin, E.）がこの概念を体系化して現代精神医学の基礎を築いた。著書に、『Die Katatonie oder das Spannungsirresein : Eine Klinische Form psychischer Krankheit(緊張病)』(1874)など。

(池田良一)

カーンバーグ〔Kernberg, Otto F.：1928-〕ウィーン生まれのアメリカの精神分析医。メニンガー記念病院院長、コロンビア大学教授、コーネル大学教授を歴任。境界人格障害として発展させた概念と治療法の研究は、境界例における未熟な防衛機制としての投影性同一視の解明、分裂の解釈、治療者患者関係における潜伏性陰性転移に関する業績で知られている。主著に『Internal World and External Reality : Object Relations Theory Applied (内的世界と外的現実)』(1980)、『An Ego Psychology : Object Relations Theory Approach to the Transference (転移に関する自我心理学―対象関係論的アプローチ―)』(1988)がある。

(池田良一)

外因死　死因は大きく分け二つの原因に区分される。個体内に病気などの原因があって、死に至る内因死あるいは自然死と、交通事故などの個体外の原因による外因死とがある。外因死はさらに八つの下位分類があり、交通事故、転倒・転落、溺水、焼死、窒息、中毒、その他の不慮の外因死、その他および不詳の外因死（自殺、他殺、その他および負傷の外因死）に分けられている。死因は死亡診断書に明記され、死因構成、死因別死亡率などの人口動態統計に用いられ、公衆衛生、予防医学、疫学的調査などの基礎資料となる。

(岩間久行)

外因性精神障害〔exogenous psychosis〕脳への一次的、局所的侵襲や全身疾患に伴う脳機能への影響が主要な成因と考えられる精神障害をいう。脳の炎症、外傷、腫瘍などによる器質性精神障害、アルコールなど精神作用物質による中毒性精神障害、糖尿病などの代謝障害、甲状腺機能亢進症などの内分泌異常、あるいは肝臓

疾患などに続発する症状性精神障害に大別される。いずれも急性期には、何らかの意識障害を呈することが多い。ボンヘッファー(Bonhoeffer, K.)は中毒性精神障害や症状性精神障害で生じやすい、せん妄、アメンチア、昏迷、錯乱、もうろう状態、幻覚症などの一群の精神症状を外因反応型と呼んだ。意識障害は、一般に通過症候群（ヴィーク(Wieck, H. H.)）を経て改善に向かうが、脳の器質性病変が持続すると痴呆、人格変化、その他の精神症状や神経心理学的症状が前景に出る。外因が消失した後にも幻覚妄想状態や躁状態などが続く場合など、内因性精神障害との鑑別が困難となる場合もある。　→心因性精神障害，内因性精神障害　　（白石弘巳）

絵画統覚検査〔thematic apperception test : TAT〕　絵画を手がかりとしてつくられた空想的な物語を通して、被験者の人格を診断する精神力動的な立場に立つ心理検査の一つ。現在の標準的な方法では、被験者の年齢・性別により31枚中20枚の絵を用いて、その絵を中心にして、その過去の状況と未来の予測を想像して、空想的物語をつくらせる。被験者の心理的内容や人格要因を明らかにしようとするもので、1935年にマレー(Murray, H. A.)らによって考案された。主題統覚検査とも訳されている。
→マレー(Murray, H. A.)　　　　　（菊池礼子）

絵画療法〔art therapy〕　芸術療法の一種で、その中心的な存在である。被験者が描いた絵のなかに、その人の特性が反映されると考える投影法の一種としてパーソナリティ診断に用いることができ、人物画テスト、家族画テスト、バウムテスト（樹木テスト）などが開発されている。また、精神医学的診断のための技法として解釈の手続きの標準化が進んでいるものもあり、その典型がHTPテスト(house-tree-person test)である。他方、診断だけでなくむしろその後の治療的介入へのきっかけとしての利用を考慮して用いられることもある。治療理論として考えられるのは、カタルシス効果であり、その人の無意識内に抑圧されている感情を、絵画という自由な表現によって表出し、浄化するというものである。　→芸術療法　　（中藤淳）

階級〔class〕　社会を構成する人々は、例えば経済的富や政治的権力の配分原理に従って上下の関係に組み込まれると考えられるが、その関係を生みだす一つの要因が階級である。マルクス(Marx, K. H.)は生産手段の所有・非所有が階級を分ける基本的要因であると考えたが、より多元的な要因によって階級が分化すると考える立場も有力である（「階層」という言葉が使われる場合もある）。階級意識は階級闘争と並んでマルクス理論の中心的概念であるが、資本家による搾取に直面することによって労働者は革命的階級として意識を強めると考えられている。多元的な階級理論でも階級間での価値意識の違いを指摘するが、しかし一方で、階級間の移動によって可変的であるとも考えられている。
→社会階層，マルクス　　　　　（和田修一）

介護　高齢や障害あるいは疾病などによって、衣食住を中心とする日常生活が困難になったときは、第三者による介護が必要となる。この介護は、家族などが担う場合（私的介護）と専門職が担う場合がある。わが国ではこれまで私的介護が中心であったが、一人暮らしの増加、女性の社会進出、介護期間の長期化、老老介護などにより、私的介護が次第に困難になりつつある。わが国の介護保険制度において「介護サービス」とは高齢者の「生活の質」の維持・向上を目指し、かつ本人の立場に立って支援することであるとしている。そしてこの場合、介護支援専門員が本人や家族のニーズを尊重し「介護サービス計画」を策定し実行することが重要である。　→介護保険制度，家族介護
（宮崎牧子）

外呼吸　組織呼吸ともいわれる内呼吸は酸素を細胞が取り入れ二酸化炭素（炭酸ガス）を排出するが、外界から空気を吸気として呼吸器に取り入れ呼吸器から呼気を外界に排出する機能を外呼吸という。肺呼吸では外界の空気を肺に取り入れ、肺から呼気を排出する。えら呼吸では水中に溶けている酸素をえらを通じて取り入れ、えらから呼気を水中に排出する。　→内呼吸
（吉川武彦）

介護休業制度　「介護を必要とする父母，配

偶者等を有する労働者の申し出により，その労働者が介護のため一定期間休業することを認める措置」を指し，法の規定は最低基準を定めている。わが国では1991年5月15日の公布，1999年4月の法律改正により介護休業の規定が追加され，「育児休業，介護休業等育児又は家族介護を行う労働者の福祉に関する法律」として完全実施された。介護の対象となる家族の範囲は，配偶者(内縁関係も含む)，父母，子ども，配偶者の父母，同居の祖父母，孫，兄弟姉妹となっている。介護休業期間は3か月を限度とし，要介護状態の家族員1人について1回である。休業中に事業主は労働者に対して賃金等を支払う義務はないが，雇用保険から介護休業給付が支給される。　→育児休業，介護休業等育児又は家族介護を行う労働者の福祉に関する法律

(山田祐子)

介護給付　被保険者の要介護状態に関する保険給付。入浴，排泄，食事等の日常生活における基本的な動作の全部または一部について，厚生労働省令で定める期間（6か月）継続して介護を要する状態にあり，要介護状態区分のいずれかに該当する場合に支給される。介護給付は，①居宅介護サービス費（指定居宅サービス事業者から居宅サービスを受けた場合等），②特例居宅介護サービス費（要介護認定の申請前に緊急等の理由で指定居宅サービスを受けた場合等），③居宅介護福祉用具購入費（特定福祉用具を購入した場合），④居宅介護住宅改修費（一定の住宅改修を行った場合），⑤居宅介護サービス計画費（指定居宅介護支援事業者から居宅介護支援を受けた場合），⑥特例居宅介護サービス計画費（基準該当居宅介護支援や離島等で相当のサービスを受けた場合），⑦施設介護サービス費（指定施設サービス等を受けた場合），⑧特例施設介護サービス費（要介護認定の申請前に緊急等の理由で指定施設サービス等を受けた場合），⑨高額介護サービス費（利用者負担が所得区分ごとに定める上限額を超える場合）の九つからなる。居宅介護サービス計画費と高額介護サービス費を除く給付については，利用者は，要介護状態区分により設定される限度額の範囲内で，定率9割の給付と1割の自己負担においてサービスを利用する。なお，居宅介護サービス計画費は，10割給付のため自己負担はない（介護保険法第18条，第40条〜第51条）。雇用保険による介護給付については「介護補償給付」の項参照。　→要介護状態区分，予防給付

(早坂聡久)

外国人に対する生活保護の措置　生活保護の対象は日本国籍をもつ「国民」に限られ，原則的に外国人については法律上保護の対象としていない。しかし永住者，定住者，日本人の配偶者がいる者，平和条約関連国籍離脱者の子，難民条約に基づく認定難民など一定の在留資格を得ている外国人が生活に困窮している場合には，人道上，国際道義上の観点から日本国民に準じた保護（準用）を行っている。外国人登録法により登録した居住地を所管する福祉事務所が扱う。保護の準用は行政上の特別措置として実施されているものであるため，日本国民に認められている不服申し立ては認められていない。留学，修学，短期滞在資格などでの在留資格者，不法滞在者への生活保護法の準用は行われていない。　→生活保護の基本原理，無差別平等の原理

(平木美保)

介護支援サービス　介護保険制度の基本理念は，介護サービスを利用する者や家族の立場から，適切と考えられるサービスを円滑かつ容易に選択できるようにすることである。そのためには，医療・保健・福祉などのサービスが地域社会のなかで連携することが重要となり，介護保険制度の仕組みのなかに介護支援サービス（ケアマネジメント）を位置づけた。そして，介護支援専門員は，介護サービス計画（ケアプラン）の策定をし，各人に適した介護サービスの提供を実施する。　→居宅介護支援，介護保険制度，介護支援専門員

(宮崎牧子)

介護支援専門員　ケアマネジャーとも呼ばれる。要介護者等からの相談に応じ，心身の状態等に応じ適切なサービスを利用できるよう，市区町村，事業者，介護保険施設等との連絡調整を行う者で，要介護者等が自立した日常生活を営むのに必要な援助に関する専門的知識および

技術を有するものとして厚生労働省令で定められている。要介護者等や家族の要望を聞き，介護サービス計画（ケアプラン）を作成し，介護保険の給付管理事務も行う。また，市区町村の委託を受け，要介護認定の調査も行う。資格は，省令に規定された業務従事期間要件該当者が，実務研修受講試験に合格し，実務研修を経て付与されることになっている。　→ケアマネジャー
(都﨑博子)

介護施設入所者加算　生活保護の加算の一つ。介護施設に入所している者で，母子加算，または障害者加算が算定されていない者に対して行う加算。その他，介護報酬に含まれない日常生活費として，介護施設入所者基本生活費が生活扶助として算定される。　→各種加算
(敦賀弘恵)

介護認定審査会　要支援・要介護認定（以下，「要介護認定」という）に係る審査判定を行う合議体で，政令で定める基準（5人を標準）に従い市町村が条例で定める人数の保健・医療・福祉に関する学識経験者で構成される（任期2年，再任可）。認定調査票のうち，「基本調査」および「特記事項」ならびに「主治医意見書」に記載された主治医の意見に基づき，要支援認定基準および要介護認定基準に照らして，最終的に審査判定し，市町村に通知する。市町村は，効率的な事務処理や委員の確保等の観点から介護認定審査会を共同で設置することもできる。この共同設置に関して，都道府県は，市町村の調整や必要な助言等の支援をすることができる。また，保険者である市町村が行う業務である要介護認定について，事務執行体制等の理由で当該市町村がその業務を行うことが困難な場合，要介護認定業務のうち介護認定審査会が行う審査判定業務を都道府県介護認定審査会に委託することができる（介護保険法第14条～第17条，平成11年老発第597号）。
(早坂聡久)

介護福祉士 [certified care worker]　社会福祉士及び介護福祉士法（昭和62年法律第30号）に基づいた名称独占の国家資格である。介護福祉士となる資格を有する者が介護福祉士としての登録を行い，介護福祉士の名称を用いて，専門的知識および技術をもって身体上または精神上の障害があることにより日常生活を営むのに支障がある者に入浴，排泄，食事その他の介護を行う。また，その本人や家族介護者等に対して介護に関する指導を行うことを業とする者をいう。　→社会福祉士及び介護福祉士法
(秋山聡美)

介護扶助　生活保護法で定められた扶助の一つで，介護保険法施行に伴い2000年4月に新設された。介護保険制度による保険給付の介護サービスと同等のサービスを保障するもので，介護保険法に規定する要介護者および要支援者が対象となる。内容は居宅介護，福祉用具，住宅改修，施設介護，移送。介護保険制度による保険給付が行われる場合は，保護の補足性の原理に基づき保険給付が優先する。　→生活保護法，生活保護の基本原理，保護の種類，介護保険制度
(並木麻理子)

介護報酬　介護保険の保険給付の対象となる各サービスの額を算定する基準。厚生労働大臣が事前に社会保障審議会の意見を聴いて告示により定める。直接的にはサービスを提供する事業者や施設に介護サービスを提供した場合の対価として支払われるものであるが，保険者が定める保険料や事業者の収入額およびサービス利用者の利用者負担額を左右する。在宅，居宅介護支援，施設の各サービスについては，介護給付費単位数表として設定されるが，地域保険である介護保険においては，介護給付の種類ごとに定められる単位数に地域区分に応じた単価（10円～10.72円）を乗じて算定されることになる。なお，居宅療養管理指導，居宅介護支援および福祉用具貸与は，地域差を設けずに全国一律となる。また，福祉用具貸与，福祉用具購入費，住宅改修費は，公定価格を設けず実費に対する給付限度を設定している。　→保険料
(早坂聡久)

介護保険事業計画　介護保険事業に係る保険給付の円滑な実施を確保するために厚生労働大臣が定める「基本指針」に即して，都道府県および市町村が5年間を1期とする計画期間として3年ごとに策定する計画。市町村介護保険事

業計画は，介護給付等対象サービス（以下，「サービス」という）の計画的基盤整備とそれに伴う財源の確保の見通しを立てるものであり，計画策定においては，当該市町村の区域における要介護者等の人数やサービス利用に関する意向等を勘案するとともに，計画策定委員会の設置等，被保険者の意見を反映させるために必要な措置を講じなければならない。市町村介護保険事業計画は，①各年度におけるサービスの種類ごとの量の見込み，②サービスの種類ごとの見込み量の確保のための方策，③事業者相互間の連携の確保に関する事業等のサービスの円滑な提供を図るための事業に関する事項，④介護保険事業に係る保険給付の円滑な実施を図るために市町村が必要と認める事項，を定めるとされている。都道府県介護保険事業支援計画は，広域的な対応が必要となる介護保険施設サービスの整備量や福祉人材の確保に関する事業計画を定めるものであり，具体的には，①当該都道府県が定める区域の各年度の介護保険施設種類・必要入所定員総数およびその他のサービス量の見込み，②介護保険施設等の整備に関する事項，③介護支援専門員およびサービス従事者の確保または資質の向上に資する事業に関する事項，④介護保険施設相互間の連携の確保に関する事業その他のサービスの円滑な提供を図るための事業に関する事項，⑤その他介護保険事業に係る保険給付の円滑な実施を支援するために都道府県が必要と認める事項，を定めることとされている。なお，両計画とも老人保健福祉計画と調和が保たれたものでなければならないとされている（介護保険法第116条～第120条）。　→老人保健福祉計画　　　　　　（早坂聡久）

介護保険施設　介護保険における施設介護サービスを行う施設。都道府県知事の指定および許可を受けた指定介護老人福祉施設，介護老人保健施設，指定介護療養型医療施設の3種からなる。利用においては，要介護認定等において要介護状態区分のいずれかに該当する場合に限るため，要支援者は入所の対象にはならない。利用者の自己負担は，原則として介護報酬の1割と食事の標準負担額，特別な居室・療養室・病室を提供したときの費用，特別食の費用，理美容代，その他の日常生活費となる。なお，利用者との契約を前提とする利用がなされる介護保険施設では，サービス提供拒否が禁止されており，入所者の権利擁護のための苦情処理窓口の設置等が規定されている。また，自立支援を目的とする介護保険においては，介護保険施設の役割の一つに在宅への復帰の検討・支援が規定されている。　→介護老人保健施設
　　　　　　　　　　　　　　　　（早坂聡久）

介護保険審査会　保険給付に関する処分（被保険者証の交付の請求に関する処分および要介護認定または要支援認定に関する処分を含む）や保険料等に関する処分への不服申し立てについて審査する機関。地方自治法上で規定される都道府県の付属機関として，被保険者代表委員3名，市町村代表委員3名，公益代表委員3名以上（政令で定める基準に従い条例で定める員数）の非常勤の委員をもって組織される。要介護認定または要支援認定を除く処分に係る審査請求事件では，会長と会長を除く他2名の公益代表委員および被保険者代表委員と市町村代表委員の全員からなる合議体で審理され，要介護認定または要支援認定に係る審査請求事件では，公益代表委員3名の合議体で審理される。なお，介護保険審査会には，要介護認定または要支援認定に係る処分に対する審査請求の事件を調査する専門調査員を置くことができる。審査請求の期間は，処分があったことを知った日の翌日から起算して60日以内に，文書または口頭で行わなければならない（介護保険法第183条～第196条）。　　　　　　　（早坂聡久）

介護保険制度　2000年4月より運用が開始された介護保険制度は，急速に進む高齢化とそれに伴う要介護高齢者の急増が懸念される状況において創設された新たな高齢者介護システムである。介護保険制度の創設を含む高齢者福祉改革は，先行する医療制度改革・年金制度改革とともに社会保障構造改革の一環としての位置づけがなされる。介護保険制度創設の背景には，サービス供給量を上回る福祉ニーズへの対応や社会的入院に代表される老人医療費の増大が財

政を圧迫したことがある。これまでの保健・医療・福祉の縦割りでそれぞれ別途行われてきた介護に関するサービスを一元化し，効率的なサービス提供システムの構築を行うとともに，増大化する介護サービスの財源確保を社会保険方式にて対応する点に大きな特徴がある。高齢者の介護サービスを社会保険方式で対応することの是非については，制度創設の過程において主要な論点の一つとなったが，①急速に進む高齢化と要介護高齢者の急増に伴う介護リスクを社会全体で支え合うという意味において社会保険がなじみやすいこと，②これまでの租税を財源とする一般会計に依存する措置制度を転換し，負担と給付の対応関係が比較的わかりやすい社会保険方式を採用することで，ニーズの増大に対するサービスの量的拡大や質的向上を図っていくことに国民の合意が得られやすいこと，③保健・医療・福祉における介護に関わるサービスを一元化することで費用負担における利用者間の不均衡の是正と制度連携の強化を図ること，④一定の基準を満たす公的および民間のさまざまな介護サービス供給主体を事業者に指定することにより，民間事業者等の多様な事業主体の参入が可能となり，サービス供給者間の競争によりサービスの量的拡大と質の向上が期待されること，などの観点から導入された。なお，法律施行後5年の見直しのために，障害者への介護サービス提供を含む被保険者の範囲，保険給付の水準と内容，保険料を含む介護保険財源等の検討が開始されている。　→社会保険，介護保険法　　　　　　　　　　　（早坂聡久）

介護保険法〔平成9年法律第123号〕　介護保険は，急速に進む高齢化に起因する要介護高齢者の急増とそれに伴う介護リスクを社会全体で支えあう新たな高齢者介護システムとし，2000年4月の介護保険法施行によって運用が開始された。介護保険法施行までの流れとしては，1993年の「社会保障将来像委員会第1次報告」や1994年の「21世紀福祉ビジョン」等で，これまでの家族介護を前提とした高齢者介護システムからの脱却と社会全体で介護問題を支えるシステムづくりの必要性が訴えられた。さらに，1994年の「社会保障将来像委員会第2次報告」で，介護問題を個人や家族で負担することの困難さと負担の不均衡の是正を図り，社会全体で介護リスクを担う社会保険方式の導入が打ち出された。その後，高齢者介護・自立支援システム研究会報告「新たな高齢者介護システムの構築をめざして」（1994年）や社会保障制度審議会「社会保障体制の再構築（勧告）」（1995年）を受けるかたちで検討がなされ，1997年12月に介護保険法として結実し，2000年4月より施行され現在に至っている。介護保険法は，加齢に伴って要介護状態となり，介護，機能訓練ならびに看護および療養上の管理その他の医療を要する者等が，その有する能力に応じ自立した日常生活を営むことができるよう，必要な保健医療サービスおよび福祉サービスに係る給付を行い，国民の保健医療の向上および福祉の増進を図ることを目的とする（第1条）。また，介護保険における保険給付は，①医療との連携に十分配慮し，要介護状態の軽減もしくは悪化の防止または要介護状態となることの予防，②被保険者の選択に基づき，多様な事業者または施設からの総合的・効率的なサービス提供，③要介護状態となった場合であっても，可能な限り在宅において自立した日常生活が営むことができるよう配慮することとされている（第2条）。→21世紀福祉ビジョン　　　　　　　　（早坂聡久）

介護保険料加算　生活保護の加算の一つ。介護保険の第1号被保険者であって，普通徴収の方法によって保険料を納付する義務を負う者に対して行う加算。保険料を老齢年金から特別徴収されている者に関しては，年金の収入認定で実費控除されているため，加算の対象にはならない。　→各種加算　　　　　　　　　　（敦賀弘恵）

介護補償給付　労働者災害補償保険法に規定される保険給付。介護補償給付は業務災害，介護給付は通勤災害に関する保険給付である。介護（補償）給付は，障害補償年金または傷病補償年金の受給権を有する労働者が，支給事由となる障害であって，常時または随時介護を要する状態であり，かつ，常時または随時介護を受けているときに，当該介護を受けている期間，

労働者に対してその請求に基づいて支給される。労働災害や公務災害に対する補償等の法令に基づいて行われる医療や介護の給付については、介護保険に優先するため、労災保険による介護補償給付を受けることができるときは、その限度において介護保険法における給付は行われない（労働者災害補償保険の優先）。実際の利用にあたっては、労災保険の介護補償給付の上限額（常時介護で10万6100円、随時介護で5万3050円）までは労災保険が優先され、それを超える部分について介護保険の給付を1割の利用者負担にて受けることになる（介護保険法第20条、介護保険法施行令第11条、労働者災害補償保険法第12条の8、第19条の2、第21条、第24条、第42条）。　→労働者災害補償保険

（早坂聡久）

介護予防・地域支え合い事業　介護保険の周辺事業として、一人暮らし高齢者や要援護高齢者およびその家族に対し、要介護状態になることの予防や自立生活支援、家族介護支援を行うことを目的に、2000年度から「介護予防・生活支援事業」がスタートした。その事業は、外出支援事業、軽度生活支援事業、介護予防事業、生きがい活動支援通所事業、「食」の自立支援事業、家族介護支援事業、成年後見制度利用支援事業、高齢者自身による取組み支援事業など、国が示すメニューのなかから、市町村、都道府県・指定都市が地域の事情に応じて選択し、実施する。2003年度からは高齢者筋力向上トレーニング事業、高齢者介護施設等支援事業などを加え、事業名を「介護予防・地域支え合い事業」に変更した。市町村事業・都道府県事業、ともに国庫補助は1/2（市町村事業は都道府県が1/4）。

（西原香里）

介護老人保健施設　老人保健施設は、1986年の老人保健法改正の際に創設され、疾病や負傷などにより寝たきりまたはこれに準ずる状態にある高齢者、あるいは病状安定期にあって入院治療の必要はないがリハビリテーション等の医療的なケアを必要とする高齢者に対し、①看護、②医学的管理下における介護、③機能訓練等必要な医療、④日常生活上の世話を行うこと、を目的とした施設である。高齢者の自立支援と家庭への復帰を目指し、1988年の本格的な制度化以前は、病院と家庭の中間、医療（治療）と福祉（生活）の中間という意味から「中間施設」ともいわれ、老人保健法と医療法に規定された。その開設には都道府県の許可が必要であり、施設サービスと通所サービスを提供する施設である。2000年4月の介護保険制度施行後は、「介護老人保健施設」としてその根拠法を介護保険法に有する施設となり、介護保険法に基づく開設許可が必要な介護保険法による事業規制が行われる施設給付の対象となる施設となった。

（馬場純子）

介護労働　職業として介護関係業務に従事することをいう。介護労働者の雇用管理の改善、能力の開発および向上等に関する措置を講じ、介護マンパワーの確保とともに、介護労働者の福祉の増進を図ることを目的に「介護労働者の雇用管理の改善等に関する法律」が1992年に公布されている。この法律において規定される「介護関係業務」とは、「身体上又は精神上の障害があることにより日常生活を営むのに支障がある者に対し、入浴、排せつ、食事等の介護、機能訓練、看護及び療養上の管理その他のその者の能力に応じ自立した日常生活を営むことができるようにするための福祉サービス又は保健医療サービスであって厚生労働省令で定めるものを行う業務」をいう。

（五十嵐雅浩）

外傷後ストレス障害〔post traumatic stress disorder：PTSD〕　強い恐怖や不安を生じる体験の後で、その記憶があたかも現実のようによみがえり、体験そのものに匹敵する恐怖を生じたり、あるいはそれへの反応としてさまざまな精神・身体症状が現れることは19世紀から知られていた。1980年頃から、ベトナム戦争帰還兵や性暴力被害女性の研究を通じて、こうした症状は事例ごとに特別なものではなく、どのような体験であってもほぼ共通したかたちをとることがわかり、当時のアメリカの診断基準（DSM-Ⅲ）に取り入れられた。現在の標準的な診断基準に従えば、まず原因となる体験が明確に存在しており、それが戦闘やレイプに相当するような強い恐怖を伴っていることが必要である。軽

い事故や嫌がらせなどによる影響は、PTSDとは見なされない。次に、その体験が同じ恐怖をもってまざまざとよみがえるという「侵入症状」、今にも同じ体験が起こるかのような張りつめた気持ちになり、音や刺激に驚きやすく、気持ちが休まらない「過覚醒症状」、そして体験があたかも現実ではないかのように感じ、感情がなくなってしまったかのような「麻痺症状」が特徴とされる。これらの症状が、仕事や日常生活を妨げるほどに強く、かつ1か月以上にわたって続いたものを外傷後ストレス障害(PTSD)と診断する。思い出して一時的に嫌な気持ちになるが普通に仕事ができるという程度のものは含めない。また、症状の持続が1か月未満のものは、急性ストレス障害(ASD)と呼んで区別する。PTSDはとかく拡大解釈をされがちである。治療、ケアにあたっては、トラウマとしての面を拡大して考えることが有益な場合もあるが、精神鑑定をはじめとして第三者に診断を告げる場合には、診断基準に従って厳密な定義を行うべきである。また、現在の症状や本人の訴えだけを根拠として、過去に虐待などの体験があったことを証明したり、PTSDと診断することはできない。　→トラウマ　　　（金吉晴）

疥癬　ヒゼンダニ(疥癬虫)による感染。皮膚の直接接触によって媒介される。疥癬や毛虱症は戦後公衆衛生の改善によって、一時期絶滅したかにみられた。しかし、海外渡航が増えるにつれて、海外から持ち込まれ再び流行するに至った。疥癬はダニの発生しやすい春や秋に新たな患者発生をみることが多く、指間、下腹部、外陰部、関節部などに激しい痒みを伴う散布性の丘疹を生じる。治療は γ-BHCなど、外用薬による殺虫を行う。疥癬も毛虱症もSTD(性接触伝染病)の一つ。　　　　　　　　（岩間久行）

回想法　自分の経験した過去を振り返る活動を通じて、自らの人生の意味や価値を認めることで、自らの生き方を肯定的に受け止める心理療法の一つである。これは、高齢者の失いかけた自信の回復、尊厳の保持や自己実現を目指すことに効果があると考えられている。最近では特に痴呆性高齢者への心理・社会的アプローチの一つとして活用されている。　（鈴木依子）

回転ドア現象〔revolving door phenomenon〕原義から転じて、出入りの激しい組織、政権交代に応じて帰り咲く官僚(アメリカ)その他多種多様の意味で用いられる。精神医学の領域では、1950年代に始まる脱施設化に付随して起きた「早い段階での退院と日ならずして起こる再入院の繰り返し」を呼ぶ。回転ドア現象は、施設間移動、「サービスの裂け目への墜落」とあわせて脱施設化の三社会現象とされる。この現象は、何の準備もなく入院患者を退院させることによって起きたが、それを理解し反省するようになったのは、アメリカ、イギリスとも1970年代末といわれる。一方、この失敗こそが地域ケアに、代替資源の整備、すなわち生活の基盤の確保が不可欠なことを気づかせ、地域で生活する精神障害者を援助することについて創造的な努力を生んだといわれ、精神科薬物療法と心理社会的療法が効果的に適用される契機ともなった。「感情表出」論は、回転ドア現象を防止する必要性から誕生したといわれる。　→感情表出
（岡上和雄）

ガイドヘルプ　屋外での移動に著しい制限がある視覚障害者・全身性障害者・知的障害者などに行うサービス。1974年に身体障害者地域活動促進事業が拡大された盲人ガイドヘルパー派遣事業が始まりである。その後、重度脳性まひ者、重度視覚障害者、全身性障害者、知的障害者とホームヘルプサービス事業の一環として行われてきた。2003年の支援費制度施行に伴い、従来の「ガイドヘルパー派遣事業」におけるガイドヘルプは居宅介護等支援に移行した。障害者の社会参加活動の促進にとって重要なサービスであり、その役割が期待されている。
（根本真由美）

カイ二乗検定〔χ^2-test〕統計的検定法の一つであり、カイ二乗(χ^2)分布を用いて行われる。社会学等では主として分割表の独立性の検定に用いられる。例えば性別と内閣「支持」「不支持」の間に、男性は「支持しない」傾向にあり女性は「支持する」傾向にあると思われるとき、χ^2分布の理論値と、分割表の観測値と期待

値の差を比較考量して帰無仮説「2変数は独立」が棄却できるか否かを検定する。　→統計的検定
(和田修一)

介入〔intervention〕　介入（インターベンション）とは，従来，社会福祉援助領域で用いられてきた「処遇（treatment）」という用語がこれにあたるが，主に「個別に働きかける方法」という狭い意味で使われることが多かった。現在は個人を取り巻く社会的環境や個人と社会的環境の相互関係も視野に入れ，総合的な課題解決の目標に向けて，専門的な知識，技能，判断力を発揮し，「意図的に，幅広く直接かかわる援助活動」としてこの用語が使用されるようになってきた。つまりソーシャルワーク過程の中心的部分といえる。社会福祉の実践体系であるソーシャルワーク過程は，インテークおよびアセスメントを経て，契約に至る。契約はアセスメントを受けて，利用者との間で援助活動を展開していく合意に基づいたものである。その際，援助者側の活動可能な限界を明確化し，具体的に示すことが大切である。援助計画は，インテーク，アセスメントにより設定された目標に整合性をもって立てられる。ただし計画どおり進めることが絶対的ではなく，事態の変化や推移状況によっては，臨機応変に修正，変更される場合があって当然である。他の援助機関と連携していく場合は，援助目標や課題を共通に認識し，各機関の役割を明確にしておく必要がある。これらの経過により「介入」の段階に入るのが標準的な過程である。これは個人に重点を置いて援助する場合，利用者を取り巻く社会環境に比重を置いて援助する場合，主に個人と環境の相互関係に関わる援助を行う場合に分類されるが，実際は明確に分類して援助するのではなく，複雑に絡み合っている場合が多い。援助目標に向けて対象者の合意を得ながら計画を実施していくのが原則であり，ソーシャルワーク過程で最も援助評価が問われる過程である。関係機関のあらゆる機能，社会資源を活用し，対象者の問題解決能力や健康な側面を十分引き出し，人権を擁護し，対象者のより豊かな生活を実現できるような介入のあり方が求められる。特に精神障害者の場合病状に起因し，自らの身体を傷つけたり，自殺のおそれがある場合や，他人に著しく害を及ぼすおそれがある場合など危機的状況の場合は，対象者の人権に配慮し，生命の危機を守ることを最優先し，関係機関と十分連絡を取り合いながら，迅速に対応することが求められる。近年，「介入」はこのような緊急事態に直接対応するときや，強力に関わる場合など，「危機介入」として使われることが多い。介入の結果，効果が得られないときは，アセスメント，援助計画，介入を見直し，客観的な点検，評価（モニタリング）を速やかに行うべきである。　→危機介入，アセスメント，処遇
(上野容子)

回復者　⇨精神障害回復者，嗜癖における回復者

回復者クラブ　⇨セルフヘルプ

開放処遇　患者本人の求めに応じ，夜間を除いて病院の出入りが自由にできる処遇をいう。精神障害者本人の同意に基づいて入院する任意入院者については，厚生労働大臣が定める基準により開放処遇が原則とされている。任意入院者の開放処遇の制限は，病状により開放処遇を制限しなければ医療または保護を図ることが著しく困難であると医師が判断した場合のみ行われるもので，開放処遇の制限を行う際には，任意入院者に対してその理由を文書で知らせるとともに，医師は制限を行った理由・日時を診療録に記載しなければならない。開放処遇は，1950年代の向精神薬の登場とともに，旧来の精神病院の拘禁構造に挑戦する社会療法の一環として登場した。長期在院による施設症（institutionalism）を防ぎ，精神障害者の人権を尊重する開放運動としてわが国でも展開してきた。近代精神科医療の重要な原理とされているが，開放処遇のみによって治療やリハビリテーションが進むものではなく，計画された活動プログラムが必要である。開放処遇のもたらす許容的・相互信頼の雰囲気は，患者とスタッフの間に密接な協同作業を生みだし，病棟内規律は権威的なものから集団力動に基づく自律的なものに変化していく。拘禁構造によってもたらさ

れたさまざまな陰性症状・緊張は軽減され，社会的日常生活への関心が取り戻されてくる。同時に，地域社会におけるリハビリテーション活動との連携が図られなければ，開放処遇の維持は不可能である。　→開放病棟　　（古屋龍太）

開放病棟　入院病棟の入り口が施錠されておらず，患者本人の意志により出入りが自由な病棟を指す。オープンドア方式（open door system）とも称される。本来は一般医療と同様24時間開錠の病棟を指すが，わが国では夜間は別として通常1日8時間程度開錠されており，日中は病棟内外への自由外出が可能な病棟を指している。中庭等にしか外出できない構造のものは閉鎖病棟に分類される。鉄格子に象徴される隔離閉鎖処遇を廃し，近代精神科医療の重要な原理とされている。わが国の開放病棟化への取り組みとしては，伊藤正雄によって1956年から取り組まれた国立肥前療養所の実践がよく知られている。精神病棟の開放化には従来の精神病院建築構造の改変を必要とするが，それにもまして病院職員の疾病観・病者観の意識改革が必要となる。回復困難とされてきた精神病症状の相当部分が，閉鎖的処遇による二次的障害（施設症：institutionalism）によるものであるとの認識が今日では一般的になりつつあり，リハビリテーションを進める前提としての開放病棟化が目指されている。　→開放処遇　　（古屋龍太）

外来治療〔outpatient treatment〕　診療所，病院などの医療機関に入院せず，家などから通って来て受ける治療で，通院治療を指す。医師が患者の居宅などに赴いて診察する往診も外来治療の一形態である。医師が診察し，診断に必要な検査や治療が行われ，必要に応じて専門外来や他科外来，入院治療が可能な医療機関などへの紹介などが行われる。機能回復のための訓練や再発予防も外来治療の大きな目的の一つである。また，近い将来セカンドオピニオンを行うことも外来機能の柱となる。通常の外来治療は週日の午前9時から午後5時頃まで行われる。なかには夜間診療，休日診療を定期的に行う医療機関もある。夜間や休日などの外来診察時間外の場合，救急医療施設でなければ，外来治療に応じない医療機関が少なくない。精神科においては，医師の診察に加えて，看護師，精神保健福祉士，臨床心理士，作業療法士らが関与して，デイケア，カウンセリング，精神療法，集団精神療法，作業療法などが行われたり，看護師らによる訪問看護が行われる場合もある。統合失調症（精神分裂病）の患者に対しては，通常の内服療法のほか，必要に応じ持続性抗精神病薬剤注射（デポ注射）が行われる。日本においては1990年代より，精神科病院に入院する患者数が漸減し，代わって精神科外来通院患者数が急増した。2001年には外来患者数は79万6732人，うち通院医療公費負担制度利用者数は63万9645人に達している。診断別では，これまで統合失調症が最も多かったが，軽症うつ病患者をはじめとする気分障害患者が急増しており，これに神経症圏，てんかん，アルコール性精神障害などが続いている。　→入院治療，デイケア　　（白石弘巳）

解離性障害〔dissociative disorder〕　従来ヒステリーという病態は，身体症状を示す転換型と，精神症状を示す解離型に大きく二分され理解されてきた。しかしヒステリーという用語は，人格傾向，状態像，精神病理など数多くの意味をもち，あいまいなものとして忌避され使用されなくなり，状況因や症状そのものを記載することに重点が置かれるようになった。解離性障害および転換性障害とは，フロイト（Freud, S.）およびジャネ（Janet, P.）らが提唱した，古典的なヒステリー分類である解離と転換に代わる用語として，1980年にアメリカ精神医学会のDSM-Ⅲが採用した診断カテゴリーである。DSM-Ⅲの改訂版であるDSM-Ⅳ（1994）において解離性障害は独立した診断カテゴリーに，転換性障害は身体表現性障害の下位分類となっている。解離性障害の基本的特徴は意識，記憶，同一性あるいは環境についての知覚といった通常統合されている機能の破綻であり，その障害された各機能の違いによって，解離性健忘，解離性遁走，解離性同一性障害，離人症性障害，特定不能の解離性障害の五つに分類される。また転換性障害とは，解決できない葛藤が身体症

状に置き換わって出現したものと考えられ，DSM-IVでは，神経疾患または他の一般的身体疾患を示唆する，随意運動機能または感覚機能を損なう一つまたはそれ以上の症状または欠陥であり，症状または欠陥の始まりまたは悪化に先立って葛藤や他のストレス因子が存在し，心理的要因が関連していると判断される障害と説明されている。　→身体化障害　　（樋口英二郎）

解離性同一性障害　⇨多重人格障害

カウンセリング〔counseling〕　臨床の場では，受理面接・予診・診察・カウンセリングなど，さまざまな名称で呼ばれる面接場面が患者に対して頻度高く適用されている。特に精神科領域において面接は最も基本的な方法であり，それらは，それぞれに目的や方法の異なるものを含んでいる。一般に面接の目的は患者を理解し，あるいは患者への治療的な働きかけのための，あらゆる手がかりや機会を得るために行われる。この内，カウンセリングは，広く個人の適応上の問題を解決するための指導・助言を行うことを目的とする。さらに限定すれば，適応上の問題解決のために訓練を受けた専門家（カウンセラー）と患者とが相互に心理的影響を与えていく過程ということもできる。ロジャーズ（Rogers, C. R.）によるいわゆるクライエント中心療法（client centered therapy）は，その代表的なものの一つである。それまでの伝統的な指示的療法や解釈的な精神分析に対して，非指示的方法（non-directive method）に特徴がある。その基盤には，患者をはじめ来談者に適応への，健康への，成長への力が存在するのだという強い信頼が置かれている。また，不適応な状態から適応状態への変化，あるいは人格の変換は，カウンセラーから来談者への忠告や助言や指示といったものが与えられた後で来談者に生ずるのではなく，主要な変化は，来談者とカウンセラーとの間の心理的な接触そのもののうちに生起するものであると考える。（中藤淳）

かかりつけ医　地域医療の重要な担い手たる地域の開業医のことを「かかりつけ医」と称する。わが国の医療提供体制を担う法律には，医療法（1948年）と医師法（同年）が主たるものとしてある。前者は，わが国の医療の提供に関する基本法として国民医療の確保のため，医療提供体制の充実を図るために大きな役割を果たしてきた。これは，戦後数次の改正を経てきたが，とりわけ，1997年の第3次改正では，地域医療支援病院制度が設けられ，「かかりつけ医」との有機的な連携体制が具体化された。同時に，大病院への患者集中現象という弊害をなくすために，ホームドクターとしてのかかりつけ医を地域の医療を担う重要な柱にすべく，生涯研修，専門の強化，在宅医療への取り組みの強化等が図られた。　　　　　　　　　　　　（辻村昌昭）

核家族〔nuclear family〕　一組の夫婦とその未婚の子どもからなる家族をいい，マードック（Murdock, G. P.）によって通文化的比較データに基づき概念化された。彼は，核家族は独立の単位として，あるいはより大きな家族の構成単位として普遍的に存在し，性，生殖，経済，教育という人間の社会生活にとって基本的な四つの機能を果たすと論じた。マードックの「核家族普遍説」をめぐっては，その後内外でさまざまな論争が展開され，今日ではその普遍性という定言について疑義が唱えられている。なお，ある社会において，家族総数中に占める核家族の比率が高まる現象を「核家族化」というが，日本では1960年前後から産業化の進展や人口移動の激化とともにこの傾向が顕著となっている。　→家族，直系家族，拡大家族　　（藤崎宏子）

格差縮小方式　1965～1983年に採用された生活保護法の生活扶助算定方式。1964年12月の中央社会福祉審議会生活保護専門分科会の中間報告に基づき導入に至る。一般世帯と被保護世帯の生活水準の格差を縮小する観点から，政府経済見通しにおける当該年度の民間最終消費支出の伸び率に格差縮小分を加味することで生活扶助基準の改定率を決定する方式。当時は，低所得世帯の生活水準は上昇していたため，この方式により格差は縮小する傾向にあった。　→マーケットバスケット方式，エンゲル方式，水準均衡方式　　　　　　　　　　（畑江倫子）

核磁気共鳴画像診断法〔magnetic resonance imaging：MRI〕　核磁気共鳴現象を応用して

人体などの断層像を得る画像診断法。核磁気共鳴現象とは，静磁場中の原子核に高周波磁場を加えると，共鳴周波数の電波エネルギーを吸収して励起状態となり，取り除くと元の安定状態に戻る現象をいう。水素原子に生じた核磁気共鳴現象が安定化するまでの緩和時間が脂肪，体液などの生体組織ごとに異なることを利用して，生体内の一断面に均一一定の高周波磁界をかけ，緩和時間をグレイスケールに変換することによりその断面の構造が画像化される。安全性や分解能に優れ，任意の断面が得られるなどの特徴がある。臨床的には，TR(time of repetition：繰り返し時間) と TE (time of echo：エコー時間) という撮影パラメーターの比を短縮した T_1 強調画像，延長した T_2 強調画像，この比を極端に大きくしたプロトン密度強調画像による画像群を得る SE (spin echo) 法が一般的である。1982年以降，日本でも急速に普及し，現在は，三次元的，さらには機能的な画像処理が実用化されている (fMRI，機能的 MRI)。　→画像診断　　　　　　　　　　　　　　(白石弘巳)

学習　経験の結果，個々の行動に適応的変化として現れる比較的永続的な過程である。学習過程を説明する理論は多いが，刺激と生体の反応との間の関係の変化であるとする刺激—反応理論 (S-R理論) と，主として認知作用によって成立するものの変化であるとする認知理論とに二分される。前者は，パブロフ (Pavlov, I. P.) の条件反射，ソーンダイク (Thorndike, E. L.) の問題箱における試行錯誤学習などの先駆的研究から始まり，ワトソン (Watson, J. B.) の行動主義において成立し，発展した。その後，ガスリー (Guthrie, E. R.) の接近説，スキナー (Skinner, B. S.) のオペラント条件づけ，ハル (Hull, C. L.) の体系的行動理論，バンデューラ (Bandura, A.) の社会的学習理論などによってさらに展開された。後者は，ケーラー (Köhler, W.)，コフカ (Koffka, K.)，レヴィン (Lewin, K.) らのゲシュタルト心理学，トールマン (Tolman, E. C.) のサイン・ゲシュタルト説などである。臨床の場では，これらの学習理論を背景として不適応な行動に対する治療が試みら

れている。なお，刻印づけや臨界期などの重要な発見をしたローレンツ (Lorenz, K.) に代表されるエソロジー (動物行動学) では，学習と無関係な生得的行動は少なく，また，どのような学習にも生得的な基盤があるとして，学習を研究対象とした。　　　　　　　　　(中藤淳)

家具什器費　生活保護法で定められた一時扶助の一つで，炊事用具，食器等の家具什器を必要とする場合に支給される費用。原則として現物給付であるが，この方法が適当でないと認められる場合には金銭給付の方法をとる。支給については，保護開始時に最低生活に直接必要な家具什器の持ち合わせがない場合のほか，長期入院後退院する単身者や災害罹災者などで，現に使用する家具什器の持ち合わせがない場合などに限定されている。　→生活保護法，一時扶助　　　　　　　　　　　　　　(並木麻理子)

学習指導要領　文部科学省では，概ね10年ごとに教育内容について見直しを行い，1998年12月に幼稚園教育要領，小学校および中学校学習指導要領を，1999年3月に高等学校学習指導要領，盲学校，聾学校および養護学校幼稚部教育要領，小学部・中学部学習指導要領，高等部学習指導要領を告示した。なお文部科学省では，さらなる定着と一層の実現を意図して，2003年12月26日に一部改正を行い，この一連の改正では，完全学校週5日制のもとで「ゆとり」のなかで「特色のある教育」を展開し，生徒に自ら学び自ら考える「生きる力」を育むことをねらいとしている。また「総合的な学習の時間」が導入され，そのなかで福祉分野が例示されたり，高等学校に新教科「福祉科」が創設されるなど，社会福祉との関連も増えてきた。
　　　　　　　　　　　　　　　　(原田正樹)

学習障害〔leaning disabilities：LD〕　全般的知能には大きな障害が存在しないにもかかわらず，聴く，話す，読む，書く，計算する，または推論する能力のうち特定の技能の習得に困難が生じる状態。かつてクレメンツ (Clements, S. D., 1966) により微細脳機能障害 (MBD) の下位に位置づけられたが，ICD-10 では独立した病態として心理的発達の障害の項に分類されてい

る。DSM-IVではLDに相当する病態に対しLearning Disordersの名称が与えられている。LDの背景には，ある種の生物学的な機能不全に由来する認知過程の異常が想定されている。LDには多動，不注意，不器用，衝動性，反抗的態度などさまざまな行動上の問題が合併することが多い。治療は，合併する多動などに対する薬物療法のほか，遅れのある領域に対して系統的指導などが試みられている。アメリカでは1975年に「全障害児教育法」のなかでLDが障害の一つと認定され，LD児教育が普及発展した。日本でも1990年代以降教育界を中心に注目度が高まってきた。　　　　　　　（白石弘巳）

各種加算　加算は生活保護の生活扶助基準に含まれる。個人単位の費用である第1類の経費と，世帯単位の費用である第2類の経費からなる基準生活費が，日常生活を営む上で誰もが必要とするものなのに対し，各種加算は，一人ひとりの特別な需要に対応するものである。基準生活費に上乗せされることで，加算対象者が，加算を受けない者と同水準の生活を保障されることになる。妊産婦加算，老齢加算，母子加算，障害者加算，介護施設入所者加算，在宅患者加算，放射線障害者加算，児童養育加算，介護保険料加算の9種類がある。　　　　（敦賀弘恵）

覚醒剤〔psychostimulant〕　中枢刺激薬。代表的な薬剤はアンフェタミンとその誘導体で，その主な薬理効果は，カテコラミン放出に基づく精神興奮作用と中枢および末梢交感神経刺激作用である。眠気や疲労感が取り除かれ，気分の高揚，意欲の増進などの精神賦活作用が現れる。実際は，作業への集中力が損なわれて誤りが増すことが多い。摂取の結果，ときに幻覚妄想状態が発症する。この際，易刺激的，衝動的となり，周囲に対する他害行為に至ることもある。身体依存性はないものの，精神依存性は高く，特に日本では主要な乱用薬物の一つであり，覚せい剤取締法により使用が規制されている。1950年代に第一次乱用期があり，現在は，吸入による摂取法が普及したこともあり，再び主婦・若年層などにまで広く浸透しつつある。精神賦活作用に関しては耐性の形成がみられるが，幻覚妄想状態の惹起作用に関しては，逆に感受性が増大し，逆耐性現象と呼ばれる。また，フラッシュバック現象が知られている。メタンフェタミンは統合失調症（精神分裂病）の病因研究に使用され，メチルフェニデートは多動性障害などの精神疾患の治療薬として使用される。　→アンフェタミン　　　（白石弘巳）

覚せい剤取締法〔昭和26年法律第252号〕覚せい剤の濫用による保健衛生上の危害を防止するため，覚せい剤および覚せい剤原料の輸入，輸出，所持，製造，譲渡，譲受および使用に関して必要な取り締まりを行うことを目的とした法律である。覚せい剤の慢性中毒者に対しては，精神保健福祉法の措置入院等の規定を準用していたが，精神保健福祉法の1999年改正ではこの準用規定を削除し，第5条(精神障害者の定義)において「精神作用物質による急性中毒又はその依存症」として精神障害者に位置づけた。→覚醒剤　　　　　　　　　　　　（古寺久仁子）

拡大家族〔extended family〕　家族の構成面に注目し，夫婦家族(核家族)，直系家族，複合家族と分類したときの，直系家族と複合家族を総称する。子どもが結婚後も親元で同居することにより成立するが，子ども家族が単数の場合も複数の場合も含まれる。日本の家制度の下で規範的な形態とされた直系家族や，インドのヒンドゥー教徒にみられる合同家族などがその一例である。夫婦家族に比べておのずから大きな生活単位をなすため，産業化の過程でしだいにその形態を維持しがたくなっている。リトウォック（Litwak, E.）のいう「修正拡大家族」は，それぞれの核家族が独立した居住単位をなしつつ，相互に緊密な情緒的絆や援助関係を維持している親族関係を総称している。　→家族，核家族，直系家族　　　　　　　　（藤崎宏子）

確定給付企業年金法〔平成13年法律第50号〕公的年金に上乗せとなる企業年金は，厚生年金基金と適格退職年金（税制適格年金）の二つが現行では存在する。しかし企業の倒産等により，給付に必要な年金原資が十分に積み立てられない事態が生じている実情から，確定給付型の企業年金について受給権の保護のための措置を統

一的に講じるために2001年に成立し、2002年4月より実施されている。　　　（西澤利朗）

確定拠出年金法〔平成13年法律第88号〕確定拠出年金は、拠出された掛金が個人ごとに区分され、掛金とその運用収益との合計額をもとに給付額が決定される年金である。現行の確定給付型の企業年金が中小企業に十分普及していないことや転職の際に年金試算の移管が十分確保されないこと等の問題点を解決する方策として、公的年金に上乗せされる新たな選択肢として導入されたものである。　　　（西澤利朗）

学童期〔childhood〕一般に、小学校入学前後から卒業くらいまでの時期を指す。すなわち年齢的には、6、7歳から11、12歳までにあたる。就学によって、未知の世界への適応が要求され、家庭と学校という二つの世界に、同時に適応できるよう、行動を変容させることが最も大切な課題である。この間には、小学校に入学し、学校を中心として子どもの生活が格段に拡大し、また子どもの心身の発達はめざましく、さまざまな特徴が発達する。また、精神分析学によれば、この時期は潜伏期にあたり、エディプスコンプレックスが解決されてから、再び性的欲求が高まり、葛藤が表面化する前までの時期とされる。　　　（中藤淳）

学童・生徒のボランティア活動普及事業　先駆的な福祉教育実践をモデルとしながら、福祉教育を学校教育のなかで推進していくことを意図して、1977年より国庫補助事業として開始された。都道府県、指定都市により指定された学校の3年間にわたる福祉教育実践への取り組みであったが、このなかには国庫補助指定だけでなく、都道府県や市町村、社会福祉協議会等の補助による指定も含まれている。現在は学校単位による普及の段階から、生涯学習の視点やモデル地区指定など地域ぐるみの取り組みへと広がってきている。　　　（原田正樹）

学童保育　⇨放課後児童健全育成事業

隔離　急性精神運動興奮等のため、不穏、多動、爆発性などがあり、一般の病室での治療看護が著しく困難な場合に、内側からは患者本人の意思によっては出ることができない部屋（通常「保護室」と呼ばれる）の中へ一人だけ入室させることにより、当該患者を他の患者から遮断する行動の制限をいう。12時間を超える場合には、精神保健指定医が診察した上で必要と認めることを要する。指定医は行動制限の内容・目的・理由等を患者に告知し、必要事項を診療録に記載しなければならない。　→保護室
　　　（斉藤正美）

隔離収容　公衆衛生行政には社会防衛の側面があり、集団の安全が個人に優先されてきた。コレラ、ペスト等の伝染病については、伝染病予防法（明治30年法律第36号、平成10年廃止）により、市町村長が、症状の有無にかかわらず、患者および病原体保有者を伝染病院、隔離病舎等に収容することが行われてきた。ハンセン病患者については、らい予防法（昭和28年法律第214号、平成8年廃止）により、都道府県知事が勧奨または命令をもって国立療養所に入所させてきた。らい予防法には退所の規定がなく、外出は特別な場合を除いて禁止され、隔離は徹底していた。社会的差別も著しく、本人が知らない間に除籍されたり、死亡しても郷里の墓所への埋葬を拒否されるなど、根強い差別が続いた。昭和30年代には治療方法が確立され、感染力は弱くかつ感染しても発症することは稀で隔離の必要のないことが明白になったにもかかわらず、隔離収容政策は変わらず、らい予防法が廃止されたのは、約40年を経てのことであった。感染症の予防及び感染症の患者に対する医療に関する法律（平成10年法律第114号）により伝染病予防法は廃止されたが、その前文では、過去にハンセン病等の感染症の患者等に対するいわれのない差別や偏見が存在した事実を重く受け止め、これを教訓として今後に生かす必要があるとし、感染症患者の人権を尊重した良質で適切な医療の提供等が求められるとしている。また、ハンセン病療養所入所者等に対する補償金の支給等に関する法律（平成13年法律第63号）の前文では、ハンセン病に対する認識の誤りが明白になったにもかかわらず隔離政策の変更が行われず、患者であった者にいたずらに耐え難い苦痛と苦難を継続させた悲惨な事実を悔

悟と反省の念を込めて深刻に受け止め，謝罪とともに，差別を根絶するという決意が記されている。精神障害者については，その他害行為に対して社会の安全を守るという観点から，精神病者監護法（明治33年）以来一貫して隔離収容の政策が継続されている。同法案の提案理由では，精神病者の身体を保護し併せて社会に及ぼす障害を防ぐものと説明されていた。1919年の精神病院法案の提案理由では，監置されず保護医療を受けられない患者は危険な犯罪を繰り返すために保安上放置できず，これらの者を収容するために公立精神病院を設置すると説明されていた。私宅監置を禁止する一方で措置入院制度を定めた1950年の精神衛生法案の補足説明では，従来の法律が社会生活に極度の弊害を及ぼす精神病者だけを対象としていたのに対して，同法案は正常な社会生活の発展の上に少しでも障害になるような精神上の障害をもつものは全部対象としたとして，社会防衛の意義が強調された。長期入院患者のなかでは措置入院の比率が高く，精神病者監護法から100年，精神衛生法から50年を超えた今日においても，患者の医療および保護を目的としながら，結果的に精神病院が社会防衛の役割を果たしていることに変わりはない。措置入院に関して「収容」という用語が「入院」に改められたのは，ようやく1995年の精神保健福祉法への改正においてであった。　→公衆衛生，感染症対策，精神病者監護法，精神病院法，精神衛生法，措置入院
(佐藤三四郎)

瑕疵担保責任　購入した商品に隠れた欠陥（瑕疵）があった場合に，売り主が負わなければならない損害賠償や契約を解除される立場（民法第570条）のこと。この責任は売買契約だけでなく有償契約に準用されるが，請負契約には特別な規定がある（第634条以下）。この責任は無過失責任と解されており，その反面で，売り主の責任を追及できるのは買い主が瑕疵を発見してから1年以内に限られている。　→過失責任の原則　　　　　　　　　　　(池原毅和)

過失責任の原則　損害賠償責任を負担させる要件として，相手に与えた損害が注意義務に違反した（過失）結果であることを要するという原則。民法は不法行為責任の要件として「故意または過失」によって他人の権利を侵害したことを要件とし（第709条），契約責任の要件として「責めに帰すべき事由」（故意または過失の意味）により履行が不能なことを損害賠償の要件としている（第415条）。過失を要件としない方が被害者の保護にはなるが，反面で過失を要件としないと市民生活のなかで予想外の事態でも責任を負担させられる場合を生じてしまう。過失責任主義は一般人として果たすべき注意を果たしていれば，その予測を超えるような事態についてまで責任を求められないことを示すことで，一般市民に行動の予測可能性を与え，市民生活の自由を裏面的に保障しようとする思想に基づいている。もっとも民法は，被害者側と加害者側の損害の公平な分担を図るために過失責任の原則の例外として中間責任に基づく不法行為責任も規定している。法定監督義務者の責任（第714条），使用者責任（第715条）などがそれである。これらの責任も監督について必要な注意を怠らなければ責任がないことになる点では，過失責任の原則を完全に放棄してはいないのであるが，監督義務者側が注意を怠っていなかったことを立証しなければならない（挙証責任の転換）点とその立証を容易に認めない（立証の程度）点で，実際上責任を免れるのが困難になっている。
(池原毅和)

過失相殺　債務不履行または不法行為による損害賠償において，損害を受けた側の過失を考慮に入れて責任や損害額を調整すること。債務不履行の場合は，過失を認めた以上過失相殺の調整はしなければならないとされ，金額だけでなく責任を否定することも許されている点で不法行為における過失相殺と違いがある。損害の拡大などについて損害を受ける側にも落ち度があったならそれを考慮するのが公平であるという考え方に基づいた制度である。　(池原毅和)

過剰適応〔overadaptation〕　われわれは日々の日常生活のなかで，対人関係を含む社会環境からの要求や圧力に対して，環境を変化させるのではなく，自我の防衛機制などによって

自分自身を調整し対処することがある。過剰適応とは，ふさわしいレベルでの自己調整を通り越し，必要以上に過度に周囲に適応した状態のことである。一般に神経症の患者は些細なことに反応して感情的になるなど不適応を示すのに対して，心身症の患者は，むしろまじめで模範的な努力家で，周囲によく気を遣い，自己犠牲的であるといった過剰適応の傾向を示す。そして自分本来の欲望や志向，あるいは欲求不満場面での自己主張や攻撃性を抑えてしまい，ストレスが生じやすいのである。したがって，心身症の患者は表面的には適応上の問題がみられないということが多い。ただし，過剰適応は心身症に特異的なものではない。過剰適応が情緒的な破綻をきたし，神経症やうつ病に発展することもある。　　　　　　　　　　　　　（川野健治）

ガス交換　呼吸によって取り入れられた大気は気管，気管支，区域気管支，細気管支，終末細気管支，呼吸細気管支，肺胞まで運ばれる。肺胞壁には呼吸上皮細胞があり肺胞壁内の毛細血管と接し，血液中に酸素を取り入れ，二酸化炭素を放出する。酸素の取り込みは，肺胞内と血液中との酸素分圧の差によって生じる拡散で行われる。二酸化炭素も同様な機序で放出される。取り込まれた酸素は赤血球中のヘモグロビンと結合し，生体の組織に運搬される。　→呼吸　　　　　　　　　　　　　　　（岩間久行）

ガスリー〔Guthrie, Edwin Ray：1886-1959〕アメリカの心理学者。ワシントン大学において，教職，研究の生活を過ごした。ワトソン(Watson, J. B.)と同じく，刺激─反応理論の立場をとる。その学習理論は極度に単純化されたもので，刺激と反応の連合が両者の同時性によって成立するというS-R接近説を唱えた。彼の場合，刺激とは運動によって引き起こされる身体内の刺激を意味し，この刺激と反応とのただ一度の結合によって学習が成立する。学習の事態は複雑であるからその完成のためには，多くの練習が必要であると説明した。　　　　　　（中藤淳）

画像診断　近年の医療技術の発達によって，生体内の情報を詳細に把握できるようになった。情報をコンピュータによって分析，可視化しデータ保存することによって，集団を対象とした横断的な解析だけでなく，経時的な変化を追える。画像診断技術としては，構造的変化をとらえるCT, MRI, MRA，機能的変化をとらえるPET, SPECTなどが挙げられる。PETやSPECTは放射性同位元素を結合させたリガンドを標識として組織の代謝や血流量を測定し，その機能の状態を画像に表現できる技術である。これらの機器の技術的革新によってさらに細かい部位の変化をも把握ができるようになり，特に脳科学の分野での応用に目覚ましいものがある。さらに最近では，MRSによって深部の生体組織の機能状態が把握できるようになっている。　→核磁気共鳴画像診断法，CTスキャン　　　　　　　　　　　　　（岩間久行）

過疎／過密〔depopulation/overpopulation〕過疎とは人口減少によって一定の生活水準を維持することが困難になった状態をいう。過疎化は少子・高齢化の進展を招来し，教育，防災，健康などの問題を生起した。過密は人口の急激な増加に伴って，一定の生活水準を維持することが困難になってきた状態をいい，住宅不足，道路の混雑，交通事故の増加，通勤・通学難などの問題を生じ都市住民の生活にさまざまな障害を与えた。過疎／過密現象は1960年代後半の高度経済成長政策による農業社会から工業社会への産業構造の転換に伴って地方圏に居住する若年層が地方圏から大都市圏に人口移動（労働力移動）した結果，地方圏では過疎・高齢化が進行したが，大都市圏では過密化と人口の若返り現象が生じた。　→人口　　　　　　（清水浩昭）

家族〔family〕　人間の社会生活の基礎的拠点として，家族やそれに類似する集団的単位は，いずれの社会においても見いだすことができる。家族を定義したり，他の社会組織と区別して特徴づける要件として，居住単位性，生活共同性，婚姻・生殖性，親族単位性，結合の情緒性あるいは規範性，社会的機能の多様性，所属の選択（任意）性あるいは非選択性などが挙げられる。しかしながら，家族という社会事象の複雑多様さのために，これらの要件のうちのいくつかを組み合わせて明確に概念定義をすると

しても，必ずしも現実態のすべてをすくい取れるとはいえない困難さがある。日本の家族社会学における最も代表的な定義は，「家族とは，夫婦・親子・きょうだいなど少数の近親者を主要な成員とし，成員相互の深い感情的かかわりで結ばれた，幸福追求の集団である」とする森岡清美のものである。しかしこれについても，その基盤としている核家族論に対する批判を含め，集団論的なとらえ方の不十分さや限界を指摘する見解も出されている。また，研究史からみると，家族はまず，制度上の問題として論じられ，その後，集団としての有り様に注目して生活構造や人間関係をとらえる研究が蓄積されてきた経過がある。そして今日では「個人化」と呼ばれる家族の変化にも対応して，さらに，その内部の二者関係（ダイアド）や個人（の意識）レベルで家族事象をとらえる研究への関心が高まりつつある。他方，社会保障政策などとの関連で，制度としての家族についても，新たな視点からの検討が求められている。　→家制度，世帯，結婚，親族　　　　　（石原邦雄）

家族会　⇨精神障害者家族会

家族介護　介護には，私的な介護と社会的な介護とがある。私的な介護は主に家族によって担われているため，家族介護とも呼ばれる。戦前のわが国では，介護は家族機能のなかで担うことが当然とされていた。つまり「イエ」制度の下，大家族で生活しており，家族機能によって介護を解決するのが普通だった。しかし，戦後，家族形態は変化し，かつてのような三世代世帯や拡大家族で生活する家族は減少し，核家族化していった。一方，高齢者の一人暮らしや夫婦のみ世帯の増加や親世代も子世代も高齢者の年齢になっている老老介護も増える高齢社会となった。また，これまで家族介護を担っていた女性の社会進出の活発化や介護期間の長期化などの変化も，家族介護を困難にさせていった。このような要因により，老親に対する介護の意識も変わっていった。従来のような家族介護だけでは困難になり，社会的な介護の必要性が高まり，1980年代以降，高齢者に関する福祉サービスが増えていくなかで，介護の社会化が進んでいった。したがって介護が家族の機能と，社会の機能を区別することが重要になってきた。そして，この介護の社会化を図るべくわが国では2000年4月に介護保険制度がスタートした。　→介護　　　　　　　　　　　　　　（宮崎牧子）

家族危機〔family crisis〕　制度としての家族の存続が危ぶまれる事態を指す語としても使用されるが，家族研究においてはむしろ，小社会システムとしての家族集団が，それまで保持してきた活動のパターンを維持できないような状態に立ち至った場合を指して，家族危機と呼ぶ。その発生メカニズムを，要因連関として定式化したABC-Xモデルと，危機発生後の家族組織の解体と再組織化の過程をとらえたジェットコースター・モデルは，ヒル（Hill, R.）の名とともに，よく知られている。　→ヒル，家族ストレス論　　　　　　　　　　　　（石原邦雄）

家族機能〔family function〕　家族がその構成メンバーの欲求充足に対し，あるいは家族を取り巻く地域社会や全体社会に対して果たす貢献をいう。マードック（Murdock, G. P.）による性，生殖，経済，教育の四機能説，オグバーン（Ogburn, W. F.）による家族機能の範囲縮小と愛情機能への収斂という議論，パーソンズ（Parsons, T.）により挙げられた，子どもの社会化と成人のパーソナリティの安定化の二つの機能などが広く知られている。しかし，家族が果たす機能は，社会構造や文化の変容とともに変わりうるものであり，いくつかの機能を列挙するだけでは包括的な理解には到達できないというのが，今日における主流の見解である。　→家族，核家族，直系家族，拡大家族（藤崎宏子）

家族教育〔family education〕　家族教育は家族員の身体・心理・社会的諸問題に対する正しい知識と家族員への関わり方の相談や教育的対応全般を指す。最初は必要に応じて自然発生的に始まった。近隣の人，友人，親戚，学校の先生，医師たち，同じ問題を抱えた仲間たちによって，個別的に，あるいは集団の話し合いで，地域での社会教育的取り組みで家族教育を行った。アラノン（アルコール依存症患者の配偶者の会），全日本手をつなぐ育成会（知的障害者の

親の会)、そして統合失調症(精神分裂病)患者の家族会などは家族自身による家族教育であり、統合失調症患者の家族に対する心理教育は専門家による家族教育である。公的、私的相談機関は独自の家族教育的プログラムをもっている。社会福祉従事者が家族教育を行うときは、その機関の機能に基づき、家族に対する社会福祉的視点を大切にして行うべきである。他のヒューマンサービスの専門家たちとのコーワーク(co-work)、ボランティア、一般人、家族との連携、地域サポートネットワークづくりまでの視野をもつ家族教育が必要である。　→家族心理教育プログラム　　　　　　　　(金田迪代)

家族教室　⇨家族心理教育プログラム

家族支援〔family services〕　社会福祉援助のなかで家族支援はリッチモンド(Richmond, M. E.)以来大きな位置を占めている。現代は家族多様化の時代で、高齢者介護の問題など家族のみでは対応できない。家族の抱えている問題を理解し、家族の解決の目標を確認し、家族と共に問題解決の過程を歩むことである。家族支援のアセスメントは、問題をめぐって家族員の意見や家族員のニーズの把握、家族内相互関係、家族員と環境との相互関係、家族を取り巻く社会資源のエコマップなどにより、家族の置かれている状況を具体的に見ることである。家族周期や家族のジェノグラム、家族内コミュニケーションや家族ルール、家族の権力構造、家族システムなどの理解により家族機能を見る必要がある。　　　　　　　　　　　　　　(金田迪代)

家族システム〔family system〕　家族システムは、制度としての家族を指す場合と、個々の具体的な家族を指す場合がある。前者は教育や職業など他の社会システムと家族システムの関連性で取り上げられ、後者は家族療法などで家族システムの変化が論じられる場合に当たる。家族システムを構成する諸要素はそれぞれの機能、働きを分担しつつ相互に依存関係にあり、一つのまとまりを構成している。その上で家族システムは外部の世界と資源、情報、エネルギーなどを相互交換しつつ適応存続していく。家族システムの概念は家族をより動的に理解し、また家族外と家族内との関連を視野に入れて理解する上で有効な概念である。例えば夫婦関係など個々のシステム要素における変化は、親子関係など他の要素に連鎖的に影響を与え、この影響の連鎖的反応がシステム全体に行き渡り循環すると家族システム全体の変化を生むことになる。この変化が親族や地域、職域などの外部システムと齟齬をきたさない限り、適応的で形態生成的(negentropic)な変化と見なされる。システムズ・アプローチによる家族療法などでいわれる家族変化とはこうした家族システムの変化を指す。　→家族療法, 家族歴 (清水新二)

家族周期〔family life cycle〕　集団としての家族が、規範的な家族の制度類型のプログラムに基づいて、生命体と類似の周期的な変化過程をたどるとするとらえ方。夫婦制家族の場合でいえば、結婚によって新しい家族が成立し、一方の配偶者の死亡により消滅するまでの間に、成員の増加や減少、および成員の加齢による社会的役割の変化によって、集団としてのシステムの構造が一定の時間的な秩序をもって変化していく様をとらえることができる。これを、生活構造の変化と持続の相、すなわちライフステージ(周期段階)としてとらえるのである。しかし、例えば離婚・再婚の増加などにより、斉一的なライフサイクルとしてはとらえきれないという限界性も指摘される。　→ライフコース, ライフサイクル, 生活構造 (石原邦雄)

家族出産育児一時金　健康保険において、被扶養者が分娩したときに支給される一時金のこと(その金額は政令で定められる。2003年現在、1児につき、30万円)。1994年の健康保険法改正以前は、配偶者分娩費と配偶者育児手当金とが支給されていたが、改正によって出産と育児との包括的給付として創設された。また、従前には被保険者の分娩費は報酬比例制であったが、出産育児一時金は、被保険者、被扶養者とも同一の定額制となった。2003年改正で、支給対象を妻以外の被扶養者に拡げたので、配偶者出産育児一時金から名称変更した。　→出産育児一時金　　　　　　　　　(松渓憲雄)

家族心理教育プログラム〔family psychoeducation program〕 統合失調症（精神分裂病）の発病・再発は，患者のもつ精神生物学的脆弱性とストレスフルな環境要因との関連で起きるという考えに基づいた治療プログラムである。アンダーソン（Anderson, C. M.）による統合失調症家族の心理教育の基本的な考え方は，①統合失調症は生物学的疾患であり家族関係が病因とは考えない，②不適切な対応をする家族の下で生活する患者は再発しやすい，③再発予防を目的に統合失調症の知識，対応の仕方の心理教育を行う，としている。アンダーソンの心理教育の内容は，①統合失調症について（歴史，疫学，個人的体験…），②治療について（抗精神病薬の作用機序，副作用，心理社会的治療方法），③家族と統合失調症（患者側のニーズ，この疾患への家族の反応，患者や家族が直面する共通の問題，家族のできる援助（期待の修正，過剰な刺激を避ける方法，コミュニケーションは簡潔に，服薬体制を支える，家族の日常生活の平常化，専門家の援助を求める））などである。歴史的に統合失調症患者の家庭環境に関心が寄せられ，フロム-ライヒマン（Fromm-Reichmann, F.）は「分裂病を生み出す母親」（1948）という言葉をつくりだし，患者の母親を傷つけることになった。アンダーソンは初期の家族研究者の臨床研究を検討し，問題のある家族相互作用は統合失調症を引き起こさないにしても何らかの関連があると結論を出している。1950年代にイギリスの研究者たちは，親密な絆によって結ばれた家庭には統合失調症再発の特定なストレスを発見した。ヴォーン（Vaughn, C. E.）とレフ（Leff, J. P.）（1976）らの感情表出（expressed emotion : EE）の研究である。EEが高い得点を示す家族（批判と敵意と過度の情緒的巻き込み）は再発率が高い。EEが低い家族では再発率が低いことを実証している。日本では1997年，実践家と研究者の「心理教育・家族教室ネットワーク」の全国組織が発足している。　→家族教育，心理教育，感情表出　　　　　（金田迪代）

家族ストレス論〔family stress theory〕ストレッサーと呼ばれる，システムの内外の環境からの刺激や圧迫を受けて，家族の安定した機能遂行状態が困難に立ち至り（家族危機），またその状態から何らかの安定状態に回復する過程と，そこに作用する諸要因の連関をとらえる理論的枠組みを，家族ストレス論と呼ぶ。A（ストレッサーとなる出来事）は，B（家族のもつ危機対応資源）およびC（家族がそのストレッサーに対してもつ意味づけ）と相互作用した結果，X（家族危機）が生じる，とするヒル（Hill, R.）のABC-Xモデルが一つの原点といえよう。その後，マッカバン（McCubbin, H. I.）らの二重ABC-Xモデルの開発等により家族社会学の有力な理論および研究領域の一つとなった。
→家族危機，ヒル　　　　　　　　（石原邦雄）

家族造形法〔family sculpting〕アッカーマン家族療法研究所のパップ（Papp, P.）らによって開発され，デュール（Duhl, B.）らにより拡大された技法。家族が交替で彫刻家となり，各々が家族に対して抱いている心理的・情緒的関係を特徴的な位置や姿勢でもって順々に彫像として配置する（不在の人はいすや物で代替する）。彫刻家のイメージする家族関係や感情的コミュニケーションが身体を使って視覚的に表現される。それは各々がつくった家族の肖像画である。この方法は非言語的な特徴をもつので，言語表現が困難な人，または言葉だけが行き交う家族には有効であり，言語化しにくいニュアンスの表現も容易にする。治療者にとっては，治療への抵抗を軽くし，多くの情報が得られ，多様な介入が創造できる。この技法は家族単位だけでなく個人でも可能である。治療者のための訓練にも，特に出生家族の造形は有効である。
（藤井和子）

家族問題調整　家族関係の把握と社会生活上の問題についての家族間の心理・情緒的問題や葛藤の相談・調整である。家族員が疾病に罹患したことで，家族間に不安や緊張が生まれ，複雑な感情を抱くことや，長期入院により家族状況が変化して患者の居場所が家族の生活する場に確保できないという問題が起きることがある。どのような場合でも精神障害者本人の立場に立って家族関係を調整することが大切である。また，家族も疾病・障害のために過重の負

担を負い，疲れていることを理解する必要がある。1993年の精神保健法改正，1999年の精神保健福祉法の一部改正によって家族の法的義務が軽減してもなお負担は大きい。　→少子高齢社会
（小久保裕美）

家族療法〔family therapy〕　統合失調症（精神分裂病）患者の家族研究から家族治療へといった流れのなかでさまざまな治療的接近法が輩出した。家族療法は従来の個人の病理に焦点をあてるのではなく，家族をシステムとしてとらえ，個人の病理は家族というシステムと切り離しては論じられないという認識論が基底になっている。すなわち，個人の病理は家族のコミュニケーション・システムの機能不全の反映として現れているととらえる。症状を有する人，問題を起こしている人をクライエントといわずにIP (identified patient)，すなわち「問題とみなされた人」と表現するのもこうした考えによる。構造派家族療法(structural family therapy)はアメリカのフィラデルフィア・チャイルドガイダンス・クリニックでミニューチン (Minuchin, S.) らを中心とした臨床研究を基盤に生みだされた家族療法の一派であり，家族の再構造化を図る技法である。ミニューチンは，「境界 (boundary)」「連合 (alignment)」「権力 (power)」を説明概念とし，複雑な家族関係をつくっている構造を，これらの概念で調整しようとした。戦略派家族療法 (strategic family therapy) はエリクソン (Erickson, M.)，ジャクソン (Jackson, D. D.) から影響を受け，ヘイリー (Haley, J.) らによって構築された。従来の個人療法が洞察を中心にして精神内界に焦点をあてていたのに対し，戦略派家族療法では問題とされている症状除去を目的とした。家族の誰かが症状を発現することによって家族全体の安定操作をしているのであり，症状を持続させているのは，家族の解決努力のコミュニケーション様式，行動の病理であるとの考えから，家族内の循環的なコミュニケーション・パターンに変化をもたらすことに焦点をあてる。技法としては，「症状の肯定的意味づけ」「リフレーミング」「逆説的な介入(paradoxical approach)」

を中心とした戦略を練って積極的な治療的介入を行う。MRI (Mental Research Institute：精神保健研究センター) の短期療法 (breif therapy) やミラノ派のシステミック療法 (systems approach) に代表される。
（藤井和子）

家族歴　家族の時間的変化の過程を指し，家族構成の変化の特徴を確かめることによって，クライエントの病因・病状等の診断および性格傾向や問題把握の手がかりとすること。また，クライエントと一緒に生活してきた家族の軌跡と家族環境について情報を収集，資料を分析検討し，援助のために活用する。必要に応じて，ファミリーツリーやジェノグラムを作成し，家族構成員の年齢や職業，性格，経済状況の変遷と現状等を知ることは，家族のなかでクライエントがどのような位置に置かれているか等，家族間の対人関係や家族システムが，クライエントに及ぼす影響を理解する上で大切になる。家族関係の特徴は，情緒的な要素も大きな影響力をもつため，クライエントの育った環境を知ることで発達上の問題点を把握でき，その家族歴から，本人の行動や認知の傾向や意味を理解することができる。　→家族システム　（東裕紀）

課題中心ケースワーク〔task-centered casework〕　ソーシャルワーカーが意図的な関わりの過程のなかでクライエントの問題をクライエント自身が解決しなければならない課題として設定し，その課題解決について，契約に基づき，クライエントとソーシャルワーカーが協力して問題解決しやすい方法を検討し，計画を立てて実行していく援助方法。診断主義などの伝統的なケースワークにみられる長期処遇と短期処遇の効果に関する実証的な調査研究により，1970年代初めにリード (Reid, W. J.)，エプスタイン (Epstein, L.) らによって提唱されたソーシャルワークの実践モデルの一つ。課題中心ケースワークは個人だけでなく，家族，集団に対しても適用され発展してきた。課題中心ケースワークの特徴として，課題解決の実行手順が明確に示されており，クライエントによって認められている問題の解決に焦点が置かれている。具体的な進め方としては，クライエントの動機づけ

や意志を尊重し、クライエント自身が標的とする問題を確認する。その際、クライエントによって限定されている問題、複数の課題が設定される場合は優先順位などを明らかにする。その上でソーシャルワーカーや関係機関との契約に基づき、その課題に取り組む活動について検討する。この過程においてクライエントと共に課題の達成度を評価し、目標や課題の修正を行う。このような一連の過程は基準として6回から12回で終結するように計画され、限られた時間のなかで計画的・意図的に問題解決を目指す。　→エプスタイン　　　　　　　　　（東裕紀）

片山潜〔かたやません：1859-1933〕明治・大正期の社会運動家であり、1897年東京の神田三崎町にセツルメントである「キングスレー館」を開設した（キングスレー館の名は、イギリスの宗教家・文学者でキリスト教社会主義者であるキングスレー（Kingsley, C.）から採った）。岡山県にて出生し、渡米しエール大学を卒業した後、キリスト教社会主義者として活躍した。関心の中心は労働問題にあり、高野房太郎と労働組合期生会を創立、幸徳秋水らと社会主義研究会をつくった。また、国際共産主義運動にも関わりをもち、第三インターナショナル執行委員としても指導的役割を果たした。ロシアのモスクワで客死している。　→セツルメント
（西澤利朗）

カタルシス〔catharsis〕抑圧された外傷体験、欲求、感情などをなんらかの方法で発散することにより、精神的健康を得る方法。あるいは、そのような方法による効果を指してカタルシス効果ということもある。かつて、ブロイアー（Breuer, J.）がヒステリー治療に用いた催眠浄化法（hypnocatharsis）は、彼と共同研究を行ったフロイト（Freud, S.）が、すべての神経症の原因として感情の抑圧を考えるにいたり、浄化法（cathartical-method）として精神分析に位置づいた。しかし今日では、さまざまな精神分析の技法だけでなく、自立訓練法や一般の面接でもその効果が認められることがあると考えられており、特に芸術療法、集団精神療法などのグループ体験、心理劇、さらには映画鑑賞や観劇、スポーツ体験などの効果の一つとして報告されることが多い。　→精神療法（川野健治）

学校教育法〔昭和22年法律第26号〕日本国憲法・教育基本法の理念に基づいて、1947年3月に公布、同年4月に施行された学校教育制度の基本を定めた法律である。学校とは、小学校、中学校、高等学校、中等教育学校、大学、高等専門学校、盲学校、聾学校、養護学校および幼稚園と定められている（第1条）。第1章総則では各学校に共通な規定（学校の定義・設置者・設置基準・設置者の管理義務と経費負担・授業料徴収・教員組織・懲戒など）が定められ、第2章以下第8章で各学校の目的と教育目標、学部・学科・課程などの組織、教育課程・教材のあり方、就学・入学・卒業・退学などの要件、教職員の種類と職務、学校設置義務などを規定している。2001年の法改正では、小学校の体験的な学習としてボランティア体験などが加わり、福祉教育の必要性が高まっている。　→教育基本法　　　　　　　　　（小久保裕美）

学校精神保健〔school mental health〕幼稚園から大学まで学校という教育の場に所属しているすべての人々の心の健康を保持、増進する活動をいう。対象には、児童生徒と学校職員が含まれる。子どもが精神的に健康であると見なされるのは、単に心の病気がないとか、環境に適応しているというだけにとどまらない。加えて、一人ひとりが本来の発達を、その意志と決断に基づいて実現していることである。子どもが有意義な学校生活を送るための基本条件といえる。学校精神保健には、情動と知性をはぐくむ心の教育、心の異常の予防と早期発見、早期対応などが含まれる。生徒指導や教育相談、福祉相談援助、スクールカウンセリングなどもこれらの活動として位置づけられよう。学校精神保健活動は、教師だけでなく、精神保健福祉士、臨床心理士、児童精神科医などの専門家の参加を必要とする。　→学校保健　　　（上林靖子）

学校不適応〔school maladaptation〕学習・仲間との活動など学校生活のなかで、児童・生徒がそれぞれのもっている能力を発揮せず、機能していない状態を指す。校内暴力、不登校、

いじめ，非行，その他の問題行動，あるいは無気力，抑うつ，不安など情緒の障害として現れることで気づかれる。学校不適応の背景は，個人の要因，家族の要因，学校環境の要因がさまざまに関与し合っている。なかでも，学校という場で起こっている問題という点で，学校生活の要因を検討することが求められる。個人の要因や家族の要因があるときには，それに対する対応が必要なことはいうまでもない。しかし学校生活のなかでの問題という意味では，不利な条件をもっている子どもが，そのために学校生活での支障とならないように援助するという視点が求められる。　　　　　　　（上林靖子）

学校保健　国民の健康の保持増進を図るため，国や地方公共団体が学校生活を対象として行う公の活動であって，学校における保健教育および保健管理をいう。保健教育は，学校教育法に基づいた教育活動であって，保健学習と保健指導に大別される。保健学習は，生涯を通じて自らの健康を管理し，改善していくような資質や能力（実践力）を培うことを目的に，学習指導要領に基づいて指導される。保健指導は，健康に関する日常の具体的問題に即して実践的能力や態度の育成を目指して行うもので，特別活動（ホームルーム活動，健康安全・体育的行事），教育課程外の活動（学校医，養護教諭等による保健室における個別の保健指導）がある。保健管理は，学校保健法に基づき，児童，生徒，学生および幼児ならびに職員の健康の保持増進を図り，もって学校教育の円滑な実施と成果の確保に資することを目的としたもので，学校環境衛生，健康診断，健康相談および伝染病予防をいう。教育はあらゆる社会システムの基盤であって，少子・高齢化，国際化，情報化を背景に，その改革は今や先進主要国における共通の最重要課題となっている。わが国においても，少子化や核家族化，都市化の進展とともに，家庭や地域社会の「教育力」が著しく低下し，このことがいじめや不登校，非行問題の深刻化，薬物乱用等の背景にあると指摘されている。これからの学校教育においては，思考力や豊かな人間性をはぐくむこと，一人ひとりの個性や能力に応じた教育を行うことが重視されているが，学校保健においても，健康教育の充実，なかでも「心の健康問題」への対応が求められている。　　　　　　　　　　（竹島正）

合算対象期間　老齢基礎年金の受給資格期間を判定する場合に，期間としては算入されるが，年金額には反映されない期間をいう。「カラ期間」とも呼ばれる。合算対象期間としては，①1961年4月から1986年3月までの間，被用者年金制度の加入者の配偶者で国民年金に任意加入しなかった期間，②1961年4月以降，海外在住者または学生などで，国民年金に任意加入しなかった期間（学生は1991年3月までの期間）などがある。　　→老齢基礎年金　　（松本由美）

葛藤〔conflict〕　精神内界において，全く逆の方向への力が，ほぼ等しい強さで同時に存在し，そのために行動の決定がきわめて困難なことをいう。それらの力が衝突している場合，葛藤という。レヴィン（Levin, K.）は「心理学的な場の葛藤」として，次の三つの基本的な葛藤場面を挙げている。①接近と接近との葛藤。例えば映画を見たいと同時に落語を聞きに行きたい。②回避と回避との葛藤。例えば仕事はしたくない，けれどそれをしないと罰せられる。③接近と回避との葛藤。例えば，他人の妻を手に入れたいが，社会はこれを許さない。葛藤は欲求不満を起こしやすい。特に回避の含まれる葛藤では，その度合いが強く，危機がはらむ。葛藤がひどくなると，場面逃避が行われる。これは異常心理学領域の葛藤である。次に精神科の臨床領域では，「精神内部の葛藤」として，特にフロイト（Freud, S.）などの精神力動学において，きわめて重要な概念である。例えば神経症の成因として，また日常生活内の言い違えや夢についても，これによって説明しようとする。ホーナイ（Horney, K.）の概念に，「基本的葛藤」がある。これは，精神内のもがき，神経症的な諸傾向に反対すること，例えば，「自己消去対拡張的な解決」や「自尊自己対軽蔑自己」である。しかし，ジャネ（Janet, P.）の場合は，神経症について，別の考えをもっている。すなわち，心理的な緊張力の低下としており，フロイトの

葛藤説とは異なる。　→神経症，アンビバレンス
(宮崎忠男)

葛藤理論　⇨統合理論／葛藤理論

家庭裁判所　日本国憲法上，司法権を担当する裁判所として「最高裁判所」と「法律の定めるところにより設置する下級裁判所」とがある（第76条第1項）。家庭裁判所は，現行法（裁判所法第2条）が「下級裁判所」として定める裁判所（高等裁判所，地方裁判所，家庭裁判所および簡易裁判所）の一つである。家庭裁判所は，家事審判法で定める家庭事件の審判および調停，少年法で定める少年保護事件の審判などを行う（裁判所法第31条の3第1項）。日本国憲法第76条第2項は「特別裁判所は，これを設置することができない」と定めるが，特別裁判所とは通常裁判所の組織系列に属さない裁判所で単に特別の管轄をもつ裁判所のことではない（最高裁判所判決1956年5月30日）ので，家庭裁判所は特別裁判所ではない。
(池原毅和)

家庭裁判所調査官　家庭裁判所において家事事件や，少年非行事件について行動科学的な立場から調査・診断し，裁判所に対して処遇のための意見を提出する。家事事件について指示された場合，家族ケースワークやカウンセリングを行ったり，少年非行事件について試験観察を行う国家公務員。職位としては，首席調査官から調査官補まで6段階の組織系列に分けられ，職務は少年係と家事係に大別される。
(森久保俊満)

家庭児童相談室　福祉事務所に併設されている地域型の相談機関である。2001年10月現在全国に958か所設置され，相談指導の内容で最も多いものは生活環境や福祉関係と学校生活関係となっている。1964年に制定された家庭児童相談室設置運営要綱に基づいて運営され，家庭における人間関係の健全化や児童養育の適正化などの家庭児童福祉の向上を図ることを目的としている。社会福祉主事（「家庭児童福祉の業務に従事する社会福祉主事」）や家庭相談員（家庭児童福祉に関する相談指導業務に従事する職員），そして必要に応じて事務員が配置される。家庭相談員は，大学で児童福祉や社会福祉，児童学，心理学，教育学，社会学の学科等の課程を修め卒業した者や医師，その他の者が任用される。
(西郷泰之)

家庭内暴力　家庭内暴力は，思春期などの子どもが親へ振るう暴力で，これに加えて近年は，児童虐待や高齢者に対する暴力，あるいは夫から妻に対する暴力が取り上げられることが多くなってきている。子どもの親への暴力は，親に対して殴る，蹴る，物を投げつける，刃物などを突きつけるなどの行為，あるいは親を一室やトイレに監禁したり，許しや謝罪を強要するなどの身体的暴力がある。また，電気器具や家具などを打ち壊す破損行為と，親に対して面と向かって大声で悪口雑言の数々を浴びせるような言葉による暴力がある。このうち言葉による暴力は，親に身体的暴力以上の心理的衝撃を与えるといわれている。これらの暴力は不登校中などに間歇的に現れることもあるが，激しい暴力が数年にもわたって続いていることもある。また暴力を振るう子どもは，幼少期に親から暴力を受けた体験をもっていることも指摘されている。母親が暴力の対象となっている場合には，父親の参入と父母の協調作業が暴力の終結に結びつくことがあり，家族援助の鍵となる視点である。児童虐待は，子どもを殴る，投げ飛ばす，つねる，タバコの火を押しつけるなどの行為で苦痛や外傷を与える身体的虐待，身体への暴力はないものの，言葉の暴力などで子どもの心を傷つける心理的虐待，子どもを拒否・無視したり，食事を与えない，入浴をさせない，病気になっても放っておくなどのネグレクト，親や大人が子どもに性行為を強要するなどの性的虐待がある。いずれも子どもの人格形成に多大な影響を及ぼし，将来のさまざまな精神病理学的リスクとなることが指摘されている。また児童虐待の背景として，アルコール問題，あるいは親が子どものときに受けた虐待体験を自分の子どもに加える「世代間連鎖」の関連性が指摘されている。児童虐待に対しては，児童福祉法に基づく介入に加え，精神科的問題を抱えている親に対する受診援助など，関係機関のネットワークが重要である。高齢者虐待は，高齢の親に対

して子ども夫婦などが身体的虐待，心理的虐待，経済的虐待，ネグレクトなどを加える行為である。心身の衰えが進んでいる高齢者への虐待は，身体的，心理的衝撃が大きいとともに，今日まで歩んできた人としての誇りを傷つけることになる。虐待が著しい場合は施設入所を選択することもあるが，さまざまな問題を抱えた家族全体を援助対象とする視点が必要である。ドメスティック・バイオレンス（domestic violence：DV）は，夫やパートナーが妻や恋人に対して振るう暴力で，対象となった女性への身体的，心理的な被害だけではなく，暴力を日常的に目の当たりにする子どもの心理的発達にいい知れぬ悪影響を与える。ドメスティック・バイオレンス問題の援助は，被害者の安全の確保と複数の専門家の関わりが端緒となることが多い。上記にあげた暴力は，単独に行われるのではなく，身体的暴力には言葉の暴力がおのずと加わるように重層的に暴力が振るわれるのが特徴的である。　　　→児童虐待，高齢者虐待　　　（横森三男）

家庭養護婦派遣事業　1956年から長野県の上田市，諏訪市など13市町村によって始められた事業で，家庭奉仕員派遣事業，ホームヘルプサービス事業の前身となるものである。当時，市町村の委託を受けた市町村社会福祉協議会が実施主体となり，疾病・傷害のため家事を行うことが困難な世帯に，家庭養護婦が時間給で家事援助をしていた。その後この事業は各地の自治体に広がり，1962年には「老人家庭奉仕員派遣事業」という国の制度となった。　→ホームヘルプサービス，訪問介護　　　（中野いずみ）

加藤普佐次郎〔かとうふさじろう：1888-1968〕日本最初の作業療法博士として知られている。呉秀三の指導のもと，作業を用いた開放的治療に参加し，現・都立松沢病院において本格的作業療法に発展させた精神科医。1949年には，ビアーズ（Beers, C. W.）の『A Mind That Found Itself（わが魂にあうまで）』（1908）を前田則三と翻訳する等，精神病者の人格を大切にする治療の重要性を医療従事者に伝えるとともに，実践において積極的に作業療法にも参加し，患者に尊厳をもって接することの治療的意味を示した。　　　（池田良一）

過渡的雇用〔transitional employment：TE〕アメリカで主にクラブハウスモデルのもつ機能の一部として発達した一般雇用へのステップとなるサービス。利用者はサポートを受けながら6〜9か月間，1日数時間から施設が契約した一般の事業所で働き，最低賃金以上の賃金を受け取る。就労支援者は自らその仕事内容を熟知し，利用者が一人で仕事ができるまで付き添う。メリットとして一般就労への不安が軽減，職業生活に必要な行動の習得や自分の適性に合った職業選択の検討が挙げられる。　→一般雇用　　　（廣江仁）

カナー〔Kanner, Leo：1894-1981〕アメリカにおける児童精神医学の建設者の一人。ジョンズ・ホプキンス大学で児童精神医学臨床をはじめ，精神医学の新しい分野を開拓した。1948年に『Child Psychiatry（児童精神医学）』を著している。1943年に小児科学雑誌に「early infantile autism（早期幼若自閉症）」を発表し，注目を集めた。今日の小児自閉症の最初の症例報告である。　→自閉症　　　（高橋徹）

加入可能年数　国民年金では，20歳から60歳に達するまでの40年間の加入期間について，すべて保険料を納付した場合に満額の老齢基礎年金が支給される。しかし，国民年金制度が発足した1961年当時20歳以上の人（1941年4月1日以前生まれの人）は，40年間加入することができないため，60歳に達するまでの期間についてすべて保険料を納付した場合に満額の老齢基礎年金が支給される。この60歳に達するまでの期間を加入可能年数という。　→老齢基礎年金　　　（松本由美）

カハール〔Cajal, Santiago Ramony：1852-1934〕スペインの組織学者。神経系の構造に関する研究により1906年にノーベル医学・生理学賞を受けた。シナプスによる刺激伝導説の提唱者。カハール神経鍍銀法といわれる神経細胞の染色法を開発したことでも名高い。　　　（丸山晋）

寡婦　母子及び寡婦福祉法において定義される。母子家庭（ひとり親家庭）の母であって，後に民法上の扶養する児童（20歳未満）が死亡

もしくは成人した場合等の者が該当することになる。「母子家庭の母に準じて健康で文化的な生活が保障されるもの」（同法第2条第2項）とする基本理念に基づき、「寡婦福祉資金の貸付」等の寡婦に対する福祉の措置が講じられ、所得税・個人住民税に対する税制上の控除措置がある。また、自立促進や雇用促進のためのさまざまな講習会や事業が行われている。　→ひとり親家庭
（植木信一）

家父長制〔patriarchy〕　家族生活をはじめ社会生活の諸側面において女性に対して男性が優位を占める家父長制は、伝統的社会にも近代以降の社会にも、また、経済体制・政治体制の異なる社会においても共通して存在する。フェミニストの観点からは、家父長制は男性による女性の抑圧の規準とされる。家父長制の下では、女性は補助的労働に従事し意思決定過程への参画を拒まれるが、男性の年少者も意思決定過程への十分な参画はできない。家父長制の下では男性のなかでは年少者に対して年長者が優位を占めるからである。なお、経済史学等では異なる定義もあり、例えば、ウェーバー（Weber, M.）は、家父長による支配とそれに対する家族員の服従の基底には、家父長の人格に神聖性を付与する観念があるとしている。
（熊谷苑子）

寡婦年金　寡婦年金は、国民年金の給付の一つで、第1号被保険者としての保険料納付済期間と保険料免除期間とを合算した期間が25年以上ある夫が年金を受けずに死亡した場合に、その妻に対して60歳から65歳に達するまで支給される有期年金である。支給対象となる妻は、夫の死亡当時、夫によって生計を維持され、かつ、夫との婚姻関係が10年以上継続していた者に限られる。年金額は、夫が受けるはずであった老齢基礎年金額の3／4となっている。
（百瀬優）

カプラン〔Caplan, Gerald〕　イギリス生まれ、イスラエルに在住。ハーバード大学精神医学名誉教授。ヘブライ大学児童精神医学名誉教授。1945年以来、コミュニティメンタルヘルス理論と技術の開発に取り組み、精神保健福祉領域にコミュニティメンタルヘルスの概念を樹立させた。日本においても1970年代の精神衛生活動に大きな影響を与えた（『Principles of Preventive Psychiatry（予防精神医学）』(1964)等）。カプランのメンタルヘルス理論の特徴は、危機理論を背景にした危機介入であり、コンサルテーションを技術の柱に据えた実践である。これに対してフリーマン（Freeman, H. L.）はニーズの確定しないコンサルテーション活動の推進を批判した（『Community Psychiatry』(1991)）。　→危機理論、コンサルテーション
（岡田清）

過密　⇨過疎／過密

空の巣症候群〔empty nest syndrome〕　子育てが終わった中年期の主婦が、家庭が空になった空虚感や不安感を感じてうつ状態を示すこと。また、そのような家庭・家族の状態のみを示すために「空の巣」という表現のみが使われることもある。今日のわが国のライフサイクルでは、女性の更年期の内分泌的変化と時期的に重なるため、状態像は相互に影響し合ったものである。また、親役割喪失への不適応ととらえれば、母親のみならず父親にもこの症候群は該当する。
（川野健治）

ガリオア・エロア資金　ガリオア資金（占領地域救済政府基金：GARIOA：Government and Relief in Occupied Areas）は、第二次世界大戦後のアメリカ政府による占領地域の住民救済を主たる目的とした資金である。また、エロア資金（占領地経済復興資金：EROA：Economic Rehabilitation in Occupied Areas）は、占領地域の産業復興を主たる目的とした資金である。1946～1951年の6年間で、日本がこれにより受けた援助総額は、約18億ドル（現在の価値に換算すれば、12兆円程度）という膨大なもので、戦後の復興に大きな力となった。
（船水浩行）

仮退院　措置入院者を一時退院させ、自傷他害のおそれのある精神症状が起こり得るかどうかを観察するために、精神衛生法（1950年）に設けられた制度。精神保健福祉法第40条に規定されている。精神保健指定医の診察の結果、措置症状がなくなったかどうかの診断が困難な場

合に，病院管理者は都道府県知事の許可を得て，6か月を限度に仮退院させることができる。なお同法には，保護者には仮退院者引取義務等があると規定されている。仮退院中は措置継続中である。　　　　　　　　　　　（川口真知子）

仮入院　診察の結果，精神障害の疑いがあり，診断に相当期間を要すると認められるとき，扶養義務者の同意がある場合に，本人の同意がなくても一定期間を限度に入院させることができる制度。精神衛生法（1950年）では期限3週間と規定されたが，1988年改正で精神保健指定医の診察が要件に加わり，1993年改正で期限1週間に短縮され，1999年改正で仮入院制度は廃止された。主な廃止理由は，精神科診断技術の進歩，人権侵害のおそれが強いこと，実施数がわずかであったことである。　（川口真知子）

カルジアゾールけいれん療法〔cardiazol convulsion treatment〕　精神病に対する治療手段として用いられたショック療法の一つ。治療的積極主義の風潮の下，統合失調症（精神分裂病）とてんかんの合併頻度が少ないという観察にヒントを得，人為的にてんかん発作を誘発すれば統合失調症症状が抑制されるのではないかと発想したハンガリーのメヅーナ（Meduna, L. J.）により1935年に創始された。全身けいれんを生じさせるために，10％カルジアゾール（一般名メトラゾール）の急速静注が用いられたので，この名がある。一般に10～20回を1クールとして，隔日～週2回行われた。直後の1938年に同様の効果をもつとされる電気けいれん療法が登場し，取って代わられた。今日カルジアゾールを用いたけいれん療法は行われていない。　→電気けいれん療法　　　　　　　　（白石弘巳）

カルシウム〔calcium〕　生体内にはさまざまな無機質が存在する。このうち硬組織を構成する成分として，カルシウム，リン，マグネシウムがある。このうちカルシウムは人体の1.5～2.2％を占め，そのほとんどが骨および歯に存在する。カルシウムの役割は，骨など硬組織の生成のほか，血液の凝固や神経および筋肉の興奮，酵素の活性に必須である。カルシウムの体内への吸収は小腸で行われるが，吸収には活性化されたビタミンDが必要である。吸収されたカルシウムは骨に蓄えられ，上皮小体より分泌されるパラトルモンによって骨からの遊離が促進される。一方，甲状腺から分泌されるカルシトニンは遊離を抑制する。　（岩間久行）

カルチャーショック〔culture shock〕　異なった文化に出会ったときに味わう体験の一つ。阻隔感・不安・抑うつなどがみられ喪失体験に近いものがある。大学入学・転職などに際して体験する場合から移民などに際して体験する場合までさまざまなレベルがある。カルチャーショックの程度は個人の人格構造や自我の強さに依存し，あらかじめ事態を予測している場合は程度が軽くてすむ。症状発生のメカニズムを知るとともに新たな文化についての知識を得ていくことで，カルチャーショックからの脱出が促進される。　→喪失体験　　　　　　（井上新平）

カルテ開示　診療録の開示のことである。個人の情報に関して，その情報を管理する病院や診療所は利用者である患者の診療情報について，プライバシーの保護に努めなくてはいけない。一方で，診療録は個人の診療情報として，開示の請求があった場合には開示する義務がある。1997年に厚生省は「カルテ等診療情報の活用に関する検討会」を発足させ，医療従事者と患者が共同して疾病を克服するという，より積極的な医療の推進を目指し，診療の場における診療情報・診療記録の患者への提供のあり方を検討し，翌年にカルテ開示の法制化の提言を含んだ報告書を提出した。しかし，治療に悪影響がある場合には，医療関係者の判断で開示を拒んでもよいとしている。すでに，東京都立病院や宮城県立病院や国立大学付属病院等でカルテ開示の取り組みが始まり，2001年より国立病院や国立療養所で「カルテの開示」が始まった。これらの背景には，「医療情報の提供と開示」「患者の権利擁護」の考えを中心にして，自己決定権の尊重と同時に，医療におけるインフォームドコンセントが重要視されてきたことがある。カルテ開示の問題は，医療情報の提供が重視されるだけでなく，インフォームドコンセントが確実に実施されることや，診療記録のあり方，

カルテ管理のあり方、提供する医療サービスの内容などの点検を含めて、「医療の質」が問われるという課題を提起している。日本医師会や日本看護協会などにおいてカルテの開示に関する基本的な考え方が示され、精神科領域においても日本精神科病院協会や日本精神神経学会で検討が始まっている。国立病院などの診療情報の提供は、患者本人や親族、法定代理人等が施設長に開示の申請をし、施設長が開示の可否などについて診療録等開示委員会に諮問し、委員会が開示の可否、内容、範囲、方法について答申をして、施設長が14日以内に回答書を通知して具体的な開示となる。このことは、診療に対する患者の積極的な参加の促進や医療従事者との信頼関係を確保し、良質な医療を提供することを目的としている。また、治療への悪影響、本人や第三者の権利利益を損なうおそれのあるときや、本人以外から開示請求があって本人が希望しない場合、開示が適当でないと認める理由があるときには開示しないとし、その他特例や手数料について規定されている。一部の医療機関では、診療情報管理士が診療記録の保管収集と管理を行っており、インフォームドコンセント、診療内容の実績評価、患者への診療情報提供等に重要な役割を果たしている。今後、カルテ開示の問題に関連して、精神保健福祉分野における精神保健福祉士の相談活動等も、個人の情報を扱う立場から、相談記録やデイケアの記録、社会復帰施設等の記録の開示について明確な指針をもたなくてはいけない。相談の記録や管理の方法の確立だけでなく、「情報の共有化」を考えて、当事者とともに当事者の参加する問題解決に向けた情報の提供と開示の方法を考える必要がある。　　　　→情報の共有化　　（荒田寛）

カルト〔cult〕　相対的に小規模であり、独自の教義とカリスマ的指導者をもつ宗教集団。アメリカの人民寺院などが著名な例であるが、日本ではオウム真理教による一連の事件を契機にその言葉が広く普及した。伝統的な既成教団と異なり、指導者に帰依する比較的少数の成員によって構成され、終末思想や選民思想を含む教義を有し、外部社会の価値を批判する傾向にあるため、信者の獲得や脱会の阻止などをめぐって社会との対立を招くことが多い。成員の帰依を獲得するために、さまざまな方法による思想、精神の統制を行う場合がある。派生的に、「カルト・ムービー」などのように、趣味などの対象が熱狂的な支持者の関心を向けられている状態を指して用いられることがある。　　（田渕六郎）

カルフ〔Kalff, Dora Maria : 1904-1990〕　スイスに生まれる。ロンドンのウエストフィールド・カレッジで哲学を学ぶが、ピアノの勉強に専念するために中退。心理療法家。箱庭療法は、1929年にローエンフェルト（Lowenfeld, M.）によって子どもの心理療法の手段として考察されたが、その後ユング（Jung, C. G.）のアドバイスを得たカルフがこの技法をユング心理学と結びつけ、確立した。彼女は、母子一体性と自由で保護された空間を重視した。1982年には国際箱庭療法学会を設立し、初代会長を務めた。
→箱庭療法　　　　　　　　　　　　（中藤淳）

過労死　発症から1週間以内に亡くなる突然死のなかでも、長時間労働による疲労の蓄積や強度なストレスなどが原因で死に至るものを過労死という。1980年代より過重労働を土台としたストレスによる過労死と過労自殺が急増している。過労死・過労自殺という労働災害の予防には、労働時間の規制と適切な労務管理が必要であり、精神保健福祉を重視した職場環境の整備などが課題である。　→労働災害　（石川到覚）

川崎市社会復帰医療センター　わが国初の精神障害者のリハビリテーション推進機関として1971年に川崎市に開設された精神障害者を対象とする社会復帰総合施設。当時、精神障害者の社会復帰施設に関しては、中間施設論争（終末施設かリハビリテーション施設か）が活発であったが、人口100万都市である川崎市での精神障害者の社会復帰施設と地域医療を担う総合的施設として開設（初代所長・岡上和雄）された。施設は病棟およびデイケア、ホステル等6部門で構成され、職員数100を超えるスタッフ（精神科医およびコメディカル）が投入され、精神障害者のリハビリテーションが試みられた。その後、わが国では東京都、岡山県等に類

似の施設が建設されたが，こうした巨大施設は，熊本県の社会適応訓練施設の建設を一つの区切りとして開設の動きは滞った。また精神保健法体制下で精神障害者社会復帰施設を法定化するに際し，施設原型を形づくる先駆的役割を担ったといえる。現在は名称も変更され，川崎市リハビリテーション医療センターとなり，2002年から精神保健福祉センターを設置し，地域生活支援，デイケア，就労支援を中心とした施設に再編整備している。　→精神障害回復者社会復帰施設
(西澤利朗)

がん　生体の生理的機序を逸脱して組織が増殖を繰り返し，周囲の組織を浸潤および破壊し，さらには血液やリンパなどを介して遠隔の臓器に転移し，やがては生体の生命をも脅かす組織をがん（悪性腫瘍，悪性新生物）と呼ぶ。がんの発生は生活習慣に深く関連していることが多く，食生活やたばこなどの嗜好品との関連が指摘されている。わが国では近年，がんによる死亡率が最も高く，がんの種類では男性で肺がんが，女性では胃がんが最も多い。胃がんは日本人に多くみられるがんであるが，これは米を主食とする食生活に関係が深いとされる。しかし，食生活の欧米化とともに近年発生率の増加しているがんに大腸がんが挙げられる。　→三大死因
(岩間久行)

肝炎　現在，ウイルス感染による肝炎はA型，B型，C型，D型，E型の5種類のウイルスが同定されている。このうち経口感染するものはAおよびE型肝炎ウイルスであり，その他のものは血液を媒介としている。D型肝炎ウイルスは特異な増殖のあり方から，B型の抗原陽性者にのみ感染し，進行が早く比較的重篤な経過をとる。C型はB型と同様に輸血後肝炎として問題視された肝炎である。B型に比し臨床症状は比較的軽いが，遷延・慢性化しやすく，肝がんへの移行も高いことが知られている。治療にはインターフェロンがよく用いられる。
(岩間久行)

寛解〔remission〕　精神疾患は，病状を経過のなかでみていく必要があり症状が消失しても治癒とは断定できず，精神医学では，寛解という言葉を使う。これは病勢が停止していると判断できるという意味である。治癒といわないのは，精神疾患は，多種多様な経過をとるものが多く，症状が消失したと思えても長期的な視点からみると実際には何度も症状の出現をみるものがしばしばあり，再発の可能性が否定できないからである。またしばしば精神疾患においては，全くの寛解状態であると断定しにくいものも多く，完全寛解と不完全寛解といった表現をとることがある。前者は症状が完全にとれた場合をいい，後者は症状は残っているが，社会適応している状態をいう。
(永井俊哉)

感化救済事業　慈善事業，感化救済事業，社会事業，社会福祉へと発展した社会福祉の発達段階における一段階である。日本では，1908年，内務省が感化救済事業講習会を開催し，この講習会をきっかけとして，1920年頃に「社会事業」という呼称に置き換えられるまでの間，感化救済事業の呼称が広く用いられた。感化救済事業の目的は，単なる救済に止まるものではなく，国民一般の感化が課題であった。救済対象者に対する精神的教化・感化を本題とする内務省の政策理念を含んでいた。まだ貧困者は能力的・性格的・道徳的に欠陥がある者とみなしていた傾向は強かったが，その一方でそれまでの慈善事業で慈恵的な発想のみでは対応しきれなくなった社会問題に対して，行政主体による適切な施策を整備する必要があるという認識が少しずつ生まれてきた段階のことをいう。　→慈善事業
(吉田直美)

感化教育　犯罪少年に対し，監獄以外で保護教育（reformatory）することを指す用語である。この分野では明治期の池上雪枝や留岡幸助が有名である。留岡幸助は1897年に著した『不良少年感化事業』のなかで，欧米の感化教育を紹介し，①小学校程度の教育，②労作，③体育，④宗教を重視している。留岡らの活動により，1900年に感化法が成立し，「感化教育」という呼称は戦前まで使用された。戦後は児童福祉法により受け継がれ，児童福祉事業の一つとして位置づけられている。　→留岡幸助
(西郷泰之)

感覚〔sensation, empfindung〕　内的および

外的な感覚受容器に加えられた刺激により，直接引き起こされた精神現象のこと。外界の性質を把握する際に，感覚受容器を通るものを「知覚」という。これらの知覚のなかで生理的な条件に，直接づけられた状態を「感覚」という。つまり刺激が複雑な中枢的な処理を受けて加工される以前の段階である。したがって知覚から推理とか記憶とかのさまざまなものを除外した無意味なもの，感情的な要素の混ざり込まないもの，それゆえに，現実に純粋なかたちでの感覚というものは，ほとんどできないとされる。感覚を知覚と同じであるという考えは以前からあり，意味づけをめぐって歴史的な変化が見られる。ヴント（Wundt, W.）の要素主義心理学では，感覚はわれわれの経験（意識）内容を構成する際のこれ以上分析することのできない要素（物質レベルにたとえると原子）と考えられた。これはゲシュタルト心理学によって批判を受けた。後者の立場では要素としての感覚概念は廃棄され，感覚も知覚の特殊ケースとして扱われた。つまり感覚，知覚に厳密な区別を置かない。近年では，その区別は相対的なものとされている。①刺激の単純性と複雑性に対応させる，②神経機構のレベルに対応させる，③情報処理心理学の見地から，入力刺激の情報処理に階層的なステージを設定させて区別する，④心理過程の特徴に注目する感覚の性格づけから区別する，⑤知覚は憶測的仮定的特性をもつとみる，などの主張がなされている。　→知覚，意識，ゲシュタルト心理学　　　　（宮崎忠男）

感覚器　外界の刺激を体内に取り入れて感覚体験を形成する第1段階で，刺激を受容する体内器官である。外界からの刺激は視覚器，聴覚器，嗅覚器，味覚器，皮膚覚器などの感覚器を通じて体内に入り感覚神経を通じて感覚情報となり，脳に到達して感覚体験を形成する。感覚器は皮膚覚器のように比較的単純なものから視覚器や聴覚器のように複雑なものまである。感覚体験を形成する脳から見て外界にあたる体内の刺激を受容する器官も感覚器ということもある。筋紡錘がこれにあたる。感覚障害を起こすのは刺激受容体である感覚器の障害によるものが大きいが，刺激の伝導路に障害があるときも感覚障害を起こす。また感覚情報が脳に達したときの脳の情報処理に障害があると感覚障害が起こる。　　　　　　　　　　　　（吉川武彦）

眼球〔eye ball〕　ほぼ球形を呈し水晶体と硝子体を三層の眼球壁が包む。眼球壁の外膜は角膜と強膜からなる。角膜は約1mmの厚さで外に向かって凸の透明な時計皿型で外界からの光の入口となる。角膜につながる強膜は白色不透明で眼球の球形を保つ。三層の中膜はぶどう膜ともいわれ虹彩，毛様体，脈絡膜からなる。虹彩の色によって目の色が決まる。中心が瞳孔で光量によって大きさを変化させる。毛様体は水晶体の厚さを変え房水をつくる。脈絡膜は眼球内に余分な光が入るのを防ぐ。三層の内側は網膜と呼ばれ光や色，物の形を認識する視細胞があり，情報を視神経を介し脳に伝える。眼球の内容物である硝子体は網膜に至る光の通路であり，水晶体は凸レンズである。　　（荒田寿彦）

環境　環境とは，個人を取り巻くあらゆる事象である。個人レベルでは，家庭・職場・学校などにおける身近な物的環境や他者との接触を含む。また，地域社会レベルでは，公的・私的にかかわらず，人に影響を与えうる社会的なシステムやサービスであり，教育・雇用・交通・社会保障・保健などのあらゆるサービスを含む。さらに，これらのサービスを規定している制度や政策も環境に含まれる。精神保健福祉士がその援助実践において焦点化するのは，人と環境の相互作用である。人は常に外界からの刺激に反応して生活を営んでおり，環境が個人に生物―心理―社会レベルで影響を与え，生活機能のレベルや程度を規定していく。精神保健福祉士が対象とするクライエントの問題や課題もまた，環境との関係性のなかでとらえる必要があり，クライエントを取り巻く環境を的確にアセスメントしなければならない。　→エコロジカル・ソーシャルワーク　　　　（木太直人）

環境改善サービス　地域福祉では，対人福祉サービス（ないしは在宅福祉サービス）や組織化活動と並んでその主要な構成要素といわれるサービスである。その内容は，自立生活や社会

参加を困難にしている心のバリアを含むあらゆる社会的障壁、物理的・制度的な環境改善を目指したもので、その活動も福祉分野に限定されない。保健医療、教育、労働、住宅、道路、情報、まちづくりなど、地域の生活に関連する環境全体の改善を目指すサービスである。

(田中英樹)

環境権 日本国憲法上明記された権利ではなく判例上も「環境権」それ自体を認めたものはないが、今日憲法の権利として主張されてきている。技術文明の進展は生活に利便をもたらす反面、大気や水質の汚染、騒音など人間を取り巻く自然環境の破壊を招き人間の実存にとって自然環境のもつ意味が問われるに至った。「環境権」はこのような基本的な問題意識の下に人間の健康の維持と人たるに適した生活環境の保全を求めて主張される。自然環境との関係で成立する人格権という性質をもつことから日本国憲法第13条の「幸福追求権」の一環としての保障とともに、自然環境の保全と改善に向けて公権力が積極的な措置を講ずべきという意味で第25条において保障される。

(池原毅和)

環境調整 精神保健福祉士は、クライエントが抱える問題や課題を、クライエントを取り巻く環境との相互作用の結果としてとらえる。このため、精神保健福祉士はクライエントとの関わりのなかで、どのような環境がクライエントに影響を与えているか、インテーク段階で把握し、問題や課題の解決方法をクライエントと協同して確認していかなければならない。例えば、医療機関に入院したクライエントが経済的な問題を抱えているのであれば、当然に安心して療養生活を送ることができない。経済的な不安を解決するために、活用しうる諸制度を紹介し、制度利用のための具体的な援助を行うことで、クライエントが治療に専念できる環境を整えたことになる。精神保健福祉士が調整の対象とする環境は、家族、地域社会、制度、法律、クライエントが利用する機関、クライエントの私的なネットワークなど多岐にわたり、なおかつこれらが相互に影響を与え合っていることに留意する必要がある。　　→環境、社会資源

(木太直人)

環境問題 人間生活が生活環境や生態系に対して与えるマイナスの影響が生態系の自浄能力を超え、生態系の再生産や生活様式の維持に対する危機を生じている状態。地域レベルの公害問題に始まり、オゾン層破壊などの地球規模の問題に至るさまざまな対象を指す。環境問題に社会的関心が向けられた契機として、工業化に伴い先鋭化した公害問題の役割が大きかったが、1970年代前後から、ローマ・クラブの報告書などをきっかけとして地球環境問題への関心が高まり、今日では温暖化問題についてグローバルな対応が求められている。また、先進諸国では、ゴミ、産業廃棄物、環境ホルモンなどの問題を通じて、生活環境問題への関心が高まっている。

(田渕六郎)

環境優位説 別々の環境に育てられた一卵性双生児において、生理的、心理的、行動などの側面において、何らかの差異が生じたときに、このような差異を生ぜしめたその個体に特有の環境（非共有環境）の影響が、その個体には優位に働いたと考える学説。一卵性双生児は本来遺伝的に情報が同一であるために、成長段階においては際立った差異は認められないとするのが、通常の仮説である。このような研究を双生児法といい、行動遺伝学で用いる。

(宮崎忠男)

看護師 保健師助産師看護師法により「厚生労働大臣の免許を受けて、傷病者若しくはじょく婦に対する療養上の世話又は診療の補助を行うことを業とする者をいう」と定義されている。免許を持たなければその業務ができない業務独占の国家資格である。診療の補助は医師の指示によることとされているが、療養上の世話については看護師の独自業務として医師の指示によらず行うことができるとされている。入院医療に関しては、多くの医療職のなかで、24時間直接患者にかかわる唯一の専門職であり、適切な看護の提供に加え患者の権利を最大限守る責務がある。また、最近では、訪問看護等地域に活躍の場が広がっている。2001年6月、それまで規定のなかった守秘義務について、保健師等とともに課せられることになった。看護婦・看護

士と男女により異なっていた呼称についても，2002年3月1日より呼称が統一され，男女とも看護師となった。保健師，助産師についても同様に名称が統一されたが，助産師については男性への資格付与の道は閉ざされたままである。
→保健師助産師看護師法　　　　　（仲地珮明）

ガンザー症候群〔Ganser syndrome〕　的外れ応答を中心に意識障害，ヒステリー徴候，記憶欠損，幻覚などの症状からなる症候群。1898年にガンザー（Ganser, S. J. M.）が記載した。的外れ応答とは，例えば「1＋1」を「3」，「切手」を「紙」と答えるなどの，正解を意識しながらわざとはずしたかにみえる回答をいう。拘禁未決囚など犯罪例に多くみられ，成因として刑罰から解放されたいという願望の関与がうかがわれる。その本態については詐病かヒステリー性もうろう状態かの論争があったが，両者の鑑別はときとして困難であること，意識的な詐病が容易にヒステリーに転化する場合があることなどから，今日，心因性詐病精神病のカテゴリーに分類されることが多い。経過は拘禁をめぐる状況により左右される。一般の心因反応と同様に心的葛藤や不安の除去を目的とする精神療法が有効である。しかし，症状にとらわれすぎるとその固定化を促す可能性があり，訴訟の迅速化を図ることが改善につながることがある。
　　　　　　　　　　　　　　　　（白石弘巳）

観察学習〔observational learning〕　学習を大別して，「なすことによる学習」と「観ることによる学習」にすれば，後者の学習である。学習する本人が，自分から進んで行動を起こしたり，他からの強化を受けないで，他の個体（モデル）の行動なり，その型，結果なりを観察するだけで成立する学習をいう。その際，モデルになるものは，人物でも，映像などでもよいし，視覚的でも，聴覚的であってもよい。他の存在がきっかけとなって生じる社会的な学習には，①模倣（模倣学習），②社会的促進，③局所強調，④刺激強調，などがある。ただ，これらを厳密に区分する定義はない。模倣は複数の個体の行動上の一致とみるが，観察学習では，強化（報酬）を伴わないという限定された意味をもつ。
→学習，模倣学習　　　　　　　　（宮崎忠男）

カンジダ症〔candidiasis〕　医療の発達に伴い深在性真菌症も増加している。なかでもカンジダ属によるカンジダ症は高頻度に認められる。カンジダ属は皮膚，消化管，会陰部などの正常菌叢の一員であり，宿主の感染抵抗力が低下したときに内因性感染のかたちで発症する。白血病，悪性腫瘍，エイズ，臓器移植などの基礎疾患をもつ患者において副腎皮質ステロイド剤，免疫抑制剤，抗生剤，さらに抗がん剤投与などにより医原性要因が関わって発症することが多い。
　　　　　　　　　　　　　　　　（荒田寿彦）

患者　⇨クライエント

患者権利擁護制度　ペイシェント・アドボカシー（patient advocacy）ともいう。精神病院入院患者の権利侵害防止と救済のため，欧米で制度化が進んでいる。連邦法に基づくアメリカのほか，契約に基づく場合もあり，単位も国・自治体・病院ごと等さまざまである。制度の主な特徴は，病院から独立した権利擁護者（アドボケート）が，病院に配置され，患者はいつでも連絡をとれる。権利擁護者は患者に直接会い，必要時カルテ等の記録を閲覧する権限をもち，患者を代弁，または患者自身が問題解決できるよう情報提供する。　→権利擁護　（木村朋子）

患者調査　医療施設（病院および診療所）を利用する患者について，その傷病状況等の実態を明らかにし，医療行政の基礎資料を得ることを目的としている。1948年に行われた「施設面からみた医療調査」を前身として，1953年から統計法に基づく指定統計第66号「患者調査」となった。患者の診療録の内容に基づく1日調査として毎年実施されていたが，1984年からは客体数を拡大し，同時に3年に1回，医療施設静態調査と同時期に実施することとなった。病院の入院患者については二次医療圏別，病院の外来と診療所については都道府県別に層化無作為抽出された医療施設を利用した患者の1日調査（10月の火～木曜の内）である。退院患者については，9月1か月間を対象とする。
　　　　　　　　　　　　　　　　（三宅由子）

患者の権利章典〔the American Hospital

Association bill of patients's right〕1973年、アメリカ病院協会は、患者には「適切な治療やケア」「人権の尊重」「情報説明や告知」「自己決定」「関係法規と病院の諸規定」などを受けたり知ったりする権利があるとして、12項目を「患者の権利章典」として発表した。従来の伝統的な医師＝患者関係を大きく変えた内容で、「医療の主体は患者である」を宣言した1981年の第34回世界医師会総会の「患者の権利に関するリスボン宣言」に大きな影響を与えた。　→リスボン宣言　　　　　　　　　　　（天野宗和）

患者役割行動　英語のシック・ロール（sick role）の訳にあたる。管理的な病棟などで，医療者側が患者に患者らしく振る舞うことを知らず知らずのうちに強要しているという状況下では，患者はそうした暗黙裏の意向に沿って振る舞い，医療者側がそれをもって良しとし，治療的な行きづまりがあるという行動学からの指摘がある。　　　　　　　　　　　　　（丸山晋）

感情〔feeling, gefuehl〕行動からの定義では，主体の状況や対象に対する態度，価値づけをいう。例えば，あの女性はすらっとした美人だというふうに対象に価値づける態度である。感情には，それに引きつけられる快の極，避けようとする不快の極，それらの中間の「関心」や探索反応がある。体験からの定義では，精神内容の直接的な意識，または意識の主観的な側面のことをいう。心理現象では，知覚でも心像でも物そのものではないので，主観的である。例えば，目の前の薔薇の花は，知覚した場合は主観的である。この意味で主観的なものとはいえ，薔薇は客観である。したがって主観的な客観ということになる。感情はこれに比べて主観的な主観といわれるもの。ちなみに，感情という語義はかなり曖昧ではある。感情は広義では，次の四つの概念に形式的には分類される。①「気分」mood（意識感情，体感感情，躁うつ感情），②「感情傾向」tendance（欲求感情，熱情），③「情動」emotion（急性情動，情動感情），④「快・不快感」feeling（快苦感）。以下，例示する。「意識感情」として恍惚感，「体感感情」として健康感とかだるさ，「躁うつ感情」として爽快とか憂うつ，「欲求感情」として性的感情や飢餓感情，「熱情」として自負感情とか嫉妬，「急性情動」として恐れ怒り，「情動感情」として不安とか勝利感，またこれに宗教感情や審美感情を含める場合もある。「快苦感」としては快不快注意などである。外国語の翻訳として必ずしも一致しない場合もある。　→気分，情動　（宮崎忠男）

感情失禁〔emotional incontinence〕情動失禁ともいう。他人の言動などの些細な刺激に対して過剰に反応し，泣いたり，笑ったり，怒ったりする状態。意志の力でこうした激しい感情表出の出現を制御することは困難であるが，通常長時間持続することはない。脳器質疾患，特に脳血管障害や老年痴呆などに伴って生じやすくなるほか，一般の高齢者や強い疲弊状態でも生じ得る。刺激と発生した感情の間の了解関連性が保たれていること，本人自身も発生した感情の自己所属性を認識していること，自我の能動性意識があること，などが強制泣き笑いとは異なる。　　　　　　　　　　　　（白石弘巳）

感情障害　⇨気分障害

感情吐露　クライエントは，それまでの人生において，傷ついた体験や鬱積した感情を抱えていることが少なくない。クライエントが「語る」ことは，自分一人で抱えてきた苦しみをソーシャルワーカーに向けて吐露することでもある。このように感情を吐露することは，心の浄化作用（カタルシス）にもつながる。カタルシスの作用は，クライエントの不安や苦しみの軽減をもたらし，自らの力を回復させるきっかけともなりうる。しかし，「語る」ことは同時に自分の内面を露呈することにもなり，不安や恐怖を感じる可能性もある。ゆえにクライエントは，語りたい気持ちと，語ることへの恐怖の間で，葛藤を抱く場合がある。ソーシャルワーカーは，このことを念頭に置き，感情を吐露しても大丈夫な安全で安心できる場所，つまり，クライエントが守られているという関係を築くことが，特に重要である。　→カタルシス　（石橋理絵）

感情の明確化　面接技術のなかの面接の基本姿勢のうちの一つである。クライエントの望む援助を展開するためには，ソーシャルワーカー

は，クライエントの感情や考えを正しく理解している必要がある。しかしクライエントは，緊張や混乱・不安などのために，感情を言葉でうまく表現できなかったり，まとめられないことがある。その結果，感情表現が漠然としたものになったり，伝わりにくいということが起きる可能性がある。クライエントの感情が不明確で，ソーシャルワーカーが誤った理解をしていると，クライエントの望む援助は展開できない。また，クライエント自身も伝わらなさ，理解してもらえなさを感じてしまいかねない。そのようなとき，ソーシャルワーカーは，クライエントの感情や考えを言い換えや反映を行ったり，要約するなどして，クライエントの語る感情を明確にしていくことが重要である。　(石橋理絵)

感情表出〔expressed emotion：EE〕　家族が統合失調症（精神分裂病）などの患者に対して表出する感情のことであり，1960年代にイギリスのブラウン（Brown, G. W.）によって開発された評価尺度である。面接場面での家族の言葉から，「批判的コメント」「敵意」「情緒的巻き込まれすぎ（心配しすぎ）」「温かみ」「肯定的言辞」の五つの項目について測定し，「批判的コメント」「敵意」「情緒的巻き込まれすぎ」の三つの感情表出のいずれかが高い状態をハイEE（高EE），いずれも低い状態をローEE（低EE）と呼んだ。そして，ハイEEの家族ほどストレスに対して脆い統合失調症患者の再発に影響があるのではないかという仮説が立てられ，その後のレフ（Leff, J. P.）やヴォーン（Vaughn, C. E.）などの多くのEE研究でこの仮説は実証された。わが国でも1995年の伊藤順一郎・大島巌らのEE研究結果で，ハイEE群における再発率がローEE群に比べ明らかに高いことが指摘された。このEE研究は，精神障害者の家族に対する心理教育の発展に大きく寄与している。　→ハイEE，心理教育，レフ　　　(松岡秀純)

関節〔joint〕　骨と骨，軟骨と骨，歯と骨の間の接点である。構造上線維性（頭蓋骨，歯根），軟骨性（恥骨結合），滑膜性に分けられる。滑膜性結合はすべて可動関節であり，骨と骨の間に滑膜腔を有し，骨の摩擦を減らし衝撃を吸収する関節軟骨，関節を強くし脱臼を防ぐ線維膜，そして滑液を分泌する滑膜からなる関節包をもつ。多くの場合側副靱帯と半月がある。滑液には潤滑作用，栄養提供，代謝老廃物の除去，微生物の除去などの作用がある。　(荒田寿彦)

間接援助技術　クライエントが生活問題の解決を図るにあたり，地域における社会的・組織的活動や福祉サービスの新設や改善に向けての取り組みなど，クライエントを取り巻く環境に働きかけ，間接的に援助する技術の総称。直接援助技術と間接援助技術は相互に関連し合っており，援助者はクライエントとの関わりを通し，クライエントのおかれている現状を理解し，個別のニーズに基づいて援助を展開することが重要である。間接援助技術は，組織や地域への働きかけなどにより，社会福祉活動を効果的にするための技術である。間接援助技術には，コミュニティワーク（地域援助技術），ソーシャルワークリサーチ（社会福祉調査法），ソーシャルアドミニストレーション（社会福祉運営管理），ソーシャルアクション（社会活動法），ソーシャルプランニング（社会福祉計画）がある。　→援助技術，コミュニティワーク，直接援助技術
　　　　　　　　　　　　　　　　　(岩尾貴)

関節リウマチ〔rheumatoid arthritis〕　多発性の関節炎を主症状とする原因不明の全身性疾患であり，その本態は関節に生じる滑膜炎である。軽快と増悪を繰り返しながら軟骨や骨が次第に破壊されて関節破壊が進行し，手指の尺側偏位などの特徴的な関節の変形と運動機能障害を起こす。発症のピークは40〜60歳代で朝の手のこわばりなどが初発症状となる。女性に多く，同一家系内に集中発生することがある。発症初期からの強力な治療の有効性が最近のトピックである。　(松永智美)

感染症　病原体が体内に侵入して増殖する状態になったことを感染が成立したという。要するに，病原体が体内に侵入しただけでは感染は成立しない。病原体によって起こる病気を感染症と呼び，このなかで人から人へうつる病気を伝染病と呼ぶ。感染症には，感染症ではあるが伝染病ではないという病気もある。破傷風など

はけがをしたときに，傷口から病原体が侵入して菌が増殖し，破傷風という病気になるが，人へはうつらない。感染症にかかった人は，体内でその病原体に対する抵抗力が生まれ，やがて病原体に打ち勝ち，病気が治癒するという経過をたどる。　→感染症対策　　　　　（中村敬）

感染症対策　「感染症の予防及び感染症の患者に対する医療に関する法律」は1998年10月に公布され，1999年4月1日より施行されるに至った。通称「感染症法」と呼んでいる。感染症法では，前文に感染症対策の重要性について述べるとともに，異例ともいうべき従来の感染症対策における人権無視などに関する国としての反省を記述している。感染症は交通網の発達，国際交流の活発化，地球規模の温暖化などにより，日本でも熱帯，亜熱帯に棲息する未知の微生物と接触する機会が増えてきた。また，食物の大量輸入時代を背景に，食物を介した集団感染も深刻な問題になってきている。さらに，古くから対策が講じられているが，未だに克服できないでいる感染症が台頭しつつある。1897年に制定された「伝染病予防法」では，これらの新たな問題に対する対応が困難であり，感染症予防のための新しい法律の制定が求められていた。感染症の予防に関する法律は，「伝染病予防法」のほかに，「らい予防法」「性病予防法」「後天性免疫不全症候群の予防に関する法律」「結核予防法」があり，1907年に制定され1996年に廃止された「らい予防法」は治療薬が開発され，感染率は低いことが判明しているにもかかわらず，数十年間も強制収容によるらい療養所への隔離政策が放置され，治癒する疾患であることが判明した後も，法の名の下に多くの患者が自由を奪われていたことは周知の事実である。「性病予防法」は1948年に制定されたが，「感染症法」の発布とともに廃止された。「後天性免疫不全症候群の予防に関する法律」は1989年に制定されたが，患者のプライバシーの侵害，差別を生み出す結果を招いた。この法律も「感染症法」の発布と同時に廃止された。再興感染症として重要な結核は引き続き「結核予防法」により対策が講じられている。　　→ハンセン病（中村敬）

肝臓〔liver〕　体内で最も大きな器官で，右葉と左葉に分けられる。肝臓は肝小葉と呼ばれる多数の小さな単位で構成され，小葉間結合織で区切られている。肝小葉には肝細胞が層をなす。肝臓の機能には糖質の貯蔵，血糖の調節，血漿蛋白，免疫物質，ヘパリン，貧血阻止物質等をつくり，赤血球の再利用を行う。肝臓の血管には肝動脈，肝静脈，門脈があり，門脈は腹腔の消化管と脾臓からの静脈血を肝小葉の細胞へ栄養分を含んだ血液を運ぶ。一方濾過された血液は小葉の中心静脈へ入り肝静脈に集められ下大静脈へ合流する。肝細胞でつくられた胆汁は毛細胆管を通りリンパ液とともに胆管によって腸に送られる。肝臓の疾患には肝機能不全，アルコール性肝炎，慢性のウイルス性肝炎からは肝硬変，肝がんになることが多い。生体肝移植等も行われる。　　　　　　　　　　（山口芳里）

鑑定入院　心神喪失者等医療観察法第37条等に規定される。対象者について検察官から処遇決定の申し立てがあったときに，地方裁判所の裁判官は，明らかに医療の必要がないと認める場合を除き，その者に入院を命じ，その者が精神障害者であるか否かおよび対象行為を行った際の精神障害を改善し，これに伴って同様の行為を行うことなく，社会に復帰することを促進するためにこの法律による医療を受けさせる必要があるか否かについて，精神保健判定医または同等以上の学識経験を有する医師に鑑定を命じなければならない。鑑定に際しては，精神障害の類型，過去の病歴，現在および対象行為を行った当時の病状，治療状況，病状および治療状況から予測される将来の症状，対象行為の内容，過去の他害行為の有無および内容，対象者の性格を考慮することとされている。鑑定のための入院期間は2か月以内であるが，裁判所は，必要な場合に1か月以内の延長ができる。裁判所は，鑑定の結果を基礎とし，かつ対象者の生活環境等を考慮して，入院による医療，通院による医療または医療を行わないことを決定しなければならない。　→心神喪失等の状態で重大な他害行為を行った者の医療及び観察等に関する法律，精神保健判定医，精神鑑定

冠動脈性疾患　主として虚血性心疾患のことをいう。狭心症，心筋梗塞，冠動脈奇形，先天性の冠動脈瘻，冠動脈肺動脈起始症，等がある。これらの疾患は冠動脈と心臓の筋肉の血液需要と供給の関係の不備によって起こる。心筋の一部の可逆的な虚血や不可逆的な心筋の壊死を起こす。原因はアテローム硬化である。最近は冠動脈集中治療救急センターの整備がかなり進んできており成果を上げている。冠動脈の狭窄の好発部位は前下行枝の分岐部より2～3cmのところである。回旋枝や右冠動脈の起始部にも多くみられる。運動時に発作を起こす労作性狭心症，一方冠動脈の硬化があっても無症候性の狭心症とがある。異型狭心症は安静時の発作で特に夜間から早朝にかけての睡眠中に起こり大体決まった時間に起こる。確定診断には冠動脈シネアンギオグラフィーを実施して診断する。一般には，心筋への十分な血液が送られなかった場合の胸痛が狭心症で，血液がとだえて心筋に血液が送られなくなった場合の心臓発作を心筋梗塞という。　→虚血性心疾患，狭心症

(佐藤三四郎)

(山口芳里)

間脳　中枢神経系を構成する脳のうち，大脳と中脳の間に位置する部分の解剖学的名称。視床を中心として，視床上部，視床下部，視床腹部，視床後部，第3脳室が含まれる。視床後部には視覚の中継核である外側膝状体と，聴覚の中継核である内側膝状体が含まれる。視床のうち，後腹側核は四肢，体幹からの各種の感覚信号を伝える脊髄皮質路の終着点であり，感覚情報を集約する機能をもつ。視床下部は自律神経の中枢として重要な機能をもつ。　→視床下部

(長尾毅彦)

漢方薬〔chinese herbal medicine〕　3世紀初頭に張仲景が著したとされる『傷寒論』と『金匱要略』などに記載されている薬物，薬方の総称。漢方薬は生薬であり，その多くが植物起源のものに乾燥などの簡単な操作を加えたものである。複数の生薬を組み合わせた処方（「方」）が確立しており，元来，望，聞，問，切の4種の診断法（「四診」）により新陳代謝の状態（「陰陽」）や患者の体力（「虚実」）を総合判断し（「証」），これに最も効果が期待できる処方を対応させる。漢方薬に対する需要の高まりや粗エキス製剤の開発に後押しされて，現在主な漢方処方は薬価基準に登載され，保険診療の対象となっている。精神科領域でも，統合失調症（精神分裂病）の無気力状態を改善するために抗精神病薬と併用したり，副作用が出やすい高齢者のうつ状態に対して用いたり，抗精神病薬による口渇などの副作用緩和などを目的として用いられるなど，さまざまな処方が提唱されている。

(白石弘巳)

緘黙〔mutism〕　言語表現の上で器質的な障害がなく，普通に話す能力がありながら，情緒的な障害のために喋らなくなる状態。無言状態。心因性，ヒステリー，統合失調症（精神分裂病）などの精神病によっても生じる。子どもの緘黙の多くは心因性である。生活のすべての場面を通して無言な状態は全緘黙，ある特定の場面でのみ緘黙するのは選択性緘黙という。以前，場面緘黙と呼ばれていたものは後者である。これらの子は神経質，内向的，不活発，受け身的である。　→ヒステリー

(宮崎忠男)

管理栄養士　1962年に栄養士の資質向上を目的に管理栄養士制度が新設された。厚生労働大臣の免許を受けて，管理栄養士の名称を用いて栄養改善上必要な指導等を行う。管理栄養士の行う複雑・困難な業務とは，栄養指導に関する高度の知識，技能を要求されるものであって，医療機関においての栄養指導は管理栄養士のみが診療報酬の対象となる。ほかにも健康増進法に規定する栄養指導員の業務，数多くの食事を供給する特定給食施設における管理者の業務等とされている。　→栄養士

(宇津木朗)

官僚制〔bureaucracy〕　官僚制は，一定の権威を有する専門家によって行われる組織の経営原理であるが，近代官僚制の特徴は次の点に見いだされる。①権力行使の範囲や限界が法律や規則によって明確に定められていること，②権力配分に関わる明確なヒエラルヒー構造をもつこと，③管理運営の手続きは明文化されており，一定の訓練を経た者のみが行いうるような専門

性を有すること，④人員の配置は能力や業績に応じて行われること，⑤特に管理運営にあたる人員は職業上の地位を私的に流用することが禁じられており，彼らは厳格な規律に従うことが求められること，⑥職位に応じた給与が支給され，上位の職位への昇給は能力や年功に応じて行われるよう定められていること。　（和田修一）

緩和ケア〔palliative care〕　身体的の疼痛や精神的苦悩を緩和することを第一義とする医療・ケアのあり方をいう。特に，がん性疾患の終末期において従来行われてきた，時間的延命のみを唯一の目的とし，他の一切を犠牲にする過剰医療に反対し，個々の患者の生活の質 (quality of life : QOL)，死生観・宗教観を含む人生観，家族・友人などへの愛，為すべき仕事や事業を含めて残された時間をどのように過ごすかについての希望，死後の物事への配慮など，一切の人格的な内容に重きを置いた治療とケアを指す。この背景には，近代的（科学的＝無宗教的）医学への不信や，それが個人の幸福に寄与するとは限らないことに対する洞察があり，飢餓と病のために路上に倒れた巡礼や死に行く者を収容し介護する任に当たった西欧中世の修道院医学の原点に立ち返ろうという考えがある。そのような目的を実行するホスピス（ホスピタル，ホテルと同様に修道院医学に語源をもつ）や緩和ケア病棟では，きびしいがん性疼痛の緩和のために，強力鎮痛剤の投与が積極的に行われる。さらに進んで，可能な限り往診と訪問看護によって，自宅で家族に看取られながら死を迎える「在宅死」の提唱と実践もある。　→クオリティ・オブ・ライフ　　　　　　（波多野和夫）

き

キーパーソン〔keyperson〕　「問題の鍵を握っている人」もしくは「鍵を握る中心人物」のこと。問題の解決にあたって，家族や友人などのインフォーマルな存在がキーパーソンになることもある。キーパーソンの役割をとる人は，対象者と関係がとれ，信頼関係が樹立できていること，もしくは状況を把握し，的確な判断や助言，行動がとれることが重要である。ソーシャルワークサービスを提供するにあたって他職種，もしくはボランティア，地域住民など幅広い人々が関与するなか，さまざまなサービス調整会議やケースカンファレンスが開かれることが多くなった。そのなかで利用者中心にサービスの提供が行われているか検討するにあたって，最も信頼関係が築かれている人物がキーパーソンとなって会議を運営したり，チームを導いていくことが重要となってくる。　（梶元紗代）

議院内閣制　議会と政府とが分立しつつも，政府は議会の信任に依拠して存在し，他面，政府は議会の解散権をもつことにより，制度上議会と政府の間に連携と均衡の関係を内包せしめている統治の体系をいう。わが国の議会と政府もこの体制をとっている。もっともこれは議院内閣制の理念型で実際には各国の歴史的事情によりさまざまな変容を受けている。議会と政府が厳格に分離されるアメリカ型の大統領制や政府が議会に隷属する会議制とは区別される。

　　　　　　　　　　　　　　　（池原毅和）

既往歴〔medical history〕　過去に罹患した疾病に関する記録。胎生期・周産期，乳幼児期，小児期，思春期，青年期，成年期などの時期ごとに，一定期間以上加療を要した疾患名と主な治療法について記載する。精神疾患に関連する可能性があるものとしては，遺伝性疾患，周産期障害，脳炎などの感染症，てんかんや熱性けいれん，交通事故などによる頭部外傷，小児期の夜尿，寝ぼけ，不眠，かんしゃく，いじめ，不登校など。成年期では，高血圧や心臓疾患，慢性呼吸器疾患，糖尿病その他の内分泌疾患，自己免疫疾患，脳血管障害や脳腫瘍などの中枢疾患，アルコールや薬物摂取に伴う肝障害など。また，女性では月経不順や月経関連障害。その他過去の自殺企図や不注意の外傷など。既往歴は，現在の疾患と常に関連するとは限らないが，老年期に突発した意識障害の原因が若い頃に発症した腎疾患が悪化した結果であったというよ

うなこともあるので，慎重かつ詳細な聴取が必要である。　　　　　　　　　　（白石弘巳）

記憶〔memory〕　記憶は記銘（経験を覚え込む），保持・貯蔵（一定時間その経験を保つ），想起（必要なときにその体験を思い起こす）の働きによって構成される。さらに想起は，記憶した内容を思い出して再現すること（再生）と，提示された情報が記憶した内容と同一であると認めること（再認）に分けられる。記憶は学習と一部重複した概念であるが，学習は経験の獲得による行動の変容に重点が置かれるのに対し，記憶は行動の変容は問題にしていない。記憶は感覚記憶，短期記憶，長期記憶の三つに仮説的に区分されている。感覚記憶は容量が小さく，ごく短期的に各感覚器官に留まっていると仮定されるものである。短期記憶は必要な短期間だけ一時的に情報を保存しておく働きであり，一般に数唱範囲（意味をもった記号について7桁±2桁）と言われる。また，暗算をするときのように，1桁の計算をする間，他の桁を一時的に記憶するような「作動記憶」も短期記憶である。また，単に短期記憶を維持するために繰り返すことを維持リハーサル，長期記憶に転送するために繰り返す作業を精緻化リハーサルという。長期記憶にはエピソード記憶と意味的記憶があり，エピソード記憶は「いつ，どこで」それを記憶したかという内容をもつ自分が経験した情報の記憶で，意味的記憶は「いつ，どこで」という内容をもたない知識の記憶である。　　　　　　　　　　　　　　（宮崎忠男）

記憶障害〔memory disturbance〕　情報を記銘し，把持し，再生ないし再認するという記憶に関する機能のうち，一部ないし複数の機能が障害される状態。症状論的には，新たな情報を記銘することができない記銘力障害と，再生障害である全般的記憶減退や健忘に大別される。健忘は，一定期間ないし一定の事柄の記憶の再生，再認が障害される状態である。さらに，誤った記憶を訂正できない作話や妄想追想がある。記憶障害は，持続性，成因，病変部位などにより詳細に分類される。記憶障害の例として，高齢者の記憶減退（全般的物忘れ），頭部打撲などによる意識障害の際に生じる逆行健忘（それ以前の記憶を再認できなくなる），アルコール大量摂取などのために，乳頭体や視床内側核などが障害されて生じるコルサコフ症候群（記銘力障害や失見当識，作話など），側頭葉切除後などに生じる海馬性健忘（高度の記憶力障害を主徴とする），皮質性健忘（失語，失認，失行，痴呆をきたす），心因性の全生活史健忘（自己にまつわるエピソード記憶を再認できなくなる）などがある。　→健忘　　　　　　（白石弘巳）

議会制民主主義　議会制とは議会をもつ政治体制をいい代議制ともいう。市民社会の成長に伴って確立された近代議会制は個人の自由・平等を前提として国民の代表によって構成される立法機関において国民の意思を決定するもので，国民の自由主義的・民主主義的要請をみたす。二院制・両院制とは，それぞれ独立に意思決定を行う権能をもつ二つの議院によって議会が構成されることをいう。日本国憲法では「国会は，衆議院及び参議院の両議院でこれを構成する」（第42条）と定めるのがこれである。二院制の発生はイギリスの特殊な政治事情によるが，近代国家の統治機構に取り入れられたのは議決を慎重にならしめるという立憲主義思想による。二院制を採る国は多い。　　　（池原毅和）

機械的連帯　⇨有機的連帯／機械的連帯

気管　咽喉頭と肺を連結する約12cmの柔軟性に富んだ管で16～20の輪状の軟骨によって囲まれている空気の通り道である。気管の横断面は気管軟骨と内壁の粘膜および外層を形成している結合組織とで管腔をつくっており，また軟骨環の後壁は軟骨を欠き平滑筋を含んだ膜性壁でできている。気管は食道の前にある。内壁は粘液を分泌する杯細胞と埃等が混じった粘液を外部へ移動させる線毛上皮で構成されている。高齢者では誤飲により嚥下性肺炎を起こすことがあるので注意を要する。　　（山口芳里）

機関訴訟　「この法律において「機関訴訟」とは，国又は公共団体の機関相互間における権限の存否又はその行使に関する紛争についての訴訟をいう」と行政事件訴訟法第6条に定められる。国民の権利義務に関する争いではないか

ら本来の司法に属せず，政策的に法律が認める場合に限ってこれを提起することができる。機関訴訟の例としては，地方公共団体の議会と長との間の訴訟（地方自治法第176条第7項）がある。　　　　　　　　　　　　　（池原毅和）

危機介入〔crisis intervention〕　日常生活において，何らかの問題に直面し困難な状況におかれている個人および家族に対して，積極的・直接的に介入し危機状況からの回復を目指すための援助方法を危機介入（クライシスインターベンション）という。サーモン（Salmann, T.）の軍隊精神医学的研究や，リンデマン（Rindemann, E.）の火災で死別した人々にみられる急性悲嘆反応の研究，カプラン（Caplan, G.）の未熟児をもつ親などへの予防介入を目的とした地域精神衛生活動などの諸研究によって基本的枠組みが体系づけられた。危機は，個人や家族が従来もっていた危機対処方法では対応できない問題や課題に直面し不均衡状態に陥っている状態を指し，日常生活においては誰にでも起こり得ることである。危機の内容には，発達や状況により生じてくる「予測される危機」（結婚や出産，就職など）と，「予測されない危機」（事故・災害・自殺・疾病など）がある。これらの危機状況では，従来の均衡は崩れ，人は強度の不安や苦痛を抱き，一時的に問題解決能力が低下する傾向にある。また，危機状態から早く解放されたいと願うため，外からの援助を受け入れやすい状況にある。危機状態は長くは持続せず，一定期間（1～6週間）で元の状態に戻っていこうとし，そのプロセスには一定の原則がある。援助者が，最もタイミングよい時期に適切かつ迅速に介入していくことで，危機状況からの回復を図ることが可能となる。そのために援助者は，援助過程のなかでできるだけ早い時期に信頼関係を樹立すること，危機に関する適切な分析・理解をすること，そこでの顕在的・潜在的問題に関しても洞察すること，クライエントの問題解決能力や意欲を適切に評価すること，利用するフォーマル・インフォーマルな社会資源を有効活用することなど，高度な援助技術と能力が求められる。現在では，ソーシャルワーク実践の重要なアプローチの一つになっている。
→援助過程，介入　　　　　　　（松本すみ子）

危機管理　一般的には不測の緊急の事態が発生したときの組織または個人の対応を意味しているが，公的にはわが国では内閣法第15条第2項において，「国民の生命，身体又は財産に重大な被害が生じ，又は生じるおそれがある緊急の事態への対処及び当該事態の発生の防止をいう」と定義されている。したがって，公的な危機管理は，地震，台風，洪水，火山噴火などの自然災害，原子力発電所の事故，放射性物質や化学物質の流出などによる事故，爆発や火災，テロやハイジャック，大規模な停電などを含む幅広い事態への対処，防止を指した言葉である。公的な危機管理の一つに保健・衛生行政において対処，防止が求められる事態が存在し，「健康危機管理」と呼ばれている。健康危機管理の対象とされる事態には，主として，感染症の発生，食中毒の発生，飲料水の汚染，毒物・劇物による事故・事件，医薬品による事故，地震・台風などの自然災害の二次災害としての疾病などがあるが，範囲が限定されているわけではなく，生命，健康に被害を及ぼす不測の緊急事態が対象となる。これらの事態が発生したときに備えた危機管理マニュアルの作成，情報収集体制の整備，緊急対応体制の整備，必要機材等の整備，関係者・関係機関への連絡・連携体制の整備，事態に対する訓練・演習の実施などが危機管理とされる。厚生労働省では，「厚生労働省健康危機管理基本指針」「医薬品等危機管理実施要領」「感染症健康危機管理実施要領」「飲料水健康危機管理実施要領」「地域における健康危機管理について～地域健康危機管理ガイドライン～」「地方厚生（支）局における健康危機管理実施要領」「食中毒健康危機管理実施要領」を定めている。
　　　　　　　　　　　　　　　（西田茂樹）

企業委託型保育サービス事業　一般の保育所では対応困難な深夜や休日における保育需要に対応するため，深夜や休日における事業所内保育施設の運営を，企業が児童福祉施設を経営する社会福祉法人に委託して行う事業。保育児童は概ね10人以上で，原則的に契約企業の従業員

の児童を対象とした保育サービスである。1991年度より，受託する社会福祉法人の機能強化を図るために，日本保育協会により事業費を補助する制度が創設されている。
(山本真実)

危機理論〔crisis theory〕 カプラン(Caplan, G.)とリンデマン(Lindemann, E.)は個人の精神発達過程と生態学的環境の変化を危機と定義し，あらゆる危機へ介入することが有効な問題解決に結びつくことを検証し，危機モデルを用いて包括的な予防活動を行うなかで，コンサルテーションという方法を定式化した(1967)。コンサルテーションの方法を用いた危機，危機介入，包括的な予防活動を危機理論という。カプランは個人の精神発達過程と生態学的環境の変化の例として，役割移行（出産，思春期，更年期，家族の一員の病気あるいは死），幼稚園への入園，小学校への入学，高校入学・卒業，最初の就職，新しい地域社会への転居，新しい社会的あるいは職業上の責任の発生，等々を含む状況を挙げ，これらの状況は基本的な供給の喪失あるいは増大の可能性があり，大きな損失を払う一つの挑戦であるとした。また，危機は在来の問題解決方法では乗り越えられないような重要な生涯の指標への障害に直面したときに起こり，情緒的破綻の期間に，解決のために多くの試みが行われるが失敗に終わる状態とした。個人のメンタルヘルスをみる基本的な視点として，①ストレスと不安に堪える力と自我の均衡が保てているか(自我の状態)，②現実認識の深さの程度と問題解決への見通しの確かさがつり合っているか(成熟の度合い)，③精神的，社会的，身体的領域でのバランスを保つ上で利用されている有効な適応機構の種類は何か（自我構造）の質）を挙げており，どのような時期であれ，人は個人の精神発達過程と生態学的環境の変化で危機に直面する時期があることを明らかにした。ヘルスプロモーションの推進のなかで，危機介入の進め方は，当事者のエンパワメントを高めるなかで，スタッフと当事者が問題を確定し，協働で解決する方法がとられるように変わってきている。　→危機介入　　　(岡田清)

危険負担　双務契約（売買など契約当事者双方が債務を負担し合う契約）において，一方の債務が債務者の責任に関わらない事情で消滅した場合に，もう一方の債務が消滅することになるかどうかを決める原則。債務が消滅するとする場合を債務者主義，債務が消滅しないとする場合を債権者主義という。債務者主義（民法第536条）によれば，売買契約の目的物が地震などで滅失した場合，買い主は売買代金支払い義務を免れる（代金支払い義務も消滅する）ことになるが，債権者主義（第534条）によると代金支払い義務は消滅しないことになる。双務契約の対価的均衡からすると債務者主義の方が公平な考え方なので，債権者主義の規定は限定的に解釈するのが通説である。
(池原毅和)

義肢装具士〔prosthetist and orthotist〕 病気やけがで腕や脚を失った人が義肢（義手や義足）をつくるときに，その人に合うように型を採り義肢を作製することができる技術と資格をもった専門職。また，コルセットなどの装具を作製する際にも同様に採型し，作製する。義肢装具士法（昭和62年法律第61号）により1988年から国家試験が施されるようになり特定の指定教育機関で3年間修学した者のみに受験資格が与えられるようになっている。　(松永智美)

気質〔temperament〕 その個体特有の行動様式を性格と呼ぶが，この基礎となる遺伝的・生物学的因子で新陳代謝や生化学変化に関係あると推定されるもの。クレッチマー(Kretschmer, E.)は内因性精神病である精神分裂病と躁うつ病をもとにして健常者の気質を分類し，それぞれ分裂気質，躁うつ気質と呼んだ。後に，てんかんについても同じ考えを応用した。分裂気質とは，内気で，非社交的で，まじめでユーモアを理解しない。感受性の面ではひどく鈍感であるとともに，同時に過敏な面をもち，他者への配慮を欠く人である。体型的にはやせ型の人が多い。躁うつ気質では，躁型のときは，他人と隔たりをもつことがなく，社交的で，温かみがあり，愉快で，楽しく過ごす。これが反転して，うつ的もしくはうつ型の目立つときは，控えめで，決断力に欠け，自発性が低下したように見える。普通の状態のときは常識的な現実主義者，

物質主義者である。てんかん気質は別に粘着気質とも呼ばれる。感情的な動きが少なく，一つのことに熱中し，伝統を重んじ，知的には緩慢で，他人にはいんぎんである。しかし，一度爆発するときわめて手をやかせる。しつこく，くどい。分裂気質の人の体型は，細長型・無力型で，躁うつ気質は肥満型，てんかん気質は，闘士型で，筋骨隆隆とした型をしている。気質という言葉は，体質，素質，性格などと，区別して使用されることがある。　　　　　　（宮崎忠男）

器質性精神障害〔organic mental disorder〕精神障害の分類におけるカテゴリーの一つ。脳実質の器質的損傷に起因する精神障害の総称である。具体的には，脳外傷（脳震盪，脳挫傷），脳感染症（各種脳炎，脳梅毒，進行麻痺），脳変性疾患（アルツハイマー病，ピック病），脳腫瘍，脳血管障害（脳梗塞，脳出血）などが引き起こす精神障害のすべてを含む。脳以外の身体臓器の損傷による精神障害は症状性精神障害（糖尿病性昏睡など）と，薬物等の中毒によるものは中毒性精神障害（アルコール精神病など）と呼ばれ，これらはいずれも身体的な基礎づけを有する精神障害であるが，脳実質損傷による器質性精神障害とは区別される。また身体的な基礎づけをもたない精神障害としては，心的事象に起因する，と想定される心因性精神障害（神経症など）と，未だに明確な原因を特定できない内因性精神障害（統合失調症，躁うつ病）が挙げられるが，いずれも器質性精神障害とは区別される。　→機能性精神障害　　　（波多野和夫）

記述精神医学〔descriptive psychiatry〕精神疾患の症状や経過の記述を通して，疾患単位を取り出し，また経過や病前性格の類型化を行うことなどを内容とする精神医学の一分野。他者の主観的体験として生起する精神症状については体験聴取を通じて，また，姿勢や行動などの客観的事象については観察により記述する。心的連関を了解し，生物学的次元の現象を説明するという二元論の立場をとる。了解に際しては，感情移入により異常性や病理性を判断し，精神分析学にみられるような未検証の心理的仮説を排す。クレペリン（Kraepelin, E.）に代表されるドイツの精神医学において主流を占め，その後輩出したヤスパース（Jaspers, K.），シュナイダー（Schneider, K.）ら記述学派と称される精神病理学者らが方法論的な吟味を加えつつ発展させた。その影響はアメリカ精神医学会の精神疾患分類（DSM分類）にもみられる。その術語の厳密な定義や客観を重んじる記述は科学的精神医学の基礎となるものである。
　　　　　　　　　　　　　　（白石弘巳）

基準及び程度の原則　生活保護の四つの原則のうちの一つ。生活保護法第8条に掲げられている。この条文には，①保護の基準は厚生労働大臣が決定すること，②この基準は最低限度の生活に十分である一方，この限度を超えてはならないこと，③保護の程度は，保護の基準のうち，要保護者が自分自身の金銭または物品などの資産で満たすことのできない不足分を補う程度とすること，以上の3点が示されている。　→保護の原則　　　　　　　　　　（山本文枝）

基準生活費　⇨第1類基準，第2類基準

基準病床数　医療圏における病床の適正な整備目標として，医療計画において，療養病床，一般病床，精神病床，感染症病床および結核病床について，医療法施行規則に定める算定式により，医療圏ごとに基準病床数を定めることとされている。病院の開設，増床，病床種別の変更等の許可申請にあたって，医療圏における基準病床数を超過する場合には，都道府県知事は中止または病床の削減等について勧告することとされている。　→医療計画，医療圏，医療法
　　　　　　　　　　　　　　（佐藤三四郎）

偽相互性〔pseudo-mutuality〕　家族関係を表す用語の一つで，家族成員は個々の主体性を犠牲にし，相互の調和のために他者への過度な適合がなされている状態をいう。このような関係のなかでは，個人の行動や期待感は他者のそれと調和され，相互の達成感を維持するよう方向づけされる。しかし，成員間のアイデンティティの相違は精神的緊張を刺激し，関係の崩壊につながるとみなされ，個別性は常に犠牲となっている。ウィン（Wynne, L. C.）らは，家族関係のなかで，成員個々の主体性を許容し，そ

の相違を家族関係に有効に作用させることのできる状態を真の相互性の状態と考えた。その上で家族関係を，相互性（mutuality），無相互性（nonmutuality），偽相互性（pseudo-mutuality）という三つの形態に分類した。さらにウィンはシステム論的観点から，家族内の偽相互性が統合失調症（精神分裂病）者の思考障害や情緒的障害に及ぼす過程を考察している。
→家族療法，二重拘束　　　（毛呂裕臣・上原徹）

基礎控除　生活保護の勤労控除の一つ。働く上で必要な被服や日用品，交際費など，常にかかる費用を，収入額から一定額控除するもの。同時に，働いても収入がすべて収入認定されるのではなく，一定額控除されることにより，勤労意欲を助長させる目的もある。基本的に，勤労収入が多くなるにしたがい，基礎控除の額も多くなり，それだけ手元に残るようになっている。
（敦賀弘恵）

基礎的社会集団　社会には血縁・地縁などの自然的かつ基礎的な絆で結ばれた社会関係と，企業や学校など特定の目的や機能によって結ばれた関係がある。前者を基礎的社会集団，後者を機能的社会集団と呼ぶ。この分類概念に基づく集団分類が，基礎的社会集団であり，部族親族，家族，ムラなどが含まれる。しかし部族親族，家族集団の影響力が希薄化し，地域社会さえもが自然的な絆で結ばれていることが次第に少なくなってきた現代社会においては，むしろ社会変化の歴史的理解に有用な概念となってきている。
（清水新二）

期待価値説〔expected value theory〕　ある行動に損得のような利益の有無を考慮しなければならないときに，得ることができるかもしれないと期待する利益・金額のことを期待価値という。このことにまつわる理論を期待価値説という。しばしばわかりやすい例として，コインの裏表の賭けがある。コインの表が出たときに10ドルを得，コインの裏が出たときに10ドル支払うとする。この場合，表と裏の出る確率は，それぞれ0.5であるから期待価値はゼロになる。それゆえ，期待価値を最大にするという考え方は意味をもたなくなる。今日では，「期待価値」という概念は破棄されて，代わりに「期待効用」（expected utility）という概念が用いられるようになってきている。
（宮崎忠男）

吃音　「吃音症（stuttering）」は「どもり（starmmering）」と同義語である。言語障害の一つに分類されることもあったが，最近ではコミュニケーション障害に分類されている。吃音の主体は，年齢相応な正常な会話の流暢さと時間的構成が困難である点とされている。すなわち，音と音節の繰り返し，音の延長，間投詞，単語のなかの休止，停止を避けるために単語を代用していることが観察される。聴き取りが可能であり，ときには無言停止がみられる。会話の流暢さの障害は社会生活（学業，職業）を妨げるほどの程度である。吃音はほとんど幼少時に始まることが多い。その発生率は約1％前後であり，女性1人に対し男性3人程度である。吃音の病因論として素因論，環境論，神経症論が挙げられる。診断基準としては，DSM-IVが有用である。Webster's New Dictionaryによると，吃音は脆弱な補足運動野（SMA）に右半球の活動が干渉することによって生じる問題のコア症状であると説明している。
（堀智勝）

キッチンドリンカー〔kitchen drinker〕　国際的には，日本の女性飲酒人口は主要国のなかでも著しく少なく，かつ飲酒人口の男女間格差は最も大きいことが知られており，男性中心の飲酒行動パターンをなお色濃く残している。そのなかで一部の専業主婦の間に，ほかの家族員が出払った日中，家事をしながら飲酒をし，これが高じてアルコール依存症に陥るという現象が社会的に注目された。これをマスメディアはキッチンドリンカーとして問題視したもので，特に夫婦間の情緒交流の希薄さや葛藤，女性の自己アイデンティティの拡散などが話題となった。男性中心の飲酒文化であったからこそ女性のアルコール依存症が格好の話題となり，ある種の差別的な好奇心がつくりだした社会問題の構築例といえる。ただキッチンドリンカーの問題視は，男性社会に伍して頑張るキャリアウーマンや，家族解体による早期離家を体験した女性や，そして後にアダルトチルドレンなどの問

題として論じられる家族的トラウマ体験による女性アルコール依存症の存在と増加に関心を向けた点で，従前の女性アルコール問題とは明らかに異なる問題があることに目を向けさせた点は，大きな貢献である。　→アルコール依存症，アダルトチルドレン，飲酒行動　　（清水新二）

ギデンズ〔Giddens, Anthony : 1938-〕イギリスの社会学者。ロンドン生まれ。ケンブリッジ大学にて社会学博士号を取得。ケンブリッジ大学教授を経て，ロンドンスクールオブエコノミクス教授。ウェーバー（Weber, M.）やデュルケム（Durkheim, É.）らの学説研究，階級論研究などを行う。また構造―機能主義的な立場と主観主義的・解釈学的な立場の統合を目的として，個人の主体的行為によって社会構造が形成され，その社会構造に基づいて社会構造が再生産され，再び主体的行為を媒介するという構造化理論を提唱した。主著に『The Class Structure of the Advanced Societies（先進社会の階級構造）』(1973)，『The Constitution of Society（社会の構成）』(1984) などがある。
（杉本昌昭）

気道　口腔，喉頭，気管，気管支，細気管支，肺胞に至る部位をいう。その間で障害を起こすと呼吸困難を起こすので直ちに気道の確保が必要となる。また，意識障害，全身麻酔，人口呼吸器，延命装置を使用の際にも絶対に確保が必要となる。方法として下顎挙上，エアウェーやマスク，気管内挿管，気管切開等が行われる。気管支喘息の患者の気道は過敏であり冷気，タバコの煙等で健康者では何事も起こらない刺激に反応して呼吸困難を起こす。　　（山口芳里）

機能〔function〕社会システムの維持・存続のためにその社会システムの構成要素が果たす作用・働きを指す。したがって，この概念の前提には相互に関連した諸要素の有機的な統一体という社会観がある。この意味で機能という概念を社会科学に導入したのは人類学者のラドクリフ-ブラウン（Radcliffe-Brown, A. R.）やマリノフスキー（Malinowski, B.）であり，社会制度・社会的慣行が社会システムの維持に果たす役割を検討する機能主義を提唱した。彼らの機能分析を継承したパーソンズ（Parsons, T.）は，社会において満たされるべき基本的な機能を，①適応，②目標達成，③統合，④パターン維持と緊張処理の四つに定式化し，これら機能的要件の充足の成否を分析の基礎とする構造―機能主義社会学を展開した。また，マートン（Merton, R. K.）は社会制度が社会システムの維持に貢献する一方で，それを阻害する方向へも作用することを指摘し，後者の場合を逆機能として概念化し，社会システムの維持に対する貢献（順機能）と対置している。パーソンズやマートンによる精緻化によって，機能分析は特に戦後社会学において大きく発展したが，観察者が恣意的に設定した目標の観点からなされる目的論的説明という性質を有する点，既存の社会制度を社会システムの存続にとって有用であるとして正当化しがちであるという点などが批判されている。　→パーソンズ，マートン
（杉本昌昭）

技能習得手当　雇用保険中の所得保障である求職者給付の一部をなすもの。受給資格者が公共職業安定所長の指示により公共職業訓練等を受講する場合（ただし，2年を超えるものは除く）に，その受講期間中について支給される（雇用保険法第36条第1項）。具体的には，受講手当および通所手当からなる（雇用保険法施行規則第56条）。　　（辻村昌昭）

機能主義ケースワーク〔functional casework〕問題解決の主体者は福祉サービス利用者にあるととらえ，ワーカーの所属する機関の機能を活用させるように働きかけることに主眼をおくアプローチをいう。意志，対抗意志，現在，分離，創造力等の概念が多用され，ケースワーク過程はクライエントがワーカーに対して働きかける過程ととらえ，現実的限界をもつ社会資源の機能を，生得的に備わっている自我の創造力で自由に選択し活用できるように援助する過程であるとした。1930年代半ば頃より，診断主義派を批判し，「意志療法」(will therapy) を始めたランク（Rank, O.）によって基礎が築かれた。特長として，疾病よりも成長の側面に視点をあて，治療よりも機関の機能の枠に沿っ

た援助を重視，利用者中心に主体的問題解決を展開する点にある。　→診断主義ケースワーク，ランク
(相川章子)

機能障害者を対象とする援助およびサービスに関する法律（スウェーデン）〔Lag om stöd och service till vissa funktionshindrade：LSS〕　スウェーデンでは，精神発達遅滞者援護法（1967年），精神発達遅滞者等特別援護法（1985年）に，ノーマライゼーションや地域福祉の理念が明示されていた。1993年に制定されたLSSでは，障害者全体に対象を拡大，自己決定の主体および内容を明確化し，入所施設閉鎖計画に期限（1994年末日まで）を設定することで実効性を確固たるものにした。さらに協同組合方式で地域での介護体制を援助するパーソナル・アシスタンス制度が導入された。
(沖倉智美)

機能性精神障害〔functional mental disorder〕　精神障害の原因分類において，身体因が明らかにされた器質性精神障害を除いたもの。機能性精神障害はさらに，内因性精神障害と心因性精神障害に分類される。内因性精神障害は，現時点ではその器質因を同定できないが，何か生物学的原因があることが想定されるもので，統合失調症（精神分裂病）や双極性感情障害などが代表的である。心因性精神障害は，身体因よりも心理的，社会的要因が発症に重要な影響を与えたと推定されるもので，解離性障害や身体表現性障害などが代表的である。特に特定の文化と密接に関係している心因性精神障害は文化結合症候群と呼ばれる。精神疾患の成因として生物学的な要因と心理社会的な要因の複雑な関与を仮定する生物心理社会モデルが浸透し，また脳機能が分子やDNAのレベルで研究されるようになってきた今日，精神疾患を機能性と器質性に大別することの意義はあいまいになってきている。機能性という術語は可逆性と同義的に用いられる場合もある。　→器質性精神障害
(白石弘巳)

機能的作業療法　1980年にWHOの国際障害分類では，impairment, disability, handicapという障害モデルを提唱した。日本ではこれを機能障害，能力障害，社会的不利と訳した。これに対応して，機能障害レベルに対する作業療法を「機能的作業療法」あるいは「身体機能的作業療法」と呼んだ。その内容としては，関節可動域の拡大，筋力の増強，運動の協調性，巧緻性の向上，体力・持久力の増大，感覚の向上などの機能回復を目的としている。方法としては手工芸，上肢基本訓練，徒手的アプローチなどが用いられる。作業療法は，対象者がその目標を達成することを可能・容易にするために作業活動・自己の治療的利用・集団等を利用して援助しようとするものであり，機能回復のみを目指すものではないので，現在はこの用語はあまり使用されない。　→作業療法，国際生活機能分類
(丹野きみ子)

機能評価　環境との交互作用から生じる目的的行動の特性を明らかにして，評価の意図する実践活動に即した解釈をするものと定義される。したがって，家庭・地域社会・職場・作業場などの環境場面に応じて，また，観察や測定可能な身体的・感情的・精神的な容量，有用な課題や技能，あるいは社会的役割の遂行能力などの側面に応じた多様な評価法がある。さらに，情報収集の仕方も，面接・質問紙法・自己報告書・評定尺度法・テスト検査法・直接的観察・ロールプレイング等などがある。精神障害者の社会的役割行動についての包括的な評価尺度としては，「SAS (Social Adjustment Scale)」「KAS-R (Katz Adjustment Scale-Relative's Form)」「LASMI (Life Assessment Scale for the Mentally Ill)」がある。このほかにも，長期入院者や地域で生活する長期慢性患者等の社会生活能力，あるいは，職業的自立や地域生活の自立に必要な社会生活能力などの特定分野に焦点を当てた尺度もある。
(松為信雄)

機能不全家族　アルコール依存などの嗜癖がある親に育てられ心に深い傷を負ったアダルトチルドレンを生みだす家族などで，親としての機能を果たしていない家族を機能不全家族と呼ぶ。クリッツバーグ（Kritsberg, W.）は，機能不全家族の特徴として，強固なルールがある，家族に共有されている秘密がある，家族間の葛

藤が否認される，などを挙げているが，ほかに定義は諸説ある。虐待する親，溺愛する親，自分の価値観を強制する支配的な親など，家族が安全で保護される場ではなく，人格が脅かされ，心に深く傷ついた体験をもつ人たちは，アルコール依存症の家族だけに存在するのではない。機能不全家族もアダルトチルドレンと同じく，大人になった自分の生きにくさを主観的に理解される。虐待する親自身が被虐待体験をもつように，子どもの頃に体験した親との関係が，大人になったときに強く影響を及ぼし，その子どもに対して親と同じようにふるまい，次の世代へ伝播する傾向があるといわれている。　→アダルトチルドレン　　　　　（佐々木哲二郎）

気分〔mood, stimmung〕　楽しい，憂鬱な，楽天的な等の持続的な感情状態をいい，原因となる刺激や条件は不明確か，微弱である場合をいう。ヤスパース（Jaspers, K.）は「長く続く感情状態のときの気持ち，内的状態でそれが長く続くとき精神生活全体に特別の色彩を添えるもの」とし，シュナイダー（Schneider, K.）は「経過の長い，必ずしも常に反応性ではない感情状態」であるとしている。その個人に特有な恒常的な感情を基本的な気分という。しかし，近年の研究では，気分は決して固定的ではなくて，知的・情緒的条件，身体的・生理的条件，あるいは社会的・環境的条件等が微妙に影響して緩やかに変動すると考えられる。さらに，人間は人生上のいろいろな体験に対して，その心的な影響に応じて，反応としての気分の変化が生じる。病的な気分の変調としては，爽快気分になり高揚して万能感に溢れた活動性が高まった躁状態や，逆に抑うつ感・悲哀感が強まり厭世的・悲観的になって活動性が低下するうつ状態が代表である。また，統合失調症の欠陥状態の一部にみられる深刻味のない児戯的な気楽さ（児戯性爽快）や，痴呆の一部にみられる興奮のない朗らかさ（多幸症）などがある。その他，痴呆，依存症，強迫性障害など精神科関連の疾病には，しばしば抑うつ気分や無気力など気分障害が伴うことがある。　　　　（宮崎忠男）

気分安定薬　抗躁作用および双極性感情障害の躁うつの病相予防作用をもつ薬物を指す。代表的な気分安定薬には炭酸リチウムがあるが，従来抗てんかん薬として用いられていたカルバマゼピン，バルプロ酸ナトリウム，クロナゼパムなどにも，躁うつの病相発現を予防する作用が認められており，臨床的に使用されている。気分安定薬は，躁うつ病以外に，統合失調症（精神分裂病）などの精神病においても，鎮静を目的に使用される。　→抗躁薬　　　（岡田純一）

気分障害〔mood disorders〕　感情障害（affective disorders）。うつあるいは躁への気分（感情）の病的変化を基本症状とする精神疾患の総称。ICD-10分類では躁病エピソード，双極性感情障害（躁うつ病），うつ病エピソード，反復性うつ病性障害，持続性気分（感情）障害，その他などに下位分類される。生涯有病率は双極性感情障害0.24〜1.7％，それ以外の非双極性うつ病13.3〜17.1％である。発症は小児も含め全年齢にわたるが，双極性障害は20歳代，うつ病は中高年に多い。高齢の自殺者のかなりの者がうつ病に罹患しているといわれる。昇進，転居，離別などのストレス状況が発病の引き金となることがある。病因として脳内モノアミンやセロトニンの関与が疑われるが，いまだ十分に解明されていない。うつ病においては，抑うつ気分，悲哀感，絶望感，不安や焦燥感，精神運動制止，決断力や集中力の低下，不眠，食欲低下，消化器症状などの身体症状，気分の日内変動，早朝覚醒，希死念慮などが出現する。訴えが身体面に限られている場合，仮面うつ病と呼ばれる。一方，躁状態では，気分高揚，多幸感，行為心迫，観念奔逸，睡眠欲求の減少，注意や集中力の障害，浪費などの症状が出現する。重症例では気分と一致する内容の妄想が出現する。すなわち，うつ状態では，心気，罪業，貧困妄想やコタール症候群，躁状態では，発明，宗教，誇大妄想などが出現する。重症うつ状態では昏迷状態となることもある。治療は，急性期には薬物療法と休養を主体とし，自殺予防を念頭に置いた小精神療法（笠原嘉）を行う。うつ状態には，三，四環系抗うつ薬，選択的セロトニン再取り込み阻害薬（SSRI），躁状態には，

炭酸リチウムなどが使用される。昏迷状態および難治例に対しては電気けいれん療法が奏効することがある。中間期には認知療法や家族療法なども行われる。予後はよいが一部慢性化し，また再発も少なくない。頻繁に躁―うつ病相が入れ替わるラピッドサイクラーも知られる。
→うつ病，双極性感情障害　　　　（白石弘巳）

基本的人権　人間が，法によって与えられるまでもなく，人間として当然にもっている基本的な権利。人権，基本権とも呼ばれる。人権思想の歴史のなかでは，近代人権思想の基礎となる契約説（すなわち人間は国家成立以前の自然状態においては完全に自由であり，ただ自然法（人間自然の本性にかなった法）の支配だけがあったが，その反面，その生活には安全の保障がなかったので人々の合意によって国家をつくった。したがって政府は国民の自由と権利とを保護するためだけにその権力を行使することが許されている，という考え方）の下では，自然状態で人間がもっている自由を意味する。日本国憲法における人権は，このような人権思想の流れを汲むものであり，人間の尊厳性に由来する自然権として保障されている。人権にもさまざまな個別的人権があり性質に応じて分類すると，大きく自由権，参政権，社会権に分けることができる。自由権とは，国家が個人の領域に対して権力的に介入することを排除し個人の自由な意思決定と活動とを保障する人権である。「国家からの自由」と呼ばれ人権保障の確立期から人権体系の中心をなす重要な権利である。参政権は，国政に参加する権利であり「国家への自由」といわれ，自由権の確保に資する。社会権は資本主義の高度化に伴って生じた失業・貧困・労働条件の悪化などの弊害から，社会的・経済的弱者を守るために保障されるに至った20世紀的な人権であって「国家による自由」といわれる。　　　　　　　　　　（池原毅和）

基本的信頼〔basic trust〕　乳児期に獲得する精神発達の課題である。乳児は両親から温かさと，一貫性，愛撫などの刺激を求める。このような要求に親が効果的に応えているとき，乳児は自分の要求が満たされ，自分が価値ある存在ということを確信することができる。例えば，空腹や排泄物の不快感は，一定時間のうちに解消され，快感や欲求の満足を得られる。こうした経験が積み重ねられると，乳児は，欲求がすぐには満たされなくても，忍耐すれば必ず満してくれる母がいるという確信をもつようになる。この状態を「基本的信頼感」が確立したという。対人関係の基本として重要な意味をもつ。
　　　　　　　　　　　　　　　　（上林靖子）

基本的欲求〔primary need〕　もともと生得的に備わっている欲求（一次欲求）を指す。アメリカの心理学者マズロー(Maslow, A. H.)による欲求の階層構造（5段階）では，第1段階の本能的な食べる，眠る，排泄するなどの「生理的な欲求」，第2段階の身の安全や安定を求める「安全欲求」という生命の維持安全に身体的，生理的に欠くことができない二つの欲求が該当する。　→マズロー，欲求段階説　　（吉田直美）

期末一時扶助　生活保護法に規定されているもので，年末における特別需要に対応するため，12月の基準生活費に加算される一時金。いわゆる越年資金として，12月から翌年1月にかけて引き続き保護を受ける者に対して支給されるものであり，12月の途中で保護開始になった場合でも，日割計算されることはない。居宅の場合および入院・入所の場合でそれぞれ基準額が定められている。　→生活保護法，生活扶助
　　　　　　　　　　　　　　　　（並木麻理子）

記銘力〔registration, recent memory〕　見たり聞いたりした事柄を覚える能力のこと。記憶を3段階に区分した場合に，①知覚した事柄を認識する段階，②それを保持する段階，③後にそれを想起する段階，が考えられる。記銘とは第1の段階のことである。その際に，「特に覚えよう」とする意図をもって事柄を認識するときに「記銘する」という。心理テストに記銘力検査がある。大きく分けて「有関係」と「無関係」とがそれぞれ10組ずつあり，それぞれ対の言葉で成り立っている。前者としては，人：猿，医者：病人のような関係。後者の例では，谷：鏡，酒：村，響き：縁日のように無関係である。正答数，忘却数，追想の錯誤，その種類，再生時

間，これらの％などを求めて記銘力を判定する。
→記憶　　　　　　　　　　　　（宮崎忠男）

虐待　強い立場の者が，弱い立場の者に対して，支配的立場を利用して行う行為で，身体的虐待，性的虐待，放任や無視等の心理的虐待やネグレクト等がある。虐待の対象となるのは，児童，高齢者，障害者，配偶者である場合が多い。特に児童虐待は，子どもの成長や発達，人格形成に著しくマイナスの影響を及ぼすため，多くの国で社会問題視されている。近年の都市化や核家族化の進行は，家族の孤立や地域の連帯感の希薄化を招き，閉鎖的家庭内で行われる虐待の把握は難しく，発見が遅れ，心や身体の傷を深くしてしまう傾向にある。例えば育児や介護等に孤軍奮闘し疲労や孤立感から，つい虐待に及び，そのことに苦悩している虐待をする側の相談に応じ支援する活動も少しずつ取り組みが始まっている。子どもに対する虐待の禁止を定めた児童虐待の防止等に関する法律（平成12年法律第82号）が2000年11月20日に施行されたが，地域の関心と協力，社会的支援が虐待防止の鍵である。　　→児童虐待，高齢者虐待
（松岡秀純）

逆転移　⇨転移／逆転移

キャッテル〔Cattell, Raymond Bernard : 1905-1998〕イギリスに生まれる。ハーバード，クラーク，デューク大学等を経て，第二次世界大戦後は長くイリノイ大学の教授を務めた心理学者。因子分析を駆使して心理学的特性の階層的構造の解明や遺伝性の評価について膨大な研究を行った。また，知能について，二知能理論を提唱し，言語的な知識の蓄積を主にする結晶性知能と，知識の処理を主にする流動性知能を区別した。この考えは，特に成人期の知能発達に応用され，成人期から老年期にかけて，流動性知能は衰えていくが，結晶性知能は維持されることが見いだされている。　　　（中藤淳）

キャノン〔Cannon, Walter Bradford : 1871-1945〕ハーバード大学医学部教授の生理学者。情動の中枢起源説（キャノン・バード説）や，生活体の体内平衡維持説（ホメオスタシス説）などにより心理学に強い影響を与えた。情動の末梢起源説である有名なジェームズ・ランゲ説に対して，皮質下中枢たる視床および視床下部の役割を重視する中枢起源説を唱えた。また，生体が生命を維持するために自律系や内分泌系の働きを介して体内平衡状態を維持するというホメオスタシスの考えを提唱した。　→ホメオスタシス　　　　　　　　　　　（中藤淳）

キャメロン〔Cameron, Donald Ewen : 1901-1967〕スコットランド生まれ。1936年にグラスゴー大学で医学博士の学位を得る。1943年にカナダ・モントリオールのマクギル大学（McGill University）精神医学部門の教授に就任。今日のデイケアの創始者の一人である。1946年，長期入院による弊害を避けるため，総合病院に附属するデイ部門を創設した。当初はショック療法などの身体的治療をもデイ・ホスピタル患者に施した。後に，救急医療や集団療法，作業療法などを統合し再編した。ビエラによるデイケアがマールボロ方式と呼ばれるのに対し，キャメロンのデイケアはマクギル方式と呼ばれる。主論文に，「The day hospital」(1947) がある。　　→デイケア，ビエラ　　（住友雄資）

ギャレット〔Garrett, Annette : 1898-1957〕診断主義ケースワークを代表する研究者の一人で，ケースワーク教育に携わった。アメリカのカンザス生まれ。スミス大学大学院で教鞭をとり，亡くなるまで勤めた。1919年の全米ソーシャルワーク会議でケースワークに精神分析の理論や概念を援用する必要性を説き，その後精神医学ソーシャルワークへの関心が強まった。主著に，『Casework Treatment of a Child』(1942) がある。　　　　　　　　　（住友雄資）

ギャンブル依存　嗜癖行動のなかの過程嗜癖（行動嗜癖）の代表的なもの。ギャンブルという行為による報酬効果によって習慣化し，その行為の過程が自動化してしまった状態をいう。衝動のコントロールが困難になり，外部からの介入がないと行動を中止しにくい状態にまで陥る。借金・仕事上のトラブル・家庭内トラブルにより問題が表面化する。医学診断はあるが，服薬等の処置では改善されず，他の嗜癖同様，カウンセリングや同じ問題をもつ仲間とのグル

ープ体験から回復が始まる。　→嗜癖（しへき）
(山本由紀)

キュア〔cure〕　配慮を意味するケア（care）に対応する用語として用いられる。キュアとケアはもともと一つのものとしてともに人間の対人援助行為である医療を支えてきた概念である。キュアの概念は，病気・病人を直す（治す），治療する，悪癖などを矯正する，という意味がある。キュアは，傷病の客観的な状況を有効な方法によって変化させ，元の健康な状態に回復させることを目的としている。まず，病んだ部分を検査ということで可能な限り客観的・科学的な手段で調べ，診断ということで症状を特定し，それに対する適切な処置をほどこし，患者の健康と回復を図るべく治療を行う。そういったことから治療に対する的確な判断と処置のためには主観的な考えや感情は排除し，事実に基づく客観的な対応が求められることになる。キュアを構成している「科学的な研究の技術・経験の集積」は専門家を必要とし，治療者を強者の位置におく傾向を生みだす。　→ケア
(小久保裕美)

QOL　⇨クオリティ・オブ・ライフ

救急医療　1881年のウィーンで起きた劇場火災を契機に救急医療という概念が誕生したといわれている。わが国でも昭和初期から日本赤十字社や消防機関において救急業務が行われ，それに伴って救急医療が発展してきた。救急医療とは，突発的に発生した病気や外傷に緊急に対応する医療をいう。これまでは主に身体的な病気や外傷についての救急医療が究明されまた実践されてきたが，最近では精神障害や心的外傷に関する救急医療が究明されるとともに精神科救急医療がシステムとして機能するように制度化が図られている。
(吉川武彦)

救急救命士　「救急救命士法」（平成3年法律第36号）に規定される。厚生労働大臣の免許を受け，救急救命士の名称を用いて医師の指示の下に，救急救命処置を行う者。その症状が著しく悪化するおそれがあり，または生命が危険な状態にある傷病者が，病院や診療所に搬送されるまでの間，症状の悪化を防ぎ，生命の危険を回避するため，緊急に必要な気道確保や心拍回復，その他の処置を行う。消防署に勤務し，主に救急用自動車にて業務を遂行する。
(濱田彰子)

休業給付　⇨休業補償給付

休業補償給付　労働者が業務上の負傷または疾病による療養により働くことができないために賃金をもらえない場合に，働けなくなってから第4日目以降について，給付基礎日額（労働基準法上の平均賃金相当額）の60％が労災保険から支給される（労働者災害補償保険法第14条第1項）。「休業給付」は，通勤途上災害の場合の給付を指す（第21条第2号）。休業補償給付の支給が開始されるまでの3日間は待期期間といい，事業主は，労働基準法による休業補償（1日につき平均賃金の60％）を行わなければならない（労働基準法第76条）。　→給付基礎日額
(辻村昌昭)

救護施設　生活保護法に基づき設置される保護施設の一つであり，身体上または精神上著しい障害があるために日常生活を営むことが困難な要保護者を入所させて，生活扶助を行うことを目的としている。心身の状況に応じて，機能の回復または減退を防止するための訓練，作業を行う。入所者は，他法に基づく単一の障害を対象とする施設にはなじまないような重複障害者や精神障害者が多い。1989年度には通所部門が設置され，2002年度からは保護施設通所事業として位置づけられている。これは，保護施設退所者や社会生活に支障のある居宅の被保護者を通所させて生活面や就労へ向けての指導・訓練を行う通所訓練と，職員による居宅等への訪問による生活指導等の訪問指導とから成っている。他の保護施設が減少しているなか，救護施設のみが漸増している。　→保護施設
(大内直人)

救護法〔昭和4年法律第40号〕　救護法は，市町村の公的救護義務を規定し，さらに従前の恤救規則では不明確であった救護機関（被救護者の居住地の市町村長が国の機関として実施），補助機関（方面委員），救護内容（生活扶助，医療扶助，助産扶助，生業扶助），救護方法（原則

として居宅保護），救護施設（市町村や社会事業団体は，知事の認可を受けて養老院，孤児院，病院その他の救護を目的とする施設の設置が可能），費用負担割合（市町村の負担とし，国がその1/2，都道府県がその1/4を補助）を明確化した。しかし，救済対象は，貧困のため生活することができない者（65歳以上の老衰者，13歳以下の幼者，妊産婦，不具廃疾，傷痍その他精神または身体の障害により労務を行うに故障ある者）で，なおかつ扶養義務者が扶養できない者に限定する制限扶助主義をとった。また，救護を受けるべき者が，性行著しく不良なるとき，または著しく怠惰なるときは救護しない場合があることを規定している。被救護者は，普通選挙法の規定により，選挙権を行使する権利を失うという差別的側面もあった。さらに，要救護者に保護請求権は認められず，近代的権利性が未確立な反射的受益としての救護であった。救護法は，窮迫する国家財政の関係で直ちには実施されず，救護法実施促進運動の成果として改正された競馬法による財源確保後の1932年1月1日より施行された。なお，救護法は1946年旧生活保護法制定により廃止された。→恤救規則（じゅっきゅうきそく）　　（志水幸）

救助活動〔disaster relief〕　近年，災害や事故の態様も複雑多様化・大規模化の傾向を強めている。さまざまな態様の災害や事故があるが，災害を被災地域の対処能力を越えた，生態学的・心理社会的に重大な崩壊と定義し，事故を何れの事故をとってみても，人為的な要因に起因して発生しており，その影響は被災者にとどまらず，発生地域全域に与え，生態学的・心理社会的に重大な支障と定義づける。これらの災害や事故の発生時に生じる対策活動を総称して救助活動という。救助活動において，人命の救助が必要であるため，これに従事する救助者は専門的な知識・技術を要求され，特殊な訓練や技術研修を重ね，最新の資機材や装備を駆使し救助活動に当たっている。人命の救助とともにメンタルヘルスのケアは重要であり，最近の救助活動において，人命の救助とメンタルヘルスのケアが同時に救助計画のなかに組み込まれている。メンタルヘルスから一般的な対処は，①被害の事実，起こりうるトラウマ反応とその対応について，早期に情報提供すること，②被害状況，被災者や関係者のトラウマの予測，支援システムの状況などの情報を集め，総合的に評価すること，③トラウマ反応を回復させるための支援活動，④被災者，関係者の回復および支援過程を定期的にモニタリングすること，⑤モニタリングを通して，専門的ケアが必要なケースを治療機関に紹介すること，⑥同時にリマインダー（reminder）を残さないように，生態学的・心理社会的配慮を行うこと，⑦いずれの過程でもマスコミに対する対策には十分な配慮をすること，等が必要である。日本は欧米に比べ，トラウマ対策は発展途上にあるが，海外人質事件での対応に関する研究等取り組まれるようになってきている。　→心のケア　　（岡田清）

求職者給付　雇用保険は，失業者を対象とした求職者給付が「失業等給付」中で中心をなすが，そのなかでも，一般被保険者（雇用保険法第4条，第5条）に対する求職者給付のなかで，基本手当が最も重要といえる。この手当は，被保険者が失業した場合に原則として離職の日以前1年間に被保険者期間（第14条）が通算して6か月以上あるときに支給される（第13条）。短時間労働被保険者の場合（1週間の所定労働時間が20時間以上あり，6か月以上引き続き雇用されることが見込まれる者，年収90万円の要件は撤廃）には，受給資格期間が離職の日以前1年間に被保険者期間が1年以上である。この求職者給付は，基本手当，技能習得手当，寄宿手当および傷病手当から構成されている（第36条，第37条）。高年齢継続被保険者の求職給付（第6条第1号）は，一般求職者給付と異なり，被保険者であった期間に応じて，基本手当の日額の30日分（被保険者期間が1年未満），50日分（同，1年以上）が一時金として支給される（高年齢求職者給付金，第37条の2）。さらに，積雪寒冷地での冬期の雇用が難しい地域では季節的失業が発生しやすい。これらの農村地区からの出稼ぎ・季節労働者には一般被保険者と切り離して，短期雇用特例被保険者として，求職

者給付として特例一時金を支給する制度となっている（第38条）。そして，日々雇用される者および30日以内の期間を定めて雇用される日雇労働者（第42条）は，一定の要件を充足する者が日雇労働被保険者となる（第43条）。この種の労働者の求職者給付は，法定の要件に則って日雇労働被保険者手帳の交付を経て，日雇労働求職者給付金が支給されるかたちとなっている。日額および支給日数等につき他の求職者給付と異なる（第48条以下）。　　　　（辻村昌昭）

急性アルコール中毒〔acute alcohol intoxication〕　アルコール摂取後，解毒や排泄されるまでの間にアルコールの麻酔作用によって精神，身体に変化が生じた状態。酩酊。酩酊は単純酩酊と異常酩酊に分けられる。単純酩酊は，アルコールの血中濃度が高まるに従い，気分高揚，多弁，言葉のもつれ，運動失調から昏睡に至る経過をとる。血中アルコール濃度は，通常の酩酊状態で0.01～0.05％，昏睡状態で0.4～0.5％，0.5％以上ではエタノールの中枢抑制作用により死に至るとされる。「一気飲み」などの飲酒文化が重篤な急性中毒の一因となっている。異常酩酊は病的酩酊と複雑酩酊に分類される。病的酩酊とは，突然激しい興奮や攻撃的行動などを示し，その後急速に睡眠に移行するもの。その間の記憶は欠如しており，普段の人格との乖離が激しい。飲酒量が多くなくとも生じることがある。複雑酩酊は，多量の飲酒によって起きる激しい興奮や攻撃的行動で，ある程度普段の人格と関連が認められる。　（白石弘巳）

旧生活保護法〔昭和21年法律第17号〕　1946年，占領軍総司令部（GHQ）によって日本政府に示された覚書「社会救済（SCAPIN775）」を参考に，1929年に制定された救護法をはじめとする各種の救貧法規を根本的に改正して制定された統一的な公的扶助法であったが，現行生活保護法の制定（昭和25年法律第144号）によって廃止された。無差別平等の原則を採用し，国家責任による保護の実施を明文化するなど，わが国初の近代的公的扶助制度といえる。生活，医療，助産，生業，葬祭という五つの保護の種類を規定するとともに，保護に要する費用の負担割合を，国が8割，都道府県が1割，市町村が1割と定め，その後の福祉立法の標準となった。しかし，要保護者の保護請求権は認められておらず，制定当初には不服申し立て権も認められていなかった。また，素行不良者，怠惰者のほかに，扶養能力のある扶養義務者のいる要保護者も保護の受給対象者から除外したり，無給で非専任の名誉職である民生委員が実施機関である市町村長の補助機関として保護事務を行っていたなど，従来の救貧思想や救護法以来の実施体制を払拭できない面があった。このため，生活保護行政の運営が複雑化するなかで，生活困窮者や要援護階層に対する施策として不十分であった旧生活保護法は，4年に満たない期間でその姿を変えることとなった。　→生活困窮者緊急生活援護要綱，生活保護法，民生委員制度　　　　　　　　　　　　　　（坪内千明）

急性心筋梗塞　冠動脈の硬化閉塞による心筋の死である。急性心筋梗塞での死因は致命的な不整脈で速やかに冠動脈集中治療施設に搬送し対応することが患者の生命の予後を決定する。最近は経皮的冠動脈形成術（PTCA）やさらにロータブレータ（高速回転アテレクトミー）による治療が行われる。また，不整脈に対して心房細動除細動装置（カウンターショック）により不整脈を停止させ洞リズムに回復させ生命を救う。　→冠動脈性疾患，心筋梗塞　（山口芳里）

急性腎不全　循環不全，脱水等，腎実質の病変，尿路の閉塞，結石や腫瘍による外部よりの圧迫等により急激な腎機能の低下を起こし，窒素代謝や水，電解質の排泄が十分にできなくなり体液の量，質等が異常になった状態をいう。血中の尿素窒素やクレアチニンが上昇する。腎機能が30％以下になると血漿アシドーシスを起こす。10％以下になると尿毒症を起こす。血液透析療法，腹膜透析療法等を行う。延命を目的とするばかりではなく，社会復帰を目指す。
　　　　　　　　　　　　　　（山口芳里）

急性ストレス反応〔acute stress reaction〕もともと精神障害がなかった人が，身体的，精神的に非常に強いストレスを受けたとき引き起こされる一過性の反応。ストレスの程度は生命

に危険（自然災害，事故，戦争，暴行など）が及ぶ程度のものや肉親の度重なる死，財産や社会的な地位の喪失など脅威的な変化が突然起きる体験などである。症状は典型的には，初期の混乱状態では眩惑，解離性障害などの意識野の狭窄，失見当識（状況を把握できない状態）が起き，続いて逃避反応としてひきこもりや遁走などの過活動が続く。その間には強い不安感，恐怖感，自律神経症状を伴っている。通常，反応はストレスにさらされるとすぐに（数分以内）引き起こされ，ストレス状況から離れると急速に（数時間以内から2，3日）消失していく。　→適応障害，外傷後ストレス障害　（高原利明）

急性中毒〔acute intoxication〕　一般的な定義は，身体内で毒物（アルコール，薬物，金属，農薬など）が化学反応を起こし，身体的，精神的な諸機能の障害を引き起こすことをいう。通常，薬物摂取量が多いほど重篤な状態を呈し，ときに死に至ることもある。しかし致死的でなければ，時間の経過とともに薬物が体内から排出され，中毒症状はなくなっていく。例外的に身体疾患（腎不全，肝不全で薬物排泄機能が低下している）を合併している人の場合，アルコール分解酵素がない人が無理やり飲まされた場合，本人に知らせずに嫌酒薬を飲まされているなどの場合では少量でも中毒症状を呈することがある。精神科的にはアルコールと精神作用物質（麻薬類，有機溶剤，向精神薬，睡眠薬など）の使用が問題となる。遊興で自発的，積極的に摂取され，意識の変容を起こさせ社会的な問題行動を引き起こすことがこれらの物質の特異的な問題でもある。これらの物質が体内に入って吸収され，意識障害を起こすまでの症状は薬物によって特徴的であったりなかったりする。個人の反応様式でも差がみられることもある。そのため疾患分類も身体的，精神的な併発症状で下位分類が行われている。急性中毒状態を脱し，物質の摂取が行われていないにもかかわらず，急性中毒と同じ症状を呈することがある。これをフラッシュバックという。フラッシュバックでは意識混濁まで引き起こすことはなく，意識消失以前の反応様式が再現される。例えば，幻覚や妄想などである。睡眠不足，疲労，ストレスなどの誘因があるものからないものまである。急性中毒は通常は一過性のものであるため，治療は摂取の中止と排泄までの管理が中心である。特別の解毒剤はなく，輸液などで排泄を促進させ，その間の安静を保たせる。また排泄困難な症例では腹膜透析や血液透析が行われることもある。　→精神作用物質，フラッシュバック　（高原利明）

急性灰白髄炎　⇨ポリオ

級地制度　生活保護法において厚生労働大臣が定める保護基準の一つ。各地域の生活様式，物価の違いなどによる生活水準の差に対応し，適正な生活保護基準を設定するために設けられた制度。全国の市町村を単位に6区分（1級地＝大都市および周辺市町，2級地＝県庁所在地など中都市，3級地＝それ以外とし，この級地内にそれぞれ2区分の級地を設定）の級地に分類して，生活扶助，住宅扶助等の基準に格差をつけている。　→生活扶助　（畑江倫子）

急迫保護　他管内に居住地があることが明らかであっても，要保護者が急迫した状況にあるときは，その急迫した事由がやむまでは，その者の現在地を所管する実施機関が生活保護を実施すること。急迫した状態とは現実に身体，生命に危険がある場合のみに該当。外出先のA市にて病気で倒れ，その者の居住地のB市が扶養義務者との連絡もつかず，もし放置すれば生命の危険があるような場合，A市が病院に入院させるなど生命の安全をはかる。急迫した事由がやめば直ちにB市に通知し保護の実施機関を変更する。　→職権保護，居住地保護　（平木美保）

救貧法〔イギリス〕〔The Elizabethan Poor Law Act of 1601 (The Great Poor Low Act)〕　エリザベス救貧法は，イギリス16世紀のチューダー絶対王政の下で次第に形成され，1601年エリザベスⅠ世治世第43年の立法により再編成されたものの通称である。同法は，地方自治の末端組織である教区ごとに治安判事と貧民監督官を任命し，救貧税の課税，無能力貧民の保護，懲治監等の建設，浮浪者や乞食の処罰等を規定し，中央集権的な救貧行政を確立したものであ

る。同法では，貧民を労働能力の有無によって有能貧民，無能貧民，要保護児童に分類し，有能貧民には懲治監または労役場での強制就労，無能貧民および児童には祖父母から孫に至るまでの扶養義務を明確化した。扶養が困難な無能貧民には救貧院に収容した上で生活の扶助を，児童には徒弟奉公（男子24歳，女子21歳または結婚まで）を強制する措置を規定した。その後，1722年に苛酷な条件の下に労役場（ワークハウス）収容を忌避させるワークハウステスト法（Workhouse Test Act）が，1782年には有能貧民に対する就労斡旋による院外救済の道を開いたギルバート法（Gilbert's Act）が制定された。さらに，1795年のスピーナムランド制度（Speenhamland System）による賃金補償は，院外救済の一層の拡大に貢献した。しかし，1834年の新救貧法（改正救貧法）では，再び有能貧民の院外救済を禁止，劣等処遇の原則，全国統一の原則が徹底された。この原則は，1948年の国家扶助法成立時まで存続された。　→新救貧法〔イギリス〕，ギルバート法　　　　　（志水幸）

給付　社会福祉での給付については，大きく現物給付と現金給付がある。現物による給付としては，現品の給付または貸与，医療の給付，施設等におけるサービスの給付等が挙げられ，金銭による給付以外の方法で実施されるものを指す。金銭での給付が適当ではない場合に実施されるもので，わが国社会保障制度における具体例としては，健康保険等の医療保険や生活保護の医療扶助が，医師による診療，投薬等を内容とする制度の性格上，現物での給付を原則としている。また，高齢者や障害児・者等に対する福祉用具等の提供，施設や在宅での介護，これらに関する本人や家族からの相談等のサービスも現物での給付である。これに対して，金銭の給与または貸与により，主として経済的援助性に対応するのが現金給付，金銭給付（社会保険各制度は現金給付，生活保護は金銭給付としている）である。　→現物給付，現金給付
（船水浩行）

給付基準額制度　薬の多量投与やより高価な薬剤を使用する誘因となる薬価差益（医療保険制度から医療機関に給付される薬価と実際に医療機関が購入する薬剤の価格との差）を解消する方法として，1999年1月，厚生省の医療保険福祉審議会制度企画部会がとりまとめた意見書（「薬剤給付のあり方について」）において提案された制度である。その内容は，現行の薬価基準制度を廃止し，効能が同じ医薬品のグループごとに市場実勢価格に基づいて医療保険から給付する上限額（「薬剤定価・給付基準額」）を定め，それを上回る医薬品を選択する場合は患者負担とするというものである。ドイツの参照価格制度をモデルに検討されたことから日本型参照価格制度ともいう。しかし，医師会等の反対で白紙撤回された。　→薬価基準　　（北場勉）

給付基礎日額　労災保険の現金給付（療養（補償）給付，葬祭料（葬祭給付）の定額部分，介護（補償）給付を除く）の額は，「給付基礎日額」をもとにして計算される。給付基礎日額は，労働基準法上の災害補償との均衡もあって，労働基準法にいう平均賃金（一生活日当たりの賃金）に相当する額である（労働者災害補償保険法第8条第1項，労働基準法第12条）。つまり，原則として，業務上の事由または通勤による負傷や死亡の原因となった事故が発生した日または医師の診断によって病気にかかったことが確定した日（算定事由発生日）の直前3か月間にその労働者に対して支払われた賃金の総額を，その期間の総日数で割った一生活日当たりの賃金をいう。しかし，この算定にあたっては，労働基準法上の平均賃金と異なり，最低額の保障等の調整がなされたり，賃金水準の変動に応じその額を改正する物価スライド制また1990年の改正により療養開始後1年6か月を経過した者に支給する休業（補償）給付の額の算定基礎となる給付基礎日額や，年金たる保険給付の額の算定基礎となる給付基礎日額には，年齢階層別の最低限度額や最高限度額が設定されている（労働者災害補償保険法第8条〜第8条の5）。
（辻村昌昭）

給付・反対給付均等の原則　保険事故が発生した場合に支払われる保険金の数学的期待値に，純保険料を等しくするという原則で，P=

wZ（Pは純保険料、wは保険事故の発生確率、Zは保険金額）という式で表される（保険料は、保険給付を賄うための純保険料と、保険事業運営の諸経費に充当する付加保険料とで構成される。ただし、社会保険では通常公費補助が付加保険料の代わりとなる）。この原理は、同じ保険の加入者でも、事故発生の確率が高い者ほど、比例的に高い保険料を負担することを意味する。そして、個々の加入者についてこの原則が満たされると、保険集団全体でみた場合には、純保険料の総額と保険給付金の総額とが等しくなる（収支相等の原則）。なお、加入者ごとの事故発生確率にかかわらず、保険料が一律に設定されている公的保険では、給付・反対給付均等の原則は満たされていない。　→私的保険、保険事故
〔菅谷広宣〕

キューブラー・ロス〔Kübler-Ross, Elisabeth : 1926-〕　スイスで生まれ、アメリカで活躍した精神科医。臨死患者のケアについての先駆者で、死の準備教育の必要性を強調した。著書『On Death and Dying（死ぬ瞬間）』（1969）では200人の臨死患者への面接から、死にゆく過程として、否認、怒り、取引、抑うつ、受容の5段階を示した。ただし、臨死患者が必ずこの段階を経るか、またこの過程だけが適応的な死にゆく過程であるかについては、実証されてはいない。
〔川野健司〕

橋（きょう）〔pons〕　頭蓋内神経組織のある部分を形態学的につけられた名称。神経組織は、末梢神経が脊髄で束になり、頭蓋骨内部に入ると延髄、橋、中脳、間脳、大脳と呼ばれるようになる。橋は延髄と中脳の間に位置している。橋自体は器官ではなく、部位を指す。末梢神経と大脳を結ぶ神経経路やその他の神経組織と結ばれる神経の束として観察される。肉眼的な形態から橋と呼ばれるようになった。〔高原利明〕

教育基本法〔昭和22年法律第25号〕　日本国憲法における理想の実現のためには、「根本において教育の力にまつべきもの」であり、その日本国憲法の精神に則り、戦後の「教育の目的を明示して、新しい日本の教育の基本を確立する」ために制定された法律である。1947年に公布されて以降、一度も改正されておらず、学校教育法等教育関連法の基本的法律として重要な役割を担っている。教育の目的、教育の方針はもより、教育の機会均等、義務教育、男女共学等に関する規定がある。また、国・地方公共団体は、学校教育のほかに社会教育をもって教育の目的の実現に努めなければならないと規定されている。その他、政治的教養の重要性と政治教育の限界、宗教教育については信教の自由と教育上の限界について明記され、教育行政の役割については、「教育は、不当な支配に服することなく」遂行されるべきことが明記されており、教育に対する教育行政の限界と自覚が規定されている。
〔植木信一〕

教育訓練給付　雇用保険法により、働く人の主体的な能力開発の取り組みを支援し雇用の安定と再就職の促進を図るために、一定の要件を満たす一般被保険者（在職者）および一般被保険者であった人（離職中の人）を対象に、これらの人が自ら費用を負担して厚生労働大臣の指定する教育訓練を受講し、終了した場合に、要した費用の一部を支給する制度である。受給要件は、①一般被保険者あるいは一般被保険者であった者で被保険者でなくなってから厚生労働省令で定める一定期間以内の者（雇用保険法施行規則第101条の2の3により1年以内）が、②厚生労働大臣の指定する教育訓練を受講し、修了した場合に、3年以上の被保険者期間があれば、支給される（従来は、5年以上）（雇用保険法第60条の2第1項・第2項）。支給は、支給要件期間に応じて、それが5年以上の場合は費用の40％(20万円が上限、8000円を超えない場合は不支給)、3年以上5年未満の場合は費用の20％(10万円が上限、8000円を超えない場合は不支給)である（雇用保険法第60条の2第4項、雇用保険法施行規則第101条の2の5）。
〔辻村昌昭〕

教育的リハビリテーション〔educational rehabilitation〕　本来リハビリテーションとは、種々の障害に対してその機能回復を目指して統合的になされるものであるが、そのなかで特に教育的な接近を行う分野を教育的リハビリ

テーションと呼ぶ。そのなかで「障害の受容」を学ぶという意味合いは大きい。児童の発達障害や自閉症、学習障害、注意欠陥障害などでは行動療法に基づく接近、例えばトークンエコノミーなどの技法が用いられる。言葉の遅れに対する言語聴覚士などの仕事も含まれよう。こうした分野は治療と教育の要素を併せもっているため療育と呼ばれたりする。精神障害に対してはSSTや家族教室（特にハイEE家族を対象とした）などは優れて教育的である。近年サイコエデュケーション（心理教育）という分野は大幅に対象を広げ、PTSDの治療などの分野にも進出している。そういったものも広い意味でこれに含まれる。　→障害受容　　（丸山晋）

教育扶助　生活保護法に定められた扶助の一つで、義務教育にかかる経費に対応するもの。学用品や通学用品などの費用が小・中学校別の基準額によって支給されるほか、学校給食費、通学に必要な交通費、教科書に準じるワークブックや辞書の購入にかかる教材代などが支給される。また特別基準として、学級費、教育委員会の定めた夏季施設に参加する費用などが支給される。なお、教育扶助は義務教育だけを対象としており、高校などの教育費は対象としていない。高校の修学については、修学がその世帯の自立助長に特に効果的と認められる場合で、その費用が扶養義務者の援助や育英会などの学資資金で賄われる場合などに限って認められている。　→生活保護法、保護の種類
　　　　　　　　　　　　（並木麻理子）

教育問題援助　教育問題援助には、①疾病が就園・就学時に発症した場合に、通園・通学がクライエントの望むかたちで行われるための援助、②療養中の機関における教育保障のための具体的援助、③疾病により就学の機会を逸した場合の援助、再教育を受ける権利の保障、などがある。①については、主治医、専門職チーム、家族、学校が連携して、クライエントのプライバシーに配慮しながら、クライエントの希望に沿ったかたちでなされることが望ましい。②については、クライエントが学ぶための環境的配慮が重要である。どのような工夫をすれば、学ぶ環境が保てるのか、クライエントを交えて考えることが大切である。③については、クライエントのニーズに沿ってさまざまな学びの場を創出することが望まれる。　（小久保裕美）

教育を受ける権利　そもそも人間の自由や幸福は豊かな知識と教養を前提にして初めて有意義に実現されるものであるから、日本国憲法第26条の規定にかかわらず第13条の保障する「幸福追求権」がすべての国民が教育を受ける権利も当然内包している。これに加えて第26条第1項は「すべて国民は、法律の定めるところにより、その能力に応じて、ひとしく教育を受ける権利を有する」と規定する。これは、国に対して合理的な教育制度と施設を通じて適切な教育の場を提供することを要求する権利である。ただ、この第26条での教育を受ける権利の内容は国に対して要求する権利（社会権）であり、その内容は広汎かつ多面的であるから法的権利ととらえても抽象的なものにならざるを得ない。
　　　　　　　　　　　　（池原毅和）

共依存〔codependency〕　アルコール乱用やアルコール依存症は周囲に広範な影響、関連を有するが、そのなかで最も深刻に巻き込まれるのは本人の家族である。多くの家族は本人の過飲がもたらす多大な家族ストレスを、家族解体すれすれのところでかろうじて対処しており、その結果妻には心気症や神経症も多くみられ、子どもたちにもさまざまな行動・情緒障害が観察される。対人関係上では、典型的には世話焼き行動を特徴とする共依存関係を呈することがある。強迫的ケアの対象があってこその自己維持であるため、相手の回復を目指して世話しているつもりが、結果的には問題の維持、錯綜化に寄与してしまうという逆説的な対人関係パターンが観察されている。このような逆説的な人間関係パターンを演じる立場にある者をイネイブラーと呼び、またそうした逆説的な人間関係パターンが「共依存」と呼ばれている。共依存の概念は科学的に根拠のある定義ではなく、臨床現場から体験的に立ち上がってきた用語であるが、アルコール／アディクション臨床現場では大きな話題と関心を引き起こした。現在では、

共依存のもつ意味や作用は異なって議論されることもあり，特にフェミニズム・セラピストからは従来の共依存概念の理解の仕方があまりにも男性社会に根ざすものと批判もされている。
→イネイブラー　　　　　　　　（清水新二）

強化〔reinforcement〕ある刺激が与えられたときにある反応（反射・行動など）の生起が高まること。条件反射の実験においては，ベルを聞いただけで犬はよだれを流すという反射が後天的に形成される。この際にベルとともに餌を与えると条件反射が強められる，これを強化という。このような強化を与えないでおくと反射は消失してしまう。さらに生体の行動全体に関係しこの概念が用いられ，ある反応に報酬や賞，もしくは罰によってその反応が強められるときに，強化されるという。これを「強化工作」と呼ぶ。学習を説明するための原理として「刺激と反応の結びつき」を考えた場合にその結びつきを強めることを強化という。例えば，サーカスの動物に対して，ある芸を要求してそれに反応した際に，好物の餌を与えると，刺激と反応が結びつく。このように強化をもたらす刺激を強化子という。強化スケジュールとは，反応が現れる際にどの反応なり行動なりをより強化させるかという決定，もしくは，強化の配合の明確化された調整をいう。つまり，いかなる条件下でどのような反応の生起を強化するかということについて，環境側の規則を決めることで，反応や時間経過などを入力とし，「強化子」を含むさまざまな「刺激」の提示を出力とするある種の関数である。例えば，「固定間隔スケジュール」では，報酬は反応の数分後など特定な時間に，最初に獲得された反応に付随したものとして与える。間隔を短くすると反応数が増加する。強化の時間が短縮するにつれて反応は増大化する。　→オペラント条件づけ　　　（宮崎忠男）

境界型人格障害〔borderline personality disorder〕情緒不安定，衝動性，慢性的な空虚感，不安定な対人関係を特徴とする人格障害。伝統的な精神医学では統合失調症（精神分裂病）と診断されたもののなかから神経症との中間的な状態にあると考えられたものを境界例と分類してきた。しかし，境界例と分類された範疇には異なった多くの病理が含まれていた。その研究発展で，境界例から境界型分裂病が後に分裂病型人格障害として独立した疾患概念に分類された。その結果，境界例の概念は人格障害としての輪郭がより明確にされることになった。境界（border）としての対象疾患は精神病よりは気分の障害との関連性が深いものと考えられるようになっている。境界型人格障害の概念は，アメリカのDSM分類のなかで明確に表現されるようになってきた。DSM分類に最も影響を与えた研究者としてカーンバーグ（Kernberg, O. F.），ガンダーソン（Gunderson, J. G.），シンガー（Singer, M. T.）らがよく知られている。境界型人格障害の概念は今なお変化の途上である。　→人格障害　　　　　　　　（高原利利明）

境界型分裂病〔borderline schizophrenia〕統合失調症（精神分裂病）と神経症の間に位置するという考え方で分類されていた時代の境界例のなかに，統合失調症の中核的な症状はないものの，思考や行動が統合失調症を強く示唆させる一群につけられた名称である。統合失調症患者をもつ家族の性格の偏りについては昔から遺伝的要因が指摘されてきた。統合失調症の遺伝学的な研究は，クレペリン（Kraepelin, E.）の統合失調症の家族の性格の偏りについての研究以来，双子の研究，人格障害の研究など数多くがなされてきた。境界型分裂病の遺伝的連続性が明確にされたのはケティ（Kety, S.），ローゼンタール（Rosenthal, D.），Schulsinger, F.らが行ってきた遺伝学的家族研究によってである。1961年にNIMHが研究グループをつくり，デンマークの資料を用いて養子研究が大規模に行われ，分裂病スペクトラム障害（統合失調症と関連の深い障害）のなかから最も統合失調症と関連の深い障害はこの境界型分裂病であるということを明確にした。後にアメリカのDSM-III分類作成過程で，彼らの研究をもとに多くの議論がなされて，分裂病型人格障害という疾患単位で分類されることになった。この障害をもつ人は思考や言動が非常に奇妙，あるいは風変わりであることが特徴として挙げられている。

対人関係が希薄で社会的にひきこもる姿は分裂病質人格障害や統合失調症の発病前の前駆期や慢性分裂病の陰性症状と外見上区別がつかない。その区別は，本人なりの奇妙な思考（ときに魔術的思考）や体験，感情が，他の障害や症状と異なり日常的に存在していることであると規定されている。しかし，彼らの奇妙な外見から精神内界を知ろうとしても，彼らがコミュニケーションをもちたがらないため，通常本人から直接聞かされることはほとんどない。不適応時に聞かされる精神内界は精神病状態をも呈するので他の障害と区別がつきにくい。そのためこの障害を人格傾向とみる人たちから，軽い精神病状態とみる人たちまでいて，臨床的に判別することは容易ではない。ICD-10 では分裂病型障害に分類され，統合失調症周辺の障害というより広い概念のなかに位置づけられている。
→分裂病質性人格障害，分裂病型障害

(高原利明)

共感 一般的には，他者の体験する感情や心的状態，あるいは主張などを，自らも全く同じように感じたり理解したりすることを意味する。共感的理解という用語に置き換えて用いることが多い。他者への共感的理解とは，精神保健福祉士にとって対人援助の基本といえる。他者が言語化した感情や主張などや他者の姿勢・表情・身振りなどから，他者の心情を他者に即して感じたり理解したりすること，そしてこのことをお互いに確認し合ったり分かち合ったりすることが，共感的理解にとって最も必要なことである。このような共感的理解によって，精神保健福祉士は他者を支えることができるし，その効果は大きいといえる。しかし精神保健福祉士の性急な解釈や安易な理解，一方的な思い込みなどによって援助関係に悪影響を及ぼすことがある。精神保健福祉士の感性を磨くことが問われるゆえんである。　→ラポール

(住友雄資)

教護院　⇨児童自立支援施設

強行法規／任意法規　個人意思自治の原則からは，個人が自由に表示した意思どおりの法律効果が付与されるべきであるが，公の秩序に関する事項（公法や家族制度，経済的弱者保護の規定）を各人が自由に決定できるとすれば混乱を生じるので，一定の事項を個人の意思とは関係なく決定しているのが強行法規であり，これと異なる意思表示をしてもその効力は否定される。これに対して任意法規に反する意思表示をした場合は，意思表示が優先される。

(池原毅和)

共済年金　公務員や私立学校教職員など共済組合の組合員に支給される年金である。共済組合は，同種の職種あるいは同一の事業などに従事する者の相互救済を目的とする団体で，明治末期の鉄道，通信，印刷，造幣，専売など官業における現業員共済組合を起源とする。現在は国家公務員共済組合，地方公務員共済組合，私立学校教職員共済の 3 種類がある。各共済組合の事業は，医療給付，災害給付など短期給付事業と，年金給付など長期給付事業および福祉事業に大別されるが，そのなかの長期給付事業より支給される年金を共済年金と呼ぶ。共済年金は，厚生年金，国民年金とともに日本の公的年金の一つである。1985 年の年金改革により，共済年金は独立した年金制度から国民年金（基礎年金）に上乗せした報酬比例年金として位置づけられた。給付には，退職共済年金，障害共済年金・障害一時金，遺族共済年金の 3 種類がある。支給要件については基本的に厚生年金と同じだが，民間の企業年金を考慮し，年金額は各給付とも厚生年金相当部分（二階部分）に職域年金相当部分（三階部分）を加算した額となる。また，旧 3 公社の日本鉄道（JR），日本たばこ産業（JT），日本電信電話（NTT）の共済年金制度は 1985 年に国家公務員共済年金制度，1997 年には厚生年金制度に統合され，農林漁業団体職員共済年金も 2002 年に厚生年金制度に統合された。財政基盤の安定化を図るため，国家公務員共済年金と地方公務員共済年金も今後一元化されることになっている。　→国家公務員共済組合，地方公務員共済組合，私立学校教職員共済

(李蓮花)

きょうされん〔Japan Association of Community Workshops for Disabled Persons〕

きょうされん（旧称・共同作業所全国連絡会）は1977年，16か所の共同作業所で結成された。現在加盟している所は小規模作業所，授産施設等約1500か所。障害のある人たちの働く場と地域生活を支えていくための事業体と運動体として活動している。1994年「社会福祉法人きょうされん」設立。現在も障害者関係団体の主力団体の一つ。1997年に『20周年記念誌』を刊行。活動経過を詳しくまとめている。　→小規模作業所
（上野容子）

共助　⇨自助／共助／公助

狭心症　心筋が一過性の虚血状態になりけいれん発作を主とする症候群をいう。心筋梗塞と異なり心筋の壊死ということはない。運動等によって心臓に負担がかかると冠動脈の狭窄が75％でも発作が起こり，また強い狭窄の場合は少しの運動負荷でも発作を起こす。労作性狭心症という。発作には胸の痛みを伴ったり，胸が締めつけられる重苦しい圧迫感がある。痛みの時間は長くて15分程である。心筋梗塞のときは30分以上続く。発作は心筋を傷つけるばかりでなく心筋梗塞や危険な不整脈を起こすことがある。予防には肥満の解消，血圧の管理，減塩，禁煙，運動，日常生活の改善等に注意することが必要である。検査としては心電図，ホルター心電図，負荷試験，心エコー，三次元CT，心筋シンチ，冠動脈血管撮影等を行う。　→心筋梗塞
（山口芳里）

共生　もともとは，異種の生物が緊密な関係を保ちつつ，互いに利益を受けながら，あるいは一方だけが利益を受けるかたちで，共同生活をすることをいう。共生には，明らかな利害関係がなく食物・空間の共有が行われている場合や一方が害を与えることなく利益を受ける場合の片利共生，相互に共に利益を受ける場合の相利共生，一方が害を与えつつ利益を受ける場合の寄生がある。片利共生，相利共生，寄生の関係はきわめて複雑で，例えば寄生から相利共生の関係に移行することがあるように，各々の関係が発展したり，移行することがみられる。このようにとらえると，さまざまな生物は共生しており，生態系は共生によって成り立ち，また生命体は共生によって維持され，進化してきたといえる。社会学では，「共生」を，「人間相互間のそして人間と環境との自律的，創造的，生き生きとした関係と，またそのような関係のなかで実現される個人の自由」と定義している。共生社会として考えると，男女共生社会という言葉がある。このことは，自然的生物学的性とジェンダー（性別役割分業に示される社会的文化的性）を区別し，自然的生物的性および社会的文化的性の豊かさを否定してはいないが，政治レベルから家庭生活に至るまで男女の対等・平等関係が貫かれた自立と連帯の社会をいう。社会福祉の観点でとらえると，共に生きる（共生）社会は，障害の有無にかかわらず，すべての人が互いの差違を尊重し助け合い支え合って生きる共生モデルであり，社会福祉の目指すところである。このように，共生は，幅広く奥深い意味があり，共生することにより人類の発展があり，これからのキーワードとなっていく言葉といえる。　→ノーマライゼーション
（高橋松代）

行政事件訴訟法〔昭和37年法律第139号〕行政訴訟とは，行政活動に関する紛争につき裁判所によって解決を図るための特別の制度である。そもそも国民は行政活動によって権利や利益を侵害された場合に民事訴訟によってその権利や利益を守ることができるのであるが，民事訴訟とは別に行政訴訟という制度が設けられたのは，行政活動が一個人の活動ではなく公益の実現を目的とするために私人間ではみられない権力的な活動を伴うからである。行政事件訴訟法は，この行政訴訟制度について定めた法律である。大日本帝国憲法の下では，行政活動に関する紛争については通常の裁判所とは異なる行政裁判所が設けられ，訴願法という不備な法律によっていた。その後日本国憲法の下で行政裁判所は廃止され，行政事件も通常裁判所の裁判権に服するようになったが，同時に制定された行政訴訟制度は不備なものであったために，1962年に制定されたのがこの法律である。行政訴訟は行政上の不服申し立て制度とともに行政争訟といわれるが，行政訴訟は審査機関が裁判

所であるのに対して不服申し立ては行政内部の救済制度である点に大きな違いがある。行政訴訟には抗告訴訟、当事者訴訟、民衆訴訟、および機関訴訟がある。前二者は国民の個人的な権利利益の保護を目的とする主観訴訟であるのに対し、後の二者は客観的な秩序維持のための訴訟であり客観訴訟といわれる。このうち、行政庁の公権力の行使に対する不服の訴訟である抗告訴訟が行政事件訴訟法の中心になっている。

(杉浦ひとみ)

矯正施設 法務省矯正局の管轄下にある施設、すなわち刑務所、少年刑務所、拘置所、少年院、少年鑑別所、婦人補導院等を指す。第二次世界大戦後、法務省では犯罪者の強制収容施設の管理および被収容者の処遇は、矯正局が分掌するものとされ、それに伴って犯罪者の強制収容施設は矯正施設、そこでの被収容者の処遇は矯正処遇と呼ばれるようになった。矯正とは、犯罪者の改善を目指すものであることからすれば、未決拘禁者を収容する拘置所を矯正施設と呼ぶことは適当でないとの批判もある。施設内処遇(犯罪者または犯罪の被疑者を強制収容施設に収容して処遇すること)と呼ばれるものも、矯正処遇と同じ意味として用いられることが多い。

(杉浦ひとみ)

矯正施設長通報 矯正施設の長は、精神障害者またはその疑いのある収容者を釈放する(退院、退所させる)際、事前に本人の帰住地、氏名、性別、生年月日、症状の概要、釈放、退院または退所の年月日、引取人の住所および氏名を、帰住先の都道府県知事に通報しなければならない。精神保健福祉法第26条に規定されている。通報を受けた知事は、必要な場合には、措置入院の要否を判定する診察を行わなければならない。 →矯正施設

(川口真知子)

強制適用事業所 社会保険の基本的要件の一つは強制加入を原則としている点である。健康保険や厚生年金保険のように職域保険の場合には、雇用されている事業所単位に加入の網をかけていく方法をとっている。健康保険・厚生年金保険では法律で掲げている事業所もしくは事務所で常時5人以上の従業員を使用するものを強制適用事業所としている。こうした事業所に雇用されている者を強制適用被保険者としている。社会福祉法に定める社会福祉事業および更生保護事業もこの法で規定されている強制適用事業所である。飲食店、サービス業など第三次産業の拡大に伴って、適用事業所の拡大が進められてきた。従業員5人未満の事業所へと暫時拡大され、現在では1人でも従業員がいる法人事業所にまで拡大された。そのため強制適用事業所の小規模化が景気動向に左右され保険料滞納などの不安定化をもたらしている。

(松崎泰子)

行政手続法〔平成5年法律第88号〕 1993年に成立した法律で、行政手続きに関する一般法である。その目的は、行政運営における公正の確保と透明性の向上を図り、これにより国民の権利利益の保護に役立てることである(第1条)。行政手続きに瑕疵がある場合、行政不服審査法や行政事件訴訟法は行政処分を受けた後に事後的に救済するための手続きであるが、行政手続法は処分を行う前に事前の手続きを定めたものである。本法は、①申請に対する処分、②不利益処分、③行政指導という三つの柱からなっている。①「申請に対する処分」の章では、許可・認可・免許の申請処理について、その審査基準を具体的に定め公表する、申請から処分までに要する標準期間を定め公表する、申請が到達したときは遅滞なく審査を開始する、申請を拒否する場合には同時にその理由を示す、申請に必要な書類等や申請案件の審査状況について情報を提供する、②「不利益処分」の章では、許認可等の取り消し、営業停止については、あらかじめ通知し弁明書を提出する機会を与える(弁明手続)・口頭により主張、立証する機会を与える(聴聞手続)、不利益処分を行う場合には同時に理由を示す(理由提示)、③「行政指導」の章では、行政指導に従わないからといって何らかの不利益をしてはいけない、行政指導を行う場合には、その趣旨、内容、責任者を明確にすること、などが内容となっている。この法律を実効性あるものとし、今後のさらなる改正に向けて、行政に対する国民意識の変革が必要で

ある。　　　　　　　　　　（杉浦ひとみ）

行政内規　行政内部的な規範のことで，直接国民に対して法規たる性質をもつものではない。問題となるのは，このような内規に対する違背が国家賠償法上の違法性に含まれるかという点である。国家賠償法上の違法は行政措置が客観的ないし社会的相当性を欠く場合をも含むといわれることがあるが，この観念については争いがある。　　　　　　　　（杉浦ひとみ）

強制入院　入院する患者本人の意志によらない入院すべてをいい，精神保健福祉法による入院制度では措置入院・医療保護入院・応急入院を指す。また，移送入院においても医療保護入院と同じようであるが，入院病院の医師の診察を必要とせず，また一般の医療保護入院と異なり，入院してからの退院は72時間の間は，精神保健指定医の診察を受けなければならない点で，手続き上の強制入院である。また，任意入院といえども，手続き上入院者が「任意に退院したい」と申し出ても，72時間の間医師は，その申し出を留保できることができ，その間に「保護者」が同意すれば入院形式を医療保護入院にすることも場合によっては可能である。このように考えるとき，精神保健福祉法で定めた入院形式は，直接的・手続き的の違いはあるが，入院者側からみれば，すべて「強制入院である」。「精神病者の保護及び精神保健ケア改善のための諸原則」(1991年国連総会決議)によると，強制入院の用件は，①自分または他人への差し迫った危害の深刻な可能性があること，②判断力を欠く患者で入院していないと重大な悪化を招くか，入院によってのみ可能な治療が必要なとき（可能ならば第三者による診察が必要）とされており，強制入院や退院制限は審査機関による審査結果が出るまでの短期間のみの評価・初期治療目的のもので，入院の理由は患者，審査機関，法定代理人，本人の反対がない場合は家族にも伝えられ，監督官庁によって指定を受けた病院のみで受け入れること，とされている。これによってわが国の入院制度をみると，措置入院が強制入院の用件①に当たり，医療保護入院が用件②に当たると考えられるが，医療保護入院は第三者による診察や十分なチェックがなく，入院期間の制限もないため，この原則を満たしているとはいえないものとなっている。
→措置入院，医療保護入院，応急入院（高橋一）

行政不服審査制度　⇨行政不服審査法

行政不服審査法〔昭和37年法律第160号〕違法あるいは不当に行われる行政活動に対し，行政機関に対して不服を申し立て，行政機関が審理を行いこれに基づいて判断を下し紛争を解決することによって国民の権利利益を図る制度を規定した法律。1962年に成立し，行政事件訴訟法と同時に施行された。その目的は，国民の権利利益の救済を図るとともに行政の適正な運営を確保する点にある。行政訴訟の審判機関が裁判所であるのに対し，行政不服申し立ては行政機関である。しかし，苦情処理とは形式性，拘束力において異なる。救済方法としての特色としては，不服審査においては審査庁は違法の処分のほか，不当の処分についても取り消しを行うことが認められている。不服申し立て資格については同法は「行政上の処分に不服があるもの」および「不作為にかかる処分その他の行為を申請したもの」と定めるが，判例は取消訴訟の原告適格と同義（「法律上保護された利益」がある者）に解している（最高裁判所判決1978：主婦連ジュース不当表示事件）。戦前は取消訴訟に先立って不服申し立てを提起する不服申し立て前置主義がとられていたが，廃止され自由選択になった。しかし，個別の法律に基づいて不服前置が義務づけられているもの，例えば税務行政上の行政処分（国税通則法第115条第1項）などもある。処分を取り消す裁決（訴訟における判決に当たるもの）があると処分は遡及的に効力を失う。処分庁はこの裁決の取消訴訟を提起することはできない。　→行政事件訴訟法　　　　　　　　　　（杉浦ひとみ）

協同組合〔cooperative society〕　営利主義と中間利潤を排除し，生産者と消費者の直結を進めようとする共同組織。組合員の出資金によって形成される互助的な組織を特徴としている。一般的に生産協同組合，信用協同組合，消費生活協同組合の三つに分類される。協同組合

の原則は，①公開の原則，②民主的管理の原則，③出資に対する利息制限の原則，④剰余金分配の原則，⑤教育重視の原則，⑥協同組合間協同の原則，となっている。　　　　　（中島修）

共同作業所全国連絡会　⇨きょうされん

共同住居　⇨グループホーム

共同所有　数人が一つの物を所有することで，形態の違いによって共有，合有，総有がある。共有は，数人が割合としての持ち分を有し，その持ち分については処分の自由，目的物の分割請求の自由を有する。個人主義的な共同所有形態である。民法の定める共有（第249条以下）はこれである。合有は各所有者が持ち分を潜在的にはもつが持ち分の処分の自由，目的物の分割請求の自由がなく持ち分が拘束されている。民法上の組合の組合員が組合財産に対して有する持ち分はこれである。総有は持ち分が潜在的にも存在せず，持ち分の処分も分割も問題とならない。各共同所有者が目的物を利用，収益するのみである。入会権といわれるものは総有の性質をもつ。　　　　　　（杉浦ひとみ）

共同体〔community〕　共同体という用語は多義的に用いられてきた。アメリカのマッキーバー（MacIver, R. M.）は地域性を基礎とする共同感情としてコミュニティ（community）の語を用い，ドイツのウェーバー（Weber, M.）はメンバーの主観的一体感を指してゲマインシャフト（Gemeinschaft）を用い，フランスのデュルケム（Durkheim, É.）は分業のない社会的紐帯である機械的連帯をコミュノテ（communaute）とした。この三つの語がいずれも共同体と訳されうるのである。すなわち，共同体とは，社会関係や社会集団についてその共同性を表現する用語ということができる。共同性とは，所有における共同，利用の共同，労働の共同，感情の共同などさまざまな要素の複合としてとらえられる。　　　　　　（熊谷苑子）

共同募金　第一種社会福祉事業に分類され，「都道府県の区域を単位として，毎年1回，厚生労働大臣の定める期間内に限ってあまねく行う寄附金の募集であって，その区域内における地域福祉の推進を図るためその寄附金をその区域内において，国・地方公共団体を除いた，社会福祉事業，更生保護事業，その他社会福祉を目的とする事業経営者に配分することを目的とするものをいう」（社会福祉法第112条）。なお，共同募金は，寄附者の自発的な協力を基礎とするものでなくてはならない。　　（森久保俊満）

京都癲狂院　日本における初めての公立精神病院。1871年，京都永観堂の住職東山天華が当時の京都府知事槇村正直に上申し，療病院付属として癲狂院の前身が設立された。1874年，医制が公布され癲狂院の設立に関する規定が設けられ，1875年，ドイツ人の府立療病院教師ユンケルの協力で東南禅寺方丈に療病院の分院として京都癲狂院が設立された。　→癲狂院
　　　　　　　　　　　　　　　　（堀切明）

京都盲啞院　1878年，盲児20名，聾児29名で京都に開校し，院長には，聾啞児教育の創始者といえる古河太四郎が就任。日本初の盲聾教育に取り組む。盲生には紙撚文字の利用など訓盲字・地図・算盤，啞生には手話・指文字・発音指導を，東洋思想を背景に教育を実践。1879年には京都府に移管され，「京都府立盲啞院」と改称。また1887年には市に移管され，「京都市立盲啞院」と改称。1903年，京都市立盲啞院編纂『盲啞教育論』を刊行。　　（増井喜代美）

強迫〔obsession, compulsion〕　自分ではそのように考えたり，したりすることが，不合理でばかばかしいと思っているのにもかかわらず，意思に反してその考えが出てきたり，それによって行動をしてしまうことを強迫といい，考えが浮かんでくることを強迫観念，行動をしてしまうことを強迫行為という。これらの強迫症状の治療に対して，フランクル（Frankl, V. E.）は逆説的志向（paradoxical intention）の有効性を強調している。この技法は患者が，取り除きたいと切望している強迫症状を，意識的に逆に遂行するようにと促すものである。わが国の森田療法では，患者に「あるがまま」の自分を受け入れて，自分の観念と争いを起こさせまいとし，目的本位・実行本位の生活を勧めている。現在は薬物療法の有効性が認められている。　→強迫性障害，森田正馬　　（宮崎忠男）

強迫性障害〔obsessive-compulsive disorder〕強迫観念 (obsession) と強迫行為 (compulsion) のどちらか一方，あるいは双方が同時に存在する精神障害である。伝統的には強迫神経症と呼ばれてきた障害と同じものである。疾病分類ではICD-10，DSM-IVでともに強迫性障害と名称が付された。強迫観念は例えば，今消したタバコの火が原因で火事になるんじゃないかという考えが何度も湧き上がってくることである。本人はそんなことはないとわかっていても湧き上がる考えを止めることができない。そうした考えや衝動，心像と表現されることが反復的に意識に上って不安感，不快感を引き起こしてくる。強迫行為は強迫観念の結果あるいは反応として確認や消火の徹底という行動を指す。本人は火が消えていることを何度確認しても，その場を離れると，強迫観念が湧き上がるため，強迫行為も反復されることになる。症状のために本人は苦痛を感じ，無意味とわかっているがやめられない。統合失調症（精神分裂病）やうつ病，器質性疾患などの他の精神障害に伴うときは強迫症状と呼ばれ区別される。　→強迫性人格障害
（高原利明）

強迫性人格障害〔obsessive-compulsive personality disorder〕強迫性人格障害でいう強迫観念，強迫行為と，強迫性障害でいう強迫観念，強迫行為とは厳密には違うものと理解されている。この障害でいう強迫的と表現される内容は，目的を度外視した完全癖や過度な規則へのこだわりなどである。例えば，仕事で過度の責任感のために上司にいちいち確認を求めすぎ仕事の効率が落ちてしまうとか，約束の時間を厳密に守ることを自分にも相手にも同様に求めることとか，薬の服用方法で食後何分後が一番いいのかを執拗に医師に聞くとかという類のことである。つまり性格傾向であるため，こだわりが満たされると安心し，反復することはない。自分のこだわりが満たされないと不安や苦痛を感じるが，こだわりそのものは正しいと考え，そのことで苦痛を感じてない（自我親和的）。日常生活では，杓子定規，頑固，融通が利かない，けちという評価（それも飛びぬけているという）を周囲がしやすい。　→強迫性障害，人格障害
（高原利明）

業務指針　専門的業務を行う際の方向性や考え方をあらわしたもの。精神医学ソーシャルワーカー (PSW) 業務は社会福祉学を基礎学問として，精神障害者を主な対象とする生活援助技術の方法である。その援助の方向性として，精神障害者の社会的復権と福祉のための活動であるという視点が重要である。社会福祉学を基礎とするということは，ヒューマンエコロジーに依拠した生活モデルを基盤とする。つまり人々の生活と文化は日々変化するものであって，生活モデルを根拠とするPSWの業務指針もそれに応じて変更していくものである。PSWの業務指針の主なものとして「精神科ソーシャルワーカー業務指針」(1989年1月日本精神保健福祉士協会制定)，厚生省「医療ソーシャルワーカー業務指針検討委員会」報告書 (1990年2月発表) がある。　→精神科ソーシャルワーカー業務指針
（高橋一）

業務遂行援助者　障害者雇用納付金制度に基づく助成金の一つに「重度障害者介助等助成金」の業務遂行援助者の配置がある。精神障害者または重度知的障害者を雇い入れ，障害者の雇用管理に必要な業務遂行援助者を配置した場合，雇用後3年間は月3万円，4年目以降10年目までは月1万円が事業主に支給される（短時間労働の場合は，各々半額）。業務遂行援助者には，作業方法や手順の手本を見せながらきめ細かな指導を行うことが期待される。　→障害者雇用納付金制度
（相澤欽一）

業務独占資格　業務独占の資格とは「警察免許」とも呼ばれ，医師，弁護士，税理士などのように，刑法で一般には禁止されていることを特定の資格をもった者にだけその禁止を解除するというものである。また，業務独占資格では，その資格をもたない者がその名称を名乗ることは当然のことながら，その業務・類似行為を行うことも法的に認められていない。　→名称独占資格，資格制度
（高橋一）

虚血性心疾患　心臓は血液を送り出すポンプであり，心筋細胞からなる筋肉でできている。

心筋は血液から酸素と栄養素を受け取りエネルギーとして使用している。このため心臓には冠動脈と呼ばれる栄養血管があり，各々右冠動脈，左前下行枝，回旋枝と呼ばれる。冠動脈に動脈硬化が起こると血液の流れが悪くなるため，酸素，栄養の不足が起こり，可逆性の狭心症，不可逆性の心筋壊死が起こる心筋梗塞等の虚血性疾患を起こす。虚血性心疾患の原因としては冠動脈の動脈硬化，攣縮，血栓等がある。危険因子として高血圧，糖尿病，肥満，高脂血，喫煙，加齢，肥満，高尿酸血症等がある。疾患としては狭心症，心筋梗塞，川崎病，大動脈炎症候群，結節性多発性動脈炎等がある。　→冠動脈性疾患
(山口芳里)

居住地保護　居住地を有する要保護者に対する生活保護は，その居住地を所管する実施機関が保護を実施すること。居住地とは事実上の「すまい」で日常的に寝起きをするなどの生活実態のある所である。よって住民票の有無など形式的要件は実態把握の参考とされるが，住民登録地がすなわち居住地とはならない。しかし生活保護は世帯単位の原則がとられていることから，要保護者がどの世帯に属しているか，その所属世帯の消費生活の根拠地はどこにあるのかという順序で，居住地が認定される。例えば，妻子に仕送りするため出稼ぎに来ていた夫が病気で要保護状態になった場合，出稼ぎ地は一時的な便宜のためと考えられ，居住地は妻子の住むところと認定される。　→急迫保護，現在地保護
(平木美保)

居宅介護支援　介護保険法の法律上の用語としては「居宅」を使用するが，意味としては「在宅」とほぼ同じである。同様に「居宅介護支援」は法文上で使用するが，基本的には「介護支援サービス」と同じ意味として使用されている。介護保険法第7条第18項における「居宅介護支援」とは，要介護者または要支援者が在宅において適切な福祉・保健・医療のサービスを利用できるようにするため，利用者の心身の状況，住宅や生活の環境，本人や家族の希望などを考え合わせ，「居宅サービス計画」を作成する。そしてその計画に基づいて居宅サービスの提供が確保されるように，居宅サービス事業者との連絡調整を行う。また，要介護者または要支援者が介護保険施設への入所を必要とする場合は，施設への紹介や便宜の提供を行うことになっている。このような「居宅介護支援」の機能を果たす役割を担うのは，介護支援専門員である。「居宅介護支援」は介護保険制度において重要な位置づけとなっている。そのため居宅介護支援を受けた場合には，介護保険の給付として居宅介護サービス計画費が支給される。支給額は基準額の10割を給付し，利用者負担はない。要支援者の場合は，居宅支援サービス計画費になっている。　→介護支援サービス
(宮崎牧子)

居宅介護支援事業者　介護保険制度におけるサービス提供事業者の一つであり，居宅サービスに関するケアプラン作成機関として位置づけられている。要介護認定の訪問調査，居宅の要介護者または要支援者が日常生活を営むために必要な居宅サービス計画の作成，作成した居宅サービス計画に基づく居宅サービス事業者などとの連絡調整を行う。また要介護者または要支援者が，介護保険施設への入所を要する場合は，施設への紹介やその他の便宜の提供も行うこととなっている。
(久保美由紀)

居宅保護　被保護者が自宅において生活扶助を受けること。日本では，救護法以来居宅保護を原則としてきており，必要に応じて被保護者を更生施設や救護施設等に入所させ，補完的に施設での保護を併用してきた。外国でも国情の差異はあるが両者併用が多く，イギリスでは日本と同様に居宅保護を原則としている。居宅保護では通常，保護費は金銭給付で，世帯主に支給する。　→保護施設
(平木美保)

寄与分　相続人が複数いる場合，その相続人らを共同相続人という。寄与分とは，この共同相続人中の者で被相続人（亡くなった人）の事業に貢献したり，療養看護に努めた等で特別に寄与した者があるときに，この寄与した分について相続財産のなかから優先的に相続できるものをいう。しかし，この寄与分は共同相続人の協議で定める必要があるので，協議がまとまらなければ家庭裁判所に定めてもらうことになる

（民法第904条の2）。　　　　（杉浦ひとみ）

ギルバート法〔Gilbert's Act〕　1782年イギリスのギルバート（Gilbert, T.）下院議員の提案により成立した法律である。救貧法は、1662年定住法、1696年労役場法、1722年ワークハウステスト法を経て救貧抑制政策が徹底される。殊に、ワークハウステスト法は、院外救済を廃止し、労役場入所を忌避する貧民の救済を拒否するとともに、入所者には苛酷な労働を強制し「恐怖の家」と呼ばれた。ギルバート法は、その弊害を是正するため、有能貧民を失業者とみなし雇用の斡旋、院外救済を法制化した。　→救貧法〔イギリス〕，新救貧法〔イギリス〕
（志水幸）

ギルフォード〔Guilford, Joy Paul：1897-1987〕　アメリカの心理学者。心理測定法、統計的な数理的手法で有名である。また、性格、知能の研究でも知られる。1926年にコーネル大学にて学位取得。1952年ネブラスカ大学にて法学博士。1962年南カリフォルニア大学より理学博士を取得。南カリフォルニア大学名誉教授。彼の開発した性格検査は、わが国の矢田部ギルフォード性格検査の母体となった。著書としては『Psychometric Methods（精神測定法）』(1936) がある。　→矢田部ギルフォード性格検査
（宮崎忠男）

記録法　ソーシャルワーカーが作成する記録は、クライエントの氏名・年齢など個人的・客観的情報を記載した「フェイスシート」と援助活動の具体的展開を記載した「過程記録、経過記録」に大別される。主な過程記録の方法に以下の三つがある。①叙述体：援助活動のなかで生じた事柄を時間的な流れに沿って記録していく。これはさらに、援助内容全体を短くまとめる圧縮叙述体と援助展開過程に重点をおく過程叙述体に二分される。②要約体：援助内容を時間的経緯にとらわれず全体的に要点のみをまとめて記述する。③説明体：客観的事実に対するソーシャルワーカーの解釈や説明について記述する。しかし実際には同一記録内で必要に応じて使い分けて用いられることが多い。記録の内容は一般的にクライエントの言動態度、他者との関係、グループ内での状況、ソーシャルワーカーの具体的な援助内容やそれに対するクライエントの反応や必要な状況の解説などの記録が求められる。その際に実際に起こった事実（客観的要素）とクライエントの心情や状態の洞察、判断（主観的要素）を分けて書くことが必要である。それを明確化した記録法にプロセスレコード（process record）と呼ばれる方法がある。これは時間的な流れに沿ってクライエントと援助者のやりとりを記録する形式である。しかし単に逐語記録を記すだけでなく、事実のみを記す観察記録や援助者の発言の背景やクライエントの発言に対する援助者の判断や感想なども並列に書かれる。プロセスレコードと同様に看護記録に採用されることの多い記録法にSOAP方式がある。これはPOMR (problem oriented medical record：問題志向型診療記録)の五つの要素のうち経過記録の方式を指す。SOAPとはsubjective data（主観的情報），objective data（客観的情報），assessment（判断、結論、考察、評価），plan（計画、実施）の略語で、その特徴はそれぞれに区別して記録することである。POMRによる記録の特徴は、あらゆる職種の人々が記録を共有することにあるが、現実には看護記録に採用されていることが多い。その場合はPONR (problem oriented nursing record) と呼ばれている。最近は、アセスメントやプランは中間サマリーで見直し、対象者というよりむしろ関わる側の評価としてとらえ直そうとする動きが主流になりつつある。　→フェイスシート
（柏木一恵）

筋萎縮症〔amyotrophy〕　筋萎縮をきたす疾患。筋萎縮（muscle atrophy）とは骨格筋の減少のことである。悪性腫瘍や低栄養状態などの消耗性疾患や、長期臥床などによる廃用性の萎縮など、全身状態の悪化に伴うものを除けば筋萎縮は神経原性萎縮と筋原性萎縮に分類される。前者は脊髄や延髄の運動細胞や末梢の運動神経線維が障害されるものであり、末梢の筋肉から萎縮することが多い。筋萎縮性側索硬化症や変形性頸椎症、多発神経炎などがある。後者は骨格筋そのものが侵されるものであり、体幹

の筋肉など近位筋中心に筋萎縮をきたすことが多い。筋ジストロフィーや多発性筋炎などが挙げられる。　→廃用症候群　　　　（松永大吾）

緊急措置入院　緊急のため，措置入院に係る手続き（精神保健指定医2名による診察，都道府県職員の診察への立ち会い，家族等への診察の通知等）をとることができない場合の，都道府県知事による行政処分としての強制入院の形態。精神保健福祉法第29条の2に規定されている。都道府県知事が指定した指定医1名が診察を行い，精神障害者であって直ちに入院させなければ自傷他害のおそれが著しいと認められたときには，72時間を限度に，国または都道府県立の精神病院か指定病院に，緊急の入院措置をとることができる。この場合，当該精神障害者への入院の告知と退院請求等に関する事項の告知については，書面で行わなければならない。知事は，その後すみやかに法に定められた手続きに従い，措置入院が必要か否かを判定する診察を行い，決定しなければならない。この入院形態は1965年の精神衛生法改正で設けられ，1987年改正で期限48時間から72時間に変更された。緊急措置入院の入院費負担は，措置入院と同じである。　→措置入院　（川口真知子）

緊急保育対策等5か年事業　エンゼルプランに掲げられた子育て支援施策の一つである保育施策について，日本全体での達成目標として，具体的な数値目標を示したもの。正式名称は「当面の緊急保育対策等を推進するための基本的考え方」という。大蔵・厚生・自治3大臣合意によって出されており，計画期間は，1999年度までの5年間である。内容は，保育所入所定員枠の増加，低年齢児保育，延長保育，一時的保育等の保育サービス，放課後児童クラブ（学童保育），地域子育て支援センター事業，乳幼児健康支援一時預かり事業（当時の名称は「乳幼児健康支援デイサービス事業」）などである。これは1999年度をもって終了したが，残された課題については，2000年12月に発表された「新エンゼルプラン」に引き継がれている。　→重点的に推進すべき少子化対策の具体的実施計画について（新エンゼルプラン）　　　（山本真実）

筋ジストロフィー〔muscular dystrophy〕筋異栄養症。骨格筋の変性とそれに伴う脱力をきたす遺伝性の疾患である。最も有名なのはドゥシェンヌ（Duchenne）型筋ジストロフィーで小児期に歩行障害で発症し進行は急速であり，次第に歩行不能となり，心筋や呼吸筋も侵され，多くは20歳前後に心肺機能不全で死亡する。伴性劣性遺伝の形式をとり圧倒的に男性に多く発症するが，その原因がX染色体上にあるジストロフィンという遺伝子の欠損によることが最近判明し話題となった。遺伝性疾患だが，正常な両親から遺伝子の突然変異で自然発生することも多い。ドゥシェンヌ型が半数以上を占めるが，ほかにもいくつかの病型があり，発症年齢，症状，遺伝形式，生命予後はさまざまである。　→遺伝病　　　　　　　　　　　　（松永大吾）

金銭管理　⇨代理行為
金銭給付　⇨現金給付

近代化〔modernization〕　近代化の原型は17～18世紀にかけて西欧あるいは北米において，産業革命に端を発する工業化と連動して生じた歴史的変化であるが，その変化の影響はそれ以降世界の多くの地域へと波及した。近代化の過程で産業構造の変化と生産力の増大がもたらされたが，それに伴って例えば絶対王政から議会制（民主主義）へという政治制度の変化，都市部への人口集中（都市化），個人主義という社会思想の普及，といったより広い社会的次元での変化が生まれたのであり，近代化はこういった政治・社会的次元での諸変化をも包含する概念である。近代化の過程のなかで生まれたこれらの変化は，いうなれば経済的・政治的・社会的次元での合理化であると見なすことも可能である。特に，それが西欧において最初に主張された合理性の原理に基づく考え方であることから，「西洋合理主義」が近代化の思想的基盤になってきたといってよいであろう。近代化の歴史的多様性からして西欧や北米以外の社会における近代化を論じる視点は異なったものとならざるを得ない。アジアの国々では西欧や北米の近代化を手本とすることによって近代化を成し遂げてきた歴史的事情があり（「アジア的近代

化」），伝統的価値と西洋合理主義との間の相剋が問題とされる。今日すでに近代という社会構造の矛盾を解消すべく，近代を超える脱近代（post-modernity）という段階にすでに突入したとする見解も提示されているが，必ずしも定説とはなっていない。　→産業化，都市化
（和田修一）

緊張型分裂病〔catatonic schizophrenia〕統合失調症（精神分裂病）の一病型である。統合失調症の一般的な診断基準と緊張病症状で判断される。症状は緊張病症状といわれる非言語的な自発運動，活動性の障害が中心となる。緊張病症状は昏迷（自発運動のなさ），寡黙（無言でいること）と興奮，拒絶症と命令自動症（周囲から指示されると服従する），姿勢の保持（奇妙な姿勢のままでいる），常同運動（繰り返し運動），しかめ顔などの自発的な活動の奇異さと極端な姿が特徴的である。緊張病症状が出ているときは言語的に本人の精神内界のことはわからないことが多く，また統合失調症に特異的な症状でないためにすぐには診断できない。緊張病は見た目の重篤さに比べて，治ったときの障害を残さない姿も特徴的である。この病型は工業国にはみられなくなってきている。そのことはこの病型が文化，文明などの社会的要因と関連性が大きいことを示唆している。　→破瓜型分裂病，妄想型分裂病　　　　　（高原利明）

キンドリング〔kindling〕脳の一部（扁桃体や海馬，大脳皮質）に電気刺激を繰り返し続けると，小さな発作を起こすようになり，さらに刺激を続けると発作は徐々に増強して，てんかん様の全身けいれんを起こすようになる。この現象をキンドリング（燃え上がり現象）という。この現象は神経組織に新たにてんかん発作を誘発する回路ができたためと考えられている。いったん出来上がったこの現象は持続性をもち，次に弱い刺激でも発作を引き起こすようになる。発作の準備状態，易発作性が出来上がったとみられている。神経組織学的にみると（顕微鏡下の現象），神経線維から新しい神経が発芽することが観察されている。この観察がてんかん発作を説明できる要因とみられており，多くの研究がなされている。そのため，てんかん発作発生メカニズム研究のモデルと考えられている。　→てんかん　　　　　　　　　（高原利明）

筋肉〔muscle〕骨格筋・心筋・平滑筋があり，筋線維が主体となってできており強く収縮するのが特徴である。骨格筋は自らの意志により動かせる随意筋である。これに対し，心筋と平滑筋は意志によって運動を制御できない不随意筋である。心筋は心臓だけにみられる特殊な筋肉であり一生涯働きつづけるために優れた構造をもつ。平滑筋は内臓・血管などの壁に存在する筋肉である。　　　　　　　　　　（松永智美）

近隣集団　同一近隣地域内に居住すること（地縁）を契機として形成される集団を指す。日本においては，町内会・自治会，およびそれに関連してその範域内に存在する諸集団を指すことが多かった。町内会・自治会の下位組織である班や組などのほか，共通の属性による集団（婦人会，老人会，子供会など），共通利害による集団（商店会・経営者組合など），行政の補完集団（防犯・防災組織，交通安全会など）がそれにあたる。現代では，近隣の該当世帯が自動加入することを前提とするこれらの伝統的な既成集団とは別に，近隣の諸個人が特定の生活課題や関心に基づいて選択的に形成する集団（育児の相互援助やボランティア活動の集団など）の意義が高まっている。　　　　（野沢慎司）

勤労控除　生活保護世帯のうち稼働世帯を対象にした制度。生活扶助基準は，非稼働世帯を基礎に算定されている。しかし，稼働世帯は非稼働世帯に比べると，被服や日用品，交際費など，働く上での特別な需要があることから，この需要の違いを考慮して，設定されているのが勤労控除である。勤労に伴う収入の一定額を控除し収入認定を行い，その控除分が手元に残るようになっている。主なものとして「基礎控除」「特別控除」「新規就労控除」「未成年者控除」の四つがあるが，その他少額不安定な低額収入に対する「不安定就労控除」や，通勤費，所得税など勤労に伴う必要な実費を控除する「実費控除」がある。　→生活保護法　　（敦賀弘恵）

く

クーリー〔Cooley, Charles Horton：1864-1929〕 アメリカの社会学者。ミシガン大学教授。社会は個々人の想像的観念の集合であるという観点から，個人と社会を一つの有機的統一体としてとらえる学説を展開した。特に人格発生に及ぼす社会集団の効果を考察するなかで案出された「第一次集団」「鏡に映った自己」などの概念は有名である。『Human Nature and the Social Order（人間性と社会秩序）』(1902)，『Social Organization：a study of the larger mind（社会組織論）』(1909)，『Social Process（社会過程論）』(1918) をもってクーリーの三部作とされる。 →第一次集団／第二次集団
（鈴木無二）

クーリングオフ〔cooling-off〕 特殊な契約において，一定の要件の下に契約を解除することができる制度。クーリングオフとは，「頭を冷やしてもう一度考え直す」期間を与えるという意味である。本来一旦契約すると一方から勝手に契約を解除することはできない。クーリングオフ制度は消費者保護の観点から解除できる場合を特別に法定したものである。この制度が認められる契約としては，割賦販売業者とその営業所以外の場所で契約した場合，訪問販売の場合などがある。
（杉浦ひとみ）

クオリティ・オブ・ライフ〔quality of life：QOL〕 クオリティ・オブ・ライフ（QOL）は，「生活の質」「生命の質」「生存の質」などと訳されている。この言葉は，さまざまな領域で使用されており，その概念は各分野で微妙に異なっているが，一般的には人々の生活を物質的側面から量的にとらえるのではなく，非物質的側面も含め質的にとらえるものであり，高度経済成長等によりある程度の生活水準が確保された結果，質的側面が問われるようになったともいえよう。QOLとは，いわば生活者の満足感・幸福感・安定感や生活の快適性・豊かさ等を規定しているものである。QOLの構成要素は，大きく二つに分けて考えられる。一つは，生活者自身がどのように感じどのように考えるかという意識的（主観的）な側面であり，もう一つは，生活者を取り巻く環境的（客観的）な側面である。1995年のWHOによるQOLについての調査では，QOLを「個人が生活する文化や価値観のなかで，目標や期待，基準及び関心に関わる，自分自身の人生の状況についての認識である」と定義し，QOLを構成する領域を六つ（身体的側面，心理的側面，自立のレベル，社会的関係，生活環境，精神面・宗教・信念）に分けている。QOLは1970年代以降に取り上げられ注目されてきた。医療の分野では，終末期の患者に対するターミナルケアとの関連で着目された。また，国民生活全般をみても，生産力の拡大や国民所得の増大が必ずしも豊かさにつながらないことから，QOLが問われるようになった。そして，豊かさを表す客観的指標として社会指標の開発が進められた。福祉の分野では，ニーズの高度化・多様化に伴い，それまでの最低限の生活という概念から，最適の生活を示す概念としてQOLが問われるようになった。さらに，リハビリテーションの領域でも，医学的リハビリテーションが身体的機能の回復と日常生活動作（activities of daily living：ADL）の向上を目指してきたのに対し，社会的リハビリテーションの視点から障害のある人の生活の質（QOL）を高めることが目標になってきた。1995年に策定された「障害者プラン」のなかでも七つの視点のうちの一つとして，「生活の質（QOL）の向上を目指して」と掲げられた。QOLの視点は，障害者援助の基本原則の一つであるともいえる。 →障害者プラン〜ノーマライゼーション７か年戦略〜
（丸山ひろみ）

苦情処理制度 苦情処理とは，行政に対し国民に不平・不満等がある場合に，行政庁が自発的にこれを聞いて適当な措置を講じ，行政運営の適正を図るための措置である。これは行政訴訟や不服申し立てのような法律上の争訟手続きによるものではなく，行政組織の内部での統制

として行われる救済制度であって，苦情処理の措置に法的拘束力はない。社会福祉法の分野では，2000年6月の「社会福祉の増進のための社会福祉事業法等の一部を改正する等の法律」の施行に伴い，社会福祉事業の経営者は，提供する福祉サービスについて，利用者等からの苦情の適切な解決に努めなければならないものとされた（社会福祉法第82条）。また社会福祉施設に対する利用者からの苦情への対応について，厚生労働大臣は必要とされる最低の基準を定めなければならない（第65条）と規定された。

（杉浦ひとみ）

クモ膜下出血 脳の表面は外側から，頭蓋骨の骨膜に当たる硬膜，薄く蜘蛛の巣のようにみえるクモ膜，血管を含み脳表に密着した軟膜の三つの膜で覆われている。クモ膜と軟膜の間のクモ膜下腔は脳脊髄液で満たされ，脳室と脊柱管に通じている。クモ膜下腔に出血が起こり脳脊髄液に血液が混入した状態をクモ膜下出血という。原因の大部分は脳動脈瘤の破裂である。その他には脳動静脈奇形やもやもや病などが原因となる。突発性の激しい頭痛で発症し，多くは嘔気，嘔吐，意識障害を伴う。出血が大量だと脳浮腫から脳ヘルニアを起こし，意識障害のまま死に至る。CT，髄液検査，脳血管造影で診断される。脳動脈瘤は柄部をクリッピングして再出血を予防できると予後はよい。　→脳出血

（金杉和夫）

クライエント〔client〕　一般的な意味としては，依頼人，顧客，来談者，患者などであるが，ソーシャルワークにおけるクライエントとは，保健・医療・福祉の諸サービスを利用する個人，家族，グループ，コミュニティなどのことを指す。かつては，援助を受ける者やサービス対象者ととらえられていたが，近年では，援助を受ける側の主体性を重視する観点や市民として積極的にサービスを利用するという意味で，福祉サービスの利用者（ユーザー：user），コンシューマー（消費者：consumer）という用語が多く用いられるようになってきている。クライエントとなるのは，単に何らかの生活上の問題状況にあるということだけではなく，援助機関とサービス提供の契約が成立した段階からであり，援助の申請から契約までの段階では，申請者（アプリカント：applicant）と呼ばれる。　→ユーザー，コンシューマー

（阪田憲二郎）

クライエント中心療法〔client centered therapy〕　精神療法にはさまざまな立場とそれを基礎にした方法とがある。説得や暗示を与える方法を避けて，患者自身の選択を尊重して治療しようとするのが，アメリカの心理学者ロジャーズ（Rogers, C. R.）の提唱によってなされたカウンセリング（client centered counseling），あるいは治療法（client centered therapy）である。初期の1940年代に非指示的な治療と呼ばれたのは，積極的に指示を与えない方法だからである。この背景には，来談者のなかに潜む成長力，回復力を温かく見守ろうとする理念がある。しかし，この概念は，あたかもこの治療法を消極的・受け身的であるとの印象を与えるところから，来談者中心カウンセリングという呼び名に変えられた。1950年代の後半頃までには，技法よりはカウンセラーの人間的な態度を重視するようになった。また，独自のパーソナリティ理論も確立し，実証的な数々の研究が報告された。1960年代の後半までにかけては，ウィスコンシン・プロジェクトにおいて統合失調症（精神分裂病）患者への適応（応用）が試みられたり，また，カウンセラーの純粋性などが問題視された。さらに，この頃にロジャーズの共同研究者であるジェンドリン（Gendlin, E. T.）によって，体験過程の概念が提唱され，実存的な立場に接近していった。1960年代後半よりパーソン・センタード・アプローチへと発展していった。エンカウンター・グループの実践などさまざまな社会問題への展開である。　→ロジャーズ

（宮崎忠男）

クライン〔Klein, Melanie：1882-1960〕　ウィーンに生まれた。ロンドンにて死去。オーストリア人。精神分析家，また，児童精神分析家。1923年ベルリン精神分析学会，1927年イギリス精神分析学会に所属。フロイト（Freud, S.）の愛娘アンナ・フロイト（Freud, A.）と学問の上で激しい論争を繰り広げたことで有名。彼女の

精神分析的理論は、だいたい1940年代につくられた。主たる著書は、『Notes on Some Schizoid Mechanisms（分裂的機制についての覚書）』(1946)。　　　　　　(宮崎忠男)

クライン学派〔Klein-school〕　精神分析のクライン(Klein, M.)を中心とした学派。彼女は、幼児と前エディプス期の子の体験と、外的世界とその対象はどのようなものか、これらの経験の組織化はどのようになされるか等、対象関係理論の一つの見方を提示した。彼女の早期の精神発達の理論は、正統派の精神分析理論からは異端である。例えば、「内的な対象」の偏在、「抑うつ的」「パラノイド・ポジション」、「死の本能」の臨床的な適応などである。　→クライン
(宮崎忠男)

グラウンデッドセオリー〔grounded theory〕　社会学の質的調査研究方法の一つ。調査研究の多くが、理論検証を目的に行われるのに対し、調査データから、帰納的に理論をつくるための研究手法である。したがってデータのサンプリングなど調査手続きについては、統計的手法とは違う、理論的サンプリング、絶えざる比較法など、独自の手続きを設けている。患者のケア等、ヒューマンサービスにおける特定領域に密着した理論づくりを得意とするため、わが国では看護学研究等で広く活用されている。
(大瀧敦子)

クラブハウス〔clubhouse〕　職員のマネジメントサービスを利用して、自助の力を培い相互支援を築いて、自立と社会参加を目指す参加と協働形式の地域リハビリテーション施設である。世界人権宣言と同年の1948年に「自分たちはひとりぼっちではない」(We are not alone : WANA)を合い言葉に結成された自助グループを母体としたニューヨーク州のファウンテンハウスが起源である。1994年には世界連盟が結成され、運営とプログラム実施の指針となる36項目の規約が定められた。5年ごとのコンサルテーションを受ける認証クラブハウスは、日本も含む世界29か国にひろがり、隔年ごとに世界会議が開催されている。クラブハウスの世界標準プログラムとして、①ハウス内の仕事や友愛訪問などのアウトリーチ、②住居提供、③過渡的雇用、④教育、⑤夜間や週末の社交、⑥リサイクルショップ、⑦フォーラムの開催、が規定されている。運営やプログラム実施では、クライエントではなくメンバー、欠点ではなく長所、してあげるではなく一緒にする、というように、参加して共に行う可能性の発揮に力点を置く。マネージャーである職員と、会員であるメンバーとは、共にクラブハウスに所属する同僚住民であり、その関係は対等な立場に立つパートナーシップを基盤とするものである。「参加と協働」と「互酬性」を伴うことが特徴である。クラブハウスの就労支援システムとして過渡的雇用(transitional employment : TE)がある。
→過渡的雇用　　　　　　　　　　(寺谷隆子)

グリジンガー〔Griesinger, Wilhelm : 1817-1868〕　ドイツの精神医学者。チューリッヒやベルリンの医学部の教授職を務める。「精神病は脳病なり」のテーゼを掲げた身体論者として著名。後継者としてマイネルト(Meynert, T.)やウェルニッケ(Wernicke, C.)といった脳器質論者を排出させる一方、環境の影響や無意識を問題とする学派からは批判された。独自の精神反射作用論は、脳機能における反射作用の乱れが表象、意志、意識のレベルを変え、それを精神症状とみるものである。　　　　　　(丸山晋)

久里浜式アルコール依存症スクリーニングテスト〔Kurihama Alcoholism Screening Test : KAST〕　KAST(カスト)とは、1976年アルコール依存症の専門治療を手がけている国立久里浜病院で考案された自己申告式のテスト。最近6か月間のあいだの飲酒行動の異常を14項目にわたり回答する方式のもので、合計得点で問題飲酒者・重篤問題飲酒者のレベルに入るかどうかの目安とする(2.0以上が問題飲酒者)。目安の数字は実際に一般人口中の正常飲酒者と、断酒会員の両者にテストを施行して得られたものである。KASTの意図はアルコール依存症かどうかの振り分けや診断にあるのでなく被検者の飲酒行動の異常の度合いを量的に知ることにある。項目は、酒による身体的な影響を問うだけでなく精神的・社会的問題、周囲からの問題

の指摘の有無，飲酒習慣の内容までにわたるもので，飲酒行動の異常を，日本における風土や生活のなかでの障害としてとらえようとするものである。また，飲酒者本人にも問題を認識するための客観的根拠となりうる。　→アルコール依存症　　　　　　　　　　　（山本由紀）

グリフィス報告〔Griffiths Report〕　イギリスのコミュニティ実践に対する代表的な見解の一つ。シーボーム報告（1968年）やバークレイ報告（1982年），ワーグナー報告（1988年）等によってコミュニティにおける多元的なサービスシステムの必要性が示された。それらを踏まえ，1988年グリフィス報告は，自治体の責任においてコミュニティケアを実施し，より効率的で，実効的なサービスとしてマネジメントすることを提唱した。本報告に基づいて英国コミュニティ・ケア白書（1989年）および国民保健サービス及びコミュニティケア法（1990年）が成立した。　　　　　　　　　　　（藏野ともみ）

グループ・スーパービジョン〔group supervision〕　一人のスーパーバイザーと複数のスーパーバイジーによってなされるスーパービジョンであり，個別スーパービジョンとともに主要なスーパービジョンの一形態である。スーパーバイザーがグループのもつダイナミックスを活用し，メンバー同士の相互作用を生かして個々のスーパーバイジーが質的に向上することを目指している。参加者はグループのなかでさまざまな体験をするので，個別スーパービジョンとは異なる側面がある。事例研究やケースカンファレンスをグループ・スーパービジョンとして活用する場合もある。なおピア・スーパービジョンも，グループの力を生かしたグループ・スーパービジョンと位置づけることができよう。仲間同士（学生同士）が，互いに事例の検討などを行うもので，本来のスーパービジョンよりもゆるやかな方法である。わが国では，経験を積んだグループ・スーパーバイザーが十分に確保できない現状がある。　→スーパービジョン，個別スーパービジョン，ピア・スーパービジョン　　　　　　　　　　　（久保紘章）

グループ・ダイナミックス〔group dynamics〕「集団力動」と訳される。グループは単なる個人の集まりではなく，一つの全体として独自の働きをもつもので，メンバーである個人の行動や思考に大きな影響を与える相互作用をもつという考え方から，集団の場に働くさまざまな心理的過程を研究して，人間関係や社会現象を明らかにしていこうとする科学のこと。ゲシュタルト心理学の研究者であったレヴィン（Lewin, K.）が最初に用いた言葉である。彼は，集団を力動的な相互依存性によってとらえ，個人とその人の心理学的環境とから成り立つものを「生活空間（場）」と名づけ，人間の行動と「場」の影響力を強調した（場の理論）。レヴィンは，理論と実践の重要さを説き，1944年グループ・ダイナミックス研究センターを創始し集団に関する数々の研究を行った。グループ・ダイナミックス研究で解明されてきた知識は，グループワークの展開プロセス，リーダーシップ，ワーカーとメンバーのあり方，活動と評価などに大きな影響を与えた。　→レヴィン，グループワーク　　　　　　　　　　　（三橋真人）

グループホーム〔group home〕　地域社会のなかにある住宅（アパートやマンション，一戸建て等）で，通常4〜6人程度の利用者が行政からの補助金により低廉な家賃等の負担を負い，共同で生活する形態であって，専任の世話人（援助者）により，必要に応じて食事の提供，金銭出納，健康管理，その他日常生活の助言や援助が受けられる自立生活支援のための小規模な共同住居のこと。国レベルでは1989年に知的障害者を対象に（知的障害者地域生活援助事業），1992年に精神障害者を対象に（法定化は1993年法改正による精神障害者地域生活援助事業），2000年には介護保険法の実施に伴い痴呆性高齢者を対象に制度化した。精神障害者を対象とするグループホームの入居条件は，日常生活上の援助を受けないで生活することが可能でないかまたは適当でない者で，身の回りのことがある程度自分ででき，数人で共同生活を送るのに支障がなく，生活保護を含めて日常生活を維持していけるだけの収入があること，である。世話人の資格は「精神障害者に理解があり，

数人の精神障害者の日常生活を適切に援助する能力を有する者」となっている。なお、公営住宅法の改正により、公営住宅においてもグループホームが行えるようになり、精神保健福祉法の改正で2002年度より、精神障害者居宅生活支援事業の一つとして市町村が実施主体として実施されている。精神障害者を利用対象とする共同住居は、浅香山病院「あけぼの寮」(1965年)、大原神経科大みか病院(1966年)など精神科病院による社会復帰活動の試みとして始まったのが前身である。その後、静岡の「友愛寮」(1974年)や東京、神奈川県での「生活ホーム」(1978年)など自治体での制度化が国に先がけて進展してきた。　　　　　　　　　　　（田中英樹）

グループワーク〔group work〕　ソーシャルワーク実践における直接援助技術の一方法。ソーシャルグループワーク、集団援助技術とも呼ばれ、その源流は19世紀にイギリス・アメリカで起こった青少年団体運動(YMCA)やセツルメント運動にさかのぼる。集団のもつ力動性に着目し、グループ活動における各構成員・グループ間の相互作用を活用することにより、個人の成長や社会生活能力・対処技能の向上、個人やグループのニーズと社会環境との関係調整等を行うことを目的とする。グループワークの実践展開は、問題の明確化、援助計画の作成など、具体的に援助を開始するための準備期、グルーピングを行いメンバーの参加やグループ内の関係づくりを促す開始期、問題解決のためのグループ活動を行う作業期、活動過程を評価し終結する移行・終結期という過程をたどる。グループワークの基本的原則としては、個人およびグループの個別化、メンバーとグループに対する受容、参加・体験の原則、葛藤解決の原則、プログラムの活用、相互作用の促進、制限の原則、継続評価の原則がある。グループワークは、その援助目的によって、いくつかのモデルに分類される。その代表的なものは、①社会改良を目的とした社会目標グループ、②治療や矯正を目的とする治療グループ、③グループメンバーの相互援助を目的とした相互支援グループ、④余暇活動の楽しみと意義を体験するレクリエーションググループ、⑤グループメンバーに知識・技術を提供する教育グループ、⑥グループ教育を行うことで個人の能力を高める成長グループ、が挙げられる。現在、わが国の精神保健福祉分野では、精神科病院や社会復帰施設等において、さまざまなプログラムによる集団援助活動が治療やリハビリテーションのために行われている。長期入院により低下した生活技能の向上、対人関係の改善、障害の受容と軽減、セルフエスティームの増進、仲間づくり等のために有効な方法として期待されている。　→援助技術, 直接援助技術, YMCA/YWCA, セツルメント, グループ・ダイナミックス　　　（旦木実希）

グルカゴン〔glucagon〕　膵臓の内分泌組織であるランゲルハンス島の α 細胞が分泌するもので、肝細胞内のグリコーゲンを分解し糖を産生して血糖値を上昇させるほか脂肪組織に作用して遊離脂肪酸を放出させる。血中濃度は0.5～1ng/ml。グルカゴン欠乏症では低血糖症を起こす。グルカゴンとインスリンを同時に投与（グルカゴン・インスリン療法）して劇症肝炎を含む急性・慢性肝不全の治療を行う。α 細胞が腫瘍化すると糖尿病、舌炎、脱毛、体重減少、貧血などを示すグルカゴノーマ症候群が起こるが、これは予後不良である。　　（吉川武彦）

クレアチンホスホキナーゼ〔creatine phosphokinase〕　細胞内にあるエネルギー代謝に関与する酵素で、心筋や骨格筋、脳などの興奮組織に高濃度に含まれる。心筋梗塞や骨格筋の障害があると筋肉細胞が壊れて細胞内の酵素が血中に溶け出しその血中濃度が高くなる。心筋梗塞、筋ジストロフィー症、多発性筋炎、皮膚筋炎、甲状腺機能低下症、悪性腫瘍、脳損傷、外傷、手術後、運動後などの疾患で数値が高値を示してくる。精神医的には悪性症候群（向精神薬の副作用で発熱、筋硬直、意識障害を起こし、致死的になることがある）の際に高値を示してくる。臨床検査ではCPKと表現される。この酵素にはアイソザイム（亜型）が3種類あって、その測定結果の違いで筋肉、神経疾患、心筋疾患の区別ができる。　→悪性症候群
　　　　　　　　　　　　　　　（高原利明）

呉秀三〔くれしゅうぞう：1865-1932〕 日本近代精神医学，精神医療の創設者。1897～1901年，オーストリア，ドイツ，フランスに留学し，当時の近代精神医学の精華を紹介するとともに日本の精神医学および精神医療の近代化を率先して推し進めた。1901～1925年，東京帝国大学で精神病学を講じ，東京府立松沢病院長を兼任，無拘束看護，作業療法，看護者教育にも力を注いだ。『精神病学集要』では日本語の用語の制定が，『医聖堂叢書』ではわが国の精神医学史が扱われている。　　　　　　　　　　　　（高橋徹）

クレチン病〔cretinism〕 先天性の甲状腺機能低下によってもたらされる皮膚粘液水腫，身体発育不全(小人症)，精神発達遅滞(知的障害)などの症状を示すもので，知的機能の発達が悪く，集中力の低下，周囲への関心の低さ，思考速度の遅延，記銘力の低下などの症状がある。さらに感情面ではぼんやりしていて感情の発露が悪く，意欲面でも動作が鈍く自発性も低い。発症が早いと知的障害であることがわかりやすいが，発症が遅かったり軽症であると破瓜型統合失調症（精神分裂病）やうつ病と診断されることが多い。　→甲状腺　　　　　（吉川武彦）

クレッチマー〔Kretschmer, Ernst：1888-1964〕 チュービンゲン学派を代表するドイツの精神医学者。体型と性格の関係についての研究は有名である。『Körperbau und Charakter (体格と性格)』(1922)，『Dersensitive Beziueungswahn (敏感関係妄想)』(1918) や『Über Hysterie (ヒステリー論)』(1923) などを著し，心因と反応との関連を明らかにした。また，個体発生的な視点から『Medizinische Psychologie (医学的心理学)』(1922) を発表，『Geniale Menschen(天才論)』(1929)は優れている。　→気質　　　　　　　　　　　　（宮崎忠男）

クレペリン〔Kraepelin, Emil：1856-1926〕 ドイツの精神科医。現代精神医学の開拓者の一人。ハイデルベルク，ミュンヘンなどの大学で精神医学を講ずる。1883年『Kompendium der Psychiatrie (精神医学教科書)』を出版，以後1927年の最終版まで9版を数え，版ごとに臨床精神医学の最新の知見をもとに改訂し，精神疾患の疾病論の指針を与えた。なかでも第5版では早発性痴呆（後の統合失調症（精神分裂病））の疾病概念を規定し，第6版では躁うつ病の疾患単位を規定した。今日の精神疾患分類にも大きな影響を与えている。　　（高橋徹）

クロイツフェルト・ヤコブ病〔Creutzfeldt-Jakob disease〕 1920年にクロイツフェルト (Creutzfeldt, H.G.) により，翌年ヤコブ (Jakob, A.) によって初老期痴呆症の一つとして報告された。中年以降に発症し進行性痴呆，ミオクローヌス，錐体路・錐体外路症状を呈する予後不良の脳疾患である。当初は変性疾患による初老期痴呆とされたが，患者脳をチンパンジーに移植して感染発病させることができ，遅発性ウイルス疾患とされた。さらに患者脳から感染性があるプリオン蛋白が発見され，プリオン病と称されるようになった。羊のスクレイピー，牛のいわゆる狂牛病（BSE）等とともに海綿脳脳病変を生じることから，伝播性海綿状脳症とも総称される。症状は，40歳代以降に発症し，不定の精神神経症状が生じ，急速に進行して，ミオクローヌス，進行性痴呆，脳波の周期性同期性放電（PSD）等がみられ，数か月で無動無言状態 (akinetic mutism) となり，1～2年で死亡する。現在，BSEに感染した牛を摂取したために生じると推定される，新変異型クロイツフェルト・ヤコブ病が世界的な問題となり，日本では食用牛の全頭検査が実施されている。
　　　　　　　　　　　　　　（梶原徹）

クロザピン〔clozapine〕 1990年代後半からわが国でも使用されだした非定型抗精神病薬のなかで世界で初めてアメリカで使用された薬剤である。これまでの抗精神病薬はドーパミン・レセプター拮抗作用中心であったが，クロザピン等のセロトニン・ドーパミン拮抗薬（SDA）はセロトニンとドーパミンに拮抗し，副作用が少なく，陰性症状や難治性統合失調症（精神分裂病）にも有効であるとされる。クロザピンはわが国では顆粒球減少症等副作用のため現在認可されていない。　→セロトニン・ドーパミン拮抗薬　　　　　　　　　　　（梶原徹）

クロルプロマジン〔chlorpromazine〕 1952

年フランスのドレー（Delay, J.）らは統合失調症（精神分裂病），躁病等精神疾患に有効な薬剤としてクロルプロマジンを報告した。これは世界初の抗精神病薬の開発報告であり，その後多くの抗精神病薬が開発される端緒となった。この薬剤の開発は第二次世界大戦後フランスにおける外科的ショック治療の薬剤としてラボリ（Laborit, H.）らによって開発された抗ヒスタミン薬が抗精神病作用をもっていることが発見されたことが契機となった。これをドレーらが独自にクロルプロマジン開発に結びつけていったものである。クロルプロマジンはレボメプロマジン等と同一のフェノチアジン系の抗精神病薬に分類され，低力価薬である。抗幻覚作用および鎮静作用を併せもつ。副作用としては錐体外路症状，眠気，口渇，便秘等の抗コリン作用，悪性症候群等がある。開発後約50年経過したが，わが国では使用量が多い抗精神病薬の一つである。　　→抗精神病薬　　　　（梶原徹）

軍事扶助法〔大正6年法律第1号〕 1937年，従前の軍事救護法を改正（昭和12年法律第20号）して制定されたもので，題名変更のほか，対象となる傷病兵，その家族や遺族の範囲拡大，それぞれの扶助条件の緩和等が改正点として挙げられる。当時の一般的救貧立法であった救護法が，救済対象を厳しく限定していたのに対し，基本的には「生活すること困難なる者」としていた。この結果，同時期に制定された「母子保護法」等厚生事業期の一連の立法による救済とともに，一般的救貧立法とされていた救護法の存在を有名無実化することとなった。1946年，旧生活保護法制定に伴い廃止された。

（船水浩行）

け

ケア〔care〕 ケアは他者（利用者）を気がかりに思い，気遣うこと，つまり愛情をもって「注意」し，「配慮」し，「世話」をすることである。ケアにはインフォーマルケアとフォーマルケアがある。ケアは，治療を意味するキュア（cure）の対概念として使われてきた。キュアとケアはもともと一つのものとしてともに人間の対人援助行為である医療を支えてきた概念である。ケアという言葉は，古代ローマ時代におけるラテン語「cura」に由来し，「ある人が心配で苦しむ」と「他の人の幸せを準備すること」という対立する二つの意味があった。その後「魂のケア」という伝統を併せもち，キュア（治療）とケアは混在して用いられていた。20世紀になって，ケアは新しい展開をする。メイヤロフ（Myeroff, M.）は，「ケアは相手が成長し自己実現を助けるものであり，ケアされる人とする人の相互性を強調することがケアの基本的態度である」と述べている。介護はケアともいわれているが，狭いケアの概念といえる。　→キュア，介護

（小久保裕美）

ケアコーディネーション〔care coordination〕 個人と複数のケアサービス機関との間に対等の関係をつくり，それぞれが最大限にその特性を発揮できるように調整・調和を図ることを指す。ケアサービスの調整（コーディネート）を図る機能は，アセスメント機能とともにケアマネジメントの主要な機能の一つである。すべてのソーシャルワーク実践で調整機能は必要なものであるが，複数の生活上のニーズを有する対象者に対して複数のサービスを統合的に提供するケアマネジメントにおいては，社会資源を最大限活用して生活問題の解決を図る上で，最も重要で中心的な課題となる。ケアマネジメントを進めていく際の調整機能には，三つの側面と課題が考えられる。一つ目は，ニーズと社会資源の間の調整である。利用者の複数のニーズを充足させることのできる社会資源を動員するためには，ニーズを明確に特定するアセスメント作業が不可分であり，フォーマルな資源に限らずインフォーマルサポートの調整も必要となってくる。二つ目は，サービス提供者・関係機関間の調整である。複数のサービス提供者・機関が円滑に連携していくためには，役割分担の確認にとどまらず，利用者の問題状況に

関するアセスメント内容とケア目標を共有しておく必要がある。ケアパッケージを共有しモニタリングを行うことによって，関係者の間で随時微調整が図られていくこととなる。三つ目は，要介護者本人と家族の間の調整である。要介護者本人と家族の間には，サービスに対する認識や希望にずれが生じることがしばしばあり，家族間の関係に注意を払う必要がある。ともすれば要介護者のみに援助の焦点が置かれがちであるが，家族全体を利用者と考えたり，家族を一つのシステムとして関わる視点も重要になってくる。　　→ケアマネジメント　　（古屋龍太）

ケアシステム〔care system〕　地域で生活する多様なニーズをもった人々が，障害の有無や年齢にかかわらず，社会参加ができ，その人らしい生活が送れるように地域自立生活を支援することが求められている。その目的を達成するには，個々の生活環境，生活習慣，ライフスタイルなどによって生じる個別的な生活ニーズに対応した，質の高い，サービスが総合的，継続的に提供されなければならない。そこで，社会的な努力によって意図的，組織的につくられた人々の多様なニーズに対応して，総合的にサービスを提供する仕組み（システム）をケアシステムという。いつでも安心して生活できるようなフォーマル／インフォーマルサービスが整備され，かつ有機的に連携される必要がある。

（野川とも江）

ケアパッケージ〔care package〕　ケアマネジメントにおいて，実施予定の福祉サービスを総称する場合に用いる。それぞれのサービスごとにサービスの名称・内容，担当者や実施場所，実施期間が示されている。ケアパッケージを作成するまでには，本人がその内容について同意をしていることやケア会議等を通して関係機関との協力体制がとられていることが大切である。ケアパッケージの特徴として，サービスの見直し時期を明示してあり一定期間経過後にケア計画が予定どおりの効果を上げているかを検討するようになっていること，また，ケアサービスを提供する上での留意事項や必要な環境調整など利用者固有の条件や配慮を必要とする事項が記入されるようになっていること，が挙げられる。相談・導入から始まったケアマネジメントの過程のなかで，ケアパッケージによって，利用者とこれから実施しようとするサービスを具体的に確認することができ，これを基として実施に向けての利用契約を結ぶことになる。
→ケアマネジメント　　　　　（寺田一郎）

ケアマネジメント〔care management〕　地域で生活する障害者や高齢者など，日常的な福祉サービスを継続して受ける必要のある人たちに対してサービスの調整を行い，最適のものを提供することを目的とした包括的，総合的な生活支援の方法をいう。近年ニーズは複雑で多様化しており，また保健・医療・福祉のサービスも専門分化しているため，サービスを有効に機能させるための調整，リンキング等のマネジメントの技法が重要になってきている。具体的には，①サポートを必要としている人の発見とケアマネジメントの導入，②ニーズの総合的アセスメント，③ケア計画の作成，④ケア計画の実施，⑤援助がニーズに合致しているか否かのモニタリング，⑥評価，⑦終了という過程を通して，複数のサービスを最も効果的に提供し，生活上の困難を抱えている利用者の生活の質を高めようとするものである。その特徴は，作業を標準化したことおよびそのために各過程における用具，つまりアセスメント票やケア計画書等を使用することである。ケアマネジメントの理念は，①ノーマライゼーション理念に基づくケアサービスの提供，②ニーズ中心のケアサービスの提供，③自立と質の高い生活実現への支援，④自己決定の尊重，⑤一般社会の理解の促進，である。特に「自己決定の尊重」は，最も重視されるべき理念であり，実際の場面では「インフォームドコンセント」や「成年後見制度」などによって担保されることになる。どの過程においても，当事者と繰り返し相談を重ね，共に進めることが求められている。また，精神障害者に対するケアマネジメントでは，医療との連携が重要であり，必要な医療が継続的に提供されていることが求められる。ケアマネジメントの申請時には主治医の意見書を求めるととも

に，ケア計画作成時や実施の段階ではその内容を報告することとされているが，その場合も当事者の意見が尊重されなければならない。2002年4月より，ケアサービスの斡旋，調整は市町村の業務となったので，市町村はケアマネジメントの実施主体となるが，委託を受けた地域生活支援センターでも実施することができるようになっている。実施にあたっては，守秘義務への配慮が重要である。　→精神障害者ケアガイドライン，ケースマネジメント　　　（寺田一郎）

ケアマネジャー〔care manager〕　ケアマネジメントにおいて，すべての過程に関わり中心的な役割を担う。2001年3月に公表された「障害者ケアマネジメントの普及に関する報告書」（障害者ケアマネジメント体制整備検討委員会）では，「ケアマネジメント従事者」と変更された。ケアマネジャーの役割は，アセスメントを行い，ケア計画を作成し，実施に結びつけることなどであるが，ケア会議を運営するなどの調整能力や基礎的な対人援助能力なども欠かせないものである。　→介護支援専門員
（寺田一郎）

ケアワーク〔care work〕　統一的なケアワークの定義はないが，福祉サービス利用者の主体性を尊重し，介護技術を中心とした専門技術を通じて日常の生活課題を側面的に支援する理論と方法である。主に精神的支援や関心等を含め，日常生活場面での生活の困難さに焦点をあてた具体的な介護サービスの提供を指すが，近年はレスパイト・ケア，ガイドヘルプなどサービス提供の場が日常の生活場面からより社会生活場面へと範囲が広がりつつある。またケアワークの対象となる人も，児童から高齢者，さまざまな障害のある人など幅広く，対象者の生活課題の個別性に留意した，人と社会システムとの関係からサービス提供される場の特性に応じた専門的な実践が求められている。　（五十嵐雅浩）

経済問題調整　入院，在宅を問わず，クライエントが医療費や生活費に困っている場合に，保険，年金，福祉等関係諸制度を活用できるように援助することである。その際，クライエントの要求に沿った福祉制度等をよく吟味してクライエントに理解しやすい説明を行い，クライエントが自ら選択して利用できるように援助をする。また，医療費や生活費に困っている状況がクライエントの自己評価を低下させることのないように，クライエントの人権に十分配慮して関わる。クライエントが病状等の理由により自ら選択できない状況にある場合は，その判断がクライエントの財産上不利益にならないようにする必要がある。そういった場合は，援助者一人で判断するのではなく，第三者機関に依頼したりチームのなかで検討する。クライエントが選択できる状況になったときは，クライエントがあらためて選択して決定できるようにする。　→地域福祉権利擁護事業　　（小久保裕美）

警察官職務執行法〔昭和23年法律第136号〕警察官が職権職務を遂行するために必要な手段を定めた法律である。警察官は精神錯乱や泥酔のために自己または他人の生命，身体，財産に危害を及ぼすおそれが明らかであり，応急の救護を要する者を発見したときは，警察署，病院，精神病者収容施設，救護施設等の適当な場所で保護しなければならない（第3条）。警察官が精神障害者を保護する場合の根拠となる法律である。
（古寺久仁子）

警察官通報　警察官が職務執行中に，異常な挙動や周囲の事情から判断して，精神障害のために自傷他害のおそれがあると認められる者を発見したときは，直ちにその旨を最寄りの保健所長を経て都道府県知事に通報しなければならない。精神保健福祉法第24条に規定されていることから，「24条通報」といわれる。通報を受けた知事は，調査の上，必要な場合には措置入院の要否を判定する診察を行わなければならない。精神衛生法（1950年）制定時は，警察官職務執行法第3条の規定により保護した者についてのみ通報することとされていたが，1965年改正で範囲が拡大し，現在の規定となった。法第23条〜第26条に規定される申請，通報のなかでは，警察官通報の件数が圧倒的に多い。なお，従来，警察官がその職務で保護した者を診察場所まで移送する例が少なくなかったが，1999年改正で移送制度が創設され，移送が厚生行政に

よる都道府県知事の職務であると規定されたことから、警察との協力体制のあり方が各地で改めて見直されるところとなった。　→移送
(川口真知子)

形式社会学〔formal sociology〕　ジンメル(Simmel, G.)が唱導した社会学であり、集団における個々人の相互作用の形式（社会化の形式）を主たる研究対象とする点に特徴がある。個人はさまざまな動機から結びつき、社会集団を形成し活動する（すなわち、他の人間と相互関係に入る）が、このような個人間の相互作用のことをジンメルは社会化と名付け、この社会化を分析的に形式と内容とに分けた。形式社会学は、前者の社会化の形式を扱う。社会化の形式とは、特定の内容をもった動機から区別された、動機を現実化する相互作用の形式のことである。具体的には、家族、政党、企業などさまざまな集団において見いだされる、上位と下位、競争、模倣、分業、党派形成、代表といった個人相互間で生じる行動様式のことを意味する。
→ジンメル　(伊藤美登里)

刑事事件　刑法の適用を受ける事件を刑事事件という。国家が法秩序を維持するために一定の行為を犯罪と定めて禁止し、違反した者に対して国家が刑罰を科することとした。刑法はこれを定めるもので犯罪と刑罰に関する法律である。この場合の刑法とは刑法典だけでなく実質的意義における刑法（大麻取締法、軽犯罪法など）も含む。刑法の実施のためには刑事訴訟法という手続法がある。刑事事件においては、被疑者・被告人の生命・身体・自由・財産などに多大な制約を加えることになるので、刑法の内容も適正なものでなければならないし、手続きも適正に行われなければならない。そのため刑事事件に関しては日本国憲法第31条の適正手続の保障規定は最も重要な規定である。
(杉浦ひとみ)

芸術療法〔arts therapy〕　精神療法として諸芸術活動を用いようとする治療法のすべて。例えば、絵画・描画療法、陶芸療法、写真療法、音楽療法、箱庭療法、造形療法、舞踏療法、詩歌療法（連句療法・俳句療法）、書道療法、心理劇などである。これらの数ある治療法のなかから、患者にふさわしい療法を選択して治療的にアプローチする。このような広い概念を「芸術療法」と呼ぶのは、わが国特有のものとされる。なぜなら欧米の諸国においては、絵画療法なり、音楽療法なりが、それぞれ独自の協会をもっており教育システムと活動において確立したものをもっているからである。絵画療法を例にとれば、これは視覚的な表現であり形態は患者の思想、感性を表現し、色彩は情動を表現するとされる。　→絵画療法、箱庭療法、音楽療法
(宮崎忠男)

傾聴〔listening〕　面接における基本的な技法。アクティブリスニングと表現する場合もある。面接者が質問し、誘導したり、受け身で話を聞くのでなく、クライエントの今の悩み、感情、思いを自由に語れるように積極的に聴く面接者の技法あるいは姿勢である。併せてクライエントの状況に対して非審判的な態度をとったり、受容的雰囲気をつくるなど、クライエントの状況のとらえ方を率直に理解するとともに、問題解決に向けて信頼関係を構築する上で重要である。　→面接技法　(瀧誠)

頸椎症〔cervical spondylosis〕　頸椎に起こる変形性関節症のことで変形性頸椎症とも呼ばれるが、最近は単に頸椎症と呼ばれる。頸椎症状や神経症状がみられる。頸椎症状は頸部周囲の疼痛、運動制限などであり、神経症状としては頸椎内を通過する脊髄の枝（神経根）や脊髄自体が圧迫されることで上肢のしびれや痛み、脱力などの神経根症状や歩行障害、排尿障害などの脊髄症状が出現する。治療は薬物療法などの保存療法、症状によっては手術療法の対象になる。　→変形性関節症　(松永智美)

系統的脱感作法〔systematic desensitization〕　ウォルピ(Wolpe, J.)の逆制止理論に基づく手法で、主に不安神経症や強迫神経症の治療に用いられる。神経症症状は不安発生場面において条件づけられ、学習された持続性習慣であって、不安反応に生理的に拮抗できる状態をつくることができたなら不安は減弱するという考え方に基づく行動療法の一つ。不安反応の程

度と刺激の種類との関係を調べ，段階的にその刺激を増やしながら，筋弛緩反応（不安に対し拮抗する反応）が起こるように訓練する方法。
→ウォルピ，行動療法　　　　　　（瀧誠）

刑罰の不遡及　行為後に立法された刑罰法規に遡及効を認めないというものである。この原則は日本国憲法第39条で「何人も，実行の時に適法であった行為は……刑事上の責任を問はれない」と規定されるもので罪刑法定主義から派生する原則である。刑罰は人の生命・自由や財産を制約するものであるから，何をしていいかしていけないかを事前に示してもらわなければ安心して行動できないからである。なお，民事法については法律の不遡及の原則はとられていない。　　　　　　　　　　　（杉浦ひとみ）

軽費老人ホーム　老人福祉法に基づく老人福祉施設の一種。入所要件は，60歳以上または60歳以上の配偶者を有する者のうち，家庭や住宅の事情などの理由で居宅において生活することが困難な場合，無料または低額な料金で利用することができる。食事提供のある「A型」，食事は自炊の「B型」，必要に応じて在宅福祉サービスを利用しながら生活できる「ケアハウス」の3種類がある。利用は施設との直接契約である。介護保険制度では，一定の基準を満たすことにより「特定施設入所者生活介護」の給付対象となる。　　　　　　　　　　　（都﨑博子）

契約　二人以上の人が少なくとも形式上相対立する立場に立って，相互に意思を表示し合い，かつこれらの意思を一致させることにより，相互間に権利・義務を発生させる合意である。生活が自給自足でなく，社会的分業によってなされ，そこでは，何らかのかたちの財産取り引きを通じて初めて円滑に社会生活を営むことができる。そして，この財産取り引きは，通常，この契約という法律手段を通じて行われる。すなわち，物を売り買いするには，売り主と買い主という二当事者が存在し，売り主の「売る」という意思と買い主の「買う」という意思の合致があって初めてその物の売買契約が成立し，売り主は物を引き渡す義務，買い主は代金を支払う義務が生じるのである。契約は各個人の意思に基づき自由に締結することができるのが原則である（契約自由の原則）。しかし，政策的要請から例外も認められている。例えば，利息制限法は高い利息支払いを合意しても，法で定めた利率以上の分については無効とされる。経済的に窮地にある者が対等で自由な契約を締結したとはいえないからである。なお，「措置から契約へ」という場合の「契約」も，あるサービスを受けたいものと与えるものとの間の合意によって内容が決定され，それぞれの間に権利と義務（サービスを受ける権利と施す義務）(対価を払う義務と得る権利)の関係が生ずるものである。これに対して，措置とは，行政庁がサービス内容を一方的に決定する仕組みである。　→典型契約，意思表示　　　　　　　（杉浦ひとみ）

KJ法　資料・情報の整理分析の方法の一つで，開発者である川喜田二郎の名をとって付けられた。収集した資料の記録をカード化し，内容が本質的に似たものを適当なまとまりに単位化し，要約を一行見出しとして作成する。次に一行見出しの内容が似たものを集めてさらに凝縮したかたちで，中グループそして大グループへと編成していく。カード群を論理的に空間配置し，関連を検討する。情報整理だけでなく，解釈や仮説の手がかりとしても用いる。
（松永宏子）

ケースカンファレンス〔case conference〕関係者がお互いの基本的視点を理解し合い，援助課題を共有化し，関わり方の特性を理解し，多面的多元的視点からみた本人や問題・課題の全体的把握を行い，援助・支援におけるそれぞれの関わりを有機的つながりをもつものにしていくための機会としてケース会議は位置づけられる。それぞれの専門性・独自性に基づく視点から援助・支援課題が考えられ，具体的活動が展開されるが，援助・支援が多様化・多元化すればするほどその内容は分断化・細分化・独断化してしまうおそれがある。そこで，クライエントへの援助（援助の方向性，援助計画，援助計画実施状況，援助者の関わりの課題など）に関する広い意味でのカンファレンスをケースカンファレンスという。また，ケア提供を中心課

題に置くカンファレンスをケアカンファレンスというようになってきている。チームワーク展開においては,カンファレンスは不可欠である。今後は,カンファレンスにクライエントの参加を配慮する必要がある。　→チーム医療,チームアプローチ　　　　　　　　　(吉川公章)

ケース記録　⇨援助記録,記録法
ケーススタディ　⇨事例検討
ケースマネジメント〔case management〕
ケースマネジメントの始まりは,1960年代のアメリカで脱施設化政策を実施する過程において,退院後の精神障害者を地域で支援するシステムづくりにみられる。地域で生活する精神障害者に多様な社会資源を提供する方法として実践され,それがケースマネジメントと呼ばれるようになった。イギリスではケアマネジメントと呼ばれ,わが国の「障害者ケアガイドライン」でもケアマネジメントという用語が使われている。　　→ケアマネジメント　　　(寺田一郎)

ケースワーク〔casework〕　ケースワーク(個別援助技術)とは,正確には,ソーシャルケースワークといい,ソーシャルワークの諸方法のなかでも最も主要な方法である。ケースワークにおいては,生活上の問題を抱えた人を個別的に援助するが,その人の主体性を尊重し,本人が問題を解決できるように側面から援助する。また,クライエントの問題を解決するには,本人を取り巻く社会環境,つまり,家族,近隣,社会資源に働きかけたり,社会環境の改善,開発を図ることも重要であり,心理療法やカウンセリングとケースワークの大きな違いは,この具体的援助にある。ケースワークは,ロンドンの慈善活動を組織化するために1869年に設立された慈善組織協会(Charity Organization Society: COS)の活動にその萌芽がある。アメリカにCOSが移入され,リッチモンド(Richmond, M. E.)が,ケースワークの体系化を図り実践を理論化した。リッチモンドはケースワークを「ソーシャル・ケース・ワークは,人間と社会環境との間を個別に,意識的に調整することを通してパーソナリティを発達させる諸過程から成り立っている。」と定義している。アメリカの『ソーシャルワーク百科辞典(Encyclopedia of Social Work)』では,1987年の第18版から見出しの大項目に「ケースワーク」がなくなった。第19版では,「直接的実践の概観」および「ソーシャルワーク実践」の大項目のなかにケースワークについての記載がある。このように,ソーシャルワークの統合化のなかで,わが国の社会福祉の教育でもソーシャルワーク全般を学び,ケースワークその他の方法論を各論あるいは別個に学ぶようにはなっていない。このことは,ケースワークの重要性が減じたわけではなく複雑な現代社会においては,ケースワークだけでなく他の方法論も同時に用いて問題の解決を図ること,つまりソーシャルワーク共通の実践と教育の必要性が高まっている。→援助技術,直接援助技術,ソーシャルワーク,慈善組織協会,リッチモンド　　(牧野田恵美子)

ケーラー〔Köhler, Wolfgang : 1887-1967〕
ドイツの心理学者。1887年にエストニアのレーファルに生まれた。アメリカに亡命し,1967年にニューハンプシャーにて死去。一般心理学,実験心理学,生理学的心理学,比較心理学,哲学的心理学,理論心理学の専門家。1909年にベルリン大学より博士号を授与された。彼はゲシュタルト心理学の創設者の一人である。論文には,「Über umbemerkte Empfindungen und Urteilsäuschungen（気づかれない感覚と誤った判断）」(1913)などがある。　→ゲシュタルト心理学　　　　　　　　　(宮崎忠男)

ゲール〔GEEL〕　アントワープの南東45kmにあるベルギーの街。6世紀頃,アイルランドの王女ディンフィナが結婚を嫌って逃げていたが,父親の追跡を受けてゲール地区で捕らわれ殺された。ディンフィナはその死によって父の悪霊をはらったとディンフィナ崇拝が起こり,1250年頃からここでは狂気が治ると信じられるようになった。このような信仰による治癒を求めて教会に集まる精神障害者を,教会が周辺の民家に対し宿泊させてくれるように依頼した。その結果,付近の民家が里親のように宿泊させて世話をした下宿制度（ボーディングシステム）ができていった。その後,国がこの活動

を公認してコロニーがつくられ，病院との提携も行われている。　　　　　　　　（高橋一）

ゲシュタルト心理学〔gestalt psychology〕ヴント（Wundt, W. M.）以来，科学としての心理学は要素還元主義，構成主義であった。これに反して，ゲシュタルト心理学は，心理現象の本質は力動的な全体にあり，原子論的なアプローチでは究明されないとして登場した。ウェルトハイマー（Wertheimer, M.），ケーラー（Köhler, W.）らが有名である。ゲシュタルト療法は，フロイト派の分析医パールズ（Perls, F.）を中心に提唱された精神療法で，「今，ここ」という状況を重要視する。したがって，実存主義的な現象学であるといわれる。患者が治療場面で，拳を握っていたとすると，治療者はすかさず，「今，私の前で拳を握っている人が目に写っていますが，自分で気づいていますか？」という介入をしたりする。　→ウェルトハイマー，ケーラー　　　　　　　　　　（宮崎忠男）

ゲゼル〔Gesell, Arnold Lucius：1880-1961〕アメリカの小児科医。個体の成熟と環境の相互作用との観点に立って，小児発達の組織的な研究を続けた。研究の中心は，乳幼児，学童期，青年期までの追跡的研究で，三部作として発表した。発達神経学に立脚して，発達は螺旋状的に組織化されて進むものであることを立証した。研究対象がアメリカの中流家庭の均一集団としたことに批判もある。主著としては，『The Embryology of Behavior（行動の胎生学）』（1945）。　　　　　　　　　（宮崎忠男）

ゲゼルシャフト〔Gesellschaft〕テンニース（Tönnies, F.）が提唱した社会類型の一つであり，観念的・人為的な意志である選択意志に基づいて各人が結合した社会を指す。具体的には国家・大都市などが挙げられる。ゲマインシャフトと対置される概念であるが，実際の諸社会が必ずゲマインシャフトとゲゼルシャフトに二分されるというわけではなく，社会の一つの側面を抽出し，理念型として構成された社会類型である。　→テンニース，ゲマインシャフト　　　　　　　　　　　　　（杉本昌昭）

血圧　血液が動脈壁に及ぼす圧力をいう。心臓収縮期のものを収縮期（最高）血圧，拡張期のものを拡張期（最低）血圧という。加齢とともに高血圧の割合が増え，その状態が続くと脳卒中，心臓病，腎障害などを合併するリスクが高くなる。高血圧者の予後から，日本高血圧学会では，最高血圧 140 mmHg 以上かつ／または最低血圧 90 mmHg 以上を高血圧としている。血圧は緊張その他の要因で変動しやすく，何回か測定して判断する。　→高血圧　（上林茂暘）

血液　細胞成分としての赤血球・白血球・血小板と液体成分の血漿で構成される。赤血球は血色素（ヘモグロビン）を含み，酸素を肺から組織に，炭酸ガスを組織から肺に運搬している。白血球は顆粒球（好中球，好酸球，好塩基球），単球，リンパ球からなり，顆粒球と単球は食菌や異物処理，リンパ球は免疫系の機能と関わっている。血小板は血液凝固に欠かせない。血漿は水を主成分とし，タンパク質，ブドウ糖，脂質，電解質，ビタミン，ホルモン，組織代謝産物などが溶解している。また血漿には線維素原（フィブリノーゲン）も含まれ，各種凝固因子が血液凝固に関わる。線維素原を血漿から除去したのが血清である。血漿量や血漿水素イオン濃度を維持することは生体組織の環境を保つ上で不可欠である。　　　　　（上林茂暘）

結核　結核菌による感染症で慢性の経過をとる。肺に病巣（結節）をつくる肺結核が多いが，腸・腎・骨・皮膚などの結核もある。血行性に散布した肺結核を粟粒結核といい，両側全肺野に粟粒大の病巣が散布している。肺結核は1950年頃までは死亡原因の1位を占め，亡国病と称された。ストレプトマイシンなどの強力な抗結核薬の出現と栄養および衛生状態の改善により，現在では結核による死亡は激減したが，薬剤耐性結核菌の出現や，学校や病院などでの集団感染が問題となって再興感染症として1999年に結核緊急事態宣言が出された。　→結核対策　　　　　　　　　　　　　　（成相京）

欠格条項　障害者に係る欠格条項とは，身体障害や知的障害，精神障害があることを理由に，国家資格や業の許可などを与えないとする法令上の規定（条項）をいう。こうした規定は，障

害を有しているという属性のみを理由に社会や経済活動への参加を制限するもので，ノーマライゼーションの理念を損なうことはもとより，法の下の平等や職業選択の自由などにも抵触するものであるとされてきた。政府において欠格条項が本格的に取り上げられたのは，「障害者対策に関する新長期計画」(1993年度〜2002年度)の策定時であった。このなかで，欠格条項について「必要な見直しについて検討を行うこと」とし，これを受けるかたちで1998年8月に総理府障害者施策推進本部において見直しに向けての基本的な考え方と具体的な対処方針が決定された。対処方針の観点として，①必要性の薄いものについては，障害者に係る欠格条項を廃止，②真に必要と認められる制度については，第一に「対象の厳密な規定への改正」，第二に「絶対的欠格から相対的欠格への改正」，第三に「障害を表す規定から障害を特定しない規定への改正」，第四に「資格・免許等の回復規定の明確化」，が挙げられている。なお，見直しの対象となった欠格条項の数は，13省庁にわたる63条項であった。内訳の特徴は，所管行政としては旧厚生省関連が31条項と最も多く，障害種別では精神障害関連32条項，「目が見えない者」関連20条項，「耳が聞こえない者・口がきけない者」19条項の順となっている。障害者施策本部の対処方針に沿って，2000年度以降医療関係審議会や薬事審議会など関係審議会において順次見直し作業が着手されていった。最初の改正法は第151回通常国会(2001年)で成立した「障害者等に係る欠格事由の適正化等を図るための医師法等の一部を改正する法律」で，これに続いて関連省庁より相次いで改正法案が上程された。改正の特徴は，栄養士法や調理師法など一部で廃止がみられたものの，精神障害を対象とした条項の大半は「絶対的条項から相対的条項」への切り替えに留まった。銃砲刀剣類所持等取締法(警察庁所管)や鳥獣の保護及び狩猟の適正化に関する法律(環境省所管)では絶対的条項が残るなど進展がみられなかったものもある。なお見直し作業の経過にあっては，各省庁と当事者団体を含む障害関係団体との間でヒアリングが実施され，団体側からも政府や国会に積極的な働きかけが行われた。「原則廃止」を掲げた政府の方針に照らすならば，残された課題は少なくない。主なものとして，①安易に相対的条項に切り替えられたとされているものの再改正，②障害を特定した条項の再改正，③地方自治体の条例や民間企業体の規定(航空機の搭乗時の規制など)に存在する欠格条項の見直し，などが挙げられる。これらの課題の探求と合わせて，欧米など海外の実情把握や包括的な法的基盤の強化という視点から「障害者差別禁止法」の立法化なども重要視されている。　→ノーマライゼーション
　　　　　　　　　　　　　　　(藤井克徳)

結核対策　結核予防法に基づいて実施されている。制度的には，健康診断(ツベルクリン反応・X線検査など)，予防接種(BCG)，患者管理，結核医療と一貫した対策が体系づけられている。健康診断，予防接種は定期と定期外に大別され，定期は事業所，学校および施設の長，一般住民には市町村長が実施義務者となる。患者管理は届出と登録により，適正な医療等による早期社会復帰と感染防止を図るものである。医療に関しては公費負担の制度が設けられている。　→結核　　　　　　　　　　(成相京)

血管　血管は動脈，静脈，毛細血管に区分される。心臓から大動脈へ駆出された血液は次第に分岐し細くなり，ついには毛細血管にいたる。この段階で組織液と交流し，毛細血管は再び集まり小さな静脈になりこれが合流して，上・下大静脈となり心臓へ戻ってくる。このような体液の移動(循環)を通して，栄養の摂取(腸管)，蓄積(肝臓)，不要物の排泄(腎臓)，ガス交換(肺)，ホルモン分泌(内分泌器官)といった全身の臓器に必要な物質を輸送する役割を血管は担い，生体の代謝を間断なく行っている。
　　　　　　　　　　　　　　　(上林茂暢)

欠陥状態〔defective state〕　統合失調症(精神分裂病)の経過のなかで，幻覚，妄想などの活発な分裂病症状が消退または後景化して，感情平板化，自発性低下，自閉などの情意面の障害が中心となった状態をいう。幻覚や妄想が残存することも少なくない。独特の思考をとるこ

ともある。これらの状態は長期間持続することが多く，生活上の障害を伴うこととなる。欠陥の用語が不快用語であるためその使用を避けるべきで，残遺状態（residual state）を同意味で使用することが勧められる。　　　（梶原徹）

血管性痴呆　老年期に痴呆の原因となる疾患はさまざまであるが，脳の血管障害（脳梗塞や脳出血）によって知的機能の低下をきたした場合，血管性痴呆と呼ぶ。小梗塞が多発したときに起こることが多いので多発梗塞性痴呆とも呼ばれたが，出血や認知機能に大きな影響をもつ部位であれば1か所でも起こし得るので血管性痴呆という呼び方が現在では一般的である。アルツハイマー型痴呆とともに痴呆の原因の多くを占めており，かつて，日本人においては最も頻度の高い痴呆とされていたが，現在ではその相対的な比率は低下したといわれている。また，高血圧，糖尿病や高脂血症などの基礎疾患の管理により，ある程度予防が可能な痴呆ということもできる。アルツハイマー型痴呆と比較すると階段状の進行，知的機能の低下が一様でなく（まだら痴呆），歩行障害などの神経症状を伴いやすいこと，気分状態が抑うつに傾きやすいこと，感情失禁傾向などが特徴として挙げられる。→痴呆　　　　　　　　　　　　　（中津完）

結婚〔marriage〕　結婚は配偶関係を承認する社会制度であり，それに伴い一定の権利義務関係が生じる。結婚の形態は社会によって多様である。多くの場合，男女の持続的性関係を伴うが，民族誌には冥婚（死者が法的な夫になる結婚）や女性婚（女性同士の結婚）の事例もみられる。男女の結合も一対一とは限らず，一妻多夫婚，一夫多妻婚の形態もある。近代社会の結婚は一対の男女の個人的契約関係という面を強くし夫婦の愛情関係が強調されるようになったが，同時に女性を法的無権利状態におき，性別役割分業体制を形成するものであった。第二次世界大戦後，欧米や日本において結婚の法的男女平等化がすすみ，1960年代後半以降に高まりをみせた女性解放運動や同性愛解放運動を経て，非法律婚や同性同士のパートナー関係など，法的結合によらないオルタナティブな関係が模索されるようになっている。　→夫婦家族制
　　　　　　　　　　　　　　　　（山根真理）

血小板減少症　血小板は出血の際，一次止血の中心的役割を担っている。血小板が減少すると，紫斑，鼻出血といった皮膚，粘膜の出血が起こりやすくなる。血小板減少をきたす疾患を，原因別に分類すると，血小板の産生自体に低下をきたすものと，ほかの要因によって血小板が減少するものとに分けられ，さらに，産生低下するものには，ほかの血球の減少を伴うものと血小板のみが減少するものとに分けられる。以下，代表的疾患を挙げるが，白血球や赤血球とともに産生低下をきたすものには，再生不良性貧血，急性白血病，がんの骨髄転移，薬剤あるいは放射線による骨髄抑制がある。また，血小板のみが減少するものには，無巨核球性血小板減少症がある。産生減少がなく，血小板が消費されるものには免疫性機序で起こる特発性血小板減少症，消費の亢進による播種性血管内凝固症候群，血小板が体の特定の部位に偏って分布することで起こる脾腫，体外に失われることによって起こる大量出血等がある。　（永井俊哉）

結節機関　社会学者の鈴木榮太郎が，その著『都市社会学原理』（1957）のなかで使用した概念。鈴木は都市を，社会的交流を促す地域的・組織的な結節と考えていた。また，都市の特質を，社会的交流のための機関（企業や官公庁，寺院，駅，学校，映画館など）の存在に求め，それらを結節機関と呼んだ。結節機関が集積する都市ほど都市度が高いと考え，都市間には，結節機関間の関係を通じて上位・下位のヒエラルヒー的構造が成立するとした。（野沢慎司）

ケネディ教書　⇨精神疾患及び精神遅滞に関する大統領特別教書

ゲマインシャフト〔Gemeinschaft〕　テンニース（Tönnies, F.）が提唱した社会類型の一つであり，人間の実在的・自然的な意志である本質意志に基づいて各人が結合した社会を指す。具体的には地域共同体・家族などが挙げられる。前近代において特徴的な社会類型であるが，近代では対概念であるゲゼルシャフトが優勢であるという歴史的傾向が含意されていた。ただし，

ゲゼルシャフト化が進行すれば，また新たなるゲマインシャフトが登場するとの説明もなされている。　→テンニース，ゲゼルシャフト
(杉本昌昭)

ケラー〔Keller, Adams Helen：1880-1968〕アメリカのアラバマ州に生まれ，生後19か月のとき，熱病で目・耳・口の機能を喪失したが，1887年の6歳のときからサリヴァン(Sullivan, A.)女史を家庭教師として迎え，話すこと，書くことを学ぶ。1904年には，ラドクリフ女子大学を卒業。世界各地での講演を通じて，広く身体障害者の福祉事業に尽力した。1937年，1948年，1955年と3度来日し，講演を行っている。著書には『The Story of My Life（私の生涯）』(1903)，『The World I Live in（私の住む世界）』(1908)がある。　　　　　　(増井喜代美)

幻覚〔hallucination〕　錯覚とともに知覚の異常の一つであり，実際には存在しないものを知覚することをいう。フランスのエスキロール(Esquirol, J. E. D.)はこれを端的に「対象なき知覚」と表現している。存在しないものが知覚されるとは，意識内の表象が客観空間に投影されたものと見なされる。このように客観空間に投影され実在感が強く知覚としての性質をもつ幻覚を真性幻覚という。これに対し表象としての性質が強く実在性の確信が少なく，かつ客観空間ではなく主観空間に投影された幻覚を偽幻覚という。感覚に従って幻覚を分類すると，幻視，幻聴，幻嗅（げんきゅう），幻味，体感幻覚に分類される。意識障害を伴わない幻覚は，統合失調症(精神分裂病)，アルコール幻覚症などで生じ，意識障害を伴う幻覚は，せん妄，幻覚薬を含む精神作用物質使用による障害，もうろう状態などで生じる。意識障害を伴わない幻覚では幻聴が多く，意識障害を伴う幻覚では幻視が多い。幻視には閃光や模様状の要素性幻視と複合性幻視があり，意識障害時に出現しやすい。特殊なものとして自分が幻視される自己幻視，後方や体内等見えないところが見える域外幻視がある。幻聴も物音の要素性幻聴と幻声を中心にした複合性幻聴がある。幻声にも短い単語から対話性の幻聴まである。複数の人物が本人のことを噂し合ったり，本人の行動を注釈したりする幻聴はシュナイダー(Schneider, K.)の1級症状の一つであり統合失調症に特有である。幻聴の特殊型として自分の考えが言葉になって聞こえる考想化声がありこれもシュナイダーの1級症状である。幻嗅は悪臭の幻覚が多く，便臭など自己臭気の幻覚を感じる場合もある。幻嗅自体は幻覚としては少ない。幻味は幻嗅よりもさらに稀である。てんかん発作，特に側頭葉てんかんのアウラ（前兆）として幻味が生じることがある。体感幻覚には皮下蟻走感のような幻触，内臓が腐る，引っ張られる等の奇異な内臓感覚を生じる臓器幻覚などがある。体感幻覚は幻嗅より頻度は高い。　→錯覚，統合失調症
(梶原徹)

現金給付　医療保険，介護保険は，それぞれ医療の給付，介護サービスの給付を主たる保険給付の内容としている。実際に被保険者が保険給付を受給するにあたっては，指定された医療機関，介護保険施設等で受けた給付は，一部負担金部分を除いて，現物給付を行うことを原則としている。しかしながら，医療保険，介護保険とも一部は現金給付の方法をとっており，例えば，医療保険は，その保険事故として，疾病とともに出産，葬祭も想定しており，健康保険では，これらに対するものとして，出産育児一時金，家族出産育児一時金，出産手当金，埋葬料，家族埋葬料等の支給が実施されているほか，移送費等も現金給付として実施している。介護保険でも，福祉用具購入費，住宅改修費等は現金給付となる。また，両制度に共通する高額の自己負担に対する保険給付（高額療養費，高額介護サービス費）も償還払いとなるので，現金給付である。　→給付，現物給付　(船水浩行)

言語〔language〕　言語は社会化された記号（サイン）の一種（システム）とみなされる。言語は，自然的なサインと意図的なサインとに分類される。前者は無意図的で，例えばため息のようなもので，後者は意図的で，ある意思を伝えようとしている。後者を「言語」といってもよい。言語はさらに，身振り言語と音声言語とに分けられる。言語の機能については，ビュ

ーラー（Bühler, K.）は三つの機能を挙げている。①表出，②呼びかけ，③叙述，である。しかし，言語のいかなる機能に注目するかにより多様な分類が可能である。したがって，さらに④発話的な機能や詩的機能（気持ちを声に出して歌を楽しんだり，味わったりする），が加わってもよいし，⑤概念化機能，⑥思考機能，もある。
(宮崎忠男)

健康　WHO憲章では，「健康とは，肉体的にも，精神的にも，また社会的にも完全に良好な状態をいうのであって，単に病気でないとか，虚弱でないとかいうことではない」と定義している。現在では健康の概念として，これが広く用いられているが，健康の概念は人類の歴史とともに，その時代背景によって強く影響されて変わってきている。ギリシャ医学では4種の体液のバランスがとれているのが健康な状態であると考え，古代の健康観は調和と美であった。近代になると健康とは「肉体的な力であり，その持続としての寿命の長さであり，子供を産む能力」とも，また「労働力の源泉であり，富を産み出す力」ともいわれた。
(成相京)

健康教育〔health education〕　健康に関わる知識・技術の習得および体験の過程を通じて，健康の内容を具体的に決定し，これを実現しようとする意図が自発的に形成されるのを支援すること。この意図に基づいて個々人における行動・習慣が改善され，あるいは社会的および物的環境が整備されて，健康の保持・増進に望ましい状況が実現することを期待する。知識教授を中心とする伝統的方法の限界から，心理学，教育学や学際的な行動科学などが導入されるようになった。
(石井敏弘)

健康診査　健康診査は，疾患や異常の早期発見（二次予防）の機会であり，リスクの高い人に疾病予防（一次予防）のための保健指導につなぐ機会にもなっている。現在，母子保健法により妊産婦，乳幼児等を対象とした健康診査が実施され，老人保健法により壮年期（40歳以上の者）を対象とした健康診査が実施されている。
(半澤節子)

健康づくり　広義には疾病予防に関わるすべての段階(①健康増進，②疾病に特異的な予防，③疾病の早期発見・早期治療，④能力障害の防止，⑤リハビリテーション）を，狭義には①のみを意味する。壮年期死亡の減少，痴呆や寝たきりにならない状態で生活できる期間（健康寿命）の延伸等を図るため，厚生労働省は「21世紀における国民健康づくり運動（健康日本21）」を2000年度より開始し，①および②に重点を置いた対策を推進している。　→21世紀における国民健康づくり運動（健康日本21）　(石井敏弘)

健康手帳の交付　1982年の老人保健法によって，壮年期からの公費による生活習慣病対策として市町村が実施する保健事業の一つである。すべての老人医療受給対象者および40歳以上の健康診査受診者で希望する者に対して，医療の記録や健康診査をはじめとする保健事業の記録，老後における健康保持のために必要な事項等を記載し，自らの日常の健康管理と適切な医療の確保に役立てるために健康手帳が交付される。
(馬場純子)

健康日本21　⇨21世紀における国民健康づくり運動（健康日本21）

健康保険法〔大正11年法律第70号〕　一般的な被用者を対象として，業務外の事由による疾病，負傷，死亡，出産に関して保険給付するとともに，その被扶養者に対しても同様の給付をすることを目的とする法。わが国の社会保険の法のなかでは最も歴史が古い(1922年公布)。常時5人以上の従業員のいる事業所（法人の場合は1人以上）に対して強制適用され，5人未満の個人事業所などは一定の手続きを経て任意適用される。保険者は，政府もしくは健康保険組合である。　→医療保険制度，任意加入被保険者，任意適用事業所　(松渓憲雄)

原告適格　行政処分に対し取消訴訟を提起する場合には一定の資格が必要である。この資格を原告適格という。取消訴訟は主観訴訟であるから，当該取消訴訟によって自己の権利利益の保護を図る者にのみ，訴訟の提起のための原告適格が認められることになる。行政事件訴訟法第9条が「処分又は裁決の取消しを求めるにつき法律上の利益を有する者」と規定するのがこ

れである。この「法律上の利益」の解釈については争いのあるところであるが、判例は「当該処分により自己の権利もしくは法律上保護された利益を侵害され、または必然的に侵害されるおそれのある者が、法律上の利益ある者である」旨判示した（最高裁判所判決1978年3月14日）。　　　　　　　　　　　（杉浦ひとみ）

言語障害〔language disorder〕　DSM-IVでは「コミュニケーション障害」のなかに，ICD-10では「会話および言語の特異的発達障害」に位置づけられる。DSM-IVでは，①表出性と②受容―表出混合性に二分される。表出性言語障害は，言語理解が正常であるが，表出言語の使用能力がその人の精神年齢水準より明らかに低下している。受容―表出混合性言語障害では，個別に行われた言語発達の標準化検査の得点が，非言語性知的能力より明らかに低値である。なお，DSM-IIIには受容性言語障害の記述があり，これは，言語理解がその者の精神年齢水準以下であり，なおかつ表出言語の産出も障害される。ICD-10では，①表出性言語障害と②受容性言語障害について記されたが，③「他の会話および言語の発達障害」と④「特定不能のもの」がある。　　　　　　　　　　　　　　（宮崎忠男）

言語聴覚士〔speech-language-hearing therapist：ST〕　「言語聴覚士法」（平成9年法律第132号）に規定される。厚生労働大臣の免許を受け，言語聴覚士の名称を用いて音声機能，言語機能，聴覚に障害のある者を対象に，機能の維持向上を図るため，言語訓練等の訓練，必要な検査および助言，指導その他の援助を行う者。一般に言語療法士ともいう。脳卒中等による言語機能障害や先天性の聴覚障害等に対するリハビリテーションの重要性が高まり，専門職としての資質向上や業務の適正な運用を図るため誕生した。　　　　　　　　　　　（濱田彰子）

言語聴覚療法〔speech therapy〕　聴こえや言葉の障害をもつ人々に対する指導および訓練方法をいう。指導の種類と程度を評価し，対象児・者に応じた指導プログラムを立てて，言語聴覚士（1997年に国家資格として制度化）が実践する。分野は，小児では難聴，言語発達遅滞，機能性・器質性構音障害，吃音，学習障害に対応する。成人では失語症，高次脳機能障害，運動性構音障害，聴覚障害，音声障害等，医療，福祉，教育にわたって対応している。小児の場合は，改善する障害がある一方，長期にわたる言語指導と養育者への生活や遊びに関する援助が不可欠である。成人の場合は，病気あるいは事故などにより，獲得した言語機能の一部またはほとんどを失った中途障害の人々に対する回復とQOL（生活の質）を高めるための家族も含めた援助・指導が要請される。　→言語聴覚士　　　　　　　　　　　　　　　（市島民子）

現在症評価〔present state examination：PSE〕　イギリスのロンドン大学のウィング（Wing, J.K.）教授らによって1974年に面接基準として開発された。PSEが扱う症状は，神経症症状，感情病症状，精神病症状，物質およびアルコール，異常行動で，面接時点から1か月前までの期間をその調査対象期間とする。ほかの面接基準と同様，また非構成化部分があり，患者の主訴，これまでの治療，その他の情報を入手する。各項目ごとに標準的質問が準備されており，ある項目について何らかの異常が疑われる場合は，追加の質問が用意されている。各項目は3段階評価される。症状を認めない場合は0点であり，存在する場合はその重症度に応じて1もしくは2と評点する。PSE面接の所要時間は，被験者の症状や協力性によって変化するが，およそ60〜90分である。PSEにはさらに，器質的要因，社会的または心理的要因，初発以前の人格，病期中の知的水準を記入できる病因目録が用意されている。　　　（仲條龍太郎）

現在地保護　居住地がない，または明らかでない要保護者は，生活保護を必要とする状態になった時点でいた場所を管轄する福祉事務所が保護を決定，実施する。居住地のない人が路上で倒れて入院した場合，倒れていた地点が「保護を必要とする状態になった時点でいた場所」である。現在地は一時的であるか否かは問わず，保護を開始する場合の瞬間的事象の場所の意味である。　→居住地保護，急迫保護，職権保護　　　　　　　　　　　　　　　（平木美保）

顕在的機能 ⇨潜在的機能／顕在的機能

検察官通報 検察官は，精神障害者またはその疑いのある被疑者，被告人を不起訴処分としたときや，裁判が確定したとき（懲役，禁固等の刑を言い渡し執行猶予の言渡をしない裁判を除く），その他必要があると認めたときは，すみやかにそれを都道府県知事に通報しなければならない。精神保健福祉法第25条に規定されていることから，「25条通報」といわれる。通報を受けた知事は，法に定められた手続きに従い，必要な場合には措置入院の要否を判定する診察を行わなければならない。
(川口真知子)

原死因 死因統計の基になる死亡診断書に記載された複数の疾患から，直接に死亡を引き起こした一連の事象の起因となった疾病もしくは損傷をいう。
(成相京)

現実吟味〔reality-testing〕 現実に起きている事柄を客観的に認知することであり，現実と非現実的を区別する機能である。自分の置かれている状態や，他者との人間関係や，自分の言動や，これからのとるべき行動について，現実と対応した認識と判断が行えるようになることで，客観的評価ができたり行動を修正して望ましい行動を学習していく。精神内界や外界の現実に関する正確な知覚と，得られた知覚を経験全体の脈絡のなかに位置づける判断が関与する。
(荒田寛)

現象学的社会学 社会的事象や社会関係を行為者がそれに対して付与する意味に注目して分析しようとする，社会学における理論的視点ないし立場。フッサール(Husserl, E.)の現象学的哲学に影響を受けたシュッツ(Schutz, A.)が社会学の方法論として導入し，バーガー(Berger, P.)，ルックマン(Luckmann, T.)らによって広められた。人々が日常生活を送る世界を現実として認識するときに採用している常識的思考を一時的に括弧に入れて，そのような現実が人々の意識によってどのようにしてつくりだされ，共有され，維持されているのかを問うという姿勢によって特徴づけられる。また，常識的思考は人々の生みだすものであるが，ひとたび確立するとそれは現実をつくりだす枠組みとして拘束的に働くという側面にも注目する。
(田渕六郎)

検診命令 生活保護の実施機関が保護の決定，実施をするため，要保護者の健康状態，病状，稼働能力の有無，障害者加算の認定，施設利用の適否などを把握する必要がある場合，要保護者に検診を受けることを命令すること。要保護者が検診命令を拒否する場合，要保護者の状況把握ができず適正な保護を行うことが不可能なため，実施機関は保護の申請の却下，保護の変更，停止，廃止をすることができる。
(平木美保)

減数分裂 ヒトの染色体は，1組2本でできている常染色体が22組44本あるほか，XX（女）あるいはXY（男）の性染色体があるので合計46本である。生殖細胞を形成するときにはこの染色体が半数になる。これを減数分裂という。減数分裂によって生殖細胞の常染色体は22本となり，性染色体を1本ずつもつので生殖細胞は23本の染色体をもつことになる。生殖細胞である卵子はそのすべてが常染色体22本と性染色体X1本の計23本の染色体をもつが，生殖細胞である精子は常染色体22本と性染色体X1本のものと，常染色体22本と性染色体Y1本のものの2種類ができる。卵子と精子の合体によって染色体の数は46本になるが,そのとき組み合った性染色体がXXであれば女性となり，XYとなれば男性となる。　→染色体
(吉川武彦)

見当識〔orientation〕 現在の自己が置かれている状況を正しく見当づける能力を見当識（オリエンテーション）という。見当識が正しく保たれるためには，意識，記憶，思考などの能力が正しく保たれている必要がある。したがって意識，記憶，思考などが障害された状態では見当識も障害される。見当識は通常，時間，場所，自己を含めた人物に関する見当識に区分される。見当識が障害される場合，時間見当識，場所見当識，人物見当識の順に障害されることが多い。見当識の検査をする場合，時間については，現在の年月日，季節，午前午後，およその時間経過などを聞く。場所については「ここ

がどこか(部屋，建物，地名……)」などを聞く。人物については自分自身が誰か，その氏名，年齢など，親しいそこにいる人物が誰かなどを聞く。意識障害，脳器質疾患，健忘症候群，分裂病性残遺状態等のときに見当識障害（失見当識）が生じやすい。　　　　　　　　　　　（梶原徹）

現物給付　医療保険は被保険者に対する医療の給付を主たる保険給付の内容としている。また，介護保険は，要介護（要支援）認定を受けた被保険者に対して，居宅，施設での介護サービスを給付することを主たる保険給付の内容としている。したがって，診療，投薬等の医療給付，訪問介護，通所介護等の介護給付といったそれぞれの給付内容の性格上，法律上の規定は償還払い（いったん被保険者がかかった費用を支払い，保険給付分を保険者に請求する）であるが，実際に被保険者が保険給付を受給するにあたっては，指定された医療機関，介護保険施設等で給付を受け，一部負担金部分を除いて，現物給付を行うことを原則としている。そして，保険者がこれらの指定された医療機関，介護保険施設等に被保険者にかかった費用を支払うというシステムとしているのである。　→給付，現金給付　　　　　　　　　　　（船水浩行）

憲法　⇨日本国憲法

健忘〔amnesia〕　記憶の三要素（記銘，保持，追想（想起））のうち，追想（想起）の障害である。過去の一定期間の部分的または全体の出来事が追想，想起できないことを健忘（アムネジア）という。部分的に追想可能なものを部分健忘，全く想起不能のものを全健忘という。健忘の原因が生じる時点以前について健忘がある場合を逆向健忘といい，頭部外傷，脳震盪の場合などで生じる。逆に前向健忘は健忘の原因が生じた時点以後のことが追想できないもので，睡眠導入剤服用後などに生じる。健忘は追想という記憶機能の障害であり，多くの場合脳器質疾患や，薬物等の精神作用物質使用が原因で生じる場合が多い。しかし，心因性健忘もあり，強いストレスにさらされた場合などに生じやすい。自らの姓名，住所，生活史に関する事項を健忘する全生活史健忘は心因性の場合が多い。

また，多重人格の場合も別の人格である期間に関して健忘を生じるとされる。　→記憶
　　　　　　　　　　　　　　　　（梶原徹）

健忘症候群〔amnestic syndrome〕　狭義にはコルサコフ症候群（Korsakov syndrome）を指す。通常，失見当識（見当識障害），記銘力障害（健忘），作話の3徴候をいう（作話は顕著でないこともある）。見当識とは，自己の居るところを時間的，空間的（場所的），社会的（人物的）に位置づける認識のことである。見当識障害があると，今がいつか，ここがどこか，相手が自分とどういう関係にあるのかがわからなくなる。普通，時間→空間→人物の順に重篤になる（軽ければ時間だけ，重ければ三つとも障害される）。記銘力障害は物事を記憶にとどめることができないことをいう。重篤な患者になると，30秒前の出来事も覚えていない。作話は，記憶として想起できない事柄を作り話（虚言）で補ってしまったり，実際に起こった事実でも時間的順序を混乱させて話をつくってしまうことをいう。特に，検者から質問を受けたときのみに生ずることが多く（困惑作話），本人は虚言をなしているという自覚がない。健忘症候群は側頭葉や前頭葉の脳底部の両側性の器質性損傷によって生ずるのが普通であり，基本的に器質性精神症候群の一つである。これに対して心因性・ヒステリー性健忘では，あるテーマに関する事柄のみの想起不能（選択的健忘）や，自己についての一切の記憶喪失（全生活史健忘）というかたちをとることが多く，健忘症候群とは区別される。　→コルサコフ症候群　　　（波多野和夫）

権利能力　私法関係において権利者となる資格をいう。人である以上すべての者はこの能力をもつ。民法第1条の3「私権ノ享有ハ出生ニ始マル」と規定するのがこれである。これに対し，人が法律行為をなしうる能力を行為能力という。民法はこの行為能力が完全でない者（判断能力の低い者）に保護を与えている。民法第3条からの規定は，この行為能力に関する規定である。なお，民法は法人についても権利能力を認めている（第43条）。　　　　（杉浦ひとみ）

権利擁護〔advocacy〕　アドボカシーは，代

弁・弁護する，ある側を支持し共に主張する，アドボケート（advocate）はそれを行う人を意味する。元来は，障害者等社会的に弱い立場に置かれた人々が適切なサービスを受けられず放置されたり，虐待等の権利侵害を受けやすく，それらを救済，解決するための法や制度が設けられていても，さまざまな理由によって活用しにくいという状況から，障害者の身近にいて直接希望を聞き，その人の立場に立って援助する活動として欧米で始まった。利用者本人の立場に立つという点で，中立な立場から裁定を下すオンブズマンと異なる。法律家を中心とする権利侵害への法律相談や訴訟を含む法手続き援助をリーガルアドボカシー，家族を含む市民ボランティアによる障害に対する偏見・差別への取り組みや，よりよい精神保健サービス・地域ケアを目指す運動をシチズンアドボカシーと呼ぶ。とりわけ閉鎖環境で強制治療も行われる精神病院での権利侵害はどこの国でも深刻であり，1980年代から欧米で患者権利擁護制度の制度化が進んだ。病院内でのアドボカシーは，患者の力を増進すると同時に，入院中の患者にとって最大の権利である退院して自分の地域に帰ることを保障，促進する地域社会サービスを発展させる契機となった。一方1980年代以降，欧米の当事者運動は一層活発となり，自分自身で権利主張をするセルフアドボカシー，患者体験のあるアドボケートが後輩を助けるピアアドボカシーが進展した。そのなかでアドボカシーの意味は広がり，セルフヘルプグループを中心に障害当事者のエンパワメントにつながることはすべてアドボカシーであるとするくくり方もされる。また意思決定のあり方に注目して，アドボカシーとは既存の医療や福祉のパターナリズムのなかで，障害当事者が孤立して自己決定を迫られるのではなく，周囲の専門家，仲間，市民といった多様な人々が連携して支えることで，自己決定を可能にするシステムであるとのとらえ方がされている。アドボカシー，アドボケートについて，日本の障害者運動や福祉の分野では，通常「権利擁護」「権利擁護者」の訳語が当てられている。日本語の「権利擁護」の意味は，上記アドボカシーより広く，成年後見制度や地域福祉権利擁護事業で規定する，判断能力を欠く，あるいは意思能力の弱い痴呆性高齢者・知的障害者・精神障害者の財産の保護や日常生活面での見守りなど，より保護的意味も含む。しかしこの意味でも，明治以来の禁治産・準禁治産制度が，1999年の成年後見制度改正にあたって，保佐，後見人選定に本人の意見を聞くことなど本人の意思の尊重が明文化され，判断能力を欠く状態にあっても本人の自己決定を第一義とすることが強調されている。　→オンブズマン，患者権利擁護制度，セルフアドボカシー　　　　　　　　　　　　　　（木村朋子）

権利擁護センター　痴呆性高齢者，知的障害者，精神障害者など意思能力にハンディキャップをもつ人の権利擁護相談，援助，権利の啓発活動を行うために，都道府県が多くは社会福祉協議会に委託して設けた機関の総称。1991年に発足した東京の「権利擁護センターすてっぷ」が精神障害者を新たに相談対象に加え，また大阪の「後見支援センター」等，各県で設立が相次ぎ，2000年の社会福祉法第83条の苦情解決のための運営適正化委員会設置にもつながった。　　　　　　　　　　　　　　（木村朋子）

権力〔power〕　社会関係における権力とは，他者の抵抗を排除してでも自らの意思を貫徹しうる能力である。一方が権力を有しもう一方が剥奪されている関係は権力関係と呼ばれるが，権力関係が生まれる要因には物理的な力の差や個人的魅力の発揮等のように制度の外で作用するものもあるが，社会構造のなかには制度化された支配関係が含まれている。近代社会における制度化された権力の典型的な例は，国家による暴力装置の占有を背景にした国家官僚による国民の統制や官僚制機構におけるヒエラルヒー関係のなかでの命令統制を挙げることができる。近代社会においては富と権力と物理的力が特定の集団に集中する，いわゆる「権力エリート」発生の問題が指摘されている。　→社会構造，官僚制　　　　　　　　　（和田修一）

権力の分立　国家の諸作用を性質に応じて立法・行政・司法というように「区別」し，それ

を異なる機関に担当させるように「分離」し，相互に「抑制と均衡」の関係を保たせる制度である。国家権力が単一の国家機関に集中すると権力が濫用され，国民の権利・自由が侵害されるおそれがあることから，権力を分離して抑制と均衡を図ったのである。諸外国での三権のあり方には特徴があり，三権を同格なものとみるアメリカ型，議会中心の立法権優位型のフランス型がある。日本国憲法は国会を「国権の最高機関」とし，議院内閣制を採用しながらも裁判所に違憲審査権を認めていることから，アメリカ型に近い三権分立の考え方をとっているといえる。 　　　　　　　　　　　（杉浦ひとみ）

権利濫用の法理　外形的には権利の行使のようにみえるが，具体的・実質的にみると権利の社会性に反し，これを是認できない場合には，法はこれを権利の行使とは認めないという法理。民法第1条第3項「権利ノ濫用ハ之ヲ許サス」と規定されているのがこの法理である。権利は社会性をもつのである。この法理に反して権利を行使したときには，この効力が認められなかったり，それによって他人に損害を加えれば違法な行為として損害賠償責任を負わされたりする。 　　　　　　　　　　（杉浦ひとみ）

こ

コイト〔Coit, Stanton：1857-1944〕　イギリスのトインビー・ホールでバーネット（Barnett, S.）らから直接セツルメント活動を学び，その経験を基に1886年ニューヨークにネイバーフッドギルドという最初のセツルメントハウスを創設した。後にロンドンに移住し，生涯をセツルメント活動，社会改良運動に献身した人として歴史にその名が刻まれた。　→ネイバーフッドギルド 　　　　　　　　　　　　（田中英樹）

行為〔action〕　行為とは文化的要素との関連性において概念化された人間行動の類型であり，社会的行為とは他者との関係性のなかで行われる行為である。行為は一人，あるいは複数の他者の行為に影響を及ぼすことを意図して行われるとき，社会的行為となる。他者の行為への影響は他者との関わり（社会関係）という文脈のなかで及ぼされるのであり，したがって社会的行為に込められた社会的な意味の相互理解が重要な要件となる。ウェーバー（Weber, M.）は，社会的行為を最も根源的な要素として社会学的理論を構築したことでも知られているが，彼は社会的行為に込められた意味を動機として理解する社会学的方法論を提示した（ウェーバーの社会学は「理解社会学」とも呼ばれる）。その方法論のなかでウェーバーは，「目的合理的行為」「価値合理的行為」「伝統的行為」「感情的行為」という，タイプの異なった動機づけによって生じる社会的行為の4類型を論じている。このうち，前二者が合理的な動機づけによる社会的行為であるが，目的達成のための手段が適切に選択されている社会的行為が目的合理的行為であり，意識された価値基準に適合的な社会的行為が価値合理的行為であるとされる。行為の合理性は行為に込められた意味の理解可能性であるといってよいと思われる。この意味で最も一般的な合理性は目的の達成に最も有効であるという観点からする目的合理性であるが，そのなかでも特に経済効率性の透明度が高い。　→ウェーバー 　　　　　　　　　　（和田修一）

広域求職活動費　雇用保険中の雇用保障および所得保障的な役割を担うもので，受給資格者の再就職を促進するための給付である就職促進給付の一部をなす。広域求職活動費は，受給資格者等が公共職業安定所の紹介により広範囲の地域にわたる求職活動をする場合に公共職業安定所長が厚生労働大臣の定める基準に従って必要があると認めたときに支給される。この費用は，鉄道賃，船賃，車賃および宿泊料よりなる（雇用保険法第59条第1項，同法施行規則第97条第1項）。　→再就職手当 　　（辻村昌弘）

行為規範／裁判規範　行為規範とは法が一定の行為を命ずることを意味し，裁判規範とは法がその違反に対し制裁を科すことを意味する。私法法規は原則として，行為規範ではなく裁判

規範としての性質をもつだけであるのに対し，行政法規は，一般に行政活動の指針となる基準（行為規範）を定めるとともに，これに違反したときには，一定の条件の下に訴訟によってその効力が争われ（裁判規範），判断の基準になる。
(杉浦ひとみ)

行為障害〔conduct disorder〕 小児，思春期に生じる，6か月以上持続する大きく逸脱した反社会的，攻撃的行動パターンによって特徴づけられる行動障害をいう。情緒障害など他の疾患や行動障害に伴って生じる場合も多く，その場合は他の診断が優先される。男児に多く感情移入の障害を伴う。ICD-10では家庭内に限られるもの（家庭限局性），非社会性（グループ化されない）のもの（非社会化型），社会性（グループ化された）のもの（社会型）の三亜型に分けている。18歳以降になって非社会性人格障害に移行する場合がある。養育環境，社会経済的環境，虐待などの心理社会的因子がその原因として指摘されている。養育環境調整，養育者教育，精神療法，薬物療法などが治療として行われている。ICD-9にも記載があり，小児精神医学領域において使用されていたが，わが国では一般精神科医療のなかではほとんど使用されてこなかった概念であった。2000年春の17歳少年のバスジャック事件を契機に取り上げられるようになった。 →非社会性人格障害 (梶原徹)

行為能力 独立して取り引きを行う能力。意思能力（自分の行為の結果を認識できる能力）が完全でない者を定型的に，未成年，成年被後見人，被保佐人，被補助人に分類し，これらの者には独立して取り引きをする能力（行為能力）がない（これらの者の行った一定の行為は取り消しうる）ものとされる。契約などの私法上の取り引きを行う場合には意思能力を有している必要があるが，個別の取り引きの時点での意思能力の有無についていちいち立証するのは困難である上，取り引きの効力を否定される相手方にも不測の損害を与えることがあることから未成年および成年後見の制度が設けられている。
(相川裕)

抗うつ薬〔antidepressant〕 うつ病およびうつ状態の治療薬を総称して抗うつ薬と呼ぶ。三環系抗うつ薬，非三環系抗うつ薬，MAO阻害薬の三種に大別されている。イミプラミン（トフラニール），アミトリプチリン（トリプタノール），クロミプラミン（アナフラニール）は三環系である。非三環系抗うつ薬には，スルピリド，炭酸リチウム，四環系抗うつ薬（マプロチリン，ミアンセリン等），さらに，最近導入されたSSRI（フルボキサミン，パロキセチン），SNRI（serotonin noradrenarin reuptake inhibitor：セロトニン・ノルアドレナリン再取り込み阻害薬）（ミルナシプラン）などがある。一般的に抗うつ薬が抗うつ効果を発揮するには使用開始後1～2週間かかる。副作用には，抗コリン作用による便秘，口渇，排尿障害，肝機能障害，心筋障害，悪性症候群類似のセロトニン症候群などがある。抗うつ薬はうつ病の治療のほかに，パニック障害，強迫性障害，摂食障害，夜尿症，慢性疼痛等の治療にも使用される。 →三環系抗うつ薬，向精神薬 (梶原徹)

公営住宅 公営住宅における現行の障害者向け施策には，優先入居，単身入居，グループホームとしての利用，の各制度がある。優先入居については障害者世帯を対象に行っており，精神障害者も含まれるが，実際に実施している自治体は少なく有効に活用されているとはいえない。単身入居については精神障害者は対象とされていない。1996年の公営住宅法一部改正により，グループホームとして公営住宅利用への道が開かれた。
(白石直己)

構音障害〔articulation disorder〕 言葉の「音」を正しく発音できないために，話し言葉がその相手に十分に理解されずに起こってくるコミュニケーシュンの障害のこと。構音障害には二つのものが区別される。①器質的要因…(a)口蓋裂，反対咬合などに代表される形態の異常によるもの，(b)舌，軟口蓋，顔面筋肉麻痺，それら協応運動の未熟さなど，構音運動を司る神経系の異常によるもの，(c)難聴によるもの，をいう。②機能的要因…構音動作を司る中枢あるいは末梢神経系の未成熟，音を聞き分ける能力の遅れ，言語発達の遅れなどが要因で，器質的

な障害が認められないのに，構音が年齢相応の発達をしていないものをいう。（宮崎忠男）

口蓋裂による障害 口蓋裂とは発語を支える口唇，顎，口蓋といった器官の先天的な形態異常であるが，さまざまな手術法が進歩，確立している。術後みられる可能性のある主要な障害としては，構音障害が挙げられる。構音障害に対しては構音訓練を幼児期より開始し，構音の改善を図る。さらに口蓋裂周辺の問題としては，滲出性中耳炎などの耳鼻科疾患，歯の欠損や形態異常といった歯科的な問題などが発現する比率が高い。また口蓋裂は顔面の形態異常であるため，家族に与える心理的ショックも大きく，構音障害のために本人のコミュニケーションの発達が阻害されることもあるため，多面的・統合的な治療・支援を必要とする。　→構音障害
（堀田香織）

高額療養費 保険診療において，被保険者，被扶養者ともに，1か月の自己負担額が一定額（高額療養費算定基準額）を超えたとき，超えた分が本人の請求に基づいて払い戻される制度のこと。2003年4月より，70歳未満の場合，同一月，同一医療機関において自己負担額が7万2300円＋（医療費−24万1000円）×1％を超えた額（上位所得者は13万9800円＋（医療費−46万6000円）×1％を超えた額。低所得者は3万5400円を超えた額）が高額療養費として支給される。また，世帯合算による支給や多数該当世帯の負担軽減を図る支給がある。なお，高額療養費は，保険による医療費だけを対象とし，入院の際の室料差額や，歯科の材料差額などは対象外である。1973年度の健康保険法改正によって導入されるまで，定率での自己負担が求められていたため，医療サービスの高度化などにより，その負担額は青天井で耐え難いものとなっていた。高額療養費は，請求してから保険者の確認を受けて払い戻しを受けるまでに，ある程度の時間（通例2か月程度）を要する。そのため，医療費の窓口支払いに困難をきたすことのないように，その資金を保険者が貸し付ける高額医療費貸付制度がある。貸付金額は，高額療養費支給見込額の8割相当額で，無利子である。高額療養費と貸付金との間で精算が行われ，高額療養費の2割に相当する残額を被保険者が事後的に受け取ることになる。（松渓憲雄）

交感神経 自律神経系に属し，副交感神経と拮抗して内臓，血管，腺などに作用し，生命維持に必要な機能を反射的に調節する。胸髄と腰髄の側柱にある神経細胞から出た節前線維は脊髄前根から幹神経節に入り，そこでニューロンを換えて直接に頭頸部と胸部の臓器に分布し，あるいは脊髄神経と合流し，体幹，四肢の血管および皮膚の血管，汗腺，立毛筋に分布する。腹部内臓領域では，節前線維は交感神経幹を素通りし，腹腔内の神経節でニューロンを換えて内臓に達する。交感神経の作用で瞳孔の散大，唾液の分泌，心拍の増加，血管の収縮，発汗，立毛が促進され，消化吸収，泌尿生殖系の運動・分泌は抑制され，興奮時や運動時に適した身体状態がつくられる。　→自律神経，副交感神経
（金杉和夫）

交換理論〔exchange theory〕 社会的行為のやりとり（相互行為）を価値の交換としてモデル化することによって社会事象を分析する理論である。交換は経済活動としての交換（例えば貨幣と商品の交換，すなわち売買）が最も一般的なものと考えられるが，商品も経済的交換以外の手続きでやりとりされたり，あるいは経済財以外の社会的価値も経済交換とは異なった交換原理の下でやりとりされたりする。こういった価値のやりとりを分析する視点が交換理論である。（和田修一）

後期高齢者 長寿化を背景に年齢の幅が広がり，高齢者像も多様化し，一般的に75歳以上を後期高齢者（オールド・オールド）としている。わが国の75歳以上の後期高齢者の人口増加率は高く，2025年には16.7％，2026万人に達し，前期高齢者の絶対数を超えるとされている。後期高齢者は加齢とともに心身機能の低下傾向が著しく，疾病や日常生活障害のある者の率が増え，介護を中心とした社会福祉や保健医療のニーズが高い傾向がある。　→前期高齢者
（山田祐子）

公共職業安定所〔public employment security office : PESO〕職業安定法に基づいて全国に設置されている国の行政機関で，ハローワークと呼ばれている。職業紹介，職業指導などの職業安定に関する業務や雇用保険法に基づく失業給付の支給および雇用安定事業等の業務を行っている。特に障害者については，障害者の雇用の促進等に関する法律によって業務が規定されている。就職を希望する者の求職登録から，職業紹介，就職後の指導等，さらに求人開拓や法定雇用率未達成企業への指導等の職業リハビリテーションの全過程と関係する業務を，専門機関である地域障害者職業センターと連携をとりながら行っている。また，各都道府県ごとに1か所障害者重点公共職業安定所が決められており，身体障害，知的障害，精神障害別の職業相談員等が配置されている。　→障害者職業センター　　　　　　　　　　　　　（工藤正）

公共の福祉　個々の人間の個別的利益を制約する機能をもつ公共的利益を指す語。主として基本的人権その他の諸権利の制約要因として法令上用いられている概念。その内容については争いがあるが，個人の尊重を基本原理とする日本国憲法において，個人に優先する「全体」の利益ないし価値というものは存在せず，個々の人権に対抗できる価値を認められるのは，他人の人権だけであって，この人権相互間に生じる矛盾・衝突の調整を図るための実質的公平の原理が公共の福祉であるという理解が一般的であろう。　　　　　　　　　　　　　　　（相川裕）

拘禁反応〔prison reaction〕　心因反応の一種で，拘禁状況が心理的反応に関連しているものをいう。拘禁精神病，拘禁昏迷，拘禁神経症，原始反応，ガンザー症候群，赦免妄想，詐病などが含まれる。警察留置所，拘置所，刑務所，軍隊，強制収容所などの自由や権利が剥奪され，プライバシーが奪われ，私的活動が禁じられた状況下で生じやすい。環境調整，抗精神病薬使用，精神療法などによって治療が行われる。
　　　　　　　　　　　　　　　（梶原徹）

合計特殊出生率　15歳から49歳までの女性の年齢別出生率（各年齢別女子人口に対する出生数の割合）の合計から算出される。1人の女性が一生のうちに生む平均的な子どもの数を表し，粗再生産率ともいう。わが国では1970年代半ば以降，人口を維持するのに必要な水準（人口置換水準）である2.08を下回り，2002年には1.32まで低下した。国際的にもイタリア（1.23）やドイツ（1.36）（いずれも2000年値）とともに最低の水準であり，このまま少子化が進行すると人口減少社会になると予測されている。
→出生率　　　　　　　　　　　（近藤洋子）

高血圧　腎血管性，内分泌性など基礎疾患の明確なものを二次性高血圧というが，多くは特定の原因がはっきりせず加齢に伴い血圧の上がる本態性高血圧である。徐々に血圧が高くなることもあって，初期には症状が少ない。しかし，急激な血圧上昇（特に拡張期血圧）に伴い，一過性の頭痛，吐き気，嘔吐，意識障害などの症状を示す場合，高血圧性脳症という。長期に高血圧状態が続くと，脳，心臓，腎臓，眼などに合併症を起こすため，コントロールが必要になる。塩分制限，肥満防止，適度の運動などの生活療法を基本とし，それだけでは降圧が図れないとき薬物療法を行う。高齢者では，急激かつ過度の降圧は臓器の循環障害を起こしかねず避けたほうがよい。　→血圧　　　　（上林茂暢）

後見人　被後見人である未成年者および成年被後見人の日常生活に関する行為を除き，生活全般において，その保護に必要な事務のすべてを行う（民法第838条）。未成年者の後見人は親権者と同様に監護教育の権利義務を有し（第857条），成年被後見人の後見人は療養看護等の事務を行うにあたって，本人の意思を尊重し，本人の心身の状態および生活の状況に配慮する義務を負う（第858条）。後見人は，一般に被後見人の財産の管理権，財産上の行為についての代理権などを有する。事理弁識能力を欠く常況にある者には，家庭裁判所が後見開始の決定をし，その者を被後見人として，その者に後見人を付することにしている。また，家庭裁判所は必要と認めるときは後見監督人を選任することもできる。後見人は被後見人と利害の対立する立場に立つことを許されないので，遺産分割などで利害が対立する場合は臨時後見人を選任し

なければならないが，後見監督人がいる場合は不要である。補助人・保佐人との違いは，被後見人の能力は三つの成年後見類型のなかで一番低いこと，後見人は日常生活に関すること以外には全面的な代理権を有すること（全面後見），後見の開始には被後見人の同意を要しないこと，などに表れている。　→成年後見制度，保佐人，補助人
（相川裕）

後見類型　後見制度の類型。後見とは，法律行為を行う能力が制限される者を保護するために本人のために必要な行為（同意，取消，代理行為）を行う者（後見人）を付する制度であるが，これには現行上，成年後見類型と未成年後見類型とがある。前者は，成年に達していても独立して取り引きを行う判断能力がない者のためにその身上監護および財産管理を行う類型である。後者は，未成年者（法律上原則として行為能力がないとされる）に親権を行う者がない場合に本人のためにその監護教育および財産の管理を行う類型であり，親権制度を補充するものである。　→成年後見制度，保佐類型，補助類型
（相川裕）

抗コリン作用〔anticholinergic adverse effect〕　コリンとは副交感神経末端，神経筋接合部などの神経伝達物質であるアセチルコリンのことである。抗精神病薬や抗うつ薬による副作用のうち，アセチルコリンによって作動している副交感神経系が，これらの向精神薬によって抑制されることによって生じる副作用を抗コリン作用という。具体的には，便秘，口渇，消化管麻痺など消化管の機能低下，排尿障害，尿閉などの膀胱障害，瞳孔散大，視力調節障害，眼圧上昇などの眼症状等がある。パーキンソン症候群治療薬に抗コリン薬（ビペリデン，トリヘキシフェニジルなど）があり，ドーパミンニューロン機能低下のために相対的に機能亢進しているアセチルコリンニューロンを抑制するために使用される。抗精神病薬ではクロルプロマジン，レボメプロマジンなどのフェノチアジン系薬剤で，抗うつ薬ではイミプラミン，クロミプラミンなどの三環系抗うつ薬で生じやすい副作用である。　→副作用
（梶原徹）

工作物責任　土地の工作物（建物またはその一部。建物と一体となっている機械・設備などもこれにあたる）の設置または保存に瑕疵（土地の工作物が通常有すべき安全性を欠いていること）があることによって生じた損害につき，工作物の占有者または所有者に負わされる責任（民法第717条）。占有者は損害発生の防止に必要な注意を払ったときには免責されるが，所有者には免責事由が認められない（無過失責任）。
（相川裕）

公私協働　この場合の公とは，基本的に行政を指し，私とは，企業や社会福祉法人，NPO法人，ボランティア団体，さらに民生委員・児童委員や近隣住民，知人などの幅広い主体を指す。公私協働とは，行政と非制度的な主体が相互に協力して，ニードを有する利用者の援助に携わる協力的な関係性を示す。その場合に留意すべき点として，いかに両者の適切な役割分担の下に有効な協力関係を築くかということにあり，行政の一方的な要請の場合，その責任転嫁につながる危険性を有する。
（宮城孝）

高脂血症　血清コレステロール，中性脂肪のいずれかが高値，または両者が高い場合をいう。コレステロールが他の脂質と一緒に血管内膜に沈着しアテローム性動脈硬化症を引き起こす病理的知見。血中でコレステロールや中性脂肪などを運搬するリポ蛋白粒子の構造・代謝の解明，食生活の欧米化に伴う高脂血症の増加や喫煙，肥満，高血圧，糖尿病などが冠動脈疾患発症に及ぼす疫学的調査が進むなかで，この病態が注目を集めている。
（上林茂暢）

高次脳機能　生命，運動，感覚機能以外の，判断・統率能力に関わる大脳の機能の総称。大脳皮質の特定の部位の障害により，特徴的な高次脳機能障害が引き起こされる。逆に各症状から，障害部位が推定可能である。代表的な障害として，言語の理解・表現が障害される失語症，字が読めない失読症，考えた言葉が字として書けない失書症，考えたとおりに体を動かすことのできない失行症，視覚や聴覚などの五感から対象物を識別できない失認症などが知られている。さまざまな神経心理学的検査を行うことに

より評価できる。　→失語症　　（長尾毅彦）

公私分離の原則　第二次世界大戦後，GHQによるわが国への政策上の大きな柱の一つであった。具体的には，公的扶助のあり方について示した，1946年2月の覚書「社会救済」に「日本帝国政府は，(中略)実施の責任態勢を確立すべきこと。従って私的又は準政府的機関に対し委譲され又は委任さるべからざること。」とされているように，国民一人ひとりの最低生活を保障する責任は国家にあるという考え方に基づき，社会福祉事業における公私の責任の明確化を図ったものである。　　　　　（船水浩行）

公衆衛生〔public health〕　一般的には，公衆衛生とは，国や自治体などの行政機関の責任で行われる疾病予防や健康増進などの人々の健康を守るための活動を意味する言葉として用いられる。わが国の行政では第二次世界大戦以前には「衛生」の概念しかなく，戦後に導入された概念であり，英語圏で使われている「Public Health」の訳語である。公衆衛生の定義としては，世界的にはウィンスロウ（Winslow, C. E. A.）によるものが有名で「公衆衛生とは，組織化された地域社会の努力を通して行われる疾病の予防や寿命の延長，身体的及び精神的健康の向上のための科学と技術である」とされている。公衆衛生として行われる活動の範囲は，感染症予防，母子保健，成人保健，老人保健，精神保健，食品衛生，環境衛生（大気，上下水道，放射線，廃棄物，衣服，住居・建築物，悪臭，振動，騒音など），産業保健（労働衛生），学校保健など，広く人々の健康に関わる領域が含まれており，実際の業務も，予防接種，防疫活動，健康診査，健康教育，栄養教育，さまざまな衛生監視業務や検査・調査など多岐にわたっている。また，学問としての公衆衛生は学際的である点，疫学と統計学が代表的な手法として用いられる点が特徴的である。わが国の公衆衛生行政は，国では厚生労働省および一部は環境省と文部科学省，都道府県，政令指定都市，中核市および地域保健法の政令で指定された市では公衆衛生所管部局および保健所，その他の市と町村では公衆衛生所管課係によって運営されている。また日本国憲法をはじめとして，公衆衛生活動のために多方面で数多くの法律が定められている。日本国憲法では第25条において，国の責務として公衆衛生を向上させることが定められている。わが国では，近年，公衆衛生とほぼ同義語として「保健」の用語が用いられていることが多いが，公衆衛生の方が概念が広いととらえる方が一般的である。　→衛生学，疫学　　（西田茂樹）

公助　⇨自助／共助／公助

恒常現象〔constancy phenomenon〕　われわれは身の回りにあるものを近くで見ても，少し離れて見ても，ほぼ同じ大きさや形に感じる。例えば，この本を手にとって見たときと，少し離れた所から見たときとでは網膜に映っている像の大きさや形は変化しているはずだが，本の大きさや形自体はほぼ同じだと感じられるだろう。このように，感覚器（例えば視覚に対する目，聴覚に対する耳）に与えられる物理・化学的刺激等が変化しても，知覚対象物のもつ特徴が比較的一定に感じられることを恒常現象（あるいは知覚の恒常性）という。知覚対象物のもつ特性ごとに，大きさの恒常性，形の恒常性，明るさの恒常性，音の強度の恒常性などが知られている。対象物が同じであるように知覚される度合い（恒常度）を表す指標としては，恒常度指数が用いられる。恒常現象を説明する理論はいくつか提唱されている。　（萩生田伸子）

恒常性　⇨ホメオスタシス

甲状腺　咽頭から喉頭，さらには気管の上部に両側に広がる蝶のような形をした内分泌（ホルモンを分泌する）器官。数多くの小さな部分に分かれており，甲状腺ホルモンを分泌する。甲状腺ホルモンはヨードを含む内分泌物質で，基礎代謝を高める働きをする。発育成長に大きな役割を果たし知能を発達させる。基礎代謝率，血中蛋白結合ヨード値，I^{131}摂取率，甲状腺シンチグラムなどによって甲状腺機能検査を行う。甲状腺機能亢進症はバセドウ病によるものが多く，交感神経優位状態で肉体的には代謝亢進がみられ精神的には不安や焦燥が高く易刺激的，気分が不安定で躁状態を示す。甲状腺機能

低下症のうち先天性のものはクレチン病といい、皮膚粘液水腫、小人症、精神発達遅滞がみられる。　　　　　　　　　　　（吉川武彦）

公序良俗　「公の秩序又は善良の風俗」を略して公序良俗という。契約などの法律行為の内容が個々の強行規定に違反していなくとも、公序良俗に反するときは無効とされる（民法第90条）。そのような法律行為は契約自由・私的自治の外の問題であり社会的に許容されないからである。公序良俗違反の類型としては、①人倫に反する行為、②経済・取引秩序に反する行為、③憲法的価値・公法的政策に違反する行為、などが挙げられる。　　　　　　　　　（相川裕）

更生医療　身体障害者福祉法第19条に基づくもので、一般医療によりすでに治癒した身体障害者に対して、職業能力や日常生活能力の回復・増進を促すことを目的とする医療である。そのため更生医療の対象は、臨床症状が消退し、永続するようになった「障害」そのものである。対象者は身体障害者手帳を所持する者で、身体障害者更生相談所によって医療が必要と判定されたものである。更生医療を受けるには、申請に基づいて市町村が交付する更生医療券を指定更生医療機関に提出することによって、必要な医療の給付が受けられる。給付内容は、①診察、②薬剤または治療材料の支給、③医学的処置・手術およびその他の治療ならびに施術、④居宅における療養上の管理およびその療養に伴う世話その他の看護、⑤病院または診療所への入院およびその療養に伴う世話その他の看護、⑥移送がある。費用の負担は、本人または扶養義務者に負担能力があるときは自己負担が課せられる。代表的な更生医療は、心臓機能障害のペースメーカー埋め込み術、冠動脈・大動脈バイパス移植術、腎臓機能障害の人工透析療法、肢体不自由の人工関節置換術などである。なお、更生医療の「更生」とは、身体障害者の職業的経済的自立はもとより、広く日常生活の安定を含め、身体障害者が人間としての尊厳を保つことを可能とすることと解釈し、リハビリテーションと同義語として用いられている。　→身体障害者福祉法，育成医療　　　　　（伊東秀幸）

厚生科学審議会　厚生労働省設置法（平成11年法律第97号）第8条第2項の規定に基づき制定された。それまで、審議会は10あったがこの改正で三つに統合された。その内容は、国民の保健医療、福祉、生活衛生のニーズに応える科学技術分野を「厚生科学」という概念でとらえ、新しい千年紀のプロジェクト（ミレニアム・プロジェクト）の一つとして、痴呆、がん、糖尿病、高血圧等の高齢者の主要な疾患の遺伝子解析等に関する研究や自己修復能力を利用した再生医療を実現するための研究等を重点的に推進している。また、O157や毒物混入事件に代表されるような国民の安全を脅かす健康危機に対する対策を、各部局が連携し、的確かつ迅速な対応が図られるよう、「厚生労働省健康危機管理調整会議」を設置し、情報を共有化し連絡体制を強化している。　　　　　　　　　（高橋一）

更生施設　生活保護法に基づき設置される保護施設の一つであり、身体上または精神上の理由により養護および生活指導を必要とする要保護者を入所させて、生活扶助を行うことを目的としている。この施設は、日常の社会生活に支障があっても必要な養護および指導を行うことによって社会復帰が可能である者を入所させて、社会復帰を図っている。そのため、施設での援助内容は、生活指導に加えて、退所後の自立に向けての必要な技能修得のための作業指導に重点が置かれている。2002年度からは、救護施設とともに保護施設通所事業として、保護施設退所者や社会生活に支障のある居宅の被保護者を通所させて生活面や就労へ向けての指導・訓練を行う通所訓練と、職員による居宅等への訪問による生活指導等の訪問指導とを行っている。なお、身体障害者福祉法では身体障害者更生施設が、知的障害者福祉法では知的障害者更生施設が設置されている。　→保護施設
　　　　　　　　　　　　　　　　（大内直人）

抗精神病薬〔antipsychotic drugs〕　中枢神経系に作用して人の精神に何らかの作用を及ぼす薬物を向精神薬という。これは、精神治療薬ばかりか、精神異常発現薬や麻酔薬、アルコール等嗜好品まで含む広い概念である。このなか

の精神治療薬のうち，統合失調症（精神分裂病），躁病，および幻覚妄想状態，せん妄，興奮など精神病様状態の治療に使用される薬剤を抗精神病薬という。これは以前は，強力精神安定剤（メジャー・トランキライザー）と呼ばれていた。抗精神病薬は意識レベルを低下させることが少なく，情動を安定させ，興奮を沈静化させ，幻覚妄想に対する関心を低下させる。これらの作用によって，統合失調症の幻覚妄想状態，緊張病状態，躁病の興奮，意識障害を伴うせん妄や振戦せん妄の幻覚，興奮等に対して有効である。副作用としては，振戦，筋強剛などの錐体外路症状，抗コリン作用，肝障害，心電図QT延長，T波平低下，高プロラクチン血症，アレルギー，悪性症候群などがある。現在わが国で使用されている主な抗精神病薬はフェノチアジン系（クロルプロマジン，レボメプロマジンなど），ブチロフェノン系（ハロペリドール，ブロムペリドールなど），ベンズアミド系（スルピリド，スルトプリド，チアプリドなど），最近使用されだした非定型抗精神病薬といわれるセロトニン・ドーパミン拮抗薬（SDA）（リスペリドン，ペロスピロン，クエチアピン，オランザピン），その他（ゾテピン，ピモジドなど）に分類される。剤型も錠剤・散剤・水薬などの経口薬，注射薬，持続型注射薬がある。抗精神病薬の薬理作用はドーパミン受容体のうち，D_2 受容体を介して生じるものと考えられてきたが，最近のSDAはセロトニンとドーパミンの受容体を抑制しており，いくつかの神経伝達物質受容体抑制のバランスの上に抗精神病作用が成り立っていると考えられてきている。　　→向精神薬　　（梶原徹）

向精神薬〔psychotropic drugs〕　中枢神経系に作用し精神機能に何らかの影響を与える薬物の総称であり，一般的にはうつ病，統合失調症（精神分裂病），神経症等の精神疾患の治療薬をいう。しかし，広義にはアルコール，覚醒剤，麻薬，LSDなどを含める場合もある。向精神薬は以下のように分類される。①抗精神病薬：主に統合失調症などにおける精神運動興奮，幻覚・妄想の治療に用いられる。ブチロフェノン系，フェノチアジン系などの薬物が知られているが，最近セロトニンおよびドーパミン受容体に同時に作用するSDA (serotonin dopamine antagonist：セロトニン・ドーパミン拮抗薬）あるいは非定型抗精神病薬と呼ばれる薬物が開発されている。②抗うつ薬：気分障害（うつ病）などにおける抑うつ気分改善作用をもつ薬物であり，従来その化学構造から三環系，四環系抗うつ薬に分類されてきた。最近になり神経末端におけるセロトニンの再取り込みを選択的に阻害するSSRIやセロトニンとノルアドレナリンの再取り込みを同時に阻害するSNRI (serotonin noradrenarin reuptake inhibitor：セロトニン・ノルアドレナリン再取り込み阻害薬）といった薬物が開発されている。③抗不安薬：恐慌性障害，全般性不安障害など主に神経症性障害における不安の改善に有効な薬物であり，抑制系ニューロンであるGABA系の作用を増強してその薬理作用を発現するベンゾジアゼピン（BZ）系の薬物が主体である。④抗躁薬：気分障害（躁病）における病的な爽快気分を改善する薬物であり，炭酸リチウムやゾテピン，ハロペリドールなどの抗精神病薬が知られる。⑤睡眠薬：バルビタール系，非バルビタール系，BZ系，非BZ系に分類されるが前二者が使用されることはほとんどない。現在頻用されているBZ系，非BZ系睡眠薬は脳内の抑制神経系であるGABA系を増強することにより過剰な覚醒刺激の入力を減少させ，生理的な睡眠を発現させ，また安全性に優れ耐性，依存性形成も低いとされている。⑥その他：てんかんの治療に用いられるカルバマゼピン，バルプロン酸等の抗てんかん薬，あるいはナルコレプシーの治療に用いられるメチルフェニデート等の精神刺激薬も向精神薬に含める場合もある。　（伊藤洋）

厚生年金基金　厚生年金の適用事業所の事業主が一定要件のもとに設立する特別法人で，老齢厚生年金の一部を国に代わって支給するとともに，独自の上乗せ給付を行っている。基金が設立された事業所では，厚生年金保険料の一部について，国への納付が免除され，この免除された保険料は，事業主と従業員がそれとは別途に負担する掛金とともに，基金に積み立てられ

る。基金は，それらの積立金とその運用収入をもとにして，給付業務を行っている。　→老齢厚生年金

(百瀬優)

厚生年金保険　厚生年金保険法に基づき，民間事業所の被用者の老齢，障害，死亡について，保険給付を行う社会保険をいう。1941年の労働者年金保険法に基づいて創設された労働者年金保険が，1944年に厚生年金保険へと名称変更された。1954年に全面改正され，年金額の算定方式は従来の報酬比例制から定額部分と報酬比例部分とを合算する方式へと変更された。1985年改正により基礎年金が導入され，従来の定額部分は基礎年金となり，厚生年金保険は基礎年金に上乗せする報酬比例部分を支給する制度へ再編された。被保険者は，65歳未満（受給資格期間を満たすために任意加入する65歳以上の者は除く）あるいは在職老齢年金制度の対象となる場合は70歳未満で，常時5人以上を雇用する事業所や法人事業所など厚生年金保険の適用事業所の従業員である。年金給付は，老齢厚生年金，障害厚生年金，遺族厚生年金からなる。老齢厚生年金は原則的に65歳から支給されるが，60歳以上65歳未満の人には，定額部分と報酬比例部分からなる特別支給の老齢厚生年金が支給されている。しかし，1994年の改正により2001年度から段階的に定額部分の支給開始年齢が引き上げられ，報酬比例部分相当の老齢厚生年金のみへと切り替えられている。さらに2000年改正により，2013年からはこの報酬比例部分相当の老齢厚生年金の支給開始年齢も段階的に引き上げられることとなっている。

(松本由美)

厚生労働省　旧保健所法公布の翌年，1938年に厚生省が設置され内務省から厚生行政事務を引き継いだ。その後，厚生行政に対する需要の拡大に対応して組織の拡大，再編を重ねてきたが，行政改革の一環である省庁再編により労働行政との統合が図られ，2001年1月6日，厚生労働省が誕生した。厚生労働省設置法（平成11年法律第97号）により，国民生活の保障および向上を図り，ならびに経済の発展に寄与するため，社会福祉，社会保障および公衆衛生の向上・増進ならびに労働条件その他の労働者の働く環境の整備および職業の確保を図ることに加え，引き揚げ援護，戦傷病者，戦没者遺族，未帰還者留守家族等の援護および旧陸海軍の残務整理を任務とし，111種類の所掌事務が列記されている。付属機関として，社会保障審議会，厚生科学審議会，労働政策審議会，医道審議会，薬事・食品衛生審議会のほか，別の法律により独立行政法人評価委員会，中央最低賃金審議会，労働保険審議会，中央社会保険医療協議会，社会保険審議会が置かれている。また，検疫所や国立高度専門医療センター等の施設，地方厚生局や都道府県労働局等の地方支分局が置かれている。組織については厚生労働省組織令および厚生労働省組織規則に定められ，本省では大臣官房のほか，医政局，健康局，医薬食品局，労働基準局，職業安定局，職業能力開発局，雇用均等・児童家庭局，社会・援護局，老健局，保険局，年金局の11局が置かれる。さらに大臣官房には統計情報部，健康局に国立病院部，医薬食品局に食品安全部，労働基準局に安全衛生部，労災補償部，勤労者生活部，職業安定局に高齢・障害者雇用対策部，社会・援護局に障害保健福祉部が置かれる。局，部には，さらに課，室等が置かれ，それぞれに所掌事務が定められている。社会・援護局障害保健福祉部には企画課，障害福祉課，精神保健福祉課が置かれ，精神保健福祉課では，①精神障害者の福祉の増進に関すること，②精神障害者の福祉に関する事業の発達，改善および調整に関すること，③障害者の保健の向上に関すること，④精神保健福祉士に関すること，⑤国民の精神的健康の増進に関することをつかさどっている。いわゆる官僚組織であり，一定の事務についてはそれを担当する組織が明確である。一方では，生活課題のように多数の要素が絡んでいる場合には，「縦割り行政の弊害」として総合的な対応が困難になる。その弊害を補う方策の一つとして，関連する複数の組織の職員が一堂に集まって事務を行う対策本部の方式がある。精神保健医療福祉の諸課題について全省的な体制の下に計画的かつ着実な推進を図ることを目的に，2002年12月に厚

生労働大臣を本部長とする精神保健福祉対策本部が設置された。　　　　　　　　（佐藤光正）

構造化面接　精神医学において，あいまいになりがちである診断や評価を均一化し，共通の基準をもつことにより，診療や研究が効率的にできるようつくられたものである。この面接は，観察すべき事項や質問項目があらかじめ定められており，さらに内容や手順，使用する言葉が規定されている。主な面接法を紹介すると，包括的面接とし，WHOの作成したcomposite international diagnostic interview（CIDI）があり，最新版にDSM-ⅣとICD-10がある。一方，調査者が対象者に直接会って質問する調査においては，この構造化面接を標準化面接または能動的面接と呼ぶこともある。特徴としては，異なる事例に関して一群の変数を導き出せること，一定の信頼性を保てること，面接者の言葉遣いの違いによって生じる問題を回避できること等が挙げられる。　　　　　　　（永井俊哉）

構造主義〔structuralism〕　レヴィ-ストロース（Lévi-Strauss, C.）が提唱・確立した人類学方法論およびその影響を受けたアルチュセール（Althusser, L.）の哲学やラカン（Lacan, J.）の精神分析などを指すと同時に，1960年代以降それら諸学説によってフランスで展開された思想運動を意味する。この思想に共通する枠組みは，具体的な対象そのものではなく，それを形式化し，比較・変換して得られる構造を分析するというものである。例えばレヴィ-ストロースは未開社会の親族体系を分析し，婚姻規則が女性の交換体系という共通構造になっていることを明らかにした。しかし多大な影響力をもった構造主義は，その後，歴史的なダイナミズムの欠落等を批判されることになる。（杉本昌昭）

抗躁薬〔antimanic drugs, mood stabilizing drugs〕　抗躁作用をもつ薬剤。近年では抗うつ効果と躁・うつ病相の予防効果も併せもつことが知られ，気分安定薬（mood stabilizing drugs, mood stabilizer）と呼ばれることが多い。代表的薬剤としては，炭酸リチウム，各種抗精神病薬，カルバマゼピン，バルプロ酸，クロナゼパムなどがある。躁状態による興奮や攻撃的な面が強く，急速に鎮静が必要な場合は，抗精神病薬，カルバマゼピン，バルプロ酸が選択されるが，そうではなく経口服薬が可能な場合は炭酸リチウムを第一選択として考える。炭酸リチウムは気分を自然なかたちで正常化させる作用をもち，しかも病相予防効果もあるとされているからである。炭酸リチウムを1日量600～1000 mg服用すると，7～10日前後で抗躁効果が現れてくる。必要十分量を2週間以上服用しても改善がみられない場合，他剤変更を検討する。炭酸リチウムには，胃腸症状，筋力低下，徐脈，心電図変化など特有の中毒症状がある。服用を開始したら定期的に身体所見と血中濃度をチェックすることが重要である。　→気分安定薬，向精神薬　　　　　　　　　　　（阿瀬川孝治）

拘束　拘束とは人の自由を縛ることであるが，精神保健福祉分野では特に精神病院等において，「衣類又は綿入り帯等を使用して，一時的に当該患者の身体を拘束し，その運動を抑制する行動の制限」（厚生労働大臣告示）を身体的拘束と呼ぶ。身体的拘束は，入院中の隔離とともに精神保健指定医が医療上必要であると認めた場合に限って，精神障害者の生命保護と重大な身体損傷を防ぐために行う行動制限であり，制裁・懲罰等のために行うようなことはあってはならない。身体的拘束はほかに代替方法がない場合だけに限り，できるだけ早期にほかの方法に切り替えるよう努めなければならない。また，その場合，特別に配慮してつくられた衣類または綿入り帯等を使用するものと定められている。拘束にあたっては本人や家族等に説明した上で，身体的拘束を行った旨とその理由，開始・解除の日時を診療録に記載するとともに，常時臨床的な観察を行い，医師は頻回に診察を行うものとされている。なお，一般医療や介護の領域においても，点滴や胃のチューブを抜きそうになったり，ベッドから落ちそうな人に対して，手足を縛ったり，手にグローブをはめるとか，戸に鍵をかけるなどの抑制が行われてきたが，抑制という行為を原則として禁止する必要がある。　→隔離　　　　　　　　　　（古寺久仁子）

抗痴呆薬〔drugs for cognitive impairment

of dementia）痴呆の中核症状である認知機能障害を改善、もしくはその進行を抑制する薬剤。現在開発されているのは軽度から中等度のアルツハイマー型痴呆を対象にした薬剤がほとんどである。欧米ではドネペジル、タクリン、リバスチグミン、ガランタミンが発売されている。いずれもアセチルコリンエステラーゼ阻害薬で、つまりアセチルコリンエステラーゼの補充療法である。アルツハイマー型痴呆の病態機構としてアセチルコリンエステラーゼ系の機能低下が深く関与しているという仮説に基づく。日本ではドネペジル（アリセプト）のみ発売されている。ドネペジルは認知機能障害の進行抑制だけでなく、低下したADLや精神症状もある程度の改善を期待できる。従来、痴呆への対応はケア（介護）以外に効果的な治療手段がなかったが、病態生理に基づく治療が可能になった意義は大きい。またドネペジルは、血管性痴呆、レビー小体型痴呆などの他の痴呆による認知機能障害にも効果が期待されている。

（阿瀬川孝治）

交通バリアフリー法 ⇨高齢者、身体障害者等の公共交通機関を利用した移動の円滑化の促進に関する法律

公定力 たとえ行政行為に瑕疵があったとしてもそれが重大かつ明白なものでない限り、処分庁自身またはその他の権限ある行政庁によって職権で取り消されるかまたは利害関係人の提起する行政不服申し立てまたは行政訴訟を契機として裁決または判決によって取り消されるまでの間は、一応有効な行為として通用し、相手方はもちろん一般第三者および国家機関をも拘束するような性質。瑕疵ある行政行為には「取り消し得べき行政行為」と「無効な行政行為」の2種類があり、前者の場合は公定力が働き、後者の場合には公定力が働かないとされているが、実際は後者であっても行政庁が自ら認めない限り事実上の効力を有してしまうので、結局は争訟等（無効確認訴訟等）を起こさざるを得ない。

（相川裕）

公的介護保険制度（ドイツ） 社会扶助の負担問題を背景に、10年以上の議論を経て1994年5月に介護保険法が社会法典第11編に納められ、医療・年金・失業・労災に次ぐ5番目の社会保険として成立した。同法は段階的に導入され、在宅給付は1995年4月から、施設給付は1996年7月から開始された。特徴として、高齢者と障害者（全年齢）に適用し、自己決定と自己責任の原則、予防・リハビリテーションと在宅介護の優先等が挙げられる。日本の介護保険制度のモデルとなった。

（浅野いずみ）

公的扶助 生活困窮者に対して、その生活困窮原因のいかんにかかわらず、国家の責任において経済的な給付を実施する救済制度である。公的扶助は、国民の最低生活を保障する制度であり、扶助の適格性を判断する際には、所得調査よりも厳格な資力調査（ミーンズテスト）が実施され、自らの収入や資産の活用によっては最低生活を賄えない者に対して、その不足分を補足的に給付するものである。収入の減少や医療費負担の増加など、生活困窮原因の発生に対応する公的扶助類似の制度として、社会保険制度があるが、①社会保険は将来の生活困窮に備えるための防貧的な制度であり、公的扶助は現に生活困窮に陥った場合の救貧的制度であること、②社会保険は拠出金の反対給付として画一的な給付がなされるが、公的扶助は全額公費負担で個々の需要に応じた給付がなされること、③社会保険は受給者の生活困窮の有無にかかわらず、一定の事由の発生によって給付されるが、公的扶助は厳格な資力調査に基づいて、生活に困窮する者に対して、その最低生活を維持するために必要な範囲内で給付されること、などの点に違いがある。わが国における公的扶助は、生活保護法（昭和25年法律第144号）に基づく生活保護が中心となっており、公的扶助＝生活保護ととらえることができるが、児童扶養手当などの社会手当や各種低所得者対策も含めて、公的扶助概念を広義にとらえる見解もある。→資力調査、生活保護の基本原理、生活保護法、社会保険

（坪内千明）

公的保険 政府または公共団体などが、社会的、経済的、政治的な意図をもって、社会政策や福祉政策として自ら直接あるいは間接に管理

運営に携わるものが公的保険であり，社会保険もこれに含まれる。公的保険は，歴史的にはこれに先行するかたちで近代化を遂げた私的保険が開発した保険の原理や技術に依存しながら発達してきた。しかし今日では，公的保険は，私的保険が取り扱うことができない強大な危険を，非営利を前提にして積極的に保険の対象として，保険を通じて国民経済的な規模での所得再分配を実現している。　→私的保険

(西澤利朗)

抗てんかん薬〔antiepileptic drugs〕　てんかんによるけいれん発作の抑制ならびに予防薬。1912年フェノバルビタールが臨床導入されて以来，抗てんかん薬の開発合成が活発となった。現在の主な薬剤は，フェノバルビタール，フェニトイン，プリミドン，エトスクサミド，カルバマゼピン，バルプロ酸，ゾニサミド，ジアゼパムなど，現在日本では19種類が認可されている。投与開始にあたって，臨床経過，脳波所見などからてんかんの発作型や発作頻度などを考慮して，薬剤の種類，量，投与回数を決定する。抗てんかん薬の多くは有効血中濃度があり，定期的に血中濃度を測定することが重要である。治療効果の判定は臨床発作の抑制と脳波所見の改善が目安となる。副作用は，大量投与でほとんどの患者に現れる中毒症状と，有効な治療量の範囲で出現するものとがある。後者には，眠気，胃腸障害，ふらつきなど可逆性のものから，稀ではあるが造血器障害，肝障害，重篤な皮膚症状まである。　→てんかん，向精神薬

(阿瀬川孝治)

後天性免疫不全症候群〔acquired immuno-deficiency syndrome : AIDS〕　AIDS（エイズ）と省略される。新しいタイプのウイルス性の性感染症である。1970年の後半頃からアメリカで広がり始めた。もとはアフリカの風土病ではないかといわれている。初めは同性愛者の間に広がり麻薬常用者や血友病患者に広がったが，通常の性行為でも感染することから感染経路は血液ないしは粘液によることがわかり，ヒト免疫不全ウイルス（HIV）による感染とわかった。首や脇の下などのリンパ節が腫れたり，下痢が長く続くほか痩せが目立ち，だるくて疲れやすくなるなどの症状がみられる。エイズ関連症候群（AIDS related complex : ARC）が進行すると感染症を併発し痴呆状態に陥り死ぬ。感染症を併発しやすいのはウイルスが免疫不全を起こさせるからである。わが国では1999年に「後天性免疫不全症候群に関する特定感染症予防指針」を策定し計画的なエイズ予防対策を始めた。そこに盛られているのは，①原因究明，②発生予防・まん延予防，③医療提供，④研究開発推進，⑤国際連携，⑥人権尊重，⑦普及啓発，⑧医療機関連携，などである。　→ヒト免疫不全ウイルス

(吉川武彦)

喉頭　前頸部に位置し，咽頭から気管の間の部分をいう。気道（空気の通路）と消化管（食べ物の通路）の交差した咽頭の奥，気管，気管支へとつながる空気通路の出発点の部分にあたる。上端の喉頭蓋は嚥下に際し，気管をふさぎ飲食物を食道に導く。脳卒中などでこれに関係する神経が麻痺したり，高齢者でここの神経反射が低下しふさぐのが遅れたり不十分だとむせる（誤嚥）。側壁に声帯があり，呼気時にその振動で発声が可能になる。

(上林茂暢)

行動異常　心理学領域における「行動異常」とは，人間の行動が調和を失い，異常をきたし，不適応に陥ることを指す。臨床心理学はこうした人間行動の異常性のメカニズムを探求し，その治療に役立てることを目指す学問である。広義にとらえれば，脳外傷による失語・失行・失認や脳の器質的変化による老人性痴呆などを外因性行動異常とし，統合失調症（精神分裂病）や躁うつ病などを内因性行動異常とし，神経症などを心因性行動異常とするとらえ方もある。また実験的異常，自然発生的異常，臨床的異常という観点で概観するならば，実験的異常とは実験によってつくりだされた行動異常のことで，例えば実験室で心理的ストレスのかかる作業を行わせた後に生ずる行動の変化をいう。自然発生的異常とは特殊な社会的・環境的ストレスの下で自然発生的に生ずる行動の異常で，戦争神経症などがそれにあたる。臨床的異常とは神経症であれ，統合失調症であれ，臨床的に治

療を必要とする人々の行動の異常をいう。「行動異常」を狭義にとらえるならば、さまざまな分野で用いられている。例えば痴呆性高齢者の徘徊や異食、自閉症児の常同行為、ADHD（注意欠陥多動性障害）の多動、薬物による妄想・幻覚症状などを「行動異常」と呼ぶ場合が多い。
(堀田香織)

行動化 行動化（アクティングアウト）とは、言語を通して治療者と患者が交流する精神療法過程で、言葉を用いて無意識の衝動や葛藤を表現する代わりに、治療場面内または治療場面外で行動を通してそれを表現する現象をいい、フロイト（Frued, S.）が精神分析療法の文脈のなかで用いたことに始まる。行動化でみられる行為は単なる症状ではなく、転移のなかで生じてくること、自我親和的であり本人がその行動に疑問を抱いていないことを特徴としている。行動化は、治療者に向けられることもあるし、それ以外の人に向けられることもあり、内容的には攻撃的なものであったり理性的なものであったりする。精神分析療法では、行動化は治療の進展を妨げる抵抗として考えられているが、それは言葉の代わりに行動が用いられることによって内省や洞察が妨げられるからである。フロイトは、こうした行動のもとにあるものを記憶の早期によって解決することに治療的意味があるとしている。
(大野裕)

行動制限 ⇨拘束

行動分析〔behavior analysis〕 人間の行動を、先行条件（actvator）、行動（behavior）、結果（consequence）に整理して、その三者の関係について臨床的に測定可能な客観的かつ緻密な分析を加え、クライエントの指導や支援に役立てようとする方法論である。この分析視点に立てば、人の行動を統制するためには、先行条件と結果を上手にコントロールすることで可能になるととらえられている。障害児の臨床や成人の心理臨床、ソーシャルワークなど多分野で利用されている。
(宇佐川浩)

行動変容アプローチ 人間の行動の大半は、環境からの刺激とそれに対する反応との関係のなかで学習された結果であると考える学習理論に基づくもので、新たに望ましい行動に修正しようとする行動療法的アプローチである。個人援助に際して、行動変容アプローチでは、クライエントが解決したいと考えている「行動」に焦点をあてて援助を行う。問題の行動が消失することや、環境との関係がよい方向に変化していくことを目的とする。援助者は、その行動が学習されてきた過程を、クライエントと共に振り返り、新しい行動の獲得促進に向けて、環境条件を考慮に入れながら、援助プログラムを展開していく。このアプローチは、クライエントの目に見える行動を扱うので、問題行動の消去および新しい行動の強化という行動変容の経過を客観的に把握できる点が特徴である。行動変容の結果、環境との関係が改善され、クライエントの認知が肯定的に変化することを期待するアプローチである。　→行動療法　(松永宏子)

後頭葉 大脳半球の後部、内側面にある鳥距溝を中心とした大脳皮質領域である。側頭葉や頭頂葉とは肉眼上、境界は明瞭ではない。大脳皮質の細胞構築の差によって分けられた区分である Brodmann の区域では第 17, 18, 19 野に相当する領域である。第 17 野を視覚野、第 18, 19 野を視覚連合野と呼び、視覚野に梗塞などの障害が起こると視野の欠損があらわれることが知られている。障害を受けた部位が広範囲であった場合には全盲になり、これは皮質盲として知られている。また、視覚連合野に障害が起こった場合には動く物体の認知が障害され、図形の弁別ができなくなる。その他、左の広範囲の後頭葉に障害が起こった場合、見たものの名前を知っているにもかかわらず言うことができない視覚失認が生じることから後頭葉領域は広く視覚全般に携わる領域であることが知られている。　→大脳　(井上眞)

行動リハーサル ⇨社会生活技能訓練

行動療法 行動主義の立場にのっとった治療法の一群をいう。人間の不適応行動を学習理論に基づいて、変化・除去する、あるいは適応的な行動を増していくことによって不適応状態を改善しようとする治療である。つまり人間の心の内の変容を求めるのではなく、客観的にとら

えうる行動の変容を目指して行われる療法である。不適応行動が除去されることで結果としてその人の心の変化や人格的な変化も起きうる。行動療法の基礎となるのが，古典的学習理論，オペラント学習理論といった学習理論である。行動療法にはこれら学習理論の諸原理に基づいてさまざまな技法が存在する。古典的条件づけに基づくものとして代表的な技法は系統的脱感作法である。これは不安や恐怖を引き起こす場面で一番弱い刺激を不安や恐怖を感じなくなるまで繰り返し呈示し，その刺激を次第に増強し，最終的に不安や恐怖の除去を行うという行動療法の技法であり，高所恐怖症や学校恐怖症など恐怖症の治療に用いられる。弛緩訓練や自律訓練法により不安を減弱させる技法も含まれる。さらにオペラント条件づけに基づくものとして代表的な技法は，報酬学習による行動形成である。これは目標となる行動を形成あるいは増強すべく報酬を与え強化するものである。障害児に対する療育場面などで広く用いられている。
→系統的脱感作法，オペラント条件づけ

(堀田香織)

校内暴力〔school violence〕 学校内で起きた暴力行為をいう。文部科学省の調査では，「学校内」とされるのは，教育活動が行われている日や時間帯におきた暴力行為で，修学旅行，遠足，社会体験活動中，部活中，登校・下校途中を含む。同調査は，暴力行為を，対教師暴力，生徒間暴力，器物破壊の3形態に区別している。これらに加えて，2000年の京都日野小学校，2001年大阪池田小学校と続いて起きた小学校内での児童の殺傷事件にみられるように，学校内における部外者による暴力事件が問題となっている。アメリカでは，スクールバイオレンスというと，生徒による銃撃事件が注目を集めている。いずれも，安全な学校生活を脅かす重大な問題である。 →学校不適応 (上林靖子)

高尿酸血症 尿酸は核酸の塩基成分であるプリン体（アデニン，グアニン）からキサンチンを経て生成され，2/3は腎臓から尿中に，1/3は腸内に排泄される。尿酸生合成の亢進，腎臓からの排泄の低下，核酸代謝の亢進，プリン体を多く含む食物の過剰摂取などにより，血中の尿酸が過剰になった状態が高尿酸血症である。尿酸の過剰蓄積の結果生じた尿酸ナトリウム結晶は関節や皮下に沈殿し痛風関節炎や痛風結節を引き起こす。腎尿細管壁と腎髄質への結晶の沈着は腎機能障害や尿路結石の原因となる。高血圧，糖尿病，高脂血症などの生活習慣病と同様に過食，飲酒，運動不足，肥満などが危険因子となり，心筋梗塞や脳梗塞などの動脈硬化に関連する疾患の合併が多い。 →痛風

(金杉和夫)

更年期 性成熟期から老年期への移行期で，女性では卵巣機能が低下しはじめ月経が不規則となり閉経にいたる前後の時期である（実年齢では40～55歳頃）。卵巣ホルモン分泌が低下し，脳の性中枢や近傍にある自律神経中枢の機能変調を起こし，いわゆる更年期障害をきたしやすい。時期は明確ではないが，男性にもみられる。更年期障害は他覚所見に乏しく，自覚的には血管運動性を中心とした自律神経症状が主体で突然のほてり，のぼせ，冷感，心悸亢進や頭痛，めまい，耳鳴，不眠，肩こり，腰痛，頻尿，易疲労感，食思不振など多岐にわたり，心因も関与した不定愁訴症候群を呈する。治療は女性では性ホルモン薬が有効だが副作用を考慮し必要最小限にとどめる。 (永井孝三)

高年齢求職者給付金 「高年齢者等の雇用の安定等に関する法律」は，65歳までの高年齢者の雇用促進を図っている。雇用保険法においても65歳を超えて新たに雇用される者は，被保険者から除外されている（雇用保険法第6条第1号）。65歳を超える高年齢継続被保険者が離職した場合には，通常の求職者給付ではなく，一時金としての高年齢求職者給付金が支給される（第37条の4）。被保険者期間（1年以上，1年未満）により支給額に違いがある。

(辻村昌昭)

高年齢雇用継続給付 高齢化社会に対応し，高齢者の雇用継続を支援するために，1997年に新設された。これには高年齢雇用継続基本給付金（雇用保険法第61条）および高年齢再就職給付金（第61条の2）がある。ともに，60歳以降

の雇用（継続雇用に限らず，出向や定年後の再就職も含む）における労働者の賃金の減少分を補うためのもの。前者の受給資格は被保険者期間5年以上，後者の受給資格は基本手当の支給を受けたことのある者である。また，2003年改正により，高年齢雇用継続給付について，①支給要件に係る賃金低下率（60歳到達時賃金月額に比べて85％→75％），②支給率（支給対象月の賃金の最高25％→15％）について，改正がなされた（雇用保険法第61条）。　　　（辻村昌昭）

高年齢者等の雇用の安定等に関する法律〔昭和46年法律第68号〕　高齢化社会において人々は生きがいや，所得確保のために働くことを希望している。本法律は，このような高齢者の雇用を促進し，安定させることを目的につくられたもので，1971年に施行された。高齢者の雇用安定のためには，定年の引き上げ，継続雇用制度の導入，再就職の促進，退職者に対する就業機会の確保などが必要である。このために本法律では，事業主や国・地方公共団体の責務，高年齢者等職業安定対策基本方針の策定などを明示している。　　　　　　　　（宮崎牧子）

抗パーキンソン病薬〔antidyskinetics〕　パーキンソン病，パーキンソン症候群の運動障害（ジストニア）などの症状改善のための薬剤。パーキンソン病の病態は，黒質一線条体系のドーパミン産生細胞の変性，脱落により，線条体内のドーパミンが減少し，結果としてアセチルコリン系が相対的に優位となることである。治療の基本戦略は抗パーキンソン病薬を使って，ドーパミン／アセチルコリンのバランスを整えることにある。具体的には，ドーパミンの補充：ドーパミンの前駆物質（レボドパ），ドーパミン代謝の阻害：モノアミン酸化酵素B阻害薬（セレギリン），ドーパミン受容体の刺激：ドーパミンアゴニスト（ブロモクリプチン，ペルゴリド，タリペクソール），ドーパミンの補充＋ドーパミン受容体の刺激，ドーパミン放出の促進（アマンタジン），アセチルコリン受容体の遮断：中枢性抗コリン薬，ノルアドレナリンの前駆物質の投与，などがある。1960年に導入されたレボドパによるドーパミン補充療法が現在でも基本治療である。実際には長期大量使用による薬効減弱などの問題のため，ドーパミンアゴニスト，モノアミン酸化酵素阻害薬などと組み合わせて投与される。　→パーキンソン病　（阿瀬川孝治）

広汎性発達障害〔pervasive developmental disorders〕　1980年代以降，自閉症児が情緒障害から発達障害へと位置づけられるようになり，自閉症あるいは自閉性障害の上位概念として，広汎性発達障害という枠組みが用いられるようになった。行動や発達の障害が広範にわたっているという意味でとらえてよいが，DSM-IVでは，広汎性発達障害を，自閉性障害，レット障害，児童期崩壊障害，アスペルガー障害，特定不能の広汎性発達障害の五つに分類している。いずれにせよ広汎性発達障害の中核は，自閉性障害でありまた高機能自閉としてのアスペルガー障害である。自閉性障害は，対人的相互交流の障害，コミュニケーションの障害，反復的で常同的なパターン行動，3歳以前に発症するといった点で押さえられている。一方，アスペルガー障害は自閉性障害と共通する部分も多いが，言語発達の障害が少ないことと，知的機能も正常域に近いという点で違いがみられる。

（宇佐川浩）

公費負担医療制度　国や地方公共団体が，法律や条例等によって，医療費の助成を行う制度で，助成の内容は，全額公費負担されるものから対象者の負担能力によって自己負担分があるものなどさまざまである。主な公費負担医療は，当事者の経済的条件によって支給される生活保護法による医療扶助，対象となる障害や疾病が決まっている身体障害者福祉法による更生医療，児童福祉法による育成医療，精神保健福祉法による通院医療費公費負担，難病対策で特定の疾患で医療を受けたときに利用できる特定疾患医療費給付，年齢によって対象となる市町村単独の制度である乳幼児医療費助成制度，その他の条件によって医療費の助成がされる戦傷病者特別援護法による療養費の支給や労働者災害補償保険法による療養補償給付などがある。

（伊東秀幸）

公費負担制度　国や地方公共団体が実施主体

となり，租税を財源に保健・医療・福祉等にかかる費用の一部または全部について保障する制度である。公費負担医療には，その性格や成り立ちから，①国家補償的なもの，②社会防衛的なもの，③所得保障的なものに，負担区分からは，①全額国庫負担，②公費優先，③保険優先に大別される。精神保健福祉の公費負担医療には，措置入院費（精神保健福祉法第31条）と通院医療費（第32条）とがあるが，いずれも1995年の同法改正により保険優先の仕組みに改められた。なお，通院医療費公費負担制度の申請等にかかる事務は2002年度から市町村の担当となった。 →精神障害者通院医療費公費負担制度 　　　　　　　　　　　　　（古寺久仁子）

抗不安薬〔anxiolytics〕 不安を軽減・解消するための薬剤。古くからアルコールやバルビツレート系薬剤に抗不安作用があることが知られていたが，1960年代以降ではベンゾジアゼピン系薬剤が主流である。マイナートランキライザーとも呼ばれる。不安が基底にあるとされる疾患や状態像に対して使用され，その適応はかなり幅広い。不安障害（恐怖症，パニック障害，強迫性障害，全般性不安障害，PTSDなど），うつ病・うつ状態，統合失調症（精神分裂病），アルコール依存，てんかんなどの精神科領域だけでなく，麻酔科，整形外科など一般科領域でも使用される。ベンゾジアゼピン系薬剤の副作用は眠気，ふらつき，脱力感などがほとんどで，比較的安全性は高い。依存と退薬症状の出現の問題がある。アルコールやバルビツレート系薬剤に比べるとかなり弱いがベンゾジアゼピン系薬剤にも依存性がある。退薬時に不安・焦燥，不眠などの身体・精神症状が出現することがあるので，薬剤を中止する際には注意が必要である。 →向精神薬 　　　　　　（阿瀬川孝治）

幸福追求権 幸福を追求する場を確保する権利をいう（日本国憲法第25条）。幸福の内容はあくまでも国民各個人が決めるべき事柄であり，公権力が関わり合いをもつことを許されるのは，そのような幸福を追求する諸条件・手段についてのみであるという考え方に基づく。この権利の内容につき，公共の福祉に反しない限り一般的に自由を拘束されないとする一般的自由権の存在を肯定しこれが幸福追求権の内実であるとする見解や基本権の深奥に位置する人格の核心に関わる独自の権利であるとする見解など種々の見解がある。その性格についても自由権とみる見方や社会権も包摂されるとみる見方などがある。 　　　　　　　　　（相川裕）

公民権運動 アメリカの差別撤廃運動。当初の中心テーマであった黒人差別撤廃運動は1950〜1960年代にピークを迎え，1964年の公民権法等によって，公共施設へのアクセスと選挙権上の差別が撤廃された。障害者に対する差別撤廃は，リハビリテーション法，住宅差別禁止法，雇用差別禁止法等を経て，1990年障害をもつアメリカ人法に集大成された。しかしそれによっても精神障害者への権利保障は十分ではなく，最後に残った公民権運動の課題といわれている。 　　　　　　　　　　　（木村朋子）

公民ミックス論 福祉国家見直しのなかで，社会保障・社会福祉サービスの供給主体を多様化することが求められてきた。社会保障・社会福祉が一般国民の生活保障にまで普遍化し拡大したことにより最低保障から最適保障を求められるようになったこと，経済の低成長化・少子高齢社会が将来的に社会保障の費用の増大と財源確保を困難にすることなどを背景に，サービス供給を公的部門から市場部門や民間部門へシフトさせようとするもの。公的部門・市場部門・民間部門がそれぞれの役割を評価しどのようなミックスを構成するかがその課題である。現代社会の産業構造はサービス業を中心とした第三次産業部門に転換しており，私的年金・私的医療保険の拡大，非営利部門の福祉サービスの拡大が促進されている。 　　　　　（松崎泰子）

合理化 精神分析学で用いられる用語で，防衛機制の一種とされている。自分の態度，行為，思考，感情に対して，本来の無意識的な理由が認めがたい場合にそれを無意識の内に隠しておいて，意識的には本来の理由とは別に「もっともらしい」理由をつけて自分を正当化することである。例えば無意識的な理由が道徳的なものではない場合に，それを自分では認めずに，よ

り受け入れやすい論理的な理由をつけて正当化し、自分の望むことをしたり、考えたりすることが合理化にあたる。病理的なレベルの合理化も存在するが、精神的に健康な人も日常生活で合理化を用いる場合もある。　→防衛機制
(堀田香織)

交流分析　バーン（Berne, E.）により提唱された人格理論であり、この理論を基礎に治療技法が体系化されている。交流分析では一人の人間の自我状態（批判的な親・養育的な親・大人・自由な子ども・順応する子ども）をエゴグラムによって分析し、人と人との交流パターン（相補的交流・交叉的交流・裏面的交流）を分析する。さらに人間は生産的ではないとわかっていても繰り返してしまう交流パターン（ゲーム）をもつとしており、これを明らかにすることでゲームからの脱出を図る。また特に幼少期に獲得してしまった人生のプログラムを人生脚本と呼び、この脚本を書き直す治療法は再決断法と呼ばれている。
(堀田香織)

行旅病人及行旅死亡人取扱法〔明治32年法律第93号〕　産業資本の確立に伴い、農村から都市部への人口流出が多くなり行旅病人や死亡人が増加したため、1899年に制定された行旅病人、行旅死亡人およびその同伴者に対する緊急の救護、引き取り、埋葬などに要した費用負担を規定した法律。その費用は現在地の市町村が一時支弁し、後に被保護者、その扶養義務者、救護地の都道府県の順位で返済を求めることができる。現在では生活保護法、墓地、埋葬等に関する法律で取り扱われることが多くなっている。　→生活保護法
(畑江倫子)

高齢社会　総人口に占める65歳以上の高齢人口の割合（高齢化率、高齢人口比率）が高くなるという人口の高齢化の進んだ社会のことである。WHOの定義によると、高齢化率が7％を超える社会を高齢化社会、14％を超えると高齢社会、21％を超えると超高齢社会と高齢化の進行状態により区分されている。高齢化の先進地域である西欧諸国では、14～18％でその値が安定して続いており、高齢化が成熟した段階にある高齢社会となっている。わが国の高齢化率は、1970年に7％を超え、2000年10月1日現在で17.2％で、すでに高齢社会である。今後もさらに高齢化は進み、2015年には25％台となり、4人に1人が高齢者となると推計され、わが国では世界に例をみない水準の超高齢社会の到来が見込まれている。そのような社会への対応として、政府は1995年11月高齢社会対策基本法を制定し、長寿をすべての国民が喜びのなかで迎え、高齢者が安心して暮らすことのできる社会を形成するべく高齢社会対策大綱を定めて早急にその推進を図っている。特徴として、これまでの急速な高齢化（先進諸国の場合は高齢人口比率が7％から14％になるのに50年から100年要しているのに対し、わが国は24年）と今後の更なる高齢化率の上昇、出生率の低下と平均寿命の延長による少子高齢社会の進行、75歳以上の後期高齢人口の増加とそれに伴う要介護老人出現率の高まり、従属人口の増加などがあげられ、社会・経済的側面では、高齢者のための医療、年金、福祉（介護を含む）、住宅をはじめとする保健医療福祉の需要の増大、そのことによる高齢者に関わる消費マーケットの増大やさまざまな構造変化、年少人口の減少による労働力人口に対する負担などもあげられ、さまざまな側面から高齢社会対策が必要となっている。
(馬場純子)

高齢社会対策基本法〔平成7年法律第129号〕　内閣府による高齢社会対策推進のために、1995年11月に公布された法律。高齢社会対策を総合的に推進し、経済社会の健全な発展と国民生活の安定向上を図ることを目的に、「公正で活力ある社会」「地域社会が自立と連帯の精神に立脚して形成される社会」「豊かな社会」が構築されることを基本理念として対策を行う。その体制として内閣府に高齢社会対策会議を設置、高齢社会対策大綱を定めて、高齢社会対策の推進を行う。国および地方公共団体はその対策の策定と実施の責務があり、地方公共団体には国と協力しつつその地域の実情を考慮して、社会的、経済的状況に応じた施策を講じることを求めている。一方、国民にも諸施策の受け手として高齢化に関する理解を深め、相互の連帯を強め、健

やかで充実した生活を営むことができるよう自助努力を求めている。基本的施策として，就業および所得，健康および福祉，学習および社会参加，生活環境，調査研究等の推進など国が講ずべき施策を規定している。　→高齢社会対策大綱
(馬場純子)

高齢社会対策大綱　高齢社会対策基本法第6条に基づき，政府が推進すべき高齢社会対策の中長期にわたる基本的かつ総合的な指針として，1996年7月に閣議決定により定められた大綱。さらに本格的な高齢社会への移行を視野に，基本姿勢の明確化と対策の一層の推進を図るために分野別の基本的施策の枠を越えて横断的に取り組む課題を設定し，関連施策の総合的な推進を図るため，5年後の2001年12月に新たな大綱を定めた。　→高齢社会対策基本法
(馬場純子)

高齢者虐待　高齢者虐待の定義は，時代の変化や地域，研究者によって違いがある。一般的には，親族など主に高齢者と何らかの人間関係のあるものによって高齢者に加えられた行為で，高齢者の心身に深い傷を負わせ，高齢者の基本的人権を侵害し，ときに犯罪上の行為をいう。その内容は，身体的虐待，心理的虐待，経済的虐待，性的虐待，ネグレクト（日常生活上の世話の放棄，拒否，怠慢）に分類される。わが国では1990年代から調査研究が行われ家庭内虐待，施設内虐待の存在が明らかになった。家庭内虐待は，男性より女性，高年齢の高齢者が虐待を受ける傾向が強い。虐待者は同居の親族（特に息子の嫁，息子，配偶者）が多く，虐待内容はネグレクトが多いのが特徴である。なお，介護保険制度の運営基準において，身体拘束は原則として禁止されている。　→虐待，ネグレクト
(山田祐子)

高齢者協同組合　高齢者やその周囲にいる人々が，高齢者の「仕事・福祉・生きがい」に関わる事業を進めている組織団体である。「寝たきりにならない，しない」「元気な高齢者がもっと元気に」「仕事も福祉も生きがいも自分たちの手で」をスローガンとして，1995年に三重県で第1号が誕生した。
(宮崎牧子)

高齢者差別〔discrimination for the older persons〕　民族的差別や性差別，障害者差別等といったさまざまな差別に並ぶ差別の一形態。高齢者の個別性，多様性に着目することなく，年齢で排除，差別をすることである。個人的レベルの差別，文化的レベル，さらに社会の権力構造に組み込まれた，いわゆる社会構造的レベルに至る差別というようにさまざまな段階がある。根底には高齢者に対する，科学的根拠のない偏見があるといわれている。例えば，高齢になると思考力も運動能力も劣るとか，非生産的であるとか，高齢者には性的欲求はないとか，といったことである。これらの偏見を払拭し，積極的な高齢者像を描くために社会的努力をすることが高齢者差別をなくす近道である。　→エイジズム
(山田知子)

高齢者住宅整備資金貸付制度　60歳以上の高齢者と同居する者が，所有する住宅を高齢者向けに増改築または改造するために必要な資金の貸し付けを行う制度。高齢者に対する住宅制度の一つとして1987年に制定されており，実施主体は都道府県または市町村である。貸し付けに際しての限度額や利率は国が一応の条件を設定しているが，それぞれ実施主体の実情に応じて定めることとなっている。申し込み等は，実施主体である都道府県または市町村となっている。
(久保美由紀)

高齢者，身体障害者等が円滑に利用できる特定建築物の建築の促進に関する法律〔平成6年法律第44号〕　通称，ハートビル法。目的は「高齢者で日常生活又は社会生活に身体の機能上の制限を受けるもの，身体障害者その他日常生活又は社会生活に身体の機能上の制限を受ける者が円滑に利用できる建築物の建築の促進のための措置を講ずる」。特定建築物（不特定かつ多数の者が利用する政令で定める建築物。床面積2000m² 以上）について都道府県知事が指導・助言するための「基礎的基準」と，建築主が申請して認定を受けるための「誘導的基準」を告示によって示しているが，必ずしも義務を課すものではない。肢体不自由者，特に車いす使用者への配慮が主で，視覚障害者にも言及するが，

聴覚障害者については触れるところがない。
（田中邦夫）

高齢者，身体障害者等の公共交通機関を利用した移動の円滑化の促進に関する法律〔平成12年法律第68号〕　通称，交通バリアフリー法。目的は「高齢者，身体障害者等の公共交通機関を利用した移動の利便性及び安全性の向上の促進を図り，もって公共の福祉の増進に資すること」。公共事業者に諸種の基準を示して新たな旅客施設および車両等については適合させる義務を課し，既存のものについても適合するよう努めさせる。また，「必要となる情報を適切に提供するよう努めなければならない」ともされている。「移動円滑化のために必要な旅客施設及び車両等の構造及び設備に関する基準」が作成されているが，具体的にはもっぱら車いす利用者，視覚障害者を対象とし，聴覚障害者について触れるところは僅少である。
（田中邦夫）

高齢者生活福祉センター　⇨生活支援ハウス

高齢者世帯　厚生労働省が実施している「国民生活基礎調査」（1985年度以前は「厚生行政基礎調査」）における年齢に注目した世帯類型の一つである。定義は，65歳以上の者のみで構成するか，またはこれに18歳未満の未婚の者が加わった世帯を指す。2002年には718.2万世帯で，全世帯総数の15.6％を占め，年々増加している。高齢者世帯のうち，夫婦のみの世帯が482.2万帯，単独世帯が340.5万世帯（約8割が女性）である。
（山田祐子）

高齢者総合相談センター　1987年より，高齢者が抱える保健，福祉，医療等のあらゆる悩みごと等の相談窓口として設置されている。実施主体は都道府県だが，運営を財団法人等の民間団体に委託することができる。事業内容は高齢者とその家族の相談に応じるほかに，高齢者の居住環境の改善に関する啓発，研修，市町村，在宅介護支援センター等に対して相談体制の支援に必要な情報提供・研修，福祉機器の展示を実施。シルバー110番ともいう。
（内藤さゆり）

高齢者痴呆介護研究・研修センター　高齢者痴呆介護に関する研究および研修を行うセンターである。痴呆性高齢者の生活や行動の特性に

ついての研究や，その生活機能の維持改善を図るための援助技法に関する研究開発などを行っている。また，これらの研究成果を介護の現場に還元するための各種研修を実施している。例えば，都道府県レベルで指導的な役割を担う人材を養成するため，痴呆介護指導者養成研修が開催されている。当センターは2002年度より，全国で東京，大府，仙台の3か所に設置されている。
（宮崎牧子）

高齢者の生きがいと健康づくり推進事業　高齢者が家庭や地域，企業等において，長年培ってきた知識や経験，技能を生かしながら，健康でかつ生きがいをもって活動できるようにするためには，それをサポートする方策が必要である。本事業もその一つであり，それに基づいて国に「長寿社会開発センター」が設けられ，高齢者の生きがいと健康づくりに関する情報収集や調査研究，各種研修会の開催などが行われている。また各都道府県には「明るい長寿社会づくり推進機構」が設けられ，高齢者の社会活動についての啓発普及事業，高齢者の生きがいと健康のための組織づくり事業，高齢者の社会活動振興に向けた指導者育成事業などが展開されている。
（宮崎牧子）

高齢者のための国連原則　この原則は，1982年にオーストリアのウィーンで開催された「高齢化に関する世界会議」で採択した「高齢化に関する国際行動計画」を実現する社会の構築を目的としている。1991年に国連は，高齢者にとり重要かつ不可欠な権利を5項目にまとめ，各国政府の行動計画に取り入れるよう要請をした。高齢者の人権を保障するための五つの原則とは，①自立(Independence)，②参加(Participation)，③ケア（Care），④自己実現（Self-fulfillment），⑤尊厳（Dignity）である。
（宮崎牧子）

高齢者保健福祉推進十か年戦略（ゴールドプラン）　高齢者の保健福祉サービスに関し，1999年度までに確保すべき在宅福祉サービスおよび施設福祉サービスの目標量を示した計画。通称，ゴールドプラン。1989年12月，大蔵・厚生・自治3大臣合意により策定された。市町村におけ

る在宅福祉対策の緊急整備および施設の緊急整備として、ホームヘルパーやショートステイ、特別養護老人ホーム、老人保健施設などの各サービス、施設について実現すべき目標を具体的数値として掲げたほか、「ねたきり老人ゼロ作戦」「長寿社会福祉基金」の設置などが盛り込まれた。翌年にはプラン推進のための福祉関係八法の改正が行われ、市町村において在宅福祉サービスと施設サービスを一元的にかつ計画的に提供する条件整備が図られた。さらに、老人福祉法と老人保健法によって義務づけられた地方公共団体による老人保健福祉計画策定の結果、ゴールドプランで示された目標を上回るサービス整備の必要が明らかとなり、1994年12月、「高齢者保健福祉推進十か年戦略の見直しについて」(新ゴールドプラン) が発表された。新ゴールドプランでは各種高齢者介護サービス基盤の整備目標が引き上げられたほか、①利用者本位・自立支援、②普遍主義、③総合的サービスの提供、④地域主義の四つの基本理念を掲げ、施策の目標を示した。　→今後5か年間の高齢者保健福祉施策の方向 (ゴールドプラン21)
(西原香保里)

高齢・障害者雇用支援機構　2003年10月1日、日本障害者雇用促進協会の業務に、国および高年齢者雇用開発協会の業務の一部を加え、障害者と高齢者に関する雇用支援を行う組織として、独立行政法人高齢・障害者雇用支援機構が設立された。日本障害者雇用促進協会は、「障害者の雇用の促進等に関する法律」に基づいて、1977年に障害者の雇用の促進と職業の安定を図ることを目的として設立された厚生労働大臣の認可法人であり、納付金の関係業務や障害者職業センターの運営等を行い、障害者の雇用の拡大に努めてきた。また、高年齢者雇用開発協会は、高齢者の雇用の安定に関する業務を行う財団法人として1978年に設立され、定年の引き上げ等高齢者の雇用に対応した業務を実施してきた。
(鴻巣泰治)

高齢任意加入被保険者　厚生年金保険の被保険者は、70歳に達すると被保険者の資格を喪失する。ただし、70歳に達しても引き続き適用事業所に雇用されており、老齢基礎年金の受給資格期間を満たしていない場合は、その期間を満たすまで任意加入することができ、被保険者の資格を継続することができる。これを高齢任意加入被保険者という。この場合、保険料は全額本人の負担となるが、事業主が同意すれば労使折半にすることができる。　→任意加入被保険者
(松本由美)

コーエン〔Cohen, Mikal〕　精神科リハビリテーションの展開において、本人の生活技能の開発・訓練だけでなく、支持的環境開発の重要性を強調し理論化した。リハビリテーション過程に本人を参加させ、当事者主体で進めることを提言。ボストン大学精神科リハビリテーションセンターの副所長。アンソニー (Anthony, W.) およびファルカス (Farkas, M.) との共著『Psychiatric Rehabilitation (精神科リハビリテーション)』(1990) は、現在わが国のリハビリテーション研究者や実践家に愛読されている著書の一つである。
(松永宏子)

コース立方体検査　発達・知能テストの一種で動作性知能の測定を行う。被験者との間で言語的やりとりを必要としないテストなので、言語的コミュニケーションが困難な障害児・者にも適用しやすい。テストはそれぞれの面を赤や白などで色づけされたいくつかの立方体を並べ替えることによって、提示されたカードの模様と同じ模様を再現させるものである。立方体の個数や模様の難易度によって所要時間が定められており、所定時間内に成功したカードの数によって知能の測定を行う。
(堀田香織)

コーディネート〔coordinate〕　援助過程においてよりよいサービスが提供されるよう調整していくことである。病院内でのチームアプローチでは当事者一人ひとりに合った支援をするために医師、看護師、コメディカルスタッフや当事者、家族の調整がある。また地域支援では当事者、病院、施設、公的機関や家族、知人等の社会資源の調整がある。そのためには支援ネットワークに関わる社会資源の情報や意見交換をすることでお互いを把握することが重要である。近年わが国においては、行政主導で「調整

会議」が招集されることがあるが，本来的には，当事者にとって最も重要な関わりをもつ人が，多様なニーズに対応する複数の機関や専門職に呼びかけて，民主的構造の下でコーディネーションを行うことが望ましい。その役割を担うのがコーディネーターである。コーディネーターは，日頃から関係機関や専門家と協力関係にあり，社会資源についての情報をもち，調整に必要な技能を身につけておくことが重要である。

(鈴木ゆかり)

コーピング〔coping〕 コーピング（対処）とは，さまざまな状況の際に引き起こされる高いストレスなどの情動的な反応を減らす方法や工夫を意味する。個人のストレスの受け取り方をラザラス（Lazarus, R. S.）は「認知的評価」といい，その対処行動の評価には生活歴，価値観，性格的傾向，行動パターンやスキル，ストレスへの情報などが関係している。最近の研究によるとコーピングには二つあり，人と環境の交互作用を変化させて問題を解決していこうとする思考と行動を問題焦点型コーピング，苦痛な情動を調整し克服していこうとする思考と行動を情動焦点型コーピングという。後者は，対処技術（コーピングスキル）を向上させていくことを焦点としている。コーピングは地道で長いスパンの経験のなかで形成される。今日，精神障害者個人の資質や能力などは絶えず変化していくと認めた上で，機能改善に向け，認知と行動に働きかけ援助していくことが強調され，治癒（キュア）ではなくコーピングに力点を置くリハビリテーションの考え方の重要性が指摘されている。

(平林惠美)

コーホート分析 同時期に出生した人々の集団（世代）をコーホート（出生コーホート）という。人口の増減を調べるとき，単に日本人全体をみるだけでなく，世代ごとに分析してみるならば，各世代の変化の特徴を知ることができる。第二次世界大戦後，日本人は大きな社会的・文化的変動を経験したが，ある世代は大人として歴史的変動を体験し，別の世代は子ども時代にその歴史的変動を体験しており，世代別の分析には大きな意義がある。コーホートには，出生時を基準とした出生コーホートのほかに，結婚時期を基準とした婚姻コーホートなどがある。コーホートの期間区分は一様でなく，1年ごとの区切りから10年や15年のまとまりをコーホートとしてとらえる場合もある。

(足立自朗)

ゴールドプラン ⇨高齢者保健福祉推進十か年戦略（ゴールドプラン）

ゴールドプラン21 ⇨今後5か年間の高齢者保健福祉施策の方向（ゴールドプラン21）

ゴールトン〔Galton, Sir Francis : 1822-1911〕 イギリスの心理学者，遺伝学者。ダーウィン（Darwin, C. R.）のいとこ。ケンブリッジに学び，アフリカを旅行，調査研究を発表し科学界に認められた。1865年以降は双生児研究など人間の遺伝問題に関心を移し，人の能力は遺伝的であるとし『Hereditary Genius : An inquiry into its laws and consequences（遺伝的天才）』(1869）を著した。優生学にも関心をもち，1883年に，ロンドン大学に優生学記録局を設けた。また，個人差を測定する質問紙調査法，記銘力検査法を開発した。

(宮崎忠男)

コカイン〔cocaine〕 コカの葉から抽出，合成され，覚醒剤（メタンフェンタミン）と同様に中枢神経刺激性の薬物。無色ないし白色の結晶状粉末で，無臭で，味は苦く，舌を麻痺させる。主な使用経路は注射，内服，鼻腔吸入。1年間で全世界で1300万人が乱用しているという報告もある。アメリカではコカインからつくられる「クラック」「ロック」の出現により，コカイン乱用が急速に広まったとされる。コカインの中毒量は0.1g，致死量は1.0g。服用すると気分が高揚し，疲労感や空腹感がなくなり，腕力や知力がついたという錯覚を起こす。重症例では，錯乱状態となったり，頻脈，呼吸困難，けいれん発作を起こし，死亡する例もある。その効果は数十分で消失する。容易に慢性中毒となり，虫が皮膚内を這っているような幻覚が出現し，その虫を殺そうと皮膚を傷つけたりするようになる（体感幻覚，皮膚寄生虫妄想）。麻薬取締法による届出の義務がある。　→薬物依存

(阿瀬川孝治)

呼吸 生体活動に必要な酸素を取り込み，不要になった炭酸ガスを排出することをいう。これは二つの次元で行われる。胸郭の拡大・縮小により，鼻腔から吸入された外気が，咽頭，喉頭，気管を通り気管支に入る。気管支はさらに気管支枝，細気管支と分岐し，肺胞管，肺胞嚢，肺胞へと連なる。肺胞では心臓右心室からの肺動脈が枝分かれした毛細血管が接しており，ここへ到達した外気中の酸素は炭酸ガスと交換される。このようなガス交換を終え酸素で飽和された動脈血は肺静脈，左心房に戻り，左心室から全身の臓器に循環し酸素が供給される。第一の肺胞気と毛細血管のガス交換を外呼吸，第二の全身組織の細胞と毛細血管のガス交換を内呼吸と呼ぶ。　→外呼吸，内呼吸，ガス交換

（上林茂暢）

国際医療職専門委員会〔International Commission of Health Professionals：ICHP〕宇都宮病院事件を契機として組織された，医療専門職のNGO（非政府組織）を指す。国連の有力なNGOである国際法律家委員会（International Commission of Jurists：ICJ）が日本に調査団を派遣するにあたり，日本の精神医療状況を医学的観点から専門的に調査作業を進めるために新たに組織された。「日本における精神障害者の人権及び治療に関するICJ・ICHP連合調査団」は1985年に来日し，精力的に日本の精神病院を訪問するとともに関係団体からの意見聴取等を行い，その調査結果をもとに日本政府に対して「結論及び勧告」を提示した。同報告書はジュネーブで開催された国連人権小委員会にも提出され，わが国の精神医療の実情が国際的批判をあびるなかで，政府は精神衛生法の改正に着手することとなり，任意入院・精神医療審査会などを新設した精神保健法が1987年に制定された。なお，その後国際医療職専門委員会は活動を停止し解散している。　→宇都宮病院事件，国際法律家委員会

（古屋龍太）

国際化〔internationalization〕人間・物資・資本の国境を越えた移動・交流が増加することを指すが，広義には個人における他国文化の受容なども含まれる。ただし，このような現象の最終的な形態として，全世界的な何らかの統一体や文化・思想の均一化を予測・意図するグローバリゼーションとは異なる概念である。また，外に開く国際化とは別に，一国民国家内におけるエスニシティの多様性を尊重するという意味での「内なる国際化」も重要である。　→エスニシティ

（杉本昌昭）

国際協力事業団〔Japan International Cooperation Agency：JICA〕1947年，発展途上国への技術協力を実施する目的で設立された外務省管轄法人の一つである。日本政府による二国間援助のうち，贈与にあたる部分で主な事業は，①技術協力事業（研修員受け入れ，専門家派遣，機材供与，開発調査等），②青年海外協力隊派遣事業，③技術協力のための人材養成・確保，④無償資金協力のための調査・実施促進事業，⑤開発協力事業，⑥移住者・日系人への支援，⑦災害緊急援助である。また，協力終了後もプロジェクト維持のためのフォローアップを発展途上国の自助努力を促しながら必要に応じて追加協力している。

（森久保俊満）

国際高齢者年　国連は，1999年を国際高齢者年とした。その設定理由は，①開発途上国における高齢期問題・高齢化問題への対応が急務，②女性の高齢期保障の確立が重要，③現在の高齢者の要求に次期高齢者の理解と参加が必要，であった。こうした課題を背景に「すべての世代のための社会をめざして」をスローガンとして，高齢者が参加し権利の主体者となるような社会を創造することに，この国際年のねらいがある。

（宮崎牧子）

国際疾病分類〔International Classification of Diseases：ICD〕国際的に組織された専門家集団によって定められた疾病および疾病群の分類。現在はWHOが定期的に改訂版を刊行している。現在は1990年に国際的に承認された第10版（ICD-10）が用いられ，1900年の初版から10年前後の期間をおいて改訂が繰り返されている。この分類は当初，死因の分類を国際的に共有するためにつくられ，日本でも1899年以来，国際分類に準拠した分類法が公的に採用された。ICD-10は21章からなり，疾患には英数字

を組み合わせたコードがつく。大分類は、病因性のもの（感染症など）、身体器官系に関するもの（循環器系、消化器系など）、状態像に関するもの（新生物、傷害など）が混合している。精神および行動の障害は大分類の6番目にあり、F00～F99のコードが割り当てられ、その内容は大きく以下の11に分けられている。F0：症状性を含む器質性精神障害、F1：精神作用物質使用による精神および行動の障害、F2：精神分裂病、分裂病型障害および妄想性障害、F3：気分（感情）障害、F4：神経症性障害、ストレス関連障害および身体表現性障害、F5：生理的障害および身体的要因に関連した行動症候群、F6：成人の人格および行動の障害、F7：精神遅滞、F8：心理的発達の障害、F90-98：小児期および青年期に通常発症する行動および情緒の障害、F99：特定不能の精神障害。

(三宅由子)

国際私法　渉外的私法関係（日本に居住するドイツ人の夫とイギリス人の妻が日本で離婚する関係や日本の会社とアメリカの会社の売買契約の効力が日本で争われる関係など、国内的私法関係と区別される関係）について、適用されるべき準拠法を内外の実質私法のなかから選択し指定する法。

(相川裕)

国際障害者年〔international year of disabled persons：IYDP〕　国連が世界規模で障害者に関する啓発活動を行うために、障害者の国際年として定めたことを指す。この間、国連では、1971年に「知的障害者の権利宣言」を行い、1975年に「障害者の権利宣言」を採択して障害者の権利に関する指針を示した。これらの宣言を国際的な行動に移し、各国の障害者理解が促進されるように、1976年の第31回総会において「国際障害者年」を1981年とすることを決議した。そして、1982年の第37回総会では、「障害者に関する世界行動計画」が採択され、1983年から1992年までの10年間を「国連・障害者の十年」として、各国が「長期行動計画」を策定し、計画的に課題の解決に取り組むよう求めた。その目的は、「国際障害者年行動計画」(1980年)において示され、基本理念として障害者の

「完全参加と平等」を中心テーマに掲げ、「ある社会が、その構成員であるいくらかの人を閉め出すような場合、それは弱くもろい社会なのである」とした考え方が象徴的である。また具体的には、①障害者が身体的にも精神的にも、社会に適合できるように援助すること、②適切な援助、訓練、医療および指導を行うことにより、障害者が適切な仕事につき、社会生活に十分に参加できるようにすること、③障害者が社会生活に実際に参加できるよう、公共建築物や交通機関を利用しやすくすることなどについて調査研究プロジェクトを推進すること、④障害者が経済的、社会的および政治的に参加する権利を有していることについて一般国民の理解を深めること、⑤障害の発生予防およびリハビリテーション対策を推進すること、という5点に集約される。　→国連・障害者の十年　（石川到覚）

国際障害者年行動計画〔the Programme of Action for the International Year of Disabled persons〕　1977年に設置された国連国際障害者年諮問委員会が、国際障害者年の制定にあたり、その目的および活動指針を示したもの。このなかで、国際障害者年の目的として、障害者の「完全参加と平等」と社会に対する障害への理解の促進を掲げ、その構成概念としてノーマライゼーションと障害分類（Impairment, Disability, Handicap）が示された。また、国際障害者年以降の長期行動計画の必要性を明示し、1982年「障害者に対する世界行動計画」が国連総会にて採択された。この計画は、国際的な障害者対策のガイドラインとして、各国における「予防」「リハビリテーション」「完全参加の達成」「機会の均等化」の促進を目的とし、その実施期間として、「国連・障害者の十年」が宣言された。　→国連・障害者の十年　（鈴木孝典）

国際障害者年推進本部　「国連・障害者の十年」の基本理念である障害者の「完全参加と平等」を国内で啓発、具現化することを目的に、1980年に内閣総理大臣を本部長として総理府に設置された。1982年には「障害者に関する世界行動計画」に基づき、「障害者対策に関する長期計画」を策定し、以後10年間の障害者施策の

方向と目標について，啓発広報活動，保健医療，教育・育成，雇用・就労，福祉・生活環境の各分野を示した。また，同本部の設置と併せて，民間レベルでは100以上の障害者関連団体が集結し，NGOとして「国際障害者年日本推進協議会」（現・日本障害者協議会）を組織した。これにより，基本理念の実現に向けた取り組みが，官民の相互連携により展開されることとなった。1982年に改組し「障害者対策推進本部」となり，さらに1996年には「障害者施策推進本部」に改称した。　→日本障害者協議会，障害者施策推進本部　　　　　　　　　　（鈴木孝典）

国際障害分類〔International Classification of Impairments, Disabilities, and Handicaps：ICIDH〕　WHOが1980年に発表したもので，「疾病の諸帰結」を機能障害（impairment：インペアメント，機能・形態障害とも訳される），能力障害（disability：ディスアビリティ，能力低下とも訳される），社会的不利（handicap：ハンディキャップ）という三つの次元に区分し，それぞれの内部を詳しく分類した。この背景には，第二次世界大戦後世界の健康問題の関心が急性疾患から慢性疾患や事故の後遺症に移行し，リハビリテーション活動や社会保障制度が発展したことがある。これらの活動や制度では病気よりも「障害」を対象とするが，その「障害」を表現する標準的な用語の体系がなく，これらの活動や制度のニーズ把握や効果測定に支障が生じていた。そこで従来の病気の国際分類（ICD）とは違う国際障害分類が求められた。国際障害分類は英文207頁の文書で，序論，第1章「疾病の諸帰結」，第2章「機能障害」，第3章「能力障害」，第4章「社会的不利」からなる。日本語版は厚生省大臣官房統計情報部から「WHO国際障害分類試案（仮訳）」として1984年に翻訳・出版された。第1章では疾病・変調→機能障害→能力障害→社会的不利という概念モデルが提案され，次のような定義が示された。「機能障害とは，心理的，生理的又は解剖的な構造又は機能のなんらかの喪失又は異常である。」「能力障害とは，人間として正常と見なされる方法や範囲で活動していく能力の（機能障害に起因する）なんらかの制限や欠如である。」「社会的不利とは，機能障害や能力障害の結果として，その個人に生じた不利益であって，その個人にとって（年齢，性別，社会文化的因子からみて）正常な役割を果たすことが制限されたり妨げられたりすることである。」（厚生省訳を一部修正）2001年には環境因子の影響を重視した国際生活機能分類（ICF）に変わったが，それに向けての改定原案がいくつか提案され，それらはICIDH-2と呼ばれた。　→国際生活機能分類　　　　　　　　　　　　（佐藤久夫）

国際人権規約　1966年国連総会で採択された，「経済的，社会的及び文化的権利に関する国際規約（A規約，または社会権規約）」と「市民的及び政治的権利に関する国際規約（B規約または，自由権規約）」，および自由権（B）規約が定める権利の侵害について人権委員会への個人による救済申し立てを定めた選択議定書の三つの条約の総称。1948年の世界人権宣言と併せて，国連が第二次世界大戦後に目指した国際人権章典が完成した。両規約とも第1条で民族自決権を認めている。実体的権利内容では，社会権（A）規約は，労働，社会保障，家族・母親・児童の保護，生活水準，健康な生活，教育についての権利など，世界人権宣言のいわゆる生存権的社会権を条約化し，締約国が国内事情に応じて漸進的に実現するよう規定している。他方，自由権（B）規約は，生存権及び死刑の制限，拷問又は非人道的な刑罰の禁止，奴隷及び強制労働の禁止，身体の自由及び逮捕抑留の条件（第9条），自由を奪われた者の取り扱い，公正な裁判を受ける権利，私生活・名誉及び信用の保護，思想・信条・宗教の自由，表現の自由，参政権など，自由権的基本権と政治に参加する権利を条約化し，締約国は当然かつ即時にそれらの権利を保障すべき，と規定している。実施措置では，締約国に国内の実施状況についての報告義務を課しているほか，自由権（B）規約では，他国からの申し立て，また選択議定書批准国では被害を受けた個人からの救済申し立ても，規約人権委員会が審査しうることとされている。日本は両規約のみ批准し，1979年から締約国と

なっているが，自由権（B）規約選択議定書は批准していない。精神保健福祉との関連では，自由権（B）規約第9条［身体の自由及び逮捕抑留の条件］1「…何人も，法律で定める理由及び手続によらない限り，その自由を奪われない」および4「…自由を奪われた者は，裁判所がその抑留が合法的であるかどうかを遅滞なく決定すること及びその抑留が合法的でない場合にはその釈放を命ずることができるように，裁判所において手続をとる権利を有する」に規定されるデュープロセスの権利が，精神科強制入院者について保障されていないということが，1987年精神衛生法改正時論点となり，改正精神保健法で新たに精神医療審査会が設置されたが，「裁判所」とはいえず未だ不十分であるとの指摘がある。また，社会権規約委員会が1994年に一般的意見書「障害を持った人」を出し，規約のなかに障害関係の明示的な規定がないのは，起草当時この問題の重要性の認識が未だ十分ではなかったためであり，その後1991年採択の「精神病者の保護及び精神保健ケア改善のための原則」や1993年採択の「障害者の機会均等に関する基準規則」等で補ってきている。このうち「基準規則」は，特に規約締約国の義務の認定に有用な参照ガイドとなる，と述べている。→世界人権宣言，デュープロセス，精神病者の保護及び精神保健ケア改善のための原則

（木村朋子）

国際生活機能分類〔International Classification of Functioning, Disability and Health : ICF〕 WHOが2001年に決定した障害に関する国際分類で，国際障害分類（ICIDH）の改定版のことをいう。略称を（ICIDH-2ではなく）ICFとすることもWHO総会で決定された。国際疾病分類（ICD）とともに，WHO健康関連国際分類ファミリーの中心的存在とされる。ICFでは障害の現象を三次元，つまり医学的・生物学的次元（視覚・思考・記憶など），個人の活動や能力の次元（文字を読む，会話をするなど），そして社会的次元（就職する，旅行するなど）で把握することについては前身の国際障害分類（ICIDH）と基本的に同じだが，いくつかの重要な変更・発展が含まれている。第一に，環境因子が概念モデルに導入され，人間の三次元の生活機能と環境との相互作用が描かれている。また新たに251項目の環境因子分類が設けられた。こうして人間―環境相互作用モデルともいうべきものとなった。また各次元の間も双方向矢印で結ばれた。第二に，機能障害を「心身機能・身体構造」（Body Functions and Structures），能力障害を「活動」（Activities），社会的不利を「参加」（Participation）とし，また病気・変調は加齢も含む「健康状態」とするなど中立的・肯定的理解・表現をとっている。一部の例外を除いて詳しい分類リストもすべて中立的・肯定的表現である。なお問題を抱えた側面（障害）はそれぞれ「機能障害」「活動制限」「参加制約」と呼ぶ。つまり，障害を理解するときに障害（否定的側面）だけをみるのでなく，障害は生活機能（中立的・肯定的側面）が問題を抱えた状態とみる。第三に，使いやすくなった。分類の各項目は明確に定義され，そこに含まれるものと除外されるものが例示されている。また児童や高齢者，そして精神障害や知的障害などの分野でも役立つよう分類項目の選定でも改善された。第四に，この改訂作業に当該の方々（利用者）が加わったことは注目すべきことである。 →国際障害分類

（佐藤久夫）

国際法律家委員会〔International Commission of Jurists : ICJ〕 国連の諮問機関であり，法律家の国際的機関でもある非政府組織（NGO）。1984年の宇都宮病院事件を契機に，この国際法律家委員会と国際医療職専門委員会の合同調査団が日本に派遣され，わが国の精神医療の実態を3回にわたって調査・勧告を行った。これが精神衛生法改正の論議を高めることにもなった。 →宇都宮病院事件，国際医療職専門委員会

（高橋一）

国際リハビリテーション協会〔Rehabilitation International : RI〕 1922年にリハビリテーションの推進を目的に設立した国際的民間団体。国連の障害者分野における諮問機関の一つ。地域を基盤としたリハビリテーション活動は，国際協力・国際交流として障害者問題を世界的

視点から取り上げるようになった。1980年，予防・リハビリテーション・インテグレーション・情報を基本的目標に掲げた1980年代憲章をまとめ，「国連・障害者の十年」に貢献した。
(有野哲章)

国際労働機関〔International Labour Organization：ILO〕 国連と協定を結ぶ国際専門機関。1919年のベルサイユ条約によって創設された。本部はジュネーブ。主な活動は，基本的人権の促進，労働・生活条件の向上，雇用機会の増進にむけた，①国際的な政策や計画の策定，②指針として役立つ国際労働基準の設定，③広範な国際的技術協力計画，④推進を支える訓練・教育・調査研究・出版活動，である。国際労働総会は毎年加盟177国（2003年9月1日現在），三者構成体制（政府，使用者，労働者）にて開催。総会では国際基準を設定する条約および勧告が採択される。1998年の「労働における基本的原則及び権利に関するILO宣言」は，雇用および職業における差別の排除を実現するという国際社会の公約を再確認するものとして記憶に新しい。
(高橋克典)

国勢調査〔population census〕 日本で国勢調査が開始されたのは1920年である。調査は（戦中戦後の一時期を除いて）5年ごとに行われているが，10年ごとの大規模調査，その中間年には簡易調査が実施されている。大規模調査では男女・年齢・配偶関係などの人口の基本属性，労働力状態・産業・職業などの経済的属性，世帯に関する家族的属性，住宅，人口移動（地域移動，通勤・通学移動），教育程度（学歴）に関する事項が調査されている。
(清水浩昭)

告知義務 精神障害者本人へ該当する措置やその措置を受ける際の権利を告知すること（明確に告げること）を義務づける規定。精神障害者の人権確保のために，精神保健法（1987年）から設けられた。措置入院，緊急措置入院，医療保護入院，任意入院，応急入院について，医療保護入院等のための移送に関して規定がある。措置入院，緊急措置入院の場合，都道府県知事は当該入院措置をとる旨，退院請求，その他厚生労働省令で定めることを，書面と口頭で精神障害者本人へ知らせなければならない。医療保護入院，応急入院の場合，精神病院の管理者が，当該入院措置をとる旨等（以下，措置入院と同じ）を書面と口頭で伝える。医療保護入院には告知延期の規定があり，1995年の法改正で，人権擁護のため，延期の期限を4週間と明記した。任意入院の場合，精神病院の管理者は退院請求その他厚生労働省令で定める事項を書面と口頭で知らせる。退院制限をする場合も告知が必要である。移送を行う場合，都道府県知事が移送を行う旨，その他厚生労働省令で定めることを書面と口頭で伝える。
(中川さゆり)

国民医療費 当該年度内において医療機関等における傷病の治療に要する費用を中心に推計したもの。この額には，診療報酬額，薬剤支給額，入院時食事療養費，介護老人保健施設における施設療養費，老人訪問看護療養費，訪問看護療養費のほかに，健康保険等で支給される看護費，移送費等を含んでいる。医療費の範囲を傷病の治療費に限っているため，正常な妊娠や分娩等に要する費用や，健康の維持・増進を目的とした健康診断・予防接種等に要する費用，固定した身体障害のために必要とする義眼や義肢等の費用，介護老人保健施設における利用料を含んでいない。また，患者が負担する室料差額や，付き添い看護料，歯科の材料差額も含んでいない。1971年度までの国民総医療費という推計においては，売薬，あんま等の費用を含んだ額を推計していたが，1972年度からの国民医療費においては，売薬，あんま等の費用を含めないで推計している。ただし，健康保険等において，医師の同意を得て，柔道整復師などの治療を受けて保険給付されているものについては，国民医療費に含めている。国民医療費は，2000年度からの介護保険制度の創設により，その一部が介護保険による給付費へと移行したが，依然として増大している。特に老人医療費の伸びが著しいので，医療供給体制のあり方を見直すとともに，高齢者医療制度の再編成を中心とする医療保険制度改革が求められている。
→医療保険制度
(松溪憲雄)

国民皆年金 すべての国民が何らかの公的年

金制度に強制的に加入することを指す。日本の国民皆年金は1961年4月の拠出制国民年金の実施をもって達成された。それまでは一定の条件を備えた被用者だけに公的年金制度が適用され、大部分の国民はカバーされていなかった。1959年の国民年金法の制定により、農林漁業従事者、自営業者、5人未満零細企業の従業員を含むすべての国民が公的年金制度の適用対象となり、1961年には各制度間の通算制度が創設され、国民皆年金が実質的に確立した。1985年改正で国民年金は全国民共通の制度となったが、最近は保険料の未納者、滞納者が増加し、国民皆年金体制の空洞化が問題となっている。→年金制度 　　　　　　　　　　　　　（李蓮花）

国民皆保険　国民のすべてが何らかの医療保険制度に加入する体制のこと。一般的には、1958年の国民健康保険法以降の努力によって、1961年に今日のような皆保険体制が成立したといわれる。その背景には、1955年頃から始まる日本経済の高度成長とそれに伴う、いわゆる二重構造問題があった。医療保険においても、国民の約1/3が未適用となっていたことが、民主主義における公平性の観点から大きな社会問題とされ、改革が求められたのである。しかし、これは第二次国民皆保険体制というべきものである。もともとは、1930年代の世界恐慌下の日本において、農村の貧困と疾病の悪循環を阻止し健兵健民政策を推進するため国民健康保険を創設しようとした際に作られた用語で、国民のすべてが兵隊になる国民皆兵になぞらえたものである（1938年成立）。→国民健康保険制度、医療保険制度 　　　　　　　　　　　（松渓憲雄）

国民健康づくり対策　21世紀における国民健康づくり運動は「健康日本21」の名の下に2000年4月に開始された。壮年期死亡の減少、健康寿命の延伸と生活の質の向上を目的に、がん、心臓病、脳卒中、糖尿病などの生活習慣病による死亡、罹患、生活習慣上の危険因子など、国民の健康に係る九つの事項（①栄養・食生活、②身体活動・運動、③休養・こころの健康づくり、④たばこ、⑤アルコール、⑥歯の健康、⑦糖尿病、⑧循環器病、⑨がん）について2010年までの具体的な目標を設定している。国民健康づくり運動は、本格的な長寿社会に備え、明るく活力ある社会を構築することを目標として1978年に第1次国民健康づくり対策が開始された。1988年からは「アクティブ80ヘルスプラン」の名で第2次国民健康づくり対策が実施され、生活習慣の改善による疾病予防・健康増進の考え方が発展した。第3次となる「健康日本21」では目標値を設定し、達成度の数値化ができることを考慮した。→21世紀における国民健康づくり運動（健康日本21） 　（成相京）

国民健康保険　農業者、自営業者など被用者医療保険に加入していない国民を対象とする医療保険制度である。1938年、当時深刻な社会問題であった農村医療問題への対応として発足したが、1961年に市町村の義務的制度となり、すべての国民が医療保険制度の強制加入者になるという皆保険体制を支える制度となった。保険者は市町村で、その区域内の住民が被保険者となる。なお、医師・弁護士など同種の事業従事者が都道府県知事の認可を受けて国民健康保険組合を設立した場合は、その組合が保険者となる。給付の内容は、療養の給付、高額療養費など病院・診療所で受ける医療サービスについては被用者医療保険と同様である。なお、出産育児一時金、葬祭費、傷病手当金の現金給付は任意給付とされ、現在傷病手当金を支給している市町村はない。保険料は、市町村の場合は保険税として徴収することが認められており、所得と資産をも加味した応能割と、世帯や世帯人員に応じた応益割を組み合わせて市町村ごとに決定される。被用者医療保険と違い雇用主の負担がないため、給付費の50％を国庫が負担している。国民健康保険の被保険者の診療を行った医療機関に対する診療報酬の支払いは、国民健康保険の保険者が都道府県ごとに設置する国民健康保険団体連合会の審査を経て支払われる。1984年から、国民健康保険の被保険者のうち厚生年金など被用者年金制度の年金受給者とその被扶養者については、退職者医療制度が適用されることとなった。→国民皆保険、医療保険制度 　　　　　　　　　　　（北場勉）

国民主権 国の政治のあり方を終局的に決定する権威ないし力（主権）が一般国民にあるという原理。その内容については，国民を抽象的・一般的な国民といういわば観念的なものとしてとらえるか，個々の実在する国民という具体的なものとしてとらえるかなどで考え方が分かれる。なお，日本国憲法は個人の尊重を基本原理としているから，仮に国民の総意に基づくといっても個人の人権を侵害するような主権の行使は認められない。 (相川裕)

国民審査 直接民主制の一つで，国民が直接，国家の行為等を審査する制度。日本国憲法では，最高裁判所裁判官の任命について国民審査制度を採用しており（第79条），国民審査において投票者の多数が裁判官の罷免を可とするときは，その裁判官は罷免される。 (相川裕)

国民年金 職種を問わず全国民の老齢，障害，死亡に対し，定額の基礎年金を支給する公的年金制度をいう。国民年金はもともと，農林漁業従事者，自営業者，5人未満零細企業の従業員など被用者年金の適用除外となっていた国民を対象として，1959年の「国民年金法」に基づいて創設された。拠出制年金のほかに，制度発足時の高齢者，障害者および母子世帯などに対し無拠出制の福祉年金を設け，福祉年金は1959年から，拠出制年金は1961年から実施された。1980年代に入ると，公的年金制度間の格差や一部の制度の財政的困難，女性の年金保障の不安定性などの問題が指摘され，これらに対応すべく，1985年の法改正で基礎年金制度が導入された。この改正で年金制度は定額の基礎年金と報酬比例年金からなる二階建ての制度に組み換えられ，国民年金はその一階部分として，被用者年金の加入者も含む日本国内に住所を有する20歳以上60歳未満の者を対象とする全国民共通のものとなった。国民年金の被保険者は，自営業者等の第1号被保険者，被用者等の第2号被保険者，そして第2号被保険者に扶養される配偶者の第3号被保険者に分けられる。国民年金の給付には老齢基礎年金，障害基礎年金，遺族基礎年金があり，第1号被保険者への独自給付として付加年金，寡婦年金，死亡一時金がある。老齢基礎年金の給付費の1/3は国庫負担となっており，今後さらに1/2に引き上げることになっている。なお1997年には，すべての成人が生涯を通して一つの年金番号をもつ基礎年金番号が導入された。 (李蓮花)

国民年金基金 国民年金の第1号被保険者を対象とした任意加入の年金制度である。加入員は，基金に掛金を納めることで，老齢基礎年金を受給するときに，上乗せ給付を受け取ることができる。自営業者等の老後所得保障を充実させるため，1991年に創設された。基金には，都道府県ごとの「地域型」と業種単位ごとの「職能型」がある。また，各基金が共同で設立する国民年金基金連合会が，中途脱退者に対する給付業務等を行っている。 (百瀬優)

国民保健サービス及びコミュニティケア法〔National Health Service and Community Care Act〕 イギリスにおける医療保障制度は，ベヴァリッジ報告に基づき疾病予防やリハビリテーションを含んだ包括的な保健医療サービスを，税収を財源として全住民に提供するため，1948年にNHS（国民保健サービス）が創設された。当時の基本的な枠組みは，民間病院の国有化，一般開業医（GP）と国との請負契約の締結等による医療供給体制の社会化を特徴とするものであった。しかし，その後，患者負担の創設等，いくつかの制度改革を経て，1970年代のイギリス経済の停滞による深刻な税収不足が，NHSの大改革を後押しすることとなり，1979年に登場したサッチャー政権によって，NHSの「効率化」が進められることになった。さらに，1990年ノーマライゼーションと福祉多元主義の流れに基づき，「国民保健サービス及びコミュニティケア法」が成立し，コミュニティケアと称される在宅福祉および保健医療サービスの提供に市場原理が導入された。これにより，ケアマネジメントの実施，サービス提供主体の多元化等が促進，サービス購入者と提供者が明確に区分され，費用対効果が重視されるようにもなった。また，医療ニーズ把握の迅速化から権限・責任の地方への委譲が実施されるなど，1997年のブレア政権以降，市場原理の緩和とと

もに，医療供給者間における競争関係を協力関係へ転換する改革が進められている。

(君島昌志)

国立身体障害者リハビリテーションセンター〔national rehabilitation center for physically disabled〕 1979年に身体障害センター，聴力言語障害センター，東京視力障害センターの3施設を統合し，医療から職業訓練に至る一貫した体系の下にリハビリテーションを実施し，身体障害者福祉の増進を図るために設置された。現在は障害者基本法，新障害者プランに盛られた理念を実現するために，幅広いリハビリテーションサービスの提供，研究開発，職員の養成・研修，情報の収集・提供などのできる総合的センターとしての役割を果たしている。

(丹野きみ子)

国立精神・神経センター精神保健研究所〔National Institute of Mental Health National Center of Neurology and Psychiatry〕 1952年1月千葉県市川市にアメリカ合衆国精神保健研究所 (National Institutes of Mental Health : NIMH) をモデルに設立された精神保健に関する国立の研究所。厚生労働省の付属機関として位置し，精神保健に関する諸問題について，学際的な立場から精神医学，心理学，社会学，社会福祉学，保健学などの専門家により総合的・包括的な研究を行っている。また，国，地方公共団体，病院などにおいて精神保健福祉業務に従事している者に対して研修を行い，資質の向上を図っている。1986年に組織改正され，翌年に2病院，2研究所の4施設が発展的に改組して国立精神・神経センターが新設され，ナショナルセンターの一研究部門として精神保健に関する研究・研修を担い，組織は10部23研究室で構成されている。1963年より，当研究所において先駆的に精神科デイケアを試行したことは有名である。　→NIMH

(荒田寛)

国立療養所委託病床　国立療養所は厚生労働省設置法に基づく施設等機関の一つ。長期療養を必要とする結核，ハンセン病，精神障害，脊髄損傷等を対象とした医療の提供を行い，併せて医療の向上に寄与することを目的とする。結核患者の減少を背景に病床の利用転換が進められ，1966年に重症心身障害児（者），1967年に進行性筋萎縮症児の委託病床が設けられた。1969年には進行性筋萎縮症者療養等給付事業として，18歳以上の利用が可能になった。なお2004年4月より，国立病院および国立療養所（国立ハンセン病療養所を除く）は，厚生労働省から国立病院機構に移管された。(淺沼太郎)

国連・障害者の十年〔the United Nation's Decade for Disabled persons〕 国際障害者年以降の障害者対策として，各国における「障害者に対する世界行動計画」に準じた「長期行動計画」の策定，実施を推進することを目的に1982年の国連総会で採択されたもの。1983年から1992年の10年間を期間とした。期間後も1992年の国連アジア太平洋経済社会委員会 (United Nations Economic and Social Commission for Asia and the Pacific : ESCAP)「アジア太平洋障害者の十年」の採択や同年の国連総会における「障害者の完全参加に向けて：世界行動計画の継続」の決議など，同計画の継続的な推進が国際的に求められた。　→国際障害者年

(鈴木孝典)

心のケア　心のケアとは一般向けに用いやすい表現であるが，その内容は精神医療上の問題を早期に発見し，あるいは未然に防ぐための非常に専門性の高い活動である。この表現が専門論文のタイトルに現れるのは1995年に起こった阪神・淡路大震災の頃からであるが，日頃精神医療になじみのない住民にケアや支援を受けるように促す上では確かに用いやすい表現である。その反面，ともすればケアを与える側の職業的な責任があいまいとなりやすいという欠点がある。災害や事故，犯罪の後で心のケアの叫ばれる昨今であるが，なかなかその内実が伝わらず，ごく常識的な親切や優しさと何が違うのか理解されないことも多い。その結果，精神医療の経験のない者が自己流の心のケアに走ることもある。他方で，本当に苦痛を感じている者にとっては，どのような口当たりのよい言葉を使われようと，自分を異常だと言っているのか

という反発の出ることは避けられない。この言葉は今後とも使われると思うが、こうした点を十分に考慮すべきである。心のケアという表現の意味は、広く精神心理的な苦痛の緩和である。そのなかには疾患の治療だけではなく、精神と生活のサポートも含まれる。より専門的にはメンタルヘルスとほとんど同義である。心のケアという用語が最もよく用いられるのは、精神健康の不調が予想される状況で、かつ当事者にその自覚と受診意欲があまり期待できないにもかかわらず本人のために治療支援を勧めようとする場合である。具体的には、災害、事故、犯罪後の当事者に対して用いられることが多い。日本での先行研究から、数％の犠牲者の出た集団では体験1年後にほぼ20％が完全もしくは不完全型のPTSDになることがわかっている。心のケアを行うために、必ずしも当事者と面談をしてその心の内容を聞く必要はない。心の状態に配慮して、生活支援などの現実的な援助を行うことも、重要な活動の一つである。また体験直後に、その内容を積極的に聞きだすことは、よほどケアの経験があって、かつ本人と今後長期的な関係が結べる場合以外は行わない方がよい。そのときには互いに満足をしても、長期的な予後を悪化させるという研究が多く出ている。必要なことは、「あなたの心の状態はケアが必要であり、そのことを気遣っている者が周囲にいる」という安心感を与えることである。「治療的なネット」でくるむような、あるいは「治療的なつながり」をつくるような発想が必要である。相手の状態に応じて次のような区別を意識することが実際的である。①健康な部分を強化する（教育・情報提供、生活や仕事の応援など：集団で行う）、②若干の症状をもつが社会適応が可能な者に対して、支援する（心理の専門家による数回以内の電話相談、職場や学校での相談など：個別の対応が基本）、③症状が悪化しつつある者、社会生活が困難な者に対して治療を行う（医師による診察、投薬、専門家による継続的なカウンセリングなど）。　　　（金吉晴）

こころのケアセンター〔Disaster Victim Assistance Program：DVAP〕　1995年1月の阪神・淡路大震災に対する中長期的な復興対策の一つとして、同大震災復興基金を基にして同年6月1日に設立された。運営は民間団体の兵庫県精神保健協会に委託され、精神科医師・臨床心理士・精神科ソーシャルワーカー・保健師・看護師などのスタッフが、「こころのケアセンター本部」と、被災地の保健所単位に設置された15か所の「地域こころのケアセンター」に配置された。主な活動は被災者の個別相談、復興住宅等への訪問、イベント等のグループワーク、啓発教育活動、アルコール問題対策、県外被災者の支援、援助者へのケアやコンサルテーション、PTSD等の調査研究、被災した精神障害者の支援と受け皿づくりであった。設立当初から5年間の時限活動期間が定められていたため、2000年3月31日をもって廃止されたが、その活動は、災害時のみならず、日常的な事故や事件に対するメンタルケアに対応する常時待機的実施機関の必要性を広く社会に示唆した先駆的な活動としても注目されている。　→外傷後ストレス障害、トラウマ　　（宮本浩司）

心の健康　個人が精神障害の状態にないだけでなく、社会のなかでよい適応の状態（単に環境に順応できるという意味ではなく、環境を選択し、ときにはこれに働きかけて積極的によりよい環境につくりかえていくことのできること）にあることを、心が健康であるという。「心の病」とは、個人が精神障害の状態にあること、もしくは社会のなかでよい適応の状態にないことをいい、通常の精神障害の概念よりも広い、あいまいさを含む概念である。「心の病」は「精神障害」や「精神病」に比べて重症感が少なく、身近な人に使いやすい言葉とされるが、精神障害者本人からは「自分たちは脳の障害であっても、心は健康である」と、「心の病」という言葉を安易に使うことを批判する意見もある。心の健康づくりには、個人の努力だけでなく社会全体の取り組みが必要であって、行政的にはヘルスプロモーションの考え方を導入した「心の健康づくり対策」が進められている。心の健康の問題は、睡眠障害、ひきこもり、犯罪被害者や災害時の心のケア、自殺予防、虐待、家庭内暴

力など多様であり，心の健康づくりは「生きることを支える」取り組みとして，国民的課題となっている。　　　　　　　　　　（竹島正）

心の健康づくり推進事業　1980年代，WHOが中心となり，健康を予防概念から保持増進概念に変革した。ヘルスプロモーション（健康づくり）という概念がそれである。それを心の健康に移入したもので，厚生労働省精神保健福祉課は市町村・保健所レベルで展開する事業として事業化している。　　　　　　（丸山晋）

心のバリアフリー　バリアフリーという概念は当初建築の分野でいわれだした。つまり障害者にとって物理的な段差や隔壁をなくすという理念であった。それがさらに精神障害者などに対する生活のしづらさの除去や差別の排除にも及び「心のバリアフリー」といわれるようになった。1995年の「障害者プラン」の重要なスローガンの一つとなり，2004年3月には，厚生労働省から，心の健康問題の正しい理解のための普及啓発検討会の結果を取りまとめた「心の健康問題の正しい理解のための普及啓発検討会報告書」および国民向け指針「こころのバリアフリー宣言～精神疾患を正しく理解し，新しい一歩を踏み出すための指針～」が公表された。　→バリア／バリアフリー　　　　　　（丸山晋）

個人化〔individualization〕　「個性化」と呼ばれることもある。個人が，その人がもつ固有性を自覚し，発達させ，自己実現していき，「自分自身」になることや，その過程を指す。あるいは，個性を発揮し，自分の人生を自分で形づくりたいという志向性の増大という現象を指すこともある。いずれにしても，これらは個人の意識のレベルにおける個人化であるが，近年では，別の意味で用いられることもある。すなわち，個人が自分の人生を自分で形づくっていかなくてはならない場面が増大していること，換言すれば，社会の制度のレベルにおいて，家族や企業や階級といった集団や集合体を制度形成の基礎単位とするのではなく個人を単位とする方向へ変わりつつある事象を指すこともある。　　　　　　　　　　（伊藤美登里）

子育て支援　「子育て支援」という用語は1989年頃から使われ出した言葉で，「1.57ショック」とそれに伴う少子化対策の施策動向のなかで多用されてきた言葉である。従来の子どもを支援の対象とする考え方から，主に乳幼児の保護者を支援の対象とする考え方への転換を意味する。この言葉を冠した用語は多く，保護者たちによる当事者グループとしては「子育てサークル」や「子育てクラブ」，こうした子育てサークルなどの当事者によるネットワーク組織を「子育てネットワーク」，子育てに関わる各種機関・団体のネットワークを「子育て支援ネットワーク」，子育て中の保護者のたまり場としての「子育てサロン」「子育てひろば」などがある。→育児支援　　　　　　　　　（西郷泰之）

ゴダート〔Goddard, H. H.：1866-1950〕　遺伝心理学者。知的障害者や犯罪者の家系的研究をした。カリカック家の家系研究で有名になった。カリカック家とはある特殊な家族の仮名である。一人の男が二人の女性に生ませた子の子孫で，片方の上流階級の健常な女性の系列は数百人で，多くがよい市民となった。他方の知的障害の女性の子孫は，数百人で多くが知能が劣り，変質者や犯罪者となったと報告している。　　　　　　　　　　（宮崎忠男）

国会　日本国の立法機関を指す憲法上の呼称（日本国憲法第41条）。衆議院と参議院で構成され，両議院は，全国民を代表する選挙された議員から構成されている。国権の最高機関であるとされるが，国民主権原理および権力分立制との関係で，この文言は，どの機関に属するのか不明な権限は国会に帰属するものと推定されるという意味にすぎないとの理解が多数である。また，唯一の立法機関であるとされるが，それは，国会によって立法権が独占されている（他の機関による立法が認められない）ことおよび他の機関の関与なしに国会の議決のみで法律が成立することを意味する。　　（相川裕）

骨格〔skeleton〕　体を構成する骨組みのこと。人体には約200個の骨があり，それらが組み合わさって人の骨格を形づくる。骨はその形状により分類される。長骨に分類されるものは大腿骨・上腕骨・橈骨・尺骨・脛骨などである。

短骨には手首や足首を形成する骨が含まれる。扁平骨に分類されるのは、頭蓋骨・胸骨・肩甲骨などである。骨と骨は関節を介して連結し、関節を動かす筋肉（骨格筋）は関節をまたいでそれぞれの骨に付着する。　　　（松永智美）

骨格筋〔skeletal muscle〕　一つまたは二つの関節をのりこえて存在し、その両端の骨に結合しており、関節を動かす、または固定する（姿勢の保持）ことで運動器としての働きをする筋肉。筋肉が骨に結合する部分は腱もしくは腱膜と呼ばれる強固な結合組織線維束でできている。一般に起始と呼ばれる近位側（体の中心に近いほう）の骨への付着部に始まり関節をのりこえて停止という遠位側（体の中心から遠いほう）の骨への付着部に結合して終わる。
（松永智美）

国家公務員共済組合　国家公務員の相互救済を目的とした共済組合で、国家公務員共済組合法によって規定される公法人である。原則的に各省庁ごとに一つの組合が設けられ、主に年金給付などの長期給付と、医療給付や災害給付などの短期給付および福祉事業を行う。1985年より旧3公社の日本鉄道（JR）、日本たばこ産業（JT）、日本電信電話（NTT）の各共済組合も含まれていたが、民営化に伴い1997年4月に厚生年金制度に統合された。　→共済年金
（李蓮花）

国家責任の原理　生活保護の基本原理のうちの一つ。生活保護法第1条に掲げられている。この条文には、日本国憲法第25条に基づき、保護は国家の直接責任において行われることが規定されている。国の責任で行うという原則であるが、実際の事務は国の直轄事務ではなく、最低生活保障にかかわる部分は国からの法定受託事務として、相談援助部門は自治事務として、地方公共団体が担っている。　→生活保護の基本原理
（山本文枝）

国家賠償請求権　公務員の不法行為によって損害を受けた者が国または公共団体に対して有する損害賠償請求権（日本国憲法第17条）。国の活動領域が拡大すれば市民に損害を与える機会も必然的に増大するが、明治憲法下では権力的行政作用につき一貫して国の責任が否定され、公務員個人の民事責任も、職務行為として行われたものである限り一般に否定されていた。これに対し現行憲法は、権力的作用か否かを区別せずにすべての場合に国の不法行為責任を一般的に認めた。憲法の規定を受けて定められた国家賠償法は、直接には公務員の権力的作用の場合と非権力的作用のうち営造物の設置管理の瑕疵に基づく場合のみを定め、それ以外の場合は民法の定めによることとした。（相川裕）

国庫負担　特定の事業に対し、その事業費や事務費の一部または全部について国が負担する一般会計からの支出をいう。社会保障財源に占める国庫負担の割合は低下傾向にあるが、2001年では23.0％を占めている。公的年金制度においては、基礎年金の給付に要する費用の1/3、事務費の全額（一部共済組合を除く）などが国庫負担となっている。医療保険制度においては、市町村を保険者とする国民健康保険の給付費等の50％、政府管掌健康保険の給付費の13％などが国庫負担となっているが、組合管掌健康保険および各共済組合の給付費については国庫負担はない。また、各制度の事務費の全額（一部共済組合を除く）が国庫負担となっている。
（松本由美）

骨髄　骨の中心部に存在し、ここで赤血球・白血球・血小板がつくられる。出生時にはほぼ全身の骨髄で営まれた造血機能も加齢とともに脊椎骨・胸骨・肋骨などに限局されるが、白血病などの血液疾患ではこの部分に針を刺し、その一部を採取し骨髄機能などを調べる（骨髄穿刺）。骨髄に間葉系幹細胞があり、骨、筋肉、神経など分化することが実験的にわかり、胚杯幹細胞につぐ「第二の万能細胞」として再生医療の分野で注目を集めている。　（上林茂暢）

骨髄移植　不足または欠損する造血幹細胞を補充する治療で、重症再生不良性貧血、骨髄性白血病、先天性免疫不全症などが対象となる。あらかじめ自分の骨髄細胞を採取保存しておき用いる自家移植を別にすれば、患者と一致するHLA型のドナー（同胞や他人）が必要である。ひろく非血縁者のドナーを募り、HLA型を登

録してもらい，適合するドナーと患者・医療機関を結びつける公的骨髄バンク事業が日本赤十字社の協力で発足した骨髄移植推進財団により始められた。1993年1月第1例の移植が行われた。　　　　　　　　　　　　　　（上林茂暢）

骨粗鬆症　全身性で進行性の骨密度の減少により，骨格が脆弱化し骨折の危険が高まる疾患。閉経後の女性では女性ホルモンのエストロゲンの減少のために，また70歳以上の高齢者(この場合も女性が多い)ではカルシウム欠乏やビタミンD合成の減少などのために起こりやすい。よくみられる症状は脊椎圧迫骨折による腰背痛・姿勢の悪化・身長低下，大腿骨頸部骨折による活動性低下・寝たきり化，橈骨遠位端などの脆弱性骨折である。　　　　　（金杉和夫）

古典的条件づけ　⇨レスポンデント条件づけ

言葉のサラダ〔word salad〕　統合失調症(精神分裂病)に特徴的な思考過程の障害の一つ。思考過程の障害が進行すると，思考の統合機能が失われ，言葉の意味を強引に歪曲して解釈し，奇矯な言葉遣いを多用し，支離滅裂な言葉の形骸ばかりで表現するようになる。文章で表現しようと意図しているものの，文脈が飛躍・拡散して，不明となる。言葉の意味も互いに連絡を失って，ただ羅列されるだけの「言葉のサラダ」と呼ばれる現象が生じる。　→思路障害
　　　　　　　　　　　　　　　（阿瀬川孝治）

子どもの権利条約　⇨児童の権利に関する条約

子供民生委員制度　戦後，徳島県で始まった取り組みで，福祉教育実践の源流の一つとされている。平岡国市は「戦争のあるかぎり人類の平和も子どもたちの幸福も守ることはできない。子どもと平和を結びつけた運動こそ最も大切なことだ」と考え，子供民生委員制度を創案した。子供民生委員は，地域のボランティア活動を積極的に進めただけでなく，遊び場づくりなどまちづくりにも発展した。しかしその後，地域社会の崩壊などによって活動は衰退していった。　　　　　　　　　　　　（原田正樹）

コノプカ〔Konopka, Gisela：1910-2003〕　グループワーク研究者の一人。ベルリン生まれで，ナチ迫害から逃れてアメリカに亡命。ミネソタ大学教授を務める。その他の大学でグループワークを教える。1994年に，NASWより永年貢献賞を受賞。意図的なグループ経験を通じて，個々の社会的に機能する力を高め，さまざまな問題に効果的に対処できるよう専門的な援助をグループワークととらえた。主著に，『Social Group Work：A Helping Process』(1963)があるが，わが国では『ソーシャル・グループワーク』(1967)として翻訳されている。　→グループワーク　　　　　　　　　　　（住友雄資）

コノリー〔Conolly, John：1794-1866〕　1828年にフランスのピネル(Pinel, P.)の無拘束システムをミドルセックス病院に導入し，イギリスで精神病者の開放的処遇を行った最初の人。人道的な医師として知られる。『The Treatment of the Insane without Mechanical Restraints(無拘束による治療)』(1856)という著書があり，拘束具を廃止するところがヨーロッパ各地に広まった。　　　　　（丸山晋）

コフカ〔Koffka, Kurt：1886-1941〕　ベルリンで生まれ，アメリカのマサチューセッツにて死去。発達，実験心理学者。哲学的，理論的，一般の各心理学。ウェルトハイマー(Wertheimer, M.)，ケーラー(Köhler, W.)たちと共に，ゲシュタルト心理学を提唱した一人。1909年ベルリン大学にて，学位を取得。ギーゼン大学などを経て，スミスカレッジの教授を務めた(1932-1941)。思考・学習・知覚などの研究もある。主たる著書には『Principles of gestalt psychology(ゲシュタルト心理学の原理)』(1935)がある。　→ゲシュタルト心理学　　　　　（宮崎忠男）

ゴフマン〔Goffman, Erving：1922-1982〕　アメリカの社会学者。1953年シカゴ大学より博士号(社会学)を得た後，カリフォルニア大学バークリー校社会学部等で教鞭をとる。ゲームや雑談などの日常的な相互行為の場面を，自己を演技者とし他者を観客である「演劇」と見なすアプローチを展開した。人々がその場面において期待される役割を演じまた意図的に役割から距離を置くことによって印象操作を試み，さらに他者の印象操作を見抜こうとしている様子

を細かく描写した。主要な著作として精神科病院での患者と職員との間の相互行為を分析した『Asylums（アサイラム）』(1961)などがある。
（麦倉泰子）

個別援助技術　⇨ケースワーク

個別化　ソーシャルワークの基本原則の一つ。代表的なものとして，バイステック(Biestek, F. P.)の7原則の理論がある。人間は各々，個人として独自の性格や考え方をもち，育った環境や歴史も違う。それぞれが固有の人格をもった存在である。その個人が抱える社会的・経済的・心理的問題は当然個々に相違する。ワーカーが対象者に対してソーシャルワークを行うとき，このことを基本におき，相手の立場に立って理解し，支援していくことが必要である。ややもすると対象者が似たような環境だったり，共通した特徴があったりすると経験主義に陥ってしまい，この「個別化」を忘れてしまうことがある。人間の尊厳と権利を守っていくソーシャルワーク実践の出発点である。　→バイステックの7原則
（梶元紗代）

個別スーパービジョン　スーパーバイザーとスーパーバイジーによる1対1の個別のスーパービジョンであり，グループ・スーパービジョンとともに主要なスーパービジョンの一形態である。個人スーパービジョンともいう。担当するケースに合わせて定期的に長期にわたってなされるものから，必要なときに不定期に行われるものまで含まれる。個別スーパービジョンの機能としては，ワーカーの自己覚知・援助技術の獲得・社会資源の活用などの教育的機能，属する機関の組織のなかでワーカーとして適切に役割を遂行できるように援助する管理的機能，ワーカーが抱えている問題やストレスを精神的に支持する援助的機能などがある。個別スーパービジョンは，ワーカーの個人的で微妙な問題まで対応できるという利点がある。またライブ・スーパービジョン（スーパーバイザーとスーパーバイジーが一緒にケースに関わる）は，個別スーパービジョンでは実施が可能である。わが国の場合，スーパーバイザーの教育訓練，制度などの不備のため，スーパービジョンが十分に活用されているとはいいがたい。　→スーパービジョン，グループ・スーパービジョン
（久保紘章）

コミュニケーション〔communication〕　伝え手が自分の意思を，言葉などのメディアを通じて受け手に送り，共有し合う過程をいう。共通の情報をもったり，共通の認識が得られたときには，お互いに相手を理解したことになり，コミュニケーションが完全に成立する。しかし，通常，完全なコミュニケーションが成立することは稀である。意思を伝えるために言葉を使う言語的コミュニケーション以外に，表情や身振りを使ったり，絵を描いて意思を伝える非言語的コミュニケーションもしばしば行われる。話すこと自体を楽しむ場合は充足的または自己完結的コミュニケーションと呼び，何らかの問題を解決するために話し合うことを道具的コミュニケーションと呼ぶ。人間のコミュニケーションは，きわめて主観的な過程であって，しばしば互いに「わかったつもり」になることがあり，その結果，理解の食い違い（ディスコミュニケーション）が生じる。場合によっては，理解することなく相手の結論に同意することさえもある。「わかったつもり」を越えて，コミュニケーションを成り立たせるには，理解のズレに気づかなければならない。その点で，問い返しの技術はきわめて重要である。なお，ある時期の子どもは伝達意図をもたない言葉を話すことがあるし，大人でも何か独り言をいうことがある。これらは，自分に向かってのコミュニケーションである。
（足立自朗）

コミュニティ／アソシエーション〔community/association〕　一般に地域社会と訳されるが，あえてコミュニティという言葉が用いられる場合には，地域社会それ自体を意味するよりも，住民相互の連帯や地域への帰属意識が強調される場合が多い。マッキーバー(MacIver, R. M.)は，一定の地理的範囲の内部で営まれている共属感情に基づいた人々の結びつきであるコミュニティと，共通の利害関心を追求するための人々の結びつきであるアソシエーションとを区別しており，コミュニティの内部に複数の

アソシエーションが存在し、アソシエーションの分化と拡大が進むことによってより大きなコミュニティが形成され得るとする。精神保健福祉の領域においては、コミュニティワークにみられるように、クライエントを取り巻く環境としてコミュニティをとらえていく必要がある。環境との間の調和が保てなくなっているクライエントの場合、クライエントに直接働きかけて環境に適応させていくだけでなく、クライエントが所属するコミュニティにも働きかけ、クライエントとの関係を調整したり改善したりすることもまた必要だからである。住民相互の連帯のなかにクライエントが組みこまれ、コミュニティの一員となることができれば、クライエントの生活はより安定したものへと近づくであろう。そのために精神保健福祉士が果たすことのできる役割は大きい。　→地域社会、マッキーバー、コミュニティワーク　　　　　（熊本博之）

コミュニティ・オーガニゼーション〔community organization：CO〕　社会福祉援助技術（ソーシャルワーク）の一つであり、アメリカで理論化された実践方法である。慈善組織協会やセツルメント運動などの実践を土台に、1912年の全米慈善・矯正会議で初めて用いられた用語であるが、その理論化は1929年の世界大恐慌以降に発展した。1939年のレイン委員会報告による「ニーズ・資源調整」では、救済事業の組織化に限定されていたコミュニティ・オーガニゼーション理論を地域社会のニーズの発見と資源との結合、ニーズを充足するための資源の調整に拡げた。1947年のニューステッター（Newstetter, W. I.）の「インターグループワーク」では、ある特定の社会的目標の達成に関していくつかの集団間の関係を調整することがインターグループワーク過程の包括的目的であるとして、各種団体相互の意志決定システムや連絡調整を重視した。1955年のロス（Ross, M.）による「統合」ないし「地域組織化」では、地域社会が自らその必要性と目標を発見し、住民相互が団結協力して実行する態度を養い育てる過程とした。1968年のロスマン（Rothman, J.）の「三つのモデル」では、実践領域から小地域開発、社会計画、ソーシャルアクションに分類した。このように、コミュニティ・オーガニゼーション理論は発展してくるが、わが国での導入は戦後の社会福祉協議会からであり、地域組織化や住民の主体形成を援助する技術として広められた。アメリカではその後も、コミュニティ・オーガニゼーション理論は発展しさまざまな実践モデルが開発されているが、わが国では、その呼称もコミュニティワークに統合されつつある。　→レイン委員会報告、ロスマン
（田中英樹）

コミュニティケア〔community care〕　イギリスを発祥地とするコミュニティケアの発想と実践は1920年代からあるが、政策的には1950年代に始まった精神障害者や知的障害者分野での施設収容型ケアへの批判が起源である。1957年の「精神病者および精神薄弱者に関する王立委員会勧告」は病院・施設ケアからコミュニティケアへの転換を提言した。その後1959年の「精神衛生法」にコミュニティケアの理念が明記されるが、その背景には薬物療法の開発やノーマライゼーション思想の影響がある。1963年には「コミュニティケア開発計画」が示され、1968年の「シーボーム報告」により、コミュニティケアは初期の人権的視点よりも、サービスの供給システムの問題やマンパワー対策、インフォーマルケアの重視と結びつけて議論されるようになってきた。1970年代には、各種の在宅福祉サービスの量的拡大が図られ、コミュニティケアは各分野で発展していくが、1988年には「グリフィス報告」が出され、地方自治体やインフォーマルセクターがより重視され、1990年の「国民保健サービス及びコミュニティケア法」の成立により、コミュニティケアは自治体レベルでの広範なサービス供給システムを包括した実態概念として理解されるようになってきた。しかし、本来のコミュニティケアには諸説があり、国家に対する地域社会の固有性や地域社会での統合された援助、個人の尊厳という人権とも結びついた概念である。わが国では、1969年の東京都社会福祉審議会答申で「東京都におけるコミュニティケアの進展について」が示され、

1971年の中央社会福祉審議会答申「コミュニティ形成と社会福祉」を経て，議論が本格化しているが，必ずしも一致していない。　→シーボーム報告，グリフィス報告，国民保健サービス及びコミュニティケア法　　　　　（田中英樹）

コミュニティ・ディベロップメント〔community development〕　地域共同社会開発と訳されるが，その起源は1942年イギリスが植民地諸国の独立を援助する目的で始めた方法である。その後，発展途上国だけでなく国内の貧困地域開発や都市を含め広く地域の再生，復興などに広がり，国連や国際社会事業の地域開発活動として注目されるようになる。目的は生活者優先の地域生活問題の組織的解決にあり，コミュニティ・オーガニゼーションの手法を用い，地域社会と住民の参加を促し，尊重した援助を重視する。　→コミュニティ・オーガニゼーション
（田中英樹）

コミュニティ・ベイスド・リハビリテーション〔community-based rehabilitation：CBR〕1981年にWHOが初めて定義し，1994年にILO, UNESCO, WHOが合同で「CBRは障害者自身，家族，地域社会の共同の運動，そして適切な保健，教育，職業，社会サービスによって実施される」と定義した。これは障害者がサービスの受け手だけではなく，サービスを創り出し，変革していくことに意義がある。　→リハビリテーション　　　　　（坂本智代枝）

コミュニティワーク〔community work〕　イギリスで1960年代後半以降,確立してきたソーシャルワークの方法論で，地域援助技術と訳される。イギリスにおけるコミュニティワーク概念は，特に1970年代からコミュニティ・ディベロップメントを含むものとして理解され，土地の改良や住宅の開発，地域教育の振興までさまざまな地域展開で用いられている。社会福祉分野でもコミュニティケアの流れやシーボーム委員会報告（1968年）の影響などもあって，地域の福祉問題を解決するソーシャルワーク実践が重視されるようになり，それらもコミュニティワークと一般的に呼ばれている。社会福祉の方法論としてのコミュニティワークは，アメリカではケースワーク，グループワークなど直接援助技術に対応した間接援助技術の重要な一分野であるコミュニティ・オーガニゼーションとして位置づけられているが，イギリスではコミュニティ自体をクライエントと見なし，その援助技術を表現している。したがって，両者は厳密に区別される概念（個人としてのクライエントの環境である地域に働きかける援助技術か，地域総体をクライエントとした地域福祉の援助技術か）ではあるが，わが国では1987年の社会福祉士及び介護福祉士法制定以降，両者の統合的理解に立ってカリキュラム体系に地域援助技術として使用され今日に至っている。なお，コミュニティワークの主な原則には，①個別化の原則，②地域化の原則，③住民参加の原則，④プロセス重視の原則,⑤計画化の原則などがある。→援助技術，間接援助技術　　　（田中英樹）

コメディカル〔comedical〕　医師や歯科医師を除く医療分野の専門的技術職員を総称してコメディカルスタッフというが，その略称。以前，パラメディカルスタッフあるいは医療補助職員と呼ばれていた人たちのことである。英語のParaが表す「補助」よりも，英語のCoが意味する「共同」の方が，最近の医療職員の関係を表すのにふさわしいとの判断によると思われる。主なコメディカルとしては，臨床検査技師，作業療法士，理学療法士，臨床心理士，言語聴覚士，救急救命士，看護師，精神保健福祉士等がいる。医療機関のなかでは，メディカルスタッフである医師が,「指示」を出す場面が多いが，メディカルサービスとソーシャルサービスの連携が重視される最近の現場においては，多様な職種が協力するチームワークが重視されている。各職種がそれぞれ自立した職種として，その専門性を生かして，助言し，相談協議し，ときには指導するなど，柔軟な関係を維持しつつ業務を行うことで，治療効果を上げることが期待されている。　→チームワーク　　（松永宏子）

雇用継続給付　雇用保険中の所得保障の一種である。1994年の改正により設けられた。従来の雇用保険制度が被保険者の失業を保険事故として設定したのに対して，職業生活の円滑な継

続を支援・促進するため，雇用の継続が困難となる一定の状態（高齢者や育児休業あるいは介護休業を取得したこと）を保険事故とした点に特色がある。これにより，失業給付は失業等給付となった。この改正の際に高年齢雇用継続給付および育児休業給付が設けられ，1998年の改正により介護休業給付が新設された。

(辻村昌昭)

雇用者〔employer〕 近代的な経済システムでは大規模組織による生産が行われるが，株主が投資した資本等を用いて運営される企業組織は一般的に，株主（投資家）の利害を代弁する立場にある経営陣（人事を管理する役割も含む）が経営義務を負っている。経営陣は人事管理の一環として組織のために働く人々（被雇用者）を雇い上げ，必要な訓練を施し，また解雇する権限と義務を有している。人事管理の側面から，被雇用者に対して経営陣を雇用者と呼ぶ。→一般雇用

(和田修一)

雇用保険〔unemployment insurance〕 雇用保険は雇用保険法に基づき，被保険者である労働者が失業，または雇用継続が困難となった場合に，失業等給付により，求職中の生活保障および再就職の援助を行う政府管掌（厚生労働省）の保険制度である。同保険では，労働者を雇用する事業所は原則として適用事業所となり，その雇用労働者は原則として，被保険者である。被保険者には，65歳以降引き続き同一事業主に雇用される者，季節労働者，日雇労働者，一般被保険者などの区分があり，一般被保険者はさらに，短時間労働被保険者とそれ以外に分けられる。雇用保険は被保険者，事業主の負担および国庫負担により賄われる。雇用保険の中核的事業である失業等給付には，失業した一般被保険者に対する失業給付，60歳から65歳までの高年齢者や育児・介護により休業中の労働者の雇用継続を目的として支給される雇用継続給付等がある。なお，窓口は公共職業安定所である。→雇用保険制度

(舘暁夫)

雇用保険三事業 雇用保険制度は，失業等給付の事業のほかに，失業の予防，雇用状態の是正および雇用機会の増大，労働者の能力の開発向上，職業生活上の環境の整備改善，その他労働者の福祉の増進を図ることをもその目的としている。このための事業として，雇用安定事業，能力開発事業および雇用福祉事業が行われている（雇用保険法第3条）。さらに，2003年には，不良債権処理就業に関わる助成金の支給要件の拡充がなされた。これら三事業の財源は，事業主の負担する保険料で賄われている。これらの事業は，事業主に対する給付金制度（多様な助成金，奨励金等からなる）があるところに特色がある。雇用安定事業（同法第62条）の代表例として，雇用調整助成金の制度（同法施行規則第102条の3）がある。能力開発事業（同法第63条）は被保険者の職業能力開発向上促進のための援助事業であり，代表的なものとしてキャリア形成促進助成金（同法施行規則第125条の3），雇用福祉事業（同法第64条）は職業生活上の環境改善や就職援助等を目的とする。代表例は，小規模事業被保険者福祉施設（同法施行規則第140条）がある。

(辻村昌昭)

雇用保険制度 雇用保険制度は，1974年に制定された雇用保険法により，それまでの失業保険制度（1947年失業保険法制定）にとって代わられた。失業保険制度は，失業者の生活保障を目的とするものであり，その中心は失業者の所得保障におかれていた。失業保険法は5人以上の事業所に適用され，6か月以上の被保険者期間および失業の認定を要件として，1年間の受給期間に一律180日分の失業保険金を支給する制度であった（ただし，1949年に改正されて日雇失業保険が創設された）。その後，高度経済成長に伴う労働力不足に対応して，失業対策よりも積極的な雇用政策への転換が企図され，再就職促進のための措置（広域職業紹介または職業訓練を受けた者に対する給付日数延長，就職支度金，技能就職手当等の導入）が取られた。しかし1973年秋の第一次オイルショックにより日本の雇用政策は安定成長への政策転換を迫られることとなり，1974年の雇用保険法（法律第116号）制定に至った。この決定的な制度転換のベースに，1972年の失業保険制度研究会報告があった。雇用保険では，それまで被保険者であ

った期間の長短に応じて失業保険金の所定給付日数が定められていたのを年齢に応じた給付日数へと改め，雇用改善事業などの三事業を雇用保険事業に加えた（1977年に雇用安定事業が新設されたが，これは雇用改善事業を統合，および2003年には，不良債権処理雇用支援に関する若干の奨励金等を創設して現在に至る）。現在，雇用保険制度は2本の柱よりなる。1本目は，「失業等給付」（雇用保険法第10条以下）であり，2本目は「三事業」（第62条以下）である。前者は，もともと「失業給付」と呼ばれ，「求職者給付」と「就職促進給付」とに分かれていた。しかし，1994年に失業を前提としない「雇用継続給付」として高年齢雇用継続給付および育児（その後1998年「介護」が加わる）休業給付が加わり，さらに，1998年の改正で「教育訓練給付」が新設されたため，名称も「失業等給付」と改められた。中心は，求職者給付中の「基本手当」であるが，1984年に被保険者期間と失業日数の相関関係が再導入され，さらには，2001年4月からは，一般の離職者に対する給付日数と，中高年を中心に倒産・解雇等により離職を余儀なくされた「特定受給資格者」の給付日数とに再構成が図られた。さらに，2003年4月には保険財政の危機状況を背景に，基本手当の給付率，賃金日額および基本手当日額の上限・下限，さらに所定給付日数の見直し，短時間労働被保険者とそれ以外の一般被保険者の所定給付日数の一本化や就業手当の創設等がなされた。後者の「三事業」は，雇用安定事業・能力開発事業・雇用福祉事業の三事業を意味し，雇用機会拡大や環境改善などの積極的目的のため，雇用保険の財源から事業主等に対してさまざまな助成を行う制度である。　→雇用保険三事業

(辻村昌昭)

五類感染症　従来の四類感染症に相当する感染症である。2003年10月の一部法改正により，発生動向調査において届け出による全数把握を行う疾患群と定点把握を行う疾患群に分けられた。五類感染症は，国が感染症の発生動向の調査を行い，その結果に基づいて必要な情報を一般国民や医療関係者に情報を提供し，公開していくことによって，発生・まん延を防止することを目的としている。　→感染症対策，四類感染症

(中村敬)

コルサコフ症候群〔Korsakov syndrome〕記銘力障害（健忘），見当識障害，作話の症候をもつ器質性健忘症候群。1887年に慢性アルコール中毒患者で起きることをコルサコフ(Korsakov, S. S.)が記載したことに始まる。意識障害や痴呆はなく，言動にはまとまりがあるようにみえるが，自己の異常に気づかず，無関心である。障害部位は両側乳頭体，視床背内側核，視床枕から大脳辺縁系などが想定されている。本症候群は，アルコール依存症だけでなく，重症感染症，金属中毒，代謝障害などの全身の消耗性疾患から，頭部外傷，脳血管障害，脳炎，第三脳室周辺の脳腫瘍などの脳器質性疾患によっても起こるとされている。ヴィクター(Victor, M.)は，アルコール依存症や栄養障害の急性期に起こるウェルニッケ脳症から本症候群に移行することが多いため，二者を同一の病態と考え，ウェルニッケ・コルサコフ症候群と一括した。　→アルコール依存症

(阿瀬川孝治)

コレステロール〔cholesterol〕食事から吸収された中性脂肪，肝臓や小腸で合成分泌された中性脂肪・コレステロールエステルなどの血清脂質はリポ蛋白粒子として血中に運び込まれる。これらは一連の代謝過程を経て，最終的にコレステロールの構造部分が胆汁酸，副腎皮質ホルモン，性ホルモン，細胞膜の原料のかたちで利用される。コレステロールは生体にとってこのような重要な役割をもっているが，反面その上昇（通常LDLコレステロールの上昇に基づくものが多い）は，動脈硬化性疾患の発生率が高まるため，代謝面より食事療法や運動が重視されている。食事中の脂肪酸の不飽和度やHDLコレステロールの抗動脈硬化作用も注目されている。　→高脂血症

(上杯茂暢)

コロニー〔colony〕もともと植民地や居留地を意味する英語である。それが転じて特定の政治的文化的集団や障害者の集団が共同生活を営むために小さな地域共同体を形成したものを指す。後者の例として知的障害者や精神障害者

のものがある。それはこうした人たちを偏見や差別から護るというプラス面があるが、それ自体が疎隔された世界を築いてしまうというマイナス面がないわけではない。知的障害者、精神障害者については、ベルギーのゲール（Ghel）が有名である。これはアントワープから約40km離れた半農半商の町にある。19世紀頃建設され、中心となる精神病院が一つあり、それと連携を保つ一般家庭内に院外ベッドがあるという組織になっている。1850年以降、この組織は国によって管理されている。患者の生活費用の一部は本人の家族負担になっている。療養期間は4～5年、社会復帰率は20～30％といわれる。　→ゲール　　　　　　　　　　　　（丸山晋）

今後5か年間の高齢者保健福祉施策の方向（ゴールドプラン21）　新ゴールドプランの終了、介護保険の導入などを背景に、1999年12月に策定された高齢者保健福祉施策の計画。計画期間は2000～2004年度。通称、ゴールドプラン21。①活力ある高齢者像の構築、②高齢者の尊厳の確保と自立支援、③支え合う地域社会の形成、④利用者から信頼される介護サービスの確立、の四つを基本的な目標とし、痴呆性高齢者支援対策の推進、元気高齢者づくり対策の推進など六つの具体的施策を示すとともに、痴呆性高齢者グループホーム3200か所などの数値目標を盛り込んだ。　→高齢者保健福祉推進十か年戦略（ゴールドプラン）　　（西原香保里）

今後の子育て支援のための施策の基本的方向について（エンゼルプラン）　1994年12月に当時の厚生、労働、文部、建設の四大臣の合意によって策定された国の計画で、急激な少子化に対する対策を総合的に実施するための計画である。この計画の地方自治体版として一般に地方版エンゼルプランと称される児童育成計画がある。児童育成計画は1995年の厚生省児童家庭局長通知「児童育成計画策定指針について」に基づき策定されているが、高齢や障害分野の計画と異なり法律には基づいてはいない。そのためすべての都道府県と半数を少し欠ける市区町村が策定しているにとどまっている。エンゼルプラン策定の5年後の1999年には「重点的に推進すべき少子化対策の具体的実施計画について」（新エンゼルプラン）が策定され、その5年後の2004年度中にはポストエンゼルプランとして初めて、法律に基づく子どもと家庭のための計画、つまり地域行動計画（次世代育成支援対策推進法に基づく）が策定されることになっている。　→地域行動計画，重点的に推進すべき少子化対策の具体的実施計画について（新エンゼルプラン）　　　　　　　　　　（西郷泰之）

コンサルテーション〔consultation〕　自分の担当しているクライエントに社会福祉サービスを提供するにあたって、他の専門領域の人に知識や技術について相談助言を求め協議する過程のことをいう。ソーシャルワーカーのコンサルテーション機能も、互いに自立した専門職同士の下、医療・福祉・教育・クライエントの生活に関連する分野から、広く求められている。コンサルテーションの特徴は、ケースのもつ特定の問題について、他の専門職にアドバイスを求め、互いに相談協議することであり、直接援助には関与しない間接的な働きかけである。スーパービジョンが指導監督という上下関係にあるのに対し、コンサルテーションは対等な立場での専門的相談協議関係である点に注意する必要がある。近年、幅広い医療活動や地域援助活動が展開され、多様な専門職がチームで関わる実践が増えつつあるので、コンサルテーションのもつ機能はますます重要になってきている。→スーパービジョン　　　　　　　（梶元紗代）

コンシューマー〔consumer〕　サービスや商品を消費する者をコンシューマー（消費者）、サービスを使う者をユーザーと呼ぶ。社会運動においては、人々の利益を守り、自らをサービスや商品の利用者（ユーザー：user）として位置づけ、サービスや商品の質の向上、消費市場や消費活動の内容に対する異議申し立てを行う技術の向上や訓練、効果的なサービスや商品の開発や提供を目指した運動をコンシューマリズム（消費者主義）と呼び、その運動の推進者をコンシューマーと呼ぶ。精神保健医療福祉領域におけるコンシューマーとは、精神保健医療福祉サービスを利用する者を指し、ユーザーとも呼

び，精神病や精神障害のある当事者を指す。コンシューマリズムは公民権運動や障害者の自立生活運動と相互に影響し合って発達してきた。障害者の自立生活運動において障害のある当事者は障害やリハビリテーションの体験者としての経験と知識を重視し，リハビリテーションサービスのあり方や方向性を決定する際に，必要な情報提供を得た上で選択を行う自己決定を主張している。コンシューマーの活動形態は，自らリハビリテーションの方向性を選択する自己決定，当事者の利益を守る権利擁護や代弁活動（アドボカシー），サービスのあり方や選択肢の決定に統制力をもつ当事者の力の向上（エンパワメント），セルフヘルプグループやコンシューマースタッフとしての事業運営，政策立案への参加などを行っている。　→サバイバー，当事者
(木村真理子)

コント〔Comte, Auguste Isidore Marie François Xavier：1798-1857〕　フランスの社会学者・実証主義哲学者。モンペリエ生まれ。パリ大学に学ぶ。社会学の創設者の一人。空想的社会主義者であるサン-シモン(Saint-Simon, Claude Henri de Rouvroy)の下で学び，その後，社会学(sociologie)の語を初めて用い，政治学・経済学の基礎科学として提唱した。彼の社会学は，社会の成り立ちを社会有機体説の見地から説明する社会静学，および社会の変動を生物進化と同様の観点から3段階の法則として定式化した社会動学よりなっている。主著に『Cours de philosophie positive（実証哲学講義）』(1830-1842)がある。　→社会有機体説
(杉本昌昭)

コンピテンス〔competence〕　取り巻く環境と効果的に相互交渉する能力。有能さを追求していこうとする内発的動機づけとも関連する概念。パーソンズ(Parsons, T.)は期待される能力として，アビリティ(できる，やれる能力)との違いを唱えた。クライエントのコンピテンスとは解決すべき課題に自発的に関わり，効果的に働きかける能力を指す。援助者のコンピテンスはクライエントを支えるために環境に働きかける上で有能性のある知識・技術などの専門的能力をいう。
(廣江仁)

コンプライアンス〔compliance〕　一般には，他者の指示や希望，要求，命令，忠告などに応じることや従うことをいう。医療福祉領域では，医療専門職側が示した薬物療法・活動制限・治療食などの健康に関連した指示に従って，クライエントが行動することを指す。精神保健福祉領域では，抗精神病薬の出現以来，薬の量や服用および副作用への不安から，コンプライアンスが問題視されるようになった。病気の症状や服薬，またそれに伴う副作用や生活のしづらさについて，医師が十分な説明を行い，信頼関係を築くことが，治療にとって重要である。クライエントが医師などの専門職からの説明を受け，示された内容の理解がよく，指示等がよく守られた場合を「コンプライアンスが高い」と表現する。
(花澤佳代)

コンフロンテーション〔confrontation〕　直面化と訳されることが多い。精神分析などの心理療法で用いられる介入技法の一種である。コンフロンテーションとはクライエントが話題にしていなかったり，注意を向けていない事柄のなかに重要な問題を見つけ，それを指摘しそこに目を向けさせることである。またクライエントが気づかないうちに繰り返している人との関わり方や考え方について，その共通パターンを指摘しクライエント自身のあり方への理解を促すこともコンフロンテーションにあたる。コンフロンテーションは心理療法のプロセスにおいて治療者とクライエントの間に安心できる関係が構築されて初めて功を奏するものである。
(堀田香織)

昏迷〔stupor〕　意識障害はなく外界を認識しているにもかかわらず，刺激に対して反応できなくなっている状態。意志の発動性障害に基づく病態である。統合失調症（精神分裂病）の緊張型ないし非定型精神病(緊張病性昏迷)，うつ病(うつ病性昏迷)，心因反応(ヒステリー性昏迷)などの精神疾患によって起こる。最もよくみられるのは緊張病性昏迷で，ろう人形のように身体が硬くなり，同じ姿勢で固まったり(カタレプシー，常同性姿勢)，問いかけに対してオ

ウム返ししかできなかったり（反響現象），かなり不自然な印象を与える。初診患者の場合，昏迷の診断は意外に難しい。身体診察や検査（血液，頭部CT，脳波など）を実施し，脳炎や脳血管障害，代謝・栄養・内分泌障害などの器質性疾患をきちんと除外しておく必要がある。なお，英語圏の精神医学ないし精神科以外の科で用いる昏迷は，中等度の意識障害の意味で使用されることが多いので，注意を要する。

(阿瀬川孝治)

さ

サーストン〔Thurstone, Louis Leon : 1887-1955〕シカゴに生まれ，チャペル・ヒルにて死去。アメリカの心理学者。統計的な手法を用いて，知能，態度の測定をした。方法学や因子分析で有名である。1917年シカゴ大学より学位を取得する。後にシカゴ大学の心理学教授などを経て，北カロライナ大学のサイコメトリック研究所（後にLLサーストン研究室と改名）の所長。主著に『Multiple factor analysis』（1947）がある。

(宮崎忠男)

サービス評価〔program evaluation〕社会福祉援助技術におけるサービス評価は，ケースワークやグループワークなどの処遇の評価と，これらの処遇方法とそれに要する社会資源や運営・管理の方法などを含めたサービス事業の評価がある。処遇の評価は，実践された援助の結果，どのような効果があったのか，また，効率的であったかどうかを判定する。援助の終結過程で目標達成（問題解決）がなされたかどうかを判断するとともに，そうした目標達成が処遇によるものなのかどうかを判断することになる。こうした処遇効果測定の過程は，援助活動の締めくくりとして，活動全体の有効性を評価しようとするものである。また，評価に際しては，ソーシャルワーカーの自己評価には限界があるので，スーパービジョン制度の導入実施を検討すべきであろう。サービス事業の評価は，行政や資金提供者による監査，サービス事業の外部の専門家・オンブズマン・住民などによる第三者評価，サービス事業の職員や関係者による自己点検などとして実施される。サービス事業評価の方法としては，個々のニーズが満たされ問題解決が図れたかを評価する方法，結果・効果の達成度を投入資源との対比で相対的に評価する方法，結果や効果を直接評価することが不適切な場合に中間段階でサービス実施の過程・方法を評価する方法（モニタリング），サービス実施のために用いられた物的・人的資源とそれらがサービス実施の具体的形態をとったサービス活動の量を評価する方法，などがある。サービス評価の目的は，客観的な立場でサービスの妥当性や今後の課題を評価し，必要があれば修正や再調整を行うもので，クライエントの目標達成や質の高いサービス提供のために，専門職であるソーシャルワーカーがサービスの提供を受けてどの程度問題が解決されたかをサービス利用者にフィードバックすることにある。

(花澤佳代)

災害補償 災害や被害に対する補償として，年金や手当を支給するものには，①業務上の災害に対する補償（労働者災害補償保険），②戦傷病者に対する補償（戦傷病者戦没者遺族等援護法・恩給法），③その他の被害補償としては，原子爆弾被爆者に対する手当，公害による健康被害に対する障害補償費等，医薬品副作用被害や予防接種健康被害による年金等，自動車事故被害者に対する介護料の給付などがある。

(古寺久仁子)

罪刑法定主義 近代法治国家では，人間の行為が犯罪を為した場合には，その行為には処罰が科されることが常となるが，罪刑法定主義とは，刑罰を科されるに際して，科されるべき刑罰を定めた法律がなければ，その行為を処罰することはできないとする原則としての考えのことである。この原則は，フランス人権宣言にも見いだすことができ，刑罰権の恣意的な行使から国民の自由を守ろうとすることを目的としている。具体的には日本国憲法の定める適正手続

きの保障（第31条）などがこれを保障している。また慣習法を根拠にした処罰の禁止、遡及処罰の禁止、行為者に不利な類推解釈の禁止、刑罰法規の明確化の原則なども、この原則の具体化すなわち内容となるものである。　→デュープロセス
　　　　　　　　　　　　　　（西澤利朗）

　債権　他人に対して一定の財産または労務を給付させることを目的とする権利をいう。これに対応する義務が債務である。債権は、物権等とともに財産権とされる。物権は、物の使用価値・交換価値等を支配する排他的権利であるが、債権は、他人に対して特定の行為を求めることができる権利であるという特色をもつ。このため、同一客体上の互いに衝突する物権は対抗要件の先後によって優劣が定められるが、互いに衝突する債権には優劣関係はなく、債務の履行は最終的には債務者の自由意思に委ねられる。このため、履行を受けられなかった債権者と債務者との間では、債務不履行が問題となり、損害賠償等が請求されることになる。　→物権
　　　　　　　　　　　　　　（登坂真人）

　サイコセラピー　⇨心理療法
　サイコドラマ　⇨心理劇

　財産管理権　自己または他人の財産につき、これを保全・利用・処分する権利をいう。財産管理権は、法律の規定または当事者の契約によって発生する。前者は、不在者財産管理人（民法第25条以下）、親権者（第824条）、成年および未成年後見人（第859条第1項等）等であり、後者は、委任ないし準委任（第643条以下）、任意後見契約法の任意後見人等である。財産管理権の範囲も個々的に法定され、または、当事者間の契約内容によって定まる。他人の財産についての財産管理権は、濫用されるおそれも否定することができず、裁判所の監督等が定められることが通常である。　　　（登坂真人）

　財産分与　離婚した一方当事者から相手方に対して、婚姻中に形成された財産の清算を求めることをいう（民法第768条第1項、第771条）。婚姻中に形成された財産は夫婦共同で形成したものであるから、その寄与に応じて清算させることが相当であることに基づく。また、資力に乏しい一方当事者の生活を保障する必要性、婚姻関係解消における男女平等の実現等も根拠となる。当事者の協議が調わないときは家庭裁判所が決するが、離婚のときから2年以内でなければならない（第768条第2項・第3項）。
　　　　　　　　　　　　　　（登坂真人）

　再社会化　環境の変化などによって、それまでに身につけたアイデンティティや役割、行動様式の修正・変更を余儀なくされることがある。その際、新たな学習や体験を積み重ね、その新しい社会にふさわしい存在となっていくことが求められる。この過程を再社会化という。統合失調症（精神分裂病）は多くは青年期において発症するうえ、長期にわたる療養生活を余儀なくされることが少なくない。これまで所属していた集団や小社会（家族・近隣・学校・職場・友人等）との関係が分断されがちとなり、役割・アイデンティティ喪失を招く。さらに無知・偏見に基づいて社会そのものからの排除対象となりやすい。これらを克服していく方法の一つにグループ活動が挙げられる。対人関係形成の力が弱まるとの障害特性に配慮をしつつ、グループのメンバーが相互作用を通じて「人間らしさ」を取り戻し、そこでの役割を見いだしていく。こうして個人の成長と望ましい社会的な諸目標の達成を目指すのである。　　（今井博康）

　再就職手当　受給資格者が安定した職業に就いた場合に、公共職業安定所長が厚生労働省令で定める基準に従って、必要があると認めるときに、支給される（雇用保険法第56条の2第1項第1号ロ、雇用保険法施行規則第82条の2）。基本手当の所定給付日数を全部使いきるまで就職を控えるといった行動を抑止することが目的である。基準は、所定給付数を1／3以上でかつ45日分以上残しているものが（法第56条の2第2項)、①1年を超えて引き続き雇用されることが確実な職業に就いたこと、②離職前の事業主に再び雇用されたものでないこと、③待期期間が経過した後職業に就いた場合に（②③は、同施行規則第82条第2項）支給される。支給額は、基本手当日額に支給残日数に相当する日数に3／10を乗じた額である（同法第56条の2第

3項二号)。従来の1/3に比べて若干引き下げられた。　→広域求職活動費　　　（辻村昌昭）

在職老齢年金　60歳以上65歳未満の在職者は，賃金と特別支給の老齢厚生年金からの給付を同時に得ることとなるため，就労意欲を阻害しない仕組みで賃金に応じた年金額の調整（全部または一部支給停止）がなされている。このような仕組みで在職者に給付される老齢厚生年金を在職老齢年金という。なお，2000年改正により，2002年度からは65歳以上70歳未満の在職者に対しても在職老齢年金制度が導入されているが，老齢厚生年金の調整はより緩やかである。　→老齢厚生年金　　　　　（松本由美）

財政安定化基金　介護保険において，第1号被保険者の保険料の未納・滞納や給付費が予想よりも増大したことなどにより財源不足が生ずる市町村に対し，給付に必要な資金の一部補塡や貸付を行うために，都道府県に設けられるものである。財政安定化基金のための財源は，国，都道府県，市町村が1/3ずつ負担する。一部補塡や貸付の対象となるのは，介護保険の給付費額（市町村の独自事業分を除く），財政安定化基金への拠出金および財政安定化基金からの借入金の返還費用についての不足額である。　→介護保険制度　　　　　　　　（北場勉）

済世顧問制度　岡山県知事であった笠井信一によって1917年に創設された貧民救済制度である。「岡山県下の貧民の実態調査」により県民の1割が極貧状態であったため，市町村の有力者，旧家出身者などが，市に15名，町村に1名，郡市長の推薦によって顧問に委嘱された。救貧より防貧事業に取り組み，自立・更生を目的として調査，相談，就職の斡旋などを行った。今日の民生委員制度の始まりといわれている。→民生委員制度　　　　　　　　（中島修）

財政再計算　公的年金制度や厚生年金基金等においては，年金財政の長期的な安定，健全化を図るために，一定期間経過ごとに人口構成や経済状況の変化に対応するための見直しが行われており，これを財政再計算という。厚生年金保険，国民年金においては，少なくとも5年ごとに財政再計算が実施されることとなってお

り，人口構造・就業構造の変化，物価上昇率・賃金上昇率・金利の変動等の社会経済的変化を踏まえた上で，被保険者数，年金受給者数，年金給付費等についての推計が行われ，それを賄う保険料の将来見通しが立てられる。また，これに伴って制度改革が行われ，給付と負担の長期的な均衡が図られることとなっている。
　　　　　　　　　　　　　　　　（松本由美）

在宅介護支援センター　1990年度に創設。在宅の要援護高齢者もしくは要援護となるおそれのある高齢者やその家族に対し，在宅介護等に関する総合的な相談に応じ，介護等に関するニーズに対応した各種の保健，福祉サービス（介護保険を含む）が，総合的に受けられるよう市町村等関係行政機関，サービス実施機関および居宅介護支援事業所等との連絡調整等を行う機関である。2000年度以降，介護保険の給付対象外の者に対する介護予防・地域支え合い事業の調整・実施を担い，地域ケア体制の拠点として位置づけられた。担当区域すべての支援センターを統括する「基幹型在宅介護支援センター」と地域を担当する「地域型在宅介護支援センター」とに区分される。　→介護予防・地域支え合い事業，地域ケア会議　　　（三村規）

在宅介護者教室　要介護高齢者の家族を対象に実施されるプログラムで，教室という名が示すように，グループワークを用いて介護に関する情報や知識，基礎実技などの教育を中心に日中に実施している。高齢者のデイサービス事業でもその基本事業として位置づけられている。最近では，単に知識・技術の教育だけではなく，介護者自身の自己実現や介護者同士の交流を図り，介護問題を地域社会で考えていく機会にしようとする地域ぐるみの取り組みが増え始めている。　　　　　　　　　　　　　（田中英樹）

在宅患者加算　生活保護の加算の一つ。居宅で療養に専念している患者で，医師の診断により栄養の補給が必要と認められる者に行う加算。最も多いのは結核患者であり，現在治療中の患者のほか，現在治療は受けていないが，医師の診断により栄養の補給が必要と認められれば，最長6か月の期間で認定を更新することが

できる。　→各種加算
(敦賀弘恵)

在宅ケア　福祉サービスを必要とする人や家族が住み慣れた居宅や地域で安全，快適に暮らすことができるよう，提供されるケアサービスを意味する。狭義では，家族機能を社会的に補完，代替する家事援助サービスとしてのホームヘルプなどの在宅福祉サービスを指す。広義としては，保健，医療，福祉，教育など連携した地域の包括的なケアサービスを含めた提供を意味する。本人の自己実現を含めた生活を維持するためにも生活環境を変えずに地域のさまざまな社会資源を活用することで，ケアサービスの選択肢をより広げていける供給体制の整備が求められている。
(五十嵐雅浩)

在宅重度障害者通所援護事業　在宅の重度身体障害者が通所する小規模作業所について助成を行い，地域社会が一体となって身体障害者の福祉の向上を図ることを目的とする。日本身体障害者団体連合会を通じて行われる国庫補助事業。利用対象者は，原則として地域において就労の機会が得がたい在宅の重度身体障害者（知的障害，精神障害との混合利用も可）であり，利用定員は概ね5人以上で，原則週4日以上利用できることとされている。　→小規模作業所
(淺沼太郎)

在宅重度身体障害者訪問診査　歩行困難等のため身体障害者更生相談所が実施する巡回相談に参加することが困難で，身体的，地理的条件等により受診の機会が少ない在宅の重度身体障害者に対して，医師等を派遣して診査および更生相談(全身状態の所見および障害局所の診断，評価，助言，指導等)を行う事業。実施主体は市町村。医師，看護師，身体障害者福祉司等による訪問診査班を編成し，身体障害者更生相談所との緊密な協力と指導の下に実施される。
(淺沼太郎)

在宅福祉サービス　住み慣れた地域において，在宅での生活を継続するために提供されるサービスで，ホームヘルプサービス（家事援助サービス・介護サービス），デイサービス，ショートステイ，入浴サービス（居宅入浴・施設入浴），訪問看護サービス，訪問リハビリテーションサービス，食事サービス（配食型，会食型），移送サービス，緊急通報サービス，寝具洗濯・乾燥サービス，福祉用具貸与・給付サービス，住宅改造サービスなどがある。在宅福祉サービスは，自立した在宅生活を支えるために，低下した日常生活機能を援助するものとして，家族機能の脆弱化・福祉ニーズの多様複雑化状況とともに進展してきた。1989年在宅福祉三本柱であるホームヘルプサービス，デイサービス，ショートステイを中心に，大蔵・自治・厚生の3大臣合意による在宅福祉サービス推進「高齢者保健福祉推進十か年戦略（ゴールドプラン）」がまとめられた。翌1990年にはこれの推進を図るため，福祉関係八法改正が行われた。在宅福祉サービスの提供組織は，歴史的に市町村行政直営，社会福祉協議会や社会福祉施設経営の社会福祉法人であった。1980年代には福祉公社，ワーカーズコレクティブ，生活協同組合による取り組みが行われ，1992年農業協同組合法の改正により農協も入所施設以外の高齢者福祉事業に取り組む。2000年の介護保険制度施行に伴い，民間企業やNPO法人も介護保険における高齢者在宅福祉サービスに参入している。市町村社会福祉協議会においては，1960年代より行政委託によるホームヘルプサービスを実施していたが，1978年全国社会福祉協議会は社会福祉協議会における在宅福祉サービスの提供と開発の推進を期すため「在宅福祉サービスの戦略」を発表。市町村社会福祉協議会においては，住民福祉活動としての給食サービスや住民参加型ホームヘルプサービスへの取り組みが一層推進され，1990年の社会福祉事業法改正により，市町村社会福祉協議会の在宅福祉サービス実施が法的に位置づけられ，公的在宅福祉サービスの受託運営が進んだ。　→社会福祉協議会
(小野敏明)

最低生活保障の原理　生活保護の基本原理のうちの一つ。生活保護法第3条に，「この法律により保障される最低限度の生活は，健康で文化的な生活水準を維持することができるものでなければならない」と示されている。生活保護制度は日本国憲法第25条に規定する生存権の保

障の理念を具現化するものであることを踏まえ，保障される生活水準は，単に生命を維持するという水準ではなく，ある程度文化的な社会生活ができる水準と考えられている。　→生活保護の基本原理
（山本文枝）

最低賃金〔minimum wages〕　最低賃金法に基づいて，使用者が労働者に支払うべき最低額の賃金を定める厚生労働大臣または都道府県労働局長の命令，あるいはその賃金額や制度を指すことが多い。労働者生活の保護・安定，企業間の公正競争の確保などに意義がある。使用者が都道府県労働局長の許可を受けることを条件として，最低賃金の適用除外が個別的に認められる。その対象労働者の範囲の一つとして，「精神又は身体の障害により著しく労働能力の低い者」が含まれている。
（工藤正）

サイトメガロウイルス感染症〔Cytomegalovirus (CMV) disease〕　未感染の個体にサイトメガロウイルスが侵入して引き起こされる初感染，体内に潜伏していたサイトメガロウイルスがホスト（宿主）の免疫状態の低下などに乗じて再活性化あるいは再感染したものに分けられる。初感染は乳幼児期に不顕性感染のかたちで成立し，宿主の体内で生涯にわたり潜伏感染し，免疫力の低下した状態で再び活動を開始し発病する。このウイルス感染は日和見感染の一つである。　→日和見感染
（中村敬）

裁判規範　⇨行為規範／裁判規範

裁判公開の原則　裁判の対審および判決は，公開の法廷で行わなければならないことをいう（日本国憲法第82条第1項）。司法権といえども主権者たる国民から遊離することは許されず，国民が裁判を批判することができるようにするとともに，裁判の公正を担保しようとするものである。ただし，日本国憲法第82条第2項は，政治犯罪・出版犯罪または日本国憲法の保障する人権が問題となっている事件の対審を除き，裁判所が公の秩序・善良の風俗を害するおそれがあるとした場合には，対審に限って非公開で行うことを認めている。
（登坂真人）

裁判所　司法権を行使する国家機関をいう（日本国憲法第76条第1項）。日本国憲法は，特別裁判所を禁止し，行政権が終審として裁判をすることを禁ずるから（同条第2項），戦前の軍法会議や皇室裁判所等は設置することができない。裁判所の行使する司法権には，民事・刑事裁判のほか行政事件等も広く含まれる。裁判所には，最高裁判所および下級裁判所（高等裁判所，地方裁判所，家庭裁判所，簡易裁判所）がある。わが国ではこれまで職業裁判官が裁判所を構成してきたが（キャリア・システム），陪審制・参審制等の市民参加型司法が議論され，裁判員制度が実現されようとしている。
（登坂真人）

裁判を受ける権利　民事・行政事件について，裁判所に訴訟を提起して裁判を求めることができること，および刑事事件について，裁判所による判決によらなければ刑罰を科せられないことを内容とする権利をいう（日本国憲法第32条）。第37条は，刑事事件に関して迅速な公開裁判を受ける権利を有すると定めるが，同条は刑事被告人の権利が侵害されてきた歴史的経過に鑑み，特に国家からの自由権としてこれを規定したものである。裁判を受ける権利は，請願権（第16条），国家賠償請求権（第17条）等とともに，国務請求権（受益権）に分類される。ここに裁判所とは，第76条第1項に規定された裁判所であり，同条第2項の保障も受ける。
（登坂真人）

細胞〔cell〕　どの細胞も基本的に同じ構造をもっており，細胞膜に包まれた細胞質はコロイド状で多量の水分を含み，中心部に核を有する。核は内部に染色体，核小体を有し，染色体には遺伝子（DNA）が含まれる。細胞質内にはミトコンドリアなどの小器官が存在し，エネルギー生成，細胞内の物質輸送，異物貪食などの働きを営む。細胞分裂，分化の過程で似たような働きをもつ組織，さらに器官を形成していき，細胞は生物の構造，機能上の最小単位といわれる。
（上林茂暢）

催眠療法　催眠法によって引き起こされる催眠状態を利用して行う心理療法の一群である。この状態は特異な心身の状態であり，人間の思

考や論理性が薄れること，被暗示性が高まることなどを特徴としており，これらを利用して行うのが催眠療法である。例えば催眠誘導法により催眠状態へと変化させ，問題となる行動の抑制や禁止を暗示した後，催眠を解除することによって問題となる行動を除去・減弱させる暗示療法，また催眠状態下で精神分析を行う催眠分析法などがある。このように神経症や心身症などの心理治療に用いられるほか，歯科治療，産科での分娩時などの痛みのコントロールに利用されることもある。 (堀田香織)

債務不履行 債務の履行が債務の本旨に合致しない状態，すなわち，本来なされるべき履行内容と現実に行われた履行内容が異なることをいう(民法第415条)。その類型には，履行が遅れている履行遅滞，客観的に履行が不可能となっている履行不能，債務の履行はなされたが不十分な不完全履行等がある。債務不履行に陥った債務者に，故意・過失または信義則上これらと同視できる帰責性が認められる場合，契約等の解除権，損害賠償請求権，完全履行請求権等が発生する。債務不履行による損害賠償は，相当因果関係の範囲内にある損害を賠償させるものであり，特別な事情については，予見可能性があることを条件として相当因果関係を判断する基礎事情とするものとされている (第416条)。 (登坂真人)

サイモンズ〔Symonds, Perciral Mallon: 1893-1960〕 サイモンズ絵画物語検査(Symonds'picture story test) の創作者。これは青年を対象としたTAT (thematic apperception test) である。20枚からなるカードには，いずれも若者の姿が一つ以上描かれている。この理由は青年の被験者が，この絵のなかの人物に同一視しやすくするためである。また，彼は日常生活における親子関係を支配：服従，拒否：保護の二次元で理解した。主著に『The psychology of parent-child relationships』(1939) がある。 →絵画統覚検査 (宮崎忠男)

作業関連疾患〔work-related diseases〕 従来からの典型的な職業病以外の作業環境と作業遂行が疾患の発症や経過に寄与していると考えられる疾患群。WHOの専門委員会がこの概念を提唱している。作業環境とその因子は，他の危険因子とともに，発症機序が複雑で多因子からなる疾患の発生に寄与するとの見解に基づき，疫学的には高血圧症，運動器系の障害，慢性非特異的呼吸器疾患，胃・十二指腸潰瘍，いくつかの行動異常などが該当するとしている。
→産業医 (大西守)

作業療法〔occupational therapy〕 作業療法の歴史は紀元前のヨーロッパより始まる。当時，精神障害者の治療に音楽や絵画，運動，労働などの作業が取り入れられていた記録がある。古代から現代に至るまで，「活動」「作業」と称されるものが，医療の一端として，慰安・鎮静的に，あるいは仕事・労働・運動・娯楽のような活動として，常に人間の心と身体を統合する中心思想としての足跡を残してきた。日本では1960年代にリハビリテーション医療の必要性が強く認識され，その一環として「理学療法士及び作業療法士法」が1965年に厚生省より制定された。その際作業療法の定義として，「身体または精神に障害のあるものに対して，主としてその応用動作能力または社会的適応能力の回復を図るため，手芸，工作そのほかの作業を行わせること」と定められた。翌年に初めての国家試験が実施され日本で初の作業療法士が誕生した。作業療法 (occupational therapy) の occupation とは本来空間，時間，場所を占めるという意があり，転じて全身を使って一事に心を注ぐ活動状態，専心や一所懸命という内容をもつ。わが国の精神医療の過程で，生活療法の三本柱の一つとして作業療法の名称が用いられた経過がある。このため当初は作業療法についてさまざまな誤解が生じたことも事実である。現在，作業療法の対象は乳幼児から高齢者に至り，身体，精神の障害，あるいは将来，障害が予想される人々に，さまざまな作業活動を介して，医療ばかりではなく，福祉・保健領域にわたる幅広いサービスを提供している。1985年に専門職団体としての日本作業療法士協会が設立された。協会は従来の対象者はもちろん，特に今後の高齢社会に向けて，病院から地域，医療から

福祉の場へと活動を拡大し，高齢者のライフプランニングならびに障害者の家族を含めてよりよい生活をコーディネートする役割を目指している。　→リハビリテーション　　（丹野きみ子）

作業療法士〔occupational therapist：OT〕「理学療法士及び作業療法士法」（昭和40年法律第137号）において作業療法とは，身体または精神に障害のある者に対し，主としてその応用的動作能力または社会的適応能力の回復を図るため，手芸，工作その他の作業を行わせることをいう。作業療法士は，疾患や障害で失われた機能を可能な限り回復する援助をするとともに，障害をもちながらもその人らしい生活が送れるようにするのが職務となる。医療機関にとどまらず，精神障害者授産施設への配置も規定されている。　　　　　　　　　　　（宇津木朗）

錯視　⇨錯覚

サクセスフル・エイジング〔successful aging〕幸福な高齢期を迎えること，うまく年をとること。1960年代以降，アメリカで幸福感や生活満足感の研究とともに発達した概念。個人と社会を関連づける概念であり，個人がその満足と幸福を最大にすることができ，かつ社会がその社会を構成するさまざまな集団にとっての満足の間に適切なつりあいを維持している状態を指す。その条件としては，健康，経済的安定，生きがいなどが挙げられる。個人のレベルでは，過去の人生と最近の出来事について肯定的に評価でき，孤独感や不安感がなく安定した心理状態にある者は主観的幸福感が高く，サクセスフル・エイジングの過程にあると考えられる。
　　　　　　　　　　　　　　　（山田知子）

錯乱〔confusion〕意識混濁を背景にして，記憶や見当識が障害され，注意集中が困難となり外界を正しく認識できず，話にまとまりを欠き，思考が混乱した状態。急激な不安，焦燥，興奮，幻覚，妄想などの多彩な症状が出現し，言動も行動もまとまらず，一貫性がなくなった状態は，急性錯乱状態（acute confusional state）という用語を用いる。錯乱ならびに急性錯乱状態は器質・症状精神病や中毒性精神病でよくみられるが，統合失調症（精神分裂病），分裂感情障害，躁病（躁状態）でもみられることがある。最近では意識障害の有無に関係なく，急性精神病の状態像として用いられている。（阿瀬川孝治）

作話〔confabulation〕実際に体験しなかったことが，誤って追想され，あたかも体験したかのように語られること。想起された内容は全く固定されないか，短時間しか固定されず変転しやすい。脱落した記憶を埋め合わせるための当惑作話と長々と物語る空想傾向の強い空想作話に大別される。当惑作話は老年痴呆やコルサコフ症候群に，空想作話は空想虚言（ミュンヒハウゼン症候群が有名），妄想型分裂病，頭部外傷後のコルサコフ症候群などにみられる。
　　　　　　　　　　　　　　（阿瀬川孝治）

酒に酔って公衆に迷惑をかける行為の防止等に関する法律〔昭和36年法律第103号〕酒に酔っている者（酩酊者）の行為を規制し，救護を要する酩酊者を保護する等によって，過度の飲酒が及ぼす害悪を防止し，公共の福祉に寄与することを目的としている。警察官は酩酊者が粗暴な言動をしており，本人のために応急の救護を要するときは，とりあえず救護施設，警察署等で保護しなければならない。警察官が保護した酩酊者がアルコールの慢性中毒者またはその疑いがあるときは，すみやかに最寄りの保健所長に通報しなければならない。（古寺久仁子）

査察指導員　福祉事務所で現業員（地区担当員，ケースワーカー）の指導監督を行う職員をいう。福祉事務所に必ず配置するよう社会福祉法に定められているが，福祉事務所長が自ら指導監督を行う場合は配置しなくてもよいことになっている。社会福祉法では特に標準数の定めはないが，現業員7名に1名の割合で配置されることが適当とされている。査察指導員は業務に精通し，現業員に適切な指示を与えることが必要であるが，組織として指導監督が適切に機能できる体制になっているかも重要である。なお，査察指導員についても現業員同様，社会福祉主事の資格を所持しなければならない。　→地区担当員，福祉事務所　　（並木麻理子）

座敷牢　精神病者等を収容するために，住宅や納屋等に私的に設置された檻。一般的に入口

は施錠し，食物の差し入れ口を設け，用便のために床に穴が空けられた。精神病者監護法(1900年)は，これに一定の規制を加え，行政庁の許可により監護義務者の責任において精神病者を私宅に監置することを認めた。精神病者を監置する場合は，精神病者監護法施行規則(1900年)により監護義務者が医師の診断書および監置の方法，場所，私宅監置室を設ける場合はその設備構造を記した書類を添え，警察官署を経て地方長官に願い出ることとされた。私宅監置室の構造設備および管理は精神病者の資産または扶養義務者の扶養の程度に応じて行い，使用には警察官署の許可が必要とされた。精神衛生法(1950年)により精神病院以外の場所への収容は原則として禁止されたが，自傷他害のおそれがある精神障害者で直ちに精神病院に収容できない場合，2か月に限って精神病院以外の場所で保護拘束ができることとされた。この保護拘束制度が廃止されたのは，1965年の精神衛生法改正においてであった。　　→私宅監置

(鴻巣泰治)

錯覚〔illusion〕われわれが知覚した主観的な世界と，客観的な外界との間には多少なりとも相違がある。そのなかでも，特に知覚対象物がもつ客観的（物理的）性質と，対象物についてわれわれが知覚した主観的性質とが大きく食い違う現象のことを錯覚という。日常的に経験するであろう錯覚の例としては，勾配の錯覚(本当は下り坂なのに上り坂に見える等)，シャルパンティエの錯覚（大きさ－重さの錯覚。同じ重さの物体があったとき，見かけの大きさが大きい物体のほうが軽く感じられる），滝の錯視（滝をしばらく見た後で周囲の風景を見ると，それらがゆっくりと上昇していくように見える），などいくつもの例が挙げられる。また，錯覚とは呼ばれないが，類似の現象として光点の自動運動現象（真っ暗な部屋のなかで静止している小さな光点を見ていると，その光点が動いて見える）や，誘導運動などが挙げられる。錯覚のなかでも，特に視覚に関する錯覚を錯視と呼ぶ。つまり，知覚対象の大きさや角度などが客観的な状態とは異なって見える現象のことである。

月の錯視（地平線近くに見える月が，天頂近くに見える月よりも大きく感じられる現象）などがその例である。ただし単に錯視といったとき，多くの場合は幾何学的錯視（例えば，ミュラー・リヤー錯視，ポンゾ錯視，エビングハウス錯視，ツェルナー錯視，ポッゲンドルフ錯視）を指す。錯覚は知覚主体がもっている欲求(例えば空腹)や，不安（例えば暗い夜道を歩く）によって生ずる場合もある。なお，錯覚と類似した現象に幻覚がある。幻覚は，例えばある種の精神的疾患時のほか，ある種の自然物や薬物の影響下，高熱時などに生じることがある。大まかにいうと，知覚対象物が存在している場合は錯覚と呼び，対象のない場合を幻覚というが，厳密な線引きをすることは必ずしも容易ではない。　→幻覚

(萩生田伸子)

里親　保護者のいない児童または虐待など保護者に養育させることが不適当である児童を対象とし，児童福祉法に基づき運営されている。里親は「保護者のない児童又は保護者に監護させることが不適当であると認められる児童を養育することを希望する者であって，都道府県知事が，適当と認める者」で，戸籍上の親子関係はない。5年ごとに再認定され，不適格者は里親認定を取り消される。2002年3月末現在登録里親数は7161で，そのうち1873の里親で養育され，委託されている児童は2517人である。近年，里親数は漸次減少傾向にある。なお，里親には，養育里親，親族里親，短期里親，専門里親の4種類があるが，このほか，民法第792条以下に規定されている養子縁組（戸籍上の親子関係はあるが実の親との関係も維持される）や同法第817条の2以下に規定されている特別養子縁組（戸籍上の親子関係あり。実の親との戸籍上の関係はない）の制度によっても児童の保護がなされている。

(西郷泰之)

サバイバー〔survivor〕身体や精神に損傷を受ける体験，戦争，捕虜，虐待，深刻な病などから生還した者を意味する。サバイバーが集団での過酷な体験からの少数生存者である場合には抑うつ状態が発生し罪意識を感じることもある（サバイバーシンドローム）。精神障害者が自

らを精神保健医療福祉サービスの利用者としてコンシューマー，ユーザーと称する以外に，深刻な精神病からの回復体験者ととらえて自らをサバイバーと称することがある。　→コンシューマー
（木村真理子）

サブカルチャー〔subculture〕　社会の一部を構成する特定の集団（下位集団）にみられる特徴的ないし固有の価値観や規範，行動様式をいう。ふつう下位文化と訳される。下位集団には，民族，地域，職業，年齢，階級・階層などによって区分されるさまざまな社会集団が含まれる。下位文化は，それら諸集団の内部において形成・維持されるという点で，社会一般の制度的な文化とは区別される。また，特に制度的文化と対抗・競合する集団（例えば非行・逸脱集団）でのそれを，対抗文化という。　→青年文化
（土屋淳二）

差別〔discrimination〕　外形的象徴（例：身体障害や肌の色，年齢）や出自的象徴（特定民族，地域や家系，性別等），あるいは獲得的象徴（疾患や精神障害，宗教所属等）という「部分」をもって個人，集団，民族などの「全体」について，否定的，忌避的，排除的な思考をし被差別者に不利益を押しつける行為をすること。これらの思考と行為は自覚的か否かを問わず，個人的か集団的か体制的かを問わず差別とされる。差別は個人と社会の循環的な相互作用を通じて醸成され維持再生産される。差別を支える社会的偏見は学習や体験を通じて個人に獲得され，具体的場面での諸個人の差別的言動は社会的偏見を維持強化する。例えば，気狂いという表現は，精神障害者に対する差別用語であり，偏見を助長する代表的なものである。また，ある特定の個人，集団，民族に対する差別から，現在では非婚，婚外子，同性愛結婚などの契約や意志決定の機会保障など，より広範な市民的権利の侵害も差別としてとらえる傾向が強まっている。　→マイノリティ　　　　（清水新二）

サポーテッド・エンプロイメント〔supported employment：SE〕　援助付き雇用または援護就労と訳される。アメリカの1986年改正リハビリテーション法で導入された重度障害者に対する職業リハビリテーションサービスの手法。旧来の職業リハビリテーションでは，障害者はワークショップなどの施設内での一定期間の訓練・指導を終了した後，施設外の社会に復帰することを基本としていたが，現実には，施設内に多くの障害者が滞留し，社会復帰が進んでいないとの批判があった。サポーテッド・エンプロイメントでは早期に障害者を施設外の一般職場（健常者と統合された職場）に配置し，ジョブコーチの派遣により必要な期間，訓練を実際の職場のなかで行う。従来の制度より効果が高いことや脱施設化の流れを背景に，アメリカのみならずヨーロッパ諸国で急速に普及し，わが国でも高齢・障害者雇用支援機構の職場適応援助者（ジョブコーチ）による支援事業など，同様の制度が導入されつつある。　→ジョブコーチ，脱施設化，職場適応援助者事業　（佐藤宏）

サリヴァン〔Sullivan, Harry Stack：1892-1948〕　アメリカの精神医学者。ニューヨーク州ノーウィッチに生まれた。1917年シカゴ大学医学部卒業。後に，ワシントンのセント・エリザベス病院などに勤務。1930年に開業した。新精神分析学派に属する。別に「力動―文化学派」の提唱者の一人。この学派は，生物学的要因よりも社会的な要因を，過去の体験よりも現実の人々との接触を，幼児期の性的体験よりも今の対人関係を強調する。主著は『Conceptions of modern psychiatry（現代精神医学の概念）』（1940）。　　　　　　　　　　（宮崎忠男）

サリドマイド児　睡眠・鎮静剤であるサリドマイドを服用した妊婦から出生し，上肢や耳などに「サリドマイド胎芽症」と呼ばれる先天的な障害を受けた児童を指す。日本では，1958年に「イソミン」という商品名でサリドマイドが，妊娠のつわり防止薬としても使用され，被害の拡大につながった。1963年には，「子どもたちの未来を開く会」（サリドマイド児親の会）が組織され，国家賠償の実現と薬害の予防を求める活動を展開した。　　　　　　　　　　（半澤節子）

残遺分裂病〔residual schizophrenia〕　統合失調症（精神分裂病）の精神病状態を経て，幻覚，妄想など活発な精神病症状（「陽性」症状）

が消退し，感情鈍麻，自発性低下などの「陰性」症状を特徴とする状態。ICD-10, DSM-IVでは統合失調症の亜型とされ，主に英語圏で使用される。ドイツ語圏での分裂病欠陥にほぼ相当する。精神病後抑うつ (postpsychotic depression) も含めることもある。残遺状態の患者は，会話も乏しく，活気に乏しいため，一見鈍麻したようにみえるが，脆弱性が露呈しやすい状態は持続している。関与の仕方では容易に再燃させてしまう。その一方で「慢性化・症状固定化」もしやすい。再発も，慢性化もさせず，残遺状態から寛解治癒の方向に導くことが，統合失調症治療の大きな課題とされている。　→陰性症状
（阿瀬川孝治）

三環系抗うつ薬　うつ病およびうつ状態の治療薬を抗うつ薬と総称するが，そのうち構造式に二つのベンゼン核を含む三環を有する薬剤が三環系抗うつ薬である。1957年にイミプラミンの抗うつ作用が発見されて以来三環系抗うつ薬は，うつ病およびうつ状態の治療に重要な役割を果たしてきた。主要な薬剤には，イミプラミン，アミトリプチリン，クロミプラミン，アモキサピンがある。これらは，抑うつ気分の改善，意欲の亢進，不安焦燥の鎮静等に強い効果を示すが，作用発現に約2週間を要する，副作用が強いという欠点も有している。主な副作用には，便秘，口渇，排尿障害等の抗コリン作用によるもの，眠気，けいれん等の中枢性作用によるもの，心循環系への抑制的作用によるものがある。近年は副作用の少ないSSRIやSNRI (serotonin noradrenarin reuptake inhibitor：セロトニン・ノルアドレナリン再取り込み阻害薬) に取って代わられつつあるが，制止，不安焦燥が強い等の重症のうつ状態には，現在でも第一選択薬となり得る。　→抗うつ薬　（岡田純一）

産業医　産業保健活動に携わる医師で，原則的には日本医師会認定産業医，労働衛生コンサルタントなどの資格を必要とする。労働安全衛生法では労働者数50人以上の職場では1名，3000人以上の職場では2名以上の産業医の選任が義務づけられている。その業務は，労働者の健康管理を，他の産業保健スタッフと連携しながら推進するとともに，事業者に健康管理などについての勧告を行うことができる（前掲法1996年改正）。　→労働安全衛生法　（大西守）

産業化〔industrialization〕　最も狭い意味では，18世紀半ばより始まった産業革命による生産手段の機械化を背景として，工業生産の形態が工場制手工業から機械制大工業へと移行し，生産が拡大した結果，伝統社会において経済活動の中心を担っていた農業が工業にその地位を奪われていく過程を指す。この意味では工業化と同義に用いられる概念である。広義には，このような工業化の進展に伴って生産関係が資本―賃労働関係へと移行し，生産過程における専門技術に基づいた分業が確立するとともに，それを担う専門化された労働者が登場し，またこれらの変化が工業だけでなく農業部門にも波及していく過程を指す。経済構造の変動に着目した産業化の概念はまた近代社会の成立過程全般を意味する近代化の概念を構成する一つの要素にもなっている。近代化は，政治の分野における国民国家の成立や経済分野での産業化からなり，さらに合理化・官僚制化・都市化・核家族化等の社会学的な諸趨勢を包括している。したがって産業化の結果として出現する産業社会は，ただ工業部門が経済生産の中心をなし，その生産の大部分を賃労働者が担うようになった社会であるというだけでなく，個人の社会的行為や組織行動が合理性に基づくものとなり，国家・企業などの各種の組織に官僚制が導入され，伝統的な村落共同体が衰退するとともに都市への人口の集住が生じ，それに伴い伝統的な大家族制度が崩壊するといった特徴をもつ社会である。　→近代化，都市化　（杉本昌昭）

産業精神保健〔occupational mental health〕労働者の心の健康に関する一次予防から三次予防までを含めた幅広い保健活動である。労働者において，心理的ストレスが関与する精神障害の発生や自殺者の増加が顕著になったことから，厚生労働省では2000年に「事業場における労働者の心の健康づくりのための指針」を発表している。すなわち，セルフケア（労働者が自ら行うストレスへの気づきと対処），ラインによ

るケア（管理監督者が行う職場環境等の改善と相談への対応），事業場内産業保健スタッフ等によるケア（産業医，衛生管理者等の事業場内産業保健スタッフ等による専門的ケア），事業場外資源によるケア（産業保健推進センター等の事業場外の機関や専門家によるケア）の必要性が強調されている。とりわけ，外部の相談機関としては従来からの精神保健福祉センター，保健所に加えて，産業保健推進センター，地域産業保健センター，勤労者メンタルヘルスセンター，さらには外部・従業員支援プログラム（employee assistance program：EAP）などが考えられる。　→産業医，従業員支援プログラム　　　　　　　　　　　　　　（大西守）

サンクション〔sanction〕　学校，友達グループ，企業あるいは地域コミュニティなどがもつ規範に照らして成員の態度や行動に対してなされる集団からの評価を指す。その集団の規範から見て「良い」とされる態度に対しては「承認・賞讃」などの肯定的なサンクションがなされ，そうした態度や行動への積極的動機づけがなされる一方で，「悪い」と見なされる態度に対しては「罰・科料・非難」などの否定的なサンクションがなされ，集団への協調が促されている。
（麦倉泰子）

三権分立　⇨権力の分立

3歳児健康診査　母子保健法第12条により，市町村が実施することが義務づけられている定期健康診査であり，対象は満3歳を超え満4歳に達しない幼児とされている。この時期は幼児期のなかでも身体発育や精神発達面で最も重要であるため，医師等による総合的な健康診査が行われている。1961年より制度化され，1963年からは異常が認められた幼児に対する精密健康診査が，1969年からは児童相談所における精神科医と心理判定員による精神発達面の精密健診が始められた。さらに，1990年から視聴覚検査が加わり，一層の充実化が図られている。　→母子保健法　　　　　　　　　　（近藤洋子）

三叉神経痛　第5脳神経である三叉神経の感覚枝の障害による顔面痛。片側の顔面の限局し，ビリビリした痛みが発作的に起こるのが特徴である。ウイルス感染や，微小血管による神経への圧迫などが原因と考えられている。間欠期には無症状であることが多い。三叉神経は途中で3本に分岐するため，前額部（三叉神経第1枝），頬部・上顎部（三叉神経第2枝），下顎部（三叉神経第3枝）の領域に限定した痛みとなることも多く，何らかの誘因が存在することも少なくない。
（長尾毅彦）

産褥期精神障害〔puerperal mental disorders〕　産後約8週までの産褥期に発症する精神障害の総称であるが，これを独立した疾患カテゴリーと位置づける考え方は現在では少ない。しかし産褥期がそうでない時期に比べて種々の精神障害の発症が多いという事実があり，またこの時期の女性が内分泌系の失調や産褥熱などの身体的負荷ならびに心理社会的負荷にさらされやすいこととの関連を踏まえると，臨床的に意味のある概念である。このうち，錯乱状態ないしアメンチア（軽度の意識混濁を背景として思考散乱を呈する病像），幻覚妄想状態などのやや特徴的な精神病像をもつものは，単に他の精神病が産褥に伴って誘発されたものと区別して産褥精神病（puerperal psychosis）と呼ぶことがある。また産褥期後期には抑うつ状態が多くなり，産後うつ病ないし産後抑うつ（postpartum depression）と呼ばれる。一過性の軽症抑うつはマタニティブルー（maternity blues）と呼ばれ，一般的にも知られている。　→マタニティブルー　　　　　　　（岡崎伸郎）

三世代世帯　世帯主を中心とした直系三世代以上の世帯を指す。戦前の日本においては，祖父母，長男夫婦とその子どもの三世代が同居をし，生活をしている世帯が伝統的なタイプであった。2002年には460.3万世帯，全世帯総数の10.0％であり，年々減少している。なお65歳以上の者のいる世帯では，1980年には三世代世帯が50.1％であったが2002年には23.7％と減少している。　→高齢者世帯　　　　（山田祐子）

三大死因　死亡原因のうち，上位三つを占めるものをいう。2002年現在の三大死因は1位悪性新生物（がん），2位心疾患，3位脳血管疾患で，2位，3位の入れ替えはあったが，1951年

以降ずっとこれら三疾患が死因三位を占めている。2002年現在ではがんが死因の31.0％を占め、心疾患15.5％、脳血管疾患13.2％で、がんが成人の死亡のなかで最も重要なものとなっている。なお、1950年以前は肺結核や肺炎などの感染症が死因の上位を占めていた。　　（成相京）

サンドプレイセラピー　⇨箱庭療法

三病院調査　1960年、イギリスのウィング（Wing, J. K.）とブラウン（Brown, G. W.）は、環境の異なる三つの病院の長期在院女子統合失調症（精神分裂病）患者273人について、陰性症状と施設環境の調査を行った。その結果、外部社会との接触が少ない患者は、自己所有物が少なく、多くの時間を無為に過ごし、看護者からは悲観的な評価をされていること、社会的ひきこもり・感情の平板化・寡黙といった臨床的貧困さは刺激の少ない施設環境と関連していること、在院期間が長くなるにつれて退院に消極的になる傾向が認められること等を確認し、この過程を施設症と呼んだ。彼らは、さらに4年後と8年後に再調査を行い、環境条件の改善と悪化の程度に応じて陰性症状が変動することを見いだし、病気であることの事実や状況に対する患者および関係者の心理的・社会的反応として生ずる統合失調症者の二次的障害は、貧困な病院環境によってさらに増強されると考えた。
→施設症、二次障害　　　　　　（猪俣好正）

参与観察　援助者・研究者自身が対象者で構成される集団や社会に参加し、生活や活動をともにしながらそこで起こる事象を長期にわたり多角的に観察する質的研究法。都市における下層階級や逸脱集団などのいわば閉鎖的な社会集団の生活ぶりを直接記述する方法であったが、今日では社会の日常性を支えている文化の特質を解釈し、記述する調査方法として用いられるようになった。この手法によって日常的で多面的、包括的、深層的な情報収集が可能となり、事象を総体としてとらえることができる。基本的に主観的立場での観察者であることから対象者とは相互作用が起き、援助者・研究者自身も観察研究対象として客体化される場合も生じる。その結果、援助者・研究者自身も変化し、

研究次元は修正されつつ展開するという特徴をもつ。現象記述の客観性を保つために対象者に記述をフィードバックして確認する、同様な実践体験をもつ者に記述内容を確認する、といった検証が求められる。　　　　　（今井博康）

三類感染症　「感染症の予防及び感染症の患者に対する医療に関する法律」で示された感染症の分類のなかの一つであり、人に感染する力も弱く、病気にかかった場合でも命を落とす危険性は比較的少ないが、食品を取り扱うような特定の職業についた場合、集団発生を起こす可能性がある感染症をいう。対応の基本は特定職種への就業制限と消毒などの対物措置。このグループに指定されている感染症は、現在は腸管出血性大腸菌感染症のみである。この病気は国内では、1996年大阪府堺市で大規模な食中毒事件が発生したことで有名である。　→感染症対策、腸管出血性大腸菌感染症　　（中村敬）

し

CIL　⇨自立生活センター
GHQ　⇨連合国最高司令官総司令部
COS　⇨慈善組織協会
CTスキャン〔computed tomography scan〕形態的画像診断法の一つであり、X線を用いて身体組織内の濃度の細かな変化を測定し、その値をコンピュータにより分析、断層画像化するものである。撮影法には造影剤を用いない単純撮影法と、造影剤を用いる造影撮影法がある。1972年に登場以降、著しい普及を果たしており、精神科領域においては、頭部CTスキャンが脳器質性疾患の診断に有用である。頭部CTで高吸収域を示す病変には、石灰化巣、出血巣、低吸収域を示す病変には、脳梗塞、浮腫、壊死などがある。脳膿瘍や硬膜外血腫では、占拠性病変として描出される。脳萎縮は、脳溝の拡大、脳室の拡大により示される。統合失調症（精神分裂病）者では、側脳室と第三脳室が軽度拡大

しているといわれる。近年ではより詳細な情報が得られるMRI（核磁気共鳴画像）が普及しているが，CTには，MRIの禁忌例にも施行可能，短時間で緊急に撮影可能，コストがかからない等の利点があり，現在でも有用性は認められている。　→画像診断　　　　　　　（岡田純一）

CBR　⇨コミュニティ・ベイスド・リハビリテーション

シーボーム報告〔Seebohm Report〕　1968年，イギリスにおいて，シーボーム（Seebohm, F.）を委員長とする「地方自治体と関連する対人福祉サービスに関する委員会」が提示したその後の対人福祉サービスのあり方等に係る報告書の通称である。主要な点としては，人口の高齢化への対応，コミュニティケアの進展を図るために，地方自治体での統一的対人福祉サービス部局の設定，保健福祉計画を策定，地域指向のサービス実施，住民参加の促進等が挙げられ，地方自治体における対人福祉サービスの強化を提言している。1970年，イギリス政府は，この報告に基づき，地方自治体社会サービス法を制定し，こうした対人福祉サービスの具体的な実施を図ることとなった。　　（船水浩行）

ジーモン〔Simon, Herman : 1867-1947〕　ドイツの精神科医で，独自の作業療法を創案した。彼はそれを「賦活療法」（aktive therapie）と名づけ（1927），主として統合失調症（精神分裂病）の心身の残存機能を強化する目的で，半ば強制的な作業，集団や共同作業を行わせた。この方法は呉秀三によってわが国にもたらされ，松沢病院の加藤普佐次郎らにより積極的に実践された。　　　　　　　　　　　　（丸山晋）

シェイピング〔shaping〕　オペラント条件づけによる訓練を重ね，新しい行動を獲得していくための技法でありスキナー（Skinner, B. F.）によって提唱されたプログラム学習の基礎をなす。標的行動を小さな段階に分け，望ましい行動に向けて変化させ強化していく方法は，近年の生活技能訓練において活用されている。生活技能訓練では，練習する場面・目標行動が決まったら，モデル行動を参考にして，繰り返し練習し小さな行動を重ねながら，一連の社会的行動を形成していく。例えば，人にものを頼む練習をしたい場合，まず相手に近づく練習，次に忙しくなさそうなら声をかける練習と細かく繰り返す。シェイピングでは，肯定的フィードバックを行って，対処行動が上達し自信がつくように励ますことが重要である。　→社会生活技能訓練　　　　　　　　　　　（松永宏子）

ジェームス〔James, William : 1842-1910〕アメリカの心理学者であるとともに，哲学者である。プラグマチズム運動の指導者。化学，比較解剖学，生理学を学んでから医学を専攻した。彼の基本的な考えは，意識の流れの重視，人間行動における情意的側面の重視，生理的な側面の重視にある。主知主義，一元論，絶対主義に反対して，反主知主義，多元論，相対主義をとっている。主著に『The Principles of Psychology, 2 vols.』(1890)がある。　　（宮崎忠男）

ジェノグラム〔genogram〕　家族や親族の関係を記号により図式化したもの。家族関係図と呼ばれ，家族成員の相互交流のパターン（や力関係）を図式化したファミリーマップとは区別される。ジェノグラム作成に際してはいくつかのルールが定められている。夫婦関係は水平に，子どもはその線から垂直の線で示される。同居の家族は実線で示し，年齢等を記入するなどの方法を使って家族・親族を視覚的にとらえることができるため，ケース記録等において日常的に用いられる。家族療法においては，特にボーエン（Bowen, M.）に代表される多世代アプローチ派によって広められた。ここでは，IP (identified patient) といわれる人とその両親世代のみでなく，その祖父母，すなわち3代にわたる家族関係の情報を得て，多世代にわたり伝承される感情的巻き込まれに着目し，世代間に伝播する悪循環を断ち切ろうとする際などに用いられる。　→ボーエン　　　（今井博康）

シェパード〔Shepherd, Geoffrey William : 1948-〕　イギリスのモーズレイ病院やフルボーン病院に勤務したことがある臨床心理士で，ガイズ・セント・トマス医学校教授。今日のイギリスの地域ケアの基礎を築いた人。1970年レディング大心理学科卒業，1972年ロンドン大学精

神医学研究所臨床心理部門卒業。ケアの中心を病院から地域へ移すことの重要性を説き，リハビリテーション論を展開した。近著は，「Recent Developments in Psychiatric Rehabilitation（精神科リハビリテーションの最近の発展）」(1996)。　　　　　　　　　　　　　(丸山晋)

シェマ〔schema〕　コップをつかむなどの行為をするときに使う自分の行為図式をシェム(scheme)といい，あるものをコップとしてみる内的枠組みをシェマという（どちらも，ともにシェマと呼ぶ場合が多い）。ピアジェ(Piaget, J.)はシェマの概念を重視し，子どもの知的発達を描く際に，子どもの手持ちのシェマがより適応的に変化していく過程として発達をとらえた。例えば，生まれてから2歳くらいまでの感覚運動期には，子どもは，吸乳反射のような無条件反射の図式を使って環境に適応していくことから始まり，さまざまな習慣という新たに形成された図式を用い，さらには世界を目的と手段の図式で認識するように発達的変化を遂げる。それらの行為・認識の図式は，次の表象形成の段階を準備する。　　　　　　(足立自朗)

ジェンダー〔gender〕　生物学的性別である「セックス（sex）」と区別されるジェンダーとは，社会的・文化的に獲得・形成される性別のことで，男女の身体的な属性ではなく，社会的に形成される男らしさ・女らしさの特質に関係する。この「男らしさ」「女らしさ」の観念は，それぞれの性にふさわしいとされる社会・文化的役割（＝性役割）をもつくりだす。「男は仕事，女は家庭」という性別役割分業はその典型である。また，ジェンダーの類語に，セクシュアリティがある。セクシュアリティは性現象と訳され，異性（ないし同性）に対する性に関わる行動や傾向や心理や性的魅力などを含む，心理・社会的現象を指す。　　→フェミニズム，性別役割分業　　　　　　　　　　　(伊藤美登里)

支援費制度　従来，身体障害者・知的障害者・障害児が利用する福祉サービスは，行政が行政処分としてサービスの受け手を特定し，サービス内容を決定する措置制度によっていた。2003年度からは，社会福祉基礎構造改革の一環として，障害者が自らサービスを選択し，事業者との間で契約を行い，サービスを利用する支援費制度へと移行された。支援費の支給を希望する者は，都道府県知事の指定を受けた指定事業者・施設に直接利用申し込みを行うとともに，市町村に対し利用するサービスの種類ごとに支援費の支給を申請する。市町村は，施設訓練等支援の場合は支給期間と障害程度区分を，居宅生活支援の場合は支給期間，支給量を定めた上で支援費支給の決定を行うとともに，本人および扶養義務者の負担能力に応じて定めた利用者負担額を決定し，受給者証を交付する。支援費額や自己負担額は，厚生労働大臣の定める基準を超えない範囲で市町村長が定めるため，市町村により額は異なる。決定の範囲内でサービスを利用したときには，サービスにかかった費用の全体額から利用者負担額を控除した額を，指定事業者・施設が市町村から代理受領する。本人および扶養義務者は，指定事業者・施設に対し利用者負担額を支払う。なお，やむを得ない事由により支援費制度適用が困難な場合には，従来と同様に市町村は措置によりサービス提供や施設への入所を決定する。　　→措置制度　　　　　　　　　　　　　　　　(沖倉智美)

塩見訴訟　全盲の塩見日出氏は，1970年に帰化し，1981年には障害福祉年金の国籍要件も撤廃されたため障害福祉年金裁定請求をしたが，1959年の疾病認定日には韓国籍であり日本国籍を有していないことを理由に却下された。1985年，処分の取り消しを求め上告したが，最高裁判所（1989年3月2日）判決は，障害福祉年金の国籍要件は著しく合理性を欠くものではなく，立法府の裁量の範囲に属し，日本国憲法第25条には違反するものではないとした。
　　　　　　　　　　　　　　　　(増井喜代美)

自我〔ego〕　自我（エゴ）とは広義には「人間が考えたり，感じたり，行動したりする自分というものの主体である」とされているが，精神分析学，現象学，心理学（社会・人格・発達）などの領域において用いられ，その意味も多義にわたっている。またジェームズ(James, W.)は知る主体としての自分を「主体的自我」，知ら

れる客体としての自分を「客体的自己」と区別し、両者を含めて広義の「自我」としているが、「自我」と「自己」のこうした区別も必ずしも統一的なものではない。精神分析学においてさえも「自我」は単一の意味で用いられてはいないが、フロイト（Freud, S.）は人間の心を三つの領域、イド（エス）・超自我・自我から成り立つものと考え、その内の一つとしての「自我」を用いていることが多い。イドは無意識の領域に属し性欲などの本能的なエネルギーで充たされており、自我はこのイドと現実世界の仲介をしながら、外界への適応を図っていると考えられている。発達心理学の領域においても「自我」という言葉が用いられるが、ここでは「自分という感覚」「自己意識」という意味で用いられる。人間の発達においては乳児期から幼児期にかけて「自我」が芽生えるとし、それは自己主張の始まりで、第一次反抗期の出現につながる。その後思春期・青年期は「自我」を発見、確立する時期であるとされ、人格的独立を目指しての第二次反抗期もこの時期に現れる。　→自我同一性、イド、超自我、自己　　　　　（堀田香織）

歯科医師　「歯科医師法」（昭和23年法律第202号）に規定される。歯科医療および保健指導を担うことにより、公衆衛生の向上および増進に寄与し、国民の健康な生活を確保することを任務とする。免許取得の要件、取り消し、また業務についても、応召義務、無診察治療等の禁止、診断書・処方箋の交付義務、診療録に関する義務、保健指導の義務等、医師の場合とほぼ同様である。歯科医師の補助者に歯科衛生士（歯科衛生士法）と歯科技工士（歯科技工士法）がいる。　→歯科医師法　　　　　　　（濱田彰子）

歯科医師法〔昭和23年法律第202号〕　1948年7月に公布、同年10月から施行された。歯科医師の任務や免許あるいは登録の手続き等を定めたほか、免許の取り消しまたは業務停止などを定めている。歯科医師はこの法によって定められた業務を行うが歯科医師でないものは歯科医業を行うことができないとされている。医師法にも同様な定めがあり、歯科医師といえども医師法でいう医業を行うことはできない。医療法の規定によって診療所の届出などを行う。　→歯科医師　　　　　　　　（吉川武彦）

視覚障害者更生施設　身体障害者福祉法第29条に基づく身体障害者更生施設の一つで、身体障害者手帳の交付を受けた視覚障害者を入所させ、あん摩マッサージ指圧師、はり師、きゅう師等の職業、さらに歩行・コミュニケーション・点字などについての知識、技能、訓練を与える施設。入所期間はあん摩マッサージ指圧師、はり師、きゅう師等の資格養成機関と認定されたものは2～5年。その他は原則として1年である。　→身体障害者更生施設　　　（田中邦夫）

資格制度　資格とは身分や地位を指し、そのために必要とされる条件のことをいう。一般に資格制度には業務独占と名称独占がある。業務独占資格は資格保有者以外が法律で定めたその業務を行うことを禁止している。一方、名称独占資格は、法律で定めた行為を一般的に行っても問題はないが、資格保有者以外がその名称を用いて法律で定めた業務を行うことを禁止している。業務独占資格は「警察免許」ともいわれ、その行為を刑法によって禁止し、特に業務独占資格者に限って業務を行う際に、その禁止を解除するものである。名称独占資格は「社会免許」とも呼ばれ、その専門性・技術において特に秀でたと社会的に認知された場合に、その名称を用いて業務を行うことができる。業務独占資格の代表的なものは医師、看護師、弁護士などであり、名称独占資格の代表的なものは栄養士、社会福祉士、精神保健福祉士などがある。資格制度は身分を保証するものであって、雇用を保証するものではない。　→業務独占資格、名称独占資格　　　　　　　　　　（高橋一）

シカゴ学派〔Chicago School (of Sociology)〕　シカゴ大学社会学科の研究者らによる学派。特に同学派の理論的潮流をシカゴ社会学ともいう。学派の系譜は、1892年の大学創立当時のスモール（Small, A. W.）やトマス（Thomas, W. I.）ら第一世代から1920年代のパーク（Park, R. E.）、バージェス（Burgess, E. W.）、フェアリス（Faris, E.）、ワース（Wirth, L.）らの第二世代へ、そして第二次世界大戦後に

活躍するブルーマー（Blumer, H.），ストゥファー（Stouffer, S. A.），ヒューズ（Hughes, E. C.）ら第三世代へと発展する。プラグマティズムに基づく実証的方法による経験的調査を重視し，人種関係論や人間生態学，都市研究，世論研究など多くの分野で多大な功績を果たしてきた。なお今日，シンボリック相互作用論を中心とする構築主義的な理論展開において第二シカゴ学派（the Second Chicago School）の形成が指摘されている。　　→シンボリック相互作用論
（土屋淳二）

自我障害　自我とはさまざまな体験の主体であり，また人間の成長とともに確立していくとされる。ヤスパース（Jaspers, K.）は，自我意識として次の四つを挙げた。①能動性自我意識：自己の行為や体験はすべて自分のものであるという意識，②単一性自我意識：私は単一の存在であるという意識，③同一性自我意識：過去と現在の自分が同一の人であるという意識，④限界性自我意識：自己と，他人および外界との区別意識。自我障害とはこのいずれか，またはいくつかが障害されたものであり，統合失調症（精神分裂病）の主観的体験（異常体験）としても重要な位置づけとされている。具体的にはさせられ体験，離人感，思考面では思考干渉，思考吹入，思考奪取，思考伝播などが挙げられる。精神保健福祉士は自我障害を利用者の心情を受け止める一助とはすべきであるが，固定化した障害と認識すべきではない。常に環境との相互作用により影響を受けつつ，また問題解決過程を通じて変化していくのである。　　→自我同一性，ヤスパース
（今井博康）

自我同一性　エリクソン（Erikson, E. H.）によって定義された用語であり，「自分とは何者か」「自分が自分自身であること」などを意味している。エリクソンによれば人間は青年期において，自我同一性（アイデンティティ）を確立するという。つまり青年期において自分を模索し，自分が何者であるかをつかみ，自分の価値観や職業観を身につけ，さらに自分の所属する集団・社会のなかにそうした自分を位置づけ，肯定されることで自我同一性が達成される。また青年期において自我同一性の獲得を先延ばしにし，自分の生き方を模索する時期はモラトリアムと呼ばれ，その重要性が指摘されている。自我同一性の獲得に失敗すると自我同一性拡散に陥り，統合的な自分という感覚をもてなくなるとされている。またエリクソンは，青年期における自我同一性の確立は，誕生から乳児期までの親との間での基本的信頼感の獲得と，青年期までの親や兄弟，さらには学校での人間関係を通じての自我の発達，が不可欠であるとした。また青年期において確立された自我も，成人期，老年期に至るまで発達し，やがては自分の人生を人類の歴史の一世代として位置づけ死に至る，としている。このようにエリクソンは自我同一性が誕生から死に至るまでの人間の一生を通じて発達，達成されていくものであると考え，人間の一生をめぐる心理社会的な発達段階を表した。　　→エリクソン，自我，ライフサイクル
（堀田香織）

自記式評価尺度　精神現象を評価するには，通常は被験者に直接面接を施行し，そこから得た情報をもとに評価を行うが，対象人口が多数の場合などには，直接面接は非現実的であり，スクリーニング用の調査票が求められる。自記式評価尺度として，一般健康調査質問紙法（general health questionnaire：GHQ）が代表的である。GHQはイギリスのゴールドバーグ（Goldberg, D. P.）が非器質性・非精神病性精神障害のスクリーニングテストとして開発したものである。GHQの目的は精神障害のスクリーニングであるが，一般人口での使用を容易にするため「精神衛生」ではなく，「一般」調査質問紙法と命名された。GHQは当初の60項目以外に，精神障害を峻別する能力の高いいくつかの項目を選択して作成した，30項目版，28項目版，12項目版などがある。
（仲條龍太郎）

支給開始年齢　年金の受給権者が，年金の受給を開始する年齢をいう。国民年金の老齢基礎年金の支給開始年齢は65歳であるが，本人の請求により，60歳から繰り上げ支給により年金を減額して受けることができる。また66歳以降に繰り下げ支給により年金を増額して受けること

もできる。厚生年金保険の支給開始年齢も65歳であるが、65歳前から特別支給の老齢厚生年金が支給されている。　　　　　　（松本由美）

事業型社協　全国社会福祉協議会が、1994年「事業型社協推進指針」（翌年改訂版）として、新たな市区町村社会福祉協議会の取り組みを提起。指針は、住民の福祉ニーズの解決と地域生活支援に即応するよう総合相談やケアマネジメントの実施、公的福祉サービスの積極的受託とそれらの柔軟な運営、公的サービスでは対応できないニーズに即応するための住民参加型サービスの開発推進、小地域での住民活動による生活支援・ネットワーク・ケアチーム活動に取り組み、これらの活動経験を生かして地域福祉活動計画策定と提言機能を発揮すること、さらにこれらを通じての住民参加の促進と福祉コミュニティ形成推進を求めている。→社会福祉協議会、総合支援型社協　　　　　　（小野敏明）

事業所内保育施設　企業などが職場の労働力確保と福利厚生サービスの一環として企業の建物等の一部を使用して行っている保育サービス施設のこと。法的には認可外保育施設である。利用が企業・事業所の関係者に限られており、特に病院や女性労働者を多く雇用している企業で設置されている。保育サービスの多様化に伴って、事業主が事業所内保育施設等を整備、増改築、遊具購入整備事業費の補助金が、こども未来財団より出されている。→認可外保育施設　　　　　　　　　　　　　　（山本真実）

刺激閾〔stimulus threshold〕　われわれは、条件が同じならば（ある一定水準までは）与えられる刺激は大きければ大きいほど知覚しやすい。例えば、大きな音のほうが聞こえやすいし、大きな物体のほうが見えやすい。逆に刺激の強さが小さくなりすぎると、物理的には存在していてもそれを知覚することはできなくなる。この、刺激を知覚できるかどうかギリギリの限界を刺激閾（または絶対閾）という。刺激閾は個体や、そのおかれた条件等によって変化する。その値は、恒常法や極限法などの精神物理学的測定法を用いて調べられる。刺激閾は小さいほうが感覚が敏感ということになる。なお、二つの刺激の異同を見分けることができるかできないかギリギリの限界は弁別閾、または丁度可知差異（jnd）という。　　　　（萩生田伸子）

自己　一般的には「自我」が人間の意識や感情、行動の主体であるとされるのに対し、自分によって対象とされる客体的な自分を「自己」と呼ぶ。つまり自分（自我）によって意識されている自分のことを指す。しかし「自己」という言葉の用いられ方は領域や、学説により異なり、多義にわたっている。ユング（Jung, C. G.）における自己はさらに独自の意味を付与されている。それは精神分析学における意識も無意識も含めた人格の全体性を指すものである。→自我　　　　　　　　　　　　　　　　（堀田香織）

時効　一定の事実状態が長期間継続する場合、その事実状態をそのまま保護する制度をいう。時効は、客観的状態を保護することによって法的安定性を実現するものであり、各種の法律ごとに立法趣旨は異なる。例えば、民法上の取得時効（第162条）は、取り引きの安全や権利の上に眠る者は保護に値しないという配慮に基づくし、消滅時効（第166条以下）では、債務者の証明困難を救済するという配慮が加わる（商事債権の消滅時効につき商法第522条）。また、時効は刑事法でも問題となり、一定期間の経過によって公訴提起ができなくなる（刑事訴訟法第250条）。ただし、一定の事実状態をそのまま保護することが社会通念や社会正義に反する場合、時効の進行を停止することがある（例えば、民法第158条以下、刑事訴訟法第255条など）。　　　　　　　　　　　　（登坂真人）

試行錯誤　とりあえずある手だて（行為）を行ってみて、それが目的を実現すれば良し、うまくいかなければ別な手だてをやってみる、という問題解決の手法であり、最も原始的な学習の方式である。試行錯誤では、うまく行った行動様式は保存され、失敗した行動様式は失われていく。これは、あらかじめよく考えてから最も良い方法を選択するという手法ではなく、それゆえに非能率的ではあるが、豊かな経験を蓄積しうる学習形態である。→ソーンダイク　　　　　　　　　　　　　　　　（足立自朗）

持効性抗精神病薬　抗精神病薬を，ゴマ油等の溶媒で溶解した注射製剤で，1回の筋肉注射で2～4週間効果が持続するという特徴をもつ。現在わが国においては，デカン酸ハロペリドール，デカン酸フルフェナジン，エナント酸フルフェナジンの3種類が認可され使用されている。通常デカン酸ハロペリドールは1回量50～150mgを4週間間隔で，デカン酸フルフェナジンは12.5～75mgを4週間間隔で，エナント酸フルフェナジンは12.5～25mgを2週間間隔で使用する。これらの薬剤の適応となるのは，抗精神病薬の長期投与が必要な慢性の精神病患者で，病識がない，家族の協力が期待できないなど，再発予防のための定期的な服薬が望めない例である。用量の調節がしにくい，効果が持続するため副作用も持続するなどの欠点があるため，経口薬によって副作用が出にくいことを確認してから，十分注意して使用を開始すべきである。　→抗精神病薬，デポ剤

（岡田純一）

自己開示　一般的には，自分のなかにある思いや，感情，思想信条，秘密などを他者に打ち明けることとされている。このことで相手との関係を深めていくための方法である。対人援助業務においては，これを意図的に行うことが大切である。他者との信頼関係が築けず孤立感の強いクライエントとの関係づくりにおいて，援助者が一人の人間として向き合うことにより，クライエントにとって自分の病によるつらさや痛みを受け入れて，さらに他者との出会いや関係づくりの強化につながることにもなる。自分はひとりぼっちではなく，また自分だけが苦しんでいるわけではないという実感は，他者への信頼や自分への肯定感，そして何よりも「人とつながっている」という安心感となる。自己開示とは，単に本音を出すということではなく，自分の弱さを尊いものとして語ることであり，人として対等な関係を築くための最も基本的な自己表現である。

（山岡聡）

自己覚知〔self-awareness〕　ソーシャルワーカーにとって自己覚知とは，自らのあり様，つまり自分のなかにある予断，偏見や癖などの特徴や傾向，そして知識や技量について，意識化し自分ではっきり知ることをいう。そして，援助場面においては，そのクライエントに対して生じる感情や思い，言語，行動の発生の仕組みについて自己洞察し，客観的に理解することである。一方で，クライエントの側からとらえた自己覚知は，自分自身が自ら抱える問題に気づくことを意味している。ソーシャルワーカーはクライエントが解決すべき課題と向き合い，主体的に取り組むことを援助するため自己覚知を促す働きかけを行う。また，クライエントとの援助関係は相互関係である。したがって，援助関係を形成していく過程において，その関係を双方向的な関係，さらには循環的関係ととらえ，クライエントを変えるのではなく自らのあり様を管理，統制することで，その援助関係を変えていくことが結果としてクライエントの変化を生みだすとの認識が必要である。さらに，この援助関係を形成していく上で重要となるのが，共感的相互理解である。ソーシャルワーカーがクライエントの立場に立ち，共感的理解を深めることは専門職として当然すべきことである。しかし，一方でクライエントも一緒に取り組むことを決めなければ援助関係は成立しえない。ソーシャルワーカーがクライエントに対して共感的理解を示すだけでは不十分であり，クライエントの側もソーシャルワーカーに対して共感的理解を示すことで初めて相互関係としての援助関係が成立しうる。したがって，ソーシャルワーカーは，クライエントが共感できるように，つまり安心して援助関係を結べるように，自己覚知に基づき自らを管理，統制しながら働きかけることが重要である。そして，ソーシャルワーカーが自己覚知を図るには，自分を不必要に責めることなく，率直に自己批判できる力が必要であり，自らの限界についてはほかからの援助を求めることも必要となる。自己覚知は，専門職足りえるために必要不可欠な要素であると同時に，専門職として育むものであり，人間的な成長を図るものでもある。自己覚知を促進するものとしては，スーパービジョンなどの方法が有効である。　→自己洞察

（金子努）

自己決定〔client self-determination〕 個人や集団，地域住民が，自らが抱えている問題やニーズを認識し，その解決あるいは目標達成に向けて，自らがなすべきことや方法も含めて，自分で考え判断し，自己の責任で選択し，決定していくこと。社会福祉の分野で，ケースワークの基本原則（バイステックの7原則がよく知られている）として，個別化の原則，受容の原則，秘密保持の原則，参加の原則などとともに重視され，コミュニティワーク，ケアマネジメントの原則としても強調されている。自己決定と対置するものとして，強制，措置，操作，本人不在などが挙げられる。これらはいずれも，援助，支援する側の価値基準や解決策，都合を優先し，行使するものである。歴史的には，「アメリカのソーシャルワークにおいて1940年代から1950年代にかけて結実したものであるが，わが国でも昭和30年代には導入され，実践理論として活用され始めた」（柏木昭）とされている。精神障害者の場合，わが国のこれまでの処遇，対策の歴史が語るように，人権が侵害され，権利が剥奪され，自己決定の機会が奪われ，ないがしろにされてきた。今日的状況も十分改善されていない。日本精神保健福祉士協会は，1969年の「Y問題事件」を教訓化し「本人不在」の処遇は，「たとえ合法的行為とみなされる場合でも，当事者にとっては人権侵害にもなりうる」として，クライエントの基本的人権を尊重し，個人の尊厳を擁護し，自己決定を最大限に尊重するという倫理綱領（1988年）を定めた。最大限に尊重するという含みから相対的な権利であること，「わかっているけどできない」という日常実践でのジレンマや自己決定の原則の実行の難しさ，たいへんさをうかがい知ることができる。社会福祉基礎構造改革により，措置から契約へ，社会参加，地域生活支援という流れに変わるなかで，自己決定の原則（自己決定権の行使）による自己実現が可能となる政策，実践が求められている。自己決定は，クライエントの処遇，援助，支援としての原則であると同時に人間としての本質的な尊厳（人権）を尊重し，支援する側の理論的，実践的かつ倫理的な基盤（原理）であることにとどまらず，法的にも保障されること（市民的権利）が必要であるととらえることが重要である。　→バイステックの7原則，Y問題，倫理綱領　　　　　（酒井昭平）

自己効力感〔self-efficacy〕 自己効力感（セルフエフィカシー）とは，バンデューラ（Bandura, A.）によって提唱された概念で，行動を起こすときに自らを主体とし課題に取り組むことで，自己の生活状態の改善に必要な課題の実行能力を高めるというものである。自己効力感は成功の体験によって高められ，自信とやる気を生じさせ行動を促進させることになる。自己効力感を高め，必要な課題への実行能力を増進させる方法として，必要とする情報の提供と対処能力を高めるための技術をクライエントに教えることが有効である。　　　　　　　　（中下綾子）

自己実現〔self-realization〕 哲学，思想領域を含め，多様な意味において用いられる概念であるが，現代の社会福祉において正当とされる価値の一つで，自己のもつ能力や機能を用いて自らの生き方や生活課題に対する価値を追求し，または実現しようとすることである。自己実現という概念を端的に打ち出したその中心人物であるマズロー（Maslow, A. H.）およびロジャーズ（Rogers, C. R.）は，それぞれ独自の観点から自己実現の概念を確立している。マズローによれば，自己実現の欲求はかくありたいという可能性の実現による自己充足の欲望であり，生理的欲求，安全の欲求，所属と愛情の欲求，承認の欲求，自己実現の欲求に至る5段階の欲求階層の内，下位の欲求が満足されると順次に高い欲求満足に向かうとした。そして最高位の欲求を満たしている人を「自己実現した人」と呼び，人間の精神的健康の重要な指標とした。ロジャーズの立場は現象論的自己論ともいわれ，その人が自己ならびに外界をどのようにみているかが，その人の行動を決定すると考えている。ロジャーズによれば，現在のありのままの自分の姿（現実自己）と，かくありたいと望んでいる理想像（理想自己）が区別され，一般には，現実自己と理想自己は一致する方向に向かう。ソーシャルワーク実践においては，クラ

イエントのありのままの姿を尊重し，また，変化し発達する存在として自己実現を追求する活動を尊重すると同時に，そのために各種の援助方法が用いられる。自己実現があまりにも抑圧されている場合には，環境の改革，変化が要求される場合があり，一方，あまりにも自己実現志向が極端で，環境から遊離したものである場合には，その主体の環境との適合性や順応性について助言しなければならない。自己実現のプロセスは，個々人の年齢や生活スタイル，信条，価値観等によっても異なるが，その個人が十分な自己充足感をもち，長い経過のなかで，その環境への順応や適応が同時に自己実現の歩みになっていることが重要である。　→マズロー，ロジャーズ　　　　　　　　　　　　　　（中下綾子）

自己組織性〔self-organity〕　初期のシステム論やサイバネティクス（cybernetics：人工頭脳学）はシステムを自己維持系として扱っており，システムの変動や発展を十分に理論化することができなかった。その後，これを反省し，各種のシステムを自己組織的システムとしてとらえ直し，自らを変化させ，新しく組織化していく能力である自己組織性を主題化しようとする動きが自然科学・社会科学において誕生した。自然科学では，プリゴジン（Prigogine, I.）による散逸構造の理論化があり，社会科学では，構造―機能主義社会学が提示した統合的・均衡論的な社会システム像を転換し，社会システムの生成・変動のダイナミクスを社会システムと環境との相互作用のなかで解明しようとする動きがある。　→社会システム　　　　　　（杉本昌昭）

自己治療〔self-healing〕　精神障害という人生の転機を経験した人が，自己の体験を踏まえながら健康管理の方法を身につけ，環境に働きかけ，自らの生き方を明らかにしていく過程をいう。自己治療の過程は，不安と苦悩の時期，障害認知と健康管理の方法を身につけていく時期，自分に合った社会参加と行動を開発していく時期に分けて考えることができる。宮本忠雄は内因性精神病における自己治癒の臨床型について，「自己治癒というのは，あらゆる病態がそれなりに一定のプロセスをたどりながら治癒へと向かっていく傾向で，ここには生体に固有な，いわば内発的な治癒力のようなものが想定されている」と述べている。ここでいう自己治療は，より本人の内面に目を向けた概念であるが，自己治療は当事者のフィールドのなかで時間や空間を共有しながら生活支援を行う場面を想定したものであって，アドボカシーやエンパワメントも，自己治療による精神障害者自身の態勢づくりを基盤にしている。　　　　　　（竹島正）

自己洞察〔self-insight〕　ソーシャルワーカーが，自らの感情や意識，態度，言動のあり様を見つめ，その発生の仕組みを自己の精神内界や精神構造も含め，見抜き，見通すことである。クライエントとの援助関係においては，自分はどのようなものの見方，考え方をしがちなのか，あるいはどのようなクライエントには共感しやすく，どのようなクライエントには反発しがちなのかなど，援助場面における自らのあり様を見つめ，その特徴を客観的に認識，理解する一連の作業を意味する。こうした自己洞察に基づく自己覚知は，ソーシャルワーカーがクライエントと良好な援助関係をつくり，効果的な援助を展開する上で不可欠な要素である。　→自己覚知　　　　　　　　　　　　　　（金子努）

事後評価　⇨エバリュエーション

自殺　自らを殺す行為を指すがその概念は多様であり，デュルケム（Durkheim, E.）は「当事者自身によってなされた積極的あるいは消極的行為から直接的あるいは間接的に生じる一切の死」と自殺を幅広くとらえている。わが国では近年自殺が急増し，1999年以降は年間3万人を超えている。自殺企図はその数倍以上であると考えられている。最近では地域の自殺予防システムの構築が試みられており，「いのちの電話」の活動も一定の成果を上げている。自殺の危険因子としては，精神疾患，自殺企図の既往，援助のなさ，加齢，喪失体験，物質乱用，被虐待体験，自殺の家族歴などが挙げられている。自殺の誘因としては経済苦や病苦が挙げられるが，9割以上が何らかの精神疾患にかかっていると考えられている。若い人では統合失調症（精神分裂病），中年ではアルコール依存，高齢者で

はうつ病が背景にあることが多いが、うつ病にパニック障害などの不安障害やアルコール依存が併存している場合にはその可能性が高くなる。また、自殺には「伝染効果」があり、それによる自殺の多発を群発自殺と呼ぶ。日本における自殺で圧倒的に多いのは縊死であり、飛び降り・飛び込みがそれに続いている。　→いのちの電話　　　　　　　　　　　（大野裕）

資産調査　生活保護法を適用する要件である要保護（貧困）状態にあることを確認するために行われる調査。資産や所得（収入）の状況を把握する。生活保護法では保護の補足性の原理があげられており、利用しうる資産、能力その他あらゆるものを最低限度の生活維持に活用することが求められているため調査が必要となっている。資産調査の対象は、預貯金、生命保険、債権、自動車、不動産などであるが、保有容認の可否についてはその世帯の実態や地域との均衡によって機械的、画一的ではなく個別に判断されるものである。生活保護の決定実施を行う実施機関は、生活保護法第29条により保護の決定に必要な範囲において、関係先へ資力を調査し回答を求めることができる（権限規定）とされている。　→保護の補足性の原理、公的扶助、資力調査　　　　　　　　　　　（畑江倫子）

資産の活用　保護の補足性の原理により、要保護者は利用し得る資産を最低生活の維持のために活用することを求められる。資産とは預貯金、土地、家屋、生命保険、債権、自動車などである。保護開始時には現金化できるものは現金化するなど、これらをできるだけ活用することを求められる。ただし処分するよりも保有していたほうが有効であれば、保有が容認される。近年、生活用品は、原則として地域の普及率が7割程度を超えるものは認めている。　→保護の補足性の原理　　　　　　　　（山本文枝）

私事化〔privatization〕　英語のprivatizationには表される意味に応じて幾通りかの訳語が当てられるが、私事化（あるいは、私化）という表現が用いられる場合は、制度化された社会のあり方から導かれる規制や要請よりも個人や家族自らの関心・希望や判断の方をより重視する人々の意識が強化されることを意味している。例えば、先進社会では信仰する宗教や職業の選択や自らの幸福追求等に関しては個人の考え方がすべてに優先すると考えられている。
　　　　　　　　　　　（和田修一）

思春期　第二次性徴の出現する時期を指し、暦年齢でいえば中学時代を中心に、10〜12歳頃から16、7歳までを意味することが多い。青年期前期と呼ばれる時期にほぼ該当する。この時期の特徴としては、第一に第二次性徴に伴う急激な身体的・心理的変化を生じ、他者から見られる自分を意識し、同時に自分に対して内省的となり、感情的にも動揺しやすい時期であること、第二に第二次反抗期と呼ばれる時期にあたり、新しい自我の芽生えとともに独立心が強くなり、親をはじめとする大人や既存の価値観に反抗し、しかし同時に大人への依存心もぬぐい去れない両価的な時期であること、第三に対人関係においては、異性への関心が高まりながらも同性同年代の閉鎖的小集団を結成すること、が挙げられる。精神分析による心理性的発達理論によれば、幼児期のエディプス葛藤が再燃する時期であり、同性の親への敵対的な関係が生じやすい。ブロス(Blos, P.)はマーラー(Mahler, M. S.)の分離・個体化という概念を用い、思春期を親からの心理的自立を果たす第二の分離・個体化の時期であるとしている。このように思春期は心身のバランスを崩しやすい時期であり、不登校、家庭内暴力、非行、あるいは摂食障害、思春期妄想症などといった不適応の好発時期である。　　　　　　　　　（堀田香織）

視床下部　間脳の一部である脳組織。視床の下方に位置し、下面は下垂体茎と接する。自律神経系の中枢として重要な機能をもち、体温調節、ホルモン調節などの代謝維持機能の調整を司る。各種ホルモンを産生する下垂体の上位組織であり、自身も下垂体前葉および後葉に作用する各種の視床下部ホルモンを産生して、すべての下垂体ホルモンの分泌調整を支配している。そのほかにも、神経ペプチドや各種アミンなどの生理活性物質を多数産生する重要な器官である。視床下部の障害、破壊により、異常高

温をきたす中枢性発熱や，各種ホルモン分泌異常が引き起こされる。　→大脳，大脳辺縁系，間脳
(長尾毅彦)

自傷他害　自身を傷つけたり，他人に害を及ぼしたりすること。措置入院，緊急措置入院の要否判定では，精神障害による「自傷他害のおそれ」の有無（緊急措置入院では程度も）を判定するが，判定基準は精神保健及び精神障害者福祉に関する法律第28条の2の規定に基づき厚生労働大臣の定める基準（昭和63年4月8日厚生省告示第125号）に定められている。同基準では，抑うつ状態，躁状態，幻覚妄想状態等八つの病状または状態像を挙げ，入院させなければ自傷行為（自殺企図等，自己の生命，身体を害する行為）または他害行為（殺人，傷害，暴行，性的問題行動，侮辱，器物破損，強盗，恐喝，窃盗，詐欺，放火，弄火等他の者の生命，身体，貞操，名誉，財産等または社会的法益等に害を及ぼす行為）を引き起こすおそれがある（緊急措置入院の場合は著しい）と認めた場合に行うとされている。一方，保護者には自傷他害行為を防止すべく監督する義務が課せられていたが，1999年の精神保健福祉法改正で廃止された。主な廃止理由は，従来保護者の義務が過大であったため軽減を図ったこと，現実に保護者に可能な自傷他害の防止監督を考え，治療を受けさせる義務があることで足りると判断されたことである。　→保護者，措置入院
(川口真知子)

自助／共助／公助　自助とは，本来自分で自分の身を助けることである。本人の有している所得や資産を活用して福祉サービスを求め，より質の高い生活を維持することであり，個人の社会的・経済的自立を基本として，家族，親族，友人，近隣等の相互扶助による生活問題の解決を意味する。共助とは，地域や市民レベルでの支え合いのことで，社会福祉事業団や福祉公社などの第三セクターによる社会福祉事業，非営利団体（NPO）による社会福祉事業やボランティア活動，協同組合の助け合い活動，企業福祉などのことを指す。公助とは，政治行政による支援のことで，個人レベルでは解決できない生活問題に対して，公的なサービスによって解決を図ることを意味する。
(広畑圭介)

視神経　一側の眼球から対側の後頭葉を結ぶ第2脳神経。視覚情報を視機能中枢である後頭葉まで伝える。途中で対側の視神経と交差（視交叉）し，左右の神経が半数ずつ神経線維を組み替えて，後頭葉まで走行する。眼球から視交叉までを視神経，視交叉から外側膝状体までを視索，それ以降を視放線と呼ぶ。視交叉より前の障害では，片側の眼球のみに視野障害が生じるが，視交叉より後では，両側の眼球に同じ視野障害（半盲，4分の1半盲など）が発生するのが特徴である。視交叉の直接の障害では，外側性（両耳側）や中心性（両鼻側）の視野障害が出現することがある。
(長尾毅彦)

ジスキネジア〔dyskinesia〕　抗精神病薬によって生じる錐体外路系の副作用の一つで，頭部，四肢，体幹の不規則な不随意運動である。口部周囲のモグモグとした咀嚼様の運動として現れることが多い。臨床上問題になることが多いのは，抗精神病薬の長期間の服用により生じる遅発性ジスキネジアである。遅発性ジスキネジアは女性に多く，服薬期間が長いほど起きやすいとされ，ストレスにより悪化し，睡眠中は消失する。患者のQOL上深刻な問題である。その原因は，抗精神病薬の長期投与による，大脳基底核におけるドーパミン受容体の感受性亢進と考えられている。他の錐体外路系の副作用に対して有効な抗パーキンソン病薬は無効で，むしろ症状を悪化させる。遅発性ジスキネジアに対する有効な治療法は確立されていない。抗精神病薬の使用量を可能な限り減量する，起こしにくいとされる非定型抗精神病薬を使用する等が対応方法となる。　→錐体外路症状
(岡田純一)

次世代育成支援対策推進法〔平成15年法律第120号〕　2003年7月に公布された法律で，2015年までの時限立法である。2002年に政府によってまとめられた少子化対策プラスワンの考え方を下敷きにつくられたものである。これまで法的根拠がなかった子どもの計画が法制化されたことになる。この法律は，①地域における子育て支援，②母子の健康の確保，③教育環境の整

備、④子育てに適した居住環境の確保、⑤仕事と家庭の両立支援、の5項目の施策を計画的に推進することを目標にしている。そしてこうした施策を推進する方法として、すべての都道府県・市町村は2004年度中に地域行動計画を策定するとともに、従業員300人以上の一般事業主についても一般事業主行動計画を、また地方公共団体は特定事業主行動計画を策定することになっている。また事業主の計画策定を支援するため次世代育成支援対策推進センターを設置している。子育て支援の企業のコンプライアンス（企業責任）を明確にしようとした点に特徴がある。　→地域行動計画、少子化社会対策基本法

(西郷泰之)

施設介護サービス費　介護保険施設が提供する「施設サービス計画」に基づいたサービスに対して支給される「施設サービス等に要する費用」と「食事の提供に要する費用」の合計額のことである。「施設サービス等に要する費用」の額は、食事の提供を除く施設サービス等に要する費用（理美容代等日常生活に要する費用を除く）を、厚生労働大臣が定めた基準により算定し、その9割に相当する額である。「食事の提供に要する費用」の額は、厚生労働大臣が定める基準により算定し、平均的な家計の食費相当額を厚生労働大臣が標準負担額として定め、それを控除した額である。要介護被保険者の自己負担額は「施設サービス等に要する費用」の1割と標準負担額である。　→介護保険施設

(西岡修)

施設ケア　福祉サービスを必要とする人が社会福祉施設を利用（主に入所）して住居、保健、医療、生活、文化、社会参加等の包括的生活ニーズを充足するために受けるケアサービスを意味する。ノーマライゼーションやコミュニティケアの思想の導入とともに福祉の重点が施設福祉から在宅福祉へと移行している。そのようななか、今後、施設ケアは専門サービスや包括的な生活ニーズに対応できる長所を生かし、地域のなかで在宅ケアと連動した多元的な福祉サービス供給のための社会的役割が期待されている。　→在宅ケア

(五十嵐雅浩)

施設症〔hospitalism, institutionalism〕「ホスピタリズム」「インスティテューショナリズム」を日本では施設症として使われている。20世紀の初頭、アメリカの小児科医シャピン（Chapin, H. D.）によって乳児院や孤児院に収容されて育った乳幼児の罹病率・死亡率が異常に高いことが報告され注目されるようになった。長期間母親から離されて病院や施設で母親の情緒的交流を遮断されると、不活発、無表情・無関心などが出現し、精神・知能の発達も停滞する。精神科の領域では、施設症＝社会的入院を意味し、長期の入院で地域社会から隔離され、生育過程で獲得していた日常的習慣や能力が、環境からの適切な刺激がなく低下し、地域で生活していく不安から、症状は安定しているのに退院の意欲をなくしている状態をいう。統合失調症（精神分裂病）の患者に多くみられ、無気力、自発性の欠如、無関心と陰性症状とも関係するが、陽性症状が落ち着いた段階での早めのリハビリテーションプログラムへの取り組みや、地域で安心して生活できる社会資源や地域での支援体制の確保でなくすことができる人為的問題である。

(天野宗和)

施設の社会化　社会福祉施設が地域社会に「開かれた施設」となるための方策の一つ。公式に使用されたのは、1949年の全国社会事業大会においてであった。さらに1971年に中央社会福祉審議会答申「コミュニティと社会福祉」が出され本格的議論がなされ、1977年の「今後の老人ホームのあり方」答申が提起した「施設の地域開放」がその出発点となった。そして、施設は地域の福祉拠点として、社会福祉サービスの総合的展開の発進基地としての役割が期待されている。

(山口幸照)

慈善事業〔charity〕　慈善事業、感化救済事業、社会事業、そして社会福祉へと発展した社会福祉の歴史において、国家が施策として介入する前の段階で、教会が教区内の貧困者等を対象としていた事業（援助）を指す。もともとは、宗教的な理念（特にキリスト教）に基づく救済事業のことを指していたが、次第に宗教性を伴うかどうかにかかわらず、自主的・自発的な救

済事業全般を指すようになった。国家が社会福祉を施策として介入するシステムができてからは、施策だけでは不十分な部分の補完や代替をする機能を担っていた。　→感化救済事業

(吉田直美)

自然人　⇨法人／自然人

慈善組織協会〔Charity Organization Society：COS〕1869年、イギリスのロンドンにおいて、各地域でバラバラに展開していた慈善活動をとりまとめることと、それまでの慈善事業による救済の漏れや重複をなくすことを目的として、慈善事業の組織化や救済の適正化を図るために設立された民間慈善組織である。のちにこの慈善組織化運動はアメリカをはじめ世界に広がったが、1877年のバッファロー慈善組織協会の設立以降は、むしろアメリカで発展した。慈善組織協会の援助活動は、今日のケースワークやコミュニティワークの先駆的な実践だったともいわれている。当時のイギリスは、資本主義社会として発展し、「世界の工場」とまでいわれるような繁栄を享受していた反面、失業・貧困による生活困窮者は増加の一途をたどり、貧困問題が顕在化していった。当時は1834年成立の新救貧法の下で、貧困者への救済は、ワークハウス（労役場）への収容以外はきわめて制限された「院外救済」であり、私的な慈善活動が恣意的にそれを補っていたのが実情であった。そういった状況のなかで、慈善組織協会は、地区委員会を設置し、個別面接調査、救済内容の認定、他機関への紹介、処遇の決定、訪問活動、慈善事業相互の連携等を行った。個別調査の実施と慈善団体間の連絡・調整を図り、貧困者に対してその自立を促すための友愛訪問（個別訪問）を実施した。しかしながら、貧困の原因によって「救済するに値する」貧民と「救済に値しない」貧民に分け、前者には救済の手を差し伸べ、後者を救済の対象外にするなど、救済にあたっては道徳主義的な価値観を根強く残していた。　→友愛訪問、ケースワーク、コミュニティワーク

(吉田直美)

事前評価　⇨アセスメント

自然法　人間社会において何らの支配・統制を受けない自然状態を想定し、人間が自由かつ平等な存在であるととらえた上、これら人間の自由意思による社会契約によって国家・社会が形成されるとする法思想をいう。中世における神学的束縛から脱却した近世啓蒙思想家によって展開された。グロチウス（Grotius, H.：1583-1645）によって主張され、ホッブス（Hobbes, T.：1588-1679）、ロック（Locke, J.：1632-1704）、ルソー（Rousseau, J. J.：1712-1778）らに受け継がれた。

(登坂真人)

自尊　⇨セルフエスティーム

肢体不自由児施設　医療法に基づく病院としての機能を有し、必要な医療を行うとともに、機能訓練、日常生活の指導等を行う肢体不自由児のための医療・療育の場。一般病棟のほか、一部施設は重度病棟や通園部門、母子入園部門を併設している。家庭・地域での療育が主流となり施設数は減少傾向にある。同様に診療所機能を有し、就学前の肢体不自由児の療育を通所にて行う施設を肢体不自由児通園施設という。両施設とも重度・重複障害児の利用が増加している。また肢体不自由児施設等で医療・療育の必要性はないが、事情があり家庭での養育が困難な肢体不自由児を入所させ、これを保護するとともに必要な知識・技能を与える施設を肢体不自由児療護施設という。　→児童福祉施設

(古山明子)

肢体不自由児・者　上肢・下肢および体幹の機能障害、乳幼児期以前の非進行性の脳病変による運動機能障害を肢体不自由という。先天性（出生時損傷等）と後天性（事故等）に分けられ、骨・関節疾患や筋疾患、末梢神経疾患、中枢神経疾患がある。近年、肢体不自由者は脳血管障害、肢体不自由児（18歳未満）は脳性麻痺による原因が多く、特に肢体不自由児は重度・重複化している傾向がある。対策はリハビリテーションによる機能の再学習、乳幼児から学童期までは保育・教育を含めた発達援助が行われる。さらにハンディキャップを軽減するために一人ひとりの生活のリズムや様式に合わせた福祉サービス等の支援を行い、その人に合った生活を可能にし、介護者の負担を軽減していく。

肢体不自由者更生施設　肢体不自由者を入所させて、その更生に必要な治療または指導を行い、およびその更生に必要な訓練を行う施設。障害の程度のいかんに関わりなく、相当程度の作業能力を回復しうる見込みのある人を対象としている。入所期間は1年。個別的な施設支援計画と実施方法により、比較的短期に指導訓練を行うことが肝要とされている。身体障害者更生施設のなかの一つである。　→身体障害者更生施設
（古山明子）

私宅監置　日本の精神障害者の処遇に関する衛生行政の最初は、1874年の癲狂院の設立に関する規定であったが、設置は進まず、精神病者の大多数は、土蔵や住宅内に設けられた座敷牢に収容されていた。明治政府は、相馬事件の影響や諸外国と結ばれた不平等な通商航海条約の改正に向けて開港する港の治安を守るために、1900年精神病者監護法を制定し、無秩序な私宅監置でなく「監護義務者しか監置できない」「監置には行政庁の許可が必要」「医師の検診の義務づけ」など法律上の監督や保護を規定した。しかし、医療上の保護には何ら触れなかった。1918年、呉秀三は「精神病者私宅監置ノ実況及ビ其統計的観察」の報告書に「我邦十何万ノ精神病者ハ実ニ此病ヲ受タルノ不幸ノ他ニ、此邦ニ生レタルノ不幸ヲ重ヌルモノト云フベシ」と書き記しその悲惨さを訴えた。精神病者監護法の私宅監置は1950年の精神衛生法制定まで続けられた。　→座敷牢，精神病者監護法　（天野宗和）

自治事務　地方公共団体が処理する地域事務のうち、法定受託事務以外の事務をいい（地方自治法第2条第2項、同条第8項）、従来の公共事務（固有事務）・団体委任事務・行政事務等がこれに当たる。また、従来の機関委任事務は廃止され、自治事務と法定受託事務に振り分けられている。地方自治法の定義からすると、自治事務の範囲は地方自治体が処理する地域事務から法定受託事務を除いたものと言うほかない。法定受託事務は、法律等によって都道府県・市町村・特別区が処理するとされる事務のうち、国が本来果たすべき役割に係るものであり、国においてその適正な処理を特に確保する必要があるとして定められたもの（第1号法定受託事務）（第2条第9項第1号）、および法律等によって市町村・特別区が処理するとされる事務のうち、都道府県が本来果たすべき役割に係るものであり、都道府県においてその適正な処理を特に確保する必要があるとして定められたもの（第2号法定受託事務）（第2条第9項第2号）とされている（法定受託事務の具体的内容は、地方自治法別表第1および第2参照）。自治事務は、これら以外の地方自治体が自主的に処理することのできる地域事務であるが、公共的なサービス事業（水道・清掃・交通・学校等）、各種保険事業など広範囲に及んでいる。　→法定受託事務
（登坂真人）

視聴覚障害者情報提供施設　身体障害者福祉法の第34条に基づき設置されている。「点字刊行物，視覚障害者用の録音物，聴覚障害者用の録画物その他（中略）専ら視聴覚障害者が利用するものを製作し，若しくはこれらを視聴覚障害者の利用に供し，又は点訳（中略）若しくは手話通訳等を行う者の養成若しくは派遣」を行う施設である。　（田中邦夫）

市町村障害者社会参加促進事業　1996年から市町村における障害者の社会参加を促進するための基幹的な事業として「市町村障害者社会参加促進事業」が実施されてきたが、2003年に新たに「バリアフリーのまちづくり活動事業」を統合するかたちで改正された。第一に基本事業として、地域生活支援事業、情報支援等事業、移動支援事業、スポーツ、芸術活動等振興事業、広域実施連絡調整事業があり、第二にリフト付福祉バス運行事業、第三にバリアフリーのまちづくり活動事業がある。なお、本事業は、障害者にとって最も身近な市町村においてノーマライゼーションの理念の実現に向けて、障害者の需要に応じた事業を実施することによって、障害者の自立と社会参加の促進を図ることを目的としている。　（伊東秀幸）

市町村障害者生活支援事業　地域において生活支援を必要とする身体障害者およびその家族等を対象として、在宅の障害者の自立と社会参

加を促進することを目的としている。事業の内容としては、情報提供や各種機関の紹介、在宅福祉サービスの利用援助、社会生活力を高めるための支援、ピアカウンセリング等である。実施主体は、**市町村**（特別区を含む）であるが、必要に応じて事業の全部または一部を他の地方公共団体、社会福祉法人、NPO法人等に委託することができる。本事業は、1996年度より開始されているが、2003年度より一般財源化されている。　　　　　　　　　　　　　（伊東秀幸）

市町村相互財政安定化事業　介護保険財政の安定化を図るために、複数の市町村が全体の収支が均衡するように共通の調整保険料率を設け、その調整保険料率で1号保険料を徴収したとして、費用額と差し引きして余剰額の出る市町村から不足額の出る市町村に財源を移転し、相互に財政調整を行う事業である。財政調整の対象となる費用額は、介護保険の給付費額（市町村の独自事業分を除く）、財政安定化基金への拠出金および財政安定化基金からの借入金の返還費用である。　→介護保険制度　（北場勉）

市町村地域福祉計画　市町村を単位とする社会福祉に関する総合的な地域計画である。近年の少子高齢社会の到来による福祉サービスの需要の増加、ニーズの多様化、さらに地方分権の推進、住民参加の高まりなどを受けて、2000年6月に改称された社会福祉法第107条に規定されており、2003年度から施行された。計画策定における住民の参画が重要視されており、社会福祉の領域だけでなく、医療・保健、住宅、交通、教育、生涯学習、産業振興などの関連領域との連携のあり方が問われる。　→地域福祉計画、都道府県地域福祉支援計画　（宮城孝）

市町村福祉事務所　生活保護法、児童福祉法、身体障害者福祉法、知的障害者福祉法、老人福祉法、母子及び寡婦福祉法の福祉六法に定められた援護・育成・更生の措置に関する事務を行う行政機関。1951年社会福祉事業法（現・社会福祉法）の制定により設置が規定され、市は必置義務を負い、町村は任意に設置できるとなっている。福祉事務所には福祉事務所長のほか、査察指導員、現業員、事務職員が置かれる。　→福祉事務所、都道府県福祉事務所（並木麻理子）

市町村保健センター　住民に対して健康相談、保健指導および健康診査、その他地域保健に関し必要な事業を行うことを目的とする施設。保健所法を抜本的に改正した「地域保健法」の成立（1994年）で、市町村保健センターは法的に位置づけられた。保健所と市町村の役割分担によって設置されたもので、1990年の福祉関係八法改正では市町村の役割の重視と権限の移譲によって、保健と福祉の第一次的な機能が市町村に一本化された。市町村は住民が必要とする、母子、高齢者はもとより障害児・者（精神障害を含む）の利用頻度の高い保健・福祉サービスを、身近な市町村で一元的に提供できるよう市町村保健センター等で実施している。
　　　　　　　　　　　　　　　（野川とも江）

失業の認定　雇用保険法において、保険の受給資格者が基本手当を受給するためには、原則として公共職業安定所に出頭して、求職の申し込みを行い、さらに4週間に一度出頭をして失業の認定を受けなければならない（雇用保険法第15条）。したがって、失業の認定とは、雇用保険法において、「被保険者が離職し、労働の意思及び能力を有するにもかかわらず、職業に就くことができない状態にあること」（第4条第3項）を公共職業安定所長が確認する行政行為である。　　　　　　　　　　　（辻村昌昭）

失業保険制度　⇨雇用保険制度

実験的観察　経験的・実証的な研究の基本的な方法は、観察である。自然な状態で子どもの観察を行う場合と違って、実験的観察では観察者が子どもに何らかの働きかけを行い、その効果を観察する。例えば、子どもに問題の解き方を教えたグループ（実験群）と教えないグループ（統制群）とをつくって、テストの結果を比較する。もし、実験群のほうが高い得点を得たなら、「教える」という働きかけは効果があったと見なされる。精度の高い観察結果を得るためには、実験群と統制群が同質的な子どもたちから構成されるような工夫（マッチングやランダマイゼーション）、実験デザインの工夫（事前事後デザインや逐次実験法など）が必要になる。

(足立自朗)

執行停止 行政庁の違法または不当な処分その他公権力の行使に当たる行為に関して，国民が不服申し立て等をした場合，その処分等の執行を停止することをいう。この不服申し立てに関する法律が行政不服審査法であるが，同法は審査請求等に執行停止の効力を認めていない（第34条第1項，第48条）。これは，審査請求等の濫用によって事務処理が不当に滞ることを防止する趣旨であるが，行政庁の執行等が行われた場合，審査請求人等の利益を損なうおそれもある。このため，同法は，審査請求人等の実質的な利益を護るため，必要があると認めるときは，申し立てまたは職権によって，処分の効力・処分の執行等を停止することができると定める（第34条第2項，第48条）。　→行政不服審査制度
(登坂真人)

失語症 高次脳機能のうち，言語の理解，発語に関する機能が障害された状態。舌や喉の障害による発声障害（構音障害），聴覚障害は含めない。言語中枢の存在する優位半球の障害でのみ生じ，右利きの人ではほとんどが左半球の損傷で出現する。自分の考えたことは言葉になるが他人の会話が理解できない感覚性（流暢性，ウェルニッケ）失語と，他人の会話は理解可能だが自分の思ったことが言葉にならない運動性（非流暢性，ブローカ）失語が代表的である。感覚性失語は優位半球側頭葉，運動性失語は優位半球前頭側頭葉の障害で起こることが多い。両部位を含む，広範な障害では両者が重なる全失語となる。通常，知的・判断能力の障害は伴わず，痴呆とは異なることに注意すべきである。→高次脳機能
(長尾毅彦)

失踪宣告 従来の住所等を去った者（不在者という）の生死不明が一定期間継続した場合，法律関係を確定するために不在者が死亡したものとみなす制度をいう（民法第30条以下）。不在者の生存が証明された最後のときから7年間（第30条第1項），戦地に臨んだ者や船舶の沈没その他危難に遭った者については，これらの危難が去った後1年間（同条第2項）を経過したときは，利害関係人の請求によって，家庭裁判所が審判によって失踪宣告をすることができる。
(登坂真人)

実地指導 精神保健福祉法第38条の6の規定および「精神病院に対する指導監督等の徹底について」（平成10年3月3日障第113号・健政発第232号・医薬発第176号・社援第491号）に基づき，厚生労働大臣または都道府県知事（指定都市の市長）が行う精神病院に対する報告徴収と立ち入り検査をいう。目的は，精神病院の運営や患者への治療，処遇が精神保健福祉法等に基づいて適切に行われているかを調査するものであり，不適切な内容が見受けられたときには，改善命令が出される。必要と判断した場合はいつでも監督権を発動し実地指導を行うことができるが，通常は都道府県知事（指定都市の市長）の監督権により年1回定期的に行われている。厚生労働大臣の監督権は，都道府県（指定都市）の枠を超えて生じた問題や重大な問題等特例的な場合に発動される。　→実地審査
(大野和男)

実地審査 精神保健福祉法第38条の6の規定および「精神病院に対する指導監督等の徹底について」（平成10年3月3日障第113号・健政発第232号・医薬発第176号・社援第491号）に基づき，厚生労働大臣または都道府県知事（指定都市の市長）の指定した精神保健指定医によって行われる措置入院者および医療保護入院者等，入院患者に対する精神病院での立ち入り診察のこと。目的は，これらの入院者が症状に照らして適切な診断のもとに適切な治療を受けているかどうかを調査するものであり，不適切な場合は厚生労働大臣および都道府県知事（指定都市の市長）は精神病院の管理者に対して退院命令をすることができる。必要と判断した場合にはいつでも監督権を発動して実地審査を行うことができるが，通常は都道府県知事（指定都市の市長）の監督権により年1回定期的に行われている。厚生労働大臣の監督権は，都道府県（指定都市）の枠を超えて生じた重大な問題等特例的な場合に発動される。　→実地指導
(大野和男)

質的データ／量的データ〔qualitative data／

quantitative data〕　社会科学や人文科学等で扱われるデータの性質は，例えば所得や身長・体重等のように数量として表されるデータと，例えば政策に対する「賛成」「反対」とか「高卒」「大卒」といった学歴などのように（一般的には）数量では表現できない質的データに分けられる。質的データも，例えば「賛成」は「1」，「反対」は「2」というように機械的に数値を割り当てて擬似的な数量データとして扱うことも不可能ではない。しかしその場合には，同じ数値であっても，数量データでいう1と質的データに割り振られた1では，その意味が大きく異なることに留意しておく必要がある。統計学的な分析方法も，それぞれのデータの性質に応じた方法が開発されている。　→社会調査

(和田修一)

実費控除　生活保護の勤労控除の一つ。通勤費，所得税，社会保険料など勤労に伴う必要な実費を控除するもの。その他，学童保育の利用料金など就労に伴う児童の託児費，国民年金の受給権を得るために必要な任意加入保険料，労働組合費などが認められる。　→勤労控除

(敦賀弘恵)

疾病性　⇨事例性／疾病性

指定医療機関　心神喪失者等医療観察法に基づき，地方裁判所の審判により入院または通院による医療を受けさせる旨の決定を受けた者に対して円滑な社会復帰を促進するため，厚生労働大臣が委託して必要な医療を行わせる医療機関である。診療方針および診療報酬は，健康保険の例のほか厚生労働大臣の定めるところによるが，医療保険は適用されず，国費によって支払われる。指定医療機関の管理者は，厚生労働省令により常勤の精神保健指定医を置かなければならず，精神保健指定医は入院を継続して医療を行う必要があるかどうかの判定，入院している者に対する不適当な処遇について改善のために努力する等の職務を行う。また指定医療機関の管理者は，保護観察所長との連携の下に，医療を受ける者の社会復帰の促進を図るため相談援助を行い，保護者および保健・医療・福祉に関する機関との連絡調整に努めなければならない。指定医療機関のうち入院による医療を行うものを指定入院医療機関，入院によらない医療を行うものを指定通院医療機関という。　→心神喪失等の状態で重大な他害行為を行った者の医療及び観察等に関する法律，指定入院医療機関，指定通院医療機関

(佐藤三四郎)

指定居宅サービス事業者　介護保険（制度）において，サービスごとに定められる基準に基づき都道府県知事が指定する事業者。被保険者が居宅サービス費の支給を受けるためには，指定居宅サービス事業者から指定サービスを受ける必要がある。多様なサービス供給主体の参入によるサービスの量的拡大と質的向上を図る介護保険では，一定の基準を満たした居宅サービス事業者が都道府県知事の指定を受ける。事業者の指定の要件としては，法人格を有していること，人員基準や設備・運営基準等を満たしていること等が求められる。都道府県知事は，指定居宅サービス事業者等に対して，報告の徴収，設備・帳簿書類等の検査や指導監督等を行える。なお，離島等，保険取扱事業者の確保が困難な地域では，指定の基準を満たさない事業者の利用を受けた場合であっても，保険者が特に認めた場合は，給付の対象となる（介護保険法第41条，第70条～第78条）。

(早坂聡久)

指定試験機関／指定登録機関　精神保健福祉士になるためには，厚生労働大臣が実施する精神保健福祉士試験に合格し，厚生労働省に備える精神保健福祉士名簿に登録される必要があるが，公的規制の緩和の観点から，精神保健福祉士法第10条および第35条により，厚生労働大臣は，試験および登録の実施に関する事務を，指定試験機関および指定登録機関として，公益法人に行わせることができることとされている。社会福祉士，介護福祉士と同じく，両機関をあわせて，社会福祉振興・試験センターが指定されている。　→精神保健福祉士法，社会福祉振興・試験センター

(佐藤三四郎)

指定通院医療機関　心神喪失等の状態で重大な他害行為をした者の審判により，継続的な医療を行うために入院によらない医療を受けさせる旨の決定にしたがって通院させる医療機関で

ある。厚生労働省令で定める基準に適合する病院、診療所または薬局について、その開設者の同意を得て、厚生労働大臣が指定する。管理者は、通院医療を受けている者について、精神保健指定医による診察の結果、医療の終了、入院または通院期間の延長を要すると認められるときは直ちに保護観察所長に報告しなければならない。　→心神喪失等の状態で重大な他害行為を行った者の医療及び観察等に関する法律，指定医療機関　　　　　　　　　　（佐藤三四郎）

指定登録機関　⇨指定試験機関／指定登録機関

指定入院医療機関　心神喪失者等医療観察法に規定される指定医療機関のうち、入院による医療を担当する医療機関である。厚生労働省令で定める基準に適合する国，都道府県または特定独立行政法人が開設する病院の全部または一部について、その開設者の同意を得て、厚生労働大臣が指定する。指定入院医療機関の管理者は、精神保健指定医の診察の結果、入院者が対象行為を行った際の精神障害を改善し、これに伴って同様の行為を行うことなく、社会復帰を促進するために入院による医療を継続する必要が認められなくなった場合は、保護観察所長の意見を付して、直ちに地方裁判所に対して退院の許可の申し立てを行わなければならない。一方、入院による医療を継続する必要があると認められる場合は、入院の決定から6か月が経過する日までに、地方裁判所長に対して入院継続の確認の申し立てをしなければならない。指定入院医療機関の管理者は、入院している者を医学的管理の下に外出または外泊させることができる。また、指定入院医療機関の管理者は、保護観察所と連携し、社会復帰の促進を図るため、入院者の相談援助および関係機関等との連絡調整を行わなければならない。入院者の行動制限については、精神保健福祉法と同様である。入院者、その保護者または付添人は、処遇改善請求を厚生労働大臣に対して行うことができ、その審査は社会保障審議会において行われる。退院については、厚生労働大臣に対する請求ではなく、地方裁判所に対する退院の許可または医療の終了の申し立てによって審判が行われる。→心神喪失等の状態で重大な他害行為を行った者の医療及び観察等に関する法律，指定医療機関　　　　　　　　　　（佐藤三四郎）

指定病院　精神保健福祉法では、厚生労働大臣の定める基準に従って、2人以上の精神保健指定医の診察の結果、医療および保護のために入院させなければ自傷他害のおそれがあると認められた精神障害者を、都道府県知事の権限で入院させることができ、それを措置入院という（第29条）。その措置入院者を入院させて適切な治療を行える設備を整えている施設として、「指定病院」がある。都道府県知事は、①国、②都道府県、③都道府県が設立した地方独立行政法人、④都道府県と都道府県以外の地方公共団体が共同で設立した地方独立行政法人、以外の者が設置した精神病院であって、厚生労働大臣の定める指定基準に適合するものの全部または一部を、その設置者の同意を得て、「指定病院」として指定することができる（第19条の8）。都道府県知事は、その厚生労働大臣の指定基準に適合しなくなったとき、指定病院の運営方法等が不適当であると認めたときは、指定を取り消すことができる（第19条の9）。また、応急入院者等に対して診療応需を整えている施設として、「応急入院指定病院」がある。　→措置入院　　　　　　　　　　　　　　（秋山聡美）

私的年金　個人が任意で保険会社などと契約する個人年金や、民間の企業・団体が主体となり、その従業員や会員などに対し自主的に提供する年金の総称。社会保障制度の一環として強制加入で実施される基礎年金や厚生年金などの公的年金に対する概念。老後の基礎的な生活費は公的年金で保障されるのが原則だが、私的年金には、より豊かな老後生活を可能にするための「上積み機能」や、退職後に公的年金の満額支給が始まるまでの「つなぎ機能」が期待されている。個人年金には、保険会社のプランのほか、郵便局の簡易保険などの保険型と、信託銀行・銀行・証券会社などの貯蓄型とがある。また、企業年金の代表例としては、厚生年金基金や税制適格年金（適格退職年金）があるが、こ

れら企業年金のあり方は大きな変革期を迎えている。　→私的保険，日本型401k年金
(菅谷広宣)

私的保険　社会保険などの公的保険に対する概念。公的政策の実現手段であるか否かに着目すれば，保険は公保険と私保険に分かれる（保険にはほかにもさまざまな視点の分類がある）が，これは必ずしも公営と民営の違いではない。民営化が議論になっている郵便局の簡易保険は，民間保険と競合する関係にあり，公社によって運営されていながら私保険に分類される。逆に自賠責保険（自動車損害賠償責任保険）は民間保険会社が行っていても公保険に属するし，公保険である社会保険においても，組合管掌健康保険などのように，民間に運営をまかせている場合もある。また，厚生年金基金や国民年金基金は，公的な性格を帯びながらも，私的年金に分類される。このようなことから，公保険・私保険に類似しながらも，公的保険・私的保険という用語が使われる。　→私的年金
(菅谷広宣)

史的唯物論　歴史的な社会変動が人間生活の物質的な条件によって基本的に決定されるとする理論的・思想的立場。マルクス(Marx, K. H.)らによって体系化され，その後の社会主義思想において展開された。史的唯物論によれば，人々が物質的に自然に働きかける力である生産力と，労働の過程で人間の間に生じる生産関係とによって構成される下部構造（土台とも呼ばれる）が，社会構造の基底に存在する。また，法制度，政治制度や文化，社会意識などは上部構造と呼ばれ，下部構造によってその基本的性格が決定される。社会変動は，生産力の発展が生産関係と照応しなくなることによって，支配階級と被支配階級との階級闘争が生じるためにもたらされるとされる。
(田渕六郎)

児童委員　児童委員は民生委員と兼務で，おのおのが担当区域をもっている。任期は3年で2003年3月末の定数は22万6727人（主任児童委員含む）である。児童福祉法第12条に基づく補助機関で，その職務は同法第12条の2に，活動内容は「児童委員の活動要領」にまとめられている。児童・妊産婦・母子家庭等の福祉についての行政協力と，自主的な活動に分かれる。具体的には，①実情の把握と記録，②相談・援助，③児童健全育成のための地域活動，④意見具申，⑤連絡通報，⑥児童虐待への取り組みなどがある。なお，女性児童委員を中心とした子どものための活動として「心豊かな子どもを育てる運動」がある。1994年1月に児童委員活動を促進するために，主任児童委員が発足し，児童委員のうちから厚生労働大臣が指名する。担当区域をもたない委員で民生委員活動は軽減されている。連絡調整や担当区域をもつ児童委員とチームで子どもや家庭の問題にあたり，児童健全育成活動等も行う。2003年3月末で2万197人が委嘱されている。　→民生委員制度
(西郷泰之)

児童育成計画　地方自治体（都道府県や市町村）の策定する子どもと家庭の総合的計画を指し，こうした計画策定の促進のため1995年の厚生省児童家庭局育成環境課長通知「児童育成基盤整備等推進事業の実施について」による国庫補助事業も行われた。一般に「地方版エンゼルプラン」とも称され，1994年策定のエンゼルプラン，1999年に策定された新エンゼルプランなど国の少子化対策のためのプランに対応する都道府県や市町村の計画である。1995年には厚生省児童家庭局長通知「児童育成計画策定指針について」が出され，保育サービスを中心とした計画策定のためのガイドラインが示されている。2000年現在，全国で約3分の1の自治体=1196の自治体で策定されている。とりわけ北海道・岩手県・埼玉県・静岡県・兵庫県・島根県・山口県などでは50を超える市町村で策定されるなど，いわばエンゼルプラン先進県といえる。問題点としては，①分野別のプランや既存事業を集めたものにとどまり総合性や発展性が確保されていないこと，②結果的に保育分野中心のプランになってしまっていること，③法的根拠がないこと，④要養護児童分野への取り組みが弱いこと，などが挙げられる。また，この計画の後継計画として次世代育成支援対策推進法に基づく地域行動計画（2005年度からの10年計

画）がある。　→重点的に推進すべき少子化対策の具体的実施計画について（新エンゼルプラン）
（西郷泰之）

児童家庭支援センター　1997年の児童福祉法の改正で新たに設置された児童福祉機関で，児童福祉法第44条の2にその規定がある。地域の身近な相談機関として，児童養護施設等に附置させるかたちで児童家庭支援センターが設置されることになった。2002年度より児童家庭支援センター運営モデル事業が始められ，中核市等の地方公共団体が設置・運営の主体となり，障害児施設を除く児童福祉施設と連携のとれる範囲に設置することが試行的に実施されている。予算上の積算では2000年度中に全国に40か所設置される予定であったが2002年度末にはじめて40か所に達する状況で，伸び悩んでいる。1998年の児童家庭支援センター設置運営要綱に基づき常勤1名，非常勤2名体制で運営されている。
（西郷泰之）

児童期　一般的に小学校在学中の6年間を意味する。この時期の特徴としては，第一に学校生活が子どもにとって大きな位置を占めるようになり，そこで知的学習や運動技能の習得が行われること，第二に親子の関わりが中心的であった幼児期から脱し，学校での教師との上下関係を構築し，さらには学年を経るにつれて仲間集団での相互関係，友人関係へと展開していくこと，そのなかで対人関係スキルや自分らしさを身につけていくこと，第三に幼児期の自己中心性から脱し，社会性を身につける時期であり，道徳性，価値基準がより高次のものへと発達する時期であること，と考えられる。ピアジェ（Piaget, J.）による認知発達的視点から見ると，具体的操作の段階にあたる。つまり自己中心的段階から脱中心化が図られ，知覚の変化にまどわされず直感に頼らない思考の時代へと入るのである。精神分析による発達理論の視点から見ると，児童期は潜伏期にほぼあたる。つまり子どもの性的関心が知的・社会的関心へと取って代わる時期であり，これは第二次性徴とともに再び性的関心が表面化するまで続くことになる。エリクソン（Erikson, E. H.）の心理社会的発達理論によれば，潜伏期は第四期「勤勉対劣等感」の時期にあたる。つまり自分の所属する社会において知識や技能を習得し，その生産性において勤勉であることが望まれ，そこで有能感が得られない場合は劣等感にさいなまれる時期という特徴を有している。
（堀田香織）

児童虐待　児童の心身の成長および人格の形成に重大な影響を与える権利侵害である。その定義は，児童虐待の防止等に関する法律第2条に詳しいが，保護者がその監護する児童について，①身体的虐待：児童の身体に外傷が生じ，または生じるおそれのある暴行を加えること，②性的虐待：児童にわいせつな行為をすることまたは児童をしてわいせつな行為をさせること，③ネグレクト：児童の心身の正常な発達を妨げるような著しい減食または長時間の放置等，その他の保護者としての監護を著しく怠ること，④心理的虐待：児童に対する著しい暴言または拒絶的な対応等，その他著しい心理的外傷を与える言動を行うこと，をすることである。「大人の子どもへの不適切な関わり」を意味する，虐待より広い概念の「マルトリートメント（maltreatment）」もよく使われる。児童虐待は，家族が抱える社会的・経済的・心理的・精神医学的な諸要因が複合して起きやすい。児童虐待に対応する中核機関は児童相談所であり，2002年度の虐待相談処理件数は2万3738件であり近年急増している。児童相談所が虐待の通告等を受理したときは，地域の関係機関と緊密な連携を図りながら迅速・的確に対応しなければならない。情報を収集し，子どもの安全確認を行い，緊急保護の要否判断等を行い，必要な場合は一時保護を行う。さらに，調査・心理検査などを踏まえ，子どもにとって最善の処遇を決定し（判定），その上で処遇を行う（在宅指導，施設入所措置や里親委託など親子分離，機関の斡旋など）。親権者の同意が得にくい場合等においては，立入調査や都道府県児童福祉審議会の意見聴取，家庭裁判所に対する措置の承認の申し立て，親権喪失宣告申し立てなども行われる。今後の課題は，啓発活動のさらなる強化，早期発見・早期対応のための通告義務の周知徹底，

緊急対応が可能な援助体制の整備・強化、関係する機関の役割分担と協力協働体制の強化、児童相談所や児童福祉施設の職員の資質や専門性の向上、被虐待児の心のケアができる体制の整備、虐待をする保護者の指導・援助や家族再統合を支援する仕組みづくり、子育て支援策の充実（虐待予防）、地域ネットワークの形成等である。　→性的虐待，ネグレクト　　（大島道子）

児童虐待の防止等に関する法律〔平成12年法律第82号〕　児童虐待が深刻な社会問題となったことを受けて、児童の人権を著しく侵害し、心身の成長および人格の形成に重大な影響を与えるとともに、我が国における将来の世代の育成にも懸念を及ぼすことにかんがみ、児童虐待を禁止し、児童虐待の予防および早期発見、その他の児童虐待防止に関する国および地方公共団体の責務や、虐待を受けた児童の保護および自立支援のための措置を明確にするために制定された法律である（第1条）。児童虐待とは、保護者（親権者その他児童を現に監護する者）がその監護する児童について、①児童の身体に外傷が生じ、または生じるおそれのある暴行を加えること、②児童にわいせつな行為をすることまたは児童をしてわいせつな行為をさせること、③児童の心身の正常な発達を妨げるような著しい減食または長時間の放置、保護者以外の同居人による①②④の行為と同様の行為の放置、その他保護者としての監護を著しく怠ること、④児童に対する著しい暴言または著しく拒絶的な対応、児童が同居する家庭における配偶者に対する暴力、その他の児童に著しい心理的外傷を与える言動を行うことであり（第2条）、このような児童虐待が禁じられることが明確にされた（第3条）。　　　　　（登坂真人）

児童居宅介護等事業　児童居宅生活支援事業の一つで、身体に障害のある児童または知的障害のある児童に対して、入浴、排泄、食事等の介護、調理、洗濯、掃除等の家事ならびに相談、助言等を行うホームヘルプサービス事業。また、障害児・知的障害者ホームヘルプサービス事業の対象は、児童福祉法では身体障害または知的障害のある児童、知的障害者福祉法では18歳以上の知的障害者と位置づけている。いずれも実施主体は市町村。なお心身障害児（者）ホームヘルプサービス事業にかわって、2000年度から障害児・知的障害者ホームヘルプサービス事業が実施され、重度者から中軽度者にまで対象が拡大された。知的障害者のサービスとして外出時における移動の介護が含まれる等、一人暮らしの本人も支援できることとした。　→児童居宅生活支援事業，知的障害者居宅介護等事業
　　　　　　　　　　　　　　　（淺沼太郎）

児童居宅生活支援事業　社会福祉法第2条に規定される第二種社会福祉事業で、①児童居宅介護等事業、②児童デイサービス事業、③児童短期入所事業、をいう（児童福祉法第6条の2，2002年改正）。さらに、④障害児相談支援事業、⑤児童自立生活援助事業、を加えて児童居宅生活支援事業等という。①〜④は障害のある児童対象の在宅福祉サービス、⑤は自立支援事業である。①は児童居宅介護（家庭で入浴・排泄・食事等の介護その他日常生活を営むのに必要な便宜）を提供する事業、②はデイサービスを提供する施設において、日常生活の基本的な動作の指導、集団生活への適応訓練等を提供する事業、③は家庭介護が一時的に困難となった場合、施設等に短期間入所させて必要な保護を提供する事業、④は情報の提供や助言、関係機関等への連絡調整等を総合的に行う事業、⑤は義務教育を終了した児童福祉施設退所児童等の自立支援のために、共同生活を営む住居において、日常生活上の援助・生活指導を行う事業である。①〜③は、2003年4月1日より支援費制度に移行し、居宅生活支援費等が支給されている。④⑤は従来どおり措置制度。　→支援費制度
　　　　　　　　　　　　　　　（大島道子）

児童憲章　内閣総理大臣が召集した児童憲章制定会議で策定され、1951年5月5日のこどもの日に制定された。当時の首相吉田茂はこの憲章を「おとな自身の道義的約束であり、社会的協約でもある」と説明している。前文では「児童は、人として尊ばれる」「児童は、社会の一員として重んぜられる」「児童は、よい環境のなかで育てられる」と述べ、現在でも通用する普遍

性を有する憲章となっている。わが国における児童の権利を保障する重要な取り組みの一つである。しかし、「（大人によって）〜される」権利＝受動的な権利の保障というアプローチにとどまり、「（子どもが）〜する」権利＝能動的な権利の視点はみられない。　　　　（西郷泰之）

児童健全育成　児童福祉法第1条「児童が心身ともに健やかに生まれ、且つ、育成される」にもみられるように、一般的に行政用語として子ども家庭福祉や非行対策分野で目的概念として多用されてきた言葉である。しかし、1993年に厚生省児童家庭局長の私的諮問機関「子ども未来21プラン研究会」が、子どもを一定の方向に導く側面のみを強調する現在の概念上の問題性を指摘し、子どもの自己実現に向けた新しい概念の確立が望まれているところである。今後は、子ども家庭福祉の目的概念＝児童健全育成は発達段階を踏まえたウェルビーイング（well-being）の実現であり、その内容は身体的・知的・情緒的・社会的な面で権利保障がなされ自己実現が図られることであることが認識されなければならないとともに、新しい用語の検討も肝要となろう。近年、子どもが「成長し育つ」という子どもの主体性を基本に、大人がそれを「支援」するという意味あいを込めた「子どもの成育支援」という言葉も使われ出している。
（西郷泰之）

児童厚生施設　児童福祉法第40条に規定され、児童に健全な遊びを与えて、その健康を増進し、または情操をゆたかにすることを目的とする施設である。すなわち地域の子どもの成育支援のための施策の柱となっている施設である。児童厚生施設は屋内型として児童館、屋外型として児童遊園が代表的なものである。児童館は2003年3月末現在4655館ある。「児童館の設置運営要綱」に基づいて運営指導されている。コミュニティ児童館（地域児童健全育成施設）、小型児童館、児童センター、大型児童センター、大型児童館（A型・B型・C型）の五つの形態がある。都市部に多く設置され、児童館が全くない市町村も約半数に上る。一般に子どもの遊び場としてのイメージが強いが、機能は在宅サービス開発機能、在宅サービス供給機能、地域活動センター機能の三つをもつ児童福祉施設である。一方、児童遊園は幼児を主な対象とした小規模な公園であるがあまり有効に活用されず、その存在意義が問われている。児童厚生施設に勤務する専門職を児童厚生員という。しかし1997年の児童福祉法の改正に伴う1998年の児童福祉施設最低基準の改正で「児童の遊びを指導する者」となり、職名が省令上廃止になっている。　→児童福祉施設　　　（西郷泰之）

児童指導員　児童福祉施設最低基準第42条に規定され、児童の生活指導を行う者を指し、児童福祉施設のほとんど（助産施設や保育所を除く）に配置されている。保育士と並ぶ児童福祉施設で働く代表的な職種である。同最低基準第43条により厚生労働大臣の指定する学校を卒業したものや、大学で心理学、教育学、社会学を学んだもの、高校等卒業後2年以上児童福祉事業に従事したもの、小・中・高校の教員免許をもち厚生労働大臣または都道府県知事が適当と認めたもの、3年以上児童福祉事業に従事し厚生労働大臣または都道府県知事が適当と認めたものなどが対象として定められている。しかし、同最低基準が策定された五十数年前から資格要件やその役割については全く改正されておらず、ソーシャルワーカーとしての専門性の確保の点からも課題が多い資格である。
（西郷泰之）

児童自立支援施設　不良行為をなし、またはなすおそれのある児童および家庭環境その他の環境上の理由により生活指導等を要する児童を入所させ、または保護者の下から通わせて、個々の児童の状況に応じて必要な指導を行い、その自立を支援することを目的とする児童福祉施設である（児童福祉法第44条）。1997年の法改正で名称を「教護院」から変更し、目的も教護から児童の自立支援へ変更、対象に「家庭環境その他の環境上の理由により生活指導等を要する児童」が加わった。また、施設長に入所児童を就学させる義務が課せられ、入所だけでなく通所形態が新たに設けられた。職員は施設長、児童自立支援専門員（児童の自立支援を行う者で

「教護」から名称を変更），児童生活支援員（児童の生活支援を行う者で「教母」から名称変更），精神科医（嘱託）等である。2001年10月1日現在全国57施設，定員4210人。　→児童福祉施設
(大島道子)

児童自立ホーム　児童養護施設などに入所し，中学校卒業後高等学校などに進学せず就職する子どもたちに対し提供されるいわゆるグループホームである。児童福祉法第6条の2第5項に基づく事業（児童自立生活援助事業）に基づく。児童指導員や保育士などが配置され，相談や日常生活上の援助や指導を行い自立の促進を目指している。こうした子どもたちにとって重要な施設であるが，設置数は少なく2000年現在18施設しか設置されていない。また年齢制限があるなど活動上の課題は多い。　(西郷泰之)

児童相談所　児童福祉法第15条〜第18条，第26条，第27条，第32条に基づき，児童に関する各般の問題につき家庭その他からの相談に応じ，児童が有する問題または児童の真のニーズ，児童の置かれた環境の状況等を的確にとらえ，個々の児童や家庭に最も効果的な処遇を行い，もって児童の福祉を図るとともに，その権利を保護することを主たる目的として設置される行政機関。常に児童の最善の利益を考慮して相談援助活動を展開するために，①児童福祉に関する高い専門性を有していること，②地域住民に浸透した機関であること，③児童福祉に関する機関，施設等との連携が十分に図られていること，が必要とされる。基本的な業務は，①児童に関する各般の問題につき，家庭等からの相談に応ずること，②必要な調査ならびに医学的，心理学的，教育学的，社会学的および精神保健上の判定を行うこと，③児童およびその保護者につき②の調査または判定に基づき必要な指導を行うこと，④児童の一時保護を行うこと，⑤児童を里親や保護受託者に委託し，または児童福祉施設に入所させる措置を行うこと，⑥家庭裁判所に送致すること（⑤⑥は都道府県知事の権限の委任）など。相談の種類は，養護相談，障害相談，非行相談，育成相談，その他の相談に分類される。所長，児童福祉司（2002年度現在1627人），心理判定員，医師等の専門職員がおり，2000年には児童虐待対応協力員，2001年には一時保護所に心理職員が配置された。都道府県および指定都市に設置が義務づけられ，設置数は全国に180か所(2002年度)。相談処理件数は39万8025件，虐待処理件数は2万3738件（いずれも2002年度）。児童虐待の急増に伴い，児童虐待の防止，早期発見と早期対応，被虐待児の保護，家族の再統合への支援等への的確，迅速な対応が強く求められている。児童虐待の防止等に関する法律により，児童の迅速な安全確認，立ち入り調査，警察官の援助要請など児童相談所の取り組みが強化されたが，さらに職員の資質向上，人的体制，制度の強化が課題である。運営は「児童相談所運営指針」に依拠し，指針は，児童福祉法改正，児童虐待の急増，児童虐待の防止等に関する法律の施行に伴い，1998年，2000年に大幅改定された。
(大島道子)

児童手当　児童を扶養している家庭に対して定期的に現金給付を行う社会保障制度。日本では，家庭生活の安定と児童の健全育成を目的として，1972年から実施されている。2003年度においては，国・地方・事業主の費用負担によって，義務教育就学前の児童を養育する父母等に対して，第1子・第2子では児童1人当たり月額5000円，第3子以降は1人当たり月額1万円が支給されている。ただし，養育者に一定額以上の所得があると支給されない。　→社会手当
(百瀬優)

児童デイサービス事業　児童福祉法に基づく児童居宅生活支援事業の一つ。身体障害または知的障害のある児童を家庭から肢体不自由児施設，知的障害児施設等に通わせ，日常生活における基本的な動作の指導，集団生活への適応訓練等の便宜を供与する事業。1972年度より開始された「心身障害児通園事業」が1998年度に「障害児通園（デイサービス）事業」へと改正された後，2003年度より「児童デイサービス事業」として支援費制度に移行。市町村が地域に通園の場を設け，地域社会が一体となって障害児の育成を助長することを目的としている。対象は，

幼児または学齢児（養護学校の小学部等に就学している児童）で，定員は概ね5名以上。　→児童居宅生活支援事業　　　　　（古山明子）

児童の権利に関する条約　一般に「子どもの権利条約」と称される条約で，「児童の権利に関する宣言」から30年，国際児童年から10年目の1989年に国連第44回総会で採択されたもの。わが国は1994年に批准している。「児童の最善の利益」を措置の原則に掲げ全54条からなる同条約は，人類の子どもの権利に関する歴史的成果物としての意味をもつ。本条約は大人によって保護される権利＝受動的な権利とともに子ども自身が権利行使できる権利＝能動的な権利の二つの権利により構成されているところに第一の特徴がある。本条約の第12条から第15条に掲げられている意見表明権をはじめとして表現・思想・良心・宗教・結社・集会の自由などの自由権の規定により，権利行使の主体としての子どもの位置づけが明記されたわけである。第二の特徴は一般原則として「最善の利益の考慮」「生存と発達の確保」「無差別平等」「意見表明」などの社会権も含めた子どもの基本的人権が明記されている点である。1997年の児童福祉法の改正で，児童相談所での措置の際，子どもの意見を聞くことが原則となったことも本条約の影響である。なお，1998年には国連子どもの権利委員会が，日本政府に対する改善点に関する勧告を含む「総括所見」を採択している。
（西郷泰之）

児童の権利に関する宣言　第二次世界大戦後の1959年11月に国際連合が採択した10か条からなる宣言。この宣言は大人による受動的権利だけでなく，子ども自身が権利行使できる権利＝能動的権利まで視野に入れた初めての国際文書である点が特徴である。この種の国際文書は一連の流れをもちつつ策定されている。イギリスのセーブ・ザ・チルドレンという民間組織が1922年に世界児童憲章草案をまとめた。この草案が受け継がれ，国際連盟は1924年に児童権利宣言（ジュネーブ宣言またはジェネバ宣言と称される）を採択した。この延長線上に本宣言が位置づけられる。またこの宣言の発展したものが1989年に国際連合で採択された児童の権利に関する条約である。　→児童の権利に関する条約
（西郷泰之）

児童福祉司　児童福祉法第11条に規定される児童相談所の専門職員である。都道府県は，児童相談所に児童福祉司を置かなければならない。児童相談所長によって職務上の指揮監督を受けながら，担当区域内の「児童の保護その他児童の福祉に関する事項について，相談に応じ，専門的技術に基いて必要な指導を行う等児童の福祉増進に努める」ことを職務とする。「児童相談所運営指針」に具体的職務内容が明示されている。
（植木信一）

児童福祉施設　児童福祉法第7条に規定され，14種類の施設のことを示す。これらの施設は，社会福祉法によって，第一種社会福祉事業（乳児院，母子生活支援施設，児童養護施設，知的障害児施設，知的障害児通園施設，盲ろうあ児施設，肢体不自由児施設，重症心身障害児施設，情緒障害児短期治療施設，児童自立支援施設を経営する事業）と第二種社会福祉事業（助産施設，保育所，児童厚生施設，児童家庭支援センターを経営する事業）に分類されるが，社会福祉事業は，当該児童福祉施設に限るものではない。児童福祉法第36条～第44条の2に各児童福祉施設の目的が示されている。これらは，児童福祉法第45条の規定により，「児童福祉施設最低基準」の適用を受け，児童の身体的，精神的および社会的な発達のために必要な生活水準が確保される。設置者は，児童福祉施設（人的・物的構成要素の総合体，運営される事業活動の全体）の水準の向上を図ることに努めるものとされている。
（植木信一）

児童福祉施設最低基準〔昭和23年厚生省令第63号〕　児童福祉法第45条に基づく児童福祉施設の設備および運営についての最低基準で，厚生省令により定められている。児童福祉施設の適正な運営のために，職員の一般的要件，児童処遇の原則と内容，施設長の義務，各施設の職員・設備の基準等が規定されている。最低基準に達しない場合には，改善勧告，改善命令，事業の停止命令等が出される。1998年に施設長

の懲戒権限の濫用禁止規定（第9条の2），2000年に苦情への対応規定（第14条の2）が追加された。
(大島道子)

児童福祉審議会　児童福祉法第8条に規定される，「児童，妊産婦及び知的障害者の福祉に関する事項を調査審議」する機関である。都道府県には（地方社会福祉審議会にて児童福祉に関する事項を調査審議させる場合を除く）「都道府県児童福祉審議会」が置かれ，市町村には「市町村児童福祉審議会」を置くことができるとされている。管轄する都道府県知事または市町村長の諮問に答える権限と義務をもつことのほかに，必要に応じて関係行政機関に対して，調査審議事項に関する意見を具申することができる。
(植木信一)

児童福祉法〔昭和22年法律第164号〕　児童福祉に関する基本的な法律である。第二次世界大戦後の日本の社会的経済的混乱は，国民全体の窮乏化を招いた。児童を取り巻く状況に関しても例外ではなく，いわゆる戦災孤児による街頭浮浪等は，深刻な社会問題化していた。したがって，社会的対応による児童保護対策は，戦後の緊急の課題であった。こうした社会的状況に対応するため，厚生大臣は中央社会事業委員会（後の中央社会福祉審議会）に対し，児童保護事業を強化徹底する緊要性に関する諮問を行うに至る。結果，対象児童は，一部の特殊児童に限定することなく，全児童を対象とする一般福祉の増進を図る積極的なものにすべきとの見解から，児童福祉法の制定に関する答申を行った。これにより，1947年に公布され，1948年に施行された。それまでの要保護児童対策のみの児童政策は終焉を迎え，次代を担うすべての児童の健全育成，福祉の積極的増進を基本的原理とするところにその画期的特徴がある。内容は，①総則，②福祉の保障，③事業及び施設，④費用，⑤雑則，⑥罰則，からなる。対象「児童」を「満18歳に満たない者（18歳未満）」（第4条）とし，「すべて国民は，児童が心身ともに健やかに生まれ，且つ，育成されるよう努めなければならない」（第1条第1項）とする，児童を健全に育成する国民の義務を明示している。また，「すべて児童は，ひとしくその生活を保障され，愛護されなければならない」（第1条第2項）とする，児童の権利に関わる内容も明示されている。この規定は，1951年の「児童憲章」制定につながるものである。第2条には，児童育成の責任が規定され，「児童を心身ともに健やかに育成する責任」を第一義的には保護者にあるとしながらも，国および地方公共団体の育成責任に関しても明示されている。　→児童憲章
(植木信一)

児童扶養手当　児童扶養手当は，父と生計を同じくしない児童が育成される家庭の生活安定と自立促進を目的として，離婚等による母子家庭や父が重度の障害状態にある家庭で児童（18歳に達する日以後の最初の3月31日までの間にある者または20歳未満で障害状態にある者）を養育する母または養育者に対して支給される現金給付である。ただし，受給者が老齢福祉年金以外の公的年金を受給できる場合は支給されない。また，給付に係る所得制限がある。
(百瀬優)

児童養育加算　生活保護の加算の一つ。小学校第3学年終了前の児童を養育する者が対象になる加算。児童の教養文化的経費，健全なレクリエーション費などの需要に対応する。もともとは，児童手当制度が成立した際，生活保護受給世帯もそれと同等の額を受給できるようにするため，1972年3月に創設されたものである。当初は多子養育加算といっていたが，必ずしも多子を対象としなくなったため，1986年10月に名称を変更した。　→各種加算　(敦賀弘恵)

児童養護施設　乳児を除いて，保護者のない児童，虐待されている児童その他環境上養護を要する児童を入所させて，これを養護し，あわせてその自立を支援することを目的とする児童福祉施設である（児童福祉法第41条）。1997年の法改正で名称を「養護施設」から変更し，その機能に自立支援を加えた。入所理由は父母の死亡・行方不明・入院などが減り，虐待など家庭環境の問題が増えている。1999年度から被虐待児童への対応として，心理療法を必要とする児童が概ね10人以上入所している施設に心理

療法担当職員が配置されている。1992年度に養護施設分園型自活訓練事業、2000年度に地域小規模児童養護施設が創設され、大舎制からグループホーム型に少しずつ移行している。「子育て短期支援事業」や、「児童家庭支援センター」を付置して子育て相談・援助をする施設もある。職員は施設長、児童指導員、保育士、嘱託医等。児童指導員、保育士の総数は、3歳未満児概ね2人に1人以上、3歳以上の幼児概ね4人に1人以上、少年概ね6人に1人以上が最低基準であり、この人数では十分な養護が望めないと指摘されている。2001年10月1日現在全国551施設、定員3万3660人。　→児童福祉施設

(大島道子)

シナプス〔synapse〕　単一の神経細胞（ニューロン）同士の接合部位の呼称。情報伝達機能を担う。神経細胞からは1本の軸策と多数の樹状突起が突出しており、それぞれ隣の神経細胞や神経線維との間にシナプスを形成する。シナプスには、電気信号による電気的シナプスと化学物質を介する化学的シナプスがある。化学的シナプスでは、固有の神経伝達物質と呼ばれる生理活性物質を介して、隣の神経へ情報が伝達され、伝達は一方向性である。電気的シナプスは細隙結合の部位に相当し、情報は両方向性が特徴である。　→ニューロン　　(長尾毅彦)

シニア住宅　高齢者の生活特性に配慮した仕様・設備を備え、高齢者の生活を支援するサービス（フロントサービス、安否確認、緊急対応等）の提供がある賃貸住宅で、都市基盤整備公団、地方住宅供給公社または認定を受けた民間法人が供給する。終身年金保険の活用による家賃の一括支払い方式と月々の家賃払い方式を併用している。1998年に民間事業者の導入を図るため、「高齢者向け優良賃貸住宅制度」（国土交通省住宅局）に統合された。その後、2001年「高齢者の居住の安定確保に関する法律」によって、高齢者が円滑に入居し、安心して生活できる賃貸住宅の整備が位置づけられた。　(内藤さゆり)

ジニ係数〔Gini coefficient〕　所得分配の不平等度を測る指標の一つである。ある集団の構成員の所得を少ない順から多い順に並べ、横軸に累積人員の百分比を取り、縦軸に累積所得の百分比を取って描いた曲線をローレンツ曲線と呼ぶ。ローレンツ曲線は、完全平等の場合には原点を通る45度直線（対角線）になり、不平等度が高まるにつれ右下方に凸の曲線になる。ジニ係数は、ローレンツ曲線と対角線で囲まれた部分の面積と対角線以下の三角形の面積の比である。したがって、所得分配が完全平等の場合は0、一人がすべての所得を得ている場合は1で、ジニ係数が大きければ大きいほど所得分配が不平等であることを示す。不平等度を比較可能な数値に表せるため、国際比較などで広く使われる。

(李蓮花)

視能訓練士　「視能訓練士法」（昭和46年法律第64号）に規定される。厚生労働大臣の免許を受け、視能訓練士の名称を用いて両眼視機能に障害のある者を対象に、医師の指示の下、回復のための矯正訓練や必要な検査を行う者。眼科医療の進歩により、斜視や弱視などによる両眼視機能の障害は、幼少時から矯正治療することが可能となってきた。そこで、長期間の矯正訓練や検査を行う専門技術者の養成が必要となり誕生した。

(濱田彰子)

支配権　⇨請求権／支配権

支配の類型〔types of dominance〕　ウェーバー（Weber, M.）の提示した「合理性の社会学」という方法論のなかでは、社会の統治機構が行う統制（支配）が正当化される原理（「正当性」原理）の歴史的合理化が指摘されている。一定の規模に達した社会では専門的統治機構の存在が不可欠となり支配者・被支配者が分割するが、支配が安定的であるためには支配原理が正当化されなければならない。前近代的時代においては血統等の伝統的な権威が支配者の正当性を保証する原理である「伝統的支配」や支配者のもつ超人的な能力や人格的魅力によって正当化される「カリスマ的支配」という類型が支配的であったが、近代社会では法律のなかに定められた諸規則に従って支配が正当化される「合法的支配」に移行したといわれる。　→ウェーバー　　(和田修一)

シビルミニマム〔civil minimum〕　地方自治

体が市民に対して保障する最低限の行政サービスであり、自治体にとっても最低限の政策公準の意味をもつ。対比される用語では、イギリスのベヴァリッジ報告で用いられた「ナショナルミニマム」が知られており、国家レベルで国民の最低限度の生活を保障する基準という意味を示す。シビルミニマムは1960年代後半から1970年代にかけて公害など高度経済成長のひずみから住民の暮らしを守る政策スローガンとして一部の自治体で推進されたが、その後の発展はあまりみられていない。　→ナショナルミニマム

(田中英樹)

自閉症　カナー（Kanner, L.）が1943年に、11例の「情緒的接触の自閉性障害」の報告をし、後に早期小児自閉症を提唱したことから発展した概念である。現在は、小児自閉症［自閉症］（ICD-10）、自閉性障害（DSM-Ⅳ）と称される。当初は統合失調症（精神分裂病）の最早発型、情緒的接触の障害に基づく対人接触の障害などとされていたが、現在では中枢神経機能の障害を基盤とする広汎性発達障害の中核に位置づけられる。有病率は約1000人に1人、男児の出現率は女児の3～4倍である。ICD-10による定義では、3歳以前から発達の障害があり、①相互的社会的関係の障害、②コミュニケーションの障害、③限局した反復的・常同的な行動の三領域の障害により特徴づけられる。約80％で精神遅滞を合併し、約20％は成人までにてんかん発作を生じる。治療法の主体は、保育・教育、行動療法である。社会性、コミュニケーションの障害は生涯持続するが、長期予後は社会の受け入れに依存する。　→広汎性発達障害

(岡田純一)

自閉症児施設　児童福祉法に基づいて設置される知的障害児施設の一種で、自閉症をもつ児童を入所させ、保護するとともに、独立自活に必要な知識技能を与えることを目的とする施設である。医療的ケアを必要とする児童を対象とする第一種自閉症児施設（医療型）と、それ以外の児童を対象とする第二種自閉症児施設（福祉型）の2種類があり、今日、入所児童の重度化、重複化などにより、満18歳を迎えても在所する傾向にある。　→児童福祉施設

(増井喜代美)

嗜癖（しへき）〔addiction〕　ある特定の行動、行為、人間関係などへののめり込みを表す言葉として使われている。そもそも、嗜癖（アディクション）という用語は、英語圏では歴史的に日常的に使われてきた言葉であり、16世紀には、奴隷の主人に対する呪縛のように、合法的拘束・束縛状態を意味する言葉として使われた。同時に、行動に関する自由の喪失を暗喩し、何らかの行動や実践への習慣的なふけりを意味する言葉としても使われた。20世紀初頭になると、ある薬物への習慣的な過度の使用への溺れた状態に使われ、1957年、WHOにより以下のように定義づけられた。「ある薬物消費の繰り返しにより生じる、断続的ないしは慢性的な中毒状態である。その状態は以下によって特徴づけられる。①その薬物を使い続けたいという抵抗しがたい欲求（衝動）と何としてでも手に入れたいという抵抗しがたい欲求(衝動)、②使用量の増加傾向、③薬物の作用に対する精神的（心理的）かつ身体的依存、④個人と社会に対する有害な作用」。しかし、その後、①耐性(使用量の増加として現れる）や身体依存が明確でない依存性薬物が存在する（それぞれ、コカインやアンフェタミン類など)、②身体依存自体は薬物の直接的薬理作用の結果生じた変容した生理学的状態である、③慢性疼痛治療のために大量のモルヒネを使用した場合、患者はモルヒネによる身体依存にはなるが、精神依存に陥るとは限らない、などが明らかとなり、1973年、WHOは嗜癖・習慣（habit）という用語を廃し、依存（dependence）という用語を使うことに決定した。したがって、薬物に対する特有の関係を表す学術用語としての嗜癖はすでに死語となっている。しかし、最近では、摂食障害、ギャンブル・買い物・仕事、薬物依存者への過度の世話など、ある特定の行動、行為、人間関係などへののめり込みを表す言葉として広く使われている。逆に学術用語としての定義はない。　→依存

(和田清)

嗜癖における回復者　嗜癖における回復とは

標的症状である嗜癖行動の抑止・修正にとどまらず「酔い」を必要としない自己の確立を目指すものである。「酔い」は自己拡大の心理で、幼児的万能感と幼児的合体感がその中心であり3歳児に退行した心理である。成人に求められる対象関係をストレスに感じる人ほど「酔い」を求める。したがって回復においては認知行動の変容と自立依存葛藤を抱えることへのストレスに対する耐容力の向上が不可欠である。葛藤とそれによる不安を否認したまま嗜癖行動を抑止している状態では、過剰適応的態度・過度の独自性強調・現実検討を伴わない自己への高い期待・白黒思考とそれによる対象関係といった素面の嗜癖者の問題が表現される。これが変容し、自己と他者の限界を受容して境界が維持されるようになり「生き方の変容」となる。素面になってセルフヘルプグループに10年出席し続けることが一つの目安で、まさに成長の過程であり、これを体現しているのが嗜癖の回復者といえる。　→嗜癖（しへき），リカバリー，精神障害回復者　　　　　　　　　　　　　（遠藤優子）

死亡一時金　国民年金の給付の一つ。国民年金の第1号被保険者として保険料を3年以上納付した者が、老齢基礎年金、障害基礎年金のいずれも受給することなく死亡し、かつ、その遺族が遺族基礎年金を受給できない場合、その遺族に支給される。保険料の掛け捨てを救済するという趣旨から設けられた。一時金の額は、保険料納付済期間に応じて決められる。また、遺族が死亡一時金と寡婦年金の両方の受給要件を満たしている場合は、どちらか一方を選択しなければならない。　　→国民年金，寡婦年金
（百瀬優）

司法権の独立　司法権の行使、運用にあたって、政治的勢力、宗教的勢力その他特定のイデオロギーをもつ団体や個人から圧力その他の影響を受けてはならないとする原則のこと。立法機関（国会）や行政府（内閣）が国民の多数の支持を背景に行動するのに対して、司法権（裁判所）は、その多数の国民を背景に出された結論（法律、政令、行政処分など）が憲法に適合するか否かをチェックする権限を有することか

ら、多数者の勢力から圧力や干渉を受ける関係に立つ。そこで、裁判所の判断がこれらの圧力や干渉によって歪められないように、多数者の影響から自由な立場を保障する必要がある。裁判所の予算管理や、裁判官の人事など司法行政権が最高裁判所に与えられているのはこの意味がある。
（池田直樹）

司法精神医学〔forensic psychiatry〕　刑事、民事の裁判および関連する領域に適応される精神医学の一分野。精神鑑定が大きな比重を占める。精神鑑定では、刑事裁判における責任能力、訴訟能力、供述能力、あるいは民事裁判における責任能力や行為能力などの存否が求められる。その他、触法精神障害者の矯正施設内での医療、刑事治療処分などに関する理論や実践的問題を扱う。近代司法精神医学の基礎は、19世紀から20世紀初頭にかけてクラフトエビング（Kraft-Ebing, R.V.）やホッヘ（Hoche, A.）らドイツの精神医学者によって築かれた。日本では、呉秀三らが19世紀末に司法精神医学書を著したのが嚆矢とされる。第二次世界大戦後、司法精神医学の専門家を養成する教育体制が整備されず、司法精神医学の研究者も少数にとどまっていた。刑事治療処分に関して、1981年法務省が「保安処分」刑事局案を発表したものの強い反対を受け法改正には至らなかった。2002年、心神喪失者等医療観察制度が制度化され、司法精神医学に対する関心が高まっている。
→精神鑑定　　　　　　　　　　（白石弘巳）

死亡率　⇨粗死亡率

市民参加　地域住民の生活に影響を与える政策の決定や実施過程、社会（福祉）サービス提供過程などに市民が直接参加することをいい、行政の透明性を高めたり、市民の意思を反映させる機能などをもつ。参加の概念については、公害問題など住民運動を背景として1960～1970年代に政治学、行政学における類型化に基づいて、社会福祉においても考えられてきた。代表的なものとして、西尾勝が「運動」「交渉」「機関参画」「自主管理」と4区分したもの、アーンスタイン（Arnstein, S.R.）が市民参加を「操作」「セラピー」「情報提供」「相談」「宥和」「パー

トナーシップ」「権限委譲」「自主管理」の8段階に区分したもの、篠原一が「参画」「自治」と区分したもの、などがある。しかし、1980年代以降になると社会福祉サービスへの市民の参加が進み、ボランティア活動や住民参加型サービスへの参加が多くなってきた。1990年代以降は、NPOの台頭による市民社会創造の流れや市区町村の老人保健福祉計画の策定義務化など「福祉行政の計画化」とともに市民参加が求められるようになった。介護保険法における介護保険事業計画では市民である「被保険者の意見反映」が謳われ、具体的には介護保険運営協議会が創設されている。また、2000年に成立した社会福祉法では「地域福祉計画」が位置づけられ、計画への住民参加が保障されている。情報公開の促進とともに、市民の実質的な参加システムの構築が一層求められている。　（中島修）

下田光造〔しもだみつぞう：1885-1978〕　慶應義塾大学、九州帝国大学、米子医学専門学校で精神医学を講じ、米子医学専門学校、鳥取大学の学長を歴任。1920年代から1930年代にかけ、当時開発されたばかりの持続睡眠療法および電撃療法の研究を行った。また、躁うつ病の病前性格の研究から執着性格を記述し、この性格と躁うつ病の発病機転を論じた。執着性格は後にテレンバッハ（Tellenbach, H.）がメランコリーの成因論で記述したメランコリー親和型と軌を一にしており、下田の創見が再評価された。　（高橋徹）

ジャーメイン〔Germain, Carel B.：1916-1995〕　メリーランド大学等を経て、1987年よりコネチカット大学名誉教授。「人間生態学理論」をソーシャルワークに導入し、1970年代にギターマン（Gitterman, A.）らとともに「生活モデル」の社会福祉援助技術を体系化した代表的な人物。その後、1990年代には、エコロジカル・パースペクティブの理論展開に発展させている。主著には『Ecological Social Work : Anthology of Carel B. Germain（エコロジカル・ソーシャルワーク）』(1992)がある。　→医学モデル／生活モデル、エコロジカル・ソーシャルワーク　（宮本浩司）

シャイエ〔Schaie, Klaus Warner：1928-〕　アメリカの心理学者。カリフォルニア大学バークレー校入学、ワシントン大学で博士課程を修了後、ネブラスカ大学で教鞭をとる。1973年南カリフォルニア大学に拠点を移した。コーホート分析には縦断的研究法と横断的研究法があるが、それら両方の研究法を統合し、各々の特徴を生かす方法として、「系列的デザイン」(1977)を提唱したのがシャイエである。これはいくつかのコーホートを継続的に追跡し分析するもので、この方法によって、成年期の知能を長期的に追跡調査し、知能が歴史やコーホートによって変化することを証明した。　→コーホート分析　（堀田香織）

シャイ・ドレーガー症候群〔Shy-Drager syndorome〕　1960年にシャイ（Shy, G. M.）とドレーガー（Drager, G. A.）によって病理学的に解明された本態性起立性低血圧症（または特発性起立性低血圧症）。緩徐慢性進行性で40歳から60歳の男性によくみられる。陰萎（インポテンツ）で始まることが多い。起立性低血圧症状（立ちくらみやめまいあるいは失神発作）があり排尿や排便の障害を伴うほか、小脳性運動失調やパーキンソン症状がある。非遺伝性疾患で病理学的には胸髄中間質外側核の神経細胞の脱落、オリーブ小脳系や黒質線条体系の変性がある脊髄小脳変性症の一種。突然死もある。　（吉川武彦）

社会意識〔social consciousness〕　特定の社会的文脈（社会的・文化的状況や歴史・時代背景）において、ある社会集団内に形成され、かつ当該集団の成員によって共有される集合的な意識、心性、精神、感覚のこと。ここでいう社会集団には、国家や民族、地域、階級・階層、世代、職業など多様な形態が含まれ、それら諸集団を構成する成員によって形成される社会意識は、個人意識に対して外在することにより、逆に集団成員の意識や行動に影響を与える。その点で、デュルケム（Durkheim, É.）の「集合意識」概念に近い。また類似の概念として、諸個人の集合的心理状態を指す社会心理や集団心性、精神的・文化的観念や世界観としてのイデ

オロギーなどがあるが，それらとの概念上の区別は厳密になされていないことが多い。　→イデオロギー　　　　　　　　　　　（土屋淳二）

社会化〔socialization〕　社会学的には，①諸個人が帰属する集団や社会の規範・価値を学習して内面化する過程を意味する用語法が最も一般的であるが，②ジンメル（Simmel, G.）らの形式社会学では，諸個人の相互作用により社会関係が生まれ，組織や集団が形成される過程を社会化と呼ぶ。また，③経済学等では，資本家によって私的に所有された生産手段が社会的所有に移管される過程を社会化と呼ぶ場合もある。規範・価値の内面化は，個人における学習の過程であり，パーソナリティの形成にとって不可欠なものとなっているが，同時に他方では，社会システムが維持・存続していくために成員に役割を付与し，社会的行為の斉一性を確保していく過程としても重要である。　（杉本昌昭）

社会階層〔social stratification/strata〕　社会は権力や富の配分に関して，内部的には同質であるがお互いの間では大きな差がみられるいくつかの層に分割されると考えられている。それぞれの層を社会階層と呼び，階層に分かれることを社会の階層分化と呼ぶ。例えば，社会は経済的富を最も多く所有する「上流階層」，中間的な「中流階層」，最も少ない富しか有しない「下流階層」という三つの階層に分割されると考えられている。そして，一般的に先進工業社会では「中流階層」の占める割合が大きくなるといわれる。社会の階層分化は，経済的富ばかりではなく政治権力や職業の種類によっても行われており，社会は階層分化に関して多元的な構造をもつとされる。　→階級　　　　（和田修一）

社会解体論〔social disorganization theory〕　社会問題を分析する際に，問題とされる各種の行動，現象，状況を本来あるべき状態が崩れ解体していく社会過程に注目しつつ理解しようとする，社会病理学アプローチである。このアプローチは主にアメリカで隆盛化したが，例えばその代表的論者であるエリオットとメリル（Elliot, M. A. & Merrill, F. E., 1934）らは，役割葛藤と価値葛藤の二つに注目し，価値体系の分裂，対立，不統一が集団成員の役割の認知，期待，遂行のスムーズな展開を阻害し，集団としての統合性を解体低下させ（機能障害），ついには崩壊にいたらしめるとした。家族解体，地域解体，制度解体，文化解体など，それぞれの社会レベルに対応して社会解体論は展開されたが，逆の過程は社会組織化（social organization）と呼ばれ，社会福祉学ではコミュニティ・オーガニゼーションとして重要な概念として定着している。　→社会病理学，コミュニティ・オーガニゼーション　　　　　　　　　（清水新二）

社会開発〔social development〕　生産・所得・消費・雇用の量的増大を主目標とする経済開発のあり方に対する反省から，1960年代初頭，国連によって提起された国民の生活福祉全体の多面的な向上を目的とした開発方式をいう。戦後の先進資本主義諸国を中心とした経済成長過程において諸国間，一国内地域間，産業部門間での不均等発展や格差の拡大ならびに失業，貧困，疾病，生活不安などの現実が社会問題化した。それらの生活諸局面の改善が求められた。　→社会計画　　　　　　　　　（柳政勝）

社会改良〔social reform〕　資本主義社会において，社会問題の解決を目指す方策の一形態で「社会改革」ともいう。社会体制の全体的・根底的な変革を企てる革命に対して，体制の枠内で社会構造に部分的・漸進的な改良を加えるもので，具体的には労働条件の改善や賃金の増額，社会福祉政策の実施などを指す。本来は，階級闘争の緩和のための妥協的な産物だが，次第に資本家階級と労働者階級の双方の利益を積極的に図るものになった。　　　　（柳政勝）

社会活動法　⇨ソーシャルアクション

社会規範〔social norm〕　社会もしくは集団の構成員として，諸個人に対し同調を要求する行為準則ないし規則のこと。具体的には，伝統や風習，儀礼，習俗，慣習，モーレス，法などの形態がある。一般に，社会規範は，実現されるべき価値の基準（当為基準），目的・目標に妥当な行為様式に関する指示，明示的ないし黙示的な正負のサンクション（賞罰）等によって構成され，社会集団の共有する価値を維持し，秩

序を安定化させるべく，構成員の同調行動を導出する機能を果たす。規範は，個人のパーソナリティに内面化されることによって規範意識としての内的強制力を発揮するが，逆に，価値観の競合や成員間の利害対立などによってそれが無力化するとアノミー状態が生じ，規範の許容水準を逸脱する行為が発生しやすくなる。　→準拠集団　　　　　　　　　　　　（土屋淳二）

社会恐怖　社会恐怖は，現在は社会不安障害と呼ばれる精神疾患である。自分がその場にそぐわない行動をしたり不適切なことを言ったりして他の人のひんしゅくをかって恥ずかしい思いをすることや，自分が不安を感じやすい弱々しい人間であるとか変な人間であると判断されることに対する強い恐怖を特徴としており，そうした社会場面を避けたり，強い苦痛を感じながら耐えたりする。単一の状況に対して不安を感じている状態と，ほとんどの社会状況に不安を感じている「全般性」と呼ばれる状態とに分けられ生涯有病率は欧米では3％から13％と幅をもって報告されている。　　（大野裕）

社会計画〔social planning〕　広い意味での社会計画は，明確な主体や意思によって行われる，あらゆる社会的領域における制度の構築（ならびに，その評価）であるが，その意味を狭くとらえれば，特に福祉領域における福祉増進を目的とする制度の構築であるということができるであろう。社会計画も一般的な計画と共通して，計画の実施に必要な諸経費（コスト）とそれが生みだす成果（ベネフィット）の間の比較考量，ならびに計画の立案や必要な手続きの選定等に関わる諸手続きが十分に合理化されていることが重要であると考えられている。計画が及ぶ範囲に応じて，「部分的な計画」と「全体的な計画」に分ける場合もある。　→社会福祉　　　　　　　　　　　　（和田修一）

社会権　社会権のなかには，労働基本権（日本国憲法第28条），教育を受ける権利（第26条），さらに医療，年金，生活保護，その他の福祉サービスの提供を要求する権利（第25条）などが含まれる。基本的人権の一つであるが，伝統的人権である「自由権」が国家の不介入（不干渉）を求める権利であるのに対し，「社会権」は国家に積極的な作為（施策）を求める権利である点で異なる。20世紀に入って，無秩序な資本主義経済の進展の当然の結果として，国民が健康を害したり失業することから，国家の責任において国民の生存を確保する具体的な施策を実施する義務があるとされ，これらの義務に対する関係で国民に具体的施策（給付）を求める権利（社会権）が承認されることになる。　→人権　　　　　　　　　　　　　（池田直樹）

社会構造〔social structure〕　広義には社会を構成する諸要素の関係における安定的なパターンのことであるが，この意味からいえば社会科学はいずれにせよ何らかのかたちで社会構造を解明しようとする学問であることになる。ウェーバー（Weber, M.）による社会的支配の類型化やデュルケム（Durkheim, É.）の社会分業論など，社会学草創期の営為は明示的に社会構造を概念化してはいないが，社会構造の追究にほかならない。この概念を今日のように明確に定義し，重要視したのはイギリスの社会人類学であり，網の目のように相互に絡み合った社会関係の総体が社会構造として概念化されている。また構造─機能主義社会学では社会的行為の安定的パターンが構造とされており，特にパーソンズ（Parsons, T.）は社会構造を社会的に制度化された個々人の役割・地位を単位として形成されるものととらえ，この構造が社会システムの機能的要件を充足できない場合には，社会構造自体が解体・変動させられるという社会変動論の枠組みを提示した。他方，レヴィ＝ストロース（Lévi-Strauss, C.）の構造人類学では，上記のように観察される経験的実在としてではなく，実際の社会的行為に観察されるパターンを高度に抽象化した「モデル」としての社会構造概念が提示されている。またマルクス主義では，生産関係に規定された社会の経済的下部構造とその上部構造たる法・政治などを合わせ，社会構成体という用語で社会構造が論じられている。　→社会変動　　　　　　　　　　　（杉本昌昭）

社会構築主義　社会現象は人々の認識と独立に実在するものではなく，言語活動（言説）を

中心とした社会的な相互作用によってつくりだされ，維持されているととらえる理論的，方法論的な立場。エスノメソドロジー（人々が日常生活の秩序を形成・維持する方法を研究する学派），象徴的相互作用論，ポストモダニズムなどに思想的由来をもち，1970年代以降，社会学や社会心理学を中心に注目されてきた。人々の言語活動の過程を主たる研究対象とし，社会問題研究をはじめさまざまな領域で実証的研究が行われている。
(田渕六郎)

社会参加〔social participation〕 障害者の「完全参加 (full participation)」を中心テーマとした1981年の国際障害者年は，障害者が社会生活へ参加していくためのさまざまな取り組みの出発点となった。わが国においては，1993年の障害者基本法の目的として「障害者の自立と，社会，経済，文化その他あらゆる分野の活動への参加促進」が定められ，また，基本理念として，「すべての障害者は，個人の尊厳にふさわしい処遇を保障される権利を持ち，社会，経済，文化，その他あらゆる分野の活動に参加する機会を与えられること」を定めた。さらに，1995年の障害者プランでは「完全参加と平等」を目標に，七つの柱を中心とした施策の具体的な推進を図った。ここにみるように社会参加は「社会，経済，文化，その他あらゆる分野の活動に参加すること」ととらえられる。精神障害者については，1950年の精神衛生法では「医療及び保護」を行うこと，1987年の精神保健法では「医療及び保護を行い，その社会復帰を促進」することと定められていたにとどまっていたが，1995年の精神保健福祉法で「医療及び保護を行い，その社会復帰を促進及びその自立と社会経済活動への参加の促進のための援助」を行うことと定められた。ここには，医療と保護から退院の促進へ，さらには社会参加の促進へという目標の変化をみることができる。精神障害者は障害者基本法，精神保健福祉法でようやく社会福祉サービスの対象者として制度上に位置づけられたのである。以前より社会復帰援助というかたちで展開されてきていた活動を社会参加という観点から一層推進していくためには，社会参加を阻んでいる社会的障壁を取り除いていく，一人ひとりの障害の状況や生活ニーズに応じたさまざまな社会資源を地域のなかにつくり，結び合わせていくことが必要となる。社会資源の具体例としては，必要なとき，必要なだけ利用できる入院・外来治療環境，一住民として住むことができる住居，食事や生活環境を整えるホームヘルプサービス，現在の能力に応じた就労先，当事者同士，また一住民として集う，交わる，憩う，遊ぶことができる場所，新しい情報・知識・技能を得る，学ぶ機会，さまざまな場所への移動の手段，さまざまなものを利用できる経済基盤，などの確保が考えられる。また，障害者本人がその時々の状況のなかで，自分に必要なことを考え，情報を得て，比較し，検討し，選び，決め，結果に責任を負う，という一連の過程を引き受けられるように支援していく視点は不可欠なものである。 →社会復帰
(吉川公章)

社会事業婦 1948年頃，千葉県市川市にある国立国府台病院において，当時の院長村松常雄がアメリカにおける精神科ソーシャルワーカー活動を導入したときの精神科ソーシャルワーカーの名称。村松は1931年『精神衛生』の第11号に「精神衛生事業について」という一文を寄稿し，そのなかで，相談事業は精神科外来とは異なり，精神衛生の教育訓練を受けた「社会事業婦」または心理学者や教育者が行う，といっている。
(高橋一)

社会資源〔social resources〕 利用者がニーズを充足したり，問題解決するために活用される各種の制度・施設・機関・設備・資金・物質・法律・情報・集団・個人の有する知識や技術等を総称していう。社会資源を活用するにあたってはクライエントのニーズを明確にし，「自己決定」の原則に基づいて，協働して主体的に利用できるよう支援していくことが基本である。社会資源に関する資料，情報を早期に把握し，整備するとともに，資源相互間の調整を図り，社会や他機関・団体に働きかけ，さらに改善・開発・創造していくことが重要な課題となる。ワーカー自身が社会資源の一部であることを自覚

するとともに，利用者の生活の質を高め広げる社会資源の提供は高い専門性を有することであり，重大な責任を負っているということを認識する必要がある。　　　　　　　（梶元紗代）

社会システム〔social system〕　システムとは一定の相互作用関係にある諸要素の結びつき（一定の構造を有するとされる）を指す。社会を一つのシステムと見なす立場を社会システム論と呼ぶ。社会システム論は主として社会学において展開されてきたが，社会システムの構成要素を何に求めるのか，またその生成・維持・変化をどのように理論化するのか，部分の全体に対する貢献に注目するのか，システム内の階層性を重視するのかなど，その理論にはさまざまなバリエーションがある。構造―機能主義社会学を代表するパーソンズ（Parsons, T.）は，行為システムの下位システムとして社会システムを指定し，その社会システムもまた適応（経済）・統合（社会的共同体）・目標達成（経済）・潜在性（パターン維持・価値的コミットメント）という四つの機能を果たす下位システムへと分化していくとの命題を提唱した。他方，バックレー（Buckley, W.）は機械論的なシステム論に対する批判から，社会システムが生成していくプロセスを構造形成という概念によって理論化している。また，ルーマン（Luhmann, N.）は，システムと環境との差異の生成・維持を主題化するため，神経生理学からオートポイエーシスという概念を援用し，恒常的で安定的なものとしてではなく，おのおののコミュニケーションによって生成され，コミュニケーションの連鎖によって作動するものとして社会システムを記述した。　→社会構造　　　　　（杉本昌昭）

社会資本〔social overhead capital〕　狭義にはフローとしての公共投資のストックを意味し，具体的には公共投資によって建設された道路・橋梁・港湾施設・病院・学校・公園などを指す。資本主義経済の下では利潤追求を目的とする民間企業によって十分に供給されることが難しいため，国・地方公共団体がその整備にあたる。ただし広義には民間企業によって提供されたものでも，広く公共性を有する場合には社会資本と呼ばれることがある。公共財と呼ばれることもある。　　　　　　　　（杉本昌昭）

社会集団〔social group〕　一般に，複数の個人ないし行為者からなる集合体が以下のような特性要件を備えるとき，特に集団（もしくは社会集団）と呼ばれる。すなわち，集合体を構成する成員間に規則的かつ持続的な相互作用（相互行為）が展開していること，共通の目標や目的，関心が設定されていること，共通目標に向けて成員の行為を方向づけ，また規制する行為準則ないし規範が形成されていること，各成員間に地位と役割が設定配分されていること，われわれ感情や共属意識に基づく連帯感が存在すること，である。これらの特性要件が満たされることは，集団がある程度の組織性を獲得していることを意味するが，その組織化の程度は連続的かつ可変的であるので，きわめて組織性の低い集合体（例えば，群集や公衆）から高度に組織化された集団（例えば，官僚制組織や制度的団体）まで多種多様な集団形態がありえることになり，実際，論者によって集団概念の規定の仕方にも大きな差がみられる。また，種々の集団形態を整理把握するために，これまでさまざまな観点から，類型化が試みられてきた。ソローキン（Sorokin, P. A.）の組織集団と非組織集団，テンニース（Tönnies, F.）のゲマインシャフトとゼルシャフト，マッキーバー（MacIver, R. M.）のコミュニティとアソシエーション，クーリー（Cooley, C. H.）の第一次集団，フォーマル・グループとインフォーマル・グループなどは，いずれも集団成員間の相互関係や相互作用のタイプ，集団の機能，集団の組織化や制度化の程度などに着目した二元的な類型図式といえる。　→コミュニティ／アソシエーション，組織　　　　　（土屋淳二）

社会主義〔socialism〕　資本家が生産手段を所有する資本主義の諸矛盾を生産手段の社会的所有により克服しようとする運動およびその基礎となる学説。当初は，空想的社会主義者と呼ばれるオーウェン（Owen, R.）らにより，生活・生産活動の共同性を基調とする社会形態として提唱された。その後，科学的社会主義を提唱す

るマルクス (Marx, K. H.) は，社会の発展段階論において共産主義社会が実現される前段階の社会形態として社会主義社会を再定義した。
→マルクス　　　　　　　　　　　　(杉本昌昭)

社会診断〔social diagnosis〕『Social Diagnosis (社会診断)』(1917)，『What is Social Case Work (ソーシャル・ケース・ワークとは何か)』(1922) を著したリッチモンド (Richmond, M. E.) は，クライエントのパーソナリティや問題状況を社会的脈絡のなかから把握し，環境の力を利用してパーソナリティの発達を促すことを重視した。また，ソーシャルケースワークは，人間と社会環境の間を個別に，意識的に調整することをとおして，パーソナリティを発達させる過程から成り立っているとした。社会的証拠を収集し，それらを批判的に検証・比較し，解釈して，社会的困難を明確にする社会診断を，クライエントの社会的状況とパーソナリティを可能な限り正確にとらえる試みとして位置づけた。ここには当時の医学・法律学・歴史学・心理学などの考え方が取り入れられているが，ソーシャルケースワークを初めて体系化・科学化したもので，ソーシャルワーカーの専門職化と，活動領域の拡大・専門分化につながっていった。　　　　　　　(吉川公章)

社会生活技能訓練〔social skills training：SST〕 社会生活における行動と認知の改善を図る目的で行う生活技能の訓練をいう。SST (social skills training) と略称され，UCLA (University of California, Los Angels) のリバーマン (Liberman, R. P.) 教授が 1988 年に来日して，SST の講習会やワークショップを行って以来，わが国においても，認知行動療法の一つとして，急速に普及していった。精神障害者の場合，思春期に発病することが多いため，社会経験が少なく，社会生活上の技能を獲得する機会をもてずにきており，生活技能の拙さが，他者とのコミュニケーションや関係づくりの障害となるなど，社会生活をますます不自由にさせている傾向もみられる。他者との関係や行動を受け止める受信技能，適切な行動を選び実行する処理技能，効果的に相手に働きかける送信技能，これらの技能の不十分さが精神障害者の特徴ともされている。このような人々に対し，生活技能の学習・訓練を提供するのが SST であり，生活指導とは異なることが強調されている。訓練という言葉のイメージから，訓練を受ける側の主体性の軽視や指導する側の操作的働きかけなどを懸念する声もある。SST は生活の「技能」の訓練，つまり認知や社会生活技能の改善，ストレス対処技能の向上などを目指して行われる訓練であるので，熟練したリーダーの下での共同作業が前提である。わが国では，病院・保健所・社会復帰施設等で行われているが，1994 年に入院生活技能訓練療法として保険診療点数化されている。具体的進め方としては，本人の対処能力・環境要因・支援体制等をアセスメントした上で，目標を明確化し，問題の同定を行い，訓練課題を設定する。つまり，当事者が改善したいと考えている課題を挙げてもらい，当面の訓練課題を，緊急度や本人の能力および支援環境条件を考慮して，設定する。症状や問題を「適切な行動の欠如」と解釈し直し，長所を生かした訓練目標を決める。現実の環境と似た場面づくりを行い，改善したい問題について，助言やモデルを示してもらいながら（モデリング），ロールプレイ等で練習する(行動リハーサル)。訓練に正のフィードバックを与え，練習を重ねながら，適切な社会生活行動を形成していく（シェイピング）。短い指示で行動を促し（プロプティング），支援し，練習した行動を家庭等の現実社会場面で宿題として練習し，次回報告する。その結果をもとに訓練行動の変更や改善を経て，よりよい技能を獲得し，生活の質の向上を目指す。個人で訓練を行う場合もあるが，グループで SST を行った場合，他の人の練習を参考にすることができるし，他の人からの評価に励まされて，エンパワメントにつながることも期待できる。いずれにしても，当事者の主体性を尊重し，生活上のさまざまな技能の訓練を協力して行うことが基本である。　→ロールプレイ，入院生活技能訓練療法　(松永宏子)

社会生活力〔social functioning ability：SFA〕 国際リハビリテーション協会社会委員

会（1986年）によると，さまざまな社会状況のなかで，障害者自身が自らのニーズを充足することに向かって行使される能力であり，それは最大限，豊かに社会参加を達成する権利を実現せしめる自らの力であるという。この社会生活力を高めることが，社会リハビリテーションの目的とされる。その方法の一つに「社会生活力プログラム」があり，グループ討議，実践学習，ロールプレイなどによって，生活に必要なスキルを身につける。これは，自立生活センターなど当事者団体が培った方法の影響が大きい。社会リハビリテーションをめぐる議論では，社会障壁の除去など環境面が重視された経緯があり，社会生活力は機会均等化を前提とした位置づけにある。　　→社会リハビリテーション
（淺沼太郎）

社会政策　社会政策についてはさまざまな定義がなされてきたが，日本では，伝統的に，労働問題を解決するための政策，とりわけ，資本主義経済の存続にとって不可欠である労働力を保全するための政策として理解されてきた。しかし，こうした概念では，第二次世界大戦後に規模を拡大させてきた，全国民を対象とする社会保障制度をとらえることができないため，特に1980年代以降，従来の概念を広義化する必要性が指摘されるようになった。その結果，現在では，一般的に，市民生活の安定や向上を直接の目的として実施される政策の総称が社会政策であるとされている。具体的には，社会保障，雇用，住宅，環境，教育等に関する公共政策が，そこに含まれる。
（百瀬優）

社会精神医学　精神医学は，障害された精神現象を対象とする医学の一分野である。精神障害の疾病を理解し，治療するためのモデルには，生物モデル，心理モデル，社会モデルがあるが，社会精神医学は，社会モデルを理念として，第二次世界大戦後アメリカ，イギリスを中心に発達してきた。イギリスのジョーンズ（Jones, M.）が1952年に治療共同体について著した『社会精神医学』などを端緒としている。社会精神医学は，精神障害の発生，経過に関わる社会的要因，精神障害の予防・治療・リハビリテーションについての社会的アプローチを研究対象とする。社会精神医学の対象領域は多岐にわたり，時代や社会背景を反映するため，さまざまな角度からのアプローチが可能である。病院中心から，地域・コミュニティ中心の精神医療へと展開する地域精神医学，精神病者の開放処遇の研究から始まり，最近では精神病院の新たな機能分化の方向を探る病院精神医学，地域および病院精神医療の基礎としての精神障害の疫学研究が，社会精神医学の根幹をなす。多文化社会のなかでの精神障害，メンタルヘルスについてアプローチする多文化間精神医学，家族を一つの単位として病理を探り，診断，治療する家族精神医学，学校・職場など就学，労働環境でのメンタルヘルスの向上を目指す学校精神医学，職場精神医学なども社会精神医学の領域として重要である。司法精神医学，矯正精神医学も広義には，社会精神医学に含まれる。社会病理現象に関する研究は，社会精神医学の大きなテーマであり，自殺，離婚，非行，犯罪，アルコールおよび薬物依存は，古くから社会精神医学的研究の対象となってきた。社会病理に関連した今日的な問題としては，PTSD，児童虐待，ひきこもり，青少年の精神病理などが挙げられる。　→生物学的精神医学，地域精神医学
（岡田純一）

社会制度〔social institution〕　社会制度は社会学において中心的な役割を果たす概念であるが，その概念内容を一意的に規定することは必ずしも容易ではない（いくつかの見解に分かれている）。最大公約数をとれば，社会制度とは習俗や慣習といった無自覚的な規範から法的規範に至るまでの幅広い範囲にわたる社会的諸規則の体系であるといえるだろう。例えば，家族制度という場合は，それは（婚姻や夫婦・親子関係等の）家族という社会的形態のあり方や営みに関わる諸事項を定めている。習俗や慣習あるいは法律として定められた諸規則等のことであるといえる。社会制度は人々の意識や態度を規制し，ひいては人々の行為様式を一定の秩序に従わしめる機能を果たしている。制度の求める行為様式に反する行為をとった場合，人々は負のサンクションを何らかのかたちで受けざるを

得ないことを知っている。子どもの社会化は家族制度や教育制度を通して行われるのであり、この側面からするならば、社会制度は既成の社会構造や秩序を維持する方向に働く保守的な社会的な力としての影響力を有しているといえる。しかし、一方で法律の改正や習俗・習慣の変化に応じて社会制度は緩やかな速度で不断に変更されているし、また歴史上のある段階において急激につくり変えられることもある。例えば、欧米における市民革命とか戦後の日本社会の制度変革は最も急激な制度変化の例である。
→社会変動　　　　　　　　　　　（和田修一）

社会調査〔social survey〕　最も広義にとらえれば、社会調査とは一定の社会事象を明らかにするための一次データを体系的に収集する目的で行われる諸手続きである。一次データというのは自らの計画と努力によって収集されるデータであり、以前誰かがすでにデータとして用いたものを再利用する場合（二次データ）とは異なる。社会調査はその目的の性質に応じて、あるいは手続きの違いによってさまざまな類型を想定することができるが、例えば「統計調査」と「事例調査」という区分が考えられる。統計調査は、収集されたデータを統計学的な方法で集計・検討することを前提にして企画される調査であり、したがってデータは統計学的処理がしやすいような型にはまった性質のものになるよう設計されるのが普通である。質問項目を規格化した形式で問う質問紙法による場合が多い。例えば、世論調査や市場調査等でよく使われる、「アンケート調査」や、テレビの視聴率調査で用いるパネル調査がこのタイプである。それに対して事例調査では、どのようなデータが獲得されるかについては事前に想定せず、むしろ個々の事例に深く関わることによって新しい事実を発見することが主な目的とされることが普通である。調査者自らが対象者の集団に加わり、対象者の言動を自ら体験することによって当該事象を明らかにしようとする参与観察はこの一例である。統計調査の実施にあたっては、特定化された仮説に基づいて調査票を作成することが必要であるが、とりあえずの暫定的な仮説を、作業仮説という。社会調査は、社会学における理論を構築したり、命題を検証したりする上で重要な手続きであるが、一方で企業の市場調査や政府・自治体の政策に関わる情報収集等、さまざまな目的で行われている。　→質的データ／量的データ　　　　（和田修一）

社会手当　一定の支給要件を満たす場合に、事前の拠出を条件とせずに普遍的に支給される定額の給付をいう。社会扶助ともいわれる。保険料を財源とせず公費等によって賄われるが、資力調査（ミーンズテスト）を行うことなく支給されるため、社会保険と公的扶助の中間的な性格を有するといえる。北欧諸国の基礎年金や日本における児童手当、児童扶養手当などがこれに該当する。実際には所得制限や所得調査（インカムテスト）によって支給制限が行われることも多く、例えば日本の児童手当は、義務教育就学前のすべての子どもを対象としその養育者に対して定額の給付がなされるが、所得が一定額以上である場合には支給されない。
（松本由美）

社会的学習理論　人間の行動形成は必ずしも報酬や罰によらずに、対人関係のなかで他者の行動に影響されることによっても生じる。このような社会的学習という場面では本人が直接遂行することがなくても、また直接的に強化を受けなくても、学習者がモデルの行動を単に観察することだけで学習が成立するときがある。バンデューラ（Bandura, A.）はこれを観察学習と呼び、モデルの行動を観察することによる間接経験、代理学習を強調した社会的学習理論を提唱した。　→観察学習　　　　　　　（長瀬浩一）

社会的地位〔social status〕　個人がどの階層に属するかに応じて社会的地位が定まる。企業や官庁等の組織のなかでの職位（課長とか部長）は本来組織内部だけに通じる地位であったはずだが、多くの組織が同じような職位構造をとるとき社会的意味をもつようになる。あるいは、ある職業の社会的評価が高く、ある職業は低いというようなことから、個人の就いている職業がその人の社会的階層を定めるとされることもある。経済的富の大小や所得の多寡もまた階層

特性として意識されることがある。個人の所属階層（したがって，その地位）が生まれや性別といった生得的な属性（アスクリプション）で決められる社会から，経済的富や職業や学歴といった個人の業績アチーブメントによって決められる社会に変わったといわれる。　→社会階層
（和田修一）

社会的入院　医療上は入院治療の必要がないにもかかわらず，社会福祉制度の不備や差別・偏見等により退院して地域に住むことができずに，入院を余儀なくされている状態をいう。わが国では，約34万人の精神科入院者のうち1～3割がこの「社会的入院」者であるといわれている。わが国の1917年における精神病者数は6万4941名で，そのうち入院医療を受けることのできた者は4000名であった。その後精神病院法の成立により各県に精神病院が「できる」はずであったが，経済的理由で数県にしかできなかった。1950年に精神衛生法で私宅監置が禁止され，精神障害者を施設収容する点からみれば病床不足に陥った。このことは国会でも論議され，1960年医療金融公庫法の改正により，精神病院の設置に際して長期低利の融資が行われるようになり，日本の精神病院は民間依存のかたちで増え続けた。その結果1960年に8万5000床だった精神科病床数は，1965年には25万床，1985年には32万床，1996年には36万床に増え，国公立病院の占める割合は4.7％に下がってしまった。一方，医療技術としては，1955年頃からクロールプロマジンなどの薬物が次々と開発され，精神障害者の社会参加の促進が可能になった。しかし，社会復帰施設の法定化は1987年の精神保健法成立まで待たねばならず，これらの結果として「退院可能」な精神障害者が入院を続けることとなり，入院期間が長期化した。1996年における精神病院の在院日数を比較すると，オーストラリア14.6日，ノルウェー6.3日，アメリカ8.5日と比べると，日本は331日であり，OECD各国の数十倍から数百倍の長い入院生活と人口当たりの精神病床数がある。このことを解決するには，社会参加のための施設や制度が用意されなければならない。これはアメリカが1963年2月5日ケネディ大統領の「精神疾患及び精神遅滞に関する大統領特別教書」を発表し「脱施設化」運動を開始したのと比べると，約25年遅れている。WHOが1996年にまとめた「精神保健ケアに関する法―基本10原則」の原則7には「できるかぎり自らが居住する地域で治療を受け，ケアされる権利を持ち，入院が必要になったときも，自分の地域あるいは親族や知人の近所の病院に入院し，できるだけ早く地域に戻る権利を持つ」と，人が生活し，労働し，治療やケアを受けるのは基本的に地域であって，入院は最低限の期間で行うべきだとしている。2002年12月に厚生労働省障害者施策推進本部によって決定された重点施策実施5か年計画（新障害者プラン）では，約7万2000人の社会的入院者がいるとしている。この日本の精神病院での社会的入院の解消は喫緊の課題である。　→平均在院日数，重点施策実施5か年計画（新障害者プラン）
（高橋一）

社会的認知　社会心理学において，社会的認知とは，社会のさまざまな事象について，その情報や刺激をとりこみ，表象化していく一連の過程を指す。人間は，過去の経験から得た体系的知識に基づいて，ある認知的な枠組み（スキーマ）をもつ。このスキーマを基準にしながら，新たな情報や刺激について，選んだり解釈したり調整したりしながら矛盾のないようにとらえていく。特に，他者に対するスキーマは対人認知として重要であり，乳児の対人認知研究などが行われている。ドイツでレヴィン(Lewin, K.)の指導を受け，アメリカに渡った社会心理学者，ハイダー(Heider, F.)は，社会的知覚における認知的過程（対人認知）の力学的研究を行い，社会的認知研究の理論的基礎を提供した。　→認知
（進藤義夫）

社会的ネットワーク〔social network〕　社会的ネットワーク（ソーシャル・ネットワーク）とは，社会の構成諸要素間にみられる網の目状の結びつきを意味する。しかし，この概念にはさらに，旧来の共同体的な人間関係や公式組織内部におけるヒエラルヒー関係ではなく，地縁・血縁を共有せず，利害関係をもたず，また

命令―服従関係にない諸個人間の選択的で自由な結びつきが含意されている。この種の関係はネットワーキングとも呼ばれ、時間・空間・目標を部分的に共有し合う人々のゆるやかな関係である。そこには友人関係が含まれ、また伝統的なコミュニティが崩壊した都市において、地縁によらず、場合によっては遠隔地に居住する人々との間にもとり結ばれる感情的なネットワークであるパーソナル・コミュニティなども含まれる。　→コミュニティ／アソシエーション
(杉本昌昭)

社会的役割理論〔social role theory〕 集団や組織のなかで相互関係が進展すると、ある特定の位置を占める者に対して、他の人からの期待が共有される。この共有された行動的期待が役割である。役割概念は、社会学、文化人類学、社会心理学などで考察されて役割理論と呼ばれ、社会福祉実践の基礎理論としても用いられた。なかでもミード(Mead, G. H.)は、個人の社会的価値を内在化する一方、社会に働きかけるという社会化の通路であるととらえた。現在この言葉は、ヴォルフェンスベルガー(Wolfensberger, W.)によるノーマライゼーションの理論として頻用されている。1950年代にデンマークで始まった北欧型ノーマライゼーションは、「平等だが分離する」という質の高い施設内生活が目標とされた。一方、1970年代のアメリカでは、脱施設化、自立生活、反専門職の視点が高まり、いまでは北欧にも逆輸入されている。1935年にドイツで生まれ、1950年にアメリカに移住したヴォルフェンスベルガーは、障害者が福祉に依存する二級市民であることを憂え、1983年にノーマライゼーションを「社会的役割の実現(social role valorization : SRV)」という表現に置き換えた。　→ノーマライゼーション　(野中猛)

社会病理学〔social pathology〕 社会に観察される多様な事象のなかで、どのような問題が、どのような形と状態で問題であるのか、さらには対策について、その背景、原因、問題の実相と過程および結果現象などに注目しつつ、社会解体論、逸脱行動論、ラベリング論、社会構築主義などのいくつかの理論の枠組みに即して分析する研究アプローチを指す。西欧に起こった産業革命ならびに資本主義の勃興は、それまでの基礎的社会集団を中心とした社会関係に大きな影響を与え、変化を迫った。それまでの比較的静態的で秩序立った社会は次第に流動的になり、この過程で工場労働者が多く集まった都市を中心にそれまでにはみられなかった多くの社会問題（貧困、病気、孤立、社会的逸脱等）を生みだした。19世紀後半、古典的な社会病理学が立ち上がり、ロシアのリリエンフェルト(Lilienfeld, P.)は社会を人間生体とみたてて社会有機体論に基づく社会病理学を展開した。20世紀に入るとアメリカを発端として世界大恐慌が発生し、失業、犯罪、家族崩壊や社会的不適応などの社会的病理現象が噴出した。それらが集中したシカゴを「社会的実験室」としてフェアリス(Faris, E.)、マン(Mann, D. F.)、エリオットとメリル(Elliot, M. A. & Merrill, F. E.)らはこれらの社会的問題事象を研究し、社会的不適応論、社会解体論などの理論とともに確立され定着した。病理・問題基準が曖昧化した現代では、社会問題視自体をめぐって「社会問題の構築」主義アプローチ(Spector, M. B. & Kitsuse, J. I., 1977)が盛んになっている。
→社会解体論、社会問題　(清水新二)

社会福祉　社会福祉とは何かについては、さまざまな定義がある。例えば、「ニーズを持っている人を助けること」という定義ですませることもあるし、社会福祉の手段を列挙して「維持、回復、予防・防止、リハビリテーションの手段によって、社会福祉は個人のニーズに奉仕し、同時に社会のゴールに奉仕する」という場合もある。さらには、イギリスでは市民権、わが国では日本国憲法第25条の生存権に基づき、この権利との関連で社会福祉をとらえるもの、機能主義的観点から社会福祉をとらえるもの、福祉工学的にサービスの供給とその方法を強調するもの、社会による統制や統合を主張するものなど、その強調点も多様である。これらの主張は、これまで社会福祉を社会的・歴史的につくられた一つの社会制度としてとらえた上で、目的概念や実態概念として説明されてきた。また、社

会福祉の範囲についても広義の社会福祉と狭義の社会福祉という二重の定義をする場合がある。広義の社会福祉は，社会保障やイギリスのソーシャルポリシー，ソーシャルサービスなどと互換的に使われ，個々人の生存と生活に関与する社会制度を広く含めて考えられている。わが国では，社会保障の定義範囲として，年金・医療・雇用・労災分野における社会保険制度と公的扶助，社会手当制度，社会福祉制度が含まれて理解され，これらすべてを包含したものを社会福祉ととらえている。代表的な社会福祉の定義は，社会保障制度審議会による「社会保障制度に関する勧告」(1950年)や，社会福祉六法および社会福祉法等にみることができるがいずれも広義と狭義の規定を前提としている。最近では，社会福祉の方法ないし技術と考えられてきたソーシャルワークを社会福祉に重ねて概念化することや，ソーシャルポリシーをそのまま社会福祉と同意語として理解することも盛んに行われている。また，制度としても社会保障と社会福祉の区分がますます不鮮明になりつつあることも事実である。そこで，参考までに社会福祉の概念規定に関して最近の定義を紹介する。「社会福祉」とは，「現代社会において，生活の主体としての市民（生活者）の自立生活を支援し，その自己実現と社会参加を促進するとともに，社会の成熟性と統合性を高めることを目標に展開される特有の歴史的・社会的な施策・制度そして活動の体系であり，その具体的な内容をなすものは市民の社会生活上のニーズを充足あるいは軽減緩和し，最低生活水準の確保，自立生活能力の育成，日常的自立生活の維持・援護を図ること，またそのために必要とされる社会資源の開発・調整ならびに利用の促進を図ることをめざして，各種の機関，施設，そして地域社会において展開される専門的な援助活動ならびに社会活動の総体（古川孝順）」である。

(西澤利朗)

社会福祉運営管理 ⇨ソーシャルアドミニストレーション

社会福祉援助技術 ⇨援助技術

社会福祉基礎構造改革 第二次世界大戦後，1950年の社会保障制度審議会による「社会保障制度に関する勧告」で，わが国における社会保障の概念（狭義）は，①社会保険，②公的扶助，③公衆衛生および医療，④社会福祉（社会福祉事業）と整理された。その後，社会保険を中心に据えて制度の拡充を図ってきたわが国社会保障制度は，経済が低成長期に入ったことや，人口における急速な高齢化の進展，少子化，都市化，核家族化等の社会変容，これらに伴う扶養意識の変化等により，大きな転換期を迎えている。こうしたなかで，「社会保障構造改革」として，社会保障各制度の再編，実施での効率化，公私の役割分担のあり方，利用者本位の仕組みの構築等が目指されるようになった。具体的には，介護保険の創設と実施，医療保険制度改革，年金改革等である。「社会福祉基礎構造改革」は，この流れのなかでの社会福祉分野の改革を指している。1998年の「社会福祉基礎構造改革について（中間まとめ）」によれば，改革の方向として，①サービスの利用者と提供者の対等な関係の確立，②個人の多様な需要への地域での総合的な支援，③幅広い需要に応える多様な主体の参入促進，④信頼と納得が得られるサービスの質と効率性の向上，⑤情報公開等による事業運営の透明性の確保，⑥増大する費用の公平かつ公正な負担，⑦住民の積極的な参加による福祉の文化の創造，を掲げている。具体的には，2000年の「社会福祉の増進のための社会福祉事業法等の一部を改正する等の法律」により，サービス実施の措置から利用への転換，社会福祉事業の見直し等が段階的に進められている。

(船水浩行)

社会福祉協議会 社会福祉法において，「地域福祉の推進を図ることを目的とする団体」として規定されている。1949年GHQの厚生行政6項目提案の5番目として，社会福祉に関する協議会を中央，地方に設置することが示された。1951年全国レベルの社会事業団体が合併し，中央社会福祉協議会（現・全国社会福祉協議会）が設立され，同年中に都道府県の社会福祉協議会が組織された。1955年11月時点で，全国の市レベルの88.5％に社会福祉協議会が設立され

るなど，急速に組織された。全国・都道府県レベルは，戦前からの系譜をもつ社会事業団体の統合的色彩が濃かったが，当時アメリカから入ってきたコミュニティ・オーガニゼーション機能を有する組織とされた。1962年の「社会福祉協議会基本要項」では，住民が主体となり，公私関係者の参加協力を得て，住民の福祉増進を図るとした，「住民主体原則」を打ち出した。社会福祉事業法（現・社会福祉法）では，当初全国・都道府県の社会福祉協議会のみが規定されていたが，1983年の同法改正で，市区町村社会福祉協議会も法制化された。現在は，ケアマネジメントを基盤とした総合的支援，在宅福祉サービスの実施と推進，住民参加の地域福祉活動の推進などからなる総合支援・活動型社協が求められている。都道府県社会福祉協議会には，社会福祉法により福祉サービス利用援助事業（地域福祉権利擁護事業），苦情解決の運営適正化委員会設置が定められている。　→在宅福祉サービス，事業型社協，総合支援型社協

(小野敏明)

社会福祉計画　⇨ソーシャルプランニング

社会福祉士〔certified social worker〕　社会福祉士及び介護福祉士法（昭和62年法律第30号）に基づく国家資格。社会福祉士の資格を定めて，業務の適正化を図り，社会福祉の増進に寄与することが同法制定の目的。社会福祉士とは，社会福祉士の登録を受け，社会福祉士の名称を用いて，専門的知識および技術をもって，身体上もしくは精神上の障害があることまたは環境上の理由により日常生活を営むのに支障がある者の福祉に関する相談に応じ，助言，指導その他の援助を行うことを業とする者をいう。なお，この「身体上もしくは精神上」の障害のなかには，疾病・医療は含まれない。　→社会福祉士及び介護福祉士法　　　　(宮崎洋一)

社会福祉士及び介護福祉士法〔昭和62年法律第30号〕　高齢化に伴う福祉ニーズの多様化，高度化に応える人材養成の必要性を背景に制定された社会福祉専門職の国家資格を定めた資格法。社会福祉士および介護福祉士の資格を定めて，業務の適正化と社会福祉の増進に寄与する ことを目的としている（第1条）。社会福祉士は相談援助業務を，介護福祉士は入浴，排泄，食事その他の介護等を主な業とする（第2条）。信用失墜行為の禁止，秘密保持義務，連携，名称の使用制限等の義務が規定されている。

(西原留美子)

社会福祉事業法及び社会福祉施設職員退職手当共済法の一部を改正する法律〔平成4年法律第81号〕　通称，福祉人材確保法。具体的には，国および都道府県における人材確保のための基本指針の策定，福祉人材センターおよび福利厚生センターの設置などを規定している。超高齢社会の到来を見据えゴールドプランが策定されて以後，福祉関係八法の改正により，市町村において福祉サービスが提供できるよう体制づくりが進められてきた。それを担う社会福祉事業従事者の確保等を進めていくためのものとして制定された。　　　　　　　　　　(宮城孝)

社会福祉主事　第二次世界大戦後，GHQの指導も受けながら，わが国の社会福祉が再編成されていくなかで，生活保護の運用実施において，旧生活保護法までは，民間の篤志家である方面委員，民生委員が保護実施の補助機関として位置づけられていたが，適正な推進を図るための体制整備が課題となり，補助機関として有給の専任職員を設置することとなり，その任用資格として，1950年「社会福祉主事の設置に関する法律」により制度化された。そして，現行生活保護法の施行に係る事務のほかに，児童福祉法，身体障害者福祉法という当時のいわゆる福祉三法の施行に係る事務も司ることとなった。また，翌年の社会福祉事業法（現・社会福祉法）の制定に伴い，これに統合された。この資格制度以降，1987年の社会福祉士及び介護福祉士法制定まで，わが国の社会福祉分野では，保育士を除いてこれといった資格制度がなかったため，さまざまな職種の資格としても準用されてきた。社会福祉主事は，福祉事務所などの公的機関で，母子家庭や高齢者，障害者などの相談に応じ，福祉制度の利用に関する業務を行う任用資格である。　　　　　(船水浩行)

社会福祉振興・試験センター　1946年社会事

業振興会として設立，1957年社会福祉調査会と改称，1988年に社会福祉振興・試験センターとなり，社会福祉士・介護福祉士国家試験の指定試験機関ならびに指定登録機関，また1998年には精神保健福祉士国家試験の指定試験機関ならびに指定登録機関となった財団法人。法令に基づき3福祉士の国家試験の実施と資格の登録事務を行うほか，調査研究や研修，保険事業等社会福祉事業の振興に関する事業を行っている。

(西原留美子)

社会福祉専門職 社会福祉に関する専門知識や技術，価値観に基づいて社会福祉に関する業務に従事する者をいう。利用者の多様な課題に対応するため社会福祉従事者の専門領域や資格などは多岐にわたっており，福祉専門職としての独自性を明確化しにくい側面もある。京極髙宣は，社会福祉従事者から医療や事務などの従事者などを除いた社会福祉固有のマンパワーを指して福祉専門職としている。このほか，資格によって社会福祉専門職をとらえることもできる。社会福祉士，介護福祉士，精神保健福祉士という国家資格をはじめ，行政機関における任用資格である社会福祉主事，児童福祉法に規定された保育士，介護保険法に伴い省令で規定された介護支援専門員などがこれにあたる。

(松宮透髙)

社会福祉調査法 ⇨ソーシャルワークリサーチ

社会福祉の専門性 職業としての専門性に必要な要素としては，一般に「職業的専門知識」「職業的技術」そして「職業倫理性」の三つが取り上げられる。これについて京極髙宣は，クライエントの援助に必要な社会資源や支援方法に関する知識と，多様な社会福祉援助技術に関する技法とが，クライエントの人権擁護や自立援助の視座を基盤とした職業倫理の下に置かれるという構造で説明している。秋山智久は社会福祉専門職の条件として，体系的な理論，伝達可能な技術，公共の関心と福祉という目的，専門職の社会化（専門職団体），倫理綱領，テストか学歴に基づく社会的承認を挙げている。社会福祉の専門性についてはこのほかにもさまざま

なかたちで説明が試みられており，多くが知識・技術・倫理の三つの要素に何らかのかたちで触れてはいるものの，十分な結論は得られていない。人間生活の基盤に関わることから，社会福祉は非専門職の排除になじまない性格をもっており，その意味でも専門性を明確にすることには困難が生じやすい。

(松宮透髙)

社会福祉法〔昭和26年法律第45号〕 社会福祉を目的とする事業の全分野における共通的基本事項を定めた法律である。2000年6月7日に公布された「社会福祉の増進のための社会福祉事業法等の一部を改正する法律」によって，社会福祉事業法から社会福祉法に半世紀ぶりに改称・改正された。法律は，第1章総則，第2章地方社会福祉審議会，第3章福祉に関する事務所，第4章社会福祉主事，第5章指導監督及び訓練，第6章社会福祉法人，第7章社会福祉事業，第8章福祉サービスの適切な利用，第9章社会福祉事業に従事する者の確保の促進，第10章地域福祉の推進，第11章雑則，第12章罰則の全135条で構成されている。第1条の目的では，利用者の利益の保護，地域福祉の推進，社会福祉事業の公明かつ適正な実施の確保，社会福祉を目的とする事業の健全な発達など，包括的な社会福祉の増進を掲げている。法改正の新しい点は，①「利用者」という概念が条文上新設され，「事業者」と対等な立場に位置づけられたことが挙げられる。第3条で福祉サービスの基本的理念を「福祉サービスは，個人の尊厳の保持を旨とし，その内容は，福祉サービスの利用者が心身ともに健やかに育成され，又はその有する能力に応じ自立した日常生活を営むことができるように支援するものとして，良質かつ適切なものでなければならない」と明記した。この法改正により，福祉サービスは利用者が主体的に選択し，利用することが原則とされ，「福祉サービスの適切な利用」という第8章が創設され，福祉サービス利用援助事業など利用者保護の仕組みが規定された。②第4条で，「地域福祉の推進」という概念が初めて法律に明記されたこと。これにより，従来の共同募金および社会福祉協議会の規定は，地域住民のボランティ

ア活動を含む「地域福祉の推進」という第10章に再編成され、地域福祉計画が法定化された。③社会福祉事業の範囲を拡充し、社会福祉法人の設立要件の緩和など社会福祉事業の充実・活性化を図ったことなどが挙げられる。

(田中英樹)

社会福祉法人　社会福祉法の規定に基づき、社会福祉事業を行うことを目的として設立された法人をいう。社会福祉法における第一種社会福祉事業の経営主体として、国、地方公共団体と並び規定されるなど、その公益性は高い。そのため、社会福祉法人の設立にあたっては厚生労働大臣の認可を要し、運営上はその定める基準を遵守するとともに都道府県知事（複数の都道府県にまたがる場合は厚生労働大臣）の監督を受けることになる。なお、精神保健福祉法に規定する精神障害者社会復帰施設などは第二種社会福祉事業とされており、これは社会福祉法人に限らず、医療法人などによる設置にも道を開いたものとなっている。

(松宮透高)

社会福祉六法　社会福祉法制のうち、特定の六つの分野に関する法律を総称したもの。生活保護法、児童福祉法、身体障害者福祉法、知的障害者福祉法、老人福祉法、母子及び寡婦福祉法がこれにあたる。それぞれは、対象とする領域ごとに社会福祉サービスに関する事項を定めたものであるが、社会福祉全分野に共通する基本事項について定めた法律として、別に社会福祉法（1951年に社会福祉事業法として制定されたものを2000年に改正）があり、先の社会福祉六法と合わせ、わが国の社会福祉法制の基幹をなしている。現在の社会福祉に関する法制度は、第二次世界大戦後順次整備されてきたものである。とりわけ戦後間もない時期に制定された旧生活保護法（1946年、1950年に新法に改正）、児童福祉法（1947年）、身体障害者福祉法（1949年）は、いずれも戦争により生じた生活困窮、戦災孤児、傷痍軍人などの支援対策という意味を帯びて誕生したもので、社会福祉三法と総称された。その後、高度経済成長期に入った1960年代には、精神薄弱者福祉法（1960年、1998年に知的障害者福祉法に改正）、老人福祉法（1963年）、母子福祉法（1964年、1981年に母子及び寡婦福祉法に改正）が相次いで制定された。これらによって、貧困問題とは別の次元で社会福祉の対象領域が拡大することとなり、先の三法に加えて社会福祉六法と呼ばれるようになったものである。

(松宮透高)

社会扶助法（スウェーデン）　「社会扶助法」は、それまでの「節酒法（1954年）」「社会福祉法（1955年）」「児童・青少年福祉法（1960年）」によって、家族の福祉問題を個別の法律のもとでそれぞれの施策が行われている現状に対し、単一の基本法の必要性に応え、1981年成立した。社会扶助の目的は、すべての居住者に「適切な生活水準」を保障することである。個人の社会的援助を受ける権利を規定する一方で、その援助は個人の自助努力のもとにあるとした。「適切な生活水準」については、中央政府が標準的なガイドラインを作成するが、社会扶助の具体的な実施については、コミューン（地方行政の最小単位）に広範な裁量権が付与された。1992年、高齢化および社会保障財政の逼迫を背景に、高齢者ケアの医療と福祉の総合的運営を目的として、エーデル改革が導入された。

(藏野ともみ)

社会復帰　幅の広い意味を有しており、文脈のなかで意味を確定しないといけない用語である。更生やリハビリテーションと同義語で用いる場合もある。精神障害者の社会復帰といった場合、精神病院を退院することを意味したり、一人前の証として結婚や就職をすることなどを意味したりもする。精神保健福祉法第1条には精神障害者の「社会復帰の促進」の文言が、同法第50条には精神障害者社会復帰施設の規定があり、精神保健福祉行政ではよく使われている。社会復帰という用語は、多義性があり恣意的に使われやすいので、実践現場では徐々に使われない用語になりつつある。その代わりに社会参加という用語が使われはじめている。　→リハビリテーション、社会参加　(住友雄資)

社会復帰施設等調査　従来「厚生省報告例」のなかで報告されていた社会福祉に関する統計を1956年に分離し、社会復帰施設等調査として

直接施設を対象とし、毎年末(1972年以降は10月1日現在)において実施するようになった。1985年から、当年を初年として3年に1回の精密調査を行い、中間2年は簡易調査を実施することになった。1990年からは、施設入所者の生活実態と生活の場としてのあり方等について把握するため、老人福祉施設等の入所者について、個票による調査を実施している。また1997年からは施設従事者の育成・確保等の諸施策に必要な基礎的事項を把握するため、個票による従事者調査を実施している。施設票は、生活保護法による保護施設(5種)、老人福祉法による老人福祉施設(9種)、身体障害者福祉法による身体障害者更生援護施設(21種)、売春防止法による婦人保護施設(1種)、児童福祉法による児童福祉施設(24種)、知的障害者福祉法による知的障害者援護施設(9種)、母子及び寡婦福祉法による母子福祉施設(2種)、精神保健福祉法による精神障害者社会復帰施設(5種―精神障害者生活訓練施設、精神障害者福祉ホーム、精神障害者入所・通所授産施設、精神障害者福祉工場、精神障害者地域生活支援センター)、その他の社会復帰施設等(11種)の合計87種類の施設、全数について行われる。入所者については、層化無作為抽出による標本調査が実施されている。
(三宅由子)

社会復帰調整官 心神喪失者等医療観察法第20条に基づき、精神保健福祉士その他の精神障害者の保健および福祉に関する専門的知識を有する者として政令で定められたものであり、保護観察所に配置される。その業務は、保護観察所の事務のうち、①入院または通院による医療、退院および再入院の決定を行う審判において、地方裁判所の求めに応じ、対象者の生活環境の調査を行いその結果を報告すること(第38条・第53条・第58条・第63条)、②入院または再入院の決定を受けた者の社会復帰の促進を図るため、対象者またはその家族等の相談に応じ、指定入院医療機関の管理者による援助および都道府県、市町村による精神保健福祉法に基づく援助が受けられるよう退院後の生活環境の調整を行うこと(第101条)、③通院医療の決定を受けた者についてその期間中、精神保健観察を行うこと(第106条)、④通院医療の決定を受けた者について、指定通院医療機関による医療および援助、社会復帰調整官による精神保健観察、精神保健福祉法等に基づく都道府県、市町村による援助が、保護観察所長の定める処遇の実施計画に基づいて円滑に行われるよう関係機関相互間の連携の確保に努めること(第108条)等である。 →心神喪失等の状態で重大な他害行為を行った者の医療及び観察等に関する法律、精神保健観察 (佐藤三四郎)

社会分業論〔theory of social division of labor〕 分業とは、社会ないし組織における役割や機能の分担に基づいた諸要素の結びつきのあり方を意味する。この分業を特に社会一般の水準で議論したデュルケム(Durkheim, É.)は、『De la division du travail social (社会分業論)』(1893)において、伝統的社会の崩壊に伴って、それまでは機械的連帯によって諸個人が結合していた同質性の高い環節社会から、諸個人の異質性に基づいた社会的分業によって特徴づけられる近代社会への移行が生ずると説明している。 →デュルケム (杉本昌昭)

社会変動〔social change〕 社会変動は社会学における究極的な研究課題であるといってよいが、その概念内容の規定は最も難しい問題の一つでもある。大方の見方としては、社会制度の根源的な構造的変化を社会変動であると理解することが最も一般的であると思われる。社会変動の見方の一つは、社会は将来に向かって進化するという社会進化論の見方である。この見解は、ダーウィン(Darwin, C. R.)の生物進化論の考え方を社会構造の変化に応用した説明図式であるが、しかし社会変動における突然変異といったようなメカニズムを前提にするわけにはいかないのであり、また発展という変動方向を裏づける進歩のあり様ということが明確にならない欠陥を含んでいる。社会変動の原因とその方向性に理論的な考察を加えたのがマルクス(Marx, K. H.)の唯物史観である。唯物弁証法的な運動法則に基づいて階級間の対立と闘争が社会の構造変動を招来するとするマルクスの考

え方は大きな影響力をもった。しかし中世社会から近代資本主義社会へという変動プロセスを説明する上で，マルクス主義的な説明以外にもウェーバー（Weber, M.）のような価値的理論枠からする説明も可能なのであり，マルクス主義的な変動論は一つの考え方を示すものでしかない。さらには，社会進化論の変形とでもいいうる構造機能論的な変動論も提示されているが，この場合も機能要件の規定ならびに機能要件が充足されえない常態をどのように明示化するのかは決して明確ではない。しかし，今日においても，世界の歴史が歩んでいる変動の方向性を明らかにすることは依然として重要な課題と考えられており，政治哲学的な分野から「歴史の終焉」(end of history, Fukuyama, F.) といった考え方も提示されている。　→社会構造
(和田修一)

社会法　国民の日常生活関係や社会生活関係を規律する法規範の総称。このなかには精神保健福祉法などのように障害者などが社会における主体的地位を確保できるように援助保護する立場から行政機関相互間の権限を規定し調整する法，障害者基本法などのように国や地方公共団体の基本的な施策指針を定める法などがあり，これらは直接国民を規律する法規範ではなく公法に分類される。他方，私法は民法や借地借家法などのように，社会法のなかでも取り引き社会の秩序を維持するために直接国民を規律する法規範である。後者が自己決定，自己責任を原則とするのに対し，前者は行政の責任において必要な施策を実施するものであり，障害者や高齢者は施策の客体であるに過ぎないことになる。
(池田直樹)

社会防衛　社会を危険や犯罪から守ること。公衆衛生分野で，伝染病，結核，食中毒患者の早期発見と隔離，また医療として精神病者を精神病院へ隔離収容すること，さらに通院治療の中断が犯罪につながることを防ぐためとして精神科外来医療費が公費負担制度化されたことなどが，社会防衛施策として行われてきた。一方，刑事政策上の理論および運動として，19世紀後半からヨーロッパで展開された社会防衛論は，責任能力のない危険な犯罪者，犯罪を行う危険性のある者を社会から隔離，施設収容し，そこで危険が過ぎ去る，あるいは無害化するよう矯正教育する教育・保護処分を主張し，犯罪の原因となった精神病やアルコール・薬物中毒の治療や禁絶をする治療処分を主張する特別予防論とともに，保安処分に理論的基礎を与えた。　→保安処分
(木村朋子)

社会保険　国民の生活困難をもたらす疾病，負傷，分娩，老齢，障害，死亡，失業などのリスク（事故）に対して一定の給付を行い，被保険者およびその家族の生活の安定を図ることを目的とした社会保障制度の一つである。財源は，被保険者によって拠出された保険料を中心とし，国や地方公共団体の負担，事業主負担などによって賄われる。保険の手法が用いられるが，公的機関や公法人が運営主体であること，国庫負担が行われること，一定条件のもとで強制加入となっていることなどの点において民間保険と異なる。一般に，医療保険，年金保険，失業保険（日本では雇用保険），労働者災害補償保険の4種類があり，これに加えドイツや日本では介護保険が導入されている。
(松本由美)

社会保険業務センター　社会保険大学校とともに，社会保険庁の施設等機関の一つで，社会保険事務所を通じて送られてくる国民年金，厚生年金保険加入者の被保険者記録や，年金受給者への支払い等を集中管理している。これらの事務を処理するために，大型のコンピュータが駆使されるとともに，同センターと全国の社会保険事務所とを結ぶ社会保険オンラインシステムが整備されている。同センターが保有する記録等は年金相談の場合にも活用されている。
→社会保険庁
(北場勉)

社会保険事務所　地方社会保険事務局とともに社会保険庁の地方組織の一つで，全国に265か所（2004年1月現在）設置されている。社会保険庁が所管する社会保険制度（政府管掌健康保険，船員保険，厚生年金保険，国民年金）に関する事業主，被保険者，受給者に対する直接の窓口で，被保険者の加入手続（適用事務），保険料の徴収，各種届けの受付，医療保険の現金

給付の支給，年金相談に至るまでの一貫した窓口サービスを提供する。　→社会保険庁
(北場勉)

社会保険審査会　厚生労働省に設置される機関（委員長および5人の委員）で，地方社会保険事務局に設置されている社会保険審査官とともに，健康保険，厚生年金保険，国民年金等の社会保険に関する行政処分に対する不服申し立てを受け付け，その行政処分の内容を審査する。不服申し立て（審査請求）は，まず，第一審機関である社会保険審査官に提出され，原則として書面による審理が行われた後，決定が行われる。社会保険審査官の決定に不服がある場合に，第二審とし社会保険審査会に審査請求ができる。審査会の審理は原則として公開で行われ，当事者，利害関係者は審理期日に出頭し，意見を述べることができる。審査会の採決に不服がある場合には，裁判所に訴えることができる。→不服審査機関
(北場勉)

社会保険庁　厚生労働省設置法に基づき設置される厚生労働省の外局の一つである。政府自らが行う医療保険（政府管掌健康保険，船員保険）と年金保険（国民年金，厚生年金保険）の運営を行うとともに，児童手当事業の一部を担当する。1961年に国民皆保険・国民皆年金体制が確立された翌年，1962年に，当時の厚生省保険局と年金局の組織の一部を切り離して創設された。内部組織として総務部，運営部が，施設等機関として社会保険業務センター，社会保険大学校がある。また，地方組織として各都道府県に一つの地方社会保険事務局と，全国に265か所（2004年1月現在）の社会保険事務所がある。　→厚生労働省，社会保険事務所(北場勉)

社会保険法（フランス）　フランスの社会保障制度は，被用者を対象とする社会保険制度を中心としており，年金の比重が高く福祉サービスには遅れがある。さらに高失業，高齢化に伴って社会保障給付は増大し，1997年には国内総生産に占める割合が約30％に達する等，財政赤字が深刻化した。社会保障制度は，①医療保障，②退職保障，③家族保障，④職業病保障，という四つの制度に大別される。現在，新しい税金の創設や保険料率の引き上げと上限の撤廃等の見直しが続いている。
(藏野ともみ)

社会保険立法（ドイツ）　ビスマルク(Bismarck, L.)は1878年社会主義者鎮圧法により社会主義運動を弾圧する一方で，1883年疾病保険法，1884年災害保険法，1889年廃疾・老齢保険法という社会保険の基礎を形づくる法律を相次いで制定した。「飴と鞭」と呼ばれるその政策により，社会保険制度の基礎が築かれた。こうして確立された社会保険制度はドイツから世界各国に普及した。その後，1911年にライヒ保険法が疾病・年金・労災保険の集大成として制定された。
(浅野いずみ)

社会保険労務士　社会保険や労働保険の円滑な実施に寄与するため，厚生労働大臣の免許を受けて，社会保険，労働保険，労働基準法などの社会保険，労働保険諸法令に関する提出書類や帳簿の作成，その提出代行，これら法令に関する指導・相談を業として行う専門家である。その資格を取得し業を行うためには，社会保険労務士法に基づき，厚生労働省が毎年1回行う国家試験に合格し，全国社会保険労務士連合会に備える社会保険労務士名簿に登録される必要がある。
(北場勉)

社会保障　現代社会における私たちの生活は，多くの場合，働いて収入を得ることによって成り立っている。これにより，食べるもの，着るもの，住むところ，映画や旅行といった娯楽など，日常生活上のさまざまな欲求を満たしているのである。しかし，働く力を失った人，働く機会に恵まれない人など，所得を得ることができない人々はどうするのであろうか。また，人々の生活そのものを荒廃させかねない，病気やケガになったらどうするのであろうか。社会保障は，このような所得の欠乏，疾病など，人々が日常生活を送るなかで生じてくるさまざまな事故に備えるとともに，現実に困ったときに対応するための社会的手だてとして形成されてきた。その源流は，イギリスにおける1601年のエリザベス救貧法による貧民救済，同じくイギリスにおける17世紀頃からの友愛組合による相互扶助，疾病保険に始まるドイツにおける1880

年代の社会保険制度創設などに見いだすことができる。大きな流れとしては，当初，最も基底的課題である「貧困」を「個人的要因による」としていたため，事後的手だてしかなく，内容も治安対策的色彩が強かったが，貧困調査等を契機に貧困が社会的要因により派生しているという要素が大きいことが認識されるようになり，社会保険等予防的手だても含めたものへと拡大していった。そしてこれらは，20世紀1930年代に入り，1935年にアメリカで，1938年にニュージーランドで，それぞれ「社会保障法」が制定されたことに示されるように，「社会保障」という一つの制度体系の下で統合しての整備が指向されるようになった。その後，1940年代のイギリスにおける「ベヴァリッジ報告」，フランスにおける「ラロック・プラン」，ILOによる『社会保障への途』の発表等を経て，第二次世界大戦後になり，社会保障制度の体系的な整備は一層進められてきたのである。このような大まかな経過を経て，現代社会においては，各国それぞれの文化，社会・経済の状況等の諸要因により，制度体系，構造，形態，財源等に相違はみられるものの，人々の生活の維持，向上のために必要不可欠の政策であり，制度となっているのである。　　　　　　　　　　　（船水浩行）

社会保障関係費　社会保障給付費に対する国の負担分を一般会計予算に計上したものが，社会保障関係費である。生活保護費，社会福祉費，社会保険費，保健衛生対策費，失業対策費の五つに分類され，国の歳出総額に占める割合は2003年度で23.0％，18兆8291億円に及ぶ。内訳をみると，医療費の負担や年金支給等の社会保険費77.0％，老人福祉等の社会福祉費9.2％，生活保護費8.1％，疾病予防や救急医療等の保健衛生対策費2.7％，失業対策費3.1％の順となっている。少子化・高齢化の進展とともに，経済情勢の変化に伴う失業者急増への対応も緊急課題となっており，社会保障関係費は今後とも増加していくことが見込まれる。（君島昌志）

社会保障給付費の対国民所得比　社会保障給付費とは，公的に行われる医療，年金，福祉などの社会保障制度の給付費の総額をILOの基準に基づいて算出したもの。わが国の2000年度の総額は78兆1272億円，対国民所得比は20.5％である。欧米先進諸国における社会保障給付費の対国民所得比は，スウェーデン45.9％（1996年），ドイツ37.7％（1996年），アメリカ18.0％（1995年）となっている。わが国の比率はまだ低いものの，高齢化の進展に伴う高齢者関連給付費（年金保険，老人医療，老人福祉等給付金の合計）の増大，景気後退による国民所得の伸び悩みもあり，1990年以降，社会保障給付費の対国民所得比は上昇傾向にある。
　　　　　　　　　　　　　　　　　（君島昌志）

社会保障構造改革　わが国の社会保障は戦後50年を経て，部分的改正にとどまらない抜本的な制度再構築が迫られている。その要因は，バブル経済崩壊後経済再建が困難を極め，従来のような経済成長が期待できないことや，経済のグローバル化，産業構造の変化，少子・高齢化がもたらす人口構造の激変，女性の社会進出と男女共同参画社会の実現，終身雇用制度の崩壊など社会保障の基礎的基盤が変化してきていることなどがある。社会保障費用の負担が増大し後世代負担の著しい増加を招き，現状のシステムでは社会保障制度を持続させることが困難と予想されている。1994年に厚生省は「21世紀福祉ビジョン―少子・高齢社会に向けて―」で具体的な将来費用負担の試算を示した。国民負担を国民総生産の50％以内に抑えること，年金・医療・福祉の社会保障総給付費のあり方を5：4：1から5：3：2へとシフトさせ，社会福祉サービスの拡大を図ること，新たな介護保険の導入と高齢者医療保障のあり方，公的年金保険の持続可能な改革を求めて，社会保障制度構造改革の国民的合意を求めたこと，である。さらに社会保障制度審議会は1995年に戦後第三の勧告「社会保障制度体制の再構築について―持続可能な制度のあり方を求めて―」で，社会保障制度を持続可能にするための課題の整理とそのあり方を勧告している。社会保障構造改革とはこうした社会保障制度の再構築をするための一連の構造改革を指す。また，社会保障制度に関係している八つの審議会会長が一堂に会す

る合同委員会をつくり，社会保障制度構造改革として「社会保障構造改革の方向(中間まとめ)」を出し，課題解決を図ろうとしている。

(松崎泰子)

社会保障審議会 2001年1月に実施された中央省庁の再編による厚生省と労働省の統合に伴う厚生労働省の発足に伴って，統合前に存在した厚生省の年金審議会および医療保健福祉審議会が統合されることにより誕生した。当時の年金審議会は，厚生大臣または社会保険庁長官の諮問機関として，厚生年金保険と国民年金の事業運営に関する重要事項を審議し，医療保健福祉審議会は，医療保険制度および老人保健制度に関する基本的事項や，健康保険，船員保険，国民健康保険事業，また介護保険に関する重要事項を審議していた。現在は社会保障審議会が厚生労働大臣の諮問機関として社会保障および人口問題に関する重要事項を審議するものとされ，これまでの年金審議会と医療保健福祉審議会の事務を引き継ぐかたちで運営されている。構成委員は，厚生労働大臣が任命する学識経験者30人以内で構成される。審議会の整理・統合化では，このほか総理府に設置されていた社会保障制度審議会も廃止されている。(西澤利朗)

社会保障体系 優れて歴史的に形成されてきた社会保障の用語は，その概念・範囲をその国の社会と歴史に規定されている。社会保障の歴史的発展段階をみると，貧困者救済としての救貧制度の系譜と，労働者の友愛組合などから生まれた労働者共済制度から社会保険制度成立への系譜がある。第二次世界大戦後，福祉国家の成立がそうした制度の系譜を統合したものとして社会保障制度の体系化を促進してきた。「揺り籠から墓場まで」の普遍的生活保障を構想した「ベヴァリッジ報告」やILOの社会保障概念が社会保障の体系化を進める公準となってきた。福祉国家の成立がすべての国民を対象にした普遍的な制度の成立を促し，医療保障，所得保障，社会福祉サービス保障，雇用・労働災害補償，住宅保障など，現代生活を脅かすリスクを社会的に保障しようとするために社会保障の体系が形成されてきた。わが国の場合は1950年に社会保障制度審議会が出した「社会保障制度への勧告」の定義を基礎に厚生省が社会保障の「体系と構造」を整理している。これが公的な社会保障体系の概念としてわが国では理解されている。厚生省の概念整理によると，社会保障体系は狭義の社会保障制度，広義の社会保障制度とその関連制度からなっている。したがってわが国の場合は社会保障概念を広範囲な制度を含めてとらえているので，その体系も範囲が広いといえる。 →社会保障

(松崎泰子)

社会保障法 社会保障の分野を対象とする法律の総称。生活保護法，社会福祉法，国民年金法，障害者の雇用の促進等に関する法律，老人福祉法，知的障害者福祉法，精神保健福祉法などがある。上記各法律は，基本的な統一理念の下に体系的に整理されていないために，制度内容にばらつきがあり，保健，医療，福祉の連携が十分でなく，いわゆる「縦割り行政」の弊害がみられる。多くは国や地方公共団体の実施する事業を制度化する内容が規定されており，直接国民の権利義務を定める規定は少ない。

(池田直樹)

社会モデル〔social model〕 イギリスの障害者運動の理論的指導者で自らも頸髄損傷である，グリニッジ大学教授のオリバー(Oliver, M.)は，1996年に社会が引き起こす障害にもかかわらず，個人に原因を帰している「個人モデル(医療モデル)」と比較して，社会の障壁から引き起こされる障害としての「社会モデル」を概念化し，産業化が進むなかで引き起こされた社会の矛盾が大きな要因になっているとしてソーシャルアクションの必要性を強調している。その一つの方法として，「障害平等トレーニング(disability equality training)」があり，これは公共機関，民間団体，企業，学校などあらゆる組織を対象に，障害者も他のすべての人々と同様の権利を有することを理解させ，必要な改善を促すプログラムである。この概念は，2001年に改定されたWHOの国際生活機能分類(ICF)に大きな影響を与えた。また「障害学(ディスアビリティ・スタディーズ)」として，理論の体系化が図られている。 →国際生活機能分

類　　　　　　　　　　　（坂本智代枝）

社会問題〔social problems〕　犯罪，自殺，薬物乱用，離婚，ドメスティック・バイオレンスから失業，貧困，難病（エイズなど）に至るまで，社会的規模で問題であると認められ，社会的な対策が必要とされる各種の事象を指す。産業革命ならびに資本主義の勃興は，工場労働者が多く集まった都市を中心にそれまでにはみられなかった多くの社会問題（劣悪な労働環境，貧困，病気等）を生みだした。マルクス（Marx, K. H.）やエンゲルス（Engels, F.）は，これらの問題を資本家による労働者の搾取，疎外の観点からその背景と原因を説明し，疎外された労働者による社会主義革命によって克服されるべきものとした。こうしたマルクス主義理論によって説明される社会的問題事象へのアプローチは，その後社会問題論アプローチとして確立し，ほぼ一貫して資本主義体制の矛盾という観点から問題の背景，原因，過程と結果現象ならびに対策を強調してきた。その亜系として日本でも生活問題論アプローチが展開された。しかしその後，マルクス主義の退潮や社会主義諸国の相次ぐ市場経済体制への歴史的転換などを経て，アメリカ社会病理学とマルクス主義的社会問題論の二元的対立は陰をひそめ，社会的に問題視される現象への社会レベルからのアプローチ全般が社会問題研究と理解されている。こうしたなかで，近年では従来のように事象の問題性については判断を留保し，問題であると社会問題視されるその過程とメカニズム自体を取り上げ研究する社会問題の構築主義アプローチも優勢になっている。　→社会病理学　　（清水新二）

社会有機体説〔theory of social organism〕　社会を生物有機体のアナロジーとしてとらえる社会科学思想であり，特に社会学草創期のコント（Comte, A.）やスペンサー（Spencer, H.）に典型的な立場である。生物は各機能を分担する諸器官の有機的な統一体としてとらえられるが，これと同様に，社会も諸個人・諸集団により構成される有機体として説明されている。さらに生物進化と同様に，社会も進步・発展するものとされ，例えばコントは社会発展の3段階の法則を提示した。　→コント，スペンサー
　　　　　　　　　　　　　　　（杉本昌昭）

社会リハビリテーション〔social rehabilitation〕　WHOのリハビリテーションの定義によれば，「障害によって失われた機能的能力を可能な限りの最高レベルに達するように個体を訓練あるいは再訓練するため，医学的・社会的・教育的・職業的手段を併せ，かつ調整して用いること」としている。その脈絡からは医学的・教育的・職業的アプローチを除外した部分を指すといってよい。もっと積極的には「障害者の人権の普遍性と，障害が生活に及ぼすニーズの特殊性の両面を踏まえ，障害者が健全な社会の構成員として，名実共に統合される社会づくりに向かう」ための働きかけであり，「自立と社会参加」が目標とされる。具体的な内容は，福祉サービス，所得保障，社会活動（文化・スポーツ・レクリエーション）などの環境改善や環境整備などの社会資源の拡充に向けた取り組みがある。　　　　　　　　　　　　　　　（丸山晋）

社会療法　社会資源を利用した，社会的訓練，リハビリテーションの色彩の強い治療的アプローチである。精神科病院において長期在院患者の活動性を高めるための生活指導，レクリエーション，作業療法に始まったが，近年では，デイケア，生活訓練施設，小規模作業所などの，より地域社会に近い治療の場において行われる。技法としては，SSTなどの訓練が重要となる。　　　　　　　　　　　　　　　（岡田純一）

弱視　視覚は視力，視野，色覚，光覚のほか調節，両眼視，眼球運動などの視機能によって保たれ，視覚障害はこのうちの視力，視野，光覚の障害によってもたらされることが多い。弱視（low vision：ロービジョン）は視力障害ではあるが視覚によって仕事や読書あるいは移動などの日常生活が可能な「低視力」の総称で，一定の定義はない。障害児教育では残存視機能の活用を図りQOLの向上を目指している。補助器具もいろいろ開発され障害の軽減が図られている。　　　　　　　　　　　　　　　（吉川武彦）

借地借家法〔平成3年法律第90号〕　土地や建物の賃貸借契約において，契約内容の均衡と

適正を確保するために契約内容を類型化し強行法規とした法律。旧来の「借地法」「借家法」「建物保護法」は本法制定と同時に廃止された。ただし，廃止前の権利関係については，なお効力を有している。貸主（土地，建物の所有者）と借主とが賃貸借契約を締結する場合，借主は住宅（生活の本拠）や店舗（営業の本拠）として利用するため，契約に際して貸主の定めた条件を受け入れることを強いられる。このように借主が立場の弱さの故に不当に不利な条件までも強いられることのないように法律で枠づけたもの。高齢者や障害者が地域で生活するためには，貸主の偏見による入居拒否を許さないような保護法（差別禁止法）が必要である。特に，保証人を得にくい場合は，保証金で代替できるようにすべきである。また，不動産利用を推進するために契約更新のない定期借地権，定期建物賃貸借などの制度が新設された。　　　（池田直樹）

若年期痴呆患者〔younger demented patient〕　痴呆はひとたび完成した知性ならびに人格の全面的な解体を本質とする。これは老年痴呆というように老年期（初老期を含む）に発症することが多いが，重篤な脳の器質性損傷により若年期にも起こり得る。これには，交通事故・産業事故などによる重篤な脳外傷，脳血管障害，各種脳炎，脳腫瘍，若年発症の脳変性疾患，各種の中毒など多くの原因疾患がある。小児期の発達障害（知的障害，発達遅滞）に対しては療育手帳や各種施設が用意されており，老年期の痴呆には介護保険や各種の施設が徐々に整備されつつある現状にあって，若年期の痴呆患者に対する処遇は未だ不十分であるといわざるを得ない。若年期痴呆患者には，小児期とも老年期とも異なる特異な問題（収入，医療費，年金，障害者手帳など）もあり，今後の課題となっている。　→痴呆　　　（波多野和夫）

シャドウワーク〔shadow work〕　イリイチ（Illich, I.）による造語。産業社会において，賃労働の影にあって賃金が支払われない労働を指す。その典型例として主婦の家事労働があるが，ほかにも通勤，試験勉強，消費活動など，有用性はないが強制された活動がこれにあたる。無償であるがゆえに市場経済のなかでは顕在化しない。また，産業社会においては，男性が有償の生産活動に従事し，女性が無償の家事労働を担当してきたことにみられるように，性別役割分業と深く関連している。　　　（木脇奈智子）

ジャネ〔Janet, Pierre：1859-1947〕　フランスの心理学者。神経症研究の巨匠。リボ（Ribot, T.）の病態心理学の手法—病態の観察をとおして常態の心理を把握する方法—を駆使して心理的諸機能の階層秩序をとらえ，統合された人格的意識の下での現実に即応した行動を支える最も洗練された日々進化する心理機能が他の諸機能を統制することを，ヒステリーおよび精神衰弱（強迫症）の現象の分析から実証し，神経症はこの最上位の心理機能の進化の病態であることを論じた。　→神経症　　　（高橋徹）

従業員支援プログラム〔employee assistance program：EAP〕　職場組織や従業員の生産性に影響する問題の解決を支援するプログラム。1940年代のアメリカで従業員の飲酒に絡んだ問題から発生し，現在では精神保健や家族・法律問題にまで適用される。業務遂行に影響する個人的問題を抱えた従業員に対して，問題のアセスメント，行動プランの作成，解決方法の提示，援助機関の紹介などを行う。組織内の管理職などには，問題を抱えた従業員への対応に関する相談，プログラム理解を促す研修などを行う。　　　（坂田成輝）

就業促進手当　失業給付の体系のなかで求職者給付と並ぶ重要な給付である。再就職手当，常用就職支度金，移転費および広域求職活動費と従来は4種類に分かれていたが，2003年の改正で，多様な方法による早期の再就職を実現するための整備が行われ就業手当が創設された。したがって，就業促進手当としては，①就業手当，②再就職手当，③常用就職支度手当が支給されることとなった。これにより，現在の就職促進給付は，就業促進手当，移転費，広域求職活動費の3種類となった（雇用保険法第56条の2〜第59条）。　　　（辻村昌昭）

就業手当　就業促進手当中の一部をなす（雇用保険法第56条の2第1項第1号イ）。基本手

当の支給残日数が所定給付日数の1/3以上で，かつ，45日以上である受給資格者が，再就職手当の支給対象とならない常用雇用以外の形態で就業した場合に，待期が経過した後の就業であること，離職前の事業主（関連事業主を含む）に再度雇用されたものでないこと等一定の要件を満たしたときに，支給される（雇用保険法施行規則第82条）。支給額は，就業日ごとに基本手当額の30％に相当する額である（同条第2項）。就業手当の支給を受けた日については，基本手当を受給したものとみなされる（同条第5項）。したがって，受給資格者が，パート，契約社員等として再就職し，その職業に就いた日の前日における基本手当の支給残日数が所定給付日数の1/3以上，かつ45日以上ある場合にも，新たに手当が支給されることとなった。

(辻村昌昭)

住居プログラム 欧米諸国で取り組まれている脱施設化の主要なプログラムの一つ。病院に代わって本人の希望する地域で生活の場を提供し，そこでの定着とより自立した生活を目指す。脱施設化の理念が貫かれ，地域に溶け込んだ普通の小規模な建物を特別でない地域につくり，病状，生活能力の程度など個人別のニーズに応じた一連のサービスを提供する。援助の程度によって24時間または日中のケア付きホステル（通過型，永住型），パートタイムのスタッフ付きグループホーム，スタッフなしグループホームなどがある。「新しい」長期在院患者（'new' long-stay patient）のためには集中治療ホステル（ward-in-a-house）の試みもある。10名前後の重症患者に対して，高度のスタッフ配置で，生活に密着した質の高い個別的治療を提供する試み。わが国では，精神障害者生活訓練施設（援護寮），精神障害者福祉ホーム，精神障害者グループホーム（精神障害者地域生活援助事業）があるが，圧倒的な量の不足と脱施設化の理念が十分反映されていない弱点をもつ。 (伊勢田堯)

自由権 ⇨人権

集合行動 [collective behavior] ある共通の社会的刺激に反応した複数の人々によってなされる非制度的な行動。スメルサー（Smelser, N. J.）は集合行動を，①不確かな状況から生じた不安が絶対的脅威に対する恐怖に転換し，そこから逃走することで生じる「パニック」，②全能の便益を措定して状況のあいまいさを縮減しようとする「クレイズ」（踊る宗教など），③脅威の責任主体を攻撃し排除することで危機の打開を試みる「敵意噴出行動」（暴動，リンチなど），④脅威を受けている規範や価値を改革，撤廃，創設することで社会に秩序をもたらそうとする「規範志向運動」（公害規制運動，条約改定運動など）と「価値志向運動」（宗教革命，民族独立運動など）に分類した。④のタイプを集合行動ではなく，社会運動に分類する見解もある。

(熊本博之)

周産期死亡率 周産期死亡とは，1年間の妊娠満22週以後の死産と生後1週未満の早期新生児死亡を合わせたものであり，1年間の出生1000に対する1年間の周産期死亡の比を周産期死亡率という。妊産婦死亡率とともに母体の健康状態の重要な指標とされる。死産や出生の定義は国によって違いがあるため，両者を含めた「出生をめぐる死亡」として，国際的に比較する場合に用いられることが多い。わが国の周産期死亡率は欧米先進国と並び，低率であるが，新生児死亡の占める割合が小さく，死産の割合が大きいことが特徴である。 (近藤洋子)

収支相等の原則 社会保険の基本原則の一つである。社会保険を運営管理する保険者は形成されている保険集団において，将来支払わなければならない保険給付総額に対して必要な財源を保険集団員の保険料負担により協同準備財産を形成する。収支相等の原則とは，保険者が受け取る保険料総額と被保険者に支払われる保険給付総額が過不足なく均衡するよう図らなければならないことである。保険数理上必要な財源を計算するが，社会保険の場合強制加入方式であるので，保険料負担能力の乏しい人々の場合も考慮しなければならない。国庫負担を導入したり，保険料免除制度などで配慮している。

(松崎泰子)

重症心身障害児施設 重症心身障害児の保護と治療および日常生活の指導を行う児童福祉施

設。先駆的な施設として，島田療育園，びわこ学園がある。医療法に規定する病院として必要な設備，職員のほか，児童指導員，保育士，心理指導を担当する職員，理学療法士または作業療法士を置く。歴史的経緯から多様な障害のある人が入所しており，その年齢層は幅広い。また，同施設等を通所で利用する重症心身障害児（者）通園事業が行われている。　→児童福祉施設
　　　　　　　　　　　　　　　　（淺沼太郎）

重症心身障害児・者　児童福祉法の規定では，重度の知的障害および重度の肢体不自由が重複している児童とされる。学校教育でいう「重度・重複障害」が類似している。18歳以上であっても「児・者一貫」の措置となる。「重症心身障害」の概念は入所選定の基準としても用いられ，運動機能とIQによる「大島の分類」が有名。なお，「超重症児」とは，濃厚な医療ケアを必要とする子どもを指し，保険診療の加算基準として医療的介護ケアが点数化される。　→重複障害
　　　　　　　　　　　　　　　　（淺沼太郎）

周生期障害　出生時と早期新生児期（生後1週未満）を一括して周生期といい，胎児から新生児へと大きく環境の変化する時期である。この期における障害の主要なものは，脳の循環障害と全身性の低酸素症であり，脳障害などの後遺症を生ずる。脳性麻痺の60％は周生期の原因に基づくといわれる。分娩時の異常のほかに，先天異常や未熟児，重症黄疸のような児側に原因がある場合がある。　　　　　　（成相京）

修正積立方式　年金制度の財政方式は，毎年の保険給付費を事前に積み立てられた保険料とその運用収入により調達する「積立方式」と毎年の保険給付費をそのときの現役世代から徴収する保険料で調達する「賦課方式」に大別できるが，修正積立方式とは，前者を修正して，後者の要素を取り入れたものといえる。具体的には，年金給付費の一部を積立金とその運用収入で調達し，残りの部分を現役世代の保険料によって調達する財政方式である。この方式では，積立金をすべて取り崩さず，一定の積立金を保有しているので，その運用収入を給付財源にあてることが可能となり，人口の高齢化がピークに達したときの保険料率を，賦課方式で運営した場合よりも低くできる。ちなみに，現在，日本の公的年金制度は，この方式で運営されている。日本の公的年金では，制度創設後，加入期間の短い者に対して，特例的な年金が支給されるとともに，高度成長期の物価および賃金の上昇に対応して，年金額の引き上げが進められたが，そのために必要となる財源は，後の世代が拠出する保険料の一部を充当することによって調達された。その結果，後の世代の拠出した保険料は，完全に積み立てられず，その一部が，前の世代の年金給付の財源として利用されるようになった。こうした経緯から，当初予定されていた積立方式での運営が維持できなくなり，財政方式が修正積立方式に移行した。また，修正賦課方式という用語もほぼ同義である。　→積立方式，賦課方式　　　　　　（百瀬優）

住宅扶助　生活保護法に定められた扶助の一つ。原則，金銭給付で行われ，家賃・間代・地代および住宅維持費に分けられる。家賃・間代・地代は，居住に際し家賃などが必要な場合に基準額の範囲で認定されるが，共益費はこれに含まれない。住宅維持費は年額で基準額が設定されており，住居の畳・建具などの従属物を修理する場合や住居の屋根や壁などの補修が必要な場合に支給される。なお，入浴設備の補修については，障害者や歩行困難な高齢者などで近隣に公衆浴場がない場合に限られている。その他転居に際する敷金や豪雪地帯における雪下ろし費用が特別基準として認定される。なお，基準額を超える住居に住んでいる場合は転居指導の対象となる。住宅ローン返済中の場合は返済金は住宅扶助の対象にならない。　→生活保護法，保護の種類，転居資金　　　（並木麻理子）

住宅問題援助　退院・退所後の住宅確保，住宅資金，住宅維持，住宅改造，アメニティ，近隣関係の調整などの援助をいう。退院（退所）援助との関連が強い。精神病院退院のための第一の要件は住宅確保にあるといっても過言ではない。しかし，退院先となる住宅を確保することにはさまざまな困難を伴うことが多い。例えばアパートを借りるにも保証人の確保が難し

く，入院が一定期間に及ぶ場合には解約しなければならない等の問題がある。そういったなかで，住宅を確保・維持していくための援助は，家族調整やクライエントの主体的な疾病管理をも含む生活全般にわたる相談・援助となる。また，機関内・外の人たちとの連携も欠かせない。さらにクライエントの障害状況によっては，住宅の改造も必要となる。今後は法定化された精神障害者生活訓練施設（援護寮），精神障害者福祉ホーム，グループホームなどの増加や公的保証人制度の新設を図る働きかけとともに，さらに多くの住居を確保する支援が必要になろう。
→家族問題調整　　　　　　　　（小久保裕美）

集団援助技術　⇨グループワーク
集団心理療法　⇨心理療法

縦断的研究／横断的研究　発達研究において，時間的，発達的変化をとらえるための二つの研究方法。縦断的研究は特定の個人または集団を継続的に追跡し，どのような発達的変化が起きているかについてデータを収集する研究方法である。発達の実際のプロセスや条件を分析できる利点があるが，時間や労力の点で負担が大きく，多数のデータを集めることが困難である。横断的研究は異なる発達段階にあるいくつかの被験者群に対して，調査，実験を行い，得られた資料をもとに各群を比較する研究方法である。短時間に多くの資料を集めることができる。ただし，異なる発達段階にある各群を，同一個体群の時間的変化であるかのように扱っていることがこの方法の問題点である。
（長瀬浩一）

重点施策実施5か年計画（新障害者プラン）
2003年度から10年間にわたる障害者基本計画に沿って，前期5か年の重点施策，達成目標ならびに推進方策を定めたもの。本計画は「新障害者プラン」とも呼ばれる。障害者プランの終了年度を迎え，2002年12月，障害者施策推進本部によって決定された。内容は，①活動し参加する力の向上のための施策，②地域基盤の整備，③精神障害者施策の充実，④アジア太平洋地域における域内協力の強化，⑤啓発・広報，⑥教育・育成，⑦雇用・就業の確保。地域基盤の整備として，在宅サービス等の数値目標が掲げられたほか，「入所施設は真に必要なものに限定する」と記された。また精神障害者施策においては「条件が整えば退院可能とされる約7万2000人の入院患者について，10年のうちに退院・社会復帰を目指す」としている。　→障害者基本計画，障害者プラン～ノーマライゼーション7か年戦略～
（淺沼太郎）

重点的に推進すべき少子化対策の具体的実施計画について（新エンゼルプラン）　1999年12月19日に策定され，2004年度を目標年次とした少子化対策事業の数値目標が示されているもの。1994年に策定されたエンゼルプランの前期目標にあたる「緊急保育対策等5か年事業」が1999年度をもって終了したことから，エンゼルプラン後期の取り組みとして改めて示したものであり，2001年以降の省庁再編や国民生活の変化等いくつかの変化を踏まえて再構成された。新エンゼルプランに先駆けて1999年12月17日に策定された少子化対策推進関係閣僚会議の報告書である「少子化対策推進基本方針」で出された考え方を前提としている。少子化対策推進基本方針では，少子化傾向に加速がかかる現状の背景として，子育てと仕事の両立に対する負担感の増大があるとされ，少子化対策を実施するにあたっての基本的視点として，①結婚や出産は，当事者の自由な選択に委ねられるべきものであること，②男女共同参画，児童の健全育成が可能な社会づくりを旨とすること，③社会全体の取り組みとして，国民的理解と広がりをもった子育て支援であることの三つが掲げられた。この考え方に基づき，新エンゼルプランのなかに数値目標が示された項目は，緊急保育対策等5か年事業からの継続項目のほか，不妊相談や周産期医療の母子保健事業，旧・労働省事業であるファミリー・サポート・センター事業や旧・文部省の全国子どもプランの整備等事業についても含まれている。このプランは，次の八つの目標を含む。①保育サービス等，子育て支援サービスの充実，②仕事と子育ての両立のための雇用環境の整備，③働き方についての固定的な性別役割分業や職場優先の企業風土

の是正，④母子保健医療体制の整備，⑤地域で子どもを育てる教育環境の整備，⑥子どもたちがのびのび育つ教育環境の実現，⑦教育に伴う経済的負担の軽減，⑧住まいづくりや街づくりによる子育ての支援。　→緊急保育対策等5か年事業
〔山本真実〕

重度障害児・者日常生活用具給付等事業　在宅の身体障害児，知的障害児・者に対し，浴槽，訓練用ベッド等の日常生活用具を給付または貸与すること等により，日常生活の便宜を図る事業。実施主体は市町村（特別区を含む）であり，用具の種目に応じて，給付の対象者が定められている。対象者の扶養義務者は，収入の状況に応じて用具の給付等に要する費用の一部を負担する。
〔淺沼太郎〕

重度障害者医療費助成　重度障害者が医療保険で診療を受けた場合に，地方自治体が自己負担額や入院時食事療養費などを助成する制度。国の制度ではなく地方自治体独自の施策であり，対象者や助成内容は自治体によって異なる。一般的には，身体障害者，知的障害者が対象であり精神障害者は対象外である場合が多い。しかし，一部では障害年金を受給する精神障害者を助成の対象とする自治体や，低所得の精神障害者に入院医療費の一部を助成する自治体もある。
〔鈴木孝典〕

重度身体障害者日常生活用具給付等事業　在宅の重度身体障害者に対し，浴槽等の日常生活用具を給付または貸与すること等により，日常生活の便宜を図る事業。実施主体は市町村（特別区を含む）。給付等の種目に応じて，対象となる障害および程度が定められている。貸与の対象者は，所得税非課税世帯に属する者とされ，無償である。給付を受けた者またはその扶養義務者は，負担能力に応じて必要な費用の一部を直接業者に支払う。
〔淺沼太郎〕

自由入院　日本では，1988年に施行された精神保健法の第22条の3で任意入院の制度ができるまでは，精神科病院に入院者の意志で入院しようとしても，法的な裏づけがなかった。そこで，「入院したい」という意志をもつ人々を一部の病院では，「同意入院」ではなく「自由入院」と称して，法外入院をさせていた。このことを「自由入院」という。ただし，精神保健法上の任意入院制定後も同じであるが，入院を監督官庁に届け出する義務がなく，入院者の処遇内容や入院者数がわからないという問題が生じている。　→任意入院
〔高橋一〕

収入認定　生活保護費の算定時の認定方法。保護を受けている者は，就労による収入のほか，仕送りや年金なども含め，すべての収入を申告する義務がある。保護の開始時だけでなく，変動があったときなどもその都度，定期的に申告しなくてはならない。それらの収入のなかで，勤労控除を差し引いた額が収入認定される。例えば常用で就労して収入を得ている者は，基本給，勤務地手当，家族手当および超過勤務手当などの収入総額を申告し，勤労控除を差し引いた金額が収入認定されることになる。
〔敦賀弘恵〕

終末期医療　⇨ターミナルケア

住民参加型在宅福祉サービス　高齢者に対する介護問題の拡大とともに既成の制度的なサービスでは対応できないニーズが発生し，1980年代から，各地で民間や第三セクターによる対応がすすめられてきた。そのなかで，無償のボランティア活動と区別して，有料・有償性を基本としながら，市民・住民の相互的な当事者援助や介助などを行うものをいう。通常，会員制で非営利を特徴とする民間団体が提供するホームヘルプを中心としたサービスを意味する。福祉公社，社会福祉協議会の登録ヘルパー制も含まれる。
〔中村律子〕

住民自治の原則　都道府県および市町村はその固有事務について，それぞれの自治体において独自に組織する議会が定める法規範（条例という）を定め，執行することが認められるという原則。国民主権主義が「国家レベルにおける自己統治」を目指すものであるのに対し，住民自治は「地域における自己統治」を目指す考え方である。日本国憲法第8章は，これを定めている。外交や防衛については対外的に国家として統一的に対応すべきことから，これらの領域には住民自治は及ばない。法律で定められた事

項でも，住民自治の原則から，地域の事情を踏まえて，法律よりも厳しい規制を条例で定めることは可能である。また，「たばこポイ捨て禁止条例」などアイディアをそのまま条例に反映することもできる。日本は明治政府以降，国が主導してきたため「観客民主主義」「お任せ民主主義」といった状況が定着してしまっており，今後は地域から自治活動を掘り起こす必要がある。　→団体自治の原則，地方自治（池田直樹）

住民主体　生活主体者である住民自らが主体的に参加し連帯して地域社会に生起する生活問題に取り組み，自己選択・自己決定により自己実現を達成しようとすることである。住民を主権者と位置づけ，住民自らがその政策や実践の過程において主体的役割を展開するように，関係者が協働して取り組むことを意味している。全国社会福祉協議会では，1962年「社会福祉協議会基本要項」において「住民主体の原則」を示した。「新社会福祉協議会基本要項」にも一部継承されている。　→社会福祉協議会（中島修）

重要な他者〔significant other〕　ある個人を取り巻く人々のうち，その社会化の過程において，所属する集団に適合的な価値や規範，好ましいとされる態度を習得する場合，あるいは自己自身の評価を行う場合などには自己を対象化すること（他者の観点から自分自身をとらえること）が不可欠となるが，この際に準拠点となる人物を指す。なお「重要な他者」は，具体的，個別的な他者であるという点で，ミード（Mead, G. H.）のいう「一般化された他者」と異なる。特に精神保健分野においては，個人の病史や人生に影響を与える他者を，意味ある他者と位置づけ，援助過程で重視する。　（鈴木無二）

就労支援　障害者が就業し，職業生活を維持・継続することをとおして，地域生活を実現するための支援活動をいう。この用語が使われるようになった背景には，1997年の「あっせん型障害者雇用支援センター」の創設（2002年度から障害者就業・生活支援センターに改組）および大阪市，神奈川県などの自治体の単独事業としての障害者就労支援機関の設置，さらには，ジョブコーチなど個別就労支援技法の普及がある。現在，各地域でさまざまな取り組みがなされているが，共通して重視されるものとして，「職業相談」（面接とさまざまな情報に基づいての個別就労支援計画の作成），「就職準備支援」（職業的資質の把握。職場見学やピアカウンセリングの実施），「職場開拓」（公共職業安定所への同行支援や職場開拓），「職場実習支援」（ジョブコーチ。職場環境の調整・改善），「職場定着支援」（職場訪問やジョブコーチによる職場定着の支援），「離職時の調整および離職後の支援」（本人の代弁機能。諸手続き支援。再就職支援），「他機関とのネットワーク形成と維持」（地域における当事者，企業，医療保健福祉の支援機関とのネットワーク），がある。また，精神障害では，就業面と生活面には密接な関わりがあり，それらの一体的な支援が必要とされる場合も多い。その場合の生活支援には，「日常生活の支援」（出退勤，食事等の生活リズムの管理。金銭や健康・医療管理），「安心して職業生活を続けられるための支援」（本人の相談やカウンセリング。家族や事業主への助言。福祉サービス利用手続き支援），「豊かな社会生活を築くための支援」（休日，余暇活動，スポーツ・文化活動，旅行等の支援，本人活動や自助グループの支援），「将来設計や本人の自己決定の支援」（自立や将来設計についての支援。自己選択・自己決定の支援等），がある。地域における，一般就労をにらんだ精神障害者の個別就労支援はやっと端緒に着いたばかりであり，今後の発展が期待される。　→障害者雇用支援センター，障害者就業・生活支援センター，ジョブコーチ，公共職業安定所　（舘暁夫）

主客統合化　人間関係のなかで，ある人物が一個の人格として，過去，現在，未来にわたって，社会的心理的な人格的責任をもつような一貫性やまとまりを保てることである。換言すれば，自分のなかに安定した自分らしさを味わいながら，しかも，周囲とも継続的な関わり（情緒的な連続性や信頼感）を気楽に保ちながら日常生活を送れることである。　（今井楯男）

宿所提供施設　生活保護法に基づき設置される保護施設の一つであり，住居のない要保護者

の世帯に対して，住宅扶助を行うことを目的としている。戦後の混乱期には，戦災，失業，引揚，浮浪生活者などの住宅確保が困難な者に対して，その必要性は高かった。しかし近年では公営住宅の普及，民間アパートの充実などのために，その存在意義は相対的に小さくなっている。なお，近年大都市部において，社会福祉法に規定する生計困難者のために無料または低額な料金で宿泊所を利用させる事業を行う施設（無料低額宿泊所）が急増している。これは，NPO法人等が主にホームレスを入所させて生活保護を申請・受給させた上で，高額な利用料金を徴収することが問題となっているが，宿所提供施設とは別物である。　→住宅扶助，保護施設
〔大内直人〕

授産施設　生活保護法に基づき設置される保護施設の一つであり，身体上もしくは精神上の理由，または世帯の事情により就業能力の限られている要保護者に対して，就労または技能の修得のために必要な機会および便宜を与えて，その自立を助長することを目的としている。この施設は，生業扶助を主たる目的とする施設であって，通所して技能修得を目指す施設授産と内職を斡旋する家庭授産との2種類がある。前者は障害者が，後者は育児のため通所が適当でない母子世帯の利用が多い。なお，身体障害者福祉法では身体障害者授産施設が，知的障害者福祉法では知的障害者授産施設が，精神保健福祉法では精神障害者授産施設が設置されている。なお，1999年より知的障害者および精神障害者の通所授産施設は，身近な施設の利用を可能にするために，相互利用が可能になるように実施要綱を定めている。　→生業扶助，保護施設，精神障害者授産施設，相互利用制度
〔大内直人〕

主治医の指導　精神保健福祉士は，医師その他の医療関係者や福祉関係者とチームを組んで仕事をすることが基本であり，精神保健福祉士法には，業務にあたって，連携を保つことが明記されている。また，同法第41条に，業務を行う際に，対象の精神障害者に主治医があるときは，その指導を受けなければならないと定められている。精神障害者の病状を把握することは，質の高い援助を行うためには必要である。しかしこれは，主治医の指導に全面的に拘束されるということではない。医師の指示と主治医の指導は異なる内容で，前者に比較して後者は拘束力が弱いとされ，主治医の指導内容についての採否を精神保健福祉士が決めるとしている。医師と精神保健福祉士は専門性が異なるため，医師の意見を参考にしながら，医学的知識の指導を受けつつ，精神保健福祉士は生活モデルの視点から判断していく必要がある。医学とソーシャルワークが互いの専門性を尊重し，病気や障害による苦痛の軽減と社会参加実現のために協力することが最も重要なことであり，そのためにチームの力が生かされることが望ましい。
→医師の指示
〔小出保廣〕

受診・受療援助　医療ソーシャルワーカーの業務指針検討会報告書で業務の範囲としては，経済問題の解決，調整援助と療養中の心理的・社会的問題の解決，調整援助と退院（社会復帰）援助とともに地域活動と受診・受療援助が挙げられている。受診・受療援助は，入院，入院外を問わない援助となっており，生活と傷病の状況に適切に対応した医療の受け方から，診療情報の提供，心理・社会的問題の情報収集とその内容を医師等に提供することを含み，この業務は医師の指示を受けるとしている。日本精神保健福祉士協会の業務指針では，受診・入院援助という分類項目を用いている。ここでは，入院援助は除いて受診前，受診後の援助とする。精神科に受診・受療するにあたっては，クライエントも家族も受診への迷いや抵抗，不安・緊張が強い場合がある。また，医師の指導を受け入れず，診療・治療を拒否することもある。こういうときは，クライエントの感情に寄り添い，気持ちを受け止め，指導を拒否する理由を十分聞き，合意を図る。また，治療機関の構造や治療の仕組み等の情報を正確に伝えるとともに，必要なときには社会資源を活用したり，他の機関を紹介したりする。
〔小久保裕美〕

主体性の尊重　人は社会的関係のなかで，行動のあり方や知識を身につけ，自分の考えに基

づいて選択し決定し行動することの重要性と意義を学んでいく。主体性の尊重とは，他人から決めてもらうのではなく，自らの意思に従って決めたり行動し，主体性をもって生きることを尊重することにある。主体性は，他者や社会との関係のなかで培われた自分らしさを大切にして生きていく個人の態度であり，主体性の発揮には，周囲に対する責務が伴う。精神障害者はともすれば，自分の意見を主張することが難しく，代理者がつい代わって意見を述べたり，安全な方法を提案したり，不必要な権利擁護に手出ししてしまう傾向がある。入院時の混乱状態にあっても，説明を丁寧に行ったり，情報を繰り返し伝えていけば，自分で選択し，決定することは不可能ではない。精神保健福祉士は，パターナリスティックにならないように自己の関わりを点検し，本人が主体性を身につける機会と力を育てていかねばならない。 （小出保廣）

主張訓練法〔assertiveness training〕 対話のなかで自分の思うところを相手に伝えることを目的とする一種のスキル・トレーニングである。自己評価の低い人々への効果的対応として，グループ療法などで用いられる。この治療法は，サルター（Salter, A.）の条件反射療法（conditional reflex therapy）の考え方を，ウォルピ（Wolpe, J.）が対人不安の治療法として行動療法に導入したことにある。ウォルピは，主張性という用語を行動療法の領域で初めて用いた。→行動療法 （小久保裕美）

恤救規則（じゅっきゅうきそく） 1874年に制定された日本で初めての国家的救済制度である。これは，身寄りがなく，高齢，幼少，疾病，障害により生産活動に従事できない極貧の者に1日当たり5合弱程度の現金を国家が恩恵として行うものであったが，「人民相互ノ情誼」（血縁的，地縁的な助け合いの精神）による救済を基本とし，それに頼ることができない者を限定的に救済する制度であった。その後，第一次世界大戦の長引く不況のために，生活困窮者が大量に発生すると，1929年には救護法が制定され，公的な救貧義務が明確化されるとともに，対象者が拡大されることとなった。なお，恤救規則は，太政官達として府県に示されたもので，正確には国民に対して拘束力をもつ法令ではなく，行政機関内部の通達であった。 →救護法
（永田祐）

出産育児一時金 健康保険の女子被保険者が分娩したときに支給される一時金のこと（被扶養者の場合には家族出産育児一時金。1児につき，2003年現在で30万円）。分娩とは，妊娠85日以後の生産，死産，人工妊娠中絶を指す。分娩に関する給付は母胎を保護するために給付されるもので，父親の不明な場合も対象となる。正常な分娩，経済上の理由等による人工妊娠中絶は，病気とはみなされないので療養の給付の対象とはならないが，出産育児一時金の対象ではある。 →出産手当金，家族出産育児一時金
（松渓憲雄）

出産手当金 健康保険の現金給付の一つで，被保険者が分娩のため仕事に就けず報酬が停止・減額されたとき産前・産後の一定期間生活保障のために支給されるもの。健康保険では，産前42日から産後56日までの間，欠勤日1日について標準報酬日額の6割が支給される。出産手当金も傷病手当金も受けられる場合は，出産手当金が優先する。被保険者期間が継続して1年以上あれば，退職して6か月以内に分娩したときも支給される（出産育児一時金も同様）。
→出産育児一時金 （松渓憲雄）

出産扶助 生活保護法で定められた扶助の一つ。出産に伴い必要となる費用について，居宅・施設分娩別に基準額が設定されており，原則金銭給付である。ガーゼなどの衛生材料費が一定範囲で加算されるほか，出産予定日等の急変や，双生児を出産した場合等の特別基準も定められている。なお，異常分娩等のため入院の上手術処置等を行う必要がある場合は，医療扶助の適用となる。また，施設分娩の場合は，保護の補足性の原理に基づき助産施設利用が優先される。 →生活保護法，保護の種類 （並木麻理子）

出生率 人口動態の指標の一つで，1年間の出生数を人口千対の率で表した数値。出生の地域差や年次推移などを比較するときに用いる。わが国の出生率は，戦後の第1次ベビーブーム

である1947年には34.3であったが、急速に低下がみられ、1955年には20を割ったものの、その後約20年間は18前後と安定した。しかし、1975年頃から減少傾向が著しくなり、2002年には9.2となった。国際的にも、ヨーロッパ先進諸国とともに最低のグループに属している。
(近藤洋子)

出生前診断 出生前の胎児、あるいはその前段階の受精卵の形態、染色体、遺伝子等の異常を調べること。ここで議論となっているのは、障害児の出生を防ぐための人工妊娠中絶を前提に行われる診断である。強制不妊、断種手術を容認する優生保護法は1996年に母体保護法に改正されたが、社会防衛的優生思想が未だ残る社会で障害者が生きる権利と、産むか否かを女性自身が決めるリプロダクティブヘルスの権利とが、議論の中心テーマとなっている。
(木村朋子)

シュナイダー [Schneider, Kurt : 1887-1967] ハイデルベルグ学派を代表するドイツの精神医学者。『Klinische Psychopathologie (臨床精神病理学)』(1950) は名著として名高い。1887年バーデン生まれ。チュービンゲン、ベルリンで医学教育を受ける。ミュンヘンの国立精神医学研究所 (現・マックス・プランク研究所) の臨床部長を経て、1946年ハイデルベルグ大学教授となる。統合失調症 (精神分裂病) の「第一級症状」を規定したり、異常人格 (性格障害) に対する考え方はDSM-Ⅳにも影響を与えている。
(丸山晋)

守秘義務 精神保健福祉士法第40条に「精神保健福祉士は、正当な理由がなく、その業務に関して知り得た人の秘密を漏らしてはならない。精神保健福祉士でなくなった後においても、同様とする」とあり、第44条で「第40条の規定 (秘密保持義務) に違反した者は、1年以下の懲役又は30万円以下の罰金に処する」とされ、第32条第2項で「厚生労働大臣は、精神保健福祉士が第39条、第40条又は第41条第2項の規定に違反したときは、その登録を取り消し、又は期間を定めて精神保健福祉士の名称の使用の停止を命ずることができる」とされている。第40条、第44条の規定は、社会福祉士及び介護福祉士法第46条、第50条とほぼ同じ内容であるが、第32条第2項の規定については、社会福祉士等には登録取り消しの規定がない。また刑法第134条 (秘密漏示)「医師、薬剤師、医薬品販売業者、助産師、弁護士、弁護人、公証人又はこれらの職にあった者が、正当な理由がないのに、その業務上取り扱ったことについて知り得た人の秘密を漏らしたときは、6月以下の懲役又は10万円以下の罰金に処する」により、精神保健福祉士等の方が厳しい罰則が科されている。これはクライエントのプライバシーの権利の保障である。さらにバイステックの7原則にも「秘密を保持して信頼感を醸成する原則」があるとおり、援助の際に援助者が基本的態度原理として身につけていなければならない原則の一つである。すなわちクライエントの話を傾聴して受容し、個別性を認め、決めつけてしまわない (非審判的態度) という個人の尊厳を尊重する価値観と同一線上に、クライエントから得た情報を大切にし尊重する態度がある。貴重な情報を不用意に漏らし、それがクライエントの不利益になることは決してあってはならないことである。とりわけ精神障害者をクライエントとする場合、就職や住居探しにあたって病歴が不利益になるという社会の側の偏見が大きいこと、また日常的に警察等から精神医療・福祉機関へのクライエントの存否や病状についての問い合わせが少なくないことなどを考えると、クライエントの同意なく情報を漏らすことがないと保障し、またはやむを得ない例外的場合については事前にきちんと報告することは、ワーカー・クライエントの信頼関係にとって非常に大切である。こうした配慮が、社会福祉専門職としての倫理でもあることを忘れてはならない。日本ソーシャルワーカー協会の倫理綱領 (1986年) は、秘密保持とともに、第三者への情報提供がクライエントや公共の利益のため必要な場合は、個人が識別できる方法を避け、できれば本人の承認を得ることを求めている。学会等での事例研究を含む発表、さらにはケアマネジメント時代の医療・保健・福祉にわたる広

い連携のなかでのクライエントに関する情報の共有など課題は多い。必ず本人の意向を確かめつつ進めるべきである。また紹介状等の個人情報をファックスや電子メールなど，秘密保持の不確かな手段でやりとりすることも慎まねばならない。　→プライバシー，バイステックの7原則　　　　　　　　　　　　　　（木村朋子）

シュプランガー〔Spranger, Eduard：1882-1963〕ドイツの哲学・教育・心理学者。1882年ベルリン近郊で生まれる。ベルリン大学でディルタイ（Dilthey, W.）に師事。その後ライプチヒ（1912），ベルリン（1920），テュービンゲン（1946）の各大学で教授を歴任した。ディルタイによって提唱された了解心理学を受け継ぎ，発展させた。シュプランガーは自然科学や実験科学のように諸要素の因果関係を追求するのではなく，心を価値実現を目指す一つの構造であるととらえ，その全体を直感的に了解すること，その生きた全体をとらえ記述することを目指した。　　　　　　　　　　　　　　（堀田香織）

受容　ソーシャルワークにおける原則の一つ。クライエントの生まれながらの尊厳と価値を認め，あるがままのクライエントに接し，現実を把握することをいう。たとえクライエントの行動が援助者にとって認めがたいものであったとしても，援助者はクライエントに非難や攻撃をしてはならない。だからといって常軌を逸した行動を正しいとは評価できない。現実の一部分として把握するのである。その根底にはクライエントへの敬意がなくてはならない。なぜなら，クライエントは自分の欠点や失敗について語るとき，自らの価値を軽んじられ拒まれるのをおそれ，隠そうと試みることもあるからである。受容によってクライエントは「あるがままの自分」を表に出すことに安心感をもち，自分の問題と自分自身に向き合うことができるようになるのである。援助者も客観的なとらえ方をすることができ，クライエントへの理解を助けることになるのである。　→ソーシャルワーク，バイステックの7原則　　　　　（山田恭子）

受理面接　⇨インテーク
受療援助　⇨受診・受療援助

手話通訳士　言語・聴覚障害者のコミュニケーション手段の一つとしての手話は従来から使用され，福祉の面でも手話奉仕員，手話指導者の養成が行われてきたが，1989年より厚生大臣認定の試験が行われ，手話通訳士の称号が認められるようになった。例えば政見放送を手話通訳する際の要件になっている。　（田中邦夫）

循環器疾患　ポンプの働きをする心臓および血管（動脈，静脈）により血液の循環が行われる。その機能は全身に及び，広汎な循環器疾患が起こりうる。そのなかで日常多いものに，脳血管疾患（脳卒中），冠動脈性疾患，高血圧，心不全などが挙げられる。抗生剤の開発，公衆衛生の進展などにより感染症は克服され，1958年以降，脳血管疾患，心臓疾患ががんとともに三大死因を占めている。心臓疾患のなかでも，弁膜症やリウマチ性心疾患は減少し，冠動脈性疾患が増えてきている。これらの発症には高血圧，高脂血症，糖尿病，肥満，高尿酸血症，運動不足などの要因が相互に関連しており，食生活を含めた生活様式の改善が，治療，予防の上で重視されている。　　　　　　　　（上林茂暢）

準拠集団〔reference group〕個人が，態度や意思，意見，行動などを決定し，評価する場面において，自らを関連づけたり，心理的に関係づけたいと望む集団のこと。したがって，準拠集団には対面的関係にある所属集団だけでなく，対面性のない非所属集団も含まれ，また個人は同時に複数の準拠集団に自らを帰属させうる（重複集団成員性）。準拠集団は，集団規範によって個人に圧力作用（集団圧力）を及ぼすとともに，個人が立場や状況を比較評価する際に準拠すべき枠組みを提供する機能をもつ。　　　　　　　　　　　　　　（土屋淳二）

順応　一般には，有機体が外部の刺激条件に応じて生理的心理的に内的状態や行動様式を変化させ生存を維持することをいう。社会的な環境に対する順応の場合は特に適応と呼ばれることが多い。また，感覚器官が刺激を持続的に受けていると，感覚の強度などが次第に弱まり，消失にまで至ることがある。これを感覚の順応という。臭い，味，皮膚感覚において顕著にみ

られる。明所から急に暗所に入ると，次第に見えなかった周囲が見えてくる。これは暗順応といい，光に対する感受性の増大で，臭いの場合とは正反対の方向であるが，順応の一般的意味からすると，きわめて順応的な現象である。そこで暗順応を正の順応，感度低下を生じる順応を負の順応と呼ぶ。　→適応　　　（長瀬浩一）

消化　摂取された食物は咀嚼され機械的分解を経た後，消化液で化学的分解を受ける。消化液は唾液腺，肝臓，膵臓，胃壁内の胃腺，小腸粘膜にある消化腺で分泌され，そのなかに含まれる種々の消化酵素の作用で，タンパク質，核酸，多糖類など食物中の高分子化合物がアミノ酸，グリセリンと脂肪酸，単糖類など吸収しやすい低分子化合物に変えられ，成長や活動に必要な代謝基材となる。この過程を消化という。
　　　　　　　　　　　　　　　　（上林茂暢）

昇華　精神分析の用語。原始的で社会的に認められない衝動を，置き換えて，社会に受け入れられる形に変えること。すなわち，性的衝動や攻撃衝動を芸術活動や知的活動など社会的に価値あるものに向けることをいう。昇華は防衛機制の一つとして数えられているが，他の防衛機制が衝動の抑圧を前提としているのに対し，昇華の場合は衝動が抑圧されず他の対象や目的にふりむけられているという点に特徴がある。そのため昇華は他の防衛機制と同列に論ずることはできず，適応的に働いている機制，つまり成功している防衛はすべて昇華と考えることが可能である。昇華が機能するには，抑圧をせず衝動を統制するまでに自我が適度に発達していることが必要である。　→防衛機制（長瀬浩一）

障害概念　障害を有する人々にはさまざまなレベルの困難がある。例えば医学的レベルによる身体の欠損，それによって移動が困難となり社会参加レベルでの困難が生じる（可能性がある）。こうした問題の解決，ことに社会的不利の軽減や解消に向け，社会的不利の発生要因を概念化し構造的に理解することで，問題の軽減や解決へのアプローチを明らかにする方法を障害構造論という。WHO（1980年）の国際障害分類（ICIDH）は障害の概念化と構造的理解を促す役割を果たした。その分類では，機能障害（impairment），能力障害（disability），社会的不利（handicap）という三つのレベルを明らかにしたのだが，疾病がもたらす悪影響を構造的に把握するものであったことから，医学モデルないし線形モデルと評された。わが国では上田敏がWHOモデルを実践的に活用するため，「体験としての障害」を加えたものが受け入れられている。この上田モデルを基盤に蜂矢英彦が「精神障害論試論」（1981）を発表し，わが国の精神保健・医療・福祉関係者に障害構造（論）が認知されるようになった。なお，ICIDHは2001年にICF（国際生活機能分類）として改定され，生活機能と障害のすべての側面を扱うものとなった。　→国際障害分類，国際生活機能分類　　　　　　　　　　　　　（新保祐元）

障害基礎年金　国民年金の被保険者が一定の障害状態になったときに支給される年金。具体的な支給要件は，①初診日において，被保険者であること，または，被保険者であった者で日本国内に住所を有しかつ60歳以上65歳未満であること，②障害認定日において，国民年金法施行令別表で定められている障害等級の1級ないし2級の障害状態にあること，③初診日の前日において，原則として，保険料納付済期間と保険料免除期間を合わせた期間が被保険者期間の2/3以上あることである。ただし，障害認定日において障害等級に該当しなかった場合でも，65歳に達する前に，障害状態の悪化によって障害等級に該当するに至ったとき，または，新たに傷病を生じ，その新たな傷病による障害と他の障害とを併合して障害等級に該当するに至ったときには，本人の請求により障害基礎年金が支給される。また，初診日に20歳未満であった者は，①と③の支給要件を満たすことができないが，その者が20歳に達した日（障害認定日が20歳後の場合は，障害認定日）において，障害等級に該当する障害状態にある場合，障害基礎年金が支給される。ただし，この場合の障害基礎年金は，受給権者に一定額以上の所得があると，全部または1/2が支給停止となる。年金額は，2級の場合，満額の老齢基礎年金と同

額，1級の場合，その1.25倍となっている。また，受給権者によって生計を維持していた子がいる場合には，年金額の加算がある。　→国民年金
（百瀬優）

障害給付　⇨障害補償給付

障害厚生年金　厚生年金保険の給付の一つであり，被保険者期間中に初診日のある病気・けがで，障害認定日に障害等級表に定められた1〜3級の障害の状態にあり，初診日の前日に障害基礎年金の保険料納付要件を満たしている場合に支給される。障害厚生年金には，障害基礎年金に上乗せされて支給される1級または2級障害厚生年金のほか，厚生年金独自の3級障害厚生年金がある。年金額は，1級は老齢厚生年金の年金額の1.25倍であり，2級および3級は老齢厚生年金の額である。被保険者期間が25年未満の場合は25年で計算する。1級および2級障害厚生年金は配偶者加給年金額が加算される。3級障害厚生年金には，最低保障額（2003年度59万7800円）が設けられている。　→厚生年金保険
（松本由美）

障害児教育の義務制　1973年に予告政令が出され，学校教育法に規定されていた養護学校の就学義務および設置義務が，1979年4月より施行された。盲・ろう学校についてはすでに政令が施行され，1956年度に義務制が完了した。東京都では希望者の全員就学が1974年から始まる。養護学校の義務制によって就学猶予・免除は減少し，重い障害のある子どもにも教育が保障された。一方で，義務制は普通教育から特別支援教育へと障害児を遠ざけるという批判があり，就学指導や相談をめぐって教育委員会と保護者の意向が合わない問題も生じた。現在では教育形態を二分してとらえるのではなく，個々の特別な教育的ニーズに対応することが基本となっている。　→特別支援教育（淺沼太郎）

障害児(者)地域療育等支援事業　在宅の身体障害児，知的障害児(者)，重症心身障害児(者)とその家族に対し，身近な地域で療育指導，相談等が受けられる療育機能の充実を図るとともに，都道府県域における連携を図るために，1996年度より実施。「在宅支援訪問療育等指導事業」「在宅支援外来療育等指導事業」，コーディネーターを配置しサービス利用に関する相談・助言や調整を行う「地域生活支援事業」，施設職員に療育に関する技術指導を行う「施設支援一般指導事業」等がある。都道府県が概ね人口30万に2か所の療育等支援施設を指定し，4事業の総合実施体制を整備，療育拠点施設により強化を図る。本事業は支援費制度の開始に併せ，2003年度から一般財源化した。地方交付税措置となったことで，地方自治体の自主性に基づく柔軟な対応を可能にしたと積極的に解釈し，当事者を中心に福祉関係者が本事業の重要性を訴えていくことが重要である。同時に「障害者地域生活推進特別モデル事業」が開始され，支援事業未実施地域に対して2か年のモデル事業を行い，施設から地域への移行支援を中心とした事業を展開することになった。　→市町村障害者生活支援事業
（沖倉智美）

障害児保育環境改善事業　1974年度より中等度の障害児を保育所に入所させ一般児童とともに集団保育を行う「障害児保育事業」として開始。保育所での受け入れ児童数が決まっているが，これらに対し1998年度より「障害児保育対策事業」として，新たに障害児保育に取り組む保育所への設備の補修や遊具の購入，保育士の研修費などの補助事業を開始し，全国的に実施施設が広がっている。なお2003年度には名称を「障害児保育環境改善事業」に変更，さらに一般財源化され地方交付税および地方特例交付金により対応することとなった。
（古山明子）

障害者インターナショナル〔Disabled People's International：DPI〕　障害当事者団体の国際組織であるDPIは，1981年に設立世界総会を開催し，規約，声明，行動計画を採択した。国際リハビリテーション協会から分離し，肢体不自由者が中心となって，すべての障害者による組織を目指した。規約の前文では，障害者の完全参加には多くの障壁が存在し，それらを取り除くためにわれわれの社会構造に変革を加える必要があると述べており，問題は個人ではなく社会にあるという視点を明らかにしている。
（淺沼太郎）

障害者運動 障害当事者やその家族，専門職，一般市民を主な担い手とした，障害者の権利を回復・獲得するための社会運動をいう。完全参加と平等を実現するための教育・雇用機会の拡充，参加内容や機会の開発，社会保障および社会福祉施策の改善の要求が主な活動である。わが国の戦後障害者運動の展開は，1940年・1950年代は日本盲人会連合や全日本聾啞連盟等の障害当事者の組織的活動が中心であった。その後1960年代には，障害児をもつ親，家族の組織である，全日本精神薄弱者育成会（現・全日本手をつなぐ育成会）や全国心身障害児をもつ兄弟姉妹の会（現・全国障害者とともに歩む兄弟姉妹の会），全国精神障害者家族会連合会等が結成された。さらに1970年・1980年代には，共同作業所全国連絡会（現・きょうされん）や国際障害者年日本推進協議会（現・日本障害者協議会）等，障害種別を超えた連帯組織による運動が活発化し，政策決定において当事者の発言力が強化，重要視される組織的基盤が確立してきた。1990年代以降の特徴として，全日本手をつなぐ育成会本人部会や全国精神障害者団体連合会，療護施設自治会全国ネットワーク等，従来声を発することが困難とされてきた当事者が，関係者の協力を得ながら運動の中心を担う時代になってきている。今後の課題として，障害者基本法の改正や障害者差別禁止法および権利法の策定による，権利侵害に対する法的拘束力の明示，障害概念の拡大，障害（能力）判定の検討，障害者関係諸サービスの整備と財源保障等の実現が挙げられる。　→日本障害者協議会，青い芝の会　　　　　　　　　　　　（沖倉智美）

障害者（援助・助言・代表）法〔イギリス〕
〔Disabled Persons (Services Consultation and Representation) Act〕 イギリスでは，慢性疾患・障害者法（1970年）に基づき，重度障害者に対する施策が整備されてきていた。1986年に制定されたこの法律では，サービス利用者である障害者の権利性を強化し，彼らの相談を受け，代弁し，サービス提供者への発言を行うための公認代理人を任命することや，地域ケアについて要否を決定する評価の過程に当事者の代表が参加，適切な助言を受ける権利を規定した。　　　　　　　　　　　　　　（沖倉智美）

障害者加算 生活保護の加算の一つ。身体障害者手帳の1級，2級および3級に該当する身体障害者，もしくは国民年金法施行令別表の1級もしくは2級に該当する障害者，特別児童扶養手当等の支給に関する法律施行令別表に該当する障害者が対象となる加算。精神障害者保健福祉手帳の場合は，1級および2級に該当する者は対象になる。また重度の障害者で常時介護を必要とする者にはそれに加えて重度障害者加算が算定され，さらに重度障害者で日常生活すべてに介護を必要とし，家族がこれにあたるときは重度障害者家族介護料が算定され，介護する家族がなく介護人をつける場合には一定限度内において介護料が算定される。　→各種加算
　　　　　　　　　　　　　　（敦賀弘恵）

障害者基本計画 1993年に心身障害者対策基本法が改正されて障害者基本法と改称された。この法律は，障害者の自立と社会，経済，文化などあらゆる分野の活動への参加を促進することを目的としているが，第7条の2において，国，都道府県，市町村の障害者基本計画について規定している。同法第7条の2第2項において，「都道府県は，障害者基本計画を基本とするとともに，当該都道府県における障害者の状況等を踏まえ，当該都道府県における障害者のための施策に関する基本的な計画（以下「都道府県障害者計画」という。）を策定するよう努めなければならない」としている。ここでいう，「障害者基本計画」は，国が策定しなければならない計画のことである。1982年に「国連・障害者の十年」の行動計画として，わが国初めての長期計画である「障害者対策に関する長期計画」が策定され，その後1993年度から10年間を計画期間とする「障害者対策に関する新長期計画」が策定された。この新長期計画が，障害者基本法に基づく障害者基本計画と位置づけられた。また，1995年には新長期計画の後期重点施策実施計画として「障害者プラン」が策定され，障害者施策の分野で初めて数値による施策の達成目標が掲げられた。2002年度に障害者基

本計画（「障害者対策に関する新長期計画」）が最終年を迎えたことから，2003年度から10年間の計画期間とする新障害者基本計画が策定された。なお，同法第7条の2第3項では，「当該市町村における障害者の状況等を踏まえ，当該市町村における障害者のための施策に関する基本的な計画（以下「市町村障害者計画」という。）を策定するよう努めなければならない」としており，都道府県および市町村の障害者基本計画は努力規定である。　→障害者基本法，障害者対策に関する新長期計画　　　　（伊東秀幸）

障害者基本法〔昭和45年法律第84号〕　1970年に制定された「心身障害者対策基本法」が1993年に全面改正され「障害者基本法」に改称された。法改正による大きな特徴は，精神障害者が初めて障害者として他の障害者同様，福祉施策の対象として法的に定義されたという点である。それまでのわが国における「障害者」とは，「心身障害者対策基本法」のなかで，身体障害者と知的障害者のみを障害者と定義して，精神障害者は，この法律の対象外とされていたことで，精神障害者に関する福祉は，他障害に比べて立ち後れてきた経緯がある。しかし，改正法「障害者基本法」の第2条では，「障害者」とは，身体障害，知的障害または精神障害があるため，長期にわたり日常生活または社会生活に相当な制限を受ける者をいう，と定義されたのである。また同法では，法律の目的を障害者のための施策を総合的かつ計画的に推進することで，障害者の自立と社会，経済，文化その他あらゆる分野の活動への参加を促進することに改正された（しかし，1993年国連総会で採択された「障害者の機会均等化に関する標準規則」は盛り込まれなかった）。つまり，戦後一貫して長く続けられてきた「更生」や「保護」の視点から大きく転換して，障害者の「完全参加と平等」を目指すことを明確にした。その他，以下のような主な特徴がある。①基本的理念として，すべての障害者は，個人の尊厳にふさわしい処遇を保障される権利をもち，社会，経済，文化その他あらゆる分野の活動に参加する機会を与えられることを定めた（第3条）。②国民の理解を深めるために，12月9日を障害者の日とした（第6条の2）。③国は，「障害者基本計画」を策定するとともに，都道府県・市町村においても「障害者計画」を策定するように努めることとされた（第7条の2）。　→障害者基本計画，国際障害者年行動計画　　　　（秋山聡美）

障害者居宅生活支援事業　居宅生活支援事業は，地域における障害者の日常生活を支援することにより，障害者の自立と社会参加を促進する観点から実施されるものである。身体障害者の場合は，居宅介護等事業（ホームヘルプサービス），デイサービス事業，短期入所事業（ショートステイ）の3事業を指している。知的障害者の場合は，居宅介護等事業（ホームヘルプサービス），デイサービス事業，短期入所事業（ショートステイ），地域生活援助事業（グループホーム）の4事業を指している。精神障害者の場合は，居宅介護等事業（ホームヘルプサービス），短期入所事業（ショートステイ），地域生活援助事業（グループホーム）の3事業を指している。
（伊東秀幸）

障害者ケアガイドライン　2003年度からの障害者ケアマネジメントの本格実施を目指してケアマネジメントの基本理念，原則，援助過程，実施体制等を明確にするため，厚生労働省に設置された「障害者ケアマネジメント体制整備検討委員会」によって，2002年3月31日付けで示された指針である。このガイドラインは，障害種別に関わりなく，すべての障害者がサービス利用の主体となり，各々の地域生活の質の向上を目指してケアマネジメントが実施されることを目的に作成された。そのため，このガイドラインを基本として，従来から示されている障害種別のケアガイドラインを活用し，障害特性を考慮することが望ましいと示されている。
（井上牧子）

障害者ケアマネジメント　障害者の地域生活の推進，市町村による障害者福祉サービスの提供，そして2003年度の身体障害者および知的障害者の福祉サービス利用に関わる支援費制度の導入などを契機に本格的に開始された事業である。「障害者ケアガイドライン」によると，障害

者ケアマネジメントとは「障害者の地域における生活を支援するために、ケアマネジメントを希望する者の意向を踏まえて、福祉・保健・医療・教育・就労などの幅広いニーズと、様々な地域の社会資源の間に立って、複数のサービスを適切に結び付けて調整を図るとともに、総合的かつ継続的なサービスの供給を確保し、さらには社会資源の改善及び開発を推進する援助方法である」と明記されている。　　　　　（井上牧子）

障害者ケアマネジメント体制支援事業　さまざまな生活ニーズをもつ障害者の生活を支援するため、ケアマネジメントの実施、障害保健福祉圏域における支援ネットワークの形成、人材育成等を目的として、都道府県等が事業主体となって、都道府県等障害者ケアマネジメント推進協議会、障害者ケアマネジメント従事者研修を実施するものである。推進協議会は、圏域ごとの連絡調整会議の総合調整、市町村が実施する事業の支援、専門職員等の人材確保のための研修の推進、社会資源の開発、利用者の権利擁護の推進等である。従事者研修は、新規研修とかつて都道府県等の研修を終了した者のなかから3障害に関する広い見識と相談支援業務についての実務経験を有する者を対象とした上級研修がある。　　　　　　　　　　　（伊東秀幸）

障害者更生センター　身体障害者福祉法に基づいて設置される身体障害者福祉センターの一種で、障害者とその家族が気軽に宿泊し、休養でき、かつ各種の更生相談に応じるとともにレクリエーション等の便宜を供与するための施設である。障害者の健康増進と生活圏拡大を促進するための利用施設で、景勝地や温泉地等に設置されているものが多い。　→身体障害者福祉センター　　　　　　　　　　　　　　（増井喜代美）

障害者行動計画　⇨障害者の社会的統合促進のための第1－3次行動計画

障害者雇用支援センター　1994年の障害者の雇用の促進等に関する法律の改正により、市町村レベルでの地域就労支援を推進するために創設された。業務には、地域の就職希望者の把握、職業準備訓練、職場見学や職場実習、就職者の通勤指導や定着指導のほかに、事業所に対する指導助言、ボランティアの雇用支援者の養成、組織化等がある。さらに、1997年の同法改正により、指定要件が社会福祉法人に拡大され、従来の「施設設置型」に加え、自らは訓練を行わず、既存施設との連携により業務を行う、いわゆる「あっせん型障害者雇用支援センター」が制度化されたが、2002年の同法改正により、「あっせん型障害者雇用支援センター」は、就業と生活の一体的支援を行う「障害者就業・生活支援センター」に改組された。ただし、従来の「施設設置型」はこれまでどおり、「障害者雇用支援センター」として存続する。　→障害者就業・生活支援センター　　　　　　（舘暁夫）

障害者雇用施策　諸外国の障害者雇用施策を法的に位置づける動きは、1943年にアメリカ「職業リハビリテーション法」（現・リハビリテーション法）、イギリス「障害者雇用法」などにより始まる。その意義は障害者雇用機会の確保と一定割合の障害者雇用の推奨である。わが国では、1960年「身体障害者雇用促進法」により、身体障害者を中心に展開された。1983年の「ILO第159号条約」と「ILO第168号勧告」では、①すべての障害者が対象、②雇用機会の拡大、③障害者雇用促進のための措置を講ずること、が提唱された。これを受け、1987年には「障害者の雇用の促進等に関する法律」に法律名が改正され、すべての障害者が法の対象になった。わが国の一貫した施策の柱は、障害者雇用率制度と障害者雇用納付金制度である。1997年に義務雇用率の算定に知的障害者も対象となったが、2004年現在も精神障害者は対象に含まれていない。福祉工場や特例子会社など保護雇用として働く場を拡大している。　→障害者雇用率制度、障害者雇用納付金制度　　（有野哲章）

障害者雇用促進法　⇨障害者の雇用の促進等に関する法律

障害者雇用納付金制度　障害者の雇用の促進等に関する法律では、事業主は、常用労働者の一定割合以上の身体障害者または知的障害者を雇用しなければならず、この法定雇用率を満たしていない場合は、不足する障害者数に応じ障害者雇用納付金を高齢・障害者雇用支援機構を

通じて国に納入しなければならない。納付金の額は不足する障害者1名について月5万円であるが，当分の間，常用労働者数300人以下の事業主は免除されている。他方，法定雇用率を上回って障害者を雇用している事業主に対しては，その上回る障害者の数に応じ調整金（300人以下の事業主には報奨金）が支給される。　→障害者雇用率制度，障害者雇用納付金制度に基づく助成金　　　　　　　　　　　　　（佐藤宏）

障害者雇用納付金制度に基づく助成金　障害者雇用率制度の法定雇用率を満たしていない事業主から徴収された雇用納付金を財源に，障害者雇用を促進するため事業主等に支給される助成金。高齢・障害者雇用支援機構が所管する。助成金の内容は多様であるが，障害者の雇用上必要な作業設備や福利厚生施設の設置・整備のための費用，障害者の雇用管理上必要な介助者・業務遂行援助者や医師，職業コンサルタントの配置・委嘱に要する費用（重度障害者介助等助成金），通勤対策や住居の確保に要する費用への助成などがある。障害者雇用率は，現在，精神障害者には適用されていないが，これらの助成金は概ね精神障害者を雇用する事業主にも支給される。　→障害者雇用率制度，障害者雇用納付金制度　　　　　　　　　　　　　（佐藤宏）

障害者雇用法〔イギリス〕〔Disabled Persons Employment Act〕1944年制定。一般雇用が可能とされる第一種障害者と，保護雇用の対象とされる第二種障害者に分けて登録。登録した障害者に対し，事業主に3％の障害者雇用を課す割当雇用，優先雇用，保護雇用などを規定。保護雇用先として国が「レンプロイ公社」を設立することおよび地方自治体や民間団体が設立した保護工場に補助を行っている。1958年改正では，保護雇用を治療や憩いの場と区別して働く場所と位置づける。割当雇用は1995年の「障害者差別法」により廃止。　　　（有野哲章）

障害者雇用率制度〔disabled persons' quota system〕障害者の雇用の促進等に関する法律に基づき，事業主に対し従業員の一定比率以上に障害者の雇用を義務づけることにより，障害者の雇用機会を確保し，雇用の促進を図る制度

をいい，この比率を障害者雇用率，あるいは法定雇用率と呼び，次式で算出される。（常用雇用障害者数＋失業障害者数）／（常用雇用労働者数＋失業者数－除外労働者数）現行障害者雇用率は民間企業1.8％，特殊法人2.1％，国および地方公共団体の非現業機関2.1％，一定の教育委員会2.0％であるが，民間事業所では実際の雇用率を示す実雇用率が障害者雇用率に及ばないのが実状である。雇用義務の対象とされるのは身体障害と知的障害である。しかしながら，精神障害に対する雇用率制度の未適用は，精神障害者雇用促進の最大の障壁となっている。雇用率以上に障害者を雇用する義務を有するのは，労働者を雇用して事業を行うすべての事業主である。一般には，雇用率は企業全体に対して適用されるので，その企業が雇用しなければならない障害者数は当該企業により常時雇用される労働者数に法定雇用率を乗じて算出された数となる。ただし，ある企業が障害者を多数雇用するために子会社を設立する場合，法人格が異なっていても，障害者雇用率適用上親会社と同一の事業主とみなされる特例があり，それを特例子会社と呼んでいる。また，職務により，障害者の就業が困難と考えられるものがあるので，雇用障害者数を算出する際，業種によりある比率の労働者数を常用雇用者数から控除できる。この比率を除外率といい，2002年の「障害者の雇用の促進等に関する法律」の改正で，将来の廃止に向けて段階的に縮小されることになった。また，雇用対策上の重度障害者を雇用する場合，その1人をもって2人を雇用するものとみなすダブルカウントと呼ばれる特例や重度障害者である短時間労働者も1人の障害者を雇用するものとみなされる。雇用率未達成の事業主に対しては，所管の公共職業安定所長から雇用計画の策定等指導がなされ，悪質な場合には，公表等により社会的制裁を加えることになっている。また，未達成企業から，障害者雇用納付金が法定雇用率に不足する障害者数に応じて徴収される。　→障害者の雇用の促進等に関する法律，特例子会社制度，障害者雇用納付金制度　　　　　　　　　　　　　（舘暁夫）

障害者サービス法(オーストラリア)〔The Disability Services Act〕 オーストラリアでは、早くから1981年の国際障害者年および「国連・障害者の十年」に向けた障害者施策に取り組み始めていた。その取り組みの総括、課題提起とともに、障害当事者や関係者からの意見聴取を踏まえ、生活施設・雇用・リハビリテーション・教育などの機能上の領域とコミュニティにおけるサービスの領域で、利用者参加を重視した基本理念の確立と、障害者サービスの変革を内容とした法律を1986年に成立させた。 →障害者差別禁止法〔オーストラリア〕

(沖倉智美)

障害者差別禁止法(オーストラリア)〔The Disability Discrimination Act〕 オーストラリアでは障害者サービス法に基づく施策を展開していたが、雇用上の課題が明確化し、連邦レベルでの差別禁止法の必要性が認識された。「障害をもつアメリカ人法」の影響も受け、①各領域へのアクセス、既存の法律運用における障害者差別を可能な限り払拭する、②障害者が可能な限り法の前に平等の権利をもつ、③障害者が同等の基本的人権を有する原則の再確認と社会の受け入れを促進することを内容とした法律が1992年に成立した。 →障害者サービス法〔オーストラリア〕、障害をもつアメリカ人法

(沖倉智美)

障害者差別法(イギリス)〔Disability Discrimination Act：DDA〕 その内容から「障害者差別禁止法」とも訳される。イギリスで1995年11月8日に成立した法律で、定義や全国障害者評議会の構成、雑則等のほか、雇用、教育、交通機関、その他さまざまな分野での差別を禁止する計8章で構成されている。1982年以来、差別禁止の法案が何回も提出されており、1994年には公民権法案として包括的なものが出された。保守党政府がその流れに抗しきれず内容を緩和して成立させたものであり、不十分な点が多いと障害者団体からの批判もある。

(田中邦夫)

障害者試行雇用事業 2001年度から開始された障害者雇用機会創出事業を発展的に解消し、障害者、若年者、ホームレス、母子家庭の母等を対象とした総合的な試行雇用事業の一環として行われるものである。事業主に、3か月の「試行雇用」(雇用契約を締結)を通じて、障害者雇用に関する理解を深めてもらうとともに、障害者雇用に取り組むきっかけをつくることにより、障害者の雇用機会の創出を図ることを目的としている。

(工藤正)

障害者施策 障害者施策の種類には、①障害の発生予防、②保健・医療、③福祉、④教育、⑤雇用、⑥所得保障、⑦経済的負担の軽減、⑧住宅、⑨物理的環境の整備、⑩文化・スポーツ・レクリエーション、⑪情報保障、⑫権利擁護、⑬市民啓発、⑭災害時対策の多岐にわたっている。それに基づいた障害者施策の主な分野は、①医療保障、②教育保障、③雇用保障、④所得保障、⑤社会福祉、⑥その他、にわたる根拠法令を定め、施策展開されている。これらの法令を横断的に障害者施策の目的・理念・方針を示している「障害者基本法」を頂点として、障害者施策は、障害者の自立と社会参加を目的として総合的・計画的に実施されなければならないことを示している。これは、一般国民を対象とした法律のなかで特に障害に関連した規定を設けていて、学校教育法、職業安定法、国民年金法、生活保護法、公営住宅法、所得税法、公職選挙法、老人福祉法といった多岐にわたっている。障害者福祉に関する法律は、児童福祉法、身体障害者福祉法、知的障害者福祉法、精神保健福祉法の四つの枠組みからなっているものの総体である。わが国における障害者施策は、第二次世界大戦後に開始され、その後厚生省、労働省、文部省で実施されてきたが、1981年の国際障害者年を契機として総理府(現・内閣府)に障害者対策推進本部(1996年に障害者施策推進本部と改称)が置かれ、福祉から施策として位置づけられるようになった。障害者施策が障害者だけの施策ではなく、国民の生活全体の施策として位置づけられ、障害者の生活全般にわたる施策が横断的に総合的に充実されるようになったことに、大きな意義がある。 →障害者基本法，身体障害者福祉法，知的障害者福祉法，

精神保健及び精神障害者福祉に関する法律
　　　　　　　　　　　　　（坂本智代枝）

障害者施策推進協議会　障害者基本法（昭和45年法律第84号）第27条第1項で「都道府県（指定都市を含む）に，地方障害者施策推進協議会を置く」と規定され，第2項で障害者に関する施策の総合的かつ計画的な推進について必要な事項や関係行政機関相互の連絡調整を要する事項について調査審議すると定められている。地方自治法第138条の4第3項に規定された執行機関の付属機関として位置づけられる協議会。　　　　　　　　　　　　　（鴻巣泰治）

障害者施策推進本部　障害者に関する施策について，関係する省庁間の密接な連携により，総合的かつ効果的な推進を図ることを目的に，1982年4月国際障害者年推進本部を改組し，総理府（現・内閣府）に設置された（当時の名称は障害者対策推進本部）。本部長である内閣総理大臣の下，障害者施策に関係する12省庁で構成されており，「障害者対策に関する新長期計画」「障害者プラン」「障害者基本計画」「重点施策実施5か年計画（新障害者プラン）」を策定するなど省庁を超えた施策展開の中核をなしている。1996年に現称となる。　→国際障害者年推進本部　　　　　　　　　　　　　（鈴木孝典）

障害者社会参加総合推進事業　障害者生活訓練・コミュニケーション支援等事業と「障害者の明るいくらし」促進事業が統合され，2003年から本事業が開始された。目的としては，ノーマライゼーションの理念の実現に向けて，障害のある人が社会の構成員として，地域社会のなかで共に生活が送れるよう，また生活の質的向上が図れるよう社会参加促進施策を実施し，誰もが明るく暮らせる社会づくりを促進することとしている。実施主体は都道府県および指定都市であるが，事業の一部を都道府県障害者社会参加推進センターや障害者福祉団体等に委託することができる。事業の内容は，基本事業，盲ろう者向け通訳・介助員派遣試行事業，障害者情報バリアフリー化支援事業，パソコンボランティア養成・派遣事業，パソコンリサイクル事業，障害者ITサポートセンター運営事業，全国障害者スポーツ大会開催事業，障害者芸術・文化祭開催事業がある。基本事業の中身としては，都道府県障害者社会参加推進センター設置事業，「障害者110番」運営事業，相談員活動強化事業，身体障害者補助犬育成事業等がある。
　　　　　　　　　　　　　（伊東秀幸）

障害者就業・生活支援センター　2002年の障害者の雇用の促進等に関する法律の改正により，障害者に対して就業面と生活面の一体的支援を提供する地域の拠点として創設された。障害者就業・生活支援センターでは，雇用，福祉，保健，教育等の関係機関と連携しながら，障害者の就業，それに伴う生活に関する指導・助言，職業準備訓練の斡旋等，障害者の職業生活における自立を図るために必要な支援を行うことが期待されている。そのために，就業およびそれに伴う生活上の支援や日常生活に関する相談のための支援担当者が配置されている。実施主体は都道府県知事が指定する社会福祉法人，公益法人等であり，本制度の創設に伴って，従来の「あっせん型障害者雇用支援センター」はすべて障害者就業・生活支援センターに移行した。なお，2003年現在，精神障害関係のセンターは紀南障害者就業・生活支援センター（和歌山県田辺市）と障害者就業・生活支援センターワーキングトライ（東京都板橋区）の2か所のみであり，今後各地での設置が望まれる。　→障害者の雇用の促進等に関する法律，障害者雇用支援センター　　　　　　　　　　　　　（舘暁夫）

障害者情報ネットワーク〔Information Network of Persons with Disability〕　日本障害者リハビリテーション協会が，障害者の必要とする幅広い情報を収集し提供するとともに，利用者同士が必要な情報交換をするためのネットワークで，通称をノーマネット（NORMA-NET）という。1995年6月に着手し，1996年9月に運営を開始した。ホームページによって行政・文化・福祉・災害等の情報を発信し，視覚障害者のための法令デジタル録音図書，各種の障害者団体のメーリング・リストのためのサーバーなどを提供している。　　　（田中邦夫）

障害者職業カウンセラー〔vocational counselor〕 障害者雇用促進のために，障害者および事業主に対して支援を行う職業リハビリテーション専門職である。「障害者の雇用の促進等に関する法律」において「厚生労働大臣が指定する試験に合格し，かつ，厚生労働大臣が指定する講習を修了した者」と資格が定められており，高齢・障害者雇用支援機構が運営する障害者職業センターに配置され，障害者への職業相談，職業評価，職業指導その他，また，事業主に対する雇用管理支援等の業務を行う。　→職業リハビリテーション，障害者の雇用の促進等に関する法律　　　　　　　　　　　　　（上田英典）

障害者職業センター〔vocational center for persons with disabilities〕 高齢・障害者雇用支援機構が運営する障害者職業センターは次の三つがある。①障害者職業総合センター：職業リハビリテーションの関係施設の中核として，調査・研究，技術情報の提供，専門職員の養成・研修等を実施。②広域障害者職業センター：障害者職業能力開発校や医療施設と連携して職業リハビリテーションサービスを提供。国立職業リハビリテーションセンター，国立吉備高原職業リハビリテーションセンター，せき髄損傷者職業センターがある。③地域障害者職業センター：地域における職業リハビリテーションの中核施設として，公共職業安定所との連携の下に，障害者の就職および雇用支援のために，職業相談からフォローアップまで，専門的知識や技術に基づいたサービスを提供している。各都道府県に1か所設置（北海道，東京，愛知，大阪，福岡は支所を置く）されている。　→職業リハビリテーション，公共職業安定所　（上田英典）

障害者スポーツ　パラリンピック東京大会を契機として全国身体障害者スポーツ大会が1965年から国民体育大会の直後に開催されるようになった。2001年にこれまで身体障害者と知的障害者が別々に実施していたスポーツ大会が統合され第1回全国障害者スポーツ大会として国体開催地宮城県で開催された。精神障害者の領域では，その年初めてバレーボールの全国大会が開催された。また，日本障害者スポーツ協会では，障害者スポーツ指導員制度を設けて養成事業を行い，障害者スポーツセンター等でそれぞれの障害に適応したスポーツの指導を行っている。　　　　　　　　　　　（伊東秀幸）

障害者対策に関する新長期計画　「国連・障害者の十年」を機に，わが国の「長期行動計画」として策定された「障害者対策に関する長期計画」が，施策展開の低迷，障害者の権利意識の向上，「アジア太平洋障害者の十年」などを背景に抜本的な改訂を余儀なくされ，1993年に障害者対策推進本部（現・障害者施策推進本部）により新長期計画が策定された。本計画では，ノーマライゼーション，リハビリテーションを基本理念に，障害者の主体性・自立性の確立，平等な社会づくりなど五つの基本方針が示された。また，教育，雇用，保健医療，福祉，生活環境など八つの施策分野ごとに具体的方策が提示され，その重点施策実施計画として「障害者プラン」が策定された。　→国連・障害者の十年，国際障害者年行動計画，障害者施策
（鈴木孝典）

障害者の機会均等化に関する標準規則〔Standard Rules on the Equalization of Opportunities for Persons with Disabilities〕 国連・障害者の十年（1983〜1992年）半ばから障害者差別撤廃条約の成立が図られたが難航し，条約と異なり強制力のないものとして1993年12月20日に国連総会で満場一致で決議された国際的合意。世界人権宣言，子どもの権利条約，女性差別撤廃条約等が，その政治的・道義的基盤を構成しているとしている。内容は医療，リハビリテーション，教育，雇用，社会保障，家庭生活，文化，立法などの22の分野，132項目にわたり，障害者の機会均等化実現のために取り組むべき事柄を具体的に明示している。実施状況を加盟各国が国連に報告することを規定しており，特別報告者がそれらを吟味し総括した報告書を2000年2月に発表し，条約の策定の可能性を示した。　→国連・障害者の十年
（田中邦夫）

障害者の権利宣言〔Declaration on the Rights of Disabled Persons〕 国連が1975年の第30回総会において「障害者の権利に関する

決議」として採択された通称であり，身体・知的・精神の障害などすべての障害者の権利に関する決議を宣言したものである。国連では，この宣言に至るまでの人権および権利擁護に関して「世界人権宣言」(1948年)，「児童の権利宣言」(1959年)，「知的障害者の権利宣言」(1971年)を採択してきた経緯がある。この宣言の特徴は，①障害者を医学的概念から社会的機能の概念へと転換したものとしたこと，②障害者の権利や福祉およびリハビリテーションの確保について示し，障害の悪化を予防すること，③社会生活を基本とする13項にわたる障害者の人権および権利擁護に関する共通基盤を求めたことである。そして，この宣言によって「国際障害者年」(1981年)および「障害者に関する世界行動計画」(1982年)の実施へと発展することとなった。　→世界人権宣言，知的障害者の権利宣言，国際障害者年　　　　　　　　　　　(石川到覚)

障害者の雇用の促進等に関する法律〔昭和35年法律第123号〕　わが国の障害者雇用促進施策および職業リハビリテーションに関する基本法である。本法の前身は1960年公布の身体障害者雇用促進法である。同法には雇用率の規定はあったが，身体障害者のみを対象とした，しかも雇用義務を伴わないものだった。その後，1976年の改正で，雇用義務，雇用率，雇用納付金制度が規定され，現行の障害者雇用促進施策の骨格ができたが，依然としてその対象は身体障害者に限定されていた。1987年の改正により，名称が「障害者の雇用の促進等に関する法律」(略称，障害者雇用促進法)に改正されると同時に，対象は精神障害者を含む全障害になった。1992年改正で，精神障害者を雇用する事業主への障害者雇用納付金制度に基づく助成金の適用，1997年改正による知的障害者の雇用義務化や精神障害短時間労働者への助成措置等，2002年の改正では，対象に精神障害が明示され，障害者就業・生活支援センターの設置，職場適応援助者(ジョブコーチ)事業が創設されるなど，精神障害者に対する施策は改正ごとにわずかながら拡大をしているが，雇用促進の要というべき雇用率制度，雇用義務制度は未適用である。

現行法は7章から構成されている。第1章「総則」では，法の目的，理念，対象，厚生労働大臣が策定すべき障害者雇用対策基本方針に関する規定がある。第2章では，職業リハビリテーションの推進，障害者職業センター，障害者就業・生活支援センター等，第3章では，身体障害者または知的障害者の雇用義務，雇用率制度，雇用納付金制度，第4章では，日本障害者雇用促進協会の規定がある。第5章は削除されており，第6章「雑則」では，雇用促進の研究，広報啓発等，第7章では「罰則」が規定されている。　→職業リハビリテーション，障害者雇用率制度　　　　　　　　　　　(舘暁夫)

障害者の社会的統合促進のための第1－3次行動計画〔Council Decision of the first-third Community action programme to assist disabled people〕　1983年から1996年までEU(欧州連合)によって，第1次，2次，3次と3期にわたって進められた障害者行動計画。第2次と3次の行動計画は，Handicapped people in the European community Living Independently in an Open Societyの頭文字をとってヘリオスⅠ，Ⅱと呼ばれる。第3次行動計画では，機能的なリハビリテーション，統合教育，経済的統合としての職業訓練，社会的統合および自立生活に係わる先駆的な事例をまとめ，機会均等化の具現化に有用な原則を示した。　→EUの障害者雇用にかかわる勧告　(淺沼太郎)

障害者の日　国民の間に広く障害者の福祉についての関心と理解を深めるとともに障害者が社会，経済，文化その他あらゆる分野の活動に積極的に参加する意欲を高めるため「障害者基本法」において1981年の国際障害者年を記念して「12月9日」を障害者の日とすると定めている。「12月9日」は1975年の国連総会で「障害者の権利宣言」が採択された日である。また障害者基本法の施行日である12月3日から「障害者の日」までの1週間を障害者週間という。　→障害者基本法，障害者の権利宣言，国際障害者年　　　　　　　　　　　(前薗真毅)

障害者プラン～ノーマライゼーション7か年戦略～　国においてリハビリテーションとノー

マライゼーションの理念の下に策定された「障害者対策に関する新長期計画」(1993年度から2002年度)の具体化のために，七つの視点，①地域で共に生活するために，②社会的自立を促進するために，③バリアフリー化を促進するために，④生活の質（QOL）の向上を目指して，⑤安全な暮らしを確保するために，⑥心のバリアを取り除くために，⑦我が国にふさわしい国際協力・国際交流を，から施策の重点的な推進を図る実施計画である。1995年12月に障害者対策推進本部（現・障害者施策推進本部）が決定したもので，本プランは1996年度から2002年度までの7か年計画である。推進の方策として，推進状況を定期的にフォローアップし，社会経済情勢の変化，関連制度・法令の改正，市町村障害者計画の策定状況等を踏まえて，必要に応じ，プランの見直しを行う，関連分野の施策が効果的かつ効率的に実施されるよう関係行政機関相互の連携を強化する等が挙げられている。また，地方公共団体への支援として，地方公共団体が主体的に取り組む障害者施策を積極的に支援することや市町村の地方障害者施策推進協議会設置等の促進，市町村障害者計画策定への支援等を行うとしている。なお，本障害者プランは，2002年度に最終年度を迎えたことから，2003年度から10年間の計画期間とする新障害者基本計画およびその重点施策実施5か年計画（新障害者プラン）が，2002年12月に閣議決定された。　→障害者対策に関する新長期計画，障害者施策推進本部　　　　（伊東秀幸）

障害者保健福祉研究情報システム　日本障害者リハビリテーション協会により1997年に運営が開始された事業。障害者の保健と福祉に関わる研究を支援するために，国内外から広く関連する情報を収集し提供することを目的とする。研究文献や行政文書，関係法令，国際機関のドキュメント等を情報源とし，全文検索エンジンを備え，英語文献については海外のサイトの協力も得ている。障害のある人々によるアクセスについても留意し，多様なユーザーインターフェイスを試みている。　　　　（田中邦夫）

障害受容　慢性に経過している疾病や心身の障害をもつことは，そのための疾病ハンディキャップや社会的ハンディキャップによる多くの葛藤的な喪失体験をしている。つまり，そのハンディキャップは再び健康な生活を取り戻すことができないことを認識し，断念するときに絶望が起こる。このときの心の過程は，①どうしてよいかわからない不安と無力感，心細さ，挫折感，これからどうしようという模索的心理が続き，②失ったものへの思慕や愛着の続く時期で失ったものへの分離不安が起こり，③失ったものが本当に永久に戻ってこない現実を認め，④立ち直りや再建の努力が始まる，新しい対象の発見と心のあり方を見いだそうとする。すなわち，デイケアや生活訓練施設などの社会復帰施設の意義として，対象者の発病によってもたらされたさまざまな対象喪失の体験に対して，その喪失を現実に受け入れて，その障害と共存し，あたりまえの生活を送る過程である。　→喪失体験　　　　　　　　　　　（今井楯男）

障害調整生存年数〔Disability Adjusted Life Years：DALY〕観察集団において，普通より早期の死亡および障害や疾病の後遺症による「健全な生存年数」の損失がどれだけあるかを見積もることにより，保健政策立案等に役立てる目的でつくられた。生命表の計算には集団における性・年齢・疾患分類ごとの詳しい健康統計資料を必要とするため，適用は限定される。観察集団の疾病負荷や介入効果の尺度であり，健康指標になり得るとされるが，疾病から障害，死亡を連続した「損失」ととらえるという考え方に対しては，障害をもつ人々の間から受け入れ難いという声もある。　　　　（三宅由子）

障害手当金　厚生年金保険独自の給付であり，被保険者期間中に初診日のある病気・けがが5年以内に固定し，3級より軽い程度の障害が残った場合に支給される一時金である。障害手当金を受給できる障害の程度は，厚生年金保険独自に定められている。障害手当金の額は，3級障害厚生年金（報酬比例の年金額）の2倍相当であり，最低保障額が設けられている（2003年度120万6400円）。　→厚生年金保険　　　　　　　　　　　　　　　（松本由美）

障害認定日 病気やけが等で障害をもった者が、公的年金から障害基礎年金等の障害を支給事由とする給付を受けるためには、その者の障害があらかじめ政令で定められている障害等級に該当することが認定されなければならない。障害認定日とは、この認定を受けるために、障害の程度に関する判定を受ける日を指し、具体的には、その障害の原因となった傷病について初めて診療を受けた日（初診日）から起算して1年6か月を経過した日である。しかし、その期間内に、障害の原因となる傷病が医学的にみて治った場合においては、その治った日、その症状が固定し、治療の効果が期待できない状態に至った場合においては、その状態になった日が障害認定日となる。 (百瀬優)

障害年金 病気やけが等によって一定の障害状態になった者に対して支給される年金をいう。日本の公的年金制度では、障害基礎年金、障害厚生年金、障害共済年金が、障害年金に該当する。ある個人が障害状態に至った場合、就労が制限され、十分な収入を稼ぐことが難しくなる一方で、障害に伴う特別の出費が発生することから、所得面でも生活困難に陥る可能性が高い。これらの給付の目的は、こうした事態の発生を防ぐことにある。年金給付の対象となる障害状態は、その程度が重い順に、1級（日常生活の用を弁ずることができない程度）、2級（日常生活が著しい制限を受ける程度）、3級（労働が著しい制限を受ける程度）となっている。障害基礎年金が、1級または2級の場合にのみ支給されるのに対し、障害厚生年金・障害共済年金は、1級から3級のいずれの場合にも支給される。また、日本の公的年金制度は社会保険方式で運営されているため、これらの給付は、原則として、事前の保険料拠出を条件に支給される。ただし、生まれながら障害を有する者や20歳未満で障害になった者に対しては、事前の拠出を要件としない障害年金が支給されている。その他の障害年金として、労働災害によって障害状態になった者に対して、労働者災害補償保険から支給される障害補償年金や、恩給法の対象となる公務員で、公務傷病により重度の障害を有して退職した者に支給される増加恩給などがある。　→障害基礎年金，障害厚生年金 (百瀬優)

障害のカナダモデル WHOによる国際障害分類（1980年版）改正の動きに合わせて、1988年に設立された「国際障害分類に関するカナダ協会」は、1991年に障害分類試案を独自に発表した。「できないこと」を探す旧版に対して、「障害をもつ者」の特徴を示そうとしている。機能障害、能力障害、社会的不利が単純な線形で発展するという考えに対して、機能障害と能力障害と環境因子との相互作用によって社会的不利が生じるという視点を強調した。そのため「ハンディキャップ発生モデル」とも呼ばれる。もう一つの特徴は肯定的視点であり、機能障害に代わる身体機構のなかに正常な状態も特殊な場合として組み入れ、能力障害に代わって能力、後には潜在能力、社会的不利に代わって社会・生活活動と表現している点である。これらの視点はWHOの改訂版に、環境因子の重視と用語の中立的表現というかたちで反映されている。
→国際生活機能分類 (野中猛)

障害保健福祉圏域 1993年12月に、障害者のための施策の基本となる「障害者基本法」が制定された。障害者のための施策を総合的、計画的に推進し、障害者の自立と社会、経済、文化その他あらゆる分野の活動への参加を促進することを目的として、都道府県障害者計画、市町村障害者計画を策定するよう定めている。さらに、1996年11月15日には厚生省大臣官房障害保健福祉部長名で各都道府県、指定都市、中核市市長宛に「厚生省関係障害者プランの推進方策について」が通知された。都道府県内のすべての地域について、身体障害者、知的障害者、精神障害者の共通な圏域として、人口の構成など地域の実情や地域の特性に応じ、きめ細かな障害保健福祉サービスが行われるよう、策定にあたっては、老人保健福祉圏域を参考とし、広域市町村圏、福祉事務所、児童相談所、保健所などの管轄区域を勘案して設定することとされた。この障害者プランには、施策を数値化して計画的に推進する方針が示され、市町村障害者

生活支援事業，精神障害者地域生活支援事業，障害児（者）地域療育等支援事業，それぞれ概ね人口30万人ごとに配備することとされた。
→障害者基本法　　　　　　　　（鴻巣泰治）

障害補償給付　労働基準法の障害補償の支給要件と同様に労災保険において，業務上の傷病が治癒したとき，または症状が固定したときに厚生労働省令に定める障害等級に該当する場合に障害補償給付が支給される（労働者災害補償保険法第15条）。被災労働者の稼得能力喪失の補完を目的にした金銭給付である。障害等級の認定は，障害等級表に基づいてなされる。等級は，第1級から第14級までであり，第1級から第7級に該当する場合には年金が，第8級から第14級の場合には一時金が支給される。障害給付は，業務上でない通勤途上災害の場合の給付を指す。年金には，賃金スライド制の適用がある。
→傷病補償年金　　　　　　　　（辻村昌昭）

障害をもつアメリカ人法〔Americans with Disabilities Act：ADA〕　障害者の自立に向けた社会参加の機会を保障することを目的に，障害を理由とした差別の禁止を規定し，1990年7月にアメリカで発効された法律。同法では，雇用，公共交通機関の利用，官庁・ホテル・デパートなど公共的な施設の利用，通信サービスなど項目別に障害者に対する差別を禁止している。同時に，公共的な施設やサービスについては，障害者がアクセスしやすいように，建築物の構造改良や人員配置などの環境整備を義務づけている。また，違反者に対する罰則規定を設けており，法的な実効性は高いといえる。同法は，ノーマライゼーションの理念を具現化した画期的な法律であり，障害者対策の国際的な推進やわが国を含む各国の障害者施策の発展に貢献した。　　　　　　　　　　（鈴木孝典）

小学校及び中学校の教諭の普通免許状授与に係る教育職員免許法の特例等に関する法律〔平成9年法律第90号〕　教員志願者に対し，高齢者や障害者に対する介護等の体験を義務づけることにより，人権感覚を養い，他者に共感し各人の価値観の相違を認められる心をもった人づくりの実現に資することを目的として，1998年4月より施行されている。小学校または中学校の普通免許状を取得しようとする者は，社会福祉施設や特殊教育諸学校などにおいて，文部大臣が定める期間（7日間），「介護等の体験」を行い，施設や学校が発行する体験に関する証明書を免許状授与申請の際提出することが必要になった。また採用権者はその採用選考にあたり，この法律の趣旨にのっとり，教員志願者が行った介護等の体験を勘案するよう努めるものとすることが規定されている。　　　（原田正樹）

償還払い方式　医療保険において医療費を保障する（療養費の支給）方式のこと。現金給付方式や還元方式と呼ばれたり，フランスで採用されているのでフランス方式とも呼ばれる。患者が，一時的に医療費を立て替えて医療機関に支払い，その領収書を保険者に提出して，事後的に保険者から償還してもらう方式である。わが国の医療保険では，現物給付が原則であり，現金給付が認められているのは，例外的な場合（例：近くに保険医療機関がなかった，担ぎ込まれたところが保険医療機関ではなかった，海外で医療を受けたなど）だけである（介護保険も現物給付が原則）。立て替えた費用の全額が返戻されるのではなく，償還基準，償還率によって，患者負担が設定されている。　（松溪憲雄）

小規模作業所　共同作業所，地域作業所ともいう。各種法律に規定されない障害者の通所施設。三障害それぞれの小規模作業所は法内施設との関係で独自の機能をもつが，なかには障害を超えて利用できるところもある。そのサービスは多岐にわたり，生活訓練，作業訓練を中心にした福祉的就労，生きがいや仲間との交流，一般就労を目指す就労準備などいずれも地域生活を送る当事者のニーズを反映したものとなっている。このような柔軟な運営姿勢も小規模作業所の特徴といえる。2003年8月現在，全国で6025か所ある小規模作業所のうち，精神障害者小規模作業所は1749か所を数える（きょうされん調べ）。自治体による補助金が運営資金の中心だが，地域格差があり，その運営基盤は弱い。社会福祉法の改正により小規模通所授産施設へ移行する動きがある。　→福祉的就労（廣江仁）

条件反射 ロシアの生理学者パブロフ (Pavlov, I. P.) が発見，研究した学習現象。イヌにベルの音を鳴らしてから餌を与えることを繰り返すと，餌を与えずに音刺激を提示しただけでも唾液分泌が観察される。このときの唾液分泌を条件反射という。餌が与えられたときの唾液分泌のように生得的な反射は無条件反射，それを引き起こす餌は無条件刺激という。ベルの音は唾液分泌に対して本来は無関係で中性的な刺激であったが，餌との対呈示により唾液分泌を引き起こす効果をもつようになったので，条件刺激という。条件刺激に対する反応が条件反射であり，条件反射の形成過程を条件づけという。スキナー (Skinner, B. F.) のオペラント条件づけと区別する意味でレスポンデント条件づけとも呼ばれる。　→レスポンデント条件づけ　　　　　　　　　　　　（長瀬浩一）

少子化　人口減少社会の到来を，主として合計特殊出生率と出生数の変遷からとらえる場合に用いられる表現である。合計特殊出生率とは，厚生労働省の人口動態統計によって，女性の年齢別出生率の合計から換算される，女性一人当たり一生の間に出産する子どもの平均数のことであり，少子化現象を具体的に示す代表的なものとなっている。日本の2002年1年間の出生数は，115万3866人で，合計特殊出生率は，1.32であった。これは，日本の少子化が依然進行中であることをうかがわせる数値である。人口の置換水準とされる合計特殊出生率2.08は，1974年以降毎年下回り続け，特に，1989年の合計特殊出生率1.57は，その時点で(丙午の影響のため)過去最低だった1966年の1.58をも下回る数値で，「1.57ショック」といわれ，少子化への社会的関心を高めた現象となった。少子化を前提とした社会の枠組みの転換が求められており，2003年には「少子化社会対策基本法」および「次世代育成支援対策推進法」が公布されている。　→合計特殊出生率　　　　（植木信一）

少子化社会対策基本法〔平成15年法律第133号〕　2003年に少子化対策の基本法として議員立法で成立したのがこの法律である。19条からなる法律で，施策の理念，国・地方公共団体・事業主・国民の責務，基本的施策，そして少子化社会対策会議の設置などの内容から構成されている。内閣府が所轄する法律で厚生労働省等が担当する次世代育成支援対策推進法と同法に基づく行動計画策定指針が地方公共団体や事業主の行動計画策定を主な目的とした法律である一方，本法は政府全体の政策の基準を示した法律であるといえる。　→今後の子育て支援のための施策の基本的方向について（エンゼルプラン），次世代育成支援対策推進法　　（西郷泰之）

少子高齢社会　子どもの数が少なくなり高齢者の人口に占める割合が増えていく社会のこと。21世紀に入り，わが国では本格的な少子高齢社会が到来しつつある。少子化については，近年の出生率の低下は晩婚・晩産化の進行，さらに生涯未婚率の上昇傾向がその主な要因と考えられている。出生率の低下は，人口の減少をもたらし，相対的に高齢者比率を高めている。高齢社会とは，65歳以上の高齢者の割合が人口の14％になった社会をいう。高齢化の要因は出生率の低下と平均寿命の伸長と考えられる。日本では1970年に65歳以上の高齢者の割合が7％を超え高齢化社会に，1994年に高齢社会に突入した。日本の高齢化の特徴は，高齢化の速度が速いこと，75歳以上の後期高齢者が急増していることである（介護を要する高齢者の増加が予想される）。問題は，平均寿命の伸長ではなく，子どもの数の減少である。それは，年金や医療，介護などの世代間の相互扶助システムの存続を危うくさせる。すなわち，社会や経済の仕組みの構造を大きく揺るがすのである。出生率の回復を図ることが急務であるが，具体的な解決策としては，安心して子どもを産み育て，健やかに成長できる社会をつくるために，性別や年齢制限を含め，自己実現を阻害するバリアを取り払い，女性や高齢者等への積極的な社会参加の機会の提供や就労支援，保育所の拡充，育児休業制度の完全実施などの支援策を打ち出していく必要がある。また，多様な生き方の選択肢を認め，その自己決定を支援し，本人に必要な情報が得られる環境づくりをする一方で，子どもや知的障害者，痴呆性高齢者等に対する権利擁

護にも積極的に取り組んでいくこと必要がある。
→高齢社会　　　　　　　　　　（吉田直美）

使用者責任　従業員が事故を起こして第三者に損害を与えた場合は、従業員と共にその従業員を雇う使用者も同一の責任を負うこと（民法第715条参照）。他人を雇って収益を上げている場合には「利益を得る者も責任を負う」、また危険物（自動車を営業用に使用しているとか、工場の機械など）を設置管理している者（使用者）も責任を負うのが合理的である。直接の加害者である従業員に支払い能力が乏しいときに、使用者責任を認めることによって、被害回復が容易になる。　　　　　　　　　　（池田直樹）

症状精神病〔symptomatic psychosis〕身体の疾患が直接の原因で精神異常の症状が現れる場合、それを症状精神病という。ボンヘッファー（Bonhoeffer, K.）は身体の疾患という「外因」に中枢神経系が反応して生ずる「外因好発型」を記載し、せん妄、もうろう状態、アメンチア（錯乱や困惑状態を伴う意識変容）、幻覚症、過敏性情動衰弱（知覚過敏、いらだち、易疲労性、集中困難、不眠などからなる）、コルサコフ症候群（失見当、記憶障害、健忘、作話からなる）などを挙げている。これらのほかにも症状精神病によくみられる症状として不安症状、躁症状、抑うつ症状、統合失調症（精神分裂病）様症状などがある。症状精神病は感染症、内分泌疾患、悪性腫瘍、自己免疫疾患、その他数多くの身体疾患の際に生じてくるものであり、医療において日常の診療でしばしばみられ、ときに精神科とのリエゾン診療も行われている。
（高橋徹）

上昇停止症候群〔meta-pause syndrome〕中高年期には、年を取るほど社会的地位も上がり収入も増えるというそれまでの思い込みが突然崩れ、人生がすでに下降に向かっているという感覚に襲われることがある。また、この時期にみられる健康上の不安、体力の衰え、近親者との死別なども同様の上昇停止体験となる。これらに伴って起こるうつ病、神経症、アルコール症、各種心身症などの社会的・心理的な症状をいう。ライフサイクルを考慮した症状理解の一例といえよう。　　　　　　　　（川野健治）

小地域福祉活動　高齢者の孤独死などを契機として、民生委員、福祉協力員、自治会・町内会、ボランティアなどによる一人暮らし高齢者や障害者への声かけ、見守りなどの支え合い活動が行われている。近年では、社会福祉協議会によるミニデイサービスの役割をもった「ふれあい・いきいきサロン」が身近な住民福祉活動として行われるようになってきている。高齢者を対象として介護予防の効果も期待されているが、子育てや精神障害者、知的障害者のサロンも行われるようになり、活動が広がってきている。　→ふれあい・いきいきサロン　（中島修）

情緒〔affect〕情動、情緒、感情、気分などを含む包括的な用語。知・情・意と心的機能を三つに分ける場合、「情」については用語としてaffectを用い、feelingは用いないのが普通である。情緒は情動とほぼ同じ意味で用いられることが多い。脳幹、特に間脳によって支配され、自律神経系や内分泌機能にも影響し、内臓・循環系にも変化を及ぼすものである。表情や音声にも変化が現れるが、さらに激しくなると、行動の統制が乱れ、動作がぎこちなくなったりする。　→情動　　　　　　　　　（進藤義夫）

情緒障害児短期治療施設　情緒障害とは、家庭や学校等における虐待や人間関係等によって、（児童の）基本的な感情、行動、生理的側面等に関する不安定な状態（不適応行動を含む）が、一過性ないし可逆的に表出している状態を示す。知的障害、精神疾患、脳器質障害等を主因とした不適応行動を表出する児童は含まないとされている。よって、該当する「軽度の情緒障害を有する児童を、短期間、入所させ、又は保護者の下から通わせて、その情緒障害を治すことを目的とする」（児童福祉法第43条の5）児童福祉施設である。児童福祉施設最低基準第74条〜第78条に設備の基準が示されている。医師、心理療法を担当する職員、児童指導員、保育士、看護師、栄養士および調理員が配置され、心理療法、生活指導および家庭環境の調整が行われる。児童指導員および保育士のうち少なくとも一人は児童と起居を共にすることにな

っている。施設長は関係機関と連携し，児童の指導および家庭環境の調整にあたる。　→児童福祉施設
(植木信一)

情緒不安定性人格障害〔emotionally unstable personality disorder〕　人格障害の一種で，1992年に公布されたICD-10，精神と行動の障害の章に登録されている。その異常な人格的偏りは，気紛れで衝動的な行動や，怒りを抑制できず些細な批判に抗して感情を爆発させ，周囲の人々とトラブルを起こす行動に現れている。衝動行為型と境界型に分けられている。前者は感情不安定と衝動統制欠如を特徴とし，後者では，思い描く自己像や生活の目標や内的選択があいまいで混乱していることに加えて慢性的な空虚感に苛まれ，また安定した人間関係が保てず，そのために感情的な危機に見舞われ，自暴自棄を回避するために過度の努力を強いられ，自傷の脅しや自傷行為を繰り返す行動を特徴とする。
(高橋徹)

情動〔emotion〕　感情のうち，喜び・悲しみ・怒り・恐れのように一時的で急激に引き起こされ，短い時間で終わる，激しく強い感情を指す。間脳によって支配されており，主観的な内的体験であると同時に，自律神経の興奮から起こる内分泌腺や内臓の変化などの生理的活動を伴い，さらに，行動的・運動的反応としても表出される。ワトソン（Watson, J. B.）は，基本情動として，怒り・恐れ・愛の三つを挙げている。プルチック（Plutchik, R.）は，色彩における補色理論を応用して，情動の立体のモデルを考案した。そして，受容・嫌悪・怒り・恐れ・喜び・悲しみ・驚き・期待を八つの純粋情動とし，通常の情動はこれらの混合情動であるとする，多因子分析論を提唱した。また逆に，末梢の身体変化が先に起こり，それに伴って感情が表れるとする説として，ジェームズ・ランゲ説がある。ジェームズ・ランゲ説では，熊に出会って恐ろしいから逃げるのではなく，逃げるからこそ恐ろしさがわくのだと説明する。
(進藤義夫)

常同行動〔stereotyped movements〕　身体自身へ向けた自己刺激的な行動や，特定の物のみに固着した行動で，外界と遮断されたかたちで行うことも多い。具体的には，自己の身体を揺すったり回転させたり，手首を振るといった前庭感覚や固有感覚に刺激を入れたり，紐を回したり箱たたきなど特定の物にこだわり，どちらかというと目的性が希薄な固着的な行動をいう。重度の発達遅滞児や，視覚障害を伴う知的障害児，重度の発達遅滞を伴う自閉児，施設に長期入所の障害児や乳幼児に多くみられるといわれている。しかしながら発達的にみれば，ピアジェ（Piaget, J.）が指摘する乳児期の一次循環反応や二次循環反応にも近いものがあり，発達過程のなかでみられる行動ともいえなくはない。常同行動に対する指導法としては，行動療法的立場からの抑制的アプローチ，コミュニケーション手段を育てるなどの代替行動アプローチ，発達を高次化することで減少させようとするアプローチなどが挙げられる。なお，統合失調症（精神分裂病）者にみられる同様の常同行動，つまり目的なく周囲の状況に不似合いな行動を反復することについては，常同姿勢・常同運動・常同言語を含めて常同症という用語が使われている。
(宇佐川浩)

譲渡担保　動産や不動産を所有する者が，融資を得るために，これらの財物を融資者に担保目的で譲渡すること。売買の外形を借用するが，当事者間ではあくまで担保目的以上のものを予定していないので，融資金が後日返済されたときは前記財物も当然返還させることになる。また，融資金の返済が不可能になった場合は前記財物を最終的に取得した上でその財物の評価額と融資した金員の残額との差額は清算しなければならない。
(池田直樹)

小児期崩壊性障害〔childhood disintegrative disorder〕　広汎性発達障害の一種。発症は3歳以降で，少なくとも2歳までは正常な発達を示し，年齢相応のコミュニケーション，遊び，適応行動の能力を備えていたが，発症によりそれらの能力が失われ，自閉症に酷似する症状を呈する。脳症が発病の契機となっている症例もある。ヘラー（Heller, T.）が小児痴呆の名で記載した症候群（ヘラー症候群）と同じ。　→広汎性発達障害
(高橋徹)

少年院　少年院法に基づく法務省が所管する矯正教育機関で全国に53か所ある。14歳以上16歳未満の者を対象とした初等少年院、16歳以上20歳未満の者を対象とした中等少年院、犯罪的傾向の進んだ16歳以上23歳未満の者を対象とした特別少年院、心身に著しい故障のある14歳以上26歳未満の者を対象とした医療少年院の4種類がある。少年院には法務教官や法務技官が配置されている。なお、少年刑務所は懲役刑や禁錮刑が確定した少年で原則的には16歳以上20歳未満の者を収容する施設で全国に8か所ある。監獄法に基づく行刑施設であるため少年院とは大きく性格を異にする。　　（西郷泰之）

　少年鑑別所　観護措置により収容された少年を、家庭裁判所の調査、審判、保護処分執行のため、専門的見地（医学、心理学、教育学、社会学等）から鑑別結果通知書の作成を行う法務大臣の所管する国立施設である。2002年度末現在全国に52か所設置されている。収容期間は一般的には原則2週間、最長4週間、しかし特別な場合は8週間としている。職員としては、法務教官、法務技官などがある。また、一般家庭や学校の依頼による鑑別も行い、相談・助言にも応じている。　　　　　　　　　　（西郷泰之）

　少年指導員　母子生活支援施設に母子指導員とともに配置される職員で、正式には「少年を指導する職員」と称し、児童福祉施設最低基準第27条に規定されている。しかし、その任用水準等については同最低基準には一切規定されていない。また、事務職との兼務も認められるなどその役割や専門性がきわめてあいまいである。　→母子生活支援施設　　　（西郷泰之）

　少年法〔昭和23年法律第168号〕　刑法、刑事訴訟法と並ぶ刑事基本法の一つで、満20歳未満の犯罪少年や触法少年、虞犯少年の健全育成を目指した「教育」を目的とした保護処分（保護観察・児童自立支援施設等への送致・少年院送致）を行うための法律。1922年に制定された旧・少年法は検察官の関与が多かったが、1948年に制定された現・少年法は少年への教育と福祉を推進することを重視し、家庭裁判所を中核とした制度となっている。2000年11月に少年法の改正があった。次の七つの点が主な改正事項である。①刑事処分可能な年齢を「16歳以上」から「14歳以上」に引き下げる、②16歳以上の少年が殺人などを犯した場合原則、家庭裁判所から検察に逆送され刑事裁判を受ける、③被害者の申し出により意見聴取ができ、また一定の範囲で非行事実に係る記録の閲覧等ができる、④裁定合議制の導入、⑤故意により被害者を死亡させた場合などの少年審判には検察官が出席できる、⑥少年鑑別所等での観察措置期間を4週間から、特別な場合8週間に延長、⑧検察官が抗告受理申し立てをできる、などである。しかし厳罰化の効果を疑問視する意見は強い。
　　　　　　　　　　　　　　　　（西郷泰之）

　少年補導センター　内閣府の補助や支援により、都道府県や市町村が条例や規則によって1952年より設置している機関で、警察と協力して、家庭・学校・地域および関係機関との連携と協力を得ながら、少年の健全育成と非行防止のための活動を展開している。具体的には街頭補導・継続補導、少年相談や補導少年の家庭・学校・職場への連絡や専門機関への通告ならびに環境浄化活動、広報活動等を行う。2002年11月現在705か所設置されている。また、類似の機関として警察庁では不良行為少年やその家庭に対する少年補導職員等を中核とする少年補導の専門組織としての「少年サポートセンター」の配置を進めている。少年サポートセンターは、警察法第36条および第53条に基づき2002年4月現在、都道府県警察に174か所設置されている。　　　　　　　　　　　　　　（西郷泰之）

　小脳　脳幹部後方に存在する脳の一部。大脳についで大きな容積をもつ。主として体の平衡機能と運動機能の円滑化を司る。上、中、下小脳脚により脳幹部と連絡している。血流は上小脳、前下小脳、後下小脳動脈の3本により供給されており、左右の小脳半球と正中部でそれを連結する小脳虫部で構成される。小脳半球には、プルキンエ細胞と呼ばれる独特の大型細胞があり、小脳機能の重要な役割を果たしている。小脳半球の障害では、距離感がつかめない測定障害、筋緊張の低下をきたすが、大脳の場合と異

なり，損傷した部位と同側に障害が現れる。小脳虫部の障害では立位，歩行の際のバランス障害が出現する。これは小脳性失調と呼ばれ，開閉眼で症状が変動しないのが特徴である。　→大脳
(長尾毅彦)

消費支出格差　生活保護法において厚生労働大臣が定めた保護基準が，実際にはどの生活水準レベルにあるかを判断するために生活保護世帯の消費支出を一般世帯と比較したときにみられる格差のこと。傾向としては，1960年当時には一般世帯の4割に満たなかった被保護世帯の消費支出が次第に上昇して，1965年頃には一般世帯の5割程度となった。それが格差縮小方式の導入（1965年〜）によりさらに縮小，1983年には約66％に達したことを受けて一般世帯との均衡上ほぼ妥当な水準であると中央社会福祉審議会の意見具申では所見が出された。その後，1984年度以降の水準均衡方式では，格差をほぼ一定の約7割に保ち現在まで推移してきている。2003年度には，長引く不況により初めて0.9％の引き下げが行われた。　→マーケットバスケット方式，エンゲル方式，格差縮小方式，水準均衡方式
(畑江倫子)

消費者運動　大量の生産・販売・宣伝や物価の高騰などにより，被害者となりやすい消費者の権利や利益を守る生活者の運動である。戦前も相互扶助的な消費者運動はあったが，消費者自らが組織を立ち上げ，消費者の権利を積極的に主張する運動は，わが国では高度経済成長以降に急速に発展してきた。代表的な取り組みには，生活協同組合，日本消費者協会，主婦連合会，各種の消費者団体，地域の消費者グループなどによる情報提供や啓発活動，企業や自治体との交渉などがある。
(田中英樹)

傷病手当金　医療保険の現金給付の一つで，業務外の傷病に関する療養のため，仕事に就けず，報酬も受けることができないとき生活保障のために支給されるもの。健康保険では，業務外の傷病による療養のため，仕事に就けず，(連続した3日間の待期期間の後) 4日以上仕事を休み，給料の支払いがない場合，休業日1日につき標準報酬日額の6割が1年6か月の範囲で支給される。傷病手当金と出産手当金と同時に受けられる場合，出産手当金のみが優先支給される。わが国では，経営家族主義のため労働者が傷病によって欠勤してもあまり厳しく賃金カットしなかったので，傷病手当金は第二義的意味しかもたなかった。国民健康保険にはその性質上傷病手当金はない。　→出産手当金
(松渓憲雄)

傷病年金　⇒傷病補償年金

傷病補償年金　労働基準法上の打切補償（第81条）に相当する給付として数次の改正を経て導入された(労働者災害補償保険法第12条の8第1項第6号，第3項，第18条，昭和52年3月30日労働省発労徴第21号・基発第192号)。傷病補償年金は，業務上負傷し，または疾病にかかった労働者が，その傷病に係る療養の開始後1年6か月を経過した日または同日後に，常態として労働不能である，すなわち①その負傷または疾病が治っていないこと，②その負傷または疾病による障害の程度が傷病等級表（厚生労働省令で定める）に該当する場合に支給される。受給者には休業補償給付は支給されない（労働者災害補償保険法第18条）。障害の程度に応じ，給付基礎日額の313日分（第1級），277日分（第2級），245日分（第3級）が支給され，賃金スライドの適用がある。障害補償年金が，症状の固定した場合に支給されるのに対し，傷病補償年金は傷病が治癒していない場合でも支給される。傷病年金は，通勤途上災害の場合の給付を指す。　→給付基礎日額，障害年金
(辻村昌昭)

情報化　広義には社会における情報処理の比重の高まりと，情報伝達に関わる技術的発展を指す。狭義には，新しいメディアを用いて情報を電子情報として記録する上でのインフラ面での整備や，情報伝達をインターネットなどによって電子化，高速化していく動向を指す。「情報化社会」などのように社会全体の動向を指すことが多いが，地域活性化や保健福祉などにおける効率化を図るための「地域情報化」などの概念も用いられる。
(田渕六郎)

情報収集　情報収集はアセスメントを行うた

めの重要で基本的な援助過程である。したがって精神保健福祉士は、その対象となる精神障害者およびその家族をはじめとし、精神障害を有する本人の生活総体に関わるすべての人々や関係機関から、本人の了解を得た上で、生活上の課題や問題発生要因に関する情報を収集し、情報の客観的把握によって問題を正確に理解しなければならない。もちろん精神障害を有する本人自身からの情報収集は不可欠である。そこには本人しか知り得ない情報とともに、本人自身のニーズが含まれているからである。また今日では、生活問題解決のためのサービスを精神障害者自身が選択し、利用を決定するようになってきた。精神保健福祉士はサービス利用者にとって重要な理解者であり、専門家であることから、保健・医療・福祉分野のみならず、日常生活全般にわたる利用者のサービス利用の選択肢を提供するために、多岐にわたる情報収集が欠かせない。　→アセスメント　　　　（新保祐元）

情報処理機器アクセシビリティ指針　2000年6月5日通商産業省告示の「障害者・高齢者等情報処理機器アクセシビリティ指針」は1995年の「障害者等情報処理機器アクセシビリティ指針」の改訂版で、情報化社会の進展に伴い、情報処理機器を障害者・高齢者を含めて誰もが容易に利用できるようにすること（アクセシビリティ）を重視し、障害者・高齢者等においてキーボードおよびディスプレイ等の標準的な入出力手段の拡充や専用の代替入出力手段の提供を促進し、もって機器操作上の障壁を可能な限り低減し、使いやすさを向上させることが指針の目的とされる。このような発想は情報バリアフリーともいわれ、アメリカのリハビリテーション法508条などの影響もみられるが、本指針はまだ義務化のレベルには達していない。
　　　　　　　　　　　　　　　（田中邦夫）

情報処理的アプローチ　行動主義の学習理論では、刺激と反応の間にある有機体の内的機構はブラックボックスとして研究対象とはならなかった。しかし認知心理学では、刺激と反応という枠組みが、情報の入力と出力という枠組みでとらえ直され、感覚レベルから高次の過程に至るまで、刺激が情報として処理される流れを一貫した枠組みで理解しようとする。このような考え方は情報処理的アプローチと呼ばれ、コンピュータがそのモデルとして考えられている。　　　　　　　　　　　　　　（長瀬浩一）

情報の共有化　「情報」とは、ある事柄、事象について伝達または入手されるものや内容のこと。送る方、受ける方、両者にとって何らかの意味をもつ。さらにそれに基づき、何らかの決定をしたり行動をとったりする場合もあるとされている。「共有」とは「専有」の反対語で一人で所有しないこととされている。これをつなぐと「関係者はお互いに入手したもので意味のあるものは一人で所有しない」ということになる。精神保健福祉分野では、直接援助や支援のケースワーク、グループワークや、間接援助としてのコミュニティワーク、ソーシャルアクションなど、ソーシャルワークすべてにおいて、同じ目的をもった関係者は、その課題解決に向けて共同して取り組んでいくことが求められ、そのためには、情報を専有せず、共有していくことが、特に求められてきている。ただし、その情報はきわめて個人的内容の場合もあるので、クライエントの人権、プライバシーが侵害されることがないように十分配慮する必要がある。
→チームアプローチ　　　　（上野容子）

小発作〔petit mal〕　てんかん発作の一種であるアプサンス（欠神発作）を指す。数秒から十数秒間、突然意識が失われる発作で、運動現象を伴わない。1日に数十回に及ぶ例も知られている。発作時に脳波で両側同期、対称性 3Hz 棘徐波がみられる。小・中学生時期に発病をみる。しかしアプサンスは側頭葉てんかんでもみられることがあるので、純粋小発作として区別する。　→てんかん　　　　　　（高橋徹）

静脈〔vein〕　体の各部から心臓へ血液を運ぶ血管。心臓からの血液の循環には動脈に乗せて全身に酸素を運ぶための体循環と、全身から静脈に乗って戻ってきた血液を肺に送って酸素を取り込ませるための肺循環とがある。一般に静脈といえば体循環系の静脈のことを意味し、暗赤色で酸素濃度が低い静脈血を運ぶ。肺循環系

の肺静脈は酸素濃度の高い動脈血を運ぶ。動脈に比べ静脈の血管壁は薄く、動脈にはみられない逆流防止の弁をもつ。　→動脈，体循環，肺循環
（松永大吾）

常用就職支度手当　これは従来の常用就職支度金である。常用就職支度手当は、受給資格者等であって、身体障害者その他就職が困難な者として厚生労働省令で定める者が、公共職業安定所または職業紹介事業者の紹介によって安定した職業に就いた場合に、支給される（雇用保険法第56条第1項第2号、雇用保険法施行規則第82条の3第2項）。しかし、再就職手当を受けることができる者には支給されない。これは、従来と同じく、45歳以上の人、障害者その他の就職困難な人が安定した職業（1年を超えることが確実なもの）に就いた場合に支給される。ただし、改正により、支給対象者のうち「45歳以上の者」については、雇用対策法等に基づく再就職援助計画の対象者にのみ限定される。
（辻村昌昭）

条例　地方自治体（都道府県、市町村）が定める法規範のこと。条例を制定することで地方自治の観点から地域の特徴を出すことができる。例としては「たばこポイ捨て禁止条例」（東京都千代田区ほか）など。条例は、国が定める法規範である法律より下位の法規範であるから、法律に違反抵触する条例は無効である。しかし、法律に規定していない事項については、法律が禁止する趣旨でない限り制定して問題ない。また法律が規定している事項でも、法律が全国的な最低限度の規制を定めている場合は、特定の地域に限り、条例を制定して、より厳しい規制を課すことは許される。　→住民自治の原則
（池田直樹）

ショートステイ〔short stay〕　短期保護、または一時入所と呼ばれ、家庭で介護、あるいは看護、介助している人が病気や介護、介助疲れ、旅行、出産、事故、冠婚葬祭などの社会的・個人的理由により、一時的に家族の介護、介助機能が低下したときに、要介護高齢者や障害児・者、精神障害者などを一時的に短期間、施設や医療機関などで受け入れて、看護、介護、介助などを行う。障害児の場合は、短期訓練（療育）のために、短期間介護者と一緒に宿泊することができる。日本では、1978年に在宅福祉の推進に向けて、老人福祉施策として開始され、2000年の介護保険制度の開始からは、①短期入所生活介護、②短期入所療養介護の2種類がある。障害者福祉施策では、1995年に策定された「障害者プラン」によって、在宅福祉の計画が示されるようになり、1999年精神保健福祉法の改正によって、精神障害者居宅生活支援事業として精神障害者短期入所事業（ショートステイ）が法定化された。　→身体障害者短期入所事業、知的障害者短期入所事業、精神障害者短期入所事業
（坂本智代枝）

ジョーンズ〔Jones, Maxwell：1907-1990〕　イギリスのエジンバラに生まれる。1962年にはスコットランドのディングルトン病院の院長となり、その後も国内外で活躍した実践者・研究者。患者とその家族、職員の技能とあらゆる可能性を最大限に活用する必要性に注目した「治療共同体（therapeutic community）」理論が有名である。「治療共同体」では、患者、職員等すべての人々の役割と役割関係の重要性を強調するような「治療的雰囲気（therapeutic culture）」の発展が大切であるとした。　→治療共同体
（平林恵美）

初回面接　⇨インテーク

職域保険　社会保険の保険集団の形成が職業の形態や同種の職業の者に着目して行われたもののことをいう。職域保険はさらに被用者保険と自営業者保険に分類される。被用者保険には特定の被用者を対象とする特定被用者保険（船員保険、国家公務員共済組合等）と被用者一般を対象とする一般被用者保険（健康保険）があり、自営業者保険には医師・弁護士等の自営業者を対象とする国民健康保険組合がある。職域保険に対して、地域すなわち同一の地域内に居住していることに着目した保険を地域保険という。
（北場勉）

処遇〔treatment〕　処遇（トリートメント）とは、クライエントに対する援助方法を決定することを意味し、処置、治療ともいわれる。伝

統的なソーシャルケースワークの援助過程において使用されていた「処遇と社会治療」は，人と環境の全体性に目を向けた生活モデルの考え方から「介入（intervention）」という言い方をするようになっている。クライエントに対する直接的な介入と，クライエントを取り巻く環境に働きかける間接的な介入があるが，後者はクライエントの周囲の人間関係や生活の環境の調整と社会復帰施設などの社会資源の利用や社会福祉制度などの活用である。クライエント自身が自らの生活課題や問題解決に取り組むことが可能になるように援助することであり，クライエントの主体性と自己決定の尊重を考える上で，ケースワーカーの支持的な態度が，ケースワーカーとクライエントとの信頼関係を含んだ良好な相互関係を生むことになる。　→介入

（荒田寛）

処遇方針　生活保護の実施機関として被保護世帯に対する指導援助を推進していく指針となるもの。被保護世帯のなかには，経済的困窮だけでなく老齢，障害，疾病をはじめさまざまな問題をもつ世帯が多い。したがって，その世帯の自立阻害要因や問題の所在を的確に把握し，自立へ至る道筋や問題解決のための具体的方法について処遇方針を樹立する。必要に応じて査察指導員と協議したり，ケース診断会議に諮り決定する。また，処遇方針の見直しは世帯状況の変動に合わせて随時行うとともに，少なくとも年に1回は行う。　（大内直人）

職業〔occupation〕　個人が社会的・経済的分業の一端を担うものとして継続的に遂行する役割を意味する。ただし職業という概念は，社会的・経済的分業の構成要素であるという社会的な側面と，生計を営むための報酬獲得手段およびアイデンティティの確立や自己表出の手段であるという個人的な側面をともに有している。職業に関しては，国家がその全国的な動向を統計的に把握する必要から，早くから職業分類が導入されてきた。日本における代表的な職業分類としては総務省統計局による日本標準職業分類（大分類項目9，中分類項目80）が挙げられる。なお，職業分類は従事する業務の内容に応じた区分であり，正社員・パート等の雇用形態の区分ではない点に注意する必要がある。　→役割

（杉本昌昭）

職業カウンセラー　職業カウンセリング（職業相談）は，個人が自らのキャリア選択のために意思決定やその後の適応に向けた活動を援助する専門的な過程である。職業カウンセラーはそれに従事する専門職であり，職業的発達の各段階に個人が出会う職業適応上のさまざまな問題を克服するための援助的活動を行う。障害者職業センターには，厚生労働大臣指定講習を修了して認定される障害者職業カウンセラーが配置されている。　（松為信雄）

職業興味テスト　人が興味をもつ対象がさまざまな職業分野や職業活動であるとき，職業興味と呼ばれる。スーパー（Super, D. E.）はこれを，①自分の言葉で述べた「表現された興味」，②他者がわかる活動としてとらえる「具現された興味」，③調査票の得点で表示される「調査票による興味」，④学習課題の得得の程度としてとらえる「検査による興味」に分類する。職業興味テストはこの③に相当する検査法であり，短時間で個人の仕事や作業に対する興味の傾向をとらえることをとおして，包括的に自己を理解して，職業目標の形成やその実現に寄与できそうな情報や方向性を探る道具として活用できる。ただし，将来における職業上の成功度を予見するものではない。代表的なものとして，ホランド（Holland, J. L.）の理論を元にした「VPI職業興味検査」や，中・高校生の進路指導用としての「職業レディネス・テスト」がある。その他に，「教研式職業興味・志望診断検査」がある。　（松為信雄）

職業準備訓練　働く上で必要とされる基本的な労働習慣（休むときには連絡するといった基本的ルールの遵守，決められた労働時間に耐える等の作業遂行力，適切な作業態度や対人態度等）を習得するための訓練。作業室内での模擬的就労を通じた指導が中心となるが，必要に応じて職場実習や職業講話，通勤指導等も行われている。地域障害者職業センターでは職業準備支援事業という名称で，8週間程度のワークト

レーニングコースと，精神障害者を対象とした16週間程度の自立支援コースを実施している。障害者雇用支援センターでは原則1年の職業準備訓練を実施している。 →障害者職業センター，障害者雇用支援センター　（相澤欽一）

職業適性〔aptitude, vocational fitness〕職業と個人の関係を示す概念であり，具体的には職務が個人に対して要求する作業遂行上の要件（能力，パーソナリティなどの個人の資質）を指す。内容的には，能力的側面のほか，性格特性や価値観等が含まれる。しかし，最近では障害者の職業適性を考える際には，職場適応や職業の維持・継続のための要件，すなわち，日常生活技能，社会生活技能，健康管理等の要件が重視されてきている。また，職業適性を絶対的なものではなく，働き方，職務や設備等の工夫，援助者の配置等職場，作業等環境側の配慮との相対的なものとしてとらえるべきとの意見もある。なお，狭義の職業適性を測定するためには，各種の職業適性検査が開発されている。

（舘暁夫）

職業能力開発施設〔vocational training facility〕労働者や求職者の職業能力の増進，付与を目的として，職業訓練を行う施設。わが国では，職業能力開発促進法により，事業主，あるいは国および都道府県は労働者や求職者の労働能力の開発や向上に責務を有するとされている。国および都道府県が設置する職業訓練施設は公共職業能力開発施設と呼ばれ，「職業能力開発校」（都道府県），「職業能力開発短期大学校」（都道府県および雇用・能力開発機構），「職業能力開発促進センター」（雇用・能力開発機構。在職者，離転職者向け短期訓練），「職業能力開発大学校」（雇用・能力開発機構），「職業能力開発総合大学校」（雇用・能力開発機構。職業訓練指導員の養成），「障害者職業能力開発校」（国および都道府県），がある（括弧内は設置者）。障害者に対する職業能力開発は，ノーマライゼーションの立場から，一般職業能力開発校での訓練実施を原則とするが，それが困難な障害者のために，障害者職業能力開発校が国立13校，府県立6校，計19校設置されている。しかしなが

ら，身体障害と知的障害を対象とするものがほとんどであり，精神障害を対象とする公共職業能力開発施設はない。精神障害に対する公共職業訓練は1992年の雇用対策法施行規則の一部改正により始まったが，受講者は多くはないようである。多くの精神障害者は，障害を告知せずに一般の職業能力開発校で受講しているとみられる。また，国やその認可法人である高齢・障害者雇用支援機構は障害者の能力開発にノウハウをもつ民間企業や施設に対し，雇用納付金制度に基づく助成金を交付することにより，より効果的な能力開発施設の設置・運営を促進しており，2003年現在18施設にのぼるが，公共職業能力開発施設と同じく，その主たる対象は身体障害と知的障害であり，唯一，精神障害が対象とされるのは全国精神障害者家族会連合会ハートピアきつれ川（栃木県）と共生福祉会なごや職業開拓校（愛知県）のみである。今後，精神障害者の効果的な職業能力開発法の探求とともに，公共と民間の双方で，精神障害者職業能力開発実施施設の拡充や支援体制の確立が急務となろう。一般の職業訓練についていえば，訓練科目は機械，電気，情報，建築，事務，OA，介護等多岐にわたる。訓練期間は1～2年であり，授業料は参考書，実習服など以外は無料，訓練期間中は訓練生に対し，訓練手当が支給され，訓練終了後には公共職業安定所の援助を得て，職業紹介がされる。入校のための窓口は居住地を管轄する公共職業安定所であり，入校に際しては公共職業安定所の受講指示が必要となる。　→障害者雇用納付金制度に基づく助成金

（舘暁夫）

職業評価〔vocational evaluation〕職業評価は障害者に対する職業リハビリテーション・サービスの重要な一過程であり，障害者個人の作業遂行や職業適応などの職業的資質や訓練や配置のニーズを明らかにし，職業リハビリテーション計画を策定するための活動である。職業評価を論じる場合，前提として精神障害者の職業的資質をどのようにとらえるべきかが問題となる。非障害者の場合には，従来，職業適性，あるいは性格などの非能力的側面を含む職業適

合性概念が用いられるが，精神障害の場合，それらのモデルやそれらに準拠した測定具が有用でないことが多い。実際に，仕事が続かない精神障害者の場合，体調，疲れやすさ，体力不足，作業能力，作業習慣，自己理解，職場での人間関係，生活その他に起因するストレスや不安が原因と考えられることも多く，精神障害者の職業評価では，作業面のみならず，医療面，生活面，支援態勢など総合的な視点が欠かせない。

障害者の職業リハビリテーションの現場では，従来から，テスト法，ワークサンプル法，模擬的環境下での評価であるワークショップ法などさまざまな評価法が用いられているが，精神障害の場合には，上記のように，総合的観点が必要であること，また変動する障害であるという特性を考えると，実際の場での具体的かつ経過的な評価が有効であると思われる。その意味で，作業所，授産施設，職親事業所での様子，職場適応訓練，職場適応援助者事業，障害者試行雇用事業等での就労体験をもとに，職業的資質を検討することが有効である。　→職場適応訓練制度，職場適応援助者事業　　　　（舘暁夫）

職業リハビリテーション〔vocational rehabilitation〕　障害者の社会復帰を目的とした援助活動を総称してリハビリテーションと呼ぶが，職業リハビリテーションは医学的，教育的，社会的リハビリテーションと並び，その一分野をなす。職業リハビリテーションは「障害者が適当な雇用につき，それを継続し，かつ，それにおいて向上することができるようにすること，ならびに，それにより障害者の社会への統合または再統合を促進すること」(国際労働機関(ILO)「職業リハビリテーション及び雇用(障害者)に関する条約(ILO第159号条約)」)と定義され，次の6過程が含まれる(ILO「職業リハビリテーションの基本原則」)。「職業評価」(障害者の身体的，精神的，職業的能力と可能性について，実態把握をする過程である。職業評価は障害者職業センターをはじめ，各種就労支援機関で実施されている。評価法としては，職業適性検査等の紙筆検査，作業見本を用いるワークサンプル法等があるが，精神障害の場合，小規模作業所，授産施設，職親，実際の職場での具体的かつ経過的な評価が有効である。)，「職業指導」(カウンセリングをとおして，障害者の自己理解と職業理解を促し，職業能力開発や就業の可能性についての望ましい自己決定を支援する過程である。)，「職業準備訓練と職業訓練」(障害者に就業に必要な適応訓練，心身の調整，または正規の職業訓練や再訓練を提供する過程である。これらは小規模作業所，授産施設，職親等でも提供されるが，労働行政では，準備訓練は地域障害者職業センターや障害者雇用支援センター，職業訓練は職業能力開発施設で行われる。)，「職業紹介」(適職を見つけるための援助過程であり，主に公共職業安定所で行われる。公共職業安定所では，障害者には能力に応じた職業を，事業所には雇用条件に適合した障害者を紹介する選択紹介方式をとっている。また，公共職業安定所は，求人開拓のほか，事業所に対しては，求職障害者の情報提供，雇い入れの勧奨，各種援助措置の周知等を行う。)，「保護雇用」(一般雇用が困難な障害者に対し，特別な配慮の下での仕事を提供する過程。欧米には，保護工場，企業内保護工場，協同組合制度等さまざまな形態がある。わが国の福祉工場もその例に含められることがある。)，「フォローアップ」(職場復帰や職場適応が達成されるまでの追指導の過程。この過程には，障害者に対する適応指導と事業所に対する雇用管理指導がある。わが国では，公共職業安定所や就職した障害者に関わった就労支援機関が行っている。)　→職業リハビリテーション及び雇用(障害者)に関する条約，障害者雇用支援センター，職業評価，保護雇用，小規模作業所　　　（舘暁夫）

職業リハビリテーション及び雇用(障害者)に関する勧告　いわゆるILO第168号勧告(1983年採択)。この勧告は，1955年のILO第99号勧告以降の各国の職業リハビリテーション施策の発展と国際障害者年(1981年)の理念を踏まえ，各国が取り組むべき職業リハビリテーションおよび雇用機会の拡大のための措置に関する新基準として，広範囲にわたり規定したものである。特に障害者の職業リハビリテーシ

ョンおよび雇用政策についての基本的な原則に関しては，より拘束力の強いILO第159号条約が本勧告と同時に採択されており，本勧告はそれを補足するものといえる。　→職業リハビリテーション
　　　　　　　　　　　　　　　　　（佐藤宏）

職業リハビリテーション及び雇用（障害者）に関する条約　いわゆるILO第159号条約（1983年採択）。日本は1992年に批准。この条約は，国際障害者年（1981年）の「完全参加と平等」の理念を踏まえ，障害者の雇用，地域社会への統合にあたり，障害者に対する機会および待遇の均等の確保を実現するため，職業リハビリテーションに関する適当な措置をすべての種類の障害者が利用でき，開かれた労働市場における障害者の雇用機会の増大を図るよう，各国は，職業リハビリテーションおよび雇用に関する政策を策定，実施することなどを求めている。日本では，従来の「身体障害者雇用促進法」の対象に含まれていなかった精神障害者を含むすべての障害者が法の対象となることを明記した「障害者の雇用の促進等に関する法律」の成立（1987年）の契機となった。　→職業リハビリテーション
　　　　　　　　　　　　　　　　　（佐藤宏）

職業リハビリテーション法（アメリカ）〔Civilian Vocational Rehabilitation Act〕　正式名は「公民職業リハビリテーション法」であり，スミスフェス法と呼ばれた，アメリカの法律である。身体障害のある人に，職業リハビリテーションサービスを提供するように州政府を奨励するために，1920年に制定された。職業指導，職業訓練，職業適応，義肢補装具，職業紹介・斡旋などのサービス提供を目的に，連邦政府から，州人口に応じて州政府に補助金を支給した。同法は，1943年，1954年，1965年，1973年の数次の改正を経て，現在のリハビリテーション法制定に至る原点となった。　→リハビリテーション法
　　　　　　　　　　　　　　　　　（松為信雄）

食事サービス　在宅生活に不可欠なサービスであるが，介護保険法には，通所介護等の食事提供を除いて含まれない。食事サービスの提供主体は市町村，社会福祉法人，NPO，ボランティアと多様で，頻度も月1〜2食から毎日3食まで幅広い。提供形態は，主に配食型と会食型がある。栄養確保による健康維持，より長期の在宅生活を支援するとともに，配食型では安否確認や見守りなど，会食型では閉じこもり防止や地域交流の推進なども目的にしている。2002年度から「介護予防・生活支援事業」（現・介護予防・地域支え合い事業）の市町村事業に「「食」の自立支援事業」が加えられた。「食」の自立の観点から，単に配食等に留まらず，地域において介護保険からボランティア等のサービスまで含めて，総合的なサービス提供が求められている。
　　　　　　　　　　　　　　　　　（西岡修）

褥瘡　褥創とも記す。持続的圧迫による皮膚と皮下組織の壊死をいう。床ずれと同義語である。寝たきり高齢者，脳卒中，脊髄損傷患者など，自分の意志で体位の変換ができない患者に多い。皮膚の汚染，湿潤，細菌感染，外傷などは褥瘡の形成を促進し，全身的にも低栄養状態，貧血，糖尿病などは褥瘡の形成を容易にする。圧迫を受けた部位に紅斑，浮腫，硬結を生じ，やがて潰瘍となり，骨に達することもある。潰瘍底は湿潤で，壊死組織，膿苔で覆われ，悪臭を放つ。体位を変換し，局所を清潔に保つことなどで，予防可能である。　　　（堀智勝）

嘱託医　非常勤医師のこと。精神障害者地域生活支援センターと精神障害者小規模通所授産施設以外の社会復帰施設では，医師を1名以上職員として配置するよう定められている（精神障害者社会復帰施設の設備及び運営に関する基準（平成12年3月31日厚生省令第87号））。その役割は，利用者の医学上の相談に応じるため，利用者の心身の状況を把握し，必要に応じて社会復帰施設の長に助言を行うことである。以前「顧問医」と規定されていたものと同義（精神障害者社会復帰施設運営要綱）。　（檜山うつぎ）

食中毒　食品について増えた細菌や毒キノコ・フグなどの自然毒，化学物質などを摂取して起こる急性の病気のことで，下痢・嘔吐などの胃腸障害や発熱などを伴う。赤痢やコレラのような感染症や寄生虫症とは区別される。食中毒の大部分は細菌性のもので，感染型と毒素型とがある。感染型の食中毒の起因菌としては，

腸炎ビブリオ菌やサルモネラ菌などが，毒素型としてはブドウ球菌，ボツリヌス菌がある。毒素型はこれらの菌がつくりだした毒素により中毒を起こすもので，毒素は加熱によっても破壊されない。毒素型は摂取後数時間で発症し，感染型は半日から1日して発症する。　　（成相京）

職場適応〔vocational adjustment〕　就職した職場で障害者が生きがいをもち，雇用が継続できる状態にあることが職場適応である。それに失敗すると離職につながることが多い。そのためには障害を配慮した雇用管理や職場環境の整備が欠かせない。公共職業安定所は，障害者の離職率が高い，あるいは職場適応上で問題を抱えている事業主に対して，職場環境改善の助成金の説明等を含め職場適応指導を実施している。専門機関である地域障害者職業センターでは，就職後の障害者を対象とした職場適応指導も行っている。　→公共職業安定所，障害者職業センター　　　　　　　　　　（工藤正）

職場適応援助者事業　知的障害者，精神障害者など就職あるいは就職後の職場適応に課題をもちやすい障害者およびこうした障害者を雇用する事業主に対して，雇用の前後を通じて，職場適応援助者（ジョブコーチ）による支援を行う事業である。本事業は，アメリカのサポーテッド・エンプロイメントにおけるジョブコーチにならい，2002年の障害者の雇用の促進等に関する法律の改正により，新たに創設された。職場適応援助者（ジョブコーチ）は全国の地域障害者職業センターに置かれる。なお，従来の職域開発援助事業は雇用前の支援に限定されていたため，雇用後の支援が可能な本事業に一本化された。　→ジョブコーチ，サポーテッド・エンプロイメント，障害者の雇用の促進等に関する法律，障害者職業センター　　（佐藤宏）

職場適応訓練制度　訓練終了後の雇用を前提に，障害者の作業能力の開発と職場適応を図るために，都道府県知事が民間事業所等に委託して行う事業所での実地訓練制度である。訓練期間は6か月以内（重度障害者は1年以内）で，期間中，事業主には訓練委託費が，訓練生には訓練手当が支給される。受付窓口は事業所を所轄する公共職業安定所である。なお，訓練期間2週間以内（重度障害者は4週間以内）の短期職場適応訓練制度もある。　　（舘曉夫）

職場不適応〔occupational maladjustment〕　本人の問題（能力，性格，価値観など）と職場の問題（労働条件，仕事への適性，量，人間関係など）がうまく適応できていない状態。具体的な症状としては，身体面では心身症や心気症，精神面では精神障害（うつ病など）や性格変化・情緒不安定，行動面では勤務状況の乱れ（欠勤，遅刻，早退の増加）や逸脱行為（対人トラブル，問題飲酒など）が考えられ一つの疾患概念ではない。職場では出社困難事例として発見されることが多い。したがって，その予防・対応には個人的要因と職場要因の両面から考えていく必要がある。なお，保健福祉医療職に散見される燃えつき症候群（burnout syndrome）は，環境要因の強い職場不適応の典型である。　→燃えつき症候群　　　　　　　　（大西守）

植物状態　重度の脳障害のため，意識障害が長期に及び，意志疎通は困難で，自らの意志で体を動かすことはできないが，心臓機能，呼吸機能などの生命維持は独力で可能であり，栄養の補給が満たされていれば，自力で生存が可能な状態。睡眠・覚醒のリズムは保たれる。大脳には強い障害があるが，脳幹部の機能は保たれた状態と解釈できる。脳幹部に重度の障害があり，心臓は拍動しているが，呼吸は停止し，生命維持装置がないと生存できない脳死状態とは全く異なる。　→脳死　　　　　（長尾毅彦）

触法精神障害者　触法とは，法に触れること，法を侵すことであり，一般に触法精神障害者という場合は，法に触れたり，法を侵したりした精神障害者のことをいう。しかし厳密に定義されているわけではない。刑法では第39条第1項に，心神喪失（善悪の判断ができないか，できてもそれに従って行動できない）者の行為は，罰しない，第2項に，心神耗弱（判断が著しく困難な）者の行為は，その刑を減軽する，という規定がある。しかしこの規定は，安易に「精神障害者は罪を犯しても罰せられない，責任能力はない」というような誤解・偏見・不公平感

があり，精神障害者が重大な事件を起こす度に，マスコミ等で過大に取り扱われ，その法的な側面からの処遇のあり方と，その医療的な側面からの処遇のあり方の二つの軸で議論がなされてきた。しかし現体制は，受刑中の医療体制が貧困であるという刑事司法的な問題，触法患者に適切な入院対応ができないという精神医療的な問題，地域での受け皿を視野に入れた体制が整っていないという保健・福祉の問題がある。こうしたなか2003年心神喪失者等医療観察法が成立した。　→心神喪失等の状態で重大な他害行為を行った者の医療及び観察等に関する法律
（佐藤光正）

助産施設　児童福祉法による児童福祉施設であり，保健上必要があるにもかかわらず，経済的理由により，入院助産を受けることができない妊産婦を入所させて，助産を受けさせることを目的とする施設（児童福祉法第36条）。医療法の病院である第一種助産施設と，医療法の助産所である第二種助産施設がある。2002年現在，全国に492か所ある。　→児童福祉施設
（近藤洋子）

女性学〔women's studies〕　1960年代後半にアメリカの第二次女性解放運動から起きた女性学は，既存の学問知に内在するジェンダーバイアス（男性主体のものの見方による歪み）を女性の視点から見直し，女性の目で世の中の諸事象を解釈し直すことを主眼とする。1970年代初めにアメリカの大学で講座が始まり，1970年代後半日本に入ってきて以来，女性の関わる領域を研究対象とした多くの研究および理論実践が蓄積されている。　→ジェンダー（木脇奈智子）

職権保護　急迫した状態にあるときは，生活保護の申請がなくても，また申請意思の表明が不可能であっても実施機関が職権で保護を開始しなければならないこと。生活保護は申請に基づいて開始することが原則である。これは生活保護法で国民に保護請求権を認めているからである。しかし，申請のみにすると，実際は要保護状態なのに保護請求権を行使できない者や行使するのが困難な者が最低生活基準以下の生活をせざるを得ない事態も予想される。したがって申請がなくとも職権で保護を開始する方法を定めている。　→申請保護の原則，急迫保護
（平木美保）

所得再分配　社会保障を構成する各制度の目的や機能は必ずしも明確でないし，これらを区別して論ずることが困難なこともあるが，「所得再分配」という論議は，通常，社会保障の機能との関係において論じられることが多い。社会保障の機能については，①貧困の予防および救済，②経済の安定および成長，③社会や政治の安定，④所得の再分配などにあると各制度の諸特徴を部分的に強調しながら論じられている。①は，社会保険が貧困を防止し，公的扶助が貧困を救済するというかたちで，社会保障の目的を達するとの見解であるが，介護や保育サービスについては，貧困の予防・救済を目的とする論では必ずしも的を射ていないといえよう。②は，社会保障（失業手当，年金等）が，経済の変動を安定化させる機能を指して論じられる場合がある。③は，生活困難者の生活保障や国民の生活に安定感を与える側面を指して論じられているが，社会保障の機能全体を必ずしも特徴づけるものとはいいがたい。④も同様な傾向を示すが，社会保障の機能の一側面を論ずる限りで正しい。つまり，現行経済社会において生産に貢献できない障害者，高齢者等は所得が得られず生活に困難をきたす。この場合に所得のある者からの資金調達や，税金という間接的手段を媒介とした公費負担（保育や介護サービスへの公的助成）で所得の得られない者への分配をなすので，これを行うのが社会保障の機能の一つであるという点にこの見解の重点がある。換言すれば，貢献原則に基づく所得分配をニーズ原則によって修正して所得の再分配を行うのが社会保障であるというわけである。所得の再分配は，垂直的所得再分配と水平的所得再分配に分けられる。前者は高所得階層から低所得階層への再分配である。高所得者から累進税率の下で高い所得税の負担を求め，これを財源として行う公的扶助はその代表例であるとされる。後者は，同じ所得階層のなかでの再分配であり，元気なときに負担していた保険料で病気のとき

に給付を受ける医療保険はその一つであるといわれる。しかし、これも各社会保険の制度間で種々の特色があり、必ずしも均一ではない。以上の分類立ては所得階層間の社会保障による所得再分配であるが、この再分配は種々のグループ間でもなされる。その一つが年金保険であり、これは世代間の所得再分配であるといわれる。例えばわが国の年金制度は積立金を保存しているものの賦課方式の強い財政方式（修正積立方式）であるといわれる。積立方式は被保険者その人が拠り出し積み立てた所得を若いときから老後に時間的な再分配を行うシステムであり、賦課方式は世代間扶養ともいわれ、保険料を納めた現役世代の所得を年金を受給する世代に再分配するものであるとされる。　　（辻村昌昭）

所得税法〔昭和40年法律第33号〕　所得税について定めた法律であるが、居住者が障害者である場合、または居住者に障害者である控除対象配偶者または扶養親族がある場合には、居住者のその年分の総所得金額、退職所得金額または山林所得金額から障害者1人につき27万円を、特別障害者1人につき40万円を控除するという障害者控除について定めている（第79条）。精神障害者の場合は精神障害者保健福祉手帳の交付を受けた者を障害者とし、そのうち1級を特別障害者としている（所得税法施行令第10条）。　　（古寺久仁子）

所得保障　所得を損失したり支出が増大した場合に、生活困窮に陥ったものを救済し、または陥ることを防ぐ仕組みをいう。疾病、老齢、経済情勢の変化等によって就労が困難となったり、追加的な医療費等が必要になった場合には、生活の維持が困難になる可能性があり、第一義的に所得保障が必要となる。これは社会保障の各制度を通じて実現されている。社会保障は、すべての国民に最低生活を保障し、健やかで安心できる生活を営むことができるようにすることを目的としている。社会保障制度は、主に①社会保険、②公的扶助、③社会福祉の三つの分野からなり、各分野が有機的な関連をもちながら社会保障制度体系を構築している。これらの制度体系を通じて行われる現金、サービスの給付の目的は、①所得保障、②医療保障、③日常生活の支援という三つに分類することができ、特に所得保障は社会保障の根幹をなすものである。日本における所得保障は、社会保険の各制度（年金保険、医療保険、雇用保険、労災保険）および公的扶助（生活保護）を通じて行われており、年金保険を中心とした各社会保険制度による前者の所得保障が、事前的であり防貧的機能（貧困化の防止）を担っているのに対して、公的扶助による後者の所得保障は、事後的であり救貧的機能（貧困者の救済）を担っているといえる。また、社会保障制度は所得再分配機能をもっており、各制度における垂直的・水平的・時間的・世代間所得再分配を通して所得の安定が図られている。　　→社会保障　　（松本由美）

ジョブガイダンス事業　公共職業安定所が行う精神障害者を対象とした職業リハビリテーションサービスの一つである。公共職業安定所から、社会復帰に係る医療機関等に赴くなどして、就職意欲のある精神障害者に就職活動に関する知識や方法、就職への現実的意識や技術を高めるための講習等を行うものである。併せて、職業機関と医療機関等との連携を深め、医療・生活支援と就業支援が円滑、効果的に展開できる環境を整備しようとするものである。　　→職業リハビリテーション、公共職業安定所　　（上田英典）

ジョブコーチ〔job coach〕　サポーテッド・エンプロイメントでは、障害者は施設外の一般職場に就労しつつ訓練や指導を受けるが、このために職業リハビリテーション機関から派遣され、職場のなかで障害者の指導その他の就労支援にあたる専門職をいう。ジョブコーチの役割は、障害者に適した職場の開発、職場内での訓練・指導、評価、関係者との調整、継続的なフォローアップ等多岐にわたるが、サポーテッド・エンプロイメントの成否はジョブコーチの活動にかかってくるため、優れた人材の確保と養成は重要課題である。　　→サポーテッド・エンプロイメント、職場適応援助者事業　　（佐藤宏）

書類調査　生活保護の受給要件の確認のために、文書など書類を通して行われる調査のこと。

訪問調査ができなかったり適当でない場合に用いられる。保護の補足性の原理から，要保護者の収入，資産，扶養義務者などの調査のために，要保護者の勤務先，関係人，扶養義務者および官公署，銀行，信託会社などの関係機関に対して文書で照会し，回答結果を検討する。　→訪問調査，保護の補足性の原理　　　（大内直人）

自立　自立生活運動の代表的規定では，人の助けを借りて15分で衣服を着て仕事に出かけられる障害者は，自分で衣服を着るのに2時間かかるために家にいるほかない障害者よりも自立しているとするように，依存による積極的な自立を指していう。自らの能力に合った生活を，必要に応じて他者の援助を得ながら自ら選択し，実現することに意義がある。自己の発言や行動に対し責任を負うとの決意であり，生活形式や内容を画一的に問うものではない。障害種別を問わず，またいかに重度であろうと，他者との関わりのなかで自己の行動を自らが選択し，決定する自己決定の力が重要視される。従来絶対視されてきた日常生活動作（ADL）の「自立」から，障害に適した生活の質（QOL）の充実を意図した「自律」に，基本理念の転換が図られたのである。重度障害者個人の日常生活のケア場面では，従来サービス提供者が決定してきたケアのあり方を，障害当事者が自己管理する能力を獲得することが，自立生活において自己決定権を行使する意味で重要視された。また自立生活運動が与えた社会的インパクトは，医療保健福祉サービスにおける専門職主導の「医療モデル」に対し，受動的なクライエント役割から脱却し，消費者・利用者の立場から，政策決定やサービス提供プロセスへ積極的に参加することで，専門職との対等な関係の構築を目指したことにある。　→自立生活運動，クオリティ・オブ・ライフ　　　　　（沖倉智美）

私立学校教職員共済　私立学校教職員共済法に基づき，私立学校教職員の相互扶助と福利厚生の向上を目的として1954年に設立された団体である。学校法人，準学校法人の私立の幼稚園から大学，盲・ろう学校などの教職員を対象とする。長・短期給付等に関しては国家公務員共済組合とほぼ同じである。1998年の日本私学振興財団との統合に伴い，名称が私立学校教職員共済組合から私立学校教職員共済に変わり，現在は日本私立学校振興・共済事業団によって運営されている。　→共済年金　　（李蓮花）

自律訓練法〔autogenic trainning〕　ドイツの精神科医シュルツ(Schultz, J. H.)が1932年に公表した自己催眠，自己暗示による段階的訓練法。全身を弛緩させ，心身の状態を自分で調整することを目的とし，心身症，神経症に対する治療からリラクゼーションまで広く用いられる。①外界からの刺激を遮断し，楽な姿勢で閉眼し，②言語公式と呼ばれる言葉を頭のなかでゆっくり反復し，③受け身的注意集中（さりげない集中），を行わせる。一般的な標準練習と呼ばれる言語公式は，安静感（気持ちが落ち着いている），重量感（手足が重い）など順序が決められた公式に従って，一段ずつ練習を進める。通常，1日2〜3回，1回2〜10分くらい続け，終了までに3〜4か月かかるとされる。

（長瀬浩一）

自立支援　自分の生活のあり方を自分の意思で選び，自分の責任で決めることにより，自分らしい生き方ができるよう支援すること。つまりは，本人の主体性が尊重され，自己選択，自己決定によって自分らしい生活ができるよう支援することである。「自立」の概念は時代とともに変化しており，他者からの支援を一切受けない，依存しないようにすることを目指したときもあったが，現在では必要に応じて援助を得ながら，生活の主体者として自己実現をはかる方向での自立観が一般的に受け入れられている。病院や施設という保護的な環境での生活が長期にわたると「自分の生活を自分でつくる」という機会と意欲を逸してしまいがちである。支援にあたっては，クライエントの内在するさまざまな力，可能性を引き出していくエンパワメントの視点が重要である。また，当事者同士によるセルフヘルプグループ，ピアカウンセリングなども大きな役割を果たしている。　→自立，自己実現　　　　　　　　　　（早川留美）

自律神経　内臓，血管，腺などの不随意性器

官に分布して，呼吸，消化，循環，吸収，分泌，生殖などの直接生命維持に必要な諸機能を無意識的，反射的に調節する神経系。交感神経系と副交感神経系からなり，諸器官は相反する作用をもち拮抗的に働くこの二つの系によって二重支配されている。交感神経は胸髄と腰髄の前根から発し，副交感神経は脳幹部の脳神経核と仙髄から発し，末梢の神経節でニューロンを換えて各器官に達する。この系の上位中枢は延髄および視床下部にあり，特に視床下部は脳下垂体のホルモン分泌をも調節し，本能や情動を支配する大脳辺縁系にも統合されて，生命活動の自律的な維持に重要な役割を果たしている。　→交感神経，副交感神経　　　　　（金杉和夫）

自律神経発作〔autonomic seizure〕　てんかん発作の一種。意識の喪失や低下を伴わない単純部分発作のうちもっぱら自律神経症状を呈する型であり，めまい，腹痛，頭痛，発汗，頻脈，尿意促迫，悪心，呼吸困難などの臓器性自律神経発作がみられる。傾眠期の脳波に 14 and 6 Hz 陽性棘波が認められる。てんかん焦点は視床―視床下部で，視床―視床下部てんかんともいう。発作は数分間であるが長短さまざまな間歇期をはさんで繰り返す。ときに怒りの発作がみられることもある。若年者にみられ，頭部外傷や脳炎の後遺症として起こることもある。自律神経症状というきわめてありふれた症状からなる発作なので，てんかんであることがしばしば見逃され，腹痛を伴う片頭痛とか，神経症性の障害として扱われている場合が多いとみられている。　→てんかん　　　　　　　　　（高橋徹）

自立生活運動〔independent living movement〕　重度障害者が家族や施設職員に依存した生活から脱却し，地域社会のなかで自らの意志と責任において生活する際に必要となる，所得保障や住居と介助の確保，社会参加の機会，教育とリハビリテーションの充実等を，権利として獲得するための当事者を中心とした運動。IL 運動ともいう。アメリカでは 1970 年代，カリフォルニア州立大学バークレー校において障害学生を受け入れ，大学生活を支援するプログラムに関わり，その経験を生かして自立生活センターを創設したロバーツ（Roberts, E.)，東海岸において障害者に対する差別禁止等の法制化を目指し，リハビリテーション法修正を勝ち取ったヒューマン（Heumann, J.）の先駆的な実践があり，世界中の障害者運動に影響を与えた。　→自立生活センター　　　　　　（沖倉智美）

自立生活センター〔center for independent living：CIL〕　1970 年代にアメリカで起こった自立生活運動の拠点として，カリフォルニア州バークレーに設立，1980 年代半ば以降，わが国でも各地で拡がりをみせている。従来「保護」の名の下，地域社会から隔絶された生活を余儀なくされていた障害者に対し，①ピアカウンセリング，②介助者の斡旋，③住宅，④移動，⑤就労等の自立生活への移行と地域統合に関する支援活動を展開している。障害当事者こそ障害者福祉の専門家であり，サービス提供の最良の担い手であるとの考えに基づき，センターの運営や各種サービスの提供を当事者が中心となって行っているところに特徴がある。　→自立生活運動　　　　　　　　（沖倉智美）

資力調査〔means test〕　社会保障制度のなかにおける公的扶助制度は，国が定める最低生活基準以下の人々の生活を最低生活基準まで保障する制度である。その際，公的扶助を受給できるか否かの資格をはかる方法が資力調査（ミーンズテスト）である。わが国の場合，生活保護法第 4 条「保護の補足性の原理」に規定されている。この資力とは保護を申請した人の収入，貯蓄，保険，家屋，稼働能力その他扶養義務者からの扶養も含まれる。あらゆる資力を調査し総合したものが最低基準を満たさない場合に，その不足額分について扶助が行われることになる。資力の保有をある程度認めているが，現金・貯蓄の保有額が諸外国に比較しても低く，稼働能力の活用も厳しい。保護の決定や実施のために必要があるときは，生活保護法第 29 条に，福祉事務所長に調査権が認められているが，保護の受給権や個人のプライバシーを侵害しないような資力調査の運用が求められる。　→資産調査　　　　　　　　　　（松崎泰子）

知る権利　国民が，主権者としての立場にお

いて，国の統治などに関する情報を入手する権利（入手を国家により妨害されない権利）のこと。マスコミの報道の自由は，マスコミ自身の表現の自由とは別に，この国民の知る権利に奉仕する役割がある点で重要な権利とされる。国が秘密にしている情報をマスコミが暴露した場合に，その情報が国民にとって重要であり本来公表されるべきものであれば，その暴露は国民の知る権利に資するものとして適法とされる。政治家のスキャンダルなども政治家個人のプライバシーとして保護しなければならない反面，公的立場（パブリック・フィギュア）から知る権利が優先する場合が認められる。 （池田直樹）

シルバーサービス〔silver service〕 概ね60歳以上の高齢者層（シルバー層）を対象に，民間部門により市場原理に基づき，契約を通じて提供されるサービス産業（シルバービジネス）をいう。老後生活の不安や寝たきりや痴呆症などの要介護高齢者に対応するような，住宅関連サービス，介護関連サービス，福祉用具関連サービスなどがある。また，老後生活の社会的，文化的な質を向上させるような，旅行やカルチャー教室，高齢者スポーツなど生きがい関連の分野がある。介護保険制度の導入により介護保険で給付対象となるサービスの市場規模は対象分野では厚生労働省試算によると，2005年には5.5兆円ともいわれ急成長しているが，消費者保護の観点から，民間業者が提供するサービスの安全性や信頼性，質的向上を図るため，シルバーサービス振興会などによる民間事業者の健全育成が必要である。　→シルバーサービス振興会
（中村律子）

シルバーサービス振興会〔Elderly Service Providers Association〕 概ね60歳以上の高齢者層に対して，有料でシルバーサービスを提供している民間事業者による自主的な取り組みとして，1987年に厚生省所管の公益法人としてシルバーサービス振興会が発足した。翌1988年には会員が守るべき基本的事項を定めた倫理綱領が策定された。また，良質なシルバーサービスの提供，普及，消費者保護を目的としたシルバーマーク制度が1989年度から実施されてい

る。　→シルバーサービス （中村律子）

シルバー人材センター 高齢者が有している知識や経験や技術を生かして，働く喜びと社会参加の場を提供することを目的としている。自主的な会員組織であり，都道府県知事の許可を受けた社団法人で，地方公共団体および国の補助事業である。会員は，概ね60歳以上の健康で働く意欲のある者。仕事の発注は，企業・家庭・地方公共団体などで，公園の清掃，駐車場の管理，宛名書き，ふすま張り，観光ガイドなど多岐にわたるが，高齢者が働くので危険や有害な仕事は請け負わない。会員には，仕事量に応じて「配当金」が支払われる。 （宮崎牧子）

シルバーハウジング〔silver housing〕 建設省と厚生省が「シルバーハウジング・プロジェクト」として1987年度から実施している事業。高齢者世話付住宅ともいう。地方公共団体および地方住宅供給公社，都市基盤整備公団等が高齢者の生活特性に配慮した住宅および附帯施設を供給する。ライフサポートアドバイザー（生活援助員）が10〜30戸に1人を標準として派遣され，安否確認等のサービスを提供している。入居の条件は60歳以上の単身世帯もしくは60歳以上の高齢者のみからなる世帯または高齢者夫婦世帯（夫婦のどちらか一方が60歳以上）であること，ただし，事業主体の長が，特に必要と認めるときは，障害者の単身世帯，障害者のみからなる世帯，障害者とその配偶者のみからなる世帯または障害者と60歳以上の高齢者のみからなる世帯もしくは高齢者夫婦（夫婦のどちらか一方が60歳以上）のみからなる世帯も入居の条件となる。 （内藤さゆり）

事例検討〔case study〕 比較的多数の数量的データに基づいて分析，検討を加える統計的調査研究に対して，一事例ないしは少数例を個別に深く検討し，その状況や原因，対策を明らかにする研究方法であり，ケーススタディという。事例検討は，社会福祉のみならず，医学，看護学，臨床心理学，法学などの領域においても幅広く用いられ，医学では「症例研究」，法律では「判例研究」，福祉では「事例研究」などとその分野によりさまざまな名称が使われている。研

究の対象となるのは，個人，集団，地域，組織，事業などで，その手段としては，面接法，観察法，検査法，集団討議法などが用いられる。事例検討の方法としては，事例の初めから終わりまでを包括的にとらえて提示して分析を加えていく「ハーバード方式」と，事例を断面的にとらえて原因を考察し対応法を検討する「インシデント・プロセス法」などが挙げられる。一般的に福祉分野においては，対象者と問題の性質および援助過程を検討することにより，問題解決への手がかりや援助方法のあり方を個別，具体的に見いだす目的で展開される。通常ケース会議やケースカンファレンスと呼ばれる集団討議法が用いられることが多い。同一職種のみで行われる場合と，異職種も交えて実施される場合とがあり，それぞれに意義がある。そこでは単に処遇や援助方針の決定や確認を行うだけでなく，参加メンバーが相互に影響し合って自己研鑽し，成長していくというグループワークの技法を使っての運営が有効である。近年，介護保険制度や障害者のためのケアマネジメントの導入も伴って，保健と医療と福祉の連携が叫ばれ，チームアプローチのための事例検討が重要視されている。　　→インシデント・プロセス法

(山川透)

事例性／疾病性〔caseness/illness〕加藤正明が精神障害者が顕在化する過程を概念化したものである。わが国最初の全国精神衛生実態調査(1954年)に際して大きな役割を担った加藤は，この調査を通じて調査対象となる精神障害者がどのような過程を経て地域が把握するかを検討し，全国精神衛生実態調査(1963年)の報告書でこの概念を明らかにした。この報告書では，精神障害の多くは精神病であることによって事例として取り上げられるのではなく，精神病症状および精神病症状に基づく特異な行動が家族を含め社会に何らかの影響を与えることによって事例化するということを彼は指摘した。つまり精神障害が事例化するのは社会との関係であってその精神病理そのものではないと考え，これを事例性(ケイネス：caseness)といい，これに対して精神病理が医療の対象となる と判断されることで精神障害者が顕在化する過程を疾病性(イルネス：illness)といった。精神保健福祉の領域ではこの事例性の概念を活用して精神障害者の事例化を防ぐことが地域精神保健福祉活動であるとして具体的な活動を模索した。なかでも精神障害の再発が家庭を含む社会に置かれている状況などとの深い関係のなかで顕在化，つまり事例化するのであってこれを防ぐことが地域精神保健福祉活動の具体的な目標とされたが，このことが精神障害者リハビリテーションの考えと合致して退院後の社会復帰関連施設の整備として法的にも制度化されるところとなった。またその一方で精神保健福祉行政は，地域精神保健福祉活動の充実を図る目的で精神科救急医療に関する制度化を行うほか，1999年の精神保健福祉法改正にあたっては精神障害者の移送に関する制度化を行ったが，これらは疾病性がもたらす事例の顕在化に早く対処すべく設けた制度である。

(吉川武彦)

事例調査　特定の個人，家族，集団，地域など，一定の個別的対象について，その生活過程の全体，あるいは特徴的な諸相を，社会・文化的な関連において記述・分析する質的な調査方法をいう。大量のデータを収集し社会現象を数量的に把握しようとする統計調査と対置される。事例調査においては，少数の事例を取り上げそれを詳細に考察するため，多面的かつ包括的な分析が可能であるが，取り上げた事例の代表性の保証が難しいこともある。

(伊藤美登里)

思路障害　思路とは，思考が進んでいく過程，思考の流れであり，この思考過程が障害されることを思路障害という。思考障害には思路障害のほか，思考内容の障害としての妄想，思考体験様式の障害としての強迫，恐怖がある。ブロイラー(Bleuler, E.)は，思路障害，特に連合弛緩を統合失調症(精神分裂病)の基本症状の一つとして挙げている。連合弛緩とは，思考相互の結びつき，考えの各節のつながりが失われ，思考全体としてのまとまりがなくなることをいう。連合弛緩が著しくなると，観念は一貫性を欠いて断片的となり，観念同士が奇妙な結びつきをして意味を失い，思考滅裂(滅裂思考)な

いし支離滅裂と呼ばれる状態となる。さらに高度になると，観念同士の結びつきが全く意味をもたず，単語の羅列となる「言葉のサラダ」の状態となる。思考途絶も統合失調症に特徴的に認められる思路障害で，思考が前後の脈絡なしに突然途切れ，停止するものである。感情障害における思路障害は，思考の速度と観念の量を反映する。思考制止はうつ病，抑うつ状態にみられ，思考が停滞して前に進まず，思考活動が困難となり，考えがなかなか出てこない状態である。これに対し，観念奔逸（思考奔逸）は躁病，躁状態にみられ，思考の速度と観念の量がともに増大するため，思考が飛躍してまとまらず，本筋を離れていく状態である。思路障害は脳器質疾患においてもみられる。迂遠は，思考目的は失われないが，細部にとらわれて要点を得ず，思考がまわりくどくなるもので，てんかん，知的障害などにみられる。保続は同じ観念が繰り返し現れるもので，思考が先に進展せず，質問が次に移っても，最初の質問の答えを繰り返したりする。老年痴呆，脳器質疾患などでみられる。　→統合失調症，言葉のサラダ，妄想
(岡田純一)

心因性精神障害〔psychogenic mental disorders〕 精神的原因に由来する精神異常である。クレペリン（Kraepelin, E.）は，精神的原因で生じ，その原因が症状の形成に作用している病態を心因性疾患としてまとめ，神経性疲弊や感応作用による精神病や災害による驚愕神経症や事故による外傷性神経症や拘禁下の心因性精神障害などを挙げた。心因，つまり精神的原因に由来する，ということについて，ヤスパース（Jaspers, K.）は精神的原因に由来する体験から問題の障害が了解可能である場合を体験反応と称した。体験反応は原因と障害との間の意味の関連が成因的に了解される場合で，了解不能の障害，例えば統合失調症（精神分裂病）などの障害と区別される。シュナイダー（Schneider, K.）は心因性疾患や神経症を異常な体験反応として考察し，前者は外界の変化という外的体験に対する異常反応であるが，後者においては精神内界の葛藤の関与する内的葛藤反応が関わっていることを指摘した。諏訪望は，心因は多元的であり心因の成立には環境要因のみならず情動の不安定性などの身体的要因も重要であり，さらに環境的身体的事態をいかに受け止めるかという性格要因も関わっていることを指摘し，心因性精神障害には性格要因に比して環境要因の比重の大きいものと性格要因の比重の大きいものがあるとし，前者を心因反応としてまとめ，原始反応（驚愕反応，恐怖反応など）と反応性精神病（妄想反応，感応精神病，拘禁反応など）が含まれるとし，後者に各種の神経症を挙げている。ICD-10で心因性精神障害の該当項目を捜すと，「神経症性障害，ストレス関連障害および身体表現性障害」「持続性妄想性障害」「感応性妄想性障害」などが見つかる。因みにこの分類では「心因性」の語は，その意味内容が言語の違いや精神科的伝統の違いで異なるとして分類上の使用を避けている。　→外因性精神障害，内因性精神障害
(高橋徹)

新エンゼルプラン　⇨重点的に推進すべき少子化対策の具体的実施計画について（新エンゼルプラン）

人格〔personality〕 その個人特有の，ある程度恒常的な性質や特徴，行動様式を指す。パーソナリティの訳語として用いられている。パーソナリティという語はラテン語のペルソナに由来し，もともと演劇において役者がかぶる仮面を指していたが，後に役者の演じる役割，さらには役者自身をも意味するようになった。人格と関連する言葉に，性格という言葉がある。性格はキャラクター（character）の訳語で，「刻印」「刻み込まれたもの」というギリシャ語源から，標識，特徴を意味するようになった。人格は，個人の一貫性や統一性が社会的な役割関係や行動において強調されている面があるが，一方，性格は，その人自身を他の人から際立たせている固定的で基礎的な特徴，なかでも情意的な特徴が強調されている。人格と性格はほぼ同義のものとして区別されないで用いられることも多い。個人の個性や特質についてのアプローチは大別すると類型論と特性論の二つに分けられる。類型論は，一定の原理に基づいて典型的な

性格を分類し，いくつかの性格類型によって人間を理解しようとする。これは，ギリシャのガレノス（Galenos）による4気質説にまでさかのぼることができる。また，20世紀前半，主にドイツ語圏で盛んになった性格学ではさまざまな類型が提出された。特性論は，客観主義的な心理学の影響の下，主にアメリカで発達したアプローチで，性格を多数の特性の集合と考え，それぞれの特性を量的に測定して記述しようとする。　　　　　　　　　　　　（長瀬浩一）

人格権　私法上の権利で，日本国憲法第13条が基本理念として掲げている「個人の尊厳の尊重」を保護法益とする権利のこと。裁判で認められた例としては「肖像権」「日照権」「氏名を正確に呼称される権利」などが挙げられる。人格権を侵害する行為は，個人の尊厳を傷つける行為であるから，救済方法としては金銭賠償のほかに謝罪広告も認められる。また，傷つけられるおそれがあるときは事前にその行為を差し止める権利も認められる。個人の尊厳を脅かす行為は社会情勢や経済情勢の変化，民族や性別の違いなど多様な背景事情のなかから生じてくる。これらの行為を見極め，個人の尊厳を脅かすものであると指摘し，社会に気づかせる感性を研く必要がある。　　　　　　　（池田直樹）

人格検査　心理検査のなかでも，人格，パーソナリティの特徴を測定，理解することを主眼とする検査。パーソナリティ検査ともいう。人格検査は投影法と，非投影法に大別され，後者はさらに質問紙法と作業検査法に分けられる。投影法は，多義的であいまいな刺激を呈示し，被験者に比較的自由に反応させる方法で，ロールシャッハテスト，絵画統覚検査(TAT)，文章完成法(SCT)，P-Fスタディ，バウムテスト，風景構成法などがある。質問紙法は人格目録とも呼ばれ，多数の質問項目に対して「はい」「いいえ」の二件法，または「どちらでもない」も含めた三件法など，数段階の尺度に答えさせる方法である。ミネソタ式多面人格目録(MMPI)，モーズレイ性格検査(MPI)，矢田部ギルフォード性格検査（Y-G性格検査）などがある。作業検査法は被験者にある一定の作業を課して結果を分析するもので，方法としては能力検査と同じである。しかし，作業能力の測定が目的ではなく，その作業の仕方や結果から人格特徴を知るために行う。内田クレペリン精神作業検査，ブルドン抹消検査などがある。投影法は被験者個人に即した人格把握が可能だが，反応の整理や結果の解釈に訓練と経験を要し，一方，質問紙法は実施や解釈が比較的簡単だが，被験者が自分の都合のいいように回答を歪める可能性がある。なお，人格検査，パーソナリティ検査という言葉を狭義に用いる場合，投影法は含まれず非投影法だけを指す。　→投影法
（長瀬浩一）

人格障害〔personality disorders〕　人格，つまり個人に特徴的な生活様式や対人関係のもち方に持続的に認められる行動パターンが，その個人の属する社会的文化的な状況に対して硬直した反応として現れ，それが極端な偏りと見なされる場合である。ただし，そうした行動パターンが大脳の疾患や損傷や他の精神障害によってもたらされた場合には人格変化としてこの人格障害から区別されている。人格障害は小児期から青年期にかけて発現し，成人期をとおして続く。多くは個人的苦悩または社会生活上の破綻を伴う。シュナイダー（Schneider, K.）は，自らの人格の異常性を悩みとし，またはその異常性によって利益社会が悩むような異常人格を精神病質人格と称し，10あまりの類型を記載した。その記載はわが国でも精神医学，特に司法精神医学の領域で重用されてきたが，最近はICD-10の「特定の人格障害」の類型分類が用いられている。すなわち，妄想性人格障害（誇大性偏執性，狂信性，好訴性，偏執性，敏感性を含む），分裂病質性人格障害，非社会性人格障害（反社会性人格障害），情緒不安定性人格障害，演技性人格障害（ヒステリー性人格障害），強迫性人格障害，不安性［回避性］人格障害，依存性人格障害（無力性，不全性，受動性，自己破滅性を含む），その他の人格障害（軽佻型，未熟性，自己愛性，受動―攻撃性，精神神経症的など）。人格障害は先進諸国におけるメンタルヘルスの領域でこの四半世紀ににわかに注目される

ようになってきた。人格障害はそれのみでは狭義の医療対象として扱うことは困難であるが，メンタルヘルスの問題をしばしば引き起こし，精神保健福祉領域の重要な課題を構成する。また，精神障害や身体疾患に合併してそれぞれの難治要因となる場合もある。　　　（高橋徹）

新規就労控除　生活保護の勤労控除の一つ。新規就労後6か月間に限り，基礎控除等のほかに一定額上積みされる控除。控除の対象になるのは，中学校等を卒業した者が継続性のある職業に従事した場合や，入院等やむを得ない事情のため概ね3年以上職業に従事できなかった者が継続性のある職業に従事した場合。就職後も職場に適応するまでの間，特別の需要があることや，卒業後も世帯に残り家計を助けて働いている者の勤労意欲を助長する観点から設けられている。　→勤労控除　　　（敦賀弘恵）

心気障害〔hypochondriacal disorder〕病気に対する異常な行動の一種であり，身体の些細な不調や健康状態を異常なまでに気にし，何か重大な疾患の徴候ではないかと思い込み，医師の診察を受け，問題の疾患に罹っていないという医学的な保証を与えられてもその思い込みはなかなか解消せず，罹病への頑固な思い込みにとらわれ，身体的愁訴を執拗に訴える。疾病恐怖，不安抑うつ症状を伴い，しばしばドクター・ショッピングを繰り返す。患者が問題にする疾患の多くはHIVや悪性腫瘍など進行性の疾患であるが，なかには疾患ではなく何らかの身体的外見の主観的な異常を問題にしている場合もある。同様の執拗な愁訴が何らかの特定の疾患や特定の外見異常に系統化されず，多彩でしかも変化する身体症状への愁訴である場合は「身体化障害」として別に扱われている。　→身体表現性障害，身体化障害　　　（高橋徹）

信義誠実の原則　私法領域において成文化されていないが，「何人も相手方から通常の対応を期待されるとき，そのような対応をすべきである」という原則のこと。信義則ともいう。このように成文化されていなくても今までの社会生活の積み重ねのなかで争いのない規範として承認されてきたものを「条理」という。ほかには「禁反言の原則」「事情変更の原則」などがある。この原則に違反した行為に対しては，この原則を信頼したものは，その行為の無効を主張できる。　　　（池田直樹）

新救貧法〔イギリス〕〔the New Poor Law of 1834〕新救貧法は，それまでの救貧行政単位であった教区から教区連合へと拡大を図り，中央集権的行政機構の再編を図ったもので，改正救貧法ともいわれる。同法は，同年に提出された王立救貧法調査委員会の勧告に基づき改正されたものである。勧告では，劣等処遇（less eligibility：最下層自活生活者以下の救済水準），労役場処遇の復活，行政水準の全国的統一の徹底の原則が主張されている。この勧告を理論的に基礎づけたものがマルサス（Malthus, T. R.）の『An Essay on the Principle of Population（人口の原理）』（1798）である。マルサスは，貧困を人口増加による自然法則的所産とみなし，早婚・多産的傾向を示す貧民を惰民視し，非人道的・懲罰的処遇を合理化した。　→救貧法〔イギリス〕　　　（志水幸）

心筋梗塞　心筋に血液を供給する冠動脈が閉塞し，その血管領域の心筋が壊死に陥った状態。高齢者を除き，一般に胸痛は激烈で長く持続する。冠動脈の狭窄・攣縮により血液供給が不足し起こる狭心症と違い，ニトログリセリンは効果なくモルヒネを必要とする。重篤な不整脈，心不全を続発し，特に急性期（急性心筋梗塞）の死亡率が高く，集中治療室における心電図持続監視をはじめ全身状態の管理が欠かせない。血栓溶解療法や冠動脈造影で閉塞や狭窄の部位・程度を検査し，PTCRなどの冠動脈再灌流法やバイパス手術も積極的に行われている。心筋梗塞と狭心症はどちらも冠動脈硬化症を基盤に起こり，冠動脈性疾患（虚血性心疾患）と総称される。　→冠動脈性疾患，虚血性心疾患，狭心症　　　（上林茂暢）

シングル化　配偶者のいない人が増加すること。シングル化にはいくつかの様相がある。未婚率からみると，日本では1980年前後より上昇し，これまでに一度も結婚したことのない人が増加しているが，必ずしも一生涯シングルとい

う志向が高まっているわけではなく，いずれは結婚したいと考えている若者が多い。離婚率の上昇に伴って，シングルになる人も増加している。また，平均寿命の伸長により配偶者と死別したシングルが増え，その大半は女性が占めている。
〔斧出節子〕

神経系〔nervous system〕　神経細胞（ニューロン）や神経膠（グリア）細胞からなる神経組織が構成する器官系で，主に神経細胞群の働きを介して，身体内外の情報を集め，それに応じて身体各部に指令を発し，行動を統制している。中枢神経系（脳と脊髄）と末梢神経系（体性神経系と自律神経系）に分かれており，ヒトでは精神活動を営む左右の大脳が特に発達している。
〔高橋徹〕

神経刺激薬〔stimulants〕　覚醒剤あるいは覚醒アミンともいう。1887年に合成されたアンフェタミンおよびその誘導体であるメタンフェタミンなどを指す。1935年にアンフェタミンの中枢刺激作用が知られるに及んでナルコレプシーの治療などに使用されたが，第二次世界大戦後にわが国でメタンフェタミンの静脈注射による依存の大流行が起こり，覚醒剤依存の深刻さが世界的に知られるようになった。覚醒剤はその名のように覚醒水準を高め，眠気をとり，気分や意欲を高揚させるが，薬効がきれると脱力倦怠，意気消沈を生じ，それを除こうとして依存が形成される。使用時に錯覚，幻覚，妄想などがみられることがある。長期にわたる使用で統合失調症（精神分裂病）に酷似する精神病を引き起こす。しかし，覚醒剤はナルコレプシーのほか，近年では多動を伴う注意欠陥障害の治療に用いられ，効果を上げている。　→覚醒剤，アンフェタミン
〔高橋徹〕

神経遮断薬〔neuroleptics〕　向精神薬の分類は数多いが，クロルプロマジンの抗精神病作用を発見し，向精神薬時代の口火を切ったドゥレイ（Deley）とWHOの臨床効果と実用性を重視した分類が用いられることが多い。強力精神安定薬（major tranquilizers），抗精神病薬（antipsychotics）はこれと同義である。その作用は，意識障害（睡眠を含む）を引き起こさない量で精神症状に拮抗することが特徴で，精神運動興奮，錯乱状態，幻覚，妄想などの消去に効果があるだけでなく，欲動低下，無為，感情鈍麻などの精神活動低下にも効果が期待される。クロルプロマジン以降，さまざまな化学構造式のものが現れた。いずれも臨床効果は非常に似ており，共通の副作用として，錐体外路症状が出現する。昨今の非定型精神病薬の出現までは精神科治療の中心を占めていた。　→抗精神病薬，錐体外路症状
〔井川玄朗〕

神経症〔neurosis〕　カレン（Cullen, W.）は人体の病を，熱病，消耗性疾患，局所疾患，神経症に分類した(1777)。神経症は神経系の神経力の異常な発揮による疾患で，ヒステリー，ヒポコンドリー，てんかん，狂疾（妄覚症）などを含むものとした。近代精神医学の創始者ピネル（Pinel, P.）はその精神疾患分類において，妄覚症に相当する精神病群を除いた残りを「神経症」と称した。精神病の診療と研究は主に大型の精神病院で精神科医の手で行われたが，神経症の診療と研究は疾患の性質上主に精神病院以外の診療機関で，神経科医，内科医，心理学者などの手に委ねられた。19世紀の医学では神経症は成因不明な「非器質性」神経疾患群とみられたが，19世紀後半，ヒステリー研究をとおして神経症が心理的要因に深い関わりをもつ疾患であることが実証され，19世紀末から20世紀にかけて心理学的視点からの神経症理論が著され，治療法として各種の精神療法が開発された。古典的神経症論として，ジャネ（Janet, P.）の神経症論，フロイト（Freud, S.）の精神分析理論があり，特に後者は単に神経症の解明にとどまらず，広く人文科学領域における人間研究にきわめて大きい影響を与えている。臨床的には神経症はヒステリー，恐怖症，強迫神経症，神経衰弱症，不安神経症，心気症などの類型に分けられているが，これらに共通する身体病理的特徴は明確でなく，現代の疾患概念の要件を満たしていない。むしろ暮らしの背景に生じた適応機能不全（インペアメント）であり，その心理的要因は精神分析理論，行動主義心理学説，ストレス理論などにより解明されているもの

の，その機能不全には社会的要因や神経生理学的要因も関わっており，近年では脳内ニューロナル・システム機能の研究から神経生理学的要因の探求が進み，治療にも薬物療法が取り入れられている。　　　　　　　→精神療法
(高橋徹)

神経症性障害〔neurotic disorders〕 ICD-10の「精神および行動の障害」の章で用いられている用語。従来精神科疾病分類で使用されていた「神経症」という用語は，神経症概念が学説や学派の違いによって異なることもあって，操作的な明確な定義を下すことが難しいことから，ICD-10では従来の神経症の「病像」に相当する臨床単位の大半を「神経症性障害，ストレス関連障害および身体表現性障害」の節にまとめている。このうち「神経症性障害」は「恐怖症性不安障害」「他の不安障害」「強迫性障害」に細分されており，従来の恐怖症，不安神経症および強迫神経症の病像が扱われている。　→神経症
(高橋徹)

神経衰弱〔neurasthenia〕 ニューヨークの神経科医ベアド (Beard, G. M.) が，注意集中困難，いらだち，悲観，恐怖症，睡眠障害，易疲労性等々の多彩な神経性疲労症状からなる神経疾患として 1869 年に記載した。年を追うごとに流行病のように患者が増えていったと後に記している。症状は神経組織の疲労によるとし，産業革命後の都市生活の激変がもたらした神経活動への過度の負担を成因の一つに挙げた。ベアドの記述は西欧の精神医学の注目をひき，神経衰弱は代表的神経症類型と見なされるまでになったが，やがて概念があいまい化し，フロイト (Freud, S.) は不安・恐怖症状を呈する一群を分離して不安神経症を記載している。わが国でも神経衰弱が流行し，トランプ遊びの名にもなったが，森田正馬は神経組織疲弊説を批判し，本質は心身の些細な異常へのとらわれであるとし，改めて神経質としてとらえ直している。
(高橋徹)

神経性大食症〔bulimia nervosa〕 神経性過食症ともいう。神経性無食欲症の経過中に過食が起こる例は知られていたが，拒食行為はないか，あってもそれほど強くはなく，抵抗しがたい衝動で過食し，その後太ることに不安になって，自己誘発性の嘔吐，下剤の乱用に走り，太ることに病的なまでの恐怖感をもつ症例がみられるようになった。ラッセル (Russell, G.) が命名し，その後症例は増えてきており，摂食障害の半数以上となっている。しばしば抑うつ的で，自殺の危険性が高く，一部には，境界型人格障害に代表されるような衝動制御に問題があるものが含まれている。　　→神経性無食欲症，摂食障害
(横山晶一)

神経性無食欲症〔anorexia nervosa〕 青年期の女子と若い成人女性に最も多くみられる，持続する意図的な体重減少に特徴づけられる障害である。ICD-10 においては，①標準を 15％以上下回る体重，②「太る食物」を避ける，自ら嘔吐を誘発するなどの行動，③肥満恐怖・ボディイメージの障害，④内分泌系の障害(無月経，性欲の減退など)，⑤思春期の現象の遅れや停止，が必須症状とされる。食行動の異常と，極端な低体重とは不釣り合いに，活動的であることが，一つの特徴である。成熟拒否といった思春期心性もこの障害のもう一つの特徴である。この点に着目してマイヤー (Meyer, J. E.) は思春期やせ症と名づけた。治療としては，身体管理，精神療法，薬物療法，家族療法，栄養指導など多面的に行われる。予後は比較的良好だが，重症例では，過度の栄養障害，身体合併症などで，死亡する例もあるので，楽観はできない。
→摂食障害
(横山晶一)

神経伝達物質〔neurotransmitter〕 脳には 150 億の神経細胞があり，その各々は平均 8000 の神経細胞と結合しているといわれる。神経細胞内に起きた興奮は電位変動によって末梢に至るが，神経細胞との間には融合接合部はなく，100〜200 オングストロームの空間により隔てられている。この部分をシナプスといい，電気伝導による刺激はここでは化学伝導という現象を生じさせる。この伝導に関わる物質を神経伝達物質という。古典的には，アセチルコリンやモノアミン類のアドレナリン，ドーパミン，セロトニンなどが重視された。最近ではアミノ酸やペプチド類にも神経伝達作用のあることが知

られてきた。この領域の研究の進歩が脳の機能や精神薬理の研究に大きく影響している。　→シナプス
(井川玄朗)

親権　親が未成年の子を哺育・監護・教育する職分（その職務についている者が当然しなければならないこと。つとめ）。具体的な内容としては、居所指定権（民法第821条），懲戒権（第822条），職業許可権（第823条），財産管理権（第824条），法律行為の代理権（第824条，第797条等）等が挙げられる。親「権」と呼ばれていても、その内容は親の利益を図ることではなく、親の職分を遂行すべき親の義務に重点が置かれている。親権は，他人との関係では保護の権限を示すものであるとともに，親と子どもとの関係では（親に対する）子どもの「保護・養育・教育を受ける権利あるいは法的地位」を示すものである。
(相川裕)

人権　人が尊厳ある存在として尊重されることを前提として，その尊厳を傷つけられないように尊厳を守る権利のこと。歴史的には，国家がその権力に基づき国民の尊厳を傷つけてきたため「国家に対して侵害の禁止を求める権利（自由権）」として理解されてきたが，資本主義経済の進展のなかで不可避的に自己の力で生存（尊厳）を確保できない国民が生じてしまうことから，「国家に対して給付を求める権利（社会権）」も人権として位置づけられるようになった。日本国憲法には第13条以下の個別的な規定（人権カタログ）があるが，それらに止まらず，社会的背景の変化に応じて新しい人権が認められる。肖像権，プライバシー権，日照権など。人権は，歴史的にはそれぞれの時代の為政者から闘いとってきた成果であり，与えられたものではない。したがって，これを理解し維持する努力を怠れば，権利の内容は空洞化してしまうことになる。　→社会権，基本的人権
(池田直樹)

人権擁護委員　国民の人権問題に関わる相談に応じるために法務大臣の委嘱を受けた民間のボランティアを人権擁護委員という。現在，約1万4000人の委員が全国の各市町村で，地域における人権思想の普及，啓発，種々の人権侵害への監視などの活動を個別相談，講演会などを通して行っている。障害や性別などによる種々の差別や人権侵害などに加えて，1994年からは子どもへの虐待，暴行などに対処する「子ども人権専門委員」が設けられている。
(池末美穂子)

人権擁護施策推進法〔平成8年法律第120号〕人権尊重の緊急性に関する認識の高まりから，国民の社会的身分，門地，人種，信条または性別による不当な差別の発生等の人権侵害の現状その他人権の擁護に関する施策の推進について国の責務を明らかにするとともに，必要な体制を整備し，人権の擁護に資することを目的とした法律であり，人権擁護推進審議会の設置等について定めている。なお，この法律は1997年3月25日に施行され，5年を経過した日に失効する時限立法であり，2002年に失効した。これに続く法律は2004年現在成立しておらず，「人権擁護法案」もマスコミ等の反対が強く，継続審議となっている。
(古寺久仁子)

人口〔population〕　人口とは一定の領域内に生存する人間の数のことである。人口学は出生，死亡とその差によって生ずる人口の再生産と年齢構造の変化を主たる研究対象としているが，人口の再生産や年齢構造に影響を与える人口移動も研究対象にしている。出生，死亡，人口移動は人口研究の三大基本的要素とされている。人口移動とは常住地の変更を伴う永続的移動のことであり，人口学者はこのような地理的・地域的移動に関心を抱いているが，社会学者は人口の階層間移動（社会移動）に関心がある。人口転換とは社会の近代化に伴って人口動態が多産多死から多産少死を経て少産少死に至る過程のことをいう。人口転換が実現したことを人口革命と呼んでいる。　→人口動態／人口静態
(清水浩昭)

人工栄養費　生活保護費の一つ。乳児の発育に必要な栄養を人工栄養に依存しなければならない場合に，基準生活費の飲食物費に代替して算定される費用。原則として0歳の乳児が対象で，人工栄養に依存する率が20％以上の場合算定される。人工栄養費が算定される乳児の，基準生活費の第1類費は，その25％に相当する額

が計上される。人工栄養依存率は，乳児を養育する者の申し立てを基礎として，医師や助産師，保健師の意見を聴き，保護の実施機関が決定する。
（敦賀弘恵）

新興感染症〔emerging infectious diseases〕アメリカの疾病管理予防センターが1994年に出した定義で，それ以前の約20年間に新しく現れてきた病原体による感染症をいう。エボラ出血熱，エイズ，O157，C型肝炎等，少なくとも30以上の感染症が知られている。その出現の背景因子として，新しい病原体の出現や薬剤耐性の獲得，免疫不全状態（がん患者，臓器移植等）の増加や各種病原体に対する免疫の非獲得，航空機による短時間大量の移動，気候変化や森林開発（保菌生物の拡散）等が考えられる。
（熊田正義）

人口静態 ⇨人口動態／人口静態

新行動主義〔neo-behaviorism〕 1930年以降，行動主義(behaviorism)を唱える心理学者のなかから，刺激(S)と反応(R)の結合だけを考えるのではなく，両者のあいだに介在する生活体(O)の諸条件をも考慮すべきだという流れが生じた。この立場は新行動主義と呼ばれ，トールマン(Tolman, E.C.)，ハル(Hull, C.L.)，などが含まれる。行動主義では観察可能な客観的行動だけが対象とされたが，新行動主義では，動因，期待，習慣，要求などが仲介変数として使用される。
（長瀬浩一）

人口動態／人口静態 人口動態は人口の動きをいい，出生，死亡，死産，婚姻，離婚の5事象を指す。これら五つの届出票により人口動態統計がつくられる。1年間に生じた5事象それぞれの件数について年央人口（10月1日としている）1000に対する比率で表したものが出生率，死亡率，婚姻率，離婚率であり，死産率は年間出産件数（出生＋死産）1000に対する発生率である。常に動いている動態に対して，ある時点でとらえたのが人口静態で，国勢調査により把握される。総人口，年齢別性別人口などから人口構成がわかる。これを図で表したのが人口ピラミッドであり，人口の推移がわかる。ほかに労働力人口，配偶関係別人口，世帯数，都道府県別人口などが把握される。
（成相京）

進行麻痺〔general paresis〕 15世紀ヨーロッパで梅毒が大流行をきたした。日本にも半世紀以内に伝播してきた。この原因はコロンブス(Columbus, C.)が新大陸から持ち込んだとも，またスピロヘーターの突然変異によるともいわれる。梅毒罹患後5～10年で，大脳皮質の異常が起こる。つまり痴呆，種々の神経症状，人格変化などである。症状は重篤で数年後に死亡する。治療法は最初サウナで高体温にする手法がとられた。しかしスピロヘーターが消える前に弱った身体が倒れてしまうことが多かった。ついでワグナー・ヤウレッグ(Wagner-Jauregg, J.)のマラリア療法が登場した。これはきわめて有効な治療法であり，全世界に普及していった。その功により精神医学界最初のノーベル生理・医学賞が授与された。また治療法のなかでサルバルサンを生んだ秦佐八郎や大脳皮質にスピロヘーターの存在を最初に確認した野口英世の名を忘れてはならない。ペニシリンをはじめとする抗生物質の出現により悲惨な状態は克服された。 →ワグナー・ヤウレッグ，マラリア療法
（井川玄朗）

新ゴールドプラン ⇨高齢者保健福祉推進十か年戦略（ゴールドプラン）

審査請求 行政不服審査法による不服申し立ての一種で，行政庁の処分またはその不作為について，当該処分庁または不作為庁以外の行政庁に対し不服を申し立てることをいう（第3条）。審査庁は原則として処分庁または不作為庁の直近上級行政庁であるが，ときには法律または条例の定めにより，第三者機関がこれにあたる場合もある（第5条第2項）。処分に対する不服申し立ては原則として審査請求によるが（第5条），不作為に対しては当事者は異議申し立てか審査請求かのいずれかを自由に選択できる（第7条）。 →異議申し立て，不服申し立て
（相川裕）

心疾患〔heart diseases〕 心疾患の際には，胸痛，呼吸困難，動悸，ショック，失神，浮腫，などの症状がみられ，ときに突然死も起こる。刺激伝導系異常に基づく不整脈疾患，心臓を栄

養する冠状動脈障害に基づく虚血性心疾患，うっ血性心不全，心臓弁膜疾患，心筋疾患，先天性心疾患，心膜炎疾患などが挙げられる。冠状動脈障害は狭心症や心筋梗塞を引き起こすが，基礎疾患として糖尿病，動脈硬化症，などが挙げられるほか，Aタイプ人格（行動）の関与も指摘されている。拡張型心筋症のケースのなかには心臓移植が適用されるものもある。

（高橋徹）

腎障害〔renal damage〕 腎障害は腎症（ネフロパチー）とも称し，特定の腎臓疾患を除く腎臓障害，例えば，血尿や蛋白尿などがあって腎臓病変が疑われるが，その病因が特定できない場合をひろく包括している。ネフローゼ症候群がその例に挙げられる。多量の血清蛋白が尿中に排泄され，低蛋白血症を引き起こし，浮腫を生ずるほか，高コレステロール血症を合併する。ネフローゼ症候群は一般に徐々に進行し，特に浮腫部位の感染症への抵抗力が低下し，また，栄養障害をきたす。 （高橋徹）

新障害者プラン ◆重点施策実施5か年計画（新障害者プラン）

身上配慮義務 身上配慮義務(民法第858条)とは，成年後見人・保佐人・補助人がそれぞれの事務（後見事務・保佐事務・補助事務）を行うにあたり，本人の心身の状態および生活の状況に配慮すべき義務をいう。改正前の民法においても，後見人等は本人に対してその療養看護に努めなければならないとされていたが，療養看護では一方で対象行為が限定されるとともに他方で事実行為との境界が不明確であることなどから，1999年の民法改正により，療養看護義務の規定（旧第858条第1項）が削除され，より一般的な規定として身上配慮義務の規定が創設された。 →成年後見制度 （相川裕）

心身医学 心身医学とは，「患者を身体面だけでなく，心理面，社会面を含めて総合的，統合的に診ていこうとする医学」である。特に，身体病の発症や経過に心理社会的要因の関与を臨床医学として認め（心身症），その診療に心身両面からのアプローチを積極的に行おうとするものである。最近では，さらに統合的にみる見方としてbio-psycho-socio-ethicalなアプローチもしくは全人的なアプローチの重要性を強調し，医療の基本的なあり方としての心身医学の重要性を指摘している。心身症を中心に診る科としては心療内科という標榜診療科名（1996年）がある。日本心身医学会では，心身症（精神身体症）を「身体疾患のなかで，その発症や経過に心理社会的な因子が密接に関与し，器質的ないし機能的障害が認められる病態をいう。ただし，神経症やうつ病など，他の精神障害に伴う身体症状は除外する」として規定している（1991年）。代表的な心身症としては消化性潰瘍，過敏性腸症候群，気管支喘息，アトピー性皮膚炎，関節リウマチ，本態性高血圧，頭痛，肥満，糖尿病，神経性食欲不振症などがある。近代心身医学は20世紀初頭のフロイト（Freud, S.）による，転換機制に基づく身体症状には心身相関の理解が必要である，との考え方からスタートした。精神分析医ダンバー（Dunber, F.）は1939年に『Psychosomatic Medicine』を刊行して心身医学研究の発展に寄与した。生物学的な心身相関のメカニズムに関しては，1950年アレキサンダー（Alexander, F.）の『Psychosomatic Medicine』によれば，慢性的なストレス反応の持続により自律神経反応が心身相関のメカニズムで病的になり身体病に結びつくのだとした。セリエ（Selye, H.）のストレス学説（視床下部・下垂体・副腎系）やキャノン（Cannon, W. B.）の闘争・逃走反応（交感神経興奮説）などが知られているが，大脳生理学の急速な進歩により，より複雑な心身相関のメカニズムが解明されようとしている。 （石川俊男）

心神耗弱 刑法第39条に「心神耗弱者の行為は，その刑を減軽する」と定められ，限定責任能力とされている。かつての民法における準禁治産に相当し，2000年からの新しい成年後見制度では，「保佐」に相当する。民法第11条で「精神上の障害により事理を弁識する能力が著しく不十分な者」を示す。これは，判断能力が著しく不十分で，自己の財産を管理・処分するには常に援助が必要な程度の者，すなわち，日常に必要な買い物程度は単独でできるが，不動産，

自動車の売買や自宅の増改築，金銭の貸し借り等，重要な財産行為は自分ではできないという程度の判断能力の者のことである。精神鑑定の結果，保佐が開始されると，保佐人が選任され，本人が行う重要な財産行為については保佐人の同意を要することとされ，本人または保佐人は，本人が保佐人の同意を得ないで行った重要な財産行為を取り消すことができる。また，必要があれば，家庭裁判所は，保佐人に本人を代理する権限を与えることができる。　→心神喪失，成年後見制度，責任能力　　　　　（窪田彰）

心身障害児（者）施設地域療育事業　障害児・者施設のもつ人的，物的機能を広く在宅の障害児（者）のために活用し，地域社会に開こうと，いわゆる施設のオープン化を意図として実施されている。具体的事業内容として，「心身障害児（者）巡回療育相談等事業」「障害児（者）短期入所事業」の2種類があり，都道府県，指定都市および中核市を実施主体として行われている。　　　　　　　　　　　　（淺沼太郎）

心身障害児総合通園センター　障害児施策の一環として，1972年度開始の心身障害児通園事業に加え，早期発見・早期療育体制の充実を期するため1979年度より開始された。相談・指導・診断・検査・判定等を行うとともに，肢体不自由児通園施設，知的障害児通園施設および難聴幼児通園施設のうち2種類以上を設置し，心身障害児への療育訓練等を行う。設置主体は都道府県，指定都市，中核市または概ね人口20万人以上の市で，地域の中心的な療育機関である。　　　　　　　　　　　　（古山明子）

心身障害者　「身体障害者福祉法」に該当する身体障害者と，「知的障害者福祉法」に該当する知的障害者をいう。1970年に施行された「心身障害者対策基本法」が1993年に「障害者基本法」と改正され，このときに初めて精神障害者が障害者として位置づけられた。「二障害」はこの心身障害者を指し，「三障害」は精神障害者を加えたことをいう。　　　　　　（鴻巣泰治）

心神喪失　判断能力の不十分さが最も重度な状態を示す。刑法第39条に「心神喪失者の行為は，罰しない」と定められ，責任無能力とされている。これは，本人は自分の行為に自覚がなく幼児のようなものだから，正常人と同じように処分するのは妥当でないという考え方に基づいている。かつての民法における禁治産に相当し，2000年からの新しい成年後見制度では，「後見」に相当する。民法第7条では「精神上の障害により事理を弁識する能力を欠く常況にある者」とされる。自己の財産を管理・処分できない程度に判断能力が欠けている者，すなわち，日常生活に必要な買い物も自分ではできず，誰かに代わってやってもらう必要がある程度の者である。精神鑑定の結果，後見が開始されると，成年後見人が選任され，成年後見人は，本人の行為全般について本人を代理することができ，本人がした行為を取り消すことができる。　→心神耗弱，成年後見制度，責任能力　　（窪田彰）

心神喪失者等医療観察法　⇨心神喪失等の状態で重大な他害行為を行った者の医療及び観察等に関する法律

心神喪失等の状態で重大な他害行為を行った者の医療及び観察等に関する法律〔平成15年法律第110号〕　略称，心神喪失者等医療観察法。1999年の精神保健福祉法改正により保護者の自傷他害防止監督義務規定が削除されたことに関連し，衆参両議院で「重大な犯罪を犯した精神障害者の処遇の在り方について早急に検討を進めること」とする附帯決議が行われた。精神科受診歴のある者による殺人事件の報道等をきっかけに法制化が急がれ，政府原案に対し衆参両院で修正が加えられて2003年7月に公布された。施行は公布から2年以内，また施行から5年後に見直しが行われる。総則，審判，医療，地域社会における処遇，罰則等の章によって構成される。総則では，法の目的を「心神喪失等の状態で重大な他害行為を行った者に対し，その適切な処遇を決定するための手続等を定めることにより，継続的かつ適切な医療並びにその確保のために必要な観察及び指導を行うことによって，その病状の改善及びこれに伴う同様の行為の再発の防止を図り，もってその社会復帰を促進すること」としている。用語の定義として，「対象行為」とは，刑法上の殺人，放火，強

盗，強姦，強制わいせつ（以上未遂を含む），傷害にあたる行為をいい，「対象者」とは，①対象行為を行い，心神喪失者または心神耗弱者と認められて不起訴となった者，②対象行為について心神喪失のため無罪が確定した者または心神耗弱のため刑の減軽が確定し懲役または禁錮の実刑を受けない者をいう。審判では，処遇決定の手続き，処遇の内容等を定めている。検察官は，対象者について地方裁判所に処遇の決定の申し立てを行う。地方裁判所における審判では，検察官，対象者，保護者，付添人等の意見および入院による鑑定の結果，保護観察所による生活環境等の調査結果，精神保健参与員の意見等を踏まえ，裁判官と精神保健審判員との合議制により，対象行為を行った際の精神障害を改善し，これに伴って同様の行為を行うことなく，社会に復帰することを促進するためにこの法律による医療を受けさせる必要があるか否かの判断に基づき，入院による医療，通院による医療または医療を行わない旨の決定をする。指定入院医療機関の管理者は，精神保健指定医の診察に基づき，地方裁判所に対し，退院または入院の継続についての確認の申し立てをしなければならない。入院している者，保護者または付添人は，地方裁判所に退院の許可または法による医療の終了の申し立てができる。保護観察所長は，通院医療を受けている者について，指定通院医療機関の管理者と協議の上，地方裁判所に入院，医療の終了または通院の期間の延長の申し立てをしなければならない。通院している者，保護者または付添人は，地方裁判所に対し，医療の終了の申し立てができる。医療については，厚生労働大臣が指定医療機関に委託して行う。地域社会における処遇は，保護観察所がコーディネーターとして中心的な役割を担う。保護観察所長は，入院の決定を受けた者の退院後の生活環境の調整，入院医療または通院医療の決定があった者の処遇の実施計画策定および関係機関相互の連携の確保，通院医療を受ける者の精神保健観察等を行わなければならない。　→指定医療機関，保護観察所，精神保健審判員，精神保健参与員，社会復帰調整官，精神鑑定

（佐藤三四郎）

人身保護法〔昭和23年法律第199号〕　基本的人権を保障する日本国憲法の精神に従い，国民の不当に奪われている人身の自由（拘束）を司法裁判により迅速かつ容易に回復せしめることを目的とし，その救済の請求について定めている。拘束とは逮捕，抑留，拘禁等の身体の自由を奪い，制限する行為をいい，病院等における拘束もこれに含まれる。　　　（古寺久仁子）

新生児死亡率　生後1か月（28日）未満の死亡を新生児死亡といい，1年間の新生児死亡数を1年間の出生数で除し，それを1000倍して新生児死亡率とする。乳児死亡のなかでも新生児死亡は多く，生後1週間未満の早期新生児死亡はさらに多い。生後しばらくの間は環境に対する適応力が弱く，妊娠・分娩の影響のために不安定な時期であり新生児死亡，特に早期新生児死亡は先天的な要因によることが多い。

（成相京）

申請主義　サービスの利用者がサービスの提供機関に対して申請を行うことによって初めて給付が決定されることを指している。例えば，生活保護法第7条では，「申請保護の原則」として「保護は，要保護者，その扶養義務者又はその他の同居の親族の申請に基いて開始するものとする」と定めている。ただし，要保護者が急迫した状況にあるときは，保護の申請がなくても必要な保護を行うこと（職権保護）ができることが明記されている。　→職権保護（永田祐）

申請保護の原則　生活保護の四つの原則のうちの一つ。生活保護法第7条に掲げられている。この条文には，①保護は申請に基づいて開始するのが原則であること，②申請権者の範囲は，「要保護者，その扶養義務者又はその他の同居の親族」とすること，③「要保護者が急迫した状況にあるときは，保護の申請がなくても，必要な保護を行うことができる」とただし書きで規定しており，職権保護が補完的に可能であること，以上の3点が示されている。　→保護の原則，職権保護　　　（山本文枝）

振戦せん妄〔delirium tremens〕　長期間の飲酒歴をもつ重度のアルコール依存症者が，完全

にあるいは不完全に飲酒を中断した結果として生じる禁断症状をいう。身体症状としては、全身性の粗大な振戦に加えて、発熱、頻脈、発汗、散瞳、悪心などの自律神経症状が特徴的であるが、精神症状として意識混濁、錯乱、滅裂思考、被害関係妄想、実在的な幻聴、虫や動物などの幻視、体感幻覚、不眠、失見当識、不安、興奮、不穏、多動、徘徊などが出現し、せん妄状態を示す。しばしばアルコール性の肝臓障害によって入院した後に禁断状態になり、入院数日後から突然、不眠・徘徊・興奮が始まることがある。治療としては、点滴により補液とともに電解質やニコチン酸等ビタミンB系列の不足に対し栄養の補給を行い、さらに精神安定剤の投与によって睡眠の確保と鎮静化を図る。多くの場合は、上記の処置で数日で振戦せん妄は消失するが、重症で長期間にわたる場合でも2週間を超えることはない。回復後コルサコフ症候群に陥って、失見当識、健忘、作話等を示すことがある。　→アルコール依存症、コルサコフ症候群　（窪田彰）

心臓〔heart〕　循環器系の中心的器官で、血液循環のポンプの働きをしている。胸部の中央に左右の肺臓に囲まれて位置する拳大の器官。左右の心房・心室の4室の構造をもち、全身から集められた静脈血は右心房→右心室→肺動脈→肺臓を経て動脈血となり、左心房→左心室→大動脈を経て全身に送られる。血流の逆流を防ぐ弁が右心房・右心室間（三尖弁）、右心室・肺動脈間（肺動脈弁）、左心房・左心室間（僧帽弁）、左心室・大動脈間（大動脈弁）にある。心臓による血液の駆出は心筋の収縮・弛緩によってなされ、心筋は電気的刺激を伝える刺激伝導系の律動的刺激によって規則的に収縮する。　→心疾患
　　　　　　　　　　　　　　　　　（高橋徹）

親族〔kinship〕　親族とは出生・婚姻によって生ずる紐帯またはこれに準ずる擬制的関係によって結ばれた人々の関係を必要条件とし、これらの人々がお互いを親族であると相互認知し、その相互認知に基づいて権利義務・援助関係を遂行していることを十分条件とするものである。親族は祖先中心的と自己中心的とによって組織化されているが、産業化の進展とともに祖先中心的な親族から自己中心的な親族へと変化している。戦前の日本では祖先中心的な組織である同族団・同族関係が祖先祭祀、経済的援助などの面で機能を果たしていたが、戦後になると自己中心的な組織である親族関係が子育て、老親の介護・情緒的援助などの面で機能を果たすようになってきている。　→同族（清水浩昭）

身体化障害〔somatization disorder〕　心理的葛藤やストレスが、心理的症状の代わりに身体的な自覚症状として発現する病態を示す。例えば抑うつ気分が肩凝りとして自覚されるように、また不安が吐き気として感じられるような場合をいう。症状は身体のどの部位にも生じ得るが、消化器系の感覚として頸部から腹部にかけての疼痛や圧迫感や、閉塞感また不快感として感じられることが多い。また皮膚のしびれ感や、痛みを訴えることや、めまい立ちくらみなどの多彩な症状を示すが、その症状に見合った身体的に説明できる原因は見いだせない。経過は慢性的でしばしば長期にわたる医療機関への通院歴が見いだされ、その身体症状は変化することが多い。身体的な検査等にはほとんど異常所見は見いだされないが、本人は積極的に検査と治療を求め続ける。この障害は中高年の女性に多く、通常は成人早期に始まる。障害の長期化によって、社会的および家族的機能にある程度の障害をきたすことがある。　→身体表現性障害
　　　　　　　　　　　　　　　　　（窪田彰）

人体実験　第二次世界大戦中に強制収容所に入れられたユダヤ人に対するナチス・ドイツによる非人道的な人体実験や、日中戦争および太平洋戦争の戦時中に石井四郎軍医中将によってつくられた731部隊による中国で行われた人体実験がよく知られている。前者は、残虐な行為に対する厳しい反省により、「ニュールンベルグ綱領」（1947年）がまとめられ、その原則を受け継いでいるのがインフォームドコンセントである。その後の「ヘルシンキ宣言」（1964年）では、医学の進歩のためには人体実験が不可欠であることを認めた上で、被験者個人の利益と福祉を、科学や社会に対する寄与よりも優先すべきであるとした。ここで強調されたのは人体実験を行

うにあたってのインフォームドコンセントであり，このことが，患者の権利意識の高まりにつながった。一方，後者の人体実験および生体解剖は，アメリカによる戦犯免責によりほとんど戦犯に問われなかった。今日，新しい医薬品の臨床試験が「治験」と呼ばれ法的な性格をもって行われている。その基準の最も重要な部分は，文書によるインフォームドコンセントの義務づけであり，文書による同意を被験者から得ない限り「治験」はできない。　→ヘルシンキ宣言，ニュールンベルグ綱領，インフォームドコンセント　　　　　　　　　　　　　　（平林恵美）

身体障害児・者　わが国の身体障害者福祉法における定義では，身体障害者とは「別表に掲げる身体上の障害がある18歳以上の者であって，都道府県知事から身体障害者手帳の交付を受けたものをいう」（第4条）となっており，法律上は18歳未満が身体障害児，18歳以上が身体障害者という区分になっている。身体障害児については児童福祉法，身体障害者については身体障害者福祉法で対応している（ただし，重度の障害者についてはこの限りではない）。第4条でいう別表とは，身体障害者福祉法施行規則で示される身体障害者障害程度等級表のことで，この表において，具体的な身体障害の種別と程度が規定されている。同表はしばしば変更されており，それに伴い法律上の障害者の範囲は身体障害者福祉法制定以降，徐々に拡大されてきた。身体障害児・者の現状は，身体障害児および身体障害者実態調査によって推計されている。法律上の定義は以上のようになっているが，近年，「障害」のとらえ方については，障害を構造的に理解しようとする障害構造論や，障害を分析の切り口として，いまの社会のあり方を解読し，より望ましいと考える社会のあり方を提案したり，障害の経験の肯定的な側面に目を向け，文化としての障害やコミュニティとしての障害に着目する障害学といった学問領域が登場しており，身体障害児・者についても，幅広い視野からの理解が必要である。　→身体障害者福祉法，児童福祉法　　　　（圓山里子）

身体障害者居宅介護等事業　身体障害者居宅介護，すなわち，身体障害者につき，居宅において行われる入浴，排泄，食事等の介護その他の日常生活を営むのに必要な便宜を提供するホームヘルプサービス事業。厚生省令によれば，生活等に関する相談および助言ならびに外出時における移動の介護その他の生活全般にわたる援助も含まれる。障害者の領域で法定化されたのは1967年（身体障害者家庭奉仕員派遣制度）で，当初，派遣対象や派遣形態は限定されたものだったが，度重なる改訂を経て，2003年度からは支援費制度の仕組みで実施されている。　→ホームヘルプサービス，身体障害者居宅生活支援事業　　　　　　　　　　　（圓山里子）

身体障害者居宅生活支援事業　地域における身体障害者の日常生活を支援することにより，身体障害者の自立と社会参加を促進することを目的とする。1990年の福祉関係八法の改正によって法定化された。①身体障害者居宅介護等事業（ホームヘルプサービス），②身体障害者デイサービス事業，③身体障害者短期入所事業（ショートステイ）の三事業から構成される。いずれも第二種社会福祉事業。支援費制度における居宅生活支援費の対象となる。　→身体障害者居宅介護等事業，身体障害者デイサービス事業，身体障害者短期入所事業　　　　（淺沼太郎）

身体障害者更生援護施設　身体障害者福祉法に定める施設の総称で，障害の種類や程度に応じて整備されてきた。同法第5条で施設の種類が列挙され（身体障害者更生施設，身体障害者療護施設，身体障害者福祉ホーム，身体障害者授産施設，身体障害者福祉センター，補装具製作施設，盲導犬訓練施設，視聴覚障害者情報提供施設），第29条から第34条でそれぞれの施設の規定がなされている。それらの施設を機能別にみると，①リハビリテーション等の訓練を主として行う更生施設，②生活の場としての生活施設，③就労の場としての作業施設，④地域における活動を提供するための地域利用施設に分類される。　　　　　　　　　　　　（圓山里子）

身体障害者更生施設　身体障害者福祉法第29条において，「身体障害者を入所させて，その更生に必要な治療又は指導を行い，及びその更

生に必要な訓練を行う施設」と規定されるリハビリテーションを目的とした施設である。身体障害者更生施設には、肢体不自由者更生施設、視覚障害者更生施設、聴覚・言語障害者更生施設、内部障害者更生施設、の4種類がある。　→身体障害者更生援護施設　　　　　（圓山里子）

身体障害者更生相談所　身体障害者福祉法第11条の規定により、身体障害者の更生援護の利便のため、および市町村の援護の適切な実施を支援するために都道府県等が設置している相談判定機関である。業務の内容は、①市町村の区域を超えた広域的な見地から、実情の把握に努めること、②身体障害者に関する相談および指導のうち、専門的な知識および技術を必要とするもの、③身体障害者の医学的、心理学的および職能的判定を行うこと、④必要に応じて補装具の処方および適合判定、⑤市町村の援護の実施について、あっせん、調整、措置に関して、市町村相互間の連絡調整、市町村に対する情報の提供その他必要な援助を行うこと、である。また、身体障害者更生相談所は、必要に応じて巡回することができる。　　　　　　（伊東秀幸）

身体障害者授産施設　身体障害者更生援護施設の一種で作業施設に分類される。身体障害者で雇用されることが困難であるか生活に困窮する人に対して、必要な訓練を行った上で一般事務所等で自活させることを目的とする施設。2003年4月からは支援費制度の施設サービス（施設訓練等支援）として位置づけられている。入所者には工賃が支払われるが、これが低額であることや、通過施設として位置づけられながらも就職が困難であることが指摘されている。障害種別にかかわらずそれぞれの施設の相互利用が可能。　→身体障害者更生援護施設、相互利用制度　　　　　　　　　　　　　　（土屋葉）

身体障害者障害程度等級表〔handicapped person difficulty degree grade table〕　都道府県知事から認定された医師により、身体障害のある者の障害が、身体障害者手帳交付に該当するか否かの意見書作成時に用いる表である。障害の程度を1～7級の等級で区分し、障害の範囲は視覚障害、聴覚または平衡機能の障害、音声機能・言語機能またはそしゃく機能の障害、肢体不自由、心臓・じん臓もしくは呼吸器またはぼうこうもしくは直腸もしくは小腸もしくはヒト免疫不全ウイルスによる免疫の機能障害に分類される。　→身体障害者手帳（佐藤亜希子）

身体障害者相談員　身体障害者相談員は、身体に障害のある者の相談に応じ、必要な援助を行う（身体障害者福祉法第12条の3）。都道府県が、原則として身体に障害のある人で、社会的信望があり、身体障害者の更生援護に熱意と識見をもっている人に委託する。1973年に制度化された。なお、法定の身体障害者相談員とは別に、民間団体の全国自立生活センター協議会（JIL）が、ピアカウンセラーの認定制度を1998年に開始した。　　　　　　　　　　（圓山里子）

身体障害者短期入所事業　身体障害者居宅生活支援事業の一つで、ショートステイとも呼ぶ。1976年「心身障害児（者）緊急保護事業」として設立されたのが始まり。2003年4月からは支援費制度の居宅サービス（居宅生活支援）として位置づけられている。在宅で暮らす重度身体障害者の介護を行う者が、疾病、負傷、冠婚葬祭など社会的な理由のほか、疲れなど私的な理由により介護ができないときに、一時的にその者を身体障害者更生施設、身体障害者療護施設等、介護ができる施設に保護する事業。　→ショートステイ、身体障害者居宅生活支援事業　　　　　　　　　　　　　　（土屋葉）

身体障害者通所授産施設　内容的には身体障害者授産施設と同様であるが、利用の形態が全員通所でありいわゆる職住分離が図られている。2003年4月からは支援費制度の施設サービス（施設訓練等支援）として位置づけられている。定員20名以上。地域における活動を重視するため、1990年より、定員5～19人以下の小施設を身体障害者授産施設を親施設とする「分場」として位置づける制度がつくられた。さらに2000年より授産施設の認可基準が緩和され、小規模通所授産施設が新設された。　→身体障害者授産施設　　　　　　　　　　（土屋葉）

身体障害者デイサービス事業　身体障害者居宅生活支援事業の一つ。地域における身体障害

者の日常生活を支援し、自立と社会参加を促進する観点から実施される。2003年4月からは支援費制度の居宅サービス（居宅生活支援）として位置づけられている。入浴、食事の提供、創作的活動、機能訓練、介護方法の指導等の援助が、在宅の身体障害者またはその介護者に提供される。地域での実情に合わせ、知的障害者デイサービスや介護保険法における指定通所介護事業所を相互に利用することができる。　→デイサービス、身体障害者居宅生活支援事業

(土屋葉)

身体障害者手帳　身体障害者福祉法に規定された更生援護を受ける者であることを証する手帳。同法第15条に基づいて、医師の診断書を添付して都道府県知事に申請することにより交付される。対象とされる障害は視覚、聴覚または平衡機能、音声・言語・そしゃくの機能、内部機能（心臓、じん臓、呼吸器、ぼうこう、直腸または小腸、ヒト免疫不全ウイルスによる免疫機能）の障害および肢体不自由であり、程度により1級から7級までの等級が記載される。成人のみならず児童に対しても交付される。　→身体障害者障害程度等級表

(田中邦夫)

身体障害者の職業更生に関する勧告　いわゆるILO第99号勧告。1955年に国際労働機関（ILO）で採択。第二次世界大戦により生じた多数の身体障害者への雇用対策が世界各国共通の重要課題となったことなどを背景に、障害者の職業的更生（職業リハビリテーション）に関する総合的かつ詳細な国際的基準を定めたもの。本勧告は、日本にも強い影響を与え、身体障害者雇用促進法の制定（1960年、現・障害者の雇用の促進等に関する法律）を促進する要因の一つとなった。本勧告後の各国の職業リハビリテーション対策の発展を受け、その後ILO第159号条約および同第168号勧告が新たに採択されている。　→職業リハビリテーション及び雇用（障害者）に関する条約、職業リハビリテーション

(佐藤宏)

身体障害者の利便の増進に資する通信・放送身体障害者利用円滑化事業の推進に関する法律　〔平成5年法律第54号〕「通信・放送役務の利用に関する身体障害者の利便の増進を図り、もって情報化の均衡ある発展に資することを目的とする」法律。通信・放送機構法に基づく通信・放送機構(Telecommunications Advancement Organization of Japan : TAO)による字幕番組・解説番組の制作や放送、電気通信設備に付随する工作物（車いすの利用が可能な公衆電話ボックスなど）の設置等の事業を対象として助成金の交付、利子補給、情報の提供を行う。

(田中邦夫)

身体障害者福祉工場　身体障害者授産施設の一種として1972年に設置された。「身体障害者福祉工場設置運営要綱」によって運営されている。福祉工場は、授産施設の類型として位置づけられているが、就労の場であって、訓練の場ではない。すなわち、福祉工場においては、利用者は工場の従事員であり、原則として最低賃金法などの労働法規が適用される、企業的性格を有する施設である。　→身体障害者授産施設

(圓山里子)

身体障害者福祉司　身体障害者福祉法第11条の2において、都道府県（指定都市）の身体障害者更生相談所（必置）、市町村の福祉事務所（任意）に配置することが規定されている。それぞれの身体障害者福祉司は、現行の社会福祉における一般的な都道府県と市町村の役割に準じ、都道府県では市町村相互間の連絡調整や情報の提供等を行い、市町村では身体障害者の相談や調査を通して更生援護の必要の有無およびその種類を判断する等の業務を行うとされている。

(圓山里子)

身体障害者福祉センター　無料または低額な料金で各種の相談に応じたり、機能訓練、教養の向上、社会との交流の促進およびレクリエーションのための便宜を総合的に供与する施設で、県域を単位として設置されるA型と、市域を単位として設置されるB型がある。この他、在宅障害者デイサービス施設、障害者更生センターがある。　→身体障害者更生援護施設

(圓山里子)

身体障害者福祉法　〔昭和24年法律第283号〕1949年に成立したわが国の障害者福祉の起点

である法律(同年12月26日公布、翌1950年4月1日施行)。障害の範囲や、施策の内容および実施体制等が定められている。制定時の法の目的は、「身体障害者の更生を援助し、その更生のために必要な保護を行い、もって身体障害者の福祉を図ること」(第1条)とされ、法の対象者は、職業能力が残存し職業更生の可能性がある身体障害者に限定されていた。現行の法の目的は、「身体障害者の自立と社会経済活動への参加を促進するため、身体障害者を援助し、及び必要に応じて保護し、もって身体障害者の福祉の増進を図ること」(第1条)となっている。このような目的の変化は、例えば、1966年改正で法の対象となった内部障害者の定義のなかにみられる「日常生活が著しい制限を受ける」という文言や、常時の介護が必要な者に対する生活施設として身体障害者療護施設の法定化(1972年)等、対象者や施策の拡大にみることができる。わが国における身体障害者に関する施策は、雇用については障害者の雇用の促進等に関する法律、所得については労働者災害補償保険法や国民年金法あるいは生活保護法といったように、領域ごとの法律で対応しているため、関連法規にも目配りが必要である。また、2003年より、サービスの仕組みが従来の措置制度から支援費制度に変更された。　→身体障害児・者、支援費制度　　　　　　　　　　(圓山里子)

身体障害者福祉ホーム　1984年の身体障害者福祉法の改正により創設された生活施設で、当初より設置者との契約による利用施設であった。家庭において日常生活を営むのに支障のある身体障害者に対し、その日常生活に適するような居室他を利用させ、必要な便宜を供与する施設で、入居者も在宅生活者と同様に扱われる。このような施設の特色は、創設時に展開されていたケア付き住宅運動の影響もあるが、地域で生活する障害者が増えてきた今日、身体障害者福祉ホームの位置づけを見直す必要があろう。→身体障害者更生援護施設　　(圓山里子)

身体障害者補助犬法〔平成14年法律第49号〕身体障害者補助犬とは、盲導犬、介助犬、聴導犬の総称で、指定法人の認定を受けた犬をいう。公共の交通機関や施設、不特定かつ多数の者が利用する民間施設等は、補助犬の同伴を拒んではならないことが明記されたほか、育成を行う訓練事業者の義務、使用する身体障害者の義務、国民の理解を深める活動等について定めた。議員立法による同法の成立に伴い、補助犬の訓練事業は第二種社会福祉事業に位置づけられ、助成制度や貸与事業が設けられた。　(淺沼太郎)

身体障害者療護施設　施設訓練等支援費該当の施設の一つ。身体障害者手帳を取得しており、常時介護を必要とする状態にある者が入所または通所し、治療および養護に関する福祉サービスを受けることを目的とした施設である。身体障害者更生援護施設のなかで数が最も多く、最重度の身体障害者が利用する施設と位置づけられている。特に、大都市部において待機者が多いこともあり、これまでは整備していたが、新障害者プランでは、特に入所施設を真に必要なものと限定していることもあって、数値目標を設定していない。　→身体障害者更生援護施設、支援費制度　　　　　　　　　　(中野茂)

身体像　身体像あるいは身体図式とは、自己自身の身体について直接体験されている空間的表象である。元来、神経学、脳病理学の領域で発展した概念で、脳の損傷によって生じる身体失認や、喪失したはずの腕や足がまだ存在しているかのように感じられる幻影肢は身体像、身体図式の障害と考えられる。身体像と身体図式を区別する場合、身体図式概念は直接体験されない生理的、器質的過程を指すが、明瞭に区別されずに使用されることも多い。　(長瀬浩一)

身体的検査〔physical examination〕　身体的検査の基本は、視診、触診、聴診、腱反射、瞳孔反射、血圧測定等の理学的検査に始まる。さらに血液生化学的検査や尿検査が、身体全般の問題点を示唆してくれる。また心機能については心電図が、てんかん等の脳の機能については脳波が、骨折の有無はX線検査が、脳炎等については脳脊髄液検査が、それぞれ重要な情報源になっている。脳の形態学的側面からはCT-SやMRIが明瞭な画像を提供することで、脳梗塞や脳腫瘍等の早期発見が可能になった。精神

疾患の患者においても，身体的疾患が背景に隠されていることが少なくない。例えば，甲状腺機能が亢進すれば躁状態や幻覚妄想状態が生じる場合がある。またニコチン酸欠乏性脳症では統合失調症（精神分裂病）に類似した病状を呈する。そこで，臨床症状に示唆する点があったときには検索を進める必要がある。頸部に腫瘤を認めるならば甲状腺機能を調べるべきだし，栄養障害の疑いがあるならば，ニコチン酸などの定量の必要がある。さらに治療経過中においては，薬物の副作用や生活習慣病等をチェックするために，少なくとも血液生化学検査および尿検査や心電図等の，定期的な検査が必要である。 　　　　　　　　　　　　　　（窪田彰）

身体的拘束 ⇨拘束

身体表現性障害〔somatoform disorders〕繰り返し一つもしくは多彩な身体症状を長期間にわたって訴え，身体的検査を行っても特別な所見は見いだされないにもかかわらず，医学的検索を執拗に要求し続ける。その訴え方は，時に激しい苦痛を訴えるが，その苦痛に見合う身体所見を欠く一方で，心理的ストレスが存在する場合を身体化障害という。しかし患者は，心理的原因の可能性について話し合おうとすることにしばしば抵抗する。特に，がんなど重篤な疾患への罹患の疑いに激しくとらわれている場合を，心気障害としている。　→身体化障害，心気障害　　　　　　　　　　　（窪田彰）

信託 他人（受託者）に，一定の目的に従って財産の管理または処分をさせるために，その者に財産権自体を移転し（所有権などの移転），またはその他の処分をすることをいう。信託は契約または遺言で設定される。受託者は信託財産の移転を受け，信託行為の定めるところに従って，自己の名で管理処分をして公益事業を営むか（公益信託），管理処分によって生じる利益を定められた受益者に帰属させる（私益信託）。 　　　　　　　　　　　　　　（相川裕）

診断主義ケースワーク〔diagnostic casework〕社会調査（social study），社会診断（social diagnosis），社会治療（social treatment）という援助過程の下に進められる伝統的ケースワークをいう。個人と社会の両側面の関係に関心を抱いたリッチモンド（Richmond, M. E.）の理論にフロイト（Frued, S.）の精神分析学理論が導入されることによって個人の側面が重視されていった。無意識，アンビバレンス，過去，感情転移，抵抗等の概念が多用され，ケースワーク過程はワーカーがクライエントに対して働きかける過程ととらえ，ケースワークの中心課題はクライエントのパーソナリティ構造の解明，自我の強化，社会環境に対するパーソナリティの適応力を強めることであるとする。ハミルトン（Hamilton, G.）の著書『Theory and Practice of Social Case Work（ケースワークの理論と実際）』（1940）は世界に広く影響を与えたが，診断主義理論は時代とともに変化してきている。また，ホリス（Hollis, F.）の「心理―社会的モデル」は現代の社会福祉理論にも継承されている。　→ハミルトン　（相川章子）

診断法〔diagnosis〕精神疾患の診断においては，操作的診断基準といわれるWHOによるICD-10，およびアメリカ精神医学会によるDSM-IVが，国際的な診断基準になっている。これらは今後も改定され変化し続けるものである。日本においては，シュナイダー（Schneider, K.）の1級症状が統合失調症（精神分裂病）の診断根拠にされるなど，ドイツの精神医学に影響を受けた診断学が中心になってきた。今日でもその意義は消えるものではないが，より客観的な世界共通の基準が求められており，特異的な症状の項目と経過から診断ができるような操作的診断基準が，今ではより多く用いられている。いずれにせよ臨床診断においては，まず第一に重要なことは面接である。面接においては，患者の表情や外観，行動の特徴，声のトーン，身体の状況，意識障害の有無等を観察し，非言語的なメッセージを理解する。また精神科の診断においては，単に観察される症状だけではなく，面接者の内に生じる感情の変化を診断に役立てることも重要である。例えば面接者の内に患者を軽んじたくなる感情が生じるときには，患者に初期の痴呆が始まっている場合がある。第二には対話（問診）によって，病的な内的体

験や人格障害や知的障害の有無など，患者にとっての現在の問題点を明らかにする。そこでは，患者の主観的な体験がどのようであったかが重要な所見になる。このときは，患者の語る症状を先入観なしに聞くようにしないと，面接者の考えで誘導してしまい，事実と違ってしまう危険性がある。面接においては，わかり過ぎないことが大切であり，よくわからない点を見いだし，深めていくことがこつである。第三には，家族歴および生活歴等から，この患者の人生のありようと発病に至る心理社会的な背景を理解する。心理社会的ストレスの強さについても評価する。第四には，現病歴を詳しく聞くことから，発病のプロセスや，再発のありようなど経過を知り，病状の特徴を理解する。長期にわたる症状であるのか，一過性の現象であるのかによって診断は異なってくる。第五には，診察時に家族にも同席してもらって，今ここでの家族相互のコミュニケーションを観察し，家族内力動を理解する。第六には，身体的疾患が背景に存在していないかを検索する必要がある。しばしば器質性障害による精神症状があるからである。以上六つの視点からの総合的判断によって，臨床診断を行うものである。　→DSM，国際疾病分類
(窪田彰)

人的資源　基本的にはあらゆる人が人的資源となりうる。大別するとフォーマル資源（主に専門職）かインフォーマル資源（専門職以外）に分けられるが，サービスを必要とする本人がどのような状況に置かれているかによって選択肢が制限される場合がある。ここで重要なことは，利用する当事者のニーズに有効な資源かどうかであることと，状況やニーズの変化に対応するだけの量や質の豊かさがあるかどうかである。サービスを必要とする人も可変的であり，資源としての人も可変的であるために，常に両者の関係性が問われることになる。特に専門職の場合は多様に利用されることによって，他資源とのつながりや質的向上が求められる。必要な人材を配置するための専門職の育成と，地域に理解ある協力者（知人・友人等）を開発していくための住民の啓発・教育が，人的資源の拡大につながる。　→社会資源
(山岡聡)

人的担保／物的担保　債権の回収をより確実にするための手段である。債権の回収は，債務者の資産（一般財産）を引き当てにするものであるが，人的担保は，債務者以外の者を保証人あるいは連帯保証人とし，その人の財産をも債権の引き当てとするもの。保証債務（連帯保証債務）は，保証人（連帯保証人）となる者と債権者との間での保証契約（連帯保証契約）によって設定される。人的担保に対して物的担保は，一般財産ではなく，特定の土地などを換価して優先的に債権の引き当てにする点で人的担保とは異なる。
(相川裕)

心不全〔congestive heart failure〕　心臓の収縮力の持続性の低下により血液循環が十分に行えなくなることによって身体の働きに異常を生じた状態で，うっ血性心不全ともいう。軽い労働に際しても容易に息切れがし動悸を覚え，疲れやすくなる。心臓の右室から駆出される血液は肺循環をして動脈血となり左室に流入し，新たに左室から駆出されて体循環をなすが，右室の収縮力の低下が進むと肺うっ血が起こり，空咳や呼吸困難を起こしやすくなる。また左室収縮力低下が進むと全身の静脈うっ血により静脈の怒張，浮腫，胸水，腹水，肝腫大，尿量減少などが生じてくる。
(高橋徹)

新フロイト派〔neo-Freudians〕　精神分析の一派。従来の精神分析は生物学主義的でリビドーを重視しすぎると批判し，神経症の成因，性格形成などにおける社会的要因や文化的条件を強調した。フロイト左派，文化学派とも呼ばれる。例えば，正統的精神分析のかなめであるエディプスコンプレックスについても，父権社会にのみ認められる現象であり普遍的なものではないと主張する。サリバン(Sullivan, H. S.)，ホーナイ(Horney, K.)，フロム(Fromm, E.)らがこの派に含まれる。
(長瀬浩一)

シンボリック相互作用論〔symbolic interactionism〕　ブルーマー(Blumer, H.)によって提起された社会学および社会心理学における理論・方法論上の潮流のこと。象徴的相互作用論ともいう。言語や身振りなど，意味をもつシ

ンボル（象徴）を媒介とした社会的相互作用（コミュニケーション）の過程を重視し，自我や精神，他者の認識，人間行為，社会が，個人間において展開するシンボルの意味解釈の過程を通して絶えず構築されるダイナミックな社会過程に分析照準を向ける。このような立場は，社会事象を社会的相互作用に基づく問題解決過程として把握するシカゴ学派のプラグマティズムに依拠しており，生活史法や参与観察法といった質的データ分析を積極的に採用することにあらわれている。今日では，経験的研究を中心に，方法論的にも多くの分派を派生させるに至っている。　→相互作用　　　　　　　（土屋淳二）

ジンメル〔Simmel, Georg：1858-1918〕ドイツの哲学者，社会学者。ベルリンに生まれ，ベルリン大学で歴史学，民族心理学，哲学などを学ぶ。1914年，56歳にしてようやく哲学正教授としてシュトラスブルク大学に赴任した。社会学の第二世代を代表する社会学者の一人で，第一世代に属するコント（Comte, A.），スペンサー（Spencer, H.）らの綜合社会学を批判し，固有の対象をもつ独立科学としての社会学を主張した。人間相互の関係形式を主たる研究対象とするジンメルの提唱した社会学は形式社会学と呼ばれる。生の哲学者としても知られている。主著に『Über soziale Differenzierung（社会分化論）』（1890），『Soziologie : Untersuchungen über die Formen der Vergesellschaftung（社会学）』（1908），『Grundfragen der Soziologie（社会学の根本問題）』（1917）などがある。　→形式社会学　　　　　　（伊藤美登里）

信用失墜行為　精神保健福祉士法第39条では，精神保健福祉士は精神保健福祉士の信用を傷つけるような行為をしてはならないと定めている。信用失墜行為の内容として，精神保健福祉士としての業務に関連して刑法上の罪に科せられた場合や，相談援助業務の対価として不当な報酬を請求し，相談者に多大な経済的負担を生じさせた場合，素行が著しく不良である場合などが想定されている。精神保健福祉士がその業務を円滑に遂行し，精神障害者の社会復帰に貢献するためには，相談者である精神障害者やその家族とはもとより，国民一般との信頼関係を確立する必要がある。信用失墜行為を行った者には精神保健福祉士登録の取り消しや名称の使用制限等の制裁措置が定められている（第32条第2項）。　　　　　　　　（古寺久仁子）

心理教育〔psycho-education〕慢性疾患や精神障害を抱えた患者や家族に対して，経過・予後改善を目的に行われる，情報提供と心理社会的サポートを組み合わせたアプローチの総称である。単なる疾病教育や指導との違いは，患者や家族が「何を，どう体験しているか」という心理面に配慮しつつ，「何をどう伝え，それとも伝えないか」を実践する点にある。多くのプログラムは，知識伝達，対処技法の獲得，集団的な問題解決を組み合わせたものである。形態は，単家族，複合家族，家族教室，患者グループに分かれるが，いずれもグループワークの技法が適用される。対象も統合失調症（精神分裂病）や気分障害をはじめ，さまざまな病態や問題に適応がある。その効果についてはすでに実証的検討が行われ，統合失調症の再発予防や家族の感情表出（EE）の変化，参加者の情緒面の改善などが認められている。現在では，個々の病態やニーズに合わせた多様なアプローチが試行されている。　→感情表出，ストレス—脆弱性モデル　　　　　　　　　　（上原徹）

心理劇〔psychodrama〕ルーマニア生まれのユダヤ人の精神科医，モレノ（Moreno, J. L.）によって提唱された心理療法の一つ。心理劇（サイコドラマ）を行う第一の目的はカタルシスであり，第二の目的はドラマチックな状況のなかで演じることで演者の自発性を引き出すことである。監督（治療者）の指定するテーマに沿って，演者（患者），補助自我，観客（患者集団）が舞台において筋書きのない即興劇を展開する。補助自我（auxiliary ego）は重要な相手役であり，状況のなかで演者が十分に自己表現ができ自発性を出せるように援助する。治療者が演じることもあればほかのメンバーが演じることもある。舞台は，教室などどこでも利用することができる。監督は心理劇がうまく展開するために，さまざまな技術を用いる。重要な技術

としては，役割交換（role reversal：相手役と役割を交換することで相手の立場から自分を客観的に眺めることを助ける），二重自我（double self：補助自我が主役の分身となって援助する技術）などがある。心理劇がうまく展開すると，役割取得（role taking）の段階から役割演技（role playing）の段階に到達できる。心理劇が成功したときに生まれる演者の間の真のコミュニケーション（出会い）をテレという。本来は集団精神療法の一技法として用いられていたが，現在は教育，看護，福祉，矯正，産業など広い領域で利用されている。わが国には松村康平が紹介し，展開させた。心理劇の一種としては，ソシオドラマ（sociodrama：人種差別・公害問題などの社会的なテーマで行われる），ロールプレイ（role play：主に教育やスタッフ訓練に利用され，問題解決・相手の理解・行動訓練などの目的を決めて行う），サイコマイム（psychomime：言葉を用いずにパントマイムで行う心理劇）などがある。　　→モレノ，ロールプレイ
(進藤義夫)

心理検査　個人や集団の心理的特徴の有無や程度を知るために，一定の課題を与え，それに対する反応や結果を調べる方法。心理テストとも呼ばれる。狭義には統計的処理をうけて標準化されたものを指すが，実際に用いられている心理検査（特に投影法）は必ずしもこれにあてはまらない。一般に心理検査の種類は能力検査（知能検査，記憶検査，職業適性検査，神経心理学的検査など）と人格検査（質問紙法，作業検査法，投影法など）に分けられる。また，被験者の条件によって，乳幼児用，学童用，成人用，盲人用などに分類することもあり，検査場面の設定による分類として，集団法，個人法とに分けることもある。心理検査の歴史は，19世紀後半に人間の個体差を研究する差異心理学が，個体差測定のための道具や方法の考案を促したことに端を発する。個体差のなかでも，多くの研究者たちが興味をもったのは，知能の差異とその測定で，1905年，フランスのビネ（Binet, A.）とシモン（Simon, T.）は精神発達遅滞児をスクリーニングするための知能検査尺度を作成した。その後，第一次世界大戦下のアメリカでは，短期間に多数の兵士を選別する必要性から，集団に施行できる集団式知能検査が開発された。人格検査は，1904年にユング（Jung, C. G.）の言語連想検査に関する論文が発表され，また1921年には，ロールシャッハ（Rorschach, H.）の『Psychodiagnostik（精神診断学―知覚診断的実験の方法と結果―）』が公刊された。　　→知能検査，人格検査
(長瀬浩一)

心理社会的危機　エリクソン（Erikson, E. H.）はライフサイクル論のなかで，乳児期から老年期まで発達を八つの段階に分け，各発達段階には克服しなければならない固有の心理社会的危機が出現するとした。例えば乳児期では「基本的信頼―基本的不信」という対立関係がその心理社会的危機である。ただし，危機とは必ずしも否定的な意味を表すのではなく，発達の可能性に向けての転換点であり，発達は危機を通じて新たな段階へと力動的に達成されるのである。　　→ライフサイクル
(長瀬浩一)

心理社会的リハビリテーション　精神科リハビリテーションのなかで，特に心理的社会的側面からアプローチすることをいう。精神疾患の病態を生物・心理・社会的にとらえるストレス―脆弱性モデルを前提として発展し，現在では心理社会的要因に対応する治療論の要とも位置づけられる。障害レベルとしては，主として能力障害，一部の機能障害（精神症状）を対象とするが，包括的にみれば社会的不利や疾病予後にも影響を与える。実際は地域・家庭生活の維持と向上，退院の促進，再発予防，危機介入を目的に行われ，具体的には認知行動療法，家族療法，心理教育，生活技能訓練，デイケア，就労援助，生活援助，訪問看護，作業療法などの方法論をもって実践される。わが国でも脱施設化と地域ケアが重要視されており，障害のレベルに合わせたリハビリテーションの展開と，生活の質を念頭に入れたケアマネジメントとの統合が進められている。　　→心理教育，社会生活技能訓練
(上原徹)

心理判定員　児童相談所，知的障害者更生相

談所，婦人相談所等の機関で心理学的な診断や援助を行う専門職である。児童相談所の心理判定員（判定を掌る所員）は，児童福祉法第16条の2に基づき配置される。職務内容は，①児童・保護者等の相談に応じ，診断面接・心理検査・観察等によって児童・保護者等に対し心理診断を行う，②児童・保護者・関係者等に心理療法・カウンセリング・助言指導等を行う（児童相談所運営指針）。国家資格化はされていない。

(大島道子)

診療所 医療法（昭和23年法律第205号）により，「医師又は歯科医師が，公衆又は特定多数人のため医業又は歯科医業を行う場所であって，患者を入院させるための施設を有しないもの又は19人以下の患者を入院させるための施設を有するものをいう」と定義されている。クリニックとも標榜されている。診療所を開設するためには，保健所を経由して都道府県知事に開設許可の申請を行い，認可された後に開設の届出をする必要がある。管理者は専任の医師（歯科診療所にあっては歯科医師）でなければならない。昭和40年代から，多数の長期在院者を抱えた病院中心の精神科医療に対し，精神科診療所を拠点として，統合失調症（精神分裂病）患者等に対する地域精神医療を展開する動きがみられるようになった。精神科デイケアや精神科訪問看護指導，通院精神療法等に対する診療報酬上の手当がされるようになるにつれて，精神科診療所は都市部を中心に増加し，最近では神経症などの患者を主対象とする診療所の増加が著しい。また交通不便地に立地する精神科病院が駅周辺にサテライト診療所を開設するなど，多様化がみられる。実数の把握は困難であるが，日本精神神経科診療所協会加盟の診療所は，2004年4月現在で1214か所となっている。
→病院，精神科医療施設　　　　(佐藤三四郎)

診療報酬 医療保険の保険者が，保険診療を医師・医療機関に委ねる場合，その保険診療に要した費用の対価として保険者から医師・医療機関に支払う費用のこと。わが国の診療報酬支払い方式は出来高払い方式（または点数単価方式）で，医師・医療機関が，毎月，患者に対して行った診療行為について診療報酬点数表に従って個々の診療行為ごとに計算してレセプト記入し，社会保険診療報酬支払基金（国民健康保険の場合は，国民健康保険団体連合会）に請求する方式である。診療報酬の支払い方式にはさまざまある。例えばイギリスの一般開業医の場合，一定数の住民の健康管理を請け負い，その対価として住民1人当たり年間定額の診療報酬を受け取る，人頭請負制である。　→医療保険制度，病院　　　　　　　　(松渓憲雄)

心理療法 「心」「精神」に対する治療。精神療法，サイコセラピーとも呼ばれる。心的，情緒的，行動的障害を心理的な手段によって変容しようとする行為を指す。単に心理療法というとき，治療者と患者が一対一で面接し，患者の葛藤，感情，記憶，幻想などについて主に言葉を用いて交流することをいうが，個人だけでなく集団（通常6人から12人）を対象にして行われることもあり，この場合は集団心理療法という。また，成人に比べると言語表現がまだ十全でない子どもを対象にしても「遊び」を通じた治療，遊戯療法が行われている。成人に対しても，言葉とともに，絵画などを通じた芸術表現も手段として用いられ，これは絵画療法，芸術療法といわれる。　→精神療法　　　　(長瀬浩一)

進路発達検査 進路の選択と適応に関わる発達の過程は，段階的に区分でき，それぞれの段階ごとに同世代に共通する発達的な課題があるとされる。この検査は，こうした進路発達モデルに従って，発達課題と比較対照することによって，個人の進路発達の成熟度を評価する。その尺度としては，例えば，①選択過程への関わり方，②仕事へのオリエンテーション，③意思決定の独立性，④選択要因に関する好み，⑤選択過程についての考え方，⑥問題解決能力，⑦計画能力，⑧職業情報理解力，⑨自己理解能力，⑩目標選択能力などの側面からとらえる（クライツ，Crites, J. O.）。実際の活用は，対象者の自己理解を深めさせるよりも，進路指導やカウンセリングの担当者が支援する際に，発達的な視点からアプローチすることを促す。また，自ら提供する進路支援サービスの効果を客観的に

把握したり、より効果的で効率的な支援サービス活動を組織化するために用いることが多い。
(松為信雄)

す

水準均衡方式 1984年以降現在も採用されている生活保護法の生活扶助算定方式。具体的には、格差縮小方式の場合と同様、予算編成時に公表される政府経済見通しの民間最終消費支出の伸び率（国民の生活水準の伸び）を基礎として、前年度までの一般国民の消費水準との調整を行い改定率を決定する方式。この方式は、1983年12月の中央社会福祉審議会生活保護専門分科会の中間報告において、①現在の生活扶助基準は一般国民の消費実態との均衡上ほぼ妥当な水準に達している、②生活扶助基準の改定にあたっては当該年度に想定される一般国民の消費動向を踏まえると同時に前年度までの一般国民の消費水準との調整を図る必要がある、という意見具申により導入に至っている。　→マーケットバスケット方式、エンゲル方式、格差縮小方式
(畑江倫ز)

膵臓〔pancreas〕消化器系器官の一つで腹背方向でみると胃の裏側に位置し、左右方向に約15cmの細長い形をしており、右端は膨らみ、膵頭といい、左端を膵尾という。膵臓からは消化液である膵液が産出されて十二指腸に注がれる。膵臓はまた内分泌器官でもあり、膵臓実質内に内分泌腺が多数散在している。この腺はランゲルハンス島と呼ばれており、血液中のグルコース（血糖）の量の調節を行うホルモンを産出している。特にランゲルハンス島細胞の7割を占めるβ細胞からは血糖値を下げる働きをするインスリンが分泌される。若年者にみられるインスリン依存型糖尿病はβ細胞の廃絶が原因である。
(高橋徹)

錐体外路症状 意識的な筋肉運動をつかさどる運動神経路は大脳皮質から発し延髄の錐体で交叉して下降するため錐体路と呼ばれるが、これ以外の運動神経路は錐体外路と総称され、無意識的な筋肉の緊張、協同運動などを調整する働きをもっている。この錐体外路に何らかの障害が起きて、その結果生じる病的症状を錐体外路症状と呼んでいる。錐体外路は主に大脳基底核といわれる大脳深部の神経細胞群から発しており、この部位の器質的、あるいは機能的障害がさまざまな神経症状を発現する。錐体外路症状には、一般に筋肉の緊張が亢進し運動が減少するものと、筋緊張は低下し運動亢進するものに分けられるが、パーキンソン症候群は前者に含まれ、後者の例としては舞踏病、アテトーゼ、ジスキネジアなどがある。中枢性ドーパミン遮断作用をもつ向精神薬は副作用として、パーキンソン症状や遅発性ジスキネジアなどの錐体外路症状を引き起こすことがある。　→ジスキネジア
(岩田柳一)

睡眠時無呼吸症候群 夜間睡眠中に頻回に換気停止が起こり、睡眠が妨げられ日中の眠気、集中困難などの臨床症状を呈するものをいう。7時間の睡眠中に10秒以上続く換気停止が30回以上、または1時間当たり5回以上起こる場合に診断される。原因により中枢型、閉塞型、混合型の三つのタイプに分けられ臨床的には閉塞型が多い。中枢型は何らかの理由により睡眠時の呼吸運動そのものが減弱ないし停止するもので、中枢神経疾患、筋疾患、心疾患に伴うものや原因のはっきりしない本態性中枢型無呼吸がある。閉塞型は睡眠時に上気道が閉塞することで起こるもので、なかでも舌根が弛緩し後方に落ち込んで気道を閉塞するものが多い。治療法としては、中枢型の場合は原疾患の治療を行い、閉塞型の場合は、鼻閉、扁桃腺肥大、肥満などの原因の除去が重要である。睡眠薬、アルコールの摂取などは増悪因子となる。また、重度の呼吸障害に対しては気道を広げる外科手術や経鼻持続陽圧呼吸なども行われる。　→睡眠障害
(岩田柳一)

睡眠障害 睡眠の質的、量的異常の総称。不眠、過眠、ナルコレプシー、睡眠時無呼吸症候群、睡眠覚醒の概日リズムの障害および睡眠時

随伴症（パラソムニア）などが含まれる。不眠の原因には騒音，振動，光などの環境要因，躁うつ病，統合失調症（精神分裂病）などの精神疾患に伴うもの，一般身体疾患による不眠，薬物の中毒や離脱によるものなどがあるが，直接的な原因がないにもかかわらず，不眠への過度のこだわりと不安が持続し，慢性的に不眠と覚醒時の機能障害の訴えが続く場合があり，精神生理性不眠症，あるいは原発性不眠症などと呼ばれる。一般に不眠症という場合は精神生理性不眠症を指す。不眠の症状には入眠困難，睡眠の持続の障害，早朝覚醒などがある。不眠の治療はその原因に応じて行われるが，不眠症の場合，入眠を過度に意識するために緊張して，さらなる不眠を招く悪循環を形成していることが多く，睡眠導入剤を用いた治療のほかに精神療法の関わりも必要となる。　→睡眠薬

(岩田柳一)

睡眠薬　中枢神経抑制作用をもち睡眠を誘発，持続させる薬剤の総称。その化学構造の特徴により，バルビツール酸系，ベンゾジアゼピン系，その他に大別され，作用時間の差により超短時間型，短時間型，中間型，長時間型に分けられる。作用時間が短く，睡眠誘発作用が強い睡眠剤を睡眠導入剤と呼ぶこともある。バルビツール酸系は強力な催眠作用があり，睡眠時間も増加させるが，大量服用時の毒性や身体的，精神的依存が生じやすい等の問題があるため，現在，睡眠障害の治療に主として用いられているのは安全性が高く，依存性も少ないベンゾジアゼピン系およびシクロピロロン系などの薬剤である。睡眠薬は不眠症をはじめとする睡眠障害に有効であるが長期に連用すると中止時に不眠が増悪する反跳性不眠や依存が問題となり，運動失調，作用の持ち越しによる眠気倦怠感，記銘力障害などの副作用もあるので過量にならぬよう常に留意し投与期間も必要最小限にとどめるべきである。　→睡眠障害, 向精神薬

(岩田柳一)

スーパービジョン〔supervision〕　スーパーバイザー(supervisor：熟練のワーカー)が，スーパーバイジー(supervisee：経験の浅いワーカー)に対して，その人の能力を最大限に生かして，よりよい実践ができるように責任をもって教育訓練を行うもので，ソーシャルワーカーの現任訓練や社会福祉を学ぶ学生の教育訓練の重要な方法として位置づけられている。スーパービジョンの目的は，第一にワーカーの養成である。専門職としての知識・技能・倫理を一人で身につけることは容易ではないが，スーパーバイザーの側面的な援助によって成長する。第二に，機関の機能に沿って，援助の質を高めることである。ワーカーは自分の属する機関や地域を知り，そこで専門性が十分に発揮できるように訓練を受ける。スーパービジョンの発展は，ソーシャルワークの歴史の初期から始まる。わが国でも，分野別（児童相談所，福祉事務所，医療・精神保健福祉の分野など）や専門職集団（日本ソーシャルワーカー協会，日本医療社会事業協会，日本精神保健福祉士協会，日本社会福祉士会など）で実施されている。スーパービジョンの主要な機能としては，教育的機能，管理的機能，援助的機能がある。教育的機能は，スーパーバイザーとスーパーバイジーとの関わりを通して知識・技法・態度・倫理などを身につけていく。管理的機能には，仕事の負担・ケース数・効率や手順の遵守などのいわゆる管理者・監督の側面と，利用者の変化するニーズへの対応や組織のなかで機能を十分に遂行しているかといった専門職的側面がある。援助的機能は，支持的，心理的機能ともいわれるもので，スーパーバイジーの情緒的サポートである。スーパーバイザーとスーパーバイジーの関係は，ソーシャルワーク過程におけるワーカー・クライエント関係に近い。スーパービジョンの種類には，個別スーパービジョン（スーパーバイザーとスーパーバイジーの1対1の関係），グループ・スーパービジョン（同一職場を越えた複数のスーパーバイジーによるスーパービジョン），チーム・スーパービジョン（同じ組織内で共通の課題をもつスーパーバイザーによるもので，広義にはグループ・スーパービジョンに含まれる）の三つが主要なものである。このほかに，ライブ・スーパービジョン（スーパーバイジー

が実際の面接を行い，傍らにスーパーバイザーが同席するもので，「なまの」場面を両者が直接に経験する）やピア・スーパービジョン（同一の職場や同じ専門職集団の仲間によるグループ・スーパービジョン）の形態もある。　→個別スーパービジョン，グループ・スーパービジョン，ピア・スーパービジョン　　　（久保紘章）

ズービン〔Zubin, Joseph：1900-1990〕　アメリカの精神医学者。統合失調症（精神分裂病）の病因・病態についての実験心理学的，精神生理学的研究を精力的に行い，その成果は脆弱性（vulnerability）モデルとして集大成された。このモデルは，すべての人間はそれぞれある程度の脆弱性をもっているが，ライフイベントによるストレスがその個人の脆弱性の閾値を超えると精神病エピソードが生じるとするものである。この脆弱性には，先天的なものも後天的なものも，また生物学的なものも環境的なものも含まれる。この脆弱性モデルは，その後，リバーマン（Liberman, R. P.）やチオンピ（Ciompi, L.）の理論へと発展した。　→ストレス―脆弱性モデル　　　　　　　　　　　　（平松謙一）

スキナー〔Skinner, Burrhus Frederic：1904-1990〕　アメリカの最もラディカルな行動主義者。パブロフ（Pavlov, I. P.）の行ったレスポンデント条件づけに対し，スキナーは動物が「能動的に」行動する条件下でのオペラント条件づけを，動物の行動形成（学習）の基本形と見なした。動物のすべての行動は外部刺激（の集合）によって完全に規定されるものと主張し，内的なもの・心的過程による行動の説明を拒否したが，1959年のチョムスキー（Chomsky, N.）による批判以降，その主張は説得力を失っていった。　→オペラント条件づけ　　　（足立自朗）

スクールカウンセラー〔school counselor〕　学校において主として児童生徒のメンタルヘルス（心の健康）や学校への適応の問題，人間関係の問題等に関わる相談活動に従事するカウンセラーである。わが国では1995年文部省が公立学校にカウンセリングの専門家を派遣するという事業として始まった。臨床心理士，精神科医および児童生徒のカウンセリングに高度に専門的な知識と経験を有するものが，スクールカウンセラーとして週8時間雇用されている。この制度は，いじめ問題の深刻化，いっこうに減少しない不登校への対策として立案されたものである。スクールカウンセラーは，校内にカウンセリング室をもち，児童や生徒の心理的な問題のカウンセリングに当たるほか，家族や教師に対するコンサルテーション，児童・生徒・教職員・保護者を対象とした精神保健についての啓発的な活動を主な業務としている。　→学校精神保健　　　　　　　　　　　（上林靖子）

スケープゴート〔scapegoat〕　他者の罪をあがなうために犠牲にされる対象のこと。古代ユダヤ教の宗教儀礼に由来する言葉で，「身代わりの山羊」ともいわれる。危機的な問題事象や社会的不安の発生期に，共同体成員の不満・憎悪・恐怖などの心理的ストレスを除去し，共同体の秩序の維持を図るために，罪なき犠牲者が選ばれ，攻撃対象とされることがある。特に偏見・差別の対象となりやすいマイノリティが犠牲者となりやすいことが，歴史的事例（ナチス政権下のホロコーストなど）を通じて指摘されている。　→差別　　　　　　　　　　　（土屋淳二）

鈴木栄太郎〔すずきえいたろう：1894-1966〕　長崎県生まれ。1922年東京帝国大学文学部卒業。アメリカ社会学とイギリス社会学・社会人類学の影響を受けながら日本の農村社会，都市社会，国民社会と朝鮮社会に関する調査研究を試み「自然村」概念，都市の「結節機関説」などの多くの研究成果を提示した。主著に，『日本農村社会学原理』（1940），『都市社会学原理』（1957），『朝鮮農村社会踏査記』（1944），『国民社会学原理ノート』（1975）がある。（清水浩昭）

スターン〔Stern, Daniel N.：1934-〕　スイスのジュネーブ大学とアメリカのコーネル大学の教授を兼ねる児童精神医学者。従来精神分析は成人から得られた知見をもとに人間の乳幼児期の発達論を生みだしたが，スターンはこれに直接観察した新生児や乳児の知見を統合させ，人生最初期にあたる乳幼児期の自我発達について新しいとらえ方を呈示した。スターンの発達理論では「新生自己感」「中核自己感」「主観的自

己感」「言語的自己感」という四つの自己感の概念を用いている。　　　　　　（堀田香織）

スチューデント・アパシー〔student apathy〕大学生にみられる神経症性の無気力・無感動状態。ある時点から特に理由もなく無気力になり、勉学への意欲を失い、あるいは長期留年者や休学者になる。しかし、サークル活動などには参加するなど登校拒否とは状態像が異なり、またアルバイトなど本業以外には意欲を示す点で統合失調症（精神分裂病）やうつ病とも異なる。1961 年にウォルターズ (Walters, P. A.) がアメリカの大学生のなかに見いだし命名したが、以後は主に日本で注目されてきた。　（川野健治）

スティグマ〔stigma〕 ゴッフマン (Goffman, I.)、スピッカー (Spicker, P.) の著作が 1980 年代に邦訳され、スティグマの概念が紹介されている。もともとはギリシャで奴隷・犯罪人・謀反人であることを示す焼き印・肉体上の「しるし」「烙印」のことである。スティグマは個人に属する肉体的、性格的、集団的特徴などに対する否定的な周囲の反応で、多くは深い考えもなしに社会的に十分に受け入れられる資格を剥奪、あるいは差別し、その人のライフチャンスをせばめている。統合失調症（精神分裂病）に対するスティグマと差別は著しく、多くの精神障害者がスティグマに苦しんでいる。そのイメージは、統合失調症は「不治の病である。暴力的で危険。怠け者で信頼できない。何をするか予測がつかない。働くことができない。自分の人生を自己決定できない。両親の責任である。一生を通じて徐々に病気が進行する」などがあり治療や施策において、隔離収容主義的な考え方が是正されず、隔離収容されてしまうことやマスコミなどの報道がさらにスティグマを助長している傾向が現在も続いている。（天野宗和）

ステレオタイプ〔stereotype〕 社会成員の間に広く受容されている固定的・画一的な観念や誇張されたイメージのこと。人間集団に対して付与されるステレオタイプは、単純化され歪曲化された紋切り型のイメージを人々の内面心理に植えつけることにより、イメージ付与の対象となる集団の把握を容易にさせる一方で、非好意的イメージが付与された集団への敵意を正当化し、偏見と差別を醸成する危険性がある。ステレオタイプがマスメディア等を通じて大衆煽動に利用される問題も古くから指摘されている。　→偏見　　　　　　　　　　　（土屋淳二）

ステロイド精神病　副腎皮質ステロイド剤の副作用として起こる精神障害の総称。多幸、興奮、抑うつなどの感情障害様の症状や統合失調症（精神分裂病）様の幻覚妄想状態、せん妄、錯乱、意識障害などさまざまな精神症状が現れるが、比較的よくみられるのは、うつ状態である。ステロイド剤の投与開始後、数週間経ってから発病するケースが多い。ステロイド剤の投与量が多いほど発生率は高くなるといわれているが、投与量と病像や症状の持続期間との間には明らかな相関関係がない。治療としてはステロイド剤の減量、中止が優先されるが、原疾患の活動性を考慮すると、減量を行うことは必ずしも容易でないことが多い。その場合はステロイド剤を続けながら抗うつ薬、抗精神病薬などを標的となる症状に合わせて使うことになる。またステロイド剤が有効な全身性エリテマトーデスなどの膠原病には原疾患に伴う精神症状もあり、ステロイド精神病との鑑別が問題となることも多い。　　　　　　　　（岩田柳一）

ストレス〔stress〕 ストレスという言葉は、もともと物理学や工学の分野で使われていた「外から力が加えられたときに物体に生じる歪み（不均衡）」を意味する言葉であったが、これを医学の領域に導入したのはカナダのセリエ (Selye, H.) で 1935 年に発表している。セリエによると「さまざまな外的な刺激（ストレッサー）が加わった場合に生体に生じる歪み（ストレス反応）の状態」とストレスを非特異的なものとして概念化している。そしてその生物学的なメカニズムとして視床下部―下垂体―副腎系の反応としてストレス反応を規定した。セリエはストレス学説のなかで、ストレス反応の経時的な変化を警告反応期、抵抗期、疲弊期として説明している。警告反応期はさらにショック相、反ショック相に分かれている。ストレッサーは大きく分けて 4 種類に分けられており、それぞ

れ物理的ストレッサー，化学的ストレッサー，生物的ストレッサー，心理社会的ストレッサーとしているが，生体に加わるあらゆるものがストレス反応を招来する。一方，キャノン (Cannon, W. B.) は緊張場面での反応を闘争・逃走反応として，交感神経興奮状態をストレス反応の生物学的な機構の一端として発表している。また，ストレッサーに対して生体がそれ自身で，一定の幅で安定した状態を維持(ホメオスターシス)したり，生体防御機構の存在もストレスを理解する上で重要な反応である。最近特に注目を浴びているのは，心理社会的ストレッサーによる健康障害の問題である。高度に機械化された現代社会では身体的ストレスよりも心理社会的ストレスによるさまざまな問題が指摘されるようになり，ホームズ (Holmes, T. H.) らの大事件ストレスに対する「社会再適応評価尺度」やラザルス (Lazarus, A. A.) らの「日常の苛立ち事」などがその評価法としてよく知られている。また，このような心理社会的ストレスへの対処法（ストレスコーピング）の重要性も指摘されてきており，さまざまな観点から検討が加えられてきている。　　　　　　　　　　(石川俊男)

ストレス関連疾患　生体にさまざまな外的刺激が加わるとストレス反応が生体に生じるが，それらが嵩じたり，重篤なストレッサーの暴露では生体防御機構の破綻を招き，結果的に健康障害を発症することがよく知られている。特に心理社会的要因によって生じる健康障害を総じてストレス関連疾患という。ストレッサーも最近では日常生活でのさまざまな苛立ち事の積み重ねが重要視されており，それらによって生じる疾病が多いといわれている。ここにはいわゆる生活習慣病，心身症，行動異常，神経症やうつ病などが入ることになる。生活習慣病では，社会生活での日々のストレスによって結果的に生じる乱れた生活習慣が心身の健康に障害を及ぼしている場合も少なくない。また，職場での過剰労働や過重な責任，人間関係の問題などが影響した心身の疾患も少なくない。日頃のストレスマネジメントの重要性と適切な生活習慣の維持が課題である。　→ストレスマネジメント
　　　　　　　　　　　　　　　(石川俊男)

ストレス―脆弱性モデル〔stress-vulnerability model〕統合失調症(精神分裂病)者の病態についてズービン (Zubin, J.) が提唱した説。その後リバーマン (Liberman, R. P.) やチオンピ (Ciompi, L.) によって，リハビリテーション分野における対処技能の開発へと発展していった。「ストレス―脆弱性―対処―能力モデル」(リバーマン)は，主要な精神疾患の症状や生活機能障害の発症，経過，転帰の過程を，心理生物学的条件，環境条件，行動的条件などの相互関係から説明する。家族や職場での緊張やストレス過剰な事態が生じたとき，心理生物学的な面で脆弱性があると，精神症状やさまざまな障害が引き起こされる。だが，他方で，それに対する防御因子があったり，それが作用して得られる対処技能と力量の程度によって，ストレス因子や脆弱性が機能障害，生活障害，社会的不利に及ぼす影響が弱まる。この防御因子は，患者自身，家族，支援ネットワークや専門家の治療や支援，リハビリテーションプログラムなどで得られる。このように条件間の相互関係のあり方で個人の病状や障害が変化することを示唆することから，このモデルは，精神障害者のリハビリテーションを考える場合の一つのモデル図式となっている。　→社会生活技能訓練　　　　　　　　　　(松為信雄)

ストレスマネジメント〔stress management〕主に心理社会的ストレスに対する対処法を意味して使われている。ストレス関連疾患の治療や予防だけではなく健康増進や労働意欲の向上などの目的でも利用されているが，よく利用されている技法としては自律訓練法や交流分析，認知行動療法，ヨガ，気功，太極拳，芸術療法などである。また，ストレスへの気づきやそのコントロール手法を教える教育講座なども活用されている。欧米ではストレスマネジメントに関する経済効果も指摘されている。労働形態が肉体労働から知的労働へと質的転換を果たした日本を含む欧米の先進諸国では，心理社会的ストレスに対するマネジメントの重要性が指摘されている。　→ストレス関連疾患　　　(石川俊男)

ストレングス〔strength〕 個人または集団があらゆる側面において固有にもっている能力、才能、資源、適応力などを総体とした強さ。内的・外的働きかけによって、発達・成長する。エンパワメント理論の中核となる概念である。ストレングスに着目した実践研究は1980年代からアメリカで始まり、ストレングス視点と呼ばれている。ストレングス視点に基づくソーシャルワーク実践はリッチモンド（Richmond, M. E.）にその源流がみられ、生活モデルなどにもその要素が内包されている。　→エンパワメント

(廣江仁)

スピアマン〔Spearman, Charles Edward : 1863-1945〕 イギリス生まれの心理学者。軍役後、1904年にライプチッヒ大学で博士号取得。知能の二因子説を示した。これは、知能が「すべての課題に共通して作用する一般(g)因子」と、「それぞれの課題だけに独立に作用する特殊(s)因子」からなるとするものであり、因子分析の考え方の基礎となった。また、二変数間の関係を表す一方法であるスピアマンの順位相関係数、テスト得点の信頼性係数を推定する一方法であるスピアマン＝ブラウンの公式などで名を知られる。古典的テスト理論の分野での貢献も大きい。

(萩生田伸子)

スピッツァー〔Spitzer, Robert L. : 1932-〕 アメリカの精神医学者。現在の精神科診断学の主流となった操作的診断基準システムのもととなるアメリカ精神医学会のDSM-Ⅲの作成責任者である。DSM-ⅢやDSM-Ⅲ-Rのほかにも、コンピュータによる精神障害診断手順DIAGNO、精神障害総合評価尺度GAS、うつ病の生物学的研究用診断基準RDC、感情病および統合失調症（精神分裂病）用面接基準SADS、DSMに基づいた構成面接基準SCIDなどを開発した。

(平松謙一)

スペリー〔Sperry, Roger Wolcott : 1913-1994〕 アメリカの神経科学者。コネティカット州ハートフォードに生まれ、シカゴ大学に学び、その後、ハーバード大学などを経た後カリフォルニア工科大学で精神生物学教授となる（1954～1984）。スペリーは神経生理学の分野で1966年左右の大脳半球における機能の差を発見した。彼は左右の大脳半球を連絡する脳梁を切断された症例について神経心理学的研究を行い、左半球は言語および言語による論理的・分析的情報処理に、右半球は直接的な知覚的・統合的過程に優れていることを指摘し、以後この分野の研究が盛んになった。1981年にノーベル生理学医学賞を共同受賞。

(堀田香織)

スペンサー〔Spencer, Herbert : 1820-1903〕 イギリス・ダービー生まれの哲学者・社会理論家で、社会学の創始者の一人。自由主義的個人主義ならびに社会進化論の立場から社会有機体説を唱え、社会は自由競争・適者生存の原理に従い、社会的分業を通じて単純社会から複合社会へ、軍事型社会から産業型社会へと進化するとした。なお、社会の均衡を社会静学、変動を社会動学によって解明する総合社会学の樹立を目指した。主著に『Social Statics（社会静学）』(1850)、『The Study of Sociology（社会学）』(1873) などがある。　→社会有機体説

(土屋淳二)

スラム〔slum〕 大都市で貧しい人々が密集して住む地域・区域のことを指す。スラムは社会病理的な特徴の多くをもっており、一般地域社会から隔離された独自な地域社会を形成している。例えば、低所得層が過密に集住するために、さまざまな社会問題があり、①貧困の増大、②犯罪の蔓延、③生活環境の劣悪化、④健康障害の日常化、⑤孤独と疎外の常態化、などの社会問題が顕在化している。

(山口幸照)

刷り込み現象〔imprinting〕 インプリンティング、刻印づけともいう。ハイイロガンなどの鳥は孵化後に初めて出会った動くものを、それがなんであれ、そのあとを追いかけるようになる。このような誕生直後の初期経験で成立する特殊な学習が「刷り込み」であり、次のような特徴がある。学習の成立が発達初期のある期間（臨界期）に限られ、一度成立するときわめて安定的で非可逆的である。早期に完了した刷り込みが成長した後の行動に影響を与えることがある。

(長瀬浩一)

せ

性格 ⇨人格

生活環境〔living environment〕 生活とは，人間が社会的に機能しながら行動することによって生きていく過程そのものを指す。また，その人間を取り巻く外界との関係や影響を与えるもののすべてを環境という。つまり，生活環境とは，人々が人生を送る生活場面において，さまざまに影響し合う物的・社会的・態度的な環境を総称するものである。これまでの生活環境の概念化は，「住環境」の観点から論理化される傾向にあったが，近年になって，生活者と相互作用する環境の総体を示す概念に拡大し，安全かつ健康で快適な環境を維持できる「生活の質（quality of life）」にも焦点化されてきた。その典型は，WHOが生活環境に焦点をあてて改定した「国際生活機能分類（ICF）」（2001年）によって示されている。そこでは，人々が生活し，人生を送る物的・社会的・態度的な環境によって，人々の生活機能が構成されるものとした。そして，「環境因子（environmental factors）」とは，人々が生活し，人生を送っている物的な環境や社会的環境，人々の社会的な態度による環境を構成する因子のことである。この因子は個人の外部にあり，その人の社会の一員としての実行状況，課題や行為の遂行能力，心身機能・構造に対して，肯定的な影響または否定的な影響を及ぼしうる」としている。これら人と環境の相互作用を多次元の視点から分類することで，生活環境を評価しようとする中立的で普遍的な基準を示している。　→クオリティ・オブ・ライフ，国際生活機能分類　　　　（石川到覚）

生活構造 個人や世帯・家族の生活の総体的な特徴を指し示す概念。社会構造や社会環境と関連づけて，生活に表れる一定の構造化されたパターンを把握するために使われる。しかし，生活のどの側面に着目して概念化するかは論者によって多様であり，多義的な概念である。社会政策論的な生活研究における生活構造論は，生活時間の配分構造や家計構造に焦点をあててきた。一方，社会学の領域では，生命・生活の生産・消費の循環式を生活構造とみる生活体系論，家族の成員・装置・規範・目標から生活構造をとらえる家族周期論，個人の社会関係の総体，あるいはそれが生活課題達成のために動員されるパターンを生活構造とみる都市社会学的な生活構造論などが現れた。　　　（野沢慎司）

生活困窮者緊急生活援護要綱 終戦後，戦災者，引揚者，離職者などが急増したことへの政府の臨時応急措置。1945年12月に生活困窮者に対して宿泊，給食，救療施設の拡充，衣料寝具その他生活必需品の給与，食料品の補給等の生活援護を行うことを内容とする「生活困窮者緊急生活援護要綱」を決定し翌1946年4月1日から実施。あくまでも臨時的，応急的措置であり，並行して新たな救済法規制定の検討が始められ，1946年9月に旧生活保護法が公布された。　→旧生活保護法　　　　　　　（平木美保）

生活史 ⇨ライフヒストリー

生活支援 生活支援という表現は，わが国の精神保健福祉の分野では主に1990年代より用いられることが多くなった。精神障害者に対する援助が，制度的には専ら医療あるいは保健の問題として取り扱われてきたそれまでの長い時代を経て，1993年の障害者基本法をもって，ようやく福祉的な課題であることが法的に位置づけられたことで，精神障害者の生活を側面的に支えていく視点が重要視されるようになってきた。そこには，精神障害者は自らの生活の主体者であり，必要な情報が十分に提供された上で，自らが望む生活の実現のために，自己決定の下に精神保健福祉士をはじめとした専門職と市民が協働して必要な支援をしていく方向性が示されているのである。生活支援の背景にある考え方は，従来の「援助」が，ともすると援助する側とされる側の一方向性の関係であったものを転換し，同じ生活者としての視点をもった対等性や双方向性の関係を志向したものであり，障害者の自立生活運動やノーマライゼーション思

想に深く影響されたものでもある。生活支援の具体的な内容は多岐にわたるが，支援を必要とするクライエントの相談を基本に，確認されたニーズの充足のために行われる。それは，日常的な家事援助サービスであれ，社会参加の場の確保であれ，就労支援であれ，あるいは間接的な地域の啓発活動であれ，生活支援そのものが精神障害者の権利擁護と直結した取り組みであるということに留意しなければならない。また，生活支援の実践フィールドは，精神障害者が慣れ親しんだ地域社会（コミュニティ）が基本であり，たとえ入院中であっても，いずれ戻る地域を想定した援助実践が精神保健福祉士には求められる。ここに「地域生活支援」という実践概念が重い意味をもつのである。　→ノーマライゼーション，自立生活運動　　　（木太直人）

生活支援員　地域福祉権利擁護事業において，専門員と利用者との間で締結した支援計画に基づき，福祉サービス利用援助，日常的金銭管理サービスなどの援助を行う者をいう。生活支援員には社会福祉士や精神保健福祉士の配置も想定されたが，実際に基幹的市区町村社会福祉協議会に登録されているのは，地区担当外の民生委員やホームヘルパーが多い。初めて精神障害者と関わる生活支援員も多く，研修のあり方が今後の課題である。　→地域福祉権利擁護事業，専門員　　　　　　（木太直人）

生活支援ハウス　1990年度に創設。当初は高齢者生活福祉センターと呼んだ。高齢者に対し介護支援機能，居住機能および交流機能を総合的に提供する小規模多機能施設。原則60歳以上の独居，老夫婦世帯者，家族による援助を受けることが困難な者を対象とし，定員は概ね10名程度。事業内容は，①居宅での生活が困難な者に住居を提供，②居住者に対する各種相談，助言，緊急時の対応等を行う，③通所介護または訪問介護等の介護サービスの提供，または保健福祉サービスの利用手続きの援助を行う，④利用者と地域住民との交流を図る各種事業と場の提供を行う。　　　　　　　　　　（三村規）

生活時間〔time allocation, time use〕　生活行動に費やされる時間量や生活行動の時間帯を指す。当該行動に費やされる時間量を，1日当たり平均時間ないしは1週当たり平均時間などとして測定したり，当該行動がなされる1日のうちの時間帯を測定し，社会的属性による比較，行動環境による比較，時系列比較などをすることにより，社会的行為のパターンを分析することができる。近年は，いわゆる無償労働としての家事労働の分析における適用が注目されている。　　　　　　　　　　　　　　（熊谷苑子）

生活習慣病　生活習慣の影響を強く受けて発症する疾病をいう。三大死因の悪性新生物，心疾患，脳血管疾患をはじめ，糖尿病や高血圧性疾患などがそれで，これらの疾病は成人期以降に発症するものが多いので成人病と称されていた。しかし，成人病は若いときからの生活習慣によって引き起こされるもので，1996年に公衆衛生審議会・成人難病対策部会において「成人病」の呼称を「生活習慣病」と変更することに決まった。成人病では早期発見・早期治療の「二次予防」が重視されたが，従来の「二次予防」に加え，「一次予防」という考え方が重視されるようになった。「一次予防」とは健康的な生活習慣を確立することが，疾病の発症そのものを予防することになるというものである。　（成相恒）

生活障害　岩本正次は1968年に出版された『生活科学入門』のなかで，「生活には生活を支え，また疎外する生活の基盤があり，生活者はそのなかで生活を守り，向上させようとする。したがって，生活要求がゆがめられながらも，一定の方向に充足するという事実が明らかになってきた」と述べ，「生活とはある条件の下において，人々の要求がいろいろの手段を用いて充足される過程の総体である」と生活の定義を試みた。そして，精神障害者があたりまえの生活を手に入れたくても，実現できないことに生活上の困難さがあり，そのことを「生活障害」という呼び方をした。このことは精神障害と対立する概念として反対する意見もあり，柏木昭は「まわり障害」と呼んだほうが適切ではないかと主張した。谷中は「生活障害」を「生活のしづらさ」に置き換え，障害を固定したものではないと指摘をした。さらに，障害を生活上の能

力障害という個人的な課題性としてみなすだけでなく、生活の支えや生活の条件、環境を整え、その人なりの生活を成り立たせることが重要であると主張した。このことから生活支援という具体的な方法へと踏みだした。生活支援では「生活のしづらさ」を訓練や指導によって回復させることではなく、物・制度・人などで補完、補強していくことで生活を支えることを強調した。その反面、法や制度上の改善要求には「生活障害」を前面に出して、生活上の能力障害に対するサービスの必要性を訴えた。見浦康文は「生活障害」という名称を使って社会生活レベルでの障害を整理し、アパート確保、就労、自炊、金銭自己管理、貯金、仲間づくりへの支援の必要性を述べた。村田信男、臺弘は日常生活上の対応のまずさとして障害をとらえた。臺は「生活障害」を①日常生活の仕方のまずさ、②人づきあい、挨拶、他人に対する配慮、気配りのなさ、③仕事場での、疲れやすさ、まじめさと要領の悪さの共存、飲み込みの悪さ、習得の遅さ、手順への無関心、能率・技術の低さ、④生活経過の安定性の欠如、⑤すべてにわたる現実離れした空想、生きがいの消失、動機づけの乏しさ、と具体的に整理をした。田中英樹は「生活能力障害」は食事の仕方、服装、金銭管理、服薬管理など日常生活をこなす技術の不十分さを指していると述べ、「生活障害」は「生活能力障害」を含み、精神障害者の障害特性を生活場面で表現した日常生活や社会生活上の困難を示す広義の言い方であると指摘している。「生活障害」は生活上の能力の障害を意味づけてはいるが、もう一方で生活上の能力を発揮できない状況にも注目をしなければならない。すなわち、社会参加への制約や偏見など疎外状況を生みだしているもので、生活上の障害物を取り払う作業も重要である。個人の能力の問題だけでなく、生活上の障害物をも視野に入れて考えなくてはならない。　→生活のしづらさ、生活支援

(谷中輝雄)

生活年齢／精神年齢　知能検査結果の表示の仕方の一つである知能指数を算出するときに用いるもの。精神発達を年齢段階で表現しようとするときに使われる。生活年齢は、被験者の実際の生物学的年齢を表し、暦年齢ともいわれる（ただし、一般には、生活年齢は15〜16歳までとする）。一方、精神年齢は知能検査で得られた得点に応じた年齢で表される。この二つの年齢を元に、次の式で知能指数が算出される。知能指数＝精神年齢／生活年齢×100　→知能検査、知能指数

(菊池礼子)

生活の質　⇨クオリティ・オブ・ライフ

生活のしづらさ　精神障害者の疾病や障害の部分に注目するのではなく、精神障害者を地域における生活者としてとらえ、疾病や精神病院への長期入院の弊害により生じた生活上の困難をいう。地域における精神障害者への生活支援を展開する活動では、精神障害者のありのままの姿を認めて、その人の暮らしへの夢を聞き、その夢の実現に向けて、環境を整えることから生活のしづらさを解決していこうという考え方で、生活支援活動が展開されていった。　→生活障害

(増田一世)

生活場面接接〔life space interview〕　レドル (Redl, F.) によって1950年代に提唱され発展した面接技法である。ジャーメイン (Germain, C.) は、生活モデルに生活場面面接を取り入れている。面接には、構造化された面接と構造化されない面接があり、その構成要素には、「時間、場所、回数、人数、契約」などがある。従来の社会福祉援助場面での「面接」は、援助者の所属機関である病院や社会福祉施設内の面接室において、一定の時間を確保して行われ、必要に応じ次回面接の予約をするという面接（構造化された面接）を指すことが多かった。一方、生活場面面接は、クライエントの生活空間において行われる面接である。例えば、病棟の部屋や廊下での立ち話、散歩途中に座ったベンチでの会話など、あるいは、食事介助や入浴介助中に交わす会話などが考えられる。面接室での一定時間内で行われる構造化された面接よりもより緩やかであり、その用い方によっては効果的側面をもつ面接技法であると注目されている。→面接技法

(松本すみ子)

生活福祉資金貸付制度　都道府県社会福祉協

議会が実施主体となって行われる，低利または無利子の各種貸付制度。低所得世帯などの経済的自立と生活意欲の助長促進を図り，その世帯の安定した生活を確保することを目的としている。貸付対象世帯は，資金の種類に応じて，低所得世帯，障害者世帯，高齢者世帯，失業者世帯となっている。貸付の種類は，①生業を営むのに必要な経費，その支度費，技能習得費を貸し付ける「更生資金」，②障害者が生業を営むのに必要な経費，支度費，技能習得費を貸し付ける「障害者更生資金」，③結婚，出産，葬祭に必要な経費や，障害者が福祉用具を購入する際の費用など，臨時的な支出について貸し付ける「福祉資金」，④住宅の改修などの費用を貸し付ける「住宅資金」，⑤修学費や就学支度費を貸し付ける「修学資金」，⑥「療養・介護資金」，⑦緊急的かつ一時的な少額の必要経費を貸し付ける「緊急小口資金」，⑧「災害援護資金」，⑨失業者世帯に対し，再就職するまでの生活資金を貸し付ける「離職者支援資金」，⑩低所得の高齢者世帯に対し，一定の居住用不動産を担保に生活資金を貸し付ける「長期生活支援資金」がある。貸付世帯に対しては，民生委員が訪問活動等を通して必要な援助を行う。　→民生委員制度
（山本文枝）

生活扶助　生活保護の扶助のなかでも根幹をなす扶助。その中心は「衣食その他日常生活の需要を満たすために必要なもの」で，これは日本国憲法で定める「健康で文化的な最低限度の生活」を具現化したものともいえる。生活扶助基準は全国を6区分してその級地ごとに定められている。都市部ほど基準額が高い傾向にある。飲食物費，被服費，理容衛生費等個人単位で消費する経費（第1類），光熱水費，家具什器費など個人単位というより世帯単位で計算すべき経費（第2類）があり，第1類は年齢別に，第2類は世帯人員数をもとに決められる。冬季には寒冷の度合いによって燃料費等の必要額が異なるため地区別冬季加算が計上される。この生活扶助基準は個人差を吸収し平均的なものとして設定されているが，これを補うものとして加算制度がある。障害者，老齢者，母子世帯，妊産婦，在宅患者等個別的な特殊事情により，常に平均より経費が多くかかる者に対し経費を補うものである。以上の経常的な生活扶助基準に加え，臨時的需要に対応するために一時扶助がある。これは一般の生活扶助の基準と別個に設定されている。被服費（おむつ，寝巻きなど），移送費，家具什器費，入学準備金などがそれにあたる。　→保護の種類，第1類基準，第2類基準
（平木美保）

生活保護基準　保護の要否を決めるための尺度として用いられると同時に，生活保護費の支給の程度を決めるための尺度としても機能している。生活保護法では，「健康で文化的な最低限度の生活水準」という抽象的な概念のみが示されており，具体的な基準は，生活保護法第8条において，厚生労働大臣が定めること，また要保護者の年齢，世帯構成，所在地域等を考慮して，最低限度の生活需要に対して過不足ないものでなければならないことを規定していることに基づき定められている。現在わが国において最低生活水準を設定するにあたっては，いわゆる相対的水準論の立場に立って行われており，原則として1年に1度改定，厚生労働省告示で示されている。　→公的扶助　（畑江倫子）

生活保護の基本原理　生活保護法に示された生活保護制度の理念ないし基本的な考え方となる四つの原理。生活保護法全体にかかわり，その解釈と運用の全般的な指針となることが期待されている。いわば，生活保護法における憲法的位置を担っている。具体的には，①保護は国家の責任において行われるとする「国家責任の原理」，②すべての国民は，生活保護法の定める要件を満たす限り，無差別平等に保護を受けることができるとする「無差別平等の原理」，③健康で文化的な最低限度の生活を保障するとする「最低生活保障の原理」，④保護は，利用し得る資産，能力その他あらゆるものを活用してもなお，最低限度の生活に足りない部分を補足するとする「保護の補足性の原理」がある。　→国家責任の原理，無差別平等の原理，最低生活保障の原理，保護の補足性の原理　（山本文枝）

生活保護法〔昭和25年法律第144号〕　現行

生活保護法は，1950年に旧生活保護法の全面改正によって誕生した。国家責任による最低限度の生活の保障と自立の助長を目的として掲げ（第1条），無差別平等や保護の補足性といった基本原理を示すとともに保護の諸原則を定めており，正に日本国憲法第25条の生存権保障の理念を具現化するものである。生活保護法には，保護の種類および範囲や保護の方法，実施機関に関する規定はもとより，被保護者の権利義務や不服申し立てに関する規定も整備されている。また，法定受託事務（地方自治法第2条第9項）として国から委託を受けて保護を実施する都道府県や市区町村が，施行規則や施行令に基づいて事務を処理することにより，地域による実質的な不均衡が生じないよう配慮されている。具体的な保護の決定は，厚生労働大臣が定める生活保護基準によって測定した要保護者の生活費需要と，要保護者の収入との比較によってなされ，その不足分を補うように被保護世帯の個々の需要に応じて，8種類の扶助が選択的に適用される（第8条〜第11条）。保護の実施に要する経費のうち保護費については，国が3/4，保護の実施機関が1/4を負担するのが原則であるが，居住地のない者については都道府県が1/4を負担する。また，保護施設設備費については，国が1/2，都道府県が1/4，設立主体が1/4を負担することになっている。ただし，国は2005年度から国庫負担率を引き下げる方向で地方自治体との調整に入っている。経済不況の影響もあってか，ここ数年の保護率は上昇してきており，2003年度の国の生活保護予算額は1兆5000億円を超えている。　→旧生活保護法，生活保護基準，生活保護の基本原理

（坪内千明）

生活モデル　⇨医学モデル／生活モデル

生活問題　社会問題として生じる失業や労働災害，環境汚染，健康破壊，障害や高齢への介護問題などが人間の命と暮らしを脅かし，それが広範な人々に及んでいる場合，これを生活問題ととらえる。現実的には貧困化（生活必需品を購入できない），家事や介護力の低下，情報やサービス利用からの阻害・脱落などのかたちで顕在化する。現代は誰もが生活問題に直面する可能性があるが，疾病・障害などと貧困の悪循環が集中的に及ぶ人や集団があり，生活問題の解決をその課題とする社会福祉はこうした人々へ焦点をあて続けることになる。しかし，日本では国民全体を覆う構造的不況，将来への不安などから，新たな多次元にわたる生活問題が広く発生することが危惧される。　（池末美穂子）

生活臨床　1958年に群馬大学精神科で始められた「精神分裂病の再発予防5カ年計画」（後に，予後改善計画と改称）を母体として生まれた統合失調症（精神分裂病）者を対象とする治療指針で，江熊要一らによって提唱された。伝統的診断や精神病理の解釈，分析より病者の生活者としての側面を重視するところに特徴がある。生活臨床の基本的技法は社会生活の場面における診断と働きかけと称する助言，指導からなる。診断においては病者の生活全体の癖ともいえる生活特性の把握に力が注がれた。生活特性はさらに生活類型と生活特徴の二つの要素を含む。生活類型とは，時間の流れのなかで明らかになる生活に取り組む姿勢のことで，現状に不満で自ら生活を拡大させる「能動型」と周囲の人がつくりだすまで生活拡大しない「受動型」があり，前者の方が再発や生活破綻をきたしやすいとされた。生活特徴は病者の指向する課題のことで金銭，異性，名誉，健康など四つの範疇に分けられ，これらの課題に関するストレスが再発の引き金になりやすいと考えられた。治療にあたっては上記の診断を踏まえ，能動型には経験の蓄積と活用を促す個人面接が重んじられ，受動型には主として環境調整が重要とされた。生活臨床は，その実際的方針やわかりやすさが医師，看護師，ソーシャルワーカー，保健師等，地域で活動する多職種の従事者に広く受け入れられ，病者を地域で支える技法として発展し，地域精神保健活動の普及に寄与したが，類型化をはじめとして病者を対象化する方法論は従事者側の一方的な決めつけとなるおそれがあり，また働きかけも多様な生き方を模索する病者に対し画一的な押しつけに陥る危険がある等の弊害が指摘された。近年の精神科リハビリ

テーションの発展に伴いさまざまな理念や方法論が導入され，生活臨床そのものを標榜実践する者は少なくなっているが，生活臨床が提唱，発展させた理念と方法論は現在も意義を失っていない。　→精神科リハビリテーション

(岩田柳一)

請願権　国または地方公共団体の機関に対し，その職務に関する事項について，希望・苦情・要請を申し出，その受理を求める権利。日本国憲法第16条によって保障され，請願したことによっていかなる差別待遇も受けないこととされている。この権利の性格について，従来は受益権（国務請求権）とする見方が支配的だったが，近時は，請願が民意を直接国会や政府などに伝える点を重視し，一種の参政権とみる見方が有力である。

(相川裕)

請求権／支配権　請求権とは，他人の行為（作為または不作為）を請求することができる権利をいう。支配権とは，私法上，権利の客体を直接支配しうる権利の総称である。請求権と異なり，権利の目的である利益を享受するために他人の行為の介入を必要としない。支配権の例としては，物権や無体財産権が挙げられる（ただし，これらの権利が侵害されたときに生じる物権的請求権，損害賠償請求権等は請求権である）。請求権は債権と同じ意味で用いられることも多いが，厳密には，物権や親族関係からも請求権は生じうる（物権的請求権，扶養請求権等）。

(相川裕)

生業扶助　生活保護法で定められた扶助の一つで，原則金銭給付で行われる。生業費，技能修得費，就職支度費に分類され，支給については，その者の収入を増加させ，自立を助長できる見込みのある場合に限られている。生業費は生計の維持を目的とする小規模事業に必要な資金，器具などのための経費で，技能修得費は職業に就くために必要な技能を修得するための経費をいう。技能修得のための期間は原則として1年以内，自立更生上特に効果があると認められる場合で2年以内となっているが，はり・きゅう技術の養成を受ける視覚障害者などについては特例が設けられている。就職支度費は就職準備のために費用が必要な場合に支給される。
→生活保護法，保護の種類　　(並木麻理子)

政教分離の原則　国家は宗教そのものに干渉すべきではないとする，国家の非宗教性ないし宗教的中立性の原則。国家が国教を設けたり特定の宗教に特権的地位を与えたりすると，それと異なる信仰をもつ者や無宗教者に対する宗教的迫害が生じうることから，信教の自由の保障のために政教分離が要請される。日本国憲法における政教分離（日本国憲法第20条第1項後段，同条第3項，第89条）の主眼は，国家と神社神道との徹底的な分離という点にあるとされる。

(相川裕)

制限能力者制度　私的自治の原則を前提とし，自己の行為の法的な意味を理解する能力のない者およびそのような能力の劣る者の保護を図るとともに，取り引きの安全を実現しようとする制度。民法上，未成年者（第4条），成年被後見人（第8条），成年被保佐人（第11条ノ2），成年被補助人（第15条）が挙げられており，それぞれ単独でなし得る行為等が定められている。制限能力者が能力者であることを信じさせるため詐術を用いた場合，その行為は取り消すことができない（第20条）。かつては無能力者制度と呼ばれていた。

(登坂真人)

制限の原則　グループワークの実践原則の一つで，メンバーやグループの行動に制限を設け，状況に応じて活用し援助を深めていくこと。グループワーク実践において，グループワーカーはメンバーを受容しメンバーの意見を尊重していくが，そのメンバーの行為がグループのメンバー個人やグループ全体の関係を乱したり傷つけるものである場合，必要に応じて的確な対応でメンバーの行動を制限しなければならない。制限はメンバーを保護し，メンバーのエンパワメントを助け，グループの成長を促進するためのものであり，受容の原則とは相反しない。　→受容

(平林恵美)

性差別〔sexism〕　性別を根拠に人を差別することをいう。女性に対する差別を指すことが多い。性差別の内容は，政治的権利の不平等，雇用や教育に関する社会的不平等など公的領域

における差別だけでなく、男を職業労働、女を家事・育児に振り分ける性別役割分業やドメスティック・バイオレンスなど私的領域に及ぶ女性抑圧、メディアのなかの差別表現など多岐にわたる。歴史的にみると、19世紀後半から20世紀初頭にかけて高まりをみせたフェミニズム第一の波においては、女性参政権運動に代表される公的領域の制度的性差別が主な主題であり、1960年代後半に先進産業諸国で起こったウーマンリブ運動を契機とするフェミニズム第二の波においては、性別役割分業やセクシュアリティなど日常的社会関係に埋め込まれた性差別が問題にされるようになった。今日の世界的な女性差別撤廃の基準は、1979年に国連が採択した「女子差別撤廃条約」である。日本は1985年に同条約を批准し、1999年には性差別に関連する初の包括的法律である「男女共同参画社会基本法」を制定した。公私両領域における男女の伝統的役割を変更し女性に対するあらゆる形態の差別を撤廃することを規定した女性差別撤廃条約の精神に基づいて男女平等政策を実現するとともに、日常性のなかの性差別を常に自覚的に問い直していくことが重要である。　→フェミニズム、性別役割分業　　　　　（山根真理）

脆弱性―ストレスモデル　⇨ストレス―脆弱性モデル

成熟優位説　発達の順序は、本質的に生物学的なシステムと成熟のプロセスによるものであって、環境は補助的な役割にとどまるとする考え方。1920年代に、ゲゼル（Gesell, A.）らによって提唱された。また、「行動理論」「認知―発達論」等も、同じく正常な環境を前提とし、生物学的な方向づけに重きを置くものであったが、環境と個体の成熟との関係は、近年では相互に連動し、ともに重要な要素となるとの考え方が主流である。　→ゲゼル　　　　（菊池礼子）

正常圧水頭症　脳脊髄液が異常に貯留し、脳体積の増大、脳室の拡大をきたした状態を水頭症という。通常は脳脊髄液圧が亢進しているが、1965年アダムス（Adams, R. D.）らは、脳室は拡大しているが脳脊髄液圧が正常の症例を報告し、正常圧水頭症と名づけた。臨床的には、痴呆、歩行障害、尿失禁を三主徴とし、外科的シャント術で症状の改善をみるため、治療可能な痴呆の代表として注目された。原疾患に続発して起こる続発性のものと、原因不明の突発性のものがあり、原疾患としては、脳動脈瘤の破裂によるクモ膜下出血、頭部外傷、髄膜炎、脳腫瘍、脳梗塞などがある。成因としては、脳表クモ膜下腔からの脳脊髄液の吸収に障害があると考えられている。痴呆を呈するため、アルツハイマー病、脳血管性痴呆などとの鑑別が問題となる。治療は脳脊髄液を脳室または髄液腔から体腔に流し、髄液の循環をよくするシャント術が行われ半数近くの症例に有効といわれている。　→痴呆　　　　　　　　（岩田柳一）

性障害〔sexual disorders〕　DSM-Ⅳでは性機能不全と性嗜好異常を性障害に含めている。性機能不全は性反応曲線の各過程における心理的生理的障害であり、性的欲求ないし興奮の障害、オルガズム障害、性交疼痛障害などを含む。性嗜好異常は普通でない性的対象や行為のために苦痛や社会的障害を伴うものをいい、露出症、フェティシズム、小児性愛、性的マゾヒズム、性的サディズムなどを含む。臨床的判断にあたっては社会的、文化的背景も考慮する必要がある。　　　　　　　　　　　（岡崎伸郎）

生殖家族　⇨定位家族／生殖家族

精神医学〔psychiatry〕　人の精神の病的状態に関連する学問的研究や治療的実践に関わる内科系の医学の一分野。精神医学（Psychiatry）の語は、1808年ライル（Reil, J. C.）により最初に用いられたとされる。精神障害者を鎖から解放したピネル（Pinel, P.）が近代精神医学の創始者と目されるが、医学の一分野として確立されたのは、1900年代初頭にクレペリン（Kraepelin, E.）が早発性痴呆と躁うつ病を二大疾病単位として提唱したあとである。同世代のフロイト（Freud, S.）の精神分析学はアメリカで広く受け入れられた。治療法として、1930年代に電気けいれん療法やロボトミーが行われるようになり、1950年代に抗精神病薬クロールプロマジンが開発されてからは、向精神薬による治療が普及した。19世紀から精神障害者は大精神病院に

収容されてきたが，1950年代後半に至り，脱施設化政策が取られるようになり，社会精神医学研究の成果を踏まえて地域ケア重視の時代へと転換した．日本では，榊俶が1886年に初代東京大学医科大学教授となり，呉秀三らがこれを発展させた．戦後はドイツ精神医学に代わり英米の精神医学の影響を強く受けるようになった．しかし1950年の精神衛生法施行以降，精神病床が増加し，英米のようには地域精神医療は発展しなかった．宇都宮病院事件など精神病院内での不祥事件が多発したことを受け1987年に精神保健法が成立した．以来，社会復帰のための施策が打ち出されてきているが，精神科入院患者数は2001年7月現在まだ33万2714人とあまり減少していない．精神医学の基礎となる脳科学は1990年代に画像解析，神経化学，分子生物学など幅広い分野で飛躍的な発展を遂げ，精神疾患患者のDNA解析も進んでいる．精神医学の臨床も，対話や観察を基礎として，ICDやDSMなどの診断法を用い，CTスキャン，脳波，SPECTなどさまざまな補助的診断器具を駆使し，実証に基づいた治療法（evidence-based medicine）が目指されるようになってきた．精神医学は，児童青年期精神医学，老年精神医学，アルコール・薬物精神医学，社会精神医学，地域精神医学，病院精神医学，司法精神医学，産業精神医学，精神科リハビリテーション学，精神科救急学，精神科診断学，精神科治療学などに専門分化している． （白石弘巳）

精神医学的能力障害評価面接基準〔psychiatric disability assessment schedule : DAS〕WHOによって開発された5部門61項目からなる面接基準で，精神障害者の社会生活能力を評価する尺度の一つ．社会的活動性の障害や社会的役割遂行の障害などに焦点を当て，過去1か月間の社会生活の総合的な評価を行う．国際的な使用を前提にしているため，多文化間での利用が可能なように工夫されており，精神障害者のリハビリテーションプログラムの開発や地域ケアのニーズ測定などに活用されている．
→精神医学 （岩田柳一）

精神医療審査会 精神保健福祉法第12条に規定され，都道府県知事の下に置かれる行政組織である．1987年精神衛生法改正により，入院患者の人権に配慮した医療を行う観点から，入院継続の要否や処遇の適否等を公正かつ専門的に審査する機関として設けられた．精神医療審査会の業務は，精神病院の管理者から都道府県知事へ，①医療保護入院者に係る入院時の届出，②措置入院者に係る6月ごとの定期の報告，③医療保護入院者に係る12月ごとの定期の報告があったときに，当該入院中の者についてその入院の必要があるかどうかに関し審査を行う（第38条の3第2項）こと，また精神病院に入院中の者またはその保護者から都道府県知事に対して退院請求または処遇改善請求があったときに，当該請求に係る入院中の者についてその入院の必要があるかどうか，またはその処遇が適当であるかどうかについて審査を行う（第38条の5第2項）こととされている．都道府県知事は，精神医療審査会の審査結果に基づき，措置入院者にあっては措置解除をし，その他の入院患者にあっては精神病院の管理者に対して退院命令をし，また精神病院管理者に対して処遇改善命令をする等必要な措置を採ることを命ずることができる．精神医療審査会の運営にあたっては，精神障害者の人権に配慮しつつその適正な医療および保護を確保する観点から公正かつ迅速な対応が必要とされる．そのため精神医療審査会は，①精神障害者の医療，②法律，③その他の学識経験を有する者によって構成され，それぞれ3人，1人，1人計5人の合議体によって審査を行っている．1999年の法改正により，15人とされていた委員数の上限は削除されたことで審査の迅速性が確保された．委員の任期は2年で，都道府県知事から任命される．その他精神医療審査会に関し必要な事項は政令（同法施行令第2条）で定められている．また，「精神医療審査会運営マニュアル」が厚生省大臣官房障害保健福祉部長通知（平成12年3月28日障第209号）で示されており，各都道府県の精神医療審査会はこのマニュアルの考え方に沿って精神医療審査会運営の規則を定め，審査を行っている．1999年の法改正では，さらに精

神医療審査会に報告徴収権として診療録等の書類提出を求める権限，精神保健指定医である委員に患者の診察を行う権限，関係者に出頭を命じて査問する権限が付与され，機能の強化が図られた。また，2002年4月からは事務局が都道府県庁から精神保健福祉センターに移管された。措置権限をもつ行政機関が退院請求等の審査の事務を行うことへの内外からの批判を考慮したものであるが，本来の第三者機関として，行政機関から完全に独立した機関となることが望まれる。　　　　　　　　　　　（佐藤光正）

精神運動減弱　精神的要素を含む運動，行為などが全般的に衰え，減弱していることを指す。精神運動障害は，かつて精神の中枢と運動の中枢をつなぐ伝導路が存在し，この部位の障害により起こると考えられたが，この考え方は今日では否定され臨床医学概念として精神的要素を含まない運動（神経疾患による不随意運動など）と区別して用いられている。精神運動減弱と類似する概念として，うつ病の際にみられる精神運動制止がある。　　　　　　　　（岩田柳一）

精神運動興奮　感情や欲求が高まるか，あるいはそれらの情動を抑制しようとする働きの減弱によって，爽快感や怒り，不快感などの感情の高まりや恐怖感，不安感とともに，行動が増加した状態である。これらの状態は，神経失調による不随意運動と区別して，精神過程によって運動が増加した場合のことを示す。精神運動興奮には，代表的なものとして躁病性興奮と統合失調症（精神分裂病）急性期の緊張病性興奮がある。しかし，脳炎やせん妄などの外因性精神障害に伴うものも多い。　　　　（井上眞）

精神運動発作〔psychomotor seizure〕　国際分類ではてんかん発作を全般発作と部分発作に大別する。部分発作は発作中に意識障害がない単純部分発作と意識障害を伴う複雑部分発作に分ける。精神運動発作はこの複雑部分発作で従来から側頭葉発作といわれてきたものである。症状は意識障害を伴い後に健忘を残す。発作は意識障害に引き続いて自動症（automatism—まとまりはあるが状況にそぐわない目的を欠く行動）が出現し，後に健忘を残す。　→てんかん　　　　　　　　　　　　　　　　（吉川武彦）

精神衛生実態調査　厚生省は過去4回の精神衛生実態調査を行った。第1回目は，1954年精神衛生行政を推進するための基礎資料として全国推計値を知ることを目的とし，100地区4895世帯（2万3993人）全員に精神科医が全戸世帯訪問によって実施された。第2回目は1963年で，1965年の精神衛生法改正の基礎資料となった。その後10年ごとに実施されたが，第3回目（1973年），第4回目（1983年）は全国各地で実態調査は人権侵害であると反対運動が強まり，第4回目の調査は，地域住民への直接調査ではなく37都道府県の精神科関係医療施設を対象に入院者と通院者についてのみ行われた。その後は，国の指定法人である全国精神障害者家族会連合会が，患者や家族を対象としたニーズ調査を実施しているが，国としての実態調査は実施されていない。復帰する前の沖縄では1966年に第2回目の調査と同様な調査方法で実態調査が行われている。　　　　（天野宗和）

精神衛生社会生活適応施設　精神衛生社会生活適応施設は，1981年に精神衛生社会生活適応施設運営要綱（公衆衛生局長通知）により定められた施設で，開設されたのは熊本県あかね荘のみである。入院の必要はないが，独立して日常生活を営むことができない精神障害者に対して，生活の場を提供し，社会適応に必要な生活指導を行う施設。1987年の精神保健法改正により，あかね荘は援護寮として位置づけられた。　　　　　　　　　　（三石麻友美）

精神衛生センター　1965年の精神衛生法改正では，保健所が地域における精神保健行政の第一線機関と位置づけられた。精神衛生センターは，保健所に対する技術指導援助などを行う各都道府県における技術的中核機関として設けられた。現在の精神保健福祉センターの前身である（1987年の精神保健法で精神保健センター，1995年の精神保健福祉法で精神保健福祉センターと改称）。1969年に「精神衛生センター運営要領」が出され，①技術協力・技術援助，②教育研修，③広報普及，④調査研究，⑤精神衛生相談，⑥協力組織の育成，の6項目がセンタ

ーの業務として規定された。　→精神保健福祉センター
（宮崎洋一）

精神衛生法〔昭和25年法律第123号〕　戦後、新憲法の成立を受けて1950年に公布・施行された法律である。議員立法で成立した。主な内容は、①精神障害者の医療保護の徹底、国民の精神的健康の保持向上を法の目的に規定した、②精神病者の私宅監置を禁止した、③都道府県の精神病院設置義務を規定した、④法の対象を精神病者に精神薄弱者と精神病質者を加えて精神障害者と規定した、⑤措置入院制度、同意入院制度を新設した、⑥精神障害者の拘束を決定するために精神衛生鑑定医制度を新設した、⑦保護義務者制度を新設した、⑧精神衛生相談所の設置、訪問指導を規定した。この際、精神病者監護法と精神病院法は廃止されたが、法律の中心は強制入院の制度化であって、社会防衛思想がなお色濃く反映されていた。1954年6月の法改正では非営利法人が設置する精神病院の設置および運営に要する経費に対して、国庫補助の規定が設けられた。同年7月の精神衛生実態調査で精神障害者の全国推定数130万人のうち要入院者は35万人であり、当時の病床がその1/10にも満たないことが判明した。この数字は社会防衛思想を基盤としたものであったが、国庫補助規定が重要な契機となり、精神科病院が次々と設立されて、1960年には約8万5000床に達した。1963年の精神衛生実態調査を受けて、発生予防から治療、社会復帰までの一貫した施策を内容とする法の全面改正が検討された。しかし、1964年3月にアメリカのライシャワー駐日大使が精神障害のある少年に刺されて負傷するという、いわゆるライシャワー事件が発生したため、1965年の法改正では、社会防衛の考え方が再び強まり、社会復帰施策は展開されなかった。主な内容として、①保健所を地域の精神保健行政の第一線機関として位置づけ、精神衛生相談員を配置できることとし、在宅精神障害者の訪問指導、相談事業を強化した、②保健所に対して、技術援助指導などを行う各都道府県の精神衛生の技術中枢機関として精神衛生センターを設置できるとした、③通院医療費公費負担制度を新設した、④警察官、検察官、保護観察所長および精神病院管理者による、精神障害者の通報、届出制度を強化した、⑤緊急措置入院制度、入院措置の解除規定、守秘義務規定を設けた。この法改正は入院の手続きを整え、精神障害者の隔離・収容化を促進させ、その後の精神病院の増加を推し進めることとなった。精神衛生法は、1987年に精神保健法へと改正・改称し、1995年精神保健及び精神障害者福祉に関する法律に改正・改称された。　→ライシャワー事件，精神衛生実態調査，精神保健法，精神保健及び精神障害者福祉に関する法律
（岩上洋一）

精神科医療施設　医療施設は文字どおり医療を行う施設である。これは医療法に規定されている。主として医療保険制度で運用されているものである。医療施設に対するものに福祉施設がある。前者は「治療の場」で、後者は「生活の場」「働く場」、そして「憩いの場」である。精神保健福祉法では、それぞれに対応する施設が示されている。医療施設は病院と診療所に大別される。精神科病院には単科精神病院と総合病院精神科がある。診療所はクリニックと標榜されることも多い。これには有床と無床とがある。こうした分類は従来のものであった。1980年代以降、医療・福祉の分野で大きな変化がみられるようになった。疾病、人口動態、経済を含めた社会のあり方が大きく変わったからである。そうした変化が医療側に影響を与えたともいえる。それは医療の機能分化であり、医療と福祉の隔壁の希薄化であった。精神科医療施設は慢性病棟・急性病棟の機能分化（これは一般病棟・療養病棟・急性病棟というかたちで実現）、児童思春期病棟・老人病棟などのライフステージに対応した特殊病棟の成立、デイケアなどの入院・外来の中間機能をもったもの（これには介護老人保健施設も含まれる）、またアルコール病棟や痴呆疾患治療病棟など特定疾患に対応するものなどがある。それぞれの施設に対して設置基準や職員配置に関する規定がもうけられている。　→診療所，病院
（丸山晋）

精神科救急医療サービス　予防医学的観点からみると、精神科救急医療には、新たに発生し

た救急事例に迅速に対処し，早期治療を目指す二次予防的役割と，急性期治療を終えて在宅治療に移行した患者の再発予防を目指す三次予防的な役割とがある。医療の継続性や一貫性を重視する医療機関は，三次予防的役割を得意とする反面，治療関係のない救急患者への対処を苦手とする。特に病床密度の低い大都市部では，新たに発生する救急事例への対策を行政に委託せざるを得なくなる。ここに，三次予防重視の「医療モデル」と二次予防重視の「行政モデル」という二つの精神科救急システムがイメージされることになる。医療モデルの救急サービスには，①電話相談，②往診・訪問サービス，③救急外来診療，④デイサービス(濃厚外来)，⑤クライシスホステル(援護寮等へのショートステイ)，⑥短期入院治療という6段階のサービスがある。番号が若いほど，医療費のコストは安く，患者の社会生活にもギャップが少ない。生活面・病理面でのダメージが浅いうちに危機介入すれば，経済的・心理的コストは安くてすむということである。行政モデルの救急サービスに要請される第一義的任務は，救急応需病院と救急病床の安定的確保である。救急エピソードの発生に際して，ユーザーも家族も，警察も消防も，立ち往生しなくてすむシステムを構築することである。国が進める精神科救急医療システム整備事業も，この任務を最重視して組み立てられることになっている。さらに，広く電話相談を受け付ける「精神科救急情報センター」，それに重症患者を手厚く治療する「精神科急性期治療病棟」の設置が行政モデルに義務づけられ有効に機能すれば，住民サービスは大いに向上するであろう。いずれにせよ，精神科救急医療システムがユーザー側の役に立つためには，医療モデルと行政モデルの相互補完が肝要である。　→精神科救急情報センター，精神科急性期治療病棟，ソフト救急／ハード救急
　　　　　　　　　　　　　　　(平田豊明)

精神科救急医療システム整備事業　都道府県単位での広域の精神科救急医療システムの源流は，1978年に東京都が開始した精神科緊急医療対策事業にさかのぼる。行政が責任を負う措置入院制度を夜間休日にも円滑に運用できることに主眼を置いて，都立病院と民間病院の役割分担（前者が診断と最初期治療，後者が後方転送受け入れ）を取り決めた。この事業をモデルとして，1990年代前半までには，全国7自治体が夜間休日の精神科救急医療事業を開始していた。こうした動きを受けて，1995年，厚生省は，一定の条件を満たす事業に対して，運営費用の半額を国庫補助とすることとし，精神科救急事業の全国展開を目指した。一定の条件とは，①都道府県を数ブロックの精神科救急医療圏域に分割し，②各圏域に夜間休日にも入院可能な病院（輪番制でも固定制でも可）を確保して救急事例に対応すること，③関係機関との連絡調整に当たる委員会を設置することなどであった。1999年の精神保健法改正に移送制度（第34条）が盛り込まれたことを機に，精神科救急事業の運用時間帯を夜間休日から24時間に拡張して，移送制度を本事業のなかに積極的に取り込むこと，そして精神科救急情報センターの設置を促すために，年額500万円の運営費用を国庫補助することが，厚生労働省から通知された。2003年3月末現在，47都道府県と5政令市がこの精神科救急事業を運営しているが，電話受付窓口が一般市民に公開され，24時間のフリーアクセスが可能といった救急医療の基本条件すら整っていない自治体が多く，同じ精神科救急事業を名乗っていても，地域によって別事業が展開されている観がある。今後は，基幹的な病院単位で地域医療の一環として実施されている救急診療活動（医療モデルの救急サービス）を縦糸とし，行政がこれに横糸を通すかたちで地域単位の精神科救急システムが再編されるべきである。　→精神科救急医療サービス，精神科救急情報センター，移送　　　(平田豊明)

精神科救急情報センター　1999年の厚生省通知によって公認された精神科救急医療システムの電話相談窓口である。その運営コストとして年額500万円が国庫から支出されることとなっているが，情報センターが備えるべき機能は必ずしも具体化されてはいない。ユーザー側からみれば，①電話番号の一般公開，②24時間受

け付け体制，③精神科専門スタッフの対応，④救急診療機関の紹介，が最低限必要な条件と機能である。医療供給側からみれば，これらに加えて，⑤迅速・的確な情報収集，⑥緊急度による振り分け（トリアージ），⑦関係機関との連絡調整（措置診察の法施行事務を含む），⑧危機介入的対応，という機能が備わっていれば申し分ない。精神科救急医療システム整備事業における電話相談窓口は，情報センターの条件を満たすには，まだ遠い現状にあるが，窓口機能を強化することによって，救急医療システム全体の機能水準を向上させる動因とすることもできる。　→精神科救急医療サービス，精神科救急医療システム整備事業，電話相談　（平田豊明）

精神科救急入院料　2002年4月より，診療報酬制度に精神科救急入院料が特定入院料として新設された。病院に精神保健指定医が5名以上で，病棟には医師16対1（精神保健指定医1名以上），精神保健福祉士2名以上，看護師2対1の職員配置が義務づけられ，病棟は1看護単位60床以下とし，隔離室を含む半数以上が個室であることとしている。その他に，検査，CT撮影が速やかに行われること，時間外・休日・深夜受診件数が年間200件以上で入院受け入れが可能であること，新規入院患者の6割以上が措置入院，緊急措置入院，医療保護入院または応急入院の患者構成であること等が定められている。2004年1月現在で13か所の病院がこの病棟を認可されている。　→精神科急性期治療病棟　（荒田寛）

精神科救護所　1995年1月に起こった阪神・淡路大震災の緊急対応として，保健所に設置された精神保健福祉分野の支援活動展開の場。震災当初，精神障害者は，住居の崩壊やライフラインの遮断により，避難所での生活を余儀なくされるなど治療を中断することも多く，精神医療や生活支援のニーズに対応するため，24時間体制で相談・訪問活動のほか，診察・投薬を行った。精神科ソーシャルワーカーを中心に嘱託医や県外の支援チーム，ボランティアが参加した。　→ライフライン，ボランティア　（荒田寛）

精神科急性期治療病棟　1996年に診療報酬表に新規掲載された精神科急性期治療を行う専門病棟。一定の基準を満たす病院においてこの病棟が認可され，一定の条件を満たす急性期患者に対して，1日当たり一定額の入院医療費（2001年4月現在，看護密度の高いAタイプに1万6500円，Bタイプに1万6000円）が定額支給される。検査や薬物療法は，この定額内に包括されるが，精神療法と電気けいれん療法は加算される。医療費給付額の割に認可基準や支払い条件が厳しいため，まだあまり普及していないが，診療報酬制度という医療技術の認定機構が，精神科に急性期治療の存在を認めた意義は大きい。今後は，この病棟を精神科救急医療システム整備事業にリンクさせ，医師密度が高く身体管理能力にも優れた総合病院精神科にこの病棟を設置することなどを通して，医療技術と医療費給付いずれの面でも，精神科入院医療を一般科並みの水準に引き上げる手掛かりとすべきである。　→精神科救急医療システム整備事業　（平田豊明）

精神科作業療法　無為好褥の常態にある精神障害者に作業をさせることによって残されている健康な精神活動を賦活し，病的思考からの立ち直りを図ろうとする試みはジーモン（Simon, H.）などによって古くから行われてきた。作業種目としては農耕，伐採，園芸などのほか，木工，手芸あるいは工賃を得られる手内職などが代表的である。これらの多くは病院内作業（病院の外に出るものであっても院内業務の延長に当たるものは病院内作業としてきた）と病院外作業とに分けられてきた。精神科作業療法の目的は，1日の生活リズムの獲得や週や月の生活リズムを獲得するほかわずかながらでも工賃を得るなどして勤労意欲を開発することなどにおかれた。そのほか作業を通じて共同意識を醸成することや複雑な人間関係を再体験するなどして社会へ戻るための訓練的な意味ももつこととなった。なかでも病院外作業は，入院中でありながら朝になると病院外の事業所に通いそこで与えられた仕事をこなして夕方には病院に戻るというような生活をすることによって社会復帰の訓練をしてきたものである。病院内作業であ

れ病院外作業であれ，工賃や賃金がきわめて低く設定されていることなどからこうした作業に精神障害者が従事することは搾取を助長することに当たるという考えから，これらは作業療法とはいえないという考えが強い。このため一時期は作業療法は廃れたかにみえたが，精神活動を賦活するという意味や対人関係を改善するという意味から改めて作業療法を考えるようになり，絵画や彫刻あるいは陶芸や染色などの創作的活動を作業療法と位置づけるなどして新たな発展を示している。作業療法は1974年から診療報酬制度の対象となったので医師の指示の下に作業療法士が行うものについては医療費が算定できるようになっている。　→作業療法士

（吉川武彦）

精神科ソーシャルワーカー〔psychiatric social worker：PSW〕　精神医学ソーシャルワーカーとも言われる。「精神科ソーシャルワーカー」は，厚生省が，公文書のなかで使用したのが一般化したものである。精神科ソーシャルワーカーは社会福祉学を基礎学問として，精神障害者を対象とし，精神障害者の社会参加を援助する専門家である。その援助技術は，個別援助，集団援助などがあるが，いずれもヒューマンエコロジーに依拠した「生活モデル」の視点からの援助である。歴史的には，アメリカで1918年にボストン精神科病院のソーシャルサービス部の主任になったジャレット（Jarrett, M. C., 1876-1961）により，組織的に推進が図られ始めた。アメリカ精神医学ソーシャルワーカー協会は1926年に結成されている。日本では，1928年の呉秀三教授在職25年記念文集『東京府立松沢病院の歴史』のなかで，「将来，遊動事務員を置く」という表現で精神科ソーシャルワーカーの必要性を予言している。また，村松常雄は，1948年頃から国立国府台病院に「社会事業婦」と称する精神科ソーシャルワーカーを置いた。1964年には日本精神医学ソーシャルワーカー協会が設立された。その後，柏木昭・小松源助が『異常心理学講座（第3巻）』のなかで，「アメリカ精神医学ソーシャルワーカー協会によって試みられた二つの定義（1955年）」を紹介し，日本での精神科ソーシャルワーカーの定義づくりに関する確認点を4点にわたって述べている。　→ソーシャルワーカー，精神保健福祉士，社会事業婦

（高橋一）

精神科ソーシャルワーカー業務指針　日本精神医学ソーシャル・ワーカー協会（現・日本精神保健福祉士協会）が1985年に業務検討委員会を設置し1988年に最終案がとりまとめられたものである。業務指針の主要な構成は，A）業務指針確立の一般的背景，B）業務指針の基本的視点，C）業務分類，D）業務の範囲，E）その他，となっている。基本的視点では対象者を生活者としてとらえることを明確にし，1）個の尊厳と人権の確保，2）対象者の主体性の尊重，3）知る権利や自己決定の保障，4）プライバシーの尊重，を挙げている。業務分類では，a）ケースワーク業務，b）グループワーク業務，c）地域活動業務，d）関連業務，からなり，それぞれの内容を明示した。業務の範囲は，a）受診・入院援助，b）療養上の問題解決と調整，c）経済問題調整，d）就労問題援助，e）住宅問題援助，f）教育問題援助，g）家族問題調整，h）日常生活援助，i）退院援助（社会復帰），j）医療における人権擁護，k）地域活動，となっている。その他では，a）PSW業務が適切に行えるための環境整備について，b）業務指針とともに検討すべきことを挙げている。協会がこの課題に取り組んだ背景には，一義的にはY問題の総括としてまとめられた「提案委員会報告」が示した重要な課題の一つであったこと，二義的には1987年に政府が医療ソーシャルワーカーの法定資格化を検討した際に，業務内容等についてさらに検討する必要があるとして資格化が見送られた経緯があり，1988年に政府が精神科ソーシャルワーカーも含むとした医療ソーシャルワーカー業務指針策定に向けた委員会を設置したこと，が挙げられる。　→日本精神保健福祉士協会業務指針

（大野和男）

精神科デイ・ケア　精神障害者が日中施設や病院に通い，集団活動を通じて治療や社会生活の訓練，支援などを受けるものである。精神科

デイ・ケアには，保健所の社会復帰指導事業やソーシャルクラブ，デイケアセンター，精神科病院・診療所のデイケアなどがある。そのうち医療機関の精神科デイ・ケアは，1974年に診療報酬点数化され，精神障害者の社会生活機能の回復を目的とする精神科専門療法として行われている。従事する職員は精神科医師と作業療法士，看護師の各1名，臨床心理技術者，精神保健福祉士等のいずれか1名の計4名で構成し，1日6時間，50名を限度として実施できる。内容は「社会生活機能の回復を目的とする」もので，その内容の種類は限定していない。実際には話し合いや講座，手工芸，音楽，料理等のプログラムを設け，職員のチームアプローチによる集団精神療法や生活技能訓練，治療教育などが行われている。利用者は各々異なった問題を抱えており，利用目標に沿って利用方法を決め，終了するまで評価や効果の判定が定期的に行われる。施設基準では，実施にあたって「患者の症状等に応じたプログラムの作成，効果の判定等に万全を期すこと」が定められている。またデイケアの施設基準には，利用者50名の「大規模なもの」以外に，利用者30名以内の「小規模なもの」もある。もともと精神科デイケアは，1940年代頃から入院に代わる外来治療の強化や，治療的患者クラブとして始まった。1946年ビエラ（Bierer, J.）が創設した治療的患者クラブは，多職種のチームによる集団精神療法を取り入れ，その後イギリスでデイケアやハーフウェイハウス，作業センターなどのコミュニティケアに発展した。カナダやイギリスで実施されたデイケアは，入院の弊害を避け，社会との調整を図る，孤立しがちな状況を回避する，社会的機能を高める，疾病や障害を受容する，セルフヘルプ機能による支援を行う，などさまざまな効果を認めている。このような国際的な流れを受け日本では1963年に国立精神衛生研究所でデイケアを試行し，数々の官，民間での実践を経て，1974年精神科デイ・ケアを診療報酬点数化した。1980年前後から施設基準の緩和や診療報酬の改定によって施設数も増え，障害者プラン最終年度2002年度には1158か所となり，整備目標の1000か所を超えている。当初のデイ・ケア施設は，利用者を一定期間で終結させ，就労や福祉サービスへの移行を想定していたが，利用者の多様化等のため，多くの施設が継続的な精神科ケアと生活支援に配慮した運営を行っている。雇用や通所施設，生活支援サービスが不十分なため，デイケアを長期に利用している面もあり，今後の雇用，福祉サービスの充実が望まれる。またデイケアはさまざまな治療や援助による複合的アプローチで，その効果測定や治療援助技術は各施設間で違いがあり，共通基盤となる理論や方法が求められている。→精神科ナイト・ケア，精神科デイ・ナイト・ケア，チームアプローチ，デイケア（栗原活雄）

精神科デイケアの施設基準　わが国の精神科デイケアは，1974年に保険診療で制度化された。1986年には精神科ナイトケアが保険診療化されたが，点数化されてもデイケアの開設は鈍かった。1987年精神衛生法が精神保健法に改正され，患者の人権と社会復帰が謳われたので，国はデイケアの点数を上げ，社会復帰の推進を誘導した。現行法で承認されている施設基準は，例えば1日50人を限度とする大規模デイケアの場合，精神科医師1人および専従する3人の従事者（作業療法士または精神科デイケアの経験を有する看護師のいずれか1人，看護師1人，精神保健福祉士等心理技術者等の1人）の4人で構成することが条件となっている。当該専用施設の広さは60m²以上で，かつ患者1人当たりの面積は4.0m²が標準となっている。精神科デイケアは昼間の一定時間（6時間程度）を，ナイトケアは午後4時以降，精神科デイ・ナイト・ケアは1人1日10時間を標準として，集団を用いた治療と活動を行うこととしている。規模により大規模デイケア，小規模デイケアに分かれ，設置基準や診療報酬額に違いがある。また，精神病院や診療所併設のデイケア，精神保健福祉センターのデイケア，単独のデイケアセンター等がある。　→デイケア施設

（佐々木勇之進）

精神科デイ・ナイト・ケア　デイ・ケアとナイト・ケアを併せもつ精神科専門療法で，1994

年診療報酬に精神科デイ・ナイト・ケアとして新設された。従事する職員はナイト・ケアと同様だが栄養士が加わる場合もある。利用者は30名を限度とし，実施時間は昼から夜の10時間。給食は3食を提供できる。昼夜精神科ケアを必要とする人や長期入院後の在宅生活への移行，社会資源が乏しい地域等で利用されている。効果的な療法であるが，精神科医療機関による生活の丸抱えの問題も指摘されている。　→精神科デイ・ケア，精神科ナイト・ケア（栗原活雄）

精神科特例　精神病などの患者を収容する病室を有する病院では，医療法で定められた標準以下の職員配置でよいという規定が精神科特例である。地域の病院の配置，病室の広さ，また医師や看護師をどの程度配置したらよいか等を定めているのは医療法であるが，その施行令では「主として精神病，結核その他厚生大臣が定める疾病の患者を収容する病室を有する病院は，（中略）厚生省令で定める従業者の標準によらないことができる」，つまり，1958年の厚生省事務次官通知「特殊病院に置くべき医師その他の従業員の定数について」では，精神科医は外科や内科など他の診療科の1/3，すなわち入院患者48人に対して1人でよいとされ，看護師は他科の2/3，つまり入院患者6人に1人でよいとされていた。これが精神科特例で定められた職員配置基準である。その後精神科特例は2000年の第4次医療法改正で形式上は廃止された。しかし実際は，日本の精神科ベッドの9割以上を占める精神病院の医師の配置基準は，特例があったときと同じ，また看護師配置数は患者4人に1人まで引き上げられたが，当分は5人に1人でよいとされている。なおこの改正で一般の病院の看護師数は，患者3人に1人まで引き上げられたので実質的には現在も特例は生き続けていることになる。精神科の入院治療では，人手と時間を十分にかけ人権上の配慮を行いながら患者の訴え等に耳を傾け治療することが必要とされているなか，早急に実質上の廃止が望まれている。　→医療法　　　　　（佐藤光正）

精神科ナイト・ケア　1986年に精神科デイ・ケアの夜間版として診療報酬に精神科ナイト・ケアとして新設された精神科専門療法である。デイ・ケアと同様の目的と運営方法で，実施時間は午後4時以降の4時間。昼間働いている人や夜間に不安のある人等が利用している。職員は精神科医師と作業療法士または精神科ナイト・ケアまたはデイ・ケアの経験を有する看護師のいずれか1名，看護師または精神保健福祉士もしくは臨床心理技術者のいずれか1名の計3名で，利用者は20名を限度としている。　→精神科デイ・ケア，精神科デイ・ナイト・ケア
　　　　　　　　　　　　　　　（栗原活雄）

精神科訪問看護　訪問看護とは，対象者が在宅で病気や障害を受け止め，それに対処できるように，その人たちの生活の場へ出向いて生活に即した身近なやり方で支援することである。精神科の場合，1965年の精神衛生法改正の際，訪問指導として保健所保健師等が訪問活動を始めたが，医療機関による精神科訪問看護は，1986年の精神科訪問看護料保険点数化以降，広く行われるようになった。1994年より訪問看護ステーションからもできるようになった。診療報酬における訪問看護は，精神科医の指示の下で保健師・看護師・精神保健福祉士等が従事すると規定している。1995年に成立した精神保健福祉法では，社会復帰への支援のみならず，ノーマライゼーションの視点に立った支援が求められるようになった。訪問看護もリハビリテーションの一手法として地域生活を支援するネットワークのなかで重要な役割を果たすようになった。精神障害をもつ人たちは，思考障害を伴い治療や関わりを拒否することがあるので，本人の自立を目指し，本人の意思を尊重した関わりが大切である。また，状態が変動しやすいために日常生活上での援助のほかに，治療継続への支援，再発時の対応や服薬指導が必要である。また，社会的な偏見や誤解が強く，社会的不利益を受けていることが多い。それらを考慮しながら，社会資源を活用し地域のなかで円滑に生活できるように支援することが大切である。
→生活支援　　　　　　　　　　（藤本百代）

精神科リハビリテーション〔mental rehabilitation, rehabilitation for mental disorders〕

リハビリテーションには「再びもつ」「回復する」「権利を回復する・復権」という意味があり医学の専門用語ではない。身体障害者の更生は失った力を回復させ社会生活に戻れるようにする意味のリハビリテーションであり，知的障害者の更生は社会参加をするためにもっている力を最大発揮できるようにする意味でのリハビリテーションである。犯罪者や非行少年の更正は誤った道から正しい道に戻る意味でリハビリテーションである。その更生や更正の元の言葉であるリハビリテーションには訓練することや元に戻るという意味だけではなく，失った権利を回復するという意味が付与されている。精神科リハビリテーションは，リハビリテーションに関わる先人たちの多くの努力を大切にしながら，精神障害者の「社会復帰」という視点だけではないリハビリテーションを構築しようとしてきたといえる。つまり，社会に戻るというだけではなく，精神障害者が精神障害を負うことによって失った権利を再び取り戻すという積極的な意味をもたせて精神科リハビリテーションないしは精神障害者のリハビリテーションという用語を用いてきた。　→リハビリテーション

(吉川武彦)

精神鑑定〔psychiatric report for legal purposes〕　刑事ないし民事訴訟法の規定に基づき，裁判官や検察官が法的判断を行う参考とすることを目的として，医師など専門家に命令して行わせる精神障害者ないしその疑いのある者に関する調査。鑑定者は宣誓して受命し，虚偽の報告を行うと罰せられる。鑑定では精神疾患の有無，病名，重症度に加えて，刑事事件に関しては事件の被疑者の責任能力や訴訟能力など，民事事件に関しては，成年後見制度開始や終了の際の行為能力，契約や遺言などの際の意思能力，精神障害者への賠償請求事件の際の民事責任能力，さらにはPTSDの発症をめぐる損害賠償請求事件などにおける因果関係の有無，などに関する専門的意見が求められる。社会の耳目を集めた刑事事件の被疑者に対する鑑定結果の不一致，起訴前鑑定に基づき不起訴にすることが多い起訴便宜主義のあり方，成年後見制度の改正に伴う精神鑑定の増加など，近年精神鑑定に社会的注目が集まる機会が増えている。心神喪失者等医療観察法においては，殺人，放火等の重大な他害行為を行い，心神喪失または心神耗弱のために不起訴処分となる等によりこの法律の対象者となった者について，検察官から入院医療等の決定の申し立てがあった場合，地方裁判所の裁判官は，医療の必要が明らかにないと認められる場合を除き，その者を入院させ，その者が精神障害者であるか否かおよび重大な他害行為を行った際の精神障害を改善し，これに伴って同様の行為を行うことなく，社会に復帰することを促進するために医療を受けさせる必要があるか否かについて，精神保健判定医またはそれと同等以上の学識経験を有する医師に鑑定を命じなければならないこととされている。この場合，入院の期間は2か月以内で，必要な場合に1か月以内の延長ができる。　→司法精神医学，心神喪失等の状態で重大な他害行為を行った者の医療及び観察等に関する法律，鑑定入院

(白石弘巳)

精神外科〔psychosurgery〕　精神症状を改善しようとする治療法として登場したが，脳への手術的侵襲は不可逆的であることから，今日では精神医学的治療法としては不適切であると判断されている。猿の馴化に用いられた両側前頭葉切断を人に応用したモニス(Moniz, E.)が始め，フリーマン(Freeman, W.)とワッツ(Watts, J. W.)によって前頭葉白質切截術(ロイコトミー(leucotomy)，標準型ロボトミー(lobotomy))が標準化された。このほか眼窩脳切截術，前頭葉脳回切除術(ロベクトミー)，眼窩脳皮質下切離術(アンダーカッティング)などの術式が開発された。精神外科は統合失調症(精神分裂病)の強固な妄想を除去する目的で行われたり，強度な心気妄想をもつ統合失調症やうつ病あるいは強迫神経症などのほか，爆発性の性格異常にも行われた。向精神薬による薬物療法が発達していなかった時期や向精神薬に抵抗する強度な精神病状態を示す精神障害者に用いられてきたが，治療原理や奏功機序も明らかにされないまま本手法が用いられ続けたこと

に対する精神医学的総括がなされるべきであろう。　→ロボトミー　　　　　　　　　（吉川武彦）

精神作用物質〔psychoactive substance〕　中枢神経系に作用し精神活動および行動に影響を及ぼす物質の総称である。多くの精神作用物質は各種精神および行動の障害の治療，痛みの治療，麻酔など，臨床上，広範囲に使用されている。その一方で，依存性薬物としての性質を有する物質も多く，乱用・依存が問題となることもある。一般に，中枢神経抑制作用を有する精神作用物質は身体依存惹起性が強く，耐性も生じやすいが，精神毒性（慢性中毒としての精神障害惹起性）は弱いことが多い。逆に，中枢神経興奮作用を有する精神作用物質は身体依存惹起性，耐性がないか，弱いことが多いが，精神毒性は強いことが多い。　　　　　　（和田清）

精神刺激薬〔psychostimulant〕　ごく一般的には精神症状の改善を目的にして用いられる薬物を向精神薬と総称している。これらには抗精神病薬，抗うつ薬，精神刺激薬，躁病治療薬，抗不安薬，睡眠薬，鎮静薬，抗てんかん薬，その他抗痙薬などがある。このうち精神刺激薬は中枢神経（脳）を刺激する薬物で覚醒剤などがこれに含まれる。脳の活動水準を上げ人を覚醒状態にするので感情の高まりがみられるので感覚が鋭敏になったり意欲の亢進がみられ疲れを覚えなくなることもある。アンフェタミンなどは覚せい剤取締法で規制されているが，わが国では1997年頃から再び覚醒剤乱用が増え始め，覚醒剤乱用第3期といわれている。なお，メチルフェニデートはナルコレプシーの治療や注意欠陥多動障害（ADHD）の治療に用いられる。ADHDではメチルフェニデートを朝食後に服用させる。睡眠障害が生じるので夕方以降には用いないようにする。抗うつ効果はない。　→向精神薬　　　　　　　　　　　（吉川武彦）

精神疾患及び精神遅滞に関する大統領特別教書〔President Kennedy's Message to the Congress on Mental Illness and Mental Retardation〕　アメリカ合衆国第35代大統領のケネディ（Kennedy, J. F.）が，精神疾患と精神遅滞の問題に関して議会に1963年に提出した教書（ケネディ教書）。従来偏見や無知から顧みられることの乏しかった精神障害者対策の革新と拡充とが，国策上最も急務であることを国会に訴えた。特に強調している点は，従来の入院治療を主とした医療対策の考え方を改めて地域内ケアに重点を置こうとしたことであり，精神障害者対策における基本方針の大きな転換をもたらした。　　　　　　　　　（五嶋能伸）

精神障害　認知し，判断し，行動するという精神活動（高次脳機能）が脳の障害や疲労のために損われている状態の総称である。精神障害のうち，精神病の状態とは，「脳の障害や極度の精神的疲労のために混乱してしまい，現実的で皆と共有できる判断力を維持できず，自分自身の安全な他害への配慮を欠いている状態」をいう。一般に精神障害とは，精神病の状態よりも範囲が広い。「精神活動がうまくはたらかないために，自分自身の安全や他害への配慮はある程度できるものの，安定した日常生活を維持しがたい状態」であって，日常生活において福祉サービスを必要とする状態を含んでいる。精神保健福祉法第5条では，精神障害者を「「精神障害者」とは，精神分裂病，精神作用物質による急性中毒又はその依存症，知的障害，精神病質その他の精神疾患を有する者をいう」と，「精神疾患を有する者」という医学的概念で規定し，その例示として精神分裂病，精神作用物質による急性中毒又はその依存症，知的障害，精神病質を挙げている。ここでいう「精神疾患」とは，精神上，心理上，および行動上の異常や機能障害によって，生活を送る上での能力が相当程度障害を受けている状態を包括的に表す用語であって，その外縁を示すものとしてICD-10の「精神および行動の障害」が適用される。外縁を示すという意味は，個々の制度や条文の対象となる精神障害者の範囲は，それぞれの制度や規定の趣旨によって要件が加わることを意味する。例えば措置入院は，医療および保護のために入院させなければ自傷他害のおそれがあると判定された精神障害者が対象である。また，精神障害者福祉施策の対象は，精神疾患とともに，日常生活あるいは社会生活に支障を有する者が対

象となる。　→精神病　　　　　　（竹島正）

精神障害回復者　これまでは精神科医療機関や社会復帰施設等から出て地域（居宅）生活を送る人々の総称として用いられてきた。そこでは、外来の通院治療を続けながら地域で社会生活を営むために、保健所や社会復帰施設等を利用する精神障害のある人々の呼称であった。しかし、1980年代以降の国連・障害者の十年を経て、国際的な障害概念が共有され、精神障害者が障害者基本法に障害者と規定されたことや、精神保健福祉法によって精神障害者が法的に位置づけられたことから、回復者という用いられ方が少なくなった。その一方で、北米における障害者の自立生活運動（IL運動）の思潮に呼応した活動を進める当事者たちによって、自らの主体性を重視する呼び方として、精神保健福祉サービスの消費者（コンシューマー：consumer）または利用者（ユーザー：user）、あるいは精神科医療の生還者（サバイバー：survivor）、ないし回復者（リカバリー）といった呼称が用いられるようになってきた。　→嗜癖における回復者, リカバリー　　　（石川到覚）

精神障害回復者社会復帰施設　精神病院は退院したものの、病状が軽快しただけでは自立できない在宅者に対して、外来診療と通所訓練のためのデイケア施設と生活訓練のための宿泊施設を総合的に提供できるよう設置された施設。1969年、厚生大臣から中央精神衛生審議会に対し、精神障害回復者社会復帰センター設置要綱案が諮問され、翌年には精神障害回復者社会復帰施設整備費が予算化されている。1971年、初めての精神障害回復者社会復帰施設として、川崎市社会復帰医療センター（現・川崎市リハビリテーション医療センター）が開設された。その後、1972年に世田谷リハビリテーションセンター（現・都立中部総合精神保健福祉センターの一部門）、1976年に内尾センター（岡山県）、1984年に音更リハビリテーションセンター（北海道）が設置された。施設の設備、運営に多額の費用がかかることから全国的には普及しなかった。法改正後は「精神障害者生活訓練施設（援護寮）の適応施設型及びデイ・ケア施設併設型」と呼称されている。　→川崎市社会復帰医療センター, 世田谷リハビリテーションセンター
（白石直己）

精神障害者　精神に障害のある人々を総称して用いられる。その障害とは、医学の概念、法律の概念、国際的な障害の概念、社会福祉等のさまざまなレベルの概念で規定されてきた。精神医学の定義では、一般的に精神の病的状態である精神病、神経症、人格障害、精神遅滞等を包括した概念として精神障害を用いてきた。その診断では、伝統的な精神障害の成因分類を身体因と心因との二つに分け、身体因を内因性と外因性とに二区分してきた。また、アメリカ精神医学会（APA）では『診断分類』を1994年に改訂（DSM-IV）して『診断基準』を示し、WHOでは『国際疾病分類』の1992年の改訂（ICD-10）で「精神および行動の障害」を示した。それらの診断基準や分類等のガイドラインによって診断され、精神に障害のある者の総称として用いられている。法律の定義では、障害者基本法第2条で障害者を、「この法律において「障害者」とは、身体障害、知的障害又は精神障害（以下「障害」と総称する。）があるため、長期にわたり日常生活又は社会生活に相当な制限を受ける者をいう」としている。そして、精神保健福祉法第5条では、「この法律で「精神障害者」とは、精神分裂病、精神作用物質による急性中毒又はその依存症、知的障害、精神病質その他の精神疾患を有する者をいう」としている。さらに、「精神障害者精神保健福祉手帳障害等級判定基準」では障害の状態を精神疾患（機能障害）の状態と能力障害の状態とによって三つの等級に区分して規定している。国際的な障害概念の定義では、WHOが「国際障害分類（ICIDH）」を改定し、2001年に「生活機能・障害・健康の分類」として「国際生活機能分類（ICF）」を提示した。そこでは、精神障害者のみならず、すべての障害者の「障害」を環境との相互関係を重視したとらえ方となる「心身機能・身体構造」「活動の制限」「参加の制約」が循環する分類によって示されている。社会福祉の定義では、精神に障害があるために生活関連諸サービスない

し社会資源等を利用する人々の総称として用いられる。その社会福祉実践の領域は，精神に障害のある人と環境との関係を取り結ぶ必要のある生活場面への支援活動となることから対象範囲が広範に及ぶ。　→国際疾病分類，障害者基本法，精神保健及び精神障害者福祉に関する法律，国際生活機能分類　　　　　　（石川到覚）

精神障害者家族会　精神障害者の家族が，相互支援や精神医療・保健・福祉の向上などを目的として組織する会である。家族会は，家族のセルフヘルプグループであり，同じ立場の人たちと出会い，家族としての体験，悩み，苦しみなどを分かち合い，精神障害をもつ家族への接し方などを学び合うとともに，精神疾患・精神障害に関することを学び，福祉制度などについて情報を得る場である。また，相互支援，知識・情報の入手にとどまらず，家族会単位，市町村単位などで，福祉施策の充実などを求めての議会・行政への陳情・誓願活動，小規模作業所の運営，市民への啓発活動などの社会的な活動を行っている。特に小規模作業所活動は，社会復帰施設の設置が遅々として進まないなかで，家族が自ら進めてきた活動であり，約1750か所の作業所のうち，約半数が家族会立である（2003年現在）。精神障害者家族会は，全国に約1700団体あり，保健所を基盤とする地域家族会が8割，病院を基盤とする病院家族会が2割となっている（2003年現在）。各都道府県に連合会が組織されており，その連合組織が全国精神障害者家族会連合会（略称，全家連）である。なお，約50か国の会が加盟する世界精神障害者家族団体連盟（World Fellowship for Schizophrenia and Allied Disorders：WFSAD）があり，情報交換，問題の共有化などを行っている。　→精神障害者社会復帰促進センター，全国精神障害者家族会連合会　　　　　　　　　　　　（平直子）

精神障害者居宅介護等事業　精神障害者ホームヘルプサービスのこと。1999年の精神保健福祉法の一部改正によって，2002年度から市町村において展開されている精神障害者居宅生活支援事業のなかで，「精神障害者が居宅において日常生活を営むことができるよう，精神障害者の家庭等にホームヘルパーを派遣して，食事，身体の清潔の保持等の介助その他の日常生活を営むのに必要な便宜を供与することにより，精神障害者の自立と社会復帰を促進し，もって精神障害者の福祉の増進を図ることを目的とする」こととされたように，精神障害者の在宅支援を担うサービスである。1999年度から精神障害者訪問介護（ホームヘルプサービス）試行的事業が全国規模で実施され，2002年度より全国の市町村が実施主体となって行われている。　→精神障害者居宅生活支援事業，ホームヘルプサービス　　　　　　　　　　　（坂本智代枝）

精神障害者居宅生活支援事業　1999年6月の精神保健福祉法の一部改正により，2002年度から市町村において「地域における精神障害者の日常生活を支援することにより，精神障害者の自立と社会参加を促進する」目的をもって実施される事業をいう。具体的には，①「精神障害のために日常生活を営むのに支障のある精神障害者につき，その者の居宅において食事，身体の清潔の保持等の介助その他の日常生活を営むのに必要な便宜を供与する事業」である精神障害者居宅介護等事業（ホームヘルプサービス），②「精神障害者であって，その介護等を行う者の疾病その他の理由により，居宅において介護等を受けることが一時的に困難となったものにつき，精神障害者生活訓練施設その他の施設に短期間入所させ，介護等を行う事業」である精神障害者短期入所事業（ショートステイ），③「地域において共同生活を営むのに支障のない精神障害者につき，これらの者が共同生活を営むべき住居において食事の提供，相談その他の日常生活上の援助を行う事業」である精神障害者地域生活援助事業（グループホーム）の三つの事業で構成されている。これまで，市町村が精神保健福祉業務のうち分担してきたのは，①市町村障害者計画策定，②精神障害者社会復帰施設の整備，③精神障害者に関する普及啓発，であった。それに加えて当事業は，精神障害者が生活している最も身近な市町村において精神保健福祉行政が始まり，精神保健福祉サービスの一元化と，住民に対して保健医療福祉サービ

スの窓口を市町村に置くことを原則とした施策である。　→精神障害者居宅介護等事業，精神障害者短期入所事業，精神障害者地域生活援助事業　　　　　　　　　　　　（坂本智代枝）

精神障害者グループホーム　⇨精神障害者地域生活援助事業

精神障害者ケアガイドライン　地域で生活している在宅精神障害者を対象として，精神障害者のケアマネジメント体制を構築していくために設けられた国の指針を指す。市町村等が精神障害者への保健福祉等ケアサービスを実施していく上での理念・原則を明らかにするとともに，その実施方法と使用用具を示している。1993年の障害者基本法の制定により，精神障害者が初めて障害者として法的にも位置づけられたことを受けて，1995年に「障害者に係わる介護サービス等の提供の方法及び評価に関する検討会」の下に精神障害者ケアガイドライン検討委員会（高橋清久座長）が設けられた。検討委員会は，実際のケアサービス提供のためのアセスメント方法等の検討を進め，予備試行調査，全国本試行調査を含め3年間の検討を経て，1998年「厚生科学研究報告書・精神障害者ケアガイドライン」が公表された。これをもとに同年より，精神障害者介護等支援専門員養成指導者研修会が開催され，都道府県・指定都市から受講生を派遣させ，その後の各自治体ごとの研修会開催とモデル事業推進が図られている。2002年度からの市町村精神保健福祉業務移管，精神障害者居宅生活支援事業の開始を受けて，2003年度より障害者福祉サービス利用体系の共通化が図られ，精神障害者ケアマネジメントが実質的なスタートを切ることになった。ケアガイドラインは，①ケアガイドラインの趣旨，②ケアの理念，③ケアマネジメントの意義と原則，④ケアサービスの提供方法，⑤ケアマネジメントと医療，という構成からなっている。ケアの理念としては，ノーマライゼーション理念に基づくケアサービスの提供，ニーズ中心のケアサービスの提供，自立と質の高い生活実現への支援，自己決定の尊重，一般社会の理解の促進の5点を掲げている。また実践課題として，個別化の原則，利用者中心，生活の質（QOL）重視，エンパワメント，自立の新しい考え方，アドボカシーの6点を強調している。適用と対象は，主に地域社会で生活しているすべての精神障害者としているが，社会復帰を目指して医療機関その他を生活の場にしている者も含めている。ケアマネジメントの過程に対応して，相談票，ケアアセスメント票，ケア計画書，ケアアセスメント票・ケア計画書使用の手引き，ケアサービスに関する説明書などの使用用具を定め，比較的経験の乏しいスタッフでもニーズの抽出とケアサービスの提供が図れるよう，文書化した基準を設定しているのが大きな特徴である。なお，2001年には「精神障害者ケアガイドラインの見直しに関する中間報告書」が公表され，実施体制，医療との関連，用語その他の見直しがなされた。とりわけ，医療との関わりについては，主治医への報告義務が課せられるなど，生活モデルを基調としつつも医療との連携を強く求める内容となっており，今後の議論に付されている。　→ケアマネジメント，精神障害者居宅生活支援事業　　　　　　　　　　　　　（古屋龍太）

精神障害者社会生活評価尺度〔Life Assessment Scale for the Mentally Ill：LASMI〕統合失調症（精神分裂病）者の社会生活能力を評価するために，1993年に障害者労働医療研究会が開発した評価尺度である。LASMI（ラスミィ）は，臺弘の「生活のしづらさ」に対応した五つの下位尺度，「D（Daily living）／日常生活」，「I（Interpersonal relations）／対人関係」，「W（Work）／労働または課題の遂行」，「E（Endurance & stability）／持続性・安定性」，「R（self-Recognition）／自己認識」により構成されている。評価項目数は40であり，各項目ごとに，評点を定義するアンカーポイントが明示されている。評価者は特別なトレーニングを必要としないが，生活全般の行動観察による評価のため，十分な評価情報を得られる立場にあることが必要である。LASMIの特徴は，「E／持続性・安定性」，「R／自己認識」という生活経過の不安定性を経時的・心理的側面からとらえる下位尺度を有している点である。利用場面

としては，授産施設やデイケアなどの施設で，ケースの全般的な社会生活能力の評価やプログラムの効果測定などに使用されている。

（岩崎晋也）

精神障害者社会適応訓練事業　精神保健福祉法第50条の4に規定された事業であり，通常の事業所に雇用されることが困難な精神障害者を一定期間事業所に通わせ，職業を与えるとともに，集中力，対人能力，仕事に対する持久力，環境適応能力等の涵養を図るための社会適応訓練を行い，再発防止と社会的自立を促進することを目的としている。この事業は，1970年に東京都が単独事業として実施した精神衛生職親制度が始まりであり，その後各地の地方自治体でも同様の取り組みが実施され，1982年より「通院患者リハビリテーション事業」として，国が協力事業所に対する奨励金に要する経費等について都道府県に予算補助を行ってきたものが前身である。1995年の精神保健福祉法成立により法定化され現在の名称となっている。社会適応訓練事業実施要綱によると，この事業は，都道府県または指定都市を実施主体として，精神障害者に対する理解が深く，社会的自立を促進することに熱意を有する協力事業所（一般的には職親と呼称）に訓練を委託するもので，委託期間は原則6か月とし，3年を限度として更新することができる。委託日数に応じて協力事業所には協力奨励金が支払われるが，利用者には訓練手当の規定がない。また，雇用ではなく訓練であるため，最低賃金法の適用も受けないが，利用者の勤労意欲を促進し，社会復帰に必要な経済的観念の獲得を図る意味で，交通費，昼食代等の費用を支給することが望ましいとされている。1995年に策定された障害者プランでは，2002年度までの実施目標が5000人分とされていたが，実際には80％の達成率にとどまった。2002年度より国庫補助から一般財源化されたこともあり，今後，自治体による取り組みに格差が生じることが懸念されている。　→職場適応訓練制度，障害者プラン～ノーマライゼーション7か年戦略～

（木太直人）

精神障害者社会復帰施設　精神保健福祉法第50条の2に規定する社会福祉施設で，精神障害者生活訓練施設，精神障害者授産施設，精神障害者福祉ホーム，精神障害者福祉工場，精神障害者地域生活支援センターの5類型からなっている。1987年制定の精神保健法において初めて精神障害者社会復帰施設が制度化された。社会復帰施設は，まず精神障害者生活訓練施設と精神障害者授産施設が制度化され，精神障害者社会復帰施設設置運営要綱によって生活訓練施設には精神障害者援護寮と精神障害者福祉ホームが規定された。その後1995年に精神保健法が精神保健福祉法に改正され，精神障害者生活訓練施設，精神障害者授産施設，精神障害者福祉ホーム，精神障害者福祉工場の4類型となった。さらに1999年の精神保健福祉法の一部改正では，それまで社会復帰施設に付置するとされていた精神障害者地域生活支援事業が，精神障害者地域生活支援センターとして社会復帰施設の一つに加えられた。精神障害者社会復帰施設の設備・運営に関しては，1988年の保健医療局長通知（「精神障害者社会復帰施設設置運営要綱」）が廃止され，「精神障害者社会復帰施設の設備及び運営に関する基準」（平成12年3月31日厚生省令第87号）が定められた。また運営の詳細については，「精神障害者社会復帰施設の設備及び運営に関する基準の施行について」（平成12年3月31日障第247号）の別紙「精神障害者社会復帰施設運営要綱」に定められている。三障害福祉施設の統合化に向けて，身体・知的障害者福祉施設と同様に省令で規定することになったものである。しかしながら，従前の局長通知に比べて，事業内容等の規定は簡素化された。社会復帰施設を設置できる主体および運営主体は，都道府県，市町村，社会福祉法人その他の者となっている。設置規定は「設置することができる」という任意規定であり，地方自治体の設置はきわめて少ない。任意規定には，地域生活を支える際に身近な自治体の役割をあいまいにしているとの指摘がある。現在，設置主体の多くは，社会福祉法人と医療法人である。通所型の施設は社会福祉法人，入所型の施設は医療法人の設置比率が高くなっている。社会復帰施

設は，利用施設として社会福祉法の第二種社会福祉事業として位置づけられている。運営費に関しては，国が1/2，都道府県・指定都市が1/2，施設・整備費では国が1/2，都道府県・指定都市が1/4を補助し，設置者が1/4を負担する。土地取得費に対する補助はない。そのため，設置者の設置にかかる財源面での負担は大きい。2002年重点施策実施5か年計画（新障害者プラン）のなかで条件が整えば退院可能とされる約7万2000人の入院患者について，10年のうちに退院・社会復帰を目指すことが掲げられ，具体的な社会復帰施設の整備目標が数値として出された。社会復帰施設には，単なる退院後の受け皿としてだけでなく，精神障害者の地域での生活を豊かにしていく生活の拠点としての役割が求められている。数値目標の達成という量の拡充のみならず，さまざまなニーズに対応するサービスの保障，質の充実が重要となっている。 (宗野政美)

精神障害者社会復帰促進センター 精神障害者の社会復帰の促進を図ることを目的として設立された民法法人のうち，全国で1か所のみ厚生労働大臣から指定を受けることができる。精神保健福祉法第51条の2～第51条の11により定められており，1994年，全国精神障害者家族会連合会がその指定を受け，精神障害者の社会復帰の促進を図るため活動している。主な業務として，精神障害者の社会復帰に関する啓発および広報，研究活動，精神障害者の社会復帰に従事する者への研修等を行っている。社会復帰促進センターに従事する職員は，精神保健福祉法第51条の6において秘密保持義務が定められている。　→全国精神障害者家族会連合会 (三石麻友美)

精神障害者授産施設 精神障害者の社会復帰の促進を法の目的に加えた1987年の精神保健法への改正において，精神障害者生活訓練施設とともに精神障害者社会復帰施設として法定施設化された。雇用されることが困難な精神障害者が自活することができるように，低額な料金で必要な訓練を行い，職業を与えることにより社会復帰の促進を図ることを目的とし，精神障害者通所授産施設，精神障害者入所授産施設および精神障害者小規模授産施設の3種がある。利用者の定員は，通所授産施設は20名以上，入所授産施設は20～30名，小規模授産施設は10～19名。職員は，通所授産施設および入所授産施設では利用者数が39名までの場合，施設長1名，精神保健福祉士，作業療法士または精神障害者社会復帰指導員4名以上（1名以上は精神保健福祉士，1名以上は作業療法士でなければならない），医師1名以上とされ，小規模授産施設では施設長1名，精神保健福祉士，作業療法士または精神障害者社会復帰指導員2名以上とされている。小規模授産施設は，2000年6月の社会福祉事業法等改正によって制度化された。1975年に設立されて以来増加してきた小規模作業所では，生活モデルによる地域生活支援を行ってきたが，法外施設であるため補助金は地域格差がみられ，脆弱な経済基盤の上，職員の努力によって運営されてきた経緯があったが，小規模授産施設として制度化されたことで安定した基盤の上でのサービスの展開が期待できる。　→精神障害者社会復帰施設，授産施設 (和田朋子)

精神障害者小規模作業所 家族や関係者の強い熱意によって，1975年京都府に「おおみや共同作業所」が設立されて以来，地域に根づいた活動を展開してきている。設立当初は補助金もなく，職員の熱意によって運営されていたが，1977年京都府で初めて地方自治体独自の公的補助制度が開始され，国も1987年から「精神障害者小規模作業所運営助成費」として補助を開始したことで，全国的に急増した。都道府県によって補助金の額は，1か所平均で1803万円から338万円と地域格差が大きい。以前は内職作業を行う所が多かったが，最近ではレストラン，高齢者への給食サービス，リサイクルショップなどをはじめ，サービスを供給する活動を行うところが多くなってきている。また，就労支援に力を入れているところもあり，生活全般を視点とした地域生活支援を展開している。　→精神障害者授産施設，小規模作業所 (和田朋子)

精神障害者生活訓練施設 1987年の精神保

健法への改正において，精神障害者授産施設とともに精神障害者社会復帰施設として法定施設化された。旧「精神障害者社会復帰施設設置運営要綱」(1988年2月17日発，2000年3月31日廃止)では精神障害者援護寮と精神障害者福祉ホームに類型化され，その前者に相当する。なお，後者は，1995年の精神保健福祉法において，独自の施設類型となった。精神障害のため家庭において日常生活を営むのに支障がある精神障害者が日常生活に適応することができるように，低額な料金で居室その他の設備を利用させ，必要な訓練および指導を行うことにより社会復帰の促進を図ることを目的とする。施設の規模は20名以上，設備は，居室（定員2名以下），相談室，静養室，食堂，調理場，集会室兼娯楽室，浴室，洗面所，便所，事務室。職員は，利用者数が39名までの場合，施設長1名，精神保健福祉士または精神障害者社会復帰指導員4名以上（1名以上は精神保健福祉士でなければならない），医師1名以上等とされている。訓練・指導内容は，通院・服薬等の自己管理や対人関係技術の改善，掃除や洗濯，金銭管理，余暇活用，また作業・就労訓練等も含めた日常生活全般に及んでいる。利用期間は2年を原則とし，1年以内の延長は可能である。 →精神障害者社会復帰施設 （宇津木朗）

精神障害者短期入所事業 精神障害者ショートステイのこと。1999年の精神保健福祉法の一部改正によって，2002年度から市町村において展開されている精神障害者居宅生活支援事業のなかの一つで，「精神障害者の介護等を行う者の疾病その他の理由により，当該精神障害者が居宅において介護等を受けることが一時的に困難となった場合に，当該精神障害者を精神障害者生活訓練施設等に短期間入所させ，もって，これらの居宅の精神障害者及びその家族の福祉の向上を図ることを目的とする」こととされたように，家族の疾病や冠婚葬祭，事故などのために在宅における援助の提供が一時的に困難になった精神障害者が精神障害者生活訓練施設（援護寮）等へ短期入所するサービスである。2002年度には全国127施設で実施されているが，法定化により市町村の事業として実施するためには相当数の施設を整備することが課題である。 →精神障害者居宅生活支援事業，ショートステイ，精神障害者生活訓練施設 （坂本智代枝）

精神障害者地域生活援助事業 精神障害者グループホームのこと。国の制度として1992年より始まった。翌年精神保健法一部改正により法定事業化された。地域において日常生活における援助等を行うことによって，精神障害者の自立生活を支援することを目的としている。利用者は，日常生活において援助を必要とし，一定程度の自活能力があり，共同生活に支障なく，日常生活を維持する収入がある精神障害者とされている。グループホームには世話人を配置し，入居者に対して，食事の支援，服薬指導，金銭出納に関する助言などの日常生活の相談・援助を行う。アパートや一戸建などに4人以上で共同生活をし，必要に応じて世話人の援助が提供される。建物は賃貸でもよい。利用期限は定められておらず，永続的な地域生活の場として利用することができる。なお，1999年の精神保健福祉法改正により，2002年4月以降は在宅福祉サービスの一環として精神障害者居宅生活支援事業に位置づけられ，市町村単位で実施されることになった。 →グループホーム，精神障害者居宅生活支援事業 （三石麻友美）

精神障害者地域生活支援事業 ⇨精神障害者地域生活支援センター

精神障害者地域生活支援センター 精神障害者社会復帰施設に付置して実施する「精神障害者地域生活支援事業」として，1996年度から開始された。地域で生活する精神障害者の日常生活の支援や24時間対応の相談,地域住民との交流を支援することを目的とした。1999年の精神保健福祉法改正により，5番目の社会復帰施設として法定化されたが，事業発足当初とは機能的な変質がみられる。改正法の2002年施行による施設の目的は，地域の精神保健および精神障害者の福祉に関する各般の問題について精神障害者からの相談に応じ必要な指導および助言を行うとともに，市町村からの委託を受け精神障害者に対して社会復帰施設や居宅生活支援事

業, 社会生活適応訓練事業の利用に関する相談, 助言を行い（精神保健福祉法第49条第1項）, 併せて保健所, 福祉事務所, 精神障害者社会復帰施設等との連絡調整その他の援助を総合的に行うこととされている。このように市町村の業務の一部を受託して行うことから, 社会復帰施設のなかでは唯一, 法により職員に守秘義務が課せられるところとなっている。設備は, 相談室, 静養室, 談話室, 食堂, 調理場, 地域交流活動室兼訓練室等である。職員は, 施設長1名, 精神保健福祉士1名以上, 精神障害者社会復帰指導員3名以上である。地域精神保健福祉行政の面から大きな期待が寄せられているところであるが, 事業としての誕生と時期を同じくしてスタートした障害者プランでは2002年度までに650か所（平均人口30万人の障害保健福祉圏域に対して2か所）の目標値が定められ, 終期における達成率は61%（397か所）であったところ, 2003年度からの新障害者プランでは2007年度における目標値が467か所とされ, 第1期の計画目標を大きく下回るところとなっている。障害者の雇用施策として, 地域生活支援と就業支援を総合的に行う「障害者就業・生活支援センター事業」が2000年度より行われている。知的・身体・精神を問わず, 障害者の雇用と福祉の連携を行っている。2004年度には80センターの設置を目標としている。　→精神障害者社会復帰施設　　　　　（和田朋子）

精神障害者通院医療費公費負担制度　精神障害者が外来通院する際の通院医療費について公費で負担する制度で, 精神保健福祉法第32条に規定されている。1965年の精神衛生法改正において新設されたもので, 入院中心医療から地域精神医療への転換の大きな柱としてつくられた。病院・診療所・薬局で, 入院しないで行われる精神障害の医療に必要な費用を公費で負担するものである。経済的理由による医療中断, 服薬中断を防止し, 在宅精神障害者の医療の確保を容易にするためのものであるが, 当初は所得保障的な意味よりも社会防衛的な公費負担制度として出発している。1995年制定の精神保健福祉法で保険優先に改められ, 患者の自己負担は医療費の5%となり, その残り分が公費負担となる。公費の負担割合は国が1/2, 都道府県・指定都市が1/2となっている。この制度の利用は職権により行われるものではなく, すべて患者本人または保護者の申請により開始される。申請書と医師の診断書を, 市町村窓口を経由して都道府県知事に提出しなければならない。公費負担の判定に当たっては都道府県の精神保健福祉センターが業務として行い, 承認の場合は患者票を交付する。認定の有効期間は2年間であるが, 2年を経過した後も通院医療が必要な場合には再度申請することができる。精神障害者保健福祉手帳の交付をすでに受けた者については診断書の提出は必要なく, 手帳を提示し申請書を提出すればよいことになっている。また, 手帳と公費負担をあわせて申請する場合には, 申請書と精神障害者保健福祉手帳用の診断書を提出すればよい。　→公費負担制度, 公費負担医療制度, 精神障害者保健福祉手帳, 通院医療　　　　　　　　　　　（古屋龍太）

精神障害者福祉工場　一般企業に就労できる程度の作業能力はあるものの, 対人関係や健康管理などの面で一般企業に就労できない精神障害者を雇用し, 社会的自立と社会経済活動への参加の促進を図ることを目的とした施設。利用者（従業員）と雇用契約を結ぶことから, 労働関係法規の適用を受ける事業所として, 授産施設や作業所等の福祉的就労の場とは異なる目的と性格を有する。労働時間, 休日, 賃金, 退所等を就労規則に定め, 従業員の処遇の向上に努めることから, 施設の長には施設運営に加え企業経営の能力が求められる。定員は20人以上で, その規模に応じて職員の配置が異なる。利用者が20〜29人の場合, 常勤で施設長1名, 精神保健福祉士または精神障害者社会復帰指導員（うち1人以上は精神保健福祉士でなければならない）3名以上, 栄養士1名（食事の提供を行わない場合は不要）, 非常勤で看護師, 精神科医, 事務員各1名以上が配置される。1995年の改正により成立した精神保健福祉法で, 精神障害者社会復帰施設の一つとして制度化された。精神保健福祉法第50条の2に規定されている。

→精神障害者社会復帰施設, 福祉的就労
(宗野政美)

精神障害者福祉ホーム　一定程度の自活能力のある精神障害者で, 家庭環境・住宅事情等の理由から住宅の確保が困難な者へ生活の場を提供し, 必要に応じて指導等を行い, 社会復帰と自立の促進を図ることを目的とする施設。利用期間は原則2年以内であるが, 必要に応じて延長できる。定員は10人以上である。入居者の居室は原則1人部屋。職員は管理人1名と医師1名が置かれる。1987年の改正により成立した精神保健法に新設された精神障害者社会復帰施設の一つである精神障害者生活訓練施設として, 精神障害者援護寮とならんで制度化された。1995年の精神保健福祉法への改正により, 精神障害者生活訓練施設と分離して一つの社会復帰施設類型として位置づけられた。精神保健福祉法第50条の2に規定されている。　→精神障害者社会復帰施設
(宗野政美)

精神障害者福祉ホームB型　一定程度の世話・介助が必要な精神障害者で, 病状は安定していて必ずしも入院治療を必要としない者へ生活の場を提供し, 生活技術の習得のために必要な助言, 指導または介助等を行い, 社会復帰と自立の促進を援助する施設。利用期間は原則5年以内で, 定員は概ね20人。管理人1名と, 指導員3名（内1名は精神保健福祉士）を置く。1999年より長期在院患者の療養体制整備事業として実施されてきたが現在は,「精神障害者福祉ホームB型の取扱について」（平成14年1月22日障発第0122002号）の別紙「精神障害者福祉ホームB型実施要綱」により実施されている。
(宗野政美)

精神障害者保健福祉手帳　1995年の精神保健福祉法の成立で設けられた精神障害者の手帳制度。手帳の交付を受けた者に対して各種の支援策を講じやすくし, 精神障害者の自立と社会参加の促進, 福祉の向上を目的として創設された。対象者は精神保健福祉法第5条にいう精神障害者（知的障害者を除く）で, 精神障害により長期にわたり日常生活, 社会生活に制約のある者である。精神障害者は居住地の都道府県知事もしくは指定都市の長に手帳交付を申請することができる（申請主義）。申請窓口は居住地を管轄する市町村である。申請の際には, 申請書, 医師の診断書（初診日から6か月以上経過した時点のもの）, または障害年金の証書の写しを提出する。障害等級は障害の状態に応じて, 重度のものから1級（他人の援助なしに日常生活を送ることができない程度の者）, 2級（必ずしも他人の助けを借りる必要はないが, 日常生活は困難な程度の者）, 3級（ほぼ一人で生活できるが, 過大なストレスがかかる状況が生じた場合に対処が困難な者）とされており,「精神疾患（機能障害）の状態」および「能力障害の状態」の総合判定によって判定する。身体障害者手帳や療育手帳と異なり, 精神障害者保健福祉手帳には2年間という有効期間が定められているため, 2年ごとに更新の手続きが必要となる。また障害の状態が変化した場合は変更申請を行い, 精神障害の状態でなくなったときは手帳を返還しなければならない。また, 精神障害の状態がなくなったときは都道府県知事が手帳の返還を命ずることができる。手帳取得によって受けられる福祉サービスは, 通院医療費公費負担制度の利用手続きの簡素化, 税法上の優遇措置, 生活保護の障害者加算などがある。その他, 都道府県・市町村ごとに独自の優遇措置を設けているところもあるが, 身体障害者手帳や療育手帳に比して立ち後れている面がある。　→身体障害者手帳, 精神障害者通院医療費公費負担制度
(宮崎洋一)

精神症状　精神障害が示す症状は身体症状と精神症状に分けることができる。このうち精神症状は主観的症状と客観的症状に分けられるが, 主観的症状とは精神障害者自身が述べる主観的体験であり, 客観的症状とは観察者が知覚できる精神障害者自身が表出する表情, 言語, 行動などをいう。ヤスパース（Jaspers, K.）は精神症状を現象学的にとらえ「了解」と「説明」の概念を使って, 了解には静的了解と発生的了解があるとした。静的了解とは精神障害者が述べる幻聴をそのまま認めることであり, 発生的了解とはその人のうつ症状は近親者を失ったこ

とに由来しているという因果関係を推定させるものがあることを指す。説明とは自然科学的因果関連があるもので脳損傷による痴呆の出現などがこれにあたる。主観的症状と客観的症状の中間に位置する精神症状が疎通性（接触性あるいはラポール）である。互いの注意や関心が向き合うことができ感情や意志が通じ合うときに疎通性が高いといい，程度が悪いと疎通性が低い（減弱）と表現する。その程度によっては疎通性不良あるいは疎通性欠如ということもある。疎通性に深く関わる精神症状として病識がある。病識とは病気に対する正しい判断であるが，これが減弱しているときには病感はあるが病識は欠如しているというように表現する。個々の精神症状には意識と意識障害（清明度，広がり，質的なもの），自我意識とその障害(能動性，単一性，同一性，限界性)，記憶と記憶障害（記銘，保持（把持），再生（想起））, 知能と知能障害（ボーダーライン, 軽度, 中度, 重度, 最重度), 知覚と知覚障害（視覚, 聴覚, 味覚, 嗅覚, 皮膚覚：錯覚, 幻覚), 思考と思考障害として思考過程の異常（観念奔逸, 思考制止, 連合弛緩, 滅裂思考, 思考散乱, 思考途絶, 保続, 迂遠), 思考体験様式の異常(強迫思考, 恐怖症, 支配観念, させられ体験, 思考吹入, 思考奪取, 考想伝播, 考想察知), 思考内容の異常(妄想一般, 妄想気分, 妄想着想, 妄想知覚, 妄想体系, 妄想建築) のほか感情・情動とその障害, 意欲と行動とその障害などがある。 (吉川武ъ)

精神遅滞〔mental retardation〕 精神遅滞とは，IQ 70以下という知的機能と，該当年齢に対して期待される適応機能に欠陥または不全を示し，認知・言語・運動・社会的能力の障害によって特徴づけられる。伝統的に知的障害は，精神薄弱 (mental deficiency) という用語が用いられていたが, わが国でも 1990年代に入ってほとんど用いられなくなり, 精神発達遅滞, あるいは知的障害という言葉に取って代わられるようになった。しかしながらネーミングが変わって即, とらえ方も変化したというわけではなく, 定義的にはさほどの変更点はみられない。これまでどおりIQで分類されることも多い。IQによる分類として，一般にはIQ 70～50を軽度精神遅滞，IQ 49～35を中度精神遅滞，IQ 34～20を重度精神遅滞，IQ 20未満を最重度の精神遅滞とする場合が多い。ただし従来の精神薄弱という枠組みが恒久的な障害というイメージを強くもつのに対して，精神遅滞あるいは精神発達遅滞という枠組みは，教育的な環境や学習上の配慮によって，発達的に変化していく可能性を示唆するネーミングであり，その点では療育や教育あるいは保育による発達支援の可能性を肯定的にとらえているといえる。精神遅滞児・者の発達支援という視点からは，認知・運動・情緒・対人関係・言語を含むコミュニケーション手段といった多面的な視点から発達段階に応じてアプローチしていくことが必要とされる。その上で身辺の自立や社会的自立のための作業活動，あるいは生活を充実させるための指導が展開されることになる。職種的にも保育士や指導員はもちろんのこと, 教員, OT, PT, ST, 心理, 看護師, ワーカー, 医師といった多職種が協同して, 発達アセスメントを行いつつ具体的な発達支援を展開していく時代に入ってきている。 →知的障害, 精神薄弱の用語の整理のための関係法律の一部を改正する法律 (宇佐川浩)

成人T細胞白血病〔adult T-cell leukemia：ATL〕 T細胞（Tリンパ球）性白血病で，日本の西南地域（九州，沖縄，四国）に発生する地域特異性を示す。発病年齢は平均50歳。リンパ節の腫大や皮膚の浸潤性病変が認められる。急性型, 慢性型, くすぶり型に分けられ, 急性型の予後は悪く, 発症後半年で約半数が死への転帰となる。血液像にATL細胞と呼ばれる異型T細胞が認められる。原因として特殊なウイルス（HTLV-1）の関与が確かめられており，多発地域では不顕感染者が他地域に比して多く，不顕感染者の母乳を介して子どもに垂直感染する危険も指摘され，このことは母子保健上の課題の一つである。 (高橋徹)

精神年齢 ⇨生活年齢／精神年齢
精神薄弱 ⇨精神遅滞
精神薄弱の用語の整理のための関係法律の一部を改正する法律〔平成10年法律第110号〕

「精神薄弱」の言葉がもつ差別的なニュアンスを解消するため、精神薄弱者福祉法、障害者基本法等で用いられている「精神薄弱」を、「知的障害」の用語に改めることを定めた1998年9月公布、1999年4月施行の法律。関連法律は計32本ある。改正にあたり当事者の用語に対する意見を聴取した。用語を改善しても当事者への関わりや見方が変わるわけではなく、障害の定義や概念、障害者観の変化に応じて、今後も検討を続ける必要がある。　　　　　　　（沖倉智美）

精神病〔psychosis〕　ICD-10では、「障害」という言葉は「疾病（illness）」や「疾患（disease）」という用語を用いるときに生じる重大な問題を避けるために使われるとされた。また「障害」は個人的には機能的な苦痛や阻害があって臨床的にも認知できる症状や行動があるときに用いられるものとしている。ICD-9までは「精神障害」の項には「精神病」と「神経性障害、人格障害、その他の非精神病性障害」とが対比されるかたちで並べられていたが、ICD-10になるとこうした伝統的な分類は影を潜め、第5章「精神及び行動の障害（F）」は10のカテゴリーに分類された。このF項では原則的には「精神病」という用語は用いられず、「精神病性」という言葉で特定の症状を説明しているに過ぎない（例：急性一過性精神病性障害）。ここで用いられる精神病性とは単に幻覚や妄想あるいは明らかに異常な行動を示すということを示唆するに過ぎない。精神疾患は精神の「疾患」を意味するもので、身体疾患が身体の「疾患」を意味するのと同様である。ただここでいう「疾患」とは身体的基礎が明らかなものを指すので、精神疾患に器質性精神病が位置づけられるのは当然であるとしても、統合失調症（精神分裂病）などが精神疾患と位置づけられてきたのは身体的基礎があると想定されてきたからであった。しかしながら今日的には精神疾患は精神病とほとんど同義に用いられるばかりでなく、精神障害ともほとんど同義に用いられるようになっている。つまり精神疾患には非器質性のものもまたさらに反応性に起こるものも含まれるようになり、心因性のものも含めるようになってきている。　→精神障害　　　　　　　（吉川武彦）

成人病　⇒生活習慣病

精神病院法〔大正8年法律第25号〕　1917年の内務省調査で、全国の精神病者総数約6万5000人のうち約6万人が私宅監置を含めて医療の枠外にあることが判明したことなどを受けて、治療上および公安上の理由から1919年に公布された法律である。主な内容は、内務大臣が道府県に精神病院の設置を命じることができることと、精神病院に入院させることができる精神病者の条件を定めたことである。ここで公的責任としての公立精神病院を設置する考えが初めて明らかになった。しかし、実際の建設は予算不足で進まず、精神病者監護法も廃止されなかったことで私宅監置は依然として続けられていた。この法律は1950年の精神衛生法の施行で廃止された。　→私宅監置、精神病者監護法、精神衛生法　　　　　　　（岩上洋一）

精神病院療養環境改善整備事業　精神病院における入院患者の人権確保および療養環境の改善を図ることを目的とする、1998年度第三次補正予算における事業である。事業の実施主体は、都道府県および市町村、公的医療機関または営利を目的としない法人である。整備基準としては、鉄格子から強化ガラスへの更新等を行うこと、保護室を改修し、水洗便所、冷暖房設備の設置等の療養環境の改善を行うことなどが挙げられていた。　　　　　　　（五嶋能伸）

精神病者監護法〔明治33年法律第38号〕　1884年に始まった相馬事件などをきっかけとして、1900年3月に公布され、同年7月1日に施行された精神病者の保護に関するわが国で最初の法律である。主な内容は、①後見人、配偶者、親権者、戸主、親族会で選任した四親等以内の親族を精神病者の監護義務者として順位を定め、監護義務者がいないか、いてもその義務を履行できないときは住所地、所在地の市区町村長に監護の義務を負わせた、②精神病者を監置できるのは監護義務者だけで、病者を私宅、病院などに監置するには、監護義務者が医師の診断書を添え、警察署を経て地方長官に願い出て許可を受けなくてはならない、③行政官庁に

監置を監督する権限を与えた、④監護に要する費用は被監護者で、被監護者にその能力がないときは扶養義務者の負担とした、ことである。この法律は治安を第一義にした社会防衛思想によるもので、私宅監置を法律に位置づけたことと、家族への負担が大きいことが特徴である。1950年の精神衛生法の施行に伴い廃止された。
→私宅監置、精神衛生法　　　　（岩上洋一）

精神病者慈善救治会　1902年、呉秀三東京大学教授の提唱により発足した民間慈善団体。初代会長には大隈重信夫人大隈綾子が就任し、わが国初のボランティア活動を行った。当時のメンバーは東京大学教授や政治家、経済人らの名流夫人、病院職員などで、主な活動は入院患者の慰安、慰問、演芸会、作業療法器具の購入、会報やパンフレットの作成などであり、啓蒙活動も意図していた。「日本精神衛生会」は、精神病者慈善救治会の流れを受け継いでいる。　→日本精神衛生会　　　　　　（平林恵美）

精神病者の保護及び精神保健ケア改善のための原則〔Principles for the Protection of Persons with Mental Illness and for the Improvement of Mental Health Care〕　1991年12月12日、国連第46回総会が出席加盟国全員一致によって採択した25か条からなる原則である。この決議の端緒は、1978年、ソ連における精神医療の政治的濫用を防ぐ目的で、国連人権小委員会にガイドラインの作成が委任されたことであったが、その後世界情勢の変化のなかで、国際法律家委員会（ICJ）、障害者インターナショナル（DPI）など、当事者、専門家を含むさまざまな国際的NGOや団体の働きかけも加わって、精神医療の濫用防止、精神障害者の人権擁護は世界共通の課題であるとの認識の下に審議が進んだ。この過程では日本の宇都宮病院事件も国連人権小委員会で取り上げられた。こうして1988年国連人権小委員会での採択、国連人権委員会、国連経済社会理事会の承認を経て、1991年の総会決議に至った。決議の性格として、国際条約ではないので法的拘束力はないが、国連の最低基準を示すガイドライン（勧告）として、各国政府に対し指針を与えるものである。原則は、精神病院への非自発的入院を要するごく少数の患者に焦点を当てるものである。前提として、生活する地域で治療・援助サービスを受ける権利が第一義であり、精神病院入院に代わる地域の精神保健サービスの創設を積極的に支持すると総括的に述べ、地域で生活する精神障害者の権利や地域サービスについてはそれほど詳しく規定していない。内容では最も注目された点として、強制入院患者にもインフォームドコンセントの権利を明記し、具体的に情報提供の内容や適用除外の諸条件を規定している。ほかに最少規制の原則や個別治療計画への患者の参加、他科と同一水準の治療を受ける権利、また非自発的入院については、国際人権規約B規約第9条の恣意的拘禁防止の規定に則り、入院要件や、権利告知、強制入院の決定を第三者機関に審査され、自らも審査を申し立てる権利など、手続き保障を規定している。　→宇都宮病院事件、国際人権規約　　　　　　（木村朋子）

精神病理〔psychopathology〕　精神医学における方法論の一つであり、精神障害の成り立ちの心理学的側面を指す。これを探求する学問が精神病理学。病態心理（学）、異常心理（学）もほぼ同義語。精神科臨床は異常精神現象の正確な観察と記述に始まりこれに終わるといっても過言でないので、臨床家にとって精神病理の素養は重要である。記述（現象学）的精神病理学、精神分析学を含む力動的精神病理学、人間学的精神病理学など、依拠する方法論の違いによりさまざまな立場があり、ドイツ語圏、フランス語圏、英米圏、日本などが、それぞれに特色ある発展をしてきた。昨今は生物学的精神医学が隆盛を極めるが、生物学的手法が及ばない分野の研究や、生物学的知見の精神現象としての意味を規定する仕事（心身問題の再検討）、社会病理や家族病理などを視野に入れた病態の研究、精神症候学の充実など、精神医学の基礎学としての精神病理学の果たす役割は今後も大きいと思われる。　　　　　　　　　　（岡崎伸郎）

精神分析　フロイト（Freud, S.）により創始された神経症の治療法（精神分析療法）であり、また同時に、無意識を精神活動の根源とする精

神力動的心理学のこと。治療法としての精神分析は、抑圧された（無意識のなかに押し込められた）心的なものを意識化する作業であり、その結果とらわれていた心のエネルギーを、適応的な活動にむかうようにすることを目的とする。このために、「自由連想」（患者に、心に思い浮かぶことを自由に語ってもらい、分析者がそれを元に分析する）、「夢の解釈」（自由連想のなかで語られた夢を元に、隠された無意識の動きを解釈する）などの技法を使う。また、心理学理論としての精神分析は、①精神現象の構造を「意識」「前意識」「無意識」とした、②本能的性的エネルギー「リビドー」を仮定し、このあり方によって、心理・性的発達の段階を考えた（口唇期、肛門期、男根期、潜在期、性器期）、③人格の構造や機能について、「イド」「自我」「超自我」の概念をたて、自我の防衛機制と適応不適応の問題を指摘した（これらの精神現象ひいては行動を力動的因果関係によって理解しようとする立場を、精神力動論と呼ぶ）、などのような古典的な理論から発展し、自我心理学派、クライン派、対象論派、さらにはラカン派、コフート派等、治療対象の拡大と臨床経験の変化に伴い、その理論も数々の修正や新しい視点の導入が試みられている。　→フロイト（Freud, S.）　　　　　　　　　　　（菊池礼子）

精神分裂病〔schizophrenia〕　わが国では、schizophreniaの訳語として「精神分裂病」という呼称が用いられてきた。この病名は、「精神が分裂」し「完治することのない人格荒廃に至る予後不良な病気」という疾病観と相まって、偏見を助長しノーマライゼーションの妨げとなった。2002年日本精神神経学会は、患者家族へのアンケートも行い、現在の医学的理解に基づき、思考などのまとまりが一時的になくなった（失調した）状態という意味の「統合失調症」と呼称を変更した。　→統合失調症　　（平松謙一）

精神保健〔mental health〕　精神保健（メンタルヘルス）は、人々の健康のうち、精神面の健康を対象として、精神障害を予防または治療し、精神的健康を保持増進させる諸活動をいう。広義の精神保健は、社会の全構成員を対象としており、一人ひとりが著しい不適応状態に陥ることなく、精神の健康を維持し向上させていく取り組みをいう。狭義の精神保健は、精神の健康を損なった人々（精神障害者）を対象としており、早期発見・早期治療によって精神障害の悪化を予防するとともに、リハビリテーションや福祉活動を進めることで、その能力を高め、活動の場を広げることによって積極的な人生を可能にしていく取り組みをいう。これらは精神保健福祉法第1条に、「この法律は、精神障害者の医療及び保護を行い、その社会復帰の促進及びその自立と社会経済活動への参加の促進のために必要な援助を行い、並びにその発生の予防その他国民の精神的健康の保持及び増進に努めることによって、精神障害者の福祉の増進及び国民の精神保健の向上を図ることを目的とする」と規定されている。吉川武彦は、広義の精神保健を積極的精神保健、狭義の精神保健を支持的精神保健として、両者を含めた上位概念として総合的精神保健を提唱した。これはノーマライゼーションの思想を踏まえて、すべての人に生きがいのもてる地域社会づくりを目指したものである。精神保健の基礎となる学問領域については、精神医学の衛生学的・公衆衛生学的応用とする見方もあるが、現在は、個人、家族、社会の心の健康をより高め、社会的にもよりよい状態をつくることを目的とした学際的領域とする見方が一般的である。精神保健の取り組みは、ライフサイクル（胎児期から老年期）と活動の場（家庭、学校、職場、地域）によって区分される。21世紀における国民健康づくり運動（健康日本21）においては、国民が主体的に取り組める健康づくり運動を、個人の力に加え社会全体で支援していくこととして、九つの分野が選定されたが、そのなかには精神保健にとって密接な、「休養・こころの健康づくり」「アルコール」の2分野が含まれており、それぞれ取り組みの方向と目標が示されている。　→21世紀における国民健康づくり運動（健康日本21）
　　　　　　　　　　　　　　　（竹島正）

精神保健及び精神障害者福祉に関する法律
〔昭和25年法律第123号〕　障害者基本法と地

域保健法が成立したことを受けて精神障害者の福祉施策を位置づける必要性から，1995年5月に精神保健法が改正・改称され，同年7月1日に施行された法律である．主な内容は，①精神障害者の自立と社会経済活動への参加の促進のための援助を法の目的に明記し，「保健及び福祉」の章を新設した，②精神障害者保健福祉手帳制度を創設した，③精神障害者社会復帰施設に精神障害者福祉工場を追加し2類型から4類型に整理し，精神障害者社会適応訓練事業を法定化した，④精神保健福祉の普及啓発，相談援助の充実のため市町村の役割を明記した，⑤措置入院および通院の公費負担医療を保険優先化にした，⑥精神保健指定医制度の充実，⑦医療保護入院の際の告知義務の徹底，⑧通院医療費公費負担事務の合理化，である．この改正は，法律全体の構成を変更する大規模なものとなった．1999年5月には，これまでの積み残し課題への対応，社会福祉基礎構造改革の流れを受けて改正された．主な改正として，①精神障害者の人権に配慮した医療の確保のための精神医療審査会の権限を強化した，②緊急に入院が必要となる精神障害者の移送について規定した，③保護者の義務を緩和した，④精神障害者の社会復帰施設等の利用に関する相談，助言，あっせん等の業務と通院医療費公費負担申請業務を市町村が行うことを規定した，⑤精神障害者地域生活支援センターを精神障害者社会復帰施設に追加した，⑥国・都道府県以外の者が，精神障害者居宅生活支援事業として，精神障害者居宅介護等事業（ホームヘルプサービス），精神障害者短期入所事業（ショートステイ），精神障害者地域生活援助事業（グループホーム）を行うことができると規定した，ことである．この改正は，福祉サービスの実施主体を市町村に移行し，保健医療福祉を統合した新たな精神障害者の地域生活支援体制の実現に向け，大きく踏み出したものといえる．　→精神保健法，精神障害者居宅生活支援事業，精神障害者社会復帰施設

(岩上洋一)

精神保健観察　心神喪失者等医療観察法に基づき，地方裁判所において入院によらない医療を受けさせる旨の決定を受けた者が，その期間を通じて対象となる．保護観察所の社会復帰調整官が適当な接触を保ち，指定通院医療機関の管理者，都道府県知事，市町村長から報告を求めるなどして，その者が必要な医療を受けているか否かおよびその生活の状況を見守るなどの方法によって行われる．保護観察所長は，地域社会における処遇の実施計画において，指定医療機関による医療，都道府県および市町村による精神保健福祉法に基づく援助等とともに，精神保健観察の内容および方法を記載することとされている．　→心神喪失等の状態で重大な他害行為を行った者の医療及び観察等に関する法律，社会復帰調整官

(佐藤三四郎)

精神保健参与員　心神喪失者等医療観察法に基づき，精神保健福祉士または精神障害者の保健および福祉に関する専門的知識および技術を有する者であって厚生労働大臣が作成する名簿に記載された者のうち，地方裁判所が毎年あらかじめ選任したもののなかから，処遇事件ごとに裁判所が指定する．合議体の構成員ではないが，特に必要ないとされる場合を除いて処遇決定の審判に関与し，処遇の要否およびその内容について意見を述べるものである．　→心神喪失等の状態で重大な他害行為を行った者の医療及び観察等に関する法律

(佐藤三四郎)

精神保健指定医　1987年の精神保健法改正によって新設された厚生大臣による一種の認定医制度．旧法における精神衛生鑑定医の権限が拡大され，認定条件が厳しくなったもの．合計5年の臨床経験（うち3年以上は精神科）を積んだ後，定められた自験例をレポートし，審査をパスして初めて，指定医が認可される．その後も5年ごとの研修会参加を義務づけられ，職務規程に違反した場合には，指定医の停止や取り消しの処分が科される．非自発入院に際しては指定医の診察が不可欠のほか，任意入院患者の退院制限，入院患者の行動制限（隔離・拘束）などに際しても指定医の診察とカルテ記載が義務づけられており，指定医がいなければ，入院医療は実質的に成り立たない．さらに，入院患者の処遇が不適切と判断した指定医は，病院管

理者に報告する義務を負う。患者の人権擁護と適切な医療の確保のために，指定医の権限と責任は法改正のたびに重くなっている。

(平田豊明)

精神保健審判員　心神喪失者等医療観察法の審判において，心神喪失または心神耗弱の状態で重大な他害行為をした者の処遇事件について，裁判官との2名の合議制により，対象行為を行った際の精神障害を改善し，これに伴って同様の行為を行うことなく，社会に復帰するためにこの法律による医療を受けさせる必要に基づいて，その者の処遇の決定を行う。地方裁判所は，厚生労働大臣が作成した精神保健判定医の名簿のなかから精神保健審判員となる者を毎年あらかじめ選任しておき，処遇事件ごとに任命する。　→心神喪失等の状態で重大な他害行為を行った者の医療及び観察等に関する法律，精神保健判定医

(佐藤三四郎)

精神保健判定医　心神喪失者等医療観察法第6条第2項により，精神保健審判員の職務を行うのに必要な学識経験を有する医師であり，厚生労働大臣は，精神保健審判員の選任に資するため，毎年，政令で定めるところにより，その名簿を最高裁判所に提出する。精神保健審判員としての職務のほか，検察官から処遇決定の申し立てがあった者について，裁判所の命令を受け，鑑定入院により，精神障害者であるか否かおよび対象行為を行った際の精神障害を改善し，これに伴って同様の行為を行うことなく，社会に復帰するためにこの法律による医療を受けさせる必要があるか否かについて鑑定を行う。　→心神喪失等の状態で重大な他害行為を行った者の医療及び観察等に関する法律，精神保健審判員

(佐藤三四郎)

精神保健福祉援助技術　⇨援助技術

精神保健福祉援助実習　精神保健福祉領域で実践する精神保健福祉士として期待される役割を担うため，大学その他の教育機関で学んだ倫理や価値観および知識・技術などを実践的に体験し，理解を深めていく教育プログラムである。精神保健福祉援助実習では，これら知識・技術・関連知識の理解を深めるとともに，それを実際に活用すること，さらに，職業倫理を身に付け専門的援助技術を概念化し理論化し体系立てていく能力を涵養していくこと，関連専門職種との連携のあり方を理解することなどがその目標として挙げられている。実習の場としては，精神科病院，精神病床を有するあるいは精神科・心療内科を標榜している病院および診療所，保健所，地域保健法に規定される市町村保健センター，精神保健福祉センター，その他精神保健福祉法に規定される社会復帰施設などが挙げられる。精神保健福祉の実践現場に実際におもむく配属実習の形態には，規定された配属日数を連続して行う「集中型実習」と，前半と後半に分散して行う「分散型実習」，さらに週1日ないし2日行う「通年型実習」がある。配属機関としては，できる限り種別の異なる2か所以上の機関で実習することが望ましいとする意見と，関係性を深めることを目指して1か所で行うほうが望ましいとの意見があるが，実習目的の多様化等のなかで，個々の実習課題や目的その他と照らし合わせて選択すればよい。実習形態についても，実習生の目的等を勘案しながらそれぞれに適した方法がとられてきている。配属実習では，精神保健福祉士の業務の実際や他職種の役割や連携の仕方，ケースワーク・グループワークの実際，組織や機関の機能などを学んでいくが，もう一方で，利用者と実際に関わることで，精神障害を抱えながら生活していくことの意味やそこから派生するニーズ等に関する重層的理解が促される。また，実習指導者をはじめとするスタッフたちとの関わりのなかで，ソーシャルワークについての重要な示唆を得ることができ，将来ソーシャルワーカーとして成長していくための大切な機会として位置づける必要がある。さらに，自己覚知が促され，実習生自身の成長の一つの契機となることも少なくない。しかしながら，これらの学びや気づき・自己覚知等は，配属実習という限られた時間内で完結することはきわめて困難である。配属実習におもむく以前からの事前学習や配属実習中の指導，事後指導などが継続的かつ適切に行われることが不可欠となる。オリエンテーションや

見学，実習先への事前訪問，個々の実習目的の設定や課題の明確化の作業に始まり，配属実習中，終了後を通しての連続し一貫したスーパービジョンが重要な役割を果たす。その意味においても，配属実習受け入れ機関と教育機関との連携は重要な意味をもつ。　→精神保健福祉士

（松本すみ子）

精神保健福祉士　精神科ソーシャルワーカーの国家資格の名称であり，1997年12月19日に公布され，1998年4月1日から施行された「精神保健福祉士法」（平成9年法律第131号）に準拠する。精神科ソーシャルワーカーの国家資格化の検討は，1965年の精神衛生法改正で新設された「精神保健衛生相談員」の任用資格制度として形づくられたのが最初である。次に精神科ソーシャルワーカーの業務内容が1987年の精神保健法で「相談援助等」として法定化された。精神科ソーシャルワーカー業務も診療報酬制度のなかで，1974年のデイケア，1986年の精神科訪問看護料，ナイトケア，1996年精神科急性期治療病棟入院料等々と約12項目にわたって付加されてきた。このような背景の下で，精神保健福祉士の国家資格化が成立したのである。精神保健福祉士が資格化されたのは，わが国の精神科病院に約33万人の入院者があり，その入院期間の長期化と，閉鎖性が問題視され，人権侵害に及ぶ問題も多発し，2002年12月に出された新障害者プランにおいても社会的入院者が約7万2000人存在しているということと，地域生活の支援の必要性が求められているからである。そのために，精神障害者の長期入院や社会的入院を解消し，精神障害者の視点に立って，医療的なケア以外の支援を行うことで精神障害者の社会復帰を促進する人材の必要性からであった。精神保健福祉士は，精神障害者の保健および福祉に関する知識と技術を併せもち，精神障害者の社会復帰に関する相談援助を「業とする者」である。「業とする者」とは，「反復継続意思をもって一定の行為に従事される者」と解釈している。受験資格は4年制大学卒業を基本としている。また，精神保健福祉士は名称独占資格であり，国家試験に合格しても「登録」を行わないと精神保健福祉士を名乗れず，精神保健福祉士でない者は，その名称を使ってはならないとされている。また，同法では「信用失墜行為の禁止」（第39条），「秘密保持義務」（第40条），「連携等」（第41条）など精神保健福祉士が業務を行うにあたっての義務を定めている。第41条「連携等」では，第1項「精神保健福祉士は，その業務を行うに当たっては，医師その他の医療関係者との連携を保たなければならない」，第2項「精神保健福祉士は，その業務を行うに当たって精神障害者に主治の医師があるときは，その指導を受けなければならない」としているが，この「指導」とは主治医の指導を受ける場合に，その採否を精神保健福祉士の判断で，福祉的援助を行ってよいという意味である。精神保健福祉士法では以上のように精神保健福祉士の業務や義務等について定めているが，従来精神科ソーシャルワーカーはこの法の範囲以上の業務や活動および研究を重ねてきたもので，国家資格はその一部を規定したものと考えられる。これらの活動や研究は今後も精神科ソーシャルワーカーとしての資質の向上のため，継続していくべきものである。　→精神保健福祉士法，精神科ソーシャルワーカー，日本精神保健福祉士協会

（高橋一）

精神保健福祉士法〔平成9年法律第131号〕精神保健福祉士とは，精神医学ソーシャルワーカーまたは精神科ソーシャルワーカーの国家資格の名称である。精神保健福祉士法は精神保健福祉士の資格を定めて，精神障害者の社会復帰に関する相談援助に従事する者の質を担保し，当該業務に携わる者の養成をすることで精神保健の向上および精神障害者の福祉の増進に寄与することを目的に，1997年成立した。精神障害者は精神疾患をもつ傷病者であるとともに，精神疾患のために日常生活または社会生活を営む上での制限を受けている障害者であることから，医療的ケアとそれ以外の支援の両面の支援が必要であり，精神保健福祉士は医療的ケア以外の支援を行う。精神保健福祉士資格の制度が設けられたことにより，医療従事者との役割分担と連携が強化され，医療的ケアの充実や入院

期間の短縮等も期待されている。さらに精神保健福祉士による精神障害者の社会復帰促進の支援は、精神障害者が社会のなかで暮らせるようにすることであり、住み慣れた地域で生活することができるような社会を目指すノーマライゼーションの理念の実現を目指している。この法律では、精神保健福祉士の定義（第2条）、試験（第2章）、登録（第3章）のほか、精神保健福祉士の信用失墜行為の禁止（第39条）、秘密保持義務（第40条）、医師その他医療関係者との連携（第41条）、名称の使用制限（第42条）および罰則（第5章）を定めている。なお、精神保健福祉法に定められた五つの社会復帰施設においても、精神保健福祉士の任用が定められ、地域生活支援の役割が強調されている。　→精神保健福祉士、精神科ソーシャルワーカー

（古寺久仁子）

精神保健福祉センター　精神保健福祉法第6条に基づく、精神保健福祉に関する技術的中核となる行政機関。1965年の精神衛生法改正で、保健所を地域における精神保健行政の第一線機関と位置づけ、その保健所に対する技術指導援助を行うなど、各都道府県の精神保健に関する技術的中核機関として「精神衛生センター」が設けられたが、1987年の精神保健法で「精神保健センター」、1995年の精神保健福祉法で「精神保健福祉センター」と改称された。精神保健福祉法では、精神保健福祉センターの業務を、①精神保健福祉に関する知識の普及、②精神保健福祉に関する調査研究、③精神保健福祉に関する複雑困難な相談指導、④精神医療審査会の事務、⑤精神障害者通院医療費公費負担および精神障害者保健福祉手帳の申請に対する決定に関する事務のうち専門的な知識および技術を必要とするものを行うこと、と規定している。職員は医師、精神保健福祉士、臨床心理技術者、保健師、看護師、作業療法士、その他センターの業務を行うために必要な職員とされている。センターの目標は、地域住民の精神的健康の保持増進、精神障害の予防、適切な精神医療の推進から社会復帰の促進、自立と社会経済活動への参加の促進のための援助に至るまで広範囲にわたっている。この目標を達成するため、精神保健福祉センター運営要領では、センターの業務を、①企画立案、②技術指導および技術援助、③教育研修、④普及啓発、⑤調査研究、⑥精神保健福祉相談、⑦組織育成、⑧精神医療審査会の審査に関する事務、⑨精神障害者通院医療費公費負担および精神障害者保健福祉手帳の判定、としている。その他に、診療機能やデイケア、社会復帰施設等のリハビリテーション機能をもつことが望ましいとされている。　→精神医療審査会、保健所　　　　　　（宮崎洋一）

精神保健福祉相談員　精神保健福祉法第48条において規定され、精神保健福祉センターおよび保健所において、精神保健および精神障害者の福祉に関する相談に応じ、精神障害者およびその家族等を訪問して必要な指導を行う職員である。この職員の規定は、1965年の精神衛生法一部改正により精神衛生相談員制度ができたことが始まりである。1987年の精神保健法成立により「精神保健相談員」と改称。1995年の精神保健福祉法の成立でさらに「精神保健福祉相談員」に改称され、このとき職務内容について、福祉に関する相談および指導が追加されている。また、1999年の精神保健福祉法等の一部改正では、1998年に精神保健福祉士法が施行されたことを受け、精神保健福祉相談員任用資格の法律上の例示が精神保健福祉士となっている。精神保健福祉相談員は、都道府県知事（指定都市の市長、保健所設置市・特別区の区長）がその職員のなかから任命するものであるが、その任用資格は、①精神保健福祉士、②大学において社会福祉に関する科目を修めて卒業した者であって、精神保健および精神障害者の福祉に関する知識および経験を有するもの、③大学において心理学の課程を修めて卒業した者であって、精神保健および精神障害者の福祉に関する知識および経験を有するもの、④医師、⑤厚生労働大臣が指定した講習会の課程を修了した保健師であって、精神保健および精神障害者の福祉に関する経験を有するもの、⑥これらに準ずる者であって、精神保健福祉相談員として必要な知識および経験を有するもの、と定められて

いる。　→精神保健福祉センター，保健所，全国精神保健福祉相談員会　　　　　　（堀和徳）

精神保健福祉法　⇨精神保健及び精神障害者福祉に関する法律

精神保健福祉ボランティア　精神障害者の生活を支え，豊かにすること，精神障害者と共に生きる社会づくりなどを目的に活動するボランティアである。精神障害者が孤立しがちな社会のなかで，精神障害者と市民との橋渡しの機能，精神障害者の「生活の質」を高める機能など，独自の機能をもつ。1984年以降，社会福祉協議会や精神保健福祉センターなどが，徐々に精神保健福祉ボランティア養成講座を開催するようになり，修了生が，同じ市民としての対等な関係，「素人性」，自発性などを生かしながら多様な活動を行っている。その内容は，受診・外出同行，訪問など，既存のサービスでは満たせないニーズに対応した活動，小規模作業所・病院などで活動，行政機関への働きかけ，市民の啓発のための講習会の開催など幅広い。精神障害者が，一市民として自分らしく暮らせる地域社会づくりにおける精神保健福祉ボランティア活動の意義は大きく，今後の活動の発展が期待されている。　→ボランティア　　　　　（平直子）

精神保健法〔昭和25年法律第123号〕　いわゆる宇都宮病院事件などの精神病院の不祥事件を契機として，精神衛生法は国内外から強く改正を指摘され，1987年9月，精神障害者の人権擁護，適正な医療と保護の確保および社会復帰の促進を主眼として改正公布された法律である。主な内容は，①国民の精神的健康の保持増進を図る観点から名称を精神保健法とした，②任意入院制度を新設した，③入院時等の書面による権利等の告知制度を新設した，④精神保健指定医制度へ改定した，⑤精神医療審査会制度を新設した，⑥精神障害者社会復帰施設を法定化した，ことである。この法律は，1993年6月に附則にある法施行後5年目の見直し規定によって改正された。主な内容は，①医療施設，社会復帰施設の設置者等の努力規定の新設，②国，地方公共団体，医療施設設置者等の相互連携と協力の努力規定の新設，③精神障害者の定義を医学用語に合わせて見直した，④精神障害者地域生活援助事業を法定化した，⑤保護義務者を保護者に改めた，⑥施設外収容禁止規定を廃止した，⑦大都市特例（都道府県が行う事務・権限について指定都市が行う）を規定した，⑧精神障害者社会復帰促進センターを設置した，ことである。精神保健法は，1995年精神保健及び精神障害者福祉に関する法律に改正・改称された。　→精神衛生法，精神保健及び精神障害者福祉に関する法律　　　　　　　（岩上洋一）

精神保健法（韓国）　韓国での精神保健福祉に関する法は，精神保健福祉法（法律第6152号）として1995年12月30日に制定されている。その後1997年第1次改正がなされ，2001年1月には一部修正された。条文は全59条と附則6条からなり，第1条法の目的として「精神疾患の予防と精神疾患者の医療及び社会復帰のために必要な事項を規定することによって，国民の精神的健康増進に寄与すること」とし，基本理念（第2条）として6項を定めている。基本理念はすべての精神疾患者は人間としての尊厳と価値を保障されること，最適の治療を受ける権利が保障されること。また精神疾患であるという理由で不当な差別・処遇を受けないこと。未成年者については特別な治療・保護および必要な教育を受ける権利が保障されなければならないこと。また自発的入院が奨励され，入院者については可能な限り，自由な環境が保障されなければならないことと，他人との自由な意見交換ができるように保障されなければならないとしている。法全体としては，日本の医療保護入院制度や保健所規定，退院請求・審査など，わが国の精神保健福祉法と類似する事項も多い。とりわけ注目されるのは，施設類型として精神保健施設，精神医療機関，精神疾患者社会復帰施設，精神療養施設とし，国民の義務および精神保健施設の設置（生活訓練施設と作業訓練施設に分類）や運営者の義務を規定していることが挙げられる。さらに精神保健専門要員の資格を規定していることなどである。ちなみに精神保健専門要員とは，精神保健臨床心理士，精神保健看護師および精神保健社会福祉士の各種国家

資格保持者で構成されており，精神保健社会福祉士の中心業務として，精神疾患者に対する個人歴調査および社会調査と精神疾患患者とその家族に対する社会事業指導および訪問指導の二つを法施行令第2条第1項別表1において示している。
(西澤利朗)

精神療法〔psychotherapy〕 精神療法は，心理的問題をもつ人に対する職業的専門家による心理的治療の総称であり，心理療法あるいはカウンセリングと同義である。精神療法には表現，支持，洞察，訓練の四つの位相がある。西園昌久は精神療法の四つの位相を以下のように解説している。①表現（表現的精神療法）：内的な問題とそれに伴う感情を表現することである。客観的事実よりも心理的事実を明らかにすることにより，自らの感情や欲求を自覚することを目指す。カタルシス法ともいう，②支持（支持的精神療法）：心理的原因に直接働きかけるのではなく，患者の自我を支えることにより安定を図り，患者の自力での解決を支持する。具体的には，慰め，安心づけ，再保証，説得，励まし，助言，暗示などを用いる，③洞察（洞察的精神療法）：症状の隠れた意味，すなわち自己の病理性を患者自身が自己理解し，人格の構造的変化を目指すものである。治療者と患者の相互的関係を通して，患者自身の自己理解を得られるように，長期的な協同作業が必要である，④訓練（訓練的精神療法）：学習や訓練を繰り返しながら，試行錯誤を支持し，適応法の獲得を目指すものである。以上の四つの位相を症例に応じてさまざまに組み合わせて行うものを，一般精神療法と呼ぶ。これに対し，特定の理論に基づき，特定の技法で，専門的訓練を受けた治療者が行うものを，特殊精神療法と呼ぶ。特殊精神療法には，洞察的精神療法である精神分析療法，力動精神療法，ユング派精神療法，ロジャーズ法（クライエント中心療法）などと，訓練療法である行動療法，自律訓練法，催眠法，森田療法などがある。最近の新しい認知理論や情報処理理論に基づいて，さまざまな認知（行動）療法が提唱され，精神療法とは区別する考えもある。精神療法は通常，治療者・患者の1対1の関係において行われる。集団精神療法は，集団を扱うが，目的はあくまでもさまざまな集団過程を通しての個人の治療である。家族を対象にするときは，家族個々人の治療のみではなく，家族の病理性や家族システムの改変を目的とすることもある。これまで精神療法は，精神科医や臨床心理士などの専門訓練を受けた者による職業的治療とされてきた。しかし，精神療法とカウンセリングの本質的差異はなく，多くの精神保健福祉関係者が患者の支援・援助を行い，最近は当事者同士のピアカウンセリングも盛んになってきている。精神療法を専門家が行うものとせず，精神保健福祉関係者の援助や当事者・家族のピアカウンセリングにも，精神療法的関係と精神療法的過程が存在することを意識することが必要であろう。 →カウンセリング，クライエント中心療法，心理療法 (平松謙一)

税制適格年金 企業年金制度の一形態で，事業主が年金原資を外部機関に積み立てるなど，法人税法で定める一定要件を満たすことによって，国税庁長官に承認されたものをいう。税制上の優遇措置があり，1962年の制度創設以降，企業の退職金負担の平準化を図る目的で普及してきたが，受給権保護が不十分であったため，2002年度に施行された確定給付企業年金法によって新規設立が認められなくなり，2012年3月末で制度が廃止されることになった。
(百瀬優)

性腺〔gonad〕 男性の精巣，女性の卵巣を指す。精巣の生殖細胞から精子がつくられ，精巣の上部にある精巣上体（副睾丸）に運ばれ，その間に遊泳するようになり，受精する能力を獲得する。卵巣の生殖細胞からは，卵子のもとになる卵胞が卵巣の中で成熟を開始して，およそ月に1個の卵子を腹腔内に排出し，卵管より子宮に運ばれる。卵管内で精子と出会うと受精が成立する。
(高橋徹)

製造物責任法〔平成6年法律第85号〕 製造物（製造または加工された動産）が通常有すべき安全性を欠いていた場合に，それによって生命・身体または財産を侵害された者が，その製品を製造・加工または輸入した業者あるいは製

造業者として指名等を表示した業者等に対して，生命・身体または財産に生じた損害の賠償を請求できるとした法律。その製品自体についてのみ生じた損害については賠償の対象から除外されている。通称，PL法（Product Liability Law）。1995年7月1日施行。　　　（相川裕）

生存権　人間としての「健康で文化的な生活」を営む権利で，「生存または生活のために必要な諸条件を要求する権利」と理解されている。資本主義経済の進行により貧富の差が拡大するなかで，ドイツのワイマール共和国憲法（1919年）で概念化された生存権の思想は，第二次世界大戦後に世界各国に浸透した。日本国憲法（1946年）では基本的人権は自由権（思想，信教，学問などの自由），平等権（法の下の平等），社会権（生存権，教育権，労働基本権など）などから構成されている。社会権の核となる生存権は第25条第1項で「健康で文化的な最低限度の生活を営む権利」として規定され，第2項で生存権保障における国の義務が明記されている。生存権を具現化するのが社会保障・社会福祉各法とされ，「最低限度の生活」の保障は生活保護法において実態化される。生存権に対する国民の請求権は社会保障・社会福祉各法を通して行使されるという考え方がわが国では主流をなし，一方，最低生活を超える課題への関心から幸福追求権（第13条）を社会福祉の理念に取り入れるとらえ方もみられる。生活問題を集中的に抱える障害者，高齢者などの生活実態から，制度・施策が最低生活の保障になっているのか厳しい検討が求められているが，制度・施策に矛盾があれば，個々の生活を通して生存権保障の請求を行う必要があり，こうした積み重ねが人間の誇りと自己決定権を尊重する理念と制度への発展につながる。　　　→基本的人権　（池末美穂子）

生存権的基本権　基本的人権のうち，広義の生存権を意味するもの。狭義の生存権，教育を受ける権利，労働基本権などがこれに含まれる。社会権，社会的基本権などともいい，自由権的基本権に対する概念である。　→生存権，社会権　　　　　　　　　　　　　（相川裕）

生体間移植　生体移植ともいう。死体移植（死体腎移植，脳死移植）に対して，生きたドナー（臓器を与える人）から提供された皮膚・骨髄・腎臓・肝臓などの臓器あるいは臓器の一部をレシピエント（臓器を受け取る人）に移植すること。死体移植と異なりドナーの安全性や損失の問題があり協力が得られにくいこと，血縁者間の移植のほうが術後の拒絶反応が少ないとされることなどから，基本的にはドナーはレシピエントの近親者に限られる。　→臓器移植
　　　　　　　　　　　　　　　　　（松永大吾）

生体リズム　人間の深部体温リズムやホルモンの分泌のリズムなど体の基本的な機能は，昼夜による環境変化のない条件下においても約24時間のリズムを示す。これは，地球の自転による24時間周期の昼夜の交代に同調して，体内の環境を積極的に変化させる機能であり，こうしたリズムを「生体リズム（概日リズム）」と呼び，これを生み出す機構を「生物時計」と呼ぶ。ほ乳類の生物時計は，脳の中心部にある視床下部の視交叉上核に存在する。　　　（内山真）

性的虐待　保護者から子どもに対しての性的な行為を指す。幼児と異性の親の入浴など，許容度には多少の文化的な相違があるが，性交やそれに準じる行いには明らかに虐待としての意味がある。被害を受けた子どもの多くには，それが異常な行為であるとか，自分が被害を受けたという認識がなく，相談する相手もいないことが多い。その結果，逆に親に対する罪悪感を抱いたり，異性との交際に際して劣等感に苦しみがちである。　→虐待，児童虐待　（金吉晴）

性同一性障害〔gender identity disorder〕ヒトの性には生物学的性（sex）すなわち解剖学的生理学的性と，自分は男あるいは女として振る舞いたいという心理・社会的性（gender）とがあり，通常は両者は一致している。このsexとgenderが不一致による障害を性同一性障害と呼ぶ。DSM-IVの性同一性障害の（成人の）診断基準は，①反対の性に対する強く持続的な同一感の証拠の存在，すなわち自分が反対の性になりたいという欲求，または自分の性が反対であるという主張，②自分の性に対する持続的な不快感，またはその性の役割についての不適切

感の存在，③その障害は，身体的に半陰陽を伴ったものではない，④臨床的に著しい苦痛または，社会的，職業的または他の重要な領域における障害を引き起こしている。性同一性障害の治療には，ホルモン療法や性転換手術が行われる。なお，わが国では，2003年7月に「性同一性障害者の性別の取扱いの特例に関する法律」が成立し，性同一性障害者が，家庭裁判所の審判を得て，戸籍上の性別変更をすることが可能となった。　→ジェンダー　　　（平松謙一）

青年期　精神発達において，児童期と成人期の間に位置する。思春期・青年期と分けたり，前・中・後の3期に分けたりすることもある。他の発達段階と同じように，青年期に入ったことを示す兆候としては，①生物学的：生殖が可能になる，②文化社会的：「一人前」として責任を担う（可能性），がある。青年期は，子どもとして扱われていた個人を，新しい半大人の社会的地位に押し出し，新しい権利と責任をもつようにさせる。また青年期は，新しい思考様式，すなわち，仮説や計画性，思考そのものについての思考，伝統的な枠を越えた思考，等をもつようになる。青年期は大きな変化と動揺の時期として，エリクソン（Erikson, E. H.）は，「同一性」を発達させ，自己を確立する時期とした。これは「自分はなにものか」「自分の目的，考えること，自分を表現するものはなにか」を追求することであり，子ども時代の終わりと大人時代の始まりをつなぐ青年期に，とりわけ大きな課題であるとした。もしも環境が支持的でなかったり，個人が特有の困難を抱えていたりするときには，同一性の自覚は不明確となり，「同一性の拡散」を招く。一方青年期は，統合失調症（精神分裂病）をはじめ，さまざまな適応障害が現れやすい時期でもある。上記の生物学的変化と文化社会的変化のアンバランスが，内的緊張や衝動の統制不良をもたらしやすいと考えられ，特に危機的な時期との見方もされやすい。
→自我同一性　　　　　　　　（菊池礼子）

成年後見制度　1999年に改正された民法では，従来の禁治産・準禁治産制度を，各人の判断能力および保護の必要性の程度に応じた柔軟かつ弾力的な措置を可能とする制度とするために，補助・保佐・後見の制度とした（2000年4月施行）。これらの制度を総称して成年後見制度という。新設された補助類型は，軽度の痴呆・知的障害・精神障害等の状態にある者を対象とする。補助類型は，保護の内容および対象行為の範囲の選択を当事者の申し立てに委ねるものとされている。また，後見類型でも，日常生活に必要な範囲の行為を専ら本人の判断に委ねて取消権の対象から除外した。その他の主な改正点としては，配偶者法定後見人制度の廃止，複数成年後見人制度の導入および法人成年後見人制度の明文化，成年後見人の選任の考慮事情の明文化，身上監護および本人の意思の尊重，成年後見監督人制度の充実，市町村長への申立権付与などが挙げられる。制度を利用しやすくするために従来の禁治産制度で行われていた戸籍への記載をやめ，それに代わるものとして後見等に関する登記の制度を設けた（後見登記等に関する法律）。あわせて公的機関の監督を伴う任意代理制度（任意後見制度）を設けた（任意後見契約に関する法律）。委任契約に基づく任意代理制度を成年後見制度の一環として活用することは，自己の判断能力低下後の財産管理等のあり方とその受任者を自らの意思によって決めておくという点で，自己決定の尊重の理念に沿った柔軟かつ弾力的な措置を可能にすることができるからである。　→任意後見制度　　（相川裕）

青年文化〔youth culture〕　青年世代ないし青年期の若者集団にみられる成人文化とは区別される固有の文化形態のこと。若者文化ともいわれる。青年文化の具体的内容は多岐にわたり，単純にとらえることは困難であるが，一般的な特質として，社会秩序の既成体系を構成する制度的（支配的）文化とは対抗・競合する価値観の緩やかな共有，既成秩序からの逸脱行動に対して比較的許容度の高い規範意識の形成，青年期特有のパーソナリティやライフスタイルに基づく行動・思考様式などが挙げられる。　→サブカルチャー　　　　　　　（土屋淳二）

政府管掌健康保険　組合管掌健康保険（健康保険組合が保険者）と合わさって，医療保険制

度のなかの一つである健康保険制度を形成しているもの。政府が保険者となり、主に中小企業の被用者とその被扶養者を対象としている（健康保険組合を設立するには、単独で常時概ね700人以上の従業員が必要である）。保険料が労使折半であることや、法定給付しかないことなどの点で、組合管掌健康保険よりも劣る。また、財政面でも赤字を出すことが多く、社会問題になってきた。　→医療保険制度　　（松渓憲雄）

生物学的精神医学〔biological psychiatry〕精神現象を生物学的方法によって研究する領域、および精神現象の生物学的基盤を研究する領域を生物学的精神医学と呼ぶ。ヒトは生物学的存在であるとともに、社会的存在でもある。ヒトの精神現象、とりわけその異常を、身体的基盤から理解しようとする立場と、心理的基盤から理解しようとする立場は古くから存在した。18世紀から19世紀にかけて、精神医学における身体主義と精神主義の対立・論争が活発に行われた。グリジンガー(Griesinger, W.)の「精神疾患は脳の疾患である」という言葉は有名である。生物・心理・社会 (bio-psycho-social) の三側面を統一すべきことは、現在の精神医学の基本的立場であり、精神医学は最も総合的な人間科学でなければならない。精神医学的研究においては、生物、心理、社会のいずれかの側面を主としたアプローチが必要であろう。しかし、精神医療においては、生物的治療（薬物療法）、心理的治療（精神療法）、社会的治療（リハビリテーションや生活支援）を単にそれぞればらばらに行うのではなく、相互関係を十分に考慮して統合して行うことが重要である。
　　　　　　　　　　　　　　（平松謙一）

性別役割分業　性別によって、「男は仕事、女は家事・育児」というように、役割を固定的に分業することをいう。このような分業は近代社会に誕生した。産業革命の後に、雇用労働者として外で働く有償労働と家庭内で行う無償労働の区別が明確になった。産業革命直後は、性別にかかわりなく男性も女性も有償労働に就いていたが、女性たちを過酷な労働から保護するための法律ができたことなどによって、かえって女性たちは有償の雇用労働から締め出されていった。こうして「主婦」は誕生した。日本においてこのような性別役割分業が一般化したのは高度経済成長期であるが、すでに1980年代には、共働き世帯数が専業主婦世帯数を上回っている。また1999年には、男女共同参画社会基本法が施行され、その第4条「社会における制度又は慣行についての配慮」において、性別による固定的な役割分担の問題点が指摘されている。　→シャドウワーク、ジェンダー
　　　　　　　　　　　　　（吉田あけみ）

性暴力　強姦、それに準じた性的な侵襲を指す。本人の意に反し、暴力や威嚇、ときに薬物などを用いて行われる。日本での強姦被害の頻度は、都市部の成人女性の数％に上る可能性があることが最近の調査でわかっている。対象者の偏りは完全に否定はできないが、警察庁の従来統計よりは多く、欧米諸国並みであることが推測される。　　　　　　　　　　（金吉晴）

生命の質　⇨クオリティ・オブ・ライフ

生命保険　人の生死に関してあらかじめ定められた保険金を支払う保険。被保険者の死亡に対して保険金を支払う死亡保険、被保険者が保険期間満了の日まで生存していた場合に保険金を支払う生存保険、死亡保険と生存保険を組み合わせた生死混合保険、生存を条件に定期的に一定の金額（年金）を支払う年金保険（以上は保険事故による分け方）など、さまざまな分類がある。また、各種保障の組み合わせにより、商品は多様化している。なお、民間保険会社のほか、郵便局（簡易保険）や農協（JA共済）などでも、生命保険型の保険・共済を扱っている。→損害保険、第三分野の保険、保険事故
　　　　　　　　　　　　　（菅谷広宣）

生命倫理〔bioethics〕1960年代以降のめざましい医学・医療技術の進歩、医療機器の開発は、新しい状況を医療現場に出現させた。脳死判定、医療の開発に伴う人体実験、延命治療への懐疑などの人権問題、また、安楽死、尊厳死などの死の選択、ホスピス等での終末期医療や死のあり方、などの生命の質への問いなどの問題が提起された。また新しい研究分野として「バ

イオエシックス (bioethics)」（生命倫理）等が，インフォームドコンセントを軸として発展してきた。生命倫理（バイオエシックス）は，「医療や生命科学に関する倫理的・哲学的・社会的問題やそれに関連する問題をめぐり学際的に研究する学問である」（国際バイオエシックス学会，1992年）と定義される。 (五十嵐雅浩)

生理的老化 老化に伴う種々の変化は，細胞・組織・器官・器官系ごとに異なった特徴をもち，個人差も著しい。生理的老化とは形態学的，生理学的変化として老年者には必ず出現し，年齢に伴い定量的には直線的延長，低下，増加を示すことの多い変化で，疾患としての症候を示さないような変化である。脳神経系では神経細胞の軽度減少，リポフスチンの増加，短期記憶の低下などが挙げられる。 →病的老化，老化 (堀智勝)

世界人権宣言〔Universal Declaration of Human Rights〕 1948年，第3回国連総会で採択された。宣言であって法的拘束力はもたないが，「すべての人民とすべての国とが達成すべき共通の基準として」（前文），各国の立法，司法に影響を及ぼしてきた。第1条で，すべての人の自由と平等を，第2条で，差別の禁止を規定。さらに第25条では，衣食住，医療，他の社会サービスによって十分な生活水準を保持する権利，また老齢や心身の障害によって生活が困難な場合は社会保障を受ける権利をもつ，としている。 (木村朋子)

世界精神保健連盟〔World Federation for Mental Health: WFMH〕 1948年に結成された国際的な精神保健活動組織。その源は1919年のビアーズ（Beers, C.）が始めた運動にさかのぼる。結成文書の題は「精神保健と世界市民」であり，第二次世界大戦後に芽生えた「精神保健は平和を促進する」という信念に基づいて結成された。2003年現在112か国から個人や団体が参加している。理事会は日本からも常時メンバーを出している。目標は，①精神保健の重要性について市民の認識を高める，②精神保健と最適の心身機能を促進する，③精神障害を予防する，④精神障害の治療やケアを改善することである。活動は九つの地区をベースにし，国際的な連携を重視している。国際レベルの活動としては毎年10月10日の世界精神保健デー，2年に一度の世界会議，2年に一度の精神保健プロモーション・予防の会議，国連での権利擁護活動，世界銀行支援プログラム，精神保健に関する女性リーダー国際委員会活動などがある。 (井上新平)

世界保健機関〔World Health Organization: WHO〕 1946年ニューヨークで開かれた国際保健会議が採択した世界保健憲章（1948年4月7日発効）によって設立された国連の専門機関である。その目的は「すべての人々が可能な最高の健康水準に到達すること」（憲章第1条）である。最高決定機関は世界保健総会（毎年1回開催）であり，執行理事会（32か国）と地域機関（アフリカ，アメリカ，南東アジア，ヨーロッパ，東地中海，西太平洋，日本は西太平洋地域に所属）がある。本部はジュネーブにあり，2003年5月現在，世界192か国と2準加盟国が参加している。感染症，環境保健，医薬品，食品・栄養，家族保健（出産）などについて全世界的な活動を展開し，また人材育成，途上国支援なども行っている。運営は各国から拠出される分担金による。日本はアメリカに次いで多くの分担金を拠出し，また人材も提供している。 (三宅由子)

セカンドオピニオン〔second opinion〕 医療現場において患者が主治医以外の医師から自分の病状や診断，治療法などについて，意見を求め，かつ，主治医や当該医療機関がこうした行為を理解し協力することをいう。医療や福祉サービスはサービス内容の検証・吟味が不十分なまま善きこととして一人歩きすることが多い。治療や対人援助サービスを受ける場合，ともすれば提供者側の判断がサービスの受け手の意志を超えて最優先される。医療・福祉にみられるこうしたパターナリズムを克服するためにインフォームドコンセントが導入されてはいるものの，インフォームドコンセントも説明された上で「同意」を得ることに比重が置かれ，本来の「選択」（チョイス）意志が軽視されがちである。

セカンドオピニオンは，「選択」に至る過程をより明確にするために生まれたものである。現状ではセカンドオピニオンは制度化されたものではなく，主治医以外の医師の意見を聴くことに患者―医師の信頼関係を踏みにじるものと考えられたり，前提としての医療情報の公開すら十分なものにはなっていない。専門家の多様な意見を聴いた上で自己吟味し，自己決定がなされる必要がある。医療情報の開示，医師・医療機関相互の関係，そして，セカンドオピニオンを活用できる医師―患者間のコミュニケーションといった課題がある。　→インフォームドコンセント　　　　　　　　　　　　　（西澤利朗）

脊髄　脳とともに，中枢神経を構成し，脳から内臓や運動器への情報伝達，逆にこれらの臓器から脳への情報提供の中継点となる部位。延髄から連続して，脊椎のなか（脊柱管）を，上部から頸髄，胸髄，腰髄，仙髄となって下行する。脊髄からは，頸髄から8対，以下12対，5対，5対，尾骨神経1対と合わせて左右31対の脊髄神経が分岐する。1対の脊髄神経では，左右それぞれ運動神経が前根から分岐し，感覚神経が後根より入るため，計4本の神経が存在することになる。　　　　　　　（長尾毅彦）

脊髄小脳変性症　現時点で病因の解明できていない神経難病の一つ。小脳から脳幹，脊髄の神経細胞が徐々に減少し萎縮するため，小脳性失調を中心に各種の障害をもたらし，末期には寝たきりとなる。一族に集中して発病する，遺伝性のものと，家族歴のない孤発性のものがある。近年，遺伝性のものは特定の遺伝子部位の3塩基単位を繰り返す不必要な延長（triplet repeat）が存在することが明らかとなり，診断技術が飛躍的に向上した。　　　　（長尾毅彦）

脊髄損傷　交通事故，労働災害，スポーツ外傷などで脊髄が損傷されると，局所の激しい痛みとともに，損傷部位のレベルから下の身体部位の弛緩性麻痺とすべての感覚と反射の消失が起こる。頸髄上部の損傷は呼吸筋と四肢の筋の麻痺を起こし致死的となりやすい。胸髄から腰髄上部の損傷は下肢と体幹，直腸，膀胱の麻痺を起こす。裂傷や離断によるときには神経機能の欠損は回復しないので，精神的ケアを含めて長期にわたるリハビリテーションが必要となる。　　　　　　　　　　　　（金杉和夫）

脊髄反射　脳からの統制を受けずに，脊髄が独自に起こす反射。脳を切断した実験動物でも認められる反射を意味する。手足の感覚刺激に反応して，脊髄の運動ニューロンが脳からの反応を待たずに，独自に手足の運動を引き起こす反射を指す。広義には深部腱反射なども含まれるが，通常は，重度脳損傷の症例などで，痛覚などの感覚刺激に対して，四肢の逃避行動などの運動を起こす反射を指すことが多い。脳の発達の未熟な新生児では，生後1か月程度認められることがある。　　　　　　　（長尾毅彦）

責任能力　一般的には，法的な一定の効果ないし責任を負担させることができると評価し得る精神的ないし心理的状態をいう。具体的な責任能力は，民法・刑法等により個別的に判断される。例えば，民法第712条，第713条等によれば，行為の責任を弁識（認識）する知能と定義されるが，このような能力を欠く者（未成年者および心神喪失者）は，当該行為に対する法的な非難可能性がないため，損害賠償責任などを負わない。刑法においては，責任能力は心神喪失者および心神耗弱者の行為責任として問題となり，前者の行為はこれを罰せず（刑法第39条第1項），後者の行為はその刑を減軽するとされている（同条第2項）。心神喪失者の行為は罪とはならないから，公訴権を独占する検察官といえどもこれを起訴することは許されず，不起訴処分としなければならない。　　（登坂真人）

セクシュアリティ　⇨ジェンダー

世帯〔households〕　国勢調査と国民生活基礎調査が世帯調査の主要なものである。1918年の国勢調査施行令によれば「本令ニ於テ世帯ト称スルハ住居及家計ヲ共ニスル者ヲ謂フ」と定められている。国勢調査ではこの世帯概念に基づいて一般世帯の家族類型を世帯員との続柄により親族世帯（2人以上の世帯員からなる世帯のうち，世帯主と親族関係にある世帯員のいる世帯），非親族世帯（2人以上の世帯員からなる世帯のうち，世帯主と親族関係にある者がいな

い世帯），単独世帯（世帯人員が1人の世帯）とに区分（世帯分類）し，親族世帯については核家族世帯，その他の親族世帯とに区分している。この世帯統計は都道府県・市区町村別に集計・公表されている。　→国勢調査　　　（清水浩昭）

世帯業態別被保護世帯　被保護世帯を就業状態別に三つに分類したもので，労働力類型別被保護世帯ともいう。分類としては，①「世帯主が働いている世帯」（この世帯はさらに常用，日雇，内職，その他と細分化される），②「世帯員が働いている世帯」，③「働いている者のいない世帯」となる。近年は，高齢者，障害者，傷病者などの稼働能力を有しない世帯の割合が大半を占めるようになっており，2002年度は88.1％に達した。これは，保護の受給期間の長期化の原因ともなっている。　→被保護世帯
（大内直人）

世帯更生運動　1950年に現行の生活保護法が制定されて以後，民生委員の間で自主的に行われた運動。現行法制定以前，民生委員は保護実施の補助機関として実施上の大きな役割を担っていたが，現行法では協力機関となり，新たな役割を担うこととなった。これを受けて，主として防貧的施策と低所得者階層に対する自立更生を目的とした運動が起こった。この運動から「世帯更生資金貸付制度」が発足し，現在の「生活福祉資金貸付制度」に発展した。　→民生委員制度，生活福祉資金貸付制度　（山本文枝）

世帯人員別被保護世帯　被保護世帯を世帯の人数別に分類したもの。近年では，核家族化の進行や国民の扶養意識の変化，また平均寿命の延びによる高齢者世帯の増加などの社会情勢の変化により，被保護世帯の少人数化の傾向が著しい。2002年度では，総世帯のうち73.5％を単身世帯が占めている。平均世帯人員は1.42人である。　→被保護世帯　　　　（大内直人）

世帯単位の原則　生活保護の四つの原則のうちの一つ。生活保護法第10条に掲げられている。保護の要否や程度は世帯を単位として決定するという原則である。ただし，個別事情に応じて，現実には同一世帯であっても，要保護状態にある個人を，他の世帯員から分離して，個人単位で保護の要否と程度を決定できることとされている。なお，同一世帯とは親族関係に関係なく，住居と生計を一にしている者の集まりである。　→保護の原則，世帯分離（山本文枝）

世帯分離　生活保護は世帯を単位として行うことを原則としている。しかし，実際にはさまざまな事情があるので，同一世帯と判断される一部の世帯員を分離して保護を行うことも可能とされている。例えば，高齢の親と長期入院中の子の世帯の場合，長期入院の子だけを分離して保護するなどの事例がある。なお，世帯分離は，分離した個人を保護する場合と，分離した個人を除いた残りの世帯員を保護する場合の2通りがある。　→世帯単位の原則　（山本文枝）

世帯類型別被保護世帯　被保護世帯を世帯類型別にみたもの。世帯類型とは，①高齢者世帯（男65歳以上，女60歳以上の者のみで構成されているか，これらの者に18歳未満の者が加わって構成される），②母子世帯（現に配偶者のいない18歳以上60歳未満の女子と18歳未満の子のみで構成される），③障害者世帯（世帯主が障害者加算を受けているか，障害，知的障害等の心身上の障害のため働けない者である），④傷病世帯（世帯主が入院しているか在宅患者加算を受けている世帯，または世帯主が傷病のため働けない者である），⑤その他の世帯（上記以外）に分けられる。最近の動向としては，高齢者世帯，母子世帯，その他の世帯の増加が顕著である。　→被保護世帯　　　（大内直人）

世田谷リハビリテーションセンター　川崎市社会復帰医療センター（1971年開設）に次いで，東京都単独事業で1972年に開設された精神障害回復者社会復帰施設であり，現在は都立中部総合精神保健福祉センターの一部門である。入院医療が中心であった当時に，医療機関が行っていた社会復帰活動の足りない部分を補完することを目的としてつくられた，精神障害者の社会復帰のためのリハビリテーション専門施設であった。　→精神障害回復者社会復帰施設
（宮崎洋一）

赤血球〔red blood cell〕　血液の有形成分の一つ。直径7〜8μmの扁平な円盤状で中心が凹

んだ形をしている。血液 $1\mu l$ あたり男性で約500万，女性で約450万が正常値とされている。ヘモグロビンを含み，血液の赤い色のもとになっている。ヘモグロビンは肺呼吸および組織呼吸におけるガス交換の働きを担っている。赤血球は骨髄でつくられている。赤血球の減少した状態を貧血という。　→血液
(高橋徹)

摂食障害　食行動異常に基づく原因不明の難治性疾患である。診断基準は DSM-IV，ICD-10 などで操作的診断基準がよく使われている。DSM-IV では摂食障害を神経性無食欲症（anorexia nervosa）と神経性大食症（bulimia nervosa）に大きく分けており，それぞれ非排出型，排出型とした下位分類がある。ほかに不全型として特定不能の摂食障害がある。95％は女性で思春期，青年期がほとんどである。1998年のわが国の調査では受療者は約2万4000人といわれているが，病識の乏しい疾患でもあり実際にはかなり多くの患者の存在が示唆されている。治療法には確立したものがなく，世界的に認められているのは認知行動療法であるが，ほかにも家族療法や支持的な心理療法などが併用されている。予後については世界的にみて10年追跡研究で60％近くが治る一方で約7％前後は死亡するといわれており，受胎年齢の女性がほとんどであることを考えると社会的にも重要な問題である。　→神経性無食欲症，神経性大食症
(石川俊男)

絶対的扶養義務者　生活保護における扶養義務は，民法に根拠をおいており，絶対的扶養義務者には，直系血族（父母，祖父母と子，孫の関係等養父母と子といった法定血族も含まれる），兄弟姉妹（父母の一方のみを同じくするものを含む），配偶者が含まれる。このなかでも夫婦関係，未成熟の子（義務教育修了前の子）に対する親の関係は生活保持義務関係といわれ，最後のパンをも分かち合って扶養すべき関係とされている。　→扶養義務者，相対的扶養義務者
(畑江倫子)

セツルメント〔settlement〕　19世紀の後半，イギリスの産業資本主義から独占資本主義への移行過程で生みだされたのが都市スラム街であり，貧困・下層労働者たちであった。セツルメント運動は知識階級にある大学教師や学生，教会関係者などがスラムに住み込み（セツル），貧困者たちとの人格的接触を通じて，生活の自立支援のために必要な知識やサービスを提供し，地域環境の改善や制度改善の働きかけを行うなど，近代社会事業形成の先駆となった活動である。1884年にバーネット（Barnett, S.）たちがロンドンに創設したトインビー・ホールがその最初である。この運動に参加したセツラーたちは，貧困からの脱却が慈善ではなく，教育による人格の向上や生活の改善によるものと考えた。　→トインビー・ホール
(田中英樹)

セラピスト〔therapist〕　心理的問題をもつ人に対して治療を行う職業的専門家。わが国の精神保健領域では精神（心理）療法を行う精神科医とサイコロジストを指すことが多いが，定義からは言語聴覚士，理学療法士，作業療法士などの職種も該当しよう。それぞれ資格を取得し，研鑽を積み，倫理規定を遵守することが求められる。さまざまな学派・立場があるが，患者との，そして医師や精神保健福祉士といった他職種との関係の重視が共通の要点であろう。
(川野健治)

セリエ〔Selye, Hans : 1907-1982〕　カナダの内分泌医学者。オーストリアのウィーンに生まれ，プラハ，パリ，ローマで学びモントリオールのマッギル大学で10年を過ごしたのち（1933～1945），モントリオール仏語大学実験医学研究所教授となった（1945～1976）。もともと物理的な意味として用いられていた「ストレス」という言葉を，人間が外界から受ける刺激に対して生体が反応を起こしている状態として，医学的に定義づけ，ストレスを生起させる原因となったものをストレッサーと呼んだ。セリエの生みだしたストレス学説は現代心身医学の礎ともなっている。　→ストレス
(堀田香織)

セリグマン〔Seligman, Martin E. P. : 1942-〕　アメリカ生まれの心理学者。1967年にペンシルバニア大学で博士号取得。元アメリカ心理学会会長。心理学の幅広い分野で活躍し，多くの論文・著作物がある。イヌを用いた実験（こ

れは，どのような自発的行動をしても逃れることができない電撃を与え続けられたイヌは，その後，電撃を避けることができる状況におかれても電撃を避けようとしなかったというもの）から，学習性無力感（学習された無力感，学習性無気力などとも表記される，learned helplessness）の概念を示したことで特に有名。また，楽観性（optimism）などについても検討を行っている。　　　　　　　　　　（萩生田伸子）

セルフアドボカシー〔self advocacy〕 障害者等が自分（たち）の権利を主張すること。当事者運動の進展がもたらした考え方でもあり，当事者グループの存在意義をセルフヘルプ・アドボカシー，権利を主張しうる主体を育て合うプログラムをピア・セルフアドボカシーと呼ぶなど，当事者運動のキータームの一つともなっている。ピア・セルフアドボカシープログラムは，「精神科患者」として扱われることがどんな気分のものか理論でなく現実として知る者が，現に精神医療のなかで苦しむ人に対し，傾聴することでまず孤独の感覚を終わらせ，希望を聞いて尊重し，理解できる言葉で実用的な情報提供やトレーニングを行い，実際的な社会資源の活用を行うことに意義があるとされる。またリーガルアドボカシーなど制度化されたアドボカシーにおいても，アドボケートによる代弁よりセルフアドボカシーの方が望ましいとされ，そのための情報提供，側面支援，当事者グループへの権利学習会の開催等が行われている。　→権利擁護，当事者　　　　　　　　（木村朋子）

セルフエスティーム〔self esteem〕 自己（self）のあり方についての評価として，①自己愛について，どんな誇大自己の持ち主か，その誇大自己を現実生活のなかで満たす能力をもっているか（自己―対象関係），②自己感（sense of self）の同一性や継続性について，快適な環境や状況の変動と関係なく自分はいつも同じ自分らしさを保っているか，③自分と対象の間の境界が明確に確立しているか，それともあいまいになっているか，など人間は心のなかで自己評価をしている。このような自己評価から自分について健康的な自信をもつことであり，自己ケアする心（自尊）をもつことである。　→自己
　　　　　　　　　　　　　　　　（今井楯男）

セルフエフィカシー　⇨自己効力感

セルフケア〔self-care〕 個人の生命，健康，安寧を維持するために自分自身のために自分で行う活動のことである。セルフケアは，個人が日常生活において適切に生活するための，生物学的，心理的，社会的，文化的な行動をすべて含む統合的なものであり，セルフケアの充足に関してもそれらの統合的な文脈のなかでのバランスに重点を置いている。セルフケアは，自分自身の健康を維持する活動における自己責任，自己決定を重視しており，医師主導の旧来の医学モデルから，一人ひとりの意思決定を伴うセルフケアへの転換を図る現代社会において注目されている概念である。ナイチンゲール（Nightingale, F.）以来，看護ではその人の治癒力に注目するなど，人々のセルフケアの促進に関心を寄せてきた。精神障害者に対するケアでは，その人の意思決定を尊重し，その人らしい生活を選択し，自らの力で生活を送ることができるように，セルフケアの拡大を目指すことが重要である。　　　　　　　　（野嶋佐由美）

セルフコントロール〔self-control〕 自己の欲求や情動，自律反応をオペラントの技法を用いて自己制御することをいう。セルフコントロールの手法としては，コグニティブ（認知），オペラント，レスポンデントセルフコントロールといった大きく3種類に分けて説明されることが多い。一般的によく使われる手法としては，認知療法や環境調整，行動調整的な方法，自律訓練法やバイオフィードバックを用いたレスポンデント的な方法がよく知られている。臨床的には肥満などの食行動異常や喫煙，飲酒習慣の改善などでは認知療法などが，心身症や不安障害，神経症などではレスポンデントセルフコントロールが利用されている。高度に近代化された社会では，人間関係が希薄になっており，日常での自己の情動のコントロールが困難になってきている。このような観点からもセルフコントロールの重要性が指摘されている。
　　　　　　　　　　　　　　　　（石川俊男）

セルフヘルプ〔self help〕　セルフヘルプが生まれてきた社会背景には，生活貧困者などを地域で共に支え合う（相互援助）という共同体における慈善的発想の施策があった。近代に入り，資本主義の世の中になると，従来の共同体での慈善主義が生産性の向上に発展し，さまざまな法制度が生まれてきた。お互いに支え合って生きているのが人間社会の理想である。人は仲間との相互支援によって，「わたし」の問題を「わたしたち」の共通のものとして分かち合い，傾聴・共感し，一人ではないという安心感と精神的支えが得られる。そして，それを土台に自分自身と向き合い，問題を解決していく力を発揮することができる。セルフヘルプの基本的な考え方は「人は機会さえ与えられれば，自分で選び，自己決定し，自らの人生に責任をもって生きることができる」というものである。その機会は誰にも平等に与えられるべきものであり，精神障害者であっても同様である。しかし法制度だけでは十分ではなく，また法のはざまにいる人々に対する救済が十分でない現状もある。そのような法の「はざま」に悩む人々は，既存のサービスだけでは自分たちで自立した生活を築くのに限界があると考え，精神障害者やアルコール依存症のセルフヘルプグループが，1930年頃の欧米において組織され始め，1960年代の市民運動などの影響で，「個人の自主性の尊重」や「コンシューマー中心主義」などがいわれるようになり，ギャンブル依存・児童虐待・薬物依存・未婚の母・配偶者を亡くした人・シニアなどさまざまな分野でセルフヘルプグループが広がっていった。人として「ごく当たり前の生活」を送る権利は，誰にも保障されるものである。「人間としての尊厳は自分たちの手で守る」という，権利擁護もセルフヘルプのなかから生まれてきた。日本では1948年の日本患者会同盟，1951年のハンセン氏病者協議会が始まりといえる。精神障害者のグループとしては，1993年に全国精神障害者団体連合会が結成されている。セルフヘルプグループ，患者会，ソーシャルクラブ，回復者クラブ，自助グループなどさまざまな呼称がある。　→全国精神障害者団体連合会，権利擁護，ソーシャルクラブ

（和田朋子）

セルフヘルプグループ　⇨セルフヘルプ

セルフモニタリング〔self-monitoring〕　自分自身の行動に関する「観察，記録，評価」等を行う技法。特に行動療法では，系統的に用いることが多い。患者個人のさまざまな情報を得ることができる上に，日常的に使用することができる。具体的には，①焦点となっている行動が生じたときにそれを記録する，②そうして積み上げたデータを自分で評価していく，という作業に基づいて行動変容を目指すものである。実際に施行していくと，出現頻度の高すぎる行動や，開始がはっきりしない行動は，モニターするのが困難なことが多い。また，望ましくない行動や体重を毎日測定するなどは，無力感を増大させることがあるので，この技法には向いていない。

（菊池礼子）

セロトニン・ドーパミン拮抗薬〔serotonin-dopamine antagonist：SDA〕　主に統合失調症（精神分裂病）の治療に使用される非定型抗精神病薬のうち，セロトニン5HT-2A受容体遮断およびドーパミンD_2受容体遮断作用を有する薬物でSDA剤ともいう。現在わが国では，リスペリドン，ペロスピロン，クエチアピン，オランザピン，ゾテピンが使用可能となっている。クロルプロマジンやハロペリドールに代表される定型抗精神病薬がドーパミンD_2受容体遮断作用を有するのに対し，非定型抗精神病薬はセロトニン5HT-2A受容体遮断とドーパミンD_2受容体遮断作用を併せもつ。その薬理作用の特徴は定型抗精神病薬に比較して，錐体外路症状の発現頻度が低く，いくつかの薬剤ではプロラクチン上昇を起こさず，ほとんどの薬剤で陰性症状の改善効果を有するといった点が挙げられる。非定型抗精神病薬にはSDA剤のほかに，多様な受容体に親和性を示すMARTA（multi-acting-receptor-target-agent）や，ドーパミン自己受容体作動薬が含まれ，わが国での使用や開発が検討されている。　→抗精神病薬

（林田健一）

世論（せろん）　⇨世論（よろん）

善意／悪意 善意とは，一定の法的効果を生じさせる事実の全部または一部を知らないこと，悪意とは，これを知っていることをいう。当事者の主観的意図や目的とは関係がなく，社会一般に用いられる場合とは意味内容が異なる。例えば，詐欺による法律行為は取り消すことができるが（民法第96条第1項），善意の第三者には対抗することができない（同条第3項）。この場合の善意とは，当事者が欺罔行為によって意思表示をした事実を知らないことをいう。　　　　　　　　　　　　　　（登坂真人）

前意識 精神分析理論では心的過程を，「意識」「前意識」「無意識」の3層に分けている。このうち，前意識とは，意識されていない精神内容ではあっても，注意を集中すれば意識されるようになる領域を指す。意識的に抑制された精神内容は，この前意識にとどまり，修正が必要な場合には，改めて意識化して調整することができるとされる。　→意識，精神分析，無意識　　　　　　　　　　　　　（菊池礼子）

船員保険 船員という特定部門の労働者およびその家族を対象とする社会保険（保険者は社会保険庁）。一般労働者を対象とする健康保険，雇用保険，および労災保険を合わせたような総合的保険の性格を有するところに大きな特徴がある。また，給付内容においても，船員の仕事の特殊性に対する配慮がなされている。なお，被保険者数は年々減少の傾向にあり（2002年9月末現在で約7万2000人），労災を除く年金部門は，1986年4月1日より厚生年金保険に統合されている。　→社会保険　　（菅谷広宣）

全家連 ⇨全国精神障害者家族会連合会

前期高齢者 一口に高齢者といっても，長寿化を背景に年齢の幅が広がり，社会活動や健康等の状況が異なり福祉ニーズも多様である。このため一般的には65歳以上75歳未満を前期高齢者（ヤング・オールド）としている。2025年に，その割合は11.9％と推計されている。2000年からゴールドプラン21の「元気高齢者づくり対策」において「ヤング・オールド作戦」を推進し，健康づくりや積極的な社会参加を進めている。　→後期高齢者　　　　（山田祐子）

全国延長給付 雇用保険において，その中心をなす求職者給付中に基本手当があるが，この手当が一定の要件に該当する場合，その給付日数が延長されることがある。これを延長給付というが，全国延長給付はその一部をなす。その他に，訓練延長給付と広域延長給付がある。全国延長給付は，失業の状況が全国的に著しく悪化し，一定の基準に該当するに至った場合（雇用保険法施行令第6条第1項，現行は全国の基本手当の受給率が連続4月間4％を超えそれが低下せず，継続する場合）に，厚生労働大臣が受給資格者の就職状況からみて必要と認めたときに，指定期間内，90日分を限度として給付日数を延長する措置を決定しうる（雇用保険法第27条第1項）。　　　　　　（辻村昌昭）

全国健康福祉祭 ねんりんピックの愛称をもつ。豊かで活力ある長寿社会の形成を目指して，高齢者の健康と生きがい，世代間交流をイベントをとおして実現していこうとする祭典である。厚生省創立50周年を記念して，1988年に開始され，その後各地で毎年開催されている。長寿社会開発センターが厚生労働省・開催地の地方自治体と共催し，①健康関連イベント，②福祉・生きがい関連イベント，などを行っている。　　　　　　　　　　　　　　（山口幸照）

全国自治体病院協議会 1962年，全国の都道府県立および市町村立の1000有余の病院が大同団結し，自治体病院事業の発展を図り，国民福祉の向上に寄与することを目的に設立された。各都道府県ごとに支部を置き，自治体病院の機能の向上，財政基盤の確立，経営健全化の推進，医師の確保，医療供給体制の改善等諸対策の推進，学会の開催，諸外国との交流，経営統計・指標の作成等の諸事業を実施している。　　　　　　　　　　　　　　（五嶋能伸）

全国精神障害者家族会連合会〔The National Federation of Families with the Mentally Ill in Japan〕　1965年に結成された精神障害者の家族会の全国組織で，略称で全家連と呼ばれている。当初は病院家族会が中心であったが，後には地域の家族会と連合した組織になり，1600余の家族会，約12万人の会員がいる。1964年の

ライシャワー米国大使刺傷事件後，精神障害者の治安対策強化の流れのなかで，反対する家族，専門家が協力し，1965年に結成した。家族同士の支え合い，精神医療の改善，差別・偏見の除去だけでなく，回復者の社会復帰のための住居の確保や作業所の設立など精神保健福祉施策の向上を目指す活動などを展開している。1967年には精神障害者とその家族のための福祉事業団体として財団法人として認可され，精神障害者の社会復帰施設が十分になかった時代に，小規模作業所の設立と運営に大きな役割を果たしてきた。毎年，全国精神障害者家族大会を開催し，『月刊ぜんかれん』を発行するだけでなく，相談事業，全家連保健福祉研究所を中心にした調査研究事業，出版事業，授産施設の運営などを行っている。1994年には，厚生省から「精神障害者社会復帰促進センター」の指定を受け，啓発，広報，研究などの活動を行っている。 →精神障害者社会復帰促進センター （荒田寛）

全国精神障害者社会復帰施設協会〔Japan Association of Social Rehabilitation Facilities for Persons with Psychiatric Disabilities〕 精神保健福祉法によって設置・運営されている精神障害者社会復帰施設および関連事業（グループホーム等）の全国組織であり，社会復帰関連施設の連携や情報交換に関わる厚生労働省認可団体である。略称を全精社協という。1990年に任意団体である全国精神障害者社会復帰施設協議会として発足し，1994年に厚生大臣の認可を得た。主な活動と事業は，①広報誌による社会復帰施設への情報提供，施設運営の理念や実践事例および研究論文などを掲載する情報誌の発行，②施設長研修会の開催，職員研修会の開催，生活支援セミナー等の開催，③施設運営と処遇に関する調査研究等である。また，厚生労働省に対しての政策提言等も積極的に行っている。なお，マンパワーの育成や，精神保健福祉活動に関する啓蒙・啓発にも積極的に取り組んでいる。 →精神障害者社会復帰施設 （新保祐元）

全国精神障害者団体連合会〔National Federation of Psychiatric Users and Survivors in Japan〕 精神障害当事者活動団体の連合会であり，1993年4月に全国組織として結成され，略称を全精連という。近年の当事者主導の流れを受け，専門家や家族等に代弁してもらうだけでなく，当事者が主体的に社会に発言していくことを目指した団体である。既存の組織や団体との関係は，対立ではなく共存協力関係の立場をとっている。年1回総会を開催する一方，毎月機関誌を発刊し，当事者からの意見を全国に発信している。最近の内容は，厚生労働省や市町村の施策に対する意見，マスコミの報道に対する態度表明，方針，各単会の活動報告や会員の声の紹介，書評その他で構成されている。加入会員の種別は，正会員(県の連合会，各単会，個人)，活動会員（団体，個人），賛助会員となっている。2002年4月より，NPO法人として認可されている。 （松永宏子）

全国精神障害者地域生活支援協議会 1995年に策定された「障害者プラン」のなかに作業所に対する国の支援策が明示されなかったことを契機として，作業所・グループホーム等地域生活支援事業を行っている団体が，1997年7月に結成した。略称は全精協という。精神障害者を利用対象者とした作業所は，1981年の国際障害者年前後から，地方自治体により助成制度が整備され，家族会の運動として全国各地に次々と設置された。近年の傾向として，都市部では市民団体が運営する作業所が増えている。全精協設立の目的は，作業所，グループホーム等の運営を通じて，精神障害者の自立と豊かな地域生活支援体制の構築と，社会的環境の整備を図ることにある。事業としては，①要望陳情活動，②機関紙「あみ」の発行（年6回），③全国大会の開催，④研修・交流事業，⑤企画・出版事業，⑥調査・研究，⑦関係団体との連携事業等を行っている。2003年現在の会員構成は，正会員519団体，賛助会員30団体，個人379名となっている。 （大友勝）

全国精神保健福祉センター長会 地域精神保健福祉の向上を目的として，全国の精神保健福祉センターの長で構成される組織。1964年に発足し，年1回の定期総会のほか，毎年，日本公

衆衛生学会の開催地で精神保健福祉センター長会議および精神保健福祉センター研究協議会を開催している。現在、47都道府県に11か所の政令指定都市の精神保健福祉センター長が加わって構成されている。なお、「精神保健福祉センター所長会議」は、厚生労働省が主催する会議である。　　　→精神保健福祉センター　　（松岡秀純）

全国精神保健福祉相談員会〔Japan Association of Public Mental Health & Welfare Workers〕　全国の保健所、精神保健福祉センター等において精神保健福祉業務に専任で従事している職員で構成されている任意団体。1965年の精神衛生法改正により精神衛生相談員制度ができてから17年を経て1982年7月に「全国精神衛生相談員会」として結成され、幾多の法改正に伴い現在の名称となっている。精神保健福祉相談員の資質の向上を図るとともに、精神保健福祉に関する調査研究や業務研修会等を実施している。　→精神保健福祉相談員　（塙和子）

潜在的介護問題　介護はこれまで家族機能のなかで担われ、「妻」「嫁」「娘」の負担が当然といった意識が強く、私的扶養に委ねられていた。介護については、専門的な知識や技術が必要という認識が低く、かつ社会資源を利用せず、介護を必要とする本人や介護者にとって好ましくない状態が生じているにもかかわらず、「自分の我慢」というレベルでとらえたり、あるいはそれに気づかないという事態もみられる。このように介護のニーズがあるにもかかわらず、それが潜んでしまうために、地域社会の問題として浮かび上がってきにくい状態になる。介護に関わる専門職は、介護問題が潜在化することを認識した上で、表面化しにくい介護のニーズを発掘していくことがきわめて重要になる。　→介護　　　　　　　　　　　　　　（宮崎牧子）

潜在的機能／顕在的機能〔latent function/manifest function〕　マートン(Merton, R. K.)が構造―機能主義社会学の精緻化を進めるなかで提唱した社会的機能の分類概念である。社会システム内に生起するある事象が、そのシステムの維持・存続に対して、社会システム成員に意図・認知されたとおりに果たす正ないし逆の機能を顕在的機能、成員には意識されないかたちで果たす機能を潜在的機能と呼ぶ。彼は、社会的行為の動機と機能とを区別するために、このような区分を行った。例えば雨乞いの儀式は、降雨の実現（動機）を目的とする迷信として記述されるべきではなく、その儀式が催されることによって、集団成員のアイデンティティが強化されるという潜在的機能を果たしているとの説明がなされている。　　→マートン，機能
　　　　　　　　　　　　　　（杉本昌昭）

戦傷病者・戦没者の年金　戦傷病者および戦没者の遺族で恩給法の対象とならない者に対しては、1952年に制定された戦傷病者戦没者遺族等援護法によって、一般財源から年金等が支給されている。給付の種類には、軍人軍属または準軍属であった者が公務上または勤務に関連した傷病により一定の障害を有するに至った場合に支給される障害年金や、同様の傷病により在職中または在職期間経過後に死亡した場合に、その遺族に支給される遺族年金・遺族給与金などがある。　→戦争犠牲者援護　　（百瀬優）

染色体　染色体は細胞の核のなかにあり常染色体と性染色体がある。細胞を塩基性色素で染めるとよく染まるので染色体と名づけられている。ヒストンというタンパク質の周りにDNAが螺旋状に二重に巻き付きヌクレオゾームをつくり、それが何段階にも伸びて染色体を形づくっている。すべての染色体には遺伝情報が組み込まれており、生殖細胞の合体によって組となる常染色体は同じ位置に同じ種類の遺伝子が重なるようになっている。減数分裂に際しては、組になっている常染色体が2本に分かれるが、そのときに遺伝情報が種々に組み合わさって分かれていく。性染色体にはX染色体とY染色体がある。性の決定はこのX染色体がXXの組み合わせになると女性となり、Y染色体と組みXYという組み合わせになると男性となる。
→減数分裂　　　　　　　　　　（吉川武彦）

染色体異常　減数分裂によって23本の染色体をもつ生殖細胞が合体して46本（44本の常染色体と2本の性染色体(XX=女, XY=男)）をもつ人細胞となる。減数分裂できれいに分か

れなかった染色体が生殖細胞と合体するとさまざまな染色体異常を起こす。21番目の常染色体が3本あり合計して45本の常染色体があるのを21トリソミーといいダウン症を発現する。ダウン症は精神遅滞の10％を占める。染色体異常には転座型もあり，常染色体数は44本だが常染色体のどれかが二股になるタイプである。このような常染色体異常は卵子に何らかの異常があって起こると考えられている。疫学的には高齢経産婦に出現することがいわれてきた。染色体異常には性染色体異常もある。XXY型のものはクラインフェルター症候群，XYYは過剰Y症候群，X0（Xが一つしかないもの）はターナー症候群という。　　→減数分裂　　（吉川武彦）

全人的復権　上田敏によって提唱されたリハビリテーションとは「障害者が人間らしく生きる権利の回復，すなわち『全人間的復権』にほかならない」という思想を通じて，リハビリテーションの基本理念と同義にとらえられている。人間としての権利・資格・尊厳・名誉が何らかの原因によって傷つけられた人に対し，その権利・資格・尊厳・名誉などを回復することを意味する。障害者の人権問題は，世界人権宣言，知的障害者の権利宣言，障害者の権利宣言にみられるように，今なお全人的復権が強く求められる厳しい現実にある。1993年に改正された障害者基本法では，「すべて障害者は，個人の尊厳が重んぜられ，その尊厳にふさわしい処遇を保障される権利を有し，社会を構成する一員として社会，経済，文化その他あらゆる分野の活動に参加する機会を与えられるものとする」と規定している。また，1995年に策定された「障害者プラン」では，「ノーマライゼーション」と並ぶ基本理念として「リハビリテーション」をあげ，ライフステージのすべての段階において障害者の全人的復権を目指すこととした。リハビリテーションにおける全人的復権のための具体的な手段として従来行われてきた医療，教育，職業，社会福祉などの分野を統合化した総合的なアプローチがより一層重要になっている。
（五十嵐雅浩）

戦争犠牲者援護　戦争犠牲者およびその遺族等に対して行われる生活援護を総称したものをいう。日本では，戦傷病者戦没者遺族等援護法による戦傷病者および戦没者の遺族に対する年金等の支給，戦傷病者特別援護法による戦傷病者に対する療養の給付等の援護，戦没者等の遺族に対する特別弔慰金・特別給付金の支給，未帰還者の留守家族に対する留守家族手当の支給，原爆被害者に対する特別手当等の支給などが，戦争犠牲者援護に該当する。　→戦傷病者・戦没者の年金
（百瀬優）

全体性の原則　岡村重夫は，社会福祉的援助の原理として，①社会性の原理，②全体性の原理，③主体性の原理，④現実性の原理，を挙げている。このなかの全体性の原理は，個人が社会生活上の基本的要求を充足するには，複数の社会関係の調整と維持が必要で，個人のもつ社会関係を全体的にとらえるとしている。ここでいう全体性の原則は，この考え方によるものである。社会は家族，友人という小集団に始まり隣近所（地域），学校（教育），職場（就労），そして医療や福祉等の法律や制度，また自然環境も含みさまざまな環境要素で構成されている。人はこれらの社会的環境のなかで，個々人および環境とのつながりにおいて，相互に影響を及ぼし合う独自性のある関係をもちながら日々生活を営んでいる。精神障害者が抱える生活問題は，個別的な特質に要因があるとするのではなく，さまざまな環境を背景にした社会関係のなかで，多面的な成立条件をもつ生活の全体的状況において理解し把握する視点が大切である。当原則はリハビリテーション概念に心理社会的な面が登場してきたこととも関連している。
（大塚淳子）

選択的セロトニン再取り込み阻害薬〔selective serotonin reuptake inhibitor：SSRI〕　最近開発された抗うつ薬であり，脳内の神経伝達物質であるセロトニンの神経末端への再取り込みを選択的に阻害することにより抗うつ作用を発現する。フルオキセチン，サートラリン，シタロプラム，フルボキサミン，パロキセチンがSSRIに分類されるが，後の2剤がわが国で臨床応用されている。従来の三環系抗うつ薬に比

較してほぼ同等の抗うつ作用をもち，抗コリン性，心毒性等の副作用が少ないことが特徴とされるが食欲不振，悪心・嘔気などの消化器系の副作用の出現には注意する必要がある。また，この種の薬物はうつ病以外にもセロトニンの機能障害が関与するとされている恐慌性障害（panic disorder : PD），摂食障害，PTSD 等に対しても有効とされている。　→抗うつ薬

(伊藤洋)

選択的注意　個人を取り巻く多くの刺激・情報のなかから，特定のものを選択して認知すること。この過程により，種々雑多な環境のなかで，必要とするものを見つけたり，聞き分けたりすることが可能である。この働きについて，「刺激・情報の入力時に，選択的なフィルターが働く，または不必要な情報入力を弱くするフィルターがある」との考え方と，「反応段階で情報選択を行う」のだとする考え方がある。

(菊池礼子)

先天性甲状腺機能低下症〔congenital hypothyroidism〕　甲状腺機能低下症は甲状腺ホルモンの合成および分泌の低下による疾患で，先天性甲状腺組織無形成や先天性の酵素欠損が原因の場合が先天性甲状腺機能低下症である。新生児にみるクレチン病には先天性甲状腺刺激ホルモン欠損などによる先天性甲状腺機能低下症が含まれており，早期に甲状腺刺激ホルモンおよび甲状腺ホルモンを調べて治療する必要がある。　→クレチン病

(高橋徹)

先天性代謝異常〔inborn errors of metabolism〕　身体内物質代謝は，主として酵素の働きで行われ，生命活動に必要な物質がつくられている。この過程は遺伝的にプログラミングされている。遺伝的欠陥で，ある特定の代謝過程が阻害され，生体の異常を生ずる場合を先天性代謝異常という。代謝に必要な各種の酵素もやはり遺伝子の司令でつくられる。例えばフェニルアラニンはフェニルアラニン水酸化酵素の働きでチロシンに変化するが，この酵素の遺伝的欠損によりフェニルアラニン代謝が阻害され，知能障害，けいれん，メラニン色素欠乏症を呈するフェニールケトン尿症はその例で，血液ろ紙による新生児マススクリーニングでの早期発見で発症予防可能となった。　→フェニールケトン尿症

(高橋徹)

前頭葉〔frontal lobe〕　ヒトの大脳半球は，側頭葉，頭頂葉，後頭葉と前頭葉からなり，前三者はそれぞれ順に聴覚，視覚，体制感覚の感覚野と，連合野からなっている。前頭葉は，中心溝によって頭頂葉と区分され，シルビウス裂によって側頭葉と区分されている。前頭葉の後部は運動野であり，運動野の下方は，運動性言語中枢（ブローカ野）である。前頭葉の前部が，前頭前野（前頭連合野）でありヒトで最も発達し，大脳皮質の約 30％を占める（ニホンザルの仲間では約 10％）。前頭連合野は連合野の連合野といわれ，すべての情報の統合が行われる最高の中枢である。前頭連合野の機能は，意志，意欲，創造性，道徳性などの高次感情を司っているとされる。前頭葉が損傷されると，発動性欠如，感情障害，人格変化，知的機能障害などの前頭葉症候群が生じる。最近の脳科学研究により，前頭連合野や脳機能全体をスーパーバイズしていると考えられ，これが自我の神経科学的実体であると想定される。　→大脳

(平松謙一)

全日本断酒連盟〔All Nippon Abstinence Association〕　アルコール依存症患者とその家族で構成されるグループで，略称を全断連という。1958 年，アメリカの AA の影響を受け発足する。その後日本独自の断酒会として組織化され，各都道府県に 1 か所以上の支部が設置されており，現在，全国 650 支部と正会員 1 万 2000 人を有する。主な活動は断酒例会や酒害相談で，実名による家族同伴での例会参加を特徴とする。患者と家族の交流を通じて断酒の継続を図ることを目的とし，アルコール依存症患者の地域生活を支えている。　→アルコホリクスアノニマス，断酒会

(旦木実希)

全般性不安障害〔generalized anxiety disorder〕　従来の不安神経症に相当する診断。ICD-10 では不安障害を，特定の状況に限定される恐怖症性不安障害と，その他の不安障害に分類する。恐怖症性不安障害には，広場恐怖症，

社会恐怖（対人恐怖）症と特定の個別的恐怖症がある。その他の不安障害には，不安が発作として現れるパニック障害と，不安が全般的で持続的な全般性不安障害がある。全般性不安障害では，不安は特定の状況にも対象にも限定されず，持続的でかつ変動する。患者は絶えずさまざまな不安に悩まされる。自律神経系の身体症状を伴う。慢性のストレスに関連して生じることが多く，慢性化しやすい。治療は，環境調整，精神療法，薬物療法を効果的に組み合わせる。
→不安障害　　　　　　　　　　（平松謙一）

せん妄〔delirium〕　軽度から中等度の意識混濁に妄覚（錯覚や幻覚）と精神運動興奮・不安を伴う意識障害である。せん妄の原因はさまざまであり，昏睡のような高度の意識障害を除く，軽度から中等度の意識障害で生じうる。代表的なものに，アルコール・薬物中毒および離脱，脳器質性疾患，意識障害をきたす身体疾患，老人性痴呆，手術後などがある。アルコール離脱時の振戦せん妄は，手指振戦に小動物幻視を伴い，作業せん妄が出現することもある。せん妄は覚醒水準が低下している夜間に生じやすいが，重度になると，昼夜を問わず認められる。高齢者の場合は，サブクリニカル（前臨床的）な脳機能低下があるため，不眠が数日続くだけで夜間せん妄が生じやすくなる。意識障害が軽度の場合は，話しかけるとそれなりの応答が可能なので，意識障害が見逃され，精神病性幻覚（意識清明である）や痴呆と誤診されることがある。せん妄は治療可能なので，適確な診断が重要である。　　　→意識障害　　（平松謙一）

専門員　地域福祉権利擁護事業において，利用者の相談を受け，具体的な調査や関係調整の上支援契約書を作成し，その後の生活支援員による援助内容をモニタリングすることを職務とする。利用者の立場に立った権利擁護者としての役割が期待されている。原則として基幹的市区町村社会福祉協議会に1名の配置となっているが，今後社会福祉士とともに精神保健福祉士の配置を促進し，専門的な質の担保を図る必要があろう。　　→地域福祉権利擁護事業，生活支援員
（木太直人）

専門職〔profession〕　高度に専門的な知識・技能に基づいてサービスを提供する職業を指す。高い社会的威信を有する医者・弁護士・僧職などが，かつては伝統的プロフェッションとして挙げられていたが，現代社会における分業の高度化や科学技術の発展を背景として，例えばコンピュータ産業などの領域では新たな専門職も誕生してきている。ただし具体的にどの職業が専門職なのかという点は論者によって異なっており，統一的な分類として確立しているわけではない。
（杉本昌昭）

そ

躁うつ病　⇨双極性感情障害

臓器移植〔organ transplantation〕　臓器提供者（ドナー）から肝臓・腎臓・骨髄・皮膚・肺・心臓・角膜などの臓器を臓器受容者（レシピエント）へ移植すること。死体からの移植は死体臓器移植，生体からの移植は生体臓器移植という。臓器移植ではレシピエント体内で移植臓器を異物ととらえる免疫反応が起こりこれを排除しようとするので，移植の成功は困難であったが，1980年代に入り移植免疫学の進歩と免疫抑制剤の開発によって，欧米では急速に臓器移植の成績が向上し普及した。海外ではほとんどが脳死した人の臓器を移植しているが，国内では現在も生体間移植が主流である。1997年，脳死体からの臓器移植に関する法律が日本でも施行され，徐々に脳死移植が行われてきている。
→生体間移植，臓器の移植に関する法律
（松永大吾）

臓器の移植に関する法律〔平成9年法律第104号〕　脳死体からの臓器の摘出を前提として1997年7月16日に公布された。わが国では1968年札幌医大での心臓移植の際の脳死判定をめぐる疑惑以降，脳死を人の死として受け入れることへの社会的懸念が強くあった。本法により1999年2月より脳死体からの臓器移植が

わが国でも始まっている。脳死判定が正当に行われたか否かあるいはドナー家族の心情に関し正当な配慮がなされたか否かを評価するために厚生労働省に「脳死下での臓器提供事例に係る検証会議」が設置され，1例1例について綿密な検討を行っている。　　　　　　（松永大吾）

双極性感情障害〔bipolar affective disorder〕ICD-10の感情障害（気分障害）の診断分類では，1回の躁病エピソードのみのものは躁病エピソードと診断する。1回以上の躁病エピソードを含み，躁病エピソードとうつ病エピソードを繰り返すものを双極性感情障害（躁うつ病）と診断する。したがって，躁病エピソードのみを繰り返すものも双極性感情障害に含まれる。これは，多くの例で，最初のうちは躁病エピソードのみを繰り返していても，いずれはうつ病エピソードが出現することによる。いわゆる単極型とは，うつ病エピソードのみを繰り返す反復性うつ病性障害（recurrent depressive disorder）である。しかし，双極性感情障害でも，初めの数回はうつ病エピソードのみの場合があるので注意が必要である。双極型と単極型は生物学的に異なると考えられ，双極型のほうが生物学的規定性が強い。また，双極型と単極型の頻度（有病率）は，1：4.5とされる。　→気分障害
　　　　　　　　　　　　　　　　（平松謙一）

総合支援型社協　介護保険の導入以降，今後の市町村社会福祉協議会のあり方が模索されるなかで，一部の意欲的な市町村社会福祉協議会では，従来の事業型社協を発展させ，地域の福祉課題に積極的に取り組み，住民のさまざまな福祉ニーズに対し，社会福祉協議会の機能と地域内の社会資源を総合的に連結活用して支援する，総合支援型社協を目指し始めている。その特徴は，次の3点で社会福祉協議会機能の充実強化を図るとともに，他の機関，団体の機能と連結することにより，住民のあらゆるニーズに対応することである。①総合相談機能：児童，障害者，高齢者，一般住民等の福祉，生活等あらゆる分野にわたる悩み，要望をともかく受け付け，住民に最も身近な相談窓口としての機能，②総合調整機能：地域の福祉課題の解決向上に向けた行政，施設，民生委員・児童委員，保健医療関係者，教育関係者等との連携・連絡調整の中心となる，③総合的なサービス提供機能：社会福祉協議会のサービス提供とともに関係機関，団体，住民等との協働による各種在宅福祉サービスの開発提供や，住民相互の小地域福祉活動等の総合的な推進主体となる。　→社会福祉協議会，事業型社協　　（山本主税）

総合保険商品　さまざまな危険に対する保障を，一つの約款で一括して行う保険の総称。例えば，火災保険の内容に加え，外来物の落下や衝突，水漏れや水害，騒じょうや労働争議，盗難により生じた損害，持出し家財の損害を担保する住宅総合保険，店舗および店舗兼用住宅などについて，住宅総合保険とほぼ同様の保障内容を含む店舗総合保険，自家用自動車について，対人・対物賠償，自損事故，無保険車傷害，搭乗者傷害，車両に対する保険がセットになった自家用自動車総合保険などがある。（菅谷広宣）

相互援助　⇨セルフヘルプ

相互作用〔interaction〕　個人や集団といった複数の行為主体が，自他関係のなかで相互に行為をやりとりする過程のこと。相互行為ともいう。他者（他集団）に対する行為は，常に他者からの自己（自集団）に向けられる行為の方向性に依存していることからも，相互作用は社会関係の動的な展開過程といえる。その意味で，相互作用分析は，人間の行為体系としての社会関係（自他関係）や社会集団の構造・機能の解明，社会の変動過程を考察する上で，重要な社会学的視角を提供することになる。（土屋淳二）

相互利用制度　身体障害者，知的障害者および精神障害者に関わる授産施設の相互利用制度は，2003年に支援費とは異なり国庫補助事業として行うこととした。対象施設は，①身体障害者授産施設，②身体障害者通所授産施設，③身体障害者福祉工場，④知的障害者授産施設，⑤知的障害者福祉工場，⑥精神障害者通所授産施設（ただし①，③，⑤は精神障害者による利用を除く）となっている。精神障害者は，1993年の障害者基本法の公布により障害者の仲間入りをした。1995年の障害者対策推進本部「障害者

プラン」の実施に伴い，1997年障害者関係三審議会合同企画分科会が「今後の障害保健福祉のあり方について（中間報告）」を発表したが，実際は三障害が相互に施設・制度を利用するには時間がかかる。　　　　　　　　　　　（高橋一）

葬祭給付　労働者災害補償保険法上，業務災害に関する保険給付の一種類として「葬祭料」（第12条の8第1項第5号）があり，通勤途上災害の場合には，これを「葬祭給付」（第21条第5号）と称する。ともに，死亡労働者の葬祭を行うために支給されるものであり，埋葬の費用のみならず葬祭に要する費用を意味する。その額は，厚生労働大臣が定めることになっている（第17条・第22条の5第2項，同法施行規則第17条）。前者の場合，その遺族または葬祭を行う者に対し，その請求に基づいて支給される（同法第12条の8第2項）。後者の場合，葬祭を行う者に対し，その請求に基づいて支給される（同法第22条の5）。医療保険では，被保険者が死亡した場合，被保険者により生計を維持した者で埋葬を行うものに，「埋葬料」が支給される（健康保険法第52条第3号，第55条第1項）。受給権者は，被扶養者として認定されている必要はなく，生計の一部依存の事実があればよい。　　　　　　　　　　　（辻村昌昭）

葬祭扶助　生活保護法で定められた扶助の一つ。困窮のため葬祭を行うことができない場合，または死亡者に扶養義務者などがいない場合に支給され，原則金銭給付で行われる。棺，死亡診断，死体の運搬，火葬または埋葬等に必要な金額を合わせて基準額が定められているが，火葬または埋葬を行うまでの間，死体を保存する必要がある場合は，必要最小限度の実費が特別基準として認定される。なお，読経料や生花代は支給されない。　→生活保護法，保護の種類
　　　　　　　　　　　　　　　　（並木麻理子）

操作的診断　操作主義では，科学における語句や概念はそれらの測定の具体的手続きが正確な記述によって定義されるべきであると考えられており，その手続きが操作と呼ばれている。診断プロセスにこうした操作的手法を取り入れたのが操作的診断であり，精神科領域では1980年に発表されたアメリカ精神医学会の公的な診断分類「DSM-Ⅲ　精神疾患の診断・統計マニュアル」で初めて採用された。DSM-Ⅲは，精神疾患の定義や症状を辞書風に羅列していたそれまでの診断分類体系と違って，明確な診断基準の設定，多軸システム，病因論に関して中立を貫こうとする記述的な方法など，重要な方法論的改革の導入によって，国際的に広く受け入れられている。特に，個々の精神疾患カテゴリーに関して，観察可能な記述的症状を軸に具体的な診断基準を設定し，その基準のうちのいくつか，あるいはすべてを満たしたときに診断名がつけられるとした操作的診断方法の採用は注目を集めた。それまでは，精神科の診断は社会文化的な背景や理論の差異により共通の言葉で語るのは困難であると考えられていたが，操作的診断を導入したことによって，研究者や臨床家が共通の診断概念や基準を共有できるようになった。こうした作業は，明確な診断基準を構成し妥当性を与えることや，半構造化面接の作成について当時行われていた広範な経験を積み重ねる作業により促進された。その結果，専門家による診断のばらつきが少なくなり，診断の信頼性が高まり，比較的均一な集団を選び出して研究を行うことが可能になった。さらにそれによって，薬物療法や精神療法などの治療法の効果に関する客観的な評価研究を行う可能性が高くなり，エビデンスに基づく治療ガイドラインの作成にも影響を与えた。こうした診断方法はその後に発表されたDSMの改訂版でも引き継がれており，WHOが発表したICD-10にも採用された。　→DSM，国際疾病分類　　（大野裕）

喪失体験　近親者など，強く愛着した対象の喪失や死別に関して用いられる。残された者は死者に対してさまざまな感情を抱く。衝撃，見捨てられ感，死の否認，罪悪感，ときには怒りなどの感情があり，一般に，悲嘆反応と呼ばれる。また死者に対する持続的な思慕の情は継続することが多い。また身体疾患の発生率も高く，高齢者が配偶者を失った場合には，その直後の死亡率が高まるとの研究もある。心理的な回復は，死者との絆，別れの儀式，死の意味の納得，

家族友人関係，社会支援などに左右される。また，喪の過程と呼ばれるように，死者への惜別を十分に体験することも必要となる。実際には遺族は，家族の死をめぐってさまざまな現実的な問題に巻き込まれ，ときには責任を問われ，ときには法的・事務的な処理に追われる。葬式の場が平穏に過ぎ去るという保証もない。事故や犯罪の場合にはマスメディアによる過剰な報道も二次的な苦痛を生じさせる。　→悲嘆反応，モーニングワーク　　　　　　　　　（金吉晴）

巣症状　脳の病変の局在部位が明確に認められる場合，それに対応して生じる中枢神経症状を巣症状という。代表的なものとして，失語，失行，失認などがあり，多くの場合にその病巣を知ることができるため，臨床的な診断価値が高いとされる。これに対して，特定部位の障害ではなく，どの部位の損傷によっても起こりうるものを一般症状と呼んで区別することがあるが，脳研究の進歩によって両者の示す範囲があいまいになってきている側面も否めない。
（猪俣好正）

躁状態〔manic state〕　躁状態とは，気分，身体感情，自我感情，思考，意欲，行動の全般的かつ質的・量的な亢進であり，これらの低下がうつ状態である。その特徴は，爽快で好機嫌で高揚した気分，楽天的で自信過剰，万能感，誇大的となる。しかし，自分の言動を批判されたり妨害されると，易刺激的攻撃的となりやすい。思考はアイディアが次々と沸き出すが，まとまりがなく，話題が次々と移動し，注意がそれやすい，これを観念奔逸という。思考内容は誇大的であり，誇大妄想となることもある。意欲や行為も亢進し，多弁・多動となり，追われているかのごとく何かを行おうとする，これを行為心拍という。身体的には，睡眠欲求の減少，食欲・性欲の亢進がみられる。これらの総合的結果として，濫費や性的逸脱，粗暴行為などが出現する。躁状態は躁病のほかに，脳器質疾患や内分泌疾患などの症状精神病でみられる。なお，理由のある気分の爽快・高揚感や意欲の亢進は躁状態ではない。また，短時間で気分が変動するのは気分易変性（変動性）という。また，

内容がなく空虚で弛緩した気分の高揚は，多幸症と呼び，脳器質疾患やアルコール酩酊時にみられる。　→うつ状態　　　　　　（平松謙一）

相続　人が死亡した場合，財産権，権利・義務関係等を包括的に一定範囲の者に承継させることをいう。民法は，個人の自由な意思を尊重することを基本とするので，相続により遺産を承継することも，これを拒否することも自由とした。相続放棄は，3か月の熟慮期間内に，家庭裁判所に対する申述によって，初めから相続人とならなかったとみなされる制度である（民法第938条，第939条）。限定承認は，債務の承継を前提としつつ，相続人の責任の範囲を遺産の限度に止める制度であり，相続人全員が熟慮期間内に家庭裁判所に対する申述によって行う（第923条以下）。これに対して，単純承認は，無限に権利・義務関係の承継を発生させるものであるが（第920条），民法は単純承認とみなされる場合を列挙して定めている（第921条）。　→遺産分割　　　　　　　　（登坂真人）

相続回復請求権　第三者が真正な相続人の相続権を侵害して相続財産の全部または一部を占有する場合，真正な相続人がこれらの者に対して自らの相続権を主張し，侵害の排除を求めることができる権利である（民法第884条）。その性質については，個別的請求権から独立した請求権であるとする見解と，個別的請求権の集合体であるとする見解に分かれる。この権利は，相続権を侵害されたことを知ったときから5年，相続開始のときから20年の時効によって消滅する。　　　　　　　　　　　　（登坂真人）

相続欠格　法定の相続権を有する者が，被相続人に対して相続関係における信頼を破壊するような行為をした場合，当該相続人の相続人たる資格を否定し，相続を認めないことをいう。その原因である相続欠格事由は民法第891条に定められており，いずれも相続制度の精神に反し，相続人間の公平を害する行為が挙げられている。相続欠格の効果は当然に発生するものであり，格別の手続きないし審判・判決等の宣告を要しない。　　　　　　　　　（登坂真人）

相続人　被相続人の相続財産を包括的に承継

する権利を有する者をいう。相続人には、血族相続人と配偶者相続人がある。血族相続人は、第1順位・子および代襲相続人（民法第887条）、第2順位・直系尊属（第889条第1項第1号）、第3順位・兄弟姉妹および代襲相続人（第889条第1項第2号、第2項）であるが、第2順位以下の相続人は、子および代襲相続人がいない場合に相続人となる。これに対して、配偶者は常に相続人となる（第890条）。相続人が数人いる場合、各相続人の相続財産上に有する権利義務の割合または取得分を相続分という。相続分は、遺言で指定することができるが（第902条）、この指定がないときは法律の規定に従う（第900条、第901条）。これを法定相続分という。民法によれば、①子と配偶者が相続人であるときは各2分の1、②配偶者と直系尊属が相続人であるときは配偶者3分の2、直系尊属3分の1、③配偶者と兄弟姉妹が相続人であるときは配偶者4分の3、兄弟姉妹4分の1とされている。被相続人は、遺留分を有する推定相続人から虐待・侮辱等を受けたとき、被相続人に著しい非行があったときは、相続人の廃除を家庭裁判所に請求することができる（第892条）。廃除は遺言によってもすることができる（第893条）。被廃除者は、廃除の調停が成立し、または審判が確定することによって相続人の資格を失う。なお、被相続人は廃除の取り消しを家庭裁判所に請求できる（第894条）。　　　　（登坂真人）

相対的扶養義務者　生活保護における扶養義務は、民法により規定されたものであり、相対的扶養義務者とは、三親等以内の親族（伯叔父母、甥姪等）とされている。この範囲の親族については、特別の事情がある場合に限り、家庭裁判所の審判により、扶養義務が負わせられることになっている。生活保護の運用にあたっては、絶対的扶養義務者の全員および相対的扶養義務者のうち現に扶養している者およびその可能性のある者について扶養の可能性を調査することとされている。　→扶養義務者、絶対的扶養義務者　　　　　　　　　　（畑江倫子）

相談援助業務　精神保健福祉士が行う援助業務は、社会福祉援助技術を精神保健福祉の分野に適用して行うソーシャルワーク理論を基盤として行われる。社会福祉援助技術には直接援助技術としてのケースワーク（個別援助技術）、グループワーク（集団援助技術）と、間接援助技術としてのコミュニティワーク（地域援助技術）、ソーシャルワークリサーチ（社会福祉調査法）、ソーシャルアドミニストレーション（社会福祉運営管理）、ソーシャルプランニング（社会福祉計画）が含まれる。しかしながら、援助業務はこれらの専門的な技術のみをもって貫徹されるものではなく、精神保健福祉士が所属する機関の機能・特徴や地域の特性を踏まえた上で行われなければならない。さらに、対象とする精神障害者の病気や障害の特性を理解し、医師・看護師・作業療法士等の他職種や関係する他機関との連携を図る上で、精神医療や精神保健・精神科リハビリテーションに関する一定程度の知識を有していることも、専門性を発揮するためには必須である。つまり、精神保健福祉士はジェネリック・ソーシャルワーカーとして備えるべき技術を発揮しつつ、スペシフィック・ソーシャルワーカーとして精神障害者の社会的復権と福祉を実現するための専門的・社会的活動を行わなければならないのである。1988年に日本精神医学ソーシャル・ワーカー協会が策定した「精神科ソーシャルワーカー業務指針」には、具体的な援助業務の分類が示されているが、その後、精神保健福祉士の活動領域が地域の施設やデイケアなどに広がりを見せている。
→精神科ソーシャルワーカー業務指針
　　　　　　　　　　　　　　　（木太直人）

早朝覚醒　一般に睡眠障害では、入眠困難の訴えが最も多く、次いで熟眠困難と早朝覚醒のタイプが続く。早朝覚醒型は、入眠はそれほど困難ではないが、全体としての睡眠時間が短く、午前2～3時頃から早朝に覚醒して、その後は全く眠れないというタイプを指す。うつ病患者や高齢者に多くみられ、この場合には、夜明けまでの時間が非常に長く感じられ、大きな苦痛を伴うことが多い。起床後も睡眠不全感、頭重感や不安・焦燥感が残存し、うつ病の場合には、起床から午前中にかけてつらいという日内変動

に結びつくこともある。一方、躁病の場合には、早朝覚醒はほとんど必発の症状であるが、自覚的な苦痛を訴えることはなく、睡眠をとらなくても平気であると主張し、覚醒後は直ちに活動を開始する。しかし、不眠が続くと次第に身体的疲弊が蓄積していくことになる。　→睡眠障害
　　　　　　　　　　　　　　　　（猪俣好正）

相当因果関係　一定の事実相互間に原因・結果の条件関係がある場合のうち、社会一般人の経験等から判断し、通常その原因から結果が発生することが一般的に認められるときに因果関係を認めることをいう。事実の連結としての条件関係を基礎として刑事責任や民法の不法行為責任を考えると、条件関係が無限の連鎖に陥り、責任の範囲があまりに広くなり相当ではないことから、刑事責任等を社会の一般通念の範囲と合致するように条件関係を限定するものである。
　　　　　　　　　　　　　　　　（登坂真人）

壮年期　青年期の後にくる成人期のうち、前半から中盤にかけての時期を指す。中年期ともいう。以前には、この時期からは発達は終着し、さしたる動きのないものとみられていた。確かに、生物学的、社会的、人知的発達では、今までの時期に比べると、はっきりとした変化はない。しかしなお、成人期にも発達は終わることなく続き、重要な発達課題をもつのである。現在、成人期そのものはかなり長期にわたり、そのなかには少なくないライフイベントが含まれる。特に前期の壮年期には、個人の人生のなかでも大きな出来事、すなわち、結婚、子どもの誕生、仕事、子育て等がある。これらの発達課題の意味することは、「親密な異性とのパートナーシップ」と「次の世代を育てること」である。このために個人は、長い時間をかけて、特定の他者（自分の家族）との理解と信頼と親密さを育て、次の世代への教育のために自分の時間と精神活動を提供していくのである。この時期の発達の多くの部分は、児童期や青年期につくられた構造の上に連続して重ねられたものである。したがって、なにか不適応がこの時期に生じたとき、その理由は一様ではなく、そのあらわれ方もさまざまである。この時期に顕在化しやすいアルコール依存症や「うつ」のほかにも、社会活動（仕事など）や家庭の運営に関して、いろいろな不適応状態がある場合もある。　→青年期、老年期
　　　　　　　　　　　　　　　　（菊池礼子）

躁病　⇨気分障害

相馬事件　1879年、旧相馬藩主相馬誠胤が精神病となり父胤充に監禁され幽閉の身となった。臣下の錦織剛清はこれを陰謀と考え、精神病ではなく不当監禁であると告訴し10年以上争った事件。この事件により、精神病者に対する社会の関心も高まり、癲狂院に代わり精神病院という名称が一般的に用いられるようになった。また、精神病者の保護に関する最初の法律「精神病者監護法」制定のきっかけともなった。→精神病者監護法
　　　　　　　　　　　　　　　　（堀切明）

ソーシャルアクション〔social action〕　広義の社会福祉活動の一形態。地域住民や当事者のニーズに応えて、福祉関係者で組織化を図り、世論を喚起しながら既存の社会福祉制度、サービスの改善、拡充、創設を目指して議会や行政機関に働きかける社会福祉運動である。源流は、18世紀後半のイギリスにおける監獄改良運動や19世紀初頭の工場法制定の運動に端を発しているといわれ、社会改良運動のなかから発達してきた。その後1960年代のアメリカでソーシャルワークの一つとして認識され、わが国ではソーシャルワーカーの専門的な間接援助技術のなかの社会活動法として整理されている。その過程は基本的に、①問題の整理、明確化、②対策案策定と計画化、③住民などへの広報、宣伝活動を行い支持層の拡大、④陳情、請願など具体的展開、⑤運動の成果、その後のフォローアップ、と考えられる。かつてソーシャルアクションは、ソーシャルワーカー等が主体で、社会的に立場が弱く発言力のない人たちの代わりに代弁的に行う活動だった。しかし近年は、当事者やその家族の人たちが主体となって、自らの要望の実現を求めて組織化し、活動を行う形態も増えている。また、福祉関係者や当事者、家族以外にもボランティアといった人たちが組織化し活動する動きもみられる。このようにソーシャルアクションの主体が変容してきているた

め、コミュニティワークとの識別が困難になりつつある。背景には精神障害者の政策が「施設ケア」から「地域ケア」と移行し、地域で精神障害者を支えるためにさまざまな立場の人たちが主体的に活動を展開するようになってきていることが考えられる。ケアマネジメントを進める上でもますますソーシャルアクションは必要不可欠なものとなり、お互いの立場を補いつつ、精神障害者の地域生活の水準向上に重要なものとなると考えられる。　　→間接援助技術、コミュニティワーク　　　　　　　　（土田陽子）

ソーシャルアドミニストレーション〔social administration〕　社会福祉の方法としての間接援助技術の一つに位置づけられ、一般的には「社会福祉運営管理」と邦訳される。狭義には、社会福祉施設や機関などの管理運営を指し、広義では、国や地方自治体の社会福祉制度・政策や行政などの社会福祉組織の諸活動の全体が含まれる。1920年代よりイギリスで研究が開始され、戦後イギリスにおける福祉国家の建設に結びつき本格的な研究が進められるようになった。ティトマス（Titmuss, R. M.）は、ソーシャルアドミニストレーションを「基本的には一連の社会ニーズの研究と、欠乏状態のなかでこれらのニーズを充足するための組織（それを伝統的には社会的諸サービスとか社会福祉と呼んでいる）がもつ機能の研究」と定義している。アメリカにおいては伝統的に機関や施設の管理運営に関する研究が深められてきたが、1960年代以降社会政策への関心が高まるなかで、この分野の研究が進展してきている。わが国においては、従来アメリカ社会福祉事業の影響を受け、社会福祉施設の管理運営を指すのが一般的であった。その後地方自治体による社会福祉サービスを普及させたイギリスの影響を受け、国や地方自治体による社会福祉行政の計画、展開をも意味するようになってきている。これは各種の社会福祉組織・機関・団体などがその目的達成のために用いる方法や手段の選択と、それらを効果的、円滑に実施するための一連の過程とされる。したがって人事管理、事務管理、施設機能を十分に活用するための設備管理、サービス管理、保守などの物財的管理とか財務管理なども含まれる。また展開過程としては、①計画、②組織、③指導、④調整の四つに分けられ、これらの過程が循環しつつ進行するところにアドミニストレーションの望ましいあり方があるとされる。　　→間接援助技術　　　　　（山川透）

ソーシャルクラブ〔social club〕　精神障害者回復者の会などともいわれ、共通の経験と共通の関心をもつ者同士が交流し、共通の目標をもち、解決に取り組む仲間同士の組織である。疾病と障害を併せもつ精神障害者の地域自立生活には、生活のしづらさと症状との相互作用に配慮した総合的で継続した支援が必要とされる。地域生活支援には、専門家のチームによる支援のフォーマルなソーシャルサポートと、家族や仲間などのインフォーマルなソーシャルサポートがある。ソーシャルクラブは、仲間同士が安心して自由に自分について語り合い、情報交換やさまざまな生活上の問題における対処の仕方を仲間の体験から学び、自分らしく生きようという動機や自信を得る場でエンパワメントできる。仲間同士の連帯感を育んで孤立を防ぎ、具体的な日常生活上の手助けなど、社会とのつながりや見守りのソーシャルサポートの促進を支援し、連携することも、総合的生活支援における精神保健福祉士の必須な活動である。　　→エンパワメント、セルフヘルプ　　　　（寺谷隆子）

ソーシャルサポート・ネットワーク〔social support network〕　ソーシャルワーク援助、特に地域援助技術の一つ。ソーシャルサポートはキャッセル（Cassel, J.）やカプラン（Caplan, G., 1974）が用いたのが始まりである。困難にある個人がもつ家族、友人、隣人、職場の同僚など、親密な人間関係としての社会資源を指す。このソーシャルサポートにネットワークが加わり、社会資源のネットワークから受ける情緒的・物質的・環境的な有形・無形の援助をいう。ソーシャルワーク援助では、利用者が保有する、または不足する資源やネットワークを評価し、利用者にとってサポートとなり得る資源との結びつけを援助する技法としても理解されている。アセスメントでは、円形マッピングの技法を用

いたソーシャル・ネットワーク・マップやエコマップと呼ばれるネットワーク関係・形成図を活用する場合が多い。ケアプランでは，特に情報提供や情緒的・認知的なサポートに期待することが大きく，これにより利用者の不安の軽減，自己の肯定的再評価による自尊心の回復，対処能力の向上などを目標とする。また，地域援助技術として理解した場合は，親密な人間関係に限定して資源をとらえるインフォーマル・サポート・ネットワークだけでなく，フォーマル・サポート・ネットワークによるさまざまな資源との結合も図りながら，個々のアプローチを通じて地域のネットワーキングをより促進・形成するための地域組織化につなげた援助が期待されている。　→インフォーマルネットワーク，フォーマルネットワーク　　　（田中英樹）

ソーシャル・ネットワーク　⇨社会的ネットワーク

ソーシャルプランニング〔social planning〕社会福祉の構築を時代の進展に対応して，将来展望をもたせながら計画的に実現させていくためのソーシャルワークの間接援助技術の一つ。社会福祉施策の計画，立案のみならず，実施，評価，再立案の課題も含める。わが国では，これまで経済開発のための経済計画や，社会開発への社会計画が先行されてきたが，その弊害も指摘されるようになり，また近年少子高齢社会を迎えるための社会福祉の計画的設備が不可欠となり，ますます住民の社会福祉と地域福祉を考慮した計画の立案が重要視されている。政策レベルの社会福祉計画としては，ゴールドプラン（1989年），新ゴールドプラン，エンゼルプラン（1994年），障害者プラン（1995年），ゴールドプラン21，新エンゼルプラン（1999年），新障害者プラン（2002年）が示されてきている。障害者保健福祉領域においては，社会資源の整備目標数を示した「障害者プラン」や，1999年の「今後の障害者保健福祉施策のあり方について」などに具体的な進め方が示され，「市町村障害者計画」の策定に影響を与えている。また2000年の社会福祉事業法等の改正により，地域住民の意見を十分に反映させ，地域福祉を総合的に推進するための地域福祉計画が，社会福祉法に新たに規定された。　→間接援助技術
（山川透）

ソーシャルロールバロリゼーション〔social role valorization〕ヴォルフェンスベルガー（Wolfensberger, W.）が北米において提唱した，ノーマライゼーション原理の一つ。北欧のノーマライゼーションは障害者の生活をノーマルにするために，障害者の環境調整に力点を置いている。それに対し，ヴォルフェンスベルガーは障害者の社会的な価値を高めるために，環境調整のみでなく，障害者本人を援助するためのシステムを強調している。障害者は社会によってすでに価値を下げられているグループであり，ソーシャルロールバロリゼーションは，社会的な役割を確立，増進，維持し，肯定的な価値を得，さらに価値下げを防止する。ソーシャルロールバロリゼーションの実践は精神遅滞児（者）サービス（ネブラスカ計画）が最初である。また，ヒューマンサービスにおけるソーシャルロールバロリゼーションの質を測定する用具としてPASS(1972年)，PASSING(1983年)が考案されている。　→ヴォルフェンスベルガー，ノーマライゼーション　　　（中川さゆり）

ソーシャルワーカー〔social worker〕専門的知識と技術，価値観(人権の尊重と自己実現)をもって，社会資源を活用しつつ生活問題の解決・改善を援助する社会福祉専門職を指す。実践分野としては，公私の社会福祉機関・施設，団体と医療機関や学校などの関連分野に分けることができる。ソーシャルワーカーに関わる資格は国によって異なるが，わが国では1987年に「社会福祉士及び介護福祉士法」によって，「社会福祉士」がケアワーカーの資格である「介護福祉士」とともに制定され，1997年には「精神保健福祉士法」によって，「精神保健福祉士」が制定されている。今日では，クライエントとの関係を軸に，権利擁護やエンパワメントを志向した地域生活支援とチームによる援助がソーシャルワーカーに期待されている。（佐々木敏明）

ソーシャルワーク〔social work〕生活問題の解決・改善のために社会福祉制度との関連に

おいて展開される専門的援助活動の総称である。援助方法のレパートリーとして，個人（家族）・集団を対象とする直接援助技術（ケースワーク，グループワーク）と，地域を対象に福祉の基盤を整備したり社会福祉諸サービスの改善や一連の援助活動推進過程で活用したりするための間接援助技術（コミュニティワーク，ソーシャルワークリサーチ，ソーシャルアドミニストレーション，ソーシャルアクション，ソーシャルプランニング）に大別される。また，近年，関連援助技術として，ネットワーク，ケアマネジメント，スーパービジョンなどが注目されるようになっている。歴史的には，19世紀後半，主としてアメリカにおける慈善組織協会の活動とセツルメント運動がルーツとなっている。その後，ケースワークを中心に実践分野や援助技術が専門分化しながら発展したが，1950年中頃には，極端な専門分化がクライエントの問題や対応を分断するとの反省から，ソーシャルワークの共通基盤の探求が活発になった。1970年代以降は，一般システム論や生態学理論の導入によって，ソーシャルワークの統合化を目指したジェネラル・ソーシャルワークの体系化が図られてきている。今日のソーシャルワークは，クライエントシステムの大きさにかかわらず，「人と生活環境」のダイナミックな相互作用を包括的にアセスメントし，両者の接点に社会資源を動員しながら計画的に介入する活動とされている。また，クライエントの権利擁護（アドボカシー）やエンパワメントの機能とともに社会福祉機関・施設の官僚化がもたらす弊害を克服したり，社会資源を開発したりする機能が強調されている。　→援助技術　　　　（佐々木敏明）

ソーシャルワークリサーチ〔social work research〕ソーシャルワークの間接援助技術のレパートリーとして位置づけられ，調査目的が生活問題の解決・改善に直接関係する点で一般の社会調査と異なる。今日，ソーシャルワークリサーチ（社会福祉調査法）は，生活問題の実態把握と分析をし，対応する社会福祉サービスの課題を明らかにするとともに，援助活動の効果を測定・評価し，その科学化を追求する上

で，欠くことができないものである。方法としては統計調査と事例調査があり，ソーシャルワークの効果測定には，援助の有効性を等質の実験群と統制群にクライエントを分け比較するグループ間比較実験計画法と，一つの事例で立証しようとする単一事例実験計画法等が用いられることが多い。　→間接援助技術（佐々木敏明）

ソーンダイク〔Thorndike, Edward Lee: 1874-1949〕アメリカの教育心理学者。動物を使って実験を行い，学習が試行錯誤の形態をとることを示した。うまくいった試行・賞の与えられた試行は保存され，失敗した試行・罰の与えられた試行は消失するという効果があると主張し，それは「効果の法則」と呼ばれた。教育心理学の世界に統計的な研究手法を導入したこと，教授法の研究を行ったことなどにより，教育心理学の始祖ともいわれる。　　（足立自朗）

側頭葉　大脳の両側方にある部分の名称。解剖学的には，「大脳のうち，外側溝（シルビウス裂）より下方，後頭前切痕より前方の部位」と定義される。聴覚や嗅覚の情報を処理する働き，言語を理解する働きに加えて，記憶，判断，感情などを制御する働きにも関与する重要な脳の部位である。側頭葉の障害は，幻覚や記憶障害，感情や行動の異常など，多彩な神経・精神症状を引き起こす。例えば，側頭葉にある感覚性言語中枢（ウェルニッケ中枢）が障害されると，発声はできるが言葉の意味が理解できない感覚性失語症が生じる。側頭葉に原因病変があるてんかんの場合，発作中に無目的な動作を繰り返す自動症や幻覚が現れ，発作後に健忘を残す（精神運動発作）。また，両側の側頭葉障害により，記憶力の低下，感情の鈍麻，性行動の亢進，多食が出現することが知られている（クリューバー・ビューシー症候群）。　→大脳，ウェルニッケ中枢　　　　　　　　　　　（猪俣好正）

粗再生産率　女性が一生の間に産む子どもの数を示す。合計特殊出生率と同義で，この用語のほうが広く用いられている。これは再生産年齢（15歳から49歳）の女子の年齢別出生率を合計したもので，人口を維持するには，2よりある程度多くなければならない。1970年に2を下

回り，2001年の粗再生産率は1.33である。　→
合計特殊出生率　　　　　　　　　　（成相京）

組織〔organization〕　自然科学・社会科学双方の領域で用いられる概念であり，ある目的・目標の達成に対して機能的な諸要素の集合体を意味する。特に社会科学では，社会組織という概念によって，目標を共有した諸個人が協同して外部に働きかけを行い，あるいは内部で相互作用を行う集合体を指す。社会組織では，例えば営利企業であれば利潤追求というように，公式に目標が設定され，その目標に基づいて体系的に規定された役割の分担がなされる。しかし，このようなフォーマルな組織のなかに，正規の目標追求とは別に，組織自体の維持や成員間の関係を円滑にするといった機能を果たす人格的な結びつきをもったインフォーマルな組織が形成されることも指摘されている。　（杉本昌昭）

粗死亡率　死亡率のことで，普通はこの言葉がよく用いられるが，年齢調整死亡率と対比する場合に粗死亡率という用語が用いられる。1年間の総死亡数をその年の全人口で除し，それを1000倍した数で表す。わが国の死亡率は明治から大正にかけて人口1000対20台で推移し，1950～1952年頃まで低下し，1982年の6.0を最低に，以後1983年頃からは人口の高齢化の影響によりゆるやかな上昇傾向になっている。2001年の死亡率は7.7である。　　　　（成相京）

訴訟救助制度　資力のない者でも民事訴訟を提起することができるようにするため，あらかじめ納付すべき訴訟費用の支払いを猶予する制度をいう（民事訴訟法第82条以下）。何人も裁判所において裁判を受ける権利を有するが（日本国憲法第32条），資力の有無によってこの権利が侵害されることのないように定められたものである。訴訟救助は，審級ごとに裁判所に申し立てる必要があるが，勝訴の見込みがないときには認められない。　　　　（登坂真人）

租税法律主義　新たに租税を課し，または現行の租税を変更するためには，法律または法律の定める条件によらなければならないことをいう（日本国憲法第84条）。租税を賦課する要件のみならず，これを徴収する手続きも法律で定めることを含む。日本国憲法は国民主権を基本原理の一つとするが，これを国家財政との関係で明確にしたことを受けて（第83条），国家権力によって濫用されることが多かった租税の賦課・徴収に関し，特に明文規定を置いたものである。ここに租税とは，国家がその課税権に基づき，特別の給付に対する反対給付としてではなく，その経費に充てるための資金調達を目的として，一定の要件に該当するすべての者に課する金銭給付であり（最高裁判所判決1985年3月27日），手数料や独占事業料金等も含まれる。　　　　（登坂真人）

措置制度　措置とは，都道府県知事，市町村長等の措置機関が，国の公的責任に基づいて，社会福祉サービスを必要とする人にサービスを行う行政的な決定のこと，いいかえれば一種の行政処分のことであり，措置機関はこれまで法で規定された社会福祉法人等にサービスを委託することができ，この委託措置に要する費用を措置費として支払うという仕組みのなかで社会福祉施設等が運営されてきたのである。しかし，こうした行政庁が一方的に決定を行うという意味での行政処分が利用者の意向やサービスの選択が十分に保障されないという問題が起こりえることを鑑みて，本来のサービス提供の基本である利用者とサービス提供機関との契約に基づくサービス提供と制度に改めるべきだとして1990年代半ばから審議会等で検討が重ねられ，今日では施設利用も含めて利用契約制度への基本変更がなされた。こうした動きをめぐっては社会福祉基礎構造改革のなかで多くなされるが，改革論議とは別に精神障害者社会復帰施設の運営や1997年の児童福祉法の改正による保育の実施，また同年成立した介護保険制度において「選択利用の仕組み」となって具体化し，2000年社会福祉事業法の改正によって「利用・契約」の基本的考えが確立することになった。現在，社会福祉サービスの実施体制の大部分は措置制度の仕組みは採用されず，行政との契約方式・支援費支給制度・事業費補助方式という利用制度が採用されている。しかし，児童福祉法，母子及び寡婦福祉法，老人福祉法関連と生

活保護法の関連において，例えば知的障害児施設や乳児院，母子家庭居宅介護等事業，保護施設等に措置制度は残されている。　→支援費制度
　　　　　　　　　　　　　　　　　　（西澤利朗）

措置入院　国および都道府県知事による行政処分としての強制入院。精神衛生法（1950年）で設けられ，精神保健福祉法第29条に規定されている。都道府県知事は，一般人からの申請や，警察官，検察官等による通報を受けて調査の上必要と認められた場合，または自傷他害のおそれが明らかな場合に，法に定められた手続きに従い診察を実施する。知事が指定する精神保健指定医2名以上の診察の結果，精神障害者であって，医療および保護のために入院させなければ自傷他害のおそれがあること（同法第28条の2の規定に基づき厚生労働大臣の定める基準に措置入院判定基準が明示されている）を，各指定医が一致して認めた場合，知事の行政処分として入院措置をとることができる。この場合，当該精神障害者への入院の告知と退院請求等に関する事項の告知については，書面で行わなければならない。入院の施設は，国または都道府県立の精神病院か，指定病院である。1999年の法改正で移送制度が設けられ，措置決定後の病院への移送が知事の職務とされるとともに，措置診察のための移送は知事の権限との判断が示された。入院後，指定医の診察の結果，自傷他害のおそれがないと認められたときには，知事は直ちに措置を解除しなければならない。措置解除により，行政処分による強制入院としては退院となるが，任意入院，医療保護入院に変更し入院継続することもある。措置入院の入院費負担は，1995年の法改正で公費優先から保険優先に変更された。通常の医療と同様，まず各種健康保険を適用し，自己負担分について都道府県が負担（さらに，うち3/4を国が負担）する。なお，措置入院者の数は，1961年に，措置入院の運用に際し所得の低い者を優先させるという，いわゆる経済措置が公認され，一時は入院者の30％を占めるほどに増加したが，その後1976年に適正な運用を図るとの通知が出され減少し，1994年以降は1％台となっている。しかし，都道府県別にみると，措置入院者数，新規措置数および解除数等はかなり異なる。また，従来は心神喪失等により罪を犯し刑法上の処分を受けなかった精神障害者は，通常措置入院の対象となっており，その処遇に関しては，保安処分の是非など種々議論されてきたが，厚生労働省が改めて検討を開始した矢先の2001年6月に大阪で発生した児童殺傷事件をきっかけに急速な立法化が進み，当事者や関係者等の反対運動等激しい論議のなか，2003年7月に心神喪失者等医療観察法が成立した。　（川口真知子）

疎通性　ヒトとヒト（狭義には医療スタッフと患者）との間の言語的・非言語的意思の疎通を意味する言葉。深い意味では，言葉による意思の相互伝達が可能であるばかりでなく，両者の間に感情的な交流や共感が成立することが含まれる。元来この言葉は，ドイツ精神医学において統合失調症（精神分裂病）を診断する際に，ブロイラー（Bleuler, E.）が患者の示す自閉性や感情鈍麻の反映である非疎通性を積極的に重視したことから出発している。しかし現在では，精神療法やリハビリテーション活動を積極的に行うことによって，多くの統合失調症患者はその大部分のステージにおいて，必ずしも疎通性を欠如しているわけではないことが広く認識されている。なお，同義の言葉としてラポール（rapport）というフランス語が使われる場合もあるが，この言葉は，主として精神療法の場面における治療者と患者関係の場において使用されることが多い。　→ラポール　（猪俣好正）

ソフト救急／ハード救急　精神科救急医療システムには，通報受理，相談，救急医療案内，情報提供，トリアージ等の初期的な対応と初期外来治療や入院医療などを行う二次救急医療がある。精神科領域における救急状態にある人に，迅速な電話相談，外来診療，入院治療が適切に提供される必要がある。この精神科一次救急と精神科二次救急をソフト救急という。ソフト救急には，心理・社会・生活支援側面と，メディカルモデルに基づく精神科治療を行う側面がある。また，精神科救急医療を受けた人が，早期に地域社会に戻っていくためのシステムが構築

されなければならない。精神科救急医療機関への非自発的入院への適応としては、医療的介入が要件であり、狭義の精神疾患による精神病状態に限定して行うべき、興奮・攻撃性などの標的症状と潜在する身体合併症を見極めた即応性・安全性・確実性・修正可能な鎮静法を伴ったものとして位置づけられる必要がある。このハード救急においても、本人の意志の確認や、インフォームドコンセントの確立、プライバシーの保護などの人権に配慮した対応が求められる。　→精神科救急医療サービス　　（荒田寛）

ソブライエティ〔sobriety〕 AAにおいて実践され、価値あることと位置づけられている「飲まないで生きる」こととその生き方。AAにおける関連用語として、アルコールをやめ始めたことを「クリーン (clean)」、その状態からソブライエティを続けていることを「ソーバー (sober)」ともいう。また、AAでは失敗して飲酒することを「スリップ (slip)」、スリップに至るきっかけとなってソブライエティを阻むものとして、空腹、怒り、寂しさ、疲れを挙げて「ハルト (HALT)」とまとめて呼び、注意を向けるようにしている。Hは hungry、Aは angry、Lは lonely、Tは tired の略。→アルコホリクスアノニマス　　　　　　　　　　（山本由紀）

損害保険　偶然の事故で生ずることのある損害の実損額を填補する保険。物や財産、人の体の損害を対象とする。業務用も含め商品は非常に多種多様であるが、個人の日常生活に関わるものは、火災保険、自動車保険、傷害保険、新種保険（賠償責任保険、費用・利益保険）に大別される。これらの保険は完全に別個のものではなく、相互に組み合わせが可能である。また、損害保険商品に個人年金を組み合わせた積立生活総合保険や、年金払積立傷害保険などもある。なお、農協（JA共済）などでも、損害保険型共済を扱っている。　→生命保険、第三分野の保険、保険事故　　　　　　　　　（菅谷広宣）

尊厳死　人間がその尊厳を保って死に至ることを意味する。一人の人格として扱われた後に死を迎えることである。しかし驚異的に発達した現代医療においては必要以上の延命治療を拒否し本人の意思に基づく死、すなわち安楽死とほぼ同義語として扱われることが多い。わが国では1976年より日本尊厳死協会が活動を続け、「死期を人工的に延ばすための措置の拒否」「植物状態での生命維持装置を拒否」などの安楽死の概念を、また「苦痛を和らげるための麻薬の使用を認める」などリヴィングウィル (living will) を提唱している。かつこれらはすべて本人の意思に基づくものである必要がある。ヨーロッパなどではすでに安楽死を法的に認めている国もある。　　　　　　　　　　　（堀智勝）

村落〔rural community, farming community〕 生産と生活のための資源が十分ではなく、農業の生産力水準が低い農村社会で、生産と生活を維持するために農家は相互に諸側面で関係を取り結ぶ。そのような村落共同体は共同体の具体的形態とみなすことができる。伝統的日本の村落の入り会いの山林原野、灌漑水利組織などはその典型である。入り会いの共同利用により肥料・飼料などの生産財と燃料・食料などの生活財を得ることができ、水利組織の共同利用と共同管理により水田稲作が可能であった。この共同利用・共同管理の関係は強い集合意識に基づいており、デュルケム (Durkheim, É.) の機械的連帯の概念に近い。共同利用・共同管理の範域は江戸期の藩政村に対応しムラと称されたが、現代日本においても村落の範域と基本的に対応している。　→共同体　　（熊谷苑子）

た

ターマン〔Terman, Lewis Madison：1877-1956〕 アメリカの知能研究者。ビネー (Binet, A.) の開発した知能検査を標準化し、スタンフォード・ビネーテストと呼ばれる知能検査を普及させた。人間の能力を、知能指数 (IQ) と呼ばれる数値で示し、一次元尺度の上で格付けした。ターマンの生得的能力観は、スタンフォード・ビネーテストとともに各地に広まったが、

これは、ビネーの教育的配慮の思想とはかけ離れたものであり、さまざまな差別的な弊害をもたらすものでもあった。　　　　（足立自朗）

ターミナルケア〔terminal care〕　終末期とは不治の病気として診断され、さまざまな治療が施された後に、これから先、数週間から数か月で死の転帰を迎えるだろうと予測された状態になった時期である。例えばがんが全身に転移した末期がん患者に対する治療や看護を終末期医療という。このときは看護を中心とした介護が中心となるが、これをターミナルケアという。ターミナルケアは苦痛を和らげ、やすらかに人として終末を迎えることを心がける。なお、終末期とは、日本医師会の老人診療マニュアルでは余命6か月～数か月の前期、あと数週間と考えられる中期、あと数日と考えられる後期に分け、さらにその後は死亡直前期としている。終末期医療には疼痛などの肉体的苦痛は薬物によりコントロールする医療行為があるとされるので、終末期医療とターミナルケアは重なり合うが同じものではない。　　　　（堀智勝）

第一次集団／第二次集団〔primary group/secondary group〕　第一次集団は、クーリー (Cooley, C. H.) が人格形成に及ぼす社会集団の効果を考察するなかで案出した集団類型。「親しい人々の間の顔と顔をつきあわせる結びつきと、協力とによって特徴づけられている集団」を指し、個人の社会性と理想とを形成する上で基本的な機能を果たすとされる。家族、近隣集団、子どもの遊び仲間などがこれにあたる。第二次集団は、クーリーの後継者らが第一次集団の対概念として考案したもの。国家、政党、企業、労働組合など、特定の目的達成のために人為的につくられ、合理的に組織化された集団を指す。第一次集団が成員間の直接的な接触を特徴とするのに対し、第二次集団は成員間の間接的な接触を特徴とする。　→クーリー、社会集団　　　　（鈴木無二）

第一次予防〔primary prevention〕　一般的には、清潔の保持、うがいなどの個人的な努力、ワクチン接種などの専門防御、生活習慣病に対する健康づくりなど、疾病の発生を減らす狭義の予防をいう。精神医学の領域では、児童の分野でまず注目され、次いで地域精神保健の概念モデルとしてカプラン (Caplan, G.) が提唱した。生育環境を含む生活条件の改善、関係者の組織化、コンサルテーションなどがそれに当たる。近時、狭義精神疾患の第一次予防も地に着くことが期待されている。　→第二次予防、第三次予防、コンサルテーション　（岡上和雄）

第1類基準　生活保護法における生活扶助（衣食その他日常の需要を満たすための給付）のうち、個人的経費に当たる部分のもの。具体的には、食費や被服費その他の日用品の維持購入に必要な経費とされ、この基準額は年齢別、所在地域別（級地制度）に定められている。第1類は個人単位の経費であるため、複数の人間によって世帯が構成されている場合には、これを人数分積み上げることとなる。　→生活扶助、級地制度、第2類基準　　　　（畑江倫子）

第一種社会福祉事業　社会福祉法第2条第2項に規定された事業を指す。日本では社会福祉事業を概括的に定義するのではなく、制限列挙する方式が採用されており、社会的弱者を対象とし、対象者が生活の大部分をそこで営むことになるような施設を経営する事業と経済保護事業で不当な搾取の行われやすい事業が「第一種社会福祉事業」として分類・列挙されている。また、その経営主体は事業の公共性に鑑み国、地方公共団体、または社会福祉法人と限定されている。その他の者が経営する場合は都道府県知事の許可が必要であるとされているが、ほとんど活用された事例はない。　→第二種社会福祉事業、社会福祉法人、社会福祉法　（永田祐）

退院援助　退院・転院・退所に伴って生ずるクライエントや家族への心理的・経済的・社会的問題への調整・援助と、退院先選定にあたっての援助がある。わが国は入院中心の医療状況であったため、「社会的入院」を余儀なくされたクライエントが多い。そういったなかでの退院・退所援助は、クライエントの地域生活をしていくことへの不安の受け止めや現実検討能力の吟味、家族の不安等の調整や退院可能な生活条件の整備など、精神的にも物質的にも多くの

支援を必要とする。地域社会の差別・偏見に対する働きかけも必要である。転院の場合は、転院先の情報提供や転院に伴う不安へのサポートなどが求められる。「精神保健法」により、社会復帰施設が法定化され退院先の選択肢は増えたが、まだ十分とはいえない。今後、さらにクライエントのニーズを中心に据えた地域の多様な仕組みづくりや精神保健福祉に関する啓蒙などの社会的活動が求められているといえよう。
→社会的入院、偏見　　　　　　（小久保裕美）

退院請求　精神病院に入院中の者や保護者等は都道府県知事（指定都市の市長）に対して、措置入院者にあっては措置解除をし、その他の入院患者にあっては精神病院の管理者に退院命令をすることを求めることができる（精神保健福祉法第38条の4）。これを退院請求という。都道府県知事は、精神医療審査会に通知し、審査を求め、その結果入院の必要がないときには精神病院の管理者に退院命令を出すとともに、審査結果を請求者に知らせなければならない（第38条の5）。　→精神医療審査会
（古寺久仁子）

退院制限　精神保健福祉法第22条の4第3項・第4項に規定。精神病院の管理者は任意入院者から退院の申し出があった場合、精神保健指定医による診察の結果、入院継続の必要性があるときは、72時間を限り、退院制限を行うことができる。この場合の申し出とは、書面、口頭どちらを問わず、また職種の制限なく病院の職員へ行えばよい。退院制限を行い入院継続が必要な場合は、医療保護入院へ切り替えることとなる。　　　　　　　　　　（中川さゆり）

大うつ病　アメリカ精神医学会（DSM-IV）による大うつ病エピソードの診断基準は、毎日の抑うつ気分、興味または喜びの喪失、著しい体重減少または体重増加または食欲の減退または増加、不眠または睡眠過多、精神運動性の焦燥または制止、易疲労性または気力の減退、無価値観または過剰であるか不適切な罪責感、思考力や集中力の減退または決断困難、死についての反復思考や反復的な自殺念慮・自殺企図の九つの症状のうち五つまたはそれ以上が同じ2週間の間に存在し、病前の機能からの変化を起こしていること。その症状の特徴は、混合性エピソードの基準を満たさないこと、臨床的に著しい苦痛または社会的・職業的・他の領域における機能の障害を引き起こしていること、薬物物質などの直接的な生理学的作用や一般身体疾患によるものではないこと、さらに、愛する者を失った後、症状が2か月を超えて続くか、または、著明な機能不全、無価値観への病的なとらわれ、自殺念慮、精神病性の症状、精神運動制止があるとしている。
（荒田寛）

体感幻覚　体感とは、運動感覚、平衡感覚、臓器感覚などを含む自己の身体存在の全体的な感覚を指し、通常、健康時には意識にのぼらないものである。精神病的体感異常の場合には、基盤となる身体疾患がないにもかかわらず、「脳がくさってしまい空っぽになっている。下半身に電気がかかってくる。腹のなかで虫が動き回っている。全身に針を刺される」等々、身体自我の障害を伴う奇妙な体感の異常を訴える場合があり、これを体感幻覚という。主として統合失調症（精神分裂病）にみられるが、脳器質性精神病にみられることもある。セネストパチー（cenestopathy）という用語は、もともとはフランスにおいて、体感異常や体感幻覚を主症状として他の精神症状を伴わず慢性に経過する病型に対して用いられてきた。しかし、長い経過のなかで統合失調症と区別できない場合も少なくなく、ドイツや日本では独立した疾病としてではなく、統合失調症などにみられる異常体感という意味で使われることもある。
（猪俣好正）

待期　雇用保険制度の「失業等給付」中の求職者給付の中心をなす「基本手当」は、受給資格者が受給資格に係る離職後最初に公共職業安定所に求職の申し込みをした日以後、最初の7日未満の失業日は支給対象外とされており（雇用保険法第21条）、これを「待期」という。待期は、1受給期間（2001年4月1日より1年、1年＋60日、1年＋30日の3類型）内に1回をもって足りる。したがって、受給期間内に再就職したが新たな受給資格を得ることなく再失業

した場合には，最初の離職後に待期を満了している者には再び要求されない（第20条）。また，健康保険法においては，傷病手当金は労務不能の日から起算して第4日目から支給されるが，労務不能の当初の3日間は，待期期間という。待期は，労務不能の日が3日連続して初めて完成する。合算して3日ではない（第99条第1項）。
（辻村昌昭）

退却神経症　笠原嘉（1978）が名づけたアパシーの一形態。主症状は無気力，無関心，無快楽であり，学生ならば学業，職業人であれば仕事などの選択的課題から退却する。アルバイトに熱心であったりするが，支える受け皿として後退しながら辛うじて踏みとどまっている，あるいは意識的には「おりる」という活動性の低下した状態と考える。同一性障害と密接に関連しているが，同一性障害と異なり，選択しない自分に対して深刻に苦悩することはない。　→アパシーシンドローム，スチューデント・アパシー
（猪俣好正）

退行　ある時点において，それまでの精神発達による状態やもっていた機能などが，それ以前のより未熟な状態や機能に逆戻りすることをいう。精神病理学的現象や，ある種の心理的状態を説明するのに用いられる。また，フロイト（Freud, S.）以後の精神分析理論では，退行理論をさらに発展させ，「病的な退行」と「健康な退行」を区分した。すなわち，健康な退行は，遊び・洒落やユーモア・レクリエーション等にみられる，一時的で部分的なものをいい，これらは「自我機能」のコントロールの下にあり，健康で望ましいものとされている。また，「操作的退行」として，治療による退行，催眠性の退行などがあり，やはり一時的・部分的退行である。
（菊池礼子）

退行性変性　ワーラー（Waller, A. V.）は，カエルの舌咽神経と舌下神経の切断実験に基づいて，神経線維が断端末梢側（遠位部）では変性に陥り，髄鞘が崩壊して消失していくことを発表した。神経損傷に伴う軸索の変性をワーラー変性（wallerian degeneration）または退行性変性といい，外傷早期に離断部に生じる一時変性と違って，この退行性変性は軸索と髄鞘の完全な消失へ向かって進み，その影響は神経終末まで及ぶ。
（堀智勝）

第3号被保険者　国民年金は，1986年4月より，20歳以上60歳未満の国民すべてが加入する「基礎年金」となった。国民年金法第7条は3類型の被保険者を定めているが，第3号被保険者はその一つである。被用者年金各法の被保険者である第2号被保険者の被扶養配偶者，つまりサラリーマンの妻を指す。籍を同じくしていない配偶者（事実婚）でも，生計をともにし扶養されていれば，第3号被保険者となる。専業主婦あるいは年収130万円未満の主婦は負担なく個人として老後に年金を受け取るシステムであるが，女性の年金権の確立という視点から制度改正の議論がある。
（辻村昌昭）

第三次予防〔tertiary prevention〕　一般的には，疾病の悪化の防止とリハビリテーションによって病態量の減少を図ることをいう。続発症や併発疾病の防止と，作業療法，理学療法が含まれる。精神医学の領域では，精神疾患の結果としての機能欠損や後遺症的な状態を軽減させたり，代替機能の強化を図るリハビリテーションを意味する。インスティテューショナリズムの回避・改善，社会復帰の促進，支援ネットの重層化，心理的負担や疎外の防止，職業生活の負担軽減も含まれる。　→第一次予防，第二次予防
（岡上和雄）

第三セクター　国や自治体が実施してきた公的事業を，予算上の判断や事業執行の効率性，ニーズの複雑化・高度化，行財政改革などの諸事情から，第三者である非営利団体や営利企業の参画を得て共同で事業を経営する形態であり，第三セクター方式と呼ばれるサービスの供給方法をいう。この場合，第一セクターは行政部門であり，第二セクターが純粋に民間営利部門であるが，最近では第三セクターを前二者と区別した民間非営利部門を指す場合もある。社会福祉分野では，福祉公社や社会福祉事業団などが第三セクターに位置づけられる。
（田中英樹）

第三分野の保険　生命保険と損害保険のいず

れの定義にも当てはまらない保険，具体的には傷害・疾病・介護などに関わるものをいう。1995年の新保険業法では生命保険および損害保険（元来これらは商法上の分類，以下，生損保）と並び第三分野の保険が明確に定義されたが，この分野では外資系保険会社のシェアが高く，その利益保護を求める日米保険協議でのアメリカの主張により，日本の保険会社には参入規制が敷かれることとなった。しかし，自動車保険と火災保険の保険料率自由化など5項目の規制緩和を条件に，その参入規制を解除するとした1996年の日米保険合意に基づき，第三分野への日本の保険会社の参入は2001年より自由化され，外資系と日本の生損保による本格的な競争の時代が到来することとなった。　→生命保険，損害保険，保険業法　　　　　　（菅谷広宣）

胎児障害　胎芽病ともいう。器官形成期に胎児外の環境による外因が作用して先天異常を起こすもの（サリドマイド胎芽病や先天性風疹症候群など）のほか，外因がはっきりしないが遺伝と環境の相互作用による多因子性の先天異常（口唇裂や口蓋裂など）がある。遺伝子によるものは遺伝子病，染色体異常によるものを配偶子病という。器官形成期以後に起こる先天異常は胎児病という。　　　　　　　　（吉川武彦）

大衆社会〔mass society〕　政治・経済・文化・教育などの社会領域全般において，大衆が多大な影響力を及ぼすような社会状況のことを指す。大衆社会の特質として，産業化や都市化，科学技術やマスメディアの発達等を伴う近代化の過程から帰結する人口の流動性（移動性）と匿名性の増大，利害集団の優位（二次的接触の拡大），官僚制の肥大，エリートによる大衆操作，大量生産・消費型市場等が挙げられるが，それら特質を内包する現代社会の危うさは，大衆社会論によって告発されてきた。　→都市化
（土屋淳二）

代襲相続　相続人である子ないし兄弟姉妹が，相続開始前までに死亡する等した場合，その子（直系卑属）が死亡した者に代わって相続人となることをいう（民法第887条第2項，第889条第2項）。子の場合，代襲者がさらに死亡した場合にも代襲相続（再代襲相続という）が発生するが（民法第887条第3項），兄弟姉妹の場合には再代襲相続は発生しない。代襲相続人は死亡した被代襲者の相続分のみを承継し，代襲相続人が数人いる場合には代襲者の相続分を等分することになる。　→相続人，相続
（登坂真人）

体循環〔systemic circulation〕　大循環ともいう。血液循環は体循環と肺循環に分けられる。体循環は，心臓の左心室から駆出された動脈血が動脈系血管を流れて身体組織に行きわたり，組織での内呼吸を経て静脈血となり，静脈系血管を流れて心臓の右心室に戻ってくる血液循環である。肺循環は静脈系血管から心臓に流入した静脈血が右心房，右心室を経て肺でのガス交換の後動脈血となり左心房に流入する回路。脈拍や血圧は，体循環のありさまをとらえる重要な手がかりとなっている。　→肺循環（高橋徹）

対処　⇨コーピング

対象喪失　別離や死亡などによる愛情や依存対象の喪失，転居や退職による環境や社会的役割からの別れ，ペットや財産などの自己所有物の喪失，手術による身体器官とその機能の喪失などの体験をいう。こうした対象喪失は，それぞれの発達段階や年代に応じた固有の課題と結びついて体験される。フロイト（Freud, S.）は，対象喪失による苦痛と悲哀・否認から現実検討の営みを経て解消に至る一連の心理過程を「モーニングワーク」と呼んだ。ボールビィ（Bowlby, J.）は，乳幼児の対象喪失反応を観察し，悲哀の心理過程を，①対象喪失を否認し保持し続けようとする対象保持の段階，②抑うつ，あるいは絶望の段階，③心理的再建が起こる離脱の段階，の3段階に区別した。こうした対象喪失と悲哀の心理過程の研究は，キューブラー・ロス（Kübler-Ross, E.）らによる臨死患者の死を受容する心理過程の研究にも応用されている。→キューブラー・ロス，障害受容，モーニングワーク　　　　　　　　　　　　（猪俣好正）

退職者医療制度　国民健康保険の被保険者のうち，厚生年金保険，共済組合など被用者年金の老齢厚生年金・退職共済年金を受けられる者

で，被用者年金の加入期間が20年以上あるか，または40歳以上の加入期間が10年以上ある，退職者とその被扶養者を対象とする制度。なお，老人保健制度の対象者は除外される。1984年の医療保険制度改革によって導入。　　（松渓憲雄）

対人関係　人と人との関係を，広く一般的に問題とするときに使われる（「人間関係」というときは，産業心理学上に限定するときに用いる）。対人関係の研究では，知覚の研究に影響されているところが多く，空間における位置（対人距離）や，集団における役割や葛藤など，さまざまなものがある。対人距離は，個々人のもつ空間の感覚だが，相手との年齢差や間柄によって変化する。年齢差が大きく，親密さが少ないほど増大する。また，対人的葛藤は，親密な相手との嗜好が別れたとき，親密さを尊重するか，あるいは自分の主観を主張するかのジレンマである。これは，接近―回避の葛藤であるが，接近―接近の葛藤や，回避―回避の葛藤も生じ得る。　　　　　　　　　　　　　　（菊池礼子）

対人恐怖　他人と同席する場面で強い不安と緊張を感じるために，それを回避しようとすることを特徴とする精神疾患で，森田正馬が森田神経質を概念化したときに取り上げた。赤面恐怖，視線恐怖，正視恐怖，体臭恐怖，醜形恐怖，吃音恐怖などの亜型がある。中国では色目恐怖と呼ばれる状態が報告されており，ICD-10にもこの名称が記載されている。アメリカのDSMでは社会不安障害の文化結合症候群として位置づけられている。青年期，特に青春前期に発症し，慢性的に経過することが多い。　（大野裕）

対人知覚　対人認知ともいう。物体の知覚と人間の知覚は同一であるかどうか，また，知覚する側とされる側との関係から，対人関係を研究するなど，さまざまな方向がある。ゲシュタルト理論に基づく研究では，人の知覚ではなく，人格特性を並べて，そこからどんな影響を引き出されるかというアッシュ（Asch, S. E.）の研究がある。一方，社会的地位や役割知覚を中心としたソシオメトリー理論の関係分析・バランス理論研究もある。　　　　　　（菊池礼子）

対人福祉サービス〔personal social service〕社会的要因から発生する生活問題の解決を求めている個人・家庭・集団などに対して，社会福祉の政策・制度を用い，対人関係を基礎にし個別的に提供されるサービスで，対人社会サービスともいう。具体的には地域や施設で展開されている個別の対人・対面的な相談援助や身辺介護などの活動を指す。援助を必要とする人すべてへの公平なサービス提供の体制と施策づくりには，公的関与がさらに重要である。したがって，個別に現れる生活問題を把握し，個々に内在している「自ら解決しようとする力」を引き出しながら関わる専門職には，体制・施策の不備をとらえて働きかける側面と，対人・対面的援助技術の構築とその統合が同時に求められている。　　　　　　　　　　　　　　（池末美穂子）

代諾縁組　養子となる者が15歳未満の場合，法定代理人が本人に代わって縁組の承諾をすることをいう（民法797条第1項）。養子縁組は，自然の親子間におけるのと同様の法的関係を生じさせるための契約であるから，当事者の自由な意思に基づくべきであるが，代諾縁組はその例外である。代諾縁組は，子の福祉のために認められているものであり，児童福祉施設の施設長も，都道府県知事の許可を受けて代諾縁組をすることができる（児童福祉法第47条第1項）。→養子縁組　　　　　　　　　　　（登坂真人）

第二次集団　⇨第一次集団／第二次集団

第二種社会福祉事業　社会福祉法第2条第3項に規定された事業を指す。日本では社会福祉事業を概括的に定義するのではなく，制限列挙する方式が採用されており，第一種社会福祉事業と比較して対象者に対して人格の尊厳に重大な影響を及ぼしたり，不当な搾取が行われる恐れの少ないものが「第二種社会福祉事業」として分類・列挙されている。第一種社会福祉事業と異なり，第二種社会福祉事業についてはその経営主体が限定されておらず，国および都道府県以外の者が事業を開始したときは，事業開始の日から1月以内に都道府県知事に届ければよいとされている。制限列挙方式であるため，社会状況の変化に伴って新たなニーズが発生すれば事業が追加されることになる。2000年には新

たに九つの事業が，また2003年には三つの事業が新たに第二種社会福祉事業として追加されている。　　→社会福祉法，第一種社会福祉事業
(永田祐)

第二次予防〔secondary prevention〕　一般的には，早期発見，早期治療によって，罹病期間の短縮を図ることをいう。具体的には，生活習慣病に対する集団健診や結核に対する定期健康診断など。精神医学の領域では，再燃や入院によって生じやすい機能水準の低下の予防も目標となる。現在の中心課題は，入院回避のための危機介入，家族や患者に対する教育プログラムなどであるが，近年，狭義の精神疾患に対する初期症状の早期把握を目指す相談と対処も主張されるようになった。　　→第一次予防，第三次予防
(岡上和雄)

第2類基準　生活保護法における生活扶助（衣食その他日常の需要を満たすための給付）のうち，世帯共通経費に当たる部分のもの。具体的には，光熱水費，家具什器に必要な経費とされる。第1類とは異なり，複数でいることによる節約・経済効果が生ずるため，世帯の人数により基準額が決められている。11月〜3月までは夏季と冬季の日常生活需要の差を考慮して冬季加算が加わる。この基準額および冬季加算額は所在地級別(級地制度)に定められている。→生活扶助，級地制度，第1類基準
(畑江倫子)

大脳　脊椎動物では中枢神経系の前端部が大脳に発達し，高度の中枢機能を司る。ヒトでは大脳が著しく発達し，左右の大脳半球が頭蓋内の大部分を占める。大脳半球の表層は神経細胞体が密集した灰白色の大脳皮質であり，内部は白色の神経線維の束で白質という。白質の深部にも尾状核，被殻，淡蒼球などの神経細胞体の集合体があり，大脳基底核という。大脳皮質は部位により機能が分化し，前頭連合野に思考・意欲・感情，前頭葉に随意運動，頭頂葉に体性感覚，側頭葉に聴覚と記憶，後頭葉に視覚，頭頂後頭連合野に認知・理解，大脳辺縁系に本能・情動・自律機能が各々局在している。大脳皮質は遠心性は大脳基底核を，求心性は間脳を介して脳幹・脊髄と連絡し，全身の神経支配を統合している。
(金杉和夫)

大脳辺縁系　大脳皮質には系統発生的に古い順に旧皮質，古皮質，新皮質の3種類がある。ヒトの脳では，大脳半球の表層は新皮質で占められ，古皮質（海馬と歯状回）は内部に押し込められ，旧皮質（梨状葉）は底面に押しやられている。新皮質に押しやられた二つの皮質を合わせて辺縁皮質と呼び，神経路で統合されている扁桃核や視床下部を含めて大脳辺縁系という。動物として逞しく生きていくための本能行動・情動行動・自律神経機能の調整を司っている。　　→大脳，自律神経
(金杉和夫)

タイプA行動〔type A behavior pattern〕　アメリカのフリードマン（Friedman, M.），ローゼンマン（Rosenman, R. H.）により提唱された狭心症，心筋梗塞などの冠動脈疾患になりやすい危険因子としての行動パターン。強い目標達成意欲，強い競争心，高い評価と昇進への願望，精神的・肉体的な継続する緊張，精神的・肉体的な過敏などの高活動状態の継続を特徴とする。自律神経の交感神経優位状態の持続（アクセル全開）による副交感神経の活動低下などの関与が考えられる。
(後藤救)

代弁　かつてアドボカシーを「唱道的代弁」と訳し，ソーシャルワーカーの役割の一つとして，クライエントの立場を代弁し，利害，権利を関係機関や団体に主張，調整し，社会への働きかけを行う一方でクライエント集団の組織化も支援する働き，という説明がされた。現在でもそのような機能はなくなったわけではないが，アドボカシーの意味は広がり，またセルフアドボカシーの意義がより強調されるようになっている。　　→権利擁護
(木村朋子)

大発作　全般性強直間代発作の通称。てんかん発作のうち最も代表的な発作型である。突然の意識喪失とともに，まず全身の筋肉が硬くこわばる強直けいれん，引き続いて全身の間代性けいれんが起こる。持続時間は1〜2分程度のことが多く，強い呼気をもって呼吸回復するが，全身の筋弛緩を伴うもうろう状態もしくは終末睡眠に移行する。発作中は呼吸停止によるチアノーゼ，唾液分泌の増加，尿失禁などを伴い，

咬舌や窒息，転倒による外傷などに注意が必要である。　→てんかん　　　　　（猪俣好正）

大麻　世界中に広く野生しており，古来から陶酔や酩酊状態をもたらす物質として使用されてきた。乾燥した葉や花冠を喫煙もしくは経口的に摂取する。主成分はテトラヒドロカンナビノール。急性酩酊時は多幸的となり，性的夢想や幻覚，ときに不安やもうろう状態をきたす。嗜好品として使用されている国も多いが，わが国では麻薬の一つとして麻薬取締法の対象になっている。マリファナ，ハシッシュなどの名称で呼ばれる。　→麻薬　　　　　（猪俣好正）

代理行為　経済行為はいかなる個人にとっても重要で，かつ主体的で自由な生活を保障する基本的な人権の一つでもある。また，人はこうした行為に喜怒哀楽や価値などの生きる意味や暮らしの実感を見いだすものでもある。しかし，精神障害のある人のなかには，一時的に金銭の管理や経済行為に支障をきたす場合があり，不利益を被らないように代わりに行うことで援助することを代理行為と呼ぶ。本来は両者間の信頼関係の上に成立し，援助者には重大な責任と金銭を扱う上での倫理観が求められる。同時に，援助を受ける多くは入院患者であり，自己決定の保障や主体性の尊重の視点と，精神科病院の古い閉鎖的管理的体質の弊害とを考えるときに，二次的な障害を生む問題を指摘せざるをえず，精神保健福祉士としては金銭管理を行う際の状況や必要性の是非，問題点を常に意識しておくべきである。近年わが国の精神科病院ではアメニティの改善が進み，鍵付きロッカーが個々人に提供されていたり，なかには院内に患者が利用可能なキャッシュディスペンサーが設置されている病院も見かけるようになったが，未だに入院患者の金銭自己管理を認めない病院も少なくはない。工夫次第で，あるいは部分的に管理能力がある人，ある時期は全面管理の代行が必要な人と，各自の状態をよくつかんで，本人と相談の上個別の代理行為を限定して行うべきである。個別状況を問わずに入院患者には一切金銭管理をさせないということは，社会生活上の経済行為から遠ざけることになり，過度の依存や自らの経済基盤状況への理解が乏しくなったり，感覚が薄れたりする二次的な障害を生む構造である。また，そうした病院の多くは閉鎖的で，療養生活において経済行為そのものが一切みられないような（売店がない，タバコを自分で買えない，外出禁止など）構造であることも少なくない。近年では入院治療の短期化が進んでいるが，なかには住環境を失って全財産を病院に持ち込む方もいる。病状などによりしばらくは代理行為をせざるをえない場合は，金額や内容にかかわらず，保管や代理行為に関する委託契約書を必ず機関として交わすべきである。期間や委託内容，担当などを明記し，複数員で署名確認できる体制やカルテ記録など，機関内システムを全部署的に整備し，常に点検可能にしておくべきである。病状の悪化により本人の確認が不可能でも家族や複数スタッフでの検討承認を経て行い，回復時には本人への説明了承を得る。病院収入との渾然一体化や，直接の金銭の流れに関わることが多いスタッフの着服などという不祥事を防ぐためには，援助としての代理行為であるという意識に加えて，システムの整備が重要である。また，金銭管理という援助を考えるならば，療養生活におけるQOLの向上とお金の有効な使い方の援助が実は大切であり，長期入院中に低額な生活保護制度の日用品費代がたまり，福祉事務所からの事務的な調査のみによって支給がカットされる状況は，精神保健福祉士としては関わりの再考を求められよう。　→自己決定，主体性の尊重　（大塚淳子）

代理受領方式　指定サービスの事業者や施設がサービスの利用者に代わって保険者から保険給付を受ける方式をいう。被保険者がサービス提供者に全額費用の支払いを行い，その後に支払い額に応じて保険給付がなされる償還払いでは，被保険者の負担が大きいため，介護保険では，代理受領方式によって現物給付のかたちとなっている。なお，代理受領方式による現物給付がなされるものは，居宅サービス費，居宅サービス計画費，施設サービス費等，サービス利用に伴う保険給付額が明らかな場合であるが，その他の償還払い方式による給付が行われるも

のでも、受領委任払方式を採用し現物給付として給付を行う場合もある。　→現物給付、償還払い方式
　　　　　　　　　　　　　　　（早坂聡久）

ダウン〔Down, John Langdon Haydon：1828-1896〕　ダウン症候群の発見者。ダウンはイギリスの精神科医でロンドンのアールスウッド知的障害者収容施設の医療監督であった1862年「Observation of an Ethnic Classifications of idiots（白痴の人類学的分類）」という論文で初めて、ダウン症を報告した。発見当時、ダウン症はその外見的特徴が蒙古人種に似ているととらえられ、「蒙古症」と呼ばれていたが、後に特定の民族名を付けることが適切ではないと考えられ、発見者の名前をとってダウン症と呼ばれるようになった。　→ダウン症
　　　　　　　　　　　　　　　（堀田香織）

ダウン症〔down syndrome〕　ダウン症候群ともいう。21番の常染色体が三つある21トリソミーなどの染色体異常によって、精神遅滞と特徴的な身体症状を起こす疾患。発生頻度はおよそ出生1000人に1人で、母親の年齢が高いほど出現率が高い。精神遅滞は中等度が多く、人なつこく温和で従順であることが多い。身体的には頭は小さく、顔は広く扁平で、目がつり上がって鼻が低い。手指が短く小指は内側に曲がっている。先天性心疾患の合併が多く、心疾患が重症だと余命が短くなる。初老期以前に痴呆になることが多く、アルツハイマー病と共通の脳病理学的所見が指摘されている。この疾患を最初に記述したダウン（Down, J. L. H.）はその顔貌が蒙古系人種に似ていると考え、蒙古症（mongolism）と呼んだ。　　（金杉和夫）

高木憲次〔たかぎけんじ：1888-1963〕　東京都生まれ。東京帝国大学医科大学整形外科教室医局での診療や、地域の肢体不自由児・者の実態調査を通して、肢体不自由児に対する治療と教育を兼ねた社会的な療育を主張した。「肢体不自由」名称の命名者。日本初の肢体不自由児のための学校「光明学校」（1932年開設、後の東京都立光明養護学校）の設立に関わる。設立のために長年にわたって尽力し、園長を務めた「整肢療護園」（1942年開園）の実践により、戦後の児童福祉法制定後、肢体不自由児施設が児童福祉施設の一つとして位置づけられるに至った。
　　　　　　　　　　　　　　　（植木信一）

滝乃川学園　1891年石井亮一によって設立された。当初は女子教育に従事していた石井による孤女学園として出発した。1896年石井が渡米し、知的障害児の教育について学び、帰国した後、知的障害児の教育も目的とするようになり、特殊教育部と孤女教育および特殊部の保母を養成する保母養成部の二部制となる。またこのとき所在地にちなみ滝乃川学園と改称する。その後、西巣鴨に移転、1927年には現在の谷保に移転し、知的障害児・者施設として現在に至っている。　→石井亮一　　　　（永田祐）

宅老所　託老所ともいう。虚弱高齢者や痴呆性高齢者等を主に対象とする民間の小規模通所施設。活動内容は食事の提供、趣味活動やレクリエーション等で、効果としては高齢者の孤独感の解消、介護予防、家族の介護負担軽減等が挙げられる。制度化された施設ではなく、地域福祉活動のなかで個人やグループがボランタリーに始めたものが多い。NPO法人格を取得し、介護保険における通所介護へと発展的に移行するものもある。　→デイサービス　（鳥羽美香）

多重人格障害　正式には解離性同一性障害と呼ばれる解離性障害の一つであり、二つまたはそれ以上の、はっきりと他と区別できる特有の認知、感情、行動パターンをもった同一性あるいは人格状態が存在し、それらが繰り返し現れてその人の行動を制御する。また、ある一つの人格のときに起きた出来事は、他の人格状態では通常想起できず、それは通常の物忘れでは説明できない。本障害は慢性で再発しやすく動揺性の臨床経過をとる。なお被暗示性の強い人では本障害が過剰に診断されやすい。　（大野裕）

タスキギー事件　アメリカのアラバマ州タスキギーで行われた医学的人体実験。1934年から1972年にかけて、連邦政府は、黒人男性約600人を対象に梅毒研究のための生体実験を行った。マイノリティに対する強国の支配的態度および被験者への説明と同意の欠如など被験者の意思や人権の軽視が問題視されている事件であ

る。医学の進歩のために人体実験は不可欠とされているが、この事件はインフォームドコンセントおよび被験者の人権や利益に関する問題を提起している。　　　　　　　　　　（松永宏子）

脱工業社会〔post-industrial society〕 1960年代以降の先進諸国では、国民経済を牽引してきた第二次産業から第三次産業中心の形態へ産業構造が変化した。このような社会を脱工業社会と呼ぶ。代表的な脱工業社会論者のベル（Bell, D.）は拡大した第三次産業を金融・保険などの第四次産業、保健・教育などの第五次産業にさらに区分している。またこのような脱工業化の過程は専門職をより一層重視するイデオロギーの発展といった社会過程と密接に結びついているといわれる。　　　　　　　（杉本昌昭）

脱施設化　精神科病院のような大規模で閉鎖的な環境のなかで、長期間、集団として一律に処遇を受けることで引き起こされる施設症に注目し、その弊害や問題を改変していこうとして生まれた考え方や運動であり、ディインスティテューション（deinstitution）ともいう。1963年アメリカのケネディ教書に端を発し、ノーマライゼーションの原理や入院医療から地域精神医療へという流れに影響を与えながら展開された。地域支援体制が整わない状況での急激な地域移行は、治療の中断やホームレスの増加などいくつかの問題を生じさせた。それは大規模施設から小規模施設への移行や、地域でのケア供給体制の整備への取り組み、集団よりも個人の生活を基本に据えた自律性や生活の質の向上を目指した支援のあり方を促進するきっかけとなった。近年日本でも、精神障害者社会復帰施設の建設や精神科救急体制の整備が進み、市町村では居宅生活支援事業やケアマネジメントなどの施策が次々に展開され、コミュニティケアの推進とともにその促進が望まれている。しかし、その一方で精神科病院への社会的入院者および病床数は減少せず、社会復帰施設における施設症という新たな問題やケアマネジメントの限界も指摘され、ACTの導入など新たな施策が検討されはじめている状況である。　→施設症、精神疾病及び精神遅滞に関する大統領特別教書

（菅原隆）

多動性障害　この障害は、早期の発症、著しい不注意と課題の遂行を困難とする調節不良な多動が、さまざまな状況で、いつまでも持続していることによって特徴づけられる。一つの課題に注意を集中することができず、途中で中止したり、別の行動に移ったりする。多動は、特に静かにしていなければならない状況において過度に落ち着きのないことを意味し、家庭・教室・病院などにおいて、走り回る、席から立ち上がる、過度に喋り騒ぐなどが含まれる。社会的関係のなかで抑制がきかなかったり、危機的な状況でも向こうみずな行動をとったりすることもある。特徴的な問題行動は早期に発現し（多くは5歳以前）、男児に女児の数倍多く出現する。学習障害や運動の不器用さを合併することが多く、行為障害を伴う場合もある。多動などの症状は通常、学齢期を通じて持続し、ときに成人期まで持続するが、年齢とともに次第に改善がみられる場合が多い。　→注意欠陥多動障害、行為障害　　　　　　　　　　　（猪俣好正）

タフト〔Taft, Julia Jassie：1882-1960〕　児童精神保健分野のソーシャルワーカーを経て、ペンシルヴァニア大学で教鞭をとった。診断主義ケースワークに批判的な立場から、社会福祉援助技術における「援助過程」「社会福祉機関の機能」の重要性と限界を明らかにし、クライエントの主体的問題解決への援助を重視する機能学派の形成に深く関わり、初期の機能主義ケースワークを体系づけた代表的研究者。関係療法の発展にも寄与し、ロジャーズ（Rogers, C. R.）のクライエント中心療法などに影響を与えたことでも知られている。　　　　　　　（宮本浩司）

WHO　⇨世界保健機関
WFMH　⇨世界精神保健連盟

多文化間精神医学　個人が所有または接触する文化が精神医学的問題に与える影響を研究し、文化の違いを超えて人間と文化の関係を検討することにより支援の実践に生かす学問分野。精神分析学や文化人類学の影響を受け発展してきた。統合失調症（精神分裂病）の症状・経過・予後・感情表出、うつ病の有病率・自殺

の頻度などが文化によって異なることが指摘されている。移民等、異文化間移動に伴う問題や、同一文化内の社会経済環境の変化による影響なども対象とする。　　　　　　　　（猪俣好正）

他法他施策の優先　保護の補足性の原理により、他の法律に定める給付は生活保護法に優先して行われるとされている。他の法律に定める給付とは、各種年金保険や各法による手当などである。これらは生活保護に優先して適用され、これらの給付を受けても不足する部分を生活保護で補足することとなる。ただし、一部の給付金は保護に優先せず、保護に並行して受給することができる。また、国民健康保険法については、生活保護受給中は適用除外となる。　→保護の補足性の原理　　　　　　（山本文枝）

ダラード〔Dallard, John：1900-1980〕アメリカの心理学者。1931年シカゴ大学で博士号を取得し、後にエール大学心理学教授となる。パーソナリティや心理療法の問題を心理学的学習理論の立場から新しく見直している。1939年にはフラストレーション―攻撃仮説を提唱した。これはフラストレーションが常に攻撃行動を引き起こす、言い換えれば攻撃行動の生じるところには常にフラストレーションが存在するという仮説である。また1941年にはダラードとミラー（Miller, N. E.）は学習理論の立場から模倣行動の学習性を実験的に実証した。　→ミラー（Miller, N. E.），模倣学習　　　（堀田香織）

ダルク〔Drug Addiction Rehabilitation Center：DARC〕薬物依存からの回復者をスタッフとして、薬物依存者の回復を図る自助組織。かつて覚醒剤依存者であった近藤恒夫が1985年にメリノール教会の援助の下で東京に開設したのを最初とし、2003年2月1日時点で、全国に25か所のダルクがある。多くは3～6か月の入寮生活形式をとっているが、通所のみのところもある。回復へのプログラムは、1日3回を基本とするミーティングへの参加であり、NAの12ステップの実践を目指す。薬物使用（飲酒を含む）、男女交際、暴力は禁止されている。とかく自己評価の低い薬物依存者にとって、ミーティングでの各人の心の吐露はわがことのように思え、自分だけではないのだという安堵を覚えるとともに、スタッフは今後の自分が目指すべきモデルとして映る。そのようなスタッフとの共同生活のなかで、自己の生き方を体験的に変革できる特性をもっている。
→ナルコティクスアノニマス，マック
（和田清）

単一精神病　統合失調症（精神分裂病）や躁うつ病などの多様な精神疾患の病態は単一の疾患過程に基づくものであり、その経過と時期によってさまざまな状態像を呈するととらえる考え方を指す。クレペリン（Kraepelin, E.）は、精神病をその経過と終末像によって早発性痴呆と躁うつ病に二大別したが、それ以前の時代の主要な疾患概念である。例えばノイマン（Neumann, H.）は、精神障害に妄想狂、錯乱および痴呆の3時期を区別し、これらを一つの疾患過程の状態像および時期とした。すなわち、躁病、うつ病、統合失調症、痴呆と診断されているものは、同一疾患過程のさまざまな横断面を示しているという考え方であり、精神病理学的には今日でも議論が続き、なお結論をみていない。特に近年は、非定型精神病の存在や向精神薬の進歩に伴う統合失調症の病像の変化等により、統合失調症と気分障害（躁うつ病）の区別が判然としないケースも多く、単一精神病概念に関心が向けられている。　　（猪俣好正）

団塊の世代　作家の堺屋太一の造語であるといわれる。団塊とはカタマリのことであるが、1946年から1950年前後にかけて生まれた戦後のベビーブームの世代は人口ピラミッドのなかで突出したカタマリを形成していることから、この世代の人々が団塊の世代と呼ばれるようになった。この言葉が生まれる背景には、教育制度や社会保障制度の施策を講じるとき、最も人口の多いこの世代に注視せざるを得ないことが挙げられるであろう。　　　　　　（和田修一）

短期雇用特例被保険者　わが国の雇用保険にある4種類の被保険者の一つで（ほかに、一般被保険者，高年齢継続被保険者，日雇労働被保険者），季節的に雇用される者または短期の雇用（同一の事業主に引き続き被保険者として雇用

される期間が1年未満）に就くことを常態とする者を指す。季節的労働者（俗にいう出稼ぎ労働者）が年間の生計費に雇用保険を組み込んできた生活実態を反映して、基本手当の50日分を特例一時金として支給している。　→雇用保険
（松渓憲雄）

短期入所生活介護　介護保険法における居宅サービスの一つ。ショートステイと呼ぶ。在宅の要介護者または要支援者を特別養護老人ホームや老人短期入所施設などに短期間入所させ、入浴、排泄、食事等の介護、その他の日常生活上の世話および機能訓練を提供する。その目的は、要介護者または要支援者の心身機能の維持ならびに家族介護者の身体的および精神的負担の軽減である。指定短期入所生活介護事業所の管理者は利用者の心身状況等を踏まえ、サービスの目標、それらを達成するための具体的サービスの内容等を明記した短期入所生活介護計画を作成しなければならない。老人福祉法では、老人居宅生活支援事業のなかの老人短期入所事業として規定されている。　→短期入所療養介護、ショートステイ　　　　　　　（三村規）

短期入所療養介護　介護保険法における居宅サービスの一つ。病状が安定期にある要介護者または要支援者を、介護老人保健施設、介護療養型医療施設、医療法による療養病床を有する病院または診療所等に、短期間入所させ、看護、医学的管理の下における介護や機能訓練、その他必要な医療、日常生活上の世話などのサービスを提供する。医療系のショートステイ。利用に際し、指定短期入所療養介護事業所の管理者は短期入所療養介護計画を作成する。　→短期入所生活介護、ショートステイ　　（三村規）

単給／併給　最低生活の保障は、8種類の扶助により実施されているが、これらの扶助のうち1種類だけの扶助が行われる場合を単給という。給付は要保護者の必要に応じて行われており、保護の補足性の原理に基づくものであるため、こうした状況が生じる。多くは、入院患者等において、生活費は何らかの収入で賄えるが、医療費すべては支払えないという要保護者に対して医療扶助のみが行われる場合である。これに対し、2種類以上の扶助が行われる場合を併給という。
（畑江倫子）

短時間労働　1週間の所定労働時間がその事業所に雇用されている通常の労働者の労働時間よりも短い者のうち、1週間の所定労働時間が20時間以上30時間未満を特に指して短時間労働者という。これは雇用保険の短時間労働被保険者と同じである。短時間労働は、障害の状態による働き方の選択をより可能にする。障害者雇用率制度では、重度の身体障害および知的障害のある短時間労働者もカウントできるようにしている。　→障害者雇用率制度、雇用保険
（工藤正）

短時間労働被保険者　わが国の雇用保険にある4種類の被保険者の一つに一般被保険者があり（ほかに、高年齢継続被保険者、日雇労働被保険者、短期雇用特例被保険者）、一般被保険者が短時間労働被保険者とそうでない者とに分かれる。短時間労働被保険者とは、1週間の所定労働時間が同一事業の通常の労働者より短く（20時間以上30時間未満）、雇用期間の見込みが1年以上の者を指す。パートタイマーなどが該当する。
（松渓憲雄）

断酒会　酒をやめるための自助グループにはいくつかの流れがあるが、1963年に高知と東京の断酒会が合同して結成して全日本断酒連盟が主流となり、2001年時点で全都道府県に連合組織、地区断酒会を含めて653断酒会、会員総数約6万人を数えている。近年では医療や行政との連携ばかりか、市民との連携を模索してNPO活動も展開している。これとは別に、いわばアメリカ直輸入の断酒会であるAAも近年急速に成長を遂げている。会員が自らの名前を明らかにするかどうか、ミーティングに家族が同席するか否か、組織化を自覚的にするか否か、などの相違を認めるものの、体験談の語りをベースとしてエンパワメントを図る自助即互助の原則で共通している。断酒会やAAは社会全体の禁酒を目指すものではなく、当事者個人の断酒を目指す点でかつての禁酒運動とは大きく異なる。　→アルコホリクスアノニマス、全日本断酒連盟　　　　　　　　　　　（清水新二）

単純型分裂病　1911年，ブロイラー（Bleuler, E.）によって破瓜型，緊張型，妄想型と並ぶ第四の病型として取り上げられた統合失調症（精神分裂病）の一類型。行動の奇妙さ，社会的な要求に応じる能力のなさ，全般的な遂行能力の低下が，緩慢な発病と長い間見逃されるほど潜行的な経過を示す稀な疾患。感情鈍麻や意欲低下といった残遺型分裂病に特有の陰性症状が，少なくとも1年以上にわたって進行する。社会的な機能が低下するにつれて，無気力で引きこもった生活を送り，ときには放浪生活を続けることもある。より軽度の場合には，それほど社会適応が悪くなく変人として扱われたりする場合もある。幻覚，妄想などのはっきりした精神病性エピソードを欠き，破瓜型のように高度の人格障害に陥ることはない。臨床的にみられることの少ないタイプであり，先行する精神病性エピソードや病歴を伴わないため，診断は容易とはいえず，破瓜型に含めて診断される場合も少なくはない。　→残遺分裂病，破瓜型分裂病
（猪俣好正）

単純ヘルペスウイルス感染症〔herpes virus simplex infections〕　単純ヘルペスは1型と2型があり，皮膚や粘膜に痛みを伴う水疱が繰り返し発生する疾患。1型は口腔粘膜，角膜などに好発し，2型は性器ヘルペスを発症する。単純ヘルペスは発疹が治癒しても，ウイルスは感染部位の神経節（神経細胞体の集まり）のなかに潜伏し，以前の感染と同じ部位に水疱性発疹を繰り返すこともある。発疹は熱性疾患，身体的あるいは精神的ストレス，免疫系の抑制，特定の食物や薬物がきっかけで再発することがある。治療では抗ウイルス薬が有効である。日和見感染の一つである。　→日和見感染（中村敬）

団体自治の原則　地方公共団体が，国から独立した機関として地域における事務等を処理することをいう。日本国憲法第92条は，地方公共団体の組織および運営に関する事項を，地方自治の本旨に基づいて法律で定めるとする。団体自治の原則は，地域住民が自ら参加・決定をすることを要請する住民自治の原則と並んで，地方公共団体の自律性を要請するものとして，憲法の地方自治制度の根幹をなすものである。現代福祉国家においては，権力が過度に中央政府に集中しがちであるだけに，地方自治制度が権力分立の原理と合致し，かつ「民主主義の学校」として国民主権を支える団体自治および住民自治の原則を再認識する必要がある。　→住民自治の原則，地方自治
（登坂真人）

担保物権　債権の回収を確保するために，債務者が債務の履行をしない場合に一定の物を換価するなどして優先的に弁済を受けることのできる物権。目的物の用益的利益を把握する用益物権（例：地上権）に対して目的物の交換価値を把握する物権である。担保物権は法律上当然に発生が認められる法定担保物権（留置権（他人の物の占有者が，その物に関して生じた債権の弁済を受けるまで，その物を留置する権利（民法第295条））・先取特権）と設定者との契約により発生する約定担保物権（質権・抵当権（債務者または第三者（物上保証人）が，債務の担保に供した不動産等その他一定の権利を担保提供者の使用収益に任せておきながら，債務不履行の場合にその物の価額から優先弁済を受けることを内容とする担保物権（民法第369条以下）））がある。民法は一般の先取特権，動産の先取特権および不動産の先取特権を定めている。先取特権は目的物の占有を伴わないが，質権は目的物を占有して債務を履行しない限り目的物を返還しないという方法（留置的効果）により債務の履行を強制し，最終的には目的物を換価して債権の回収に当てることができる。
→物権
（池原毅和）

ち

地域援助技術　⇨コミュニティワーク

地域ケア　ケア・ニーズをもつ高齢者，障害児・者などが地域社会で自立した生活を継続して営めるようサービス提供する地域ケアシステムづくり，または総合的ネットワークによる福

祉のまちづくりの活動全般。狭義には，医療・保健・福祉などの専門機関・職員が，地域のニーズに応じた在宅ケア中心の基盤づくり，高齢者の介護や障害児・者の生活支援を展開する活動をいう。広義にはニーズをもつ高齢者，障害児・者だけでなく，だれもが健康で，安心して暮らせる地域社会を目指して，住民，医療・保健・福祉などの専門機関・職員が行政と協働してまちづくりをする活動に用いられる。

（中野いずみ）

地域ケア会議 基幹型在宅介護支援センター（市町村内に1か所設けられ，地域型在宅介護支援センターを総括する役割をもつ）によって開催される会議。その構成は，保健・医療・福祉などの現場職員を中心に概ね10人程度で，介護予防・生活支援の観点から，要介護となるおそれのある高齢者を対象に効果的な予防サービスの総合調整や地域ケアの総合調整を行うことを目的にしている。業務内容は，地域型在宅介護支援センターの統括，介護保険外の高齢者を対象とした介護予防，生活支援サービスの調整，居宅サービス事業者や居宅介護支援事業者の指導・支援を行うことである。　→在宅介護支援センター

（中野いずみ）

地域ケアシステム 長期ケアサービスを必要とする高齢者等が，住みなれた地域や家庭で安心して生活を送るために，保健，医療，福祉の各種サービス提供機関をはじめ，自治会，民生委員，地域住民やボランティアグループなどの参加も得て，地域全体で効率的，継続的に支えていく体制や仕組み，結びつきを表す言葉である。サービス利用者となる高齢者等の状況やニーズも多様であり，ゆえに必要とするサービスも多元化・多様化してきている。それら必要なサービスと個人のニーズを結びつけ，それぞれの個人にとって最適なサービスとなるよう調整していくことが求められてきた。わが国においては高齢者の領域を中心に地域福祉，在宅ケアが重視されるようになり，介護保険制度後，ケアマネジメントの導入とともにサービスパッケージやサービスのシステム化が喫緊の課題となった。近年，高齢者のみならず障害者の保健福祉計画に基づき，市区町村レベルで施設サービス，在宅サービスを計画的に整備し，インフォーマルサービスも加え，多様なサービスのシステム化がすすめられている。用語としては「地域における総合的ケアシステム」「トータルケアシステム」「在宅ケアシステム」「ケアシステム」等も用いられている。また，「包括的地域ケアシステム」という場合は，さらに，要援助者の発見，ニーズの把握等をする仕組みや，病院・施設・地域・在宅の間でのサービスの連続性を確保する仕組みなど，有機的かつ重層的に構築されている状態と考えられる。　→コミュニティケア，ソーシャルサポート・ネットワーク

（相川章子）

地域行動計画 2015年までの時限立法である次世代育成支援対策推進法に基づく計画で，都道府県は都道府県行動計画，市町村は市町村行動計画と称される。エンゼルプラン，新エンゼルプランと続いてきた子どもや家庭の支援のための総合的な計画の後継計画である。厚生労働省がまとめた本計画の策定指針によると八つの視点（子どもの視点，次代の親づくりの視点，サービス利用者の視点，社会全体による支援の視点，すべての子どもと家庭への支援の視点，地域における社会資源の効果的な活用の視点，サービスの質の視点，地域特性の視点）と七つの盛り込むべき事項から成っている。　→次世代育成支援対策推進法，地域福祉計画

（西郷泰之）

地域子育て支援センター事業 地域全体で子育てを支援する基盤形成のために，保育所を地域の子育て支援の核として子育て相談等の地域子育て支援を行う事業。実施施設は保育所，児童館，母子生活支援施設，乳児院等の児童福祉施設，小児科医院等の医療施設または公共的施設。子育て家庭支援活動の企画，調整，実施を担当する職員を配置する。事業は，①子育て家庭に対する育児不安等についての相談指導，②子育てサークル等への支援等，③特別保育事業等の積極的実施，④ベビーシッター等地域の保育資源に関する情報提供，⑤家庭的保育を行う者（保育ママなど）への支援，以上のうちか

ら二つないし三つを選択して実施する。　→特別保育事業
(山本真実)

地域子ども会　地域を基盤にした子どもの自主的組織で，町会・自治会や学校など大人が支援している児童健全育成組織をいう。小中学生の会員数は，1981年の約886万人をピークに2002年は約455万人と毎年減少している。加入率も1998年は56％（小学生）であったが2002年は52％に減少している。活動の形態は，夏場など時期を限定したものや，年間を通して毎週継続的に活動するもの，そして年間数回季節行事だけ行うものなどさまざまである。全国子ども会連合会も組織され，最小単位を単位子ども会（2002年現在12万1329）と称し，子どもによる主体的運営を目指している。しかし，子ども会を支援する大人たちの組織（＝子ども会育成会）が中心になる活動も少なくなく，1999年2月に全国子ども会5か年計画を策定し「子どもの手による子ども会」を運動方針に据え活動の改善に努めている。
(西郷泰之)

地域社会　特定の空間的・地理的範囲内に存在する個人間あるいは集団間に成立している何らかの社会的なつながりの総体を指す概念。「（地域）コミュニティ」という用語とほぼ同義に使用されることも多いが，その指示する地理的範囲は，向こう三軒両隣のようなミクロなものから，一つの大都市圏ほどのマクロなものまでさまざまなレベルを含む。現代の地域社会は，人口の移動性や流動性が高く，地域外の人々や機関との関わりも多いため，連帯的で包括的な生活共同のコミュニティになることは稀である。むしろ，諸個人・諸集団がそれぞれの関心やニーズに基づいて部分的に関わり合いながら，協力・連携し，また競合・対立する場になっていることが多い。住民の地域への関与が減り，地域社会の連帯や相互支援機能が低下してきているといっても，精神保健福祉分野においては，施設をつくるときなど，地域社会の態度は強く影響する。市町村で業務を行う時代に入り，地域社会はますます重要である。　→コミュニティ／アソシエーション
(野沢慎司)

地域診断　コミュニティワークにおいて，問題の発生要因や解決方法を見いだすために，地域社会の状況（例えば，人口動態，産業構造，歴史や文化など）や社会資源の状況（町内会・老人クラブ・ボランティアグループなどの住民団体・組織，各種サービスなど）について，あらゆる角度・視点から把握し，分析・検討することをいう。把握の方法としては，既存の文献資料や行政統計の利用，社会調査，日常業務を通じての聞き取りなどがある。　→コミュニティワーク
(丸山ひろみ)

地域精神医学　国によって活動原理や実践の方向に違いはみられるが，入院中心の精神医療から地域精神医療つまり早期退院，リハビリテーションの充実，社会参加の促進など，地域に基盤をおいて精神障害の発生の予防，治療，危機介入と社会支援などについて研究・実践する分野。第二次世界大戦後，欧米を中心に展開されてきた。アメリカでは，カプラン(Caplan, G.)が予防精神医学の立場から，「機能的あるいは地理的に限定された人口集団内の精神保健ニーズに応えるプログラム」として，地域社会全体の精神保健への取り組みが強調された。1960年代に病床削減と精神保健センターの設立が進み，1970年代にはケースマネジメントの手法を用いた危機介入を含む地域ケアが開始されている。イギリスでは，中心課題を精神障害者の地域サポートにおき，ケア付き住居をはじめとした地域資源の整備，一定の人口に責任をもつ精神科医療チームが地域精神保健センターを基盤として治療やリハビリテーション活動を展開している。　→コミュニティケア，脱施設化，カプラン
(猪俣好正)

地域組織化活動　地域の福祉問題の当事者たる主体者としての地域住民が展開する組織化に重点を置いた運動をいう。地域援助技術では，コミュニティワーカーの関わりである，地域における福祉問題の発見，住民のニーズの組織化や，地域住民の主体性や連帯性の強化または行政施策に反映させる活動等をいう。そのため，各種の当事者グループやボランティア活動の育成・支援，小地域における住民主体の支持組織やネットワークの形成支援などを目標とする実

践が多い。なお，岡村重夫が「一般的地域組織化活動」と「福祉組織化活動」に分けたが，今では地域福祉のための活動として統合的に理解されてきている。　　　　　　　　　（田中英樹）

地域福祉　わが国で地域福祉が概念として登場したのは1960年代末と比較的新しい。その頃は，児童福祉，高齢者福祉，障害者福祉，母子福祉などと並んで社会福祉の一分野と理解されていた。岡村重夫（1970年）は，社会福祉の主体としての地域社会を強調し，『地域福祉論』（1974年）のなかで地域組織化活動，コミュニティケア，予防的社会福祉の三つを構成内容と規定し，「福祉コミュニティ」を概念づけた。三浦文夫（1977年），永田幹夫（1979年）らは，社会福祉協議会を中心とした「在宅福祉型地域福祉論」を展開し，予防的サービス，専門的サービス，在宅ケアサービス，福祉増進サービスに概念整理した。阿部志郎（1986年）は，住民参加による福祉活動を基盤として，「公私協働の地域実践が主導する福祉」ととらえた。右田紀久恵（1993年）は，「自治型地域福祉」を提唱し，生活権を基盤とした新たな「公共」によって地域社会を形成する理論枠組みを示している。その後も多くの研究者によって理論化作業が進められてきたが，必ずしも定説があるわけではない。ただ，現代の地域福祉は社会福祉の地域分野（社会福祉協議会が中心）だけを意味しない。むしろ，社会福祉の地域福祉化ともいえるほど地域福祉は属性・分野別を超えた総合的な実体として成熟してきた。地域福祉の内容は，地域社会を基盤とした社会福祉サービス，予防・福祉増進サービス，福祉環境づくり，福祉コミュニティづくりなどにあり，その展開方法は，ノーマライゼーション思想の普及，住民の主体的参加，利用者の自立支援などを基本に，社会福祉調査，地域福祉計画，福祉教育，小地域福祉活動，保健・医療・教育等との有機的連携などで進められている。　　　　　　　　（田中英樹）

地域福祉基金　「高齢者保健福祉推進特別事業」に，その設置が定められている。地方公共団体が地域福祉基金を設置する経費に地方交付税措置が行われる。設置の主な目的は，①高齢者保健福祉の増進を図る，②地域において，在宅福祉の推進,健康づくり等の課題に対処する，③①②の推進役として期待されている民間活動を活性化する，④地域の実情に応じた福祉施策を公私協働で推進する，である。（山口幸照）

地域福祉計画　地域社会の福祉ニーズに対応するサービスや施設，システムの整備，実践の促進を内容とする総合的な計画である。歴史的には，社会福祉協議会が社会福祉の方法の一つである地域組織化活動の一環として策定することが先行していた。その後，在宅福祉サービスの整備，1990年の福祉関係八法改正における老人保健福祉計画の策定義務化，さらに障害者プラン，エンゼルプランなど社会福祉における計画行政化に伴い，2000年の社会福祉事業法の改正では，社会福祉法第107条に市町村地域福祉計画，第108条に都道府県地域福祉支援計画の策定が規定され，2003年度から施行された。今後，社会福祉ニーズが高度化・多様化するなかで，地方自治体の策定と進行管理能力が問われるといえよう。　→市町村地域福祉計画，都道府県地域福祉支援計画　　　　　　　（宮城孝）

地域福祉権利擁護事業　今日の社会福祉の基本は自己選択，自己決定，自己責任とされている。国は契約に馴染みにくく権利を侵害されやすい判断能力の不十分な人々の権利を保障すべく民法の一部改正を行う（2000年施行）とともに，1999年10月から新たに軽度の痴呆,知的障害，精神障害などにより判断能力の不十分な人々を対象に，地域福祉権利擁護事業を開始した。都道府県社会福祉協議会・指定都市社会福祉協議会に都道府県（指定都市）地域福祉権利擁護センターを，都道府県内の数ブロックごとに基幹的社会福祉協議会を置き，それぞれに専門員を配置している。また市町村ごと（指定都市では区ごと）に生活支援員を置き，福祉サービス利用援助等に当たらせている。①福祉サービスの利用援助，②日常的金銭管理サービス，③書類等の預かり，を行う。利用料は生活保護世帯は無料，その他の利用者は1回（1.5時間）1000円前後。社会福祉協議会以外にも福祉団体，NPO等が国，都道府県の委託を受けて実施

しているところもある。なお本事業は2000年6月に改正された社会福祉法第2条第3項第12号に規定され，同法第81条には「都道府県社会福祉協議会の行う福祉サービス利用援助事業等」として法定化された。　→専門員，生活支援員
(山本主税)

地域福祉センター　地域住民の福祉の増進および福祉意識の高揚，ボランティア活動の振興を図ることを目的として，住民の福祉ニーズや地域の実情に応じた各種の福祉事業を行う地域における地域住民の福祉活動の拠点である。利用料は，無料またはサービス内容により原材料費等を伴う場合の実費である。①デイサービス，②ボランティア団体等が行う食事サービス，③研修・相談，④ボランティア活動支援等の事業を行う。建物の規模と事業内容によりA型とB型とに分かれている。
(山本主税)

地域保健法〔昭和22年法律第101号〕　地域保健対策の推進に関する基本指針や保健所の設置，その他地域保健対策の推進に関し基本となる事項を定め，母子保健法（昭和40年法律第141号）その他の地域保健対策に関する法律による対策が地域において総合的に推進されることを確保し，地域住民の健康の保持および増進に寄与することを目的としている。この法律の前身は「保健所法」（昭和22年法律第101号）で，戦後のわが国の公衆衛生行政は，結核やコレラ等の伝染病の蔓延防止を主要な課題とし，社会防衛的な視点に重点を置き保健所を中心に実施してきた。しかし，今日では，人口の高齢化や出生率の低下，慢性疾患を中心とする疾病構造の変化，地域住民のニーズの多様化など著しく変化しているため，改正された。「地域保健対策」とは，地域住民の健康の保持および増進を図るため，国および地方公共団体が講ずる施策であり，関係法律に基づく施策の集合体である。　→母子保健法
(塙和徳)

地位不整合〔status incongruence〕　個人の社会的地位が多次元的である場合複数の地位の間で一方が高く他方が低いといった現象が生じ，この不一致が社会的意味をもつとき，それを地位（の）不整合という。例えば，男と女と

いう性別が地位であった時代では，男性の管理職は何ら不自然ではないが，女性でありながら管理職にあるという状態は一種の不整合状態であると見なされた。女性の管理職を不自然と感じた意識は，地位の不整合性の意識である。
(和田修一)

チームアプローチ〔team approach〕　医師，看護師，精神保健福祉士（ソーシャルワーカー），作業療法士，臨床心理士，保健師，職業相談員など多職種の専門家により構成されたチームによる対処の方法を意味する。各チーム構成員は，常に対等でそれぞれの職能や立場を尊重し合いながらも，共通の目標に向かってチームリーダーの下で，一貫した統一性のある対応が必要とされる。チームアプローチが必要となった背景には，医療分野における技術の高度化や専門分化が挙げられる。今までの医療においては，クライエント個人の問題に焦点をあて，人間関係や社会的経験や環境など社会的背景が軽視される傾向にあり，病気の部分を局所的にとらえるという偏りがあった。そのようななかで，利用者のニーズが多様化してきたため，複雑化・分散化するサービスをよりよく利用していくという点からも，問題を多元的，重層的にとらえ関わる必要が高まってきた。チームアプローチの利点として，以下の3項目が挙げられる。①多職種が関わることにより，それぞれの専門的視点から課題分析，目標設定，評価がなされ，クライエントの問題解決に向け総合的なアプローチが可能となる，②チーム構成員それぞれがサービスの責任の一端を担うことにより，主体的な参加と援助実践ができる，③スタッフ同士で支え合い，学び合うことで，チーム構成員と，チーム全体の成長につながる。また，チームアプローチが常にクライエントに開かれたもので，クライエントの状況に合わせ柔軟に対応していくためにも，①各専門家が自分の専門分野に固執したり，クライエントを研究・分析の対象にしたりしない，②「医療の場」という狭義のチームアプローチにとどまらず，広い視野をもち必要なサービスを最大限有効活用する，③業務分担を行い情報の共有化を密に行う，④プ

ライバシーの保護という点での配慮をするなど、留意しなければならないことがある。さらに、包括的なサービスが提供されるためには、専門家によるチームアプローチだけでなく、それに加え、ボランティア、民生委員、セルフヘルプグループのメンバーなどのインフォーマルネットワークを活用したアプローチも欠くことができない。専門家に偏ることなく、地域住民の支援など新たな援助機能や資源づくりに目を向けていくことも忘れてはならない。　→チーム医療、チームリーダー　　　　　（岩永明子）

チーム医療　精神科医療における医療チームは、主として精神科医、看護師、精神保健福祉士（ソーシャルワーカー）、臨床心理士、作業療法士など多職種により構成される。必要に応じて栄養士、薬剤師なども加わり、クライエントを中心によりよい治療や援助を提供するものである。問題が多様化かつ複雑化する現在、多職種がチームを組み、相互に尊重し合いながら共通の目的に向けて医療を進めていくことで、それぞれの専門的視点から精神医学的な問題だけではなく、身体的問題、社会的問題など幅広く全体的に援助することを可能にしている。医療の現場では、主治医の意見が優先され、他職種も医師に依存しやすい傾向がある。しかし、基本的には相互に専門性を尊重する対等な関係にあり、そのなかで選ばれたリーダーを中心に、チーム内における構成員の情報の共有と、それに伴うプライバシーの保護に注意を払い、よりよい援助を提供していかなければならない。
→チームリーダー、チームアプローチ
（岩永明子）

チームリーダー〔team leader〕　チームリーダーは、チームの目的、理念をしっかりと理解し、責任をもってチーム構成員の調整やまとめ役をきちんと果たせる者が望ましい。リーダーは、自分の専門的視点に偏ることなく、チーム構成員の専門性と主体性を尊重しながら、問題解決に向けて、チームの知識と技術を活用することが必要である。的確な判断と決断力を有し、柔軟な思考で統一性のあるチームづくりを行うことが求められる。　→チーム医療（岩永明子）

チームワーク〔teamwork〕　クライエントが抱えている問題解決に向けて、多様な職種が協力あるいは役割分担して、効果的で質の高い援助を目指し、共同で取り組むこと。チームメンバーは、それぞれの専門的知識や経験、技術を使いながら、互いの専門性を尊重し合い、信頼関係の下に対等な立場でなければならない。社会福祉援助のなかで使われるチームワークは、同一機関内のものと、多機関にわたるものに分けられる。クライエントが抱える問題やニーズが多様で複雑化していることや、サービスの分散化により、クライエントも多機関にわたり相談する場合が少なくない。この複雑で重層的なニーズに応えるためには、チームによる援助が重要である。クライエントが必要なサービスを有効に使い、生活をより豊かにしていくためにも、クライエントを中心にチームで情報を共有し、クライエントの抱える問題解決に向け、共通の目標をもちアプローチしていくことが必要である。　→チームアプローチ　　　（岩永明子）

知覚　環境や自分自身の内部で生じたことを刺激として、感覚等の受容器を通して、受け止め、それによって環境や自分自身の状態を直接知ることをいう。この過程には、感情などの影響も実際にはあり得る。また、弱い刺激であれば、そこから推理するなどの思考の活動も起こり得る。いずれにしても、知覚されたものや状態は、それを生じる元になった事柄の写しではなく、刺激との関係はありながら独自のまとまりをもつ。知覚の恒常性とは、例えば同一方向の異なる距離におかれた刺激を観察する際、「見え」の大きさが刺激の実際の大きさに応じないでほぼ同じ安定した大きさを保つような現象をいう。この場合を「大きさの恒常」といい、刺激の形や色、明るさや強さなどにあらわれる現象である。　→感覚　　　　　　　　（菊池礼子）

知覚障害　知覚とは、感覚器によって外界または身体内部の状態を直接的にとらえる働きを指す。その種類は多く、視覚、聴覚、嗅覚をはじめ、痛覚や温度覚・触覚など皮膚・粘膜からの知覚である表在知覚、関節覚や振動覚などの深部知覚、二点識別知覚などの混合知覚がある。

知覚障害は運動障害と並んで神経疾患の重要な症状であるが、患者の主観によって表現されるために正確な診断が困難である場合も少なくない。また、知覚に記憶や感情が加わることにより複雑な精神現象となる。すなわち、同一の刺激であっても受け取る知覚は個人によって、またそのときの精神状態によって異なるように、精神医学的には知覚自体が状況を把握し適応を目指す生理的・人間的な反応と考えられる。例えば、対象なき知覚と定義される幻覚がなぜ感覚器官の刺激を受けることなしに知覚されるのか、解離性障害にみられる知覚麻痺がなぜ生じるのかという生理学的、心理学的課題が提示されることになる。　→幻覚，錯覚　（猪俣好正）

地区担当員　福祉事務所に配置され、現業事務を担当する者で、現業員またはケースワーカーとも呼ばれる。社会福祉法で標準数が定められており、生活保護の被保護世帯数に応じて市部は概ね80世帯について1人、郡部は概ね65世帯について1人となっている。また、社会福祉主事の資格をもつことが必要とされるが、この資格は、厚生労働大臣が指定する社会福祉に関する専門科目を大学で履修した者などに付与されるものである。　→福祉事務所，査察指導員，福祉五法担当現業員　（並木麻理子）

チック〔tic〕　意志に反して急速に起こる反復的、非律動的な筋群の運動あるいは発声。顔面筋に現れることが最も多く、瞬目チックがよくみられる。同じ動きが何度も繰り返され、ひどい場合には1日に数十回から数百回生じる。大きな動きを伴って体幹や四肢に現れると深刻な障害となる。大きく以下の三つのカテゴリーに分類される。①一過性チック障害：最も普通のかたちで4〜5歳前後に頻度が高い。まばたき、しかめ顔、首ふりというかたちをとることが多いが、長く続くことはなく、通常は数週間から数か月程度で自然軽快する。②慢性運動性あるいは音声チック：1年以上持続する運動性あるいは音声チックで両者の共存は除く。③トゥーレット症候群：運動性および音声チックが共存、あるいは既往がある。音声チックの発現以前に運動性チックの既往のある場合が多い。音声チックは多様で、咳払いをしたり、ぶつぶつ言ったり、ときにひわいな語句を繰り返すこともある。　（猪俣好正）

知的障害　知恵遅れや精神遅滞、精神薄弱などの用語が多く使用されていたが、1998年の精神薄弱の用語の整理のための関係法律の一部を改正する法律により、今日では一般的に知的障害という用語が使用されている。しかし、知的障害について統一した定義はない。法的定義がないため、実態調査の場合にはその都度、調査に合わせた定義が設定される。多くは、アメリカ精神遅滞学会（AAMR）の定義が主流となっている。それによる2002年に発行された「知的障害定義・分類・サポートシステム」第10版によると、知的障害は知的機能と概念・社会・実践的適応スキルで表現される適応行動の著しい制約によって特徴づけられる障害であり、18歳以前に始まるとされている。定義適用の前提とし、現在の制約は個人の世代や文化に典型的な社会環境のなかで考慮されなければならないとされ、第9版同様に障害は環境との相互作用で表現されるとされている。また、知的障害者が社会のなかでいかに人間らしく生きるか、そのためにどのような支援をしていくべきかという視点が重要視されている。知的障害というと外部損傷やアルツハイマー病などによるものも含まれるが、知的発達障害を簡略した場合の知的障害は、自閉性障害などが含まれる発達障害に属される。2000年に実施された知的障害児（者）基礎調査によると、わが国の知的障害児（者）の総数は、45万9100人と推計されている。　→精神薄弱の用語の整理のための関係法律の一部を改正する法律，知的障害児・者，知的障害者福祉法　（根本真由美）

知的障害児・者　出生前、または出生後に何らかの原因によって知的機能の障害が心身の発達期にあらわれ、コミュニケーションや身辺自立などの社会生活上での適応が困難であるもの。法的には、児童福祉法、知的障害者福祉法、教育基本法などによって福祉・教育が行われている。行政施策上では、概ね知能指数（IQ）75以下のものとし、軽度（75〜50）、中度（50〜25）、

重度（25以下）とされている。　→知的障害者福祉法，児童福祉法
（根本真由美）

知的障害児（者）基礎調査　1990年以降，5年ごとに実施されている実態調査。全国の知的障害児（者）のいる世帯から無作為抽出し，自計郵便方式で行われる。調査内容は，障害の程度，生活の場の状況・希望，活動の場の状況・希望，外出の状況，地域活動の状況，相談相手，くらしの充実の希望，いやな思いや差別の有無，仕事をしている人の状況，手当・年金の受給状況，療育手帳・身体障害者手帳の所持状況など。
（淺沼太郎）

知的障害者援護施設　知的障害者福祉法に基づく社会福祉施設の総称。知的障害者デイサービスセンター，知的障害者更生施設，知的障害者授産施設，知的障害者通勤寮および知的障害者福祉ホームがある。設置主体は，都道府県，市町村，社会福祉法人その他。「知的障害者援護施設の設備及び運営に関する基準」によって最低基準が規定されている。
（淺沼太郎）

知的障害者居宅介護等事業　知的障害者居宅生活支援事業の一つで，ホームヘルプサービスとも呼ばれている。18歳以上の知的障害者であって，在宅における日常生活を営むことに支障があると認められる場合，食事・衣服着脱衣・排泄・入浴・身体清拭等の身体介護，調理・掃除・買い物等の家事介護，相談・助言，外出時における移動の介護等に関する必要な福祉サービスの提供を行う事業。なお2000年からは，グループホームの利用者も利用可能となっている。　→知的障害者居宅生活支援事業，児童居宅介護等事業，ホームヘルプサービス　（中野茂）

知的障害者居宅生活支援事業　知的障害者福祉法のなかに規定されており，①知的障害者居宅介護等事業（ホームヘルプサービス），②知的障害者デイサービス事業，③知的障害者短期入所事業（ショートステイ），④知的障害者地域生活援助事業（グループホーム）の4事業から構成される。いずれも第二種社会福祉事業。支援費制度における居宅生活支援費の対象となる。1990年の福祉関係八法の改正によって法定化され，2000年からデイサービス事業が加わっている。
（淺沼太郎）

知的障害者グループホーム　⇨知的障害者地域生活援助事業

知的障害者更生施設　施設訓練等支援費対象施設の一つである。18歳以上の知的障害者を保護するとともに，その更生に必要な指導および訓練を行うことを目的とする施設で，入所・通所二つの形態がある。重度知的障害者には入所施設に重度棟を設けること，在宅知的障害者の施設利用を容易にするために通所型の分場を設置することも認められている。特に入所施設は，利用期間の長期化や利用者の高齢化等の傾向が見受けられている。　→知的障害者援護施設，支援費制度
（中野茂）

知的障害者更生相談所　知的障害者更生相談所は，知的障害者福祉法第12条に規定され，都道府県が設置しなければならない相談判定機関である。業務の内容は，①知的障害者に関する相談および指導のうち，専門的な知識および技術を必要とするものを行うこと，②18歳以上の知的障害者の医学的，心理学的および職能的判定を行い，ならびにこれに付随して必要な指導を行うこと，③支援費の支給が困難な事例について市町村が更生援護を実施する場合，市町村相互間の連絡および調整，市町村に対する情報の提供その他必要な援助を行うこと，である。知的障害者更生相談所は，必要に応じて巡回して業務を行うことができる。なお，療育手帳を取得するためには，18歳未満の場合は児童相談所で，18歳以上の場合は知的障害者更生相談所で判定を受けなければならない。　（伊東秀幸）

知的障害者授産施設　18歳以上の知的障害者であって，雇用されることが困難と認められる場合に，自活に必要な訓練を行うとともに，職業を与え自活させることを目的とする施設である。入所・通所・小規模通所の3形態がある。作業に関しては作業収益を工賃として利用者に支払うことになっている。なお入所施設の場合には，在宅知的障害者のために通所の分場を設置することが認められている。なお小規模通所以外は，施設訓練等支援費該当施設の一つである。　→知的障害者援護施設，支援費制度

知的障害者生活支援事業 知的障害者通勤寮等に知的障害者生活支援センターを設け，配置される生活支援ワーカーが知的障害者の家庭等や職場を訪問すること等により，地域生活に必要な支援を行う事業。原則として就労している知的障害者であって，アパート，マンション，知的障害者福祉ホーム等で生活している者を対象に，本人の生活上の相談，職業生活に関する相談活動をはじめ，金銭，衣食住，余暇活動，健康等の日常生活上の配慮，近隣との人間関係および親等との関係の調整などの日常的支援活動のほか，緊急時の対応等の支援活動を行う。
(淺沼太郎)

知的障害者相談員 社会的信望があり，かつ，知的障害者に対する更生援護に熱意と識見をもち，知的障害者の福祉の増進を図ることを目的として，知的障害者本人・保護者等の相談に応じ，必要な援助を行ったり福祉事務所等の関係機関との連絡にあたるなど知的障害者の抱えるさまざまな問題解決に向けて協力する民間相談員である。この制度は，当初は親の会の活動から生まれスタートしたが，その後1968年に国の制度としてスタートした。
(中野茂)

知的障害者短期入所事業 知的障害者居宅生活支援事業の一つでショートステイとも呼ばれている。在宅で知的障害者の介護を行っている者が，疾病，出産，冠婚葬祭，災害，失踪，出張，看護，転勤，事故，学校等の公的行事への参加等の事情により一時的に介護困難となった場合，知的障害者更生施設，知的障害者授産施設，病院等に入所させ，必要な保護を行う事業である。緊急で止むを得ない事情がなくとも，介護者の休養等私的理由や生活訓練，日中のみの利用も可能となっている。 →知的障害者居宅生活支援事業，支援費制度，ショートステイ
(中野茂)

知的障害者地域生活援助事業 地域社会のアパートや一戸建て等の住宅において，4人以上7人以下の知的障害者が一定の経済的負担を負いながら共同生活し，専任の世話人が必要な日常生活に関する援助を行うことで自立と社会参加の促進等を目的とする事業。知的障害者グループホーム。知的障害者が普通の場所で普通の生活をすることを可能とするために，望ましい生活の選択肢の一つとして制度化された。知的障害者居宅生活支援事業の一つであり，支援体制等が確立している場合はNPO法人等でも運営可能である。 →知的障害者居宅生活支援事業，支援費制度，グループホーム
(中野茂)

知的障害者通勤寮 1971年に厚生省事務次官通知によって始まり，1990年の福祉関係八法の改正により第一種社会福祉事業として，知的障害者援護施設に位置づけられた施設。その目的は，「就労している知的障害者に対し，居室その他の設備を利用させるとともに，独立及び自活に必要な助言及び指導を行う」ことにあり(知的障害者福祉法第21条の8)，生活支援員により，対人関係・金銭管理・余暇の活用などの助言および指導が行われている。就労には福祉的就労も含まれ，利用対象者は15歳以上で，利用期間は原則2年間とされているが，日本知的障害者福祉協会が実施した調査(2000年)によると，利用期間が10年を超える者が全体の18.8％に達しており滞留化の傾向がみられる。 →知的障害者援護施設
(根本真由美)

知的障害者通所援護事業 在宅の知的障害者が通所する小規模作業所について，全日本手をつなぐ育成会を通じて国庫補助を行う事業。養護学校卒業後の活動の場を求めて作業所づくり運動が広がり，1977年に国が若干の補助金をつけた。同育成会，共同作業所全国連絡会(現・きょうされん)の2団体が中心となり，この事業に加えて地方自治体の補助を得ていった。小規模作業所は法外施設でありながら，地域における主要な社会資源となっている。 →小規模作業所
(淺沼太郎)

知的障害者デイサービスセンター 知的障害者援護施設の一つ。地域において就労が困難な在宅の知的障害者を対象に，文化的活動，機能訓練，社会適応訓練，家族等への介護・生活援助方法の指導，その他を行う。実施主体は市町村(特別区を含む)。事業内容によって3類型に分けられる。上記の基本事業および入浴または

給食サービスの任意選択事業を実施する基本型，それらの事業に加えて送迎サービスを行う重介護型，利用人員5人以上の小規模型（基本型・重介護型は15人以上）がある。なお，身体障害者デイサービス事業との相互利用が可能である。　→知的障害者援護施設　　　　（淺沼太郎）

知的障害者の権利宣言〔Declaration on the Rights of Mentally Retarded Persons〕　1971年の国連総会で採択された前文と7か条からなる宣言。前文では，重度者を含めた知的障害者が，権利主体として自己の能力を最大限に発揮することができるよう援助し，「最大限実行可能な限り」通常の生活に彼らを受け入れることの重要性を明示し，障害者の権利宣言の先駆となった。本文では，①医療・教育・リハビリテーション，②経済生活・職業選択および就労，③障害を補うために必要な後見，④搾取・虐待からの保護および法的援助等，多くの領域で健常者と同等の全人的かつ包括的な権利保障を行うとした。わが国の知的障害者施策にも大きな影響を与え，特に近年の「自己決定」「当事者参加」に基づく権利擁護に取り組む際の指標となっている。　→障害者の権利宣言　　　（沖倉智美）

知的障害者福祉工場　対人関係等を理由として，一般企業に就職することが困難であるが，一定の作業能力はあると認められる知的障害者を雇用し，生活指導，健康管理等に配慮した上で社会的経済的自立を促進することを目的に制度化された工場である。福祉行政側の要請で知的障害者の雇用の場を提供するためにつくられたという経過があるが，最低賃金等労働基準法の適用が義務づけられているため，一般就労の形態にきわめて近い事業所となっている。
　　　　　　　　　　　　　　　　（中野茂）

知的障害者福祉司　都道府県は知的障害者更生相談所に必置義務を負っているが，市町村は設置している福祉事務所へ任意設置とされている，知的障害者福祉業務に関わる専門的職員。都道府県の場合は業務として，専門的知識および技術を要する市町村相互の連絡調整・情報提供や知的障害者に関する相談業務等が求められている。市町村の場合の業務は，専門的知識および技術を必要とする相談・調査，配置していない福祉事務所への指導・援助・助言等が求められている。　　　　　　　　　　　（中野茂）

知的障害者福祉法〔昭和35年法律第37号〕1960年に精神薄弱者福祉法として制定されて以降，知的障害者施策の基本となっている法律。ただし，「精神薄弱」という言葉が人格を全般に否定するかのような表現であり，差別や偏見を助長しかねないことから，「精神薄弱」を「知的障害」に改めることを内容とした，精神薄弱の用語の整理のための関係法律の一部を改正する法律が1998年9月に公布され，現在の名称へと改正された。社会福祉基礎構造改革の流れのなかで，2000年の改正では，従来法目的であった更生と保護から，知的障害者の自立と社会経済活動への参加の促進（第1条）が明示され，知的障害者の自立への努力について定められ，身体障害者福祉法と同様の規定がなされた。また，すべての知的障害者は社会，経済，文化その他あらゆる分野の活動に参加の機会を与えられるものとされ（第1条の2），これらの理念が実現できるよう国・地方公共団体および国民の責務が明記されている（第2条）。さらに改正では，知的障害者デイサービスセンターが知的障害者援護施設に位置づけられた。また，2003年4月より，知的障害者更生施設をはじめとする施設サービスや知的障害者居宅介護等の事業の利用方法が措置制度から利用契約の制度に変更され，知的障害者福祉に関する事務が市町村へ委譲されている。法律の対象は，原則として18歳以上の知的障害者となっているが，児童相談所が適当と認めた場合は，15歳以上の知的障害児にも適用されることになっている。　→精神薄弱の用語の整理のための関係法律の一部を改正する法律，児童福祉法　　　　（根本真由美）

知的障害者福祉ホーム　一般就労をしている知的障害者であって，家庭の事情もしくは交通の便などにより，住居の確保が求められている者に対して，居室や必要な設備等を提供することを目的としており，1979年に制度化した。対象者は，日常生活上の生活習慣等がすでに確立している者となっている。知的障害者通勤寮と

は違い，利用期間の制限がない。利用者は概ね10名程度とされており，職員（管理人）が1名配置されている。　　→知的障害者援護施設

（中野茂）

知能〔intelligence〕　心理学においては，そのよってたつ理論，または研究方法により，知能の定義はさまざまである。広く人格特性まで含める考え方もあり，創造性などを分離して考えるものもある。一般的なところでは，「経験によって獲得される，新しい情報を学習し，新しい事態に適応する能力」というあたりで定義される。知能の構造について，その基本的な規定要因を求めるための努力もいろいろとなされてきた。例えばスピアマン（Spearman, C. E.）は，いくつかの異なった課題の成績の相関係数を求め，それらのなかに特殊な構造のあることを見いだした。このことから導かれたのが「二因子説」である。これに対し，サーストン（Thurstone, L.）の分析では，言語・数・空間・知覚など約10個の因子が抽出されている。これを「多因子説」と呼ぶ。知能は年齢が進むに従って発達するが，大きな個人差がある。発達や退行に関連する要因には，遺伝的要因と環境的要因がある。知能の障害についても同様の機制が考えられる。知能の水準を測定する場合，知能検査が用いられるが，言語性知能と動作性知能とに分けて実施するやり方もある（この場合でも，実際の課題の指示に言語を用いるという点で，厳密には区別できない側面もある）。さらに，年齢の低い幼児の知能測定の場合は，非言語性すなわち全体的発達をあらわすものとほぼ同義にみなされる。　　→知能検査　　　　　　　（菊池礼子）

知能検査〔intelligence test〕　知能の水準や知能発達の程度を測定する検査法。そもそもは知的水準の低い子どもの選別のために考案された。その背景には，実験心理学の発達とその個人差への注目があったといわれる。ビネー（Binet, A.）によってつくられた児童用のものが最初の知能検査である。その後，アメリカで改訂されたスタンフォード版が，いちばん標準的なものとされ，日本でも「鈴木式ビネー知能検査」「田中式ビネー知能検査」などが知られている。ビネー式知能検査は，年齢尺度で算出された精神年齢を元にして，それぞれの知能発達の比較をするもので，知能指数を計算することもできる。一方，知能を個々の因子に分析して，知的能力に性格因子を含めた新しい知能観に基づいて作成されたのが，ウェクスラー（Wechsler, D.）による知能検査である。はじめに，ビネー式が特に成人の知能測定に不十分なところがあったため，「ウェクスラー成人用知能検査（WAIS）」が発表された。検査は，言語性検査と動作性検査から構成され，合わせて11の下位検査がある。知能指数（IQ）は動作性と言語性それぞれが算出され，全検査による知能指数を総合知能指数とみなすが，個々の下位検査間のバランスをみることもできる。その後，5～15歳を対象とした「ウェクスラー児童用知能検査（WISC）」および3歳10か月～7歳1か月を対象とした「ウェクスラー乳幼児知能検査（WPPSI）」が作成された。現在，WAIS, WISCはそれぞれ改訂版が出されている。　　→知能指数，ウェクスラー児童用知能検査，ウェクスラー成人用知能検査　　　　　　　（菊池礼子）

知能指数〔intelligence quotient : IQ〕　知能の発達水準を示す指標の一つ。一般に，IQと略称される。精神年齢（標準化されている尺度に対応させ，被験者の発達水準が何歳何か月にあるかをみるもの：MA）と，生活年齢（CA）を用いて算出する。IQ＝精神年齢（MA）／生活年齢（CA）×100（通常は月齢を用いる）となる。ビネー（Binet, A.）によって考案されたビネー式知能検査では，精神年齢によって知能水準を示すものであったが，1916年にターマン（Terman, L. M.）らがこれを改訂し，知能指数による発達表示を行った。これにより，IQが100を標準とする知能指数が広く使われるようになった。精神年齢（MA）は，年齢とともに増大するが，生活年齢（CA）に対する相対量は比較的恒常であるといわれ，これを知能指数の恒常性という。しかし，自閉症や種々の発達障害においては，対応の適切さがIQ値を著しく増大させたり，また不適切な対応による極端な下降もみられることがある。なお，ウェクスラー系の知能検査

では，いわゆる偏差 IQ を用いているため，集団内での知能の差異も知ることができる。　→知能
(菊池礼子)

遅発性ジスキネジア　⇨ジスキネジア

痴呆〔dementia〕　生後の発達の過程で獲得された認知・記憶・判断・言語・感情・性格などの種々の精神機能が，一過性ではなく慢性持続的に減退・消失し，日常生活や社会生活を営めなくなった状態をいう。古くからの定義では，痴呆は非可逆性で治癒しないということが強調されていたが，正常圧水頭症や進行麻痺，ビタミン欠乏症など治療可能な痴呆も存在することにより，その要件は強調されなくなってきている。痴呆の原因としては，脳の変性疾患（アルツハイマー型痴呆，ピック病など），脳血管障害（脳梗塞，脳出血の後に生ずる脳血管性痴呆など），栄養代謝性疾患（ビタミン欠乏症など），内分泌疾患（甲状腺機能低下症など），脳腫瘍，脳の感染症，頭部外傷などがある。特に高齢者に生じた痴呆を，老年期痴呆（老人性痴呆）と呼び，近年増加が著しい。老年期痴呆の主な原因は，アルツハイマー型痴呆，脳血管性痴呆，および両者の混合型痴呆が多く，全体の 9 割程度を占めるとされている。その症状は多様であるが，痴呆の中心となる中核症状と，痴呆に伴って現れる周辺症状（随伴症状）に分けられる。中核症状としては，物忘れがひどくなる記憶障害，日時や場所がわからなくなる見当識障害，物事を見分け判断する認知や判断の障害などがあり，周辺症状としては，不眠や抑うつ感，意識障害を伴い夜になると興奮し言動がおかしくなる夜間せん妄，些細なことで泣いたり怒ったりする感情失禁，幻覚や妄想，徘徊や異食行動などがある。痴呆と紛らわしい病気や状態としては，うつ病による仮性痴呆，感染症や脱水などによって引き起こされるせん妄，薬の飲みすぎによる副作用，難聴や視力障害のため外から受け取る情報量が減った結果として痴呆のようにみえる状態などがある。　→アルツハイマー病，血管性痴呆
(猪俣好正)

地方公務員共済組合　地方公務員等共済組合法（1962 年）に基づき，地方公務員の相互救済を目的とする共済組合である。都道府県ならびに市町村に勤務する地方公務員，公立学校の教職員，および警察官などを対象とする。主に年金給付などの長期給付と，医療給付や災害給付などの短期給付および福祉事業を行い，内容や給付額については国家公務員共済組合とほぼ同じである。年金など長期給付は地方公務員共済組合連合会がまとめて運営する。　→共済年金
(李蓮花)

地方自治　地方の政治は住民の自治によるという原理。地方自治は，日本国憲法において保障されその一般原則として「地方公共団体の組織及び運営に関する事項は，地方自治の本旨に基いて，法律でこれを定める」（第 92 条）と規定される。この法律とは地方自治法を指す。地方自治の本旨は住民自治と団体自治の二つの要素がある。住民自治とは地方自治が住民の意思に基づいて行われるという民主主義的要素であり，団体自治とは地方自治が国家から独立した団体に委ねられ，団体自らの責任の下でなされるという自由主義的・地方分権的要素である。国家の統治機構は民主主義と権力分立原理に基づいて組織されるが，その実現のためには地方自治は重要な意義がある。すなわち，国家より小さな政治単位である地方での住民の自治は民主主義の第一歩であることから「地方自治は民主主義の小学校である」といわれる。また，地方自治は中央の統一権力の強大化を押さえて権力を地方に分散させるという意味をもつからである。地方自治の本旨は日本国憲法で保障されたものであるから，地方公共団体そのものを廃止したり，地方議会を諮問機関としたりすることは地方自治の本旨に反する措置として違憲となる。地方公共団体のうち，都道府県・市町村という普通地方公共団体には議会が設置され，地方公共団体の長や議会の議員等は住民の選挙によらなければならず（第 93 条），条例という自治法の制定権限がある（第 94 条）。　→住民自治の原則，団体自治の原則
(池原毅和)

地方社会福祉審議会　社会福祉法の規定により，社会福祉に関する事項（児童福祉および精神障害者福祉に関する事項を除く）を調査審議

するため，都道府県，指定都市および中核市に置かれる諮問機関である。都道府県知事，指定都市もしくは中核市の長の監督に属し，その諮問に答え，または関係行政庁に意見を具申する（社会福祉法第7条）。　　　　　（山本主税）

地方障害者施策推進協議会　障害者基本法では，障害者施策推進のために，都道府県ならびに市町村に地方障害者施策推進協議会を設置できるとした。そのなかで市町村の地方障害者施策推進協議会に「障害者施策に関する基本的な計画」の策定を求めており，特に市町村という最小の行政単位において総合的・包括的な地域計画を策定することが望ましいとされている。しかし，地方障害者施策推進協議会の設置率はきわめて低位となっている。　　（山口幸照）

痴呆性高齢者　痴呆の原因は大別すると，脳梗塞や脳出血等による脳血管性痴呆と，脳の萎縮により進行していくアルツハイマー型痴呆がある。痴呆性高齢者には知能低下がみられるが，これは，加齢によるもの忘れとは違い，脳の疾病に起因する。例えば，食事をとったこと自体を忘れてしまう等，体験したことすべてを忘れてしまうのである。また，単なるもの忘れにとどまらず，判断力の低下，失見当識へと進行し，もの忘れを自覚しないことが多い。また，二次的な症状としてせん妄等の精神症状，徘徊等の問題行動等の随伴症状を伴う者が多い。このため，周囲の状況の把握が不十分となり，明確な意思表示ができなかったり，あるいは人間関係がスムーズにとれない場合もあり，虐待やネグレクトを受けやすい。そこで，痴呆性高齢者の介護には，日常生活のさまざまな場面において，基本的人権を尊重し，丁寧に敬意を払った介護を行うことが必要である。→痴呆（鈴木依子）

痴呆性高齢者グループホーム　⇨痴呆対応型共同生活介護

地方精神保健福祉審議会　精神保健福祉法第9条の規定により，精神保健および精神障害者の福祉に関する事項の調査審議機関として都道府県および指定都市に設置されるものである。精神保健福祉行政の施策等について，都道府県知事（指定都市市長）の諮問に答え，また，独自に意見具申する。例として，精神障害者の社会復帰対策や精神科救急医療システムのあり方など，行政が抱える解決すべき重要課題について，専門的な見地から検討を加え，答申・意見具申する。審議会は，学識経験者，精神科医，社会復帰事業従事者等の委員（20名以内，任期3年）で構成される。2001年度まで，通院医療公費負担や精神障害者保健福祉手帳の判定業務が位置づけられてきたが，2002年4月1日からはこの業務が精神保健福祉センターで行われることとなった。　　　　　　　（斉藤正美）

痴呆性老人　⇨痴呆性高齢者

痴呆対応型共同生活介護　介護保険法における居宅サービスの一つ。痴呆性高齢者の小規模な生活の場であり，一般的には痴呆性高齢者グループホームと呼ばれている。対象者は，要介護高齢者であって痴呆の状態にある者のうち，少人数による共同生活を営むことに支障のない者である。また，その目的は，利用者が共同生活住居において，家庭的な環境の下で入浴，排泄，食事等の介護その他の日常生活上の世話および機能訓練を行うことで，痴呆の症状の進行を緩和し，その有する能力に応じ自立した日常生活を送ることにある。そこでの生活は，利用者の残存能力を把握し，それを活用して，利用者それぞれが役割をもって，生きがいのある生活を送れるように配慮している。つまり，制約のない雰囲気づくりでストレスを回避し，その人らしい豊かな生活が送れることを目指している。　　　　　　　　　　　　（鈴木依子）

地方版エンゼルプラン　⇨児童育成計画

地方分権の推進を図るための関係法律の整備等に関する法律〔平成11年法律第87号〕　2000年4月施行。略称，地方分権一括法。本法律は，地方公共団体の自主性・自立性を高め，個性豊かで活力に満ちた地域社会の実現を図ることを目的とするもので，明治以来形成されてきた中央集権型行政システムを大きく転換し住民や地域の視点に立った新しい行政システムの構築が目指されている。概要は，①国および地方公共団体が分担すべき役割の明確化，②機関委任事務制度の廃止および事務区分の再構成，③国の

関与の見直し、④権限委譲の推進（国の権限を都道府県に委譲）、⑤必置規制の見直し、⑥地方公共団体の行政体制の整備・確立など。しかし、国から地方への税源委譲はなし。同時に行革関連17法も成立した。地方分権化の流れは、地方分権推進法（1995年）において、地方分権推進委員会の設置と、地方分権推進計画の作成が定められ、国と地方公共団体との役割分担、地方分権化推進の施策の確立、地方税財源の確保、行政体制の整備・確立などが定められた。　→自治事務、法定受託事務　　　　　（池原毅和）

嫡出子　法律上の婚姻関係にある夫婦の間で生まれた子を嫡出子といい、民法は妻が婚姻中に懐胎した子を嫡出子と推定するとともに、婚姻の成立の日から200日後または婚姻の解消または取り消しの日から300日以内に生まれた子は、婚姻中に懐胎したものと推定している（第721条）。嫡出でない子に嫡出子としての身分を取得させる制度を準正といい、準正には、父が認知をした後に母と婚姻をすることで認められる婚姻準正（第789条第1項）と父母が婚姻した後に父が認知をした場合に認められる認知準正（第789条第2項）がある。また、子がすでに死亡している場合であっても準正は認められる（第789条第3項）。　→認知　（池原毅和）

注意欠陥多動障害〔attention-deficit/hyperactivity disorder：ADHD〕　以前微細脳障害症候群と呼ばれていたが、現在の検査では脳障害を確定できないので、その状態像をあらわす診断名となった。症状は多動で落ち着きなく、注意の維持が短く気が散りやすい、衝動的で情緒的にも不安定、欲求不満に耐える力が乏しいなどである。知能障害はないか、あっても軽度である。診断は行動観察と家庭や学校などの情報に基づき臨床的になされる。WHOのICD-10やアメリカのDSM-IV等に診断基準が載っている。ただこういった状態は普通の子どもにもみられるので同じ精神年齢の子どもに比してこれらの症状が著しい場合にのみ診断される。性別では男児の方が多いとされる。原因としては後天性の軽い脳障害や遺伝的要因が挙げられているが、はっきりしない。治療は薬物療法、心理療法、行動療法などがある。こういった子どもたちは、その症状のため家庭や学校で受け入れられず、自己評価も低くなる。周囲の関わり方で症状の出方も変わってくると考えられる。
（熊田正義）

中央教育審議会生涯学習分科会　2001年1月の中央省庁等改革の一環として、それまでの各種審議会が中央教育審議会として一元化された。かつての生涯学習審議会は、中央教育審議会の生涯学習分科会とスポーツ・青少年分科会として再編された。この審議会は文部科学大臣の諮問に対して意見を述べるが、生涯学習分科会では、①生涯学習に係る機会の整備の重要事項、②社会教育の振興に関する重要事項、③視聴覚教育に関する重要事項、について審議される。
（原田正樹）

チューク〔Tuke, Wilhelm：1732-1822〕　イギリスのヨーク市の商人でクエーカー教徒。教徒による「友の会」に精神障害者のための理想的施設をつくることを提案し、ヨーク隠遁所をつくった。ここでは人道的な扱いを受けることができた。彼はフランスのピネル（Pinel, P.）とほぼ同時代人である。　→ヨーク隠遁所
（丸山晋）

中枢神経系〔central nervous system：CNS〕中枢神経系は脳と脊髄から成り立っている。ともに骨や膜に包まれて液体（脳脊髄液）のなかにあり、外部の衝撃から保護されるようになっている。脳は頭蓋骨のなかにあり、卵形に近い形で、重さは約1200〜1400g、体重のおよそ2％である。脊髄は脊柱管のなかにあり、成人で長さ約40cm、太さは1cm前後の柱状をなしている。その働きは外界や身体内部からの刺激を受け入れ、処理して、身体各部の筋や腺に命令を出し、個体の内外との調和を図ることである。
（熊田正義）

中性脂肪〔neutral fat〕　アルコール類と脂肪酸の化合物。動植物成分としてはグリセロールというアルコールに3分子脂肪酸が結合したトリグリセリドが代表的で、体内のエネルギー代謝に利用される物質のなかでエネルギー効率が高く、また余剰のエネルギーを体内に貯える貯

蔵脂肪の主成分がこのトリグリセリドである。
→高脂血症　　　　　　　　　　　　（高橋徹）

中毒性精神障害　種々の物質を摂取することにより生じる精神障害。原因物質がはっきりしているので外因性精神障害の範疇に入る。実際にはアルコール，麻薬，覚醒剤等の中毒（依存）を生じる物質が問題となるが，原因物質としては有機溶剤，有機水銀等の産業化学物質，鉛，マンガンなどの金属，アルコール，ニコチン，カフェインなどの嗜好品，麻薬，覚醒剤，睡眠薬，抗精神病薬，抗結核薬，ジギタリス，血圧降下薬などの医薬品等数多い。これらの物質を過誤，故意，大量，または長期にわたり使用することで種々の精神症状を発現する。急性の場合意識障害が主たるもので，ときに興奮，幻覚等を伴うが可逆的であることが多い。慢性の場合，痴呆，人格変化が進行する。原因物質と精神症状との関連は一定していない。一方から他方を特定することは容易ではない。なお中毒性精神障害とされる人は精神保健福祉法の「精神障害者」に含まれる。　→外因性精神障害
（熊田正義）

中年期　⇨壮年期

中脳〔midbrain〕　脊髄，延髄，後脳（橋といわれる部分や小脳を含む），中脳，間脳，大脳半球という大区分の一区分で，これらのなかでは最小の構造である。大脳半球に覆われて外部からはほとんど見えない。大脳と脊髄および小脳を連絡する多数の伝導路の通路と中継所に当っているほか，眼球運動や瞳孔収縮の運動中枢，協調運動の調節に重要な役割を果たす赤核，パーキンソン病に関与している黒質等がある。
（熊田正義）

聴覚　音刺激によって起こる感覚で，外耳（耳介，外耳道）→鼓膜→中耳（聴小骨：ツチ骨，キヌタ骨，アブミ骨）という伝音経路を経て内耳の蝸牛に伝えられ，蝸牛内にあるラセン器の有毛細胞で電気的エネルギーに変換され神経インパルスとなって感音経路である聴神経を通じて大脳の聴覚中枢に達する。主要言語周波数領域は500から2kHz，子音弁別は4kHzまでである。音による感覚刺激に対する脳の反応をみる聴性脳幹反応（ABR）で未熟児や新生児の聴覚障害の早期発見を行う。　→聴覚障害
（吉川武彦）

聴覚・言語障害者更生施設　身体障害者福祉法第29条に基づく身体障害者更生施設の一つで，身体障害者手帳の交付を受けた聴覚・言語障害者を入所させ，聴力および言語明瞭度の検査，補聴器装用，聴能，読話，音声・言語機能，職業等，更生に必要な治療および訓練を与える施設。最も適したコミュニケーション方法も指導する。入所期間は原則として1年，特に必要な場合は6か月以内で延長が可能である。　→身体障害者更生施設　　　　　　　（田中邦夫）

聴覚障害　聴覚障害と難聴はほぼ同じ意味で用いられるが，難聴以外の聴覚障害には複聴や自声強調のほか聴覚過敏などがある。伝音系に起因するものを伝音難聴（外耳性難聴，中耳性難聴）といい，感音系に起因するものを感音難聴（内耳性難聴，神経性難聴，脳幹性難聴，皮質性難聴）という。合併するものを混合性難聴という。難聴とは純音聴力閾値が上昇したもので，一般的には閾値が20dB以上に上がったときをいう。伝音難聴では補聴器などの利用によって音声を大きくすれば聞こえる。外耳道狭窄症や閉塞症などの外耳性のもののほか鼓膜裂傷や聴小骨障害などの中耳性のものがある。感音難聴では音の分析機能に障害があるために，音を大きくしても聞こえない。内耳性難聴は内耳炎のほかストレプトマイシンなどによる薬物に起因するものがあるほかメニエール病や突発性難聴，老人性難聴などがある。精神的ショックによる心因性難聴は器質的病変がない難聴である。また，聴覚障害によって言語発達が障害される言語障害がある。　→難聴　　（吉川武彦）

腸管出血性大腸菌感染症　腸管出血性大腸菌感染症の原因となる最も一般的な菌株は，O157：H7と呼ばれており，これは健康な牛の腸管内に認められる。十分に火の通っていない牛肉，特に挽肉を食べたり，または低温殺菌処理していない牛乳を飲むことによって感染することがある。この病気は人から人へも感染し，どの年齢層でも起こりうる。平均3～5日の潜

伏期を経て，発熱，倦怠で発症し，下痢，腹痛を訴え，下痢は次第に血便になる。この菌株のもつ毒素はベロ毒素という溶血毒であり，最悪の場合は溶血性尿毒症症候群（HUS）や脳症を引き起こし死に至らしめることもある。　→三類感染症
（中村敬）

長期在院　精神病院に入院する患者が，退院の見込みなく入院が長期化する状態を指す。入院が長期化する要因としては，かつては家族の退院受け入れが悪いため退院が促進されないことが強調されていた。全国精神障害者家族会連合会の調査（1991〜1993年）によれば，家族の状況としては生計維持者の収入は40％が年金に依存しており，年収は300万円未満が全体の55％を占め，家族の平均年齢は60歳以上が63％を占め高齢化が進行していることが報告されており，家庭内介護を行える状況にないことが明らかとなっている。近年，社会復帰施設の計画的設置をはじめとして精神障害者福祉施策の遅れが大きな要因として指摘されているが，病院内のリハビリテーション体制の未確立やマンパワー不足など，精神病院側の問題がやはり大きい。いずれもわが国の貧困な精神医療状況を反映したものであり，長期在院の問題は構造的な帰結といえる。閉鎖的な空間への拘禁状況により，「施設症」と呼ばれる二次的障害が生じ，さらに退院を困難とする悪循環があることが指摘されている。在院患者の平均在院日数は厚生省の患者調査（1997年）で432.7日となっている。日本精神科病院協会の調査（1993年）によれば，全入院患者のうち入院期間1年未満は23％にすぎず，1〜5年27％，5〜10年16％，10年以上34％となっている。入院患者の半数が5年以上，1/3が10年を超える長期在院者となっている。入院の長期化とともに高齢化も進行しており，65歳以上の入院患者が28％を超えている。全国精神障害者家族会連合会の調査でも，入院期間5〜10年19％，10年以上46％となっており，わが国の精神病院の長期在院傾向は大きな変化をみていない。精神保健福祉士が国家資格として法定化されるにあたっては，この精神障害者の長期在院の問題が喫緊の課題となっていたことが挙げられる。　→社会的入院，施設症
（古屋龍太）

超高齢社会　⇨高齢社会

超自我〔super-ego〕　フロイト（Freud, S.）の精神分析理論において，精神構造の一つの機能として考えられたもの。スーパーエゴともいう。本能的要求に対し，禁止・脅かしを行い，罪悪感を生じさせる。また，自己観察，理想の形成を行う。超自我は一般に，父母との関係から子どものなかに取り入れられるとされるが，現実の親子関係をそのまま反映しているわけではない。さらに，現代の精神分析理論においては，超自我の形成を発達の最早期（乳幼児期）に行われるとする理論が多数ある。　→イド，自我
（菊池礼子）

長寿社会開発センター　老人福祉法第28条の2の指定法人の規定により，老人健康保持事業を実施する者の活動を促進することを目的として厚生労働大臣によって指定された組織である。事業内容は，高齢者の社会参加活動の啓発，在宅介護支援事業，都道府県「明るい長寿社会づくり推進機構」および関係団体の全国的総合調整，全国健康福祉祭（ねんりんピック）の開催，高齢者の健康福祉に関する事業従事者の養成・研修，長寿社会対応に関する調査・研究などである。
（内藤さゆり）

長寿社会対応住宅設計指針　長寿社会に対応する住宅設計のための基本的指針を示したもので，1995年に策定された。新築住宅（建替を含む）を対象に，高齢者の安全性や利便性を確保する観点から，住宅設計や設備に関する配慮事項を示している。高齢化社会において求められているバリアフリーな住宅を標準化していく際にも役立つことが期待される。
（宮崎牧子）

聴神経　内耳は蝸牛と三半規官から成るが，蝸牛は音伝達に関わる器官であり，三半規官は平衡覚に関わる器官である。前庭窓から伝わった振動がリンパ液で満たされている蝸牛に達すると，蝸牛のなかにある有毛細胞がその振動を電気的エネルギーに変換する。この有毛細胞の集積が蝸牛神経であり，これが聴神経となる。音はこの聴神経を通じて12対ある脳神経の第

Ⅷ神経（内耳神経）を通って大脳に達する。脳腫瘍で多いのは聴神経腫瘍でこれは良性腫瘍のものが多い。聴力低下や耳鳴りがあるが、近隣を走行する神経症状を伴うことが多い。手術や放射線による治療を行う。　　　　（吉川武彦）

調停前置主義　民事訴訟に先行して調停を行わなければならないとする原則。家庭裁判所は離婚などの人事に関する訴訟その他、一般に家庭に関する事件について調停を行うこととされており、家庭裁判所が調停を行うこととされている事件について訴訟を行おうとする者は、まず家庭裁判所に調停の申し立てをしなければならないこととされている（家事審判法第18条）。その例外は甲類審判事件（第9条第1項甲類）である。調停を経ずに訴訟を提起した場合には、原則として調停に付されることになる。
　　　　（池原毅和）

重複障害　身体構造上あるいは機能的な障害が複数あること。障害者施策はこれまで障害種別ごとに整備されてきたため、特にサービスの谷間に陥りやすく、さまざまな生活のしづらさへの対応が課題となっている。学校教育では養護学校の義務化に伴って「重度・重複障害児」への対応が課題となり、これを盲・ろう・知的障害・肢体不自由・病弱のうち二つ以上の障害、発達の状況、行動の状況からとらえている。
　　　　（淺沼太郎）

直接援助技術　クライエントが生活上の問題を主体的に解決することとその自己実現を達成することを目的として、クライエントに直接関わる援助技術のことをいう。そのため個人やその家族に対し、面接などの専門的方法で関わるケースワーク（個別援助技術）と、共通の課題をもつ人々から成る小集団において、参加者同士の相互関係をとおして問題解決を目指す過程に関わるグループワーク（集団援助技術）とがある。ケースワーク、グループワークのいずれも援助者はクライエントを「生活する主体的存在」としてとらえ、そのあるがままを受け入れ、十分に時間をかけて関わる経過が重視される。援助者はクライエントとその課題を「人とその状況の全体性」の視点から理解し、自己決定の原理に基づき、援助者とクライエントとの信頼関係のなかでクライエントの自己実現に向けて、協働していくことが重要とされている。→援助技術、間接援助技術、ケースワーク、グループワーク　　　　（岩尾貴）

直系家族〔stem family〕　子どものうち一子が結婚後も親と同居し続けることにより、世代的に継承・再生産される家族形態をいう。親元に残る子どもは、一般に後継者と目され、社会的地位、財産、祭祀などを優先的もしくは独占的に継承するとともに、親の扶養や介護に関する責務を負う。家族形成プログラムとしての直系家族制は、戦前の日本において、家業としての農業経営と結びついて家制度の基盤をなしていた。雇用労働者が大勢を占める今日では、直系家族制を成り立たせてきた生活上の必要や経済的基盤が失われつつある。ただし日本では、子ども世代の住宅事情や子育て支援への期待、また親世代の扶養や介護への期待など、便宜的な理由により直系家族の形態をとる家族も少なからずある。→核家族、拡大家族　　　（藤崎宏子）

治療共同体〔therapeutic community〕　ジョーンズ（Jones, M.）により概念化された。従来の精神科病院の監置主義、強い管理制に対して、病院全環境を治療手段として用いる方法。職員、患者が一体となった民主的なコミュニティ（病院）のなかで、集団における役割意識の獲得、情報共有の重視など人間関係の葛藤解決力が中心視点である。また、治療組織のあり方を問うところから思想運動であるともいわれる。ジョーンズが第二次世界大戦中に職員不足から職員と患者との治療的ミーティングを開いたことから始まる。戦争の終わりの頃、捕虜になっていたイギリス兵300人の治療と社会復帰活動に取り組んだが、兵隊たちは、長年の隔絶の結果、異常を呈した人たちであった。ジョーンズは近隣社会の人々の応援を得て、彼らすべてを67種の職業につけ、社会から拒否されていると感じていた帰還兵たちに帰属感を与え、社会復帰させることに成功した。1947年からはロンドン郊外のベルモント病院の社会復帰病棟で、失業者や下層階級者の適応障害者に対する社会復帰活

動を始めた。病棟は100人の定員で全開放とし、患者を彼らの外部からのコントロールによってではなく、患者自身の内部からコントロールできるようにすることを目的とした。朝のコミュニティ・ミーティングに始まり、患者委員会、小集団の討議、作業療法、院外就職などのプログラムに取り組んだ。ジョーンズによれば、治療社会とは、職員と患者の全コミュニティが、少なくとも部分的にでも治療と管理に参与することであり、集団全体が職員・患者両者の自由なコミュニケーションと、感情を自由に表現させる寛容な態度をもつことが重要であり、従来の階層的な社会組織ではなくて「民主的な平等主義」が必要である、としている。ジョーンズは、監置主義に反対する積極的リハビリテーションの推進、院内階層の民主化、特に医師のみがもつ特権としての治療的役割に反対して自治制度をもって置き換えることを進めた。後にジョーンズはディングルトン病院で、病院外部との関連や医療者間の葛藤にも注目しながら、統合失調症（精神分裂病）者に対して治療共同体活動を行い、成果を上げている。彼は社会学者ラポポート（Rapoport, L.）など多くの研究者に協同研究を求めた。病棟入院中の患者たちは自我が弱い状態にあるため、治療共同体における民主主義は保護された民主主義とされている。治療社会の根底にある「民主化」「寛容さ」「自治主義」という概念はあまりに単純であり、きわめて複雑な人間行動の型や、それに応じた複雑な治療欲求を無視しているなどの反論もあるが、双方向からコミュニケーションや自由な雰囲気、全員参加の治療構造は、患者の主体性を育て自信を獲得するために大きく貢献している。　　→ジョーンズ，コミュニティケア，地域精神医学　　　　　　　　　　　（瀧誠）

治療法　精神科の治療法（手段）としては薬物療法，精神療法，生活・社会療法がある。また治療の働きかけの対象として考えると，身体療法，精神療法，家族療法，生活療法が考えられる。同じ言葉が両義的に用いられることがある。これらの療法を組み合わせて治療が行われる。精神医療では治療者―患者関係が大切で精神療法が重要な位置を占める。また原因療法と対症療法とに分けることもできる。原因療法は少なく，対症療法が多い。統合失調症（精神分裂病）や気分障害（躁うつ病）等原因不明の疾患も多く，服薬を続けながら対症的に症状の軽減を図り，種々の社会資源を利用しつつ，一応社会生活を送っている人も多い。社会生活技能訓練も必要となる。そして治療が強制的に行われることがある。治療を拒否する障害をもつ人の人権と治療の必要性という医学的判断とを両立させるには，医療の倫理のみならず，法律に基づくことも必要である。現時点では精神保健福祉法がそれに当たるので，遵守されなければならない。　　→薬物療法，精神療法，社会療法
（熊田正義）

通院医療　病院に入院して医療を受けることに対して，在宅で生活しながら外来に通院して医療を受けることを総称して通院医療という。かつては精神病院へ入院させての隔離収容が精神障害者に対する医療の一般的な姿であったが，向精神薬の開発に伴い他科同様に外来通院による治療が大きく前進した。地域での社会生活を継続したまま医療を受ける利点を生かし，患者本人の治療意志を尊重した通院医療は，第一に選択されるべき受療形態といえる。近年では，病識が不十分で拒薬・怠薬傾向のある患者に対しては，効果が2～4週間持続する持効性注射薬剤（デポ剤）を用いて服薬中断による症状再燃を防止する積極的な治療もなされており，再入院の回避が可能になってきている。定期的に病院に通い，主治医の診察を受け薬物療法等の処方を受ける場合には，診療報酬上の再診料のほかに通院カウンセリング料が算定される。外来診察のみでの治療では不十分な場合には，訪問看護指導を受けたり，精神科デイケアやデイナイトケアが併用される場合も多い。な

お，精神障害者が通院医療を受ける場合も医療保険が優先されるが，精神障害者またはその保護者の申請により，精神保健福祉法第32条による通院医療費公費負担制度が適用され，保険給付および国と都道府県が支払う公費負担の残りの5％が本人負担となる。　→精神障害者，精神障害者通院医療費公費負担制度　　（古屋龍太）

通算老齢年金　1961年4月の国民年金制度の導入に伴い，同年の通算年金通則法により公的年金制度間の通算制度が導入された。通算老齢年金とは，1926年4月1日以前に生年月日のある者で，複数の年金制度に1年以上加入しているが各制度では受給資格が得られず，加入期間を合算すれば受給資格を得られる場合に各制度の加入期間に応じて支給される老齢年金をいう。通算老齢年金は，①旧国民年金と他の公的年金制度の通算対象期間を合算した期間が25年以上ある場合，②旧国民年金以外の公的年金制度の通算対象期間を合算した期間が20年以上ある場合等に支給される。生年月日によって受給に必要な加入期間の短縮が設けられている。　　（松本由美）

通所介護　⇨デイサービス

通信面会の自由　入院患者には手紙を出す権利，受け取る権利および電話をかけ，面会を受ける権利が妨げられない自由がある。これらを総称して「通信面会の自由」と呼んでいる。精神保健福祉法第36条では，信書の発受の制限（刃物，薬物等の異物が同封されている受信信書について，患者にこれを開封させ，異物を取り出した上患者に当該受信信書を渡すことは含まれない）や，都道府県および地方法務局その他の人権擁護に関する行政機関の職員ならびに患者の代理人である弁護士との電話・面会の制限は行うことができないと定めている。この入院中の権利については，入院時に文書によって告知されることとなっている（第33条の3）。　　（古寺久仁子）

痛風　高尿酸血症のために尿酸ナトリウムの結晶が関節内に沈殿し，激痛を伴う急性関節炎発作（痛風発作）を繰り返し，慢性化すると耳介などの皮下や関節の周囲に結晶がしこり（痛風結節）をつくり，放置すると腎不全や心筋梗塞などの合併症のために死に至る疾患。多くは中高年の男子に発病し，美食や大酒が誘因となる。痛風発作は足の親指のつけ根の関節に好発し，コルヒチンや消炎鎮痛剤で改善する。尿酸の血中濃度を下げるために薬物療法と食事療法を行う。　→高尿酸血症　　（金杉和夫）

付添人　心神喪失者等医療観察法による審判においては，対象者または保護者は弁護士を付添人に選任することができ，付添人がない場合に特に必要があるときは，裁判所は職権で弁護士である付添人を付することができる。付添人は，審判において意見を述べ，資料を提出できる。検察官により，対象者について処遇の決定の申し立てがあった場合は，付添人を付けなければならない。その他付添人は，①地方裁判所の決定に対する上級裁判所への抗告，②入院医療を受けている者について，退院の許可または医療の終了の申し立て，③通院医療を受けている者について，医療の終了の申し立て，を行うことができる。　→心神喪失等の状態で重大な他害行為を行った者の医療及び観察等に関する法律　　（佐藤三四郎）

坪上宏〔つぼがみひろし：1924-2000〕社会福祉方法論研究者。元国立精神衛生研究所社会精神衛生技官，前日本福祉大学社会福祉学部教授，やどかりの里やどかり研究所所長を務める。社会福祉方法論のなかで援助関係に着目し，被援助者の関心・都合を通じて援助者自身の関心・都合を見直し被援助者に働きかけを行うとする「循環的関係」を提議した。主著には『援助関係論を目指して』（1998）がある。
　　（山本賢）

積立方式　将来の年金給付に必要な原資をあらかじめ保険料で積み立てる財政方式である。多くの国の公的年金も最初は積立方式で発足したが，給付の改善等のため次第に賦課方式に移行した場合が多い。積立方式年金は現役時代に積み立てた保険料とその利子で給付を行うため，年金財政が高齢化の影響を受けない代わりに，金利の変動や賃金の上昇など経済的要因の影響を受けやすい。なお，保険加入者全体に対

して収支の均衡を図るため，個人ごとの拠出と給付の間には必ずしも均衡がとられていない。 →賦課方式　　　　　　　　　　　（李蓮花）

て

TAT ⇨絵画統覚検査

DSM〔Diagnostic and Statistical Manual of Mental Disorders〕アメリカ精神医学会 (American Psychiatric Association) が発表した精神疾患の診断と統計のためのマニュアルで，研究者や臨床家がお互いに情報を共有できる診断概念や基準を提供する目的でつくられた。1980年に出版された第3版 (DSM-III) からは，特に，①まだ明確には解明されていない病因論を排して表面に顕在化した症状に焦点を当てた点，②操作的な診断基準を採用している点，③多軸診断を導入された点が特徴として挙げられる。こうした特徴は第3版の改訂版 (DSM-III-R, 1987)，第4版 (DSM-IV, 1994) にも引き継がれている。多軸診断は次の五つの異なった視点から総合的に診断を行おうとするもので，第1軸では統合失調症（精神分裂病）や気分障害，不安障害などのいわゆる精神疾患および臨床関与の対象となることのある他の状態を評価する。そして，第2軸で人格障害と精神遅滞，第3軸で一般身体疾患を記録する。第4軸では，第1軸や第2軸の障害の診断，治療，予後に影響する心理社会的および環境的問題，つまり人生の不幸な出来事や環境的な困難，対人関係上のストレスなどの社会心理的ストレッサーの強さの程度を判断する。そして第5軸は患者の機能の全体的評定であり，過去1年間の最高の適応状態を臨床家としての尺度を用いて0点から100点で評価する。 →アメリカ精神医学会，操作的診断　　　　　　　　　　（大野裕）

DNA ⇨デオキシリボ核酸

定位家族／生殖家族〔family of orientation / family of procreation〕核家族が含む二つの世代のうち，子世代からみた場合を定位家族，親世代からみた場合を生殖家族という。ライフコースの一般的パターンにおいて，人間はみずからの意志にかかわりなく特定の家族のメンバーとして誕生し，一定の年齢になれば結婚により自分の家族を選択的に形成する。それゆえ人間は，一生のうちにこれら二つの家族を経験するともいわれている。しかし今日では，結婚や出産が個人の意志に基づく選択の対象になりつつあることから，このような定言がしだいに普遍性をもちにくくなっている。 →核家族　　　　　　　　　　　　　　（藤崎宏子）

定額払い方式 ⇨出来高払い方式／定額払い方式

定期病状報告 精神保健福祉法第38条の2の規定。第38条の3「定期の報告等による審査」と合わせ，入院患者の人権擁護のため，1987年の法改正で新設された制度。精神病院または指定病院の管理者は，措置入院者に関しては6か月ごとに，医療保護入院者に関しては第33条第1項による入院日の属する月から12か月ごとに，患者の氏名，病名，病状，今後の治療方針等の報告を最寄りの保健所長を経て都道府県知事に行わなければならない。精神医療審査会が定期病状報告を審査し，入院の必要性について審査する。 　　　　　　　　　　　　（中川さゆり）

デイケア〔day care〕グループで行うプログラムを通じ，対象者の日常生活の支援，疾病予防や再発防止を行う活動である。対象者は，高齢者，精神障害者を含む障害者，児童など多岐にわたっている。対象者やデイケアの実施場所によって，名称，目的，費用の徴収方法も異なる。高齢者対象のデイケアは，主に介護保険で費用徴収が行われ，名称も「通所リハビリテーション」となり，内容は入浴・食事の提供，リハビリテーション，趣味活動などである。精神障害者対象のデイケアは，病院，クリニック，保健所，精神保健福祉センターなどで行われ，プログラムの内容は多岐にわたり，費用徴収の方法もさまざまである。精神科デイケアはリハビリテーション施設の一つでもあるが，長期利用者が増加し，「訓練・治療の場」か「憩いの場

かという課題は以前から議論され続けている。
→精神科デイ・ケア　　　　　　（中川さゆり）

デイケア施設　1974年に精神障害回復者社会復帰施設の入所部門を除外したものとして、通所部門としてデイケア施設整備費が予算化された。1975年に、「デイ・ケア施設運営要綱」が定められ、施設を医学的管理の外に置いたことが特徴的である。島根県の湖陵病院や茨城県の友部病院など全国に7か所のデイケア施設が開設されたが、精神障害回復者社会復帰施設とともに、施設整備や運営面で多額の費用がかかることから、全国的に普及しなかった。　→精神障害回復者社会復帰施設　　　　（荒田寛）

デイサービス〔day service〕　地域にある福祉施設が、日中、在宅生活の要援護高齢者や障害者・児に対して、日常生活の援助や相談・助言、機能訓練、入浴サービス、給食サービスなどを提供する事業である。障害児デイサービス事業、児童デイサービス事業、知的障害者デイサービス事業、老人デイサービス事業と各種実施されている。このようなサービスを福祉施設が提供する場合をデイサービスと呼ぶのに対して、医療施設が提供する場合はデイケアとしている。　　　　　　　　　　　（宮崎牧子）

訂正死亡率　⇨年齢調整死亡率

デイトリートメント〔day treatment〕　デイサービスが福祉的な活動としてとらえられるのに対し、デイケアはより医療寄りの活動として位置づけられる。そのなかでより医療色の強いタイプのものをデイトリートメントという。つまり治療的働きかけやSSTなどを積極的に活用するものといえる。　　　　　　　（丸山晋）

デイナイトケア　⇨精神科デイ・ナイト・ケア

デイホスピタル〔day hospital〕　デイケアは病院だけでなく、診療所や保健所でも行われている社会復帰を目指した集団活動である。デイホスピタルの場合、院内あるいは病院に隣接したデイケアということができる。　　（丸山晋）

DALY　⇨障害調整生存年数

デオキシリボ核酸〔deoxyribonucleic acid：DNA〕　DNAはRNA（ribonucleic acid：リボ核酸）とともに化学的には核酸の一種で生物高分子物質。生物学的には遺伝子の物質的本体ですべての生物に染色体の形で存在している。人間の一つの体細胞（2倍体）にあるDNAの長さは2mもありそこに10万個以上の遺伝子がある。4種類の核酸ヌクレオチドで構成された塩基対がさまざまな順序（これを塩基配列という）で鎖状につながる2本のDNAが螺旋状に絡まっている。ヒトDNAをヒトゲノムという。細胞の分裂期に入るとDNAはさらに絡み合って46本の染色体（44本の常染色体と2本の性染色体）となる。活動するDNAは細胞の種類によって異なるが、DNAが活動するときはRNAに転写されて情報が伝えられる。　（吉川武彦）

デカルト〔Descartes, René：1596-1650〕　フランスの哲学者。近代哲学の父といわれる。絶対に疑い得ない確実な真理に到達するためにすべてを疑い、否定する「方法的懐疑」の結果、懐疑という思惟をしている自己の存在だけは疑い得ないとして「われ思う、故にわれあり」という命題を樹立した。この「われ」は延長をもたない思惟実体としての精神で、延長実体としての物体とは区別される。精神と物体とを区別する二元論に立ち、人間だけが精神と物体の合一態であるとした。　　　　　（長瀬浩一）

適応　人は、欲求が満たされないとき、緊張状態が持続し解放されず、欲求不満（frustration）となる。この状態は、不快感情が持続し、何らかのかたちで欲求が満たされるまで続く。しかしながら、これでは、葛藤や焦燥が生じてしまい、うまく生活できなくなってしまう。このような葛藤、焦燥を環境から逃避せずに何らかの精神作用を働かして欲求を満たしていくことを適応という。適応を可能にする精神作用を適応機制（防衛機制）という。適応機制には、成熟（健全）したものから病的段階に至るものまでがあり、次のようなものがある。成熟した適応には、ユーモア、禁圧、予期、昇華、神経症的適応には、抑圧、置き換え、反動形成、知性化、未熟な防衛には、受け身的―攻勢（passive-aggressive）、投影、分裂気質的空想、退行、行動化、解離（心的外傷に関係している）、

精神病的な適応には，否認，妄想的投影，現実歪曲（妄想）等がある。　→防衛機制
(永井俊哉)

適応障害〔adjustment disorders〕　精神医学における適応とは個人がその文化的環境の社会規範にうまく当てはまって，行動できることである。これがうまくいかないと精神障害を引き起こす状態を指す。ICD-10では主観的な苦悩と情緒障害の状態であり，通常社会的な機能と行為を妨げるとしている。症状は種々で抑うつ気分，不安，悲嘆，不全感，不能感，日常生活の遂行が障害されるといった情緒および行為の障害である。誘因となるのは死別，移住，亡命，分離，就学，親になること，引退など重大な生活上の変化，あるいはストレスの多い生活上の出来事である。発症はこれら誘因の発生から1か月以内であり，症状の持続は遷延した抑うつ反応を除き，通常6か月以内とされる。個人的素質あるいは脆弱性が発症に重要な役割を果たすとされるが，ストレスとなる誘因がなければこの状態は起こらない。　→不適応　(熊田正義)

適正手続の保障　適正手続とは，日本国憲法第31条が定める「何人も，法律の定める手続によらなければ，その生命若しくは自由を奪われ，又はその他の刑罰を科せられない」という規定をいう。その内容として自由等を剥奪するような不利益処分を行う場合には聴聞を行わなければならないと解されている。「聴聞」とは「聴聞の機会」を意味し，人権の制約をする場合には，制約の理由を告知しこれに対して被制約者からの弁解を聞く機会を保障しなければならないことをいう（「告知聴聞の機会の保障」）。この保障は，刑事手続きに限らず行政手続きについても及ぶ（判例）。
(池原毅和)

出来高払い方式／定額払い方式　診療報酬の支払い方式にはさまざまあり，完全無欠なものはない。出来高払い方式は点数単価方式とも呼ばれ，わが国も採用している。各診療行為ごとに点数評価を設定し，それらを積み上げて総和を算出し，これに1点単価（現行は10円）を乗じて診療報酬額を算出する方式である。医療行為の量と患者数に応じた能率給で，医療の質は問われない。定額払い方式は，受診から医療の終了までを1件とするか（1病1件），患者が受診に来た日を1件とするか（1日1件），年間の健康管理を請け負った登録住民1人とするか（定額人頭登録）というような，あらかじめ定めた一定額しか支払わない方式なので，過少診療や患者選別（軽症者のみを受け入れる）などの弊害がある。　→診療報酬　(松溪憲雄)

適用事業　労災保険は，「労働者を使用する事業」を，原則すべて適用事業とする（労働者災害補償保険法第3条第1項）。このような制度となったのは，1972年4月からである。しかし，従来，任意適用事業であった5人未満の零細企業のすべてを強制加入させることは事務処理体制の問題もあり，暫定的に任意適用事業を政令で指定することとした。そして，1975年4月から，暫定適用事業であった労働者5人未満の商業，サービス業等の事業も適用事業となった。なお，現在，例外として農林・畜産・水産の事業のうち使用する労働者が5人未満の一定の事業については，暫定的に任意適用事業となっている（同法昭和44年附則第12条）。また，例外的に，若干の非適用事業が認められている。第一に，国の適用事業，第二に，労働基準法別表第一に該当しない官公署，第三に，船員保険の被保険者である（労働者災害補償保険法第3条第2項）。これらの者に労災保険が適用されないのは独自の災害補償制度があることによる。
(辻村昌昭)

テクノストレス〔technostress〕　アメリカの心理学者ブロード（Brod, C.）の命名によるコンピュータに関わる人々の間に起こるストレス状態を指す。コンピュータへの過剰適応から他人との共感性を失い機械人間と化すテクノ依存症と，新しい技術への不安，自信の喪失などから不適応を起こし，肩こり，めまい，息切れなどの自律神経失調症や神経症，ときには抑うつなどの状態に陥るテクノ不安症の二つのタイプが挙げられている。
(後藤敏)

手首自傷症候群〔wrist cutting syndrome〕思春期，青年期の情緒発達障害にある若者が，対人関係などでの些細な失意体験に誘発され

て，自分の，主に手首を刃物で切る（リストカット）という自傷行為を繰り返す行動障害。他者の注意を引く，葛藤から逃避するといった症状機制をもち，直接死に至ることは少ない。抑うつ，情緒不安定，情動緊張等がみられ，ひきこもりや食行動異常を伴うこともある。他者との現実的関わりの困難さ，過去・現在の母子関係の不安定さが指摘されている。　（川野健治）

デジタル音声情報システム〔digital audio-based information system〕デイジー（DAISY）と略称される。視覚障害者や普通の印刷物を読むことが困難な人々のためにカセットに代わるデジタル録音図書の国際標準規格として，12か国参加の国際組織により開発と維持が行われている情報システム。任意の個所に飛ぶことができ，圧縮技術で一枚のCDに50時間以上も収録でき，事実上の永久保存も可能。点字や映像とシンクロさせることができるので，学習障害，知的障害，精神障害等のある人にとっても有効とされる。　（田中邦夫）

デポ剤〔depot drug〕　1回の投与で長期間効果が持続する持効性抗精神病薬をいう。筋肉内または皮下注射として用いられる。投与により体内に貯蔵(depot)され徐々に放出される。1回の注射で2週間かそれ以上効果が持続する。経口剤とほぼ同等の有効性があると報告されている。服薬の煩わしさの減少，薬物の種類や服薬量の把握が容易になり，統合失調症（精神分裂病）の薬物療法，維持療法に有用である。フルフェナジンやハロペリドールのデポ剤がある。　→持効性抗精神病薬　　　（熊田正義）

デュープロセス　デュー・プロセス・オブ・ロー (due process of law) の略語。通常「適法手続」「法の適正手続」と訳される。アメリカ合衆国憲法のなかの，国や州が市民の生命，自由，財産を奪うときに守らなければならない手続が原義。日本国憲法では第31条「何人も，法律の定める手続によらなければ，その生命若しくは自由を奪はれ，又はその他の刑罰を科せられない」がデュープロセスの条項と解され，刑事手続の法定，手続内容の適正，罪刑法定主義などがその内容である。第31条の保障が行政手続きによる人権の制限についても及ぶかどうかについては議論のあるところであるが，行政手続法が，適正な手続の中核である告知や聴聞について定めており，第31条の趣旨は少年法上の保護処分，精神保健福祉法上の措置入院など，身体的拘束を伴う行政措置にも適用されると解される。　→罪刑法定主義　　　（木村朋子）

デュルケム〔Durkheim, Émile：1858-1917〕フランスの社会学者。エピナル生まれ。パリ大学に学ぶ。個人の動機や心理には還元されない社会的事実を対象とする社会学を提唱する。『De la division du travail social（社会分業論）』(1893)では社会的分業の成立を各種の社会過程から説明し，『Le suicide（自殺論）』(1897)では自殺を自己本位的自殺・集団本位的自殺・アノミー的自殺に分類し，それぞれのメカニズムを解明している。また『Les formes élémentaires de la vie religieuse（宗教生活の原初形態）』(1912)では聖／俗の二分法を宗教の特質として抽出するなど，その業績は多方面にわたっている。　（杉本昌昭）

転移／逆転移　過去において，親などの重要な人物に対し抱いていた感情や行動などを，いま現在の対人関係のなかで，別の人物に置き換えることを転移という（そのため，現在の対人関係では不合理な感情や行動がみられる）。これは，フロイト (Freud, S.) がその治療場面において発見し，また，精神分析療法の理論を推し進める契機ともなった現象であった。そして，この患者から治療者に向けられる転移をはじめとするさまざまな感情や態度に対して，治療者の抱く感情・態度などを逆転移という。また，憧れ・理想化・恋愛感情などを陽性，拒否・怒り・敵意などを陰性として区別するが，実際には変化しやすく混在しやすいものである。これらはいずれも無意識であり，本人には自覚されにくいため，その取り扱いには注意が必要である。古典的な精神分析療法では，転移の解釈は治療の重要なポイントであり，純粋なかたちでの転移を生じやすくするために，治療者の中立性が求められている。また，逆転移についても，治療者自身が十分に洞察し，適切に取り扱うこ

とが求められている。しかし、その後の精神分析治療では、転移と逆転移を治療者と患者との相互関係のなかで理解するように変化している。もちろん、その場合でも治療者が自分の個人的な生活について患者に知らせることはつつしむようにする。なお、患者の治療者に対する反応のすべてが転移というわけではない。　→精神分析　　　　　　　　　　　（菊池礼子）

てんかん〔epilepsy〕　慢性の脳疾患で大脳の神経細胞の過剰な発射（興奮）によって症状としての発作（てんかん発作）を反復して引き起こすもの。したがって1回だけの発作は「てんかん」ではない。また原疾患がはっきりしていてそのために発作が起きても「てんかん」とはいわないことになっている（脳腫瘍、脳炎、低血糖等による発作など）。脳波検査の発達により臨床症状に対応する知見が得られ、発作の分類も多様化してきた。症状としてのてんかん発作は急激に起こる一過性の状態で、それは意識障害、運動機能障害（けいれん、脱力、動作が止まる等）、感覚・知覚障害（音が聞こえたり、物が大きく見えたり、変なにおいがしたり等）、精神機能障害（同じ動作を繰り返す、口をモグモグさせる、知らないうちに別の場所へ行ったり等）、自律神経症状（頭痛、腹痛、吐き気等）の一つまたは二つ以上を示す。てんかんは全体の2/3が16歳以前の発病とされ、さらに小児てんかんの7割が3歳以前の発病といわれる。したがって子どもの発達の問題も大切になってくる。過保護にならず、できるだけ普通の生活を送りながら、通学し、治療するのが望ましい。治療は薬物が主で発作型によって有効な薬物が選択される。8割は発作のコントロールが可能である。対症療法であり、服薬は長期間に及ぶことが多く、明確な治療終結時期を決めるのは難しい。臨床発作の消失や脳波の正常化が3～5年以上続けば終結の方向で考える。5年以上発作が抑制されると80％、10年以上で90％の人が再発しない。難治性のてんかんで一定の要件が揃えば脳外科的な治療が行われることもある。難治性てんかんの場合、薬物治療の副作用と発作間欠期の日常生活の質とのバランスを考えることも必要である。状態が改善されても「てんかん」というだけで、一部の免許・資格に取得制限がある。例えば運転免許取得は条件つきで可能な国（北欧三国、スイス、イギリス、アメリカ等）もあるが、日本では許可されていない。病状に応じて取得できれば職業選択の幅が広がると思われる。　→脳波　（熊田正義）

転換性障害　⇨解離性障害

電気けいれん療法〔electroconvulsive therapy：ECT〕　身体療法の一つで頭部に電極を置いて通電し全身の「けいれん」を起こさせることで精神症状の改善を図る治療法。イタリアのツェルレッティ（Cerletti, U.）が1938年初めて行った。向精神薬が発見されるまでは精神科治療の主流であった。薬物療法が盛んになり、一時廃れたが、麻酔薬や筋弛緩剤を併用して恐怖感の軽減、骨折の防止が図られ（修正型電気けいれん療法、無けいれん法）、安全性も高まり、薬物療法の限界もあり、その有効性が認められ、治療法として見直されてきている。薬物療法が不十分の場合電気けいれん療法が行われることが多い。うつ病や緊張型分裂病が適応であるが、その作用機序は不明である。無けいれん法では絶対的な禁忌はないとされる。副作用としては健忘、頭痛、高血圧等があるが、一時的であることが多い。実施にあたっては本人または保護者に説明し同意を得るようにする。アメリカやイギリスでは電気けいれん療法に関して適応やインフォームドコンセントについての指針があるが、日本にはまだなく、過去の懲罰的使用や乱用への反省も込めて電気けいれん療法の指針を作成する必要があろう。　→インフォームドコンセント　　　　　　　　　　　（熊田正義）

癲狂院　1874年、医制が公布され、癲狂院（精神病院）の設立に関する規定が設けられた。しかし癲狂院の設立は進まず、精神病者の多くは家族の世話（私宅監置）に任されていた。この医制は東京、大阪、京都の三府に対して公布され、これに基づいて1875年、公立精神病院として初めて京都癲狂院が設立され、次いで1879年に東京府癲狂院が設立された。　→京都癲狂院
（堀切明）

転居資金 生活保護法で住宅扶助の特別基準として支給されるもの。転居に際し敷金などを必要とする場合に認定され，必要やむを得ない場合は礼金，権利金，不動産取り扱い業者に対する手数料も認定される。支給の要件として，退院に際し帰住する住居がない場合，低額な住居に転居する場合，立ち退きを強制された場合，老朽等により居住に堪えない状態になった場合などが定められており，かつ転居先の家賃が基準額以内でなければならない。 →生活保護法，住宅扶助，保護の種類 （並木麻理子）

典型契約 あらかじめ法律で契約の内容を定めている契約を典型契約という。民法のほか商法などの特別法にもいくつかの契約類型が定められている。民法の定める典型契約は，贈与，売買，交換，消費貸借，使用貸借，賃貸借，雇用，請負，委任，寄託，組合，終身定期金，和解の13種である。このように典型契約には法律で契約の名が付けられているので有名契約ともいう。しかし，私的自治の原則の下では契約は自由であるので，法の定める以外の契約でも契約当事者が自由に創設することが認められる。契約当事者が独自につくり上げた契約を有名契約に対して無名契約あるいは非典型契約という。無名契約には典型契約の内容を一部変更した契約やまったく独自の契約などさまざまな契約があり得る。 →契約 （池原毅和）

点字情報ネットワーク事業 パソコンの普及で可能になった視覚障害者対象のネットワーク。①点字JBニュース：新聞などの情報を点字化し，地方端末で毎日点字プリントして配信される，②てんやく広場：従来個別に行われがちであった点訳が，パソコン通信による点訳ファイルで流通するようになったもの，③盲学校点字情報ネットワークシステム：盲学校間の相互利用システム，④視覚障害者用図書情報ネットワーク：視覚障害者用図書目録等の情報を日本点字図書館から各地の点字図書館に流すシステム，等がある。 （田中邦夫）

伝染性紅斑 りんご病ともいう。伝染性紅斑はヒトパルボウイルスB19というウイルスの感染で発症する。幼児・学童に好発する発疹性疾患である。潜伏期間は17～18日間で，頬に境界のはっきりした紅い蝶翼状の発疹（りんごの頬）が出現する。続いて手や足に，レース状，網の目状，環状と表現される発疹が広がり，胸・腹部・背部にも出現することがある。これらの発疹は1週間ぐらいで消え，感染により免疫が成立し2度かかることはない。妊婦がかかると，胎児が胎児水腫という状態になり流・死産になることがある。胎児の奇形発生は稀である。 （中村敬）

伝染病 ⇨感染症

テンニース〔Tönnies, Ferdinand：1855-1936〕ドイツの社会学者。シュレスヴィッヒ＝ホルシュタインに生まれ，キール大学で哲学，歴史学，社会科学などを学び，後にキール大学で社会学などを講じた。人間意志を，本質意志と選択意志とに分け，それらが支配的な社会の形態を，それぞれゲマインシャフトとゲゼルシャフトとに類型化した。この類型は，社会形態を分類する規準概念であると同時に，歴史的概念としての性格をもたされており，ゲマインシャフト的社会からゲゼルシャフト的社会へと歴史的に移行するとされた。主著に『Gemeinschaft und Gesellschaft（ゲマインシャフトとゲゼルシャフト）』(1887)，『Kritik der öffentlichen Meinung（世論の批判）』(1922)などがある。 →ゲマインシャフト，ゲゼルシャフト （伊藤美登里）

電話相談 匿名性が保たれること，緊急に対応できること，手軽に相談できることから，幅広い分野で電話相談が行われている。精神保健福祉に関する電話相談としては，国の心の健康づくり対策として，精神保健福祉センターで実施している。社会生活環境の変化に伴うストレスの増大により，心の健康づくり対策が重要な課題となり，1985年度から精神保健福祉センターにおいて「心の健康づくり推進事業」が実施され，1990年度からは事業の一環として専用電話「こころの電話」を設け，広く相談に応じることとなっている。また，最近では，地域生活支援センターなどにおいても電話相談を実施している。電話相談や電話カウンセリングは，相

談の入り口として，また危機対応としては効果的であるが，相談者と相対しないため，限界があり，複雑な事例または継続する事例等については，できるだけ来所相談に向けることが望ましい。
〔高橋松代〕

と

トインビー〔Toynbee, Arnold：1852-1883〕 イギリスのオックスフォード大学で経済史を講じた歴史学者。その著『Lectures on the industrial revolution of the eighteenth century in England（英国産業革命史）』は，「産業革命」という言葉を初めて使ったことで知られている。1884年ロンドン・イーストエンドに牧師バーネット（Barnett, S.）が設立した世界最初のセツルメントであるトインビー・ホールは，バーネットの協働者で31歳の若さで急死したトインビーを偲んで名づけられた。その後，セツルメント活動は世界中に広がっていった。　→トインビー・ホール 〔山口幸照〕

トインビー・ホール〔Toynbee Hall〕 世界最初のセツルメント・ハウスとして1884年，バーネット（Barnett, S. & Barnett, H.）夫妻ら大学人の手によって東ロンドンのスラム街に創設された。当時オックスフォード大学ペリオル・カレッジの助手であったトインビー（Toynbee, A.）がバーネットらとセツルメントの創設を推進したが完成を待たずに31歳の若さで急死したことから，その偉業を讃えて名づけられた。産業革命による貧困の出現に社会改良の理想を求めて多くの知識人，若者がこの活動に影響を受けた。　→セツルメント，トインビー 〔田中英樹〕

同意権／取消権 行為能力が制限されている者（未成年者，被補助人および被保佐人）の法律行為を完全に有効にする権限を同意権といい，その行為を無効にする権限を取消権という。民法は意思能力が不十分な者が取引社会で犠牲にされることを防ぐために，そうした者を類型化し，その者の財産管理権を制限して単独では完全に有効な法律行為をなし得ない（取り消すことのできる法律行為）ものとし，その代わりにその財産管理権を補充する者として親権者や補助人，保佐人に同意権および取消権を与えている。同意権・取消権は本人が単独で契約などの法律行為をすることを前提とするが，被後見人の場合は後見人が常に法定代理をすることが予定されているので，後見人が同意を与えて被後見人が単独で契約行為などをすることは予定されていない。 〔池原毅和〕

同意書 一定の行為に同意する意思を記載した書面を同意書という。同意は原則として意思表示のみで足り，書面を要しないのが原則である。法律行為に一定の要式が求められていない場合は意思表示のみでその効力を生じる（不要式行為）のが原則であるが，意思確認を確実にするためなどの趣旨から書面によることを要する場合はその旨の規定が必要である。精神保健福祉法では医療保護入院の同意について同意書を添えて都道府県知事に届け出ることを要求している（第33条第4項）。 〔池原毅和〕

同一視〔identification〕 同一であるとみなすことをいい，防衛機制の一つであり，同一化ともいう。発達段階による区分として，①一次的同一視：自他の未分化な段階で，例えば乳児が母の乳房を自分の一部とみなすような全体的なもの，②二次的同一視：自他の区別が成立した上で，対象（の属性）を取り込んで自分のものとする，のように二つのものがあるとされる。一次的同一視では，自己愛的段階におけるものなので，対象を失うことは自己の一部を失うことに等しく，対象への攻撃はそのまま自己への抑うつに陥る。一方，二次的同一視では，部分的なものであるため，対象を失っても病理的な抑うつに至ることはないとされる。また，社会における集団での対人関係の力動にも，同一視が働くことが想定される場合がある。　→防衛機制 〔菊池礼子〕

同意入院 1950年に施行された精神衛生法第33条の「保護義務者の同意による入院」のこ

と。精神衛生法による精神障害者の入院形態は、自傷他害のおそれのある者の都道府県知事の行政処分による措置入院と本人の同意がなくても保護義務者が入院の同意をして入院する同意入院しかなく、本人の意思による入院形態が存在しなかった。1987年改正法において自らの意思で入院する任意入院が加わったときに、医療的な見地から保護者の同意により入院させるという意味で医療保護入院と改正された。→医療保護入院　　　　　　　　　　（鴻巣泰治）

動因／誘因　動因とは、何らかの行動を引き起こすために必要な生活体の内的状態をいう。外的刺激によって行動が起こるときは、（その刺激を）誘因と呼んで区別する。また、要求に基づく動因を一次的動因、条件づけられ学習された動因を二次的動因という。動因低減説とは、条件づけで反応が起こりやすくなるのは、反応によって動因（要求）を引き下げることができるからであるとするもので、その後、回避行動の説明等で疑問が出され、現在では再検討されている理論である。　　　　　　（菊池礼子）

投影　フロイト（Freud, S.）のいう防衛機制の一つ。自分の内の特定の衝動や性質、イメージなどが自分以外の対象に見いだされると思い込む過程。自分がある種の欲求や感情を抱いていることをそれとは認めずに、自分以外の他人がそうした衝動や感情を抱いているのだと指摘したり、非難したりする。このように自分の性質が他人に投影されるときには否認が先行する。あくまで対象の性質であると思い込むことで自分が不安に陥ることから免れようとする。自分が密かに敵意を抱く相手の方が、自分のことを馬鹿にしたり自分を嫌っていると感じたりする場合がこの一例で、周囲に対する不信や敵意の強い状況にある人ほど、周囲が自分を脅かしていると受け止めやすい。　→防衛機制
　　　　　　　　　　　　　　　　（加藤洋子）

投影法　あいまいな刺激や素材を与え、こちらの意図を伝えずに相手の想像力に照らして自由な反応や構成を促すことにより、相手の人格特性を見いだそうとする検査法。ここでいう「投影」は、防衛機制としての用語より広義に用いられ、その人の内面にある感情や願望、葛藤、経験、思考パターンなどの外界への反映という意味をもつ。代表的なものとしてロールシャッハ・テスト、TAT（絵画統覚検査）等がある。投影法は検査状況や反応の表現上の特性から、被験者の非日常的な面や、意識化されていない精神活動、内容に関する多くの資料を提供し、より深層にある人格特性を知る上で有効な方法となる。しかしほかの検査法に比べて、解釈にあたり技術と力量を要し、習熟には時間が要る。→ロールシャッハ・テスト、絵画統覚検査
　　　　　　　　　　　　　　　　（加藤洋子）

登記　国が作成・管理する登記簿に一定の事実およびその内容を記載することまたは記載された内容をいう。登記される事項は不動産登記、船舶登記、商業登記、後見登記など法定されているものに限られる。登記制度の制度理由は、一定の重要な事項については、これを公示することによって、第三者に不測の損害を与えないことにある。登記の効力としては、登記により公示した事項については第三者に対抗できるとするもの（不動産登記など）、一定事項を効力発生要件とするもの（会社の設立登記など）がある。また登記が真実と異なる場合には登記を信頼した者は保護される（公信の原則）ものがあるが、わが国ではこの公信の原則は認められていない。　　　　　　　　　　（杉浦ひとみ）

動機　生活体を目標や目的に向かった行動に駆り立てる原動力となるもの。生活体のなかに生じた行動の原因を動機または動因という。動機と動因はほぼ同義語として使用されるが、その理論的背景から、微妙な差異がある。動因には、生活体内に生じた内的緊張の解消を求めるという意味合いがあり、生理的欲求を満たすなどの比較的単純な行動の場合に使われることが多い。動機が、活動の目標である誘因に向けられる過程や働きのことを動機づけという。動機づけは、「なぜあの人がこういう行動を起こしたのだろう？」というように行動の原因が問われ、説明を要請される際に設定される概念となる。例えば寒さで暖房器具をつけた人は、暖房のもたらす暖かさを誘因に、スイッチを押すという

行為に動機づけられていることになる。動機づけには多様な種類があり，飢えや渇きなどの一時的動機づけや，金銭欲求などの経験的に獲得された二次的動機づけなどがある。また人間には，こうした欠乏を埋めるための動機づけ（欠乏動機）のほかに，達成動機のような精神的な動機づけもある。このほか，行為と目標とが直接的関係にある内発的動機づけと，行為の外部に目標が置かれた外発的動機づけという分け方もある。活動それ自体が目標である，例えば趣味などは内発的動機づけによる行為であり，親からの褒美を期待したお手伝いのように，活動外の目標に到達するための手段としての行為は，外発的動機づけによるものとなる。

(加藤洋子)

冬季加算 生活保護の加算の一つ。世帯単位の費用である第2類の経費に含まれる，11月から3月までの5か月間設定されている加算。夏季に比べ，冬季には暖房費など必要となる日常生活の需要が高くなることに考慮している。都道府県を単位として，寒冷度を考慮して全国をI区からVI区まで分類し，さらに世帯人員別に設定されている。 →各種加算 (敦賀弘恵)

道具的条件づけ ⇨オペラント条件づけ

統計的検定〔statistical test〕 母集団から無作為に抽出された標本に対して求められた統計指標の示す特性が母集団に関しても妥当する性質であるか否かを確かめる手続きを統計的検定と呼ぶ。例えば，いまAとBという二つの母集団があり，無作為標本の平均身長がそれぞれ168.5cmと170.3cmであったとき，標本平均の1.8cmの差が誤差によって引き起こされた偶然的なものであるのか，あるいは母集団を構成する対象の身長にそれだけの差があって生まれたものであるのかを確かめるのが統計的検定である。統計的検定は確率論的に確からしいと思われる判断を下す手続きであり，この確からしさを保証する分かれ目が有意水準と呼ばれる確率値（5％水準がその一つ）である。 →標本抽出，カイ二乗検定 (和田修一)

統合教育〔integrated education〕 「障害児もできるだけ健常な児童・生徒とともに生活させ，教育すること」と定義されている。障害児は従来，分離教育（segregated education）を受けてきたが，ノーマライゼーション理念が浸透し，イギリスやフランス等では1970年代から統合教育が推し進められてきた。日本では，1979年障害児全員就学前後から統合教育の推進が課題となってきた。 →ノーマライゼーション，インテグレーション，メインストリーミング，インクルージョン (坂本智代枝)

登校拒否 ⇨不登校

統合失調症〔schizophrenia〕 クレペリン（Kraepelin, E.）はそれまでの破瓜病，緊張病，妄想痴呆などをまとめ，思春期に発症し慢性に経過し最後は痴呆に至る病気として早発性痴呆（dementia praecox）と名付けた（1899）。ブロイラー（Bleuler, E.）は，必ずしも早発ではないこと，痴呆とは異なること，すべての症例が人格荒廃に陥るとは限らないことから，連合心理学の立場で横断的に「連想の分裂」という意味のschizophrenieと呼んだ（1911）。わが国では，1937年以来，schizophreniaの日本語訳を「精神分裂病」としてきたが，2002年，日本精神神経学会はschizophreniaの呼称を「統合失調症」と改めた。統合失調症の有病率は約1％で，世界中でほぼ同じである。発症は10代後半から30歳までに多い。統合失調症が遺伝疾患であることは否定的であり，統合失調症の発症機序については，ストレス―脆弱性モデルが注目されている。このモデルは生物学的脆弱性をもつ個体に心因としてのストレスが加わり発症あるいは再発するという仮説である。この生物学的脆弱性は胎生期に形成され（first hit），思春期のストレス（second hit）が加わり発症するという2ヒット・モデルもあるが，単純すぎると思われる。むしろ，脆弱性自体が生物学的にのみ規定されるのではなく，在胎中から思春期までの環境との能動的相互作用により脆弱性が形成されると考えるほうが，これまでの統合失調症の膨大な研究成果を統一的に説明できる。この脆弱性は具体的には，外界の認知の歪みを生じやすくする。これに思春期以降の大きな心的ストレスが加わると，知覚や思考の歪みとして

症状形成し、幻覚や妄想あるいは興奮や昏迷に至る。とりわけ、統合失調症における知覚や思考の歪みは、外界（他者、社会）の主体的意味において顕著である。統合失調症の発症のリスクは、胎生期から思春期までの豊かな環境を保障することで相対的に軽減できると考えられる。また、発症しても急性期が過ぎれば、できるだけ早く、現実生活に戻り、そこでストレスに対処し、自らの価値と尊厳を取り戻すことが重要である。統合失調症の急性期の治療は薬物療法が主であるが、陽性症状（幻覚・妄想や興奮・昏迷）が軽減すれば、生活支援とリハビリテーションが主となるべきである。地域における生活支援やリハビリテーションは、精神保健福祉の主たる役割であり、ここでは医療はむしろ補助的役割を果たすべきである。精神障害におけるリハビリテーションとは、その言葉の本来の意味である「人間としての復権」を実現するものでなければならない。薬物療法のみでは再発を防げないことは、すでに多くの研究で明らかであり、さらに、陰性症状のかなりの部分は、抗精神病薬長期過量投与によるものである可能性が指摘されている。これまでの「病気が良くなったら普通の生活ができる」という考えから、「その人らしい生活ができるようになれば（支援すれば）病気も良くなる」との発想の転換が必要であろう。　→精神分裂病、陽性症状

(平松謙一)

統合理論／葛藤理論〔integration theories/conflict theories〕　一定の秩序を形成・維持するために社会は、それを構成する人々の志向を統合する機構を備えている存在であると同時に、利害や価値観の相違といった対立軸が内在化していることによって従来の秩序構造を変革し構造変化（「社会変動」と呼ばれる）が行われるという性質を備えた存在でもある。従来の社会学では、その二つの側面のどちらかにより重点を置いて理論を構成する視点が存在したが、前者により大きなウエートを置く理論を統合理論と呼び、葛藤理論は後者の観点からする理論である。統合理論の代表例は古くは社会有機体説があり近年では構造機能論がある。後者の立場では、マルクス主義理論、あるいはそれ以外の階級理論が代表的である。　→社会変動

(和田修一)

洞察　ある問題を解決しようとしていくつかの可能性を検討するうちに、今まで気づかなかった見方や考え方に至ること。偶然の成功を伴う試行錯誤とは異なり、事柄間の因果関係やつながり等、見通しをもって学びを得ること。精神分析学では、治療の進展に伴い、これまで無意識のなかに抑圧されていたために気づかずにいた心の内容や葛藤を知ってくることをいう。しかも単なる知的理解にとどまらず、情動を伴うような体験をもって、症状のもつ意味や因果関係に気づき、深い理解に至る心理過程を指す。精神分析療法では、洞察を治療過程の重要な要素として注目する。一方行動療法では、行動の変化が最初に起こり、これに付随して洞察が生じると考えられている。

(加藤洋子)

当事者　社会福祉サービス等の利用者のことをいう。かつては「受益者」とか「対象者」と呼ばれていた。前者は、社会福祉サービスの利用を権利としてとらえられていないという意味合いがあるため今日では使われなくなった。後者は、社会福祉の援助の一方的な受け身の立場の印象を与えるので、市民参加型の社会福祉をつくり上げていこうとする理念と矛盾するものとなる。そこで、「当事者」という言葉が使われるようになった。その背景として、障害者福祉を例に挙げれば、障害者福祉に関わる福祉サービスの問題は、障害者自身が問題解決の中心に位置すべきであるという意識が近年社会に広がってきたことが挙げられる。しかし、「当事者」という言葉も問題点があるとされる。障害者自身が「当事者」ならば、障害者福祉に関わる支援者たちは大きな役割を果たしながらも「当事者」ではないことになるし、その家族や一般市民も障害者福祉には関係がないかのような印象を与える。障害者のみを「当事者」と呼ぶことは、福祉が全市民共通の問題であることを忘れ、一部の人の問題という誤解を与えるおそれもある。近年、家族を当事者に含めることが一般的であるが、いずれにしても当事者参加はサービ

スの策定，利用の基本である。グロウサー(Grosser, C.) とモンドロス (Mondros, J.) は，当事者運動を次の四つに分類している。①障害者団体が交流会を通して仲間意識をつくり，社会に積極的姿勢を示す，②署名運動などで行政や施設に圧力をかけ，方針転換をさせる，③当事者が地域福祉計画作成や実施に参加する，④行政や既存の機関が行っていない新しいサービスを行う，すなわち当事者の視点から，専門家ができないケアを提供する。従来の社会福祉サービスが利用者の意思や主体性を尊重してこなかった歴史を反省し，社会福祉サービスを市民の権利として認識することが重要である。当事者主導でニーズの充足に向けて発展させていくべきであり，その具体的な活動が当事者運動ということになる。　→市民参加，主体性の尊重，コンシューマー　　　　　　　　　（三橋真人）

当事者訴訟　広義では，対立する当事者を訴訟に関与させ審理を行うこと。民事訴訟では，弁護士訴訟に対する当事者本人訴訟をいう。行政事件訴訟法上の当事者訴訟は，当事者間の法律関係を確認しまたは形成する処分または裁決に関する訴訟で，法令の規定によりその法律関係の当事者の一方を被告とするものおよび公法上の法律関係に関する訴訟（第4条）をいう。これは，通常の民事訴訟と同じ類型の訴訟で，利害関係をもつ実質的な当事者を訴訟当事者として争わせるため当事者訴訟という。
（杉浦ひとみ）

同族　日本の伝統的家族である家は家産の単独相続を旨とした。相続者は多くの場合長男であったが，相続しない次三男以下の男子には，農地，宅地などを分与し利用させ，生活の単位を形成させようとした。自家を継承した長男の家族は本家であり，分け与えられた者の家族は分家とされた。本家と分家が成す集団である同族（団）の構造は，生活の諸側面における分家の本家への依存と本家の側での分家が提供する労働力への依存という相互依存関係と，共通の祖先の祭祀により特徴づけられていた。　→家制度　　　　　　　　　　　（熊谷苑子）

統治行為　一般に，「直接国家統治の基本に関する高度に政治性のある国家行為で，法律上の争訟として裁判所による法律的な判断が理論的には可能であるのに，事柄の性質上，司法審査の対象から除外される行為」をいう。存在理由は「高度に政治性のある国家行為の判断は主権者たる国民に対して政治的責任を負うところの政府，国会等の政治部門の判断に任され，最終的には国民の政治判断に委ねられるべきだから」（衆議院解散についての判例）とされる。
（杉浦ひとみ）

頭頂葉〔parietal lobe〕　大脳半球はそれを覆う頭蓋骨の名をとり前頭葉，頭頂葉，側頭葉，後頭葉の四つに分けられる。頭頂葉は前頭葉と後頭葉の間で側頭葉の上に位置し，これらを結ぶ重要な場所で，機能的にも密接な関係を有している。触覚，痛覚，温度覚，位置覚あるいは運動覚，振動覚といった体性感覚の情報を統合し，身体や空間の認知を司っており，この部位の障害で失行，失認などの症状が生じる。　→大脳　　　　　　　　　　　　（熊田正義）

糖尿病　糖代謝に関係するホルモンであるインスリンの不足または活性不足により高血糖や糖尿などの代謝異常を生じる疾患で，糖尿病性網膜症や腎症，神経障害などを合併することが多い。インスリンが膵臓でつくられないインスリン依存型（Ⅰ型糖尿病）と，非依存型（Ⅱ型糖尿病）に分けられ，大部分は非依存型で成人になって発症するものが多い。運動や食事などの生活習慣と強く関連する。糖尿病の総患者数は約228万人（2002年の患者調査）であるが，糖尿病の可能性を否定できない人を加えると，その5倍以上と推計される。直接の死因になることは多くないが，脳血管疾患や心筋梗塞の危険因子であり，また，腎症では透析が必要になったり，網膜症による視覚障害を生ずる原因となる。診断には糖負荷試験のほかにヘモグロビンA_{1c}の検査が行われる。　　　　（成相京）

逃避　適応困難な状況や不安，恐怖などの情動を引き起こす場面から逃れ退くこと。防衛機制の一つ。状況から単純に身を引く場合は，顕わな行動となって観察可能なことが多いが，周囲の者にさとられにくい隠れた行動もある。ど

こに向かって逃避をするかという志向対象により，①問題への直面を避けた無関係の現実への逃避，②空想世界への逃避，③退行の一つである過去への逃避，④病気にかかることで自己防衛する疾病への逃避，などがある。　→防衛機制
(加藤洋子)

動脈　心臓の圧で血液を心臓から遠ざかる方向（毛細血管）へ運ぶ血管で，相対的に壁が厚く筋に富み拍動を示す。円筒状で，遠位になるにつれ，分岐するにつれ径は小さくなる。肺動脈と臍動脈を除けば，動脈は酸素を多く含んだ赤い血液を運ぶ。　→体循環
(堀智勝)

動脈硬化　虚血性心疾患，脳血管疾患など死亡原因の約1/3を占める生活習慣病の基礎疾患として重要な病態である。加齢に伴う変化だが個人差が著しい。太い動脈では高血圧や喫煙などにより内膜損傷が生じ，そこに付着した単球が変性LDLコレステロールを取り込み粥状硬化を惹起する。この粥腫が断裂しその修復機転として血栓を形成し閉塞性動脈硬化症をきたす。腸骨動脈閉塞では下肢の間歇跛行，阻血性潰瘍，壊死を呈する。細動脈では動脈の中膜が線維性に硬化し脳や腎の血行障害を惹起する。危険因子として高血圧症，喫煙，高脂血症，肥満，糖尿病，運動不足などが挙げられ，これらの除去は生活習慣病対策の主眼の一つとなっている。
(永井孝三)

当面の緊急保育対策等を推進するための基本的考え方　⇨緊急保育対策等5か年事業

トータルヘルスプロモーション〔total health promotion：THP〕　1988年の労働安全衛生法の改正によって，事業者に対して課された労働者の健康保持増進を図るために必要な措置を講じる努力義務。その具体的措置のあり方について公表された指針では，身体面のみならず精神面の健康にも取り組むことの必要性が明示され，「心とからだの健康づくり運動」をスローガンとしたトータルヘルスプロモーション・プランが推進されることとなった。具体的には，健康測定とその結果に基づいて各人の健康状態を総合的に評価し，より質の高い職業生活が送れるように心身両面からの健康指導を実施するなど健康面の支援を行うことを目的としている。健康診断がメディカルチェック（疾患の早期発見など）が中心なのに対し，健康測定はヘルスチェックを目的としている。そのための専門家として，産業医（健康測定研修終了医師），運動指導担当者，運動実践担当者，心理相談担当者，産業栄養指導担当者，産業保健指導担当者が挙げられている。　→産業医，労働安全衛生法
(大西守)

トータルリハビリテーション〔total rehabilitation〕　全体的かつ包括的なリハビリテーションを指す。WHOのリハビリテーション定義にいうところの医学的・社会的・教育的・職業的なアプローチを，統合的に行うリハビリテーションの形態を指す。図式的には四面体の各面にそれぞれが対応するとして，その四面体がイメージとしてふさわしい。また病院内リハビリテーションと地域でのリハビリテーションとを対立的なものとしてでなく，相互に補完し合うものとしてとらえた視点としても用いられることがある。
(丸山晋)

ドーパミン仮説〔dopamine hypothesis〕　脳内の受容体に放出されるドーパミンが増えることにより統合失調症（精神分裂病）症状を発現させるという仮説。統合失調症様の症状を引き起こすメタンフェタミン（商品名ヒロポン）が脳内のドーパミンを増加させること，有効な抗精神病薬はドーパミン受容体を阻害する能力を有すること（ドーパミンの伝達を阻害する），統合失調症の死後脳の線状体でドーパミン受容体の密度が増加していること等に基づいている。しかしドーパミンの過剰な伝達が統合失調症の原因である直接的な事実は現状ではほとんどない。抗精神病薬は統合失調症症状に特異的ではなく，せん妄状態，痴呆などの妄想や幻覚にも有効であり，思考の貧困，自発性の欠如，身辺への無関心といった慢性統合失調症症状を治療するには抗精神病薬の効果は少ない。死後脳におけるドーパミン受容体数の有意な増加は全部の脳にみられるものではない。統合失調症が思春期に多く発症することの説明も難しい。　→統合失調症
(熊田正義)

トーメ〔Thomae, Hans：1915-2001〕 ドイツの心理学者。バイエルン州，ライト・イム・ヴィンクルに生まれる。ベルリン大学とボン大学で心理学，哲学，歴史学を学ぶ。1960年から1983年に退官するまでボン大学教授。老年学の創設者の一人。老化も視野に入れた，生涯にわたる発達心理学の確立に功績をあげ，1965年から1983年まで行われた縦断的研究（BoLSA）は，その後の研究のモデルになった。人格心理学においては，伝記的方法も研究方法として認め，個性記述と法則定立を調和させようと努力した。　→縦断的研究／横断的研究　（長瀬浩一）

トールマン〔Tolman, Edward Chase：1886-1959〕 アメリカの心理学者。マサチューセッツ州，ウエストニュートンに生まれる。ハーバード大学で博士号取得。新行動主義の代表者の一人。学習は刺激と反応の単純な結合ではなく，手段と目的の関係を知ること，すなわち認知地図の形成であると考え，行動における「目的」や「期待」という認知的側面を重視した。彼の理論は目的的行動主義，認知的行動理論とも呼ばれる。また，独立変数（刺激）と従属変数（反応）を結びつける，生活体の内的条件としての仲介変数という概念を心理学に導入したことでも知られる。　　　　　　　　（長瀬浩一）

トキソプラズマ症〔toxoplasmosis〕 トキソプラズマ原虫の感染によって起こる人畜共通の感染症である。終宿主はネコ科の動物で，ネコの腸管上皮細胞内でオーシストがつくられ，糞便とともに排出されて野外で発育成熟し感染性となる。ヒトなどの中間宿主がこの成熟オーシストを経口摂取すると感染し，多くの場合脳や筋肉細胞内で嚢子を形成する。ヒトへの感染は成熟オーシストの経口摂取と，ウシ，ヒツジ，ブタなどの感染食肉動物の肉や臓器内の嚢子を経口摂取する場合とがある。日和見感染の一つである。　→日和見感染　　　　　（中村敬）

トクヴィル〔Tocqueville, Alexis de charles Henri Maurice Clérel de：1805-1859〕 ノルマンディーの伝統ある貴族の末裔で母親はルイ16世と縁続き。フランスの混乱期に法曹界にあり，旧体制と革命派の対立を目の当たりにする。この経験を経て友人ギュスタヴ・ド・ボーモンとアメリカを訪問し，9か月間に集めた情報を元に『De la démocratie en Amérique, 4 Tomes（アメリカの民主主義）』（1835-1840）を著し，独立後間もないアメリカを紹介した。トクヴィルは後に政治家にもなる。「自由に自由以外のものを求める者は隷従を強いられるようになる」と著書のなかに記している。　（池原毅和）

特殊教育　⇨特別支援教育

特性論　性格を分類する一つの立場の総称。人間の性格を少数の型に分類する類型論とは違い，性格を構成する比較的多数の特性に分析し，それらの程度を量的に測り，測定値の組み合わせによって個人の性格を記述しようとする。ここでいう特性とは，個人が示す行動傾向のことで，支配性，社交性，攻撃性，同調性など多少なりともすべての人がもっているものである。各特性をどの程度もっているかは性格テストや行動観察によって評定される。結果はしばしば一定の尺度上に表され，その人の性格傾向を示すとともに，これをもとに他者との比較が可能となる。一方，特性論は客観化を目指すあまり，個人の全体性や独自性を見逃しやすいという欠点も指摘されている。　　　　　　（加藤洋子）

特定求職者雇用開発助成金　就職が特に困難な者を雇用した事業主を支援する制度で，障害者，高年齢者等を雇い入れた事業主に賃金助成する特定就職困難者雇用開発助成金と厚生労働大臣が雇用状況が悪化したと認めた場合や雇用維持等地域を指定した場合に再就職援助計画対象者を雇用する事業主に賃金助成する緊急就職支援者雇用開発助成金からなる。精神障害の場合には，主に特定就職困難者雇用開発助成金にかかわる。本助成金は，公共職業安定所の紹介により，障害者を常用労働者として雇用する事業主に対し，障害者に支払う賃金の一定率を一定期間助成する制度である。助成率と助成期間は，障害の種別，年齢，障害の程度，短時間労働か否か，企業規模で異なるが，助成率の最大は1/2，最長助成期間は1年6か月である。なお，申請窓口は事業主所在地管轄の公共職業安定所である。　→雇用保険，公共職業安定所

(舘曉夫)

特定疾患 指定難病ともいわれる。原因不明の神経病とされたスモン病が1965年頃に多発し社会問題となったが，これを契機に，原因不明で慢性経過をとり難治性の疾患に対する社会的視点からの対応が求められ，行政的にもこれに応じることとなったのが，1972年に厚生省に設置された特定疾患対策室であり難病対策要綱である。この要綱で難病としたもののうち行政施策の対象にしたのは，①原因が不明で治療法が未確定で後遺症が残るおそれがある疾患，②経過が慢性的で経済的な負担が大きいだけでなく介護に手が掛かり家族に肉体的精神的な負担が大きい疾患，であった。これを特定疾患という。2003年4月現在指定されているのは45疾患である。これらの特定疾患には治療研究費の名目で医療費の援助（公費負担）をすることとなっているが，この制度が特定疾患治療研究事業である。一方，1968年にフェニールケトン尿症などの先天代謝異常に対する医療費負担を行うために母子保健法による未熟児養育医療が始まり，血友病や小児がん，慢性腎炎やネフローゼのほか喘息などにも広がったが，1974年に小児慢性特定疾患治療研究事業として統合され，慢性心疾患や内分泌疾患，膠原病や糖尿病などのほか神経・筋疾患をも含む医療費を援助することとなった。　　→難病　　　　　（吉川武彦）

特定非営利活動促進法〔平成10年法律第7号〕　1990年代に民間の市民活動が高まるとともに必要性が論議され，1998年3月に制定，同年12月に施行された。いわゆるNPO法。保健，医療または福祉の増進を図るなど法律で定められた17の領域の特定非営利活動を行う団体に法人格を付与すること等により，市民が行う自由な社会貢献活動としての特定非営利活動の健全な発展を促進し，公益の増進に寄与することを目的としている。法人の運営や活動についての情報公開，法に基づく運営などが義務づけられている。　　　　　　　　　　（宮城孝）

特定療養費　保険診療と自由診療との調整を図るため，その共通基礎部分が医療保険の現物給付として支給されるもの。患者が保険給付以外の一定以上の治療・サービス（差額室料や，特定の歯科治療，200床以上の病院での紹介なし初診・再診，予約診療，時間外診療，医薬品の治験，小児のう蝕治療後の継続管理，医療用具の治験，保険収載前医薬品の投与，180日超の長期入院）を受ける場合や，まだ保険医療としては承認されていないが厚生労働大臣が指定した高度先進医療（都道府県知事の承認を受けた大学病院等の特定承認保険医療機関が提供する最先端の医療）を受ける場合，全額が患者負担となるのではなくて，通常の入院費・治療費という基礎部分が特定療養費として現物給付される。それ以外が患者負担となる。保険給付に上乗せ・横出しされて患者の選択の幅は広がるが，費用もかかる。1984年健康保険法改正で導入。
　　→保険診療　　　　　　　　　（松溪憲雄）

特別縁故者への相続財産分与　特別縁故者とは，被相続人（死亡した人）と生計を同じくしていた者，被相続人の療養看護に努めた者，その他被相続人と特別の縁故があった者，であって相続人でない者をいう。相続人がみつからない場合には，相続財産は国家に帰属することになる（民法第959条）が，このような特別縁故者から請求があった場合には，家庭裁判所は相続財産を与えることができる（第958条の3）。相続人で寄与した者については寄与分の制度による。　　→相続，相続人　　　　（杉浦ひとみ）

特別加入　労災保険の適用資格は，労働基準法第9条の労働者の定義（「職業の種類を問わず，事業又は事務所に使用される者で，賃金を支払われる者」）と同じであるが，労働者以外の者であっても，その作業の実態や作業中の災害発生状況などからみて，特に労働者に準じて労災保険により保護する必要があると認められる一定の人に対して，特別の任意加入を認めている。法的要件枠の中小事業主，一人親方その他の自営業主，危険有害作業に従事する家内労働者，海外派遣労働者，労働組合の非専従役員，特定農作業従事者，職場適応訓練受講者などがそうである（労働者災害補償保険法第33条以下）。1996年4月1日以降，一定の要件の下，現地法人の社長（事業主）として海外に派遣され

る者も特別加入できることになった。さらに、2001年4月1日より、介護作業に従事する者も労災保険に特別加入することができるようになった。これは、個人家庭に使用される場合は、家事使用人として労働基準法および労働者災害補償保険法の適用はないが、介護作業に従事する方は、ほぼ介護サービス事業者に使用される労働者と同様の実態にあるため、労働者に準じて労災保険による保護を図るため、労災保険の特別加入の対象者とした（労働者災害補償保険法施行規則第46条の18第5号）。加入対象者は、介護労働者の雇用管理の改善等に関する法律第2条第1項に規定する介護関係業務に係る作業（入浴、排泄、食事等の介護その他の日常生活上の世話、機能訓練または看護）に従事する者である。ただし、介護サービス事業者に使用される労働者には、労災保険が当然適用されるので、特別加入の対象にはならない。　→労働者災害補償保険　　　　　　（辻村昌昭）

特別控除　生活保護の勤労控除の一つ。就労に伴う収入を得ている者を対象に、基礎控除を補足し、必要な臨時的需要に対応するために設定されている控除。原則的には、賞与などの収入に対応する控除。就労の状態を考慮しつつ、居住する級地により、原則として年収の1割など、年間の控除額の限度が決められている。　→勤労控除　　　　　　　　　　　（敦賀弘恵）

特別支援教育　特別な教育的ニーズに応えるという観点から、障害のある子どもの学校教育をこのように呼ぶ。障害種別ごとの教育から、自立や社会参加を支援するためのニーズ教育へと、とらえ方が変化している。学校教育法では特殊教育の目的として、小・中・高等学校等に準ずる教育によって、その欠陥を補うために必要な知識技能を授けると定めている。教育形態としては、盲・ろう・養護学校、特殊学級、普通学級（通級による指導を含む）、施設・病院内の分教室、訪問教育、教育派遣がある。
　　　　　　　　　　　　　　　（淺沼太郎）

特別支給の老齢厚生年金　1985年改正以降、60歳以上65歳未満の人に支給されている老齢厚生年金である。65歳以降に支給される老齢厚生年金に相当する報酬比例部分に加え、老齢基礎年金に相当する定額部分も支給されている。1994年改正により2001年から段階的に報酬比例部分相当の老齢厚生年金のみへと切り替えられている。さらに2000年改正により、2013年からはこの報酬比例部分についても支給開始年齢が段階的に引き上げられることとなっている。
　→老齢厚生年金　　　　　　　　（松本由美）

特別児童扶養手当　特別児童扶養手当等の支給に関する法律に基づき精神または身体に障害を有する20歳未満の障害児を監護している父母等に支給される全額国庫負担の無拠出手当のことである。1964年に創設された重度知的障害児に対する手当を前身とし、1966年に重度の身体障害にも拡大された際、現在の名称となった。その後内部障害（1972年）、中程度の障害（1975年）にも拡大され、対象障害児・父母等の国籍要件も撤廃された。　→特別児童扶養手当等の支給に関する法律　　　　　　（北場勉）

特別児童扶養手当等の支給に関する法律〔昭和39年法律第134号〕　20歳未満の障害児を支給対象とする特別児童扶養手当、20歳未満の重度障害児を支給対象とする障害児福祉手当、20歳以上の特別障害者を支給対象とする特別障害者手当の3種があり、それぞれ支給の要件や制限が規定されている法律。1986年に障害基礎年金制度が始まったことを受けて、それまでの福祉手当が20歳未満に限定した障害児福祉手当となり、新たに所得保障の一環として特別障害者手当が創設された。　　　　　（淺沼太郎）

特別受益　ある人が亡くなる（亡くなった人が被相続人）と、一定の範囲の者が相続人となる（民法第886条以下）。この相続人が複数いる場合、その相続人らを共同相続人という。この共同相続人中に、被相続人から遺贈を受け（遺言で財産を与えること）、またはそれらの者が婚姻や養子縁組のために贈与を受けたり、生計の資本として贈与を受けた者があった場合のこれらの受益を特別受益という。このような場合には、被相続人が相続開始のときに有した財産の価額にその贈与の価額を加えたものを相続財産と見なして相続分を算定することになる。特別

受益がこのようにして算出された相続分を超えるときには，特別受益者はその相続分を受けることができないことになる（第903条）。　→相続，相続人　　　　　　　　　　（杉浦ひとみ）

特別障害者手当　特別児童扶養手当等の支給に関する法律に基づき特別障害者に支給される手当。常時介護が必要な20歳以上の在宅で生活している重度障害者に支給される。在宅で生活している多くの障害者は家族やホームヘルパーによる介護を受けながら生活している。この手当は障害基礎年金と併給することができる，社会手当方式をとる一種の介護者手当である。その財源は国が3／4，都道府県が1／4を負担する公的給付である。20歳未満の児童の場合には障害児福祉手当がある。　→特別児童扶養手当等の支給に関する法律　　　　　（松崎泰子）

特別徴収　介護保険の第1号被保険者の保険料納付において，公的年金の定期支払時に特別徴収義務者となる年金保険者が徴収（天引き）を行い市町村に納入する方法。特別徴収による保険料納付が行われる第1号被保険者（特別徴収対象被保険者）は，年金支給額が年18万円以上の者であり，年金支給額が年18万円未満の者，無年金者，遺族年金・障害年金を受けている者等は，個別納付書による年間保険料の分納（普通徴収）で国民健康保険料とあわせて納付する（介護保険法第131条～第135条，同法施行令第40条，第41条）。　　　　　（早坂聡久）

特別なニーズ教育における原則・政策・実践に関するサラマンカ声明ならびに行動の枠組〔Salamanca Statement on Principles, Policy and Practice on Special Needs Education and a Framework for Action〕1994年6月にスペイン・サラマンカで，ユネスコが開催した「特別なニーズ教育：アクセスと質に関する世界会議」において採択された。同声明では，障害などで特別な教育的ニーズをもつ児童・青年・成人の教育を，通常の教育システムにおいて提供する「インクルーシブ教育」の理念を基盤とした「特別なニーズ教育」の方向性が示された。併せて，この声明の具現化に向けた指標として「特別なニーズ教育に関する行動要綱」が採択された。「特別なニーズ教育」は，従来のような通常の教育と障害児教育を分ける考え方を不適当とし，統合された環境のなかで個々の特別なニーズへの対応がなされることを基本とするインクルージョンの原則を理念的背景としている。　→インクルージョン　　（鈴木孝典）

特別保育事業　地域における保育需要や社会の変化に対応するために実施されている保育事業で，保育事業のうち特別な対策として国が財政援助をしている保育事業のこと。1960年代以降，家庭生活の変化に対応する事業として，実施拡大が図られてきた。現在の特別保育事業は，特別保育事業実施要綱（2000年3月）に基づき，延長保育促進事業及び長時間延長保育促進基盤整備事業，一時保育促進事業，乳児保育促進事業，地域子育て支援センター事業，保育所地域活動事業，障害児保育環境改善事業，家庭支援推進保育事業，休日保育事業，送迎保育ステーション試行事業，駅前保育サービス提供施設等設置促進事業，家庭的保育等事業，認可化移行促進事業，特定保育事業の13事業が規定されている。　　　　　　　　　　　　（山本真実）

特別養護老人ホーム　老人福祉法に基づく老人福祉施設の一種。介護保険制度では，都道府県知事の指定を受けることにより，指定介護老人福祉施設として施設介護サービス費の給付対象となる。対象は要介護者（要介護1～5と認定された被保険者）で，身体上または精神上の著しい障害のため常時介護が必要で居宅での生活が困難な者（ただし，介護保険制度開始前からの入所者については施行日から5年間の経過措置あり）。施設サービス計画に基づき，日常生活全般の介護，相談および援助，機能訓練，健康管理等のサービスを提供し，自立した日常生活を営むことができるよう支援する。利用は施設との直接契約であるが，やむを得ない事由により介護老人福祉施設に入所することが困難であると認められた場合は，市町村の措置入所となる。　→老人福祉施設　　　　（都﨑博子）

特別養子縁組　実父母およびその血族との親族関係を終了させる養子縁組。もっぱら養子となる子どもの利益を図ることを目的に1987年

の民法改正で新設された（民法第817条の2以下）。養親となる者が養子となる者を試験養育期間（6か月以上）監護した上で家庭裁判所に請求し、審判により成立する。普通養子縁組と異なり、戸籍上は実子と同様の扱いになり、原則として離縁ができない。成立要件は①養親は配偶者のある者で、夫婦が共に養親となり、原則25歳以上、②養子は原則6歳未満、③原則として実父母の同意があること。ただし、実父母が意思を表示できない場合、虐待等子どもの利益を著しく害する事由がある場合は同意不要。
→養子縁組　　　　　　　　　（大島道子）

特例居宅介護サービス計画費　居宅の要介護者が、指定居宅介護支援サービス以外の居宅介護支援サービスまたはこれに相当するサービスを受けた場合や、緊急等のやむを得ない事情で被保険者証を提示せず指定居宅介護支援サービスを受けた場合に支給される保険給付を特例居宅介護サービス費という。給付に際して居宅介護サービス計画費が基本的に現物給付で行われるのに対し、特例居宅介護サービス計画費では、利用者がいったん事業者に全額費用の支払いを行い、後に償還を受ける方式となっている。
　　　　　　　　　　　　　　（久保美由紀）

特例子会社制度　障害者雇用率制度では、個々の事業主に対して法定雇用率の達成義務が課せられるが、事業主が障害者の雇用に特別配慮した子会社を設立した場合、「一定の要件」の下に子会社に雇用されている障害者を親会社に雇用されているとみなし、雇用率にカウントできる。その子会社の要件は、親企業との人的関係が緊密であること、雇用される障害者が5人以上で、かつ全従業員に占める割合が20％以上等である。2002年の障害者の雇用の促進等に関する法律の改正により、親会社の責任の下、企業グループでの特例子会社の設置が可能になった。　→障害者雇用率制度　　　（工藤正）

ドクロリー〔Decroly, Ovide Jean：1871-1932〕　ベルギーの医師、心理学者。オードナールドに生まれる。ゲント大学で医学を学び、その後ベルリン大学、サルペトリエール病院に留学。20世紀初頭の国際的な新教育運動の指導者。1907年に「生活による生活のための学校」をブリュッセル郊外に創設した。この学校は「生活学校」と呼ばれ、伝統的な権威主義的教育は否定され、心理学的知見に基づいて、観察、連合、発表という3段階で学習活動が進められた。このような教育方法はドクロリー法と呼ばれ、ベルギー、フランスのほか、日本の新教育運動にも大きな影響を与えた。　（長瀬浩一）

都市化〔urbanization〕　近代産業化（工業化）の社会的趨勢において、社会の空間構造、社会成員の人口特性や社会関係、生活様式、パーソナリティ、社会意識などが複合的に変化することにより、社会が都市的な性格を帯びるようになっていく社会過程のこと。空間構造の変化としては、土地利用形態や建築物等の物理的環境の複雑化、輸送・通信や公的施設の機能拡大、生産・流通・金融・情報機能の集積、人口特性上の変化では、量的規模・密度・異質性・移動性の増大などが指摘され、また、都市生活者の社会関係については、地縁・血縁関係の希薄化、社会的地位の流動化（移動の容易化）、利害関係に基づく二次的接触の優位性、社会集団の機能分化、個人の匿名化・没個性化・没干渉性など大衆がもつ性格が、そしてパーソナリティや社会意識に関しては、無関心的・寛容的態度の拡大などが挙げられる。ワース（Wirth, L.）は、特に人口量・密度・異質性がこのような都市環境の形成をもたらし都市的生活様式を帰結させるとするアーバニズム論を展開し、個人解体や精神障害、自殺、非行・犯罪などの都市の病理的側面にも注意を喚起した。このアーバニズム論は、その後の実証研究の知見からも、都市の特性（独立変数）と都市的生活様式（従属変数）との因果関係を単純化していること、個人の原子化など社会解体の兆候は必ずしも観察されないこと、都市の発達過程には歴史的固有性と社会的コンテクストの個別性がみられ、すべての都市に理論モデルを適用しえないことなど、多くの問題点が指摘されることになる。　→近代化、産業化　　　　　　　　　（土屋淳二）

徒手筋力テスト〔manual muscle testing：MMT〕　検者の手で行う患者の筋力評価。やや

客観性に欠けるが容易に施行できる検査法として広く用いられている。筋力0から筋力5の6段階で評価をしている。特に筋力の弱い高齢者や女性では左右差をみて判断することが肝要である。筋力0は筋収縮が全くみられないこと。1は筋の収縮のみ認められる。2は重力には打ち勝てないが，その影響を取り除けば関節を動かすことができる。3は重力に逆らって関節を動かすことができる。4は検者の弱い抵抗に打ち勝って関節を動かすことができる。5は検者の強い抵抗に打ち勝って関節を動かすことができる。5が正常である。　→筋肉　　（松永智美）

突然変異　突然変異には遺伝子突然変異と染色体突然変異がある。遺伝子突然変異は，遺伝子の物質的本体であるDNAの塩基配列が何らかの原因（これを突然変異原という。物理的作用物質や化学的作用物質がある。X線や紫外線あるいは放射線など）によって変わり（塩基が置換したり挿入されたり，あるいは欠失したり逆位するなど），遺伝的形質が突然変化することをいう。突然変異はDNAの傷害や異常によって起こるが，その傷害や異常をもったDNAが複製されて固定化する。染色体突然変異は，減数分裂に際して染色体がきれいに分かれなかったために起こるものである。これらによって起こった突然変異の形質が安定化して次世代に伝えられるのを突然変異固定という。ダーウィンの進化論は，突然変異が自然選択によって固定していく過程であるとする考えである。

（吉川武彦）

都道府県地域福祉支援計画　市町村が策定する地域福祉計画の達成を支援するために，各市町村を通ずる広域的な見地から都道府県が策定する計画である。①市町村の地域福祉の推進を支援するための基本的方針に関する事項，②社会福祉を目的とする事業に従事する者の確保または資質の向上に関する事項，③福祉サービスの適切な利用の推進および社会福祉を目的とする事業の健全な発達のための基盤整備に関する事項，を含んでいる（社会福祉法第107条，第108条，2003年度施行）。　→地域福祉計画，市町村地域福祉計画　　（山本主税）

都道府県福祉事務所　都道府県は，条例で，市町村福祉事務所が所管する以外の町村を所管する福祉事務所を設置しなければならない。ただし，町村が福祉事務所を設けている場合は，その区域が除かれる。これまでに，老人福祉法，身体障害者福祉法，知的障害者福祉法に定められた措置等が町村に移譲され，現在は，生活保護法，児童福祉法，母子及び寡婦福祉法を担当する事務所に変わっている。　→福祉事務所，市町村福祉事務所　　（並木麻理子）

留岡幸助〔とめおかこうすけ：1864-1934〕岡山県生まれ。感化事業・監獄改良事業の先駆者であり，貧民問題・社会改良・労働問題等の調査研究，社会的実践を行い，近代社会事業を推進したキリスト教社会事業家。同志社神学校を卒業後，牧師，教かい師となる。渡米して感化教育を研究し，帰国後1899年私立感化院の巣鴨家庭学校，1914年家庭学校分校（現・北海道家庭学校）を創立した。非行の原因は家庭および社会にあるとし，夫婦小舎制による家庭的な生活環境のなかで，農業や自然を通して，個々の力に注目する個別的な感化教育を実践した。感化法成立（1900年）に大きな影響を与えた。1896年『慈善問題』を警醒社より出版。　→感化教育　　（大島道子）

ドメスティック・バイオレンス　⇨家庭内暴力

トラウマ〔trauma〕　トラウマとはもともと身体医学における外傷の意味であるが，精神医学においては心的な強い衝撃が，その後も異物のように記憶にとどまり，苦痛を与え続ける現象を指して使われる。フロイト（Freud, S.）の精神分析理論で重要な役割を果たし，最近ではPTSD概念の基礎となっている。ただしPTSDでは，客観的に見て衝撃の強い出来事から生じることが条件とされている。　→外傷後ストレス障害　　（金吉晴）

ドラッグコート〔drug court〕　ドラッグトリートメントコート（drug treatment court）とも呼ばれ，薬物裁判所や薬物治療法廷などと訳される。1989年にアメリカのマイアミ州で創設された後，各州に広がり，少年ドラッグコート

もある。アルコールや薬物による犯罪で逮捕・懲役・再犯を重ねる人々に対し，刑罰に替えて刑務所に入所せずに，裁判所の監督の下で専門機関の治療による社会復帰プログラムを導入する制度。そのプログラムでは，司法関係者と治療関係者および地域サービス提供者とのチームアプローチによって，プログラム参加者の回復に焦点を当て，多様なニーズに応えるサービスを組み合わせている。　　　　　(石川到覚)

トリアージ〔triage〕　多数の負傷者発生時における現場救護所の3T活動（トリアージ：triage, 応急処置：treatment, 搬送：transportation)の一つであり，災害時など多数の傷病者が発生した際に，一人でも多くの人に対して最善の治療を行うための負傷者振り分けである。もともとは，フランス軍から生まれた。傷病の重症度や緊急度によって，最重度治療群・待機的治療群・保留群・死亡群の4段階に分けて分類し，治療や搬送の優先順位を決めていく。
　　　　　(松本すみ子)

トリートメント　⇨処遇

取消権　⇨同意権／取消権

取消訴訟　行政処分の取り消しを求める訴訟（行政事件訴訟法第3条）。「処分の取消しの訴え」（同条第2項）と「裁決の取消しの訴え」（同条第3項）がある。前者は，行政庁の公定力をもった処分の全部または一部の取り消しを求め，その効力を遡及的に消滅させることを本体とした形成訴訟で，行政訴訟事件の代表的形態であり，後者は，審査請求，異議申し立てその他の不服申し立てに対する行政庁の裁決，決定その他の行為の取り消しを求める訴訟である。「法律上の利益」があることが必要。
　　　　　(杉浦ひとみ)

トワイライトステイ　⇨夜間養護等（トワイライト）事業

な

ナーシングケア〔nursing care〕　身体上あるいは精神上の障害があることにより，日常生活を営む上で支障をきたしている高齢者や障害者に対して，その人のもっている能力を生かし，できるだけ自立した生活を送ることができるよう食事，排泄，入浴など日常生活に対する専門的ケアを提供することをいう。また，本人に対する直接的ケアだけではなく，その介護者に対する介護に関する指導等も含まれる。(東裕紀)

内因性精神障害　精神医学においては19世紀末から取り入れられ，外因と心因に対比して用いられてきた。クレペリン（Kraepelin, E.）は早発性痴呆を内因性とし，その後躁うつ病も内因とした。内因性概念は広く取れば非定型精神病やてんかんなども含まれることがある。内因という概念はあいまいであるが，少なくとも遺伝因とほぼ同じ意味で使われることは少なくなっている。これは統合失調症（精神分裂病）の一卵性双生児における一致率が約50％であり，単純なメンデル形式による遺伝病ではなく，環境要因などさまざまな後天的影響も関与していることが想定されているからであり，一部には遺伝素因のみで決定される疾病と外因のみによって生じる疾病の中間に位置するものという考え方もある。内因という言葉を避け「原因不明の精神病」としている教科書もある。イギリスやアメリカでは内因性精神病という用語はあまり使用されず，どちらかといえばドイツやわが国で使われてきた精神医学の概念である。
→外因性精神障害，心因性精神障害　(中津完)

内縁　男女双方が婚姻意思をもって共同生活を営み，これを取り巻く社会も夫婦として承認しているが，婚姻届を出していないために法律的には婚姻と認められない事実上の夫婦をいう。単なる同棲とは異なる。民法は法律婚主義＝届出婚主義（第739条第1項）ゆえ，法律上，

内縁は婚姻の効果を認められないが，現在判例上も内縁を準婚として婚姻の法的効果が付与されるべきとの見解をとっている。嫡出や相続に関しては内縁の準婚的効果は及ばない。

(杉浦ひとみ)

内観療法 森田療法と並ぶ，世界的に認められている日本的心理療法の一つ。浄土真宗の一派に伝わる「身調べ」から着想を得て，僧・吉本伊信により1937年頃に創始されたもの。内観者は外部からの刺激を遮断された部屋の一隅に座し，約1週間，一日中集中的に，過去から現在に至る人間関係と自分の態度について内省する。年代を区切り，対象を定めて「していただいたこと」「して返したこと」「迷惑をかけたこと」を想起していき，2時間ごとに訪れる指導者に報告する。指導者は話を聞くのみで内容についてのコメントはしない。内観療法は過去に矯正施設内での更生目的で行われることが多かったが，現在はより幅広い適応をもち，自己啓発法の一つとしてその効果が確認されている。
→森田療法　　　　　　　　　(加藤洋子)

内呼吸 [internal respiration] 吸気中の空気は肺臓内の肺胞でガス交換され，その酸素が血液に取り入れられ，一方，血液中の炭酸ガスはやはりガス交換によって呼気として排出される。この外呼吸に対し，血液に取り込まれた酸素が体内の組織において利用され，一方，組織に生じた炭酸ガスが血液に放出される，組織におけるガス交換の仕組みを内呼吸という。　→外呼吸，ガス交換　　　　　(高橋徹)

ナイトケア ⇨精神科ナイト・ケア

内部環境の恒常性 [homeostasis of internal milieu] ベルナール (Bernard, C.) は，生命体，つまり細胞，組織，器官，個体の，外界に対する自律的内界を内部環境と名づけた。生命体は内的にも外的にも絶えざる変化に曝されるが，内部環境は形態的にも機能的にも一定範囲内の安定した状態を保っている。この生命体の原理をキャノン (Cannon, W. B.) はホメオスタシスと名づけた。体温や血液成分の恒常性もその例で，神経系や内分泌系の調節機能が直接的に関与している。　→ホメオスタシス (高橋徹)

内部障害者更生施設 身体障害者更生施設のうち，心臓または呼吸器の機能に障害のある者や，その他の内臓の機能に障害のある者を入所させ医学的管理の下にその更生に必要な指導および訓練を行う。1972年の身体障害者福祉法改正により，心臓機能障害および呼吸器機能障害といった内部障害を法の対象としたことに伴い，同年に創設された施設で，特に呼吸機能障害者に対する医学的管理は手厚く，定期検査の基準を設けている。　→身体障害者更生施設

(圓山里子)

内分泌器官 [endocrine organs] ホルモンを産出して内分泌，つまり直接に血流やリンパ流に分泌する働きをする。視床下部の神経内分泌器官，松果体，下垂体，甲状腺，副甲状腺，胸腺，膵臓のランゲルハンス島，副腎，卵巣，睾丸などが例に挙げられる。それぞれに特異的なホルモンが分泌されて，それぞれ異なる組織や器官の機能を調節していて，しかも互いにバランスが保たれるように内分泌器官同士が調節し合っている。ストレスに際し，下垂体前葉から副腎皮質刺激ホルモン (ACTH) が分泌されると，それが副腎皮質ホルモンの分泌を促し，生体のストレス適応を助け，他方，副腎皮質ホルモンは下垂体内分泌を調節するのはその例。
→ストレス関連疾患，ホルモン　(高橋徹)

永井訴訟 聴覚障害者である永井哲氏と実可氏に1979年子どもが生まれたが，行政の広報不足により1年4か月もの間児童扶養手当を受給できなかったことを不服として，国と京都府を提訴したものである。京都地方裁判所 (1991年2月5日) 判決は，行政が周知徹底義務を怠ったとして請求の一部である損害賠償請求を認めるとしたが，大阪高等裁判所 (1993年10月5日) 判決，最高裁判所 (1998年9月10日) 判決においては，原告全面敗訴となった。

(増井喜代美)

ナショナリズム [nationalism] ネーション (nation：国家・国民) の確立や自立性の確保，またネーションを重視・尊重する思想や運動を指す。ただし，その担い手や目的，また形態が多様であることから，包括的な定義は困難であ

る。エスニシティ（ethnicity）の分離独立運動のように，政治的単位と文化的単位の統一運動としてとらえることも可能であるが，アメリカのようにエスニシティが混在する国家において統合的な国民性を確立しようとする思想もナショナリズムと呼ばれる。　→エスニシティ
(杉本昌昭)

ナショナルミニマム〔national minimum〕社会的に容認された国民の最低限度の生活水準を，国家の責任において保障すること。日本国憲法第25条の規定がこれにあたる。生存権保障として位置づけられており，生活保護法をはじめとする政策で具体的に実施されている。一方で最近では社会福祉の分権化がすすむなかで，それぞれの自治体は地域の実情に即したコミュニティオプティマム（地域社会最適基準）を整備していくことが求められている。ナショナルミニマムという考え方は，19世紀末のイギリスにおいてウェップ夫妻によって提唱され，その後，ベヴァリッジ報告で具体的に政策として示されたのが最初とされている。　→シビルミニマム
(原田正樹)

NABA（ナバ）　⇨日本アノレキシア・ブリミア協会

波の会　⇨日本てんかん協会

ナラティブアプローチ〔narrative approach〕ナラティブは，語りとか物語と訳される。ホワイト（White, M.）とエプストン（Epston, D.）が1990年に出した『Narrative Means to Therapeutic Ends（物語としての家族）』のなかで，ナラティブモデルを提示した。それは，専門家主導の伝統的実践モデルへの批判としてのポストモダンソーシャルワークや社会構築主義の立場である。クライエントをその人自身の人生の専門家と位置づけ，個人の語りこそ現実とみなし，ナラティブを重視する方法をナラティブアプローチという。近年の家族療法等において，専門家は知識はあるがクライエントについては無知（not knowing）であり，治療的対話を介して，共働作業で，人生のストーリーを理解し，新しい生き方を目指す方法としてナラティブセラピーが注目を集めている。　→社会構築主義
(松永宏子)

ナラノン〔Nar-Anon: Narcotics Anonymous〕薬物依存症者の家族と友人のためのセルフヘルプグループ。1973年にアメリカで発足した。本人のセルフヘルプグループであるNAの存在と切り離すことはできないが，本人のためでなく薬物依存症者とその問題に巻き込まれ主体性を失い自己破壊的行動を続けてきたことを自分自身の問題としてとらえ，生き方の変容を目指していく。NAと同様に匿名性が特徴で12のステップと12の伝統を用いている。NAとともに世界中に広がり，日本では1989年から活動している。　→ナルコティクスアノニマス
(遠藤優子)

ナルコティクスアノニマス〔Narcotics Anonymous: NA〕1953年にアメリカで発足した薬物依存症者のセルフヘルプグループ。AAの方法を踏襲し，匿名性を特徴として，回復のプロセスの指標としての12のステップと，自助の精神と運営のための指標としての12の伝統を用いている。単に薬物乱用を中止するだけにとどまらず，薬物に対して無力であることを認め，自分より高みにある力（ハイヤーパワー）を信じて自己を振り返ることで霊的成長を目指す。世界70か国に広がり，日本では1980年から活動している。
(遠藤優子)

喃語　生後3，4か月頃からの乳児が自発する，不快な情動とは関連しない非反射的な音声のこと。乳児は生後2か月を過ぎる頃から，泣き声のような不快な状態に発するもの以外に快適なときにも音声を発するようになる。これは無意味な音節の遊びだが，次第に意味不明のおしゃべりのような喃語へと発展していく。これは乳児が外部から刺激を受けて学習したものではなく，発声器官の自然な運動によるものと考えられている。喃語は子音と母音的な要素からなるが，初めの頃は子音から母音への移行がゆっくりで，反復も少ない。7か月頃より子音と母音のタイミングが成人のものと一致し，しばしば反復される。そして9か月頃より最初の言葉である片言が現れる。
(加藤洋子)

難聴　聴覚障害とほぼ同じ意味で用いられ

る。難聴には伝音難聴と感音難聴およびそれが混合した混合性難聴がある。軽度難聴は言葉は聞き取りにくいが日常生活にあまり支障がない程度の聴覚障害で発語もほぼ正常である。日常生活の聴覚がほとんど役に立たないものを高度難聴という。聴覚障害児教育では両耳による聴力が60dB未満は難聴学級，100dB以上は聾学校で教育を行うとしており，60dB以上100dB未満は補聴器の使用による聞こえの状態を判断して措置している。　→聴覚障害　（吉川武彦）

難聴幼児通園施設　児童福祉法による児童福祉施設の盲ろうあ児施設のうち，強度の難聴の幼児を保護者の下から通わせて指導訓練を行う施設である（児童福祉施設最低基準第60条第2項第1号）。医師，保育士，児童指導員等のほかに，聴能訓練や言語機能訓練担当職員が配置されており，難聴幼児の早期療育が行われている。2002年現在，全国に25か所ある。　→児童福祉施設，盲ろうあ児施設　　　（近藤洋子）

難病　1972年に厚生省がまとめた「難病対策要綱」では，難病とは，①原因不明，治療方法が未確立であり，かつ後遺症を残すおそれが少なくない疾病，②経過が慢性にわたり，単に経済的な問題のみならず介護等に著しく人手を要するために家族の負担が重く，また精神的にも負担も大きな疾病，と定義されている。難病対策は，従来から「難病対策要綱」に基づき，調査研究の推進，医療施設の整備，医療費の自己負担の解消，地域における保健医療福祉の充実・連携の4項目を柱に，特定疾患医療受給者証の交付などの事業が実施されてきた。1995年12月の「障害者プラン」において従来，福祉施策の対象外となっていた難病患者に対して介護サービスなどを提供することが明記され，5項目の柱として「QOLの向上を目指した福祉施策の推進」が加えられた。その具体策として1997年より「難病患者等居宅生活支援事業」に基づき，ホームヘルプなどの在宅サービスが実施されている。2002年12月の「新障害者プラン」においても引き続き事業を推進することとされている。　→特定疾患　　　　　　　（半澤節子）

難病患者等短期入所事業　介護者の疾病や事故，その他私的理由により，居宅において介護を受けることができず，一時的な保護を必要とする難病患者が，病院などの医療提供施設に一時的に入所し，介護など必要なサービスを利用することを目的としたショートステイ事業。「難病患者等居宅生活支援事業」の一環で，実施主体は市町村（特別区を含む）である。利用については，入所の期間を原則7日以内とし，「申請書」および「診断書」を居住する市区町村の長に提出する必要がある。　　　　　　（半澤節子）

難病患者等日常生活用具給付事業　難病患者および介護者が，日常生活用具を利用することで，居宅における日常生活上，もしくは介護上の障害を克服もしくは軽減することを目的とした給付事業。「難病患者等居宅生活支援事業」の一環で，実施主体は市町村（特別区を含む）である。利用については，身体状況やADLなどの状況により給付される用具が定められており，「診断書」を居住する市区町村の長に提出する必要がある。また，利用者世帯の前年度の所得税課税年額に応じて，用具の購入に要する経費の一部または全部を負担する。　（半澤節子）

難病患者等ホームヘルプサービス事業　居宅において日常生活を営む上で，介護や家事などの支援を必要とする難病患者が，ホームヘルパーの派遣を受け，必要なサービスを利用することを目的とした事業。提供されるサービスは，①入浴，排泄，食事等の介護，②調理，洗濯，掃除等の家事，③生活等に関する相談，助言，④関係機関との連絡など，である。「難病患者等居宅生活支援事業」の一環で，実施主体は市町村（特別区を含む）である。また，難病にかかわるホームヘルパーの質の確保を目的に「難病患者等ホームヘルパー養成研修事業」が実施されている。　　　　　　　　　（半澤節子）

に

ニーズ〔need, needs〕　「ニーズ」または「ニ

ード」ともいう。「ニーズ」とは，人間が社会生活を営む上で身体的，心理的，社会的なものについて，ある集団や個々人が必要不可欠な基本的な要件を欠いた状態である。また，内外の刺激の影響を受けて行動を発現させる内的状態である。三浦文夫は「何らかの基準に基づいて把握された状態が，社会的に改善・解決を必要とされると社会的に認められた場合に，その状態をニードとすることができる」と定義している。従来，ニーズという用語はさまざまな領域で用いられ，主観的な欲求や需要と同義で使われる場合もあり，目的に応じてさまざまな使い方がされている。その一方で，ニーズを評価するのは当事者ではなく，専門家であることが多いが，当事者（サービス利用者）が自覚したり表明したニーズについての重要性を忘れてはいけない。　→福祉ニーズ　　　　（吉田直美）

　ニィリエ〔Nirje, Bengt : 1924-〕ニルジェと表記されることもある。スウェーデンに生まれ，国内の大学を卒業後，アメリカのエール大学，フランスのソルボンヌ大学に留学。1961年から1970年までスウェーデンの知的障害児のための協会でオンブズマン兼事務局長として働くなか『The normalization principle and its human management implications（ノーマライゼーションの原理）』(1969) を発表。ノーマライゼーションの原理として，①1日のノーマルなリズム，②1週間のノーマルなリズム，③1年間のノーマルなリズム，④ライフサイクルにおけるノーマルな発達的経験，⑤ノーマルな個人の尊厳と自己決定権，⑥その文化におけるノーマルな性的関係，⑦その社会における経済的水準とそれを得る権利，⑧その地域におけるノーマルな環境形態と水準，の八つを挙げ，ノーマライゼーションの理念を発展させた。　→ノーマライゼーション　　　（圓林今日子）

　二階建て年金　1985年の年金制度改正以前は，自営業者や農業従事者は国民年金，民間企業従業員は厚生年金，公務員は共済年金というように制度が分立しており，産業構造の変化等への対応が困難であった。1985年改正により，一階部分には全国民共通の基礎年金が導入されるとともに，二階部分としては厚生年金等の被用者年金が基礎年金に上乗せされるかたちで編成され，二階建て年金の制度体系となった。なお，共済年金は職域年金が加わり三階建てになっている。　　　　　　　　　　（松本由美）

　二次医療圏　わが国の医療施策は施設整備に向けられてきたが，急速な高齢化や疾病構造の変化に対応した医療供給体制の整備および疾病予防と健康増進施策の希求に対応した施策が必要とされるようになり，1985年の医療法改正によって医療圏（二次および三次）を設定して計画的に医療供給を図ることとなった。二次医療圏とは日常生活圏をいい，2002年3月現在全国に363か所置かれている。二次医療圏では一般病床数を人口や受療率によって基準病床数を設定する。これは整備目標であるとともに過剰病床の抑制の意味をもっている。　→医療圏
　　　　　　　　　　　　　　　　（吉川武彦）

　二次障害　1960年代後半イギリスのウィング（Wing, J. K.）らは「施設症」の概念を明らかにした。それは慢性統合失調症（精神分裂病）の無気力や興味減退などは疾患そのものによるというより，閉鎖的で管理的な環境によるものであるという指摘である。このように二次的にもたらされた障害を指し，WHO は後にディスアビリティ（能力障害）のもとに概念化した。　→施設症　　　　　　　　　　（丸山晋）

　21トリソミー　⇨染色体異常
　21世紀における国民健康づくり運動（健康日本21）　健康日本21は2000年3月に厚生省によってとりまとめられた。その目的は，壮年期死亡の減少，健康寿命の延伸および生活の質の向上を実現することである。生活習慣の改善により「健康を増進」し「生活習慣病を予防」することで国民一人ひとりの健康を実現しようという国民健康づくり運動である。基本方針として，(1)一次予防の重視，(2)健康づくり支援のための環境整備，(3)目標等の設定と評価（①栄養・食生活，②身体活動・運動，③休養・こころの健康づくり，④たばこ，⑤アルコール，⑥歯の健康，⑦糖尿病，⑧循環器病，⑨がんの9分野），(4)多様な実施主体による連携のとれた効果的な

運動の推進，を挙げている。運動の期間は2000年度から2010年度までとしている。健康に関連するすべての関係機関・団体等をはじめとして，国民が一体となった健康づくり運動を総合的かつ効果的に推進し，国民各層の自由な意思決定に基づく健康づくりに関する意識の向上および取り組みを促そうとするものである。地方計画の策定等により本格的に，学校・職場・家庭・地域などを通して展開される。　（野川とも江）

21世紀福祉ビジョン　1994年3月に高齢社会福祉ビジョン懇談会（厚生大臣の私的懇談会）がまとめた報告書。21世紀の少子・高齢社会に向けて，介護・子育て等福祉重視型の社会保障制度への再構築の必要性を明示した。年金・医療・福祉の給付構造の再編（5：4：1から5：3：2へ），新ゴールドプラン（いつでもどこでも受けられる介護サービス）やエンゼルプラン（子育て支援）の策定，地域保健医療サービスの充実等についても提言されている。
（浅野いずみ）

二重拘束〔double bind〕　ダブルバインド。人類学者ベイトソン（Bateson, G.）らが統合失調症（精神分裂病）の発生因として概念化したもので，以下の五つの要件を含む。すなわち，①二人あるいはそれ以上の人間の間で，②反復的に経験される，③第一次的な禁止命令（…するな）と，④一次的命令と矛盾・衝突する，より抽象度の高い第二次的禁止命令が伝えられ，⑤犠牲者がこの状況から逃れてはならないとされている状況である。この二重拘束が合理的に解決されずに病的な逃れ方になる場合，その形式に応じて妄想型，破瓜型，緊張型の症状を示すという。さらに，「治療的二重拘束」の重要性も主張され，この病因―症状―治療の一貫した理論体系は当時の家族精神医学に大きな影響を与えた。ただし，今日では統合失調症との関連には疑問が呈されており，むしろ治療のメカニズムとして再検討されている。また言語的／非言語的コミュニケーションが矛盾した内容を同時に伝えるという，日常的な状況を指して用いられることも多い。　（川野健治）

2015年の高齢者介護～高齢者の尊厳を支えるケアの確立に向けて～　厚生労働省は，高齢者介護研究会にゴールドプラン21後の新たなプランの策定方向や中長期的な介護保険制度の課題や高齢者介護のあり方について諮問をし，2003年6月に提出された報告書である。特に，団塊の世代が65歳以上になりきる2015年までに実現するべき課題として，高齢者の尊厳を支えるケアの確立への方策をあげ，①介護予防・リハビリテーションの充実，②生活の継続性を維持するための，新しい介護サービス体系，③新しいケアモデルの確立：痴呆性高齢者ケア，④サービスの質の確保と向上，が柱となっている。
（宮崎牧子）

日常生活訓練　精神保健福祉士法第2条に，精神保健福祉士の業務として，「社会復帰に関する相談に応じ，助言，指導，日常生活への適応のために必要な訓練その他の援助を行う」と定義されている。これにより日常生活訓練は，精神保健福祉士の重要な業務の一つとして取り上げられている。また，精神保健福祉法第50条の2の精神障害者生活訓練施設について，「精神障害者が日常生活に適応することができるように，（中略）必要な訓練及び指導を行うこと」が明記されており，日常生活にうまく適応するための多様な訓練を意味している。ここにいう日常生活とは，洗面，食事，更衣，整容，排便等の身のまわりの事柄から，挨拶や対人関係，交通機関や銀行や病院等の利用など，日常の生活に必要なさまざまな動作や技能の訓練を含んでいる。日常生活技能は，個々人によって差が大きいが，SSTではしばしば取り上げられる訓練課題である。グループを用いたSSTでは，共通の課題を選んでグループで訓練を行い，個別に訓練した方がよい場合は，1対1の形式で訓練が行われている。　→社会生活技能訓練
（松永宏子）

日常生活動作〔activities of daily living：ADL〕　ADLは食事，排泄，着衣，移動，入浴など，日常生活の基礎となる動作である。障害や老化に伴う生活のしづらさの指標にもなる。これには3要素があり，PADL（physical ADL）は身体機能，IADL（instrumental ADL）は複

雑な道具を用いる機能，総合的 ADL は前二者と移動機能を合わせたものである。（丸山晋）

日常生活用具〔daily life tool〕障害のある者や高齢者が円滑な在宅生活を送るため，日常生活場面の動作を容易にする障害者用に工夫された介助用具。児童福祉法，身体障害者福祉法，知的障害者福祉法，老人福祉法，介護保険法の各法で給付品目は異なり，多岐にわたる。日常生活用具給付等事業の実施主体は市町村（特別区を含む）であり，児童福祉法，身体障害者福祉法のおおよそ障害程度1～2級，知的障害者福祉法の18歳以上，老人福祉法の概ね65歳以上，介護保険法の要介護者，要支援者が対象である。　→重度身体障害者日常生活用具給付等事業，難病患者等日常生活用具給付事業，老人日常生活用具給付等事業　（佐藤亜希子）

日内変動　精神症状が1日のうちでも変動を示すことをいう。典型的な例は大うつ病などの気分障害に現れることが多い。この場合，多くは朝方に抑うつ気分などの症状が重く（モーニングデプレション），午後から夕方にかけて軽くなるというパターンが一般的であるが，異なるパターンもある。また，極期には変動は少なくなる。回復過程においても「起床時にエンジンのかかりが悪い」などとこの症状が比較的後まで訴えられることがある。　→気分障害
（中津完）

日本アノレキシア・ブリミア協会〔Nippon Anorexia Bulimia Association: NABA〕1987年に発足した摂食障害者のセルフヘルプグループ。通称，NABA(ナバ)。会員制を特徴とする日本独自の組織である。全国での会員による自助ミーティングの開催のほかに，機関紙発行・無料電話相談等のサービス活動を展開し，本人のみならず，家族や専門家を対象としたワークショップ等も主催している。機関紙「いいかげんに生きよう新聞」の名に表されるとおり，食行動の矯正を重視せず，摂食障害者の生きにくさであるこだわりと自己処罰を捨てて「自分らしさ」の受容を目指すことを理念とする。
（遠藤優子）

日本医療社会事業協会〔Japanese Association of Social Workers in Health Services〕保健医療分野に働くソーシャルワーカーの職能団体であり社団法人資格をもつ。1953年の設立以来，この分野で社会福祉の仕事を定着させる活動の中心を担ってきた。多くの会員が社会福祉士，介護支援専門員，精神保健福祉士等の資格をもつ。活動の軸には，①現任者研修，②会員の社会活動支援，③職業倫理綱領の検討，④専門職の位置づけに関する調査研究，⑤介護保険制度に対する検討，⑥出版などがある。略称，日本 MSW 協会。　→医療ソーシャルワーカー
（田中千枝子）

日本型401ｋ年金　2001年公布，施行の確定拠出年金法で日本に導入された企業年金の新制度。米国401（ｋ）プラン（内国歳入法第401条（ｋ）項に依拠）をモデルとしたためこう呼ばれる。企業が従業員のために掛金を出す企業型と，これを導入しない企業の従業員や自営業者などが自分で掛金を払う個人型とがある。どちらも将来の受給額が積立金の運用実績で事後的に決まる確定拠出型（掛金は決まっている）をとる点，また，個々の従業員・加入者が各種金融商品から投資対象を自分で選び，個人口座に掛金をあてる点が特徴。このため，企業の従業員も積立金を自由に持ち運べ，転職や企業倒産で受給権を失うことがない。また，厚生年金基金や税制適格年金といった従来の確定給付型と違い，企業は一定の予定利率で将来の支給額を約束することなく，運用リスクを回避できる（このリスクが近年は企業財務を圧迫）。反面，運用リスクは個々の従業員が負い，将来の受給額が運用実績次第で変動，元本割れもありうる。税制面の優遇がアメリカより薄い，従業員負担で掛金を増額できない（企業型の場合），原則60歳まで積立金を引き出せないなどの課題も指摘される。なお，従来の確定給付型には見直しが行われているが，それと401ｋをあわせ，企業年金をどうしていくかは，労使協議で決定される。→私的年金　（菅谷広宣）

日本国憲法　第二次世界大戦によりポツダム宣言を受諾し，1946年11月3日日本国憲法が公布され，1947年5月3日に施行された。これ

により，1889年に制定された大日本帝国憲法が破棄された。日本国憲法は，国の統治の基礎を定める法律である。憲法の分類としては，成文法典が存在することから成文憲法であり，憲法改正手続きが通常の立法の場合より厳格であることから硬性憲法であり，憲法の制定主体が国民であることから民定憲法である。憲法のそなえる特質としては，「自由の基礎法」であり，憲法が国民の自由の保障のために国家権力を制限する「制限規範」であり，国法秩序における「最高法規」である。また，国民主権，基本的人権の尊重，平和主義を基本原理とする。このことは憲法の法条に規定されているとともに，憲法前文に明確に規定されている。憲法前文は大日本帝国憲法の前文とは異なり，本文と同じ法的性質をもつ。内容について言えば，人権に関する規定と統治機構に関する規定に分かれる。人権規定では第13条の「個人の尊重」を軸に各種の権利が規定されているが，大日本帝国憲法の下での権利のように「法律の留保」により容易に制限されるものではない。自由権的な権利とともに社会権も保障されている。統治では三権分立制，議院内閣制がとられ，裁判所による違憲審査権が規定される。天皇制も憲法上規定されている。　　　　　　　　　　（杉浦ひとみ）

日本社会福祉士会〔Japanese Association of Certified Social Workers〕　社会福祉士国家資格有資格者により1993年に設立された専門職団体。1996年に社団法人となった。「ソーシャルワーカーの倫理綱領」を採択し，社会福祉士の倫理の確立と資質向上に努め，社会福祉の援助を必要とする人の権利擁護と社会福祉の増進に寄与することを目的としている。活動内容は，大会・学会の開催，研修・調査・研究，国家試験受験対策事業，出版事業等で，全国47都道府県に支部をもつ全国組織である。（西原留美子）

日本障害者協議会〔Japan Council on Disability：JD〕　国際障害者年日本推進協議会が，「国連・障害者の十年」の終了に伴い1993年4月に改組したもの。当事者団体および障害者関係団体を正会員とするNGOで，障害者施策に関する調査・研究，啓発活動，障害者組織の支援など障害者問題の解決に向けた事業を展開している。また，1996年の「障害者福祉法への試案」策定や2002年の「アジア太平洋障害者の十年」最終年国際会議への参画，終了年記念事業の実施などを通じ，積極的な施策提言を行っている。　　　　　　　　　　　（鈴木孝典）

日本障害者雇用促進協会　⇨高齢・障害者雇用支援機構

日本身体障害者団体連合会　日本身体障害者団体連合会（通称，日身連）は1958年に設立され，1984年に社会福祉法人として認可された。全国の身体障害者団体の組織的活動の推進などを目的としている。都道府県と指定都市で組織した身体障害者団体（59団体）のほか，日本盲人会連合および全日本ろうあ連盟の計61団体から構成されている。全国を網羅した形式の組織なので，各種の行政の委員会に同団体から委員が選出されている。　　　　　　（圓山里子）

日本精神衛生会〔Japanese Association for Mental Health Member of World Federation for Mental Health〕　1902年呉秀三東京大学教授が中心となり創設した「精神病者慈善救治会」に端を発し「日本精神衛生協会」「精神厚生会」と幾多の変遷を経て，1950年「日本精神衛生会」として現在の組織が発足した。機関誌「心と社会」とニュースレターを発行，全国各地で企業，学校関係者，専門家に向けて各種の「研修会」「精神保健シンポジウム」「日本精神保健会議」を開催し，啓蒙普及活動に幅広く取り組んでいる。　→精神病者慈善救治会（天野宗和）

日本精神科病院協会〔Japanese Association of Psychiatric Hospitals〕　近代精神医療のあるべき姿の火をともさんと植松七九郎，金子準二らが全国の同志に呼びかけ，賛同して集まった民間精神科82病院により1949年設立された。2003年4月1日現在，会員病院は民間精神科病院の約89％にあたる1218病院・30万1442床（全病床の約85％）である。各都道府県支部では，地域精神医療を担い支部独自の活動も行っている。本部には16の委員会や専門部会があり，日精協雑誌の発行をはじめ研修会等，さまざまな活動をしている。略称，日精協。

(浅井邦彦)

日本精神保健福祉学会 2002年より日本精神保健福祉士協会が，協会の研究活動の一環として開催している。会員の資質向上と精神保健福祉の向上を目指し，精神保健福祉士の学問的な研究発表や実践の報告を学びあう場を提供する。発表は基本的に協会の会員に限り，学会の記録は機関誌に掲載している。内容は精神保健福祉士の研究活動の報告，実践研究，政策や動向に関する提言，実践記録や資料などで，他職種からの提言や，当事者および家族の意見交換や提言なども含む。発表に際し，対象者の基本的人権や人格を尊重し，プライバシーの保護に考慮することも定めている。　→日本精神保健福祉士協会
(荒田寛)

日本精神保健福祉士協会〔Japanese Association of Psychiatric Social Workers：JAPSW〕 1964年に精神保健医療福祉領域を専門とするソーシャルワーカーや大学人・研究者によって設立された日本精神医学ソーシャル・ワーカー協会をその前身とする。初代理事長(当時)は柏木昭。1998年に法定資格化(精神保健福祉士法)が図られたことに伴い，1999年に現在の名称である日本精神保健福祉士協会(略称，日本PSW協会およびJAPSW)に変更した。協会の目的は，職能団体として専門職としての資質の向上を図り，関係専門職，市民，当事者等と協力し精神保健福祉の発展に努め，精神障害者の社会的復権と福祉のための専門的，社会的活動を進めると定め(規約第3条)，この目的を達成するための事業として，①会員の研究の促進と資質の向上を目的とする会合の開催，②機関誌その他の刊行物の発行，③精神保健福祉に関する調査および協力，④関連専門団体との連絡および協力，⑤総会の開催，⑥その他必要な事業，を定めている(規約第4条)。定期刊行物には機関誌「精神保健福祉」とニュースレター「PSW通信」があり，ホームページ(URL http://www.mmjp.or.jp/psw/)を開設している。入会資格は，①精神保健福祉士の登録を受けた者，②2000年3月31日現在において日本精神保健福祉士協会の会員である者となっており(規約第5条)，現在は，精神保健福祉士の登録をしている者でなければ入会ができない。2003年末現在の会員数は約3700人で，国家資格化を契機に会員数が急増している。協会の役員体制は，会長1名，副会長2名の2役体制の下に，2名の監事と常任理事，理事の合わせて30名により構成されている。協会は発足当初から毎年全国大会・総会を開催し，精神科ソーシャルワーカーの資質の向上と組織の力量を高めてきた。発足当時は力動精神医学に強い影響を受けて発展したアメリカの精神科ソーシャルワーカーの影響を受けて，クライエントとの関係性(自己決定の原則等)を重視した援助とチームワーク実践が中心課題とされた。その後，健康保険法改正問題をとおして家族から精神科ソーシャルワーカーへの期待が示されたのを契機に，精神障害者の生活を取り巻く社会的課題とそれへの対処を重視する実践活動が課題とされる。そして1973年の第9回総会でY問題の提起した課題を受け，クライエントとの関わりにおける精神科ソーシャルワーカーの立場性の問題が実践の重要課題とされた。組織をあげた実践の点検は10年に及んだが，その成果が「提案委員会報告」にまとめられ，1982年の「精神障害者の社会的復権と福祉のための専門的・社会的活動を行う」とした基本指針の採択に至っている。続いて1988年には「精神科ソーシャルワーカー倫理綱領」(現・日本精神保健福祉士協会倫理綱領，2003年改正)の採択，1989年には「精神科ソーシャルワーカー業務指針」を策定し職能団体としての基盤を確立してきた。1987年の精神保健法の制定後，それまでの精神科ソーシャルワーカーとしての専門性の確立に加え，時代的要請が強まってきたとの判断から長年の課題であった法定資格制度化の課題に積極的に取り組み，1997年の精神保健福祉士法の制定につながった。今日では，資格制度の確立，障害者基本法の制定，障害者プランの策定，精神保健福祉法の制定とその改正という時代状況のなかで，精神保健福祉士の養成と精神障害者福祉に関わる協会の社会的役割と責務は急速に高まっており，それに十分に対処するための組織の強

化のために，2004年6月に社団法人化された。
→精神保健福祉士，日本精神保健福祉士協会倫理綱領，日本精神保健福祉士協会業務指針
　　　　　　　　　　　　　　　　（大野和男）

日本精神保健福祉士協会業務指針　1985年度に北海道に設置された「業務検討委員会」を中心にして調査，研究の結果，1988年12月に「精神科ソーシャルワーカー業務指針」として協会に示し組織的に承認されたものである。日本精神保健福祉士協会が精神科ソーシャルワーカーの業務指針を考えるにあたり，基本的視点に「Y問題の経験をふまえて」いることを強調している。また協会の基本方針として「精神障害者の社会的復権と福祉のための専門的，社会的活動をすすめる」（1982年札幌宣言）を掲げ，業務の基本姿勢として，クライエントの立場を理解し，その主張を尊重するという，「本人」の立場に立ったサービスの確立を目指していくこととした。その上で精神科ソーシャルワーカーを「地域及び病院等の精神医療・精神保健の領域において，精神障害者とともに彼らをめぐる生活問題（経済的・心理的・社会的問題の総称として）について，福祉の諸方法を用いることによって援助しようとする福祉専門職である」と位置づけ，その対象を生活者ととらえた。具体的には，東京都衛生局病院管理部業務検討委員会が作成した「MSW・PSW業務分類表」にしたがって作成されており，①受診・入院援助，②療養上の問題解決と調整（心理社会的問題を含む），③経済問題調整，④就労問題援助，⑤住宅問題援助，⑥教育問題援助，⑦家族問題調整，⑧日常生活援助，⑨退院援助（社会復帰），⑩医療における人権擁護，⑪地域活動，の11項目から構成されている。日本精神保健福祉士協会が業務指針を出した後，厚生省健康政策局が「医療ソーシャルワーカー業務指針検討会」を設置し，1989年2月に「医療ソーシャルワーカー業務指針検討会報告書」を発表した。同協会は上記報告書に対し，①「医療ソーシャルワーカー」の理論的・実践的専門性の基盤について，②クライエントの人権擁護に関わる役割，③医師との指示関係に関わる業務について，④ソーシャルワーカーの裁量権について触れていなかったので，指摘する見解を出した。　→Y問題，日本精神保健福祉士協会倫理綱領，精神科ソーシャルワーカー業務指針
　　　　　　　　　　　　　　　　（相川章子）

日本精神保健福祉士協会倫理綱領　精神保健福祉士固有の倫理綱領としては，日本精神保健福祉士協会倫理綱領が存在する。日本精神保健福祉士協会の倫理綱領制定への取り組みは，当該協会の前身である日本精神医学ソーシャル・ワーカー協会（以下，「PSW協会」）によるY問題（1973年）の総括と協会の機能回復のために1980年「提案委員会」が設置されたことを端緒とする。1981年の「提案委員会」報告において，今後のPSW協会の活動に向けた提案の一つとして独自の「倫理綱領の確立」の必要性が述べられ，1983年の第20回PSW協会全国大会では，協会が事業として取り組むべき「三点課題」として「倫理綱領」の作成に着手するという大会宣言が採択された。そして1987年に倫理綱領委員会が組織され草案の作成を開始し，1988年第24回PSW協会全国大会において「精神科ソーシャルワーカー倫理綱領」が採択されるに至った。その後，1991年，1995年の2度の改正を経，さらに1997年の精神保健福祉士法の制定を機に，より具体的な判断基準を含むものとして2003年5月に現行の倫理綱領へと改正されている。現行の倫理綱領は，制定の経緯，前文，目的および倫理原則と倫理基準から構成されており，前文において，精神保健福祉士は社会福祉学を基盤とする専門職として「クライエントの社会的復権・権利擁護と福祉のための専門的・社会的活動を行う」と位置づけられている。また倫理綱領の目的として「①精神保健福祉士の専門職としての価値を示す，②専門職としての価値に基づき実践する，③クライエントおよび社会から信頼を得る，④精神保健福祉士としての価値，倫理原則，倫理基準を遵守する，⑤他の専門職や全てのソーシャルワーカーと連携する，⑥全ての人が個人として尊重され，共に生きる社会の実現をめざす」の6点が明記された。さらにそれらの目的を具現化する倫理原則と倫理基準を，①クライエントに対する責務，

②専門職としての責務，③機関に対する責務，④社会に対する責務に分類し，精神保健福祉士が専門職として守るべき具体的行動の指針として整理し，そのなかに「クライエントの自己決定の尊重」等を盛り込んでいる。この倫理綱領は精神保健福祉士の業務における言動や姿勢，態度を方向づけるものであるが，単なる理想として掲げるだけではなく，日常実践に一層反映させるためにも，今後も倫理綱領についての弛みない議論を蓄積していくことが必要となるであろう。　→倫理綱領，Y問題　　（井上牧子）

日本精神保健福祉連盟〔Japan Federation for Mental Health and Welfare：JFMHW〕1953年，精神保健関係8団体が精神保健福祉諸団体の相互連携として日本精神衛生連盟を結成する。全国大会は精神衛生全国大会（1953年）として行われ，その後精神保健全国大会（1986年第34回），精神保健福祉全国大会（1996年第44回）と名称変更を行い，毎年大会のなかで精神保健福祉事業功労者に表彰を行っている。会員は，正会員の精神保健福祉関係17団体，賛助会員（個人および団体）がある（2001年度）。また，広報誌，機関紙を発行している。
（天野宗和）

日本ソーシャルワーカー協会〔Japanese Association of Social Workers〕1960年に設立された社会福祉従事者の専門職団体。一時活動が衰退し停止状態に陥ったが，1983年再建された。1984年国際ソーシャルワーカー連盟（IFSW）に加盟，1986年に「倫理綱領」を宣言し，専門職としてのソーシャルワーカーの資質向上に寄与してきた。事業内容は，社会福祉専門職に関する研究，機関誌・会報の発行，研修会の開催のほか，国内外の社会福祉関連団体との連携・交流等である。　　（西原留美子）

日本てんかん協会〔Japanese Epilepsy Association〕1973年に発足した二つの団体「小児てんかんの子どもをもつ親の会」と「てんかんの患者を守る会」を母体にして，1976年に統合し設立された。そして，1981年に社団法人として認可され，てんかんによって起こる悩みや苦しみを解決するための全国組織の団体である。通称を波の会という。会員は2000年現在約7000人，会員の構成は，当事者（患者本人と家族）と，医師，専門職（約20％）が参加している。このことは，当事者にとって必要なだけでなく，一般市民への啓発活動の意味も大きい。機関紙『波』（月刊）を発行している。　　（荒田寛）

日本脳炎　予防接種の普及により日本脳炎患者の発生は著しく減少しているが，撲滅されたわけではない。1998年の発生は4件，1999年は5件。「感染症の予防及び感染症の患者に対する医療に関する法律」では，四類感染症として分類されている。病原体は日本脳炎ウイルスで，ウイルスは西日本が中心になるが，北海道を除く日本全体に分布している。このウイルスの感染経路はブタからコガタアカイエカが媒介してヒトに感染するもので，厚生労働省は毎年流行予測状況として，地域で飼育されているブタの感染状況を調査している。この病気は直接ブタからヒトには感染しないし，ヒトからヒトに直接感染することもない。　→感染症対策，四類感染症　　　　　　　　　　（中村敬）

日本PSW協会　⇨日本精神保健福祉士協会

入院援助　入院をしているクライエントに対してインテーク面接を行ったり，医師の診断に必要な情報収集を行ったり，クライエントが安心して入院生活ができるように療養中の生活・家事・育児・仕事などの問題を解決する援助である。インテーク面接は入院前に行う場合もあるが，入院後の場合もありうる。入院後のインテーク面接では，病気の状態に配慮しながら注意深く生活史や生活状況を聞き取り，病院の医療サービスの内容や利用できる福祉制度・退院請求等の説明を行う。その際，入院に伴う不安を十分受け止めることと，入院によりクライエントの社会生活と人間関係が壊れないように留意して面接をすすめることが大切である。また，入院に伴って早急に解決しなければならない生活問題があることも考えられるため，なるべく入院早期に面接することが望ましい。時にはクライエントの希望に沿って，入院を決める前に病棟の見学をクライエントと一緒に行う場合もある。　→インテーク　　　　　（小久保裕美）

入院患者残留率　一定期間に新たに入院した患者をコーホートとして追跡し，入院した患者数を分母，入院が継続している患者数を分子として，時間経過に伴う比率の変化を観察したもの。日本精神科病院協会による1990年度調査（会員病院1007施設）によると，2か月後残留率は59.5％，3か月後残留率は47.0％，1年後残留率は19.8％と報告されている。また精神保健福祉資料—平成13年6月30日調査の概要—（厚生労働省社会・援護局障害保健福祉部精神保健福祉課，国立精神・神経センター精神保健研究所）によると，2000年6月1か月間の入院患者2万7311人の入院患者の半数が退院する日数の推計値は64.6日，1年後残留率は14.0％であった。入院患者残留率は，入院患者の疾病別や年齢構成等に影響されるものの，新たに入院した患者をコーホートとして追跡することから，平均在院日数（（1日平均在院患者数×365日）／年間入院患者数と年間退院患者数の相加平均）のように長期在院患者の影響を受けることがないため，精神科医療機能をとらえるマクロ指標としてきわめて有用である。　→平均在院日数
　　　　　　　　　　　　　　　　（竹島正）

入院患者日用品費　入院患者の一般生活費として給付される生活保護の生活扶助である。これは，入院中の食費などが医療扶助に含まれるため，第1類，第2類に代わるものとして給付されるものであるが，年齢や地域による区分は（冬季加算を除く）なく，全国一律に設定されている。その内容は被服費，理容衛生費，教養娯楽費，交際費などとされている。　→第1類基準，第2類基準，医療扶助　　　（畑江倫子）

入院時食事療養費　医療保険の現物給付の一つとして給付される食事療養の費用のことで，患者が保険医療機関に入院して食事の提供を受けたときに負担する標準負担額（2003年現在，1日780円，低所得者の場合90日までは1日650円，91日以降1日500円）を控除して給付される。通常のメニューにない特別メニューを希望した場合，その分の特別料金も患者負担となる。1994年の健康保険法改正以前，入院時の食事は，投薬や診療等と一緒に療養の給付の一環として給付されていたが，自宅療養者との負担の公平化を図り患者の食事ニーズの多様化に対応するため，入院時食事療養費という給付が新設され，食事だけが定額の患者負担へと切り離された。食事の質の向上と自由な選択をねらった。
　　　　　　　　　　　　　　　　（松渓憲雄）

入院生活技能訓練療法　1994年4月の診療報酬改正の際，SSTは入院患者の治療を対象とした，「入院生活技能訓練療法」として組み込まれ点数化された。現在では，精神科における専門療法の一つとして多くの医療機関で盛んに実践されており，ソーシャルワーカーもチームの一員として参加している。精神障害者のエンパワメントを強化し，自立した生活を支援していく技能訓練の方法として期待されている。　→社会生活技能訓練　　　　　　　（平林恵美）

入院治療　精神科治療における入院の最も大きな意義は急性期の患者に対して「安心して休める場」を提供することである。自宅においてこの環境が得られれば，あえて入院の必要はないが，家族がいない，あるいはいても適切な看護をすることが困難であれば入院がより有利な条件を提供できる。もちろん，病状によるさまざまな行動上の問題がある場合は保護という意味でも入院が必要となるが，基本的には「安心して休める場」の提供ということが重要である。また，精神科の入院に際しては他科と異なり本人の意思に反した入院への導入が行われることもあるが，この場合も本人を騙したり，有無を言わせぬ手段で入院させるのではなく，粘り強く休養や治療の必要性を説明し，強制的な手段をとらざるを得ないときにも治療者側の主体的な判断で入院させることを告げる必要がある。通院治療と比較した入院治療の利点としては，その他に，①通院に比してよりきめ細かな症状のモニターや身体管理ができるため，より積極的な治療が可能，②医師，看護スタッフなど治療者側と患者との接触が外来治療に比較して大きいために治療関係が深まりやすい，③外部からの刺激を遮断できる，④病棟の集団生活がある種の患者には社会での対人場面の練習となる，⑤家族を休息させることができる，などが

挙げられる。一方，不利な点として，①閉鎖的空間への隔離や行動制限が外傷的な体験となる，②精神科病院への入院という事実が社会的なスティグマとなる，③長期の入院によるいわゆるホスピタリズム（施設症）の発生，④治療への動機づけが外来治療よりもあいまいになることがある，⑤病棟内の対人関係が負担になったり，害となったりする可能性，などがあるが，入院そのものの問題だけでなく，現状の精神科医療の問題点，すなわち精神科医療が医療費の面でも低く評価されており，量的にも質的にも十分なマンパワーや設備の下での治療が行えないことの影響も大きい。　→外来治療（中津完）

入院届　精神保健福祉法第33条第4項（医療保護入院），第33条の4第2項（応急入院）の規定。精神病院の管理者は入院届を，最寄りの保健所長を経て都道府県知事に届け出なければならない。医療保護入院で扶養義務者による入院の場合は，入院時に第33条第2項での入院届を提出し（10日以内），その後4週間以内に第33条第1項での届け出をしなければならない。その際扶養義務者は，家庭裁判所において保護者選任を受けている必要がある。　　（中川さゆり）

乳児院　児童福祉法による児童福祉施設であり，満1歳未満の乳児（保健上その他の理由により特に必要がある場合には，概ね2歳未満の幼児を含む）を入院させて，これを養育することを目的とする施設（児童福祉法第37条）。養育の内容は，乳児の健全な発育を促進し，その人格形成に資するものであり，精神発達の観察や指導，毎日の授乳，食事，おむつ交換，入浴，外気浴，安静・睡眠の確保とともに，身体測定や健康診断などの健康管理が行われている。乳児院には医師，看護師，栄養士，調理員，保育士などが配置されており，2002年現在，全国に114か所ある。　→児童福祉施設　（近藤洋子）

乳児期　誕生から満1年または歩行開始までの時期を指すが，非言語的発達の段階にあたるおよそ18か月までを指す場合もある。児童福祉法では満1歳未満を乳児としている。乳児期は胎生期と幼児期を橋渡しし，未分化な心身が密接に関連し合って発達していく。この時期は生涯を通じて最も心身の成長発達が著しい時期であり，かつまたこの間に基本的な生き方の原型がつくられる。心理社会的な発達についてのエリクソン（Erikson, E. H.）の見解では，個人の基本的な信頼感あるいは不信感の基盤がつくられる時期とされている。発達途上の乳児は，身近にある養育者および環境の影響をもろに受けやすく，養育状況いかんが発達の方向性を決定するともいわれている。しかし乳児は必ずしも無力な存在ではない。乳児が早くから鋭敏な能力をもち，能動的に環境と関わることや，その存在自体が身近にいる者に刺激を与え，特に父母の無意識の情緒記憶を揺さぶり，育児状況に働きかけを行っていることなどが最近の研究で明らかにされている。つまり乳児は外界から影響されると同時に身近な環境に影響を与え返しており，とりわけ母親－乳児関係には喜びだけでなく人知れぬ緊張や苦しみの悪循環さえもたらし得る。したがってこうした苦悩や困難を抱えた乳児をめぐるさまざまな課題に対して，新しい乳幼児精神医学の知見を受け継ぐ臨床実践では，母親－乳児をシステムと見なしてアプローチする方法が基本とされる。　（加藤洋子）

乳児死亡率　生後1年未満のものを乳児といい，その死亡率をいう。1年間の乳児死亡数をその年の出生数で除し，それを1000倍した数で表す。乳児は衛生状態や栄養などの影響を受けやすいので，乳児死亡率はその国や地域の重要な健康指標の一つである。わが国の2001年の乳児死亡率は3.1で世界的に最も良好な低い数値である。　（成相京）

ニューディール政策〔New Deal〕　アメリカの大統領ルーズベルト（Roosevelt, F. D.）が1933年に提唱し，約10年間施策として推進した，世界恐慌後の経済再建政策である。ニューディール（新規まき直し）政策とは，経済市場に対する政府の積極的介入による修正資本主義的な経済再建政策を意味する。具体的には，救済，復興，改革を目標に掲げ，政府による金融操作，1933年の連邦緊急救済法，農業調整法，全国産業復興法，1935年のワグナー法，社会保障法，失業対策・国土開発事業としてのテネシ

一渓谷開発公社設立などの一連の政策の総称である。殊に, 社会保障法 (Social Security Act of 1935) は, 社会保障の名称を冠した世界初の立法で, 社会保険, 公的扶助, 社会福祉によって有効需要創出 (購買力付与) に貢献した。　　(志水幸)

ニューモシスチス・カリニ肺炎 〔pneumocystis carinii pneumonia : PCP〕　ニューモシスチス・カリニは人間と家畜および野生動物の肺にみられる原虫で弱毒性の病原体。健康な人では病原体にはなりえないが, 免疫不全にある人ではニューモシスチス・カリニ肺炎を起こすことがある。日和見感染の一つで, エイズ患者では80％近くにこの疾患がみられる。症状は発熱, 多呼吸, 息切れで始まり, 呼吸困難が進行するにつれ酸素が必要になる。　→日和見感染
　　(中村敬)

乳幼児健康支援一時預かり事業　保護者の子育てと就労の両立を支援するとともに, 児童の健全育成と資質の向上に寄与することを目的に, 市町村により実施されている事業である。保育所に通所中の児童等が病気の「回復期」であり, 保護者が勤務や冠婚葬祭等の理由でその児童の育児をすることができないとき, 集団保育の困難な期間, 当該児童を保育所, 病院等に付設された専用スペースまたは派遣された保育士等が児童の自宅等において一時的に預かる「病後児保育」事業のほかに, 核家族に対して産後体調不良の産褥婦等の家事・育児への援助を行う「産褥期ヘルパー」事業, および保護者の傷病・入院時に緊急・一時的に保育士を自宅に派遣する「訪問型一時保育」事業が含まれる。
　　(近藤洋子)

乳幼児健康診査　乳幼児健康診査には, 母子保健法で定められた1歳6か月児健康診査や3歳児健康診査のほか, 4か月児等を対象とする市町村独自の健康診査などがあり, それぞれ必要に応じて精密検査が行われる。また, 神経芽細胞腫検査, 先天性代謝異常等検査, 新生児聴覚障害児検査といった乳幼児期に早期発見・早期治療する必要のある疾患の検査も実施される。なお, 乳幼児健康診査は, 妊娠, 分娩, 育児期, 新生児, 乳幼児期を通じてサービスが体系化されている国の母子保健対策の一環であり, 母子垂直感染を予防するためのB型肝炎検査や母親に対する妊産婦健康診査や, 母子健康手帳の交付, 訪問指導等といった行政による母子保健事業が含まれる。1997年4月以降は市町村を中心にサービスが行われている。　→1歳6か月児健康診査, 3歳児健康診査 (半澤節子)

ニュールック心理学　知覚は, 対象刺激の条件に規定されるほかに知覚する側の欲求や期待, 態度, 価値といった知覚者の主体的条件からも影響を受けるとして, 社会的知覚を唱える立場を指す。1940年代, 知覚における動機づけの側面を強調したアメリカのブルーナー (Bruner, J. S.) らの主張に端を発する。外的な刺激の「全体性」(布置) に注目したゲシュタルト心理学の考えに対し, 外界も知覚者も含めた「全体性」を強調したため, ニュールック心理学と呼ばれた。　→知覚, ブルーナー
　　(加藤洋子)

ニュールンベルグ綱領〔Nuremberg Code〕第二次世界大戦中, 強制収容所においてナチス・ドイツの医師たちによりユダヤ人に対する非人道的な医学的人体実験が行われた。これに対する厳しい反省から, 連合国側によるニュールンベルグ裁判の判決文を踏まえ, 1947年に10項目からなる基本理念として綱領化された。これには, 強制や威圧などを受けない本人の自発的な同意と明確な説明をはじめとする医学的臨床研究に関しての倫理が定められており, インフォームドコンセントの原型ともいえる。　→インフォームドコンセント　　(平林恵美)

ニューロパチー〔neuropathy〕脳神経, 自律神経を含めた末梢神経の障害をニューロパチーと呼ぶ。末梢神経炎とほぼ同義。成因としてはギランバレー症候群等の炎症によるもの, 糖尿病, 内分泌障害などによる代謝, 内分泌障害によるもの, アルコール性など栄養障害によるもの, 有機溶剤, 重金属などの中毒によるもの, 物理的原因によるもの, 悪性腫瘍によるもの, 家族性のものなどがある。体性末梢神経の障害では手袋, 靴下領域の知覚障害がまず現れる。自律神経系の障害では低血圧, 胃腸障害, 男性

性機能障害等が現れる。脳神経領域では視神経障害等がみられる。　　　　　　（梶原徹）

ニューロン〔neuron〕　神経細胞体，樹状突起，神経線維とも呼ばれる軸索からなる神経細胞単位をニューロン＝神経元という。ニューロンは形態および機能の上からも神経系の基本単位である。ニューロンはシナプスにおいて他のニューロンと神経伝達物質等を介して連絡し，神経ネットワークを形成している。ニューロンの周囲には神経膠細胞（グリア）があり，ニューロンに栄養を与え，かつ神経組織の支持を行っている。シナプスにおける神経伝達物質等による刺激は膜電位の変化としてニューロン全体に伝達され，さらにシナプスを介して別のニューロンに伝達される。大脳皮質のニューロンは約140億個と推定され，全身では1000億個に及ぶと推定されている。　→シナプス　（梶原徹）

ニューロングステイ〔new long stay〕　かつての精神科医療は薬物などの治療手段の未発達，病院環境の劣悪さ，マンパワー不足，リハビリテーション活動の不十分さなどにより，多くの患者が長期入院を余儀なくされ，このことによって二次的にホスピタリズム（施設症）をきたし，さらに入院期間が長くなる，という問題点があった。しかし，治療手段の進歩や地域サポートシステムの進展によって，新たに入院してくる患者のうちの多くは短期で退院するようになった。これまでに長期入院している患者層が老齢化，死亡していけば，長期入院の問題は解決するのではないかと考えられたこともあった。しかし，難治，治療抵抗性のケースや入退院の繰り返しの後，社会内での生きるための動機やエネルギー，さらに現実的な生活基盤が失われるなかで新たに長期入院化してくる層があり，ニューロングステイと呼ばれている。共通の定義はないが，1970年代のイギリスの報告では1～5年の入院者をニューロングステイと呼んでいる。　→長期在院　　　（中津完）

尿失禁〔urinary incontinence〕　尿の排出を抑制できず，意志とは無関係に勝手に尿がもれてしまう状態。正常の状態では，尿が膀胱を満たすと反射的に排尿が起きるのを大脳皮質が抑制している。排尿のメカニズムは複雑であるため尿失禁の原因も多彩である。先天性奇形などによる真性尿失禁，多産婦や高齢女性が咳やくしゃみなどの腹圧加圧時にきたす腹圧性尿失禁，脊髄損傷後に大脳皮質からの排尿の抑制回路が遮断されるために反射性に膀胱が収縮してしまう反射性尿失禁，膀胱炎による膀胱の被刺激性の亢進や排尿反射の抑制中枢の障害で尿意を自制できず尿漏出をきたす切迫性尿失禁，慢性尿閉などで膀胱に尿が充満してあふれ出てしまう溢流性尿失禁などがある。　（松永大吾）

尿閉〔urinary retention〕　膀胱に尿がたまっているのに排泄できない状態。下腹部にふくらんだ膀胱を触れることができる。尿自体が生成されない状態は無尿といい，尿閉とは異なる。原因としては神経が障害されて膀胱がうまく機能できない状態（神経因性膀胱）や，前立腺肥大症などで尿道が閉塞された状態が挙げられる。急性尿閉では痛みが強いが，導尿すると大量の尿が得られ，患者は苦痛から解放される。慢性尿閉では次第に腎機能が悪化し，腎不全となることがある。　　　　　　（松永大吾）

尿路感染症〔urinary infection〕　尿路に細菌などの感染が起こった状態。腎盂腎炎や膀胱炎・尿道炎などがあり，これらを併発することもある。多くは尿路を逆行性に感染し，急性の尿路感染症では大腸菌によるものが大半を占める。尿の停滞や留置カテーテルなどの異物の存在は尿路感染症のきっかけとなりやすく，特に寝たきりの高齢者では注意が必要である。治療は，できる限り原因の除去（カテーテルの抜去など），抗生剤の投与，水分摂取による尿流停滞の防止，である。　　　　　　（松永大吾）

尿路結石〔urinary calculus〕　尿を生成する腎臓から尿管→膀胱→尿道に至る尿路に結石が存在する疾患。多くは腎盂・尿管に起こる。好発年齢は20～50歳代であり，初発年齢は20代が最も多い。三大症状は，疼痛・血尿・結石の排出である。結石の成分はシュウ酸カルシウム・リン酸カルシウムなどである。尿路の狭窄や前立腺肥大症などによる尿流の停滞，尿路感染症，高カルシウム血症により引き起こされる

ことがあるが，原因不明なことが多い。
（松永大吾）

二類感染症　「感染症の予防及び感染症の患者に対する医療に関する法律」では，感染力，罹患した場合の重要性などに基づいて，総合的な観点からみた危険性が高い感染症と定義されている。これに分類される感染症は，急性灰白髄炎（ポリオ），コレラ，細菌性赤痢，ジフテリア，腸チフス，パラチフスであり，基本的対応としては，状況に応じて入院，消毒などの対物措置である。二類感染症に分類されている感染症は経口で感染するものであり，国内ではあまり問題はないが，国外旅行では生野菜・生水・氷など加熱していないものを摂取しないことで感染を防止することができる。　→感染症対策
（中村敬）

ニルジェ　⇨ニィリエ

任意加入被保険者　強制加入が原則である社会保険において，社会保険を強制的に適用する必要のない場合（例えば，高額所得者）や，強制的に適用し難い場合（農民や自営業者，零細企業に雇われる者など）等の事情によって，例外的に任意加入とされる被保険者のこと。健康保険の任意継続被保険者・任意被保険者や，厚生年金保険の高齢任意加入被保険者，国外居住者の国民年金の加入，一人親方・海外派遣労働者の労働保険の加入などの事例がある。　→健康保険法，任意適用事業所　（松渓憲雄）

任意継続被保険者　健康保険の被保険者は退職すると被保険者ではなくなるが，被保険者期間が2か月以上ある場合に，引き続き2年間，個人的になれる被保険者のことをいう。厚生年金保険の第4種被保険者も，20年という老齢年金の受給資格期間を満たすための任意継続被保険者である。いずれも，保険料の事業主負担はなく全額自己負担である。　　（松渓憲雄）

任意後見制度　任意後見契約に関する法律（平成11年法律第150号）により新設されたもので，公的機関の監督を伴う任意代理制度である。本人が契約の締結に必要な判断能力を有している間に，自己が精神上の障害（痴呆・知的障害・精神障害）により判断能力が不十分な状況に至った場合の後見事務について，任意後見人に代理権を付与する「任意後見契約」を締結し，本人が判断不十分な状況に至ったときには，家庭裁判所が任意後見監督人を選任し，この監督をうけた任意後見人による保護を受けることができるという制度である。従前，禁治産の場合の後見人，準禁治産の場合の保佐人しかなく，活用されていなかったことに鑑みたもので，自己が判断能力の低減する前に契約しておける点に特徴がある。　→成年後見制度（杉浦ひとみ）

任意代理　代理とは，代理人という他人が本人に代わって契約などの法律行為を行い，その法律行為の効果を本人に帰属させる制度で，他人を使って個人の活動の範囲を拡大する機能（私的自治の拡張）と能力が十分でない者の活動を補う機能（私的自治の補充）を果たす。代理には，任意代理と法定代理がある。任意代理は本人の依頼によって代理権が発生するものであり，法定代理は法律の規定により代理権が発生する場合である。　→法定代理（杉浦ひとみ）

任意適用事業所　健康保険・厚生年金保険の適用を強制的に受けることのない従業員が5人未満の個人事業所等で，一定の手続き（その事業所の従業員の半数以上の同意が必要）を経て，地方社会保険事務局長の認可（使用関係が明らかで安定し，経理状態も良く保険料の滞納のおそれもないことが必要）を受けて，その適用を任意的に受ける事業所のことを指す。そのような事業所を任意適用事業所といい，その従業員を任意被保険者という。　→任意加入被保険者，健康保険法　　　　　　　　　（松渓憲雄）

任意入院　精神保健福祉法第22条の3に規定されている入院形態。人権擁護の観点から，精神障害者本人の同意に基づいて行われる入院。最優先の入院方法である。他の入院方法は，任意入院ができない場合に，その理由を明記して行う。1984年栃木県の宇都宮病院において，医師や看護師等の医療従事者が不足するなかで，無資格者による診察やレントゲン撮影が行われたり，看護助手らの暴行により患者が死亡した事件が起きた。この事件に対し，国内外で批判が高まり，精神病床数の多さ，長期在院率，

強制入院や不適切な処遇など日本の精神医療の問題が，国連の人権小委員会に持ち込まれた。国際法律家委員会（ICJ）と国際医療職専門委員会（ICHP）の合同調査団が来日し，日本政府に勧告書を提出した。また国内においては，日本精神神経学会をはじめとする精神医療保健福祉団体が，1987年に精神衛生法に関する国際フォーラムを開催した。こうした内外での活動に対し，厚生省は法改正せざるを得なくなり，1987年精神障害者の人権擁護と社会復帰の促進を図るため，精神保健法が成立し，任意入院制度が設けられた。任意入院の「同意」とは，患者が自らの入院について積極的に拒んでいない状態を含む，とされている。任意入院は他の入院形態と比べ，入院届，退院届を要しないなど手続きが簡便である。したがって，例えば物事の判断がつきづらい患者に適用するなど，安易な運用を招きやすい点が課題である。1997年に厚生省が実施した調査では，任意入院患者の46％に対し，閉鎖処遇が実施されている。1999年の法改正に伴い，告示の改正が行われ，任意入院患者は原則として開放的な環境で処遇することとされたが，閉鎖処遇の原因とされている人員配置，構造基準の精神科特例は実質的には変更されていない。　→宇都宮病院事件（中川さゆり）

任意法規　⇨強行法規／任意法規

認可外保育施設　児童福祉法に規定されておらず，児童福祉法に定める基準により認可されていない保育施設のこと。無認可保育施設ともいう。施設設置基準や職員配置などについても法上による規制はないため，ときとして質の低下を招く場合があるが，反対に柔軟にニーズに対応できるという利点もある。認可保育所以外によって実施提供されている保育サービスはすべてこれにあたり，少人数の家庭的保育，事業所内保育施設，駅型保育施設，ベビーホテル等も含まれる。　→事業所内保育施設，駅型保育施設　（山本真実）

妊産婦加算　生活保護の加算の一つ。妊婦または産後6か月までの産婦を対象にした加算。妊産婦加算の計上は，届出によって行い，妊婦である認定や妊娠月数の認定は，母子健康手帳または医師や助産師の診断によって行う。妊婦についての加算は，妊娠の事実を確認した日の属する月の翌月から，産婦についての加算は，出産の日の属する月から行う。　→各種加算
（敦賀弘恵）

認知　婚姻関係がない両親の間で出生した子に対して，親子関係の事実を認める意思表示のこと。母子関係は，母からの認知を待たず出生により当然生ずるが，父子関係は父による認知の意思表示が必要となる。父が認知後，母と婚姻したときは，婚姻のときから，婚姻している父母の父が認知したときは認知のときから，嫡出子としての身分を取得する（準正という）。父が認知しないとき，子は父に対して認知の訴えを起こすことができる。　→嫡出子（池田直樹）

認知　外界から取り入れた情報の変換，意味づけ，判断や推理，決定，記憶，言語の使用すべてに関わる情報処理過程および機能を認知という。心理学では，認知は知覚の研究から発展した概念であるが，1960年代以降は行動の一側面を示すだけでなく，一つの研究領域をも示す包括的な用語として使われている。認知心理学では，これらの情報処理過程の解明に重点が置かれる。最近ではメタ認知に関する研究や，神経生理学および神経心理学領域の成果を受けた研究の流れなどがある。一方厳密には認知心理学の流れを汲むものではないが，臨床分野でも認知療法や認知行動療法など，認知領域に焦点を当てる立場という意味で，認知という用語が使用される場合もある。　→社会的認知
（加藤洋子）

認知的不協和理論　アメリカの社会心理学者フェスティンガー（Festinger, L.）により提唱された理論。人はさまざまな対象に対して複数の知識や考え，信念などをもつ。ある対象に対して互いに矛盾するような知識や考えをもつと，人はある種の緊張状態に陥る（認知的に不協和が生じる）。すると人は何とかこの不快な不協和事態を解消するため，一方の考えを変えたり，一方の考え方を強めたり，一方の考えを補う別の認識を加えたり等の工夫をして対処するように動機づけられているとする。　（加藤洋子）

ね

ネイバーフッドギルド〔neighborhood guild〕 コイト（Coit, S.）によって，1886年にニューヨーク市に設立されたアメリカ最初のセツルメント．コイトは，宗教的な信仰のいかんにかかわらず，隣人が，クラブの一つのセットとして組織され，それ自体として国内の産業，教育，環境を改善するための改革を実行する共同体であり，家族であると説明している．同じセツルメント運動でも，近隣住区を組織化して問題解決を図る視点を重視した考え方が強調された．
→コイト，セツルメント　　　　　　　　（宮城孝）

ネグレクト〔neglect〕　身体的・精神的・性的虐待と並ぶ，幼児・児童・障害者・高齢者などに対する虐待のタイプの一つで，育児・世話・ケア・介護等を怠る意．他の虐待のタイプと並行することも多い．食事をさせない，身辺を清潔にしない等の具体的なものから，無関心，注意を向けない等精神的ネグレクトもある．幼児については車内や部屋に置き放し，事故を招きやすく大事に至ることもある．長期間にわたる場合，精神面の発達に深刻な影響をきたしたり，PTSDの発症につながることもある．　→虐待，外傷後ストレス障害　　　　　（山本由紀）

ネフロン〔nephron〕　腎臓において尿を生成し排出する機能的かつ構造的な最小単位をネフロンと呼ぶ．糸球体，ボーマン嚢，尿細管から成り，1個の腎臓に約100万個ある．腎動脈，輸入細動脈より続く毛細血管が糸玉状になった糸球体が袋状のボーマン嚢に包まれており，そこで動脈血が濾過されて原尿になり尿細管へ送られる．尿細管では体に必要なものを原尿から再吸収し，不要なものを尿として排出し，尿は尿管を通り膀胱に貯えられ体外へ出される．
　　　　　　　　　　　　　　　　　（荒田寿彦）

年金国際通算協定　年金制度の適用に関する調整や加入期間の通算に関する取り決め等を内容とする国際協定．年金の国家間調整がない状況では，短期間の海外勤務者は，勤務地の年金制度の適用となるものの，受給資格期間を満たすことができず，保険料が掛け捨てとなる．また，海外勤務者であっても自国の年金制度が適用される場合には，年金制度の重複加入が生じる．このような問題を解決するために，多くの国の間で，年金国際通算協定が締結されている．
　　　　　　　　　　　　　　　　　（百瀬優）

年金裁定請求　公的年金の給付を受ける権利は，法で定めている支給要件を満たせば当然に発生する．しかし，実際に給付を受けるためには，社会保険庁長官によって，受給権の発生が確認される必要がある．この確認を裁定といい，受給権者がこの確認を請求することを年金裁定請求という．年金裁定請求は，裁定請求書に必要な書類を添付して市区町村や社会保険事務所へ提出することにより行う．また，裁定によって，受給権の確認と給付の決定が行われた年金を既裁定年金という．
　　　　　　　　　　　　　　　　　（百瀬優）

年金支給停止　年金の支給は以下のような場合に停止される．まず，併給調整が行われる場合に，受給権者によって選択されなかった年金は支給停止となる．また，障害年金の受給権者が障害等級に該当しなくなった場合，その障害の状態に該当しない間，年金が支給停止となる．さらに，障害年金や遺族年金では，労働基準法の規定による障害補償や遺族補償が行われる場合，その支給が6年間停止される．その他にも，在職老齢年金の仕組みによる支給停止などがある．
　　　　　　　　　　　　　　　　　（百瀬優）

年金失権事由　年金を受給する権利の消滅事由のこと．老齢年金の失権事由は，受給権者が死亡したときであり，受給権は受給権者の死亡によって消滅する．障害年金の失権事由は，受給権者が死亡したとき，障害等級不該当の状態で3年経過またはその状態で65歳に到達のいずれか遅い方へ達したときである．遺族年金では，受給権者が死亡，婚姻，養子縁組したとき，死亡した者の子が受給権者の場合には子が一定年齢に達したとき等が失権事由となっている．
　　　　　　　　　　　　　　　　　（百瀬優）

年金制度 国が法律に基づき実施する制度で，民間企業や個人年金と区別して公的年金という。わが国では1961年に国民皆年金が実現し，1986年4月にすべての国民が国民年金制度に加入する年金制度の一元化が図られた。年金とは老齢，死亡，障害などの事由に対して所得を保障する制度であり，すべての国民に加入が義務づけられている。わが国の年金制度には大きく分けて国民年金，厚生年金，共済年金があり，高齢，障害，死亡の保険事故に対してそれぞれ老齢年金，障害年金，遺族年金が支給される。障害年金は，①国民年金や厚生年金保険などに加入している間に初診日のあるけがや病気がもとで，②障害認定日（精神障害の場合は初診日から1年6か月を経過した日）に政令で定める障害等級表に該当する障害の状態になり，③一定の保険料納付要件を満たしている場合，あるいは20歳以前の病気やけががもとで障害の状態になった場合に支払われる。　→国民年金，障害年金　　　　　　　　（古寺久仁子）

年金の成熟度 各年金制度の老齢年金受給者数を被保険者数で除した割合のこと。年金制度では，制度創設当初，老齢年金受給者数は被保険者数に比べて圧倒的に少なく，また，受給者の被保険者期間も短い。その後，時間の経過などによって，①受給者数の被保険者数に対する割合が増加し，②受給者の被保険者期間が長くなっていく。このことを年金の成熟化といい，一般的には，①の意味での成熟化の度合いを示す指標を年金の成熟度という。　　　（百瀬優）

ねんりんピック ⇨全国健康福祉祭

年齢調整死亡率 死亡率は人口の年齢構成に大きく影響されるため，それを調整したものを年齢調整死亡率という。基準人口を用いて年齢構成の歪みを補正する。現在，日本では1985年の日本人人口を基礎とした「昭和60年モデル人口」を用いている。年齢階級別基準人口に観察集団の年齢階級別死亡率を掛けた数の総和を基準総人口で除して得られる。訂正死亡率と呼んでいたものをより適切な意味を表すよう，1991年に用語変更された。　→粗死亡率　（成相京）

の

脳下垂体 〔pituitary body〕 視床下部から下垂しトルコ鞍内に収まる内分泌腺。全身の内分泌腺を調整する各種刺激ホルモンを分泌し，視床下部からの支配を介して内分泌調節の中枢的機能をもつ。前葉，中葉，後葉に区分され，前葉は副腎皮質刺激ホルモン，性腺刺激ホルモン，甲状腺刺激ホルモン，成長ホルモン等6種のホルモンが分泌され，後葉からは抗利尿ホルモン，子宮収縮ホルモン等が分泌されている。　→内分泌器官　　　　　　　　　　　（梶原徹）

脳幹〔brain stem〕 延髄，橋，中脳を含む脳の部位をいう。ここに間脳を含めるかについては議論がある。脳幹とは，元来脳の左右対を形成しない部位を意味しており，間脳以下，中脳，橋，延髄を含む概念であった。その後，前脳(大脳半球である終脳および間脳を指す）と小脳を除外した脳という意味で使用された。発生また形態的見地から間脳を含めるべきであるとの見解が有力になっている。生命維持機能，脳神経核，伝導路として重要な機能をもつ部位である。
　　　　　　　　　　　　　　　　（梶原徹）

農業協同組合〔Japan Agricultural Cooperatives：JA〕 1947年の農業協同組合法により設置が認められた非営利団体であり，地域ごとに組合員によって設立されている。事業内容は法で定められており，営農・共済・購買・医療・保健事業など組合員相互の助け合い事業が基本である。1992年の法改正により，組合員以外でも利用可能となった他，これまでの「JA助け合い組織」による家事援助事業の蓄積に加え，ホームヘルプサービスやデイサービスなどが委託実施されている。　　　　　　　　（田中英樹）

脳血管障害〔cerebrovascular lesion〕 脳血管の障害によって生じる脳機能損傷を脳血管障害という。多くは不可逆的脳障害を生じる。脳血管障害には出血性病変である脳（内）出血，

クモ膜下出血，硬膜下血腫等，虚血性病変である脳血栓，脳塞栓，一過性脳虚血発作，その他の病変であるもやもや病，高血圧性脳症，椎骨脳底動脈循環不全，静脈洞血栓症等がある。成因としては高血圧症，動脈硬化症，外傷，血管奇形等がある。多くの脳血管障害は急激に発症し脳卒中の成因となる。　　　　　（梶原徹）

脳血管性痴呆　⇨血管性痴呆

脳梗塞〔cerebral infarction〕　脳動脈が狭小化または閉塞して血流が途絶え，これによってその動脈によって栄養されている脳の領域が低酸素状態となって壊死すること。この成因には脳動脈に動脈硬化のために血栓が生じて閉塞する脳血栓と，心臓または血管内で生じた血栓が脳動脈に流入してきて脳動脈を閉塞する脳塞栓とがある。脳の細動脈は終末血管となっており副側路がないため，一細動脈の閉塞によって脳の壊死が生じうる。意識障害，麻痺等の精神神経症状を呈する。　→脳出血　（梶原徹）

脳死〔brain death〕　脳幹，大脳，小脳の全脳機能が不可逆的に停止した状態。これまでヒトの死は心臓死（心肺停止，瞳孔反射消失）によって確認されてきていたが，脳死をヒトの死と認めるかについては議論がある。1997年に制定された臓器の移植に関する法律では，ドナーカードによって本人が臓器移植に同意し，家族が同意し，脳死判定基準によって脳死が2度確認されるという条件下でのみ，臓器移植を前提に脳死をヒトの死と認めるとの立場を採っている。大脳皮質機能が非可逆的に失われた植物状態，脳幹機能が非可逆的に失われた脳幹死をも脳死に含めるとの議論もあるが，同法では，脳幹，大脳，小脳すべての死である全脳死をもって脳死としている。　→植物状態　（梶原徹）

脳出血〔cerebral hemorrhage〕　高血圧，動脈硬化，脳動脈奇形，脳動脈瘤等によって，脳実質内に出血を生じること。脳内出血ともいう。硬膜外血腫，硬膜下出血，クモ膜下出血とともに頭蓋内出血の一部をなす。脳内に血腫を生じて脳圧亢進をきたし，死亡率が高い。治療法としては保存的方法，外科的方法がある。脳内の血腫が改善しても，麻痺，失調等の精神神経症状が残る場合が多く，リハビリテーションが必要となる。　→脳硬塞，クモ膜下出血　（梶原徹）

脳神経〔cerebral nerves〕　脳に出入りする12対の末梢神経のこと。12の神経を以下に挙げる。特殊知覚神経の嗅神経，視神経。眼球運動等に関与する動眼神経，滑車神経，外転神経。顔面頭部硬膜の知覚，咀嚼筋運動神経等から成る三叉神経。顔面筋運動神経と味覚を支配する顔面神経。聴覚，位置平衡覚を支配する内耳神経。舌咽頭知覚と唾液分泌に関与する舌咽神経。内臓に分布する副交感神経である迷走神経。舌筋運動神経の舌下神経。頸部筋運動神経である副神経。　　　　　　　　　　　（梶原徹）

脳性麻痺〔cerebral palsy〕　胎児期から出生直後（4週まで）までに生じた脳の非進行性病変による永続的な運動および姿勢の異常をいう。多くは出産時低酸素状態による脳白質の損傷によって生じている。症状の発現は満2歳までに生じる。麻痺を主徴とする痙直型，不随意運動型，筋強剛を主徴とする強剛型，運動失調を主徴とする失調型等に類型化されている。日本では出産時以後に生じた脳障害，代謝性疾患，変性疾患は脳性麻痺からは除外されている。頻度は最近増加傾向にあり，1980年には出生1000件に1件の比率であった。発達的見地および機能訓練のために早期からの理学療法，作業療法が勧められている。　　　　　　　　　（梶原徹）

脳脊髄液〔cerebrospinal fluid〕　脳室，脊髄中心管，クモ膜下腔を満たす液体のこと。脳室内にある血管に富んだ脈絡叢で分泌されて，第4脳室正中口，外側口からクモ膜下腔に出て，脳脊髄のクモ膜下腔を満たした後に，脳硬膜のクモ膜顆粒から静脈洞に排出されて血液中に戻る。中脳水道などで閉塞が生じると脳室内に貯留して水頭症を生じる。脳脊髄または脳脊髄膜に炎症や感染が生じると細胞数，タンパク量，圧などが増加する。脊髄穿刺によってその性状を検査する。　　　　　　　　　　　（梶原徹）

脳脊髄膜〔cerebro-meninges〕　中枢神経である脳と脊髄は3種類の膜（硬膜，クモ膜，軟膜）によって覆われている。これら3種類の膜を総称して脳脊髄膜と呼ぶ。硬膜は脳では頭蓋

骨に付着し、一部は大脳鎌や小脳テントを形成している。クモ膜の内側には脳脊髄液を蓄えたクモ膜下腔があり、このクモ膜下腔を隔てて脳脊髄の表面に密着して軟膜がある。脳脊髄膜に感染等によって炎症が生じると脳脊髄膜炎（髄膜炎）を生じる。　　　　　　　　　　（梶原徹）

脳卒中〔cerebral apoplexy〕　脳血管障害によって突然発症する意識障害や神経障害を脳卒中と総称する。脳血栓、脳出血、脳塞栓、クモ膜下出血、一過性脳虚血発作、高血圧性脳症などが含まれる。脳血管障害がその原因であるために、基礎疾患として高血圧症、動脈硬化症、高脂血症などがある場合が多い。死に至る場合もあり、また、後遺症として麻痺、運動障害などが残存する場合も多い。　→脳血管障害
　　　　　　　　　　　　　　　　　（梶原徹）

脳代謝賦活薬　何らかのかたちで脳の代謝を改善する作用をもつ薬剤で、一部の薬剤は脳血流を改善する作用ももっている。脳血管障害慢性期の自発性低下などの精神症状に効果があるとされ、一部は外傷や手術後、血管障害による意識障害にも使用される。しかし、記憶、見当識、思考の障害など痴呆の中核的な症状に対しては明確な有効性は確認されていない。これまで効果も十分でないまま漫然と投与されてきた傾向は否定できず、製造・販売が中止されたものも多い。また、一般には副作用は少ないといわれているが、一部の薬剤では重篤な副作用を呈することもある。ホパンテン酸カルシウムによる副作用例がよく知られており、1990年以降高齢者の脳疾患に対する適応が除外された。近年、抗痴呆薬として塩酸ドネペジルが導入されたが、これも痴呆の初期において進行を遅らせるという効果は認められているものの全面的に痴呆を改善する薬剤とはいいがたい。　→抗痴呆薬
　　　　　　　　　　　　　　　　　（中津完）

脳波　脳の電気的活動を頭皮上から測定したものが脳波である。心電図のおよそ1/1000マイクロボルトという単位の微細な電気的活動であるが、脳機能の一部を反映するといわれており、1920年代のベルガー（Berger, H.）の報告以来、精神医学の領域における検査法としては歴史が古い。通常、目を閉じた安静状態で測定されるが、成人の脳波は周波数10Hz前後、振幅30～50μVのα波が中心で、一部13Hz以上のβ波が混じる。必要に応じて、過呼吸や光、睡眠、薬物などによる誘発が行われる。患者に与える負担が少なく、繰り返し検査が可能という点でも優れた検査法であり、CT、MRIなど普及した現在においてもてんかんや一部の睡眠障害の診断、さらには脳死の判定などには欠くことのできないものである。近年では脳波から発展した事象関連電位などが認知機能の研究の有力な手段の一つとなっている。　　（中津完）

能力の活用　保護の補足性の原理により、要保護者は最低生活の維持のために自身の能力を活用しなければならないとされている。労働能力のある者は、その能力に応じた就労を求められる。ただし、これは保護申請時に能力活用がされていないことを理由に、保護申請を受理しないことを意味するのではない。また、労働能力の有無は医師の意見などを参考に判断されるが、判断が非常に難しい場合が多く、生活保護担当者の悩みどころである。　→保護の補足性の原理
　　　　　　　　　　　　　　　　　（山本文ስ）

ノーマネット　⇨障害者情報ネットワーク

ノーマライゼーション〔normalization〕　障害者を「ノーマル」にすることではなく、障害のある者が障害のない者と変わらない普通の生活を送れるような社会へ改善することであり、地域社会が同じ市民として障害者を受け入れ、人権を擁護し、十分に成熟した社会をつくろうとする思想であり、運動である。障害者思想の価値ある理念として国際的に最も普及した。デンマークのバンク-ミケルセン（Bank-Mikkelsen, N. E.）は、1950年代に巨大な知的障害者の施設（コロニー）のなかで、多くの人権侵害、非人間的な扱いが行われていることを当事者の親たちから知らされ、自身、ナチスドイツ下の捕虜収容所での体験から、その生涯をノーマライゼーション運動に献身した。その後、スウェーデンのニィリエ（Nirje, B., 1969）は、ノーマライゼーションを「知的障害者の日常生活をできるだけ社会の主流となっている規範や

形態に近づけるようにすること」と述べ，①社会との交流，通常の生活で体験する1日の生活リズム，1週間の生活リズム，1年間の生活リズムの実現，②一生涯における正常な発達機会の保障，③知的障害者の無言の願望や自己決定の尊重，④男女両性のある世界での生活，⑤正常な経済的水準の保障，⑥家族との共生を含む正常な住環境の保障，を主張した（ニィリエの原則）。その後，アメリカ，カナダでノーマライゼーションを推進したヴォルフェンスベルガー（Wolfensberger, W., 1972）などの進展もあり，ノーマライゼーションは全世界に急速に広がっていった。　　　　　　　　　　（田中英樹）

は

パーキンソン症候群〔parkinson syndrome〕振戦，筋強剛，無動・寡動，自律神経症状などのほか精神症状がみられる。①パーキンソン病，②脳炎後パーキンソニスム，③線状体・黒質変性症，④抗精神病薬によるパーキンソニスム，⑤その他のパーキンソニスムなどに分ける。このうち抗精神病薬によるパーキンソニスムは，振戦や筋強剛のほか無動・寡動がみられるほか自律神経症状として流涎がよくみられる。この症状がみられたら薬物を減量するだけでなく他の薬剤に変更する必要がある。　（吉川武彦）

パーキンソン病〔parkinson disease〕パーキンソン症候群（パーキンソニスム）の一つで，本態性パーキンソニスムともいわれる。振戦がみられ筋強剛があるので歯車がきざむようにがくがくと四肢を動かす（歯車現象）のが特徴的である。通常は一側の上肢から始まり下肢に及び，さらに反対側の上下肢に及ぶ。表情が乏しくなり仮面様顔貌や瞬目減少がみられ前屈姿勢で小刻みに歩く。多汗がみられ脂ぎった顔になり流涎や便秘がある。頭痛・頭重を伴うことも多く不眠がある。抑うつ状態がみられ，思考が迂遠になりときには思考制止がみられたり行為

の制止がみられることもあるので，パーキンソン病の初期にはうつ病と診断されることもある。中脳の黒質と青斑の退行変性がみられるほか，線状体や視床あるいは視床下部などに病変がみられることもある。治療は抗パーキンソン病薬である抗コリン薬やL-DOPA（L-ドーパ）が用いられる。薬物で振戦が改善されないときには脳定位手術も行われる。うつ状態には抗うつ薬を用いる。　　　　　　　　（吉川武彦）

バークレイ〔Berkeley, George: 1685-1753〕イギリスの哲学者。アイルランドに生まれ，ダブリンのトリニティカレッジに学ぶ。知識は知覚経験に由来するという点ではロック（Locke, J.）の経験論と一致するが，心のなかの観念に対応する，観念から独立した物質的実在の存在は否定した。「存在するとは，知覚されることである（esse est percipi）」という命題に集約される彼の哲学は，機械論的世界観を否定し，神の存在を論証することにあった。したがって，知覚されなければ何も存在しないという独我論ではなく，神の摂理を根拠として外的実在が肯定されるのである。　→ロック　　　（長瀬浩一）

バークレイ報告〔Barclay Report〕イギリスの全国ソーシャルワーク研究所が1982年5月に発表した『Social Workers: Their Role and Tasks（ソーシャルワーカー：役割と任務）』の通称。この報告書は，1980年にバークレイ（Barclay, P.）を委員長とするソーシャルワークのあり方を検討した委員会によりまとめられたものである。この報告書を編纂するにあたって一致した同意が得られることはなかったため，多数派報告，少数派報告，ピンカー少数派報告の三つの見解が公表されている。（宮城孝）

パーシャル・ホスピタライゼーション〔partial hospitalization〕部分入院と訳される。アメリカの精神科医グリーンブラット（Greenblatt, M.）が，1959年頃提唱した概念で，脱施設化の青写真を提供した。彼は病院から地域へのプロセスを，入院，ナイトホスピタル，デイホスピタル，保護工場，ハーフウェイハウス（中間施設），家族ケア，患者クラブ，アフターケアクリニック，地域の九つの段階に分

け，入院はごく短期，必要なときに限るとした。再入院の場合はまた元に戻ることになる。しかしこのステップはスキップもあるし，その逆もあり得るとされる。これを円環に見立て「回転ドア方式」または「リボルバー方式」というニックネームがある。当時は大変斬新なアイディアであったが，現在ではほとんど常識的なものとなっていると同時に，もう過去のものとなったモデルである。しかし入院をできるだけ短期にすまそうという考え方は，時代を超えて尊重されるべきである。　　　　　　　　　（丸山晋）

パーソナリティ　⇨人格

パーソナルケア〔personal care〕　食事のとり方，生活リズム，個人衛生，清掃や片づけ，金銭管理などの最も基本的で普遍的な部分のケアであり，クライエントの自立生活能力へのサポートである。1998年3月に出された精神障害者ケアガイドライン第1版，2001年3月に出された同第2版において示された項目であったが，2002年3月に出された障害者ケアガイドラインにおいては出てきていない。　（石橋理絵）

パーソナルサービス〔personal service〕　利用者の必要と求めに応じて，個別に提供される対人福祉サービスのことをいう。これはイギリスの表現であるが，アメリカでは，ヒューマンサービスともいわれており，具体的にはニーズの個別性に基づいた，個々の相談援助活動，ホームヘルプなど居宅を中心として提供される在宅ケア，施設を利用したデイケア，ショートステイなどのサービスがある。　　（田中英樹）

パーソンズ〔Parsons, Talcott : 1902-1979〕アメリカの社会学者。コロラド・スプリングス生まれ。アマースト大学・ロンドンスクールオブエコノミクス・ハイデルベルク大学に学ぶ。社会的行為理論の精緻化や社会システム論の確立などで大きな業績を残す。ウェーバー（Weber, M.）やデュルケム（Durkheim, É.）らの古典的著作を主意主義的行為論という文脈で再検討した『The Structure of Social Action（社会的行為の構造）』（1937）では社会秩序の成立メカニズムを論じ，また『The Social System（社会体系論）』（1951）では一般システム論に基づいて社会システム論を提唱した。その後，『Economy and Society（経済と社会）』（1956）では機能的要件をAGIL図式（適応：A，目標達成：G，統合：I，パターン維持：L）にまとめ構造―機能主義社会学を確立した。
　　　　　　　　　　　　　　　（杉本昌昭）

ハード救急　⇨ソフト救急／ハード救急

ハートビル法　⇨高齢者，身体障害者等が円滑に利用できる特定建築物の建築の促進に関する法律

ハートレイ〔Hartley, David : 1705-1757〕イギリスの哲学者。ヨークシャーのハリファックス近郊に生まれ，ケンブリッジのジーザスカレッジに学ぶ。経験論と連合主義の考えを体系的にまとめたことで，心理学の展開にその後大きな影響を与えた。連合心理学の創始者とも呼ばれる。連合が生じる要因としては，同時性，継時性（近接性の法則）を重視した。脳内の神経的振動という生理学的仮説を立て，観念連合という心的過程を身体過程の視点（ハートレイは心身平行論の立場をとっている）を含めて記述したことも大きな特徴である。　（長瀬浩一）

バートレット〔Bartlett, Harriett M. : 1897-1987〕　アメリカの社会福祉理論の研究者であり，マサチューセッツ総合病院では医療ソーシャルワーカーとして実践者としても活躍した。社会福祉実践の方法・技術の根底にある共通基盤に着目し，個別援助技術理論の諸定義に共通する構成要素に注目した。そして，社会福祉実践全体に不可欠な要素として「価値」「知識」「介入」を挙げ，各々は独立した専門性ではあるが，この三つのバランスが保たれているときに初めて社会福祉実践として機能することを，主著『The Common Base of Social Work Practice（社会福祉実践の共通基盤）』（1970）のなかで主張した。　　　　　　　　（平林恵美）

バーナードホーム〔Barnard Home〕　1870年以降，イギリスにおいて，バーナード（Barnard, J. T.）が設立した，浮浪児等の貧困児童救済のための施設である。現代のわが国の社会福祉制度でみると，児童養護施設にあたる。施設運営における小舎制の採用，職業教育の実

施，アフターケアの実施等，従来の救貧法による救貧院等における混合収容等とは異なる先駆的取り組みを実施し，施設のあり方を近代化していく基礎を築いた。　　　　　　　（船水浩行）

ハーバード方式　⇨事例検討

パールマン〔Perlman, Helen Harris : 1905-〕アメリカのケースワークの理論家。ニューヨーク社会事業学校でケースワークを教え，のちにシカゴ大学大学院の教授となる。在任中に『Social Casework : A Problem-Solving Process（ソーシャル・ケースワーク―問題解決の過程―）』(1957)を著し，ケースワークを「問題解決の過程」としてとらえた「問題解決アプローチ」を提唱し，ケースワークの構成要素として「四つのP」を示した。診断主義に立ちながらも機能主義の考え方を取り入れたため，折衷主義ともいわれている。1986年にはさらに「専門職ワーカー」と「援助制度・対策」を加え，「六つのP」を示している。　（井上牧子）

肺〔lung〕　二重の胸膜に保護され，対になって胸腔にある鎖骨後方を頂点とする円錐形の臓器である。食道，大動脈，気管をはさみ，やや左側にある心臓を包む形になる。右肺は上，中，下の3葉からなり，左肺は上，下葉からなる。右肺の下には肝臓，左肺の下には胃があり，呼吸筋である横隔膜で腹部と分けられている。呼吸中枢は脳幹の延髄と橋に存在する。呼吸によってガス交換（酸素と二酸化炭素）を行い，腎臓とともに体液のpHを調節する。　→呼吸
（荒田寿彦）

ハイEE〔high EE〕　「高EE」ともいう。「批判」「敵意」「過度の感情的巻き込まれ」などの感情の表出が高い状態。統合失調症（精神分裂病）の患者においては，このような家族状況のなかで再発率が高まることが各地の研究で示されている。家族がハイEE化する要因としては病状，罹病期間，家族の社会的孤立や経済的，時間的な不利，医療との関係，さらに病気や障害，治療についての家族の知識，情報や受け取り方，対処能力などが関連しているといわれている。　→家族心理教育プログラム，感情表出　　　　　　　　　　　　　（中津完）

バイオエシックス　⇨生命倫理

バイオフィードバック〔biofeedback〕　普段私たちが意識していない生理的な機能の変化を，オペラント条件づけの原理にしたがって，視覚的または聴覚的な情報としてフィードバックし，生理的な反応を自分で制御していく訓練法。血圧や発汗，心拍，皮膚温，筋緊張などの自律反応や脳波を機械を用いて感知させ，試行錯誤をしながら制御法を身につけていく。この訓練の繰り返しにより，機械の助けを借りなくても自分の身体反応を自己制御できるようになることを目指す。　　　　　　　（加藤洋子）

配偶者加給年金　厚生年金保険の被保険者期間が20年以上あり，定額部分と報酬比例部分を合算した老齢厚生年金を受給できるようになった者が，その者に生計を維持されている65歳未満の配偶者を有する場合に支給される加給年金をいう。1934年以後生まれの受給権者には生年月日に応じた特別加算がある。配偶者が65歳になると支給は打ち切られるが，その後は配偶者の老齢基礎年金に振替加算が加えられる。なお，18歳未満の子どもがある場合は加給年金が支給される。　　　　　　　　　（松本由美）

肺循環〔pulmonary circulation〕　小循環ともいう。体循環を経て右心室へ戻った暗赤色の血液は右心室から始まる肺動脈幹を通り左右の肺動脈に分かれ分岐を繰り返し，肺胞の毛細血管網に至る。二酸化炭素は血液から肺胞に取り込まれ，肺胞から吸入された酸素が血液に取り込まれる。毛細血管が吻合し細静脈，静脈がつくられ，2本の肺静脈となり，酸素化された鮮紅色の血液が左心房に送られる。この循環系を肺循環という。体循環に比べ，循環抵抗が低く平均肺動脈圧は低い。　→体循環　（荒田寿彦）

バイステック〔Biestek, Felix Paul : 1912-〕アメリカの社会福祉研究者。カトリックイエズス会の神父である。ロヨラ大学社会福祉学部に所属していた1957年に『The Casework Relationship（ケースワークの原則）』を著し，援助活動においては，ケースワーカーとクライエントが望ましい援助関係を築いていくことが最も重要であると述べ，それを成立させる基本的な

要素を「ケースワークにおける七つの原則」として示した。これらは「バイステックの7原則」と呼ばれ現在もなお基本原理として影響力がある。　→バイステックの7原則　　（井上牧子）

バイステックの7原則　バイステック(Biestek, F. P.)は、『The Casework Relationship（ケースワークの原則）』(1957)という著書において、ケースワーク援助過程においてケースワーカーがクライエントと良好な援助関係を築くことは、援助過程を進めるにあたって必要不可欠であると述べ、ケースワーカーがクライエントとよりよい援助関係を形成するために、クライエントのもつ基本的な七つのニーズを明らかにし、それに対応するケースワーカーの行動原理ともいえる七つの原則を著した。クライエントの七つの基本的ニーズとは、①一人の個人として迎えられたい、②感情を表現し解放したい、③共感的な反応を得たい、④価値ある人間として受け止められたい、⑤一方的に非難されたくない、⑥問題解決を自分で選択し、決定したい、⑦自分の秘密をきちんと守りたい、であり、それらに対応するケースワーカーのとるべき態度として、①クライエントを個人としてとらえる(個別化)、②クライエントの感情表現を大切にする(意図的な感情表現)、③援助者は自分の感情を自覚して吟味する（統制された情緒的関与）、④受け止める（受容）、⑤クライエントを一方的に非難しない（非審判的態度）、⑥クライエントの自己決定を促して尊重する（自己決定)、⑦秘密を保持して信頼関係を醸成する（秘密保持）、の七つを挙げた。これらは「バイステックの7原則」と呼ばれている。この7原則は、各原則が単独に存在するのではなく相互に関連し補完的に作用している。そしてそれぞれがケースワークの価値や倫理を含み、さらにケースワーカーとして身につけるべき基本的態度について言及していることから、単なる技法という位置づけにとどまらず、ケースワークにおける基本原則として、21世紀の現在でもなお、クライエントとの関わりにおける多くの有用な示唆を与えてくれる。　→ケースワーク、バイステック　　（井上牧子）

肺胞〔alveolus〕　鼻や口から吸い込まれた空気は気管、気管支を通りさらに気管支枝、細気管支、終末細気管支と細かく枝分かれしてガス交換を行う肺胞にたどりつく。その数は約数億あり、一つひとつはブドウの房の形をして大きさは長径0.2mm前後であり、周囲に毛細血管網がある。1人分の肺胞を平面的に並べると70m²の面積になる。広い表面積をもたせ効率よく空気中の酸素を血液中に取り込み血液中の炭酸ガスを放出するガス交換の場となっている。→呼吸、肺　　（荒田寿彦）

廃用症候群　不活動状態により生ずる二次障害。身体の不動や低運動により、身体機能に廃用が加わると同時に、低刺激のため精神・神経機能をも蝕む。骨格筋萎縮、関節拘縮、代謝障害（骨粗鬆症）、循環障害（起立性低血圧、静脈血栓症）、肺活量の低下、嚥下性肺炎、皮膚萎縮、褥瘡、膀胱・直腸障害、痴呆、心的荒廃などが生じる。障害に伴う活動性の制限のみならず、疾患の治療を目的とした安静でも、これが長期に及ぶと容易に廃用に陥る。このため、早期リハビリテーションは重要で、廃用症候群の諸症状は早期リハビリテーションにより予防可能である。また、加齢因子の影響は大きく、特に高齢者は日常生活においても廃用症候群に陥ることがある。したがって、特に高齢者では日常生活全体の活動性を向上することも大切である。
（堀智勝）

ハヴィガースト〔Havighurst, Robert James : 1900-〕　教育心理学および発達心理学の分野を主な研究対象とするアメリカの心理学者。『Human Development and Education（人間の発達課題と教育―幼年期から老年期まで―）』(1953)を著し、人間が社会的に健全かつ幸福な生活を送るために、各発達段階において達成しておくことが社会によって期待されている能力や技能や役割があるという「発達課題」の概念を示し、具体的に、幼児期、児童期、青年期、成人期、老年期の各段階の発達課題(developmental task)について記述した。例えば、青年期の課題としては、①同年齢の男女との洗練された交際、②男性あるいは女性とし

ての社会的役割の学習，③自分の体の構造を理解し，身体を有効に使うこと，④両親やほかの大人からの情緒的独立，⑤経済的独立への自信，⑥職業選択と準備，⑦結婚と家庭生活の準備，⑧市民としての必要な知識と態度の発達，⑨社会的に責任のある行動を求め，成し遂げること，⑩行動の指針としての価値や倫理の体系を学ぶこと，の10項目を挙げている。　　　　（進藤義夫）

破瓜型分裂病　統合失調症（精神分裂病）はその症状と経過によって以前から大きく破瓜型，緊張型，妄想型の3型に分類されてきたが，これはICD-10やDSM-IVなどの最新の診断基準においても引き継がれている（DSM-IVでは解体型とされている）。このうち，破瓜型とは思春期（破瓜期）から25歳頃までの間に発症し，長い経過のうち幻覚妄想などが現れることもあるが，基本的には感情および意志の鈍麻などが徐々に進行し，人格水準の低下をきたしやすいものを指す。これはクレペリン(Kraepelin, E.)の早発性痴呆に相当し，統合失調症の中核的な病型ともいえるが，個々のケースを詳しく検討するとはっきりと病型が分けられないことも多く，また経過中に病像が変化していくこともある。また，抗精神病薬など治療の進歩により，終末状態がすべての例において，必ずしも重度の人格崩壊をきたすとは限らない。いずれにしても，生活上の困難は大きく，最も福祉的な援助が必要な病型といえる。　　→緊張型分裂病，妄想型分裂病　　　　　　　　　　（中津完）

白内障〔cataract〕　水晶体が混濁し視力低下をきたす進行性の疾患である。原因には，加齢，外傷，ステロイド剤など薬剤の副作用，糖尿病の合併症などさまざまである。その混濁は不可逆性であり，手術のみが有効な治療法である。麻酔や眼内レンズ挿入，超音波乳化吸引術など術式の進歩により手術適応も拡大し，日帰り外来手術も可能となった。手術はできるだけ早期に行うことが早期視力回復，近視や遠視の矯正などに良い結果をもたらす。　　　（荒田寿彦）

箱庭療法〔sandplay therapy〕　1929年にローエンフェルド(Lowenfeld, M.)が創始した世界技法を，スイスのカルフ(Kalff, D. M.)が発展させた治療法。内法約50×72×7cmの内側を青く塗った箱と，砂と多数のミニチュアの玩具を用意し，自由に箱庭をつくってもらうもので，英語ではサンドプレイセラピーという。重要なのは治療者とクライエントとの人間関係であり，関係が成立するとクライエントの自己治癒力が働きはじめ，それが作品に表現されていく。これに関してカルフは，治療者により提供された「自由にして保護された空間」のなかでクライエントは象徴体験をし，それが治癒へとつながっていくと述べている。一般に箱庭は，クライエントの内的世界の表現手段としてその有用性が謳われ，作品解釈への固執は勧められていない。　　→芸術療法　　　　　　（加藤洋子）

バザーリア法　1978年以前のイタリアでは治安的「精神病院」体制が固持されていた。バザーリア(Basaglia, F.: 1924-1980)は「精神病院」システム全体を「否定」し，地域内処遇を推進する民主的精神医学連合(Psichiatria Democratica)を結成し，1978年に法律第180号―自発的および強制による健康診査と治療―が制定された。バザーリアの死後も非施設化は着実に拡がり，法律第180号は通称「バザーリア法」と呼ばれるようになった。　　（桑原治雄）

破傷風〔tetanus〕　汚染された外傷局所から感染する。嫌気性菌のうちグラム陽性有芽胞桿菌に属す。菌の産生する神経毒素による中毒性感染症で全身の骨格筋がおかされる。7～21日の潜伏期の後，外傷局所の筋肉のひきつり，肩の凝り，開口障害などを呈す。ついでけいれんが出現し破傷風顔貌（痙笑）を伴う。さらに全身筋強直が持続し，後弓反張を呈し呼吸障害，循環動態の変動を認めるようになる。重症例は予後不良で集中した全身管理が必要となる。
　　　　　　　　　　　　　　　（荒田寿彦）

バズセッション〔buzz session〕　集団による会議法・討議法の一種。バズというのは蜂が巣の周りをブンブン飛び回っている状態を指す。6～10人のグループで，あるテーマをめぐって各自思い思いのことを述べ合う。グループ・リーダーや記録係がいる方がよい。大集団の場合，いくつかのグループに分かれ，並行してこれを

行い，全体会議でグループ・リーダーが発表することにより，統合が行われる。アイディアを生みだしたり，合意の作成に便利である。
(丸山晋)

長谷川式簡易知能評価スケール〔Hasegawa's dementia scale〕 わが国の代表的な質問式の痴呆スクリーニング法の一つ。1991年に改訂され，長谷川式簡易知能評価スケール改訂版（HDS-R）となった。HDS-Rの質問は，①年齢，②検査施行日の日付と曜日，③現在いる場所，④単語の復唱と記銘，⑤計算（100から7を順に引く），⑥3桁と4桁の数字の逆唱，⑦④で行った単語の想起，⑧相互に無関係な品物の認知と想起，⑨記憶している野菜の名前の羅列の9項目からなる。最高得点は30点で20点以下が痴呆を疑う目安となる。HDS-Rの利点は，被検者が協力的ならば検査前に本人の生年月日のみ判明していれば，ほかの情報が少なく家族などが不在でも場所を問わず通常は5分程度で施行可能なことである。一方，被検者が非協力的だったり，うつ病における仮性痴呆などの状態を呈しているときには有効性が低い。いずれにせよ痴呆と診断するにはHDS-Rのほかに問診や観察式検査，画像による検査などの併用が必須である。 →痴呆 (池田健)

バタードウーマン〔battered woman〕 夫や恋人など身近な人から暴力被害を受け続けたり，暴力を振るう男性との関係を繰り返す女性の意。暴力の内容は身体的（身体・対物・威嚇），精神的（暴言・いやがらせ・無視・監視・押しつけ・拘束），性的暴力等がある。暴力後の加害者の愛情表現や反省的行動までを含めて習慣化することや，経済的問題，離婚のもつ否定的イメージ等により，離れていけないことが多い。暴力を受け続けることによるPTSD様病理も指摘されており，安全のために自ら動くことをさらに難しくしている。そのため法律・警察・福祉・医療等関わる機関にて積極的な危機介入と支援が必要になる。配偶者からの暴力の防止及び被害者の保護に関する法律（2001年施行）により，暴力を受けている人を発見した人は警察や配偶者暴力相談支援センターに通報するよう求められており，さらに医療関係者は配偶者からの暴力による負傷や疾病を認められた者については意志を尊重した上で警察または配偶者暴力相談支援センターに通報することができる。また，身体に重大な危害を受けるおそれがある場合，被害者は裁判所に保護命令を申し立て，法的介入により短期間だが加害者と距離を取ることができるようになっている。被害者が男性の場合は「バタードハズバンド」といわれることもある。 →外傷後ストレス障害，家庭内暴力 (山本由紀)

パターナリズム〔paternalism〕 もともとは半人前の子どものためにいろいろ世話をやく父親のこと。「父権主義」「温情主義」などともいわれる。通常は批判的な見地から，相手に十分な情報・判断材料・機会等を与えずに，相手のためと言いながらも当事者の真の利益というより実は自分にとって利益になる方法を選んで押しつけるようなことを指して使われることが多い。特に精神障害者の場合，その障害により当事者が不利になるのではないかという見地あるいは強者の奢りから，当事者に十分な情報や機会等が与えられないまま医療側が当事者に代わって重要な判断選択をしてしまう，また当事者も自らの意見や希望を一切口にせず，すべてを医療側に任せてしまうという悪循環の傾向が現在問題となっている。そのため近年は精神障害者の人権に配慮した精神医療の確保と，地域で生活する精神障害者が自ら必要なサービスを受けられるようその選択を支援する利用者主体のケアマネジメントの体制整備が図られている。 →インフォームドコンセント (佐藤光正)

発がん物質 イギリス産業革命期の煙突掃除夫の陰嚢がんをはじめ職業がんの報告は，がん発生に化学物質が関与することに気づかせる契機となった。山極勝三郎，市川厚一によるタールがん実験（1915年），その成分を分離した1930年代のケナウェイ（Kennaway, E. L.）（英）の成果を端緒に化学発がん研究は進展し，発がん物質のリストも膨大になった。WHO国際がん研究機関（1971〜1987年）によれば，発がん性ありと断定されたもの50，非常に強く疑われる

もの 37, 疑いあるもの 159 に及ぶ。その種類も放射線、ウイルスなど多岐にわたり、作用の仕方、発がん遺伝子の役割など多要因が関係することが明らかにされてきた。発がん物質問題は、がんの予防に労働・生活様式を含めた環境への関心の重要性を教えている。　　　（上林茂暢）

白血球〔leukocyte〕　正常値は 3500～9500/ml である。顆粒状(好中球、好酸球、好塩基球)、単球、リンパ球の総称。好中球は細菌を貪食、消化、殺菌する。好酸球はアレルギー・炎症反応に関与する。好塩基球はアレルギー反応を起こす。単球は貪食殺菌能をもち、サイトカインを産生、放出する。リンパ球は細胞性免疫に関与するT細胞、液性免疫を担当するB細胞、がんの発生や転移を抑制するNK細胞に分けられる。　　→赤血球，血液　　　（荒田寿彦）

白血病〔leukemia〕　造血系細胞が腫瘍性増殖した疾患である。腫瘍化した細胞起源により骨髄性とリンパ性に分ける。増殖細胞が未熟で幼若型のものを急性とし、成熟型のものを慢性とする。高齢者白血病が増加している。原因は不明だが、放射線、ウイルス、遺伝因子、化学物質が発生誘因となる。病状の進行は早く、貧血、発熱、出血などが認められる。多剤併用化学療法、造血幹細胞移植療法(骨髄移植を含む)などの治療が有効な場合も増えている。
　　　　　　　　　　　　　　　　（荒田寿彦）

発達　個体が発生とともに生育し、成長していく過程を特に発展的、形成的な視点からとらえる場合を発達と呼ぶ。心理学では発達を、動物から人間へ、子どもから大人へ、未開人から文化人へという三つの発展過程としてとらえ、それぞれ比較、児童、民族心理学という研究領域がある。しかし同一個体の上に現れる心身の構造や機能の質的、量的変化とその発達的連関性をダイレクトに取り上げやすい、個体発生過程での発達が研究の主流である。発達には一定の法則のようなものがある。主なものを挙げると次のようになる。①発達には、より高次の構造化に向かう一定の方向性と順序がある、②進展は連続性をもち、一つの達成の上に次の段階行動の達成が成立するという傾向をもつ、③変化のペースは一定でなく、能力や機能により異なる発達曲線を描く、④発達速度の急速な時期には、その機能を活用しようとする自発的な動機づけが高まり、訓練効果も大きい、⑤発達水準には個人差があるが、個人の全体における位置は比較的安定した恒常性をもって進む、⑥発達は、環境との調整をしつつ、自己修正を図りながら、自己実現を目指す過程である。発達心理学では長いこと、子どもから成人に至るまでの持続的で上昇的な変化過程が主な研究対象であった。しかし現在では、中年期から老年期にかけての下降的な変化過程も含んでとらえるのが一般的である。また最近では乳児期、胎児期についての研究も活発となっている。
　　　　　　　　　　　　　　　　（加藤洋子）

発達障害医学　「障害」という言葉が医学医療、福祉に定着したのは「発達障害」が最初と思われる。1980 年、WHO は国際障害分類として、① impairment, ② disability, ③ handicap の 3 側面を提示した。①は医学・生物学的に身体に起きる形態や機能面の変化で、疾病（disorders）と同意語である。医学モデルでは疾病には原因、特有の機序があり、症状が出現すると考える。医学医療ではこの過程を逆にたどり、診断、治療し治癒を目指す。一方②は日常生活が不自由になる、③は社会的役割に制約が加わることをいう。この場合の解決法は治療 cure ではなく care を目指すことになる。2001 年、WHO は国際障害分類を改定し、国際生活機能分類 (ICF) として上梓し、身体の生理、心理的機能の障害 impairment, 個人の activity からみた活動制限、社会や環境への参加 participation 制約というかたちで整理した。発達障害という言葉も Developmental　disorders と disabilities があり、前者は医学医療を中心においた考えで ICD-10 や DSM-IV でも用いられている。後者は主に福祉や行政で用いられる。DSM-IV での発達障害の概念の中心は精神遅滞（知的発達障害）、自閉性障害、特異的発達障害（学習障害）の 3 領域である。小児を対象とした医学の領域では「発達障害」はアメリカ公民法の影響も受け、健診でチェックされた児への早期療

育の必要性もあって，発達期に認められる脳障害に基づく病態，すなわち種々の病因による精神遅滞，自閉性障害のほか脳性麻痺，てんかん，学習障害，行動障害に加えて感覚障害も含めて診療・研究の対象とする。発達障害医学の領域は disorders のみでなく disability の考え方が必要なことが多く，小児期のみならず生涯を通じての医学医療という概念が必要な点で他の医学領域と異なった対応が必要なことも特徴である。　　　　　　　　　　　　　　（加我牧子）

発達保障　重度の知的障害や重複障害児・者の「発達」に着目して，権利保障を掲げた思想。1960 年代，滋賀県にある近江学園の実践から，糸賀一雄は「どんなに重い障害をもっていても，誰ととりかえることもできない個性的な自己実現をしている」と「横軸の発達」の広がりを見いだし，すべての人間がたどる発達の道筋と同じとした。重症児・者の生きる姿こそが，経済的生産性を偏重する社会に問いかけ，新たな価値観の創造につながると考えた。その後「発達保障」は権利保障を目指す実践・運動の理念的基盤として，障害児療育，障害児教育の義務制，きょうされんの運動などに大きな影響を与えた。理論研究については，田中昌人らを中心に全国障害者問題研究会が継続して行っている。
→糸賀一雄　　　　　　　　　　（淺沼太郎）

パニック障害〔panic disorder〕　客観的には危険な状況にないにもかかわらず，突然に動悸や胸痛，窒息感，死に対する恐怖，めまいや離人感などの症状が身体的な基礎疾患がなく繰り返し起こり日常生活に支障をきたしている障害と定義される。多くは広場恐怖を伴う。気分障害や統合失調症（精神分裂病）などに合併することもある。原因として脳幹部のノルアドレナリン系の青斑核における極度の興奮や呼吸中枢の二酸化炭素の感受性部位の過敏性の亢進などが挙げられる。治療は抗不安薬や SSRI，SNRI（serotonin noradrenarin reuptake inhibitor：セロトニン・ノルアドレナリン再取り込み阻害薬）などの抗うつ薬などの薬物療法，および症状が起きるのではないかという予期不安や病気に対する誤った認識が症状を悪化させるということを本人が認識するようにアプローチする認知療法，発作が起きるような状況に少しずつ暴露されることで徐々に恐怖感を取り除く行動療法が中心となる。　→不安障害
　　　　　　　　　　　　　　（池田健）

母親クラブ　1948 年，「母親クラブ結成及び運営要綱」が厚生省児童局長通知にて示される。1973 年から国庫補助要綱が実施され，1974 年に「全国母親クラブ連絡協議会」が結成される。2002 年には「全国地域活動連絡協議会」に名称変更した。児童厚生施設等を拠点とし，児童の健全育成推進のために，親子および世代間の交流・文化事業，児童育成に関する研修活動，児童事故防止のための活動，その他児童福祉の向上に寄与する活動を実施している。母親に限らず誰でも参加できる地域組織活動である。
　　　　　　　　　　　　　　（植木信一）

パブロフ〔Pavlov, Ivan Petrovich：1849-1936〕　ロシアの生理学者。リャザンに生まれ，ペテルブルグ大学で学ぶ。1904 年に消化腺の神経支配に関する研究により生理学者として，およびロシア人としても初のノーベル賞受賞者となる。その後，消化腺の研究中に観察された現象（飼育者の足音によって唾液が分泌される）から条件反射理論を提唱した。パブロフは条件反射成立の基礎を大脳皮質の過程にもとめ，生理学的，客観的に動物や人間の行動を理解しようとした。学習心理学，行動主義心理学に大きな影響を与えた。　　→条件反射　（長瀬浩一）

ハミルトン〔Hamilton, Gordon：1892-1967〕アメリカにおけるソーシャルワークの研究者で，コロンビア大学大学院で教鞭をとり，診断主義ケースワークの理論的体系化に功績をあげケースワークの代表者的存在であった。リッチモンド (Richmond, M. E.) とも親交があり，慈善組織協会 (COS) で働いた経験をもつ。1940 年に出版された代表的著書『Theory and Practice of Social Case Work（ソーシャルワークの理論と実際）』では，サービス提供の基礎となる哲学と価値が説かれ，ワーカーはクライエントの気持ちを理解し，クライエントを問題解決の過程に参加させなければならないとした。

→診断主義ケースワーク　　　　（花澤佳代）

ハミルトンうつ病評価尺度〔The Hamilton Rating Scale for Depression：HAM-D〕　ハミルトン（Hamilton, M.）が開発した，うつ病の客観的評価尺度。憂うつ感，罪業感，自殺，不眠，食欲低下など24項目の症状について，3あるいは5段階のチェックを行う。面接者が表に示された症状に関する質問を行って，うつ状態の有無，程度を評価する。本スケールは，若干の問題点はあるが，うつ病患者の臨床的状態を裏づけるための手段として広く用いられており，うつ病の経過や抗うつ剤の効果の判定などにも利用されている。　　　　（五嶋能伸）

パラリンピック競技大会　オリンピックの直後に行われる障害者の国際競技大会で，夏季と冬季のそれぞれのオリンピックにあわせて開催されている。夏季大会は，1960年ローマ大会が第1回で，冬季大会は1976年のエーンシェルスヴィーク（スウェーデン）大会が第1回である。1964年，東京大会で初めて「パラリンピック」と呼ばれるようになった。パラリンピックとは，Paraplegia（対麻痺者）とOlympic（オリンピック）との合成語である。現在では，「Para」を「Parallel, もう一つの」と解釈されている。
　　　　（伊東秀幸）

バリア／バリアフリー〔barrier/barrier free〕　社会的障壁ともいわれるバリアには，道路の段差や建造物など物的バリア，情報が得られにくい情報のバリア，欠格条項など制度政策によるバリア，人々の社会的態度である偏見や差別など心のバリアがある。精神障害者のニーズは，住居・医療・仲間・就労・就学・憩いなど，人として社会生活を送る上で，ごく当たり前な基本的欲求にすぎない。こうした基本的ニーズが満たされない一つの背景として，さまざまなバリアの存在がいわれている。精神保健福祉士は，精神障害者の生活のしづらさに影響を与えるバリアを除去するバリアフリーの実現に取り組むことが求められている。そのためにも，住民の精神障害に対する正しい理解と知識の普及を図り，共通の課題を有する当事者の情報交換や見守り介入の拠点としての当事者活動や住民ボランティアを支援し，ネットワークを広げ推進することが重要である。精神障害者自らが，環境形成者の一人として，仲間の自立と社会参加のための支援活動に参加し協力しあえるような，地域生活支援の展開方法が必要で，そのことが人々の意識を変え環境を変えることになる。また，日常的な地域交流が図れるように，誰にも理解しやすく，近寄りやすいサービスの内容を工夫することもバリアフリーの実践に不可欠である。近年では，政府委員会に当事者参加が顕著になってバリアフリーへの貢献が期待されているが，政策計画決定・支援組織の運営・ピアサポートなどの担い手に至る，三層の参加の保障が求められる。環境を動かし，環境の要素を変えるというコミュニティ・ソーシャルワークの行為遂行は，バリアフリーの環境づくりという福祉コミュニティの形成に向けた，住民との連帯行動が不可欠である。当事者の自助・市民の共助・公的サービスの公助という三位一体となった協働活動を促進することが，誰もが安心して自分らしく共に生きるまちづくりに向けた，バリアフリーへの実践活動といえる。　→欠格条項，偏見　　　　（寺谷隆子）

バリアフリー　⇨バリア／バリアフリー

バリアフリーデザイン〔barrier free design〕1974年に国連障害者生活環境専門家会議の出した報告書のタイトルに始まる言葉といわれるが，日本で一般化したのは1980年代の初頭である。もともとは建築上の概念であり，段差の解消等物理的障壁の除去という意味合いが強かった。1990年代に入るとより広く障害者の社会参加を困難にしている社会的，制度的，心理的な障壁の除去を志向する考え方を表すようになっており，最近では情報技術の発展に伴って「情報バリアフリー」も重視されるようになっている。一方でバリアフリーデザインということでは対象が特定障害に限定されかねないとして，健常者も含めた普遍的デザインとしてのユニバーサルデザインの考え方が台頭している。　→ユニバーサルデザイン　　　　（田中邦夫）

ハル〔Hull, Clark Leonard：1884-1952〕　アメリカの新行動主義の心理学者。はじめ鉱山技

師の職に就くが，その後ミシガン大学で心理学を修めた。パブロフ（Pavlov, I. P.）の条件反射の実験研究に興味をもち，その検討を行った。学習の成立には，まず要求が生じること，その後に，要求の満足にしたがって要求の低減が起こることが必要と考えた。要求の低減を伴うように条件づけることを「強化」と呼び，彼の説は「強化説」と呼ばれている。　　　（菊池礼子）

ハルトマン〔Hartman, Ann〕　家族を援助の対象とし，児童福祉機関での実践を重ねた研究者である。1975年，アメリカで家族とその周辺の人々や各種社会資源の関係を関係線により描くエコマップ（eco-map）を考案した。エコマップは生態学的視点と一般システム理論からの知見をもとに，理論と実践をつないでいく援助上の有効な道具である。問題を抱えている人々の周囲にある潜在的・顕在的なネットワークの力を活用した援助を行うときに有効である。　→エコマップ　　　　　　　　　　（花澤佳代）

ハロペリドール〔haloperidol〕　1956年に開発されたブチロフェノン系誘導体の代表的な抗精神病薬。商品名はセレネースなど。ドーパミンD_2受容体に対する強い遮断作用があり強力な抗幻覚妄想作用をもつ。錠剤，粉末，水液，デポ剤，注射液など剤形も豊富で注射も筋肉内投与のほか静脈内投与を行っても血圧低下などが起こりにくいなどの利点がある。また，血中濃度測定が可能で至適用量の設定やコンプライアンスの確認にも役立つ。ハロペリドールに代表されるブチロフェノン系誘導体と，フェノチアジン系誘導体の薬物は定型抗精神病薬と呼ばれ長らく精神病の薬物療法における中心であった。しかし，他方これらの薬は錐体外路症状などの副作用が強い，無為自閉などの陰性症状には効果的でないといった欠点がある。このため最近ではセロトニン—ドーパミン拮抗薬などの非定型抗精神病薬の使用頻度が増加しつつある。　→抗精神病薬　　　　　　　　（池田健）

パワーズ〔Bowers, Swithun : 1908-〕　カナダの社会福祉研究者，カトリック社会事業家，1949年から長期間オッタワ大学社会事業大学院長の職を務めた。北米，特にカナダおよびヨーロッパを中心に社会福祉教育の発展に貢献した。特に1949年に発表された論文「The Nature and Definition of Social Casework」のなかで，ケースワークの定義を「ソーシャル・ケースワークは，クライエントとその環境の全体または一部分との間に，よりよい適応をもたらすのに役立つような，個人の内的な力，および社会の資源を動員するために，人間関係についての科学的知識および対人関係における技能を活用するアートである」とした。（花澤佳代）

バンク-ミケルセン〔Bank-Mikkelsen, Neils Erik : 1919-1990〕　デンマークに生まれ，国内の大学を卒業。1944年，ナチスに対するレジスタンス運動で強制収容所に入れられる。1946年より社会省知的障害福祉課で働き，知的障害児者の劣悪な処遇を知る。知的障害者の親の会の活動にかかわるなかで親の願いを一番表す言葉として，障害者に障害のない人と同じ生活状態を可能な限り実現するという「ノーマライゼーション」という理念を初めて用い行政に反映させた。ノーマライゼーションの父とも呼ばれる。→ノーマライゼーション　　　（圓林今日子）

反抗期　発達途上にいる子どもが，社会的な認識の未熟さと独立心の芽生えから，親や周囲の大人に対して反抗を頻繁に示す時期のこと。反抗期は生物学的な事実であるとし，青年期までに4期訪れるとしたブーゼマン（Busemann, A.）の主張もあるが，一般には2～4歳頃を第一次反抗期とし，思春期—青年期を第二次反抗期とする考え方が知られている。第一次反抗期は，自我意識の芽生えた幼児の自己主張や自己顕示として理解され，主に親からの指示や禁止への抵抗というかたちで示される。一方第二次反抗期は，親以外の大人や権威，体制にまで対象が及ぶ。親からの心理的自立，心身の発達の不均衡さ，社会的地位に見合わぬ自我意識の高揚等への反応とする見方がある。　（加藤洋子）

反社会的行動〔anti-social behavior〕　社会一般に認められている価値や規範を逸脱し，これに敵対ないし挑戦する行動。以下のように分類される。第一に刑事罰の対象となる特定の他者の利益を侵害する行動（殺人，暴行，傷害，

恐喝，詐欺，誘拐，放火，強盗，強姦など）。嘘，ストーキング，動物虐待などもこの範疇に含まれる。第二に見かけ上の被害者はいないかもしれないが社会が容認しない行動（売春行為，違法賭博，違法薬物使用など）。第三に公的領域や不特定の対象に混乱や悪影響を与える行動（政治的なスローガンを掲げた暴力的破壊行動，政府機関やマスコミなどへのいたずら電話，インターネット上のウイルス，多数のオートバイによる暴走行為など）。反社会的行動を頻繁に行う人に対して，DSM-IVでは児童や青年には行為障害，成年者には反社会的人格障害の診断基準を定めている。一般に精神障害の罹患者は反社会的ではないが，急性精神病状態のときに一時的に反社会的行動を行うおそれが高まる場合がある。　　→行為障害，非社会的行動（白石弘巳）

反精神医学〔anti-psychiatry〕クレペリン(Kraepelin, E.) 以来の伝統的な精神医学に基づく精神医療のあり方に，根本的な批判を突きつけた1960年代以降の運動の諸潮流を指す。イギリスのクーパー(Cooper, D.)，エスターソン(Esterson, A.)，サズ(Szasz, T. S.)，レイン(Laing, R. D.) らが有名である。クーパーは，統合失調症（精神分裂病）というレッテルを貼り付けられた患者は精神医療上の処置により隔離鎮静され，物理的にも社会的にも抑圧破壊されているとして，政治的情況への対決姿勢を打ち出した。家族病理のなかで患者とされた者(identified patients) にとって精神医学自体が暴力であるとし，実験的治療ユニットVilla 21での治療共同体的な家族療法を提起した。また，レインも統合失調症の家族共謀説を唱え，現代社会で疎外されている自我から本来の自己を見いだす狂気という内的世界への旅を，医学の介入によって中断することは不当であるとして，伝統的精神医学への異議申し立てを行った。患者とスタッフの境界を撤去した実験共同体キングスレイホールを設立したが，後に詩的表現・瞑想実践に向かい反精神医学を唱道したことを否認している。いずれも世界的な学生運動の潮流に乗り，各地の若手精神科医に大きなカリスマ的影響を与えた。わが国においては1960年代末の学生運動から派生した医局解体闘争・学会闘争で，各地の精神科関連諸学会がプログラム中止に追い込まれ，これが日本における反精神医学運動と評価されている。当時の若手精神科医の多くに大きな影響を与えたのは事実であり，反精神医学を学会闘争の理論的支柱に据えていた当時の文献も多くみられる。しかし，実際に糾弾されたのは相次ぐ精神病院での不祥事件や，保安処分問題，人体実験告発問題等の問題であり，必ずしも精神医療の実践行為としての反精神医学運動が展開されたわけではない。
→保安処分　　　　　　　　　　　（古屋龍太）

ハンセン病〔Hansen's disease〕ノルウェーのハンセン(Hansen, A.) 博士が発見したらい菌による感染症で，らい病といわれていた。基本的には皮膚と末梢神経の病気であり，よく効く薬がない時代は，手，足，顔面の変形や視力障害などの後遺症を残すことがあったため天刑病として忌み嫌われてきた。潜伏期間が長く，またゆっくり病気が進行すること，さらに家族で発病する人が多かったために遺伝病であるという誤解から，長い間ハンセン病患者だけでなく家族もつらい思いをしてきた。しかし現代の生活環境では，ハンセン病はほとんど発病しない。また発病しても医学の進歩とともによく効く薬が開発されているため完全に治る病気になった。しかしハンセン病の患者は，1953年にらい予防法が改正された後も，偏見と差別のなかで多大の苦痛と苦難を強いられてきた。国の施策においては隔離政策がとられ，それまでの認識の誤りが明白となったにもかかわらず，なお，依然としてハンセン病に対する誤った認識が改められることなく，隔離政策の変更も行われることなく，ハンセン病の患者であった者等にいたずらに耐え難い苦痛と苦難を継続させた。2000年ハンセン病裁判では国は過去の過ちを認め，これらの悲惨な事実を悔悟と反省の念を込めて深刻に受け止め，深くわびるとともに，ハンセン病の患者であった者等に対するいわれのない偏見を根絶する決意を表明した。
（佐藤光正）

判断能力〔decision making capacity〕医療

行為におけるインフォームドコンセント，法的に有効な契約，婚姻などの身分上の決定などを行うために必要な能力を指す。意思能力とほぼ同義。一般に，判断能力があるとは，関連情報を理解し，その結果を自分に即して認識し，合理的な理由を挙げて，選択・決定できる状態である。判断能力は，同じ種類の行為については危険を伴う程度に応じて設定されるなど相対的なもので，また行為の種類ごとにある程度独立性を有するものとされる。精神上の障害のために判断能力に問題がある人をあらかじめ保護する制度は行為能力者制度と呼ばれ，従来心神喪失者には禁治産，心神耗弱者に対しては準禁治産制度が適用されたが，2000年4月から開始された成年後見制度では，後見，保佐，補助の三つの類型が制度化されている。判断能力のある者の自己決定を妨げてはならず，逆に判断能力を欠く者の決定には後見人などが代理判断を行う必要がある。　　　　　→成年後見制度
(白石弘巳)

ハンチントン舞踏病〔Huntington's chorea〕神経変性疾患の一つ。常染色体優性遺伝。第4染色体短腕部遺伝子のなかにあるCAGリピートの異常伸長が原因と推定される。多くは30代以降に発病する。頻度は10万人に2〜7人とされるがわが国では0.4人と少ない。脳全体にびまん性の変性が存在し尾状核・被殻などに著明な萎縮を認める。症状は通常舞踏病様の不随意運動が先行し記憶や知能の障害を伴う。対症療法としてハロペリドールなどの向精神薬を使用する。　　　　　　　　　　　　(池田健)

バンデューラ〔Bandura, Albert：1925-〕カナダに生まれる。アイオワ州立大学で学位を取り，スタンフォード大学教授となる。認知—社会的学習理論を提唱した。これは，相互決定性(個人と環境との相互関係)の重要さを指摘するもので，また，なぜ人間は直接的強化なしに多くのことを学習するのかという問題を取り上げている。そして，「代理学習」すなわち模倣やモデリングを通じて多くの学習が生じていること，多くの行動が直接経験なしで学習されることを説明した。これは伝統的S-R理論(刺激—反応—学習説)とは大きく異なるものである。
→モデリング　　　　　　　　(菊池礼子)

反動形成　防衛機制の一つ。自我にとって認めがたい衝動またはそれにまつわる記憶や感情，イメージ等が意識化されると，自我は不安に陥ることになる。そこでこれを抑圧し，意識から排除しようとする。このときさらに，表面上は抑圧された衝動と正反対の態度をとることで，抑圧を補強しようとする過程を反動形成と呼ぶ。例えば，あまりに丁寧でへりくだった態度を示すものの，相手に対する敵意や攻撃性が垣間見えるという慇懃無礼な態度はこの一例である。これはフロイト(Freud, S.)が，強迫神経症者が示しやすい態度として説明したことに始まるが，日常場面でも珍しくない。本人は衝動に自覚がなくとも，相手には不自然さや不快感を抱かせやすい態度といえる。　→防衛機制
(加藤洋子)

反論権　新聞やテレビなどの表現媒体を利用して，事実を指摘して批判された者は，同じ表現媒体を利用して，同じスペースを割いて反論する権利のこと。マスコミなどによる表現(掲載や放送)は広く社会に伝えることができるが，報道された側は当然には同様(同等)の表現方法をもたないことから，対等の論争の機会を保障すべきであるとの考えに基づく。しかし，新聞や電波はスペースに限りがあり，またスペースの利用は本来有料であること，紙面などの編集権はマスコミ側にあることから認められるには至っていない。放送法には，誤った報道をした場合は，訂正放送をすることが義務づけられている。　　　　　　　　　　　(池田直樹)

ひ

ビアーズ〔Beers, Clifford Whittingham：1876-1943〕アメリカの精神衛生運動の創始者。エール大学卒業後，銀行員等として働くも24歳で自殺未遂。その後3回の精神病院入院歴をもつ。1908年に自らの精神病院での体験を記

した『A Mind That Found Itself（わが魂にあうまで）』を出版し，精神障害者の人権擁護や権利の回復，精神科医療の改善を訴えた。同年，コネチカット州で精神衛生協会を設立した。

(木下了丞)

ピアカウンセリング〔peer counseling〕ピアとは「仲間」「同僚」を意味する。したがって同じ体験をしたこと・同じ時間を共有していること・同じ立場であることといった，仲間としての直接的人間関係の特質を活用してカウンセリングを行うことである。クライエントに最も近い立場でカウンセリングすることになる。プロカウンセリングに対して，よりクライエントに近い立場で行われるものにパラカウンセリング（いのちの電話，保護司等）があるが，それよりさらに近い立場に立つものである。セルフヘルプグループにおける「先行く仲間」による助言もこの一種であり，回復者カウンセラーがこれの代表である。クライエントに対してきわめて共感的であるという長所があるが，個人的な体験の域を出にくいこと，客観視ができにくいという欠点もある。一定の専門的研修を受けることが望ましい。1対1の個人的関わりによって行われるものと，集団のなかで「先人の知恵と体験が生かされる」という力動を用いるものとがある。

(遠藤優子)

ピアサポート〔peer support〕同じ問題や環境を体験する人が，対等な関係性の仲間（ピア）で支え合うこと。社会的にマイノリティであり，周囲から理解されにくい病気や障害の当事者，同性愛者，事故や事件の被害者，災害の被災者，それらの人を支える家族などがその体験からくる感情を共有することで安心感や自己肯定感を得られる。これは専門職によるサポートでは得がたく，地域生活を送る上での大きな支えの一つとして必要不可欠なものという認識が各分野で広がりつつある。最近では中学校や高校などでも生徒によるピアサポートが導入され始めている。障害当事者では身体障害で古くから行われていたが，近年知的障害，精神障害でも広がっている。精神障害では東京都の「こらーるたいとう」，川崎市の「川崎ピアサポートセンター」などが積極的な活動を展開している。アメリカではリハビリテーション法においてピアサポートを明確に規定しているが，わが国では法律で規定されたものはなく，法定化が期待される。

(廣江仁)

ピアジェ〔Piajet, Jean：1896-1980〕スイスに生まれる。自然科学と哲学を結ぶものとしての心理学に関心をもち，チューリヒ大学およびパリ大学で学ぶ。知能の構造に関して，多大な貢献をした心理学者。彼は，発達する個人を積極的なものとしてとらえ，発達を，構造の修正や再組織化を含む広範囲なプロセスとした。心的組織の基本単位として，シェマという柔軟な構造をおき，これが「同化」（経験の取り入れ）・「調節」（既存のシェマの修正）等の作用により，関連はあるが質的には独立した四つの段階を通じて発達するものとした。

(菊池礼子)

ピア・スーパービジョン〔peer (group) supervision〕スーパービジョンの形態の一つでピア・グループ・スーパービジョンとも呼ばれる。ピア・スーパービジョンは仲間（スーパーバイジー）同士が行うスーパービジョンであり，スーパーバイザーの役割とスーパーバイジーの役割をする者を一組とし，そのいくつかの組をまとめたグループをつくり，各々のグループが交替でケースを提出し合いながら互いに事例検討などをとおして行う。1対1のスーパービジョンに比べ，仲間同士の気さくな雰囲気のなかで自己を表現する場は，上下関係や統制や監督の権威も弱くなるため自発性が尊重される。また，仲間同士による情緒的な支持が得られたり，援助者同士の信頼関係を築くことに役立ったりもする。しかし，仲間同士という関係がかえって自由な発言をしにくくしたり，援助者同士の考え方の違いや援助の方法をめぐっての対立が起こりやすくなる場合もある。　→スーパービジョン

(平林恵美)

PSW　⇨精神科ソーシャルワーカー
PL法　⇨製造物責任法
POS　⇨問題指向アプローチ
PTSD　⇨外傷後ストレス障害

ピープルファースト〔people first〕1973年，

カナダのバンクーバーで世界各国の知的障害者本人による会議が開かれ、そこに参加したアメリカのオレゴン州の本人が呼びかけた集会に約560人が集まり、「まず人間として扱われたい＝I want to be treated like people first.」との発言があった。障害だけで自分のすべてを判断されるのではなく、まず人間としてみてもらいたい、そうあるべきだとの訴えである。この言葉が契機となり、自らの感情や考えを肯定し、自信を回復することで権利を擁護、主張する「セルフアドボカシー」を基本理念とした活動を展開する、ピープルファーストを名乗る団体が数多くでき、1991年にはアメリカとカナダに全国組織が誕生する。わが国では1992年のカナダのトロントで開催された第3回国際会議に初めて当事者が参加、東京に「ピープルファースト話し合おう会」が結成され、全国大会の開催が継続している。　→知的障害児・者　　（沖倉智美）

ビエラ〔Bierer, Joshua：1901-1984〕 1948年にイギリスのロンドンで社会精神医学研究所にデイ・ホスピタルをつくったアドラー派の精神分析医。当時の精神医療は入院中心主義であったが、その限界を指摘し、社会精神療法の視点から治療的患者クラブを始めた。ビエラによるデイケアは、チームによる取り組みであり、精神科医をはじめ看護師、ソーシャルワーカー等のスタッフがチームをつくり、バラエティーのあるプログラムにより運営された。マールボロ方式と呼ばれる。　　　　　　（木下丁丞）

ひきこもり〔withdrawal〕 ひきこもりという用語には、社会的ひきこもり、つまり「年齢相応の社会参加や対人交流の機会をもとうとしない」といった生活上、行動上の問題としての側面と、「他者との情緒的交流をもてない」といった情緒的・内的現象としての側面がある。近年の精神保健福祉活動においては、特に青年期と老年期における社会的ひきこもりが問題になっている。青年期において、長期にわたる社会的ひきこもりをきたすケースの精神医学的背景としては、統合失調症（精神分裂病）圏、気分障害圏、不安障害圏、パーソナリティ障害圏、発達障害圏まで多岐にわたる。このほかにも、摂食障害やPTSDに伴って社会的ひきこもりが生じているケースもある。青年期ケースへの援助・治療方針としては、個々の精神医学的背景、暴力や反社会的傾向の有無などに応じて以下のように分類できる。第一に、薬物療法や支持的精神療法、精神科リハビリテーションや福祉サービスを必要とする精神病圏を中心とした一群がある。第二に、本人の認知特性や発達の遅れ・偏りに焦点をあてた認知行動療法、あるいは福祉的就労支援などを必要とする一群がある。ここには発達障害圏のケースが含まれ、二次的に出現した精神科的問題に対して薬物療法を要することもある。第三には、精神療法的アプローチが中心となる神経症圏とパーソナリティ障害圏を中心とした一群がある。さらに第四には、激しい暴力や反社会的行動を示す一群に対する危機介入が必要である。まずは強力な家族支援が必要であり、ケースによっては法的な介入が検討されることもあり得る。また、青年期のひきこもりケースに対する精神保健対策として、家族支援は重要な課題である。このほか、本人や家族が利用しやすいセルフヘルプグループやボランティアグループなどの活動にも期待が寄せられている。　　　　　　　（近藤直司）

非器質性睡眠障害　心因性の睡眠障害を非器質性睡眠障害と呼ぶことがある。ICD-10では非器質性睡眠障害の下位分類として、①一次性心因性によるものと②睡眠中に生じる挿間性の異常現象（パラソムニア）を挙げ、さらに細かく10個に分類している。①には非器質性不眠症、非器質性過眠症、非器質性睡眠覚醒スケジュール障害がある。②には睡眠時遊行症（夢中遊行症、夢遊病）、睡眠時驚愕症（夜驚症）、悪夢が含まれる。また、うつ病や統合失調症（精神分裂病）などの精神疾患でほかの症状が目立たずに睡眠障害のみが主要な自覚症状として訴えられている場合にも非器質性睡眠障害と診断しうる。非器質性睡眠障害に分類されないものや鑑別を要するものとしてはナルコレプシー、睡眠時無呼吸症候群、変性疾患や脳血管障害などの明らかな器質性病変に起因する睡眠障害などが挙げられる。主な治療法としては原因となる心

因の除去を目的とした精神療法と睡眠導入薬などを使用する薬物療法がある。　→睡眠障害
(池田健)

非行　少年法第3条には,「審判に付すべき少年」の規定があり,一般的にはそれに該当する少年を「非行少年」,その行為を「非行」としている。すなわち,①罪を犯した少年(犯罪少年),②14歳に満たないで刑罰法令に触れる行為をした少年(触法少年),③(別に掲げる)理由があってその性格または環境に照らして将来罪を犯しまたは刑罰法令に触れる行為をするおそれのある少年(虞犯少年)である。また,少年法の規定に該当する「非行少年」には含まれないが,飲酒,喫煙,けんかその他自己または他人の徳性を害する行為をしている少年を「不良行為少年」と規定し,補導の対象少年としている(「少年警察活動要綱」第2条)。刑罰法令に触れない行為も含めて非行としていること,非行という行為ではなく,非行少年という行為者に焦点があてられていることから,非行問題の取り扱いには,司法のみならず,児童福祉の観点が大きく関わってくるのである。　→学校不適応
(植木信一)

微細脳機能不全症候群〔minimal brain disfunction syndrome：MBD〕　1959年にパラマニック(Paramanick, B.)らは妊娠中や出産後に脳損傷を受けたと思われる子どもには明らかな神経学的徴候がなくても行動や学習に何らかの障害が認められることに注目した。そして,①学習困難,②注意力散漫,③運動性行動の問題,④衝動抑制障害,⑤対人関係の障害,⑥情緒障害,⑦認知障害などの症状をもち知能が正常範囲内の児童の器質的な原因として脳の微細な障害の存在を想定し微細脳損傷という概念を提唱した。1962年以後は微細脳機能不全症候群という語が上述した症状を呈する児童の障害に対する総称的な概念として用いられた。しかし,現在に至るまでの研究では上記の臨床症状をもつ児童に必ずしも微細な脳損傷の存在は確認されていない。このため近年ではむしろどのような症状が前景に立つかという観点から注意欠陥多動障害(ADHD),学習障害(LD),広汎性発達障害,情緒障害などの用語が用いられている。
→注意欠陥多動障害,学習障害　　(池田健)

非社会性人格障害　成人になっても法律や慣習などの社会的規則に従った行動を取れずに犯罪や規則違反を繰り返し,本人や周囲の人々の生活に重大な支障を及ぼしている場合,非社会性人格障害(反社会性人格障害)と定義される。この人格障害の特徴としては,①繰り返し犯罪行為や暴力行為を行い,罪悪感や反省する能力に乏しい,②人をだましたり攻撃することに良心の呵責を感じることができず持続的な対人関係をもてない,③冷淡で共感能力に乏しく衝動性の制御が困難である,などの特徴をもつ。学童期から同様の傾向をもち行為障害と診断されることも少なくない。治療は長期にわたるが受容的な態度を基本に幼少期の否定的な自己像を改善し新しい生き方のモデルを提供することなどが基本である。触法精神障害者すなわち統合失調症(精神分裂病)や精神遅滞などの疾患をもつ者が反社会的な人格傾向をもち犯罪を犯した場合の診断や処遇は近年わが国における大きな問題となっている。　→人格障害　(池田健)

非社会的行動〔asocial behavior〕　人が社会的に行動するとは,自らの欲求や価値観に従い他者と関係をもつこと,あるいは他者との間で形成される役割関係のなかで活動することである。これに対して,非社会的行動とは他人との感情的交流や自己の責務を回避する行動である。非社会的行動は,反社会的行動とは異なり,社会的な価値や規範への攻撃性は強くみられず,また脱社会的行動ほどには社会規範に対して積極的な離脱をするわけではない。一般に非社会的行動が生じる要因としては,低い自尊心,社会的挫折,周囲に対する関心の低さ,希薄な人間関係などが挙げられる。非社会的行動の例として学童期の不登校,青年期のひきこもりなどがある。非社会的行動は,統合失調症(精神分裂病)などの精神疾患の結果として生じることがあるが,すべての非社会的行動が病的なものとはいえず,かえって個人の成長や社会の発展に寄与する場合もあり得る。　→反社会的行動
(白石弘巳)

ヒステリー〔hysteria〕 心的外傷や葛藤により解離（過去の記憶，同一性と直接的感覚の意識，そして身体運動のコントロールの間の正常な統合が失われる状態）が生じ，多彩な精神・身体機能の障害を呈する状態をいう。臨床的には身体的機能障害として転換症状（麻痺・失立・失歩・失声・けいれん等の運動障害，感覚鈍麻・過敏・視聴覚障害等の感覚障害，その他の身体症状として頭痛等の疼痛・嘔吐・呼吸困難など）と，精神的機能障害として解離症状（全健忘・選択的健忘，もうろう状態等の意識変容，遁走・多重人格・偽痴呆・小児症等の人格変容，離人感やその他の精神症状として精神運動興奮・昏迷）の二つに大別される。ヒステリーの病像は時代背景に影響され，かつての華々しい転換症状は減少している。また，ヒステリーという用語は，子宮迷走を意味する語源や蔑視的に使用されてきた経緯などから，ICD-10 からは消えて，解離性（転換性）障害，身体表現性障害として分類されている。　　→解離性障害

（川島道美）

ビスマルクの社会保険　世界で初めて社会保険をつくったのは，国家統一まもないドイツである。初代の宰相ビスマルク（Bismarck, O.）は反体制運動に対しては厳しく，体制内秩序維持のためには労働者保護を行ういわゆる「飴と鞭」の社会政策をとった。ビスマルクの社会保険はそれまでの歴史のなかで形成されてきた労働者の共済金庫などを背景にしながら，疾病保険(1883年)，労働者災害保険(1884年)，廃疾・老齢保険(1889年)の三つの社会保険体系からなっていた。

（松崎泰子）

非政府組織　⇨ NGO

悲嘆反応〔grief reaction〕　悲嘆とは，近親者との死別・別離をはじめとして，さまざまな愛情や依存の対象を喪失した際に生じる感情的な反応をいう。悲嘆に対する研究として，フロイト（Freud, S.）の「悲哀とメランコリー」以後発展した対象喪失反応としての精神分析的研究，ボウルビー（Bowlby, J.）による乳幼児の母性的養育剥奪の研究から得られた愛着理論，パークス（Parkes, C. M.）等による配偶者の死別反応の研究が代表的である。悲嘆には正常の悲嘆と病的な悲嘆がある。死別反応でみられる正常の悲嘆は，精神的な無感覚状態，故人を切望・回想する状態，混乱と絶望の状態，次いで死別前の機能レベルに回復する過程をたどる。病的な悲嘆は，期間の遷延化，症状の重症化，社会的機能レベルの低下などを呈し，臨床的にはうつ病，不安障害としてとらえられる。悲嘆に伴うストレスから神経内分泌系，免疫系の変化が起き，身体疾患が生じやすいことが知られている。　　→対象喪失

（川島道美）

ピック病〔Pick's disease〕　アルツハイマー病とともに，初老期痴呆の代表的疾患。1892年にピック（Pick, A.）が，特異な臨床症状を呈し，側頭葉に限局性の萎縮を示す痴呆症例を報告し，後に大成潔らが症例を集め，ピック病と命名。葉性萎縮は前頭側頭葉型が多く，神経細胞内にピック小体を認める。初期は行動異常を示す人格変化で特徴づけられ，脱抑制，自発性低下，思考怠惰，常同行為，滞続言語，反響言語等の症状を呈し，緩徐な進行性の痴呆を引き起こす。　　→痴呆

（川島道美）

必要即応の原則　生活保護の四つの原則のうちの一つ。生活保護法第9条に掲げられている。この条文には，保護の実施は要保護者の個別事情の違いに応じて，有効かつ適切に行うものとすると示されている。これは，生活保護法第2条の無差別平等の原理を単に機械的に受け止め，要保護者の個別事情を考慮せずに，画一的な行政になってしまうことを戒めるためにおかれた規定である。旧生活保護法にはなく，現行法で新設された規定である。　　→保護の原則

（山本文枝）

非定型抗酸菌症　非定型抗酸菌は結核菌とよく似た菌であり4群に分けられる。1群のカンサス型菌は日和見感染として肺炎などを発症する。わが国では3群のトリ型コンプレクス菌による感染が多い。結核と誤られることがあるが，結核のように進行は速くなく，他人へうつすこともない。症状は頑固な咳や血痰，微熱で結核とよく似ており有効な治療法がない。免疫機能が低下したときに感染しやすい。

（中村敬）

非定型精神病〔atypical psychosis〕 近代の機能性精神病の診断分類体系は，クレペリン（Kraepelin, E.）により，病像，経過，転帰といった縦断面的な基準をもとに早発性痴呆（統合失調症（精神分裂病））と躁うつ病の二分法で築かれたが，次いでブロイラー（Bleuler, E.）が横断面的な症状重視の診断基準を提唱したため，統合失調症の概念が拡大し，その二つの境界はあいまいになった。以来，統合失調症と躁うつ病の両方の特徴を有し，いずれかに分類するのが困難な症例をめぐって，両者の混合状態とみる立場と両者と別個に独立した疾患群とみる立場から，諸家によりさまざまな名称の病名が提唱されてきている。日本では，満田久敏が臨床遺伝学研究の結果から非定型精神病を独立した疾患単位とした上で，てんかんとの関係性を想定し，さらに鳩谷龍は内分泌研究から視床下部・下垂体系の機能低格性を想定し，非定型精神病の概念をまとめた。満田の挙げる臨床像の特徴は，①急性の発症，周期性の経過，予後は比較的良好，②病像は情動，精神運動性障害，意識の変容が支配的で，多彩な症状を呈する，③病前性格は循環性格，てんかん性格が多い，④発症時に，精神的あるいは身体的な誘因がみられる，⑤女性に多い等である。諸外国で非定型精神病に相当する病名は，急性分裂感情病（カサニン（Kasanin, J.）），混合精神病（ガウプ（Gaupp, R.）），統合失調症型精神病（ラングフェルト（Langfeldt, G.）），夢幻精神病（メデュナ（Meduna, L. J. V.）），変質精神病（ボンヘッファー（Bonhoeffer, K.）），類循環精神病（レオンハルト（Leonhard, K.）），急性錯乱精神病（エー（Ey, H.）) などさまざまある。そして，現在繁用されている ICD-10 や DSM-IV では，非定型精神病に相当するものは，分裂感情障害として統合失調症のなかや，精神病症状を伴う躁病やうつ病として気分障害のなかに含まれている。　　　　　　　　　　　（川島道美）

ヒト免疫不全ウイルス〔human immunodeficiency virus：HIV〕 HIV はヘルパーTリンパ球を破壊し，がん細胞や侵入してくる微生物から身を守る体のシステムを侵すウイルスである。結果として，免疫機能が低下することにより生じる後天性免疫不全症候群（エイズ）を引き起こす。HIV 感染とエイズとは同義ではなく，エイズは HIV 感染の結果として生じた免疫不全の状態を表している。感染経路は，血液や体液を介する伝播であるため，性交，出産による母から子への感染（母子感染），不正な使用による注射針（麻薬中毒など）などである。HIV 自体は体外で生存することはできず，乾燥や加熱により死滅する。HIV 感染が成立してエイズを発症するまでには，約10年の期間を要するが，最近の医薬品の進歩により，この発病までの期間をさらに延長することが可能になってきている。　→後天性免疫不全症候群（中村敬）

ひとり親家庭　母親と子どもからなる家族を母子家庭，父親と子どもからなる家族を父子家庭という。これらの家族形態の総称として「ひとり親家庭」が用いられている。従来は，行政的・日常的にも「片親家庭」「欠損家庭」等と呼ばれてきたが，両親（二人の親）がいる家族形態に比べて差別的であることや，形態を強調する意味でこの言葉が用いられている。母子家庭は経済的な支援，父子家庭は日常生活のサポートが必要とされている。わが国では，伝統的に母子家庭対策として行政支援が行われてきており，父子家庭への支援施策は十分ではなかった。母子・父子という分類ではなく，「ひとり親」としての総合的な支援施策の構築が必要である。2003年の母子及び寡婦福祉法の改正で，法文中に「母等」という表現が加わり母子家庭の母および父子家庭の父も法の対象となったが，施策上の課題は多い。　　　　　　　　　（山本真実）

否認〔denial〕 一般に人間は認めたくない，あるいは受け入れがたい行動や事実と向き合うことが避けられない場合，その事実を認めず否定するというかたちで，なんとか当面の心理的バランスを保とうとする。よく知られているのは，喪失体験をめぐる悲嘆反応パターンの最初の反応としての否認である。例えば，親しい者の突然の事故死などに直面した家族の多くが，「なにか夢を見ているに違いない」とか「なにかの手違いで，よその男性が息子と間違えられ

たに違いない」と，息子の急死を否定することがしばしば観察されている。アディクション（嗜癖）問題の分野では，この否認が回復や治療の上で大きな障害となることが認識されており，例えば「アルコール依存症は否認の病気」とまでたとえられている。アディクションの問題が自らにあることを認めない限り，援助を求めることは稀であり，さらに表面的な問題受け入れを越えて心底からの問題否認を乗り越えたとき，回復や治療は一気に進む。　→嗜癖（しへき），アルコール依存症　　　　（清水新二）

ピネル〔Pinel, Philippe：1745-1826〕フランスにおける近代精神医学の開祖といわれる。トゥールーズとモンペリエで医学を修めた。彼はクエーカー教徒でチューク（Tuke, W.）のヨーク隠遁所および道徳療法に敬意と関心を抱き，ビセートル公立精神病院において，精神病者も人間として扱われるべきとして，患者を鎖から解き放ったこと（1793年）で有名である。彼は狂気をマニー，メランコリー，デメンス，イディオティスムに分類した。しかしこれは隔離収容された精神障害者をもとにした体系であった。　　　　　　　　　　　　　　　（丸山晋）

ヒポクラテス〔Hippokrates：B.C. 460-375〕古代ギリシア，コス島出身の医学者であり，「医学（医術）の父」とされる。病気には自然原因があると規定するとともに，自然治癒力を重んじた。液体病理学説といわれる。古代ギリシア時代の医術を「正確な観察」と「治療記録」によりすすめ，臨床医学の基礎を確立した。医師の倫理規定を明文化した「ヒポクラテスの誓い」は医師のモラルの最高指針とされ現在まで影響を与えている。　　　　　　　　（山本賢）

被保険者　生命保険においてはその人の生死が保険事故とされる人をいい，損害保険においては被保険利益の主体つまり保険事故が発生することにより損害を被るおそれのある人をいう。社会保険においては保険料納付義務を負い，所定の保険給付を受ける資格のある人をいう。社会保険では，法令に規定する要件に該当すれば当然に被保険者となる強制被保険者が一般的であるが，健康保険の任意継続被保険者や国民年金の高齢任意加入被保険者などの任意被保険者もある。　　　　　　　　　　（北場勉）

被保護者　現に生活保護の8種類の扶助のいずれか一つ以上を受けている者を，被保護者という。また，現に保護を受けている，いないにかかわらず，保護を必要とする状態にある者を，要保護者という。要保護者は生活保護基準のいわゆるボーダーラインに属する人々を含めていう場合もある。生活保護を受ければさまざまな減免制度があるため，ボーダーライン上のぎりぎりで生活保護を受けられない人々の生活水準が，生活保護受給者より低い場合もある。　→被保護世帯　　　　　　　　　　（平木美保）

被保護者の義務　生活保護の被保護者には次の義務がある。①譲渡禁止：被保護者は保護を受ける権利を他人に譲りわたすことはできない。保護を受ける権利は一身専属である。これは保護費を被保護者に確実に渡し最低生活を保障するために規定した。仮に第三者に譲渡されたとしてもそれはこの規定により無効となる。②生活上の義務：被保護者は常に能力に応じて勤労に励み，支出の節約を図り，その生活の維持，向上に努めなければならない。生活保護法の目的である「自立助長」の見地から規定された。③届出の義務：被保護者は収入，支出その他生計の状況について変動があったとき，または居住地もしくは世帯の構成に異動があったときは，速やかに，保護の実施機関または福祉事務所長にその旨を届け出なければならない。これは被保護者の申請，申告を元に生活保護決定をするという仕組み上，被保護者からの自発的な届出が欠かせないため規定された。④指示等に従う義務：保護の実施機関は生活保護法第27条により被保護者に対し生活の維持，向上その他保護の目的達成に必要な指示または指導をすることができる。それに対し従う義務が被保護者にある。義務違反の場合は保護の変更，停止，廃止になることがある。⑤費用返還義務：急迫の場合等において，資力があるにもかかわらず保護を受けたときの返還義務の規定。調査不十分による誤認定や，不動産などすぐに現金化できない資産を保有していて保護開始後に売

却し資産活用した場合などがこれにあたる。→能力の活用, 被保護者の権利, 保護の変更, 保護の停止, 保護の廃止　　　　　（平木美保）

被保護者の権利　生活保護の被保護者には次の権利がある。①不利益変更の禁止：被保護者は，正当な理由がなければ，すでに決定された保護を，不利益に変更されることがない。生活保護法の定める規定により変更の手続きをとらない限り，一度決定した保護を受けることは被保護者の既得権である。実施機関の裁量により恣意的に変更することを禁じている。②公課禁止：被保護者は，保護金品を標準として租税その他の公課を課せられることがない。生活保護法により給付された保護金品は「最低限度の生活の需要を満たすに十分なものであって，且つ，これをこえないもの」である。保護金品に公課を課し，保護金品から差し引かれれば最低限度生活以下となってしまうため，これを禁じている。③差押禁止：被保護者は，すでに給与を受けた保護金品またはこれを受ける権利を差し押さえられることがない。公課禁止と同様，民事上の債権，債務関係に基づく保護金品の保障である。　→被保護者の義務, 最低生活保障の原理　　　　　　　　　　　　　　　（平木美保）

被保護世帯　生活保護を受けている世帯を，被保護世帯という。これに対し，生活保護を受けている，いないにかかわらず保護を必要としている世帯，または最低生活基準以下の生活をしている世帯を，要保護世帯という。生活保護は世帯単位の原則があるため，保護の受給の有無は世帯単位で考えられる。世帯分離していて世帯の一部の人が保護を受けている場合も被保護世帯といえる。　→世帯業態別被保護世帯, 世帯人員別被保護世帯, 世帯類型別被保護世帯, 扶助別被保護世帯　　　　　（平木美保）

ヒポコンドリー〔hypochondria〕　呉秀三によって訳された心気症をいい，語源はギリシャ語の季肋部を意味する解剖学用語で，当時の疾病観である四体液説に由来する。心気症の概念は歴史的変遷を経て，最近の ICD-10 では，身体表現性障害に含まれる心気障害として位置づけられている。臨床的特徴は，身体の些細な不調に病的にとらわれ，重篤な疾病が存在すると確信していて，それらのおそれを周囲の人に執拗に訴え続け，さらに身体疾患や異常はないという医師の説明や保証を受け入れないため，ドクター・ショッピングを重ねる傾向がある。抑圧された依存欲求や攻撃性などの心理的特性を理解しておくことが，適切な治療関係を構築するために必要である。心気症状の訴えは神経症圏のみならず，うつ病や統合失調症（精神分裂病）などの病態にも認められるが，心気症状が前景に出ている場合，それらが見逃されたり，あるいは何らかの器質的原因が隠れている場合もあり，慎重な評価が求められる。　→身体表現性障害, 心気障害　　　　　　　　（川島道美）

肥満　エネルギー供給が消費を上回り続け，体内に脂肪が過剰に蓄積された状態。病的な肥満は「肥満症」と診断される。通常，標準体重（身長 $m^2 × 22$）の 10〜20％ 以上，ないし BMI（body mass index）（体重 $kg ÷ 身長 m^2$）24 以上で肥満に起因した健康障害がみられるか，BMI 26.5 以上で障害が想定されると，肥満症とされる。過食と運動不足による単純性肥満と，主に内分泌疾患などによる症候性肥満に大別する。単純性肥満は脂肪分布により内臓蓄積型と皮下型に分けられ，特に内臓蓄積型は糖尿病，動脈硬化，心疾患など肥満に伴う合併症を発生しやすい。最近では腹部 CT で臍部の横断面の皮下と内臓の面積の割合から 0.4 以上を内臓型とする試みもある。　　　　　　（永井孝三）

秘密保持義務　業務上知り得た秘密を漏らしてはならないということ。精神保健福祉士には秘密保持義務が課せられており，精神保健福祉士でなくなった後も同様である（精神保健福祉士法第 40 条）。精神保健福祉士がその業務を遂行する上で，精神障害者の精神疾患の状態，病歴や生活歴，家族関係等の個人の秘密を知ることがある。これらの個人に関わる情報を漏らすことによって，精神障害者に対する差別を助長するばかりか，相談者本人にも多大な不利益をもたらすことになる。社会福祉士にも同様の秘密保持義務があるが，精神保健福祉士が対象とする精神障害者への社会的偏見・差別の重さを

考えれば，精神保健福祉士が業務上知り得た秘密を漏らすことは断じてあってはならないことである。この秘密保持義務の規定に違反した者は，同法第44条の規定により精神保健福祉士の登録を取消し，1年以下の懲役または30万円以下の罰金が科せられる。また，精神保健福祉法では，秘密保持義務違反が第19条の2の精神保健指定医の指定取消し事由の一つになっているほか，第50条の2の2に精神障害者地域生活支援センター職員の秘密保持義務，「精神障害者社会復帰施設の設備及び運営に関する基準の施行について」(厚生省大臣官房障害保健福祉部長通知) に精神障害者社会復帰施設の職員の秘密保持義務，第51条の6に精神障害者社会復帰促進センター職員等の秘密保持義務と違反した場合の解任 (第51条の7) と罰則規定 (1年以下の懲役または50万円以下の罰金，第53条の2)，第53条に精神病院の管理者，指定医，地方精神保健福祉審議会の委員もしくは臨時委員，精神医療審査会の委員，精神病院の職員またはその職にあった者等職務上精神障害者に関する秘密を知り得る職にある者の秘密保持義務とその罰則 (1年以下の懲役または50万円以下の罰金) が定められている。　→プライバシー，精神保健福祉士　　　　　　　　　　(古寺久仁子)

123号通知　1981年11月に厚生省社会局保護課長・監査指導課長通知「生活保護の適正実施の推進について」(社保第123号) として出されたもの。生活保護費の不正受給の防止を図るための留意点があげられている。これは，暴力団関係者等の不正受給事件が起きたことが背景にあり，保護開始時の資産調査や保護受給中の事実の的確な確認等が示されている。この通知後，過剰な調査や指導により保護率が下がる傾向があったが，近年，資産調査の実施については人権や個人情報保護の問題により必要に応じて行うよう再確認されてきている。　(畑江倫子)

日雇特例被保険者　健康保険法第3条第2項に日雇特例被保険者として規定されており，日雇，2か月以内の期間雇用者，4か月以内の季節的業務もしくは6か月以内の臨時的事業に従事する期間雇用者を指す。かつては日雇労働者健康保険 (1953年創設) の対象者であった。それが1984年の健康保険法改正で廃止され，健康保険法の適用を受けることとなった。給付内容は，一般の被保険者と同様である。(松溪憲雄)

ヒヤリングボイシズ 〔hearing voices〕「声が聞こえる」または「聴声」と訳す。精神医学では「幻聴」といわれる症状であるが，自分で「声」への対処法をつくり出していく実践的取り組みである。1987年にオランダで始まりイギリスやヨーロッパに拡がっている活動で，聞こえる体験を当事者の言葉でとらえて理解し，対処方法を学び，支援するものである。当事者にとっては自己理解を深めることに繋がり，関係者の当事者に対する理解と支援の視点を拡大するもので，ともに生きる社会をつくるための支援・研究を行っている。1995年に初めてヒヤリングボイシズ国際会議が開かれ，国際的なネットワークの準備が進められた。　(荒田寛)

ヒューム 〔Hume, David : 1711-1776〕スコットランド生まれ。イギリスの経験主義哲学者。連想心理学の先駆者の一人。経験を構成する要素として，「印象」と「観念」とを挙げた。印象とは，感覚，感情のように強く意識にのぼるものであり，観念とは，これらの印象から生じた心象のことである。観念の連合とは，相互間に働いてそれらを結合する力のことをいう。しかしそこには主体的要素はなく，連合法則としては「接近」「類似」「因果」によるとした。
(菊池礼子)

ビューラー 〔Bühler, Charlotte : 1893-1974〕ベルリン生まれ。ウィーン大学，ロンドン大学を経て渡米。思考過程の研究で知られるビューラー (Bühler, Karl) の夫人。児童青年期の心理学的発達研究をし，幼児発達検査を作成した。2〜3歳の反抗期と，思春期に起こる自己主張との相似に，最初に注目した一人である。それ以前には，反抗をしがちな児童とあまり反抗をしない児童との差は，単に素質の違いとみられていたが，これを，子どもが自分を独立した大人であると考えたい時期の「自己主張」であるとみなし，「反抗期」の発達的な位置づけを考察した。　→反抗期　　　　　　　　(菊池礼子)

病院 医療法において「医師又は歯科医師が、公衆又は特定多数人のため医業又は歯科医業を行う場所であって、20人以上の患者を入院させるための施設を有するものをいう」と定められている。病院開設者は、医師または歯科医師にこれを管理させなければならない。「一般病床」のほかに「精神病床」「感染症病床」「結核病床」「療養病床」の種別がある。また、「地域医療支援病院」は都道府県知事の承認を得て、「特定機能病院」は厚生労働大臣の承認を得て称することができる。構造設備の基準（病室の床面積や一病室の病床数等）や医師、看護師、その他の従業員数の標準も定められている。医療法施行規則によれば、一般病床の医師は入院患者16人に対し1人、薬剤師は入院患者70人に対し1人、看護師および准看護師は入院患者3人に対して1人、栄養士は100人以上に対して1人となっている。なお、精神病床の医師は48対1、看護師および准看護師は5対1となっている。
→精神科医療施設、診療所　　　　　（竹中秀彦）

病院管理者 病院の開設者は医師にその病院を管理させなければならない。開設者が医師の場合は開設者自身が管理者になることができる。管理者は、厚生労働省令の定めるところにより、診療に従事する医師の氏名や診療時間等を病院内に見やすいように掲示しなければならない。また、勤務する医師、薬剤師、その他従業者を監督し、その業務遂行に欠けるところのないよう必要な注意をしなければならない。
（竹中秀彦）

病院報告 全国の病院、療養病床を有する診療所における患者の利用状況と、病院の従事者の状況を把握し、医療行政の基礎資料を得ることを目的とする。1945年から病院週報としての報告が始められ、1948年から月報になり、1949年から医療法に基づく報告となった。病院報告という名称は、医療法施行規則の改正により、1954年から使われている。従事者については1973年から、療養病床を有する診療所からの報告は1998年からである。調査票は患者票と従事者票からなり、患者票は毎月、従事者票は病院のみ年1回、10月1日に報告する。患者票の内容は、在院患者数、新入院患者数、退院患者数、外来患者数等であり、従事者票の内容は、医師、歯科医師、薬剤師、看護師等の数である。
（三宅由子）

表見代理 AがBの代理人としてCと契約をしたときに、Aが代理権をもたないときは無権代理行為となり原則として無効である。しかし、CがAに代理権のないことを知らず、または知らないことについて過失がないときは、BはCに対して無効を主張することはできないものとして扱うこと。表見代理が成立する場合としては、もともと代理権はなかったが、代理権の外観を信頼した場合（民法第109条）、代理権はあるがその範囲を超える代理行為をしたが、代理権の範囲内と信頼した場合（第110条）、かつて代理権があったが現在は消滅しているにもかかわらず、なお代理権が存続していると信頼した場合（第112条）などがある。Aに代理権があると信じて契約関係に入った相手方（C）を保護する必要があるが、他方で全く関わらないところで「Bの代理人」と名乗られたBの保護も必要で、双方の調整が図られている。
（池田直樹）

病識 〔insight into disease〕 自分が精神疾患に罹患しているという自覚や、自分の体験内容が精神症状であるという洞察をいう。精神病の急性期には、幻覚妄想などの病的体験に取り込まれて判断能力が障害され病識を欠くことが多いが、寛解とともに程度の差こそあれ病識を獲得できることも多い。理性的判断としての病識に対して、より漠然とした精神的に健康でない感じや苦痛のことを病感といい、病識と区別する。病識の欠如は狭義には理性的判断力低下の問題であるが、一方で自我防衛機制の関与を認める立場もある。いずれにせよ病識の有無という硬直した二分法にとどまらず、広い意味での病気に対する「構え」を柔軟に考慮することこそが臨床的である。例えば薬物維持療法やリハビリテーション導入にあたっての前提となる障害の受容の問題、さらには当事者の自己決定を尊重しようとするこれからの精神保健福祉活動は、病識概念のとらえ直しを要請するだろう。

→洞察　　　　　　　　　　（岡崎伸郎）

標準処理期間　行政庁が申請を受けてから当該申請に対する処分をするまでに通常要すべき標準的な期間を指す。行政手続法第6条は、行政庁に対して「標準処理期間」を定めるよう努力義務を課し、定めた場合はそれを事務所に備えつけるなど適当な方法で公示しなければならないとしている。行政手続きの迅速処理を担保し、市民の行政に対する信頼を維持するために当然実施されるべきものである。　→行政手続法　　　　　　　　　　　　　（池田直樹）

標準年金　標準的な受給者の年金額を示すものであり、モデル年金とも呼ばれる。夫は厚生年金に40年加入し、妻は厚生年金に全く加入していない夫婦2人の世帯において、夫が現役時代に平均的な賃金を得ていた場合の基礎年金を含めた年金額である。1994年改正では、標準年金額は23.1万円とされ、現役世代の手取り年収の61.6％になるよう設定されたが、2000年改正における厚生年金の給付水準の適正化により、それぞれ23.8万円、59％となった。今後は、就労・家族形態の変化に対応した標準年金についても検討することが求められている。
（松本由美）

標準報酬制　健康保険や厚生年金保険等において、標準報酬を基礎として被保険者の保険料や給付の額を算定することをいう。標準報酬は、事務処理上の煩雑さやコストを回避するために月給の額をいくつかの等級に区分し、仮の報酬として設定されたものである。標準報酬の区分は、健康保険では第1級9万8000円～第39級98万円、厚生年金保険では第1級9万8000円～第30級62万円となっている。報酬の範囲には、給料のほか超過勤務手当、家族手当、通勤手当などが含まれ、年3回以下支払われる賞与等は対象となっていなかったが、2003年度からは、厚生年金保険では賞与も含めた総報酬制が導入された。　　　　　　　　　（松本由美）

病状評価尺度　症状や行動の測定と重症度の段階評価においてさまざまな評価尺度があるが、多くの評価尺度は重症度評価のためにつくられている。病状評価尺度は、多目的研究に適しており、対象患者の選択基準の広いものに向いている。病状評価尺度として有名なものには、簡易精神症状評価尺度（Brief Psychiatric Rating Scale：BPRS）がある。BPRS は 1962 年アメリカのオーバーオール（Overall, J. E.）らによって作成された多目的の評価尺度であり、作成以来各国で使用されており、日本においても精神科研究において重要な役割を担ってきた。BPRS は多彩な症状を包括すると同時に経時的変化を敏感に把握でき、薬物療法の研究にもしばしば用いられる。その他の病状評価尺度には、うつ病の評価尺度として、ハミルトンうつ病評価尺度、不安神経症の評価尺度として、ハミルトン不安尺度などがある。　　（仲條龍太郎）

病前性格　いくつかの精神障害とその発病前の性格とには、共通する特徴を備えているといわれる。この性格を病前性格と呼んでいる。ここでは、いくつかの病前性格を挙げて簡単に説明を加える。執着気質は、下田光造によって指摘された。発揚またはうつをきたす性格のことで、一度起こった感情が長く続き、増強し、凝り性、几帳面、正義感、義務感のため過労が頂点となり発病するとするもの。メランコリー親和型性格は、テレンバッハ（Tellenbach, T.）によって指摘された。道徳、対人関係、職業に対して整然とした秩序を愛し几帳面な人に躁病者が少ないとしたものである。森田神経質は、神経症者に多いといわれるもので、自己内省が強く、自分の身体、精神、対人関係等において敏感で、それにとらわれ、病的と考え心配する。また劣等感が強く死を恐れ、人生を悲観するという。ここに挙げたものは代表的なものであり、こういった性格があっても必ずしも発病するものではないことを念頭に置いておく必要がある。　　　　　　　　　　　　　　（永井俊哉）

病的老化　老化は大きく生理的に起こる老化と病的老化に分けられるが、実際に見極めるのは困難な場合も多い。病的老化とは、高齢者に出現することが多いが必発の変化ではなく、年齢にふさわしくないレベルの老化が生じることである。すなわち、外的因子（疾患、栄養など）をはじめとして何らかの理由で心身の機能低下

が加速されたものと考えられる。病的老化の一例にアルツハイマー型老年痴呆がある。　→老化，生理的老化
(堀智勝)

病棟機能分化　精神病院等において，大きな病室一室に入院者全員を収容し，壁際が寝室部分で，病室の中心部分は看護師詰所の役割を果たしている病棟は，日本の一部の病院や諸外国にもみられる。これに対して，病院をいくつかの病棟に分け，それぞれに「救急医療」「濃厚な治療や看護を行う病棟」，そして「社会参加に向けて働きかけるリハビリテーション病棟」など，病院の病棟を機能別に分化させるものをいう。機能分化としては，「保護病棟(保護室を中心に構成されている)」「閉鎖病棟」「開放病棟」などがある。機能別にすることによって，治療的にも看護的にも同じような病状の入院者に働きかけを行うことができて治療として能率がよいともいわれている。しかし，一方では，開放病棟に移れたのに，主治医の判断で再び閉鎖病棟に戻る辛さを訴える入院者もいる。最近は，健康保険財源の不足から，診療報酬が，入院1か月から6か月までは高く，長期入院になると低いため，救急入院から長期入院まで多くの病棟を機能別に維持していく病院も少なくなりつつある。
(高橋一)

費用負担　社会福祉サービスを実施する際の費用を誰がどれだけ負担するかという社会福祉の財源とその分担割合のことを指す。社会福祉にかかる費用は，租税(国が支出する国庫負担や地方公共団体が支出する地方負担)と社会保険料(介護保険制度等)，民間資金(共同募金等)を財源にしている。費用負担は，公費負担，福祉サービスの利用者がその費用を負担する利用者負担，寄付などのその他負担に大別できる。公費負担は，社会保障給付や社会福祉施設の運営費，福祉サービスなどへの財政負担である。国庫負担と地方負担に分けられ，その負担割合は法に規定され，最終的な費用負担を誰が行うかが明確に示されている。例えば，生活保護費においては，原則として，国が3/4，都道府県，市または福祉事務所を設置する町村が1/4を負担する。社会福祉施設の設備費は，一部の施設を除いて，国が1/2，都道府県が1/4，設置者(市町村，社会福祉法人等)が1/4を負担する，等がある。また，国や地方公共団体が実施主体となり租税を財源として，保健・医療・福祉等にかかる費用の一部あるいは全部について保障する公費負担制度がある。精神保健福祉の分野では精神医療に関わる患者負担の軽減を目的とした医療費に対する保険優先の公費負担制度がある。措置入院および緊急措置入院した精神障害者の入院に関する費用は，各医療保険制度を適用し，残りの部分が公費負担(国が3/4，都道府県・指定都市が1/4とし，そのうちの一部を本人および扶養義務者の所得税額150万円超は，2万円の自己負担)とする制度がある。また，通院医療の医療費全体に対し，各医療保険制度を適用し，患者の自己負担は5％，その残り分が公費負担(国が1/2，都道府県・指定都市が1/2)となっている通院医療費公費負担(精神保健福祉法第32条)の制度がある。
→公費負担制度，精神障害者通院医療費公費負担制度
(秋山聡美)

標本抽出〔sampling〕　調査や観察の対象としているものすべてからなる母集団から一定数の対象(標本と呼ばれる)を選ぶ手続きが標本抽出である。母集団を構成する対象のなかで一定の特性をもっているものだけを選ぶ方法「有意抽出法」，そして特定の意図に基づいて選ぶのではなく，くじ引きの要領で選ぶ方法「無作為抽出法」とがある。検定や推定といった統計学的な手続きによって母集団の特性を論じるためには，無作為抽出法による標本であることが必須の条件となる。　→統計的検定　(和田修一)

日和見感染　ある種の状態では免疫機能の低下が起こり，今まで共存していた病原性の低い微生物から攻撃を受けるようになる。このような感染症を日和見感染と呼んでいる。日和見感染を起こす免疫機能の低下は，血液疾患，悪性腫瘍，肝不全，重症糖尿病，免疫抑制剤療法を必要とする疾患，進行したHIV感染，低ガンマグロブリン血症，極端な低栄養や飢餓などである。日和見感染の種類は，ニューモシスチス・カリニ肺炎，カンジダ症，サイトメガロウイ

ス感染症，単純ヘルペス感染症，トキソプラズマ症，非定型抗酸菌症などである。　→感染症
（中村敬）

ヒル〔Hill, Reuben：1912-1985〕　アメリカユタ州出身の代表的家族社会学者。家族ストレス論や家族発達（周期）論の理論的確立者として知られている。ノースカロライナ大学のあとミネソタ大学に永く勤め，そこの家族研究センターを世界的な研究拠点に育てるとともに，家族社会学全般にわたる理論枠組みの整理や，実証研究に基づく理論構築に関しても大きな影響力を発揮した。主著に，『Families under Stress』(1949)，『Family Development in Three Generations』(1970) などがある。　→家族ストレス論，家族周期
（石原邦雄）

ビルトインスタビライザー効果〔built-in stabilizer〕　租税制度や社会保障制度のなかに組み込まれている，景気の変動とともに自動的に景気を安定化させる機能のことをいう。例えば景気が上昇する過程では，累進課税構造の所得税や比例課税構造の法人税の課税額が増加し，景気拡大の速度を抑制し，一方，景気の下降過程では課税額が減少し，景気を刺激する逆の効果を発揮する。また，社会保障制度，特に雇用保険制度にもこの機能が顕著にみられる。景気が上昇する局面では，雇用が増加し，失業が減り，雇用保険の保険財政は黒字となり，資金が蓄積されていく。他方，景気の下降・停滞期には保険給付が増大し，消費の減少を抑制し，景気の下支えとなる。しかし長期・大量の失業が発生すると雇用保険財政が破綻し，その効果を発揮できなくなることもある。
（北場勉）

日割計算　生活保護の扶助費は原則として月単位で支給されるが，月の途中で変更が生じる場合，日割りで計算される。日割計算を行わないものは，期末一時扶助，介護保険料加算，教育扶助基準額である。これ以外のものは，基本的に日割りとなる。一時的な扶助（葬祭，被服，移送など）はこの限りではない。
（畑江倫子）

ピンカス〔Pincus, Allen〕　システム理論に準拠して生まれたソーシャルワークの新しい枠組みである統合理論を「全体的モデル」として展開し，統合ソーシャルワーク，統合モデルとも呼ばれる統合アプローチをミナハン（Minahan, A.）と共に体系づけた。ソーシャルワーク実践における四つの基本システムとして，①クライエント・システム，②ワーカー・システム，③ターゲット・システム，④アクション・システムという枠組みを重要視した。　→ミナハン
（平林恵美）

貧血〔anemia〕　血液単位容積あたりのヘモグロビン量の減少をいう。小児および妊婦では 11g/dl 未満，思春期および成人女性では 12g/dl 未満，成人男性では 13g/dl 未満が貧血の指標とされる。貧血の原因は大きく次の三つに分けられる。①赤血球産生の低下（再生不良性貧血，鉄欠乏性貧血，白血病，腎不全など），②赤血球の破壊の亢進（遺伝性球状赤血球症，自己免疫性溶血性貧血など），③赤血球の喪失（出血）。貧血の症状は，易疲労感，立ちくらみ，動悸，微熱などがみられ，皮膚，結膜，粘膜，爪の蒼白が認められる。貧血は赤血球容積（大球性，正球性，小球性）や赤血球の形態で分類される。治療は原因を明らかにし，原疾患に対する治療が優先する。　→赤血球，白血球
（荒田寿彦）

貧困〔poverty〕　最低限の生活水準すら維持しえない生計状態のこと。絶対的貧困（窮乏化）と相対的剥奪に大別される。ラウントリー（Rowntree, B. S.）は，総収入が肉体的能率（労働力や健康）を維持するのに満たない状態を第一次貧困とし，総収入の一部を生活必需以外に支出しなければ肉体的能率を維持できる第二次貧困と区別したが，前者は絶対的窮乏化の一例といえる。他方，タウンゼント（Townsend, P.）は，維持すべき生活水準は個人が帰属する社会によって異なる点に着目し，準拠する社会集団での標準的な生活水準に満たない状態を貧困とみなす相対的剥奪概念を提起した。この概念は，生活水準の全般的向上をみた先進国の貧困問題に適用されうるが，絶対的貧困の問題が，いまだ多くの国々で未解決であることに変わりはない。　→ラウントリー
（土屋淳二）

貧困調査　社会的課題としての貧困の実態

（数量，原因等）を明確化し，貧困に対する政策の実施，改善を目指す調査である。貧困調査として名高いのは，19世紀末から20世紀初頭において，イギリスで相次いで実施された，ブース（Booth, C.）によるロンドン調査，ラウントリー（Rowntree, B. S.）によるヨーク調査である。これらには貧困測定の定義に差異はあったものの，いずれの調査からも，当時のイギリスで，人口の3割程度が貧困層ということで，貧困が大きな社会的課題であることを提示した。また，従前，個人の努力や能力の不足，道徳的欠陥としていた貧困原因も，低賃金，不規則労働等の雇用上の問題，疾病等の境遇上の問題による要素が多いことを明確化し，その後の公的扶助の発展，そして社会保障制度成立への大きな起点となった。　　　　（船水浩行）

ビンスワンガー〔Binswanger, Ludwig：1881-1966〕　スイスの精神医学者。ブロイラー（Bleuler, E.）に学び，ユング（Jung, C. G.）やフロイト（Freud, S.）と親交があった。フッサール（Husserl, E.）やハイデガー（Heidegger, M.）の現象学哲学の影響を受け，現存在分析を確立した。『Traum und Existenz（夢と実存）』（1930）その他，多くの著作を発表している。
（平松謙一）

ふ

ファウンテンハウス〔Fountain House〕　アメリカのニューヨークで始まった精神病院退院者のソーシャルクラブハウス。1940年に州立の精神病院から退院してきた患者たちが，ボランティアの手助けを得，集会をもったことが発端。その集会はWANA（We are not alone）と名づけられたが，活動拠点となった家に噴水があったことからファウンテンハウスと命名。現在では精神障害者のリハビリテーションプログラムであるクラブハウスモデルが世界各国に広がっている。　→クラブハウス　　　（増田一世）

ファシリテーター〔facilitator〕　ソーシャルワーカーは，さまざまなソーシャルワークのなかでファシリテーター（促進者）の役割をとる場合がある。例えばデイケアやセルフヘルプグループ等に関わる精神保健福祉士は，グループの発達段階に応じてその役割を変化させていく必要がある。デイケアのグループワーク場面でグループが独自のスタイルを形成しつつある段階においては，側面的な援助者として，グループの雰囲気づくりやメンバー同士の関係調整などの環境を整える役割を担う。　（平林恵美）

ファミリー・サポート・センター〔family support center〕　会員組織により保育所の開始前や終了後の育児や送り迎え等育児に関する互助援助活動を行う地域住民同士による一種の相互援助システム。就労と育児を両立させる目的で1994年度から旧・労働省が「仕事と育児両立支援特別援助事業」として実施。預かる側の援助会員とサービス利用側の利用会員が共に登録し，サービスコーディネーターが組み合わせ，会員間で相互援助する仕組み。人口5万人以上の市町村，特別区等で設置，保育所の送り迎えや急な残業等の際に利用されている。
（山本真実）

不安障害　不安とは漠然とした対象のない未分化な恐れの感情であり，恐怖は外的対象に対する不安である。この不安が過度に強かったり，長すぎたり，繰り返し現れるときは病的不安であり，従来神経症の中軸症状であるとされた。しかし，現在の代表的疾病分類のICD-10やDSM-IVには神経症という用語は見当たらない。ICD-10では神経症の諸類型は解体され七つの障害に分類されている。診断分類としての「不安障害」はそのうちの二つの障害「恐怖症性不安障害」と「他の不安障害」に分けられている。恐怖症性不安障害には広場恐怖，社会恐怖，特定の（個別的）恐怖症，他の恐怖症性不安障害などが含まれ，他の不安障害にはパニック障害や全般性不安障害，混合性不安抑うつ障害，その他を含んでいる。DSM-IVの「不安障害」では各種恐怖症やパニック障害，全般性不安障害のほかに強迫性障害や外傷後ストレス障害

(PTSD),急性ストレス障害等を含み,ICD-10より広範な概念である。　→パニック障害,全般性不安障害
（冨山學人）

不安性人格障害　人格障害とは,精神疾患ではなく,個々の人間の極端に偏った性格で,持続的に対人関係障害や社会適応の困難を引き起こし,また自分自身が悩むほどの性格である。その傾向は小児期後期あるいは青年期に現れ,成人期に明らかとなり長期間持続する。回避性人格障害はミロン（Millon, T.）の提唱した概念であるが,DSM-IVではC群人格障害の一類型として,ICD-10では不安性（回避性）人格障害としてほぼ同様の概念で分類されている。基本的特徴は,持続性で広範な緊張と心配の感情,自分が社会的に不適格で魅力がなく他人より劣っているという確信,社会的場面で批判や拒否されることに対する過敏さ,好かれていると確信できなければ人と関係をもちたいと思わないこと,身体的安全への欲求から生活様式に制限を加えること,批判や非難,拒絶を恐れて重要な対人接触のある社会的あるいは職業的活動を回避すること等々であるとされている。　→人格障害
（冨山學人）

フィードバック〔feedback〕　ソーシャルワーク援助過程において,ケースワークやグループワークなどの場面におけるソーシャルワーカーとクライエント（メンバー）との相互関係や実践活動の内容を再点検するために,クライエントの意志や主張を受け入れて振り返ることをいう。そして,援助内容や方法を検討し,客観的な視点やクライエントのニーズに適合しているかどうかを見直し,援助内容や担当者の交代も含めた調整を行うこともある。クライエントも参加するフィードバックが望まれる。
（荒田寛）

フィランソロピー〔philanthropy〕　博愛や慈善を意味する用語。社会福祉の歴史においては,これを博愛事業と訳し,社会福祉の発展段階の一つとして位置づけてきた。1990年代に入ってわが国でも企業の社会貢献活動が論じられるようになるにつれ,近年では,これを「企業の社会的貢献」を示すものとして使われるようになってきている。企業の社会的貢献とは,企業が本来の営利活動を離れ,社会の構成員として,福祉活動,環境保護活動,文化・芸術活動などの社会的活動を行うこと。
（宮城孝）

ブース〔Booth, Charles James : 1840-1916〕　イギリスのリバプールの裕福な商人の家に生まれる。中等学校卒業後貿易会社に勤め,後に兄と共に船会社の経営者となる。貧困問題に早くから関心をもち,1886〜1902年まで私財をなげうってロンドン調査を行った。そのうち8階級の生活水準区分による貧困調査では,ロンドン人口の31％が貧困にあることを見いだした。ロンドン調査の成果は,1902〜1903年に,『Life and Labour of the People in London（ロンドン民衆の生活と労働）』全17巻として発表された。また,老齢困窮者の統計的調査をもとにその救済策として年金制度を唱え,1908年の老齢年金法の制定に貢献した。
（北場勉）

夫婦家族制〔conjugal family system〕　一組の男女の結婚により成立し,双方の死亡によって消滅する,一代限りの家族のあり方を支持する家族形成プログラムをいう。子どもがいても一定の成長段階で離家し,親とは別の家族を形成する。現代日本においては,最も有力な家族形成プログラムの一つといえる。夫婦家族制が一般化するための背景要因としては,まず産業化の進展が挙げられる。一代限りの夫婦家族は,労働力の地域間移動が容易であるためである。また,平均寿命の一定の長さ,夫婦単位の生活を支える所得水準や社会保障制度の充実,個人の独立を重んじる価値意識なども,夫婦家族制の浸透と密接に関連している。　→核家族,直系家族
（藤崎宏子）

フェイスシート〔face sheet〕　相談や援助相手の記録様式の一つで,個人の概略がわかるように記録簿の最初の所に示されている。利用者の基本的属性（氏名,年齢,住所,連絡先,職場,家族,学歴,治療歴,相談に至る経緯,主訴等）に関する情報を収集,整理し,記述する用紙である。精神保健福祉分野では特に誰が情報を提供し,誰がどのような援助を求めているのかを知るのは大切なことである。
（小出保廣）

フェニールケトン尿症〔phenylketonuria〕先天性アミノ酸代謝異常症の一つで，新生児マススクリーニングにて早期診断，早期治療が可能になった。必須アミノ酸であるフェニルアラニンの水酸化酵素の欠損によりフェニルアラニンが血中，組織中に増加する常染色体劣性遺伝性疾患である。新生児期に異常は認められないが生後数か月で精神発達遅滞，赤毛，白皮症などが認められる。治療は，早期から低フェニルアラニン食を開始しその血中濃度を正常に保つことが必要とされる。　→先天性代謝異常
（荒田寿彦）

フェヒナー〔Fechner, Gustav Theodor：1801-1887〕ドイツの物理学者，哲学者，心理学者。ドイツに生まれ，ライプチヒ大学で医学をおさめる。彼は，実在は精神的側面と物質的側面を同時に備えたものと考え，両者の統合を目指した。精神的世界は直接には接近不可能であり，ただ物質的世界を通じてのみ理解されるとし，『Elemente der Psychophysik（精神物理学）』（1860）を著した。これは，科学的心理学の実際上の基点とみなされている。フェヒナーの法則は，心身の関係を具体的に表したものとされ，心理学は哲学から離れ，独自の科学としての歩みを始めるに至った。　（菊池礼子）

フェミニズム〔feminism〕女性の抑圧を克服し，男性中心的な特徴をもつ社会構造や価値観を変革しようとする，女性解放運動のこと。フェミニズムには，二つの大きな波がある。一つ目は，19世紀末から20世紀初頭にかけてのフェミニズム第一波，そして二つ目は，1960年代以降に生じたウーマンリブを中心とするフェミニズムの第二波である。前者においては，女性の法的・政治的権利の獲得が争点となったのに対して，後者においては，「女性に固有の」（ものと見なされていた）ものの見方や役割からの自己解放や，女性の社会的・経済的・性的自己決定権利が争点となった。また，後者は，エコロジー運動や平和運動などとともに「新しい社会運動」を形成していった。　→マイノリティ，ジェンダー　　　　　　　　（伊藤美登里）

フォーカシング〔focusing〕ジェンドリン（Gendlin, E. T.）が提唱した心理療法の一技法。「体験過程」と呼ばれる，自己の内側で生じる感じの変化の過程に，触れつつ，観察しながら自己理解を深めるもの。心理療法が進むとクライエントには，胸が詰まる感じとか腹のなかにある重たさといった，言葉にしがたい漠然とした感覚が生じる。この漠然とした存在感覚を「フェルトセンス」と呼び，この感覚に変化が生じるとき，気持ちや考えなどに真の変化が体験できるとされる。　　　　　　　　（加藤洋子）

フォーマルネットワーク〔formal network〕法制度に基づいて，公式的支援を行う機関や専門職員のネットワーク。さまざまな背景をもつクライエントに対し，公平なサービスが提供できる反面，柔軟さに欠ける。クライエントの求める真のニーズに対応していくためには，インフォーマルネットワークとの連携が重要になる。　→インフォーマルネットワーク
（木下了丞）

付加給付　社会保険の給付のうち，法により定められている給付を法定給付といい，法に定められてはいないが（法定外給付），健康保険組合・共済組合が，規約・定款によって独自に一定の範囲内で追加する給付を付加給付という。約9割の組合が，財政事情や業態の特質に応じて付加給付を実施しており，この点が組合の特色の一つである。ただし，この存在は，労務管理との癒着や，国民の間での不公平という問題を社会保険に投げかける。　→法定給付
（松渓憲雄）

不可争力　行政行為がなされ，不服申し立て期間が経過した場合には，その行為の適否を争うことを認めないことを指す。行政行為は社会の基本的な枠組みを具体化するものであり，一度なされた行為が月日の経過後に否定されるようなことが容易に認められれば行政の安定的な実施が困難になることから認められている。もちろん，その行政行為が明白に法律に違反している場合は無効であり，不可争力は生じない。
（池田直樹）

付加年金　付加保険料（月額400円）の納付期間のある者が，老齢基礎年金の受給権を得た

場合に支給される年金であり，国民年金の第1号被保険者を対象に支給される国民年金の独自給付の一つである。国民年金基金の加入者や保険料納付を免除されている者は付加保険料を納付することはできない。付加年金額は，「200円×付加保険料納付済月数」で計算され，老齢基礎年金の繰り上げ，繰り下げ支給を受けた場合は，これにあわせて減額，加算される。　→老齢基礎年金　　　　　　　　（松本由美）

賦課方式　一定の短い期間（通常は単年度）に必要な年金給付費を，その期間内の保険料拠出で賄う年金財政方式で，勤労世代が年金受給世代を扶養する「世代間扶養」を理念とする仕組みである。積立金を全く保有しないか，保有するとしても危険準備金的な少額のものであるため，金利，物価の変動などの影響は受けない。一方，保険料率は基本的に年金受給者と現役加入者の比率によって決められるので，人口の年齢構造の変化がそのまま保険料率に反映され，高齢化が進むと現役世代の負担が重くなる。日本を含め当初は積立方式を想定して開始した年金制度も，スライド制の導入や給付の改善などにより賦課方式を導入せざるを得なくなった場合が多い。　　→積立方式　　　　（李蓮花）

複合家族療法〔multiple family therapy〕通常4～6組の家族を同時に集めて治療セッションを行う方法。ラクール（Laquer, P.）が青年期の統合失調症（精神分裂病）患者の家族の機能を変化，強化する必要性を感じて開発した。数組の家族がお互いを見聞きし学び，気づき合うことの効果がある。再発予防に有効な援助方法であるといわれている。心理教育的アプローチ（psycho-educational approach）には複合家族療法が利用され成果を得ている。　→心理教育　　　　　　　　　　（藤井和子）

副交感神経〔parasympathetic nerve〕自律神経系では，交感神経系と副交感神経系が内臓，眼，分泌腺などを二重に支配している。副交感神経は動眼神経，顔面神経，舌咽神経，迷走神経，仙骨神経，腸管神経叢に含まれており，消化管の蠕動亢進，唾液分泌亢進，徐脈，瞳孔縮小などの作用がある。心臓は迷走神経からの副交感神経が分布しており，迷走神経刺激によって徐脈などを生じる。副交感神経線維のシナプスはアセチルコリンを神経伝達物質としている。このために抗コリン作用がある三環系抗うつ薬やフェノチアジン系抗精神病薬等で遮断され，これら薬剤の副作用として口渇，便秘，瞳孔散大等の副交感神経遮断症状が生じる場合がある。　→自律神経，交感神経　　（梶原徹）

副作用　精神障害の治療における3本の柱は身体的治療法，精神療法（心理療法），リハビリテーションをはじめとした環境療法である。身体的治療法の中心は薬物療法であるが，急性期には特に有効な電気けいれん療法や日本ではほとんど行われなくなった前頭葉脱落症状を起こさせる精神外科療法などがある。これらの身体療法にはいずれも治療に伴う副作用がある。電気けいれん療法の副作用としては，圧迫骨折，短期間の記銘力低下や逆行健忘などの記憶障害，錯乱，呼吸停止などがある。精神外科療法では外科的脳侵襲による人格水準の著しい低下や術後てんかんがある。薬物による副作用は使用する薬物の種類によって異なる。代表的な薬物とその副作用を述べる。抗精神病薬の副作用としては首が曲がる，舌が飛び出すなどの急性ジストニア，じっと座っていられないアカシジア，パーキンソン症候群，長期服用時にみられる口の不随意運動などの錐体外路症状や口渇，便秘，低血圧などの自律神経症状，その他鎮静・催眠作用や乳汁分泌作用等々その薬理作用に基づくものがある。過敏反応として光過敏性皮膚炎や顆粒球減少症，白血球減少症がある。特殊なものとして高熱，発汗，筋固縮，せん妄をきたし死に至る悪性症候群がある。抗うつ薬（三環系，四環系）の副作用としては，口渇，便秘，ときに麻痺性イレウス，かすみ目，排尿困難，尿閉，めまい，眠気や物忘れ，肝障害などがある。抗躁薬（リチウム塩）の副作用としては，吐き気，嘔吐，下痢などの胃腸症状，口渇，多尿，振戦などがみられ，中毒症状として意識混濁，筋硬直，振戦，けいれん発作，昏睡などがみられ死に至ることがある。抗不安薬の副作用としては，眠気，めまい，骨格筋弛緩によるふ

らつき，倦怠感，脱力，排尿障害，健忘，注意力・集中力困難などの精神運動機能の低下がある．過敏反応としてじんましん様紅斑，血管性浮腫，気管支けいれん，発熱などがある．　→アカシジア，錐体外路症状　　　（冨山學人）

福祉医療機構　行政改革大綱で示された各特殊法人等の個々の事業についての見直しを踏まえ，社会福祉・医療事業団法に基づく全額政府出資の特殊法人としての社会福祉・医療事業団に民営化を含めた抜本的改革が行われた．そして2003年10月に社会福祉・医療事業団は廃止され，新たに独立行政法人福祉医療機構が誕生した．この機関では，福祉・医療の貸し付け事業，年金担保貸し付け事業，退職手当共済事業，および長寿・子育て・障害者基金事業などの融資事業を中心に行われている．　　（柳政勝）

福祉活動指導員　都道府県社会福祉協議会（1963年から）および指定都市社会福祉協議会（1965年から）に置かれている専門職員．社会福祉主事の任用資格を有する者を任用し，職務は「都道府県又は指定都市の区域における民間社会福祉活動の推進方策について調査，研究及び企画立案を行うほか，広報，指導その他の活動に従事する」（設置要項）と定められ，市町村社会福祉協議会への指導・育成などを行っている．なお制度発足当時は国庫補助職員であったが，1994年度より一般財源化され，都道府県・指定都市の補助によることとなった．　→福祉活動専門員　　　　　　　　　（田中英樹）

福祉活動専門員　社会福祉協議会の法人化を条件に，1966年から市町村社会福祉協議会の専任職員設置に対する国庫補助として開始された．これにより，市区町村社会福祉協議会の法人化が進み，福祉活動専門員は，全国市区町村社会福祉協議会の99％に設置されるに至った．1997年の財政構造改革の推進に関する特別措置法の影響を受け，補助金は地方交付税が算入され，一般財源化された．　→社会福祉協議会，福祉活動指導員　　　　　　　（小野敏則）

福祉関係八法改正　1990年に「老人福祉法等の一部を改正する法律」により，老人福祉法，身体障害者福祉法，精神薄弱者福祉法（現・知的障害者福祉法），児童福祉法，母子及び寡婦福祉法，社会福祉事業法（現・社会福祉法），老人保健法および社会福祉・医療事業団法の八つの法律が改正されたことを指す．わが国の社会福祉は，敗戦直後，生活困窮への対応が緊急課題であったこともあり，経済的援助性への対応が中心とならざるを得なかった．しかしその後，高度経済成長，社会保障制度におけるいわゆる「皆年金・皆保険」の実現等により，ある程度経済的生活が安定してきた一方で，都市化，核家族化等の社会変容，これらに伴う扶養意識の変化等により，経済的援助給付もさることながら，きめの細かい対人福祉サービスを求めるニーズが拡大してきた．この傾向は，昭和50年代に入り，人口の高齢化が顕著になり，高齢者の生活問題等にこれまでのように家族中心では対応しきれないことが顕在化してくるにつれ，一層強まってきた．こうしたニーズの拡大，多様化を受けて，平成の時代になると，1989年，当時の福祉関係三審議会合同企画分科会による意見具申「今後の社会福祉のあり方について」がまとめられ，①住民に最も身近な自治体である市町村の役割重視，②社会福祉事業の範囲の見直し，③多様な福祉サービスの供給主体の育成，④地域において福祉，保健，医療の各種サービスが有機的連携をとりながら提供されるような体制整備，などの方向性が示された．このような方向性が示されたなかでこの改正は行われ，特別養護老人ホーム等への入所措置権限等の町村への権限移譲，地方自治体における老人保健福祉計画の策定等が段階的に実施されることとなった．　　　　　　　　　　　　（船水浩行）

福祉教育　広く国民一般を対象に，①福祉に対する関心と理解，②福祉マインドの醸成，③福祉知識の普及，④福祉活動への参加の促進などを目的として展開される実践である．大きくは，地域における展開と学校における展開に区別される．地域における展開は，社会福祉問題を学習素材として，体験学習をとおして「共に生きる力」を育む教育実践である．福祉教育の基本は人権学習を基盤としている．ノーマライゼーションの具現化を意図した教育実践で，そ

のプロセスが大事にされる。1990年以降，教育改革や社会福祉改革のなかで改めて注目されてきている。子どもたちの「生きる力」を形成していくだけでなく，地域福祉の主体形成を図っていくためにも重要な実践である。つまり「心のバリアフリー」や「福祉のまちづくりへの参加，参画」を推進していくと同時に，「自己選択，自己決定できる力」，広義にはエンパワメントしていくプロセスに福祉教育実践が必要とされている。 (原田正樹)

福祉協力員 市町村社会福祉協議会が任命，委嘱した民間の福祉活動協力者のこと。福祉協力員，福祉委員等の名称がある。小地域ごとに配置され小地域内の住民への各種福祉情報の伝達，住民の細かな福祉ニーズのキャッチ，社会福祉協議会や民生委員・児童委員活動への協力等のほか，地域の福祉，生活，環境等の向上のための提言等も行っている。 (山本主税)

福祉公社 在宅福祉サービスが，措置制度では対応できない人たちへの在宅福祉サービス提供組織として，行政が関与し設立。1981年東京都の武蔵野福祉公社設立が最初である。その後，指定都市等の自治体に広がりを見せた。ホームヘルプサービス利用の拡大に伴い，多くの福祉公社は，登録型ヘルパーによるホームヘルプサービス提供を中心としている。 →在宅福祉サービス (小野敏明)

福祉国家〔welfare state〕 社会的に弱い立場の人々はもちろんのこと，平均的な人々も含めた国民全体の福祉に不可欠な完全雇用，年金，医療，教育などの諸施策に政府が積極的に取り組む国家を指す。そこではナショナルミニマムの確立，普遍主義，社会連帯等の精神が理念とされている。福祉国家への動きは日本において高度経済成長を経て「福祉元年」といわれた1973年以降本格化した。しかし同年にオイルショックおよびこれを契機とする世界的な経済危機が起こったため，福祉国家を経済危機の元凶と指摘し，見直しを求める声が強まった（福祉国家見直し論）。こうした事情を背景に，1980年代には政府の基本理念として家族による自助努力を強調する「日本型福祉社会」が提唱されるに至った。 →ナショナルミニマム (麦倉泰子)

福祉五法担当現業員 身体障害者福祉法，児童福祉法，知的障害者福祉法，老人福祉法，母子及び寡婦福祉法の五法を担当する現業員をいう。1970年以前は保護課と庶務課の二課制が一般的で，身体障害者福祉司等は現業員に対する技術的指導者として保護課に置かれていた。現在の福祉事務所の多くは，生活保護法は保護課が担当し，福祉五法についても各法の担当課が設けられるなど実施体制の充実が図られ，より専門的な援助が可能になっている。 (並木麻理子)

福祉コミュニティ 福祉コミュニティを概念として最初に用いたのは，岡村重夫（『地域福祉論』(1974)）である。岡村は，市町村や村落など地理的なコミュニティを一般コミュニティと規定し，そのなかで福祉利用者のニード充足や権利拡大のために組織化されたコミュニティを福祉コミュニティと規定した。しかし今日では，広く国民の福祉増進やノーマライゼーション思想の普及により，共生社会，福祉社会などコミュニティ自体を福祉の価値で表現することが多くなり，一般コミュニティと福祉コミュニティとの区別を解消する傾向にある。 (原田正樹)

福祉事務所 社会福祉法第14条に規定する「福祉に関する事務所」をいう。都道府県，市および特別区は条例で設置しなければならず，町村は条例で任意に設置することができる（第14条第1項・第3項）。都道府県の福祉事務所は，生活保護法，児童福祉法および母子及び寡婦福祉法に定める援護または育成の措置に関する事務で，都道府県が処理すべきものを司り（第14条第5項），市町村の福祉事務所は，生活保護法，児童福祉法，身体障害者福祉法，母子及び寡婦福祉法，老人福祉法，知的障害者福祉法のいわゆる福祉六法に定める援護，育成または更生の措置に関する事務で，市町村が処理すべきものを司る（同条第6項）。福祉事務所には，長たる職員（所長）のほかに少なくとも，現業事務の指導監督を行う査察指導員，家庭訪問，面接，調査，生活指導などを直接行う現業員（地区担当員，ケースワーカー）および事務職員を

置かなければならず，このうち，査察指導員と現業員は社会福祉主事でなければならない（第15条）。福祉事務所は，現業員数の標準が被保護世帯数に応じて定められているなど（都道府県設置事務所は65世帯に1名，その他は80世帯に1名）（第16条），生活保護事務が中心となっているが，利用者の個別的なニーズの多様化に対応し，総合的な問題解決を図るため，相互の有機的な連携のもとに各種の社会福祉施策も幅広く実施している。　→査察指導員，市町村福祉事務所，地区担当員，都道府県福祉事務所
（坪内千明）

福祉社会　現代社会において，多くの国では，国民の基本的人権として一定水準の福祉を，主に所得を保障する社会保障をはじめとする制度や政策により保障している。これが福祉国家である。福祉社会とは，一般的には，いわゆる福祉国家の発展的形態として，国，地方公共団体等の公的機関や団体のみならず，一人ひとりの国民が，その意識や日常生活の行動のなかで福祉のあり方を重要視し，国民生活全体の福祉向上を目指す社会ということができる。ただし，社会の変容等に対応していくために，福祉国家の転換として福祉社会が主張される場合等もあり，その解釈にはさまざまな視点があり，一様ではないのが現状である。
（船水浩行）

福祉人材確保法　⇨社会福祉事業法及び社会福祉施設職員退職手当共済法の一部を改正する法律

福祉人材バンク　地域住民に対し，広く各種の福祉サービスに関する理解と関心を高める事業を行うとともに，社会福祉を目的とする事業，いわゆる福祉職場への就労を促進するために，啓発，広報，就労のための福祉知識や技能講習会，就労斡旋等の事業を行う。都道府県福祉人材センターの支所として位置づけられ，各都道府県とも市町村社会福祉協議会等に設置されている。
（山本主税）

福祉多元主義〔welfare pluralism〕　国（政府），民間の営利団体，非営利団体，さらに近隣や家族や親戚といったインフォーマルな組織という複数の主体によって，福祉サービスが供給されること，すなわち多様で多元的な福祉活動を評価・促進しようとする概念を指す。イギリスで発達した概念であるが，広く用いられるようになったのは，1978年の「ウルフェンデン報告」において，社会サービスの供給システムにおける四つの下位システム，「公的部門」「民間営利部門」「民間非営利部門」「インフォーマルシステム」の存在とその相補性と有用性が示されたことがきっかけである。近年の社会経済変動のなかで，政府（中央）から地方行政への責任が高まり，福祉サービスが対応すべき福祉ニーズの水準が高まり，多様化，質の向上と量の拡大化が迫られるなかでは，公的責任で一元化された福祉サービスだけでは限界があることが指摘されるようになった。そういった状況下において，市場・民間社会福祉の特徴ともいえる先駆性，即応性，柔軟性に富んだサービス供給体制を取り入れての多元的な福祉サービスの供給システムが評価されるようになってきた。類似の概念として丸尾直美の造語である「福祉ミックス」という概念があり，福祉多元主義と同義として用いられる場合もあるが，「福祉ミックス」は市場部門と公的部門の混合による混合経済体制という，やや経済学的発想に基づいた使い方をされる傾向がある。
（吉田直美）

福祉的就労　福祉分野にある授産施設や小規模作業所で働くことを指す。本来，これらの施設は通過施設で一般雇用へ就職するための訓練の場であった。雇用・職場環境整備の進展度とも関係するが一般雇用で就労機会を得ることが困難なこと，また，一般雇用で働くことが非常に困難な障害者もいることもあり，福祉的就労が長期間の就労となっている現実がある。一般雇用と異なり，雇用関係になく，低い工賃等の低労働条件が多い。指導員等の支援者が配置された環境下での就労という特徴をもつ。障害年金・手当の給付を前提とした部分就労でもある。　→一般雇用
（工藤正）

福祉ニーズ〔social welfare needs〕　福祉ニーズとは，何らかの「社会的援護の必要がある」と認められた状態における社会福祉の対象について，家族や市場といった一般的な充足手段に

よっては充足することができないために，何らかの社会的援助を必要とすると社会的に認められた状態を指す。社会福祉の問題を解決するにあたっての基本は，まず福祉ニーズの把握にあるが，そのニーズの分類の仕方にはさまざまなものがある。ニーズの基準の設定をみていくと，供給方法・手段の分類としては，三浦文夫が提唱したニーズの充足を経済的側面で測定できる「貨幣的ニーズ」と経済的側面では評価できない「非貨幣的ニーズ」という分け方ができる。また，品詞による分類であれば，「名詞としてのニーズ」（目標とする望ましい状態と現実とのギャップとして考える）と「動詞としてのニーズ」（望ましい状態と現実のギャップを埋め合わせる解決策・目的手段），本人が自覚しているかどうかにおける分類であれば「顕在的ニーズ」と「潜在的ニーズ」がある。また，ブラッドショー（Bradshaw, J.）は，①規範的ニーズ，②感じられた（自覚）ニーズ，③表明されたニーズ，④比較化されたニーズ，の四つにニーズ概念を区分して，これらの組み合わせにより，福祉ニーズの判断における「主観」と「客観」の判断が重要だと説いた。ニーズの把握，基準の把握においては，その対象である「ニーズの単位」をどう設定するかにおいて，よりよいニーズの把握を行うために，個人や世帯，地域，所属集団といった複眼的な把握の仕方が望ましい。
→ニーズ　　　　　　　　　　　　（吉田直美）

福祉年金　国民年金制度発足時にすでに高齢や障害等の状態にあり，受給資格期間を満たせず拠出制の年金を受給できない者に対して支給される無拠出制の年金をいう。福祉年金には，老齢福祉年金，障害福祉年金，母子福祉年金，準母子福祉年金の4種類の給付がある。1959年11月から給付が開始されたが，1985年改正によって老齢福祉年金を除いて廃止され，障害福祉年金は障害基礎年金に，母子福祉年金および準母子福祉年金は遺族基礎年金に切り換えられた。老齢福祉年金の費用は全額国庫負担で賄われており，その年金額は40万7100円（2004年現在）である。受給権者や配偶者，扶養義務者に一定額を超える所得がある場合には，全額ま

たは一部が支給停止となる。　　（松本由美）

福祉のまちづくり　福祉のまちづくりは障害者の生活と権利を保障することから出発し，やがてすべての人の住みよいまちづくり，民主的なまちづくりの思想として発展定着しつつある。思想的背景に北欧で生成・発展したノーマライゼーション思想の影響がある。計画段階からの住民の主体的な参画が課題である。国も1991年から，ふれあいのまちづくり事業を実施，ソフト的施策面から支援するようになった。
→ふれあいのまちづくり事業　　（山本主税）

福祉用具　高齢者や障害者の自立した生活を支援するために，福祉用具はきわめて重要な役割を果たしている。そうした観点から1993年に「福祉用具の研究開発及び普及の促進に関する法律」が施行された。同法によれば，福祉用具とは「心身の機能が低下し日常生活を営むのに支障のある」高齢者や心身障害者に対する日常生活上の便宜を図るための用具であり，機能訓練のための用具ならびに補装具である。従来，福祉用具については，利用者が必要とする福祉用具を入手しにくいこと，研究開発をする側も利用者の需要を把握しにくいことがあった。同法によれば，福祉用具の研究開発とその普及のために，厚生労働省と経済産業省が連携し，地方公共団体や事業者（製造・販売・賃貸），老人福祉施設などがその責務を果たすことを定めている。　→老人日常生活用具給付等事業，重度身体障害者日常生活用具給付等事業，難病患者等日常生活用具給付事業，日常生活用具
　　　　　　　　　　　　　　　　（宮崎牧子）

副腎髄質〔adrenal medulla〕　副腎の中心部を形成する。不安，緊張，運動などの交感神経刺激時に副腎髄質よりノルアドレナリン，アドレナリンが放出されて心臓血管系，内分泌代謝系，消化器系，腎泌尿器系などにあるホルモン受容体（α受容体およびβ受容体）を介して多くの作用を示す。例えばノルアドレナリンはα受容体刺激により血管を収縮させ血圧を上昇させる作用が強く，アドレナリンはβ受容体刺激により心拍数を増やし，心拍出量を増加させる作用が強い。　→副腎皮質　　（荒田寿彦）

副腎皮質〔adrenal cortex〕 外側より，球状，束状，網状の三層に分かれる。下垂体前葉から出される副腎皮質刺激ホルモンの作用を受け，それぞれ違ったステロイドホルモンを出す。球状層から分泌されるミネラルコルチコイドは電解質のバランスを保つ働きをする。皮質の70％を占める束状層から分泌されるグルココルチコイドには糖・脂質代謝の調節，免疫反応抑制作用，抗炎症作用などがある。網状層からは男性ホルモンの一種である性ステロイドが分泌される。　→副腎髄質　　　　　　　　　（荒田寿彦）

服薬指導　精神科治療にとっては抗精神病薬が大きな役割を果たす。しかし，本人が精神科の治療が必要でないと思ったり，抗精神病薬を服用することにより，社会的にハンディや副作用のために生活に支障があると感じれば，抗精神病薬の服用を拒否することがある。その際，精神保健福祉士は抗精神病薬の服用を勧めることになるが，まず，なぜ抗精神病薬を服用しないでいるのかを共感しながら理解することに努める必要がある。そして，薬の果たしている役割を伝えることが重要である。また，ときには，セルフヘルプグループのメンバーが薬を服用しながら仕事をしていたり，有意義な生活を送っていることや，薬の副作用による弊害を伝えることも大切である。そのことの全体が服薬指導であり，強制的に薬を服用させることはパターナリズムにつながる危険性がある。精神保健福祉士は，ソーシャルワーカーの立場から，服薬の問題について，病の受容，生活リズム，継続的服薬の困難さ，薬の効果と副作用，主治医や医療関係者との信頼関係などについて，クライエントと話し合うことが大切である。
　　　　　　　　　　　　　　　（小出保廣）

不作為の違法確認の訴え　行政庁が，法の要請に基づき実施すべき行政行為をせずに放置した場合に，当該不作為を違法として確認する判決を求める訴訟のこと。三権分立の統治機構を採用する国では行政の裁量に任されている領域に対して国民が司法権を利用して直接に判断を変更することはできない。そのなかで，行政の裁量の誤り（放置，怠慢）を指摘する方法として考えだされた訴訟形態。例えば，選挙制度が投票の価値の平等に違反する状態にあるとき，選挙制度をどのように編成するかは行政庁の裁量に任されており，国民が裁判を利用して判決によって直接に選挙制度を改正することはできない。しかし，この訴訟形態を利用することで違法確認の判決がなされれば行政庁も放置できない状況になる。　　　　　　　（池田直樹）

藤木訴訟　療養所において長期療養中の原告が生活保護を申請したが却下され，審査請求を経て提訴された事件。判断の第一は，病院入院中の患者が保護申請する場合に，原則として帰来地である自宅の所在地の市町村の管轄となるが，早期退院の見込みがなく自宅にいる配偶者との関係が事実上破綻しているなど帰来の見込みがないような場合は，入院先の市町村の管轄となる（第一次訴訟第一審判決，1972年12月25日東京地方裁判所判決）。第二に，保護受給権をめぐる訴訟のために要した費用は，訴訟救助および法律扶助制度による救済が得られるのみで，保護受給権の内容には含まれない（第二次訴訟第一審，1979年4月11日東京地方裁判所判決）。第三に，訴訟途中で原告（保護申請者）が死亡した場合，原則として訴訟承継がなされるが，保護受給権は一身専属権であり，相続人が承継することはできない（同・最高裁判所1988年4月19日第三小法廷判決）。（池田直樹）

扶助費の再支給　被保護者が前渡された保護金品等を失った場合に扶助費が再支給されること。失った場合とは，すなわち災害等のために流失・紛失した場合，盗難・盗varをその他の不可抗力により失った場合をいう。再支給の申請にあたっては，被保護者は必ず警察に被害届・遺失届の提出を行わなければならず，地区担当員等が被保護者および関係者等から事情を詳細に調査した上で，扶助費の再支給の決定がされる。
→生活保護法　　　　　　　　　（並木麻理子）

扶助別被保護世帯　被保護世帯を扶助の種類別にみたもの。生活保護法における扶助には，生活扶助，教育扶助，住宅扶助，医療扶助，介護扶助，出産扶助，生業扶助，および葬祭扶助の8種類があるが，なかでも医療扶助を受給し

ている世帯が生活扶助をおさえて最も多く，2002年度で89.1％に達する。これは，世帯主の傷病による通院，入院が長期化するにしたがい，それまで家計を支えてきた生計中心者の就労収入が減少もしくは喪失し，ほかに頼るべき資産や親族などがないと生計の維持が困難となり，保護を受給するに至る大きな要因となっているからである。　→保護の種類　　　（大内直人）

扶助料　恩給制度において，遺族に対して支給される年金給付のうち，傷病者遺族特別年金を除いた給付の総称が扶助料である。普通恩給（退職者に対する恩給）の受給者が死亡した場合に，その遺族に支給される「普通扶助料」，公務傷病により死亡した者の遺族に支給される「公務扶助料」，増加恩給（重度障害者に対する恩給）の受給者が公務傷病によらないで死亡した場合に，その遺族に支給される「増加非公死扶助料」などがある。　→恩給　　（百瀬優）

普通養子　養子と養親との合意に基づき，法律上の親子関係を創設すること。未成年者を養子とする場合は，原則として家庭裁判所の許可が必要となる（民法第798条）。縁組により，養子は養親の嫡出子としての身分を取得し（第809条），養親の氏を名乗り（第810条），養親の戸籍に入ることになる。養子が未成年で，実親がいる場合は，実親の親権は停止され，養親の親権のみが認められる。なお，養子縁組をしても実親との身分関係が終了するわけではなく，扶養義務や相続権などは存続する。古くは家制度を守るために婿養子を迎えることが多かったが，戦後の身分法では家制度は廃止され，現在の養子制度は子の発達や福利のために親が必要であるとの観点から認められている。　→養子縁組　　　（池田直樹）

物価スライド制　年金給付額の実質的価値を維持するため，物価の変動に応じて年金額を改定する仕組みをいう。物価スライド制は，1973年に厚生年金保険と国民年金に導入されたが，これは全国消費者物価指数が5％以上変動した場合，それに応じて翌年度の11月以降に年金給付額を改定するものであった。1989年には，物価の変動率が5％以下でも年金額を自動的に改定する完全自動物価スライド制が導入され，現行の制度では前年平均の全国消費者物価指数の変動率に応じて，翌年4月から自動的に年金額が改定される仕組みとなっている。物価スライドの対象となるのは，国民年金の基礎年金額，厚生年金保険の報酬比例の年金額，65歳未満の者に支給される老齢厚生年金の定額部分・報酬比例部分，および加算額（国民年金の子の加算，厚生年金保険の加給年金額等）である。国民年金の付加年金，手当金とその最低保障額は物価スライドの対象とならない。また，物価スライドと合わせて，生活水準の上昇を年金額に反映させるため，年金額の算定の基礎となる標準報酬月額を現役世代の賃金の伸びに応じて再評価する賃金スライドも導入されているが，2000年改革では，現役世代の負担に対する考慮等から，年金裁定後は賃金スライドを行わず物価スライドのみを行うこととされた。なお，老齢厚生年金の一部を厚生年金基金が代行している場合は，過去の報酬の再評価部分と物価スライド部分は国から支給されることとなっている。デフレ下の近年は特例措置で引き下げが見送られていたが，2003年度初めて引き下げられた（−0.9％）。　　　　　　　　　　（松本由美）

物権　物の使用価値・交換価値を排他的に支配する権利をいう。物権は債権と並び財産権を構成するものである。物権には，所有権のほかに，用益物権として地上権や地役権などがあり，また担保目的の換価処分権として抵当権や質権，留置権などがある。物権に排他性を認める以上，そのような権利の存在を公示する必要があり，定められた公示方法を取っていない場合には，新たに取引関係に入った第三者には原則として物権の存在を主張できないこととされる。この排他性を確保するために必要とされる要件を対抗要件という。不動産の場合は登記であり，動産では占有である。　→債権
　　　　　　　　　　　　　　　（池田直樹）

物質代謝〔metabolism〕　生体内で起こる各種の化学反応の総称である。生体に必要な成分を合成する同化（作用）と不要な成分を分解する異化（作用）とに分けられる。同化はエネル

ギーを消費する反応であり，異化によって産生されたエネルギーはアデノシン三リン酸（ATP）に移され同化反応に使われる。三大栄養素の代謝は次のとおりである。ブドウ糖の異化によってATPは主に産生される。ATPが不要なとき，ブドウ糖は同化作用を受けグリコーゲンとして貯蔵される。中性脂肪はグリセロールと脂肪酸に分解されグルコースやアミノ酸から合成される。タンパク質はアミノ酸に分解され，アミノ酸がペプチド結合によって同化されタンパク質を合成する。 　　　　　（荒田寿彦）

物的担保　⇨人的担保／物的担保

物理療法〔physical therapy〕　理学療法の一つである。痛みのある局所を温める（温熱療法），冷やす（寒冷療法）または電気を流す（電気療法）などの物理的手段を用いて，疼痛を緩和し炎症を抑えようとするもの。例えば腰痛のある人の腰にホットパックをあてる，手の痛みを有する人の手をパラフィン浴で温める，末梢神経麻痺の人に対し電気療法を行うなどである。
→運動療法　　　　　　　　　　（松永智美）

不定愁訴　主に心身に生じるさまざまな漠然とした身体愁訴（全身倦怠感，易疲労感，頭痛，動悸，四肢のしびれ，食欲不振，腹部不快感など）で，症状を説明できる器質的および機能性疾患を見いだしえない症状群の総称である。身体症状は主に自律神経支配領域の臓器症状を呈することが多く，病名としては自律神経失調症や不定愁訴症候群などとされたりする。しかし，今後の医学の進歩により新たな疾患としての位置づけがなされる可能性がある。例えば，上腹部の不定愁訴がNUD（non-ulcer dyspepsia もしくは functional dyspepsia）として上部消化管機能異常として診断されてきたが，そのなかで胃液の食道内逆流として説明できる疾病概念としてGERD（gastro-esophagial reflux disease）が独立して概念化されている。現状で生物学的に説明できないからといって安易に精神科診断学的な見方をすることは好ましくない。
　　　　　　　　　　　　　　　（石川俊男）

不適応〔maladaptation〕　人が生きていくために環境に応じてとる何らかの行動，つまり適応行動がうまくいかない状態を不適応という。さまざまな生活領域（家庭，学校，職場）において内的適応（例えば自己受容）と外的適応（例えば周囲の人との協調）が考えられるが，前者が不適応となれば不安，抑うつ気分，いらだちなどを伴い，後者では不登校，出勤拒否，家庭内暴力などが考えられる。DSM-IVで適応障害は，心理社会的ストレスに接して3か月以内に情緒面・行動面の著しい症状が出現するとされており，ここでいう不適応とほぼ合致する。適応障害に至る要因には，大きく分けて身体・精神疾患，人格障害，環境要因が挙げられる。一方，職場不適応，学校不適応というように生活領域を明示して用いることもあるが，この視点は，治療において個人の示す症状だけにとらわれずに広く評価・診断し，環境因の調整も含めたケアマネジメントの可能性を示すものとして留意したい。　→適応，職場不適応，学校不適応　　　　　　　　　　　　　　　（川野健治）

不登校〔non-attendance〕　身体疾患，経済的理由，家族による登校の差し止めなどの理由なしに，長期にわたり学校を休んでいる状態を指す。文部科学省の学校基本統計では，年間の欠席30日以上のものが，「不登校」として報告されている。1992年以来一貫して増加しており，2001年には，中学生では11万2211人（2.81％），小学生では2万6511人（0.36％）を数えている。このほか学校には教室での学習や活動には参加できず，保健室その他で過ごす児童生徒の存在が注目されている。以前は，「登校拒否（school refusal）」という用語が一般的であったが，登校しない・できない理由が多様化してきていることから，近年は広い概念としての不登校が用いられる。このような不登校の増加は，この現象がもはや特別な個人に生じるとはいえないとの認識に立って対応することが求められるに至っている。　→学校不適応　　（上林靖子）

不服審査機関　行政機関が行った違法不当な処分等についての不服申し立てを受け付け，審査し，それらの処分等からの救済を図る機関をいう。社会保険や労働保険の被保険者資格，保険料，保険給付などの処分等についても，不服

審査機関がある。健康保険，船員保険，厚生年金保険，国民年金についての不服は，地方社会保険事務局の社会保険審査官とその上級審査機関である厚生労働省の社会保険審査会が審査する。雇用保険や労働者災害補償保険についての不服は，都道府県労働局に設置された雇用保険審査官・労働者災害補償保険審査官とその上級審査機関である厚生労働省の労働保険審査会が審査する。国民健康保険や介護保険についての不服は，都道府県の国民健康保険審査会・介護保険審査会が審査する。　→不服申し立て，社会保険審査会，労働保険審査会　　（北場勉）

不服申し立て　行政処分を受けた者が処分内容に不服がある場合に，処分庁に申し立てることで処分の撤回，取り消し，変更をさせる制度のこと。行政処分は法律の定める規範を実施するために行われるものであるから，法律に違反する行政処分は改められなければならない。特にその処分の名あて人とされ，これにより不利益を受ける者には不服申立権が認められる。なお，行政処分が順次積み重ねていくことになるため，早期に確定させる必要があり，不服申立期間が定められる。行政処分に不服がある場合は，行政不服審査法に基づく不服申立制度を経た後でなければ提訴できないこととされている（不服申立前置制）。同法に基づき処分庁自らが処分の適否を判断して是正することが迅速な救済に資すると考えられるし，行政処分の適否については処分庁に第一次判断権を認めるのが適当と考えられることによる。このような不服申立制度を適宜利用できる機会を保障するために，行政処分に際しては，不服申立制度および申立先，申立期間の説明を教示すべきこととされている。　→審査請求　　（池田直樹）

不法行為　私人間における法秩序を維持するために，行為者に対して損害賠償義務が課されるような行為のこと。要件は，その行為が違法であること，行為者に故意もしくは過失があること，そして具体的に損害が発生したことである。違法性の評価の前提には民法などの私法のほかに憲法も間接的には取り入れられている。差別的行為や虐待などは不法行為といえる。行為者の過失により損害を被ったとして損害賠償を請求するためには，行為者に対して行為当時どのような注意義務（結果予見義務，結果回避義務）が課せられていたかを明らかにする必要がある。被害（という結果）は生じたが，行為者に注意義務違反が認められない（立証できない）場合は行為者の責任を問うことはできない。加害者との間に契約関係が存在するときは，損害は一つであるが，責任根拠としては契約上の責任とともに不法行為も併せて認められ，いずれを主張してもよく，双方を主張してもよい。損害のなかには財産的損害と非財産的損害とがあり，後者は通常「精神的損害」「慰謝料」と呼ばれている。国などの公的機関が公権力の行使に際して違法に国民に損害を与えた場合は，民法の不法行為制度の特則として国家賠償法上の責任を負うことになる。　→慰謝料（池田直樹）

扶養義務　民法上一定の親族関係を前提に負担すべき生活保障の義務。夫婦相互間と未成熟の子に対する親の扶養義務は生活保持義務と呼ばれ，自らの生活水準を切り下げても自己の生活の一部として相手を扶養するべき義務と解されるが，それ以外の扶養義務は生活扶助義務と呼ばれ，自らの生活の余裕の範囲で困窮している親族を援助する義務と解されている。民法上は直系血族と兄弟姉妹には法律上当然に扶養義務があると定め，それを超える三親等内の親族については特別の事情がある場合に家庭裁判所の審判によって扶養義務を負担させることにしている（第877条）。扶養義務の順位や扶養の程度，方法の変更は，当事者間の協議で決定し，意見がまとまらない場合は家庭裁判所が決定することになる。　　　　　　　　（池原毅和）

扶養義務者　民法第877条で定められた直系血族および兄弟姉妹のように，法律上当然に扶養する義務を有する者，三親等内の親族のうち家庭裁判所が特別の事情がある場合に審判することによって扶養する義務が発生する者をいう。精神保健福祉法第20条において，扶養義務者は，後見人，保佐人，配偶者，親権を行う者と並んで「保護者」になり得ると規定されている。現在扶養義務者が保護者になることが多く，

その負担の是非が関係者の間で議論されている。　→保護者　　　　　　　　　（中川さゆり）

扶養の優先　保護の補足性の原理により、扶養義務者の扶養は生活保護に優先して行われることとされている。保護申請が行われると、担当員は申請者からの聴き取り、戸籍照会により、申請者の絶対的扶養義務者、相対的扶養義務者を把握し、そのうちすべての絶対的扶養義務者および扶養の可能性が期待される相対的扶養義務者に対して、扶養能力調査を行うこととなっている。　→保護の補足性の原理、絶対的扶養義務者、相対的扶養義務者　　　（山本文枝）

プライバシー〔privacy〕世界人権宣言第12条〔私生活・通信・名誉の保護〕に「何人も、自己の私事、家族、家庭若しくは通信に対して、ほしいままに干渉され、又は名誉及び信用に対して攻撃を受けることはない。人はすべて、このような干渉又は攻撃に対して法の保護を受ける権利を有する」とあるのがプライバシーの権利である。このように個人の私的生活は、その本拠としての住居を中心に家族や親しい友人との親密な関わりをもって営まれるものであり、そうした私生活の尊重がプライバシーの権利である。私事をみだりに公開されない・干渉されない権利に加え、最近の情報社会においては自分についての情報をもつ機関に対して情報の公開を求めたり、訂正や削除を求めたりする権利の必要性が認識されるようになり、プライバシーとは自分についての情報の流れを自分でコントロールする権利であるともいわれる。かつて精神科病院では医療と保護の必要という理由で、患者のプライバシーの権利はあらゆる面で制限、侵害されていた。1987年精神衛生法から精神保健法への改正時、通信面会の自由が法定され、病院職員による手紙の検閲や一律の面会制限などは違法となった。また従来は自殺等の危険防止という理由でトイレの内鍵がなかったり、着替えやおむつ交換も衆人環視の下でせざるをえない環境の病院が少なくなかったが、これらもプライバシーの保護という観点から鍵やベッド間のカーテンをつける病院が増えてきている。一方、カルテを中心とする個人情報の開示について、東京都立病院など診療情報提供のガイドラインを設けているところでも、がん、精神疾患等は患者本人に心理的影響を与え治療効果に悪影響を及ぼすとして、情報提供しないことができるとされている。しかし、個人情報保護法の成立により、2005年5月から実質的にカルテ開示が法制化されることになる。また裁判で措置入院鑑定書の開示を求めた例についても現在は未だ患者側敗訴に終わっている。　→世界人権宣言　　　　　　　　（木村朋子）

プライマリケア〔primary care〕地域における第一線のケアおよび医療における第一次ケアを指している。個人の健康増進・予防・医療・リハビリテーションなどを含む包括的なものを必要とされる。二次医療（セカンダリケア）・三次医療（ターシャリケア）を準備しておくことを求められる。　　　　　　　　　（荒田寛）

プライマリヘルスケア〔primary health care〕1978年のアルマ・アタ宣言により、保健医療の戦略として提唱された理念。地域性の重視（地域ニーズの把握、地域の保健医療資源の最大活用、地域開発の支援）と住民の自立・自助（保健スタッフを住民のなかから選択、住民を含めたチームが継続的に責任を負う）の二つを柱としている。米国国立アカデミーは、プライマリヘルスケアの特性として次のような五つを挙げている。①近接性(accessibility：患者が身近に利用できる)、②包括性(comprehensiveness：住民に生じる健康問題の大部分について、予防からリハビリテーションまでカバーできる)、③協調性(coordination：他の専門医によるケアや福祉サービス等、患者に提供されるケアの調整を行う)、④継続性(continuity：ケアの継続性の確保)、⑤責任性(accountability：患者およびスタッフに対する説明責任)　→アルマ・アタ宣言　　　　　　（藤内修二）

ブラウン〔Brown, G. W.〕イギリスの社会学者。モーズレイ研究所の社会精神医学部門の主任。ベッドフォード大学のスタッフでもある。ウィング（Wing, J. K.）と共に有名な「三病院調査」を行い、施設症（二次障害）の概念を明らかにした。『Institutionalism and schizophrenia』(1970)は，ウィングとの共著である。　→三病院調査，二次障害　　　　　　　　（丸山晋）

フラストレーション〔frustration〕　生活体が何らかの障害により欲求の満足を阻まれていることをいう。フラストレーションの生起には，生活体の能力，要求の内容，要求水準の高さや，妨害の受け取り方等が関連している。フラストレーション状況にあると，生活体の緊張は高まり，緊張緩和に効果的な行動をとる必要が生じる。その行動が適応的な場合もあれば，不適応的な反応となることもある。ローゼンツヴァイク（Rosenzweig, S.）はこの反応様式を分類し，攻撃の向け方との組み合わせでパーソナリティの型をとらえる検査を考案した。また同じ条件下でも不適応的な反応をとらずに済む場合，その個人の欲求不満に耐える力は強いと考え，この力のことをフラストレーション耐性と呼んだ。　　　　　　　　　　　　　　（加藤洋子）

フラッシュバック〔flashback〕　フラッシュバックは映画用語で「モンタージュ技法で，場面の急激な変調を繰り返すこと。瞬間的切り返し」を意味し，過去の出来事の再現を表す。この言葉を精神医学用語として使用したのはホロウィッツ（Horowitz, M. J.）(1969)で「フラッシュバックとは，幻覚発現薬の直接効果が消失した後に長期間にわたり，繰り返される「幻像の回帰」であり，意図的な統御なしに，同一の恐ろしい幻像が意識のなかに繰り返し進入してくることである」とした。定義について諸家の意見があるが，日本ではその要件として，再現するのは異常体験であり，薬物使用時の体験と類似し，ほぼ正常な状態に復した後に，当該薬物の再使用がない，一過性の再現であること等が重要視される。この現象はLSDやメスカリン等の幻覚発現薬，マリファナ，覚醒剤，有機溶剤等の使用者にみられる。近年，外傷後ストレス障害（PTSD）の特徴的症状として「過去の恐ろしい体験の幻像の再現」が注目されている。→覚醒剤，急性中毒　　　　　　　（冨山學人）

フリースクール〔free school〕　教育法に基づく公教育（学校）とは異なったシステムで子どもたちが学ぶことのできる場所を一般にフリースクールという。オルタナティブスクール（alternative school：代替教育）ともいう。日本では，不登校児童・生徒の増加が社会問題化するなかで，これらの子どもたちの居場所として生まれた。その多くは不登校児童の親の会や支援団体によって設立運営されているものである。公教育としての学校のようなカリキュラムや校則に縛られず，競争ではなく，個々の自発性や個性が生かせるプログラムをもち活動を展開している。　→不登校　　　　　　（上林靖子）

ブリーフセラピー〔brief therapy〕　精神分析療法ほか，心理療法の多くは比較的長期にわたって実施される。これに対し，治療期間や面接回数を大幅に短縮した短期心理療法のこと。治療者の能動性や柔軟性が特長とされる。面接回数を25回以内とし，ほぼ数か月以内の期間に治療終結を図る。危機介入の場合は，1〜6回以内の面接で緊急の課題解決を図る。また，マン（Mann, J.）や上地安昭が提唱する，実質面接回数が前もって12回と決められた時間制限心理療法も一例である。　　　　　（加藤洋子）

不利益処分　行政庁が，法令に基づき，特定の者を名あて人として，直接に，これに義務を課し，またはその権利を制限する処分をいう（行政手続法第2条第4号）。行政庁は不利益処分をしようとする場合には，名あて人となるべき者に対して原則として，聴聞，弁明等の意見陳述の機会を与え，処分の理由を提示しなければならない。これは日本国憲法上の適正手続の保障（第31条）の要請に基づくもので，行政運営における公正の確保と透明性（行政上の意思決定について，その内容および過程が国民にとって明らかであること）の向上を図り，国民の権利利益の保護に資することを目的とするものである。聴聞は，許認可等を取り消す不利益処分をしようとするときや，名あて人の資格または地位を直接に剥奪する不利益処分をしようとするときなどに行われ，聴聞が行われる場合として定められていない場合に弁明が行われる（行政手続法第13条）。聴聞を行うにあたっては事前に不利益処分の内容，根拠，その原因となる事実などを記載した書面で通知をする。当事者は

行政庁に対し，当該事案についてした調査の結果に係る調書その他の当該不利益処分の原因となる事実を証する資料の閲覧を求めることができ，聴聞の期日において意見を述べ，証拠書類等を提出し，行政庁の職員に対して質問を発することもできる。これに対し，弁明は原則として弁明書の提出によって行われ，証拠書類の提出は認められるが，聴聞におけるような審理は行われない。なお，聴聞を経てされた不利益処分については，原則として，当事者および参加人は行政不服審査法による異議申し立てをすることができない。　　　　　　　　　　　（池原毅和）

プリオン〔prion〕　プリオン蛋白は多くの動物に共通した遺伝子によってつくられる固有の蛋白質であるが，何らかの原因で異常プリオン蛋白に変わると，脳に蓄積し，脳が変性萎縮し空洞ができスポンジ状になる海綿状脳症を発症するとされる。ヒツジやヤギにみられるスクレイピーや，その脳脊髄等が混入した飼料から牛海綿状脳症（狂牛病，BSE）が発病したとされる。狂牛病の人への感染可能性が示唆され，海綿状脳症を呈する孤発性の新型クロイツフェルト・ヤコブ病との関連が疑われている。　→クロイツフェルト・ヤコブ病　　　　（冨山學人）

ブリケ症候群　グゼ（Guze, S. B.）らのセントルイス学派は，転換型ヒステリーの臨床特徴が1859年にブリケ（Briquet, P.）の記載した古典的ヒステリーの記述と合致するところからブリケ症候群として再定義した。このブリケ症候群は30歳以前に発症し，女性に多く，演技性人格や強迫的傾向が認められ，何らかの家族性遺伝負因が想定される。経過は慢性あるいは反復性で多症状性の障害である。その症状は複数の器官系にわたり，全身症状，疼痛症状，転換症状と偽神経症状，胃腸症状，心肺症状，性的症状および不安・抑うつ・恐怖その他の精神症状との組み合わせが特徴的である。パーレイ（Perley, M. J.），グゼらによる診断基準では，身体医学的には説明できない59の身体症状リスト中25の症状を有するものとされた。ブリケ症候群は現在DSM-IVやICD-10における「身体化障害」というカテゴリーの原型となるものである。　→身体化障害　　　　　　　　　　（冨山學人）

ブルーカラー　⇨ホワイトカラー／ブルーカラー

ブルーナー〔Bruner, Jerome Seymour : 1915-〕　現代アメリカの代表的心理学者の一人。デューク大学，ハーバード大学を経て，オックスフォード大学教授。知覚の領域において，主体のもっている要求や価値観が，知覚に及ぼす影響について研究した。いわゆるニュールック理論の先導者の一人。また，ピアジェ（Piajet, J.）の影響を受けて，認知過程にその領域を広げ，概念達成の戦略（ストラテジー）や，認知の発達研究などを行った。認知－発達心理学によって得られた知見を，教育一般における活用へと広める運動を行っている。　→ニュールック心理学　　　　　　　　　　　（菊池礼子）

ふるさと21健康長寿のまちづくり事業　厚生省は，本格的な高齢社会の到来に向け，高齢者が生涯を通じ多世代交流の下で安心し生きがいをもって暮らせる地域社会を形成することを目的として，1989年から，地方自治体がそれぞれの地域の特性に応じ，官民共同の下に健康や福祉に関する施策や事業の総合的整備，展開を図ることを支援するために本事業を開始した。　　　　　　　　　　　　　　（山本主税）

ふれあい・いきいきサロン　一人暮らしの高齢者や障害者など閉じこもりがちな人々が，気軽に出かけ，仲間づくり，会食，おしゃべりを楽しむ交流の場のこと。多くは高齢者，障害者，民生委員・児童委員，地域住民等が自主的に共同で企画運営し，小地域内の公民館や集会所等を利用している。近年，大半の市町村社会福祉協議会がその開設を推進し，2002年4月現在，全国の57.3％，1871市町村社会福祉協議会が取り組み，設置箇所数は2万6729か所となっている。ハンディをもつ人々を地域のなかで支えるソーシャルインクルージョン活動の一つとして注目されている。　　　　　　　　（山本主税）

ふれあいのまちづくり事業　厚生省は，地域に密着した住民参加による福祉活動を促進するために，1991年，「ふれあいのまちづくり事業」を予算化，市区町村社会福祉協議会を実施主体

とする事業を開始した。指定を受けた社協は，ニーズの発見と計画化から個別援助までの支援体制の強化と福祉サービスの総合化を目指して，各種の生活支援事業や福祉関係者のネットワーク化等に取り組んでいる。　　（山本主税）

プレイセラピー〔play therapy〕　遊びをコミュニケーションの媒体とする心理療法で，遊戯療法ともいう。言語では十分な表現が難しい子どもを主な対象とする。自由に活動でき，安全性の確保されたある程度の広さをもつ空間と，遊具を揃えて行われることが原則だが，対象となる子どもの年齢や，遊びの種類，基盤となる治療理論によっても条件設定は異なる。元来遊戯療法は，大人の心理療法理論を神経症的な子どもに援用するかたちで発展してきた経緯があり，よって立つ理論はさまざまである。一方，治療手段としての遊びには，それ自体に，自然治癒力や潜在能力を活性化したり，学習をもたらすなどの機能があり，治療における遊びの意義と理論，技法の研究により，適用範囲は広がりつつある。　　（加藤洋子）

ブレインストーミング〔brainstorming〕　アメリカの大手広告会社のアレックス・オズボーンがつくりだしたアイディアを生みだす方法。頭のなかに嵐を巻き起こすというのが原義。つまり固定観念にとらわれないで頭を柔軟に使うことを目指す一種の拡散的思考法。一人でもグループでも用いることができる。その際次の四つの基本原則が重視される。枚挙の精神，自由奔放，批判厳禁，アイディアを発展させる（ヒッチハイク）。企業ばかりでなく教育，看護，医療の現場でよく用いられている。　　（丸山晋）

不連続変異株　ウイルスの蛋白の変異は，ウイルス遺伝子の変異によって起こり，不連続変異（大変異）と連続変異（小変異）がある。大変異が起こると，ウイルスの抗原性が大きく変わり，大流行の原因になると考えられている。この現象はＡ型インフルエンザウイルスでみられ，このウイルスがもっている8本の遺伝子のうち，数本が別のＡ型インフルエンザウイルスの遺伝子と入れ替わってしまうことを不連続変異という。2種類以上のウイルスが同時にブタに感染した場合に，その体内で遺伝子の組み換えが起こり，新種のウイルスが生まれる。
　　（中村敬）

フロイト〔Freud, Anna：1895-1982〕　フロイト（Freud, S.）の末娘。1938年までウィーンで活動。以後は，父フロイトとともにロンドンに亡命する。精神分析を児童に用いて児童分析を始める。自我と防衛機制の研究により，自我心理学の基礎を築いた一人。精神発達により，防衛機制も発達することを明らかにし，さまざまな防衛機制を整理し，体系づけた。このように，彼女は精神分析の問題の整理，明確化に優れた才能を示し，特にアメリカにおいて，児童精神医学や児童心理学にも大きな影響を与えた。　→精神分析，フロイト（Freud, S.）
　　（菊池礼子）

フロイト〔Freud, Sigmund：1856-1939〕　チェコスロバキア領フライベルクにて出生。ウィーン大学で医学を学ぶ。ウィーンの神経科医であったが，ナチスに追われてロンドンへ亡命，精神分析理論および治療法の創始者となった。精神内界において，無意識による働きかけが大きいことを想定し，神経症症状は無意識的な意味をもつこと，その意味の解釈やそれに伴う困難などを，精神分析の基礎概念として位置づけていった。フロイトの理論は多くの後継者によって発展し，また医学領域を越えて，広く現代思想に多大の影響を及ぼした。　→精神分析
　　（菊池礼子）

ブロイラー〔Bleuler, Eugen：1857-1939〕　スイスの精神医学者。『Dementia praecox oder Gruppe der Schizophrenien（早発性痴呆または精神分裂病群）』(1911)で，精神分裂病の概念を提唱した。クレペリン（Kraepelin, E.）の早発性痴呆に対して，「早発」も「痴呆」も，この疾患の本質ではなく，さまざまな「連想」の「分裂」がこの疾患の最も重要な特性であるとして，「精神分裂病」の呼称を提唱した。また，連合心理学の立場から，精神分裂病の基本症状を「連合弛緩，情意鈍麻，両価性，自閉」とし，幻覚や妄想は副次的症状とした。これら基本症状は，ドイツ語ではいずれもＡで始まるため，

「ブロイラーの四つのA」と呼ばれる。 →統合失調症
(平松謙一)

プロセス嗜癖〔process addiction〕 特定の行為の過程にのめり込み、その行為が可能な状況が与えられると、衝動を制御することが困難でやり続けとなり、外部からの介入がないと中止できない状況にまで陥る、嗜癖の一つである。慢性的で進行性の予後をもち、最終的には社会生活が困難な状態に至る。一般的には陶酔をもたらすと考えられていない行為でもその個人にとって意味ある場合もあり、生活のなかのあらゆる事柄が対象となりうる。病的賭博・浪費癖・盗癖等が代表。 →嗜癖（しへき） (遠藤優子)

プロダクティブ・エイジング〔productive aging〕 老いは常に、「依存」「介護」「社会的コスト」といった非生産的なものとしてとらえられてきた。このようなマイナスイメージを払拭し、ポジティブにみようとする見方をいう。人間の脳の結晶性知能（豊かな経験や知識を生かす能力）は年をとっても減退せず、むしろ、社会的機会が与えられれば維持、発達することができるので、高齢者の能力を開発し社会に役立てよう、という考えである。プロダクティブとは、賃労働や物財の生産を示す生産性という意味として使われることが多いが、よい出会いや経験、創造性といった意味もある。高齢者の雇用の機会を拡大するだけでなく、その成熟性や潜在的能力に注目し、社会のあり方そのものを問い直すことがプロダクティブ・エイジングの目的である。 (山田知子)

フロム〔Fromm, Erich : 1900-1980〕 ドイツのフランクフルトで生まれる。社会学、心理学を学び、後に精神分析の教育を受ける。その後、渡米。新フロイト派の代表的な理論家となる。いわゆる新フロイト派を代表する一人。人間は自由を求めるが、さらにより大きな安定を求める衝動が存在するとした。文化的な圧力や対人的相互作用が、パーソナリティの形成に大きな意味をもつとの視点で、健康なパーソナリティの展開は、人間が本来の自分自身になることだと考えた。著書『Escape from Freedom（自由からの逃走）』(1941)には、このような社会学的考察が論点の一つとなっている。 →新フロイト派
(菊池礼子)

プロンプティング〔prompting〕 元来、オペラント条件づけを行う場合に簡単なヒントや補助等を与えて、目的の行動が遂行できるように促していくこと。ケースワーク場面においては、課題遂行の際にクライエントの実践がスムーズに行われるように、支持的・指示的に「背中を軽く押す」ような援助といえる。あくまでも補助的技法であり、現実検討に基づく認知変容→エンパワメント→自己決定というケースワークプロセスが先行してこそ機能するものである。
(遠藤優子)

文化〔culture〕 人間の経験的営みによって形成・蓄積された物質的ないし非物質的産物の総体のこと。ある社会ないし集団に普及した生活様式や精神・観念、価値・規範的要素など全般を含み、宗教・信仰や道徳、法、慣習、芸術、国民性など、多岐にわたる具体的形態をとる。また、社会成員が帰属する下位集団の文化をサブカルチャーという。文化は、伝統的遺産としての伝承性や恒常性をある程度保ちながらも、特定の時代背景や社会的文脈において創造・消滅する歴史・社会的な個別性を備えている点で、直線的・普遍的進化の産物としての文明とは区別される。なお、社会変動と連動する文化変容に関して、オグバーン（Ogburn, W. F.）は非物質文化の発展は物質文化のそれに遅滞する、という文化遅滞説を提示した。 →サブカルチャー
(土屋淳二)

分業〔division of labor〕 分業とは役割や機能の分担に基づいた社会ないし組織の構造化を意味する。経済学の分野では、まずスミス（Smith, A.）によって理論化がなされ、経済的効率性の追求により企業組織内の分業が生みだされるとともに、社会においては各生産部門が分業のかたちをとって再編成されるという説明が行われている。このような経済学的な初期の分業論に対して、社会学者のデュルケム（Durkheim, É.）は、利潤追求という社会的行為者の利害関心のみではなく、近代社会における諸個人の異質性の拡大という社会的要因によ

って各人の役割が分化し，より複雑な分業体制が，構成員間の有機的連帯を伴って確立すると述べ，社会的分業を主題化する基礎を築いた。
(杉本昌昭)

分子生物学〔molecular biology〕 現代生物学の一分野で，生物の最小構成単位である分子の構造と機能を解析することにより生命現象を研究する学問である。分子生物学には分子構造学と分子遺伝学の二つの流れがある。分子構造学は，タンパク質などの立体構造を解析し，分子間の結合の仕組みを分子構造上より解明し，生命現象について理解しようとしているが，タンパク質の分子構造が巨大で構造の解析が複雑なため，解析が終了した分子数がまだ少なく，まだ発展途上の段階にあるといえる。一方分子遺伝学は，すべての生物に共通して存在する遺伝物質DNAを分析することにより，生命現象を解明しようとする学問である。1953年ワトソン（Watson, J. D.）とクリック（Crick, F. H. C.）によって，DNAの二重らせん構造が発見されたことを契機に，新しい研究分野として発展してきた。生命現象にとって重要なタンパク質や酵素の遺伝子を解析することにより，その構造と機能を解明していくこの研究は，タンパク質などの遺伝子を純化して取り出す遺伝子のクローニングが組み替えDNA実験法の導入によって可能になって以来，急速な発展を遂げた。医学，農学等生物系科学全般に急速な進歩をもたらし，医学分野では遺伝的疾患のDNA診断，さらに遺伝子治療へと発展しつつあり，また，細胞培養，免疫学的方法などの技術にも応用され，医薬品，農畜，食品工業研究などでバイオテクノロジーとして発展してきている。このような両学問の発展のスピードの違いにより，現在分子生物学と分子遺伝学はほぼ同義語として使われることが多いが，あくまでも分子構造学と分子遺伝学の両者の研究の統合により，本来の分子生物学の目的が成し得られることとなるであろう。
(佐竹直子)

分裂感情病〔schizoaffective disorder〕 分裂感情障害はICD-10上ではF25に分類され，感情障害症状と分裂病症状の両方が，病気の同一エピソードのなかに，同時または数日内にともに顕著にみられるような病態で，それが統合失調症（精神分裂病）の診断基準もうつ病あるいは躁病の診断基準も満たさないものとされている。この障害と分裂病性の障害，典型的な気分障害との関連性は明確ではない。分裂感情病のエピソードを繰り返すもの，特に躁病エピソードを伴うものは，通常完全寛解し，欠陥状態になるのはきわめてまれである。DSM-IVでは295.70に分類され，一つのエピソードのなかで，うつ病，躁病，混合性エピソードのいずれかと統合失調症の特徴的症状が同時に存在し，気分症状を伴わずに幻覚妄想が2週間以上存在したと定義づけている。わが国の従来病名では，「非定型精神病」がこれに近い病態と考えられる。　→非定型精神病
(佐竹直子)

分裂病型障害〔schizotypal disorder〕 ICD-10における分類上，統合失調症（精神分裂病）や持続性妄想性障害とともにまとめられる。統合失調症と類似した行動，思考，感情の異常が認められるが，統合失調症の診断基準は満たさない。次の，①不適切な感情，②異様なあるいは風変わりな行動や容姿，③疎通の乏しさ，社会的引きこもり，④奇妙な信念や神秘的な考え，⑤猜疑的，妄想的な観念，⑥醜形恐怖的，性的，攻撃的な内容を伴う強迫的反復思考，⑦身体感覚的な錯覚と離人症または現実感喪失体験，⑧顕著な滅裂さはなく，あいまいで回りくどい常同的な思考，⑨一過性の精神病様エピソードの九つの特徴のうち3〜4項目が少なくとも2年間は持続的あるいはエピソード的に存在し，動揺しながら慢性の経過をたどる。ときには明らかな統合失調症に発展することもある。統合失調症の遺伝負因のある人に多く，統合失調症の遺伝的スペクトラムの一部をなすと考えられている。
(佐竹直子)

分裂病質性人格障害〔schizoid personality disorder〕 DSM-IVにおいて妄想性人格障害，分裂病型人格障害とともにA群人格障害に分類される。「孤立した行動」「情緒的なよそよそしさ」など社会的関係からの遊離，対人関係状況での感情表現の範囲の限定が成年期早期よりみ

られるようになる。また統合失調症（精神分裂病）や他の精神病性障害、または広汎性発達障害の経過中にのみ起こるものではないと定義されている。　→境界型人格障害、人格障害

（佐竹直子）

へ

併給　⇨単給／併給

併給調整　年金制度において、同一人に二つ以上の年金受給権が発生した場合、原則として、本人の選択により一つの年金が支給され、他の年金は支給停止される。これを併給調整という。ただし、老齢基礎年金と老齢厚生年金のように、基礎年金と同一の支給事由に基づく被用者年金各法の年金給付については、同時に支給される。また、65歳以上の者に支給される老齢基礎年金と被用者年金各法の遺族年金も調整の対象とならず、同時に支給される。　　　　（百瀬優）

平均在院日数　一人の患者が入院している日数の平均を指す。厚生労働省大臣官房統計情報部では、平均在院日数を算出する式として、（年間在院患者延べ数）÷1/2（年間新入院患者数＋年間退院患者数）を使用している。この式は全体の病床数が少ないときは不正確になる。日本の精神病院の平均在院日数は、1996年（OECD調査）331日であり、デンマーク7.1日、アメリカ8.5日等々と比較して格段と多い。→社会的入院　　　　　　　　　　（髙橋一）

平均寿命　0歳児の平均余命を平均寿命という。平均余命は、現在の死亡状態が続くと仮定したときに、現在、ある年齢の人が平均して今後何年生きられるかを表すものである。平均寿命は保健福祉水準の総合的指標としてよく用いられる。日本人の平均寿命は2002年に男性78.32歳、女性85.23歳で、男女ともに世界で有数の長寿国である。　　　　　　　　（成相京）

平均賃金　⇨給付基礎日額

平衡覚　内耳には体のバランスをとる役割をもっている三半規管と前庭がある。三半規管は三つの半円状の管で、それぞれ頭の左右方向、上下方向、水平方向に向き、直角に交わっている。半円状の管のなかはリンパ液で満たされている。三つの半規管が交わる部分に卵形嚢と球形嚢という二つの袋があり、このなかに耳石と感覚毛から成る前庭器官（耳石器）がある。前庭器官は頭が傾くと耳石がその重みで傾き、その傾きが感覚毛を介して細胞に伝えられ、電気信号に変換される。この信号は前庭神経を通って大脳の体性感覚野に伝えられ、体のバランスを保つことができる。　　　　　　（中村敬）

閉鎖病棟〔closed ward〕　入院者の病態または状態像に応じて、必要最小限度の行動制限を行わなければならない場合、その行動の制限を行うために設けられた施錠された病棟を閉鎖病棟と称する。行動制限については、精神保健福祉法第36条に「精神病院の管理者は、入院中の者につき、その医療又は保護に欠くことのできない限度において、その行動について必要な制限を行うことができる」と規定されている。人権擁護の観点からも行動の制限は、医療・保護に欠くことのできない限度においてのみ行われるべきであり、行動制限を最小化する努力はきわめて重要である。また通信・人権擁護に関する行政機関への連絡は閉鎖病棟内であっても保障されなければならない。　→開放病棟

（浅井邦彦）

ベイトソン〔Bateson, Gregory : 1904-1980〕イギリスに生まれる。生物学、人類学を学び、1952年にスタンフォード大学の研究チームにおいて二重拘束仮説の先駆けとなるプロジェクトを発足させる。精神医学領域では、統合失調症（精神分裂病）家族のコミュニケーション理論である「二重拘束仮説」の提唱者として名高いが、生物学やニューサイエンス、ポストモダンの理論家としても知られ、さまざまな分野で独創的な功績を残した。彼は、統合失調症の生成過程において、どうあってもジレンマに陥ってしまうような、背反する二つの命題を同時に与えられることのストレスを、その原因と考えた。　→二重拘束　　　　　　　　　（菊池礼子）

ヘイリー〔Haley, Jay : 1923-〕 アメリカワイオミング州の炭鉱町に生まれ，カリフォルニアで育つ。元ジャーナリスト。スタンフォード大学で研究員をしているときにベイトソン（Bateson, G.）と出会い，共に統合失調症（精神分裂病）者のコミュニケーション研究に従事。アメリカのコミュニケーション学派の一人となる。その後パルアルトのMRI（Mental Research Institute：家族療法の研究機関）を経てフィラデルフィアの教育相談所に移り，構造的家族療法の体系化に貢献する一方で，戦略的家族療法という問題解決志向の家族療法を創始。逆説的な教示（パラドクス）を治療戦略として用いたことでも有名。　→家族療法

(加藤洋子)

ベヴァリッジ報告〔Beveridge Report〕 第二次世界大戦下の連立内閣によって設置された「社会保険と関連制度に関する委員会」（Interdepartmental Committee on Social Insurance and Allied Services）の長として，ベヴァリッジ（Beveridge, W. H.）が1942年に公表した『Social Insurance and Allied Services（社会保険及び関連サービス）』（Report by Sir William Beveridge, London, H. M. S. O., 1942）のこと。報告は，人間の生存を脅かすものとして五つの巨悪（窮乏，疾病，無知，不潔，無為）の存在を指摘し，国民全体を対象とする包括的な社会保障プログラムによってナショナルミニマムを保障することでこれに対処することを提案した。一方，ベヴァリッジは最低限度の保障を越えて国家が個人の生活に介入することを嫌い，市民のボランタリーアクションが自由社会の存立に不可欠の構成要素であるとも考えていた。　→ナショナルミニマム，五つの巨悪

(永田祐)

ペスト〔pest〕 ペスト菌による感染症で，「感染症の予防及び感染症の患者に対する医療に関する法律」では一類感染症に分類されている。日本では1926年以来，ペスト患者の報告はない。ペストには腺ペストと肺ペストがある。通常，ヒトペストの80～90％は腺ペストであり，ペスト菌に感染したネズミなどに吸着したノミによる刺咬後に発病する。肺ペストは病原体を吸入後，1～6日の潜伏期を経て高熱，頭痛，咳嗽，血痰等の症状で急激に発症する。肺炎は急速に進行し，呼吸不全に陥る。敗血症に至ることもある。無治療であるとほぼ100％が死亡するが，早期からの抗生物質による治療が有効である。　→一類感染症

(中村敬)

ヘッカー〔Hecker, Ewald : 1843-1909〕 ドイツの精神医学者。カールバウム（Kahlbaum, K.L.）の弟子であり，1871年に，思春期に発病し速やかに精神崩壊にいたる疾患として破瓜病（hebephrenie）を提唱した。この破瓜病と，カールバウムの提唱した緊張病（katatonie）は，その後，クレペリン（Kraepelin, E.）により早発性痴呆として一つの疾患単位にまとめられた。その後，破瓜病は精神分裂病の亜型の一つとして，破瓜型分裂病とされた。DSM-Ⅳの解体型がこれに相当する。　→破瓜型分裂病

(平松謙一)

ベック〔Beck, Aaron Temkin : 1921-〕 うつ病患者への認知療法に力を注いだ精神療法家。アメリカロードアイランド州のプロビデンスに生まれ，1942年にブラウン大学，1946年にエール大学医学部を卒業後，ペンシルヴァニア精神分析協会で精神分析を学ぶ。彼は，うつ病患者が自分に対する認識の歪みや自己批判が多いことに着目し，彼らの自分に対する信念を修正することで，不安などの否定的な感情から患者を救おうと考えた。臨床に加えて研究者としても優秀な彼は，ベックうつ病尺度の開発者としても知られている。

(加藤洋子)

ベビーシッター〔baby-sitter〕 保育を要する個別家庭の乳幼児等を対象に，一般的には該当乳幼児の自宅にて，在宅保育サービスを行うものをいう。いわゆる「保育ママ」とは異なる。その職種に関する根拠法令が定められておらず，専門的資格制度はないが，「全国ベビーシッター協会」による「認定ベビーシッター資格」の研修・認定試験がある。一定の条件により，同協会加盟ベビーシッター事業者による在宅保育サービスの利用に対して，こども未来財団による利用料の助成制度（「ベビーシッター育児支

援事業」）がある。　　　　　　（植木信一）

ベム〔Bem, Sandra Lipsitz : 1944-〕　アメリカペンシルヴァニア州ピッツバーグに生まれ，カーネギー・メロン大学の心理学科を卒業。性役割と社会適応に関する研究から，伝統的な男性的価値づけと女性的価値づけとを両方備えた人が社会のなかで最も適応がよいと指摘。このような人は，環境のなかで生じる必要に応じて，一方の性役割に固執せず柔軟に性役割を修正していく。この傾向は青年や成人のみならず老年期においても同様であるとした。男性性と女性性を測定する「ベム性役割尺度」（1974）を開発したことでも有名。　　　　　　（加藤洋子）

ヘモグロビン〔hemoglobin〕　赤血球に含まれる酸素輸送蛋白で鉄から合成される。血液が赤いのはこのヘモグロビン（血色素）に由来する。ヘモグロビンは組織の呼吸という重要な働きをしており，肺から酸素を運び出し，身体の各組織に運搬する。酸素は細胞にエネルギーを与えるために消費され，ヘモグロビンは老廃物として残された二酸化炭素を組織から運び出して肺に戻す。ヘモグロビンは成人男子で14〜16g/dl，成人女子で12.5〜15g/dl である。赤血球数やヘモグロビンの量が減ると，血液は必要な酸素量を運べなくなりさまざまな症状が起こる。　→赤血球　　　　　　　　（中村敬）

ベラック〔Bellack, Alan S.〕　行動分析学の権威。ピッツバーグ大学，ペンシルヴァニア医科大学で教授を歴任。研究，教育に携わる。アメリカ臨床心理学会会長，行動療法推進協会会長を務める。『Dictionary of Behavior Therapy Techniques（行動療法辞典）』の編纂を行うなど広い観点から行動科学について研究している。特に統合失調症（精神分裂病）やうつ病者に対する認知行動療法などについて先駆的研究を行っている。日本でも『Social Skills Training for Schizophrenia : A Step-By-Step Guide』が翻訳され統合失調症者に対する社会生活技能訓練の具体的技法が紹介され，活用されている。　→社会生活技能訓練　　　　　　（瀧誠）

ベラック〔Bellack, L.〕　精神分析療法家。1964年「Handbook of community psychiatry」のなかで初めて「地域精神医学」という用語を使い，ピネル（Pinel, P.）の鎖からの解放を「第一革命」，フロイト（Freud, S.）の精神分析を「第二革命」，地域精神医学を「第三の精神医学革命」と位置づけた。精神分析に関する最初の実証的諸変数に関する過程研究を行った。また精神分析学的観点から12の側面から自我機能を説明したことで知られている。ブリーフセラピー（短期簡易心理療法）についても先駆的研究を行っている。　→地域精神医学（瀧誠）

ヘルシンキ宣言〔The World Medical Association's Declaration of Helsinki〕　1964年6月，フィンランド・ヘルシンキで開かれた第18回世界医師会（WMA）総会において，人体を対象とする医学研究に関わる医師の守るべき倫理的原則として採択された。この宣言では，医学の進歩のためには人体実験が不可欠であることを認めた上で，被験者個人の利益と福祉を科学や社会に対する寄与よりも優先すべきであるという原則，および人体実験における自由意志によるインフォームドコンセントの実施が確認された。　→インフォームドコンセント
　　　　　　　　　　　　　　　（平林恵美）

ヘルスプロモーション〔health promotion〕　1986年，オタワでのWHO国際会議で提唱された新たな公衆衛生戦略。オタワ憲章では，「ヘルスプロモーションとは，人々が自らの健康をコントロールし，改善できるようにするプロセスである」と定義されている。従来の健康教育に加えて，健康を支援する環境（supportive environment：健康的な生活習慣や保健行動の実践を容易にする環境）づくりを提唱するとともに，健康を生きることの目的ではなく，生活の資源と位置づけていることが大きな特徴である。→オタワ憲章　　　　　　　　（藤内修二）

ヘルパー・セラピーの原則　ガートナー（Gartner, A.），リースマン（Riessman, F.）が，セルフヘルプグループの特徴として述べたもの。セルフヘルプグループ組織内で，自らが他のメンバーを援助することによって，自分自身に効果が生まれるということである。援助の役割をとる人が利益を得るとして，その効果を，

①依存的であることが少なくなる，②自らの問題に距離をおいてみる機会が与えられる，③社会的に役立っているという実感をもつ，④自らの問題を克服し，態度や状態などを獲得する，⑤他の人のモデルとなることにより，新たな自己をみつめ，新たな役割を獲得する，⑥他の人の人生に影響を与え，その問題を軽減するという報酬を得る，⑦他の人の問題に関わることによって，自らの問題への過度の関心をまぎらわす，としている。つまり，ヘルパー・セラピーの原則は，当事者が同じ当事者である他者を援助することにより，自己の（問題の）客観化と役割をもつことによる意識変化をもたらすというものである。　　　→セルフヘルプ　（小野敏明）

ヘルペス脳髄膜炎〔herpes meningoencephalitis〕ヘルペス・ウイルスは皮膚に小水疱を多発させる。このほかにも皮膚症状は多々あり，局所の水疱群や脊髄根に始まる帯状ヘルペス(herpes zoster)がある。この水疱の感染性は約2〜4週で，皮膚疹に伴い合併症が生じる。小児期に多い。合併症の一つは肺炎，もう一つはヘルペス脳髄膜炎である。いずれも生存率は15％くらいである。　　　　　　　（井川玄朗）

ヘロイン〔heroin〕天然アヘンから合成されたアヘンアルカロイドの一種。鎮痛効果が強く，モルヒネの離脱症状を治療する薬剤として合成されたが，モルヒネに比べ作用発現が急速で，身体依存も精神依存もより強く，アヘン類依存において最も広く使用されている。慢性中毒症状としては，振戦，全身衰弱，倦怠感，無気力，道徳感情の低下などがみられる。離脱時には発汗，流涙，あくび，悪心嘔吐など激しい自律神経症状がみられる。　　　　　　（佐竹直子）

変形性関節症〔osteoarthritis〕単に関節症とも呼ばれる。臨床の現場では英語名(osteoarthritis)よりOAと略されることが多い。最もよくみられる関節疾患であり，関節軟骨の老化性退行性変化を基盤として関節の骨性変化を生じ，関節機能の障害に至る。臨床症状を呈するのは膝関節が最も多く（変形性）膝関節症と呼ばれるが，症状の有無にかかわらずあらゆる関節に起こり得る。(変形性)手関節症，肘関節症，頸椎症，腰椎症などがある。症状としては罹患関節の痛み，運動制限，変形，れき音，腫脹などがある。年齢以外にも特定の関節の酷使，肥満，性別，人種，遺伝的素因など他の要因が関与しているといわれる。関節リウマチなど進行性の疾患に伴う関節の変形は通常関節症とは区別される。　　　　　　　　（松永智美）

偏見〔prejudice〕特定の個人や集団，人種などに対する不確かな根拠に基づく否定的態度もしくは非好意的な固定観念やステレオタイプのこと。社会的影響や集団間競争，フラストレーションの蓄積，差別条項の設定など，さまざまな要因群が作用する社会的学習の過程を通じて後天的に醸成され，集団内成員の無批判的な同調や受容過程を経て集団内に拡散すると考えられている。偏見は，個人の不安・劣等感，抑圧感情などを解消する自己防衛機能や，他者（集団）に対する不当評価による自集団の優越性確保と集団内部の結束強化の機能などを果たすが，他方で，偏見の標的となる集団への敵意や憎悪の感情を内包するため，誹謗中傷や非難，差別など攻撃行動への心理的動因，社会的緊張の誘発要因ともなる。　　→ステレオタイプ
　　　　　　　　　　　　　　　　（土屋淳二）

ほ

保安処分　保安処分は，犯罪者が将来再び犯罪を犯さぬようになされるもので，1930年代以降，ヨーロッパ諸国で刑法に規定され施行されている。責任無能力者等に対する治療・監護施設収容処分，アルコール・麻薬嗜癖者に対する矯正収容処分，精神病患者に対する社会治療処分などが含まれる。わが国では特に，再犯のおそれのある触法精神障害者を専門の施設に収容する考え方を指す。日本では，1961年保安処分を規定した「改正刑法準備草案」が公表され，日本精神神経学会のなかに犯罪精神医学の専門家による刑法改正問題研究委員会が組織され

た。同委員会がまとめた保安処分推進を求める「意見書」は，治療処分のほかに労働嫌忌者に対する労作処分，性犯罪者に対する去勢処分も含まれ，強い反対にあい，委員会は解散した。代わって1969年に設置された同学会の刑法・少年法に関する小委員会は「保安処分問題は，まさに精神医療そのものの核心をおびやかすもの」と反対姿勢を明確に打ち出したが，法制審議会刑法特別部会は保安処分新設を決定し，日本弁護士連合会ほか精神科関係学会・協会は反対を表明していった。1974年，法制審議会は「改正刑法草案」を承認・決定し，法務大臣に答申したが，再犯の危険性の予測判断などをめぐり弁護士会や学会・家族会等が激しく反発し，全国的な反対運動のなかで1977年公聴会は中止された。しかし，1980年新宿西口バス放火事件が起きると，再び法務大臣が保安処分新設を示唆するなど，その後も精神障害者による事件が報道される度に，処遇困難者専門病棟構想，重症措置患者専門病棟構想などが浮上しては消えていった。2000年に法務省と厚生省が触法精神障害者の処遇をめぐって合同検討会をスタートさせた直後の2001年6月，大阪教育大学附属池田小学校における児童殺傷事件が発生し，総理大臣が専門治療施設設置を示唆したことから，急ピッチで法整備が検討された。精神科関連学会・当事者団体が強く廃案を求め反対運動を組むなか，2003年7月心神喪失者等医療観察法が制定され，2005年度以降順次全国に専門施設が新設されることとなった。→触法精神障害者，措置入院，心神喪失等の状態で重大な他害行為を行った者の医療及び観察等に関する法律

(古屋龍太)

保育 国または地方自治体が児童福祉法に基づく保育制度や保育施策，保育サービスの実施を行うこと。また，民間企業等の主体による認可外保育施設でのサービスの提供も含む場合もある。「保育所」は就学前の児童を対象に保育を行う保育施設の呼称。制度的には児童福祉法第39条に基づき，保護者の労働や疾病などの事由により保育に欠ける乳幼児を保育することを目的とする児童福祉施設。設置主体は市町村および社会福祉法人等。保育所の運営は，児童福祉施設最低基準に基づいて行うことが定められており，設備の基準，職員配置，保育時間，保育の内容，保護者との連絡について詳細の規定が設けられている。保育内容は，日常の保育メニューや関わり方等の留意点が細かく挙げられている「保育所保育指針」に基づいて実施される。保育所，乳児院，児童養護施設等の児童福祉施設において，18歳未満の児童の保育に従事する保育者，職員を保育士と呼ぶ。保育士は従来は，保母や保父と称されていたが2001年の児童福祉法の改正により同法第18条の4に規定され，いわゆる国家資格（名称独占）として法定化された。

(山本真実)

保育制度 児童福祉法の規定する保育所における保育を行うシステム全体の総称。1998年改正の児童福祉法によって第24条の「保育所への入所の措置」は「保育の実施」になった。市町村は保育の実施義務を有し，保育に欠ける児童をもつ保護者から利用申し込みを受けた場合は，第39条第2項の規定に基づき，それらの児童を保育所において保育を行う。保育所は保育所運営費を用いて運営を行うが，基本的な運営費は入所決定の自治体が，保育単価（地域，定員規模，入所児の年齢構成等に基づき決定される児童一人当たりの経費）をもとに入所人員によって算定される。保育所で行われる保育の内容は，保育所保育指針に基づいている。

(山本真実)

防衛機制 フロイト（Freud, S.）が唱えた精神分析理論の中心的概念の一つで，精神内界の主観的安定を図る自我の無意識的な働きを「防衛」といい，その「防衛」のための心的機制をいう。人にはいろいろな情動や欲動が生じ，それを意識することで，不安，不快，苦痛，罪悪感，恥などを体験するが，そのような体験が精神内界の安定を脅かす場合には，その元になる情動や欲動を防衛機制を用いて無意識化する。防衛機制には，抑圧，逃避，置き換え，合理化，投影，補償，反動形成，同一視，退行，昇華などの機制が知られている。また，これらの防衛機制は，精神内界の主観的安定と外界への適応

の過程でもあり，適応機制とみなすこともできる。→適応　　　　　　　　　　　（清瀧健吾）

放課後児童クラブ　⇨放課後児童健全育成事業

放課後児童健全育成事業　いわゆる学童保育を指す。しかし「保育」は一般的には乳幼児を対象とした処遇形態を指すため，法律上は放課後児童健全育成事業と呼称される。「放課後児童クラブ」は同事業の通称名として使用されている。概ね10歳未満児で放課後など昼間保護者が家庭にいない児童に「適切な遊び及び生活の場」を提供する事業で，児童館等を利用して開設される。1997年の児童福祉法の改正で第6条の2第6項（2004年1月現在は第12項）に法制化された。厚生労働省の調査によると2001年10月現在1万2058か所あり，国の新エンゼルプランでも2004年度には1万1500か所の設置を計画している。　　　　　　　　　　　（西郷泰之）

法源　法と法でないものを区別し法の存在形式を示すものをいう。法律，政令，条例など立法作用により制定された制定法が法源であることに争いはないが，学説は法源とはならず，成文法（法文として記載されている法）を原則とする国では判例，条理（社会通念）などを法源とするかには争いがある。法源と認められるためには，法規範として人が遵守すべきであるとの拘束力を有していることが必要であり，わが国では判例に法制度上の拘束力はないものの，最高裁判所の判例には事実上強い拘束力があり，その拘束力を重視する立場では，判例の法源性を認めることになる。慣習法も積み重ねられた事実状態が人の行動規範として拘束力をもつに至れば，法源性を獲得することになる。
　　　　　　　　　　　　　　　（池原毅和）

放射線障害者加算　生活保護の加算の一つ。原子爆弾被爆者に対する援護に関する法律によって認定を受けた者で，認定に係る負傷または疾病の状態にある者，または放射線を多量に浴びたことに起因する負傷や疾病の患者および治癒した者に対して行う加算。→各種加算
　　　　　　　　　　　　　　　（敦賀弘恵）

法人／自然人　法律が特に権利能力の主体として認める人の集まり（社団）と財団の集まり（財団）を法人という。民法は権利能力の主体として，生身の人間である自然人と，公益を目的とした人の集合である社団法人，公益を目的とした財産の集合である財団法人を認めている。株式会社（商法）や有限会社（有限会社法）もそれぞれ法が認めた法人であり，社会福祉法人（社会福祉法），特定非営利活動法人（特定非営利活動促進法）も法人である。法人の組織はそれぞれの法律で強行法的に定められている。自然人の権利能力は制限されないが，法人は一定の目的の下に人や財産が集まった存在であるので，その権利能力の範囲は設立の目的の範囲で認められるものとされている（民法第43条）。
　　　　　　　　　　　　　　　（池原毅和）

法治主義　法の支配とは英米法の基幹として発展してきた基本原理であり，恣意的な国家権力の支配を排し法で権力を拘束することによって国民の権利・自由を擁護することを目的とする原理である。ここにいう「法」とは自由な主体たる人間の共存を可能ならしめる上で必要なものを指すことになり，「法」の観念は実質的な合理性をもつ独特のものである点に注意すべきである。これに対して，法治主義とは政府は議会の制定する法によらなければならないことを意味するのみで，「法」は内容の合理性を問題とされていない（どんな内容でもよい）形式的な法律をいう。しかし，法治主義も法律の内容の正当性を要求（実質的法治主義）していくと「法の支配」の原理に近づく。　　　（池原毅和）

法定給付　社会保険の給付のうち，法により定められている給付をいう。法定給付には，保険者に給付を義務づける必要給付と，給付するかどうかが保険者の任意とされている任意給付とがある。国民健康保険において，療養の給付が法定給付である。傷病手当金の支給は任意給付であり，市町村が条例で定めている場合は支給することになるが，特別の事情（多くは財政上の事由）がある場合は免除されることになる。→付加給付　　　　　　　　（松渓憲雄）

法定受託事務　地方自治法第2条第9項で2種の法定受託義務が定められており，第1号法

定受託事務は，法律またはこれに基づく政令により都道府県，市町村または特別区が処理することとされる事務のうち，国が本来果たすべき役割に係るものであって，国においてその適正な処理を特に確保する必要があるものとして法律またはこれに基づく政令に特に定めるものであり，第2号法定受託事務は，市町村または特別区が処理することとされる事務のうち，都道府県が本来果たすべき役割に係るものであって，都道府県においてその適正な処理を特に確保する必要があるものとして法律またはこれに基づく政令に特に定めるものをいう。法定受託事務としては社会福祉法第127条，生活保護法第84条の4，児童福祉法第59条の6，精神保健福祉法第51条の14など医療福祉関係の各種法律に個別の規定が定められている。　→自治事務
(池原毅和)

法定代理　本人の意思にかかわらず法律の規定によって選任される場合の代理人を法定代理人といい，法定代理人の行う代理行為を法定代理という。民法上，法定代理人としては後見人，不在者の財産管理人，相続財産管理人などがある。法定代理人に対してその意思に基づいて選任する代理人を任意代理人という。いずれの代理人の代理行為も法律上は本人が行った法律行為と同じ効果をもつことになる。法定代理は私的自治の補充としての意義があり，任意代理は私的自治の拡張としての意義がある。　→任意代理
(池原毅和)

法の下の平等　日本国憲法第14条は「すべて国民は，法の下に平等であって，人種，信条，性別，社会的身分又は門地により，政治的，経済的又は社会的関係において，差別されない」と規定する。これが「個人の尊重・幸福追求権」（第13条）の規定と並んで日本国憲法の人権体系の中心をなす平等の保障である。19世紀の平等は法の適用に関する平等すなわち「機会の平等」（形式的平等）を意味していた。しかし，個々の能力の差の存在や現実の社会生活のなかにおいては，機会の平等の保障のみでは，逆に不平等を生むことが明白になり，ここに「条件の平等」（実質的平等）が必要とされるようになった。

このような平等観と相まって，平等権の法的性格は，国家による不平等な取り扱いを排除するという自由的な権利（いうならば「国家からの平等」）から，国家が社会に事実上存在する不平等を除去しなければならないという積極的ないし社会権的内容を盛り込んだ平等権（いうならば「国家による平等」）を考える必要性が現れた。日本国憲法第14条の「法の下の平等」の法解釈としては，法の適用の平等（法自体が平等な内容を定めている必要はなく，適用において平等であればよい）だけでなく，法自体が平等でなければならないという考え方が通説・判例である。また，平等は絶対的平等を意味するのではなく合理的区別は認められる。平等が問題となる例として，有権者人口当たりの議員定数に差がある場合に選挙権の平等の問題がある。
(池原毅和)

方法論的個人主義／方法論的集団主義　〔methodological individualism/methodological collectivism〕　方法論的個人主義とは，複数の個体から構成される全体（集合体）の性質は構成要素としての個体の性質ないし個体間の相互関係から説明される，とする立場のこと。つまりそこでは，個人から構成される社会の様態や性質は個人や個人間関係のそれから解明され，単一的実体としての社会の存在は否定されることになる（社会名目論）。他方，この立場と対立する方法論的集団主義は，全体はその構成要素の性質に分解可能な単なる総和なのではなく，一つの全体性をもった単一的実体であり，全体としての社会は，その構成要素である個人や個人間関係からは独立した創発特性を帯びており，その特性は個人に対して外在することで逆に個人の行動様式や社会関係に影響を及ぼす，とする立場のこと（社会実在論）。
(土屋淳二)

方法論的集団主義　⇨方法論的個人主義／方法論的集団主義

方面委員制度　1918年，米騒動を契機に大阪府で初めて方面委員制度が設けられる。同様の制度としては，岡山の済世顧問制度が先行しており，その後も名称は異なるが同様の制度が各

地で創設されていた。救護法の施行（1932年）によって濫給の防止と専門的な個別調査が方面委員に期待されるようになるが，法的根拠がなかったため役割を明確にする必要が生じ，1936年に方面委員令が公布され，全国統一の運営がなされるようになった。方面委員令の施行により，方面委員の職務は隣保相扶による保護指導，生活状態の調査，要援護者の自立向上の指導，社会施設との連絡等と明確にされた。1946年民生委員令により廃止されるまで，社会福祉事業の第一線機関として機能した。　→救護法，民生委員制度，済世顧問制度　　　　　　（永田祐）

訪問介護　介護保険法に基づく居宅サービスの一つで，介護福祉士または訪問介護員（ホームヘルパー）が，高齢者の在宅生活の維持・安定と介護家族の負担軽減を目的に，要介護者または要支援者の居宅（軽費老人ホーム，有料老人ホームを含む）を訪問して，入浴・排泄・食事等の介護，調理・洗濯・掃除等の家事，相談・助言等の日常的な世話を行う。具体的なサービス内容と介護報酬は身体介護中心，生活援助中心，通院等のための乗車または降車の介助の3種類に分けられ，目標と具体的内容等を定めた訪問介護計画に基づいて実施される。介護保険法制定後，高齢者対象では，この訪問介護と介護保険給付外のホームヘルプサービスが公私の団体・機関によって提供されている。　→ホームヘルプサービス　　　　　　（中野いずみ）

訪問看護サービス　病気や障害をもった人や高齢者が今まで住み慣れた家庭や地域での生活を希望し，かかりつけ医がその必要性を認めたとき，本人をはじめ介護をしている家族が安心して暮らせるように援助する「看護サービス」をいう。看護サービスには，血圧，体温，呼吸，脈拍の測定など病状の観察と助言，褥瘡予防および処置，カテーテル等の管理，日常生活の世話（清拭・食事介助），在宅リハビリテーション，精神的・心理的な相談と助言，服薬の指導，ターミナルケア，家族等へ療養上の世話の仕方についての指導等がある。介護保険の場合，訪問回数に制限はなく，居宅介護サービス計画に基づき必要に応じ訪問することができる。医療保険の場合，病名または症状によっては異なるが，原則として月に1回から週3回までとなっている。　→訪問看護ステーション　　（仲地珖明）

訪問看護ステーション　疾病・負傷等により家庭において寝たきり等の方に対し，かかりつけ医が必要と認めた者に対し，看護師等が訪問し療養上の世話または必要な診療の補助である看護サービスを提供する施設。1992年に制度化され，全国的に整備が進み2004年4月1日現在5555か所。精神科を専門とする訪問看護ステーションもつくられているが数は少ない。
（仲地珖明）

訪問看護療養費　医療保険の保険給付の一つ。疾病または負傷により居宅において継続して療養を受ける状態にある者が，主治医の指示に基づき訪問看護ステーションから訪問看護サービスを受けたときに支給される。被扶養者が受けた場合は家族訪問看護療養費が支給される。利用者は3割（70歳以上の者は所得により1割から2割，3歳未満の者は2割）の利用料負担をするほか，交通実費を負担する。　→老人訪問看護療養費　　　　　　（仲地珖明）

訪問指導　老人保健制度の保健事業では疾病や障害などによって，指導が必要と認められた者などに対し，主治医との連携の下で保健師が訪問して行われる看護や療養，日常生活動作訓練などの方法の指導となっている。また，診療報酬上の精神科訪問看護・指導料では，在宅患者またはその家族等に対して医療機関の保健師，看護師等を訪問させて，看護，または療養上必要な指導を行い算定する。その際，保健所の実施する訪問指導事業との連携に十分配慮することになっている。　　　　（竹中秀彦）

訪問調査　生活保護現業員（ケースワーカー）が要保護者の居宅などを訪れ，保護の要件に関わる調査や相談援助活動を行うものである。居宅への訪問活動は次の場合に行われる。①新たに保護の申請があった場合の訪問。②訪問格付に基づいた定期訪問。訪問格付とは，世帯の状況により決定される訪問の必要頻度を表したもの。処遇方針に基づく相談援助活動を行うとともに，保護継続の要否やその程度，方法の妥当

性について定期的に確認，検証するために行う。③被保護者から一時扶助の申請があった場合などの臨時訪問。また，必要に応じ要保護者の病状を把握するために医療機関を訪問したり，扶養義務者宅や就労先などの関係機関を訪問することもある。この訪問調査活動は，実施機関の調査権の一つであり，訪問時には立入調査票の携帯が義務づけられている。　→書類調査

（大内直人）

訪問入浴介護　介護保険法における居宅サービスの一つ。自宅の入浴設備での入浴が困難な要介護者または要支援者を対象とし，入浴機材一式を搭載した移動入浴車で，その家庭を訪問し，浴槽を持ち込み入浴の援助を行うことで，身体の清潔の保持や心身機能の維持向上を図る。通所介護における入浴サービスに対して，送迎車による移動等による身体的負担が大きい場合などに利用することが多い。訪問入浴介護の職員配置基準は，看護師または准看護師1名と介護職員2名の計3名を1チームとしてサービスを提供することを原則とする。　（西岡修）

法律行為　個人意思自治の原則の下では，人が一定の権利義務の発生や変更（法律効果）を希望した場合には，法は希望どおり法律効果を生じさせることが原則になる。法律行為はこのように法によって個人が意欲したとおりの法律効果の認められる行為のことをいう。法律行為には単独行為（自分だけの行為で法律効果が生じる行為），契約（相手方との意思の合致を要件として法律効果が生じる行為），合同行為（複数の者の共同した意思に法律効果を認める行為）があるが，いずれも意思表示をその要素としている。個人意思自治の原則は公序良俗（民法第90条）や経済的弱者保護の観点（例：借地借家法）から強行法により修正が加えられる場合がある。　→契約　　　　　　　（池原毅和）

法律扶助　市民が法的問題に直面したときに，法律の専門家を紹介し，裁判などの手続きに要する費用を援助する制度である。1952年設立の法律扶助協会が国の補助金を受けて実施している。民事事件，刑事被疑者弁護援助，少年保護事件付添扶助，犯罪被害者法律援助，その他消費者金融問題，労働問題などさまざまな法律分野で，資力が乏しいために法的支援を得にくい者を援助している。　　　　（池原毅和）

ボーエン〔Bowen, Murray：1913-1990〕　アメリカの家族療法家。独自の家族システム理論を確立した。1940年代メニンガークリニックで精神科医をしていた頃に家族に関心をもった。NIMHを経てジョージタウン大学研究，教育に従事していた。統合失調症（精神分裂病）とその家族の研究から開始，「母子の共生的結合」を示した。また2人の間に葛藤が生じることによりそれを回避するための3人目の人間が巻き込まれる「三角関係」をとらえ，脱するため情動と知性が個人のなかで分化した「自己の分化度」を高めることを家族療法の目標とした。家族投影過程，複世代伝達過程に注目し「治療とは，家族，なかでも父と母が，自分の両親，祖父母，その他拡大家族の人たちとの関係を理解し受け入れられることである」とボーエン理論を示している。　→家族療法，ジェノグラム　（瀧誠）

ホーソン工場実験〔Hawthorne experiments〕　アメリカのシカゴ郊外にあるウェスタン・エレクトリック社最大の工場であるホーソン工場において，メーヨー（Mayo, G. E.）らによって1927年から5年間にわたってなされた一連の研究。この研究は，作業能率と生産性の促進には，物理的環境条件や作業方法だけではなく職場のインフォーマル・グループやインフォーマル・リーダーによる集団規範も密接に関係していることを明らかにし，「人間関係論的アプローチ」の端緒となった。　（熊本博之）

ボーダーライン〔borderline〕　ボーダーラインという用語を精神分裂病と神経症との境界領域として日本で最初に提唱したのは，武田専の著書『境界線例』（1985）である。ボーダーラインとは，この武田説に加えて躁うつ病（感情障害）と神経症の境界領域である。しかしそれほど確固としたものではない。統合失調症（精神分裂病）により近い境界例とか，感情障害により近い境界例とか，神経症により近い境界例とか，境界例の概念そのものが多様でありあいまいである。ボーダーラインはDSM-IVにおける

境界パーソナリティ障害（borderline personality disorder：BPD）の略称と理解する。　→境界型人格障害
(今井楯男)

ボーダーラインパーソナリティディスオーダー　⇨境界型人格障害

ホーナイ〔Horney, Karen：1885-1952〕アメリカの女性精神分析家。ドイツに生まれ，ベルリン大学卒業。アブラハム（Abraham, K.）に精神分析を学び，ニューヨークに移る。社会化の役割を強調することにより，フロイト（Freud, S.）の厳格な生物学的決定主義に批判を加えた新フロイト派の一人。フロイト派に反対して精神分析振興協会を設立。神経症を文化的要因によって生ずるものとし，具体的には人間関係の障害によって引き起こされるものと考え，家族と人格形成に関する理論を展開した。
(加藤洋子)

ホームヘルパー　居宅において，要援護高齢者や障害者・児に対して，介護，家事援助，相談援助などのサービスを提供する福祉従事者。利用者の在宅生活の基盤を支援する重要な役割を担うため，その養成が重視され，1級～3級の資格認定が行われている。わが国では当初，家庭奉仕員と呼んだが，その後ホームヘルパーの呼称が定着している。一方，介護保険制度の上では訪問介護員と呼ぶ。　→ホームヘルプサービス，訪問介護
(宮崎牧子)

ホームヘルプサービス〔home help service〕要援護高齢者・障害者（児）の居宅に，ホームヘルパーが訪問して，要援護者の心身の介護，家事援助などの世話を行い，日常生活の維持，自立支援と生活の質の向上を目指すサービス。ホームヘルパーの日常業務は相談援助，身体介護，家事援助などであるが，関係職種と連携しながら家族介護力の支援，家族関係の調整，環境の整備などの媒介的・開発的役割もある。制度上，介護保険では訪問介護，支援費制度では身体障害者居宅介護等事業，知的障害者居宅介護等事業，児童居宅介護事業の名称でサービスが提供されている。このほか，制度外で自由契約によるサービスを提供する民間団体もある。　→訪問介護，ホームヘルパー
(中野いずみ)

ホームレス〔homeless〕家のない人々のこと。世界的な精神科医療の潮流は脱施設化に向かっている。アメリカでは1963年にケネディ教書が発表され，州立精神病院の閉鎖や病床の削減が急激に行われた。しかし，退院した患者を受け入れる社会的な条件，特に居住施設や社会復帰のための訓練施設が十分には整備されなかったため，退院した精神障害者の一部が街に出て，路上での生活を余儀なくされ，ホームレスとなった。　→ホステル，リセツルメント
(浅井邦彦)

ボールビィ〔Bowlby, John：1907-1990〕イギリスの児童精神科医で精神分析医。ロンドン北西部のハムステッドに生まれ，ケンブリッジ大学医学部を卒業。タヴィストック・クリニックにおいて，早期の母子関係をめぐる愛着理論の研究を行ったことで有名。発達初期，特に生後1か年の乳児期に母性的養育者との安定した親密な関わりが得られなかった乳児は，発達が遅れる可能性が高く，後年になって人間関係を形成する際の課題を残したり，対象喪失の病理に陥りやすいとして，愛着行動を形成する対象の重要性を指摘。母子保健の発展に寄与した。
(加藤洋子)

ホーン〔Horn, John Leonard：1928-〕アメリカの心理学者。ミズーリ州セントジョセフで生まれ，デンバー大学を卒業後イリノイ大学で博士号取得。知的機能に関する多くの研究を行う。老いによる知的機能の変化に関するキャッテル（Cattell, R. B.）との共同研究（1966）では，教育や経験などの文化的影響を受けて結晶化した知能は衰えにくく，そうした影響を受けない流動的な知能は，加齢による低下があるとされた。また，知能の因子分析的研究結果を整理して，流動性能力に含まれる諸機能が，生理学的機能の加齢変化と同様に20歳代から低下することも指摘。
(加藤洋子)

ぼけ　古くから使われた日本語で，頭の働きや感覚が鈍くなること。明確な医学用語ではないので，精神医学の教科書や事典には載っていないことが多い。主として老年期（中年期・初

老期を含む）において，ぼんやりとした緊張感の欠如，重篤ではない物忘れ，精神緩慢および運動緩慢，軽度の性格変化，抑制の低下（色ぼけ）などを指していうことが多い．しばしば老年期における痴呆，うつ病，脳梗塞（多発性・無症候性），人格解体などの最初の状態として用いられる．一般に，初期または前駆期にその疾患を診断することはきわめて困難であり，特に，慢性・緩徐進行性に経過する老年期疾患（アルツハイマー型老年痴呆など）の初期状態を漠然と「ぼけ」と表現することが多いので，この用語に対しては，患者がその後どのようになったかをよく見定める必要がある． →痴呆

(波多野和夫)

保険医療機関 健康保険の療養の給付を担当する医療機関として都道府県知事に指定される，病院・診療所のこと．保険者に代わって療養の給付に責任をもつのは保険医療機関である．だが医療という性格上，実際に診療に当たる医師の責務を明確化するため，保険医という資格をさらに設けている．保険医が，保険医療機関において，保険医療機関および保険医療養担当規則に従い療養の給付を行う．保険医療機関と保険医との，いわゆる二重指定となっている．

(松渓憲雄)

保険業法〔平成7年法律第105号〕 保険業を規制する法律．単独法規としての起源は，1900年までさかのぼる．これは1939年3月公布の大幅改正とその後の若干の修正・規定追加を経て，保険業規制の基本法として機能してきた．1995年6月には，保険制度を取り巻く経済・社会の大きな環境変化を背景に，半世紀以上を経ての全面改正となる新保険業法が公布された．この新保険業法は，保険契約者などの保護を図り，国民生活の安定および国民経済の健全な発展に資することを目的に，①規制緩和・自由化の推進：生命保険と損害保険の相互参入など，②保険業の健全性の確保：ソルベンシー・マージン（支払余力）基準の設定や経営危機対応制度の整備など，③公正な事業運営の確保：相互会社の経営チェックに関する改正や情報開示の強化など，を定めている．なお，2000年5月には，生命保険会社の経営基盤の強化と経営破綻した生命保険会社の適切な処理を図るため，さらなる法改正が行われている．また，2003年には生命保険の予定利率を引き下げられるようにする改正が行われた．

(菅谷広宣)

保険契約 保険者（保険会社など）と保険契約者を結び付け，そこに保険関係を発生させる契約．一定の偶然な出来事（保険事故）が発生した場合に，保険者は契約に定められた保険金の支払いを行うことを約束し，それに対して保険契約者は保険料を支払う．契約の一形態である保険契約は，その他一般の契約と同じように，当事者間の合意（保険の場合，保険契約者の申し込みとこれに対する保険者の承諾）によって成立し，効力を生じることになる． →保険事故

(菅谷広宣)

保健師 「保健師助産師看護師法」(昭和23年法律第203号)に規定される．厚生労働大臣の免許を受けて，保健師の名称を用いて保健指導に従事する者．療養上の指導を行うにあたっては，主治医がある場合はその指示を受ける必要がある．また，業務に関して就業地保健所長の指示を受けたときはそれに従う必要がある．精神保健福祉分野でも，保健所や市町村を中心に個別支援やグループ活動等地域精神保健福祉業務を担っている．法改正(2002年3月1日施行)により，名称が「保健婦」「保健士」から「保健師」に改められた． →保健師助産師看護師法

(濱田彰子)

保険事故 保険契約において，一方の当事者である保険者（保険会社など）が，その事実の発生を条件に，保険金の支払いを約定する出来事．言い換えれば，保険者の保険金支払義務を具体化させる事故のことをいう．その発生には，自然的な場合だけではなく，人為的な場合もあるが，いずれの場合においても，偶然の出来事であることが必要である．この場合の偶然性とは，第一にその出来事が発生するかどうか，第二に発生する場合の時期，第三に発生の状態またはそれから被る経済的不利益の結果，これらのいずれかが不確定であることを意味する．なお，保険事故の具体例を挙げれば，火災や風水

害，盗難，自動車事故，人の生死や傷病などがこれに該当する。　→保険契約　　（菅谷広宣）

保健師助産師看護師法〔昭和23年法律第203号〕 1948年7月に保健婦，助産婦，看護婦の資質を向上させ，医療および公衆衛生の普及向上をはかることを目的に保健婦助産婦看護婦法が制定された。それまでは産婆規則（1890年7月），看護婦規則（1915年6月），保健婦規則（1941年7月）と別々の規則であったが，1942年3月施行の国民医療法により医療関係者として規定され，1947年7月保健婦助産婦看護婦令として厚生大臣免許となる。このとき男子も看護人として規定された。2002年保健師助産師看護師法に改正，呼称が統一され，各々保健師，助産師，看護師となった。　→看護師，保健師
（仲地珖明）

保健所 公衆衛生の地域における第一線の実施行政機関。日中戦争が勃発した1937年に生産力の増強，健兵健民政策の必要から設置された。戦後は日本国憲法の規定を受けて1947年に制定された保健所法により，新たに疾病の予防，健康の積極的な向上と増進，生活環境の安全と快適さの維持などを図ることを目的とされた。1994年には保健所法の改正で成立した地域保健法により，新たに法定化された市町村保健センター等に対する技術的な指導，支援を担い，地域における公衆衛生の向上および増進を図ることを目的とした。地域保健の専門的・広域的・技術拠点として，都道府県・指定都市・中核市・政令で定める市・特別区に設置されている。このように保健所は，疾病の予防，健康増進，環境衛生の中心機関であるが，地域保健法により保健所と市町村の役割分担が見直された。必須の事業は，地域保健に関する思想の普及および向上，人口動態統計等の統計，栄養改善および食品衛生，住宅・上下水道・廃棄物処理等の環境衛生，医薬事，保健師に関すること，公共医療事業の向上および増進，歯科保健，精神保健（2001年度より福祉サービスに関することは市町村に移管），難病，エイズ，結核，性病，伝染病等の感染症予防，衛生上の試験および検査，などとなっている。そのため，医師，歯科医師，薬剤師，保健師，看護師，助産師，管理栄養士，診療放射線技師，臨床検査技師，獣医師，歯科衛生士など必要な技術職員が配置されている。なお，保健所には精神保健福祉士などの精神保健福祉相談員を置くことができることとなっている。　→地域保健法　　（田中英樹）

保健所デイケア 精神障害者の自立と社会復帰を支援する目的で，利用者の社会生活適応援助・支持を目的としてグループワークの手法を用いて日中に展開されている。1968年に川崎市や愛知県の一部の保健所で始まったのが発端であるが，1975年の国による「精神障害者社会復帰相談指導事業」の通知により，全国に普及をみている。保健所デイケアは保険診療外の事業であるが，利用者の再発防止や社会参加の効果も報告されている。　→デイケア　　（田中英樹）

保健所保健福祉サービス調整推進会議 保健・医療・福祉の連携システムを具体化したもので，1987年度より設置された。国から通知された「保健所保健・福祉サービス調整推進事業実施要領」に基づき，保健所およびその管内の市町村，医療・福祉関係機関，関係団体等のうちから必要に応じて選定する者で構成される「保健福祉サービス調整推進会議」を設置し，在宅療養者等の援助，主婦等を対象とした保健福祉教室の総合企画等を検討し，関係機関の連携強化のための情報交換などを行う。
（田中英樹）

保険診療 医療保険制度において給付される医療のことである。現金給付の場合は自由診療であるが，現物給付の場合，その医療は保険給付として一定の範囲内に納まる必要がある。保険者からすれば，一定の保険事故に対しては常に同一の保険給付が公平の観点から必要であり，医療給付についても一定の基準を設けざるを得ない。しかしこれは医者からいえば制限診療である。薬価基準に載った薬で使用基準に則り，治療指針に従って治療することが要求され，自己の良心に従って患者に最も適した医療を施せないからである。なお保険診療では，病気とみなされないもの（例えば美容整形や，正常な妊娠・出産，健康診断，予防注射など）を扱わ

ない。　　　　　　　　　　　　（松渓憲雄）

保険は利得を許さずの原理　保険によって不当に利益を得ることを許さないという原理。例えば，複数の保険を重ねてかけるなどして，実際の価値以上に多額の保険金を手にすることは禁じられているし，実損額以上に保険金が支払われることのないよう，損害査定を厳格に行うように努められている。しかしながら，加入者側におけるモラルハザード（道徳的危険または倫理の欠如：この場合，保険契約を悪用して不当に利益を得ようとすること）の発生を防止することには限界があり，場合によってはそれが保険犯罪につながってしまうこともある。
（菅谷広宣）

保険薬局　都道府県知事に指定された健康保険の療養の給付を担当する薬局のこと。保険医療機関と保険医の場合と同様に二重指定となっていて，保険薬剤師という資格がさらに設けられている。医師からもらった処方箋を持参して調剤してもらう薬局が，保険薬局である。医療の質の向上のために，医師は診断・治療に専念し，薬剤師が医師の処方箋に基づく調剤を行うという，医薬分業が進められている。国民はかかりつけ薬局をもつことで，薬歴管理してもらえる。　→保険医療機関　　　　　（松渓憲雄）

保険優先　医療費負担にあたっての，公費負担医療制度と医療保険制度の優先関係をいったものである。精神保健福祉法では，措置入院および通院医療費の公費負担制度があるが，どちらもまず医療保険制度を適用し，その残りの自己負担部分について公費負担する。これがいわゆる「保険優先」の仕組みである。通院医療費公費負担制度では，医療費の95％が公費負担対象とされる（自己負担分は，医療保険制度の種別にかかわらず5％）が，医療保険制度により給付される部分については公費負担されない。
→公費負担医療制度　　　　　　　（斉藤正美）

保険料　社会保険方式とは租税方式ではなく保険料による財源調達を行う制度である。しかしながら社会保険制度により保険料負担方式は異なる。それぞれの社会保険制度の被保険者集団が給付に必要な財源を社会連帯の理念に基づき保険料として負担する。その管理費用は国庫負担であり，また給付に対しても国庫負担があるものもある。健康保険や厚生年金保険のような職域保険制度の場合はその保険料率の負担は労使折半原則をとっている。私的保険と異なり個別保険料ではなく，標準報酬制を基礎にした平均保険料となっている。他方，国民健康保険，国民年金，介護保険は50％の国庫負担があり，税と保険料との混合負担方式をとっている。国民年金は均一負担方式であり，国民健康保険は所得割・資産割・世帯割を組み合わせた混合方式であり，介護保険料は5段階方式である。社会保険制度はすべての国民が何らかの制度に加入することを義務づけているために，負担能力のない人々も含まれる。そのため国民年金には保険料負担免除制度がある。　→保険料免除
（松崎泰子）

保険料納付済期間　国民年金の保険料を「実際に納付した期間」と「納付したとみなされる期間」。第1号被保険者として保険料を納付した期間だけでなく，第2号または第3号被保険者であった期間も，各被用者年金がまとめて基礎年金の支給に要する費用を負担しているので，保険料納付済期間に含まれる。また，基礎年金制度導入前に，国民年金の保険料を納付した期間や各被用者年金の被保険者等であった期間（20歳以上60歳未満）も保険料納付済期間とみなされる。　　　　　　　　　　（百瀬優）

保険料免除　国民年金加入者には，保険料納付義務が課されているが，第1号被保険者については，一定の要件に該当する場合に，保険料納付義務が免除される制度がある。保険料免除には，生活保護法の生活扶助や障害年金を受けている等の場合に，届出によって保険料が免除される「法定免除」と，所得がない等の理由で保険料納付が経済的に困難である場合に，申請して承認を受けると保険料が免除される「申請免除」がある。未納の場合と異なり，免除された期間は，年金の受給資格期間に算入され，老齢基礎年金の算定にあたっては保険料を納めた場合の1/3として計算される。また，2002年度から，これまでの全額免除制度に加えて半額免

除制度が導入されている。この場合は2/3として計算される。　→国民年金　　　（百瀬優）

保護観察所　犯罪者予防更生法（昭和24年法律第142号）により，更生保護の機関の一つとして規定され，全国の都道府県に設置されている。主な事務は，①保護観察，②犯罪予防のための啓発指導，社会環境の改善，③住民による犯罪予防活動の助長，である。保護観察は，少年法により保護処分を受けた者，少年院からの仮退院，仮出獄中の者について，①定住，正業従事，善行の保持，犯罪性があり素行不良な者と交際しないこと等についての指導監督，②その者が本来有する自助の責任に基づく補導援護により，その改善および更生を図ること，を目的としている。保護観察所には，保護観察官およびその補助者として保護司が置かれている。保護観察官は，医学，心理学，教育学，社会学その他の更生保護に関する専門的知識に基づき，保護観察，人格考査その他犯罪者の更生保護および犯罪の予防に関する事務に従事している。保護司は，保護司法（昭和25年法律第204号）に規定される。社会奉仕の精神をもって，犯罪をした者の改善および更生を助け，犯罪予防のため世論の啓発に努め，地域社会の浄化を図り，個人および公共の福祉に寄与することを使命とする無給の公務員である。心神喪失者等医療観察法（平成15年法律第110号）においては，①社会復帰調整官を配置し精神保健観察の事務を実施すること，②地方裁判所における処遇決定のための審判に際して，裁判所の求めに応じ，対象者の生活環境の調査を行い，その結果を報告すること，③入院の決定を受けた者の社会復帰の促進を図るため，退院後の生活環境の調整を行うこと，④入院医療または通院医療の決定を受けた者について，指定通院医療機関の管理者，都道府県知事，市町村長等と協議し，地域社会における処遇の実施計画を策定するとともに，常に実施状況を把握し，実施計画に関する関係機関相互の連携の確保に努めること，⑤通院医療の決定を受けている者について，地方裁判所に対し，処遇の終了，通院期間の延長または再入院の申し立てをすること，等が定められている。　→心神喪失等の状態で重大な他害行為を行った者の医療及び観察等に関する法律，精神保健観察，社会復帰調整官
　　　　　　　　　　　　　　（佐藤三四郎）

保護観察所長通報　保護観察所長は，保護観察中の者が精神障害者またはその疑いがあると知ったときは，すみやかにそれを都道府県知事に通報しなければならない。精神保健福祉法第25条の2に規定されている。保護観察は，家庭裁判所による保護処分の決定を受けた者，少年院からの仮退院または仮出獄を許された者に対し行われる。通報を受けた知事は，調査を行い，必要な場合には措置入院の要否を判定する診察を行わなければならない。　　　（川口真知子）

保護決定調書　被保護者の最低生活費の算定および収入を認定し，保護の要否判定，保護の種類，扶助額，方法，保護の決定日，保護決定理由など具体的な決定を起案する帳票のこと。保護の開始，却下，変更，停止，および廃止処分にかかる文書である。通常，保護決定調書は，保護台帳，経過記録，医療扶助決定調書，医療要否意見書，介護扶助決定調書，要保護者からの挙証資料などとともに編纂する。保護台帳とは，その世帯の状況について簡潔にまとめたフェイスシートのこと。経過記録（ケース記録票）とは，被保護者の生活実態に関する情報を記録し，保護の継続の要否について適宜確認するとともに，自立の助長に向けての指導援助の経過について書かれたものである。　（大内直人）

保護雇用〔sheltered employment〕　国際労働機関（ILO）は1955年に，一般の競争的雇用に耐えられない障害者の保護雇用（sheltered employment）について勧告第99号を採択した。特別な保護的環境の下での雇用のことで，勧告では，保護雇用下の障害者にも労働関係法規が適用されるべきとされているが，現在ではその趣旨から離れ雇用関係にない保護的作業所での就労を指すことも多い。前者に注目すると「福祉工場」や「特例子会社」，支援者付き雇用（supported employment），後者に注目すると日本の「福祉的就労」やアメリカの「作業活動センター」（work activity center）等が類似し

ているといわれるが定説はない。雇用政策の枠内での保護か，その枠外での保護かで見方が対立している。　→福祉的就労，サポーテッド・エンプロイメント，特例子会社制度　　（工藤正）

保護司　保護司法（昭和25年法律第204号）に規定され，地域社会における犯罪や非行を行った者の更正を援助するために，法務大臣により委嘱される保護観察実施機関の一つ。保護司は保護観察官の補助者として，仮釈放の準備としての環境調査，調整や保護観察の任に従事する。なお，保護司は無給の非常勤国家公務員としての身分が保障されているが，職務に要した実費またはその一部については実費弁償金として国から支給される。　　　　　　　（大月和彦）

保護施設　生活保護法に基づき設置される救護施設，更生施設，医療保護施設，授産施設，宿所提供施設の五つの施設の総称。居宅において一定水準の生活を営むことが困難な要保護者を入所または通所させて，保護を行うことを目的としている。事業の公共性から，設置主体は都道府県，市町村，社会福祉法人および日本赤十字社に限られ，また施設の設備・運営基準は厚生労働大臣の定める基準以上のものでなければならず，都道府県知事が指揮監督機関となっている。入所の依頼は福祉事務所が行う。救護施設以外は漸減傾向にある。　　（大内直人）

保護室　自傷他害のおそれのある患者の保護と治療のため，行動制限として隔離を行う場合に使用する病室で，「内側から患者本人の意思によっては出ることができない部屋」（昭和63年4月8日厚生省告示第129号）を指す。壁や床などは身体をぶつけてもけがをしないような構造上の配慮がなされており，入室中は頻回の観察や集中的な治療・看護が必要である。　→隔離，自傷他害　　　　　　　　　（佐竹直子）

保護者　任意入院をしている者と病院または診療所に通院している者を除く精神障害者には，その後見人または保佐人，配偶者，親権者および扶養義務者のうち家庭裁判所で選任された者が保護者になると定められている（精神保健福祉法第20条）。「保護者」制度は精神障害者がその疾病の特性から病識を欠き，医療を受ける機会を逸することがあること等から，その人権を尊重し，利益を擁護する観点から，身近にあって精神障害者に対して適切な医療と保護の機会を提供する役割を果たす者が必要であるという観点から設けられている。保護者には，①精神障害者に治療を受けさせること（第22条第1項），②精神障害者の財産上の利益を保護すること（第22条第1項），③診断が正しく行われるように医師に協力すること（第22条第2項），④医療を受けさせるときは医師に従うこと（第22条第3項），⑤措置解除で退院する者を引き取ること（第41条）などの義務のほか，⑥通院医療費公費負担の申請（第32条第3項），医療保護入院の同意（第33条第1項），退院・処遇改善等の請求ができること（第38条の4）が定められている。これまで保護者の義務が過重であるとの批判があったことから，1993年の法改正では保護義務者の名称が保護者に変更され，1999年改正では，保護者の「精神障害者が自身を傷つけ，他人に害を及ぼさないように監督する義務」「自らの意志で継続して医療を受けている患者の保護義務」が免除された。また⑤の義務を行うにあたっては，社会復帰に必要な相談や助言を病院管理者に求めることができる（第22条の2）。また，保護者がいないときやその義務を行うことができないときは，精神障害者の居住地の市町村長が保護者になる（第21条）。
→扶養義務者　　　　　　　　　　（古寺久仁子）

保護的就労　雇用されているかどうかは問わず，福祉施設や作業所などを除く場所で支援を受けながら働くこと。障害を開示して働くので，受診日や体調不良時の休日確保，作業の単純化，勤務日数や時間の短縮，支援職員の職場介入が可能など，障害特性に応じた配慮がなされているのが特徴である。欠点として労働関係法規上の雇用契約のない場合が多く，収入やその他の待遇面での問題があることが挙げられる。→職業リハビリテーション，福祉的就労，保護雇用　　　　　　　　　　　　　　　（大山勉）

保護の開始　生活保護の申請があったら，保護の要否，種類，程度，方法を決定し，保護の決定理由を明記して申請から14日以内に書面

で通知しなければならない。特別な理由がある場合は30日まで延ばすことができる。保護の適用は申請日以後となり、申請日以前は急迫保護の場合を除き、原則適用されない。保護の必要がないと実施機関が判断する場合も、申請者が保護の申請を取り下げない限り、理由を明記して保護の却下を書面で通知しなければならない。30日以内に通知がない場合は保護を却下したものとみなすことができる。　→申請保護の原則
(平木美保)

保護の原則　生活保護法によって定められた、保護の実施上の四つの原則のこと。生活保護の基本原理に示された理念に沿って、実際の保護実施の際の基本的な手続きや行政行為の枠組みを定めたもの。具体的には、①保護は要保護者、その扶養義務者またはその他の同居の親族の申請に基づいて保護を開始するとする「申請保護の原則」、②厚生労働大臣の定める保護基準のうち、要保護者が自身の所持金品で満たすことのできない不足分を補う程度に保護を行うとする「基準及び程度の原則」、③要保護者の個別事情の違いを考慮して保護を行うとする「必要即応の原則」、④保護の要否および程度の決定は、世帯を単位として行うとする「世帯単位の原則」、である。　→申請保護の原則、基準及び程度の原則、必要即応の原則、世帯単位の原則
(山本文枝)

保護の種類　生活保護はその内容によって、8種類の扶助に分けられる。すなわち、①生活扶助、②教育扶助、③住宅扶助、④医療扶助、⑤介護扶助、⑥出産扶助、⑦生業扶助、⑧葬祭扶助、である。このうち⑤介護扶助は介護保険法施行に伴い、2000年4月に新設された。これらの扶助は要保護者の必要に応じて適用されるが、1種類だけの扶助が行われることを単給、2種類以上の扶助が行われることを併給と呼ぶ。扶助の実施にあたっては、金銭給付される場合と現物給付される場合があり、特に④医療扶助と⑤介護扶助は、医療機関・介護機関に委託して医療・介護を給付する現物給付を原則としている。　→生活保護法、単給／併給
(並木麻理子)

保護の停止　被保護者が収入の増加などで一時的に自活できるときに、一定期間生活保護の受給を停止すること。一時的に保護を必要としないが、6か月以内に保護を要する状態になると予想されるときは保護の停止となり、6か月以上保護を要しないと認められるときは保護の廃止となる。継続して保護を要しない状態となっても経過観察が必要な場合、保護の廃止をせずに停止とすることもある。また被保護者が実施機関の指導・指示に従わない場合も保護の停止・廃止をする場合がある。　→保護の廃止、被保護者の義務
(平木美保)

保護の廃止　被保護者が収入の増加、最低生活費の減少、他法活用などで今後永続的に自活でき、特別な事由が生じない限り、保護を再開する必要がないと認められるときに生活保護の受給を廃止すること。6か月以内に生活保護の再開が予想される場合は廃止でなく、停止となる。停止後保護が行われる場合は再開となるが、廃止後再び保護が行われる場合は、新規の保護の開始となる。被保護者が実施機関の指導・指示に従わない場合も保護の停止・廃止をする場合がある。　→保護の停止、被保護者の義務
(平木美保)

保護の変更　すでに受けている生活保護の扶助の種類や程度が変更されること。生活保護は申請主義のため保護受給中の被保護者は収入、支出その他生計の状況について変動があった場合、届出義務が規定されている。実施機関は届出、申請に基づき保護の変更をする。収入の増減の届出に対し、保護費の増減という保護の変更が行われる。世帯員の増減、最低生活費の増減(家賃の値上げなど)に基づく保護費の変更、移送費や被服費などの一時扶助の決定も保護の変更になる。　→被保護者の義務、一時扶助
(平木美保)

保護の補足性の原理　生活保護の基本原理のうちの一つ。具体的には、生活保護法第4条に掲げられており、①保護は、要保護者が自分自身の生活を維持するために、自身が利用し得る資産、能力その他あらゆるものを活用し、それでも最低生活に満たない不足部分を補足するも

のであること，②扶養義務者の扶養や他法に定める扶助は，すべて生活保護に優先して行われること，③ただし，急迫した事情の場合には，上記の要件が満たされていなくても必要な保護を行うべきこと，以上の3点が示されている。この保護の補足性の原理により，保護の要否や程度を決定する際には，要保護者にどの程度の生活資力があり，それがどの程度活用されているかといった調査が必要となる。　→生活保護の基本原理，資産の活用，能力の活用

(山本文枝)

保護の要否判定　生活保護の申請があったとき，本人が実際に生活困窮の状態にあるか否か判断し保護の要否，保護の程度を決定すること。保護は世帯単位が原則のため，その世帯の収入，資産，能力，扶養援助の活用の有無など保護の補足性の原理の規定を満たしているか確認し，生活保護の要否判定をする。要否判定の結果，要の場合は世帯の最低生活費（その世帯が保障されるべき生活水準）とその世帯の認定すべき収入（収入充当額）を対比し保護の種類，程度（金額）を決定する。収入充当額は年金，手当も含め月額を基本とし，給料など月々違うものは前3か月間の平均収入充当額（総給与額から必要経費と基礎控除の70％を引いた額の平均額）とする。収入充当額は生活扶助，住宅扶助，教育扶助，介護扶助，医療扶助，出産扶助，生業扶助，葬祭扶助の順に充当させ，その不足する費用を保護費として決定する。　→保護の補足性の原理，資産調査，生活保護基準

(平木美実)

保護率　生活保護法に基づく保護受給者の人口1000人当たりの比率。‰（パーミル）で表す。保護率の動向は，その当時の景気や雇用情勢に大きく左右される。わが国では戦後の混乱期に20‰以上の高い数値を示したが，その後は一貫して下降傾向にある。1960年度で17.4‰，1970年度で13.0‰，1980年度で12.2‰，1990年度で8.2‰となっている。その間，保護率が上昇したのは，構造的な不況が出現したときと保護の適正実施が叫ばれたときである。しかし，ここ数年間の景気後退の影響で1995年度の7.0‰を境に再び保護率が上昇の気配を見せ，2002年度は9.8‰となっている。　　(大内直人)

保佐人　成年後見人の一種で被保佐人の行為について同意権・取消権を有し，代理権を付与されることのある地位をいう。事理弁識能力が著しく不十分な者には，家庭裁判所が保佐開始の決定をし，その者を被保佐人として，その者に保佐人を付することにしている。また，家庭裁判所は必要と認めるときは保佐監督人を選任することもできる。保佐人は被保佐人と利害の対立する立場に立つことを許されないので，遺産分割などで利害が対立する場合は臨時保佐人を選任しなければならないが，保佐監督人がいる場合は不要である。補助人との違いは，被保佐人は被補助人より能力が低いこと，保佐人の職務は類型化されていること（民法第12条），保佐開始決定については原則として本人の同意を要しないことに表れている。　→成年後見制度，後見人，補助人

(池原毅和)

保佐類型　成年後見の3類型のなかの中間類型であり，事理弁識能力が著しく不十分な者についての成年後見の類型である。保佐の開始は，本人，配偶者，四親等内の親族等が家庭裁判所に申し立てをする（民法第11条）ことで始まる。家庭裁判所は必要に応じて鑑定を行い，事理弁識能力の程度を判定して，それが著しく不十分であると認めた場合は保佐を開始し，保佐人を選任する。保佐人の権限は不動産や重要な財産の取り引きなど民法第12条所定の行為についての同意権と取消権であるが，特定の法律行為について本人の同意があることを前提に保佐人に代理権を付与することもできる。保佐人は，職務を行うにあたって被保佐人の意思を尊重し，その心身および生活の状況に配慮しなければならない。事理弁識能力の程度が変化した場合には，他の成年後見の類型への変更や取り消しをすることができる。　→成年後見制度，後見類型，補助類型

(池原毅和)

母子加算　生活保護の加算の一つ。父母の一方もしくは両方が欠けているかこれに準ずる状態にある場合に，父母の他方または祖父母・兄・姉等が児童（18歳に達する日以後の最初の3月

31日までの間にある者または20歳未満の障害者）の養育にあたる者に対して行う加算。施錠の強化や防犯ベルの設置のような，家庭の安全維持のための経費が必要となるなど，配偶者が欠けた状態で児童の養育にあたることに伴う特別な需要に対応している。　→各種加算

(敦賀弘恵)

母子家庭等日常生活支援事業　2002年改正によって名称変更され，事業内容が拡充された（母子及び寡婦福祉法第20条）。母子・父子家庭および寡婦が，自立促進に必要な事由（修学，就職活動等）や社会的事由（疾病，出張等）により，一時的に生活援助，保育サービスが必要な場合または生活環境等の激変により，日常生活を営むのに支障が生じている場合に，その生活を支援する者（家庭生活支援員）を派遣するなど，母子家庭等の生活の安定を図ることを目的とする事業である。便宜の種類は，家事，介護等の生活援助と保育サービス等の子育て支援である。所得に応じて一部自己負担がある。実施主体は都道府県または市町村で，事業の一部を母子福祉団体，NPO等に委託できる。

(大島道子)

母子共生関係　共生とは生物学用語で，2個の生物が密接な機能的関連をもちつつ相互に利益を与え合っている状態をいい，ベネディック（Benedek, T.）は乳児期の相互依存的な母子関係の心理的側面を記述するのに用いた。ついで，マーラー（Mahler, M. S.）は，共生を生後3か月後くらいから12か月くらいまでの間の母子関係について用いた。この時期には，乳児が欲求充足対象を漠然と意識し始め，現実には身体的に別個の個体が一つの境界を共有しているという幻想が存在する。共生の本質的特徴は母親表象との万能感に満ちた身体的精神的融合である。この後，3歳くらいまでの間に，母子共におのおの別個の独立した存在であるという意識を徐々にもつようになっていく。

(清瀧健吾)

母子健康手帳　わが国では1942年に妊産婦手帳として登場し，児童福祉法（1947年）において母子手帳となり，さらに母子保健法（1965年）の制定とともに母子健康手帳という名称になった。妊娠の届出をした者に市町村から交付される。妊娠・出産の状況，乳幼児から6歳になるまでの成長過程，妊産婦健診や乳幼児健診の際の保健指導事項，さらには予防接種について，本人や医師，保健師等が記録でき，妊娠・分娩・産褥期の母性健康管理とともに，新生児期から小学校入学までの母子の生育記録としても重要な意義をもつ。その様式や内容は時代に合わせて改正されており，2002年4月から最新版が使われている。　→母子保健法

(近藤洋子)

母子自立支援員　母子及び寡婦福祉法第8条において都道府県知事，市長，特別区の区長，福祉事務所を管理する町村長は，一定の条件の下で，母子自立支援員を委嘱するものとされている。2002年の法改正で「母子相談員」から名称変更された。原則，非常勤だが，社会福祉主事または児童福祉司任用資格をもつ者については常勤とすることができる。主に福祉事務所に配置されている。母子家庭および寡婦に対して，その自立に必要な相談指導等を行うとともに，職業能力の向上や求職活動に関する支援を行うものとされている。

(植木信一)

母子生活支援施設　配偶者のない女子またはこれに準ずる事情にある女子およびその者の監護すべき児童を入所させて保護するとともに，自立の促進のために生活を支援することを目的とする児童福祉施設である（児童福祉法第38条）。1997年児童福祉法改正により，母子を保護するだけでなく，積極的に自立に向けて生活を支援することとなり，名称も「母子寮」から変更された。2000年改正により，措置制度から，利用者が希望する施設を選択し都道府県等に申し込む契約制度に変更された。職員は施設長，母子指導員，少年を指導する職員，嘱託医等。2002年10月1日現在，全国285施設。

(大島道子)

母子相互作用　母子の肌を通して相互に愛着形成の基礎となる関係が深められるとする考え方。アメリカで，出生直後からの母子分離が問題となり，小児科医クラウス（Klaus, M. H.），ケネル（Kenell, J. H.）らが1970年代半ば，出

産直後に，より多くの母子接触をもった母親は子どもへの話しかけの量が多いという実験結果を得，早期の母子関係における母親と乳児の絆（maternal-infant bonding）の重要性を提唱した。愛着はボールビィ（Bowlby, J.）による概念であるが，母子相互作用は愛着の基礎を形成するものとしてとらえられ，それまでの精神分析による早期の母子関係理論と関連して論じられてきた。日本には小林登が紹介し，母子関係研究がわが国でも盛んになった。母子相互作用では乳児を能動的な存在としているため，この考え方に批判的な立場もあるが，一方ではカンガルー・ケアという早期の母子接触を活用した育児法も実践されるようになった。　→アタッチメント，ボールビィ　　（堀口寿広・加我牧子）

母子相談員　⇨母子自立支援員

母子福祉資金　母子家庭に対する経済支援的な福祉の措置の一つ。母子及び寡婦福祉法第13条から第16条に規定される。13種類の資金が設けられており，都道府県が資金の貸付けを行う。母子家庭の母の経済的自立の助長と生活意欲の助長のための資金，その扶養している児童の福祉を増進するための資金，その両者の意味合いを含む資金がある。一定の条件を満たす母子福祉団体に対しても資金を貸し付けることができる。　　　　　　　　　　　　　（植木信一）

母子保健法〔昭和40年法律第141号〕　児童福祉法の理念を受け，母子の一貫した総合的な保健対策の推進を図るために1965年に制定された。母性および乳幼児の健康の保持増進を目的としており，その実現のためには，母性や保護者自身にも努力義務があり，国および地方公共団体は母性と乳幼児に対する保健指導，健康診査，医療その他の必要なサービスを提供する責務があることが定められている。ここでの「母性」は，子どもを生み育てる女性すべてを指し，現在だけではなく将来子どもを生み育てるものや，過去にその役目を果たしたものも含んでいる。具体的なサービスとしては，新生児訪問指導，乳幼児健康診査，妊産婦健康診査，母子健康手帳の交付，低体重児の届出，未熟児養育医療のための公費負担，未熟児の訪問指導などが

ある。　→児童福祉法，1歳6か月児健康診査，3歳児健康診査，母子健康手帳　　（近藤洋子）

補償　心的機制についての概念であるが，アドラー（Adler, A.）とユング（Yung, C. G.）がそれぞれ違った意味で用いている。アドラーは補償として，①劣等感の源泉となるハンディキャップそのものを克服する型，②ハンディキャップと対照的な価値を実現する型，③劣等感をもたらす価値を否定する型，④空想，白昼夢その他に逃避する型，⑤劣等感を隠す装いをする型，を挙げている。これはフロイト（Freud, S.）の防衛機制の反動形成に共通した側面をもっている。また，ユングは精神全体の均衡・調和を保つための心的構造間の調整を営む無意識的機能を補償としている。例えば，意識的態度が外向的な人の無意識的態度は内向的であるという。　→防衛機制　　　　　　　　　（清瀧健吾）

補助人　成年後見人の一種で被補助人の行為について同意権・取消権を有し，代理権を付与されることのある地位をいう。事理弁識能力が不十分な者には，家庭裁判所が補助開始の決定をし，その者を被補助人として，その者に補助人を付することにしている。また，家庭裁判所は必要と認めるときは補助監督人を選任することもできる。補助人は被保佐人と利害の対立する立場に立つことを許されないので，遺産分割などで利害が対立する場合は臨時補助人を選任しなければならないが，補助監督人がいる場合は不要である。保佐人との違いは，被補助人は被保佐人よりも能力が高いこと，補助人の職務は，必要な範囲のものを個別に定め，保佐人の職務のように類型化されていないこと，補助開始決定には本人の同意が必要であることに表れている。　→成年後見制度，保佐人，後見人
　　　　　　　　　　　　　　　　（池原毅和）

補助類型　成年後見の3類型のなかの一類型であり，事理弁識能力が不十分な者についての成年後見の類型である。補助の開始は，本人，配偶者，四親等内の親族等が家庭裁判所に申し立てをする（民法第14条）ことで始まる。家庭裁判所は所定の診断書によって，事理弁識能力の程度を判定して，それが不十分であると認め

た場合は補助を開始し，補助人を選任する。他の類型と異なり補助の申し立てには本人の同意が必要である。補助人の権限は不動産や重要な財産の取り引きなど民法第12条所定の行為の一部についての同意権と取消権であるが，特定の法律行為について補助人に代理権を付与することもできる。補助人は，職務を行うにあたって被補助人の意思を尊重し，その心身および生活の状況に配慮しなければならない。事理弁識能力の程度が変化した場合には，他の成年後見の類型への変更や取り消しをすることができる。　→成年後見制度，保佐類型，後見類型

(池原毅和)

母子寮　⇨母子生活支援施設

ホステル〔hostel〕　精神医療・保健サービスの一環として社会復帰訓練を主目的とする宿泊施設であり，精神障害者の社会復帰のための中間施設の一つである。ソーシャルワーカー・精神科看護師などの専門職の管理・指導の下，地域での最終的な居住場所において生活できる最小限の自立性を得るように支援する。一定の訓練プログラムをもって短期的に居住し，次の居住場所に移るようなホステルはハーフウェイホステルと呼ばれる。

(浅井邦彦)

母性剥奪　乳幼児が通常はほぼ健康な母子関係で得られるような養育・愛情・情緒交流を重要な養育者から得られないこと。養育者との突然の離別，養育者の変更や頻繁な交代，養育者の情緒的応答性の低さ，養育者の養育的態度の不適切な変化，等も含めていう。養育者とは実母でなくても日常継続的に養育にあたる者でもよい。スピッツ（Spitz, R.）によると，母親から引き離された乳児は，泣きやすく，気難しくなり，体重減少，睡眠障害が発生して，3か月以上経つと，周囲への反応性が減少し，運動が緩慢になり，虚ろな目つきで無表情になってくること（アナクリティック抑うつ）を観察した。

(清瀧健吾)

補装具〔prosthetic appliance〕　身体障害のある人の障害部位を直接的に補助し，日常生活活動動作を代替する用具。補装具は市区町村の福祉事務所や役場で受け付け，判定機関を経て，補装具製作施設や都道府県の指定製作所で製作される。補装具の種類は，視覚障害に盲人安全つえ・義眼・眼鏡・点字器，聴覚障害に補聴器，音声機能障害に人工喉頭，肢体不自由に車いす・電動車いす・歩行器・歩行補助つえ・義肢・装具・座位保持いす・座位保持装置・起立保持具・頭部保護帽・排便補助具・収尿器，ぼうこう・直腸機能障害にストマ用装具，がある。身体障害者福祉法，児童福祉法，戦傷病者特別援護法等により給付される。　→日常生活用具

(佐藤亜希子)

保続　一度発生した行動や言語が，その後の状況に関係なく反復される現象。例えば，年齢についての質問への返答の後，日付についての質問に対しても前の返答が反復される。主に脳器質性疾患の患者で，口頭および書字言語や動作，計算，描画において観察され，ナイサー（Neisser, A., 1895）がこの語を用いた。失語および失行症状に随伴するもので，一定の限局病巣により説明することは困難である。

(清瀧健吾)

捕捉率　最低生活基準以下の生活をしている世帯のうち，現に生活保護を受給している世帯もしくは人員の割合。日本国憲法第25条および生活保護法の理念では全国民に対して最低生活を保障するということになっているが，要保護状態にもかかわらず保護を申請しない者が多数存在する。公式な統計はないが，貧困研究者の調査などにより捕捉率は3割とも2割とも言われている。その理由としては，生活保護制度に対する無知や誤解，受給要件が厳格に定められていること，受給に伴うスティグマの存在，面接段階での福祉事務所の対応などが考えられる。このような本来保護を要する人が保護を受給していない漏救の存在は，最低生活保障の理念の形骸化を招くおそれがある。　(大内直人)

母体保護法〔昭和23年法律第156号〕　1996年の優生保護法の改正により改題された。不妊手術及び人工妊娠中絶に関する事項を定めること等により，母性の生命健康を保護することを目的とする。母体保護法の基礎となったのは，1869年明治政府による堕胎禁止令である。1940

年国民優生法が成立。太平洋戦争に突入しており，政府は優秀な人口の増加を望んだ。1948年に「優生保護法」が公布された。「優生上の見地から不良な子孫の出生を防止するとともに，母性の生命健康を保護すること」を目的としていた。本人の同意ならびに配偶者のあるときはその同意を得て優生手術を行うことができるが，未成年，精神障害者，精神薄弱者についてはこの限りでないと規定され，都道府県優生保護審議会により優生手術の適否を決定した場合は本人や配偶者の同意なしに堕胎が行われていた。法改正により優生手術が廃止されたのはごく最近であることを再認識しなければならない。
→優生思想　　　　　　　　　　　（鴻巣泰治）

ホメオスタシス〔homeostasis〕　ベルナール(Bernard, C.)は，生体の細胞は体液からなる媒質によって維持されていることを見いだし，この媒質を内的環境と呼び，生体は外的環境の変化に対して内的環境を変化させて平衡を維持する傾向を有すると考えた。さらにキャノン(Cannon, W. B.)は，「生体が環境への適応や生命維持のために営む動的な平衡状態」をホメオスタシス（恒常性）と名づけた。人体の場合，内分泌系と神経系が働いてホメオスタシスが維持される。例えば，人体の細胞外液の組成を一定に保つため，副腎から出るアルドステロンが腎臓からの食塩排出を調整し，下垂体からの抗利尿ホルモン(ADH)が腎臓に働いて体液の浸透圧を調節している。　　　　　　（清瀧健吾）

ボランティア〔volunteer〕　無償性，善意性，自発性に基づいて他者や社会の利益のための支援活動に一市民として参加する人をいう。今日，ボランティア活動の範囲は，社会福祉のみならず，保健医療，教育，環境，まちづくり，国際協力など広範多岐にわたる。福祉行政としても1985年から「ボラントピア事業（福祉ボランティアのまちづくり事業）」を開始し，ボランティア活動の推進，支援などを目的とした機関としてボランティアセンターが全国市区町村の社会福祉協議会等を中心に設置された。主な事業内容として，ボランティア活動の啓発活動やボランティア講座の開催，活動に対する各種支援，ネットワークの形成，調査・研究活動などを行っている。　　　　　　　　　　　　　（五十嵐雅浩）

ボランティア基金　ボランティア活動を支える基盤づくりとして自主的な活動を支援する民間財源の確保のために設置されている各種ボランティア活動への助成基金。都道府県，指定都市，あるいは市町村の社会福祉協議会（ボランティアセンター）等に設置されている。この基金により，ボランティア活動団体等に対する活動の助成やボランティア活動保険の掛け金の一部助成，ボランティア養成，研修事業の助成などを行っている。　　　　　　（五十嵐雅浩）

ボランティア・コーディネーター〔volunteer coordinator〕　ボランティアセンターや社会福祉施設，学校，企業等に配置されている。ボランティア活動を希望する人に活動を紹介したり，活動を行うための情報提供，相談，助言，研修の紹介等を通じて活動を支援調整する役割を担う専門職である。ボランティア活動のネットワーク化の推進や情報収集など幅広い活動を支えるシステムの整備に伴い活動の媒介を担う，その役割に対する期待は大きい。
　　　　　　　　　　　　　　　（五十嵐雅浩）

ポリオ〔poliomyelitis〕　ポリオ（急性灰白髄炎）は「感染症の予防及び感染症の患者に対する医療に関する法律」では，二類感染症に分類されているポリオウイルスによる中枢神経系感染症である。重症例では下肢などの麻痺が生じる。現在の日本では，自然界に存在したポリオウイルスによる感染はゼロであるが，200万人に1人ぐらいの割合で，生ワクチン由来のポリオウイルスによる感染が発生している。WHOは地球上からのポリオウイルスの撲滅宣言を用意している。　→二類感染症　　　（中村敬）

ホリス〔Hollis, Florence : 1907-1987〕　アメリカの社会福祉理論の研究者。フロイト(Freud, S.)の精神分析学や自我心理学・力動精神医学などを理論的基盤として発展した診断主義派に属し，心理・社会的アプローチ (psycho-social approach)を体系化した。このアプローチでは，人間の心理的側面とともに，取り巻く社会環境も含め，両者の相互作用に着目する「人と状況

の全体関連性」をケースワークの中心概念として理解した。主著には『Casework: A Psychosocial Therapy (ケースワーク―社会心理療法―)』(1964)がある。　　　(平林恵美)

ホルモン〔hormone〕　内分泌腺から分泌される化学物質であり、生体の機能の統合・調整を図る情報伝達物質である。特定の器官（標的器官）に作用し、生体の物質代謝などに直接作用するものと、他のホルモンの分泌を調整するものがある。脳下垂体前葉からは他の内分泌器官への刺激ホルモンが多数分泌され、成長を促進する成長ホルモンが分泌されている。後葉からは腎尿細管の再吸収を促進する働きをもつ抗利尿ホルモンと、乳汁分泌を促進するオキシトシン、甲状腺からは全身の組織の代謝を維持するサイロキシン、上皮小体からは血液中のカルシウムの調整をするパラソルモン、膵臓のランゲルハンス島からは血糖値の調節をするインスリンとグルカゴン、副腎皮質ホルモンはストレスに拮抗して生体を守る働きがあり、副腎髄質からはアドレナリンとノルアドレナリンが分泌され、生体の危急時に分泌が促進される。生殖器からは男女それぞれ、精巣ホルモン、卵胞ホルモンおよび黄体ホルモンが分泌されている。
→内分泌器官　　　　　　　　　　　(中村敬)

ホワイト〔White, Robert Winthrop：1904-2001〕　アメリカの自我心理学者。マサチューセッツ州ブルックラインに生まれ、ハーバード大学を卒業。動因低減説に反対する内発的動機づけの立場をとり、人間は不都合を解消する目的以外にも、自らの世界を探索したり、有能さや効力感を得ようとする内発的な動機づけを有すると主張。コンピテンスという、効力性の追究に関する概念を提唱した(1959年)ことで有名。また親子関係で育まれる有能感が、その後の健康な自我発達にとって大切であるとして、親子の相互作用を指導する親教育のあり方についての啓発を行う。　　　　　　　　(加藤洋子)

ホワイトカラー／ブルーカラー〔white-collar worker/blue-collar worker〕　企業組織や政府組織のなかで働く人々に関して、事務職や販売職に従事する人をホワイトカラー、生産現場で直接生産に携わる人をブルーカラーと呼ぶことがある。ホワイトカラーとブルーカラーという区分は仕事の内容を表す概念であるが、しかし一方で、組織のなかでホワイトカラーはブルーカラーを管理する立場にある集団であり、したがってホワイトカラーの方が学歴も高く組織内の地位も上位にあるという意味合いも含まれている。　→雇用者　　(和田修一)

本態性高血圧症　高血圧の患者の約90％では原因が不明であり、これを本態性高血圧または原発性高血圧と呼んでいる。恐らく心臓や血管のいくつかの変化が組み合わされることによって、血圧が上昇するものと考えられる。原因がわかっている場合には、二次性高血圧と呼ばれ、高血圧の患者の5～10％では腎疾患が原因であり、1～2％は内分泌障害などによるものである。
　　　　　　　　　　　　　　　　(中村敬)

ま

マーケットバスケット方式〔market basket method〕　生活保護法における生活扶助基準の最初の算定方式であり、1948～1960年に採用されている。マーケットバスケットとは買い物かごのことであり、最低生活を維持するのに必要な飲食物、衣類、家具什器、光熱水費等を一つひとつかごに入れるようにして積み上げていき、それを市場価格に換算することで最低生活費を算出できるとする方法である。最も代表的な理論生計費方式で、別名ロウントリー方式、全物量方式とも呼ばれている。　→エンゲル方式, 格差縮小方式, 水準均衡方式　　(畑江倫子)

マートン〔Merton, Robert King：1910-〕　アメリカの社会学者。フィラデルフィア生まれ。テンプル大学・ハーバード大学に学ぶ。構造―機能主義社会学の確立・展開においてパーソンズ(Parsons, T.)とともに大きな役割を果たした。理論社会学のみならず、科学社会学・逸脱論・知識社会学などさまざまな領域において、

実証研究から得られた経験的命題と抽象的な一般理論とを接合するものとして提示された中範囲理論と呼ばれる独自の方法論に基づき，数多くの業績を残す。主著に『Social Theory and Social Structure（社会理論と社会構造）』(1949)，『The Sociology of Science: Theoretical and Empirical Investigations（科学社会学）』(1973) がある。　　　　　　(杉本昌昭)

マイアー・グロース〔Mayer-Gross, Wilhelm: 1889-1961〕ドイツ生まれの精神医学者。ハイデルベルグ学派。1928年，ベーリンガー (Beringer, K.) とともに雑誌『Nervenarzt』を創刊。1933年ナチスの台頭で渡英，以後イギリスで活躍。1954年スレイター (Slater, E.)，ロス (Roth, M.) とともに『Clinical Psychiatry（臨床精神医学）』という教科書を著した。1960年，1969年と改訂されている。ドイツ流の正確な観察，記述精神医学の上に英米流の力動・社会精神医学を取り入れ，バランスの取れた名教科書として広く読まれている。　　(熊田正義)

マイナートランキライザー　⇨抗不安薬

マイノリティ〔minority〕民族，人種，身体，文化，宗教，言語上の差異などによって，社会の主流派（優勢者集団）から区別され，また差別的処遇を受けていることを自らも認識している社会的カテゴリーのこと。少数者と訳され，マイノリティ・グループ（少数者集団）ともいう。マイノリティと主流派との区別において人数的な規模の違いは重要ではなく，マイノリティの存在は，あくまで両者の間にみられる差異的特質と権力・支配関係から社会的に構築される。マイノリティは，主流派から差別や偏見の対象とされ，政治的・経済的・社会的に不当な境遇におかれる傾向が強いが，逆に，エスニック・グループのように，自らの集団の差異的な固有性を積極的に主張し，正当かつ公平な社会的評価を受けるべく運動を展開している事例も多い。　→エスニシティ　　　　　(土屋淳二)

マインドコントロール〔mind control〕生理的な苦痛を伴って反復される説得や刺激によって，本人の基本的な価値観や信念に反した考えを，あたかも自分の考えであるかのように抱かせてしまうこと。洗脳とほぼ同義。手段として，睡眠の妨害，音響刺激，同じ文言の反復など。場合によっては，いわゆる多重人格のように，強制された考えがあたかも別の人格のように振る舞うこともある。この状態は解離と呼ばれ，洗脳によって生じることは精神医学の診断基準 (DSM-IV) にも記されている。　　(金吉晴)

マスコミュニケーション〔mass communication〕新聞，雑誌，ラジオ，テレビ，映画などのマスメディアを通して，大量の斉一的なメッセージが不特定多数の異質的で匿名的な受け手に伝達されるコミュニケーションのこと。パーソナルコミュニケーションと比して，送り手と受け手の間に時間的・空間的距離があるという意味で間接的であり，受け手が特定の個人や集団に限定されないという意味で公的であり，送り手と受け手の間の役割交換がないという意味で一方向的である。またマスコミュニケーションの活動は，報道活動，論評活動，娯楽活動，教育・教養活動等に大別されるが，特定の政治的・商業的な意図を流布しようとする宣伝や広告もマスコミュニケーションとして重要な役割を果たしている。　→メディア　　(熊本博之)

マス・スクリーニング〔mass screening〕地域あるいは集団のなかから，ある特定の疾患を発見するための集団検査のことであり，ふるい分け検査ともいう。わが国では，早期発見・早期治療により心身障害の発生を予防する目的で，すべての新生児を対象として血液や尿を用いたマス・スクリーニング検査が実施されている。対象疾患にはフェニールケトン尿症等の先天性代謝異常，先天性甲状腺機能低下症（クレチン症），先天性副腎過形成症などがあり，患者が発見された場合，小児慢性特定疾患治療研究事業により，公費で治療を受けることができる。
　　　　　　　　　　　　(近藤洋子)

マスメディア　⇨メディア

マズロー〔Maslow, Abraham Harold: 1908-1970〕アメリカの心理学者。ニューヨーク州ブルックリンで生まれ，ウィスコンシン大学を卒業後，ブランディス大学の心理学の教授をし，1962～1963年にアメリカ心理学会会長を務め

る。1960年代初頭，アメリカ心理学の二大勢力である行動主義心理学と精神分析に対抗して誕生した「第三勢力」とも呼ばれる人間性心理学の発展を強く主張した人物。彼は人間の自己実現への動機を強調（欲求段階説）し，人間の病理よりも精神的健康の追究を重んじた。　→欲求段階説　　　　　　　　　　　（加藤洋子）

マタニティブルー〔maternity blues〕　産後3～10日に産婦にみられる涙もろさと，不安，緊張感，困惑，集中力の低下，忘れっぽさ，頭痛，疲労感，情動の不安定などの症状を特徴とする一過性の軽いうつ状態をいう。通常は2週間以内に改善し，出産に伴う正常反応とみなされている。ただし，一部にうつ病に移行するものもあるとみられる。日本人の出産女性の20～30％が体験するといわれている。原因は不明であるが，産褥期は女性の生涯のなかで，最も急激で最大の内分泌学的変化が生じ，心理的には母親としての役割や育児中心の生活など大きな生活を変化させる出来事を経験するなどが関与しているとみなされている。　→産褥期精神障害　　　　　　　　　　（上林靖子）

マッキーバー〔MacIver, Robert Morrison: 1882-1970〕　スコットランド生まれ。エジンバラ大学・オックスフォード大学に学ぶ。アメリカの社会学者。自然科学的な社会学を批判し，主意主義的社会名目論を提唱する。主著の『Community（コミュニティ）』（1917）では，地域共同体として自生的に形成されるコミュニティと利害関心に基づいて結成されるアソシエーションとの対比を用いて社会をとらえる視点を示した。また従来の多元国家論に対して修正を試みるなど，政治社会学の分野における功績も大きい。著作にはほかに『The Web of Government（政府論）』（1947）などがある。　→コミュニティ／アソシエーション　　（杉本昌昭）

マック〔Maryknoll Alcohol Center：MAC〕　アルコール・薬物依存症になった人のためにつくられたリハビリテーションの施設。1978年に東京三ノ輪に，メリノール宣教会の神父が，AAプログラムを利用した通所施設「みのわマック」を開設した。その後，アルコール・薬物依存症者の回復を目的とした施設（マック）は，2004年現在全国に10か所開設されている。　→アルコホリクスアノニマス，ダルク　（荒田寛）

松沢病院　現在は東京都世田谷区にある東京都立の精神病院である。病床数1000床を超え，救急医療など東京都の精神医療行政の中核をなす。その前身は1874年にわが国最初の公立精神病院である東京府仮癲狂院であった。当初は東京大学構内（仮）に建てられたものが，巣鴨に移り，世田谷区上北沢と転居してきた。開設時は公用語として使われていた「癲狂」「瘋癲」「瘋狂」等の病院は，小松川，上野，根岸，本郷という都心から離れたところにできていた。当時東京にあった精神病院は公立病院1，私立病院3であった。仮癲狂院では鎮静剤などの治療もあったが，看護人は病弱な都立養育院の退所者で，『松沢病院90年史』では，「動物を飼育する観」と著し，『日本精神科看護史』（浦野シマ著）では「養育院救助人」と称する看護上何の特殊な経験や技術もない者が，「患者に鎮静剤を投薬し」「入浴・室内清掃も1週間に1回で，病室は男女の区別なく手錠・足錠をもちい……」とも書かれている。その後松沢病院では，呉秀三が留学して持ち帰った知識から，「ロの字型」の煉瓦造りの病棟を造り，入院者が中庭に出られるようにしたり，加藤普佐次郎医員が先頭になり，作業療法として大きな池を多くの入院者とともに掘ったのは有名である。　→癲狂院　（高橋一）

末梢神経〔peripheral nerve〕　神経系は脳と脊髄からなる中枢神経系と中枢神経系に出入りする末梢神経系とに区分される。末梢神経系にはいくつかの区分法がある。脳に出入りする12対の脳神経と脊髄に出入りする31対の脊髄神経の区分，交感神経・副交感神経から成る自律神経と知覚神経および運動神経から成る体性神経の区分などである。脳神経，脊髄神経のなかに体性知覚と体性運動を支配する神経のほかに，内臓等に分布する自律神経が含まれている。体性末梢神経が障害を受けると多くの場合手と足の手袋，靴下の領域に知覚低下，しびれ感などの知覚障害がまず現れる。　→神経系，中枢神経系　　　　　　　　　　　　　　（梶原徹）

マネジドケア〔managed care〕 「管理された医療」と訳され，包括的な公的医療保障制度を欠くアメリカにおいて，民間医療保険者と医療供給者との両面を併せもつ，会員制の医療提供保険組織である。HMO (Health Maintenance Organization：健康維持機構)，PPO (Preferred Provider Organization：特約医療機構) というマネジドケア組織が運営する。会員は事前に会費を払い，マネジドケア組織が契約している医療供給者から健康診断や予防接種，治療などを受ける。マネジドケア組織は，医療供給者に対して人頭請負方式等により定額で支払い，診療内容のモニタリングやコスト・パフォーマンスによる選別も行う。医療費抑制に効果があったが，医療の質が低下したという批判もある。　　　　　　　　　　　　(松渓憲雄)

麻薬　麻薬及び向精神薬取締法によって規制を受ける薬物を指す。麻薬はアヘンアルカロイド系（モルヒネ・コデイン・ヘロイン等），コカアルカロイド系（コカイン等），合成麻薬（メタゾン等）の三つに分類されるが，幻覚剤であるLSDもこの法律での規制対象となっている。いずれの薬剤もその使用によって多幸感や異常感覚を発現し，連用によって精神的依存や身体的依存を形成しやすい。　→麻薬及び向精神薬取締法　　　　　　　　　　　　　　　(佐竹直子)

麻薬及び向精神薬取締法〔昭和28年法律第14号〕　麻薬および向精神薬の輸入，輸出，製造，製剤，譲渡し等について必要な取り締まりを行うとともに，麻薬中毒者について必要な医療を行う等により，麻薬および向精神薬の濫用による保健衛生上の危害を防止し，公共の福祉の増進を図ることを目的とした法律である。医師，麻薬取締官，検察官等には麻薬中毒者またはその疑いのある者を発見した場合，その者の居住地の都道府県知事への通報義務がある。都道府県知事は麻薬中毒者またはその疑いのある者について精神保健指定医に診察させ，その結果入院させなければその施用を繰り返すおそれが著しいときに，厚生労働省令で定める病院（麻薬中毒者医療施設）に入院させることができる。なお，1963年の麻薬取締法の一部改正に伴い，麻薬取締法を精神保健福祉法の諸措置に先行させる取り扱いをすることで両法の調整が図られている。　→麻薬，向精神薬　　(古寺久仁子)

マラリア〔malaria〕　単細胞生物のマラリア原虫によって引き起こされる赤血球の感染である。蚊により媒介され，世界90か国が常在地で，年間3～5億人が感染し150～300万人が死亡している。「感染症の予防及び感染症の患者に対する医療に関する法律」では四類感染症に分類されている。マラリアは三日熱マラリア原虫，卵形マラリア原虫，熱帯熱マラリア原虫，四日熱マラリア原虫の4種類がヒトに感染する。近年では，国内の感染はみられないが，海外での日本人の感染が報告されている。　(中村敬)

マラリア療法〔malaria therapy〕　発熱が精神症状に影響することは古代ギリシャ時代から知られていた。また19世紀のウィーンでは，感染疾患が精神症状の改善に影響することがわかっていた。そこでさまざまな発熱物質がさまざまな疾患に用いられた。ワグナー・ヤウレッグ (Wagner-Jauregg, J.) は，たまたま進行麻痺患者が三日熱マラリアに罹患後に症状改善した症例観察から，この療法を開始した。当時発生率が高く，治療法が全くなかった進行麻痺の治療に，大きな福音となった。この方法は急速に普及した。1927年にはノーベル生理・医学賞が授与された。その後ペニシリンをはじめとする抗生物質の発見により，取って代わられた。
　　　　　　　　　　　　(井川玄朗)

マリファナ　⇨大麻

マルクス〔Marx, Karl Heinrich：1818-1883〕ドイツ・プロイセン生まれの科学的社会主義者。ボン大学およびベルリン大学にて法律を学び，イエナ大学において哲学博士号を取得（1841）。古典派経済学と社会主義理論を統合しつつ史的唯物論を展開する。後にドイツ革命へ参加し，ロンドンへと亡命を余儀なくされる。また，経済理論研究を展開しながら，政治的には共産主義運動を指導し（1864年に第一インターナショナル創立），『Das Kapital（資本論）』（第1巻，1867）刊行に着手した。　→社会主義
　　　　　　　　　　　　(土屋淳二)

マレー〔Murray, E. J.〕「情緒は，知覚，学習，及び遂行行動に影響を与える生理的並びに心理的な反応である」と定義して，人の情緒が認知等の他の精神機能やその後の反応行動などに密接に関連しているとした。彼は内発的動機づけの存在を解明するなど，より複雑な認知や動機づけ，学習の諸原理についての考察を行うなかで，実証性や科学性を強調するあまり，刺激―反応間の中心過程を考慮しない，当時の単純化し過ぎる行動理論への批判を加えた。
(加藤洋子)

マレー〔Murray, Henry Alexander : 1893-1988〕アメリカの心理学者。コロンビア大学で医学を専攻。その後ユング（Jung, C. G.）に影響されて心理学に関心をもち，ハーバード大学で臨床心理学講師をしながら研究や教育分析を受ける。彼はパーソナリティを力動的にとらえ，行動の目標指向性を明らかにしようとした。行動は，内面からの要求と，環境からの圧力との相互作用により規定されるとする「要求―圧力の理論」を提唱。この考えに基づき，TAT（絵画統覚検査）を開発した。　→絵画統覚検査
(加藤洋子)

慢性関節リウマチ　⇨関節リウマチ

慢性腎不全　徐々に進行する腎機能の低下で，血液中の代謝老廃物が蓄積し，尿毒症につながる。慢性腎不全の原因は，高血圧，尿路閉塞，糸球体腎炎，嚢胞腎などの腎異常，糖尿病，全身性エリテマトーデスのような自己免疫疾患である。腎不全が進行して血液中の有毒物質が蓄積するにつれて，患者は疲労を感じ，容易に疲れやすくなり，注意力が衰える。さらに進行すれば，筋肉のひきつり，脱力，けいれんなどを含む神経と筋肉の症状が現れる。(中村敬)

マンパワー　⇨人的資源

み

ミード〔Mead, George Herbert : 1863-1931〕アメリカのプラグマティスト（pragmatist），社会哲学者。マサチューセッツ州サウス・ハドレーに生まれる。オバーリン大学，ハーバード大学に学び，ドイツ留学後，ミシガン大学，シカゴ大学で教鞭をとる。シカゴ学派社会学の草分け的人物の一人に数えられ，シンボリック相互作用論の始祖と目される。死後に編纂された講義録『Mind Self and Society : from the Standpoint of a Social Behaviorist（精神・自我・社会）』(1934)では，社会的行動主義の立場から身振りや言語に関する考察を行い，人間の内省的行為を可能にする自我や精神は，生得的なものではなく，社会過程のなかから発生するものだとする社会心理学を展開した。　→シカゴ学派，シンボリック相互作用論
(鈴木無二)

ミーンズテスト　⇨資力調査，資産調査

水中毒〔water intoxication〕慢性精神障害者，特に入院中の障害者では約10％に水の多飲がみられ，「水中毒」と総称される。毎日2～5 l，多いときは10 l もの水を流し込むように飲む。症状は多飲，多尿，変動ある体重増加，尿失禁，低比重尿，低ナトリウム血症，精神機能の不活発，傾眠，意識障害，けいれんなどが認められる。抗精神病薬の副作用である口渇を基盤に水分摂取量の慢性的な増加があり，こうした状態に陥ることもあるが，下垂体後葉から分泌される抗利尿ホルモン（ADH）の過剰による抗利尿ホルモン分泌異常症候群（SIADH）によるものも含まれる。治療は水分摂取の制限であるが，これが困難をきわめることも多く，隔離して制限を図らざるを得ないこともある。(池田良一)

未成年者控除　生活保護の勤労控除の一つ。未成年者（20歳未満の者）が働く場合の特別な需要に対応する加算。ただし，単身者や配偶者がいる者等は，控除の対象にならない。未成年者の勤労意欲を助長し，本人および世帯員の自立を図るとともに，将来自力で社会に適応した生活を営むことができるようになるために，教養その他生活基盤を確立するための需要に対応するものである。　→勤労控除
(敦賀弘恵)

ミナハン〔Minahan, Anne〕システム理論

に準拠して生まれたソーシャルワークの新しい枠組みである統合理論を「全体的モデル」として展開し，統合ソーシャルワーク，統合モデルとも呼ばれる統合アプローチをピンカス（Pincus, A.）と共に体系づけた。ピンカスとの共著論文として，「Social Work Practice：Model and Method（ソーシャルワーク実践のモデル）」(1973) がある。　→ピンカス　　　（平林恵美）

ミニューチン〔Minuchin, Salvador：1921-〕アルゼンチンで生まれ，同地の大学医学部を卒業。1960年にアメリカに渡り，家族療法を手がける。構造的家族理論と呼ばれる家族システム理論の創始者。個人と社会との相互影響過程に注目し，社会的脈絡には構造があること，その構造には良いものと悪いものとがあるという前提に立って理論を展開し，家族システムの構造変容を強調する。構造派家族療法の指導者としても活躍し，フィラデルフィア・チャイルドガイダンス・クリニックというトレーニング機関を設立した。　→家族療法　　（加藤洋子）

ミネソタ多面人格目録〔Minnesota Multiphasic Personality Inventry：MMPI〕1940年にミネソタ大学の心理学者ハサウェイ（Hathaway, S.）と精神医学者マッキンレイ（McKinley, J.）が作成した質問紙法の人格検査。特徴は，妥当性尺度があって結果の有効性が評価されることと，今後新しい尺度の発見の可能性があることである。検査は550項目からなり，「はい」「いいえ」「どちらともいえない」のどれかに自己評定する。妥当性尺度は，①疑問点（?），②虚構点（L），③信頼点（F），④修正点（K）の4尺度がある。臨床尺度は，①心気症尺度（Hs），②抑うつ性尺度（D），③ヒステリー尺度（Hy），④精神病的偏倚性尺度（Pd），⑤性度尺度（Mf），⑥偏執性尺度（Pa），⑦精神衰弱尺度（Pt），⑧統合失調症（精神分裂病）尺度（Sc），⑨軽躁性尺度（Ma），⑩社会的向性尺度（Si）がある。　　　　　　　（清瀧健吾）

ミラー〔Miller, Neal Elgar：1909-2002〕アメリカの心理学者。ウィスコンシン州ミルウォーキーに生まれ，エール大学心理学科を卒業。学習心理学の理論を心理治療の実際に応用し，概念化しようと努める心理力動的行動理論の立場をとる。高架式T迷路を用いたネズミの学習実験から，ダラード（Dollard, J.）らと共に，模倣学習を提唱。神経症的な行動が習得されるならば，習得に用いられたのと同一の原理を組み合わせることで学習解除ができるはず，という考えを実践する試みが，後に行動療法として定着し，大きな成果を収めてきている。　→ダラード，模倣学習　　　　　（加藤洋子）

ミラー〔Miller, George Armitage：1920-〕アメリカの心理学者。アラバマ大学卒業後，後にハーバード大学教授となる。専門は聴覚，言語認識，コミュニケーション理論など。記憶に関する実験を通じ，われわれが一瞬に情報処理できる対象の数には限界があることを確かめた研究は有名。また認知発生までの知覚学習についても考察（発話知覚の運動理論）を行う。このほか言語心理学的立場からの言語機能や伝達に関する研究，情報理論に基づいた行動解析などに関する発表論文も多い。　　（加藤洋子）

ミルズ〔Mills, Charles Wright：1916-1962〕アメリカ・テキサス生まれの社会学者。ウィスコンシン大学で社会学博士号取得（1941）を経て，1946年以降，コロンビア大学で教鞭をとる。初期にはヴェブレン（Veblen, T. B.）などの影響を受け，アメリカン・プラグマティズムの思想的伝統を継承していたが，晩年にはマルクス主義的なラディカル社会学を先導しつつ，左翼運動に影響を与える。主著に『The Power Elite（パワー・エリート）』(1956)，『The Sociological Imagination（社会学的想像力）』(1959) などがある。　　　　　　　　　　　（土屋淳二）

民間事業者による老後の保健及び福祉のための総合的施設の整備の促進に関する法律〔平成元年法律第64号〕通称，WAC（Well Aging Community）法。民間事業者が保健サービスおよび福祉サービスを提供する施設の整備を促進するための法律で，1989年に施行。この法律において「特定民間施設」とは，民間事業者が事業主体となり有料老人ホーム，在宅介護サービスセンター，疾病予防運動センター，高齢者総合福祉センターを一体的に整備した施設で，税

制上,融資などにおいて優遇措置が受けられる。
(内藤さゆり)

民間非営利組織 ⇨ NPO

民衆訴訟 民衆争訟（自己の具体的な権利利益の侵害を要件とせず，一般人民または選挙人から提起できる争い）の性質をもつ訴訟。行政事件訴訟法は，これを行政事件訴訟の一類型として規定している（第5条）。法律上の争訟の性質をもたないから，本来の司法によるものではなく，特にこれを認める法律の規定がある場合に限って提起することができる。民衆訴訟が一般の行政事件訴訟と異なるのは，一般の訴訟を提起する場合に要求される訴訟利益が存在しなくてもこれを提起できるところにある。現行法上の民衆訴訟の例は，選挙無効および当選無効訴訟（公職選挙法），最高裁判所裁判官国民審査無効の訴訟（最高裁判所裁判官国民審査法），住民訴訟（地方自治法）など。
(池原毅和)

民生委員制度 民生委員とは，民生委員法に定められた，社会奉仕の精神により地域住民の相談に応じ必要な援助を行う者である。各市町村の区域ごとに担当の区域，事項を定めて置かれる。任期は3年。都道府県知事の推薦に基づいて厚生労働大臣が委嘱する。地域の高齢者，障害者，生活困窮者などを主な対象とし，訪問活動などを通じて生活の状態を把握し，助言や援助を行う。また必要に応じて，福祉事務所など関係機関の業務の遂行に協力する。なお，1947年，児童福祉法制定に伴い，児童委員を兼ねることとなった。生活保護法においては，民生委員は保護実施機関から独立した存在として生活保護の事務の執行に協力するという「協力機関」として位置づけされている。 →福祉事務所, 児童委員
(山本文枝)

民法〔明治29年法律第89号，明治31年法律第9号〕 私人間の法律関係（私法関係）を規定する一般法であり，形式的意味では民法典を指すが，実質的には利息制限法や借地借家法なども含まれる。民法典は，法律行為などの通則を定める第1編総則と，所有権などの第2編物権，契約などを定める第3編債権，婚姻や親子関係を定める第4編親族，相続に関する第5編相続（以上の構成をパンデクテンシステムという）の全1044条から構成されている。成年後見制度や典型契約は民法に規定があり，不法行為の基本原則も民法に定められている。民法に対して商事関係の特別法として商法があり，労働関係の特別法として労働基準法等の労働法がある。また，不法行為の特別法として国家賠償法がある。
(池原毅和)

む

無意識 フロイト（Freud, S.）の精神分析学の中心的概念で，記述的・局所的・力動的の三つの用い方がある。記述的とは，一定時点において意識されない事象ないし行動をあらわす「無意識的」という用い方である。局所的とは，意識，前意識，無意識の三つの心的構造ないし体系を構成する局所をあらわす用い方である。力動的とは，抑圧の作用によって意識－前意識系にあらわれることを阻止されている内容であるとする用い方である。前意識は意識化しようとする意志によって意識化可能になる心的内容の存在する局所であるが，無意識とは抑圧を解消する特定の操作によってはじめて意識可能となる心的内容の存在する局所である。 →意識, 前意識
(清瀧健吾)

無気力症候群〔apathy syndrome〕 ⇨ アパシーシンドローム

無権代理 代理権のない者が行った代理行為を無権代理といい，その者を無権代理人という。代理人は他人であるのに本人が法律行為を行ったのと同じように，本人に法律効果（他人効）が生じるのは代理権という権限があるからで，これがない場合には本人に対して法律効果は生じない。そのため，本人が無権代理行為を追認（後から有効な行為として承認すること）をしない場合は，無権代理人がその責任を取らなければならないことになっている（民法第117条）。
(池原毅和)

無差別平等の原理　生活保護の基本原理のうちの一つ。生活保護法第2条に,「すべて国民は,この法律の定める要件を満たす限り,この法律による保護を,無差別平等に受けることができる」と示されている。旧生活保護法では,惰民養成の不安から欠格条項があり,「勤労を怠る者」「素行不良な者」などは保護の対象にならなかった。現行法では,この欠格条項が削除され,現に生活に困窮しているか否かといった経済的諸条件のみを問う原理となった。　→生活保護の基本原理　　　　　　　　　　　（山本文枝）

無認可保育施設　⇨認可外保育施設

無年金者　基礎年金の受給資格を満たさないために,老齢基礎年金,障害基礎年金を受給できない人を指す。1961年4月の国民年金の実施により,日本では形式的にすべての国民が公的年金によってカバーされる国民皆年金体制が確立した。しかし,現実には制度に加入していない未加入者,加入しても保険料を納めないあるいは納められない未納者,および保険料納付済期間が規定に達しない者がいる。彼らは老齢あるいは障害になっても年金を受給することができない。未加入者,未納者たちが将来無年金者になるのを防ぐために,低所得者には保険料免除制度と半額免除制度,学生には納付特例制度が設けられている。　→国民皆年金,保険料免除　　　　　　　　　　　　　　　　（李蓮花）

無料低額診療施設　社会福祉法に基づき生計困難者に対して無料または低額な料金で診療を行う事業。この事業を行う病院または診療所は,①診療費の減免方法の明示,②生活保護法による医療扶助の受給者および無料または診療費の10％以上の減免を受けた患者が,患者総数の10％以上であること,③医療ソーシャルワーカーが設置されていること,④定期的に無料の健康相談,保健教育などの実施を行うこと,などの基準が定められている。　→保護施設,医療扶助,医療保護施設　　　　　　　　（大内直人）

め

名称独占資格　名称独占の資格とは「社会免許」とも呼ばれ,自然には有しない法律上の力を与えることを指している。精神保健福祉士資格はこれに当たり,国家試験に合格し,精神保健福祉士としての登録をした者だけが「精神保健福祉士」の名称を使用して業務に当たることができる。しかし,無資格の者が精神保健福祉士と同様の業務を行っても,その名称を使用しなければ違法とはならない。　→業務独占資格,資格制度　　　　　　　　　　　（高橋一）

メインストリーミング〔mainstreaming〕　ノーマライゼーションの考えを具現化する取り組みのなかで,アメリカにおける障害児・者の「主流化（本流化）教育」を進める教育改革のことをいう。障害児の残存機能を最大限に生かし,障害のない同世代の仲間と可能な限り一緒に学び,成長していくことが双方の人格形成にとって大切であるという考え方である。アメリカで1975年に制定された「全障害児教育法」では,すべての障害児の教育権を明確に保障し,可能な限り障害のない人々とともに教育する原則が打ち出された。その内容は,①障害による差別的な対応の禁止,②個別教育プログラム（individualized education program : IEP）の作成の義務化,③教育内容による当事者の同意などとなっており,政策的,経済的にもノーマライゼーションを実現させたところに大きな意味がある。　→インクルージョン,インテグレーション,ノーマライゼーション　（坂本智代枝）

メジャートランキライザー〔major tranquilizer〕　抗精神病薬（antipsychotics）の別称。ドーパミン系などの神経遮断作用から神経遮断薬（neuroleptics）ともいわれる。抗不安薬が緩和精神安定薬（マイナートランキライザー：minor tranquilizer）,抗精神病薬が強力精神安定薬（メジャートランキライザー：major tranquilizer)とそれぞれ呼ばれたが，現在では抗精神病薬の名称が一般的である。　→抗精神病薬

(池田良一)

メタファー〔metaphor〕　もともとは修辞法の一つで，たとえを引いて表現するのに，「のごとし」「のようだ」などの語句を用いない法。暗喩，隠喩という。「海山の恩」「人生は旅だ」などの類で，文勢を引きしめ，印象を強める効果をもつ。家族療法では技法の一つとされ，複雑なコミュニケーションや行動パターンを何かにたとえることで簡潔に象徴化し，家族成員の関心を治療目標に向ける働きをもつ。題材としては社会現象，歴史，文学，神話の内容などが使われる。

(清瀧健吾)

メチシリン耐性黄色ブドウ球菌〔methycillin-resistant staphylococcus aureus：MRSA〕　メチシリン耐性黄色ブドウ球菌（MRSA）は一般的に使用されている多くの抗生物質に対して耐性があり，医療機関を中心に増えている。効果のある抗生物質は，バンコマイシンとトリメトプリム-スルファメトキサゾールがあるが，最近では，このバンコマイシンにも耐性のある黄色ブドウ球菌が出現している。免疫力が低下した状態で，肺炎，肺化膿症，敗血症，腸管感染症，難治性褥瘡，重症火傷の創感染を起こす。

(中村敬)

滅裂思考〔incoherence〕　思路（思考過程）の障害の一つで，思考を進めていくとき思考を構成する観念の間に関連が乏しく，思考のまとまりを欠く状態をいう。統合失調症（精神分裂病）で認められる。軽いものは「連合弛緩：loosening of association」と呼ばれる。滅裂思考が高度になるとそれぞれが関連をもたない言葉の羅列となり，話の意味が全く通じなくなる。これは「言葉のサラダ」と呼ばれる。　→思路障害

(池田良一)

メディア〔media〕　情報の送り手と受け手との間を仲介して，メッセージを送受できるようにする手段のこと。パーソナルコミュニケーションにおいては言語やしぐさ，あるいは電話や手紙が，マスコミュニケーションにおいては新聞，雑誌，ラジオ，テレビ，映画などがメディアとして用いられる。後者の場合，これらを特にマスメディアという。本来メディアはメッセージを受け手に忠実に伝える透明な媒体とみなされていたが，電子メディアの発達は，メディアそれ自体がメッセージをつくりだすことを可能にした。つまりメディアは単なる通路ではなく，コミュニケーションを成り立たせる「場」となり，送り手と受け手の双方を決定するようになった。　→マスコミュニケーション

(熊本博之)

メディカルモデル／リーガルモデル〔medical model／legal model〕　医療者の行動原理（メディカルモデル）は生命の擁護と苦痛の緩和であり，司法の原理（リーガルモデル）は人権の擁護と法秩序の維持である。二つのモデルは，本来は対立的な存在ではないが，精神科臨床では，以下のような局面で対立項となることがある。ただし，多くの場合，対立は医療者間ないし医療者個人の内部で起こる。①非自発入院の法的根拠：メディカルモデルは，医学的疾患のゆえに自律性（autonomy）に障害をきたした人を疾患による不利益から保護するために，本人の同意なしに治療を開始することを認めている。法理念的には，公権力やその代理人が患者を保護する権限（parens patriae power＝保護権限，パターナリズム）に基づいている。一方，リーガルモデルの非自発入院は，他者を傷つける危険性のある精神障害者から一般市民を守る警察権限（police power）を法的根拠にしている。医療保護入院および応急入院が前者の保護権限，措置入院および緊急措置入院が後者の警察権限に基づく入院形態である。②非自発入院患者の権利擁護：リーガルモデルは，非自発入院というかたちで患者の市民権を制限する代償として，患者の権利擁護を重視する。患者に退院請求権を保障し，行動制限の最小化とインフォームドコンセントの追求を医療に要請する。一方，メディカルモデルは，患者が適切な医療を迅速に受ける権利（受療権）に重きを置くために，患者の市民的自由の保障に軸足を置くリーガルモデルと対立することがある。③「重大犯罪の加害者となった精神障害者」の処遇判

定：精神障害のゆえに刑事責任を問えなかった重大犯罪の加害者の処遇については，2003年7月に心神喪失者等医療観察法が成立し，指定入院施設および通院施設に入院・通院処遇が行われる。保安処分ないし類似制度の下では，保安処分的な施設からの入退所に際して，リーガルモデル（司法的判断）とメディカルモデル（臨床的判断）とが対立する可能性がある。　→パターナリズム，保安処分　　　　（平田豊明）

メニンガー〔Menninger, Karl Augustus: 1893-1990〕 アメリカの精神科医，精神分析医。ハーバード大学医学部卒業後ボストン精神病院で学ぶ。1925年父，弟とメニンガー・クリニック設立。1930年アレキサンダー（Alexander, F.）の教育分析を受け精神分析医となる。1942年トピカ精神分析研究所，1945年メニンガー精神医学校を設立し，精神分析の臨床，研究に多くの業績をあげたのみでなく，教育や著述にも広く活躍した。メニンガー・クリニックは力動的病院精神医学を代表する病院の一つである。
→力動精神医学　　　　　　　　　（熊田正義）

メリット制　労災保険率のうち業務災害の保護に要する費用に充てられる部分は，事業の種類ごとに別々に定められているが，災害の発生率は事業の内容に応じて異なると同時に，同種の事業であっても事業所によって異なる。一律に保険料を負担させることは公平さを欠くことにもなる。つまり，労災事故が発生するリスク以上の保険料を負担せざるを得なくなる事業所が生ずることになる。そこで，中規模以上の事業に対して，個々の事業ごとに過去3年間の業務災害に係る保険料負担額と給付額の収支率に応じて，労災保険率を一定の範囲内で引き上げたり，引き下げたりする仕組み（労働保険の保険料の徴収等に関する法律第12条第3項）があり，これをメリット制と呼ぶ。　→労働保険料
（辻村昌昭）

面接　人が出会いにおいて，あらかじめ目的意識や問題意識をもって対話する専門的な会話をいう。この専門的な会話が，心理的，社会的，経済的などのさまざまな問題を抱えた人を対象とする場合には，カウンセリングや心理療法などの援助技術となり，ソーシャルワーク面接もその一つである。ケースワークやカウンセリング，心理療法といった援助過程は，面接をとおしての専門的な対人関係を媒介にした援助技術から成り立っているといえよう。ソーシャルワーカーは，さまざまな問題状況にある人を前にして，その問題やニーズを明らかにし，必要な情報を得，具体的な対策を講じていく役割を担うが，その有効な手段として用いられるのが面接である。面接の目的は，①クライエントの主訴の傾聴，②問題状況の的確な把握，③その問題の理解に必要な情報や資料の収集，④情報等に基づいての問題点の整理，⑤問題の性質や原因を診断し具体的な援助計画を立てること，である。援助過程における面接は，情報の収集や分析による問題状況の把握や解決という客観的，理性的な側面と，クライエントと面接者との情緒的相互作用から生じる主観的，人間的な側面とがうまく調和を保ちつつ援助目的に向かって展開されることが求められる。面接の重要な道具は面接者自身であり，その個性，人間性であることから，面接者の自己点検，自己研鑽が必要となる。面接の構造には，時間，回数，場所，人数，契約などの面がある。面接の場所は面接者の属する機関が標準的な形態であるが，訪問面接のように，面接者が直接クライエントのところに出向いてなされる面接もある。一方で構造化されない面接として，廊下や庭，通りがかりなどの日常生活場面での会話に意味を付与する生活場面面接があり，近年注目されてきている。また危機状況に即応しやすいとして電話によるカウンセリングや相談を受ける電話相談も定着してきている。　→ケースワーク，カウンセリング，生活場面面接　　（柏木一恵）

面接技法　面接を円滑に進め，クライエントと専門家との信頼関係や援助関係の基盤を形成するために必要とされる面接の基本的な技術をいう。面接には大別すると，言葉を用いた言語的コミュニケーションと，手まねや身振りによる言葉を使わない意思伝達の方法としての非言語的コミュニケーションがある。非言語には表情や視線，音質や笑い声などの言語外の音声な

ども含まれる。傾聴は最も基本的で，特に初期段階において強調されるコミュニケーション技法である。傾聴するということはクライエントの話の内容とそれに伴う情緒的側面を受容的に聴くことであり，積極的傾聴はそれ自体で援助にもなりうるものである。傾聴を支えるものとして「共感」「観察」「波長合わせ」などの過程が大切である。面接過程が進むにつれ，問題となっていることを次第に焦点化・明確化していくことが求められる。そのための技法として「励まし」「明確化」「要約」の技術と，情緒（明示されたものとそうでないものを含め）の意味を考察し相手に返していく技術としての「言い換え」「感情の反映」などの技法がある。うなずきや反復（繰り返し）などの言語による応答，視線や姿勢などの非言語的なメッセージによるものや，面接における沈黙の意味を理解することなども含まれよう。効果的な質問の方法も面接技法の一つである。これには質問の仕方としてはイエスかノーで答えることのできる「閉じられた質問」と，話し手のペースを尊重し，話の内容そのものに反応する「開かれた質問」の二つの形式がある。目的，状況に応じて組み合わせ，効果的な問いかけ方のタイミングをはかる必要があるだろう。より積極的な働きかけが展開される段階においては，基本的傾聴の技能とはやや異なった技術が必要とされる。一般に「対決技法（コンフロンテーション）」といわれる現実への直面化，異なった視点からの状況解釈の提示として「認知の再構成（リフレーミング）」「助言」「指示」「情報提供」などが挙げられよう。　→傾聴，共感，コンフロンテーション，リフレーミング　　　　　　　　　（柏木一恵）

メンタルフレンド　厚生労働省の「ふれあい心の友派遣事業」に基づいて派遣される有償ボランティアとして出発した。「さまざまな社会的不適応を示している児童に対して，児童の兄または姉の世代に相当するボランティアの青年（メンタルフレンド）を派遣し，児童や保護者とのふれあいを通じて，児童の自主性，社会性の伸長を図る」ことを目的としている。児童相談所が管轄し，通常週に1〜2回，2時間，児童相談所や担当児の自宅で会い，一緒に遊ぶ，学習の手伝いをするなどの活動を行う。今日，「メンタルフレンド」は，自治体の教育相談や民間のボランティア活動としても取り組まれるまでに広がっている。　　　　　　（上林靖子）

メンタルヘルス　⇨精神保健

メンデル遺伝病〔mendelian disorders〕　単一遺伝子病ともいう。人の体は約3万2000個の遺伝子でつくられているが，そのなかの一つの遺伝子の異常により発症する。遺伝様式により，常染色体性優性，常染色体性劣性，そしてX連鎖性の三つに分けられている。人は両親から1個ずつ遺伝子をもらい，健康な人は2個の正常な遺伝子の組み合わせになるが，遺伝病の遺伝子では正常の遺伝子と病気の遺伝子のいろいろな組み合わせが生じ，どの組み合わせで病気が発現するかは遺伝様式により異なる。　（中村敬）

も

妄想〔delusion〕　根拠のない誤った病的な確信。すなわち，①病的につくられ実際にはない誤った思考，判断で，②根拠なしにあるいは乏しい根拠に基づき確信され，③他者の説得にも訂正不能なものをいう。妄想は妄想の出現様式から「一次妄想」と「二次妄想」とに分けられる。一次妄想は真性妄想とも呼ばれ，突然直感的に病的な確信が生じるもので心理学的に了解できないものをいい，「妄想気分」「妄想着想」「妄想知覚」があり，統合失調症（精神分裂病）にみられる。二次妄想は異常体験，気分変調，人格特徴，状況などから心理学的に了解されるものをいう。例えば統合失調症の幻聴という異常体験に基づき，隣人が特殊装置を用いて電波を自分の頭に送ってくるとの妄想などがこれにあたる。また妄想は妄想内容によって「被害妄想」「微小妄想」「誇大妄想」に分けられる。被害妄想は他者に害されるとの妄想をもつもので，内容から「関係妄想」「注察妄想」「迫害妄

想」「追跡妄想」「被毒妄想」「物理的被害妄想」「嫉妬妄想」「つきもの妄想(憑依妄想)」「好訴妄想」などに分類される。微小妄想は過小な自己評価を内容とし，うつ病などで認められ，これに属する「貧困妄想」「罪業妄想」「心気妄想」は，うつ病の妄想の3大テーマといわれる。このほかうつ病では「虚無妄想(否定妄想)」「不死妄想(永遠妄想)」などが認められる。これとは逆に自己を過大評価する内容の誇大妄想は，典型的には躁病に認められる。「血統妄想」「発明妄想」「宗教妄想」「恋愛妄想」などがこれにあたる。統合失調症においても誇大妄想が認められるが，より荒唐無稽なものが多い。痴呆においては「もの盗られ妄想」がしばしばみられる。妄想が経過とともに次第に発展し広がりをもつようになると体系化組織化され，「妄想体系」を形成する。妄想の産出は，①統合失調症圏，躁うつ病圏，②外因性精神障害(痴呆を含む器質・症状精神病，中毒性精神病など)，③反応性精神病などで認められる。　→統合失調症
(池田良一)

妄想型分裂病〔paranoid schizophrenia〕幻覚・妄想を主症状とする統合失調症(精神分裂病)の一型。破瓜型(解体型)や緊張型に比較して発病年齢が20代後半以降と高いことが多い。慢性に経過し人格の障害は比較的軽度で，自閉，感情平板化などの陰性症状は他の型に比べ少なく，社会生活を維持し緩徐に経過した後に表面化することが多い。幻覚は幻聴を主とする。妄想主題は被害妄想を中核とするが，嫉妬妄想，心気妄想などもある。妄想は慢性に経過するなかで次第に体系化され妄想体系を構築し，宗教妄想，血統妄想，好訴妄想などに至ることもある。昏迷や激しい興奮などの緊張病症状，あるいは支離滅裂，思考のまとまりの悪さ，荒廃，不適切な情緒反応(空笑，しかめ顔など)などの解体症状は通常みられないかごく軽い。一般的に妄想型の患者は猜疑心が強く用心深いことが多いが，好訴など攻撃性が顕著にみられることもある。知能は保たれ妄想の部分を除いては正しく推論できることが多いが，長い経過のうちに人格の崩れがみられることもある。

→緊張型分裂病，破瓜型分裂病　(池田良一)

妄想性障害〔delusional disorder〕若年発症はまれで中年から晩年に発症し，最低1か月は持続し通常は慢性的に継続する妄想が，顕著なまたは唯一の症状であるものをいう。明瞭で持続的な幻聴，作為体験，感情鈍麻などの統合失調症(精神分裂病)症状がある場合，あるいは器質性精神障害がある場合は，この診断から除外される。奇異な振る舞いは目立っては存在しない。幻触あるいは幻嗅は妄想主題に関連したものなら存在してもよい。社会生活は比較的保たれることもあるが，妄想のために社会的に孤立化し低下することも多い。妄想内容は生活環境に関連し，例えば宇宙人が身体に入り内臓を置き換えたなどの奇異な妄想はなく，この奇異ではないことは統合失調症との鑑別に有用である。妄想は多様で主たる妄想主題により，色情型，誇大型，嫉妬型，被害型，身体型などに下位分類される。パラノイア，パラフレニー，妄想性精神病，敏感関係妄想などを含む概念。→妄想
(池田良一)

盲ろうあ児施設　児童福祉法第43条の2に規定される，盲児(強度の弱視児を含む)またはろうあ児(強度の難聴児を含む)を入所させて保護するとともに，社会に適応した独立自活ができるよう，必要な指導または援助を行う施設である。実際には，盲児施設とろうあ児施設に分かれているが，障害の重度・重複化等の入所児童の変化に伴い，1999年より知的障害児施設・盲児施設・ろうあ児施設・知的障害者更生施設の併設型施設が実施されている。　→児童福祉施設
(圓山里子)

燃え上がり現象　⇨キンドリング

燃えつき症候群〔burnout syndrome〕バーンアウト症候群，バーンアウトシンドロームともいう。高い理想をもち，過剰適応気味に責任の重い仕事などに活発に従事していた人が人間関係などのストレスが引きがねとなって，あるとき急に燃え尽きるかのように活力を失い，無気力状態，抑うつ状態になること，およびこの意欲や興味が薄れたときに現れる体力の消耗，免疫力の低下，不満と悲観の増加，欠勤の増加，

能率の低下などの心身の疲労症状をいう。医療，福祉，教育など対人関係を扱う職種に従事する人に多くみられ，献身的，まじめ，責任感が強い，気配りするなどの性格や行動によって引き起こされる高活動状態の長期の持続と心的サポートの喪失がその背景にあると考えられる。ストレス対処行動（コーピング）を多様化させ，ストレスを柔軟に処理できるようにすることが望まれる。　→過剰適応，ストレス　　（後藤敦）

モーニングワーク〔mourning work〕　愛する対象を失うことによって生じる一連の感情を悲哀という。人は大切な対象を失った際，その事実を知的に認識するのみならず悲哀を体験し，これを処理する作業が必要となる。喪失で引き起こされる感情的体験には，思慕の情や思いが叶わぬことでの欲求不満，怒り，恨みや憎しみ，また償いや自責の念などがある。それらと向き合い，折り合いをつけ，悲哀から解放されるまでの一連の作業を，フロイト（Freud, S.）がモーニングワーク（喪の仕事，悲哀の仕事）と呼び，その期間は約半年から1年かかるとした。この作業は，喪失に引き続き始まる場合，目前の現実対応が優先されて一旦潜伏し時間経過とともに顕在化する場合，喪失を予期して喪失前に始まる場合，などがあるとされる。→喪失体験，対象喪失　　（加藤洋子）

モデリング〔Modeling〕　バンデューラ（Bandura, A.）を中心になされた，モデルの観察それ自体の影響を重視した社会的学習理論。模倣学習と違って，①観察者への強化（報酬）なしに成立する模倣反応，②モデルの個々の反応の単純な模写や機械的再生にとどまらない，その行動の象徴的表象の習得，③観察者の行動レパートリーにはなかった全く新しい反応の習得，④観察中にはあらわれないが，後になって生じる模倣反応（延滞模倣）など，従来の模倣学習には包括されないより広い学習の過程を取り上げている。これらをもとに，人間の学習では外的強化による試行錯誤学習や意図的教授に応じる受動的学習よりも，自発的・能動的学習が一般的であり，効率的であると強調している。→バンデューラ　　（清瀧健吾）

モニス〔Moniz, Egas : 1875-1955〕　精神外科の一術式としてロボトミーを創始したポルトガルの医師。1899年コインブラで医学を修める。彼は精神病の種々症状は一部の神経細胞間の結合の固着にあるという考えに基づき，前頭葉と間脳や視床との繊維連絡を断つ目的で，前頭葉白質をメスで切断した（前頭葉白質切截術）。この業績により，1949年ノーベル医学賞を授与された。この治療法は後に人格水準の低下や知能低下，けいれん発作などの合併症が指摘され，次第に向精神薬療法に取って代わられるようになった。　→精神外科，ロボトミー　　（丸山晋）

モニタリング〔monitoring〕　社会福祉援助実践の過程で，その経過や援助計画の実行状況を監視・点検することをいう。援助実践の内容や効果について，課題の達成は進んでいるか，利用者は満足しているか，不都合や不平はないか等を，定期的あるいは臨時に，途中吟味し見直すことは重要である。環境条件や利用者のニーズが変化することもあるので，利用者，ソーシャルワーカー，関係者が，進捗状況や変化およびニーズをきちんと把握して，協議し実践していくことが求められている。検討吟味の結果，必要があれば，方針や計画の修正や調整等を行うが，場合によっては中断し，他機関へ紹介することもある。点検の結果をフィードバックし，参加者が自由に意見を交換できるように，民主的構造で展開されねばならない。実際の進め方としては，利用者や関係者との面接や意見交換，ケースカンファレンス，アンケート調査，関連機関との検討会議等による。　　（内averse佳子）

模倣学習〔imitative learning〕　他者の行動や特性を観察することによって，観察者が新しい行動パターンや特性を習得することを模倣という。学習心理学での本格的な研究はミラー（Miller, N. E.）とダラード（Dallard, J.）（1941年）による。模倣学習ではモデルを観察者が観察して，モデルと同一条件の下で同一の反応をすることで同一の報酬を得ることを学習することをいう。これは同一の条件に対し同一の反応によって強化（報酬）を得ることを学ぶことであり，強化（報酬）がなくても成立する観察学

習（モデリング）とは明確に区別される。モデルは新しい反応を学習者に伝達したというよりも，報酬のある位置を示したにすぎず，弁別位置学習の特殊な例ともいい得る。　→観察学習
（清瀧健吾）

モラトリアム〔moratorium〕　本来，金融での支払い猶予期間を意味していたが，エリクソン（Erikson, E., 1956）は人間の発達で次の発達段階への一定の準備期間を意味する語として用いた。そして，次の三つの使い方をしている。①精神・性的猶予期間は，性的に未成熟な時期に将来の技術学習や労働状況のための準備性を整える，②心理・社会的猶予期間は，性的に成熟した青年が，異性と親密で社会的に容認される関係をつくったり，社会的な役割を担ったり，親として機能できるようになるための試行をしながら，自我同一性と社会的役割を確立する準備期間である，③歴史的猶予期間は，特定の集団同一性が形成される場合，それが確立されるまでの準備期間である。　→エリクソン
（清瀧健吾）

森田正馬〔もりたまさたけ：1874-1938〕　唯一世界に知られたわが国独自の精神療法「森田療法」の創始者。高知県に生まれる。1903年東京帝国大学卒業，大学副手，巣鴨病院（松沢病院の前身）医員となり，同年9月東京慈恵医院医学専門学校（後の東京慈恵会医科大学）教授。1920年頃に「森田療法」を創めたといわれる。当時の主な治療法であった安静療法，作業療法，説得療法，生活療法の主要点を取り出して，それらをうまく組み合わせて独自の精神療法を考えだしたとされる。　→森田療法　（熊田正義）

森田療法〔Morita therapy〕　1920年頃，森田正馬によって独自に創始された精神療法。対象は，「森田神経質」と呼ばれる，内向的でヒポコンドリー（心気）性の性格傾向をもつ一群の神経症の患者で，不快や病覚のとらわれから脱却させるため，「あるがまま」に受容させ自然治癒力の発動を促す治療法。原法は第1期：絶対臥褥，第2期：隔離，第3期：作業，第4期：日常生活への復帰，の各期療法を40～60日間の入院中に行うものであるが，今日変法として，外来にて患者に「症状をあるがままに受け入れ，やるべきことを目的本意・行動本意に実行させる」ことにより行う方法も試みられている。　→森田正馬
（池田良一）

モルヒネ〔morphine〕　代表的な麻薬性鎮痛薬。ケシの乳液より採取されるアヘンアルカロイドの一種。強力な鎮痛作用をもち末期がんの疼痛治療などに用いられるが，鎮痛作用のほかに不安恐怖を取り除く陶酔作用があり強い精神依存を起こす。反復使用により耐性の上昇，身体依存を生じ，離脱時には「自律神経の嵐」と呼ばれる激しい離脱症状が起きる。モルヒネはμオピオイド受容体アゴニストのプロトタイプで，この受容体を介して種々の薬理作用が生じる。
（池田良一）

モレノ〔Moreno, Jacob Levy：1889-1974〕　ドラマ形式を用いた集団心理療法である心理劇の創始者。ルーマニアに生まれ，ウィーン大学で哲学を学んだ後，精神医学を学ぶ。演劇に興味をもっていたモレノは，即興劇が日常生活の問題を解決する効果があることを発見し，心理劇を考案。また，集団成員の感情の流れを分析し，再構成することによって集団生産性を高める，ソシオメトリーという科学的研究法を考案・展開し，集団の測定にも焦点をあてた。モレノの研究は世界的に広まり，1936年モレノ・サナトリウム設立，現在も実践と研究が重ねられている。　→心理劇　　　　　（石橋理絵）

問題指向アプローチ〔problem oriented system：POS〕　もともとはアメリカの心臓病の大家ウィード（Weed, L. L.）が後進の指導法としてあみだしたもの。問題の所在を明示し，それに対する解決・対策をシステマティックに展開できるようにしたもの。その後臨床一般・チーム医療のノウハウとして使われるようになった。それは次のような一連の手順を含んでいる。①基礎データの聴取（患者プロフィール／家族背景／病歴／診察所見・検査結果），②問題リストの作成（PBLST：P＝psychiatric, B＝body, L＝life, S＝social, T＝temporary），③初期計画・治療計画作成，④経過記録・フローシートの作成（SOAP：S＝subjective data, O＝objective data, A=assessment, P=plan)。こうしたシステマティックな問題解決のスタイルは次第に洗練されてきてクリティカル・パス・メソッドなど新しい手法が生みだされてきている。しかし考え方の基本は同じである。 (丸山晋)

モンテスキュー〔Montesquieu, Charles Louis de Secondat, baron de la Brède et : 1689-1755〕 フランスの啓蒙思想家・法律家。歴史や古典を学んだ後、ボルドー大学とパリ大学で法律を学ぶ。1716～1726年にボルドー高等法院の院長を務めた。代表作『De lésprit des lois(法の精神)』(1748)では政府の権力は立法・行政・司法に分離し相互に均衡を保つべきという制度（三権分立）を著した。これは個人の権利と自由を保障する制度であり、近代憲法の統治機構の基本原理とされている。 (池原毅和)

や

ヤーロム〔Yalom, Irvin D. : 1931-〕 アメリカのスタンフォード大学医学部の名誉教授。ワシントン生まれ。ボストン大学医学部卒業。サリバン(Sullivan, H. S.)の人間関係論を背景にしてグループ・サイコセラピーを集大成した。『Theory and Practice of Group Psychotherapy (サイコセラピーの理論と実際)』(1995)は代表的な著作である。翻訳なども通じてわが国への影響も大きい。 (丸山晋)

夜間せん妄〔night delirium〕 夜間に生じるせん妄を夜間せん妄という。せん妄はその原因に関係なく日中より夜間に発生しやすい。高齢者ではその傾向に拍車がかかるが、基礎疾患に痴呆があるとさらに多くなる。せん妄は意識障害の一型で意識水準の低下とともに、意識の変容が認められるものを指すが、夜間には暗い静寂のなかで外部からの刺激量が減り、また、睡眠による活動水準の低下が起こるために起こりやすくなるといわれている。患者は幽霊が出た、知人が来た、誰かがいる、蛇や虫がいる、自分に話しかける、何か言っている、物音がするなどと、幻覚、錯覚、妄想などを呈する。あるいはそこに誰かがいるかのような独り言をつぶやく。恐怖から興奮状態となることもある。介護者などがゆっくりと話しかけながらそばにいるだけで次第におさまってくることもあるが、興奮が著しいときは、抗精神病薬や睡眠薬の投与が必要なときもある。 →意識障害、せん妄 (池田良一)

夜間保育事業 夜間の保育のことで、基本的な保育時間は午前11時から午後10時までの11時間とされている。夜間保育事業は、ベビーホテルでの死亡事故が相次いだことの対策の一環として、1981年にモデル事業として実施され、1995年には正規事業となった。夜間保育を行う保育所は夜間保育のみを行う保育所において行うことが基本とされているが、既設の保育所において当該施設の認可定員の範囲内で通常の保育と夜間保育を行うものも実施できる。 (山本真実)

夜間養護等（トワイライト）事業　「短期入所生活援助（ショートステイ）事業」とともに「子育て短期支援事業」の一つである。保護者が仕事その他の理由により平日の夜間または休日に不在となり、家庭において児童を養育することが困難となった場合その他緊急の場合において、その児童を保護し生活指導、食事の提供等を行う。実施施設は、児童養護施設・母子生活支援施設・乳児院・保育所等である。近隣に実施施設がない場合は、あらかじめ登録している保育士、里親等に委託できる。実施主体は市町村。母子及び寡婦福祉法等の2002年改正に伴い名称変更され、事業内容が見直された。 (大島道子)

薬剤一部負担　医療保険において、差額負担が保険給付外の負担であるのに対して、一部負担とは保険給付となってはいるがその一部を負担するものである。薬剤一部負担とは薬剤に関してその一部を負担するもので、受診抑制、制度の乱用防止、負担の公平化、ひいては保険財政の安定化をねらっている。1997年の健康保険法改正で導入され、薬剤の種類に応じた定額負

担が薬剤一部負担として課せられていたが，2003年4月に廃止された。　　　（松渓憲雄）

薬剤師　薬剤師法に「薬剤師は，調剤，医薬品の供給その他薬事衛生をつかさどることによって，公衆衛生の向上及び増進に寄与し，もって国民の健康な生活を確保するものとする」と規定されている。主な業務は「調剤」であり，その他に，患者への「服薬指導」や，処方医にも必要な情報を提供することが位置づけられている。医療法では，病院，または医師が常時3人以上勤務する診療所にあっては，開設者は，専属の薬剤師を置かなければならない，とある。→薬剤師法　　　　　　　　　　（竹中秀彦）

薬剤師法〔昭和35年法律第146号〕　薬事を担当する専門技術者である薬剤師の身分および業務について規定している法律。薬剤師の任務は調剤，医薬品の供給その他薬事衛生をつかさどることによって，公衆衛生の向上および増進に寄与し，もって国民の健康な生活を確保するものと規定されている。資格を得るには国家試験に合格し，その申請により厚生労働大臣の免許を受けなければならない。国家試験の受験資格は，大学において薬学の正規の課程を修めて卒業したものであるが，外国の薬学校を卒業したものや外国で薬剤師免許を受けたもので厚生労働大臣が前者と同等以上と認定したものも受験資格がある。また，薬剤師でないものは販売または授与の目的で調剤してはならないとしている。医師が自己の処方箋について自ら調剤することは可能である。　→医師法，歯科医師法
（中村敬）

薬物依存〔drug dependence〕　依存性薬物の乱用を繰り返した結果生じる，止めようと思っても渇望（craving）に駆り立てられて自己制御できない状態をいう。WHOは依存を以下のように定義している。「ある生体器官とある薬物との相互作用の結果として生じた精神的，あるいは，ときには身体的状態であり，その薬物の精神作用を体験するため，あるいは，ときにはその薬物の欠乏から来る不快を避けるために，その薬物を継続的ないしは周期的に摂取したいという衝動を常に有する行動上の，ないしはほかのかたちでの反応によって特徴づけられる状態」。薬物依存は，便宜上，精神依存（psychological dependence）と身体依存（physical dependence）の二つに分けて考えると理解しやすい。身体依存という概念は，ある薬物が身体に入っているときには，さほど問題を生じないが，これが切れてくると，退薬症状（離脱症状）として，いろいろな症状が出てくる状態である。アルコール依存の振戦せん妄がその代表である。一方，精神依存では，その薬物が切れても，身体的な不調は原則的に出ない。渇望という薬物が欲しいという気持ちが強くなる状態である。薬物依存の本質は自己制御困難な渇望に基づく精神依存であり，退薬症状を呈する身体依存は必須ではない。覚醒剤には反跳（rebound）はあるものの，身体依存はないとされている。また，多くの依存性薬物には使用しているうちに慣れが生じる特性がある。飲酒が習慣化すると慣れが生じ，酔うためには量の増大が必要となる。この慣れのことを耐性（tolerance）という。しかし，耐性も薬物依存の必須要素ではない。コカインには耐性がないとされている。しかし，いかなる依存性薬物であろうが，それに依存している限り，何とかその薬物を手に入れようとする薬物探索行動（drug seeking behavior）が認められる。喫煙者は，たばこが切れると，時刻，天候にかかわらず，労をいとわず買いに行く。　→精神作用物質　　　　　　（和田清）

薬物乱用〔drug abuse〕　社会規範から逸脱した目的や方法で，薬物を自己摂取することをいう。多くの依存性薬物は，所持，譲渡・譲受，売買のみならず，使用そのものが原則的に法律により禁じられている。したがって，それらを1回使用しても乱用である。未成年者の飲酒・喫煙は，法により禁じられており，1回の飲酒・喫煙でも乱用である。シンナーなどの有機溶剤，各種ガスは，それぞれの用途のために販売されており，それらを吸引することは，目的の逸脱であり，1回吸引しても乱用である。また，1回に1錠飲むように指示された睡眠薬，鎮痛薬などの医薬品を，早く治りたいと，1度に3錠まとめて飲む行為は，治療のためという目的は

妥当だが，方法的には指示に対する違反であり乱用である。また，医薬品を「遊び」目的で使うことは，目的の逸脱であり乱用である。また，わが国では，成人が飲酒すること自体は乱用ではないが，朝から飲酒して仕事に影響するようでは，妥当な飲み方とはいえず，やはり乱用である。一方，成人といえども，飲酒自体を禁じているイスラム文化圏では，成人の飲酒も乱用である。したがって，乱用という概念は，社会規範からの逸脱という尺度で評価した用語であり，あくまでもルール違反である行為に対する用語である。このことは国によっては何が乱用に該当するかが必ずしも一様ではないという結果を生む。多くのヨーロッパ諸国では，違法性薬物の使用といえども個人が個人の責任で自己使用することは個人の権利であり，公的権力が取り締まるべき問題ではないという考え方が伝統的にある。したがって，そのような国では使用犯という概念がない。一方，わが国をはじめとするほとんどのアジア諸国では，違法性薬物の個人使用は個人の問題にとどまらず社会全体に害を及ぼすため，社会的に取り締まるという原則がある。　　　→薬物依存　　　　（和田清）

薬物療法〔psychopharmacological therapy〕精神障害の治療において薬物療法の占める割合は大きい。とりわけ精神病症状が出現する疾患においては，現在も用いられている主要な薬物が登場した1950年代から，治療効果が著明に上がるようになり，今日薬物療法を抜きにしての精神科治療はあり得ないといえよう。精神に作用する薬物を向精神薬と呼ぶ。これを臨床的に大別すると，①抗精神病薬 (antipsychotics)，②抗うつ薬 (antidepressants)，③精神刺激薬 (psycho stimulants)，④気分安定薬 (mood stabilizing drugs)，⑤抗不安薬 (anti-anxiety drugs)，⑥睡眠薬 (hypnotic)，⑦抗てんかん薬 (anti-epileptics)，⑧その他抗酒薬など，に分類される。また，精神障害の薬物治療においては，身体疾患のそれと比較したとき異なる特徴がある。それは，①病識が乏しい，あるいは服薬を拒否する患者に投薬し治療を進めねばならない割合が多い，②大部分の薬物は「麻薬及び向精神薬取締法」で規制されている，③疾患や個々人により有効な投与量の幅が大きい，④副作用発生頻度が高い薬物が多い，⑤精神療法など他の療法と併せて治療を進めることが多い，⑥複数の向精神薬および副作用を防止する薬物などを組み合わせて投与する頻度が高い，⑦長期間の服薬継続を要することが多い，などである。これらは薬物管理を家族など（外来），あるいは病棟看護師（入院）に委ねる割合が多く，また個々の薬物の薬効が明確にはみえにくく，インターネット上などで間違った情報が流布しやすい特徴をもつ。精神障害の治療において薬物療法は欠かせないものであるだけに，患者本人が服薬の必要性を副作用を含めて理解し，自ら薬物を管理し服用できるようになることが大切である。その環境を整えようとする周囲の日常的支援は，薬物療法を支える基盤として重要である。　　→副作用，向精神薬　　（池田良一）

役割〔role〕特定の社会的地位を占める行為者に期待される継続的かつ反復的な行為様式のこと。社会集団は，その内部において地位ごとに複数の役割（役割群）を付与・配分し（役割配分），それら役割を相互関連させつつ体系的に構造化（役割体系，役割構造）することによって，自らの社会的安定性を確保・維持しながら，目的達成に向けた効果的な行為パターンを実現している。役割は，社会集団に帰属する成員間において自他相互にとるべき行為内容についての相互期待があって（期待の相補性）はじめて成立する。したがって，各々の地位に就く成員は，他の成員との相互作用を伴う社会化ないし学習過程を通じて，自らに要請される役割を身につけていくことになる（役割取得）。他者から期待され，また自ら取得した役割は，役割遂行者に対し規範作用を及ぼし（役割規範），集団成員の行為パターンおよび遂行内容を一定の範囲内におさめ，集団目的から逸脱する行為の発現を抑制するよう働きかける。ただ，このような機械論的な役割概念の規定の仕方とは別に，ゴフマン (Goffman, E.) が指摘するように，実際の役割遂行において個人行為者は，社会生活における特定の場の状況に合わせて，自らに期待

された役割を即興的かつ自発的に遂行することや（役割演技），フォーマルに規定された役割から心理的なスタンスをとることによって（役割距離），自律的な行為展開を企図することもある。　→役割葛藤，社会的地位，ゴフマン
(土屋淳二)

役割葛藤〔role conflict〕　同一の役割遂行者に期待される複数の役割間での矛盾や軋轢（役割重複の問題），期待される役割内容（役割定義）に関する遂行者と期待者との間での不一致や齟齬，期待内容と実際の役割遂行による達成内容との間の落差や食い違いなどから引き起こされる葛藤状態のこと。役割の担い手は，これら葛藤の回避を迫られるが，期待された役割義務を果たしえない場合に，遂行者はときに心理的なストレス状態（役割緊張）を経験することになる。
(土屋淳二)

役割距離　社会学者のゴフマン（Goffman, E.）によって定式化された概念。自分の占める役割に付随する活動を，自覚的に真面目さを欠いた仕方で行ってみせることで，自分が役割を完全に受け入れているのではなく，役割から心理的な距離をとっていることを周囲に示そうとすること。例えば外科医が手術の最中に冗談を言って自分自身や周囲の緊張を和らげるなど，役割距離がその場の状況においてさまざまな機能を果たすことが多い。
(田渕六郎)

役割取得　ミード（Mead, H. G.）は，社会的自我の発達は社会文化的な価値体系および役割の内面化の過程であるとした。一般に個人はある社会的な位置をもっており，その位置に期待される行動・振る舞いに沿った役割行動を学習し取得する。そのような役割取得には，伝統的な習慣や行動を消極的に受け取る場合（role taking）と，積極的自発的に創造性をもって受け取る場合（role playing）とがある。
(清瀧健吾)

夜警国家　国家が警察・消防その他国民生活を維持する上で最小限の機能を果たすほかは，国民の自由に委ねることを内容とする国家観をいう。近代立憲主義は，国家＝王権に対する国民の自由獲得の闘争によって生まれたものであるが，その国家観は国家権力を最小限に抑制することを目指すものであった。これに対し，社会の発展に伴い，経済的・社会的不公正を是正し，福祉サービス等を充実させるため，国家に積極的な役割と機能を与えることを内容とする国家観が社会国家（福祉国家）である。　→福祉国家
(登坂真人)

ヤスパース〔Jaspers, Karl: 1883-1969〕　北ドイツ，オルデンブルグ生まれの精神医学者，哲学者。1909～1914年ハイデルベルグ大学の精神科，以後哲学の道に進んだが，夫人がユダヤ人のため，ナチス政権下で仕事を禁じられた。戦後復職してハイデルベルグ大学，バーゼル大学の哲学教授。『Allgemeine Psychopathologie für Studierende, Ärste and Psychologen（精神病理学原論）』(1913)を著し(数回改訂)，(患者の)精神症状と客観的事実との間に了解可能性の有無をみるなど，精神医学を方法論的に解明しようとした。
(熊田正義)

矢田部ギルフォード性格検査　人格は人間に共通の特性の量的差異によるとするギルフォード（Guilford, J. P.）が考案し，矢田部達郎が改訂した検査法である。Y-G性格検査とも略される。120項目からなる自己評定による質問紙法の性格検査で，抑うつ性，回帰性，劣等感，神経質，客観性，協調性，攻撃性，一般的活動性，のんきさ，思考的外向，支配性，社会的外向の12の尺度で構成される。解釈は個々の尺度の評価点，因子群ごと，全体のプロフィールでなされる。　→ギルフォード
(清瀧健吾)

薬価基準　医療保険の保険診療で使用できる医薬品の種類と，それらの医薬品を使用した病院・診療所などの保険医療機関が診療報酬として保険者に請求できる医薬品の価格を定めたものである。厚生労働大臣が中央社会保険医療協議会に諮問し，その答申に基づいて定める。医薬品の価格である薬価は，市場の取引価格を基に一定のルールで算定されるが，医療機関が医薬品を購入する際には，薬価よりもさらに安い価格で購入するので，「薬価差益」が生ずる。この「薬価差益」が，薬の多量投与やより高価な薬剤を使用する誘因となり，「薬漬け医療」や「総

医療費に占める薬剤費」を高めるとして批判されてきた。そのため，たびたび薬価が引き下げられてきたが，その算定方法の見直しも検討されている。　　　　　　　　　　　　　（北場勉）

山室軍平〔やまむろぐんぺい：1872-1940〕大正・昭和前期の宗教家・社会事業家であり，1895年わが国の代表的慈善団体である救世軍創設に参加し，日本救世軍の基礎を確立した。岡山にて出生し，東京にて活版工となったが，キリスト教に入信し，同志社大学で神学を学んだ後，救世軍の創設に加わる。また，救世軍活動のなかで娼婦廃止運動に挺身したのをはじめとして，貧民救済，医療活動や現在の受刑者の更生保護にあたる免囚保護など救世軍の社会事業活動の中心的役割を果たした。（西澤利朗）

ヤング・オールド　⇨前期高齢者

ゆ

遺言（ゆいごん）　⇨遺言（いごん）

友愛訪問〔friendly visiting〕　19世紀後半から20世紀にイギリスやアメリカにおいて慈善組織協会（COS）の民間篤志家である友愛訪問員が，貧困者の個別調査を行い，慈善団体間の連絡調整によって慈善的施与の重複や遺漏の防止を図るとともに，友愛の精神に基づき貧困家庭と個別に接触し，その人格的な感化によって貧困者の自立を援助するという個別訪問指導活動のこと。この活動のなかで培われた個別処遇の方法がケースワークの方法へと発展していった。　→慈善組織協会　　　　　（阪田憲二郎）

誘因　⇨動因／誘因

有機的連帯／機械的連帯〔solidarité organique/solidarité mécanique〕　デュルケム (Durkheim, É.) が『De la division du travail social（社会分業論）』(1893) において提起した社会の結合形態に関する類型。前近代社会では諸個人がそれぞれの類似性に基づいて連帯し，社会全体としての役割分業は存在しないとされる。デュルケムはこのような同質性の高い社会を環節社会と呼び，そこにみられる人々の結合を機械的連帯と命名した。このような連帯形態は，近代社会の成立過程において成員の異質性が拡大することで社会の分化が進行し，また社会的分業が確立されるようになると，相互の異質性に基づいた有機的連帯へと変化していくことになる。デュルケムは機械的連帯から有機的連帯への変化を前近代から近代への移行における重要な側面であると位置づけている。　→デュルケム　　　　　　　　　　（杉本昌昭）

有機溶剤〔solvents〕　揮発性で非水溶性の物質を溶かす化合物の総称で，塗料用のラッカー・シンナーや接着剤のボンドなどをいい，ベンゼン，トルエン，キシレンなどの芳香属炭化水素を主成分とする。この乱用は思春期に多く，吸引や乱用による急性中毒により酩酊，多幸，興奮および幻覚を生じる。また週1回の吸引でも半年ほどで精神依存を生じ，吸引せずにはいられなくなる。吸引していないときは無気力で怠学，欠勤などが目立ち，常時不安な気分に支配される。約半数に脳波異常が認められ，身体的には心筋障害，造血障害，末梢神経障害が認められる。6か月以上毎日使用したときは永久的な脳の障害が生じることがある。　→薬物依存　　　　　　　　　　　　　　（池田良一）

遊戯療法　⇨プレイセラピー

優遇税制　精神障害者保健福祉手帳の所有者を対象に，税制上の優遇措置を政令で定めている。適用となるのは，所得税および住民税の障害者控除，預貯金の利子所得の非課税，相続税の障害者控除，贈与税の一部非課税，自動車税・自動車取得税の非課税などであり，手帳等級により措置内容が異なる。また，税制措置のほか，NTT番号案内無料措置や各自治体が定めた優遇措置が適応となるが，他種の障害者手帳と比較し優遇施策が乏しいのが現状である。
　　　　　　　　　　　　　　（鈴木孝典）

ユーザー　⇨コンシューマー

優性遺伝　メンデル遺伝病の遺伝様式の一つで，いずれかの親から受け継いだ遺伝子が，病気の遺伝子であったとき，もう一つの遺伝子が

正常であっても遺伝病を発病するものを，優性遺伝という。代表的な疾患は，ハンチントン舞踏病である。　→メンデル遺伝病，劣性遺伝

(中村敬)

優生思想　1883年，イギリスのゴルトン(Galton, F.)が著書『Inquiries into human faculty and its development（人間の能力とその発達の研究）』で「優生学」を提案した。「優生学」は，人間の性質を規定するものとして遺伝的要因があることに着目し，その因果関係を利用したり，介入することによって，人間の性質・性能の劣化を防ごうとする学問で，進化論の影響を受けながら多くの学派を生みだした。19世紀後半から20世紀にかけては，社会的・政治的実践として人種差別や障害者差別を正当化する理由として用いられ，全世界で強制的な不妊手術や，障害者の隔離収容が数多く行われた。ゲルマン民族の優秀性の名の下でユダヤ人や障害者を虐殺したナチス・ドイツの優生思想は有名であり，日本においても，1940年の「国民優生法」，1948年から1996年の「優生保護法」の名称や1907年（旧法）から1996年まで続いた「らい予防法」は優生思想に基づいている。また，精神障害者を「隔離しなければならない人たち」とする考え方も優生思想も関係しており，社会の差別偏見を今も増長させている。

(天野宗和)

有病率〔prevalence (rate)〕　一定の人口集団において，特定の疾患に罹患している，あるいは一定の状態像を呈している患者の割合をその疾患あるいは状態像の有病率という。観察対象となる人口集団は，その疾患に罹患する可能性をもつ集団として，曝露人口(population at risk)と呼ばれる。有病率は通常，一つの時点において測定された有病数を，その時点の人口総数で割った値であり，時点有病率(point prevalence (rate))ともいう。一定の期間中のいずれかの時点でその疾患に罹患していたものの数を期間有病数といい，これをその期間の中間時点の人口で割った割合を期間有病率（period prevalence (rate)）という。この期間が1年なら年間有病率（annual prevalence (rate)）である。また調査対象集団において，これまでの生涯のいずれかの時点でその疾患に罹患していたことのあるものの数を生涯有病数といい，それを調査対象数で割ったものを生涯有病率(lifetime prevalence (rate))という。

(三宅由子)

有料老人ホーム　老人福祉法第29条では，「常時10人以上の老人を入所させ，食事の提供その他日常生活上必要な便宜を供与することを目的とする施設であって，老人福祉施設でないものをいう」と定義されている。施設整備や運営費についての公的補助はなく，誰でも設置することができるが，設置については事前に都道府県知事に届け出ることを法的に義務づけている。都道府県知事は運営の報告を求め，設置状況の調査や入所者の処遇について必要な措置をとることができる。その他，老人福祉法第30条に定められている有料老人ホーム協会は，有料老人ホームの設置者を会員とし，会員ホームに対する指導，入居者からの苦情処理などを行うことができる。なお，有料老人ホームは介護保険の定着に伴い，「介護付」（介護保険の特定施設の指定を受けたもの），「住宅型」（訪問介護等外部サービスを利用するもの），「健康型」（介護が必要となった場合退去する契約のもの）の三つに類型されている。　→老人福祉施設

(内藤さゆり)

ユニットケア〔unit care〕　特別養護老人ホームは，これまで4人の大部屋雑居であったため，入居者の尊厳を大切にしているとは言い難かった。しかし北欧諸国の老人ホームの経験や，わが国の在宅ケアを重視する政策との関連などから，日常生活の人数を小規模化し，個室を基本とするユニットケアの考え方が浮上してきた。この結果，従来の特別養護老人ホームでも，生活単位を小規模化する取り組みが始まっている。また2003年度からは，全室個室，ユニットケアを実施する新型特別養護老人ホームが誕生しており，またそこでは居住費部分を利用者が負担するホテルコストの導入も図られている。

(宮崎牧子)

ユニバーサルデザイン〔universal design：

UD〕1990年に,アメリカの工業デザイナーであったメイス(Mace, R.)が使い始めた言葉であるといわれるが,バリアフリーのように高齢や障害のある人を対象としたものではなく,「みんなのためのデザイン」であるとされる。この説明としてメイス等10名によって「七つの原則」というものがつくられている。すなわち,①誰にでも使用でき,入手できる,②柔軟に使える,③使い方が容易にわかる,④使い手に必要な情報が容易にわかる,⑤間違えても重大な結果にならない,⑥少ない労力で効率的に,楽に使える,⑦アプローチし,使用するのに適切な広さがある。これらはすべてが必要条件なのではなく,また価格妥当性,持続可能性,審美性などを挙げる意見もある。 →バリアフリーデザイン (田中邦夫)

輸入感染症 海外旅行あるいは輸入食品によって国外から国内に持ち込まれた感染症を輸入感染症という。海外で罹患する頻度が高い感染症は,下痢症が最も多く約3割,次いでマラリアが約2%。ほかに呼吸器感染症,経口感染症(A型肝炎,ランブル鞭毛虫症,赤痢アメーバ症,細菌性赤痢,腸チフス,コレラなど),性感染症(淋病,梅毒,B型肝炎)などである。 →感染症対策 (中村敬)

ユング 〔Jung, Carl Gustav:1875-1962〕スイスの精神科医。バーゼル大学医学部卒業後,チューリッヒ大学精神科に入り,ブロイラー(Bleuler, E.)の助手となる。1907年フロイト(Freud, S.)と出会い,共に精神分析学の発展に力を注ぐが,後に分かれて「分析的心理学」という学派をつくる。集団的(普遍的)無意識という概念の提唱や,無意識と意識は対立でなく相補的関係にあるとすること,内向/外向の向性と思考,感情,感覚,直感の四つの心理機能との組み合わせによる性格類型等を行う。
(加藤洋子)

よ

養育 養い育てること,はぐくむことをいう。養育医療,養育里親と使われる。「養育医療」は未熟児養育医療ともいい,母子保健法第20条に基づく。養育のために入院することを必要とする未熟児に対し,その養育に必要な医療を給付したり,必要な医療を受けるための費用を支弁する事業。「養育里親」は「養子縁組里親」とともに里親の種類で,東京都など地方自治体によって区別して使用されている呼称。里親は,保護者がいないか,または保護者に監護させることが不適当であると認められる児童を家庭に迎え,心身ともに健全に養育する制度であり,「養育里親」は養子縁組を目的としないで,一定の期間児童を育てる里親のこと。 (大島道子)

養育院 1787年,徳川幕府の施策の一つとして市民自治の目的のための積立金「貧民救済基金(七分金)」が設立された。1870年に廃止され基金の管理は東京府に移り,その一部が東京府養育院の設立金となった。1872年,東京市養育院の前身である東京府養老院が営繕会議所所管の下に開始され,加賀藩空屋敷に教育所を設け市内に徘徊する浮浪者や窮民の増大による社会不安を防止するため収容した。また,そのなかに癲狂室をつくり精神病者を収容した。
(堀切明)

用益物権 他人の土地を使用し,収益するために設定される物権をいう。民法上認められている用益物権は,地上権(第265条以下),永小作権(第270条以下),地役権(第280条以下),入会権(第263条)である。土地を使用・収益するための契約としては賃貸借が一般的であり,借地借家法によって借地権の保護が図られているが,これらは債権契約であり用益物権ではない。ただし,地下または空間における地上権(第269条ノ2)は,送電線や地下埋設管の設置等で機能している。 (登坂真人)

要介護者 介護保険制度による保険給付を受けるには，被保険者が要介護者あるいは要支援者の認定を受けなければならない。その認定（要介護認定）は，市町村の介護認定審査会が行う。要介護者とは，介護保険法第7条第3項において，①要介護状態にある65歳以上の者，②要介護状態にある40歳以上65歳未満の者であって，その要介護状態の原因である身体上または精神上の障害が特定疾病によって生じたものとしている。併せて，その要介護状態区分についても，介護認定審査会において確認がなされる。要支援者とは，同法第7条第4項において，①要介護状態となるおそれがある状態にある65歳以上の者，②「要介護状態となるおそれがある状態にある40歳以上65歳未満の者であって，その要介護状態となるおそれがある状態の原因である身体上または精神上の障害が特定疾病によって生じたもの」としている。　→要介護状態区分　　　　　　　　　　（鳥羽美香）

要介護状態区分 要介護の状態を介護の必要の程度に応じて定めた区分。要介護状態区分は，要介護1（部分的な介護を要する状態），要介護2（軽度の介護を要する状態），要介護3（中等度の介護を要する状態），要介護4（重度の介護を要する状態），要介護5（最重度の介護を要する状態）の5区分であり，これに要支援（社会的支援を要する状態）を合わせた六つの区分に応じて在宅サービスにおける支給限度額等が設定される。要介護状態区分は，訪問による認定調査の内容をコンピュータ処理して得られた一次判定結果（介護度）を，特記事項および主治医意見書の内容から介護認定審査会で検討・確定され，市町村が認定する（介護保険法第7条，平成11年厚生省令第58号）。　→介護給付
（早坂聡久）

要介護認定システム 被保険者が保険給付を受けるための要件である要介護・要支援状態を確認し，要介護状態にある際には，その程度としての要介護状態区分を判定するためのシステム。要介護・要支援認定は，給付の有無およびその多寡に係る受給権に関わるため，全国一律の基準と審査判定方式としてつくられている。要介護認定は，被保険者からの申請を受けた市町村が，申請者の心身の状況調査（認定調査）を行いコンピュータによる判定を行うと同時に主治医に意見を求める一次判定と，コンピュータによる一次判定結果に主治医の意見書等を加味し介護認定審査会で判定を行う二次判定により審査判定がなされる。一次判定は，訪問による認定調査の基本調査79項目の結果をコンピュータ処理し，直接生活介助，間接生活介助，問題行動関連行為，機能訓練関連行為，医療関連行為の5分野ごとに計算される要介護認定等基準時間の合計時間により判断される介護サービスの必要度を客観的に判定する。これに対して，二次判定は，保健・医療・福祉の学識経験者らで構成される介護認定審査会において，特記事項および主治医意見書の内容から一次判定結果の変更を行う必要があるか検討し，変更が必要となった場合は，①要介護認定等基準時間の行為の区分ごとの時間，②日常生活自立度の組み合わせによる要介護度分布，③要介護度変更の指標，④状態像の例（中間評価項目得点の平均点を含む）の四つの指標を用いて検証し，二次判定の確定を行う。その結果に従って市町村は，申請から原則30日以内に，要介護認定審査会の審査判定に基づき要介護認定を行い，その結果を申請者に通知する。なお，要介護認定が行われた場合には，その効果は申請日にさかのぼって発生する（介護保険法第7条・第27条・第35条）。　→介護認定審査会　　　　　　（早坂聡久）

養護施設 ⇨児童養護施設

養護老人ホーム 老人福祉法に基づく老人福祉施設の一種。65歳以上の者であって身体上もしくは精神上または環境上の理由および経済的理由により，在宅において養護を受けることが困難な者が利用できる。施設の設置主体は，地方公共団体および社会福祉法人。特別養護老人ホームと比べ職員配置が少ないなかで，近年要介護者も多くなっており，必要に応じ介護サービスを提供している。　→老人福祉施設
（都﨑博子）

養子縁組 「養子制度等の運用について」（平成14年9月5日雇児発第0905004号）により運

用され，保護者がいなかったり養育機能の弱い家庭の児童に温かい家庭と法的安定性のある養育条件を与えるための制度である。民法第792条以下に規定されている戸籍上の親子関係はあるが実の親との関係も維持される普通養子縁組や，同法第817条の2以下に規定されている実の親との戸籍上の関係はない特別養子縁組などがある。普通養子縁組は戸籍上，父母欄には実父母と養父母双方の氏名が記され，養父母との続柄は「養子」「養女」と記される。特別養子縁組の場合は実父母の氏名は記載されない。また，近年は国際的な養子縁組が多くなっているが，その場合の準拠法は，法例第20条第1項と養親の本国法となる。いずれも家庭裁判所の許可が必要とされる。　　　　　　　　　　（西郷泰之）

幼児期　一般に2歳前後から就学までの期間を呼ぶことが多い。幼児期には，①運動機能が発達し，運動の速さや力の増大とともに，運動の種類が増大し，巧緻性も高まる，②言語理解が進み，自分でも言語表現ができるようになる，③排泄行為，養育者への依存，感情の表出を社会に適応的なかたちにコントロールできるようになる，さらに，④親への同一化が優勢になり，社会のルールを破ることに罪悪感や恥を感じて決まりを守るようになる，ことが特徴である。運動面では，箸を用いて食事をする，ボタンをかける，靴下をはくなど身のまわりの自立に必要なことはできるようになる。言語面では，3歳児は不完全な表現であるが，4歳児は完全な文がつくれるようになり，5，6歳児はあらゆる形式の文がつくれるようになる。認識面では，目前に存在しないものを思い浮かべる代表機能（表象）が発達し，ままごとのような象徴遊びをするようになる。また，ピアジェ(Piaget, J.)によると前操作的思考の時期で，上位概念と下位概念のように体系化されておらず，見た目に判断が左右され，思考の一貫性に欠ける特徴がある。社会的行動面では，所有意識が強くなり，自分の姿に関心をもち，性別を理解し自分の性も自覚できるようになる。ごっこ遊びをして，役割を理解するようになり，ルールのある遊びもできるようになる。社会的規則も理解するようになるが，固定的・機械的な道徳的レアリズムが特徴である。　　　　　　　　（清瀧健吾）

要式行為　法的効果が付与されるために，一定の要式を踏むことが求められる行為をいう。手形・小切手(手形法第1条，第2条，第75条，第76条等，小切手法第1条，第2条等)，遺言（民法第960条）等が，厳格な要式行為とされている。要式行為とされる趣旨は，各行為ごとに異なる。例えば，手形・小切手は，転々流通することが予定されているから，迅速な流通を確保するため，手形・小切手それ自体から権利関係が明確に特定されなければならないことによる。　→遺言（いごん）　　　　　（登坂真人）

陽性陰性症状評価尺度〔positive and negative syndrome scale : PANSS〕　1987年に作成された統合失調症（精神分裂病）の客観的な評価尺度。1980年頃にクロウ(Crow, T. J.)らは生化学的な研究や脳の萎縮，薬物反応性などから統合失調症を幻聴や妄想などの陽性症状を主体とするⅠ型と，Ⅰ型に比べ無為，自閉，感情鈍麻などの陰性症状が中心となり治療抵抗性で予後不良なⅡ型に大別した。これらの研究を背景として，陰性症状評価尺度(SANS)，陽性症状評価尺度(SAPS)，PANSS, 簡易精神症状評価尺度(BPRS)などの統合失調症の評価尺度が作成された。PANSSは合計30項目からなり，8項目の陽性尺度，6項目の陰性尺度，16項目の総合精神病理尺度から構成されている。それぞれの項目は重症度に応じて7段階で評価される。PANSSをはじめとする前述した評価尺度は和訳され臨床的研究や，抗精神病薬の開発時の効果判定などわが国でも広く使用されている。　→陽性症状，陰性症状　　　（池田健）

陽性症状〔positive symptoms〕　陽性症状，陰性症状の概念はイギリスのジャクソン(Jackson, H.)に由来する。彼はてんかんをはじめ神経疾患の研究に多くの優れた業績を残したが，そのなかで，神経系の高次段階の解体による機能の不全や喪失の症状を陰性症状とし，低次段階での脱抑制，開放による症状を陽性症状とした。最近ではこの概念を統合失調症（精神分裂病）に適用させて，陰性症状は脳の器質

的変化に由来し，陽性症状はその過程で反応的に出現するものとしてとらえ，述べられることが多い。そのためここでは統合失調症に関して記す。統合失調症における陽性症状は，シュナイダー(Schneider, K.)の一級症状やさまざまな幻覚妄想，緊張病性昏迷・興奮，顕著な思考障害，奇異な行動などを指し，生産的症状とも呼ばれる。これらは一般的にドーパミン受容体遮断薬（抗精神病薬）の投与によって軽快するものが多い。これに対して陰性症状は社会的ひきこもり，意欲障害，自発性欠如，快感消失，感情鈍麻，平板化などいわゆる欠陥症状を指す。従来からの定型的抗精神病薬による薬物反応性が乏しく，非定型抗精神病薬は陰性症状に対して比較的有効とされるが，これとて十分とは言い難く薬物反応性は低く，ＳＳＴなどの集団精神療法などが行われる。また，Ｘ線ＣＴ，ＭＲＩなどを用いて脳の画像所見をみると，陰性症状が強いケースでは，脳の萎縮所見が認められる率が高い。統合失調症の経過を追い縦断的に陽性症状，陰性症状の出現をみると，前者は初期に後者は慢性期に認められることが多い。クロウ(Crow, T. J.)は，陽性症状を示し抗精神病薬の反応性が良いⅠ型と，陰性症状を示し治療反応性が低いⅡ型の分類を提唱している。→陰性症状 　　　　　　　　　(池田良一)

幼稚園　学校教育法第１条に定められた学校の一種で，同法第77条には，満３歳から小学校就学の始期に達するまでの幼児を対象に「保育し，適当な環境を与えて，その心身の発達を助長することを目的とする」と規定されている施設。教育制度の最初の教育機関。文部科学省の管轄であるが，義務教育ではないので，保護者の任意による利用。幼稚園という名称は，ドイツのフレーベル(Fröbel, F.)が創設したキンダーガルテンの日本語訳として1876年以来用いられている。 　　　　　　　　　　　(山本真実)

要保護者　⇨被保護者

要保護世帯　⇨被保護世帯

幼保問題　一般には幼稚園と保育所の相違・関係を取り上げることを意味する。幼稚園は学校教育法に規定された利用者任意の選択に基づく教育施設（学校）であり，保育所は児童福祉法に規定された「保育に欠ける児童」が利用する児童福祉施設となっており，機能・目的の違いを際立たせることによって出てくる議論。しかし，近年の少子化傾向，国民生活の変化等に伴い，統合化，施設の共有化などが進められており，幼保一元化の問題等も含まれる。
 　　　　　　　　　　　　　　　(山本真実)

ヨーク隠遁所〔The Retreat York〕　18世紀後半，クエーカー教徒のチューク(Tuke, W.)によってイギリスのヨーク市につくられた精神障害者のために人道的で開放的な処遇を行った画期的な施設。当時イギリスの精神病院では患者が藁の上で鎖につながれ，十分な食事も与えられず，不潔なままにおかれていたという。この人道的施設は，代々にわたって子孫に受け継がれ，英米の精神病院のモデルとされた。→チューク 　　　　　　　　　　(丸山晋)

抑圧　フロイト(Freud, S.)が明らかにした自我の基本的な防衛機制。意識に受け入れがたい観念表象や記憶，それに伴う情動や衝動を意識から追い出し，さらにそれらが再び意識に侵入するのを防ぐ無意識的な自我の防衛をいう。しかし，この抑圧された無意識内容は決して消滅せず，無意識内でその力を保ち，神経症症状として形を変えて現れてくる。このようにすべての神経症的防衛機制は抑圧が基礎にあり，精神分析療法ではこの抑圧を緩和し，無意識内容の意識化が可能となって，症状が解消されるとしている。1893年には抑圧と防衛を同義に用いていたが，1926年には抑圧は防衛機制の一つとされた。抑圧は，意識的に働く抑制とは区別される。→防衛機制 　　　　　　　　(清瀧健吾)

抑制　⇨拘束

欲求〔need〕　生活体（行為主体）が，生命体としての機能および生活営為を平衡維持していくために充足しなければならない諸要件のこと。ニーズ，要求ともいわれる。欲求には，大別して，睡眠や排泄，空腹，苦痛回避，性的快楽など，動因・衝動(drive)，衝撃(impulse)，本能(instinct)といった生理的・生得的な起因としての一次的欲求と，親和や依存，承認，支

配，攻撃，安全，達成など，社会的・後天的起因としての二次的欲求とがある。これら諸要件が充足されない場合，生活体は緊張状態（フラストレーション）下におかれることになる。なお欲求は，それに基づき生活体に特定の行為を発現させる内的起因となる動機 (motive) や，外的起因としての誘因 (incentive) ないし刺激 (stimulus) とは区別される。　→動機

(土屋淳二)

欲求段階説　マズロー (Maslow, A. H.) の説で，人間において最も基本的な生理的欲求から最も発達した自己実現欲求に至るまでにいくつかの欲求があり，それらは五つの段階または水準を構成していて，全体として階層になっているというもの。欲求の階層説ともいう。第1段階は生理的欲求，第2段階は安全の欲求，第3段階は愛と所属の欲求，第4段階は自尊の欲求，第5段階は自己実現の欲求で，どの欲求も前の段階の欲求がある程度充足されるとき，より高次の欲求が起きてくるという。第4段階までは何かが不足した状態での欠乏動機であるが，第5段階の自己実現の欲求は自己達成や無上の喜び等への成長動機になっている。　→マズロー

(清瀧健吾)

予防給付　日常生活を営むのに支障があると見込まれ，要介護状態となるおそれがある要支援者に対する保険給付。①居宅支援サービス費，②特例居宅支援サービス費，③居宅支援福祉用具購入費，④居宅支援住宅改修費，⑤居宅支援サービス計画費，⑥特例居宅支援サービス計画費，⑦高額居宅支援サービス費，の七つからなる。介護給付と比較すると，施設サービスと痴呆対応型共同生活介護が適応除外とされているが，個々の在宅サービス内容では厳密な差異はない（介護保険法第18条，第52条～第61条）。

(早坂聡久)

世論〔public opinion〕　社会生活の諸領域に生起する利害や関心事について，社会の成員が表明する集合的見解。現代社会における世論は，成員のほとんどが当該問題についての情報をマスメディアによる報道から入手せざるを得ないため，マスメディアの影響を強く受けている。そのため報道の内容は世論を大きく左右するが，受け手である成員が経験的な知識を基に報道を能動的に選択，解釈することを通してマスメディアの影響力を縮減することも可能である。　→メディア

(熊本博之)

四類感染症　「感染症の予防及び感染症の患者に対する医療に関する法律」（感染症法）では四類感染症は国が感染症発生動向調査を行い，その結果に基づいて必要な情報を一般国民や医療関係者に提供・公開することにより発生・拡大を防ぐべき感染症としている。感染症法は2003年10月に，対象疾患の追加と，類型の見直しが行われ，従来の四類感染症は媒介動物の輸入規制，消毒，ねずみ等の駆除，物件に係る措置を講ずることができるように，四類感染症と，従来どおり発生動向調査のみを行う五類感染症に分けられた。新しい四類感染症は動物，飲食物等の物件を介してヒトに感染し，国民の健康に影響を与えるおそれがある感染症（ヒトからヒトへの伝染はない）として定められており，全数届け出制である。　→感染症対策

(中村敬)

ら

ラードブルフ〔Radbruch, Gustav: 1878-1949〕　ドイツの法哲学・刑法学者。ハイデルベルク大学教授，ワイマール共和国司法大臣。新カント哲学を基礎に相対主義の法哲学を説き民主主義に深い理論的根拠を与う。法の理念は正義であり正義は「各人に彼のものを」与えるところの社会関係のなかに実現されるが，この社会がいかなるものであるべきかは多数の支持する見解によるべきとした。相対主義の観点から政治的確信犯に対し特別処分の必要を説く。

(池原毅和)

ライシャワー事件　1964年3月，駐日アメリカ大使のライシャワー (Reischauer, E. O.) 氏が，大使官邸玄関から車に乗ろうとしたところ，塀を乗り越えて侵入してきた統合失調症（精神

分裂病)の19歳の少年に刺されて負傷した事件。当時,1963年の精神障害者実態調査をもとに,発生予防から治療,社会復帰まで一貫した内容とする精神衛生法の全面改正が準備中であった。この事件が大きな社会問題となり,法改正にも社会防衛的視点から影響を与えた。結果的には保健所を地域精神保健行政の第一線機関として位置づけ,精神衛生相談員の配置ができること,保健所への技術指導等を行う機関として精神衛生センターを設けたこと,精神障害者通院医療費公費負担制度を設け,外来で精神障害者が容易に医療にかかれるようにしたこと,警察官,検察官等の精神障害者に関する通報・届出制度を強化したこと等が新たに盛り込まれた。精神障害者が医療から疎遠にならないように地域管理的内容が強化された反面,精神衛生センターや保健所での相談機能を設けたり,通院医療費の公費負担等のサービスが充実したことを忘れてはならない。　→精神衛生法

(鴻巣泰治)

来談者　⇨クライエント
来談者中心カウンセリング　⇨クライエント中心療法

ライヒ〔Reich, Wilhelm : 1897-1957〕　オーストリアのウィーンの精神分析医。1933年『Character Analysis (性格分析)』を刊行。この著書はフロイト (Freud, S.) の古典分析から現代精神分析への転回を方向づけた。マルクス主義と精神分析の統合を試み,革新的な性の解放論を唱えた。1934年オスロへ亡命の後,1939年アメリカへ亡命。以後オーゴン (orgone : ライヒが名づけた生命エネルギーで,宇宙に遍在し,認識可能と信じていた) 生命物理学療法の研究と普及に努めたが,法廷侮辱罪で逮捕,統合失調症 (精神分裂病) と診断される。1957年刑務所で死亡。

(熊田正義)

ライフイベント〔life event〕　人生上の出来事。どのようなライフイベントを,どの時機に (年齢で),またどのような順序で経験したかによって,その人のライフコースが形づくられる。その時代と文化によって規範化している通例的出来事 (教育の開始,進学,就職,結婚,職業からの引退など) と,必ずしも予期し得ない,偶発的・非通例的な出来事 (戦争,災害,失業,病気・事故など) に分けてとらえられ,またその経験に伴う困難が,ストレスとの関連で論じられることも多い。　→ライフコース,ストレス

(石原邦雄)

ライフコース〔life course〕　人が一生涯にわたってたどる道筋を指す。人々は各自がもつ主要な社会関係のそれぞれに,役割を担って参与するのであるが,ライフコースとは,加齢 (エイジング) のなかでの役割の移行と持続で表される経歴 (キャリア) の束としてとらえることができる。同一時期に出生 (あるいはその他の) ライフイベントを経験した人口集団である同一コーホートに属する人々は,歴史的,社会的,文化的な条件を共有しながら加齢していくので,類似のライフイベントとライフコースを経験する可能性が高い。ライフサイクルの概念が,斉一性や非歴史性を特徴とするのに対して,ライフコースは,歴史的・社会的文脈を強調するとともに,環境条件に規定されながらも,主体性・自発性を発揮しつつ形づくられる人生軌道をとらえようとするところに,違いがある。　→ライフイベント,家族周期,ライフサイクル,ライフヒストリー

(石原邦雄)

ライフサイクル〔life cycle〕　誕生から死に至る人生の周期のこと。各年代に応じて生物学的,心理的,社会的変化に個人が適応し,成長を遂げていく過程をいう。エリクソン (Erikson, E. H.) は精神分析学にライフサイクルの概念を導入し,ライフサイクルを暦年齢的な発達と社会同一性の発達をもとに8段階に分け,それぞれの発達段階における中心的課題を示し,その葛藤が問題を起こす原因であるとした。精神障害の発症年齢や問題行動の発生には年齢依存性があり,胎児期,乳幼児期,学童期,青年期,成人期,老年期には,概ねそれぞれのライフサイクルに応じた社会活動の場が存在するため,ライフサイクルを念頭に心の健康づくり対策や精神障害者の生活支援に取り組むことは実際的な考え方である。　→ライフコース

(竹島正)

ライフスタイル〔life-style〕　個人や集団の

生活や生き方を規定する価値観とそれに基づく全体的な行動のパターンを，特にその差異性に注目して表す概念。特定の地域社会，社会階層，職業集団などに属する人々が共有する「生活様式」や「(下位)文化」という概念と区別しにくいが，ライフスタイルという概念には受動的・無意識的に身につけるのではなく，より意識的に選択されるものという含意がある。消費生活，余暇・職業生活，家族生活との関連で使われることが多い。　　　　　　　　　　（野沢慎司）

ライプニッツ〔Leibniz, Gottfried Wilhelm: 1646-1716〕ドイツのライプツィッヒに生まれた。政治家，外交官であり，17世紀のさまざまな学問を統一し，体系化しようとした。心身論（心と身体の関係をどう考えるかという問題）で，知覚内容に還元する唯心論を唱えた。モナド論（monadologie）では，世界を映すモナド（単子）間の差別は表象を意識する明晰判断の度に従って意識された表象から，意識に上がらない表象，つまり無意識表象に至るその程度の差によって決定されるといい，微小知覚ないし微小表象の語によって無意識表象をあらわし，この微小知覚が集合すれば意識をなすことができると考えた。　　　　　　　　　　（清瀧健吾）

ライフヒストリー〔life history〕生活歴やケースヒストリーともいわれる。クライエントの出生から現時点までの，生育歴，学歴，職歴，結婚歴，家族歴，既往歴，通院歴，入院歴などを時間的経緯に沿って記録したもの。本人および本人をよく知る人から聴取される。援助実践の場面では，クライエントの社会的・客観的な側面と本人の主観的な側面の双方から調べることによって，ワーカーが現在のその人となりや言動，問題の性質などを理解し，説明する資料とするとともに，得られた資料を検討して今後の援助や処遇，治療の指針を立てる。ライフヒストリーを聴き取ることは非常に重要であるが，個人のプライバシーに関わることであり，ワーカーは信頼関係を失うことがないよう，本人の了解と協力を得た上で，秘密保持および受容的な態度で対応することが必要である。　→家族歴　　　　　　　　　　（阪田憲二郎）

ライフライン〔lifeline〕人間の生命や社会生活維持に直結した，上下水道や電力・ガス供給施設，道路・交通施設，電気・通信施設などをいう。現代社会はこれらのライフラインに大きく依存しており，地震，火山，風水害などの自然災害により，一度その機能が低下すると市民生活や経済活動に大きな影響を及ぼす。阪神・淡路大震災では，交通手段の途絶により精神障害者の通院が困難となり，被災地の保健所に設置された精神科救護所が大きな役割を果たした。　　　　　　　　　　（阪田憲二郎）

ラウントリー〔Rowntree, Benjamin Seebohm: 1871-1954〕イギリスのヨークのココア・チョコレート製造業者の子として生まれ，後に父の事業を引き継いだ。ブース（Booth, C. J.）のロンドンでの貧困調査に刺激され，1899年にヨークで，栄養学や家計支出に基づく2種類の貧困線（「肉体的能率を維持しうるだけの収入」と「収入が他へ支出されなければ十分維持しうる収入」）を用いて貧困の実態と原因を調査した。さらに1936年と1950年にも同様の調査を実施した。その成果は，『Poverty, A Study of Town Life（貧困―地方都市生活の研究）』(1901)，『Poverty and Progress（貧困と進歩）』(1941)，『Poverty and the Welfare State（貧困と福祉国家）』(1951)にまとめられている。　→ブース　　　　　　　　　　（北場勉）

ラカン〔Lacan, Jacques: 1901-1981〕フランスの精神分析学者でラカン派（パリ・フロイト学派）の創始者。哲学から精神医学に転じ，1932年頃から精神分析家として出発し，1945年からラディカルなフロイト論者として多彩な活動を展開した。1950年代頃からは犯罪学，言語学，文学，哲学へと執筆活動を広げ，フランスの思想界における特異な存在として知られるようになる。フロイト（Freud, S.）の理解には，ソシュール（Saussure, F.）の言語理論を借りる必要があるという。　　　　　　　　　　（清瀧健吾）

ラセーグ徴候〔Lasègue's sign〕坐骨神経痛の一徴候である。仰臥位の患者の下肢を伸展したまま，検者の手で足を持ち上げていくと，健常人では股関節での屈曲が70°くらいまでは痛

みを生じない。しかし，患者では，70°以下で殿部から下肢背面の坐骨神経の走行に沿って痛みが生じ，このために反射的に下肢を膝関節で曲げる。これをラセーグ徴候陽性という。
(中村敬)

ラッサ熱〔Lassa fever〕 「感染症の予防及び感染症の患者に対する医療に関する法律」で一類感染症に分類されている。ラッサウイルスによる感染症で，肝臓をはじめ多臓器が侵される。多彩な症状を示し，重症型では出血傾向が出現する。腎不全やショックで死亡することもある。わが国では1987年に1人の届出があったのみで，それ以降は感染者は出ていない。→一類感染症
(中村敬)

ラベリング〔labeling〕 ベッカー（Becker, H.）が逸脱行為を分析するために用いた概念。従来，犯罪，非行などといった逸脱行為は，貧困や家庭環境に原因があると説明されてきた。ラベリング理論では，逸脱行為を行っても社会的に認知される者とされない者がいる点に着目し，「不良少年」といったようなラベルがマイノリティやスラムといった特定の社会的属性をもつ社会的弱者に対して付与されること（ラベリング）こそが逸脱者をつくりだし，さらにラベルを貼られた当人がそのラベルに基づいて他者から扱われることによって「逸脱者」としてのアイデンティティを形成することを指摘した。
(麦倉泰子)

ラポール〔rapport〕 社会福祉援助関係の基礎となる基本的信頼関係をいう。クライエントが援助者を信頼し，防衛や抵抗を起こすことなく，肯定的関係で問題解決に参加できること，援助者もクライエントを受容し共感し，互いによい関係のなかで，協力していくことが援助関係においては不可欠である。信頼関係樹立のためには，専門家としての知識や技能に加えて，安定したパーソナリティも必要なので，援助者には絶えざる自己覚知が求められている。クライエントを理解し，感情や潜在能力に気づき，その能力を活用することができれば，クライエントはエンパワメントされていく。両者の間の意思の疎通性がよければ信頼関係が樹立されやすく，信頼関係があれば疎通性や協力関係がうまくいくという循環関係にある。クライエントを信じ，主体性を支持しながら，問題解決に向けて共に力を合わせていくことは，信頼関係にあってこそ可能であり，相互関係を促進させてくれる。
(内藤佳子)

ランク〔Rank, Otto：1884-1939〕 オーストリアの精神療法家。フロイト（Freud, S.）の高弟であったが，意志心理学を背景とした人間の創造力と意志の力を認め，その援助過程に重点を置く独自の治療理論を仮説に立てフロイトから独立した。この理論は，機能主義派による機能的アプローチ（functional approach）に影響を与え，タフト（Taft, J. J.）やロビンソン（Robinson, V. P.）らによって発展し，機能主義ケースワークの理論的な柱となった。また，ロジャーズ（Rogers, C. R.）のクライエント中心療法にも影響を及ぼした。
(平林恵美)

ランゲ〔Lange, Carl George：1834-1900〕 デンマークの生理学者。ジェームズ（James, W.）の『Principle of psychology（心理学原理）』(1890)の発表の2年後，同じ説を発表した。身体的変化（自律的覚醒）が感情に先行するという末梢起源説を提唱。表情筋や内臓活動にあらわれる身体的・生理的変化が意識的な情動を解発するという。例えば泣くから悲しい，ふるえるから怖いなどとするもので，ジェームズ・ランゲの法則として知られる。
(清瀧健吾)

り

リーガルモデル ⇨メディカルモデル／リーガルモデル

リースマン〔Riesman, David：1909-2002〕 アメリカ・フィラデルフィア生まれの社会学者。ハーバード大学にて法学博士号取得（1934）後，法律実務家としてしばらく活躍し，その後シカゴ大学を経て（1946-1958），ハーバード大学で教鞭をとる（1958-1980）。大衆社会におけるア

メリカ人の社会的性格を扱った『The Lonely Crowd: A Study of the Changing American Character（孤独な群衆）』(1950)は，現代社会批判として大きな反響を呼んだ。社会学だけでなく，法律学，政治学，教育学，社会心理学などに精通し，文明批評家としても活躍した。
(土屋淳二)

リーダーシップ〔leadership〕 組織や構造化された集団において，グループの維持，展開，発展，目標達成に向けて，グループメンバーに影響を与える一連の過程をいい，その役割を中心的に果たす人をリーダーという。ベールズ（Bales, R. F.）らは，リーダーが有する目的達成機能と集団維持機能をリーダーシップの二つの機能と呼んだ。レヴィン（Levin, K.）によるリーダーシップ類型の実験的研究は，グループ・ダイナミックス理論を生みだした。リピッド（Lippitt, K.）らは「専制型」「放任型」「民主型」という3種類にリーダーシップのタイプ分けをし，各タイプのリーダーの下でのメンバーの行動を観察し集団運営の効果を比較した。日本におけるリーダーシップ研究は，三隅二不二によるPM理論の研究がある。Pはperformance（集団目的達成機能），Mはmaintenance（集団維持機能）の意味であり，P機能とM機能を軸とし，集団の生産性やモラールの研究を行った。精神保健福祉分野においては，メンバーのなかにリーダーが育ち，リーダーシップを発揮できるように支援することが，ソーシャルワーカーの基本的役割である。また，チーム医療におけるリーダーシップは，わが国の医師法では医師がとることに定められているが，実際の援助場面では，ソーシャルワーカーがリーダーシップをとる立場に立つこともある。
(三橋真人)

利益相反行為 法律上一定の関係にある者相互間において，一方にとって利益となる行為が相手方にとって不利益となるおそれがある行為をいう。利益相反行為が問題となる場合，法律が地位の弱い者の保護を定めることが多い。例えば，親権者と子の利益が相反する場合，親権者は代理権も同意権もなく，家庭裁判所が特別代理人を選任することになる（民法第826条）。また，後見人等と被後見人等の利益が相反する場合も同様である（第860条，第876条の2，第876条の7）。
(登坂真人)

リエゾン精神医学〔liaison psychiatry〕 コンサルテーション・リエゾン精神医学ともいい，精神科医や心療内科医，臨床心理士，看護師などが，他の診療科の医師から，一般身体疾患のために治療を受けている患者の精神状態や行動上の問題などについて相談を受け助言を行うコンサルテーション活動や，各種の医療スタッフ，患者，家族など治療に参加している人たちの相互関係がスムーズにいくように援助するリエゾン活動の基礎となる精神医学の一分野である。これは，アメリカでの力動精神医学の流れのなかから生じたもので，心身医学や行動医学とも重複するところが多い。具体的には，リエゾン精神科医などのコンサルタントが患者に直接働きかける場合(patient-oriented approach)，他診療科の治療スタッフに働きかける場合(consultee-oriented approach)，人間関係を調整したり治療状況を整備したりする場合(situation-oriented approach)があるが，いずれの場合も各職種のスタッフがお互いに協力し合うチームアプローチが重要になる。 →チームアプローチ
(大野裕)

理学療法〔physical therapy〕 身体に障害のある者に対し，運動療法・物理療法などの手段を用いて動作能力の回復や疼痛の改善を図る治療法。保存的治療（非手術的治療）や手術後の後療法には不可欠であり，リハビリテーション医学の重要な位置を占める。これを専門的に行うのが理学療法士（physical therapist: PT）である。運動療法は運動機能の改善や廃用症候群の予防などを目的とし，筋力維持・増強訓練，動きが悪くなってしまった関節の可動域の維持・改善，持久力の向上，日常生活動作の訓練などを行う。脳卒中の後に残った機能を生かす目的でも行われる。一人ひとりの機能を正しく評価し，それに応じた治療プログラムを作成する。 →作業療法，運動療法，物理療法
(松永智美)

理学療法士〔physical therapist：PT〕 「理学療法士及び作業療法士法」（昭和40年法律第137号）に規定される。厚生労働大臣の免許を受け，理学療法士の名称を用いて身体に障害のある者を対象に，医師の指示の下に，理学療法を行う者。最近の医学的リハビリテーションの発達は目覚ましく，身体障害者の社会復帰に大きな成果を上げている。主に基本的な動作能力の回復を図るため，治療体操等の運動を取り入れ，電気刺激，マッサージ，温熱等の物理的手段も加える方法をとる。　→理学療法　（濱田彰子）

リカバリー〔recovery〕 病気や障害によって失ったものを回復する過程であり，人生の新しい意味と目的をつくりだすことである。生物学的機能障害の消失よりも心理的・社会的目標達成による精神的回復（spiritual recovery）に重点が置かれる。健康などを回復すること，失ったものを取り戻すこと，医療では治癒と訳される。リカバリーの概念は当事者のもつ未来志向の観念とセルフヘルプ運動から生じた。この未来志向のとらえ方は，単なる治癒や依存物質を断つという意味を越えて，主体的に社会に生きるリカバリー活動として，近年関心を集めている。　→嗜癖における回復者，精神障害回復者　（浅井邦彦）

罹患率〔incidence (rate)〕 一定の人口集団において，ある期間に特定の疾患に新たに罹患した患者の割合を，その疾患の罹患率という。計算法は，一定の期間（通常1年）に観察された疾患の発生数を，観察期間の中間時点の観察集団の人口（曝露人口（population at risk））で割る。観察開始時点ですでに罹患した状態であったものは，発生数には数えないが，観察期間内に罹患して観察終了時点にもその状態であったものは，発生数に含まれる。罹患率とは疾患の発生率のことであり，罹病期間が短い疾患では，観察期間の等しい期間有病率とほぼ一致するが，慢性疾患で罹病期間が長期にわたる場合には，罹患率と有病率は大きく異なる。罹患率は疾患の疫学にとって重要なデータであり，疾患の発生リスクを探るために，さまざまな集団における罹患率が比較される。　（三宅由子）

力動精神医学〔dynamic psychiatry〕 力動精神医学とは精神現象の背後に働いている生物的，心理的，社会的な諸力をダイナミックに（力動的に）とらえようとする精神医学の方法をいい，フロイト（Freud, S.）が創始した精神分析理論を骨子として，マイアー（Meyer, A.）を中心とするアメリカ精神医学が統合し発展した。精神現象の客観的観察と記述を旨とする記述精神医学に対比される。広い意味での力動精神療法には，精神分析療法をはじめ，短期精神療法，集団精神療法などが含まれる。現代精神医学における精神現象の理解は，精神薬理学，生化学，形態学，遺伝学などの生物学的精神医学領域が主潮になってきているが，精神症状の把握と洞察において記述的方法と力動的解釈はともに相補い今も大きな役割を果たしている。　→記述精神医学　（池田良一）

離婚　婚姻の法的解消を離婚という。戦後減りつづけていた離婚率は1960年代以降上昇傾向に転じ，その後多少の変化はあったものの，上昇傾向にある。結婚5年未満の離婚件数が常に一番多いが，近年，結婚20年以上の離婚件数が目立って増加している。両者の合意の下で離婚届を提出すれば離婚が成立する協議離婚が全離婚の9割と多く，その他は協議が成立しなかった際に家庭裁判所が関与する調停離婚，さらに調停が成立しなかった際に裁判所が判決などを下す裁判離婚である。調停申し立て理由は，夫妻いずれからの申し立てにおいても，「性格の不一致」や「異性関係」が多いが，妻からの申し立て理由においては，「暴力」も多い。日本の裁判所は，有責配偶者からの離婚請求を認めない立場をとってきたが，1987年に最高裁判所は，その長年の判例を変更し，有責配偶者からの離婚請求を認める判決を下した。

（吉田あけみ）

リスボン宣言〔Declaration of Lisbon on the Rights of the Patient〕 1981年，ポルトガル・リスボンで開かれた第34回世界医師会（WMA）総会において，「患者の権利に関するリスボン宣言」は採択された。さらに1995年，インドネシア・バリ島における第47回総会で

は，医療のどのような治療段階においても，患者は他の医師の意見を求めることができる権利や，カルテに記載された自身の情報を知る権利などを加え大幅に改訂した。そして医師は，権利の保障あるいは回復のために適切な手段を講じなければならないことが確認された。

(平林恵美)

リセツルメント〔resettlement〕 リハビリテーションの最終段階として，地域への居住復帰，地域生活復帰，職場復帰あるいは就労して自立した生活を達成する過程をリセツルメントという。リハビリテーションは機能的な回復過程に焦点をあてるのに対し，リセツルメントは社会生活の取り戻しの過程に強調度を置いた用語である。セツルメント(settlement)とは一定期間その地域に定住することを意味し，古典的な救貧活動において教会側の圧力に抗してある地域に貧困者が定住する一つの運動から発している。　→セツルメント　　　(浅井邦彦)

離脱症状〔withdrawal symptoms〕 ある物質を反復的に使用し身体依存が形成されているときに，その使用を中止することにより出現する病的な症状を，離脱症状，退薬症状，または禁断症状と呼ぶ。また逆に，離脱症状の出現は身体依存形成の指標になる。身体依存を生じる代表的物質としては，アルコール，モルヒネ，バルビツレート酸系薬物（ベンゾジアゼピン系抗不安薬・睡眠薬を含む）がある。アルコールの離脱症状としては，アルコール振戦，けいれん発作，振戦せん妄がよく知られている。モルヒネの離脱症状は，「自律神経の嵐」と呼ばれる自律神経を中心とする神経系のほとんどすべてに及ぶ激しい症状で，交感神経，副交感神経がともに興奮し，あくび，くしゃみに始まり流涎，流涙，鼻漏，発汗，散瞳，立毛，充血，悪心，嘔吐，体温上昇，呼吸数増加，血圧上昇，脱水症状が認められ，四肢，全身の筋けいれん，全身痛が起こる。また，精神面の離脱症状として激しい苦悶，興奮状態を呈し，易刺激・易怒的となり，ひたすらモルヒネの投与を求める。バルビツレート酸系薬物の離脱症状は，リバウンド現象，全般けいれん発作とせん妄が主なものである。　　　　　　　　　　　　(池田良一)

リチウム〔lithium〕 気分安定薬(mood stabilizer)，抗躁薬(anti-manic drugs)として，炭酸リチウム(内服薬)，塩化リチウム(注射剤)が用いられる。リチウムイオンそのものが薬効を発揮する。血中濃度有効域が狭く，維持濃度としては $0.4\sim0.9\mathrm{mEq}/l$ で用いられ，$1.5\mathrm{mEq}/l$ 以上で中毒症状が発現し，$3.0\mathrm{mEq}/l$ を超すと死に至ることも多く，投与初期や腎障害などの身体疾患出現時には血中濃度の測定が不可欠である。自殺目的などの過量服用に対しては最も注意を要する薬物である。　(池田良一)

リッチモンド〔Richmond, Mary Ellen：1861-1928〕 ボルチモアCOS（慈善組織協会）の事務員として社会事業に入り，以降専任のソーシャルワーカーとして活躍した。COSでの慈善活動を科学化・体系化することに努め，ケースワークを社会改良的な環境改善の一方法として体系化した。著書に『Social Diagnosis（社会診断）』(1917)，『What is Social Case Work？（ケースワークとは何か）』(1922)がある。ケースワークの母と称され，1960年代後半ケースワークが心理主義に傾倒し，社会問題や生活問題から遠ざかっていた時代に，パールマン(Perlman, H. H.)等によってケースワークの社会的視点や社会改良的視点を取り戻すために「リッチモンドに帰れ」と問いかけがなされた。わが国でのリッチモンド研究は，『リッチモンドの思想と生涯』(小松源助)によるところが大きい。　→友愛訪問，慈善組織協会，ケースワーク

(西澤利朗)

リバーマン〔Lieberman, Robert Paul：1937-〕 アメリカのカリフォルニア州立大学ロサンゼルス校の精神科教授。行動療法から入り，認知療法と行動療法を組み合わせた独自のSSTを発展させた。今日わが国でも全国的に流布している。その理由は，実施しやすく，成果を得やすく，効果を確認しやすいことなどによる。研修はSST普及協会などを通じて行われている。　　　　　　　　　　　　(丸山晋)

リバウンド現象〔rebound phenomenon〕 薬物離脱症状の一つ。「反跳現象」あるいは「跳ね

返り現象」ともいう。使用中の向精神薬を中断する際に認められるが、とりわけ睡眠薬の服用を中止するときに顕著に認められる。睡眠薬の急な服用中止により出現する不眠を「反跳性不眠」と呼ぶ。バルビツール系睡眠薬およびベンゾジアゼピン系睡眠薬の長期服用はレム睡眠を抑制し、またノンレム睡眠のうち第3、4段階の深睡眠を減少させることが多い。急な中止によりノンレム睡眠が減少し入眠障害、途中覚醒を生じ、また第3、4段階の深睡眠とレム睡眠が急激に増加（反跳増加）し、特にレム睡眠の増加により夢が増え悪夢をきたすことが多い。正常に復するまで数週間を要することがある。したがって睡眠薬を中止するときは急激に行わず、漸減しながら中止する。睡眠薬以外では、抗不安薬、アルコール、三環系抗うつ薬などによっても生じることがある。　→睡眠薬

(池田良一)

リハビリテーション〔rehabilitation〕 リハビリテーションの理念は「ノーマライゼーションと社会参加」ということができる。もっと平たくいえば「障害者であっても、健常者同様、あたりまえの人間としての尊厳を有し、権利を享受し、社会生活や家庭生活を営めるようになる」ということである。これを復権・平等・連帯と整理することもできる。リハビリテーションを、アメリカの全国リハビリテーション評議会は「障害者が身体的・心理的・社会的・職業的・経済的有用性を最大限に回復すること」(1941年)と定義し、WHO (1968年) は「障害によって失われた機能的能力を可能な限りの最高レベルに達するように個体を訓練あるいは再訓練するため、医学的・社会的・教育的・職業的手段を併せ、かつ調整して用いること」としている。リハビリテーションの対象は障害である。WHOは、1980年にICIDH(国際障害分類)を定め、障害の三つのレベルを規定した。機能障害(impairment)、能力障害(disability)、社会的不利(handicap)がそれである。そのことによりリハビリテーションによるアプローチに焦点づけが容易になった。なおこの国際障害分類は、2001年新たに改定された。ここでは能力障害が活動に、社会的不利が社会参加になっている。リハビリテーションの向かうべき方向を指しているともいえる。上述の定義はリハビリテーション一般の定義である。精神科リハビリテーションの定義としては、次のようなものがある。「精神障害に伴う重度の社会的原因を明らかにし、予防し、最小にすると同時に、個人が自らの才能を伸ばし、それを利用して、社会的役割の成功を通して自信と自尊心を獲得するのを助ける過程である（ウィング(Wing, J. K.)とモリス(Morris, D. B.), 1981)」「長期にわたり精神障害を抱える人が専門家による最小限の介入で、その機能を回復するのを助け、自分で選んだ環境で落着き、自分の生活に満足出来るようにすることである（アンソニー(Anthony, W.)ら, 1993)」　→国際生活機能分類

(丸山晋)

リハビリテーション計画　リハビリテーション診断に基づいて、実践のための計画は作成される。入院中も地域での生活を視野に入れて、当面の課題を設定することが基本である。その際、優先順位の決定、目的の決定、計画の作成、介入の選択という手続きを踏む。技能訓練の計画について、高すぎる課題はストレスとなるし、低すぎると現状に留まってしまうため、家族や関係スタッフの協力を得ながら、適切な内容を検討しなければならない。自立した生活を念頭に置き、家族や近隣の理解と協力、社会資源の利用と開発を計画に盛り込む。心理教育プログラム、デイケアや授産施設・作業所の利用、就労援助等、状況によって多様な計画が考えられる。作成されたリハビリテーション計画は実行中、定期的に見直され、柔軟に調整・変更されなくてはならない。本人の生物的・心理的・社会的状態を多面的に考慮し、最適なアプローチを行うことが必要である。計画の策定や見直しは、本人も共に関わることで、個別性やニーズに合致した計画に近づけるし、実践への積極的参加を期待できる。　→アセスメント

(青井美奈子)

リハビリテーション法（アメリカ）〔The Rehabilitation Act〕 1920年にアメリカで制

定された職業リハビリテーション法（スミスフェス法）は，主に戦傷による身体障害者の医学的リハビリテーションと職業リハビリテーションに重点が置かれた。1943年改正で知的障害，精神障害者も対象に加えられた。1973年には抜本的改正が行われ，障害の種別，程度に関係なく重度障害者を含むすべての障害者がこの法の対象となり，名称がリハビリテーション法に改められた。1978年改正では，民間活動であった障害者自立センターが制度化されるなど，今日の自立生活運動や統合的リハビリテーション理念の基礎となっている。　→職業リハビリテーション法〔アメリカ〕　　　　　（森澤陽子）

REHAB（リハブ）〔Rehabilitation Evaluation Hall and Baker〕1983年にベイカー（Baker, R.）とホール（Hall, J. N.）により，イギリスで開発された精神障害者の社会生活機能評価のための行動評定尺度である。本尺度の開発目的は，「病院などで生活している人のなかから，グループホームなどより保護の少ないところで生活できる可能性の高い人を見いだす」ことである。このほかにも，精神障害者のリハビリテーション過程における諸段階において用いられ，「ある病棟の入院患者や，デイ・ケア利用者の特徴を明らかにする」場合などに有用である。評定項目は，23項目（逸脱行動7項目，全般的行動16項目）で，1週間の行動観察が可能なところであれば，施設の種別を問わず評定可能である。評定者は，直接ケアを行う職員が想定され，必ずしも専門職である必要はないが，本尺度の使用法についてマニュアルに基づいたトレーニングを受ける必要がある。日本では，1994年に精神病院から地域社会へという動きを一層促進するために日本語版が作成され，信頼性・妥当性についても満足すべき結果が得られ，標準化されている。病院，デイケア，社会復帰施設などのリハビリテーション場面で用いられることが多い。　　　　　　（山下俊幸）

リビドー〔libido〕フロイト（Freud, S.）の精神分析理論のなかで用いられた性的エネルギーの概念。人間に生得的にそなわった本能エネルギーで，発達とともに成熟し，発達段階（口唇期，肛門期，男根期，性器期）に対応した快感刺激帯，充足の目標・対象をもつ。直接満足で解消されるか，昇華によって間接的に解消されるが，欲求挫折の際はうっ積して緊張・不安を生じ，抑圧されると，神経症の症状形成や性格形成のエネルギー源となる。　→フロイト（Freud, S.）　　　　　　　　（清瀧健吾）

リフレーミング〔reframing〕ヘイリー（Haley, J.）とジャクソン（Jackson, D. D.）が心理療法で最初に用いた，否定的な意味を肯定的なものに変えるために使われる技法である。行動の意味をリフレームすることで個人や家族が新しい見方をつくり上げることを奨励し，その結果，認知の再構成がなされ，新しい選択肢を見つけ始める。同じ行動を違った観点から肯定的に見ることで，意味づけが変わり，対処方法を変えられるように助けることである。リフレーミングは非常に強力なコミュニケーションの道具である。　→家族療法
　　　　　　　　　　　　　　　（金田迪代）

療育　当初は肢体不自由児にとって必要な治療と教育を総合的に示した概念として高木憲次により提唱された用語である。現在では，広く心身障害児の治療と教育の統合形態を指すようになっている。慢性疾患をもつ病児や重度の心身障害児のように，継続的な医学的治療と並行した教育を必要とする場合だけでなく，知的障害児への発達支援的な指導・訓練や情緒障害児への心理治療や生活指導なども療育に含まれる。治療教育を縮めて療育という場合もある。また，療育や治療教育の目的が，障害児の自立や社会参加におかれている点ではリハビリテーションと同義でもある。療育の有効性を踏まえると，できるだけ早期に障害を発見し，早期に療育を開始することが重要であり，児童福祉や母子保健分野における健診制度は早期発見・早期療育の確立を目指して諸制度が整備されてきている。また，ノーマライゼーションの考え方から，障害児（者）も可能な限り在宅で，あるいは地域で生活できるようにすることを目的に，通園（デイサービス）形態による療育事業や施設による地域療育事業の充実が図られてい

る。　→高木憲次　　　　　　　（近藤洋子）
両価性　⇨アンビバレンス
利用契約　福祉サービスを受けるとき，利用者とサービスの提供者である事業者とで結ぶ契約のこと。利用者が自らサービスを選択し，利用者と事業者が対等な関係をもつことを目的としている。精神障害者社会復帰施設は第二種社会福祉事業としての位置づけで，利用契約制度をとってきた。他の障害については，行政の責任でサービスの利用者を決定し，必要なサービス内容も決定する措置制度をとっていた。2000年の社会福祉事業法の改正で，措置制度を見直し，利用契約制度が導入された。社会福祉基礎構造改革の流れのなかで，利用者の自己責任により福祉サービスを選択・契約する仕組みに変化している。自由に選択できることは利用者にとってよいことである反面，サービスを提供する事業者が不足している場合等，結果的に利用者が自由に選択できない状況が起こり，利用者に不利益をもたらす可能性も高い。　→措置制度
　　　　　　　　　　　　　　　　（檜山うつぎ）

利用者　⇨コンシューマー
量的データ　⇨質的データ／量的データ
寮父　⇨寮母／寮父
寮母／寮父　主に児童，高齢者，障害者等の入所施設における利用者の生活場面で必要な食事，入浴，排泄，衣服の着脱や移動などの介護サービスの中心的担い手のことであり，「介護職員」とも呼ばれる。近年，介護保険制度が施行され，利用者ニーズの把握・調整，支援計画の作成やその評価といった専門的知識が要求されるようになり，介護福祉士の資格を有する人が求められるようになってきている。　→介護福祉士
　　　　　　　　　　　　　　　　（広畑圭介）

療養型病床群　⇨療養病床
療養給付　⇨療養補償給付
療養の給付　医療保険の被保険者に対し，業務外の傷病について，保険医療機関・保険薬局（以下，「保険医療機関等」という）において現物給付される医療のこと。対象および内容は療養の給付と同じであるが，近くに保険医療機関がなかった，海外で医療を受けたなど，例外的な場合にだけ，現金給付である療養費の支給となる。被扶養者に対しては，健康保険法の条文上は現金給付である家族療養費の支給となっているが，便宜上，療養の給付となっている（国民健康保険の場合は，家族も，世帯主と同様に被保険者である）。療養の給付の対象となっているものは，①診察，②薬剤または治療材料の支給，③処置，手術その他の治療，④居宅における療養上の管理およびその療養に伴う世話その他の看護，⑤病院または診療所への入院およびその療養に伴う世話その他の看護，である。このほか，入院時食事療養費，特定療養費，訪問看護療養費，移送費，高額療養費などという給付がある。被保険者等が傷病の場合，被保険者証を保険医療機関等に提示し，定率の一部負担や，定額の一部負担，保険外負担（室料，歯科材料費など）を支払うことで，治癒するまで医療が受けられる。けんか，飲酒，故意の事故などによる傷病に関しては，給付制限される。業務上・通勤途上の傷病は，健康保険ではなくて労災保険が取り扱う。　　　　（松渓憲雄）

療養費　医療保険において，保険者が療養に関する給付を，直接，被保険者に対して現金で支払う場合の給付費のこと。わが国の医療保険では，療養の給付という現物給付が原則となっている。療養の給付が困難であると認められたとき（例：近くに保険医療機関がない，就職したばかりで被保険者証が未交付）や，やむを得ず保険医療機関以外で診療を受けたとき（例：救急で担ぎ込まれたところが保険医療機関でなかった），国外で医療を受けたときなどの場合には，療養費の支給となる。本人が一時的に立て替え払いし，保険医にかかった場合を標準として事後的に保険者から返戻される。したがって，立て替えた全額が戻ってくるわけではない。コルセット・サポーター・義眼などの治療用の装具の費用，輸血の血液代，はり・きゅう，あんま・マッサージ，柔道整復師の治療も，保険者が必要と認めれば療養費が支給される。　→療養の給付　　　　　　　　　　　　（松渓憲雄）

療養病床　2000年の医療法の第4次改正により，一般病床，療養病床，結核病床，感染症

病床，精神病床の五つの区分に見直した。療養病床は，主として長期にわたり療養を必要とする患者を入院させるための病床で，人員配置は，医師48対1，看護職員6対1，看護補助者6対1，薬剤師150対1で，一般病床において必要な施設のほかに，機能訓練室，談話室，浴室が必置施設となっている。この改正までは，1992年の第2次改正以降，療養型病床群として制度化された医療施設として位置づけられていた。長期の療養を必要とするための病床人員配置および構造施設基準を定めているが，その内容はこれまでの療養型病床群と同じである。

（荒田寛）

療養補償給付　労働者が業務上負傷し，または疾病にかかって療養を必要とする場合，使用者はその費用で必要な療養を行い，または必要な療養の費用を負担しなければならない（労働基準法第75条）。労働者災害補償保険法は，この労働基準法に定める業務上の傷病等に対して，保険給付として療養補償給付を行う（労働者災害補償保険法第12条の8第1項第1号）。「療養給付」は，通勤途上災害の場合のそれを指す（第21条第1号）。内容も同一である。療養補償給付は，原則，療養の給付すなわち診察診療などのサービス支給である現物給付である（第13条第1項）。例外的に，現金給付としての療養の費用の支給が行われる場合もある（第13条第3項）。

（辻村昌昭）

リラクセーション〔relaxation〕　長時間続く心身の緊張は，自律神経系，ホルモン分泌系，免疫系などの生体のバランスを乱し，心身の不調をもたらす。その原因となる心身の緊張を緩和させること。具体的な技法としては自律訓練法，漸進的弛緩法，バイオフィードバック，ヨガ，座禅，瞑想気功などが知られている。その本質は大脳への求心性のインパルスを減少させることにある。太古の昔，獲物を攻撃するとき，あるいは敵から身を守るときに起こしていた敏捷に動くための反応は目，耳，筋肉などからの求心性インパルスによって引き起こされ，戦いがすんでほっと一息つくと求心性のインパルスは減少し，リラックスできていた。現代の間断の

ないストレスは心身の緊張だけを持続させてしまう。静かな場所，楽な姿勢，心的留意などを組み合わせて求心性のインパルスを減らし，ほっと一息ついた状態をつくりだすのがリラクセーションである。現代人のストレス緩和には効果的である。　→ストレス

（後藤敏）

リレーションシップ〔relationship〕　人と人との関係，結びつきをいう。社会福祉的関わりにおいては，相手との関係が重要な意味をもち，関係の質や深さにより，問題解決や変化成長の程度・内容は大きく影響を受ける。同じ言葉や働きかけが，関係性により異なる受け取られ方や予期せぬ結果をもたらすことがある。よい関係とは，相補循環的であり，互いの個性や主体性を尊敬しつつ影響を与え合う関係であり，望ましい変化に向けた協働作業における基本である。

（内藤佳子）

臨界期〔critical period〕　生物の発生分化や精神的機能の発達過程において，決定的に重要な時期のこと。この時期に外的な条件によって正常な発生や発達が妨げられると，個体に不可逆的な障害を残すことになる。一方，この時期に適切な刺激が与えられると発達に有効に作用することになり，感受性の高い時期，敏感期ともいわれる。例えば，妊娠12週以前の胎芽期は器官形成の臨界期であり，ウイルス，化学物質，放射線などの作用により先天奇形が生じることが知られている。

（近藤洋子）

リンケージ〔linkage〕　リンキングともいい，連結と訳される。ケアマネジメントの過程で，ケア計画の実施に向け多様な社会サービスの紹介・調整が行われる。その際，利用者のニーズを満たす社会資源（フォーマルおよびインフォーマル）に利用者をしっかり結びつけること。利用者とサービス機関との間で適切な支援契約が結ばれ実行されるように働きかける紹介援助・説明作業の技術である。これが有効に機能するためには，関連機関のネットワークが大切となる。

（三橋真人）

臨床心理士〔clinical psychologist〕　臨床心理査定，臨床心理面接・心理療法，臨床心理的地域援助，およびそれらの調査・研究に従事す

る者をいい，心理療法士，臨床心理技術者ともいう。領域は医療はもちろん，教育，保健，福祉，司法・矯正，大学や研究所などの専門機関・施設に従事している者も多く，開業や企業内で働く者もいる。1989年に文部省の認可の下に関係する16学会が協力して「日本臨床心理士資格認定協会」を設立し，主として臨床心理学系大学院の修士を出て1年以上の実地経験のある者，ならびに大学の心理学系の学部を出て5年以上の臨床経験のある者を対象に，試験と面接を行ってその資格を認定している。(清瀧健吾)

リンパ系 リンパ管によって連絡するリンパ節のネットワークである。リンパ節は，リンパ球が密に包まれた網状組織を形成しており，感染の原因となる有害な微生物を濾過し，攻撃して破壊する。頸部，腋窩，鼠径部のようにリンパ管が枝分かれする領域に密集している。リンパ液は，白血球に富んだ液体でリンパ管を流れる。胸腺，肝臓，脾臓，虫垂，骨髄，および喉の扁桃や小腸のパイエル板のような小リンパ組織も，リンパ系の一部であり，生体の感染に対する防御の役割を助けている。(中村敬)

隣保館 もともと地域福祉の源流である社会改良運動としてのセツルメント施設のこと。日本においてのセツルメント運動は1890年代に始まる。1920年代に，セツルメント運動として発展の方向と隣保事業として社会事業に組み入れる方向の二つの動きになった。隣保事業は，キリスト教や仏教系のものと，公立隣保館がこの年代に設立された。その後，農村隣保館なども広がった。戦後，隣保事業は，1957年の社会福祉事業法改正で，第二種社会福祉事業に追加された。1969年の同和対策事業特別措置法の下，同和地域に多数設置された。現在，地域の福祉のコミュニティセンターとしての隣保館は，福祉相談・青少年活動・学童保育・高齢者食事サービス・ボランティア養成・地域の調査活動などの事業に取り組んでいる。社会福祉施設として認可を受けている隣保館は，2001年時点で，1221施設ある。 →セツルメント
(小野敏明)

倫理綱領 専門職として職務を遂行するにあたっては，社会通念上の倫理だけではなく，職業上の専門性と関連した価値や倫理を身につけることが期待される。業務における基本的な価値基準や職業倫理を示し，専門職の職務における言動や態度・姿勢を方向づけるものとして明文化されたものが倫理綱領である。精神保健福祉士の倫理綱領としては，唯一の職能団体である日本精神保健福祉士協会が1988年に制定したものがある。 →日本精神保健福祉士協会倫理綱領
(井上牧子)

る

ルーマン〔Luhmann, Niklas：1927-1998〕ドイツの社会学者。リューネブルク生まれ。フライブルク大学・ハーバード大学に学ぶ。構造―機能主義社会学に独自の修正を加えた等価機能主義を提唱する。その後，神経生理学からオートポイエーシス理論を援用し，独自の社会システム論を構築した。社会システムは，コミュニケーションを通じて生成するシステムであり，外部環境に開かれている開放系であると同時に，環境との差異を自ら生みだす自己準拠的な閉鎖系であると主張した。主著に『Soziale Systeme（社会システム）』(1984)がある。
(杉本昌昭)

ルソー〔Rousseau, Jean-Jacques：1712-1778〕 スイスのジュネーヴに生まれ，30歳でパリに出て音楽家・哲学者・作家・教育思想家として活躍する。著書『Emile（エミール）』(1762)のなかで15歳から21～23歳までを青年期とし，男性または女性という性をもつ存在としての「第二の誕生」として規定した。この時期は感覚，知性，感情のすべての領域で，急激な成熟がみられると同時に，自己を確立し始め，社会との接触が始まる。性の目覚めは青年を危機に陥れるが，その克服を通して，人間性を発展させ強い統一的人格をつくる。このように社会的人間としての基礎を完成する時期とし

て，初めて青年期をとらえた。　→青年期

（清瀧健吾）

れ

令状主義　犯罪捜査において，国家権力が被疑者の身柄を拘束し，住居・書類・所持品等について侵入・捜索・押収をするためには，裁判所が発した令状によらなければならないことをいう（日本国憲法第33条，第35条）。国家機関による恣意的な捜査を防止し，人身の自由やプライバシー権を保障するために，裁判所による事前のチェックを必要としたものである。その趣旨を実現するため，令状の記載内容は具体的でなければならず，捜索場所・押収物の表示等は明確でなければならないとされている。

（登坂真人）

レイン委員会報告　1939年の全米社会事業会議第三委員会でレイン（Lane, R. P.）が委員長としてまとめた報告書。コミュニティ・オーガニゼーションを総合的・科学的概念にまで高めただけでなく，「ニーズ・資源調整」を体系的に示すとともに，ニーズ把握と資源開発に結びつけた調査技法を地域組織化と並んで発展させた。また，専門家を中心とした援助に住民参加の必要性を指摘した。コミュニティ・オーガニゼーション研究上の重要な文献である。　→コミュニティ・オーガニゼーション　（中島修）

レヴィン〔Lewin, Kurt：1890-1947〕ゲシュタルト心理学の創設期の心理学者。ドイツ生まれ。ベルリン大学教授であったが，1932年ナチスに追われ，1933年よりコーネル大学教授，1935年アイオワ大学教授，1945年以降マサチューセッツ工科大学，その他を歴任した。特に，情意・欲求の分野で場理論の導入と条件発生的分析を導入し，人格・社会心理学の面で貢献し，トポロジー（toptlogical）心理学，ベクトル（vector）心理学として成立させた。　→ゲシュタルト心理学

（清瀧健吾）

レクリエーション療法〔recreational therapy〕レクリエーションとは心や身体の疲れを休養や娯楽により回復することを目的に，楽しみとして自発的に行い，それ自体を目的に行われる活動と定義されている。レクリエーション療法は，人が自発的に楽しみ遊ぶことの効用を意識的に利用するために構造化したものである。広い意味で集団療法に含まれるが，療法として体系化されたものというより，レクリエーション本来の原則を生かした技法の総称である。レクリエーション療法は最初精神科領域で出現し，非言語的コミュニケーションによる表現手段が治療の手掛かりとされた。現在は身体的，精神的，社会的または情緒的な制約のある人々等幅広い対象に適切なライフスタイルの計画・維持・表現を援助する目的で行われている。日本レクリエーション協会は，1994年度より「福祉レクリエーションワーカー資格制度」を発足させ，社会福祉や保健・医療分野でレクリエーション援助の専門職を養成するシステムを確立し，福祉レクリエーションワーカーの有資格者が活動を開始している。

（丹野きみ子）

レスパイトサービス〔respite service〕欧米でその取り組みが始められたサービスで，障害児・者の家族を一時，介護から解放し休息の機会を提供することで在宅生活の安定や家庭機能の回復を図ることを目的とした公私のサービスの総称である。わが国では1976年ショートステイ事業（宿泊を伴うレスパイト）として，高齢者や障害者の分野で制度化され，1995年より児童分野にも拡大された。子育て短期支援事業は子育ての一次的責任が親にあることから，出産や病気などやむを得ないときなどに限定的に供給されているが，高齢者や障害者（障害児を対象とした児童短期入所事業も含む）の分野は家族の休息もその目的の一つになっておりサービス利用の理由は問われない。デイサービス型のレスパイトサービスとしては，一時保育促進事業とともに，近年は，保育所による通常の保育サービス自体も，障害児のレスパイトサービスや虐待する親のレスパイトサービスとして活用されるようになってきつつある。また，障害児

学童クラブや児童居宅生活支援事業，そして家庭生活支援員（ホームヘルパー）の利用などもレスパイトの効果が高い。　　　　　（西郷泰之）

レスポンデント条件づけ　レスポンデント条件づけの原型は，1927年ロシアのパブロフ（Pavlov, I. P.）の条件反射で，古典的条件づけ，S型条件づけ，パブロフ型条件づけともいう。彼は犬の唾液の研究中に，飼育者の足音で犬が唾液を分泌することに気づいた。ここでは，餌を無条件刺激，餌で生じる唾液分泌を無条件反射，新たに唾液分泌を起こさせるようになった足音を条件刺激，足音によって生じる唾液分泌を条件反射という。この場合，条件反射で環境状況に働きかけることはなく，受動的に反応している。これに対して，オペラント条件づけは条件刺激に対し新たな反応を習得し，反応の遂行によって報酬を得るので，環境に積極的に働きかけ満足を得て強化を受けているという違いがある。　　→オペラント条件づけ　（清瀧健吾）

劣性遺伝　メンデル遺伝病の遺伝様式の一つで，いずれかの親から受け継いだ遺伝子が，病気の遺伝子であっても，もう一つの遺伝子が正常であれば，病気を発病しない。しかし，2個の遺伝子ともに病気の遺伝子であれば病気を発症する。この遺伝様式を劣性遺伝という。劣性遺伝は常染色体性劣性遺伝と，X染色体に遺伝子があるX連鎖遺伝に分けられる。X連鎖遺伝では，X染色体が1本しかない男性では，X染色体上に病気の遺伝子があれば，発病するが，女性では2本のX染色体上に病気の遺伝子がなければ発病しない。血友病などで代表される。→メンデル遺伝病，優性遺伝　　　（中村敬）

レフ〔Leff, Julian Paul：1938-〕イギリスの精神科医で，現在はロンドン精神医学研究所教授。統合失調症（精神分裂病）を「脆弱性―ストレス」モデルに基づき，家族環境での感情ストレスに関する研究にCFI（Camberwell Family Interview）を用い，面接の際語られる言葉のなかで批判・敵意・巻き込まれの三つの項目のうちいずれかが高い値を示すハイEE（expressed emotion）の家族は，ローEEの家族と比べて患者の再発率が高いことを明らかにした。これが家族の心理教育の発展に影響を与えた。　→ストレス―脆弱性モデル，ハイEE
　　　　　　　　　　　　　　　　（平林恵美）

レム睡眠〔REM sleep〕急速眼球運動（rapid eye movement：REM）が出現し夢との関係が深い睡眠。その中枢は，脳幹部の青斑核複合体とその周辺にあることが明らかにされている。通常成人の夜間睡眠は，急速眼球運動を伴わないノンレム睡眠（Non-REM sleep）から始まり，約90分で最初のレム睡眠が現れ，その後ノンレム睡眠と交代しながら，約90分の周期でレム睡眠が出現する。成人では総睡眠時間の20～25％を占め，睡眠の経過に伴い持続時間は延長し，後半1/3においてはレム睡眠が約50％を占める。レム睡眠中の脳波は，ノンレム睡眠の最も浅い段階に似た低振幅パターンとなり，眼球ばかりでなく呼吸，血圧，脈拍等の自律神経系機能においても著しい変動を認める。また複雑な内容で鮮明な夢が高頻度に体験される等，脳内では活発な神経活動が生じているにもかかわらず，骨格筋の緊張や反射活動は抑制されているといった特徴が挙げられる。　　（林田健一）

連合国最高司令官総司令部〔general headquarters：GHQ〕第二次世界大戦後の日本における占領政策の一つとして公的な保護事業の指示および指導を展開した。そのなかに日本政府の「救済福祉計画」（1945年）に対する覚書（Scapin 755）で，今日の公的扶助の基本原則となる4条件を指示した。また内部機関に公衆衛生福祉部（Division of Public Health and Welfare）を設置して，生活保護制度の改革をはじめとする戦後日本の厚生行政の方向づけに役割を果たした。　　　　　　　　　（大月和彦）

連帯債務　⇨連帯保証／連帯債務

連帯保証／連帯債務　数人の債務者が同一内容の給付について，各自独立した全部の履行債務を負担し，一人または数人が全部の履行をすれば債務が消滅するものを連帯債務（民法第432条），保証人が主たる債務者と連帯して，主たる債務者の履行を担保するものを連帯保証（第446条，第454条）という。これらは，抵当権等の物的担保に対し，人的担保と称される。

(登坂真人)

ろ

老化 生物の一生のうち後半部（老年期）にみられる現象で生物の死につながるものである。いつから老人か，ということははっきり決まっているわけではない。しかし，老化を加齢としてとらえ，生物が生まれたときから老化が始まるとする考えもある。個体の老化は，個体を構成する単位である細胞の老化が根源的で，細胞レベルに起こった変化の総和である。これによる各種調整系の乱れが個体の老化の原因となる。老化は疾患ではないが，この現象は疾患のチャンスを増やし，死の確立を高める。老化は一般に生理的老化と病的老化に分けられる。生理的老化とは疾患がなく理想的環境におかれて，自然に老い死に至る現象である。　→病的老化，生理的老化
(堀智勝)

労災特別介護施設　労働災害の被災労働者に対する療養生活の援護の一つである。労災保険は，所定の保険給付のほか，労働福祉事業を行うことができる（労働者災害補償保険法第2条の2）。財源は，保険料収入が充てられる。この労働福祉事業には4種類がある（第29条第1項）が，労災特別介護施設は，このうちの一つ，被災労働者等援護事業として，全国に整備が進められているものである。労災により被災した高齢・重度の労災年金受給者で，家庭において適切な介護を受けることが困難な者に対し，その傷病，障害の特性に即した介護を提供する施設である。　→労災リハビリテーション作業施設
(辻村昌昭)

労災リハビリテーション作業施設　労災保険制度の労働福祉事業は，主として使用者の責任分野である労働災害予防，被災労働者およびその遺族の援護およびその社会復帰の促進を図るもの，労働者の安全衛生確保等のための事業，そして適正労働条件確保のための事業があるが（労働者災害補償保険法第29条第1項），この施設は，社会復帰促進をねらいとしているものである。労災（通勤途上災害を含む）による重度の脊髄損傷者および両下肢に重度の障害を受けた者を入所対象とし，生活指導や健康管理を受けながら軽作業を行い，その職業的リハビリテーションおよびその作業を行うことを通して，社会ないし職場への復帰を図ろうとするものである。入所資格あり。全国に8か所ある。
(辻村昌昭)

老人憩の家　地域の高齢者に対し，教養の向上，レクリエーションのために活用する場を提供することを目的とした利用施設である。老人福祉センターよりも小地域の高齢者を対象としていることから，施設の規模も小さく，集会室などが主な設備となっており，老人クラブの活動の場などとして利用されている。老人憩の家の設置および運営主体は市町村となっており，利用者は原則として60歳以上の者である。また，利用料は原則として無料。　→老人福祉センター
(久保美由紀)

老人介護支援センター　⇨在宅介護支援センター

老人休養ホーム　景勝地や温泉地などの休養地に設置されている利用施設であり，高齢者に対し休憩，宿泊，入浴，レクリエーション等に活用できる場を提供することを目的としている。全国に60か所以上の老人休養ホームが設置されており，原則としてその設置および運営は地方公共団体が行うこととなっている。利用者は，概ね60歳以上の者およびその付添人となっており，利用料は低廉な金額となっている。
(久保美由紀)

老人居宅生活支援事業　老人福祉法第5条の2に規定された，①老人居宅介護等事業（ホームヘルプサービス），②老人デイサービス事業，③老人短期入所事業（ショートステイ），④痴呆対応型老人共同生活援助事業（グループホーム）を指す。市町村が中心となって在宅福祉サービスの積極的推進を図ることなどをねらいとした1990年の福祉関係八法改正により，在宅三本柱として①から③の事業が規定され，さらに1997

年の改正により痴呆対応型老人共同生活援助事業（ただし実施は2000年4月）が加えられた。いずれも第二種社会福祉事業。これらの事業は，①訪問介護，②通所介護，③短期入所生活介護，④痴呆対応型共同生活介護として介護保険による保険給付の対象となる（ただし④は要支援者は対象にならない）。　→訪問介護，デイサービス
（西原香保里）

老人クラブ　同一小地域に居住する概ね60歳以上の高齢者が会員となり，自らの生活を健全で豊かなものにすることを目的とし，概ね50人以上で結成される自主的な組織である。1950年に大阪で結成されたのが始まりとされている。現在，ボランティア活動，生きがい活動，健康づくり活動，その他の社会活動など，年間を通じて恒常的・計画的に活動が行われており，今後は，高齢者の介護予防・生活支援につながる活動としても期待されている。　→介護予防・地域支え合い事業
（久保美由紀）

老人性痴呆疾患対策　老人性痴呆疾患対策はきわめて多岐にわたり，これを網羅することは容易ではないが，以下の点を挙げることができよう。①基礎医学対策(痴呆性疾患の原因研究，疫学的研究)，②臨床医学対策(精神科病院，老人病院，老人性痴呆疾患センター，身体的合併症に対する医療)，③在宅ケア対策(在宅介護支援センター，訪問看護，デイサービス，ショートステイ，食事・入浴サービス)，④施設ケア対策（介護老人保健施設，特別養護老人ホーム，グループホーム，その他の老人福祉施設），⑤看護・介護技術対策（専門家の養成，技術教育，介護機器の開発と充実），⑥医療介護費用対策（介護保険，老人医療費），⑦家族支援対策(呆け老人をかかえる家族の会)，⑧マンパワー対策（介護福祉士，介護支援専門員），⑨リハビリテーション・デイケア対策（理学療法士・作業療法士・言語聴覚士などのリハビリスタッフの充実，地域リハビリ教室，音楽療法），⑩権利擁護対策（成年後見制度，後見・保佐・補助の3類型，任意後見），⑪障害者の社会参加（当事者団体など），⑫社会全体の連携(痴呆性高齢者の徘徊に対する連携など)。少子高齢社会への突入とともに，老人性痴呆疾患対策の重要性がさらに増大することは間違いない。　→痴呆
（波多野和夫）

老人性痴呆疾患治療病棟　老人性痴呆疾患治療病棟は健康保険診療報酬上規定されているもので，その施設基準は以下のように定められている。①主として急性期の集中的な治療を要する老人性痴呆疾患患者を入院させ，病棟単位で行うものであること，②当該病棟の看護職員の数は，当該病棟の入院患者の数が6またはその端数を増すごとに1以上であること，③当該病棟の看護補助者の数は，当該病棟の入院患者の数が5またはその端数を増すごとに1以上であること。この老人性痴呆疾患治療病棟のほかに，老人性痴呆疾患療養病棟が規定されている。これは，①長期の入院を要する老人性痴呆疾患患者を入院させ，病棟単位で行うものであること，②同上，③同上，と定められている。これらの病棟は精神病院が有する病棟，病床を用いて設置されていることが多く，精神病院の老人病院化の一端を担っている面がある。　（池田良一）

老人デイサービス事業　老人デイサービスセンター等において，概ね65歳以上の在宅の要援護老人に対し，通所または訪問により各種のサービスを提供することによって，これらの者の生活の助長，社会的孤立感の解消，心身機能の維持向上等を図るとともに，その家族の身体的・精神的な負担の軽減を図ることを目的としたものである。この事業のこれまでの経緯をみると，1979年度の国のデイサービス事業の開始にさかのぼる。その後1981年度に在宅の寝たきり老人等に対する訪問サービス事業の実施，1986年度に通所サービス事業と訪問サービス事業を統合し，在宅老人デイサービス事業(1991年に老人デイサービス運営事業となる)となった。当時の事業内容は，基本事業（生活指導，日常動作訓練，養護，家族介護者教室，健康チェック，送迎)，通所事業(入浴サービス，給食サービス)，訪問事業(入浴サービス，給食サービス，洗濯サービス)であった。1989年度に事業内容を利用対象者の身体状況等により三つに類型化（A型・B型・C型）し，1992年度には

小規模型（D型）と痴呆性老人向け毎日通所型（E型）が追加された。地域や利用者のニーズに応えるべく，時間延長加算（1994年度），ホリデイサービス運営事業加算（1996年度），サテライト型デイサービス事業（1997年度）等が創設されたが，1998年度からは類型ごとの補助制度を廃止し，利用者の要介護度や利用実績に応じ補助を行う事業費補助方式へと移行した。2000年度からは介護保険下における居宅サービスの「通所介護」として新たな展開をしている。　→デイサービス，老人居宅生活支援事業

(鳥羽美香)

老人日常生活用具給付等事業　1969年に在宅老人福祉対策の一環として「日常生活用具給付等事業」が始まり，1990年に老人福祉法の福祉の措置として法制化された。65歳以上の要援護高齢者および一人暮らしの高齢者に対して日常生活用具を給付または貸与している。対象品目は，電磁調理器，火災警報器，自動消火器，老人用電話（貸与）である。介護保険制度の福祉用具貸与（車いす，特殊寝台等）や特定福祉用具の購入費支給（腰掛便座，特殊尿器等）に移行したものがある。市町村が実施主体であるが，利用者の利便を図るため，在宅介護支援センター等を経由して利用申請をすることができる。費用は生計中心者の所得に応じて利用負担額が決定される。

(内藤さゆり)

老人福祉施設　老人福祉法第5条の3に基づく老人福祉施設は，老人デイサービスセンター，老人短期入所施設，養護老人ホーム，特別養護老人ホーム，軽費老人ホーム（A型，B型，ケアハウス），老人福祉センターおよび老人介護支援センターの7種類である。なお老人福祉法の老人福祉施設として定められてはいないが，有料老人ホーム，老人休養ホーム，老人憩の家，生活支援ハウス（高齢者生活福祉センター）なども広義の老人福祉施設ととらえられる。また，介護保険制度の「痴呆対応型共同生活介護」である痴呆性高齢者向けグループホームを含む場合もある。

(都﨑博子)

老人福祉センター　老人福祉法による老人福祉施設の一つで，地域の高齢者への各種相談，健康増進，教養の向上，レクリエーション等のための便宜を総合的に提供するための利用施設。標準的機能をもつA型，保健関係部門の機能を強化した特A型，A型の機能を補完するB型の3種に区分されており，A型，特A型には浴場の設備もある。特A型は市区町村，その他は地方公共団体または社会福祉法人が運営をしている。利用料は原則として無料である。　→老人福祉施設

(久保美由紀)

老人福祉法〔昭和38年法律第133号〕　1963年7月公布。戦後の混乱，高度経済成長等による社会変動により，高齢者の生活は大きく変わった。所得保障として，すでに1959年に国民年金法が公布されていたが，さらに児童福祉法，身体障害者福祉法に続いて高齢者を対象とする法が必要であるという気運が当時の養老事業者などを中心に高まり本法が制定された。それまで広範囲でバラバラだった高齢者関連施策が統一され体系化された。「老人の福祉に関する原理を明らかにすること」と「老人の心身の健康の保持及び生活の安定のために必要な措置を講じることによって老人の福祉を図ること」が法の目的である（第1条）。高齢者は「多年にわたり社会の進展に寄与してきた者として，かつ，豊富な知識と経験を有する者として敬愛され」，「生きがいを持てる健全で安らかな生活を保障され（第2条）」，また，高齢者は「心身の状況を自覚し健康を保持し，知識と経験を活用して社会的活動に参加するよう努めること，また社会参加の機会を与えられるものとする（第3条）」が基本理念である。「国及び地方公共団体は，老人の福祉を増進する責務を有する」（第4条第1項）とある。高齢者の福祉のための単独法ができたことは評価されている。反面「老人」の定義がなされていない，高齢者の権利が明確に規定されていない，具体性に欠ける訓示的性格にとどまっている，との批判がある。老人医療費支給制度導入（1972年改正，1982年廃止），福祉関係八法改正により，市町村および都道府県への老人福祉計画策定義務付け（1990年改正）など改正を重ねている。1997年の介護保険法成立に伴い，高齢者のための中心的サービス

が介護保険法によるサービスへ移行した。「やむを得ない事由」で介護保険法に規定されるサービスを利用できない場合に限り本法に基づいて「福祉の措置」が適用されることになっている。
→老人保健法，介護保険制度　　　（山田知子）

老人訪問看護制度　高齢社会において在宅福祉を推進するには，在宅の寝たきり高齢者に対する訪問看護の必要性が明白となった。1992年の本制度実施に伴い，全国に訪問看護ステーションが開設され，在宅の寝たきり高齢者などに訪問看護サービスの提供を行う。介護保険制度実施後，訪問看護は老人保健法の医療保険によるものと介護保険法による介護保険で行うものとなった。　→訪問看護サービス　（宮崎牧子）

老人訪問看護療養費　在宅の寝たきり高齢者などで老人医療受給対象者である者が，主治医によって訪問看護の必要を認められた場合，主治医の指示により訪問看護ステーションから訪問看護サービスの提供を受けることができる。そのサービス費用の名称である。本療養費は，老人保健制度における医療等の給付の一つであり，市町村長から支払われている。また，利用者には原則1割（一定以上の所得がある場合は2割）の利用料負担がある。　→訪問看護療養費　　　　　　　　　　　　　　（宮崎牧子）

老人保健拠出金　老人保健制度のために各医療保険者が拠出する費用のこと。国民すべてが公平に老人医療費を負担することをねらっている。発足当初（1982年度）は，老人医療費のうち自己負担を除く部分の30％は公費で，残り70％を保険者負担とし，保険者負担のうちの50％を医療費按分方式（各保険者ごとの老人加入率によって拠出金を負担する）で，残り50％を加入者按分方式（どの保険者も同じ老人加入率だと仮定し，全制度平均によって拠出金を負担する）で分担した。加入者按分方式のウエイトは，1986年度の老人保健法改正から逐次引き上げられ1990年度から100％となった。医療費按分方式によると，老人加入者の多い国民健康保険の負担が重くなるからである。なお，2002年度の改正により，公費の割合を毎年4％ずつ引き上げ，2006年10月から，公費（国4/12，都道府県・市町村各1/12），保険者とも50％ずつ負担することになっている。　　（松渓憲雄）

老人保健施設　⇨介護老人保健施設

老人保健福祉計画　1989年に福祉関係三審議会合同企画分科会が「今後の社会福祉のあり方」について意見具申を行い，同年12月には「高齢者保健福祉推進十か年戦略」（ゴールドプラン）が大蔵・厚生・自治3大臣合意で策定された。老人保健福祉計画はこの国のゴールドプランを地域レベルで具体化するため，老人福祉法と老人保健法の規定によって地方自治体に義務づけられたものである。1990年の福祉関係八法の改正に伴い，「住民に最も身近な市町村で福祉サービスをきめ細かく一元的に，計画的に提供するため」という目的をもっている。各地域のニーズにあった老人福祉サービスを具体的な数値を掲げて整備目標を設け，計画的，段階的に地域の福祉施策として展開していこうとするものである。また，老人福祉法と老人保健法の改正ですべての都道府県および市町村は，1993年4月から老人保健福祉計画を策定することが義務づけられた。そのため老人保健福祉計画の計画期間は1993年度〜1999年度とされていたが，2000年度からは，介護保険法の規定により，別に策定される都道府県による「介護保険事業支援計画」や市町村が策定する「介護保険事業計画」との調和をもったものとして新たに策定されることになった。　→高齢者保健福祉推進十か年戦略（ゴールドプラン），今後5か年間の高齢者保健福祉施策の方向（ゴールドプラン21）　　　　　　　　　　（中村律子）

老人保健法〔昭和57年法律第80号〕　本格的な高齢化社会への対応として，国民の老後における健康の保持と適切な医療の確保のために，疾病予防から治療，機能訓練に至る総合的な老人保健医療事業を提供するとともに，そのための老人医療費を国民が公平に費用負担することをねらいとして，1983年2月に施行された法律である。それまで医療費保障に偏りがちであった老人保健医療対策に対して，壮年期からの疾病予防や医療，機能訓練を含む総合的な対策が強調され，市町村が保健事業を実施する。この

保健事業とは「医療等（の保健事業）」と「医療等以外の保健事業」に大別され、各種の事業が定められている。「医療等」は、75歳以上の者、および65歳以上75歳未満の者で一定の障害を有することを市町村長により認定を受けた医療保険加入者を対象として、医療のほか、入院時食事療養費、特定療養費、老人訪問看護療養費（要介護者等以外の者）、移送費、高額医療費の支給があり、医療の給付は原則として保険医療機関で現物給付される。窓口での費用の一部負担は、2002年10月の改正により、外来ではかかった医療費の1割（一定以上所得のある場合は2割、1か月の外来限度額1万2000円、一定以上所得のある場合は4万200円）、入院ではかかった医療費の1割（一定以上所得のある場合は2割、ただし入院限度額まで）であり、世帯ごとに自己負担額を合算し、合算額が入院限度額を超えた額が申請により支給されることになった。一方、「医療等以外の保健事業」は、40歳以上の者を対象として、健康手帳の交付、健康教育、健康相談、健康診査、機能訓練、訪問指導の6事業があり、市町村が中心となって実施される。なお、1986年の老人保健法改正の際に創設された老人保健施設については、2000年4月の介護保険法施行により根拠法を介護保険法とする施設となった。
（馬場純子）

労働安全衛生法〔昭和47年法律第57号〕　労働者の生命と健康の保護を目的に、1972年に公布された。職場における安全と衛生を確保して、労働災害の防止と職場環境の改善を図るための基準を制度化したものである。安全衛生管理体制、労働者の危険または健康、障害を防止するための措置、機械および有害物に関する規制、労働者の就業にあたっての措置、健康管理、免許等、安全衛生改善計画等、監督等からなる。その施行は、労働安全衛生規則で定められている。
（松為信雄）

労働基準法〔昭和22年法律第49号〕　日本国憲法の「賃金、就業時間、休息その他の勤労条件に関する基準は、法律でこれを定める」（第27条第2項）との規定を受け、労働者の労働条件についての最低基準を定めた法律。法の施行機関として厚生労働省管轄の下に労働基準監督署が全国に配置されている。なお、労働環境の複雑化に伴い、労働災害、最低賃金、未払い賃金の確保、パート労働、労働時間短縮など本法周辺に多数の特別法が制定されている。　→最低賃金
（佐藤宏）

労働災害　現行の労災保険制度においては、業務災害および通勤災害を保護の対象としている。労災保険の業務災害に関する保険給付については、請求に係る災害が使用者と労働者との労働関係から生じたものであることを前提とする。そこで、業務災害とは、「労働者が使用者の支配下にある状態」に起因するものと定義できよう（いわゆる業務起因性。労働者災害補償保険法第7条第1項第1号）。加えて、どのような事実があれば、「業務遂行性」（労働者が労働契約に基づいて事業主の支配下にある状態）があるかというと、①所定の就業時間中の所定の就業場所での作業中、②作業中の関連・付随行為、③作業の準備中・後始末中・待機中、④休憩時間中の事業場施設内での行動中、⑤天災、火災に際しての緊急行為中、⑥出張途上、等があげられよう。厚生労働省の行政解釈において業務上の疾病と認定されるためには、「業務起因性」（業務と労働者の死傷病との間に因果関係（相当因果関係）が存在すること）と「業務遂行性」との「二要件主義」を採用している。しかし、前述①～⑥が認められる場合でも、必ずしも業務起因性が認められるとは限らない。傷病の具体的・直接的原因が問題となる。まず、第一に一般的な労働災害では、傷病の原因となる事故が、事業主の支配下にある状態に起因して生じ、この事故に起因して傷病が生じたものでなければならないとされている。この事故の態様には、物理的・化学的な外的作用のもの、心理的・生理的等によるもの等がある。したがって、仕事中といえども、個人的恨みなどによる暴行による被災には、業務起因性は認められない。負傷ではなく、疾病の場合には、負傷のようには簡単ではない。事故と疾病が絡み合うからである。つまり、疾病は、災害的出来事に媒介されないで発症する場合がほとんどである。しかも、そ

れは業務中に発症するとは限らない。脳血管障害は就業時間外（例：自宅）で発症することもあり、塵肺のごとく退職後に発生することもある。加えて、有害因子につき個人差がある。この場合は、事故が発病の唯一の原因である必要はなく共働原因（絡み合ういくつかの有力な原因）の一つであれば足りるとされている。しかし、たまたま事業主の支配下にある機会に発病した場合には、業務上の疾病とはいえないとされている。第二に、いわゆるアクシデント疾病以外の、いわゆる職業性疾病（長期間にわたる業務に伴う有害作用が蓄積して発病に至る）の場合がある。業務遂行性、業務起因性を判断することが困難なので、一定の業務に従事していた事実とその疾病の発生という事実は、業務起因性を推定できるように労働基準法施行規則別表第一の二に業務上の疾病の種類が例示されている。なお、別表上の疾病のみならず、いわゆる「過労死」（社会的用語）についても、多くの法的問題点があり、数次の通達が出されている。通勤途上災害の災害については、業務災害と認定されるものを除き、①通勤災害と認定されるものと、②①以外の私的な死傷病扱いとされるものとに分けられる。労働者災害補償保険法は、業務災害と通勤災害に保険給付を認めている（第12条の8、第21条）　　　　（辻村昌昭）

労働者災害補償保険　労働者災害補償保険法は、使用者を加入者とし政府を保険者とする強制保険制度によって、災害補償の迅速かつ公正な実施を行うために、1947年に労働基準法と同時に制定されたものである。いうまでもなく、この法の制度目的は、業務上の事由または通勤による労働者の負傷・疾病・障害または死亡に対して災害補償を行い、あわせて労働者の福祉に必要な施設をなすことを目的としている。しかも、この制度は、労働過程で生じた労働災害をどのように法的に救済すべきかというすぐれて近代資本主義の生成過程の問題や市民法の法原理との緊張関係のなかで形成されてきたものである。したがって、労働者保護法である労働基準法の生成原理と密接関係のもと当初の原理は考えられた。第一に、労働基準法は使用者の補償責任を、戦前の労働者扶助の制度とは異なり、明確にした。そして、労災保険はこの労働基準法の災害補償制度をより確実にするため保険制度によってこれを補完したものといえる。第二に、保険料は事業主（使用者）のみが負担する。このことにより、労災保険給付が行われると、使用者は、労働基準法の災害補償責任が免除となる。第三に、「業務上の事由」という要件が明らかになると、被災労働者および遺族は使用者の故意・過失を証明する必要はない。損害賠償は、定型、定額、定率方式である等の特質がある。ところで、この制度は発足当初、労働基準法上の災害補償と同じ内容・同一水準の補償しか規定しなかったが、1960年以降、独自の展開を遂げていった。例えば、その適用範囲は、①原則的に労働者を使用する全事業への適用（労働者災害補償保険法第3条）、②特別加入制度（例：一人親方）の設定（同法第4章の2）、と拡大された。また保険事故の面では、1973年12月1日よりの通勤途上災害制度の創設等がそうである。また、給付の面でも、当初の労災保険給付から、給付の年金化と傷病補償年金の新設、他の労働者との賃金スライド制の採用、給付基礎日額における最低額保障の設定や前払一時金制度の導入などが図られ、1986年には、年金たる保険給付（その後、1990年改正で長期療養者の休業補償給付・休業給付が加わる）について、年齢階層別の最低限度額や最高限度額が加わった。さらに、1995年の法改正により、介護補償給付・介護給付が設定された。このような労災補償制度のひとり歩き現象を「労災保険の社会保障化」と特徴づける論者も存する。なお、2001年4月1日現在労災保険給付には、療養補償給付・療養給付、休業補償給付・休業給付、障害補償給付・障害給付、遺族補償給付・遺族給付、葬祭料・葬祭給付、傷病補償年金・傷病年金、介護補償給付・介護給付および「第二次健康診断給付」がある。　→労働災害
（辻村昌昭）

労働保険審査会　労災保険給付の支給または不支給の決定は、労働基準監督署長が行う行政処分である（労働者災害補償保険法施行規則第

1条第2項・第3項)。この処分に不服がある場合には、被災労働者または遺族は、不服申し立てをすることができる。この手続は、審査請求（一審）とさらにその審査請求に対して行われた審査決定についての再審査請求の二審構造をなしている。前者は、各都道府県労働局におかれている労働者災害補償保険審査官に対して行い、後者は、厚生労働省に設置されている労働保険審査会がなす（労働者災害補償保険法第38条第1項・第2項、労働保険審査官及び労働保険審査会法)。なお、審査請求後3か月を経過しても労働者災害補償保険審査官による決定がない場合は、労働保険審査会に対して決定を経ないで再審査できる（労働者災害補償保険法第38条第2項)。裁判所への行政処分取消訴訟については、不服申立前置主義が取られており、被災労働者またはその遺族は、不服申立手続を経た後でなければ、訴訟を提起できない（同法第40条)。　　　　　　　　　　　　（辻村昌昭）

労働保険料　1972年4月1日よりそれまで個々別々に徴収されていた労災保険と失業保険（現在の雇用保険）の保険料は、「労働保険の保険料の徴収等に関する法律」の施行により、一元的に徴収されることとなった。このため、これら両保険の保険料を「労働保険料」と称することとなった。したがって、労災保険と雇用保険の両保険の保険関係は「労働保険関係」と称す。保険関係の成立、消滅等の適用事務を一元的に処理することが原則であり（一元適用事業)、両保険料も「労働保険料」として一律に処理されるが、建設、農林水産、一部の港湾運送事業などは、両保険の保険関係ごとの事務処理がなされており（二元適用事業)、それぞれの保険ごとに二本立ての労働保険料が徴収されている。一般保険料の額は、当該事業場で使用されるすべての労働者に支払われる賃金総額に一般保険料に係る保険料率を乗じて算定された額をいうが（第11条)、労災保険率と雇用保険率とは事業の種類に応じて異なる。　→メリット制
　　　　　　　　　　　　　　　（辻村昌昭）

老年期　成人期の次の時期を総称するが、その区切りはあいまいである。一般に生産活動の中心的役割から離れるのが老年期と考えられ、60歳から65歳ぐらいから始まると考えてよい。この時期には、以前にもっていた体力・知力・耐久力などが次第に低下していくとともに、今までの社会的役割を失い、社会生活が単調になり、家族が減少したり、親しい人を失うなど、生活の幅の縮小が起こってくる。また、いずれ迎える死が静かに近づいてくる時期でもある。したがって、一種の喪失を体験する時期であり、その喪失をどのように受容し適応するかが課題になっている。しかし、否定的なことばかりでなく、社会的責任から解放され、今までの生産活動とは違う、純粋に自己の関心・価値にそった活動も可能になるので、シャイエ(Schaie, K. W.)は再統合期と名づけた。また、知能が低下すると一般にいわれているが、最近の横列法によるシャイエの研究では、成人期後期から老年期初期に緩やかなピークがあり、その後低下していくことが明らかになった。しかも、言語性知能は動作性知能ほど加齢の影響を受けないという結果もある。また、性格変化を取り上げる人もいるが、それはむしろ心因性のもの、環境変化に基づくものが多い。正常な老化によるパーソナリティの変化は内向性、慎重さ、性差だけである。すなわち、自我エネルギーが減少し、内的世界へ関心が向き、用心深くなり、男性は受動的に、女性は能動的になっていく。
　　　　　　　　　　　　　　　（清瀧健吾）

老年期精神障害〔geriatric mental disorder〕65歳以上を老年期と呼ぶ。この時期は青年期、壮年期と比べ精神障害になりやすく老年期人口の約15％に軽度の痴呆、7％に重度の痴呆を含む精神障害がみられ、80歳以上では20％に重度の痴呆がみられるとの統計もある。また、近年および今後その傾向が増す人口の高齢化に伴い、障害人口は増加している。老年期に精神障害になりやすい理由として、①老化に従って認知機能が低下する。また、アルツハイマー型痴呆、血管性痴呆をはじめとする器質性精神障害が増加する、②定年退職による社会的役割の喪失、配偶者や友人・親族の死、孤立化、経済的制約などの環境要因が変化しやすく、またその

環境変化に適応が難しい，③身体的な疾患，とりわけ慢性的身体疾患に陥りやすく，うつ状態，せん妄などをきたしやすい，などが挙げられる。老年期に認められる痴呆性疾患としては，アルツハイマー型痴呆を筆頭に，血管性痴呆，ピック病，クロイツフェルト・ヤコブ病，ハンチントン病，正常圧水頭症，パーキンソン病による痴呆が挙げられる。その他，うつ病，妄想性障害，身体表現性障害，不安障害，アルコール依存，睡眠障害などが認められやすい。また，老年期の自殺は各国において多いが，わが国においても全自殺者の26％を占めている。老年期精神障害の成因として，環境要因が大きい部分から，精神療法的アプローチが功を奏する場合も多々ある。しかし，一般に慢性の経過をたどる疾患が多いために，医療分野と福祉分野との連携は最も重視されねばならない。わが国においても介護保険のシステムが発足し，在宅・施設ケアの充実が図られつつあるが，心理的，精神科的対策は十分とは言い難く，今後の課題として残されている。　→痴呆　　　　　　　（池田良一）

老齢加算　生活保護の加算の一つ。①71歳以上の者および66歳以上の者で身体障害者障害程度等級表の1級，2級もしくは3級または国民年金法施行令別表に該当する障害のある者，②69歳以上71歳未満の病弱者，③70歳の者に対して行う加算。高齢者は咀嚼力が衰えるため，ほかの年齢層に比べ消化吸収のよい食品が必要であることなどによる食料費や光熱費，被服費等，特別な需要に対応するものである。　→各種加算　　　　　　　（敦賀弘恵）

老齢基礎年金　国民年金の被保険者で資格期間が25年以上あれば，原則として65歳に達したときから支給される年金。資格期間には，保険料納付済期間，保険料免除期間，合算対象期間が含まれる。老後生活費の基礎的な部分を賄うことが，その機能として期待されている。年金額は，保険料納付済期間が40年間あれば満額となるが，保険料の未納や免除期間があると減額される。本人が希望すれば，支給開始年齢の繰り上げや繰り下げができる。　→国民年金　　　　　　　（百瀬優）

老齢厚生年金　厚生年金保険の給付の一つであり，厚生年金保険の被保険者期間のある者が，老齢基礎年金の受給資格期間を満たしている場合に，65歳から老齢基礎年金に上乗せするかたちで支給される。年金額は，報酬比例の年金額に経過的加算と加給年金額を加えた額である。報酬比例の年金額は，平均標準報酬額と被保険者期間の月数に基づいて算定されるが，2003年4月からの総報酬制に伴い，2003年3月以前の被保険者期間と，2003年4月以後の被保険者期間についてそれぞれ計算し，合算されることとなっている。男性の場合は2024年，女性の場合は2029年度まで経過的な措置があり，65歳未満の者にも老齢厚生年金が支給されることとなっている。　→特別支給の老齢厚生年金，厚生年金保険　　　　　　　（松本由美）

ロールシャッハ〔Rorschach, Hertmann：1884-1922〕スイスのチューリッヒに生まれ，1909年精神科医となり，『Psychodiagnostik（精神診断学―知覚診断的実験の方法と結果―）』(1921)でロールシャッハ・テストを発表した。チューリッヒ大学でブロイラー（Bleuler, E.）の指導を受け，また，フロイト（Freud, S.）の精神分析に関心を寄せ，1910年代にはビンスワンガー（Binswanger, L.）らと共に国際精神分析学会チューリッヒ支部のメンバーとして投稿もしていた。ヘリゾーの州立精神病院の副院長として没年まで勤務した。　→ロールシャッハ・テスト　　　　　　　（清瀧健吾）

ロールシャッハ・テスト〔Rorschach test〕スイスの精神科医ロールシャッハ（Rorschach, H.）が『Psychodiagnostik（精神診断学―知覚診断的実験の方法と結果―）』(1921)で発表した投影法人格検査で，形態のあいまいなインクのシミをもとに作成した10枚の図版を提示し，それへの連想反応に表れる認知の様式から人格を把握するテストである。検査の施行はまず，被検者は図版を見て，連想を報告し（自由反応段階），次にどの部分（反応領域）のどのような特性（反応決定因）からの連想であるのかについて説明を求められる（説明段階）。結果は記号化・数量化され，量的分析がなされ，さらに反

応の内容とその継起のありようを分析して，心的機能の働き方や方向を把握する。1920年代にアメリカに移入され，臨床実践に用いられた。
→ロールシャッハ　　　　　　　（清瀧健吾）

ロールプレイ〔role play〕ロールプレイ（役割演技）は，問題の解決，相手の理解，行動訓練など，経験のある援助者に好んで用いられる技法の一つである。実際の経験をし，その場で沸き起こる感情，その場でさらされる経験が有効であることを前提にしている。ロールプレイはモレノ（Moreno, J. L.）（1950）によって開発され，サイコドラマによる治療に盛んに用いられている。モレノによると，ロールプレイは役割を自発的に演じることである。心理学的，社会学的に非常に広い射程をもつ概念で，カウンセリングや社員教育では，役割学習法，役割訓練法に用いている。教育やスタッフの訓練には特定の役割，行動を演技し，自分の役割は相手との関係のなかで創造される体験をさせ，その経過を後で話し合う。家族会や患者会，SST，家族の心理教育，家族支援，家族療法等で使用できる。例えば，子どもと話ができない親に子どもの役割，他の家族が親の役割を演じ，後で集団話し合いを行うことなどがある。　→心理劇，社会生活技能訓練，モレノ　　（金田迪代）

ローレンツ〔Lorenz, Konrad Zacharias：1903-1989〕オーストリアの動物学者で，1973年にノーベル医学・生理学賞を受賞した。自然場面における動物の行動観察を中心にした比較行動学（ethology）で，本能行動とその変容に関する研究をした。『鳥類の環境における仲間』（1935）で刻印づけ（Prägung）という語を用いた。行動の解発図式，攻撃は生得的傾向（1966）としている。転位行動，本能と反射，臨界期，動物の攻撃行動は固有の状況や刺激によって解発されるべくプログラムされた本能的行動機構であり，同時に攻撃の抑制機構も敗北の信号，闘争の儀式化，転位行動などを通じて準備されていると考えた。　　　　　　　　（清瀧健吾）

ロジャーズ〔Rogers, Carl Ransom：1902-1987〕アメリカの心理学者。当初は，農場経営，神学などを志すが，神学校で心理学の授業を受講したことをきっかけに臨床心理学を専攻し，後に非指示的アプローチを基盤としたクライエント中心療法（来談者中心療法）という心理療法を確立した。さらに，その際のカウンセラーに必要な態度条件として，「無条件の積極的関心」「共感的理解」「自己一致または純粋性」を提唱した。晩年にはエンカウンターグループを発展させ，社会的・世界的規模の活動にも関与した。　→クライエント中心療法　　（井上牧子）

ロス〔Ross, Murray George：1910-2000〕カナダに生まれる。トロント大学副学長，ヨーク大学初代学長を務める。コミュニティ・オーガニゼーション実践の体系化，理論化に大きな功績を残した。1970年代，日本の社会福祉協議会活動，特に地域組織化における住民主体論の展開において大きな影響を与えた。具体的な課題達成よりもそのプロセスを重視することや，地域社会の問題や目標への住民の合意形成の重要性を強く指摘している。主著に『Community Organization Theory, Principles, and Practice（コミュニティ・オーガニゼーション―理論・原則と実際）』（1955）がある。　→コミュニティ・オーガニゼーション　　（中島修）

ロスマン〔Rothman, Jack：1928-〕アメリカの社会福祉研究者。1968年，ミシガン大学教授時代にコミュニティワーク概念の包括化を試み，コミュニティワーク理論の発展に貢献した。具体的には「コミュニティ・オーガニゼーション実践の三種のモデル」として「小地域開発モデル」「社会計画モデル」「ソーシャル・アクション・モデル」を提示し，さらに12の分析指標によりそれぞれの特性を論じた。　（井上牧子）

ロック〔Locke, John：1632-1704〕イギリスの経験主義の代表的哲学者。ブリストル近郊に生まれ，自由主義者の家庭に育った。『An Essay concerning Human Understanding（人間悟性論）』（1690），『Two Treatises of Civil Government（市民政府論）』（1690）等を著す。王権神授説を排して，近代民主政治の基礎原理を確立した。自然状態の自然権は安全の保障がないために，人々は合意によって共同体の組織をつくったのであって，国家の権力は社会を組

織した根本目的のためにだけ行使される信託的権力であると説いた。デカルト（Descartes, R.），ホッブス（Hobbes, T.）等の研究の後，外交の世界で活動。1688年の名誉革命を擁護。また，アメリカの独立運動にも大きな影響を及ぼしている。　　　　　　　　　　（池原毅和）

ロバーツ〔Roberts, Edward：1939-1995〕1972年に設立された自立生活センター（CIL）バークレーの創設者の一人。彼自身14歳のときにかかった小児麻痺のため，首から下が麻痺し，呼吸障害もある重度障害者であったが，カリフォルニア大学バークレー校で行われていた「身体障害者学生プログラム」を利用しながら同大学に通学した。重度障害や社会的貢献の如何にかかわりなく一個の人格として尊重されなければならない，また，必要な援助があって自己決定の機会を保障することができれば自尊心を低めることなく社会生活を営める，との考え方で「自立生活運動（IL運動）」を展開した。　→自立生活センター　　　　　　　　（山本賢）

ロボトミー〔lobotomy〕脳への外科的侵襲により精神症状の改善を図る目的でなされる治療法を精神外科という。そのなかでロボトミーは，モニス（Moniz, E.）が始めた方法で，前頭葉白質切截術（prefrontal leucotomy）をいう（いくつかの変法がある）。彼はこれにより1949年のノーベル医学賞を受賞している。この前後世界各国で統合失調症（精神分裂病），爆発性人格障害，難治の強迫神経症などに行われたが，侵襲が非可逆的で，自発性低下，人格平板化など脱落症状としての前頭葉症候群などの合併症が認められるため，薬物療法の発達とともに消失した。　→精神外科，モニス（池田良一）

わ

ワーカーズコレクティブ〔workers collective〕労働者就労協同組合，サービス生産協同組合などと訳される。組織の成員（組合員）が労働者であり，経営者（理事）であり，出資者であるという平等と分担を理念とした自主管理型の事業形態をとる。ヨーロッパでは法的にも整備されかなりの普及をみているが，生活協同組合や農業協同組合，漁業協同組合などと違い直接の営利に関わる側面が強いため，わが国では制度化されておらず，その設置や運営も任意で行われており，数も少ない。　（田中英樹）

ワーカビリティ〔workability〕パールマン（Perlman, H. H.）がワーカビリティの概念を提示した。ケースワーク援助を通じて提供される福祉サービスを活用して，クライエントが，自ら問題解決に向けて積極的に関与していく能力。具体的には知的能力（知的水準・理解度等），情緒的能力（感情表出・安定度），身体的能力（日常生活能力・運動能力）の3面の能力を指し，それらの能力が高まるようにワーカーは働きかける。　→パールマン　　　　　　　（田中研一）

ワーカホリック〔workaholic〕仕事中毒。熱心に仕事に励み，その成功に多大な期待をもって情熱を傾けている状態を指す。責任感があり，理論的で，計画性が高いなど優れた特性がある反面，仕事のことしか頭にないため，仕事以外の人間的生活が失われてしまいがちである。また，周囲に対して干渉や支配が強くなることが多い。これらは交感神経優位の高活動状態を持続させることになり，燃えつき症候群に陥りやすい。　→燃えつき症候群　　　　　（後藤毅）

ワース〔Wirth, Louis：1897-1952〕ドイツに生まれ，アメリカで活躍した社会学者。シカゴ大学に学び（博士号取得），長年にわたり同大学で教鞭を執った。パーク（Park, R. E.）やバージェス（Burgess, E. W.）などとともにシカゴ学派社会学の代表者の一人である。その研究関心は，都市社会学，人種関係，少数民族集団，知識社会学，社会計画など多岐にわたる。シカゴ学派の研究成果をもとに理論的枠組みを構築した論文「生活様式としてのアーバニズム」（1938）は，現在に至るまで，都市社会学の理論的・実証的研究の展開に大きな影響を与えつづけている。　→シカゴ学派　　　　　　（野沢慎司）

YMCA／YWCA〔Young Men's Christian

Association/Young Women's Christian Association〕　YMCA（キリスト教男子青年会）は，1844年にウィリアムズ（Williams, G.）とその同志によって，ロンドンで始められた祈禱会に端を発している。青少年の生活環境改善や他者との交流・社会教育的余暇活動等による人格形成を目的とした。一方，YWCA（キリスト教女子青年会）は，1855年にイギリスで，キリスト教徒である2人の女性，ロバーツ（Robarts, E.）とキナード（Kinnaird, M.）によって始められた。働く女性のために祈禱会を開催したり宿泊施設の建設，教育やクラブ活動等を行った。キリスト教を基盤として，現在，多くの国で，青少年の教育的余暇活動だけでなく，世界平和・人権擁護・環境保全等幅広い活動およびリーダーの育成に活躍している。わが国ではYMCAが1880年，YWCAが1905年にそれぞれ結成され，日本国憲法第9条改正阻止，核兵器廃絶および脱原発の推進，女性への暴力問題，子どもの人権擁護等に取り組んでいる。　（田中研一）

Y-G性格検査　⇨矢田部ギルフォード性格検査

YWCA　⇨YMCA／YWCA

ワイナー〔Weiner, Irving B.：1933-〕　2002年現在でサウスフロリダ大学行動精神医学科教授。性格検査の力動的見立てに関して，①患者が経験している葛藤や不安とそれに対して用いる防衛，②社会的状況，性的状況，学校状況などでの患者の対処の仕方，③患者の人生における重要な人物への態度，およびこれらの人々を患者がどう認知しているか，④患者の人生経験が患者の苦悩を助けることにどう寄与したかということを理解すること，を挙げている。
（清瀧健吾）

ワイマール共和国憲法　第一次世界大戦後のドイツのワイマール国民議会（1919年）において制定された憲法で，正式名称はドイツ共和国憲法。ワイマール共和国憲法の特色は，その内容に史上初めて「生存権」の概念が盛り込まれたことである（第151条第1項）。「生存権」は基本的人権の一つで，人間たるに値する生存に必要な保障を国家に義務づけている。なお，日本国憲法では第25条で「生存権」の保障について規定されている。
（大月和彦）

Y問題　1969年，当時19歳で大学受験のため浪人生活を送っていたYさんの強制入院をめぐってYさんの訴えた人権侵害裁判と，Yさんと母親によってなされた「裁判支援要請と専門職としての実践の見つめ直しに関する申し入れ」が精神医学ソーシャルワーカー協会第9回全国大会（1973年）においてなされ，対応をめぐって，のちに協会存続の危機を引き起こすに至った問題を総称してY問題という。Y事件は，精神衛生法体制下での強制入院をめぐる事件であるが，Yさんの入院は精神衛生上2点の誤りがあった。まず未成年であるため，同意入院要件として両親の同意が必要だったが，これが満たされていないこと，さらに入院時に医師による診察がなかったこと，である。それ以外にも入院に際して保健所の精神科ソーシャルワーカーによるケース記録が援用されたこと，そして，入院に至るまでYさん本人には専門職の誰一人会わず，話さずという「本人不在」「入院先行」で事が運んだこと，入院時には警察官を安易に導入したこと，などが挙げられる。これらは当時，入院すなわち保護が第一優先に事が運ばれていたこと，そしてこの動きに側面的であれ精神科ソーシャルワーカーが関与しているという事実が明らかとなり，精神衛生法を法に則して推進すれば，法の仕組みそのものが，人権侵害を前提に成立していることが明らかとなったのである。協会は，調査委員会を設置するなど検討を開始し，報告書を提出し，専門職としての課題の描出と継承を試みるが，協会内部の対立は，専門性の確立の方向をめぐって，精神医療改革か，あるいは身分保障（身分資格）かの対立として先鋭化し，組織存続の危機に至る。その後，専門性の確立を検討することを前提に，組織の建て直しを図り，1982年の札幌宣言までの道程を歩むことになる。今日では，入院に際しても十分とはいえないが，入院時の文書告知や精神医療審査会への申し立て等の人権救済手続きが整備されている。また，Yさんの裁判支援活動は行政や病院に所属する精神科ソーシャ

ルワーカーや福祉事務所ワーカーによって主に担われたが，上告審での病院および行政との和解と，Yさん自身と両親の和解，家族の再出発を援助した専門職の支援としての意義は深い。
→日本精神保健福祉士協会業務指針　（西澤利朗）

ワグナー・ヤウレッグ〔Wagner Ritter von Jauregg, Julius：1857-1940〕　オーストリアのベルス出身。ウィーン大学卒業。オーストリアのウィーン大学の精神科教授。進行麻痺のマラリア接種による発熱療法を導入し大きな成果をおさめた。そのことにより1927年のノーベル生理・医学賞に輝いた。彼はその他に粘液水腫，クレチン病に対する臓器療法において名を残している。　　　　　　　　　　　　（丸山晋）

WAC法　⇨民間事業者による老後の保健及び福祉のための総合的施設の整備の促進に関する法律

ワトソン〔Watson, John Broadus：1878-1958〕　アメリカの行動主義心理学の創始者。シカゴ大学でデューイ(Dewey, J.)の下で哲学を，アンジェル(Angell, J. R.)の下で実験心理学を学び，さらに神経学の実験でネズミを対象とすることを学び，シカゴ大学で動物実験室を設立し，意識や内観を排除して純粋に客観的に測定しうる対象としての行動を扱う心理学を目指した。1908年ジョンズ・ホプキンス大学教授となり，実験心理学および比較心理学の確立に努力した。　　　　　　　　　　　（清瀧健吾）

ワロン〔Wallon, Henri Paul Hyacinthe：1879-1962〕　パリで生まれ，パリ大学医学部を経て1908年に医学博士，1921年に文学博士の学位を得る。1929年パリ大学高等学術研究所教授に就任する。1942年にナチによりコレージュ・ド・フランス教授の職を追放されるが，後に復職する。哲学者・児童精神医学者として障害児の臨床研究から出発し，子どもの自己認識と知的発達には，養育者との身体的接触を含めた情緒的な相互的関わりが必要であると主張した。　　　　　　　　　　　　（清瀧健吾）

年　表

年　表

年	日本の精神保健福祉
1662年	
1696年	
1722年	
1782年	
1787年	
1793年	
1834年	
1844年	
1855年	
1856年	
1860年	
1861年	
1869(明治2)年	
1871(明治4)年	
1872(明治5)年	
1874(明治7)年	東京府仮癲狂院
1875(明治8)年	京都癲狂院
1877(明治10)年	
1878(明治11)年	
1879(明治12)年	東京府癲狂院
1880(明治13)年	
1883(明治16)年	相馬事件(藩主監禁の訴訟)
1884(明治17)年	
1886(明治19)年	
1887(明治20)年	
1889(明治22)年	
1892(明治25)年	
1894(明治27)年	精神病者取扱心得(警視庁)
1895(明治28)年	
1896(明治29)年	
1897(明治30)年	
1898(明治31)年	
1899(明治32)年	
1900(明治33)年	精神病者監護法公布 　　監護義務者，私宅監置制度 精神病者監護法施行規則

年表

年	関連事項(国内)	関連事項(国外)
1662年		定住法制定(イギリス)
1696年		労役場法制定(イギリス)
1722年		ワークハウステスト法(イギリス)
1782年		ギルバート法制定(イギリス)
1787年	貧民救済基金(七分金)設立	
1793年		ピネル『鎖からの解放』
1834年		新救貧法(イギリス)
1844年		アメリカ精神医学会の前身設立
1855年		YWCA結成(イギリス)
1856年		コノリー『無拘束による治療』
1860年	医学伝習所開設(長崎)(初の西洋医学校)	
1861年	養生所開設(長崎)(初の洋式病院)	
1869(明治2)年	堕胎禁止令(明治政府)	慈善組織協会誕生(イギリス)
1871(明治4)年		ヘッカー「破瓜病」提唱
1872(明治5)年	東京府養老院開設	
1874(明治7)年	医制公布(東京府,京都府,大阪府) 恤救規則制定	
1875(明治8)年		
1877(明治10)年		バッファロー慈善組織協会設立(アメリカ)
1878(明治11)年	京都盲啞院開校	
1879(明治12)年		
1880(明治13)年	旧刑法布告 YMCA結成	
1883(明治16)年		疾病保険法制定(ドイツ)
1884(明治17)年		災害保険法制定(ドイツ) トインビー・ホール設立(イギリス)
1886(明治19)年		ネイバーフッドギルド設立(アメリカ) ブース「ロンドン調査」(イギリス)
1887(明治20)年	岡山孤児院開設	
1889(明治22)年	大日本帝国憲法発布	廃疾・老齢保険法制定(ドイツ)
1892(明治25)年	滝乃川学園設立	
1894(明治27)年	日清戦争	
1895(明治28)年	救世軍創設	
1896(明治29)年	民法第一編・第二編・第三編公布	
1897(明治30)年	伝染病予防法公布 キングスレー館開設	
1898(明治31)年	民法第四編・第五編公布 民法第一編～第五編施行	
1899(明治32)年	行旅病人及行旅死亡人取扱法公布 巣鴨家庭学校(私立感化院)創立 産婆規則公布	ラウントリー「貧困調査」(イギリス)
1900(明治33)年	感化法公布 旧保険業法公布(明治33年法律第69号)	

年表

年	日本の精神保健福祉
1902(明治35)年	精神病者慈善救治会発足 日本神経学会創立
1904(明治37)年	
1905(明治38)年	
1906(明治39)年	精神病者調査
1907(明治40)年	「医学校に精神病科設置に関する建議案」可決 精神病者の公費収容，委託監置開始
1908(明治41)年	医学専門学校令(文部省発布)の教授科目に精神病学
1910(明治43)年	精神病者私宅監置の実地調査開始(東京帝国大学医科大学精神病学教室) 府県立病院に精神病者収容施設の設置を勧奨(内務省衛生局長)
1911(明治44)年	官立精神病院設置建議案
1912(大正元)年	
1914(大正3)年	
1915(大正4)年	
1917(大正6)年	精神病者全国一斉調査報告
1918(大正7)年	呉秀三・樫田五郎「精神病者私宅監置ノ実況及ビ其統計的観察」
1919(大正8)年	精神病院法公布
1920(大正9)年	
1922(大正11)年	
1923(大正12)年	精神病院法施行規則公布
1924(大正13)年	
1926(昭和元)年	日本精神衛生協会発足
1927(昭和2)年	
1929(昭和4)年	
1930(昭和5)年	
1931(昭和6)年	
1932(昭和7)年	
1934(昭和9)年	
1935(昭和10)年	
1936(昭和11)年	
1937(昭和12)年	schizophrenia を精神分裂病と命名 吉本伊信「内観療法」創始

年表

年	関連事項(国内)	関連事項(国外)
1902(明治35)年		
1904(明治37)年	日露戦争	
1905(明治38)年	YWCA結成	
1906(明治39)年		
1907(明治40)年	癩予防ニ関スル法律公布 刑法公布(旧刑法廃止)	
1908(明治41)年	刑法施行	ビアーズ『わが魂にあうまで』 老齢年金法制定(イギリス)
1910(明治43)年		
1911(明治44)年		ライヒ保険法制定(ドイツ)
1912(大正元)年	フェノバルビタール臨床導入	
1914(大正3)年	東京家庭学校分校(北海道家庭学校)創立	第一次世界大戦
1915(大正4)年	看護婦規則公布	
1917(大正6)年	済世顧問制度創設(岡山県)(民生委員制度の始まり)	
1918(大正7)年	方面委員制度創設(大阪府)	
1919(大正8)年	旧結核予防法公布	国際労働機関(ILO)創設 ワイマール憲法制定(ドイツ)
1920(大正9)年	国勢調査開始	公民職業リハビリテーション法制定(アメリカ)
1922(大正11)年	健康保険法公布 旧少年法公布	国際リハビリテーション協会設立 リッチモンド『ソーシャルケースワークとは何か』
1923(大正12)年		
1924(大正13)年		児童権利宣言(国際連盟)
1926(昭和元)年		PSW協会結成(アメリカ)
1927(昭和2)年		ホーソン工場実験(アメリカ) パブロフ「条件反射」(ロシア)
1929(昭和4)年	救護法公布	
1930(昭和5)年		第1回国際精神衛生会議
1931(昭和6)年	癩予防ニ関スル法律改正(癩予防法に改題)	
1932(昭和7)年	光明学校開設 救護法施行	シュルツ「自律訓練法」公表
1934(昭和9)年	恩賜財団愛育会設立 日本精神薄弱児愛護協会設立	タスキギー事件(〜1972年,アメリカ)
1935(昭和10)年	愛盲運動展開	アルコホリクスアノニマス(AA)開始(アメリカ) 社会保障法制定(アメリカ) 「神経刺激薬」治療に使用開始
1936(昭和11)年	方面委員令公布	モレノ・サナトリウム設立
1937(昭和12)年	軍事救護法改正(軍事扶助法に改題) 旧保健所法公布	

年　表

年		日本の精神保健福祉
1938（昭和13）年		
1939（昭和14）年		
1940（昭和15）年		
1941（昭和16）年		
1942（昭和17）年		
1943（昭和18）年		
1944（昭和19）年		
1945（昭和20）年		
1946（昭和21）年		
1947（昭和22）年		
1948（昭和23）年	国立国府台病院に精神科ソーシャルワーカー配置	

年表

年	関連事項(国内)	関連事項(国外)
1938(昭和13)年	日中戦争 厚生省設置 国民健康保険法公布 社会事業法公布	社会保障法制定(ニュージーランド) 電気けいれん療法開始(イタリア)
1939(昭和14)年	旧保険業法(昭和14年法律第41号)公布(旧保険業法(明治33年法律第69号)廃止)	レイン委員会報告(アメリカ) 第二次世界大戦
1940(昭和15)年	国民優生法公布	WANA「ファウンテンハウス」設立(アメリカ)
1941(昭和16)年	労働者年金保険法公布 保健婦規則公布 太平洋戦争	
1942(昭和17)年	国民医療法 整肢療護園開園	ベヴァリッジ報告(イギリス) トピカ精神分析研究所設立
1943(昭和18)年		職業リハビリテーション法制定(アメリカ)
1944(昭和19)年	労働者年金保険法改正(厚生年金保険法に改題)	障害者雇用法制定(イギリス)
1945(昭和20)年	ポツダム宣言受諾 生活困窮者緊急生活援護要綱（閣議決定） GHQが「救済福祉計画」に関する覚書を日本政府に提出	メニンガー「精神医学校」設立
1946(昭和21)年	近江学園設立 旧生活保護法公布(救護法廃止) 日本国憲法公布(11月3日) 民生委員令公布	キャメロン「精神科デイケア」開始
1947(昭和22)年	日本国憲法施行(5月3日) 国会法公布 内閣法公布 裁判所法公布 国家公務員法公布 地方自治法公布 児童福祉法公布 教育基本法公布 学校教育法公布(「養護学校における就業義務及び養護学校の設置義務に関する部分」は1979年4月施行) 保健所法公布(旧保健所法(昭和12年法律第42号)廃止) 栄養士法公布 労働基準法公布 失業保険法公布 労働者災害補償保険法公布	ニュールンベルク綱領
1948(昭和23)年	人身保護法公布 国家行政組織法公布	世界人権宣言(国連) 世界保健憲章採択・世界保健機関(WHO)設立

年表

年	日本の精神保健福祉
1949（昭和24）年	日本精神科病院協会設立
1950（昭和25）年	精神衛生法公布 　目的：精神障害者の医療および保護・発生予防，国民の精神的健康の保持・向上 　精神障害者：精神病者，精神薄弱者，精神病質者 　都道府県立精神病院（設置義務） 　精神衛生相談所（任意設置） 　精神衛生鑑定医 　保護義務者制度 　診察の申請通報制度 　措置入院，同意入院，仮入院 　保護拘束制度 　精神障害者の施設外収容禁止（私宅監置禁止） 　精神病者監護法・精神病院法の廃止
1951（昭和26）年	日本精神衛生会発足
1952（昭和27）年	国立精神衛生研究所開設（千葉県市川市） 精神衛生普及会発足
1953（昭和28）年	日本精神衛生連盟結成 　世界精神保健連盟に加盟 第1回全国精神衛生大会
1954（昭和29）年	精神衛生実態調査（第1回） 精神衛生法一部改正 　覚せい剤等の慢性中毒者の準用規定 　精神病院施設整備費補助制度

年表

年	関連事項(国内)	関連事項(国外)
1949(昭和24)年	刑事訴訟法公布 少年法公布(旧少年法(大正12年法律第42号)廃止) 警察官職務執行法公布 優生保護法公布(国民優生法廃止) 性病予防法公布 医療法公布 医師法公布 歯科医師法公布 保健婦助産婦看護婦法公布 社会保障審議会設置法公布 日本患者会同盟結成 身体障害者福祉法公布 犯罪者予防更正法公布	世界精神保健連盟結成 NHS(国民保健サービス)創設(イギリス) ファウンテンハウス誕生(アメリカ)
1950(昭和25)年	社会保障制度に関する勧告(社会保障制度審議会) 生活保護法公布(旧生活保護法(昭和21年法律第17号)廃止) 社会福祉主事の設置に関する法律公布 保護司法公布 老人クラブ結成(大阪)	シュナイダー『臨床精神病理学』 朝鮮戦争
1951(昭和26)年	覚せい剤取締法公布 社会福祉事業法公布(社会事業法廃止) 結核予防法公布(旧結核予防法廃止) 児童憲章制定 中央社会福祉協議会(現・全国社会福祉協議会)設立 ハンセン氏病者協議会結成	アラノン誕生(アメリカ)
1952(昭和27)年	少年補導センター設置 戦傷病者戦没者遺族等援護法公布 法律扶助協会設立	ジョーンズ『社会精神医学』
1953(昭和28)年	日本医療社会事業協会設立 らい予防法公布(癩予防法廃止) 麻薬取締法公布	
1954(昭和29)年	厚生年金保険法全部改正 覚せい剤取締法一部改正 ・覚せい剤の密造，密売等に対する罰則の強化など 執行猶予者保護更正法公布	節酒法制定(スウェーデン)

年表

年	日本の精神保健福祉
1955(昭和30)年	
1956(昭和31)年	厚生省公衆衛生局に精神衛生課設置
1957(昭和32)年	精神病の治療指針(保険局長・公衆衛生局長通知)
1958(昭和33)年	精神科特例(「特殊病院に置くべき医師その他の従業員の定数について」)(厚生省事務次官通知) 　精神病床(および結核病床)に対する医師・看護師の配置基準の特例 全日本断酒連盟結成
1959(昭和34)年	精神衛生相談所運営要領(公衆衛生局長通知) 日本精神科看護技術協会設立
1960(昭和35)年	精神病院建設に対する低金利融資制度
1961(昭和36)年	精神衛生法一部改正 　措置入院に対する国庫補助率引上げ 生活保護法患者の措置入院への移し替え(経済措置) 精神科の治療指針(保険局長通知)(「精神病の治療指針」廃止)
1962(昭和37)年	
1963(昭和38)年	精神科デイケア試行(国立精神衛生研究所) 精神衛生実態調査(第2回) 精神障害者措置入院制度の強化について(公衆衛生局長通知) 国立久里浜療養所にアルコール中毒特別病棟開設
1964(昭和39)年	ライシャワー米国大使刺傷事件

年表

年	関連事項(国内)	関連事項(国外)
1955(昭和30)年	内閣に覚せい剤問題対策推進本部設置	社会福祉法制定(スウェーデン) 身体障害者の職業更生に関する勧告(ILO第99号勧告)(ILO)
1956(昭和31)年	医療保障制度に関する勧告について(勧告)(社会保障制度審議会)	ハロペリドール(抗精神病薬)開発
1957(昭和32)年	原子爆弾被爆者の医療等に関する法律公布 青い芝の会発足 朝日訴訟提訴	精神病者および精神薄弱者に関する王立委員会勧告(イギリス) イミプラミンの抗うつ作用発見
1958(昭和33)年	国民健康保険法公布 緊急救護施設の運営について(社会局施設課長通知) 日本身体障害者団体連合会設立	
1959(昭和34)年	国民年金法公布(国民年金創設)	精神衛生法制定(イギリス) 子どもの権利に関する宣言採択(国連)
1960(昭和35)年	精神薄弱者福祉法公布 身体障害者雇用促進法公布 医療金融公庫法公布 薬剤師法公布 日本ソーシャルワーカー協会設立	第1回パラリンピック夏季大会開催(ローマ) オーバーイーターズアノニマス誕生(アメリカ) 脱施設化政策(アメリカ) 児童・青少年福祉法制定(スウェーデン) ブラウンとウィング「三病院調査」(イギリス) ベトナム戦争
1961(昭和36)年	国民皆保険・皆年金体制確立 酒に酔って公衆に迷惑をかける行為の防止に関する法律公布 児童扶養手当法公布 改正刑法準備草案(保安処分規定)公表 3歳児健康診査制度創設	
1962(昭和37)年	行政事件訴訟法公布 行政不服審査法公布 栄養士法一部改正 ・管理栄養士の新設 社会保険庁創設 「社会福祉協議会基本要項」制定(全国社会福祉協議会) 全国自治体病院協議会設立 税制適格年金制度創設	
1963(昭和38)年	老人福祉法公布 福祉活動指導員設置(都道府県社会福祉協議会) 麻薬取締法一部改正 ・麻薬中毒者に対する措置入院制度	コノプカ『ソーシャル・グループワーク』 精神疾患及び精神遅滞に関する大統領特別教書(ケネディ教書)→「脱施設化」運動開始 コミュニティケア開発計画(イギリス)
1964(昭和39)年	母子福祉法公布	ヘルシンキ宣言採択

年表

年	日本の精神保健福祉
1965(昭和40)年	警察庁から厚生省に精神衛生法改正の意見具申 日本精神医学ソーシャル・ワーカー協会設立 「精神衛生法改正に関する答申書」(中間答申)精神衛生審議会 全国精神衛生センター長会発足(センターの設置は1965年) 「精神衛生法改正に関する答申書」精神衛生審議会 精神衛生法一部改正 　精神衛生センターの設置(任意) 　地方精神衛生審議会 　精神衛生診査協議会(32条申請の診査) 　措置入院制度の整備 　　警察官通報の要件の拡大 　　保護観察所長通報の新設 　　精神病院管理者届出の新設 　　緊急措置入院制度の新設 　　入院措置の解除規定 　精神障害者通院医療費公費負担制度新設 　精神衛生相談員任用資格 　保健所における相談指導 　保護拘束制度の廃止 全国精神障害者家族会連合会結成
1966(昭和41)年	保健所における精神衛生業務運営要領
1967(昭和42)年	
1968(昭和43)年	保健所デイケア開始(川崎市等)
1969(昭和44)年	精神衛生センター運営要領 精神障害回復者社会復帰センター設置要綱案を中央精神衛生審議会に諮問(厚生省) 「Y問題」事件(ソーシャルワーカーによる権利擁護の問題) 精神病院に多発する不祥事件に関連し全会員に訴える(日本精神神経学会理事会声明)
1970(昭和45)年	精神障害回復者社会復帰施設整備費予算化 精神病院の運営管理に対する指導監督の徹底について(公衆衛生局長，医務局長通知) 精神衛生職親制度開始(東京都) やどかりの里活動開始(埼玉県)
1971(昭和46)年	川崎市社会復帰医療センター開設 保安処分制度に反対する決議(日本精神神経学会総会)

年表

年	関連事項(国内)	関連事項(国外)
1965(昭和40)年	重度精神薄弱児扶養手当法公布 東京オリンピック開催 東京パラリンピック(夏季大会)開催 理学療法士及び作業療法士法公布 母子保健法公布 緊急救護施設の整備運営について(社会局施設課長通知)	公民権法制定(アメリカ)
1966(昭和41)年	重度精神薄弱児扶養手当法一部改正(特別児童扶養手当法に改題)	国際人権規約採択(国連)
1967(昭和42)年	身体障害者福祉法一部改正 ①身体障害者相談員制度創設 ②身体障害者家庭奉仕員派遣制度創設 ③通所施設創設など	精神発達遅滞者援護法制定(スウェーデン)
1968(昭和43)年	地域ごとの必要病床数の算定法改正答申(医療審議会) 精神病床：人口1万人対25床	シーボーム委員会報告(イギリス)
1969(昭和44)年	隣保館設置 労働保険の保険料の徴収等に関する法律公布 東京都におけるコミュニティケアの進展について(答申)(東京都社会福祉審議会)	ニィリエ『ノーマライゼーションの原理』
1970(昭和45)年	心身障害者対策基本法公布	慢性疾患・障害者法制定(イギリス)
1971(昭和46)年	「医療保険制度の抜本改正」について(答申)(社会保障制度審議会) 児童手当法公布 いのちの電話開局 保安処分案を決定(法制審議会刑事法特別部会)	知的障害者の権利宣言採択(国連)

年表

年	日本の精神保健福祉
1972(昭和47)年	沖縄県における精神障害者の医療に関する特別措置(琉球政府の公費負担医療を受けている者に対する公費負担の継続) 世田谷リハビリテーションセンター開設 A級精神衛生センターにおけるデイ・ケア事業運営費予算化 診療報酬「精神科カウンセリング料」新設
1973(昭和48)年	精神衛生実態調査(第3回) 日本PSW協会第9回全国大会(Y氏から問題提起)
1974(昭和49)年	診療報酬「精神科作業療法料」新設 診療報酬「精神科デイ・ケア料」新設 デイ・ケア施設整備費予算化 日本精神神経科診療所医会結成
1975(昭和50)年	精神障害回復者社会復帰施設運営要綱 デイ・ケア施設運営要綱 保健所における精神衛生業務中の社会復帰相談指導事業開始 精神障害者小規模作業所設立(京都府内) アルコール中毒臨床医等研修開始 アルコホリクスアノニマス開始
1976(昭和51)年	精神障害者措置入院制度の適正な運用について(公衆衛生局長通知) 　自傷他害のおそれがないと認められるにいたった措置入院患者の措置解除の適正化等
1977(昭和52)年	全国共同作業所連絡会(きょうされん)結成

年表

年	関連事項(国内)	関連事項(国外)
1972(昭和47)年	高年齢者等の雇用の安定等に関する法律公布 視能訓練士法公布 知的障害者通勤寮開始 沖縄施政権返還 沖縄の復帰に伴う厚生省関係法令の適用の特別措置等に関する政令公布 心身障害児通園事業開始 老人福祉法一部改正(1973年1月施行) ・老人医療費支給制度 身体障害者福祉法一部改正 ・身体障害者療護施設の創設 身体障害者福祉工場設置 厚生省内に特定疾患対策室設置 厚生省「難病対策要綱」公表 労働安全衛生法公布 労働保険の保険料の徴収等に関する法律施行	自立生活センター設立(アメリカ)
1973(昭和48)年	大原訴訟提訴 身体障害者相談員制度化 老人医療費無料化「福祉元年」 第一次オイルショック 健康保険法一部改正 ・高額療養費導入 公害健康被害補償法公布 小児てんかんの子どもを持つ親の会発足 てんかんの患者を守る会発足	患者の権利章典(アメリカ) ナラノン発足(アメリカ) 職業リハビリテーション法からリハビリテーション法へ改名(アメリカ) 知的障害者本人による会議(カナダ) ウィング「現在症評価開発」
1974(昭和49)年	雇用保険法公布(失業保険法廃止) 障害児保育事業実施要綱制定 全国母親クラブ連絡協議会結成	
1975(昭和50)年	今後の老齢化に対応すべき社会保障の在り方について(建議)(社会保障制度審議会)	ハルトマンが「エコマップ」考案 障害者の権利宣言採択(国連) 全障害児教育法制定(アメリカ)
1976(昭和51)年	在宅重度障害児(者)緊急保護事業補助要綱制定 日本尊厳死協会活動開始 日本てんかん協会設立 ショートステイ事業開始	ヴォーンとレフ「感情表出(Expressed Emotion：EE)」の研究 第1回パラリンピック冬季大会開催(スウェーデン)
1977(昭和52)年	雇用保険法一部改正 ・雇用安定事業新設	

年表

年	日本の精神保健福祉
1978(昭和53)年	精神障害者の社会復帰施設に関する中間報告(中央精神衛生審議会) 精神科デイ・ケア研修開始 精神科緊急医療対策事業開始(東京都)
1979(昭和54)年	精神衛生社会生活適応施設整備費予算化 精神衛生センターにおける酒害相談事業開始
1980(昭和55)年	アラノン・ジャパン誕生 ナルコティクスアノニマス誕生 老人精神病棟に関する意見(公衆衛生審議会精神衛生部会)
1981(昭和56)年	「保安処分」刑事局案発表(法務省) 国際障害者年精神衛生国際セミナー開催 覚せい剤緊急対策策定 精神衛生社会生活適応施設運営要綱 あかね荘開設(熊本県)
1982(昭和57)年	通院患者リハビリテーション事業実施要綱 全国精神衛生相談員会結成 「札幌宣言」(日本精神医学ソーシャル・ワーカー協会)
1983(昭和58)年	精神衛生実態調査(第4回) 覚せい剤中毒者対策に関する意見(公衆衛生審議会精神衛生部会) 老人精神保健対策に関する意見(公衆衛生審議会精神衛生部会)
1984(昭和59)年	宇都宮病院事件(人権侵害の国際的問題) 精神病院に対する指導監督等の強化徹底について(三局長通知)
1985(昭和60)年	ICJ・ICHP 連合調査団来日「結論及び勧告」提示 精神病院入院患者の通信・面会に関するガイドラインについて(保健医療局長通知)

年　表

年	関連事項(国内)	関連事項(国外)
1978(昭和53)年	身体障害者雇用促進協会発足 第1次国民健康づくり対策開始 財団法人高年齢者雇用開発協会設立	アルマ・アタ宣言(WHO, UNICEF) バザーリア法制定(イタリア) ウルフェンデン報告(イギリス) 障害者自立センター制度化(アメリカ)
1979(昭和54)年	国立身体障害者リハビリテーションセンター設置 障害児教育の義務制実施 心身障害児総合通園センター開始 精神薄弱者福祉ホーム制度化 デイサービス事業開始	女子差別撤廃条約採択(国連) アフガン戦争
1980(昭和55)年	「日本型福祉社会」提唱 新宿西口バス放火事件	国際障害者年行動計画(国連) WHO国際障害分類発表 DSM-Ⅲ出版(APA)
1981(昭和56)年	母子福祉法一部改正(母子及び寡婦福祉法に改題) 在宅の寝たきり老人等に対する訪問サービス事業実施 生活保護の適正実施の推進について(123号通知)(厚生省社会局保護課長・監査指導課長通知) 福祉公社設立(東京都武蔵野市) 夜間保育事業モデル事業実施	患者の権利に関するリスボン宣言 社会扶助法制定(スウェーデン) 国際障害者年(国連) WHO「コミュニティ・ベイスド・リハビリテーション(CBR)」定義 障害者インターナショナル設立
1982(昭和57)年	老人保健法公布 障害者対策に関する長期計画策定	バークレイ報告(イギリス) 障害者に関する世界行動計画(国連) 第1回高齢化に関する世界会議(ウィーン)
1983(昭和58)年	社会福祉事業法一部改正 ・市区町村社会福祉協議会の位置づけ	EUの障害者行動計画(～1996年) アメリカ大統領委員会・生命倫理総括報告 「国連・障害者の十年」(～1992年) 職業リハビリテーション及び雇用(障害者)に関する条約(ILO第159号条約)(ILO) 職業リハビリテーション及び雇用(障害者)に関する勧告(ILO第168号勧告)(ILO) ベイカーとホール「REHAB」開発(イギリス)
1984(昭和59)年	身体障害者福祉法一部改正 ・身体障害者福祉ホーム創設 健康保険法一部改正 ①特定療養費導入 ②退職者医療制度導入など 国際ソーシャルワーカー連盟(IFSW)に加盟(日本ソーシャルワーカー協会)	
1985(昭和60)年	第一次医療法改正 ・地域医療計画の策定など	精神発達遅滞者等特別援護法制定(スウェーデン)

年表

年	日本の精神保健福祉
	心の健康づくり推進事業開始(精神保健福祉センター) ダルク開設
1986(昭和61)年	「精神障害者の社会復帰に関する意見」公衆衛生審議会精神衛生部会 診療報酬「精神科集団療法料」新設 診療報酬「精神科ナイト・ケア料」新設 診療報酬「精神科訪問看護指導料」新設 診療報酬「精神科デイ・ナイト・ケア料」新設 精神衛生法改正の基本的な方向について(中間メモ)(公衆衛生審議会精神衛生部会)
1987(昭和62)年	精神保健法公布(精神衛生法一部改正) 　目的：精神障害者の社会復帰の促進，福祉の増進 　　　　入院患者の人権保護と社会復帰の促進 　国民の義務：精神的健康の保持・増進，精神障害者への理解と社会復帰への協力 　精神障害者社会復帰施設 　精神医療審査会 　精神保健指定医 　任意入院，医療保護入院，応急入院 　入院時の権利告知 　入院中の処遇(行動制限，通信・面会の自由) 　社会復帰促進の相談援助 　定期病状報告 　退院・処遇改善請求 　報告徴収，立ち入り検査等 精神障害者小規模作業所運営助成事業開始 保健所における精神衛生業務中のデイ・ケア事業について(保健医療局長通知) 日本アノレキシア・ブリミア協会(NABA)発足
1988(昭和63)年	精神科ソーシャルワーカー倫理綱領制定(日本PSW協会) 精神保健法施行(7月1日) 精神障害者社会復帰施設設置運営要綱
1989(平成元)年	精神科ソーシャルワーカー業務指針採択(日本PSW協会) ナラノン活動開始 精神障害者に所得税・地方税の障害者控除適用 老人性痴呆疾患センター事業実施要綱

年表

年	関連事項(国内)	関連事項(国外)
1986(昭和61)年	厚生年金保険法一部改正 ・基礎年金導入 老人福祉の在り方について(建議)(社会保障制度審議会) 日本作業療法士協会設立 ボランドピア事業(福祉ボランティアのまちづくり事業)開始 障害者アートバンク設立 在宅老人デイサービス事業開始 障害基礎年金制度開始 老人保健法一部改正 ・老人保健施設導入など	国連(経済社会理事会,人権委員会,差別防止および少数者保護小委員会)において精神衛生法改正を言明(精神衛生課長) ジャーメインら「生活モデル」提唱 サポーテッド・エンプロイメント導入(アメリカ) 障害者サービス法制定(オーストラリア) オタワ憲章(WHO)
1987(昭和62)年	日本ソーシャルワーカー協会倫理綱領制定 身体障害者雇用促進法一部改正(障害者の雇用の促進等に関する法律に改題) 社会福祉士及び介護福祉士法公布 保健所保健福祉サービス調整推進会議設置 高齢者総合相談センター設置 シルバーサービス振興会発足 シルバーハウジング・プロジェクト実施 高齢者住宅整備資金貸付制度開始 民法一部改正 ・特別養子縁組の新設	障害者(援助・助言・代表)法制定(イギリス) DSM-Ⅲ-R出版(APA) ケイ「陽性陰性症状評価尺度(PANSS)」作成
1988(昭和63)年	障害児保育対策事業開始 労働安全衛生法一部改正 ・トータルヘルスプロモーションプラン推進等	ワーグナー報告(イギリス) グリフィス報告(イギリス) 国際障害分類に関するカナダ協会設立(カナダ)
1989(平成元)年	ねんりんピック(全国健康福祉祭)開始 後天性免疫不全症候群の予防に関する法律公布 高齢者保健福祉推進十か年戦略(ゴールドプラン)策定 知的障害者対象のグループホーム制度化 シルバーマーク制度実施 ふるさと21健康長寿まちづくり事業開始 民間事業者による老後の保健及び福祉のための総合的施設の整備の促進に関する法	英国コミュニティ・ケア白書 子どもの権利条約採択(国連)

年表

年	日本の精神保健福祉
1990(平成2)年	全国精神障害者社会復帰施設協議会発足 こころの電話設置(1985年「心の健康づくり推進事業」の一環) 精神障害者に相続税の障害者控除適用 精神障害者への自動車税,軽自動車税,自動車取得税の減免 精神障害証明書の発行
1991(平成3)年	長谷川式簡易知能評価スケール改訂版(HDS-R) 老人性痴呆疾患療養病棟の施設整備基準について(保健医療局長通知) 地域精神保健対策に関する中間意見(公衆衛生審議会) 処遇困難患者に関する中間意見(公衆衛生審議会) 精神障害者社会復帰施設設置運営要綱改正 精神障害者社会復帰促進事業(社会復帰施設相談窓口)実施要綱
1992(平成4)年	精神障害者地域生活援助事業開始(精神障害者対象のグループホーム制度化) 精神障害者に対する公共職業訓練開始
1993(平成5)年	今後における精神保健対策について(公衆衛生審議会) 精神保健法一部改正 　「精神病院から社会復帰施設へ,さらに地域社会へ」 　精神障害者の社会復帰への配慮義務 　精神障害者:精神分裂病,中毒性精神病,精神薄弱,精神病質その他の精神疾患を有する者 　保護義務者から保護者へ改称 　社会復帰促進の相談援助(措置解除) 　精神障害者地域生活援助事業(グループホーム)の法定事業化 　施設外収容禁止規定の削除 　大都市特例(1996年施行) 　精神障害者社会復帰促進センター 精神障害者社会復帰施設設置運営要綱改正 　精神障害者ショートステイ施設の追加 世界精神保健連盟1993年世界会議(幕張メッセ) 今後におけるアルコール関連問題予防対策について(公衆衛生審議会精神保健部会アルコール関連問題専門委員会) 全国精神障害者団体連合会結成 精神障害者社会生活評価尺度開発(障害者労働医療研究会)

年	関連事項(国内)	関連事項(国外)
1990(平成2)年	律(WAC法)公布 「医療ソーシャルワーカー業務指針検討委員会」報告書発表 福祉関係八法改正 麻薬取締法一部改正(麻薬及び向精神薬取締法に改題) 在宅介護支援センター創設 生活支援ハウス創設 知的障害児(者)基礎調査開始	国民保健サービス及びコミュニティケア法制定(イギリス) 障害をもつアメリカ人法制定(アメリカ)
1991(平成3)年	育児休業,介護休業等育児又は家族介護を行う労働者の福祉に関する法律公布 救急救命士法公布 権利擁護センターすてっぷ発足(東京) 国民年金基金創設 ふれあいのまちづくり事業開始	精神病者の保護及び精神保健ケア改善のための原則採択(国連) 障害のカナダモデル発表(カナダ) ピープルファースト誕生(アメリカ・カナダ) 湾岸戦争
1992(平成4)年	第二次医療法改正 ①医療提供の理念 ②特定機能病院 ③療養型病床群 ④医療情報の提供 社会福祉事業法及び社会福祉施設職員退職手当共済法の一部を改正する法律(福祉人材確保法)公布 ピープルファースト話し合おう会結成 老人訪問看護制度開始	オンタリオ州代行決定法制定(カナダ) エーデル改革(スウェーデン) ICD-10公布(WHO) 障害者差別禁止法制定(オーストラリア)
1993(平成5)年	行政手続法公布 心身障害者対策基本法一部改正(障害者基本法に改題) 障害者対策に関する新長期計画(〜2002年) 福祉用具の研究開発及び普及の促進に関する法律公布 日本社会福祉士会設立	「アジア太平洋障害者の十年」(〜2002年) 障害者の機会均等化に関する標準規則採択(国連) 機能障害者を対象とする援助およびサービスに関する法律制定(スウェーデン)

年表

年	日本の精神保健福祉
1994(平成6)年	改正精神保健法施行(4月1日) 精神病院における常勤の指定医の確保の徹底等について(保健医療局長通知) 精神障害者社会復帰促進センターとして財団法人全国精神障害者家族会連合会を指定 当面の精神保健対策について(公衆衛生審議会) REHAB日本語版作成 診療報酬「入院生活技能訓練療法」新設 社会福祉法人全国精神障害者社会復帰施設協会認可
1995(平成7)年	精神保健及び精神障害者福祉に関する法律公布(精神保健法一部改正) 　「精神障害者福祉施策の位置づけ」 　章立ての変更,「保健および福祉」の章の新設 　目的：精神障害者の自立と社会経済活動への参加の促進 　精神障害者保健福祉手帳制度化 　正しい知識の普及 　精神障害者社会復帰施設の類型化 　精神障害者福祉工場の新設 　精神障害者社会適応訓練事業法定化 　市町村の役割(普及啓発,相談指導) 　公費負担医療の保険優先 精神障害者ケアガイドライン検討委員会設置 精神科救急医療システム整備事業開始 心のケアセンター設立(〜2003年) 精神保健相談の円滑実施について(オウム真理教問題関連)

年表

年	関連事項(国内)	関連事項(国外)
1994(平成6)年	今後の子育て支援のための施策の基本的方向について(エンゼルプラン)策定 新・高齢者保健福祉推進十か年戦略(新ゴールドプラン)策定 健康保険法一部改正 　①入院時食事給付の見直し 　②付添看護解消など 厚生年金保険法一部改正 　・支給開始年齢引上げ(2001年～) 雇用保険制度一部改正 　・雇用継続給付創設など 保健所法全部改正(地域保健法へ改題) 地域保健対策の推進に関する基本的な指針 障害者の雇用の促進等に関する法律一部改正 　・障害者雇用支援センター創設 高齢者,身体障害者等が円滑に利用できる特定建築物の建築の促進に関する法律(ハートビル法)公布 21世紀福祉ビジョン(高齢社会福祉ビジョン懇談会) 子どもの権利条約批准 子ども人権専門委員設置 専任児童委員発足 駅型保育施設開始 ファミリーサポートセンター開設 福祉レクリエーションワーカー資格制度発足 製造物責任法(PL法)公布	公的介護保険制度創設(ドイツ) 公民権法案(イギリス) DSM-IV出版(APA) 特別なニーズ教育における原則・政策・実践に関するサラマンカ声明(ユネスコ) 世界クラブハウス連盟結成
1995(平成7)年	阪神・淡路大震災 社会保障体制の再構築(勧告)(社会保障制度審議会) 地方分権推進法公布 高齢社会対策基本法公布 長寿社会対応住宅設計指針策定 介護休業制度導入 児童育成計画(地方版エンゼルプラン)策定開始 緊急保育対策等5か年事業(～1999年) 夜間保育事業開始 事業型社協推進指針提起 保険業法公布(旧保険業法(昭和14年法律第41号)廃止) 製造物責任法(PL法)施行	障害者差別法制定(イギリス) 精神保健法制定(韓国)

年表

年	日本の精神保健福祉
	地域精神保健福祉対策促進事業開始
1996(平成8)年	精神保健福祉法大都市特例施行(4月1日) 精神保健福祉法指定医関係施行(4月1日) 精神保健福祉センター運営要領について(保健医療局長通知) 保健所及び市町村における精神保健福祉業務について(保健医療局長通知) 応急入院指定病院の指定の促進について(精神保健福祉課長通知) 精神障害者地域生活支援事業開始 診療報酬「精神科急性期治療病棟料」新設 障害保健福祉部の創設(厚生省)
1997(平成9)年	精神保健福祉士法公布(12月19日) 全国精神障害者地域生活支援協議会結成 「心理教育・家族教室ネットワーク」発足

年表

年	関連事項(国内)	関連事項(国外)
1996(平成8)年	市町村の障害者計画策定に関する指針について(内閣総理大臣官房内政審議室長通知) 障害者プラン〜ノーマライゼーション7か年戦略〜策定(1996〜2002年実施) 地下鉄サリン事件 らい予防法の廃止に関する法律公布 公営住宅法一部改正 ・グループホーム利用可 高齢社会対策大綱(閣議決定) 「障害者の明るいくらし」促進事業開始 市町村障害者社会参加促進事業開始 市町村障害者生活支援事業開始 障害児(者)地域療育等支援事業開始 優生保護法一部改正(母体保護法へ改題) ・優生手術の廃止 障害者情報ネットワーク開始 人権擁護施策推進法公布	精神保健ケアに関する法―基本10原則(WHO)
1997(平成9)年	臓器移植に関する法律公布 言語聴覚士法公布 健康保険法一部改正 ①本人負担2割 ②外来の薬剤一部負担創設 労働基準法一部改正 ・女性の時間外・休日労働,深夜業の規制の解消 児童福祉法一部改正 ・児童家庭支援センター設置 障害者保健福祉研究情報システム開始 難病患者等居宅生活支援事業開始 あっせん型障害者雇用支援センター創設 人権擁護施策推進法施行 介護保険法公布 第三次医療法改正 ①療養型病床群の診療所への拡大 ②地域医療支援病院 ③患者への説明と同意 ④医療法人の業務範囲の拡大 今後の障害保健福祉施策の在り方について(中間報告)(障害三審議会合同企画分科会) 小学校及び中学校の教諭の普通免許状授与に係る教育職員免許法の特例等に関する法律公布	

年　表

年	日本の精神保健福祉
1998(平成10)年	精神保健福祉士法施行(4月1日) 精神保健福祉士の指定講習会(現任者の経過措置) 公衆衛生審議会精神保健福祉部会精神保健福祉法に関する専門委員会設置 精神病院に対する指導監督等の徹底について(一部長三局長通知) 第1回ケアマネージメント指導者養成研修会 精神障害者ケアガイドライン(厚生科学研究報告書) 精神病院療養環境改善整備事業開始
1999(平成11)年	第1回精神保健福祉士試験実施 日本精神医学ソーシャルワーカー協会が日本精神保健福祉士協会に名称変更 精神保健福祉法一部改正 　精神障害者の定義：「中毒性精神病」から「精神作用物質による急性中毒又はその依存症」 　精神医療審査会の機能強化 　精神保健指定医の役割等の強化 　医療保護入院・応急入院の要件の明確化 　仮入院制度の廃止 　精神病院に対する指導監督の強化 　緊急に入院が必要になる精神障害者の移送制度の創設 　　医療保護入院のための移送 　　措置入院にかかる移送 　保護者の義務の軽減 　　自傷他害防止監督義務の削除等 　精神保健福祉センターの機能の拡充(2002年4月施行) 　　精神医療審査会の事務 　　精神障害者保健福祉手帳・通院医療費公費負担申請の判定 　精神障害者地域生活支援センターを社会復帰施設に追加 　精神障害者居宅生活支援事業(2002年4月施行) 　　ホームヘルプ，ショートステイ，グループホーム 　福祉サービス利用の相談助言等を保健所長から市町村へ移管(2002年4月施行) 　覚せい剤慢性中毒者準用規定の削除

年	関連事項(国内)	関連事項(国外)
1998(平成10)年	財政構造改革の推進に関する特別措置法(財政構造改革法)公布 長野パラリンピック(冬季大会)開催 特定非営利活動促進法(NPO法)公布 精神薄弱の用語の整理のための関係法律の一部を改正する法律公布 　精神薄弱者福祉法, 障害者基本法等の法律において用いられている「精神薄弱」という用語を「知的障害」という用語に改める 感染症の予防及び感染症の患者に対する医療に関する法律(感染症法)公布(伝染病予防法廃止) 雇用保険法一部改正 ・介護休業給付新設 社会福祉基礎構造改革について(中間まとめ)(中央社会福祉審議会社会福祉構造改革分科会) 小学校及び中学校の教諭の普通免許状授与に係る教育職員免許法の特例等に関する法律施行	労働における基本的原則及び権利に関するILO宣言
1999(平成11)年	重点的に推進すべき少子化対策の具体的実施計画について(新エンゼルプラン)策定 今後5か年間の高齢者保健福祉施策の方向(ゴールドプラン21)策定(〜2004年) 民法一部改正 ・成年後見制度 任意後見契約に関する法律公布 後見登記等に関する法律公布 今後の障害保健福祉施策の在り方について(概要)(障害三審議会合同企画分科会) 精神薄弱の用語の整理のための関係法律の一部を改正する法律施行(精神薄弱者福祉法から知的障害者福祉法へ) 男女共同参画社会基本法公布 地域福祉権利擁護事業開始 厚生科学審議会設置 エイズ予防対策開始 結核緊急事態宣言(厚生大臣発表) 全国子ども会5ヵ年計画策定 地方分権の推進を図るための関係法律の整備等に関する法律(地方分権一括法)公布	国際高齢者年(国連)

年表

年	日本の精神保健福祉
2000(平成12)年	精神障害者訪問介護(ホームヘルプサービス)試行的事業開始 長期在院患者の療養体制整備事業開始 精神科特例撤廃(第四次医療法改正) 精神障害者小規模通所授産施設制度化 触法精神障害者の処遇をめぐる合同検討会(法務省・厚生省)

年	関連事項(国内)	関連事項(国外)
2000(平成12)年	第四次医療法改正 　①病床区分の再編 　②人員・構造設置基準の改正 　③臨床研修の必修化 　④医療情報提供の推進 厚生年金保険法一部改正 　・老齢厚生年金の報酬比例部分の支給開始年齢引上げなど 社会福祉の増進のための社会福祉事業法等の一部を改正する等の法律公布(社会福祉事業法から社会福祉法へ) 社会福祉事業法一部改正 　①題名を社会福祉法に改題 　②目的に「福祉サービスの利用者の保護」「地域における社会福祉(地域福祉)の推進」「社会福祉を目的とする事業の健全な発達」を加えた。 　③社会福祉事業の追加, 削除(各個別法参照) 　④基本理念(福祉サービスの基本的理念, 地域福祉の推進, 福祉サービスの提供の原則, 福祉サービスの提供体制の確保等に関する国および地方公共団体の責務) 　⑤社会福祉主事の任用資格 　⑥社会福祉法人(経営基盤の強化, 福祉サービスの質の向上, 事業経営の透明性の確保, 収益事業の収益の充当先の拡大等) 　⑦社会福祉施設の最低基準 　⑧福祉サービスの適正な利用の推進(情報提供, 書面交付による利用契約, 福祉サービスの利用の援助および利用者等からの苦情の解決) 　⑨地域福祉の推進(市町村地域福祉計画, 都道府県地域福祉支援計画) 　(2003年4月1日施行) 身体障害者福祉法一部改正 　①事業・施設の追加(身体障害者相談支援事業, 身体障害者生活訓練等事業等) 　②利用制度(市町村の情報提供, 利用の	

年　表

年	日本の精神保健福祉

年	関連事項(国内)	関連事項(国外)
	調整等，支援費の支給等)(2003年4月1日施行)	
	知的障害者福祉法一部改正	
	①理念(知的障害者は，自立に努めるとともに，社会，経済，文化その他あらゆる分野の活動に参加する機会を与えられる)	
	②事業の追加(知的障害者相談支援事業，知的障害者デイサービス事業，知的障害者デイサービスセンター)	
	③市町村への事務の委譲	
	④利用制度(市町村の情報提供,利用の調整，支援費の支給等)(2003年4月1日施行)	
	児童福祉法一部改正	
	①障害児相談支援事業	
	②児童相談所長への児童委員の通知・通告	
	③助産施設・母子生活支援施設に係る利用方式に関する事項	
	④児童福祉施設の設置者に対する監督に関する事項	
	⑤児童短期入所に係る事務の市町村委譲(2003年4月1日施行)	
	⑥利用制度(居宅生活支援費の支給,児童居宅支援，事業者の指定，市町村の情報提供，利用の調整等)	
	民生委員法一部改正	
	・民生委員の理念，職務など	
	生活保護法一部改正	
	・「収容」等の用語の変更	
	公益質屋法の廃止	
	改正民法等施行(成年後見制度)	
	少年法一部改正	
	①被害者への配慮規定創設	
	②刑の見直し(厳罰化)など	
	介護保険法施行	
	痴呆性高齢者対象のグループホーム制度化	
	地方分権の推進を図るための関係法律の整備等に関する法律(地方分権一括法)施行	
	障害者就業・生活支援センター事業開始	
	児童虐待の防止等に関する法律公布	
	高齢者，身体障害者等の公共交通機関を利用した移動の円滑化の促進に関する法律	

年表

年	日本の精神保健福祉
2001(平成13)年	精神障害者ケアガイドラインの見直しに関する中間報告書公表(障害者ケアマネジメント体制整備検討委員会精神障害者部会) 第1回全国精神障害者スポーツ大会開催(宮城県)
2002(平成14)年	**精神保健福祉法(1999年改正)施行** 　精神保健福祉センターの必置 　精神保健福祉センターの事務 　　精神医療審査会の事務 　　精神障害者保健福祉手帳交付・通院医療費公費負担申請の判定 　市町村への事務移管 　　施設・事業の利用の調整等 　　精神障害者保健福祉手帳・通院医療費公費負担申請の窓口

年　表

年	関連事項(国内)	関連事項(国外)
2001(平成13)年	(交通バリアフリー法)公布 21世紀における国民健康づくり運動(健康日本21)開始 ハンセン病裁判 地域保健対策の推進に関する基本的な指針一部改正 新保険業法一部改正 ・生命保険会社の経営基盤の強化 障害者ケアマネジメントの普及に関する報告書(障害者ケアマネジメント体制整備検討委員会) 省庁再編，厚生労働省 社会保障制度審議会から社会保障審議会に再編 今後の経済財政運営及び経済社会の構造改革に関する基本方針(閣議決定) 医療制度改革大綱(政府・与党社会保障改革協議会) 大阪池田小学校児童殺傷事件 障害者生活訓練・コミュニケーション支援等事業開始 障害者試行雇用事業開始 第1回全国障害者スポーツ大会開催(宮城県) 配偶者からの暴力の防止及び被害者の保護に関する法律(DV防止法)公布 ハンセン病療養所入所者等に対する補償金の支給等に関する法律公布 障害者等に係る欠格事由の適正化等を図るための医師法等の一部を改正する法律公布 児童福祉法一部改正 ・保育士資格法定化 保健婦助産婦看護婦法の一部を改正する法律公布 確定給付企業年金法公布	WHO 国際生活機能分類(ICF)
2002(平成14)年	あっせん型障害者雇用支援センターから障害者就業・生活支援センターに改組 障害者アートバンクからアートビリティへ名称変更 身体障害者補助犬法公布 障害者雇用の促進等に関する法律一部改正 ・職場適応援助者事業創設 保健婦助産婦看護婦法の一部を改正する法	

年表

年	日本の精神保健福祉
2003（平成15）年	精神障害者居宅生活支援事業の実施 　ホームヘルプ，ショートステイ，グループホーム 精神障害者福祉ホームB型実施要綱 精神分裂病から統合失調症へ呼称変更（日本精神神経学会） 診療報酬「精神科救急入院料」新設 精神保健福祉対策本部設置（厚生労働省） 「今後の精神保健福祉施策について」（社会保障審議会障害者部会精神障害分会報告書） 　基本的な考え方 　　入院医療主体から，地域保健・医療・福祉を中心としたあり方への転換 　具体的な施策 　　①精神障害者の地域生活の支援（在宅福祉サービスの充実，住まいの確保，地域医療の確保，精神科救急システムの確立，地域保健および多様な相談体制の確保，就労支援） 　　②社会復帰施設の充実 　　③適切な精神医療の確保（精神医療における人権の確保，精神病床の機能分化，精神医療に関する情報提供，根拠に基づく医療の推進と精神医療の安全対策） 　　④精神保健医療福祉関係職種の確保と資質の向上 　　⑤心の健康対策の充実（精神障害および心の健康問題に関する健康教育等，自殺予防とうつ病対策，心的外傷体験へのケア体制，睡眠障害への対応，思春期の心の健康） 　　⑥精神保健医療福祉施策の評価と計画的推進 「精神保健福祉の改革に向けた今後の対策の方向」（精神保健福祉対策本部中間報告） 　重点施策 　　①普及啓発（正しい理解，当事者参加活動） 　　②精神医療改革（精神病床の機能強化・地域ケア・精神病床の減少を促す） 　　③地域生活の支援（住居・雇用・相談支援） 　　④「受け入れ条件が整えば退院可能」な7万2000人の対策

年表

年	関連事項(国内)	関連事項(国外)
	律施行(保健師助産師看護師法へ) 確定給付企業年金法施行 老人保健法一部改正 ・老人医療対象者の対象年齢引上げ(70歳→75歳) 全国母親クラブ連絡協議会から全国地域活動連絡協議会に名称変更 重点施策実施5か年計画(新障害者プラン)策定(2003～2007年)	
2003(平成15)年	雇用保険法一部改正 ・就業手当の創設など 支援費制度開始(福祉サービスの利用制度化) 障害児保育対策事業から障害児保育環境改善事業へ名称変更 バリアフリーのまちづくり活動事業開始 少子化社会対策基本法公布 次世代育成支援対策推進法公布 独立行政法人福祉医療機構設立(社会福祉・医療事業団廃止) 独立行政法人高齢・障害者雇用支援機構設立 障害者社会参加総合推進事業開始(「障害者の明るいくらし」促進事業と障害者生活訓練・コミュニケーション支援等事業の統合→メニューの再編を図る) 性同一性障害者の性別取扱いの特例に関する法律公布 個人情報の保護に関する法律公布 行政機関の保有する個人情報の保護に関する法律公布 独立行政法人等の保有する個人情報の保護	イラク戦争

年　表

年	日本の精神保健福祉
2004（平成16）年	「こころのバリアフリー宣言」公表（心の健康問題の正しい理解のための普及啓発検討会）

年	関連事項(国内)	関連事項(国外)
2004(平成16)年	に関する法律公布 「2015年の高齢者介護」(高齢者介護研究会報告書) 医師の臨床研修の義務化 障害者自立支援・社会参加総合推進事業(都道府県の障害者社会参加総合推進事業と市町村障害者社会参加促進事業の統合化)	

(中村円・佐藤三四郎)

索 引

索引

あ

アートビリティ ……………**3**
アーバニズム ……………407
RI ……………………158
RNA …………………392
愛育班 ………………**3**
IADL …………………414
IL 運動 ………………271
ILO …………………159
ILO 第 99 号勧告 …………287
ILO 第 159 号条約 …………266
ILO 第 168 号勧告 …………265
IQ …………………382
ICIDH ………………157
ICIDH-2 ……………157
ICHP …………………155
ICF …………………158
ICJ …………………158
ICD …………………155
ICD-10 ………………155
ICU 症候群 …………**3**
アイゼンク ……………**3**
愛着 …………………**7**, 351
愛着理論 ………………481
アイデンティティ ………189
アイバンク ……………**3**
IP ……………………68
愛盲運動 ………………**4**
IYDP …………………156
アウトリーチ …………**4**
アウトリーチサービス …**4**
青い芝の会 …………**4**
アカシジア ……………**4**
あかね荘 ………………308
明るい長寿社会づくり推進機
　　構 …………………152
悪意 …………………**344**
アクスライン ……………**4**
悪性腫瘍 ………………76
悪性症候群 ……………**4**
悪性新生物 ……………76
アクセスサービス ……**5**
アクティブ 80 ヘルスプラン
　　………………………160

アクティブリスニング ……122
アクティングアウト ………146
ACT …………………**5**
朝日茂 ………………**5**
朝日訴訟 ……………**5**
アジア太平洋障害者の十年 …**6**
アスペルガー症候群 ………**6**
アセスメント …………**6**
アセチルコリン …………138
アソシエーション ………**167**
アタッチメント ……………**7**
アダムス ………………**7**
アダルトチルドレン ………**7**
アッカーマン ……………**7**
アッシュ ………………365
アディクション …………211
アドボカシー …………**132**, 366
アドボケート …………133
アドラー ………………**7**, 490
アノニマスネーム …………10
アノミー ………………**8**, 21
アパシーシンドローム ……**8**
アプサンス ……………261
アプテカー ……………**8**
アブラハム ……………**8**
アプリカント ……………114
アムネジア ……………132
アメリカ合衆国精神保健研究
　　所 …………………41
アメリカ精神医学会 ……**8**, 391
アメンチア ……………16
アラティーン ……………9
アラノン ………………**8**
アルコール依存症 ………**9**
アルコール関連問題 ………**9**
アルコール中毒 …………9
アルコール・ハラスメント 30
アルコホリクスアノニマス …**9**
アルツハイマー型痴呆 ……383
アルツハイマー病 …………**10**
アルマ・アタ宣言 ………**10**, 466
アレキシサイミア ………**11**
アンケート調査 …………220
暗順応 ………………243
暗示療法 ………………179
安心ネット …………**11**

アンソニー ……………**11**
アンダーソン ……………**11**
アンビバレンス …………**11**
アンフェタミン …………**12**
暗喩 …………………501
安楽死 ………………360

い

EE ……………………81
EAP …………………233
ECT …………………395
EU の障害者雇用にかかわる
　　勧告 ………………**12**
家 ……………………**12**
家制度 ………………**12**
医学的リハビリテーション **12**
医学モデル …………**12**
異議申し立て …………**13**
医業 ………………15
育児・介護休業法 ……**13**
育児休業，介護休業等育児又
　　は家族介護を行う労働者
　　の福祉に関する法律 **13**, 51
育児休業等育児又は家族介護
　　を行う労働者の福祉に関
　　する法律 …………**13**
育児休業法 ……………**13**
育児支援 ……………**14**
育児不安 ……………**14**
育成医療 ……………**14**
違憲法令審査権 ………**14**
威光 …………………18
医行為 ………………**14**
遺言 …………………**15**
遺産分割 ……………**15**
医師 …………………**15**
意志 …………………25
石井十次 ……………**16**
石井亮一 ……………**16**, 368
意識 …………………**16**
意識狭窄 ……………**16**
意識混濁 ……………**16**
意識障害 ……………**16**
意識変容 ……………**16**
意思能力 ……………135, 441

582

索引

医師の指示 ……………**17**
医師の使命・職務 ………**17**
意思表示 …………………**17**
医師法 ……………………**17**
いじめ ……………………**17**
慰謝料 ……………………**18**
異常心理 …………………327
異常体感 …………………362
異常酩酊 …………………97
移植 ………………………349
威信 ………………………**18**
医制 ………………………**18**
異世代間交流 ……………38
移送 ………………………**18**
移送サービス ……………**18**
移送制度 …………………310
移送費 ……………………**19**
遺族基礎年金 ………**19**, 212
遺族給付 …………………**19**
遺族厚生年金 ……………**19**
遺族年金 …………………**19**
遺族補償一時金 …………**19**
遺族補償給付 ……………**19**
依存 …………………**19**, 211
依存症候群 ………………**19**
依存性人格障害 …………**20**
依存性薬物 ………………316
一次医療圏 ………………26
一次的同一視 ……………397
一時入所 …………………262
一次判定 …………………514
一時扶助 …………………**20**
一時保育 …………………**20**
一時保護 …………………**20**
一時保護所 ………………**20**
一次妄想 …………………503
一次欲求 …………………93
一類感染症 ………………**21**
一過性チック障害 ………378
一過性脳虚血発作 ………**21**
一気飲み …………………9
1歳6か月児健康診査 …**21**
逸脱行為 …………………**21**
五つの巨悪 …………**21**, 473
五つの巨人 ………………**21**
1.57ショック …………256

一般概括主義 ……………**21**
一般開業医 ………………161
一般健康調査質問紙法 …189
一般雇用 …………………**22**
一般世帯 …………………**22**
一般的自由権 ……………149
一般被保険者求職者給付 …**22**
一般病床 …………………450
イデオロギー ……………**22**
遺伝 ………………………23
遺伝医学 …………………23
遺伝規定性 ………………**23**
遺伝子 ……………………**23**
遺伝子医学 ………………**23**
遺伝子突然変異 …………408
遺伝子病 …………………23
移転費 ……………………**23**
遺伝病 ……………………**23**
イド ………………………**23**
糸賀一雄 ……………**24**, 437
イネイブラー ………**24**, 101
いのちの電話 ………**24**, 193
イノベーション …………**24**
異文化ストレス症候群 …**24**
意味ある他者 ……………238
意欲 ………………………**24**
依頼人 ……………………114
イリイチ …………………233
遺留分 ……………………**25**
医療給付 …………………**25**
医療計画 …………………**25**
医療刑務所 ………………**25**
医療圏 ……………………**25**
医療施設静態調査 ………26
医療施設調査 ……………26
医療施設動態調査 ………26
医療少年院 ………………259
医療職員 …………………169
医療ソーシャルワーカー …**26**
医療ソーシャルワーカー業務
　指針報告書 ……………26
医療チーム ………………377
医療費按分方式 …………534
医療福祉 …………………**27**
医療扶助 …………………**27**
医療法 ……………………**28**

医療法人 …………………28
医療保険制度 ……………**28**
医療保健福祉審議会 ……231
医療保護施設 ……………**28**
医療保護入院 ………**18**, **29**
医療補助職員 ……………169
医療倫理 …………………**29**
イルネス …………………273
岩倉村大雲寺 ……………**29**
岩橋武夫 …………………4
インクルージョン ………**29**
インシデント・プロセス法
　……………………**29**, 273
因子分析 …………………**30**
飲酒行動 …………………**30**
飲酒文化 …………………**30**
印象 ………………………449
インスティテューショナリズ
　ム ………………………196
インスリンショック療法 …**30**
陰性症状 …………………**30**
陰性症状評価尺度 ………**30**
インターグループワーク
　……………………**31**, 168
インターフェイス ………**31**
インターベンション ……57
インテーク ………………**31**
インテーク面接 …………31
インテグレーション ……**32**
咽頭 ………………………**32**
インドールアミン仮説 …**32**
院内寛解者 ………………**32**
インフォーマルネットワーク
　…………………………**32**
インフォームドコンセント
　……………………**33**, 284
インプリンティング ……299
インフルエンザ …………**33**
インペアメント …………157
隠喩 ………………………501

う

WISC ………………**34**, 382
ウィニコット ……………**33**
ウィング …………**34**, 185

索 引

ウィンスロウ …………139
ヴーゼル …………**34**
ウーマンリブ …………456
WAIS …………34, 382
ウェーバー …………**34**
ウェクスラー …………**34**
ウェクスラー児童用知能検査
　…………**34**, 382
ウェクスラー成人用知能検査
　…………**34**, 382
ウェクスラー乳幼児知能検査
　…………382
ウェッブ夫妻 …………**35**
ウェルトハイマー …………**35**
ウェルニッケ・コルサコフ症
　候群 …………171
ウェルニッケ失語 …………**35**
ウェルニッケ中枢 …………**35**
迂遠 …………**35**
ウォルターズ …………297
ウォルピ …………**35**
ヴォルフェンスベルガー
　…………**35**, 356
内田クレペリン精神検査 …36
内田勇三郎 …………36
内村祐之 …………**36**
うっ血性心不全 …………290
うつ状態 …………**36**
宇都宮病院事件 …………**36**
うつ病 …………**36**
ヴント …………**37**
運動性言語中枢 …………**37**
運動性失語 …………200
運動療法 …………**37**

え

エイジズム …………**37**
エイジレス社会 …………38
エイズ …………145, 446
AIDS …………145
エイズ関連症候群 …………145
エイズ脳症 …………38
衛生学 …………38
衛生行政 …………38
栄養士 …………38

栄養指導 …………83
エー …………**38**
ARC …………145
AA …………9, 10
A規約 …………157
AC …………7
ACOA …………7
ACOD …………7
ADA …………255
ADHD …………385
ADL …………414
ATL …………325
エーデル改革 …………226
APA …………8
ABC-X モデル …………67
ABC モデル …………**38**
疫学 …………39
駅型保育施設 …………39
江熊要一 …………304
エゴ …………187
エコシステム …………39
エコマップ …………**40**, 439
エコロジカル・ソーシャルワ
　ーク …………**40**
エス …………23
S・R 接近説 …………64
S・R 理論 …………60
SE …………182
SANS …………30
SSRI …………347
SST …………218
SNRI …………141
SFA …………218
SOAP …………110, 506
S型条件づけ …………530
エスキロール …………**40**
SG 式価値態度検査 …………**40**
ST …………130
SDA …………343
SDA 剤 …………343
STD …………56
エスニシティ …………**41**
エスニック・グループ …………41
HIV …………446
HAM-D …………438
HMO …………496

HDS-R …………435
HTP テスト …………50
エディプスコンプレックス **41**
NIMH …………**41**, 162
NA …………411
NHS …………161
NGO …………**41**
NPO …………**41**
NPO 法 …………42, 404
NPO 法人 …………42
エバリュエーション …………42
エプスタイン …………**42**
エホバの証人 …………33
エボラ出血熱 …………**42**
MRI …………59, 64
MRA …………64
MRSA …………501
MARTA …………343
MSW …………26
MMT …………407
MBD …………444
エリクソン …………**42**, 189, 518
エリザベス救貧法 …………98, 229
LSS …………91
LSD …………**42**
LD …………60
エルバーフェルト制度 …………**43**
エレクトラコンプレックス 41
エロア資金 …………73
エンカウンターグループ …**43**
演技性人格障害 …………**43**
嚥下障害 …………**43**
エングル方式 …………**43**
援護就労 …………182
援護寮 …………322
塩酸ドネペジル …………429
援助過程 …………**44**
援助過程記録 …………45
援助技術 …………**44**
援助業務 …………353
援助記録 …………**44**
援助計画 …………45
援助契約 …………31
援助付き雇用 …………182
延髄 …………45
エンゼルプラン …………**172**, 236

索　引

延長保育事業 …………… **45**
エンパワメント ………… **46**
エンパワメント・アプローチ
　………………………… **46**

お

応益負担 ………………… **46**
応急処置 ………………… 409
応急入院 ……………… 18, **46**
応急入院指定病院 …… 18, **46**
横断的研究 ……………… 236
応能負担原理 …………… **46**
近江学園 ………………… 24
O157 ……………………… 386
OA …………………… **47**, 475
オーゴン ………………… 518
OT ………………………… 180
オーバーイーターズアノニマ
　ス ……………………… **47**
大原訴訟 ………………… **47**
オープンドア方式 ……… 58
オールド・オールド …… 136
岡山孤児院 ……………… 16
置き換え ………………… **47**
オタワ憲章 ………… **47**, 474
オペラント条件づけ … **47**, 296
オリエンテーション …… 131
オルタナティブサービス … **48**
オルタナティブスクール … 467
音楽療法 …………… **48**, 122
恩給 ……………………… **48**
温情主義 ………………… 435
音声障害 ………………… **48**
音声チック ……………… 378
オンタリオ州代行決定法〔カ
　ナダ〕 ………………… **48**
オンブズマン …………… **48**

か

カールバウム …………… **49**
カーンバーグ …………… **49**
外因好発型 ……………… 257
外因死 …………………… **49**
外因性精神障害 ………… **49**

絵画統覚検査 ……… **50**, 497
絵画療法 …………… **50**, 122
階級 ……………………… **50**
階級意識 ………………… 50
階級闘争 ………………… 50
介護 ……………………… **50**
外呼吸 …………………… 50
介護休業制度 …………… 50
介護給付 ………………… **51**
外国人に対する生活保護の措
　置 ……………………… **51**
介護支援サービス ……… **51**
介護支援専門員 ………… **51**
介護施設入所者加算 …… **52**
介護職員 ………………… 526
介護認定審査会 ………… **52**
介護福祉士 ……………… **52**
介護扶助 ………………… **52**
介護報酬 ………………… **52**
介護保険 ………………… 53
介護保険事業計画 ……… **52**
介護保険施設 …………… **53**
介護保険審査会 ………… **53**
介護保険制度 ……… **53**, 65
介護保険法 ……………… **54**
介護保険料加算 ………… **54**
介護補償給付 …………… **54**
介護予防・生活支援事業 … **55**
介護予防・地域支え合い事業
　………………………… **55**, 176
介護老人保健施設 ……… **55**
介護労働 ………………… **55**
概日リズム ……………… 335
外傷後ストレス障害 …… **55**
介助犬 …………………… 288
改正救貧法 ……………… 276
改正刑法準備草案 ……… 475
疥癬 ……………………… **56**
階層 ……………………… 50
回想法 …………………… **56**
解体型 …………………… 434
解体症状 ………………… 504
回転ドア現象 …………… **56**
回転ドア方式 …………… 431
ガイドヘルパー派遣事業 … **56**
ガイドヘルプ …………… **56**

カイ二乗検定 …………… **56**
介入 ……………………… **57**
海馬性健忘 ……………… 85
外発的動機づけ ………… 399
回避性人格障害 ………… 455
快・不快感 ……………… 80
回復 ……………………… 522
回復者 ……………… 211, 317
回復者クラブ …………… 343
下位文化 ………………… 182
開放運動 ………………… 57
開放処遇 ………………… **57**
開放病棟 ………………… 58
外来治療 ………………… 58
快楽原則 ………………… 23
解離 ………………… 445, 494
解離症状 ………………… 445
解離性障害 ……………… 58
解離性同一性障害 ……… 368
カウンセラー …………… 59
カウンセリング ………… **59**
過覚醒症状 ……………… 56
かかりつけ医 …………… **59**
蝸牛 ……………………… 387
下級裁判所 ……………… 71
核家族 …………………… 59
核家族化 ………………… 59
格差縮小方式 …………… 59
核磁気共鳴画像診断法 … **59**
学習 ……………………… **60**
家具什器費 ……………… **60**
学習指導要領 …………… **60**
学習障害 ………………… **60**
学習性無力感 …………… 342
学習理論 …………… **60**, 146
各種加算 ………………… **61**
覚醒アミン ……………… 277
覚醒剤 ……………… **61**, 277
覚せい剤取締法 ………… **61**
拡大家族 ………………… **61**
確定給付型 ……………… 415
確定給付企業年金法 … **61**, 334
確定拠出 ………………… 62
確定拠出型 ……………… 415
確定拠出年金法 ………… **62**
学童期 …………………… **62**

585

索　引

学童・生徒のボランティア活
　　動普及事業 ……………**62**
学童保育 …………………477
角膜及び腎臓の移植に関する
　　法律 ……………………4
隔離 ………………………**62**
隔離収容 …………………**62**
火災保険 …………………350
加算 ………………………**61**
瑕疵 ………………………**63**
家事援助サービス ………177
瑕疵担保責任 ……………**63**
過失責任主義 ……………**63**
過失責任の原則 …………**63**
過失相殺 …………………**63**
過剰適応 …………………**63**
ガス交換 …………………**64**
KAST ……………………115
ガスリー …………………**64**
過疎 ………………………**64**
画像診断 …………………**64**
家族 ………………………**64**
家族会 …………………318, 344
家族介護 …………………**65**
家族画テスト ……………50
家族関係 …………………88
家族関係図 ………………186
家族危機 …………………**65**
家族機能 …………………**65**
家族教育 …………………**65**
家族教室 …………………**66**
家族支援 …………………**66**
家族システム ……………**66**
家族システム理論 ………480
家族周期 …………………**66**
家族出産育児一時金 ……**66**
家族診断 …………………7
家族心理教育プログラム …**66**
家族ストレス論 …………**67**
家族制度 …………………219
家族造形法 ………………**67**
家族問題調整 ……………**67**
家族療法 …………………7, **68**
家族歴 ……………………**68**
課題中心ケースワーク ……**68**
片親家庭 …………………446

片山潜 ……………………**69**
カタルシス ………………**69**
カタルシス法 ……………334
カタレプシー ……………173
学校教育法 ………………**69**
学校精神保健 ……………**69**
学校不適応 ………………**69**, 464
学校保健 …………………**70**
合算対象期間 ……………**70**
葛藤 ………………………**70**
活動 ………………………158
活動制限 …………………158
葛藤理論 …………………**400**
過程記録 …………………110
家庭裁判所 ………………**71**
家庭裁判所調査官 ………**71**
家庭児童相談室 …………**71**
家庭相談員 ………………71
家庭内暴力 ………………**71**
家庭養護婦派遣事業 ……**72**
加藤普佐次郎 ……………**72**
加藤正明 …………………273
過渡的雇用 ………………**72**
カナー ……………………**72**
加入可能年数 ……………**72**
加入者按分方式 …………534
カハール …………………**72**
寡婦 ………………………**72**
下部構造 …………………203
家父長制 …………………**73**
寡婦年金 …………………**73**
カプラン …………………**73**
貨幣的ニーズ ……………461
過密 ………………………**64**
仮面 ………………………274
カラ期間 …………………70
空の巣症候群 ……………**73**
ガリオア・エロア資金 ……**73**
ガリオア資金 ……………**73**
カリスマ的支配 …………210
仮退院 ……………………**73**
仮入院 ……………………**74**
下流階層 …………………214
カルジアゾールけいれん療法
　　…………………………**74**
カルシウム ………………**74**

カルチャーショック ……**74**
カルテ開示 ………………**74**
カルト ……………………**75**
カルフ ……………………**75**, 434
過労死 ……………………**75**, 536
過労自殺 …………………**75**
川崎市社会復帰医療センター
　　…………………………**75**
がん ………………………**76**
簡易精神症状評価尺度 ……451
肝炎 ………………………**76**
感音難聴 …………………386, 412
寛解 ………………………**76**
感化救済事業 ……………**76**
感化教育 …………………**76**, 408
感覚 ………………………**76**
感覚器 ……………………**77**
感覚記憶 …………………85
感覚性失語 ………………200
カンガルー・ケア ………490
眼球 ………………………**77**
環境 ………………………**77**
環境改善サービス ………**77**
環境権 ……………………**78**
環境調整 …………………**78**
環境問題 …………………**78**
環境優位説 ………………**78**
還元方式 …………………255
看護サービス ……………479
看護師 ……………………**78**
看護士 ……………………**78**
看護婦 ……………………**78**
ガンザー症候群 …………**79**
観察学習 …………………**79**
カンジダ症 ………………**79**
患者 ………………………114
患者会 ……………………343
患者権利擁護制度 ………**79**
患者調査 …………………**79**
患者の権利章典 …………**79**
患者の権利に関するリスボン
　　宣言 …………………522
患者役割行動 ……………**80**
感受性訓練 ………………43
感情 ………………………**80**
感情傾向 …………………**80**

索　引

感情失禁 …………………80	気管 ……………………85	およびサービスに関する
感情障害 …………………92	基幹型在宅介護支援センター	法律〔スウェーデン〕…91
感情吐露 …………………80	………………………176, 373	機能性精神障害 …………91
感情の明確化 ……………80	機関訴訟 ……………85, 105	機能的作業療法 …………91
感情表出 …………………81	期間有病率 ……………512	機能的社会集団 …………89
関節 ………………………81	危機介入 …………………86	機能評価 …………………91
間接援助技術 ……………81	危機管理 …………………86	機能不全家族 ……………91
環節社会 ………………511	企業委託型保育サービス事業	機能分析 …………………90
関節症 …………………475	………………………………86	気分 …………………80, 92
関節リウマチ ……………81	企業年金 ………………202	気分安定薬 …………92, 143
完全寛解 …………………76	危機理論 …………………87	気分障害 …………………92
完全参加と平等 ………156	偽幻覚 …………………128	基本権 ……………………93
完全自動物価スライド制 …463	危険負担 …………………87	基本的人権 ………………93
感染症 ……………………81	既裁定年金 ……………426	基本的信頼 ………………93
感染症対策 ………………82	義肢装具士 ………………87	基本的欲求 ………………93
感染症の予防及び感染症の患	気質 ………………………87	期末一時扶助 ……………93
者に対する医療に関する	器質性精神障害 …………88	記銘力 ……………………93
法律 ……………………82	技術革新 …………………24	記銘力検査 ………………93
感染症法 …………………82	記述精神医学 ……………88	記銘力障害 …………85, 132
肝臓 ………………………82	基準及び程度の原則 ……88	逆機能 ……………………90
鑑定入院 …………………82	基準生活費 …………361, 366	逆説的志向 ……………107
冠動脈性疾患 ……………83	基準病床数 ………………88	虐待 ………………………94
観念 ……………………449	寄生 ……………………104	逆転移 …………………394
観念奔逸 …………274, 352	偽相互性 …………………88	逆向健忘 ………………132
間脳 ………………………83	基礎控除 …………………89	客観的症状 ……………324
カンファレンス ………123	基礎的社会集団 …………89	キャッテル ………………94
漢方薬 ……………………83	基礎年金 …………161, 413	キャノン …………94, 492
緘黙 ………………………83	基礎年金制度 ……………161	キャメロン ………………94
管理栄養士 ………………83	基礎年金番号 …………161	キャラクター …………274
官僚制 ……………………83	起訴便宜主義 …………315	ギャレット ………………94
緩和ケア …………………84	起訴前鑑定 ……………315	ギャンブル依存 …………94
緩和ケア病棟 ……………84	期待価値 …………………89	キュア ……………………95
緩和精神安定薬 ………500	期待価値説 ………………89	QOL ……………………113
	期待効用 …………………89	救急医療 …………………95
き	吃音 ………………………89	救急救命士 ………………95
	キッチンドリンカー ……89	救急救命士法 ……………95
キーパーソン ……………84	ギデンズ …………………90	休業給付 …………………95
議院内閣制 ………………84	気道 ………………………90	休業補償給付 ……………95
既往歴 ……………………84	機能 ………………………90	救護施設 …………………95
記憶 ………………………85	機能回復 …………………91	救護法 ……………………95
記憶障害 …………………85	機能・形態障害 ………157	救助活動 …………………96
議会制 ……………………85	技能習得手当 ……………90	求職者給付 …………22, 96
議会制民主主義 …………85	機能主義 …………………90	急性アルコール中毒 ……97
機械的連帯 ……………511	機能主義ケースワーク …8, 90	旧生活保護法 ……………97
機会の平等 ……………478	機能障害 …………157, 158	救世軍 …………………511
幾何学的錯視 …………181	機能障害者を対象とする援助	急性心筋梗塞 ……………97

587

索　引

急性腎不全 ……………… **97**
急性ストレス障害 ………56
急性ストレス反応 ……… **97**
急性中毒 ………………… **98**
急性灰白髄炎 ……………492
急速眼球運動 ……………530
級地制度 ………………… **98**
急迫保護 ………………… **98**
救貧院 …………………… **99**
救貧法〔イギリス〕……… **98**
給付 ……………………… **99**
給付基準額制度 ………… **99**
給付基礎日額 …………… **99**
給付・反対給付均等の原則 **99**
キューブラー・ロス ……**100**
橋 ………………………… **100**
教育基本法 ………………**100**
教育訓練給付 ……………**100**
教育的リハビリテーション **100**
教育扶助 …………………**101**
教育問題援助 ……………**101**
教育を受ける権利 ………**101**
共依存 ……………………**101**
強化 ………………………**102**
境界型人格障害 …………**102**
境界型分裂病 ……………**102**
境界パーソナリティ障害 …481
強化工作 …………………**102**
強化子 ……………………**102**
強化スケジュール ………**102**
強化説 ……………………439
共感 ………………………**103**
狂牛病 ……………………118
協議離婚 …………………522
教護 ………………………207
教護院 ……………………206
強行法規 …………………**103**
共済組合 …………………**103**
共済年金 …………………**103**
きょうされん ……………**103**
共産主義 …………………218
共助 ………………………195
狭心症 ……………………104
共生 ………………… **104**, 489
行政事件訴訟法 …………104
矯正施設 …………………**105**

矯正施設長通報 …………**105**
共生社会 …………………104
行政争訟 …………………104
行政訴訟 …………………104
強制適用事業所 …………**105**
行政手続法 ………………**105**
行政内規 …………………**106**
強制入院 …………………**106**
行政不服審査制度 ………106
行政不服審査法 ……13, **106**
共生モデル ………………104
京都岩倉村 ………………29
協同組合 …………………**106**
共同作業所 ………………255
共同作業所全国連絡会 …104
共同住居 …………………116
共同所有 …………………**107**
共同性 ……………………107
共同相続人 ………109, 405
共同体 ……………………**107**
共同募金 …………………**107**
京都癲狂院 ………………**107**
京都盲啞院 ………………**107**
強迫 ………………………**107**
強迫観念 …………107, 108
強迫行為 …………107, 108
強迫症状 …………………108
強迫神経症 ………………108
強迫性障害 ………………**108**
強迫性人格障害 …………**108**
恐怖 ………………………454
教母 ………………………207
業務起因性 ………………535
業務災害 …………………535
業務指針 …………………**108**
業務遂行援助者 …………**108**
業務遂行性 ………………535
業務独占 …………………108
業務独占資格 ……………**108**
共有 ………………………107
強力精神安定薬 ……277, 500
虚血性心疾患 ……………**108**
居住地保護 ………………**109**
居宅介護支援 ……………**109**
居宅介護支援事業者 ……**109**
居宅保護 …………………**109**

寄与分 ……………………**109**
キリスト教女子青年会 …541
キリスト教男子青年会 …541
ギルバート法 ………99, **110**
ギルフォード ……**110**, 510
記録法 ……………………**110**
筋萎縮症 …………………**110**
緊急就職支援者雇用開発助成
　金 ………………………403
緊急措置入院 ……………**111**
緊急通報システム ………11
緊急保育対策等5か年事業 111
キングスレイホール ……440
キングスレー館 …………69
筋原性萎縮 ………………110
筋ジストロフィー ………**111**
金銭管理 …………………367
金銭給付 …………………128
金銭自己管理 ……………367
近代化 ……………………**111**
禁断症状 …………………523
禁治産 ……………………336
緊張型分裂病 ……………**112**
緊張病 ……………………473
キンドリング ……………**112**
筋肉 ………………………**112**
禁反言の原則 ……………276
近隣集団 …………………**112**
勤労控除 …………………**112**

く

クーパー …………………440
クーリー …………………**113**
クーリングオフ …………**113**
クオリティ・オブ・ライフ **113**
苦情処理 …………………113
苦情処理制度 ……………**113**
組合管掌健康保険 ………336
クモ膜下出血 ……………**114**
クライエント ……………**114**
クライエント中心療法 **114**, 539
クライシスインターベンショ
　ン ………………………86
クライン …………………**114**
クライン学派 ……………**115**

索　引

クラインフェルター症候群　347
グラウンデッドセオリー　…**115**
クラブハウス　………………**115**
クリーン　………………………360
グリジンガー　………………**115**
クリニック　……………………293
久里浜式アルコール依存症ス
　　クリーニングテスト　…**115**
グリフィス報告　……………**116**
クリューバー・ビューシー症
　　候群　………………………357
グルーピング　………………**117**
グループ活動　………………**117**
グループ・スーパービジョン
　　………………………………**116**
グループ・ダイナミックス　**116**
グループホーム　…**116**, 322
グループワーク　……………**117**
グループワーク記録　………45
グルカゴノーマ症候群　…**117**
グルカゴン　…………………**117**
クレアチンホスホキナーゼ　**117**
呉秀三　…………………………**118**
クレチン病　…………………**118**
クレッチマー　………………**118**
クレペリン　…………36, **118**
クロイツフェルト・ヤコブ病
　　………………………………**118**
グローバリゼーション　……155
クロザピン　…………………**118**
クロルプロマジン　…………**118**
軍事救護法　…………………**119**
軍事扶助法　…………………**119**
群発自殺　………………………194
訓練的精神療法　……………334

け

ケア　……………………………**119**
ケアカンファレンス　………124
ケアコーディネーション　**119**
ケアシステム　………………**120**
ケアハウス　……………………123
ケアパッケージ　……………**120**
ケアマネジメント　…**120**, 124
ケアマネジメント従事者　…121

ケアマネジャー　………51, **121**
ケアワーク　…………………**121**
経過記録　………………………110
経験主義　………………………539
経済問題調整　………………**121**
警察官職務執行法　…………**121**
警察官通報　…………………**121**
警察免許　………………………188
形式社会学　…………………**122**
形式的平等　……………………478
刑事事件　……………………**122**
刑事訴訟法　…………………**122**
芸術療法　……………………**122**
ケイスネス　……………………273
傾聴　………………**122**, 503
頸椎症　………………………**122**
系統的脱感作法　……35, **122**
軽度難聴　………………………412
刑罰　……………………………**122**
刑罰権　…………………………174
刑罰の不遡及　………………**123**
軽費老人ホーム　……………**123**
刑法　……………………………**122**
契約　……………………………**123**
契約自由の原則　………………123
契約説　……………………………93
系列的デザイン　………………213
KJ法　…………………………**123**
ケース会議　……………………123
ケースカンファレンス　**123**, 273
ケース記録　……………45, 110
ケーススタディ　………………272
ケースヒストリー　……………519
ケースマネジメント　………**124**
ケースワーカー　………………378
ケースワーク　………………**124**
ケースワーク記録　……………45
ケースワークの母　……………523
ケーラー　……………………**124**
ゲール　………………………**124**
ゲシュタルト心理学　…35, **125**
ゲシュタルト療法　……………125
毛虱症　……………………………56
ゲゼル　………………**125**, 306
ゲゼルシャフト　……**125**, 396
血圧　……………………………**125**

血液　……………………………**125**
結核　……………………………**125**
欠格条項　……………………**125**
結核対策　……………………**126**
結核予防法　…………………**126**
血管　……………………………**126**
欠陥状態　……………………**126**
血管性痴呆　…………………**127**
結婚　……………………………**127**
血小板　………………………**127**
血小板減少症　………………**127**
欠神発作　………………………261
結節機関　……………………**127**
血族相続人　……………………353
欠損家庭　………………………446
欠乏動機　………………………399
ケネディ教書　…………………316
ゲマインシャフト　……**127**, 396
ケラー　………………………**128**
幻影肢　…………………………288
幻覚　………………**128**, 181
幻嗅　……………………………**128**
現業員　…………………………378
現金給付　……………99, **128**
現金給付方式　…………………255
言語　…………………………**128**
健康　…………………………**129**
健康危機管理　…………………86
健康教育　……………………**129**
健康事象　………………………39
健康寿命　……………………**129**
健康状態　………………………158
健康診査　……………………**129**
健康づくり　…………………**129**
健康手帳の交付　……………**129**
健康日本21　…………………413
健康保険法　…………………**129**
原告適格　……………………**129**
言語公式　………………………270
言語障害　……………………**130**
言語性IQ　………………………34
言語聴覚士　…………………**130**
言語聴覚士法　…………………130
言語聴覚療法　………………**130**
言語的コミュニケーション　502
言語療法士　……………………130

589

索　引

現在症評価 …………**130**	構音障害 …………**135**	厚生行政 …………142
現在地保護 …………**130**	口蓋裂 …………136	硬性憲法 …………416
顕在的機能 …………**346**	口蓋裂による障害 …**136**	更生施設 …………**140**
顕在的ニーズ …………461	高額医療費貸付制度 …136	厚生省 …………142
検察官通報 …………**131**	高額療養費 …………**136**	厚生省報告例 …………226
幻視 …………128	効果の法則 …………357	抗精神病薬 …………**140**, 500
原死因 …………**131**	強姦 …………337	向精神薬 …………**141**, 509
現実吟味 …………**131**	交感神経 …………**136**	厚生年金基金 …………**141**
現実検討機能 …………16	交換理論 …………**136**	厚生年金保険 …………142
現実自己 …………192	後期高齢者 …………**136**	厚生年金保険法 …………142
現象学的社会学 …**131**	工業化 …………183	厚生労働省 …………142
現象論的自己論 …192	公共財 …………217	厚生労働省設置法 …142
検診命令 …………**131**	公共職業安定所 …**136**	構造化面接 …………**143**
減数分裂 …………**131**	公共的利益 …………137	構造主義 …………**143**
幻聴 …………128, 449	公共の福祉 …………**137**	構造的家族理論 …………498
限定承認 …………352	拘禁反応 …………**137**	構造派家族療法 …68
見当識 …………**131**	合計特殊出生率 ……**137**, 256	抗躁薬 …………**143**
見当識障害 …………132	高血圧 …………**137**	拘束 …………**143**
原発性高血圧 …………493	高血圧性脳症 …………137	構築主義アプローチ …**232**
現物給付 …………99, **132**	後見 …………138	抗痴呆薬 …………**143**
憲法 …………415	後見監督人 …………137	交通バリアフリー法 …152
健忘 …………**132**	後見人 …………**137**	公定力 …………**144**
健忘症候群 …………**132**	後見類型 …………**138**	公的介護保険制度〔ドイツ〕
幻味 …………128	抗告訴訟 …………105	…………**144**
権利能力 …………**132**	抗コリン作用 …………138	公的年金制度 …………19
権利擁護 …………**132**	工作物責任 …………138	公的扶助 …………**144**
権利擁護センター ……**133**	公私協働 …………138	公的部門 …………149
権力 …………**133**	高脂血症 …………138	公的保険 …………**144**, 203
権力の分立 …………**133**	高次脳機能 …………138	抗てんかん薬 …………**145**
権利濫用の法理 …………**134**	高次脳機能障害 …………138	後天性免疫不全症候群 …**145**
	公私分離の原則 …………139	後天性免疫不全症候群の予防
こ	公衆衛生 …………**139**	に関する法律 …………82
	公衆衛生学 …………38	喉頭 …………**145**
コイト …………**134**, 426	公衆衛生行政 …………139	行動異常 …………**145**
行為 …………**134**	公助 …………**195**	行動化 …………**146**
高EE …………432	恒常現象 …………**139**	合同行為 …………480
広域求職活動費 …………**134**	恒常性 …………139, 492	行動主義 …………**146**, 280
広域職業紹介 …………170	甲状腺 …………**139**	行動制限 …………62, 143
行為規範 …………**134**	甲状腺機能検査 …………139	行動の形成 …………48
行為障害 …………**135**, 440	甲状腺機能亢進症 …………139	行動の制限 …………62
行為能力 …………132, **135**	甲状腺機能低下 …………118	行動分析 …………**146**
行為能力者制度 …………441	甲状腺機能低下症 …………139	行動変容アプローチ …**146**
抗うつ薬 …………**135**	公序良俗 …………**140**	後頭葉 …………**146**
公営住宅 …………**135**	更生 …………140	行動リハーサル …………218
公営住宅法 …………135	更生医療 …………**140**	行動療法 …………**146**
公益信託 …………289	厚生科学審議会 …………**140**	高度先進医療 …………404

590

索　引

高度難聴 ……………………412
校内暴力 ……………………**147**
高尿酸血症 …………………**147**
更年期 ………………………**147**
高年齢求職者給付金 ………**147**
高年齢継続被保険者 ………**147**
高年齢雇用継続給付 ………**147**
高年齢再就職給付金 ………**147**
高年齢者雇用開発協会 ……153
高年齢者等の雇用の安定等に
　関する法律 ………………**148**
抗パーキンソン病薬 ………**148**
広汎性発達障害 ……………**148**
公費負担 ……………268, 452
公費負担医療制度 …………**148**
公費負担制度 ………………**148**
抗不安薬 ……………………**149**
幸福追求権 ……………101, **149**
公法 …………………………228
合法的支配 …………………210
公保険 ………………………203
公民権運動 …………………**149**
公民職業リハビリテーション
　法 …………………………266
公民ミックス論 ……………**149**
公務扶助料 …………………463
合有 …………………………107
合理化 ………………………**149**
合理情動療法 ………………38
交流分析 ……………………**150**
行旅病人及行旅死亡人取扱法
　……………………………**150**
高齢化社会 ……………150, 256
高齢化率 ……………………150
高齢社会 ………………**150**, 256
高齢者介護システム ………53
高齢社会対策基本法 ………**150**
高齢社会対策大綱 …………**151**
高齢者関連給付費 …………230
高齢者虐待 ……………71, **151**
高齢者協同組合 ……………**151**
高齢者差別 …………………**151**
高齢者住宅整備資金貸付制度
　……………………………**151**
高齢者,身体障害者等が円滑
　に利用できる特定建築物

　の建築の促進に関する法
　律 …………………………**151**
高齢者,身体障害者等の公共
　交通機関を利用した移動
　の円滑化の促進に関する
　法律 ………………………**152**
高齢者生活福祉センター …301
高齢者世帯 …………………**152**
高齢者世話付住宅 …………272
高齢者総合相談センター …**152**
高齢者痴呆介護研究・研修セ
　ンター ……………………**152**
高齢者の生きがいと健康づく
　り推進事業 ………………**152**
高齢者の居住の安定確保に関
　する法律 …………………210
高齢者のための国連原則 …**152**
高齢者保健福祉推進十か年戦
　略（ゴールドプラン） …**152**
高齢者保健福祉推進十か年戦
　略の見直しについて（新
　ゴールドプラン） ………153
高齢者向け優良賃貸住宅制度
　……………………………210
高齢・障害者雇用支援機構 153
高齢任意加入被保険者 ……**153**
コーエン ……………………**153**
コース立方体検査 …………**153**
コーディネーション ………154
コーディネーター …………154
コーディネート ………119, **153**
コーピング …………………154
コーピングスキル …………154
コーホート分析 ……………**154**
ゴールドプラン ……………152
ゴールドプラン21 …………**172**
ゴールトン …………………**154**
コカイン ……………………**154**
顧客 …………………………114
呼吸 …………………………**155**
刻印づけ ………………299, 539
国際医療職専門委員会 ……**155**
国際化 ………………………**155**
国際協力事業団 ……………**155**
国際高齢者年 ………………**155**
国際疾病分類 ………………**155**

国際児童年 …………………208
国際私法 ……………………**156**
国際障害者年 ………………**156**
国際障害者年行動計画 ……**156**
国際障害者年推進本部 ……**156**
国際障害分類 ………………**157**
国際人権規約 ………………**157**
国際生活機能分類 …………**158**
国際ソーシャルワーカー連盟
　……………………………419
国際法律家委員会 …………**158**
国際リハビリテーション協会
　……………………………**158**
国際労働機関 ………………**159**
国勢調査 ……………………**159**
告知 …………………………**159**
告知義務 ……………………**159**
国民医療費 …………………**159**
国民医療法 …………………17
国民皆年金 …………………**159**
国民皆保険 …………………**160**
国民健康づくり対策 ………**160**
国民健康保険 ………………**160**
国民健康保険組合 …………**160**
国民健康保険団体連合会 …**160**
国民主権 ……………………**161**
国民審査 ……………………**161**
国民年金 ……………………**161**
国民年金基金 ………………**161**
国民年金基金連合会 ………**161**
国民年金法 ……………160, **161**
国民保健サービス …………**161**
国民保健サービス及びコミュ
　ニティケア法 ……………**161**
国民優生法 …………………492
国立身体障害者リハビリテー
　ションセンター …………**162**
国立精神・神経センター精神
　保健研究所 ………………**162**
国立療養所委託病床 ………**162**
国連・障害者の十年 ………**162**
国連人権小委員会 …………327
心のケア ……………………**162**
こころのケアセンター ……**163**
心の健康 ……………………**163**
心の健康づくり推進事業 …**164**

591

索　引

心のバリアフリー …………164
心の病 ………………………163
個室 …………………………512
個人意思自治の原則 ………17
個人化 ………………………164
個人心理学 …………………7
個人年金 ……………………202
個性化 ………………………164
子育て支援 …………………164
子育て短期支援事業 …210, 507
ゴダート ……………………164
国会 …………………………164
骨格 …………………………164
骨格筋 ………………………165
国家権力 ……………………134
国家行為 ……………………401
国家公務員共済組合 ………165
国家公務員共済組合法 ……165
国家責任の原理 ……………165
国家賠償請求権 ……………165
国家賠償法 ……………165, 499
国庫負担 ……………………165
骨髄 …………………………165
骨髄移植 ……………………165
骨髄穿刺 ……………………165
骨粗鬆症 ……………………166
古典的条件づけ ……………530
言葉のサラダ ……………166, 501
子どもの権利条約 …………208
子どもの成育支援 …………206
子供民生委員制度 …………166
コノプカ ……………………166
コノリー ……………………166
コフカ ………………………166
ゴフマン ……………………166
個別援助技術 ………………124
個別化 ………………………167
個別スーパービジョン …167, 295
コミュニケーション ………167
コミュニティ ………………167
コミュニティ・オーガニゼーション …………………168
コミュニティケア …………168
コミュニティケア法 ………161
コミュニティ・ディベロップメント ………………169

コミュニティ・ベイスド・リハビリテーション ………169
コミュニティメンタルヘルス …………………………73
コミュニティワーク ………169
コメディカル ………………169
コメディカルスタッフ ……169
顧問医 ………………………266
雇用継続給付 ………………169
雇用者 ………………………170
雇用対策法 …………………262
雇用保険 ……………………170
雇用保険三事業 ……………170
雇用保険制度 ………………170
コリン ………………………138
五類感染症 …………………171
コルサコフ症候群 ………132, 171
コレステロール ……………171
コロニー ……………………171
婚姻 …………………………409
婚姻コーホート ……………154
婚姻準正 ……………………385
混合性難聴 ……………386, 412
今後５か年間の高齢者保健福祉施策の方向（ゴールドプラン21）…………………172
今後の子育て支援のための施策の基本的方向について（エンゼルプラン）………172
今後の社会福祉のあり方について ……………………458
コンサルテーション ……87, 172
コンサルテーション・リエゾン精神医学 ………………521
コンシューマー ……………172
コント ………………………173
コンピテンス ……………173, 493
コンプライアンス …………173
コンフロンテーション ……173
昏迷 …………………………173

さ

サーストン …………………174
サービス生産協同組合 ……540
サービス評価 ………………174

災害補償 ……………………174
罪刑法定主義 …………123, 174
債権 …………………………175
債権者主義 …………………87
最高裁判所 …………………14
最高法規 ……………………416
サイコセラピー ……………293
サイコドラマ ………………291
サイコマイム ………………292
財産管理権 …………………175
財産権 ……………………175, 463
財産分与 ……………………175
再社会化 ……………………175
再就職手当 …………………175
在職老齢年金 ………………176
財政安定化基金 ……………176
済世顧問制度 ………………176
財政再計算 …………………176
在宅介護支援センター ……176
在宅介護者教室 ……………176
在宅患者加算 ………………176
在宅ケア ……………………177
在宅重度障害者通所援護事業 …………………………177
在宅重度身体障害者訪問診査 …………………………177
在宅福祉型地域福祉 ………375
在宅福祉サービス …………177
在宅福祉三本柱 ……………177
財団法人 ……………………477
裁定 …………………………426
最低生活保障の原理 ………177
最低賃金 ……………………178
最適保障 ……………………149
再統合期 ……………………537
サイトメガロウイルス感染症 …………………………178
裁判員制度 …………………178
裁判規範 ……………………134
裁判公開の原則 ……………178
裁判所 ………………………178
裁判離婚 ……………………522
裁判を受ける権利 …………178
細胞 …………………………178
催眠分析法 …………………179
催眠療法 ……………………178

債務 …………………175	3歳児健康診査 …………184	ジェンドリン …………456
債務者主義 ………………87	三叉神経痛 ………………184	支援費制度 …………187, 205
債務不履行 ……………179	3-3-9度方式 ……………16	塩見訴訟 …………………187
サイモンズ ……………179	三次医療圏 ………………26	私化 ………………………194
サイモンズ絵画物語検査 …179	三障害 ……………………282	自我 ………………………187
先取特権 ………………372	産褥期 ……………………495	歯科医師 …………………188
作業仮説 ………………220	産褥期精神障害 …………184	歯科医師法 ………………188
作業関連疾患 …………179	産褥精神病 ………………184	視覚障害者更生施設 ……188
作業検査法 ……………275	参政権 ……………………93	資格制度 …………………188
作業療法 ………………179	三世代世帯 ………………184	シカゴ学派 ………………188
作業療法士 ……………180	三大死因 …………………184	シカゴ社会学 ……………188
錯視 ……………………181	3T活動 ……………………409	自我障害 …………………189
サクセスフル・エイジング 180	サンドプレイセラピー ……434	自我同一性 …………42, 189
錯乱 ……………………180	三病院調査 ………………185	自我同一性拡散 …………189
作話 …………………132, 180	参与観察 ……………185, 220	自家用自動車総合保険 ……350
酒に酔って公衆に迷惑をかけ	三類感染症 ………………185	自記式評価尺度 …………189
る行為の防止等に関する		児戯性爽快 …………………92
法律 …………………180	**し**	支給開始年齢 ……………189
査察指導員 ……………180		事業型社協 ………………190
座敷牢 …………………180	CIL ………………………271	事業所内保育施設 ……86, 190
嗄声 ………………………48	CIDI ………………………39	資金調達 …………………268
錯覚 ……………………181	GHQ …………………189, 530	刺激閾 ……………………190
サテライト診療所 ………293	CO ………………………168	刺激―反応理論 ……………60
里親 ……………………181	COS …………………197, 511	自己 ………………………190
サバイバー ……………181	CTスキャン ………………185	時効 ………………………190
サブカルチャー ………182	CBR ……………………169	試行錯誤 ……………190, 357
差別 ……………………182	CPK ……………………117	思考障害 …………………273
サポーテッド・エンプロイメ	シーボーム報告 …………186	持効性抗精神病薬 ……191, 394
ント ……………………182	ジーモン …………………186	思考制止 …………………274
サラマンカ声明 …………406	死因 ………………………49	思考途絶 …………………274
サリヴァン ………………182	自営業者保険 ……………262	思考奔逸 …………………274
サリドマイド児 …………182	シェイピング ……………186	自己開示 …………………191
残遺状態 ………………127	JA ………………………427	自己覚知 …………………191
残遺分裂病 ……………182	JAPSW …………………417	自己決定 ……………192, 342
参加 ……………………158	JD ………………………416	自己効力感 ………………192
参加制約 ………………158	ジェームス ………………186	自己実現 …………………192
三環系抗うつ薬 …………183	ジェームズ・ランゲ説 ……258	自己制御 …………………342
産業医 …………………183	私益信託 …………………289	自己責任 …………………342
産業化 …………………183	ジェットコースター・モデル	自己組織性 ………………193
産業革命 ………………183	………………………65	自己組織的システム ……193
産業社会 ………………183	ジェネバ宣言 ……………208	自己治癒 …………………193
産業精神保健 …………183	ジェノグラム ……………186	自己治療 …………………193
サンクション ……………184	シェパード ………………186	自己洞察 …………………193
三権分立 ………………134	シェマ …………………187, 442	仕事中毒 …………………540
産後うつ病 ……………184	シェム ……………………187	仕事と育児両立支援特別援助
産後抑うつ ……………184	ジェンダー ………………187	事業 …………………454

索引

事後評価 …………………42
自殺 …………………36, 193
資産調査 …………………194
資産の活用 ………………194
私事化 ……………………194
支持的精神療法 …………334
思春期 ……………………194
思春期やせ症 ……………278
自助 ………………………195
視床下部 …………………194
自傷行為 …………………195
自傷他害 …………………195
市場部門 …………………149
事情変更の原則 …………276
自助グループ ……………343
視神経 ……………………195
ジスキネジア ……………195
システミック療法 …………68
次世代育成支援対策推進法
　…………………195, 203
施設介護サービス費 ……196
施設ケア …………………196
施設サービス等に要する費用
　………………………196
施設症 ………………185, 196
施設等の世帯 ………………22
施設内処遇 ………………105
施設の社会化 ……………196
施設福祉 …………………196
慈善事業 …………………196
自然人 ……………………477
慈善組織化運動 …………197
慈善組織協会 ………197, 511
自然発生的異常 …………145
事前評価 ……………………6
自然法 ……………………197
自尊 ………………………342
死体移植 …………………335
肢体不自由 ……………197, 368
肢体不自由児 ……………197
肢体不自由児施設 ………197
肢体不自由児・者 ………197
肢体不自由児通園施設 …197
肢体不自由者 ……………197
肢体不自由者更生施設 …198
肢体不自由児療護施設 …197

私宅監置 …………………198
私宅監置室 ………………181
自治会 ……………………112
自治型地域福祉 …………375
質権 ………………………372
自治事務 …………………198
シチズンアドボカシー …133
視聴覚障害者情報提供施設 198
市町村行動計画 …………373
市町村障害者計画 ………246
市町村障害者社会参加促進事
　業 ……………………198
市町村障害者生活支援事業 198
市町村相互財政安定化事業 199
市町村地域福祉計画 ……199
市町村福祉事務所 ………199
市町村保健センター ……199
失感情症 ……………………11
失業の認定 ………………199
失業保険制度 ……………170
シック・ロール ……………80
実験的異常 ………………145
実験的観察 ………………199
失見当識 …………………132
執行停止 …………………200
失語症 ……………………200
実質的平等 ………………478
実質的法治主義 …………477
失踪宣告 …………………200
実地指導 …………………200
実地審査 …………………200
質的データ ………………200
実費控除 …………………201
疾病構造 ……………………39
疾病性 ……………………273
質問紙法 ……………220, 275
指定医 ……………………329
指定医療機関 ……………201
指定介護療養型医療施設 …53
指定介護老人福祉施設 ……53
指定居宅サービス事業者 …201
指定試験機関 ……………201
指定通院医療機関 ………201
指定登録機関 ………201, 225
指定難病 …………………404
指定入院医療機関 ………202

指定病院 …………………202
私的な介護 …………………65
私的年金 …………………202
私的保険 …………………203
史的唯物論 ………………203
時点有病率 ………………512
児童委員 …………………203
児童育成計画 ……………203
児童家庭支援センター 204, 210
児童館 ……………………206
児童期 ……………………204
児童虐待 ……………71, 204
児童虐待の防止等に関する法
　律 ……………………205
児童居宅介護等事業 ……205
児童居宅生活支援事業 …205
児童憲章 …………………205
児童健全育成 ………206, 374
児童権利宣言 ……………208
児童厚生員 ………………206
児童厚生施設 ……………206
児童指導員 ………………206
児童自立支援施設 ………206
児童自立支援専門員 ……206
児童自立ホーム …………207
児童生活支援員 …………207
児童相談所 …………204, 207
児童短期入所事業 ………205
児童手当 …………………207
児童デイサービス事業 205, 207
児童の遊びを指導する者 …206
児童の権利に関する条約 …208
児童の権利に関する宣言 …208
児童福祉司 ………………208
児童福祉施設 ……………208
児童福祉施設最低基準 …208
児童福祉審議会 …………209
児童福祉法 ………………209
児童扶養手当 ……………209
児童遊園 …………………206
児童養育加算 ……………209
児童養護施設 ………16, 209
シナプス …………………210
シニア住宅 ………………210
ジニ係数 …………………210
視能訓練士 ………………210

索　引

視能訓練士法 ……………210
支配権 ………………**305**
支配の類型 ……………**210**
シビルミニマム ………**210**
自閉症 ………………**211**
自閉症児施設 …………**211**
自閉性障害 ……………211
自閉的精神病質 …………6
嗜癖 …………………**211**
嗜癖における回復者 …**211**
私法 ……………………228
死亡一時金 ……………**212**
司法権 …………178, **212**
司法権の独立 …………**212**
司法精神医学 …………**212**
死亡保険 ………………337
死亡率 …………………358
私保険 …………………203
資本主義 ………………217
市民参加 ………………**212**
下田光造 ………………**213**
ジャーメイン …………**213**
シャイエ …………**213**, 537
JICA …………………155
シャイ・ドレーガー症候群 213
社会意識 ………………**213**
社会・援護局 …………142
社会化 …………………**214**
社会改革 ………………**214**
社会階層 ………………**214**
社会解体論 ……………**214**
社会開発 ………………**214**
社会改良 ………………**214**
社会活動法 ……………354
社会関係 ………………134
社会関係図 ……………40
社会規範 ………………**214**
社会恐怖 ………………**215**
社会計画 ………………**215**
社会権 ……………93, **215**
社会権規約 ……………157
社会構造 ………………**215**
社会構築主義 …………**215**
社会国家 ………………510
社会参加 ………………**216**
社会事業婦 ……………**216**

社会資源 ………………**216**
社会システム …………**217**
社会システム論 ………528
社会実在論 ……………478
社会資本 ………………**217**
社会集団 …………213, **217**
社会主義 ………………**217**
社会進化論 ……………227
社会診断 …………6, **218**
社会生活技能訓練 ……**218**
社会生活力 ……………**218**
社会生活力プログラム ……219
社会政策 ………………**219**
社会精神医学 …………**219**
社会制度 ………………**219**
社会組織 ………………358
社会組織化 ……………**214**
社会調査 ………………**220**
社会手当 ………………**220**
社会的学習理論 ………**220**
社会的基本権 …………335
社会的行為 ……………134
社会的障壁 ……………438
社会的地位 ……………**220**
社会的な介護 …………65
社会的入院 ……………**221**
社会的認知 ……………**221**
社会的ネットワーク …**221**
社会的ひきこもり ……443
社会的不利 ……………157
社会的分業 ……………471
社会的役割理論 ………**222**
社会的欲求 ……………25
社会病理学 ……………**222**
社会病理学アプローチ …214
社会不安障害 ……215, 365
社会福祉 ………………**222**
社会福祉・医療事業団 …458
社会福祉運営管理 ……355
社会福祉運動 …………354
社会福祉援助技術 ……44
社会福祉基礎構造改革 **223**, 358
社会福祉協議会 ………**223**
社会福祉計画 …………356
社会福祉三法 …………226
社会福祉士 ……………**224**

社会福祉士及び介護福祉士法
　………………………**224**
社会福祉事業 ……361, 365
社会福祉事業法 ………**225**
社会福祉事業法及び社会福祉
　施設職員退職手当共済法
　の一部を改正する法律 224
社会福祉主事 …………**224**
社会福祉振興・試験センター
　………………………201, **224**
社会福祉専門職 ………**225**
社会福祉調査法 ………357
社会福祉の専門性 ……**225**
社会福祉の増進のための社会
　福祉事業法等の一部を改
　正する法律 …………225
社会福祉法 ……………**225**
社会福祉法人 …………**226**
社会福祉六法 …………**226**
社会扶助 ………………220
社会扶助法〔スウェーデン〕
　………………………**226**
社会復帰 ………………**226**
社会復帰施設等調査 …**226**
社会復帰調整官 ………**227**
社会分業論 ……………**227**
社会変動 ………………**227**
社会法 …………………**228**
社会防衛 ……………62, **228**
社会保険 ………………**228**
社会保険オンラインシステム
　………………………228
社会保険業務センター …**228**
社会保険事務所 ………**228**
社会保険審査会 ………**229**
社会保険審査官 ………**229**
社会保険診療報酬支払基金 293
社会保険庁 ……………**229**
社会保険方式 ……254, 484
社会保険法〔フランス〕 …**229**
社会保険立法〔ドイツ〕 …**229**
社会保険労務士 ………**229**
社会保障 ………………**229**
社会保障関係費 ………**230**
社会保障給付費の対国民所得
　比 ……………………**230**

595

索　引

社会保障計画 ……………21	集団心理療法 ……………293	主張訓練法 ……………**240**
社会保障構造改革 ………**230**	縦断的研究 ………………**236**	恤救規則 ………………**240**
社会保障審議会 …………**231**	集団力動 …………………116	術後精神病 ………………3
社会保障総給付費 ………230	執着気質 …………………451	出産育児一時金 …………**240**
社会保障体系 ……………**231**	集中型実習 ………………330	出産手当金 ……………**240**
社会保障法 ………………**231**	重点施策実施5か年計画（新	出産扶助 ………………**240**
社会名目論 ………………478	障害者プラン）…253, **236**	出生コーホート …………154
社会免許 ……………188, 500	重点的に推進すべき少子化対	出生率 …………………**240**
社会モデル …………12, **231**	策の具体的実施計画につ	出生前診断 ……………**241**
社会問題 ……………**232**, 304	いて（新エンゼルプラン）	受動的な権利 ……206, 208
社会問題論アプローチ …232	……………………………**236**	取得時効 ………………190
社会有機体説 ……………**232**	修道院医学 ………………84	シュナイダー …………**241**
社会リハビリテーション …**232**	重度障害児・者日常生活用具	主任児童委員 …………203
社会療法 ………………**232**	給付等事業 …………**237**	ジュネーブ宣言 …………208
弱視 ……………………**232**	重度障害者医療費助成 ……**237**	守秘義務 ………………**241**
借地借家法 ……………**232**	重度身体障害者日常生活用具	シュプランガー …………**242**
借地法 …………………233	給付等事業 …………**237**	樹木テスト ………………50
若年期痴呆患者 …………**233**	重度・重複障害児 ………388	受容 ……………………**242**
社団法人 ………………477	12のステップ …………10	受容性言語障害 …………130
借家法 …………………233	12の伝統 ………………10	受容―表出混合性言語障害 130
シャドウワーク …………**233**	自由入院 ………………**237**	受理 ……………………31
ジャネ ………………70, **233**	収入認定 ………………**237**	受理面接 ………………31
就業 ……………………22	終末期 …………………361	受領委任払方式 …………368
従業員支援プログラム ……**233**	終末期医療 ……………361	受療援助 ………………**239**
就業促進手当 …………**233**	住民参加型在宅福祉サービス	シュルツ ………………270
就業手当 ………………**233**	……………………………**237**	手話通訳士 ……………**242**
住居プログラム …………**234**	住民自治 ………………383	循環器疾患 ……………**242**
自由権 ……………93, 215, 279	住民自治の原則 …………**237**	循環的関係 ……………390
自由権規約 ……………157	住民主体 ………………**238**	順機能 …………………90
集合意識 ………………213	収容 ……………………63	準拠集団 ………………**242**
集合行動 ………………**234**	重要な他者 ……………**238**	準禁治産制度 …………336
周産期死亡 ……………**234**	自由連想 ………………328	準婚 ……………………410
周産期死亡率 …………**234**	就労 ……………………22	準正 ……………385, 425
収支相等の原則 ………100, **234**	就労支援 ………………**238**	順応 ……………………**242**
重症心身障害児施設 ……**234**	受益者 …………………400	純保険料 ………………100
重症心身障害児・者 ……**235**	主観的症状 ……………324	昇華 ……………………**243**
自由診療 ………………483	主客統合化 ……………**238**	消化 ……………………**243**
修正拡大家族 ……………61	粥状硬化症 ……………21	障害概念 ………………**243**
周生期障害 ……………**235**	宿所提供施設 …………**238**	生涯学習審議会 …………385
修正積立方式 …………**235**	授産施設 ………………**239**	障害基礎年金 …………**243**
修正賦課方式 …………235	主治医の指導 …………**239**	障害給付 ………………255
住宅維持費 ……………235	樹状突起 ………………423	障害厚生年金 …………**244**
住宅総合保険 …………350	受診援助 ………………**239**	障害構造論 ……………243
住宅扶助 ………………**235**	受診・受療援助 …………**239**	障害児教育の義務制 ……**244**
住宅問題援助 …………**235**	主体性の尊重 …………**239**	障害児（者）短期入所事業 282
集団援助技術 ……………117	主題統覚検査 ……………50	障害児（者）地域療育等支援

索　引

事業 ……………………**244**
障害児・知的障害者ホームへ
　ルプサービス事業 ……**205**
障害児通園（デイサービス）
　事業 …………………**207**
障害児福祉手当 ………**405, 406**
障害児保育環境改善事業 …**244**
障害児保育事業 …………**244**
障害児保育対策事業 ……**244**
障害者 ……………………**246**
障害者アートバンク ………**3**
障害者インターナショナル **244**
障害者運動 ………………**245**
障害者（援助・助言・代表）
　法〔イギリス〕…………**245**
障害者加算 ………………**245**
障害者基本計画 …………**245**
障害者基本法 ……………**246**
障害者居宅生活支援事業 …**246**
障害者ケアガイドライン …**246**
障害者ケアマネジメント …**246**
障害者ケアマネジメント体制
　支援事業 ………………**247**
障害者更生センター ……**247**
障害者行動計画 …………**252**
障害者・高齢者等情報処理機
　器アクセシビリティ指針
　…………………………**261**
障害者雇用支援センター …**247**
障害者雇用施策 …………**247**
障害者雇用促進法 ………**252**
障害者雇用納付金制度 ……**247**
障害者雇用納付金制度に基づ
　く助成金 ………………**248**
障害者雇用法〔イギリス〕**248**
障害者雇用率 ……………**248**
障害者雇用率制度 ………**248**
障害者サービス法〔オースト
　ラリア〕………………**249**
障害者差別禁止法 ………**126**
障害者差別禁止法〔オースト
　ラリア〕………………**249**
障害者差別禁止法〔イギリス〕**249**
障害者試行雇用事業 ……**249**
障害者施策 ………………**249**
障害者施策推進協議会 …**250**

障害者施策推進本部 ……**250**
障害者社会参加総合推進事業
　…………………………**250**
障害者就業・生活支援センタ
　ー………………………**250**
障害者情報ネットワーク …**250**
障害者職業カウンセラー
　……………………**250, 263**
障害者職業センター ……**251**
障害者スポーツ …………**251**
障害者対策推進本部 ……**250**
障害者対策に関する新長期計
　画 ………………**245, 251**
障害者対策に関する長期計画
　…………………**245, 251**
障害者等情報処理機器アクセ
　シビリティ指針 ………**261**
障害者の機会均等化に関する
　標準規則 ………………**251**
障害者の権利宣言 ………**251**
障害者の雇用の促進等に関す
　る法律 …………………**252**
障害者の社会的統合促進のた
　めの第1－3次行動計画
　…………………………**252**
障害者の日 ………………**252**
障害者の法定雇用率制度 …**22**
障害者プラン～ノーマライゼ
　ーション7か年戦略～
　……………………**236, 252**
障害者保健福祉研究情報シス
　テム……………………**253**
障害受容 …………………**253**
障害調整生存年数 ………**253**
障害手当金 ………………**253**
渉外的私法関係 …………**156**
障害等級 …………**243, 324**
障害認定日 ………………**254**
障害年金 …………………**254**
障害のカナダモデル ……**254**
障害保健福祉圏域 ………**254**
障害保健福祉部 …………**142**
障害補償給付 ……………**255**
障害補償年金 ……………**254**
生涯有病率 ………………**512**
障害をもつアメリカ人法 …**255**

小学校及び中学校の教諭の普
　通免許状授与に係る教育
　職員免許法の特例等に関
　する法律 ………………**255**
浄化法 ……………………**69**
償還払い方式 ……………**255**
償還率 ……………………**255**
小規模作業所 ……………**255**
小規模通所授産施設 ……**286**
条件刺激 …………………**256**
条件の平等 ………………**478**
条件反射 …………**256, 437**
少子化 ……………………**256**
少子化社会対策会議 ……**256**
少子化社会対策基本法 …**256**
少子化対策推進基本方針 …**236**
少子高齢社会 ……**150, 256**
使用者責任 ………………**257**
小循環 ……………………**432**
症状精神病 ………………**257**
上昇停止症候群 …………**257**
少数者集団 ………………**494**
常染色体 …………………**346**
肖像権 ……………………**279**
小地域福祉活動 …………**257**
情緒 ………………………**257**
象徴 ………………………**291**
象徴的相互作用論 ………**290**
情緒障害 …………………**257**
情緒障害児短期治療施設 …**257**
情緒不安定性人格障害 …**258**
情動 ………………**80, 258**
常同行動 …………………**258**
情動失禁 …………………**80**
常同症 ……………………**258**
譲渡担保 …………………**258**
小児期崩壊性障害 ………**258**
小児自閉症 ………………**211**
小児慢性特定疾患治療研究事
　業 ………………………**404**
少年院 ……………………**259**
少年鑑別所 ………………**259**
少年刑務所 ………………**259**
少年サポートセンター …**259**
少年指導員 ………………**259**
少年法 ……………………**259**

少年補導センター ………259	雇用（障害者）に関する勧告 ………………265	知る権利 ………………**271**
少年を指導する職員 ………259		シルバーサービス …………**272**
小脳 ………………………**259**	職業リハビリテーション及び雇用（障害者）に関する条約 ………………**266**	シルバーサービス振興会 …**272**
消費支出格差 ……………**260**		シルバー人材センター ……**272**
消費者 ……………………172		シルバー層 …………………272
消費者運動 ………………**260**	職業リハビリテーション法〔アメリカ〕……**266**, 525	シルバーハウジング ………272
消費者保護 ………………113		シルバービジネス …………272
傷病手当金 ………………**260**	職業レディネス・テスト …263	シルバー110番 …………152
傷病年金 …………………260	食事サービス ……………**266**	シルバーマーク制度 ………**272**
傷病補償年金 ……………**260**	褥瘡 ………………………**266**	事例検討 …………………**272**
上部構造 …………………203	褥創 ………………………266	事例性 ……………………**273**
商法 ………………………499	嘱託医 ……………………266	事例調査 ……………220, **273**
情報 ………………………261	食中毒 ……………………**266**	思路 ………………………**273**
情報化 ……………………**260**	職場適応 …………………**267**	思路障害 …………………**273**
情報収集 …………………**260**	職場適応援助者事業 ……**267**	心因性うつ病 ………………37
情報処理機器アクセシビリティ指針 ………………**261**	職場適応訓練制度 ………**267**	心因性詐病精神病 …………79
	職場不適応 …………**267**, 464	心因性精神障害 …………**274**
情報処理的アプローチ …**261**	植物状態 …………………**267**	心因性・ヒステリー性健忘 132
情報の共有化 ………75, **261**	触法 ………………………**267**	心因反応 …………………**274**
小発作 ……………………**261**	触法精神障害者 …………**267**	新エンゼルプラン ……203, **236**
静脈 ………………………**261**	助産施設 …………………**268**	人格 ………………………**274**
消滅時効 …………………190	女子差別撤廃条約 ………306	人格権 ……………………**275**
常用雇用者 …………………22	女性解放運動 ……………456	人格検査 ……………**275**, 292
常用就職支度手当 ………**262**	女性学 ……………………**268**	人格障害 …………………**275**
上流階層 …………………214	女性の年金権 ……………363	人格変化 …………………**275**
条例 …………………**262**, 383	処置 ………………………262	人格目録 …………………**275**
ショートステイ ……**262**, 322	職権保護 …………………**268**	人格理論 …………………150
ジョーンズ …………**262**, 388	所定労働時間 ……………371	新規就労控除 ……………**276**
初回面接 ……………………31	初等少年院 ………………259	心気症 ……………………448
初期評価 ……………………6	所得再分配 ………………**268**	心気障害 …………………**276**
職域年金 …………………413	所得税法 …………………269	信義誠実の原則 …………**276**
職域保険 …………………**262**	所得保障 …………………269	信義則 ……………………**276**
処遇 ………………………**262**	ジョブガイダンス事業 ……269	新救貧法〔イギリス〕……**276**
処遇方針 …………………**263**	ジョブコーチ ………………**269**	新教育運動 ………………407
職親 ………………………320	書類調査 …………………269	信教の自由 ………………305
職業 ………………………**263**	自立 ………………………**270**	心筋梗塞 …………………**276**
職業カウンセラー ………**263**	自律 ………………………270	シングル化 ………………**276**
職業興味テスト …………**263**	私立学校教職員共済 ……**270**	神経系 ……………………**277**
職業準備訓練 ……………**263**	私立学校教職員共済組合 …270	神経元 ……………………423
職業性疾病 ………………536	自律訓練法 ………………**270**	神経原性萎縮 ……………110
職業適性 …………………**264**	自立支援 …………………**270**	神経細胞体 ………………423
職業能力開発施設 ………**264**	自律神経 …………………**270**	神経刺激薬 ………………**277**
職業評価 …………………**264**	自律神経発作 ……………**271**	神経質 ……………………**278**
職業分類 …………………263	自立生活運動 ……………**271**	神経遮断薬 ………………**277**
職業リハビリテーション …**265**	自立生活センター ………**271**	神経症 ……………………**277**
職業リハビリテーション及び	資力調査 …………………**271**	神経症性障害 ……………**278**

神経衰弱 ……………278	心神喪失者等医療観察法 …282	る勧告 ……………287
神経性過食症 …………278	心神喪失等の状態で重大な他	身体障害者の利便の増進に資
神経性大食症 ………278, 341	害行為を行った者の医療	する通信・放送身体障害
神経性無食欲症 ………278, 341	及び観察等に関する法律	者利用円滑化事業の推進
神経線維 ………………423	…………………282	に関する法律 ………287
神経伝達物質 …………278	人身保護法 ……………283	身体障害者福祉工場 …287
親権 ……………………279	心身論 …………………519	身体障害者福祉司 ……287
人権 …………………93, 279	真性幻覚 ………………128	身体障害者福祉センター …287
人権擁護委員 …………279	新生児死亡 ……………283	身体障害者福祉法 ……287
人権擁護施策推進法 …279	新生児死亡率 …………283	身体障害者福祉ホーム …288
人口 ……………………279	申請者 …………………114	身体障害者補助犬法 …288
人口移動 ………………279	申請主義 ………………283	身体障害者療護施設 …288
人工栄養費 ……………279	申請保護の原則 ………283	身体図式 ………………288
人口学 …………………279	申請免除 ………………484	身体像 …………………288
人口革命 ………………279	真性妄想 ………………503	身体的依存 ………………9
新興感染症 ……………280	振戦 ……………………284	身体的虐待 ……………204
人口静態 ………………280	振戦せん妄 ……………283	身体の検査 ……………288
人口転換 ………………279	心臓 ……………………284	身体の拘束 ……………143
新行動主義 ……………280	親族 ……………………284	身体表現性障害 ………289
人口動態 ………………280	親族世帯 ………………339	信託 ……………………289
進行麻痺 ……………280, 496	身体依存 ……………19, 508	診断主義ケースワーク 289, 437
新ゴールドプラン ……153	身体因性うつ病 …………36	診断主義理論 …………289
深在性真菌症 ……………79	身体化障害 ……………284	診断法 …………………289
審査請求 ………………280	身体機能的作業療法 ……91	人的資源 ………………290
心疾患 …………………280	人体実験 ……………33, 284	人的担保 ……………290, 530
人種差別 …………………37	身体失認 ………………288	侵入症状 …………………56
腎症 ……………………281	身体愁訴 ………………464	心不全 …………………290
腎障害 …………………281	身体障害児 ……………285	腎不全 …………………497
新障害者基本計画 …246, 253	身体障害児・者 ………285	人物画テスト ……………50
新障害者プラン ……236, 253	身体障害者 ……………285	新フロイト派 …………290
身上配慮義務 …………281	身体障害者居宅介護等事業 285	シンボリック相互作用論 …290
信書の発受の制限 ……390	身体障害者居宅生活支援事業	シンボル ………………290
心身医学 ………………281	…………………285	ジンメル ………………291
心身機能・身体構造 …158	身体障害者更生援護施設 …285	信用失墜行為 …………291
心神耗弱 ………………281	身体障害者更生施設 …285	心理教育 ……………11, 291
心身症 …………………281	身体障害者更生相談所 …286	心理劇 ………………122, 291
心身障害児（者）施設地域療	身体障害者雇用促進法 …252	心理検査 ………………292
育事業 ………………282	身体障害者授産施設 …286	心理社会的危機 ………292
心身障害児（者）巡回療育相	身体障害者障害程度等級表 286	心理社会的リハビリテーショ
談等事業 ……………282	身体障害者相談員 ……286	ン ……………………292
心身障害児総合通園センター	身体障害者短期入所事業 …286	心理的依存 ………………9
…………………282	身体障害者通所授産施設 …286	心理的虐待 ……………204
心身障害児通園事業 …207, 282	身体障害者デイサービス事業	心理テスト ……………292
心身障害者 ……………282	…………………286	心理判定員 ……………292
心身障害者対策基本法 …246	身体障害者手帳 ………287	診療所 …………………293
心神喪失 ………………282	身体障害者の職業更生に関す	診療情報 …………………74

心療内科	281	
診療の補助	78	
診療報酬	**293**	
診療録	74	
心理療法	**293**	
心理療法士	**528**	
進路発達検査	**293**	

す

水準均衡方式	**294**	
膵臓	**294**	
錐体外路	**294**	
錐体外路症状	**294**	
錐体路	**294**	
垂直的所得再分配	268	
水頭症	306	
水平的所得再分配	268	
睡眠時無呼吸候群	**294**	
睡眠障害	**294**	
睡眠導入剤	**295**	
睡眠薬	**295**	
スーパーエゴ	387	
スーパーバイザー	**295**	
スーパーバイジー	**295**	
スーパービジョン	**295**	
ズービン	**296**	
スキーマ	221	
スキナー	47, **296**	
スクールカウンセラー	**296**	
スクールバイオレンス	147	
スケープゴート	**296**	
鈴木栄太郎	**296**	
スターン	**296**	
スチューデント・アパシー	297	
スティグマ	297	
ステレオタイプ	297	
ステロイド精神病	297	
ストレス	**297**, 341	
ストレス関連疾患	298	
ストレス―脆弱性モデル	298	
ストレスマネジメント	298	
ストレッサー	297	
ストレングス	**299**	
スピアマン	**299**	
スピーナムランド制度	99	
スピッツアー	**299**	
スピロヘーター	280	
SPECT	64	
スペリー	**299**	
スペンサー	**299**	
スポンサーシップ	10	
スミスフェス法	266, 525	
スラム	**299**	
刷り込み	**299**	
刷り込み現象	**299**	
スリップ	360	

せ

性	335	
性格	87, 274	
性格検査	541	
生活	300	
生活学校	407	
生活環境	**300**	
生活構造	**300**	
生活困窮者緊急生活援護要綱	300	
生活史	519	
生活支援	**300**	
生活支援員	**301**	
生活支援ハウス	**301**	
生活時間	**301**	
生活習慣病	**301**	
生活障害	**301**	
生活特徴	304	
生活年齢	**302**, 382	
生活の質	113	
生活のしづらさ	**302**	
生活場面接	**302**	
生活福祉資金貸付制度	**302**, 340	
生活扶助	**303**	
生活扶助義務	465	
生活保護基準	**303**	
生活保護の基本原理	**303**	
生活保護法	97, **303**	
生活保持義務	465	
生活モデル	**12**	
生活問題	**304**	
生活問題論アプローチ	232	
生活様式	519	
生活臨床	**304**	
生活類型	**304**	
生活歴	519	
請願権	**305**	
性機能不全	306	
請求権	**305**	
生業扶助	**305**	
政教分離の原則	**305**	
制限診療	483	
制限能力者制度	**305**	
制限の原則	**305**	
制限列挙方式	365	
静座不能	4	
性差別	37, **305**	
性嗜好異常	306	
生死混合保険	337	
正社員	22	
脆弱性―ストレスモデル	298	
成熟優位説	306	
正常圧水頭症	306	
性障害	306	
生殖家族	**391**	
精神医学	306	
精神医学ソーシャルワーカー	312	
精神医学的能力障害評価面接基準	**307**	
精神依存	19, 508	
精神医療審査会	**307**	
精神医療審査会運営マニュアル	**307**	
精神運動減弱	**308**	
精神運動興奮	**308**	
精神運動制止	**308**	
精神運動発作	**308**	
精神衛生鑑定医	329	
精神衛生協会	442	
精神衛生実態調査	**308**	
精神衛生社会生活適応施設	**308**	
精神衛生職親制度	320	
精神衛生センター	**308**, 332	
精神衛生相談員	332	
精神衛生法	**309**	
精神科一次救急	359	
精神科医療施設	**309**	
精神科救急医療	309	

索　引

精神科救急医療サービス …**309**
精神科救急医療システム整備
　　事業 ……………………**310**
精神科救急情報センター …**310**
精神科救急入院料 ……………**311**
精神科救護所 …………………**311**
精神科急性期治療病棟 ……**311**
精神科作業療法 ……………**311**
精神科診療所 …………………293
精神科ソーシャルワーカー
　　……………………**312**, 331
精神科ソーシャルワーカー業
　　務指針 ……………………**312**
精神科デイ・ケア …………**312**
精神科デイケアの施設基準　313
精神科デイ・ナイト・ケア　313
精神科特例 …………………**314**
精神科ナイト・ケア ………**314**
精神科二次救急 ………………359
精神科病院 ……………………309
精神科訪問看護 ……………**314**
精神科リハビリテーション　**314**
精神鑑定 …………………212, **315**
成人期 …………………………354
精神外科 ……………………**315**
精神厚生会 ……………………416
精神作用物質 ………………**316**
精神刺激薬 …………………**316**
精神疾患 ………………………326
精神疾患及び精神遅滞に関す
　　る大統領特別教書 ……**316**
精神疾患の診断と統計のため
　　のマニュアル …………391
精神障害 ……………………**316**
精神障害回復者 ……………**317**
精神障害回復者社会復帰施設
　　……………………………**317**
精神障害者 …………………**317**
精神障害者回復者の会 ………355
精神障害者家族会 ……………318
精神障害者居宅介護等事業　318
精神障害者居宅生活支援事業
　　……………………………318
精神障害者グループホーム　322
精神障害者ケアガイドライン
　　……………………………319

精神障害者ケアマネジメント
　　……………………………319
精神障害者社会生活評価尺度
　　……………………………**319**
精神障害者社会適応訓練事業
　　……………………………**320**
精神障害者社会復帰施設 …**320**
精神障害者社会復帰促進セン
　　ター ………………**321**, 345
精神障害者授産施設 ………**321**
精神障害者小規模作業所 …**321**
精神障害者小規模授産施設　321
精神障害者ショートステイ　322
精神障害者生活訓練施設 …**321**
精神障害者短期入所事業
　　……………………318, **322**
精神障害者地域生活援助事業
　　……………………318, **322**
精神障害者地域生活支援事業
　　……………………………**322**
精神障害者地域生活支援セン
　　ター ……………………**322**
精神障害者通院医療費公費負
　　担制度 ……………………**323**
精神障害者通所授産施設 …**321**
精神障害者入所授産施設 …**321**
精神障害者福祉工場 ………**323**
精神障害者福祉ホーム ……**324**
精神障害者福祉ホームB型　**324**
精神障害者ホームヘルプサー
　　ビス ………………………318
精神障害者保健福祉手帳 …**324**
精神症状 ……………………**324**
精神身体症 ……………………281
精神遅滞 ……………………**325**
成人T細胞白血病 …………**325**
精神的損害 ……………………18
精神毒性 ………………………316
精神年齢 ……………………**302**, 382
精神薄弱 …………………325, 326
精神薄弱者福祉法 ……………381
精神薄弱の用語の整理のため
　　の関係法律の一部を改正
　　する法律 …………………**325**
精神発達遅滞 …………………325
精神病 ………………………**326**

成人病 …………………………301
精神病院 ………………………309
精神病院法 …………………**326**
精神病院療養環境改善整備事
　　業 …………………………**326**
精神病質人格 …………………275
精神病者および精神薄弱者に
　　関する王立委員会勧告　168
精神病者監護法 ……………**326**
精神病者慈善救治会 …**327**, 416
精神病者の保護及び精神保健
　　ケア改善のための原則　**327**
精神病床 ………………………450
精神病理 ……………………**327**
精神物理学 ……………………456
精神分析 ……………………**327**
精神分析学 ……………………149
精神分析理論 …………………469
精神分裂病 ………**328**, 399, 469
精神保健 ……………………**328**
精神保健及び精神障害者福祉
　　に関する法律 …………**328**
精神保健観察 ………………**329**
精神保健研究所 ………………162
精神保健参与員 ……………**329**
精神保健指定医 ……………**329**
精神保健審判員 ……………**330**
精神保健センター ……………332
精神保健相談員 ………………332
精神保健判定医 ……………**330**
精神保健福祉援助技術 ………44
精神保健福祉援助実習 ……**330**
精神保健福祉課 ………………142
精神保健福祉士 ……………**331**
精神保健福祉士法 …………**331**
精神保健福祉全国大会 ………419
精神保健福祉センター　308, **332**
精神保健福祉センター運営要
　　領 …………………………**332**
精神保健福祉センター所長会
　　議 …………………………346
精神保健福祉相談員 ………**332**
精神保健福祉法 ……………**328**
精神保健福祉ボランティア　**333**
精神保健法 …………………**333**
精神保健法〔韓国〕………**333**

601

索引

精神力動 …………………328
精神力動的心理学 …………327
精神療法 …………………**334**
税制適格年金 ………**334**, 415
性腺 ………………………**334**
性染色体 …………………346
精巣 ………………………**334**
製造物責任法 ……………**334**
生存権 ……………………**335**
生存権の基本権 …………**335**
生存保険 …………………337
生体移植 …………………**335**
生体間移植 ………………**335**
生態地図 …………………40
生体リズム ………………**335**
性的エネルギー …………525
性的虐待 ……………204, **335**
静的了解 …………………324
性同一性障害 ……………**335**
青年期 ……………………**336**
成年後見制度 ………**336**, 441
成年後見類型 ……………138
成年被後見人 ……………137
青年文化 …………………**336**
性病予防法 ………………82
政府管掌健康保険 ………**336**
生物学的精神医学 ………**337**
生物時計 …………………335
成文憲法 …………………416
性別役割分業 ……………**337**
性暴力 ……………………**337**
生命の質 …………………113
生命保険 …………………**337**
生命倫理 …………………**337**
性役割 ……………………187
生理的欲求 ………………24
生理的老化 ………………**338**
世界人権宣言 ……………**338**
世界精神障害者家族団体連盟
　………………………318
世界精神保健デー ………**338**
世界精神保健連盟 ………**338**
世界保健機関 ……………**338**
世界保健憲章 ……………**338**
セカンドオピニオン ……**338**
脊髄 ………………………339

脊髄小脳変性症 …………**339**
脊髄損傷 …………………**339**
脊髄反射 …………………**339**
責任能力 …………………**339**
セクシズム ………………37
セクシュアリティ ………187
世帯 ………………………**339**
世代 ………………………154
世代間の所得再分配 ……269
世代間連鎖 ………………71
世帯業態別被保護世帯 …**340**
世帯更生運動 ……………**340**
世帯人員別被保護世帯 …**340**
世帯単位の原則 …………**340**
世帯分離 …………………**340**
世帯分類 …………………340
世帯類型別被保護世帯 …**340**
世田谷リハビリテーションセ
　ンター …………………**340**
セックス …………………187
赤血球 ……………………**340**
摂食障害 …………………**341**
接触性 ……………………325
絶対閾 ……………………190
絶対的医行為 ……………15
絶対的窮乏化 ……………453
絶対的貧困 ………………453
絶対的扶養義務者 ………**341**
説明 ………………………325
セツルメント ………**341**, 397
セツルメント運動 ………341
セネストパチー …………362
セラピスト ………………**341**
セリエ ………………297, **341**
セリグマン ………………**341**
セルフアドボカシー ……**342**
セルフエスティーム ……**342**
セルフエフィカシー ……192
セルフケア ………………**342**
セルフコントロール ……**342**
セルフヘルプ ……………**343**
セルフヘルプ・アドボカシー
　………………………342
セルフヘルプグループ …343
セルフモニタリング ……**343**
セロトニン・ドーパミン拮抗

薬 …………………………**343**
世論 ………………………**517**
世話人 ……………………116
善意 ………………………**344**
前意識 ……………………**344**
船員保険 …………………**344**
全家連 ……………………344
全緘黙 ……………………83
前期高齢者 ………………**344**
全健忘 ……………………132
前向健忘 …………………132
全国延長給付 ……………**344**
全国健康福祉祭 …………**344**
全国自治体病院協議会 …**344**
全国精神衛生相談員会 …346
全国精神障害者家族会連合会
　…………………321, **344**
全国精神障害者社会復帰施設
　協会 …………………**345**
全国精神障害者団体連合会 345
全国精神障害者地域生活支援
　協議会 ………………**345**
全国精神保健福祉センター長
　会 ……………………**345**
全国精神保健福祉相談員会 346
潜在的介護問題 …………**346**
潜在的機能 ………………**346**
潜在的ニーズ ……………461
戦傷病者戦没者遺族等援護法
　…………………346, 347
戦傷病者・戦没者の年金 …**346**
染色体 ……………………**346**
染色体異常 ………………**346**
染色体突然変異 …………408
全人的復権 ………………**347**
全精協 ……………………345
全精社協 …………………345
全精連 ……………………345
戦争犠牲者援護 …………**347**
戦争神経症 ………………145
全体性の原則 ……………**347**
選択性緘黙 ………………83
選択的セロトニン再取り込み
　阻害薬 ………………**347**
選択的注意 ………………348
全断連 ……………………348

先天性甲状腺機能低下症 …348
先天性代謝異常 …………348
前頭前野 ………………348
前頭葉 …………………348
前頭葉白質切截術 …315, 540
前頭連合野 ……………348
全日本断酒連盟 ………348
全人間的復権 …………347
洗脳 ……………………494
全脳死 …………………428
全般性強直間代発作 …366
全般性不安障害 ………348
潜伏期 …………………204
全物量方式 ……………493
せん妄 …………284, 349, 507
専門員 …………………349
専門職 …………………349
戦略派家族療法 ………68

そ

躁うつ気質 ……………87
躁うつ病 …………36, 92, 350
爽快気分 ………………92
増加恩給 ………………254
増加非公死扶助料 ……463
想起 ……………………85
臓器移植 ………………349
臓器受容者 ……………349
早期新生児死亡 ………283
臓器提供者 ……………349
臓器の移植に関する法律 4, 349
双極性感情障害 ……92, 350
総合支援型社協 ………350
総合的 ADL ……………415
総合保険商品 …………350
相互援助 ………………343
相互行為 ………………350
相互作用 ………………350
相互性 …………………89
相互利用制度 …………350
葬祭給付 ………………351
葬祭扶助 ………………351
葬祭料 …………………351
操作主義 ………………351
操作的診断 ……………351

操作的診断基準 ………289
喪失体験 ………………351
巣症状 …………………352
躁状態 …………………352
双生児法 ………………78
相続 ……………………352
相続回復請求権 ………352
相続欠格 ………………352
相続財産 ………………15
相続人 …………………352
相続分 …………………353
相続放棄 ………………352
相対的医行為 …………15
相対的剥奪 ……………453
相対的扶養義務者 ……353
相談援助業務 …………353
早朝覚醒 ………………353
相当因果関係 …………354
壮年期 …………………354
早発性アルツハイマー病 …10
早発性痴呆 ……………399
躁病 ……………………92
総報酬制 ………………451
相馬事件 ………………354
双務契約 ………………87
総有 ……………………107
相利共生 ………………104
ソーシャルアクション …354
ソーシャルアドミニストレー
　ション ………………355
ソーシャルクラブ ……355
ソーシャルグループワーク 117
ソーシャルケースワーク …124
ソーシャルサポート・ネット
　ワーク ………………355
ソーシャル・ネットワーク 221
ソーシャルプランニング …356
ソーシャルロールバロリゼー
　ション ……………36, 356
ソーシャルワーカー …356
ソーシャルワーク ……356
ソーシャルワークリサーチ 357
ソーバー …………………360
ソーンダイク ……………357
促進者 …………………454
側頭葉 …………………357

粗再生産率 ……………357
ソシオドラマ …………292
ソシオメトリー ………506
組織 ……………………358
粗死亡率 ………………358
訴訟救助制度 …………358
訴訟費用 ………………358
租税 ……………………358
租税方式 ………………484
租税法律主義 …………358
措置 ………………123, 358
措置機関 ………………358
措置制度 ………………358
措置入院 ……………18, 359
疎通性 …………………325, 359
ソフト救急 ……………359
ソブライエティ ………360
ソロモン ………………46
損害賠償 ……………18, 63
損害賠償請求権 ………165
損害保険 ………………360
尊厳 ……………………279
尊厳死 …………………360
村落 ……………………360
村落共同体 ……………360

た

ターナー症候群 ………347
ターマン ………………360, 382
ターミナルケア ………361
ダイアド ………………65
第 1 号被保険者 ………161
第一次集団 ……………361
第一次反抗期 …………439
第一次予防 ……………361
第 1 類基準 ……………361
第一種社会福祉事業 …361
退院援助 ………………361
退院請求 ………………362
退院制限 ………………362
大うつ病 ………………362
大雲寺 …………………29
胎芽病 …………………364
体感 ……………………362
体感幻覚 ……………128, 362

索　引

待期 …………………………362
代議制 …………………………85
退却神経症 …………………363
体験過程 ……………………456
退行 …………………………363
退行性変性 …………………363
対抗文化 ……………………182
対抗要件 ……………………463
第3号被保険者 ………161, 363
第三次予防 …………………363
第三セクター ………………363
第三分野の保険 ……………363
胎児障害 ……………………364
大衆社会 ……………………364
大衆社会論 …………………364
代襲相続 ……………………364
体循環 ………………………364
大循環 ………………………364
対処 …………………………154
対象関係理論 ………………115
対象者 ………………………400
対象喪失 ……………………364
対処技術 ……………………154
退職者医療制度 ……………364
対処行動 ……………………154
対人関係 ……………………365
対人恐怖 ……………………365
対人社会サービス …………365
対人知覚 ……………………365
対人認知 ……………………365
対人福祉サービス …………365
耐性 …………………………9, 508
代替教育 ……………………467
代諾縁組 ……………………365
第2号被保険者 ……………161
第二次集団 …………………361
第二次性徴 …………………194
第二次反抗期 …………194, 439
第二種社会福祉事業 ………365
第二次予防 …………………366
大日本帝国憲法 ……………416
第二の誕生 …………………528
第2類基準 …………………366
大脳 …………………………366
大脳基底核 …………………366
大脳半球 ……………………366

大脳皮質 ……………………366
大脳辺縁系 …………………366
タイプA行動 ………………366
代弁 …………………………366
大発作 ………………………366
大麻 …………………………367
退薬症状 ……………………523
代理 ……………………424, 478
代理行為 ……………………367
代理受領方式 ………………367
多飲 …………………………497
ダウン ………………………368
ダウン症 ……………………368
ダウン症候群 ………………368
他害行為 ……………………195
髙木憲次 ………………368, 525
滝乃川学園 ……………16, 368
宅老所 ………………………368
託老所 ………………………368
多幸症 ……………………92, 352
多軸診断 ……………………391
多重人格障害 ………………368
多子養育加算 ………………209
タスキギー事件 ……………368
立ち入り調査 ………………207
脱近代 ………………………112
脱工業社会 …………………369
脱施設化 ……………………369
脱社会的行動 ………………444
達成動機 ……………………399
建物保護法 …………………233
多動性障害 …………………369
多発梗塞性痴呆 ……………127
タフト ………………………369
WHO ………………………338
WFMH ……………………338
WPPSI ……………………382
ダブルバインド ……………414
多文化間精神医学 …………369
他法他施策の優先 …………370
ダラード ………………370, 505
ダルク ………………………370
DARC ………………………370
単一遺伝子病 ………………503
単一精神病 …………………370
団塊の世代 …………………370

短期記憶 ……………………85
短期雇用特例被保険者 ……370
短期職場適応訓練制度 ……267
短期心理療法 ………………467
短期入所生活援助（ショート
　ステイ）事業 ……………507
短期入所生活介護 …262, **371**
短期入所療養介護 …262, **371**
短期保護 ……………………262
単給 ……………………**371**, 487
短時間労働 …………………**371**
短時間労働被保険者 ………**371**
断酒会 ………………………**371**
単純型分裂病 ………………**372**
単純承認 ……………………352
単純ヘルペスウイルス感染症
　………………………………**372**
単純酩酊 ……………………97
団体自治 ……………………383
団体自治の原則 ……………**372**
単独行為 ……………………480
単独世帯 ……………………340
担保物権 ……………………**372**

ち

地域移行 ……………………369
地域援助技術 ………………169
地域家族会 …………………318
地域型在宅介護支援センター
　………………………176, 373
地域共同社会開発 …………169
地域共同体 …………………171
地域ケア ……………………**372**
地域ケア会議 ………………373
地域ケアシステム …………373
地域行動計画 ………………373
地域子育て支援センター事業
　………………………………373
地域子ども会 ………………**374**
地域作業所 …………………255
地域社会 ………………167, **374**
地域診断 ……………………**374**
地域生活支援 ………………301
地域精神医学 ………………**374**
地域精神医療 ………………374

地域組織化活動 ……… 374	知的障害者福祉工場 ……… 381	中脳 ……… 386
地域福祉 ……… 375	知的障害者福祉司 ……… 381	中流階層 ……… 214
地域福祉基金 ……… 375	知的障害者福祉法 ……… 381	聴覚 ……… 386
地域福祉計画 ……… 375	知的障害者福祉ホーム ……… 381	聴覚・言語障害者更生施設 386
地域福祉権利擁護事業 ……… 375	知的発達障害 ……… 378	聴覚障害 ……… 386
地域福祉センター ……… 376	知能 ……… 382	腸管出血性大腸菌感染症 … 386
地域保険 ……… 262	知能検査 ……… 382	長期記憶 ……… 85
地域保健対策 ……… 376	知能指数 ……… 302, 382	長期在院 ……… 387
地域保健法 ……… 376	知能の二因子説 ……… 299	超高齢社会 ……… 150
地位不整合 ……… 376	遅発性ジスキネジア ……… 195	調査権 ……… 271
チームアプローチ ……… 376	痴呆 ……… 383	超自我 ……… 387
チーム医療 ……… 377	地方公共団体 ……… 383	長寿社会開発センター 152, 387
チーム・スーパービジョン 295	地方公務員共済組合 ……… 383	長寿社会対応住宅設計指針 387
チームリーダー ……… 377	地方自治 ……… 383	聴神経 ……… 387
チームワーク ……… 377	地方自治法 ……… 383	聴声 ……… 449
知覚 ……… 77, 377	地方社会福祉審議会 ……… 383	聴性脳幹反応 ……… 386
知覚障害 ……… 377	地方障害者施策推進協議会 384	調整保険料率 ……… 199
地区担当員 ……… 378	痴呆性高齢者 ……… 384	調停 ……… 388
治験 ……… 285	痴呆性高齢者グループホーム	調停前置主義 ……… 388
チック ……… 378	……… 384	調停離婚 ……… 522
知的障害 ……… 378	地方精神保健福祉審議会 … 384	聴導犬 ……… 288
知的障害児 ……… 24	痴呆性老人 ……… 384	町内会 ……… 112
知的障害児・者 ……… 378	痴呆対応型共同生活介護 … 384	重複障害 ……… 388
知的障害児（者）基礎調査 379	痴呆対応型老人共同生活援助	聴聞 ……… 393
知的障害者援護施設 ……… 379	事業 ……… 531	直接援助技術 ……… 388
知的障害者居宅介護等事業 379	地方版エンゼルプラン ……… 203	直面化 ……… 173
知的障害者居宅生活支援事業	地方分権一括法 ……… 384	直系家族 ……… 388
……… 379	地方分権推進法 ……… 385	治療 ……… 262
知的障害者グループホーム 380	地方分権の推進を図るための	治療共同体 ……… 262, 388
知的障害者更生施設 ……… 379	関係法律の整備等に関す	治療法 ……… 389
知的障害者更生相談所 ……… 379	る法律 ……… 384	賃金スライド ……… 463
知的障害者授産施設 ……… 379	着座不能 ……… 4	
知的障害者生活支援事業 … 380	嫡出子 ……… 385	## つ
知的障害者生活支援センター	治癒 ……… 76, 522	
……… 380	注意欠陥多動障害 ……… 385	通院医療 ……… 389
知的障害者相談員 ……… 380	中央教育審議会生涯学習分科	通院医療費 ……… 323
知的障害者短期入所事業 … 380	会 ……… 385	通院医療費公費負担制度 … 390
知的障害者地域生活援助事業	中間施設論争 ……… 75	通院患者リハビリテーション
……… 380	チューク ……… 385, 516	事業 ……… 320
知的障害者通勤寮 ……… 380	中枢刺激薬 ……… 61	通院治療 ……… 58
知的障害者通所援護事業 … 380	中枢神経系 ……… 385	通勤災害 ……… 535
知的障害者デイサービス事業	中性脂肪 ……… 385	通算老齢年金 ……… 390
……… 379	中等少年院 ……… 259	通所介護 ……… 392
知的障害者デイサービスセン	中毒 ……… 19	通信面会の自由 ……… 390
ター ……… 380	中毒性精神障害 ……… 386	通年型実習 ……… 330
知的障害者の権利宣言 ……… 381	中年期 ……… 354	痛風 ……… 390

索引

付添人 ………………… **390**
坪上宏 ………………… **390**
積立方式 ……………235, **390**

て

TE ……………………… 72
DAS …………………… 307
TAT ………………50, 179, 497
DSM ………………351, **391**
THP …………………… **402**
DNA ………………23, 392
定位家族 ……………… **391**
Tグループ …………… 43
DPI …………………… 244
DV ……………………… 72
ディインスティテューション
 ………………………… 369
定額払い方式 ………… **393**
定期借地権 …………… 233
定期建物賃貸借 ……… 233
定期病状報告 ………… **391**
デイケア ……………… **391**
デイケア施設 ………… **392**
定型抗精神病薬 ……… 343
デイサービス ……287, **392**
デイジー ……………… 394
DAISY ………………… 394
ディスアビリティ …… 157
ディスコミュニケーション 167
訂正死亡率 …………… 427
抵当権 ………………… 372
デイトリートメント … **392**
デイナイトケア ……… 313
デイホスピタル ……… **392**
DALY ………………… 253
ディルタイ …………… 242
デオキシリボ核酸 …… **392**
デカルト ……………… **392**
適応 ……………… 242, **392**
適応機制 ………… **392**, 477
適応行動 ……………… 464
適応障害 ……………… **393**
適正手続 ……………… **393**
適正手続の保障 ……… **393**
出来高払い方式 …293, **393**

適法手続 ……………… 394
適用事業 ……………… **393**
テクノ依存症 ………… 393
テクノストレス ……… **393**
テクノ不安症 ………… 393
手首自傷症候群 ……… **393**
デジタル音声情報システム **394**
手帳制度 ……………… 324
デポ剤 ………………… **394**
デュープロセス ……… **394**
デュルケム …………… **394**
テレ …………………… 292
転移 …………………… **394**
伝音難聴 …………386, 412
てんかん ……………… **395**
てんかん気質 ………… 88
転換症状 ……………… 445
転換性障害 …………… 58
てんかん発作 ………… 395
電気けいれん療法 …… **395**
癲狂院 ………………… **395**
転居資金 ……………… 396
典型契約 ……………… **396**
天刑病 ………………… 440
点字情報ネットワーク事業 396
点数単価方式 ……293, 393
伝染性紅斑 …………… **396**
伝染病 ………………… 81
伝染病予防法 ………… 82
伝統的支配 …………… 210
テンニース …………… **396**
伝播性海綿状脳症 …… 118
店舗総合保険 ………… 350
電話カウンセリング … 396
電話相談 ……………… 396

と

ドイツ共和国憲法 …… 541
トインビー …………… **397**
トインビー・ホール …341, **397**
同意権 ………………… **397**
同意書 ………………… **397**
同一化 ………………… **397**
同一視 ………………… **397**
同意入院 …………29, **397**

動因 …………………… **398**
トゥーレット症候群 … 378
投影 …………………… **398**
投影法 ………………… **398**
登記 …………………… **398**
動機 …………………… **398**
冬季加算 ……………… **399**
動機づけ ……………… 398
道具的条件づけ ……… 47
統計調査 ……………… 220
統計的検定 …………… **399**
統合アプローチ ……… 44
統合教育 …………32, **399**
登校拒否 ……………… 464
統合失調症 ………328, **399**
統合理論 …………44, **400**
動作性 IQ ……………… 34
動作性知能 …………… 153
洞察 …………………… **400**
洞察的精神療法 ……… 334
闘士型 ………………… 88
当事者 ………………… **400**
当事者運動 …………… 401
当事者参加 …………… 400
当事者訴訟 ………105, **401**
闘争・逃走反応 ……… 298
同族 …………………… **401**
統治行為 ……………… 401
同調行動 ……………… 21
頭頂葉 ………………… **401**
糖尿病 ………………… 401
逃避 …………………… 401
動脈 …………………… **402**
動脈硬化 ……………… **402**
当面の緊急保育対策等を推進
 するための基本的考え方
 ………………………… 111
トータルヘルスプロモーショ
 ン ……………………… **402**
トータルリハビリテーション
 ………………………… **402**
ドーパミン仮説 ……… **402**
トーメ ………………… **403**
トールマン …………… **403**
トキソプラズマ症 …… **403**
トクヴィル …………… **403**

特殊教育 …………………405
特殊精神療法 ……………334
特殊病院に置くべき医師その
　他の従業員の定数につい
　て ………………………314
特性論 ……………………**403**
特定求職者雇用開発助成金 **403**
特定疾患 …………………**404**
特定疾患治療研究事業 ……**404**
特定就職困難者雇用開発助成
　金 ………………………**403**
特定受給資格者 …………22,**171**
特定非営利活動促進法 42,**404**
特定療養費 ………………**404**
特別縁故者への相続財産分与
　…………………………**404**
特別加入 …………………**404**
特別控除 …………………**405**
特別支援教育 ……………**405**
特別支給の老齢厚生年金 …**405**
特別児童扶養手当 ………**405**
特別児童扶養手当等の支給に
　関する法律 ……………**405**
特別受益 …………………**405**
特別障害者手当 …………**406**
特別少年院 ………………259
特別徴収 …………………**406**
特別なニーズ教育における原
　則・政策・実践に関する
　サラマンカ声明ならびに
　行動の枠組 ……………**406**
特別保育事業 ………20,**406**
特別養護老人ホーム ……**406**
特別養子縁組 ……**406**,515
独立行政法人高齢・障害者雇
　用支援機構 ……………153
独立行政法人福祉医療機構 458
特例居宅介護サービス計画費
　…………………………**407**
特例子会社 ………………248
特例子会社制度 …………**407**
ドクロリー ………………**407**
床ずれ ……………………266
都市化 ……………………**407**
徒手筋力テスト …………**407**
閉じられた質問 …………503

土台 ………………………203
突然変異 …………………**408**
都道府県行動計画 ………373
都道府県障害者計画 ……245
都道府県地域福祉支援計画 **408**
都道府県福祉事務所 ……**408**
届出婚主義 ………………**409**
ドナー ……………………349
ドネペジル ………………144
留岡幸助 ……………76,**408**
ドメスティック・バイオレン
　ス …………………………72
どもり ………………………89
トラウマ …………………**408**
ドラッグコート …………**408**
ドラッグトリートメントコー
　ト ………………………**408**
トリアージ ………………**409**
トリートメント …………262
取消権 ……………………**397**
取消訴訟 …………………129,**409**
トワイライトステイ ………507

な

ナーシングケア …………**409**
内因性うつ病 ………………37
内因性精神障害 …………**409**
内縁 ………………………**409**
内観療法 …………………**410**
内呼吸 ……………………**410**
ナイトケア ………………314
内発的動機づけ …………399
内部環境の恒常性 ………**410**
内部障害者更生施設 ……**410**
内分泌器官 ………………**410**
永井訴訟 …………………**410**
ナショナリズム …………**410**
ナショナルミニマム …21,**411**
ナバ ………………………415
NABA ……………………415
波の会 ……………………419
ナラティブアプローチ …**411**
ナラティブセラピー ……411
ナラノン …………………**411**
ナルコティクスアノニマス **411**

喃語 ………………………**411**
難聴 …………………386,**411**
難聴幼児通園施設 ………**412**
難病 ………………………**412**
難病患者等居宅生活支援事業
　…………………………**412**
難病患者等短期入所事業 …**412**
難病患者等日常生活用具給付
　事業 ……………………**412**
難病患者等ホームヘルプサー
　ビス事業 ………………**412**
難病対策 …………………**412**
難病対策要綱 ………**404**,**412**

に

ニーズ ………………**412**,516
ニーズ・資源調整 ………529
ニード ……………………**412**
ニィリエ ……………**413**,429
ニィリエの原則 …………430
二院制 ………………………85
二階建て年金 ……………**413**
二元論 ……………………392
二次医療圏 …………26,**413**
二次障害 …………………**413**
二次性高血圧 ………137,493
二次的同一視 ……………397
二次判定 …………………514
二次妄想 …………………503
二者関係 ……………………65
21トリソミー ……………347
21世紀における国民健康づ
　くり運動（健康日本21）
　…………………………**413**
21世紀福祉ビジョン ……**414**
二重拘束 …………………**414**
二重拘束仮説 ……………472
25条通報 …………………131
二重自我 …………………292
24条通報 …………………121
二障害 ……………………282
2015年の高齢者介護～高齢者
　の尊厳を支えるケアの確
　立に向けて～ …………**414**
日常生活訓練 ……………**414**

索引

日常生活動作 …………………414
日常生活用具 …………………415
日内変動 ………………………415
二知能理論 ……………………94
日照権 …………………………279
日身連 …………………………416
日精協 …………………………416
日本アノレキシア・ブリミア
　協会 …………………………415
日本医療社会事業協会 ………415
日本 MSW 協会 ………………415
日本型参照価格制度 …………99
日本型 401ｋ年金 ……………415
日本救世軍 ……………………511
日本国憲法 ……………………415
日本社会福祉士会 ……………416
日本障害者協議会 ……………416
日本障害者雇用促進協会 ……153
日本身体障害者団体連合会 416
日本精神医学ソーシャル・ワ
　ーカー協会 …………………417
日本精神衛生会 ………………416
日本精神衛生協会 ……………416
日本精神科病院協会 …………416
日本精神保健福祉学会 ………417
日本精神保健福祉士会 ………417
日本精神保健福祉士会業務
　指針 …………………………418
日本精神保健福祉士会倫理
　綱領 …………………………418
日本精神保健福祉連盟 ………419
日本ソーシャルワーカー協会
　………………………………419
日本てんかん協会 ……………419
日本脳炎 ………………………419
日本 PSW 協会 ………………417
入院援助 ………………………419
入院患者残留率 ………………420
入院患者日用品費 ……………420
入院時食事療養費 ……………420
入院生活技能訓練療法 ………420
入院措置 ………………………359
入院治療 ………………………420
入院届 …………………………421
乳児院 …………………………421
乳児期 …………………………421

乳児死亡率 ……………………421
ニューステッター ……………31
ニューディール政策 …………421
ニューモシスチス・カリニ肺
　炎 ……………………………422
乳幼児健康支援一時預かり事
　業 ……………………………422
乳幼児健康診査 ………………422
ニュールック心理学 …………422
ニュールック理論 ……………468
ニュールンベルグ綱領 ………422
ニューロパチー ………………422
ニューロン ……………………423
ニューロングステイ …………423
尿酸 ……………………………147
尿失禁 …………………………423
尿閉 ……………………………423
尿路感染症 ……………………423
尿路結石 ………………………423
二類感染症 ……………………424
ニルジェ ………………………413
任意加入被保険者 ……………424
任意給付 ………………………477
任意継続被保険者 ……………424
任意後見監督人 ………………424
任意後見契約 …………………424
任意後見契約に関する法律 424
任意後見制度 …………………424
任意代理 ………………………424
任意代理制度 …………………424
任意適用事業所 ………………424
任意入院 ………………………424
任意法規 ………………………103
認可外保育施設 ………………425
人間関係 ………………………365
妊産婦加算 ……………………425
認知 ……………………………425
認知行動療法 …………………218
認知―社会的学習理論 ………441
認知準正 ………………………385
認知的行動理論 ………………403
認知的不協和理論 ……………425
認知理論 ………………………60

ね

ネイバーフッドギルド 134,**426**
ネーション ……………………410
ネグレクト …………………204,**426**
ネットワーキング ……………222
ネフローゼ症候群 ……………281
ネフロパチー …………………281
ネフロン ………………………**426**
年金国際通算協定 ……………**426**
年金裁定請求 …………………**426**
年金支給停止 …………………**426**
年金失権事由 …………………**426**
年金審議会 ……………………231
年金制度 ………………………**427**
年金の成熟度 …………………**427**
年金保険 ………………………337
粘着気質 ………………………88
ねんりんピック ………………344
年齢調整死亡率 ………………**427**

の

脳科学 …………………………307
脳下垂体 ………………………**427**
脳幹 ……………………………**427**
脳幹死 …………………………428
農業協同組合 …………………**427**
脳血管障害 ……………………**427**
脳血管性痴呆 …………………127,383
脳血栓 …………………………428
脳梗塞 …………………………428
脳死 ……………………………428
脳出血 …………………………428
脳神経 …………………………428
脳性麻痺 ………………………428
脳脊髄液 ………………………428
脳脊髄膜 ………………………428
脳塞栓 …………………………428
脳卒中 …………………………429
農村社会 ………………………360
脳代謝賦活薬 …………………429
能動的な権利 ……………206,208
能動的面接 ……………………143
脳動脈硬化症 …………………21

脳内出血 …………………428
脳波 ………………………**429**
納付特例制度 ……………500
能力検査 …………………292
能力障害 …………………157
能力低下 …………………157
能力の活用 ………………**429**
ノーマネット ……………250
NORMANET ……………250
ノーマライゼーション
　…………………413, **429**
ノーマライゼーションの父
　……………………………439
Non-REM …………………530
ノンレム睡眠 ……………530

は

パーキンソニズム ………430
パーキンソン症候群 ……430
パーキンソン病 …………430
バークレイ ………………430
バークレイ報告 …………430
パーシャル・ホスピタライゼ
　ーション ………………430
パーソナリティ …………274
パーソナリティ検査 ……275
パーソナル・アシスタンス制
　度 …………………………91
パーソナルケア …………**431**
パーソナル・コミュニティ 222
パーソナルサービス ……**431**
パーソンズ ………………**431**
ハード救急 ………………359
パートタイマー …………371
ハートビル法 ……………151
ハートレイ ………………**431**
バートレット ……………**431**
バーナードホーム ………**431**
バーネット ………………397
ハーバード方式 ……29, 273
ハーフウェイホステル …491
パールマン ………………**432**
バーン ……………………150
バーンアウト症候群 ……504
バーンアウトシンドローム 504

肺 …………………………**432**
ハイ EE …………………**432**
バイオエシックス ………337
バイオフィードバック …**432**
配偶者加給年金 …………**432**
配偶者出産育児一時金 …66
配偶者相続人 ……………353
配偶者暴力相談支援センター
　……………………………20
肺循環 ……………………**432**
バイステック ……………**432**
バイステックの7原則 …**433**
ハイダー …………………221
梅毒 ………………………280
肺胞 ………………………**433**
ハイヤーパワー …………411
廃用症候群 ………………**433**
ハヴィガースト …………**433**
バウムテスト ……………50
破瓜型 ……………………434
破瓜型分裂病 ……………434
破瓜病 ……………………473
博愛事業 …………………455
白質 ………………………366
白内障 ……………………434
曝露人口 …………………512
箱庭療法 …………122, 434
バザーリア法 ……………434
ハサウェイ ………………498
ハシッシュ ………………367
破傷風 ……………………434
PASSING ………………36
バズセッション …………434
長谷川式簡易知能評価スケー
　ル ………………………**435**
バタードウーマン ………**435**
バタードハズバンド ……**435**
パターナリズム …………**435**
発がん物質 ………………**435**
白血球 ……………………**436**
白血病 ……………………**436**
発生の了解 ………………324
発達 ………………………**436**
発達課題 …………………433
発達障害 …………………**436**
発達障害医学 ……………**436**

発達保障 …………………**437**
パニック障害 ……………**437**
跳ね返り現象 ……………523
パネル調査 ………………220
母親クラブ ………………**437**
パブロフ ……………256, **437**
パブロフ型条件づけ ……530
ハミルトン ………289, **437**
ハミルトンうつ病評価尺度 438
場面緘黙 …………………83
パラカウンセリング ……442
パラメディカルスタッフ …169
パラリンピック競技大会 **438**
バリア ……………………**438**
バリアフリー ……………**438**
バリアフリーデザイン …**438**
ハル ………………………**438**
ハルト ……………………360
ハルトマン …………40, **439**
ハル・ハウス ……………7
ハローワーク ……………137
ハロペリドール …………**439**
パワーズ …………………**439**
半額免除制度 ……………484
バンク-ミケルセン …429, **439**
反抗期 ……………………**439**
反社会性人格障害 ………444
反社会的行動 ……………**439**
反社会的人格障害 ………440
阪神・淡路大震災 ……163, 311
PANSS ……………………515
ハンスの症例 ……………47
反精神医学 ………………440
ハンセン病 ………………440
搬送 ………………………409
判断能力 …………………440
反跳現象 …………………523
反跳性不眠 ………………524
ハンチントン舞踏病 ……**441**
ハンディキャップ ………157
バンデューラ ………**441**, 505
反動形成 …………………**441**
反復性うつ病性障害 ……350
反論権 ……………………**441**

索引

ひ

ピアーズ …………………441
ピアアドボカシー ………133
悲哀 ………………………505
悲哀の仕事 ………………505
ピアカウンセリング ……442
ピア・グループ・スーパービ
　ジョン …………………442
ピアサポート ……………442
ピアジェ …………………442
ピア・スーパービジョン
　…………………296, 442
ピア・セルフアドボカシー　342
BA …………………………47
PADL ……………………414
BSE ………………………118
PSE ………………………130
PSW ………………………312
BMI ………………………448
PM理論 …………………521
PL法 ………………………335
POS ………………………506
PONR ……………………110
POMR ……………………110
B規約 ……………………157
PT …………………………522
PTSD ………………………55
BPRS ……………………451
PPO ………………………496
BPD ………………………481
ピープルファースト ……442
ピエラ ……………………443
比較行動学 ………………539
非貨幣的ニーズ …………461
ひきこもり ………………443
非器質性睡眠障害 ………443
非言語的コミュニケーション
　…………………………502
非行 ………………………444
被後見人 …………………137
微細脳機能不全症候群 …444
微細脳障害症候群 ………385
皮質性健忘 …………………85
非社会性人格障害 ………444

非社会的行動 ……………444
非常勤医師 ………………266
非親族世帯 ………………339
ヒステリー …………58, 445
ヒステリー性人格障害 …43
ビスマルクの社会保険 …445
非正社員 …………………22
非政府組織 …………………41
非専門職 …………………225
被相続人 …………………353
悲嘆 ………………………445
悲嘆反応 ……………351, 445
ピック病 …………………445
必要給付 …………………477
必要即応の原則 …………445
非定型抗酸菌症 …………445
非定型抗精神病薬 ………343
非定型精神病 ……………446
非典型契約 ………………396
非投影法 …………………275
ヒトゲノム ………………392
ヒト免疫不全ウイルス …446
ひとり親家庭 ……………446
否認 ………………………446
ビネー ……………………382
ピネル ………………40, 447
ヒポクラテス ……………447
ヒポクラテスの誓い ……447
被保険者 …………………447
被保護者 …………………447
被保護者の義務 …………447
被保護者の権利 …………448
被保護世帯 ………………448
ヒポコンドリー …………448
被保佐人 …………………488
被補助人 …………………490
肥満 ………………………448
肥満型 ………………………88
秘密保持義務 ……………448
123号通知 ………………449
日雇特例被保険者 ………449
日雇労働者健康保険 ……449
ヒヤリングボイシズ ……449
ヒューマンサービス ……431
ヒューム …………………449
ビューラー ………………449

病院 ………………………450
病院外作業 ………………311
病院家族会 ………………318
病院管理者 ………………450
病院内寛解 …………………32
病院内作業 ………………311
病院報告 …………………450
病感 ………………………450
表見代理 …………………450
表現的精神療法 …………334
病識 …………………325, 450
被用者保険 ………………262
表出性言語障害 …………130
標準化面接 ………………143
標準処理期間 ……………451
標準年金 …………………451
標準報酬制 ………………451
病状評価尺度 ……………451
病前性格 …………………451
病態心理 …………………327
病的酩酊 ……………………97
病的老化 …………………451
平等 ………………………478
病棟機能分化 ……………452
費用負担 …………………452
標本抽出 …………………452
日和見感染 ………………452
開かれた質問 ……………503
ヒル ………………………453
ビルトインスタビライザー効
　果 ………………………453
ヒロポン …………………12
びわこミレニアムフレームワ
　ーク ………………………6
日割計算 …………………453
ピンカス …………………453
貧血 ………………………453
貧困 ………………………453
貧困線 ……………………519
貧困調査 …………………453
ビンスワンガー …………454

ふ

ファウンテンハウス ……454
ファシリテーター ………454

610

ファミリー・サポート・センター ……454	福祉人材確保法 ……224	扶養義務 ……**465**
ファミリーマップ ……186	福祉人材バンク ……**460**	扶養義務者 ……**465**
不安 ……454	福祉多元主義 ……**460**	不要式行為 ……397
不安障害 ……**454**	福祉的就労 ……**460**	扶養の優先 ……**466**
不安神経症 ……348	福祉ニーズ ……**460**	プライバシー ……**466**
不安性人格障害 ……**455**	福祉年金 ……**461**	プライバシーの権利 ……466
フィードバック ……**455**	福祉のまちづくり ……**461**	プライバシーの保護 ……466
フィランソロピー ……**455**	福祉ミックス ……460	プライマリケア ……**466**
ブース ……**455**	福祉用具 ……**461**	プライマリヘルスケア 11,**466**
夫婦家族制 ……**455**	福祉用具の研究開発及び普及の促進に関する法律 ……461	ブラウン ……185,**466**
フェイスシート ……**455**		フラストレーション ……**467**
フェスティンガー ……425	福祉レクリエーションワーカー ……529	フラッシュバック ……98,**467**
フェニールケトン尿症 ……**456**	副腎髄質 ……**461**	孵卵器仮説 ……39
フェビアン協会 ……35	副腎皮質 ……**462**	フランス方式 ……255
フェヒナー ……**456**	服薬指導 ……**462**	フリースクール ……**467**
フェミニズム ……**456**	父権主義 ……435	フリードマン ……366
フェルトセンス ……**456**	不在者 ……200	ブリーフセラピー ……**467**
フォーカシング ……**456**	不作為の違法確認の訴え ……**462**	不利益処分 ……**467**
フォーマルネットワーク ……**456**	父子家庭 ……446	プリオン ……**468**
付加給付 ……**456**	藤木訴訟 ……**462**	プリオン病 ……118
不可争力 ……**456**	扶助費の再支給 ……**462**	ブリケ症候群 ……**468**
賦活療法 ……186	扶助別被保護世帯 ……**462**	ブルーカラー ……**493**
付加年金 ……**456**	扶助料 ……**463**	ブルーナー ……422,**468**
賦課方式 ……235,**457**	付随的違憲審査制 ……14	ふるさと21健康長寿のまちづくり事業 ……**468**
付加保険料 ……100	普通世帯 ……22	
不完全寛解 ……76	普通扶助料 ……**463**	ふれあい・いきいきサロン **468**
複合家族 ……61	普通養子 ……**463**	ふれあい心の友派遣事業 ……503
複合家族療法 ……**457**	物価スライド制 ……**463**	ふれあいのまちづくり事業 **468**
副交感神経 ……**457**	物権 ……**463**	プレイセラピー ……**469**
複雑酩酊 ……97	物質代謝 ……**463**	ブレインストーミング ……**469**
副作用 ……**457**	物的担保 ……**290**	プレグナンツの法則 ……35
福祉委員 ……459	物理療法 ……**464**	不連続変異株 ……**469**
福祉医療機構 ……**458**	不定愁訴 ……**464**	フロイト ……327,**469**
福祉活動指導員 ……**458**	不適応 ……**464**	フロイト左派 ……290
福祉活動専門員 ……**458**	不登校 ……**464**	ブロイラー ……**469**
福祉関係八法改正 ……**458**	不服審査機関 ……**464**	ブローカ中枢 ……37
福祉教育 ……69,**458**	不服申し立て ……**465**	ブロード ……393
福祉協力員 ……**459**	不服申立期間 ……**465**	プロセス嗜癖 ……**470**
福祉公社 ……**459**	不服申立前置主義 ……537	プロセスレコード ……110
福祉国家 ……**459**,460,510	不服申立前置制 ……**465**	プロダクティブ・エイジング ……**470**
福祉五法担当現業員 ……**459**	部分健忘 ……132	
福祉コミュニティ ……375,**459**	部分入院 ……430	プロフェッション ……349
福祉サービス苦情処理委員 49	不法行為 ……**465**	フロム ……**470**
福祉事務所 ……71,**459**	不眠 ……295	プロンプティング ……**470**
福祉社会 ……**460**	不眠症 ……295	文化 ……**470**
		文化学派 ……290

索引

文化結合症候群	91
文化遅滞	470
文化変容	470
分業	**470**
分家	401
分散型実習	330
分子遺伝学	471
分子構造学	471
分子生物学	**471**
分離教育	399
分裂感情病	**471**
分裂気質	87
分裂病型障害	**471**
分裂病型人格障害	102
分裂病質性人格障害	**471**

へ

ベイカー	525
併給	**371**, 487
併給調整	426, **472**
平均在院日数	**472**
平均寿命	**472**
平均賃金	99
平均余命	**472**
平衡覚	**472**
米国401（k）プラン	415
閉鎖病棟	**472**
ペイシェント・アドボカシー	79
ベイトソン	414, **472**
ヘイリー	473
ベヴァリッジ	21, 473
ベヴァリッジ報告	**473**
ペスト	**473**
ヘッカー	**473**
ベッカー	520
ベック	**473**
ベックうつ病尺度	473
PET	64
ベビーシッター	**473**
ベビーブーム	370
ベビーホテル	507
ベム	**474**
ベム性役割尺度	474
ヘモグロビン	**474**

ヘラー症候群	258
ベラック	**474**
ヘリオス	252
ヘルシンキ宣言	**474**
ヘルスプロモーション	47, **474**
ペルソナ	274
ベルナール	492
ヘルパー・セラピーの原則	474
ヘルペス脳髄膜炎	**475**
ヘロイン	**475**
変形性関節症	**475**
変形性頸椎症	122
偏見	**475**
弁護士訴訟	401
弁別閾	190
片利共生	104

ほ

保安処分	**475**
保育	20, **476**
保育士	476
保育時間	45
保育所	476, 507
保育所保育指針	476
保育制度	476
保育ママ	473
防衛	476, 516
防衛機制	392, **476**
放課後児童クラブ	477
放課後児童健全育成事業	477
法源	477
亡国病	125
放射線障害者加算	477
報酬訓練	47
報酬比例年金	103
法人	**477**
法治主義	**477**
法定給付	**477**
法定雇用率	248
法定受託事務	198, **477**
法定相続分	353
法定代理	424, **478**
法定担保物権	372
法定免除	484
報道の自由	272

報徳会宇都宮病院	36
法の支配	477
法の適正手続	394
法の下の平等	**478**
方法的懐疑	392
方法論的個人主義	**478**
方法論的集団主義	**478**
方面委員制度	**478**
訪問介護	**479**
訪問介護員	479, 481
訪問介護計画	479
訪問看護	314
訪問看護サービス	**479**
訪問看護ステーション	**479**
訪問看護療養費	**479**
訪問指導	**479**
訪問調査	**479**
訪問入浴介護	**480**
法律行為	**480**
法律婚主義	409
法律扶助	**480**
法律扶助協会	480
ボーエン	**480**
ホーソン工場実験	**480**
ボーダーライン	**480**
ボーダーラインパーソナリティディスオーダー	102
ボーディングシステム	124
ホーナイ	70, **481**
ホームドクター	59
ホームヘルパー	**481**
ホームヘルプサービス	318, **481**
ホームレス	**481**
ホール	525
ボールビィ	**481**
ホーン	**481**
ぼけ	**481**
保健	139
保険医	**482**
保険医療機関	**482**
保健医療福祉	27
保健学習	70
保健管理	70
保健教育	70
保険業法	**482**
保険契約	**482**

保健師 …………………482	母子加算 …………………488	
保健士 …………………482	母子家庭 ……………72, 446	**ま**
保険事故 ………………482	母子家庭等日常生活支援事業	
保健師助産師看護師法 …483	……………………489	マーケットバスケット方式 **493**
保健指導 …………………70	母子共生関係 ……………**489**	マードック ………………59
保健所 …………………483	母子健康手帳 ……………**489**	マートン …………346, **493**
保健所デイケア ………483	母子自立支援員 …………**489**	マールボロ方式 …………443
保健所法 ………………376	母子生活支援施設 ………**489**	マイアー・グロース ……**494**
保健所保健福祉サービス調整	母子相互作用 ……………**489**	埋葬料 …………………351
推進会議 ………483	母子相談員 ………………489	マイナートランキライザー 149
保険診療 ………………483	母子手帳 …………………**489**	マイノリティ ………442, **494**
保険は利得を許さずの原理 484	母子福祉資金 ……………**490**	マイノリティ・グループ …**494**
保健婦 …………………482	母子保健 ……………………14	マインドコントロール ……**494**
保険薬剤師 ……………484	母子保健法 ………………**490**	マクギル方式 ……………94
保険薬局 ………………484	補償 ………………………**490**	マスコミュニケーション …**494**
保険優先 …………323, 484	補助監督人 ………………490	マス・スクリーニング …**494**
保険料 …………………484	補助人 ……………………490	マスメディア ……………501
保険料納付済期間 ………484	補助類型 …………………**490**	マズロー ………93, **494**, 517
保険料負担免除制度 ……484	母子寮 ……………………489	マタニティブルー ………**495**
保険料免除 ……………484	ホステル …………………**491**	マッキーバー ……………**495**
保護観察官 ……………485	ホスピス …………………84	マッキンレイ ……………498
保護観察所 ……………485	ホスピタリズム …………196	マック ……………………**495**
保護観察所長通報 ………485	母性 ………………………490	MAC ……………………495
保護義務者 ……………486	母性剥奪 …………………**491**	松沢病院 …………………**495**
保護決定調書 …………485	補装具 ……………………**491**	末梢起源説 ………………520
保護拘束制度 …………181	保続 ………………………**491**	末梢神経 …………………**495**
保護雇用 ………………485	捕捉率 ……………………**491**	末梢神経炎 ………………422
保護司 ………………485, 486	細長型 ………………………88	末梢神経系 ………………**495**
保護施設 ………………486	母体保護法 ………………**491**	松村康平 …………………292
保護室 …………………62, 486	保父 ……………………476	マネジドケア ……………**496**
保護者 …………………486	保母 ……………………476	麻痺症状 …………………56
保護台帳 ………………485	ホメオスタシス ……410, **492**	麻薬 ………………………**496**
保護的就労 ……………486	ボランティア ……………**492**	麻薬及び向精神薬取締法 …**496**
保護の開始 ……………486	ボランティア基金 ………**492**	マラリア …………………**496**
保護の原則 ……………487	ボランティア・コーディネー	マラリア療法 ………280, **496**
保護の種類 ……………487	ター ……………492	マリファナ ………………367
保護の停止 ……………487	ポリオ ……………………492	マルクス …………………**496**
保護の廃止 ……………487	ホリス ……………………**492**	マルサス …………………276
保護の変更 ……………487	ホルモン …………………**493**	マルトリートメント ………204
保護の補足性の原理 ……487	ホワイト …………………**493**	マレー ………………50, **497**
保護の要否判定 …………488	ホワイトカラー …………**493**	まわり障害 ………………301
保護率 …………………488	本家 ………………………401	慢性運動性 ………………378
保佐監督人 ……………488	本態性高血圧 ……………137	慢性関節リウマチ ………81
保佐人 …………………488	本態性高血圧症 …………**493**	慢性腎不全 ………………**497**
保佐類型 ………………488	本態性パーキンソニズム …430	マンパワー ………………290
母子及び寡婦福祉法 …72, 489	本能行動 …………………539	

613

み

ミード ……………………**497**
ミーンズテスト ………194, 271
水中毒 ……………………**497**
未成年後見類型 ……………138
未成年者控除 ……………**497**
ミナハン …………………**497**
ミニューチン ……………**498**
ミネソタ多面人格目録 …**498**
ミュンヒハウゼン症候群 …180
ミラー ………………**498**, 505
ミルズ ……………………**498**
民間事業者による老後の保健
　及び福祉のための総合的
　施設の整備の促進に関す
　る法律 …………………**498**
民間非営利組織 ……………41
民間部門 …………………149
民衆争訟 …………………499
民衆訴訟 ……………105, 499
民生委員 …………………499
民生委員制度 ……………499
民族性 ………………………41
民定憲法 …………………416
民法 ………………………**499**

む

無意識 …………………327, **499**
無過失責任 …………………63
無感動状態 ………………297
無気力 ……………………297
無気力症候群 ………………8
夢幻状態 …………………16
無権代理 …………………**499**
無作為抽出法 ……………452
無差別待遇 …………………32
無差別平等の原理 ………**500**
無条件刺激 ………………256
無条件反射 ………………256
無相互性 …………………89
無尿 ………………………423
無認可保育施設 …………425
無年金者 …………………**500**

無能力者制度 ……………305
無名契約 …………………396
ムラ ………………………360
村松常雄 …………………216
無料低額診療施設 ………**500**
無力型 ………………………88

め

冥婚 ………………………127
名称独占 …………………500
名称独占資格 ……………**500**
酩酊 …………………………97
酩酊者 ……………………180
名誉毀損 ……………………18
メインストリーミング …**500**
メジャートランキライザー **500**
メタファー ………………**501**
メタンフェタミン …………12
メチシリン耐性黄色ブドウ球
　菌 ………………………**501**
滅裂思考 …………………**501**
メディア …………………**501**
メディカルスタッフ ……169
メディカルモデル ………**501**
メニンガー ………………**502**
メランコリー親和型性格 …451
メリット制 ………………**502**
面接 ………………………**502**
面接技法 …………………**502**
メンタルフレンド ………**503**
メンタルヘルス …………328
メンデル遺伝病 …………**503**

も

蒙古症 ……………………368
妄想 ………………………**503**
妄想型分裂病 ……………**504**
妄想性障害 ………………**504**
妄想性人格障害 …………275
盲導犬 ……………………288
盲ろうあ児施設 …………**504**
もうろう状態 ………………16
燃え上がり現象 …………112
燃えつき症候群 …………**504**

モーズレイ性格検査 ………3
モーニングデプレション …415
モーニングワーク ………**505**
モデリング ………………**505**
モデル年金 ………………451
モナド論 …………………519
モニス ………………**505**, 540
モニタリング ……………**505**
喪の仕事 …………………505
模倣 ………………………505
模倣学習 …………………505
モラトリアム ……………**506**
モラルハザード …………484
森田神経質 …………451, **506**
森田正馬 …………………**506**
森田療法 …………………**506**
モルヒネ …………………**506**
モレノ ………………291, **506**
問題指向型アプローチ …**506**
問題志向型診療記録 ……110
モンテスキュー …………**507**

や

ヤーロム …………………**507**
夜間せん妄 ………………**507**
夜間保育事業 ……………**507**
夜間養護等（トワイライト）
　事業 ……………………**507**
薬剤一部負担 ……………**507**
薬剤師 ……………………**508**
薬剤師法 …………………**508**
約定担保物権 ……………372
薬物依存 ……………411, **508**
薬物裁判所 ………………408
薬物探索行動 …………9, **508**
薬物治療法廷 ……………408
薬物乱用 …………………**508**
薬物療法 …………………**509**
薬歴管理 …………………484
役割 ………………………**509**
役割演技 ……………292, 539
役割葛藤 …………………**510**
役割距離 …………………**510**
役割交換 …………………292
役割取得 ……………292, **510**

役割理論 …………………222	養育里親 …………………513	来談者中心カウンセリング 114
夜警国家 …………………**510**	用益物権 …………………**513**	来談者中心療法 …………539
ヤスパース ………………**510**	要介護者 …………………**514**	ライヒ ……………………**518**
矢田部ギルフォード性格検査	要介護状態 ………………54	らい病 ……………………440
………………110,**510**	要介護状態区分 …………**514**	ライフイベント …………**518**
矢田部達郎 ………………510	要介護認定 ………………514	ライフコース ……………**518**
薬価基準 …………………**510**	要介護認定システム ……**514**	ライフサイクル …………66,**518**
薬価差益 ………………99,510	要介護認定等基準時間 …514	ライブ・スーパービジョン
約款 ………………………350	要求 ………………………516	………………………167, 295
山室軍平 …………………**511**	要求一圧力の理論 ………497	ライフスタイル …………**518**
ヤング・オールド ………344	養護施設 …………………209	ライフステージ …………66
	養護老人ホーム …………**514**	ライプニッツ ……………**519**
ゆ	養子縁組 …………………**514**	ライフヒストリー ………**519**
	要支援者 …………………514	ライフライン ……………**519**
遺言 ………………………**15**	要支援認定 ………………514	らい予防法 ………………82
唯物史観 …………………227	幼児期 ……………………**515**	ライル ……………………306
友愛訪問 ………………197,**511**	要式行為 …………………**515**	ラウントリー ……………**519**
有意抽出法 ………………452	幼児発達検査 ……………449	ラカン ……………………**519**
誘因 ………………………**398**	陽性陰性症状評価尺度 …**515**	烙印 ………………………297
有機的連帯 ………………**511**	陽性症状 …………………**515**	LASMI …………………319
有機溶剤 …………………**511**	幼稚園 ……………………**516**	ラセーグ徴候 ……………**519**
遊戯療法 ………………4, 469	幼保一元化 ………………516	ラッサ熱 …………………**520**
優遇税制 …………………**511**	要保護者 …………………447	ラピッドサイクラー ……93
ユーザー …………………172	要保護世帯 ………………448	ラベリング ………………**520**
友人関係 …………………222	幼保問題 …………………**516**	ラベリング理論 ………21, 520
優性遺伝 …………………**511**	ヨーク隠遁所 …………385,**516**	ラポール ………………325,**520**
優性遺伝病 ………………23	ヨーク調査 ………………454	ランク ……………………**520**
優生学 …………………154, 512	抑圧 ………………………**516**	ランゲ ……………………**520**
優生思想 …………………**512**	抑うつ気分 ………………92	ランゲルハンス島 ………294
優生手術 …………………492	抑制 ………………………143	卵巣 ………………………334
優生保護法 ………………491	吉本伊信 …………………410	乱用 ………………………509
有病率 ……………………**512**	欲求 ……………………24,**516**	
有名契約 …………………396	欲求段階説 ……………495,**517**	**り**
猶予期間 …………………506	欲求の階層説 ……………**517**	
有料老人ホーム …………**512**	欲求不満 …………………467	リーガルアドボカシー 133, 342
ユニットケア ……………**512**	四つのP …………………432	リーガルモデル …………**501**
ユニバーサルデザイン …**512**	予防給付 …………………**517**	リースマン ………………**520**
輸入感染症 ………………**513**	予防精神医学 ……………73	リーダーシップ …………**521**
夢の解釈 …………………328	世論 ………………………**517**	リヴィングウィル ………360
ユング ……………………**513**	四類感染症 ………………**517**	利益相反行為 ……………**521**
		リエゾン精神医学 ………**521**
よ	**ら**	理解社会学 ……………34, 134
		理学療法 …………………**521**
養育 ………………………**513**	ラードブルフ ……………**517**	理学療法士 ………………**522**
養育医療 …………………513	ライシャワー事件 ………**517**	理学療法士及び作業療法士法
養育院 ……………………**513**	来談者 ……………………114	………………………180, 522

615

索引

リカバリー ……………317, **522**
罹患率 ……………………**522**
力動精神医学 ……………**522**
離婚 …………………175, **522**
リストカット ………………394
リスボン宣言 ……………**522**
リセツルメント …………**523**
理想自己 …………………192
利息制限法 ………………123
離脱症状 …………………**523**
リチウム …………………**523**
リッチモンド …………124, **523**
立法権 ……………………164
リバーマン ………………**523**
リバウンド現象 …………**523**
リハビリテーション ……**524**
リハビリテーション計画 …**524**
リハビリテーション法〔アメリカ〕 …………………**524**
REHAB ……………………**525**
リビドー ……………328, **525**
リフレーミング …………**525**
リプロダクティブヘルス …241
リボルバー方式 …………431
流行性感冒 ………………33
留置権 ……………………372
流入仮説 …………………39
療育 ………………………**525**
両院制 ……………………85
了解 ………………………324
了解心理学 ………………242
両価性 ……………………11
利用契約 …………………**526**
利用者 …………………172, 400
利用者負担 ………………452
量的データ ………………200
寮父 ………………………**526**
寮母 ………………………**526**
両面価値 …………………11
両面感情 …………………11
療養型病床群 ……………**527**
療養看護 …………………281
療養看護義務 ……………281
療養給付 …………………**527**
療養上の世話 ……………78
療養の給付 ………………**526**

療養費 ……………………**526**
療養病床 …………………**526**
療養補償給付 ……………**527**
リラクセーション ………**527**
リレーションシップ ……**527**
臨界期 ……………………**527**
リンキング ………………**527**
リンケージ ………………**527**
りんご病 …………………396
臨死患者 …………………100
臨時後見人 ………………137
臨床心理技術者 …………**528**
臨床心理士 ………………**527**
臨床精神医学 ……………494
臨床的異常 ………………145
リンパ系 …………………**528**
隣保館 ……………………**528**
隣保事業 …………………**528**
倫理綱領 …………………**528**

る

ルーマン …………………**528**
ルソー ……………………**528**

れ

レイシズム ………………37
令状主義 …………………**529**
レイン ……………………440
レイン委員会報告 ………**529**
レヴィ-ストロース ………143
レヴィン …………………70, **529**
暦年齢 ……………………302
レクリエーション ………**529**
レクリエーション療法 …**529**
レシピエント ……………349
レストレスレッグ症候群 …4
レスパイトサービス ……**529**
レスポンデント条件づけ
 ………………………256, **530**
劣性遺伝 …………………**530**
劣性遺伝病 ………………23
劣等処遇 …………………276
レフ ………………………**530**
REM ………………………530

レム睡眠 …………………**530**
連結 ………………………527
連合国最高司令官総司令部 **530**
連合弛緩 …………………273, 501
連合心理学 ………………431
連想心理学 ………………449
連続強化 …………………48
連帯債務 …………………**530**
連帯保証 …………………**530**

ろ

ロイコトミー ……………315
労役場 ……………………99
老化 ………………………**531**
労災特別介護施設 ………**531**
労災保険 …………………536
労災リハビリテーション作業施設 ……………………**531**
労作性狭心症 ……………104
老人 ………………………**531**
老人憩の家 ………………**531**
老人介護支援センター …176
老人家庭奉仕員派遣事業 …72
老人休養ホーム …………**531**
老人居宅介護等事業 ……**531**
老人居宅生活支援事業 …**531**
老人クラブ ………………**532**
老人性痴呆 ………………383
老人性痴呆疾患対策 ……**532**
老人性痴呆疾患治療病棟 …**532**
老人性痴呆疾患療養病棟 …**532**
老人短期入所事業 ……371, 531
老人デイサービス事業 531, **532**
老人日常生活用具給付等事業
 …………………………**533**
老人福祉施設 ……………**533**
老人福祉センター ………**533**
老人福祉法 ………………**533**
老人訪問看護制度 ………**534**
老人訪問看護療養費 ……**534**
老人保健拠出金 …………**534**
老人保健施設 ……………55
老人保健福祉計画 ……53, **534**
老人保健法 ………………**534**
労働安全衛生法 …………

労働基準法 …………………535
労働災害 ……………………535
労働者災害補償保険 ………536
労働者災害補償保険審査官 537
労働者災害補償保険法 ……536
労働者就労協同組合 ………540
労働福祉事業 ………………531
労働法 ………………………499
労働保険関係 ………………537
労働保険審査会 ……………536
労働保険料 …………………537
労働力類型別被保護世帯 …340
老年期 ………………………537
老年期精神障害 ……………537
老年期痴呆 …………………383
老齢加算 ……………………538
老齢基礎年金 …………19, 538
老齢厚生年金 …………405, 538
ロウントリー方式 …………493
ローエンフェルド …………434
ローゼンマン ………………366
ロービジョン ………………232
ロールシャッハ ……………538
ロールシャッハ・テスト …538
ロールプレイ …………292, 539
ローレンツ …………………539
ローレンツ曲線 ……………210
ロジャーズ ……………114, 539
ロス …………………………539
ロスマン ……………………539
ロック …………………430, 539
ロバーツ ……………………540
ロボトミー ……………315, 540
ロンドン調査 …………454, 455
論理療法 ………………………38

わ

ワーカーズコレクティブ …540
ワーカビリティ ……………540
ワーカホリック ……………540
ワース ………………………540
YMCA ………………………540
Y-G性格検査 ………………510
YWCA ………………………540
ワイナー ……………………541
ワイマール共和国憲法 335, 541
Y問題 ………………………541
わが魂にあうまで …………442
若者文化 ……………………336
ワグナー法 …………………421
ワグナー・ヤウレッグ 496, 542
WAC法 ………………………498
ワトソン ……………………542
WANA ………………………454
ワロン ………………………542

索　引

A

A規約	157
AA	9, 10
ABC モデル	**38**
ABC-X モデル	67
AC	7
ACOA	7
ACOD	7
ACT	**5**
ADA	255
ADHD	385
ADL	414
AIDS	145
APA	8
ARC	145
ATL	325

B

B規約	157
BA	47
BMI	448
BPD	481
BPRS	451
BSE	118

C

CBR	169
CIDI	39
CIL	271
CO	168
COS	197, 511
CPK	117
CT スキャン	**185**

D

DAISY	394
DALY	253
DARC	370
DAS	307
DNA	23, 392
DPI	244

E

DSM	8, 351, **391**
DV	72

E

EAP	233
ECT	395
EE	81
EU の障害者雇用にかかわる勧告	**12**

G

GHQ	189, 530

H

HAM-D	438
HDS-R	435
HIV	446
HMO	496
HTP テスト	50

I

IADL	414
ICD	155
ICD-10	155
ICF	158
ICHP	155
ICIDH	157
ICIDH-2	157
ICJ	158
ICU 症候群	**3**
IL 運動	271
ILO	159
ILO 第 99 号勧告	287
ILO 第 159 号条約	266
ILO 第 168 号勧告	265
IP	68
IQ	382
IYDP	156

J

JA	427
JAPSW	417
JD	416
JICA	155

K

KAST	115
KJ 法	**123**

L

LASMI	319
LD	60
LSD	**42**
LSS	91

M

MAC	495
MARTA	343
MBD	444
MMT	407
MRA	64
MRI	59, 64
MRSA	501
MSW	26

N

NA	411
NABA	415
NGO	**41**
NHS	161
NIMH	**41**, 162
Non-REM	530
NORMANET	250
NPO	**41**
NPO 法	42, 404
NPO 法人	42

O

O157	386
OA	47, 475
OT	180

P

PADL ································414
PANSS ·····························515
PASSING ···························36
PET ···································64
PL法 ································335
PM理論 ····························521
POMR ·······························110
PONR ·······························110
POS ··································506
PPO ··································496
PSE ··································130
PSW ·································312
PT ·····································522
PTSD ································55

Q

QOL ··································113

R

REHAB ·····························**525**
REM ·································530
RI ······································158
RNA ·································392

S

S型条件づけ ····················530
SANS ································30
SDA ·································343
SDA剤 ·····························343
SE ·····································182
SFA ··································218
SG式価値態度検査 ············**40**
SNRI ································141
SOAP ·····················110, 506
SPECT ······························64
SSRI ································347
SST ··································218
S-R接近説 ························64
S-R理論 ····························60
ST ····································130
STD ···································56

T

Tグループ ·························43
TAT ························50, 179, 497
TE ·····································72
THP ·································402

W

WAC法 ····························498
WAIS ·······················34, 382
WANA ·····························454
WFMH ·····························338
WHO ································338
WISC ······················34, 382
WPPSI ·····························382

Y

Y問題 ·····························**541**
Y-G性格検査 ···················510
YMCA ·····························**540**
YWCA ·····························**540**

精神保健福祉用語辞典

2004年7月1日	初 版 発 行
2010年2月1日	初版第8刷発行

監修………………社団法人日本精神保健福祉士協会・日本精神保健福祉学会

発行者………………荘村明彦

発行所………………中央法規出版株式会社

〒151-0053 東京都渋谷区代々木2-27-4
販 売 TEL 03-3379-3861　FAX 03-5358-3719
編 集 TEL 03-3379-3784　FAX 03-5351-7855
E-mail：reader@chuohoki.co.jp
http://www.chuohoki.co.jp/

印刷・製本…………株式会社太洋社

装幀………………箕浦卓

定価は函に表示してあります。
ISBN978-4-8058-2460-3

落丁本・乱丁本はお取替えいたします。